J. von Staudingers
Kommentar zum Bürgerlichen Gesetzbuch
mit Einführungsgesetz und Nebengesetzen
Buch 4 · Familienrecht
§§ 1741–1772
(Adoption)

Kommentatorinnen und Kommentatoren

Dr. Karl-Dieter Albrecht
Vorsitzender Richter am Bayerischen Verwaltungsgerichtshof a. D., München

Dr. Christoph Althammer
Professor an der Universität Regensburg

Dr. Georg Annuß
Rechtsanwalt in München, Außerplanmäßiger Professor an der Universität Regensburg

Dr. Christian Armbrüster
Professor an der Freien Universität Berlin, Richter am Kammergericht a. D.

Dr. Arnd Arnold
Professor an der Universität Trier, Dipl.-Volksw.

Dr. Markus Artz
Professor an der Universität Bielefeld

Dr. Marietta Auer, S.J.D.
Professorin an der Universität Gießen

Dr. Martin Avenarius
Professor an der Universität zu Köln

Dr. Ivo Bach
Professor an der Universität Göttingen

Dr. Wolfgang Baumann
Notar in Wuppertal, Professor an der Bergischen Universität Wuppertal

Dr. Winfried Bausback
Professor a. D. an der Bergischen Universität Wuppertal, bayerischer Staatsminister der Justiz a. D., Mitglied des Bayerischen Landtags

Dr. Roland Michael Beckmann
Professor an der Universität des Saarlandes, Saarbrücken

Dr. Dr. h. c. Detlev W. Belling, M.C.L.
Professor an der Universität Potsdam

Dr. Andreas Bergmann
Professor an der Fernuniversität Hagen

Dr. Falk Bernau
Richter am Bundesgerichtshof, Karlsruhe

Dr. Marcus Bieder
Professor an der Universität Osnabrück

Dr. Werner Bienwald
Professor an der Evangelischen Fachhochschule Hannover, Rechtsanwalt in Oldenburg

Dr. Tom Billing
Rechtsanwalt in Berlin

Dr. Claudia Bittner, LL.M.
Außerplanmäßige Professorin an der Universität Freiburg i. Br., Richterin am Hessischen Landessozialgericht

Dr. Eike Bleckwenn
Rechtsanwalt in Hannover

Dr. Reinhard Bork
Professor an der Universität Hamburg

Dr. Jan Busche
Professor an der Universität Düsseldorf

Dr. Georg Caspers
Professor an der Universität Erlangen-Nürnberg

Dr. Tiziana Chiusi
Professorin an der Universität des Saarlandes, Saarbrücken

Dr. Michael Coester, LL.M.
Professor an der Universität München

Dr. Dr. h. c. Dagmar Coester-Waltjen, LL.M.
Professorin an der Universität Göttingen

Dr. Thomas Diehn
Notar in Hamburg

Dr. Katrin Dobler
Richterin am Oberlandesgericht Stuttgart

Dr. Heinrich Dörner
Professor an der Universität Münster

Dr. Werner Dürbeck
Richter am Oberlandesgericht Frankfurt a. M.

Dr. Anatol Dutta, M. Jur.
Professor an der Universität München

Dr. Christina Eberl-Borges
Professorin an der Universität Mainz

Dr. Dres. h. c. Werner F. Ebke, LL.M.
Professor an der Universität Heidelberg

Dr. Jan Eickelberg, LL.M.
Professor an der Hochschule für Wirtschaft und Recht, Berlin

Jost Emmerich
Richter am AG München

Dr. Volker Emmerich
Professor an der Universität Bayreuth, Richter am Oberlandesgericht Nürnberg a. D.

Dipl.-Kfm. Dr. Norbert Engel
Ministerialdirigent a. D., Rechtsanwalt in Erfurt

Dr. Cornelia Feldmann
Rechtsanwältin in Freiburg i. Br.

Dr. Timo Fest, LL.M.
Professor an der Universität zu Kiel

Dr. Karl-Heinz Fezer
Professor an der Universität Konstanz, Honorarprofessor an der Universität Leipzig, Richter am Oberlandesgericht Stuttgart a. D.

Dr. Philipp S. Fischinger, LL.M.
Professor an der Universität Mannheim

Dr. Holger Fleischer
Professor am Max-Planck-Institut, Hamburg

Dr. Robert Freitag, Maître en droit
Professor an der Universität Erlangen-Nürnberg

Dr. Jörg Fritzsche
Professorin an der Universität Regensburg

Dr. Tobias Fröschle
Professor an der Universität Siegen

Dr. Susanne Lilian Gössl, LL.M.
Akad. Rätin a. Z. an der Universität Bonn

Dr. Beate Gsell, Maître en droit
Professorin an der Universität München, Richterin am Oberlandesgericht München

Dr. Karl-Heinz Gursky
Professor an der Universität Osnabrück

Dr. Thomas Gutmann, M. A.
Professor an der Universität Münster

Dr. Martin Gutzeit
Professor an der Universität Gießen

Dr. Martin Häublein
Professor an der Universität Innsbruck

Dr. Johannes Hager
Professor an der Universität München

Dr. Felix Hartmann, LL.M.
Professor an der Freien Universität Berlin

Dr. Wolfgang Hau
Professor an der Universität München

Dr. Rainer Hausmann
Professor an der Universität Konstanz

Dr. Stefan Heilmann
Vorsitzender Richter am Oberlandesgericht Frankfurt, Honorarprofessor an der Frankfurt University of Applied Sciences

Dr. Jan von Hein
Professor an der Universität Freiburg i. Br.

Dr. Christian Heinze
Professor an der Universität Hannover

Dr. Stefan Heinze
Notar in Köln

Dr. Tobias Helms
Professor an der Universität Marburg

Dr. Dr. h. c. mult. Dieter Henrich
Professor an der Universität Regensburg

Dr. Carsten Herresthal, LL.M.
Professor an der Universität Regensburg

Christian Hertel, LL.M.
Notar in Weilheim i. OB.

Dr. Stephanie Herzog
Rechtsanwältin in Würselen

Joseph Hönle
Notar in München

Dr. Ulrich Hönle
Notar in Waldmünchen

Dr. Clemens Höpfner
Professor an der Universität Münster

Dr. Bernd von Hoffmann †
Professor an der Universität Trier

Dr. Dr. h. c. Heinrich Honsell
Professor an der Universität Zürich, Honorarprofessor an der Universität Salzburg

Dr. Norbert Horn
Professor an der Universität zu Köln, Vorstand des Arbitration Documentation and Information Center e.V., Köln

Dr. Rainer Hüttemann
Professor an der Universität Bonn

Dr. Martin Illmer, MJur
Richter am Landgericht Hamburg,
Privatdozent an der Bucerius Law School

Dr. Florian Jacoby
Professor an der Universität Bielefeld

Dr. Rainer Jagmann
Vorsitzender Richter am Oberlandesgericht Karlsruhe a. D.

Dr. Ulrich von Jeinsen
Rechtsanwalt und Notar in Hannover, Honorarprofessor an der Universität Hannover

Dr. Joachim Jickeli
Professor an der Universität zu Kiel

Dr. Dagmar Kaiser
Professorin an der Universität Mainz

Dr. Bernd Kannowski
Professor an der Universität Bayreuth

Dr. Rainer Kanzleiter
Notar a. D. in Ulm, Honorarprofessor an der Universität Augsburg

Dr. Sibylle Kessal-Wulf
Richterin des Bundesverfassungsgerichts, Karlsruhe

Dr. Christian Kesseler
Notar in Düren, Honorarprofessor an der Universität Trier

Dr. Fabian Klinck
Professor an der Universität Bochum

Dr. Frank Klinkhammer
Richter am Bundesgerichtshof, Karlsruhe, Honorarprofessor an der Universität Marburg

Dr. Steffen Klumpp
Professor an der Universität Erlangen-Nürnberg

Dr. Jürgen Kohler
Professor an der Universität Greifswald

Dr. Sebastian Kolbe
Professor an der Universität Bremen

Dr. Stefan Koos
Professor an der Universität der Bundeswehr München

Dr. Rüdiger Krause
Professor an der Universität Göttingen

Dr. Heinrich Kreuzer
Notar in München

Dr. Lena Kunz, LL.M.
Akad. Mitarbeiterin an der Universität Heidelberg

Dr. Arnold Lehmann-Richter
Professor an der Hochschule für Wirtschaft und Recht Berlin

Dr. Saskia Lettmaier
Professorin an der Universität Kiel

Stefan Leupertz
Richter a. D. am Bundesgerichtshof, Honorarprofessor an der TU Dortmund

Johannes Liebrecht
Wiss. Referent am Max-Planck-Institut, Hamburg

Dr. Martin Löhnig
Professor an der Universität Regensburg

Dr. Dr. h. c. Manfred Löwisch
Professor an der Universität Freiburg i. Br., Rechtsanwalt in Lahr (Schw.), vorm. Richter am Oberlandesgericht Karlsruhe

Dr. Dirk Looschelders
Professor an der Universität Düsseldorf

Dr. Stephan Lorenz
Professor an der Universität München

Dr. Katharina Lugani
Professorin an der Universität Düsseldorf

Dr. Ulrich Magnus
Professor an der Universität Hamburg, Affiliate des MPI für ausländisches und internationales Privatrecht, Hamburg, Richter am Hanseatischen Oberlandesgericht zu Hamburg a. D.

Dr. Peter Mankowski
Professor an der Universität Hamburg

Dr. Heinz-Peter Mansel
Professor an der Universität zu Köln

Dr. Peter Marburger †
Professor an der Universität Trier

Dr. Wolfgang Marotzke
Professor an der Universität Tübingen

Dr. Sebastian A. E. Martens
Professor an der Universität Passau

Dr. Dr. Dr. h. c. mult. Michael Martinek, M.C.J.
Professor an der Universität des Saarlandes, Saarbrücken, Honorarprofessor an der Universität Johannesburg, Südafrika

Dr. Annemarie Matusche-Beckmann
Professorin an der Universität des Saarlandes, Saarbrücken

Dr. Gerald Mäsch
Professor an der Universität Münster

Dr. Jörg Mayer †
Honorarprofessor an der Universität Erlangen-Nürnberg, Notar in Simbach am Inn

Dr. Dr. Detlef Merten
Professor an der Deutschen Universität für Verwaltungswissenschaften Speyer

Dr. Tanja Mešina
Staatsanwältin, Stuttgart

Dr. Rudolf Meyer-Pritzl
Professor an der Universität zu Kiel, Richter am Schleswig-Holsteinischen Oberlandesgericht in Schleswig

Dr. Morten Mittelstädt
Notar in Hamburg

Dr. Peter O. Mülbert
Professor an der Universität Mainz

Dr. Dirk Neumann
Vizepräsident des Bundesarbeitsgerichts a. D., Kassel, Präsident des Landesarbeitsgerichts Chemnitz a. D.

Dr. Hans-Heinrich Nöll
Rechtsanwalt in Hamburg

Dr. Jürgen Oechsler
Professor an der Universität Mainz

Dr. Hartmut Oetker
Professor an der Universität zu Kiel, Richter am Thüringer Oberlandesgericht in Jena

Wolfgang Olshausen
Notar a. D. in Rain am Lech

Dr. Dirk Olzen
Professor an der Universität Düsseldorf

Dr. Sebastian Omlor, LL.M., LL.M.
Professor an der Universität Marburg

Dr. Gerhard Otte
Professor an der Universität Bielefeld

Dr. Lore Maria Peschel-Gutzeit
Rechtsanwältin in Berlin, Senatorin für Justiz a. D. in Hamburg und Berlin, Vorsitzende Richterin am Hanseatischen Oberlandesgericht zu Hamburg i. R.

Dr. Frank Peters
Professor an der Universität Hamburg, Richter am Hanseatischen Oberlandesgericht zu Hamburg a. D.

Dr. Christian Picker
Professor an der Universität Konstanz

Dr. Andreas Piekenbrock
Professor an der Universität Heidelberg

Dr. Jörg Pirrung
Richter am Gericht erster Instanz der Europäischen Gemeinschaften i. R., Honorarprofessor an der Universität Trier

Dr. Dr. h. c. Ulrich Preis
Professor an der Universität zu Köln

Dr. Maximilian Freiherr von Proff zu Irnich
Notar in Köln

Dr. Thomas Raff
Notarassessor, Kandel

Dr. Manfred Rapp
Notar a. D., Landsberg am Lech

Dr. Dr. h.c. Thomas Rauscher
Professor an der Universität Leipzig, Professor h.c. an der Eötvös Loránd Universität Budapest, Dipl.Math.

Dr. Peter Rawert, LL.M.
Notar in Hamburg, Honorarprofessor an der Universität Kiel

Eckhard Rehme
Vorsitzender Richter am Oberlandesgericht Oldenburg i. R.

Dr. Wolfgang Reimann
Notar a. D., Honorarprofessor an der Universität Regensburg

Dr. Tilman Repgen
Professor an der Universität Hamburg

Dr. Dieter Reuter †
Professor an der Universität zu Kiel, Richter am Schleswig-Holsteinischen Oberlandesgericht in Schleswig a. D.

Dr. Christoph Reymann, LL.M. Eur.
Notar in Neustadt b. Coburg, Professor an der Privaten Universität Liechtenstein

Dr. Reinhard Richardi
Professor an der Universität Regensburg, Präsident des Kirchlichen Arbeitsgerichtshofs der Deutschen Bischofskonferenz, Bonn

Dr. Volker Rieble
Professor an der Universität München, Direktor des Zentrums für Arbeitsbeziehungen und Arbeitsrecht

Dr. Anne Röthel
Professorin an der Bucerius Law School, Hamburg

Daniel Rodi
Wiss. Mitarbeiter an der Universität Heidelberg

Dr. Christian Rolfs
Professor an der Universität zu Köln

Dr. Herbert Roth
Professor an der Universität Regensburg

Dr. Ludwig Salgo
Apl. Professor an der Universität Frankfurt a. M.

Dr. Renate Schaub, LL.M.
Professorin an der Universität Bochum

Dr. Martin Josef Schermaier
Professor an der Universität Bonn

Dr. Gottfried Schiemann
Professor an der Universität Tübingen

Dr. Eberhard Schilken
Professor an der Universität Bonn

Dr. Peter Schlosser
Professor an der Universität München

Dr. Martin Schmidt-Kessel
Professor an der Universität Bayreuth

Dr. Günther Schotten
Notar a. D. in Köln, Honorarprofessor an der Universität Bielefeld

Dr. Robert Schumacher, LL.M.
Notar in Köln

Dr. Roland Schwarze
Professor an der Universität Hannover

Dr. Andreas Schwennicke
Rechtsanwalt und Notar in Berlin

Dr. Maximilian Seibl, LL.M.
Oberregierungsrat im Bayerischen Staatsministerium für Gesundheit und Pflege, München

Dr. Stephan Serr
Notar in Ochsenfurt

Dr. Reinhard Singer
Professor an der Humboldt-Universität Berlin, vorm. Richter am Oberlandesgericht Rostock

Dr. Dr. h. c. Ulrich Spellenberg
Professor an der Universität Bayreuth

Dr. Sebastian Spiegelberger
Notar a. D. in Rosenheim

Dr. Ansgar Staudinger
Professor an der Universität Bielefeld

Dr. Malte Stieper
Professor an der Universität Halle-Wittenberg

Dr. Markus Stoffels
Professor an der Universität Heidelberg

Dr. Michael Stürner
Professor an der Universität Konstanz

Burkhard Thiele
Präsident des Oberlandesgerichts Rostock, Präsident des Landesverfassungsgerichts Mecklenburg-Vorpommern

Dr. Christoph Thole
Professor an der Universität zu Köln

Dr. Karsten Thorn
Professor an der Bucerius Law School, Hamburg

Dr. Gregor Thüsing, LL.M.
Professor an der Universität Bonn

Dr. Judith Ulshöfer
Notarassessorin in Ludwigshafen am Rhein

Dr. Barbara Veit
Professorin an der Universität Göttingen

Dr. Bea Verschraegen, LL.M., M.E.M.
Professorin an der Universität Wien, adjunct professor an der Universität Macao

Dr. Klaus Vieweg
Professor an der Universität Erlangen-Nürnberg

Dr. Markus Voltz
Notar in Offenburg

Dr. Reinhard Voppel
Rechtsanwalt in Köln

Dr. Christoph Weber
Akad. Rat a. Z. an der Universität München

Dr. Johannes Weber, LL.M.
Notarassessor, Geschäftsführer des Deutschen Notarinstituts, Würzburg

Gerd Weinreich
Vorsitzender Richter am Oberlandesgericht Oldenburg a. D., Rechtsanwalt in Oldenburg

Dr. Matthias Wendland, LL.M.
Privatdozent an der Universität München

Dr. Domenik H. Wendt
Professor an der Frankfurt University of Applied Sciences

Dr. Olaf Werner
Professor an der Universität Jena, Richter am Thüringer Oberlandesgericht Jena a. D.

Dr. Daniel Wiegand, LL.M.
Rechtsanwalt in München

Dr. Wolfgang Wiegand
Professor an der Universität Bern

Dr. Peter Winkler von Mohrenfels
Professor an der Universität Rostock, Richter am Oberlandesgericht Rostock a. D.

Dr. Hans Wolfsteiner
Notar a. D., Rechtsanwalt in München

Heinz Wöstmann
Richter am Bundesgerichtshof, Karlsruhe

Redaktorinnen und Redaktoren

Dr. Christian Baldus

Dr. Dr. h. c. mult. Christian von Bar, FBA

Dr. Michael Coester, LL.M.

Dr. Heinrich Dörner

Dr. Hans Christoph Grigoleit

Dr. Johannes Hager

Dr. Dr. h. c. mult. Dieter Henrich

Dr. Carsten Herresthal, LL.M.

Sebastian Herrler

Dr. Dagmar Kaiser

Dr. Dr. h. c. Manfred Löwisch

Dr. Ulrich Magnus

Dr. Peter Mankowski

Dr. Heinz-Peter Mansel

Dr. Peter O. Mülbert

Dr. Gerhard Otte

Dr. Lore Maria Peschel-Gutzeit

Dr. Peter Rawert, LL.M.

Dr. Volker Rieble

Dr. Christian Rolfs

Dr. Herbert Roth

Dr. Markus Stoffels

Dr. Wolfgang Wiegand

J. von Staudingers
Kommentar zum Bürgerlichen Gesetzbuch
mit Einführungsgesetz und Nebengesetzen

Buch 4
Familienrecht
§§ 1741–1772
(Adoption)

Neubearbeitung 2019
von
Tobias Helms

Redaktor
Michael Coester

Sellier – de Gruyter · Berlin

Die Kommentatorinnen und Kommentatoren

Neubearbeitung 2019
TOBIAS HELMS

Neubearbeitung 2007
RAINER FRANK

Dreizehnte Bearbeitung 2001
RAINER FRANK

12. Auflage
RAINER FRANK (1992)

10./11. Auflage
HELMUT ENGLER (1966)

Sachregister

Dr. ANDREAS PICHLMEIER,
Lappersdorf

Zitierweise

STAUDINGER/HELMS (2019) § 1741 Rn 1
Zitiert wird nach Paragraph bzw Artikel und Randnummer.

Hinweise

Das Abkürzungsverzeichnis befindet sich auf www.staudingerbgb.de.

Der **Stand der Bearbeitung** ist Dezember 2018.

Am Ende eines jeden Bandes befindet sich eine Übersicht über den aktuellen Stand des „Gesamtwerk STAUDINGER".

Die Deutsche Nationalbibliothek verzeichnet diese Publikation in der Deutschen Nationalbibliografie; detaillierte bibliografische Daten sind im Internet über http://dnb.dnb.de abrufbar.

ISBN 978-3-8059-1264-8

© Copyright 2019 by oHG Dr. Arthur L. Sellier & Co. – Walter de Gruyter GmbH, Berlin. – Printed in Germany.

Dieses Werk einschließlich aller seiner Teile ist urheberrechtlich geschützt. Jede Verwertung außerhalb der engen Grenzen des Urheberrechtsgesetzes ist ohne Zustimmung des Verlages unzulässig und strafbar. Das gilt insbesondere für Vervielfältigungen, Übersetzungen, Mikroverfilmungen und die Einspeicherung und Verarbeitung in elektronischen Systemen.

Satz: jürgen ullrich typosatz, Nördlingen.

Druck und Bindearbeiten: Hubert & Co., Göttingen.

Umschlaggestaltung: Bib Wies, München.

♾ Gedruckt auf säurefreiem Papier, das die DIN ISO 9706 über Haltbarkeit erfüllt.

Inhaltsübersicht

Seite*

Buch 4 · Familienrecht

Abschnitt 2 · Verwandtschaft
Titel 7 · Annahme als Kind _____ 1

Untertitel 1 · Annahme Minderjähriger _____ 68

Untertitel 2 · Annahme Volljähriger _____ 383

Sachregister _____ 441

---

* Zitiert wird nicht nach Seiten, sondern nach Paragraph bzw Artikel und Randnummer; siehe dazu auch Zitiervorschlag.

Titel 7
Annahme als Kind

Vorbemerkungen zu §§ 1741 ff

Schrifttum

1. Juristische Literatur

a) Monographien
ABRAMENKO, Die vom Annehmenden verschuldete Aufhebung einer Adoption (§ 1763 BGB) als verfassungsrechtliches Problem (2000)
BAER/GROSS, Adoption und Adoptionsvermittlung (2. Aufl 1981)
BEHRENTIN, Handbuch Adoptionsrecht (2017)
BICKLER, Untersuchungen zur Erwachsenenadoption (Diss Gießen 1971)
BOTTHOF, Perspektiven der Minderjährigenadoption (Diss Marburg 2014)
DETHLOFF, Familienrecht (32. Aufl 2018)
ENGLER, Auf dem Weg zu einem neuen Adoptionsrecht (1972)
FRANK, Grenzen der Adoption (1978)
GERNUBER/COESTER-WALTJEN, Familienrecht (6. Aufl 2010)
GLÄSSING, Voraussetzungen der Adoption (1957)
GROB, Die elterliche Einwilligung in die Adoption (Diss Tübingen 1984)
HELMS/BOTTHOF, Besuchskontakte nach Adoption und Formen schwacher Adoption – Rechtsvergleichende Studie unter Einbeziehung des schweizerischen, französischen, italienischen, spanischen, griechischen, englischen und US-amerikanischen Rechts. Eine Expertise für das Expertise- und Forschungszentrum Adoption (EFZA) (2017)
HOHLOCH, Familienrecht (2002)
KRAUSE, Die Volljährigenadoption (Diss Freiburg i Br 1971)
KURTZ, Das Institut der Adoption im preußischen Allgemeinen Landrecht und im französischen Code civil zwischen Rezeption römischrechtlicher Prinzipien und verändertem Familienverständnis, Rechtshistorische Reihe Bd 332 (2006)
LONGINO, Die Pflegekinderadoption (Diss Frankfurt/Oder 1997)
LÜDERITZ, Adoption (1972)
MIEHLER, Reformbedarf bei der Adoption von Stiefkindern, Verwandten und Volljährigen (Diss Regensburg 2016)
MÜLLER/SIEGHÖRTNER/EMMERLING DE OLIVEIRA, Adoptionsrecht in der Praxis (3. Aufl 2016)
MUSCHELER, Familienrecht (4. Aufl 2017)
NEUKIRCHEN, Die rechtshistorische Entwicklung der Adoption (Diss Köln 2005)
OBERLOSKAMP/HOFFMANN, Wir werden Adoptiv- oder Pflegeeltern (5. Aufl 2006)
RAUSCHER, Familienrecht (2. Aufl 2008)
REINHARDT, Reformbedarf im Recht der Minderjährigenadoption und der Adoptionsvermittlung (Diss München 2015)
ders, Rechtliche Grundlagen des Adoptionswesens in Deutschland im internationalen Vergleich. Eine Expertise für das Expertise- und Forschungszentrum Adoption (EFZA) (2017)
RIECK/ZINGRAF, Die Adoption Erwachsener (2011)
ROTH, Erbrechtliche Probleme bei der Adoption (Diss Freiburg i Br 1979)
ROTH-STIELOW, Adoptionsgesetz – Adoptionsvermittlungsgesetz (1976)
SALGO, Pflegekindschaft und Staatsintervention (1987)
SCHNITZERLING, Die Adoption (1960)
vSCHLIEFFEN, Offene Adoptionsformen – ein Grund zur Reform des Adoptionsrechts (Diss FU Berlin 1994)
SCHOTTEN, Die Stiefkindadoption: Eine ver-

gleichende Darstellung des spanischen und deutschen Rechts (Diss Freiburg i Br 1998)
SCHWAB, Familienrecht (26. Aufl 2018)
STRICK, Die Adoption des eigenen Kindes: zum Abbruch statusrechtlicher Verwandtschaftsbeziehungen (Diss Freiburg i Br 1996)
WAPLER/FREY, Die Ersetzung der Einwilligung in die Adoption – Rechtslage und Reformbedarf. Eine Expertise für das Expertise- und Forschungszentrum Adoption (EFZA) (2017)
WILKE, Die Adoption minderjähriger Kinder durch den Stiefelternteil – Vergleichende Analyse des deutschen und englischen Rechts (Diss Freiburg i Br 2014).

b) Aufsätze

ADAMIETZ, Re: Adoptionsnamensrecht: Dogma, Dogmatik und Rechtspolitik in Sachen Volljährigenadoption, in: FS Kanzleiter (2010) 3
ARNDT/SCHWEITZER, Zur Ersetzung der elterlichen Adoptionseinwilligung nach § 1747a BGB, ZfJ 1974, 201
BACH, „Vatertag" beim Bundesverfassungsgericht, ZfJ 1995, 471
BALTZ, Kindschaftsrechtsreform und Jugendhilfe, NDV 1997, 341
BARTH, Vaterschaftsfeststellung bei gleichzeitiger Adoptionsvermittlung?, ZfJ 1984, 68
BECKER, Die Erwachsenenadoption als Instrument der Nachlassplanung, ZEV 2009, 25
BEITZKE, Internationalrechtliches zur Adoptionsreform, FamRZ 1976, 74
ders, Zur Neuregelung der Zuständigkeit in Adoptionssachen, FamRZ 1976, 507
BINSCHUS, Schwerpunkte des neuen Adoptionsrechts, ZfF 1976, 193
BISCHOF, Das neue Adoptionsgesetz ab 1. 1. 1977, JurBüro 1976, 1569
BOSCH, Zur Volljährigen-Adoption, FamRZ 1964, 401
ders, Entwicklungen und Probleme des neuen Adoptionsrechts in der Bundesrepublik Deutschland, FamRZ 1984, 829
BOTTHOF, Die Annahme als Kind als Alternative zur Dauerpflege – Verrechtlichung offener Adoptionen sowie Ansätze finanzieller Förderung, FamRZ 2016, 768
BOTTHOF/DIEL, Voraussetzungen für die (Stiefkind-)Adoption eines Kindes nach Inanspruchnahme einer Leihmutter, StAZ 2013, 211
BRANDT, Die Adoption eines Volljährigen in der notariellen Praxis, RNotZ 2013, 459
BRAUN, Das Verfahren in Adoptionssachen nach §§ 186 ff FamFG – Eine Bestandsaufnahme, FamRZ 2011, 81
ders, Voraussetzungen für die Aufhebung von Minderjährigenadoptionen und Folgerungen für die Ermittlung in Adoptionsverfahren – Zugleich Besprechung zu BGH, Beschluss v 6. 12. 2017 – XII ZB 371/17, ZKJ 2018, 174
BRÖTEL, Die grundrechtliche Stellung des Vaters bei der Adoption seines nichtehelichen Kindes durch Dritte, FamRZ 1995, 72
BRÜGGEMANN, Zweifelsfragen des neuen Adoptionsverfahrensrechts aus der Sicht des Jugendamts, ZBlJugR 1977, 199
ders, Schwerpunkte juristischer Problematik in der Tagesarbeit des Amtsvormunds und Amtspflegers, ZBlJugR 1982, 538, 548
ders, Der Vorname des Adoptivkindes, ZfJ 1988, 101
BÜHLER, Hinweise und Einzelfragen zum neuen Adoptionsrecht, BWNotZ 1977, 129
COESTER, Elternrecht des nichtehelichen Vaters und Adoption, FamRZ 1995, 1245
ders, Adoption durch registrierte Lebenspartner im deutschen Recht: Was bleibt vom „besonderen Schutz der Ehe", in: FS Pintens (2012) 313
CONRADI, Zivilrechtliche Regelung des Stiefkindverhältnisses – Alternative zur Adoption des Stiefkindes?, FamRZ 1980, 103
DETHLOFF, Adoption durch gleichgeschlechtliche Paare, ZRP 2004, 195
dies, Adoption und Sorgerecht – Problembereiche für die eingetragenen Lebenspartner?, FPR 2010, 208
DIECKMANN, Erbrechtliche Fragen familienrechtlicher Reformgesetze im Spiegel neuerer Lehrbücher, FamRZ 1979, 389
ders, Randfragen des Adoptionsrechts, ZBlJugR 1980, 567
DITTMANN, Adoption und Erbrecht, Rpfleger 1978, 277
DODEGGE, Das formelle und materielle deutsche Adoptionsrecht, FPR 2001, 321
ECKEBRECHT, Rechtsprechungsübersicht zum Adoptionsrecht, FPR 2001, 357

ENDERS, Stiefkindadoption, FPR 2004, 60
ENGLER, Das neue Adoptionsrecht, FamRZ 1976, 584
ders, Die Vorschläge zur Änderung des Adoptionsrechts, FamRZ 1969, 551
ders, Kann bei einer Stiefkindadoption der leibliche Elternteil das Kind vertreten?, Rpfleger 1977, 274
Evangelische Akademikerschaft in Deutschland/Katholischer Akademikerverband, Neuordnung des Adoptionsrechts, FamRZ 1974, 170
FAHRENHORST, Die Rechtsstellung des Vaters bei Inkognito-Adoption seines nichtehelichen Kindes, FuR 1995, 107
FINGER, Belehrung und Beratung durch das Jugendamt nach §§ 1748 Abs 2 BGB, 51 a JWG, DAVorm 1990, 393
ders, Die Ersetzung der Einwilligung eines Elternteils in die Annahme als Kind nach § 1748 BGB, FuR 1990, 183
FLIK, Beeinflußt die Aufhebung eines Adoptionsverhältnisses frühere Verfügungen von Todes wegen?, BWNotZ 1980, 132
FRANK, Die Neuregelung des Adoptionsrechts, FamRZ 1998, 393
ders, Brauchen wir Adoption? Rechtsvergleichende Überlegungen zu Notwendigkeit oder Zweckmäßigkeit der Adoption, FamRZ 2007, 1693
ders, Namensrechtliche Probleme bei Adoptionen, StAZ 2008, 1
ders, Rechtsprobleme bei der Erwachsenenadoption, StAZ 2008, 65
ders, Die Stiefkindadoption, StAZ 2010, 324
ders, Die Adoption eines nichtehelichen Kindes mit unbekanntem Vater, FamRZ 2017, 497
ders, Die Aufhebbarkeit von Minderjährigenadoptionen – Zugleich Besprechung der Entscheidung des BGH vom 12. 3. 2014 und des BVerfG vom 8. 6. 2015, StAZ 2016, 33
FRANK/WASSERMANN, Entscheidungsanmerkung, FamRZ 1988, 1247
FRITSCHE, Annahme eines Ehepaares durch ein Ehepaar, StAZ 1983, 106
GAAZ, Die Benutzung der Personenstandsregister, StAZ 2010, 65
GAWLITTA, Verspätete Beratung durch das Jugendamt im Ersetzungsverfahren zur Adoption?, ZfJ 1988, 110

GRZIWOTZ, Praktische Probleme der Hinzuadoption Volljähriger, FamRZ 2005, 2038
ders, Schützenswerte Interessen der Abkömmlinge des Annehmenden bei der Volljährigenadoption, FamRZ 1991, 1399
ders, Die Adoption von Stiefkindern, FamFR 2011, 533
ders, Recht auf Stiefkindadoption in faktischen Lebensgemeinschaften?, NJW 2017, 1646
HECKER, Einfluß der Adoption auf die Staatsangehörigkeit, StAZ 1985, 153
HEILMANN, Die „Anfechtung" einer Einwilligung vor Erlaß des Adoptionsdekrets – Teil 1, DAVorm 1997, 581, Teil 2, DAVorm 1997, 671
HEINZ, Das Minderjährigkeitserfordernis im Adoptionsrecht, ZRP 1995, 171
HELLERMANN, Kindesannahme durch den Ehegatten nach dem Tode des anderen mit der Rechtswirkung des § 1754 Abs 1 BGB?, FamRZ 1983, 659
HELMS, Rechtliche, biologische und soziale Elternschaft – Herausforderungen durch neue Familienformen, Gutachten F für den 71. DJT, Verhandlungen des 71. Deutschen Juristentages Essen 2016, Bd I, F 7
ders, Das Einwilligungsrecht des Vaterschaftsprätendenten bei der Adoption eines nichtehelichen Kindes, JAmt (DAVorm) 2001, 57
ders, Die Einführung der sog. vertraulichen Geburt, FamRZ 2014, 609
HELMS/BOTTHOF, Die Volljährigenadoption als Mittel der Nachlassplanung – Plädoyer für die Einschränkung eines anachronistischen Instituts, in: FS Meincke (2015) 143
HENRICH, Die Wirksamkeit der Adoption als Vorfrage für die Namensführung des Adoptierten, IPRax 1998, 96
HERZOG, Die Interessenabwägung im Rahmen des Adoptionsverfahrens, FuR 2016, 460
HOFFMANN, Umgangsrecht leiblicher Eltern nach Adoption, JAmt 2003, 453
HÖLSCHER, Die erbschaftsteuerlich motivierte Volljährigenadoption, ZErb 2012, 253
dies, Erteilen von Auskünften aus den Akten einer Adoptionsvermittlungsstelle eines Jugendamts an (potenzielle) leibliche Verwandte des Kindes, JAmt 2015, 590
dies, Verfahrenskostenhilfe in Verfahren zur

Ersetzung der elterlichen Einwilligung in die Adoption, FamRZ 2010, 1394
HOHLOCH, Rechtsprechungsübersicht – Adoption des nichtehelichen Enkelkindes durch die Großeltern, JuS 1996, 1033
ders, Keine Genehmigung der Adoption des Kindes der Zweitfrau durch Erstfrau bei „hinkender" polygamer Ehe, JuS 1998, 268
HOLZHAUER, Die Neuregelung des Pflegekindverhältnisses, ZRP 1982, 222
JAYME, Auf dem Weg zu einem neuen Adoptionsrecht, FamRZ 1973, 14 u FamRZ 1974, 115
KALLABIS, Aids und das Jugendamt – Rechtsprobleme bei der Vermittlung von Pflegschaften und Adoptionen, ZfJ 1988, 53
KEMPER, Beurkundung des Annahmeantrages durch den Notar nach § 1752 II BGB, DAVorm 1977, 153
KEUTER, Der (bekannte) Samenspender im Adoptionsverfahren, FuR 2014, 261
ders, Zustimmung des leiblichen Vaters zur Adoption, NZFam 2017, 873
KIRCHMAYER, Während des Adoptionsverfahrens eintretende Volljährigkeit – perpetuatio adoptionis minoris?, StAZ 1995, 262
KISSNER, Die Bindungswirkung gerichtlicher Entscheidungen aus der Sicht des Standesbeamten, StAZ 2004, 189
ders, Benutzung der Geburtseinträge adoptierter Kinder unter Berufung auf das Recht auf Kenntnis der eigenen Abstammung, StAZ 2007, 22 und 306
KNUR, Die Reform des Adoptionsrechts, DNotZ 1962, 571
ders, Zur Reform der Adoption Volljähriger, DNotZ 1959, 284
KRAISS, Das neue Adoptionsrecht, BWNotZ 1977, 1
KRAUSE, Das Verfahren in Adoptionssachen nach dem FamFG, FamRB 2009, 221
ders, Annahme Minderjähriger als Kind, ZFE 2011, 170
ders, Annahme Volljähriger als Kind, ZFE 2011, 223
KRAUSKOPF-MAYERHÖFER, (K)ein Recht auf Adoption? Eine Analyse der Judikatur des EGMR, iFamZ 2014, 156
KRÖMER, Ist ein Adoptionsbeschluß nichtig, wenn die Annehmenden nicht miteinander verheiratet sind?, StAZ 1999, 379
ders, Zulässigkeit von Mehrfachadoption; Auslegung des § 1742 BGB, StAZ 2017, 381
KRZYWON, Zur vormundschaftsgerichtlichen Genehmigung nach § 1746 Abs 1 Satz 4 BGB bei inländischen Adoptionsverfahren, BWNotZ 1987, 58
LAKIES, Zum Verhältnis von Pflegekindschaft und Adoption, FamRZ 1990, 698
ders, Das Recht der Pflegekindschaft im BGB nach der Kindschaftsrechtsreform, ZfJ 1998, 129
LIERMANN, Änderungen im Adoptionsrecht, FamRZ 1993, 1263
ders, Auswirkungen der Rechtsprechung des BVerfG zu § 1626a BGB auf § 1748 IV BGB im Adoptionsrecht, FamRZ 2003, 1523
ders, Auswirkungen der Reform des Kindschaftsrechts auf das Recht der Adoption – Teil 1, FuR 1997, 217, Teil 2, FuR 1997, 266
ders, Readoption des volljährigen Kindes durch den leiblichen Vater, FamRZ 1995, 1229
ders, Zur Ersetzung der Einwilligung zur Kindesannahme nach BGB § 1748 Abs 1 S 1, FamRZ 1999, 1685
ders, Zur Teilnichtigkeit einer Entscheidung der Freiwilligen Gerichtsbarkeit, FamRZ 2000, 722
ders, Zur Wirksamkeit eines Minderjährigen-Adoptionsbeschlusses trotz Volljährigkeit des Anzunehmenden im Zeitpunkt der Entscheidung, FamRZ 1997, 112
LISTL, Adoptionsrecht und religiöse Kindererziehung, FamRZ 1974, 74
LÖHNIG, Die namensrechtlichen Folgen einer Adoption: Fremdkörper im geltenden Namensrecht, FamRZ 2012, 679
ders, Kinder mit mehreren Vätern: Aktuelle Fragen des Adoptionsrechts, NZFam 2017, 879
LÖHNIG/RIEGE, Die Rechte des leiblichen, nicht rechtlichen Vaters im Adoptionsrecht – revisited, FamRZ 2015, 9
LÜDERITZ, Das Ärgernis mit der Erwachsenenadoption, in: FS Gernhuber (1993) 713
ders, Das neue Adoptionsrecht, NJW 1976, 1865
ders, Gesetzliche Klarstellungen im Adoptionsrecht, NJW 1993, 1050
LUTHER, Rechtsfolgen der Verletzung rechtlichen Gehörs bei Volljährigenadoption, NJW 1995, 306

MANSEES, Fremdmutterschaft und Adoptionsrecht, ZfJ 1986, 496

MAURER, Europäisches Übereinkommen vom 27. November 2008 über die Adoption von Kindern (revidiert) – Ein Überblick, FamRZ 2015, 1937

ders, Zum Recht gleichgeschlechtlicher Partner auf Adoption – zugleich Besprechung der Urteile des BVerfG v 19. 2. 2013 – 1 BvL 1/11 und 1 BvR 3247/09 –, und des EuGHMR v 19. 2. 2013 – 19010/07 –, FamRZ 2013, 752

MERGENTHALER, Welche Gesetzesbestimmungen muß der Beschluß über die Annahme als Kind enthalten?, StAZ 1977, 292

MOLLS, Reformbedarf im Namensrecht der Erwachsenenadoption, ZRP 2012, 174

MÜLLER, Adoption in der gleichgeschlechtlichen Partnerschaft – de lege lata et de lege ferenda, FF 2011, 56

dies, Probleme der Volljährigenadoption, insbesondere derjenigen mit „starken Wirkungen", MittBayNot 2011, 16

MUSCHELER, Die Voraussetzungen der Erwachsenenadoption, in: FS Schwab (2005) 843

ders, Offene und verdeckte Adoption – Recht des Kindes auf Kenntnis seiner Abstammung, FPR 2008, 496

NÄGELE, Auswirkungen des § 1925 IV BGB auf die Erbfolge, BWNotZ 1978, 79

NIED, Zweifachadoption ohne Aufhebung des ersten Adoptionsverhältnisses, StAZ 1982, 23

NIEMEYER, Verfassungsrechtliche Beurteilung des gesetzlichen Verbots der Zweitadoption Volljähriger, FuR 1971, 79

OBERLOSKAMP, Annahme als Kind und Adoptionsvermittlung seit dem 1. 1. 1977, DAVorm 1977, 89

dies, Die Ersetzung der Einwilligung der leiblichen Eltern in die Annahme ihres Kindes (§ 1748 BGB), ZBlJugR 1980, 581

dies, Die Ersetzung der Einwilligung der leiblichen Eltern in die Fremdadoption ihres Kindes (§ 1748 BGB). Die Entwicklung der Rechtsprechung seit 1980, in: FS Schwab (2005) 869

OSWALD, Zur steuerlichen Anerkennung von Adoptionen nach altem und nach neuem Recht, FamRZ 1978, 99

OSTHOLD, Die Einwilligung des nur leiblichen, aber nicht rechtlichen Vaters im Falle einer Samenspende, FF 2016, 53

PÄTZOLD, Die gemeinschaftliche Adoption Minderjähriger durch eingetragene Lebenspartner, FPR 2005, 269

PAULITZ, Adoption – Reizwort oder Zauberformel?, ZfJ 1997, 126

ders, Wie sinnvoll sind Stiefkindadoptionen?, ZfJ 1997, 311

PRANG, Volljährigenadoption – Annahme von Ehegatten durch eine Einzelperson – Ausweisung der Adoption in den Personenstandsbüchern, StAZ 1982, 111

REIMANN, Das Adoptivkind in der gesellschaftsrechtlichen Nachfolgeplanung, ZEV 2013, 479

REINHARDT, FamFG und Adoption, JAmt 2009, 162

ders, Die Beteiligung in Adoptionsverfahren und der Geheimhaltungsschutz – Prüfstein für die Kooperation von Jugendamt und Familiengericht in Adoptionssachen, JAmt 2011, 628

ders, Aktuelle Herausforderungen in der Praxis der Adoptionsvermittlung, JAmt 2013, 499

ders, Die vertrauliche Geburt und die Väter, JAmt 2019, 6

RENNER, Zur aufenthaltsrechtlichen Stellung des von einem deutschen Staatsangehörigen adoptierten erwachsenen Ausländers, ZAR 1981, 128

ROTH-STIELOW, Die Vertretung des Kindes im Annahmeverfahren, NJW 1978, 203

RUTHE, Zum Unterhaltsanspruch des adoptierten Kindes, FamRZ 1977, 30

SAMELUCK, Vormundschaftsgerichtliche Genehmigung gem § 1746 I 4 BGB in Fällen mit Auslandsberührung, ZfJ 1989, 203

SCHELD, Grundrechtsentmündigung der Adoptiv-Großeltern?, DRiZ 1976, 45

ders, Diskriminierung der Adoptiv-Großeltern?, FamRZ 1975, 326

SCHIEMANN, Doppelverwandtschaft nach Adoption. Über gesetzliche Fiktionen und ihre Grenzen im Familienrecht, in: FS Schröder (2013) 569

SCHMITT-KAMMLER, Zur erbrechtlichen Problematik der Verwandten- und Stiefkinderadoption nach § 1756 BGB, FamRZ 1978, 570

SOCHA, Praktische und rechtliche Probleme der Anhörung von Nichtbeteiligten im Adoptionsverfahren, FamRZ 2014, 1602

STALINSKI, Spurensuche, FamRZ 2005, 856
STÖCKER, Bemerkungen zu drei Streitpunkten der Reform des Adoptionsrechts, FamRZ 1974, 568
STURM, Zur Scheinadoption volljähriger Ausländer in der Bundesrepublik Deutschland und in der schweizerischen Eidgenossenschaft, in: FS Firsching (1985) 309
TEXTOR, Offene Adoptionsformen, NDV 1991, 107
ULLENBRUCH, Betreibung der Vaterschaftsfeststellung bei vorgesehener Adoption eines nichtehelichen Kindes?, ZBlJugR 1977, 426
WAGENITZ, Randkorrekturen im Adoptionsrecht, ZfJ 1991, 241
WALL, Rechtsfolgen der Adoption eines Volljährigen durch den ehemaligen Ehemann der Kindesmutter, StAZ 2016, 27
ders, Unwirksamkeit eines Adoptionsbeschlusses, durch den die Annahme eines Erwachsenen von zwei Geschwistern ausgesprochen wird, StAZ 2012, 280
WETZEL, Pflichtteilsentziehung durch Minderjährigenadoption?, ZEV 2011, 401
WILLUTZKI, Die Ersetzung der elterlichen Einwilligung in die Adoption, ZKJ 2007, 18
ZIERL, Pränatale Adoption, DRiZ 1984, 108
ZIMMERMANN, Das Adoptionsverfahren nach dem FamFG, NZFam 2016, 12
ders, Die Minderjährigenadoption, NZFam 2015, 484
ders, Die Adoption Erwachsener, NZFam 2015, 1134
ZSCHIEBSCH, Das amtsgerichtliche Verfahren zur Annahme als Kind, FPR 2009, 493
ZUR NIEDEN, Mängel des Adoptionsrechts, FamRZ 1956, 68.

2. Nichtjuristische Literatur
BAER, Adoptierte suchen ihre Ursprungsfamilie, NDV 1988, 148
BARTH, Adoption in der Literatur – Entscheidungshilfe und Aufklärung?, ZBlJugR 1983, 384
ders, Adoption in der Literatur II – Aufklärung für Betroffene, ZfJ 1988, 83
ders, Soziologische Daten zur Adoption Minderjähriger, ZBlJugR 1978, 243
BOHMANN, Adoptivkinder und ihre Familien (1980)
BOTT (Hrsg), Adoptierte suchen ihre Herkunft (1995)
BOVENSCHEN/BRÄNZEL/DIETZSCH/ZIMMERMANN/ZWÖNITZER, Adoptionen in Deutschland. Bestandsaufnahme des Expertise- und Forschungszentrums Adoption (EFZA) (2017)
BUSH/GOLDMAN, The psychological parenting and permanency principles in child welfare, 52 American Journal of Orthopsychiatry 1982, 223
Bundesarbeitsgemeinschaft der Landesjugendämter, Empfehlungen zur Adoptionsvermittlung (7. Aufl 2014)
Bundesverband der Pflege- und Adoptiveltern (Hrsg), Handbuch für Pflege- und Adoptiveltern (2003)
DETTENBORN/WALTER, Familienrechtspsychologie (2. Aufl 2015)
Diakonisches Werk der Evangelischen Kirche in Deutschland, Arbeitsausschuß Evangelischer Adoptionsvermittlungsstellen (Hrsg), Adoption – Annahme als Kind (2. Aufl 1978)
EAGLE, The separation experience of children in long-term care, American Orthopsychiatric Association 1994, 421
EBERTZ, Adoption als Identitätsproblem (1987)
FEIGELMAN/SILVERMAN, Chosen children. New patterns of adoptive relationships (New York 1983)
FENDRICH, Adoptionen in Deutschland. Ein Überblick zur quantitativen Entwicklung von Kindesannahmen auf der Grundlage der amtlichen Kinder- und Jugendhilfestatistik, ZfJ 2005, 283
GERBER (Hrsg), Ja – zum angenommenen Kind (1979)
GOLOMBOK, Modern Families. Parents and Children in New Family Forms (2015)
HARMS/STREHLOW (Hrsg), Das Traumkind in der Realität (5. Aufl 2004)
HOFFMANN/RIEM, Das adoptierte Kind. Familienleben mit doppelter Elternschaft (4. Aufl 1998)
HUTH, Adoption und Familiendynamik (1983)
HOKSBERGEN/TEXTOR (Hrsg), Adoption: Grundlagen, Vermittlung, Nachbetreuung, Beratung (1993)
HOKSBERGEN/JUFFER/TEXTOR, Attachment und Identität von Kindern, Prax d Kinderpsychologie und Kinderpsychiatrie 1994, 339

HUBER, Bindungsentwicklung aus der Sicht pädagogischer Alltagspraxis in der Pflege-/Adoptivfamilie, in: Stiftung zum Wohl des Pflegekindes (Hrsg), Wie Pflegekindschaft gelingt (2014) 113
JAFFEE/FANSHEL, How they fared in adoption (New York 1970)
JUNGMANN, Aufwachsen in der Adoptivfamilie, Forschungsbericht des Deutschen Jugendinstituts eV (1987)
KADUSHIN, Adopting older children (New York 1970)
KESSLER, L'adoption non consentie par les parents biologiques: une approche comparative, RIDC 2018, 271
KINDLER/WALPER/LUX/BOVENSCHEN, Kenntnis der Abstammung bei fragmentierter Elternschaft aus humanwissenschaftlicher Sicht, NZFam 2017, 929
KIRK, Adoptive kinship. A modern institution in need of reform (Toronto 1981)
KLEINZ, Adoption im Doppelpack? Chancen und Risiken gemeinsamer Vermittlung von Geschwisterkindern aus dem Ausland, ZKJ 2008, 404
KROLZIK (Hrsg), Pflegekinder und Adoptivkinder im Focus (3. Aufl 2005)
LANGE, Auslandsadoption. Wissenswertes zu einem aktuellen Thema (2000)
LICHTINGER, Das Adoptionsgeheimnis des § 1758 BGB, Bayer Landesjugendamt 1996
LIFTON, Adoption (1982)
dies, Journey to the adopted self (1994)
MOHNERT, Materiell-rechtliche Voraussetzungen des Eltern-Kind-Verhältnisses im Rahmen einer Adoption, RPsych 2018, 439
NAPP-PETERS, Adoption – Das alleinstehende Kind und seine Familien (1978)
NEIL, Helping birth parents in adoption. A literature review of birth parent support services, including supporting post adoption contact. An expertise for the German Research Center on Adoption (EFZA), 2017
PAULITZ, Offene Adoption: ein Plädoyer (1997)
ders (Hrsg), Adoption: Positionen, Impulse, Perspektiven (2. Aufl 2006)
ders, Plädoyer für die Offene Adoption, ZKJ 2009, 266
ders, Ein weiter Weg zur offenen Adoption: Das defizitäre Kindeswohl, ZKJ 2018, 307

REID/KAGAN/KAMINSKY/HELMER, Adoptions of older institutionalized youth, 68 Social Casework 1987, 140
ROSENBERG, The adoption life cycle: The children and their families through the years (1992)
ROWAL/SCHILLING, Adoption through the eyes of adult adoptees, American Journal of Orthopsychiatry 1985, 354
SALZGEBER, Familienpsychologische Gutachten. Rechtliche Vorgaben und sachverständiges Vorgehen (6. Aufl 2015)
SOROSKY/BARAN/PANNOR, Adoption. Zueinander kommen – miteinander leben (1982)
STECK, Eltern-Kind-Beziehungsproblematik bei Adoption, Prax d Kinderpsychologie und Kinderpsychiatrie 1998, 240
STUCHTEY, Solidarity with Children? Towards a History of Adoption, in: German Historical Institute London Bulletin, Vol XXXV, No 2 (Nov 2013) 43
SWIENTEK, Ich habe mein Kind fortgegeben (1982)
dies, Die „abgebende Mutter" im Adoptionsverfahren (1986)
dies, Was Adoptivkinder wissen sollten und wie man es ihnen sagen kann (früher unter dem Titel: Wir haben dich adoptiert) (1998)
dies, Adoptierte auf der Suche nach ihren Eltern und ihrer Identität (2001)
TEXTOR, Offene Adoption von Säuglingen, UJ 1988, 530
ders, Offene Adoption älterer Kinder, Jugendwohl 1989, 10
ders, Die unbekannten Eltern, ZfJ 1990, 10
ders, Offene Adoptionsformen, NDV 1991, 107
TRISELIOTIS, Counselling adoptees, in: TRISELIOTIS (Hrsg), New Developments in foster care and adoption (London 1989)
ders, In search of origins. The experiences of adopted people (London 1973)
WALPER/WENDT, Die Bedeutung der Abstammung für die Identitätsfindung und Persönlichkeitsentwicklung in der Adoleszenz: Adoption, Samenspende und frühe Vaterabwesenheit nach Trennung der Eltern, Sonderheft 8 Zeitschrift für Familienforschung (2011) 211
WARNECKE, Zwangsadoptionen in der DDR – Eine Erfindung der Medien oder gängige Praxis von Jugendhilfe und Gerichten?, NJ 2010, 156

Wollek, Offene Adoption oder Inkognito?, UJ 1999, 147.

3. Schrifttum zum ausländischen Adoptionsrecht

Zahlreiche rechtsvergleichende Hinw auf europäische und außereuropäische Staaten enthalten die Ausführungen bei Staudinger/Henrich (2019) Vorbem 5–8 zu Art 22 EGBGB. Gesetzliche Bestimmungen über die Adoption in ausländischen Staaten sind bei Bergmann/Ferid/Henrich, Internationales Ehe- und Kindschaftsrecht (fortlaufend aktualisierte Loseblattsammlung), abgedruckt. Auch das Nachschlagewerk von Rieck (Hrsg), Ausländisches Familienrecht. Eine Auswahl von Länderdarstellungen, enthält außer Gesetzestexten stichwortartige Darstellungen ua auch des Adoptionsrechts.
Schließlich findet sich bei vBar, Ausländisches Privat- und Privatverfahrensrecht in deutscher Sprache (10. Aufl 2017), nach Ländern geordnet jeweils unter B. IV. 3.c eine Zusammenstellung der Literatur zum Kindschaftsrecht (incl Adoptionsrecht) des jeweiligen Landes.
Eine Einführung in das Adoptionsrecht in englischer Sprache findet sich in den Länderberichten von Pintens (Hrsg), International Encyclopaedia of Laws – Family and Succession Law, Vol 1 – (fortlaufend aktualisierte Loseblattsammlung).
Die nachfolgende Zusammenstellung von Literatur zum Adoptionsrecht fremder Staaten kann nur eine erste Hilfe sein.

a) Europäische Rechtsordnungen
Belgien:
Casman, La réforme de l'adoption, Rev trim dr fam 1988, 9
Meulders-Klein, Die Reform des Abstammungs- und Adoptionsrechts in Belgien, FamRZ 1989, 696
Klinkhardt, Neues belgisches Kindschaftsrecht, ZfJ 1988, 542
Pintens, Die Reform des belgischen Kindschaftsrechts aus vergleichender Sicht, FamRZ 1997, 457
Rubellin-Devichi, La réforme de l'adoption, Rev int dr comp 1988, 153
Vahle, Typenmehrheit bei der Minderjährigenadoption? Das Beispiel Belgien, ZfJ 1999, 11
Verwilghen, Le nouveau droit de l'adoption en Belgique (Brüssel 2005).
Dänemark:
Marcus, Das dänische Adoptionsgesetz von 1972, RabelsZ 1974, 194
Korkisch, Einführung in das Privatrecht der nordischen Länder (1977) 127.
Frankreich:
Battes/Meixner, Neue französische Gesetzgebung zum Familienrecht, FuR 1993, 219
Brunaud, L'adoption (Paris 1999)
Ferid/Sonnenberger, Das französische Zivilrecht, Bd 3 (2. Aufl 1987) 407
Furkel, Die wichtigsten Änderungen im französischen Familienrecht durch das Gesetz vom 8. Januar 1993, FamRZ 1994, 1084
Huet-Weiller, Adoption – France, Rev int dr comp 1985, 611
Lavallée, L'enfant, ses familles et les institutions de l'adoption, Regards sur le droit francais et québécois (Montréal 2005)
O'Halloran, The Politics of Adoption – International Perspectives on Law, Policy and Practice (3. Aufl 2015) 525
Schulz/Doublein, Droit et pratique de l'adoption (Paris 2013)
Steindorff, Familienrechtsreform in Frankreich – Das Gesetz vom 8. Januar 1993, FuR 1992, 319.
Griechenland:
Jayme/Bissias, Adoption und Interessen des Annehmenden nach griechischem Recht, StAZ 1987, 275
Vassilakakis, Die neue Regelung der Adoptionen mit Auslandsberührung im griechischen Recht, IPRax 1998, 224.
Großbritannien:
Bridge/Swindells, Adoption – The Modern Law (2003)
Bridge/Heaton, Adoption – The Modern Procedure (2006)
Büttner, Kindschaftsrechtsreform in England, FamRZ 1997, 464
Fenton-Glynn, Adoption without consent – Study for the Peti Committee (2015)
Flauss, Adoption – Angleterre, Rev int dr comp 1985, 539

Lowe, Die Rechtsstellung des Kindes – Reform auf englische Art, FuR 1991, 123
McFarlane/Reardon, Child Care and Adoption Law (2. Aufl Bristol 2010)
O'Donovan, L'adoption dans le droit du Royaume-Uni, Rev int dr comp 2003, 845
O'Halloran, The Politics of Adoption – International Perspectives on Law, Policy and Practice (3. Aufl 2015)
Siebert-Michalak, Aspekte des Adoptionswesens in Großbritannien, ZfJ 1990, 45
Sloan, Conflicting rights: English adoption law and the implementation of the UN Convention on the Rights of the Child, Child and Family Law Quarterly 25 (2013) 40
Wilke, Die Adoption minderjähriger Kinder durch den Stiefelternteil – Vergleichende Analyse des deutschen und englischen Rechts (2014).

Irland:
Brötel, Die grundrechtliche Stellung des Vaters bei der Adoption seines nichtehelichen Kindes durch Dritte (Anmerkung zum Urteil des Europäischen Gerichtshofes für Menschenrechte vom 26. 5. 1994 im Fall Keegan gegen Irland), FamRZ 1995, 72
O'Halloran, The Politics of Adoption – International Perspectives on Law, Policy and Practice (3. Aufl 2015) 253
Sloan, A New Approach to Adoption in Ireland, FamRZ 2018, 1391.

Italien:
Avallone/Bellanova/De Filippis ua, Adozione nazionale ed internazionale (Mailand 2011)
Bauermann, Das italienische Adoptionsrecht (1977)
Brand, Adoption – Italie, Rev int dr comp 1985, 631
Buono, Neue Entwicklungen des Ehe- und Kindschaftsrechts in Italien, StAZ 1997, 201
Clerici/Dogliotti/Sesta, Filiazione, Adozione, Alimenti, Trattato di Diritto Privato, Bd IV, Il Diritto di Famiglia (Turin 2011)
Cubeddu, Das neue italienische Staatsangehörigkeitsgesetz, IPRax 1993, 51
Geurts, Italien: Neues Adoptionsrecht, FamRZ 2002, 379
Jayme, Zur Zulässigkeit der „Readoption" im italienischen Recht, Jb ital Recht 18 (2005) 313
Luther, Das italienische sachliche und internationale Adoptionsrecht nach dem Gesetz v 4. 5. 1983, StAZ 1983, 333.

Kroatien:
Hrabar, The Reform of Adoption Law – A Chance for Better and More Adoptions in the Light of the Children's Rights, The International Survey of Family Law (2000) 109
Kunda, Neuheiten im kroatischen Familienrecht, FamRZ 2005, 1628, 1629.

Luxemburg:
Franck, Das neue luxemburgische Adoptionsgesetz, StAZ 1975, 17
ders, Änderung des Adoptionsrechts, ZfJ 1990, 512.

Niederlande:
Nuytinck, Das neue Personen- und Familienrecht in den Niederlanden, StAZ 2000, 72
Papandreou, Adoption – Pays-Bas, Rev int dr comp 1985, 653.

Österreich:
Schwimann, Das österreichische Adoptionsrecht nach seiner Reform, FamRZ 1973, 345
Rieg, Adoption – Autriche, Rev int dr comp 1985, 557
Verschraegen, Kleiner Streifzug durch das österreichische Adoptionsrecht, in: FS Schwab (2005) 1481.

Polen:
Gralla, Polen: Neues Adoptionsrecht, StAZ 1996, 24.

Portugal:
Jayme, Portugal: Internationales Verfahrensrecht, IPR und Europäisches Arbeitsrecht, Dritte Deutsch-Lusitanische Rechtstage in Trier, IPRax 1994, 69
ders, Neue Verfahrensregeln für Adoptionen mit Auslandsberührung in Portugal, IPRax 1995, 57
de Oliveira, Changes in Portuguese Family Law 2015–2016, FamRZ 2016, 1550
Pereira Coelho, Adoption – Portugal, Rev int dr comp 1985, 671
Távora Vítor/Martins Cândido, Developments about co-adoption in the Portuguese legal system, FamRZ 2014, 1515.

Rumänien:
LEONHARDT, Rumänien: Das neue Gesetz über die Genehmigung der Adoption, StAZ 1992, 83.

Rußland:
DIV-Gutachten, Adoption nach russischem Recht, DAVorm 1999, 764
KHASOWA, L'adoption internationale en Russie, Rev int dr comp 2003, 261
WOHLGEMUTH, Rußland: Ordnung über das Adoptionsrecht, StAZ 1996, 213.

Schweden:
O'HALLORAN, The Politics of Adoption – International Perspectives on Law, Policy and Practice (3. Aufl 2015) 493.

Schweiz:
EICHENBERGER, Das neue Adoptionsrecht des Schweizerischen Zivilgesetzbuches, FamRZ 1975, 16
FLORSCH, Adoption – Suisse, Rev int dr comp 1985, 687
HAUSHEER, Geändertes Adoptionsrecht und erster Bundesgerichtsentscheid zum neuen Betreuungsunterhalt in der Schweiz, FamRZ 2018, 1403
HEGNAUER, Kindesrecht in Deutschland und in der Schweiz, FamRZ 1996, 914
HEUSSLER, Zu den jüngsten Reformen im schweizerischen Familienrecht, StAZ 2000, 4
LOCHER, Persönlichkeitsschutz und Adoptionsgeheimnis (Diss Zürich 1992) m Bspr FRANK FamRZ 1994, 1018
PFAFFINGER, Geheime und offene Formen der Adoption (Diss Zürich 2007).

Spanien:
ARCE Y FLOREZ/VALDES, El Acogimiento familiar y la adopcion en la ley de 11 noviembre de 1987, Rev Gen Leg Jur 1987, 741
BRAND, Adoption – Espagne, Rev int dr comp 1985, 595
ESTEBAN DE LA ROSA, Die Pflegekindschaft im spanischen Recht – ihre Qualifikation im IPR, IPRax 1999, 123
FERRER I RIBA, Außergerichtliche Trennung und Scheidung, Abstammungsklagen, Zuordnung der Mutterschaft und offene Adoption im spanischen Familienrecht, FamRZ 2016, 1557
JAYME, Neues Adoptionsrecht in Spanien, IPRax 1989, 123

SCHOTTEN, Die Stiefkindadoption: eine vergleichende Darstellung des spanischen und deutschen Rechts (Diss Freiburg i Br 1998).

Tschechische Republik:
ZUKLINOVA, Was gibt es neues im Familienrecht?, Pravni Praxe 1998, 258
HADERKA, Zur Entstehung und den grundsätzlichen Problemen der Familienrechtsnovelle, Pravni Praxe 1998, 269
KRALICKOVA, Adoption in the Czech Republic: Reform in the Light of the Child Welfare Laws, The International Survey of Family Law (2003) 125
WESTPHALOVÁ, Neues Adoptionsrecht in der Tschechischen Republik, FamRZ 2013, 1467.

Türkei:
ANSAY, Türkei: Änderung familienrechtlicher Bestimmungen, StAZ 1991, 201
GRASSINGER, Die Adoption nach dem revidierten türkischen Zivilgesetzbuch, StAZ 2005, 129
INCE, Erwachsenenadoption nach türkischem Rechtssystem, NZFam 2018, 630
KRÜGER, Änderungen im türkischen Familienrecht, StAZ 1991, 181
ODENDAHL/ADAR, Die Änderungen im türkischen Adoptionsrecht und der Beitritt der Türkei zum Haager Adoptionsabkommen, ZFE 2006, 220.

b) Außereuropäische Rechtsordnungen

Australien:
O'HALLORAN, The Politics of Adoption – International Perspectives on Law, Policy and Practice (3. Aufl 2015) 409.

Brasilien:
JAYME, Zur Anerkennung einer deutschen Volljährigenadoption in Brasilien, in: FS Kropholler (2008) 321.

China:
O'HALLORAN, The Politics of Adoption – International Perspectives on Law, Policy and Practice (3. Aufl 2015) 683
RATHGEBER, Das Adoptionsrecht der VR China. Die Ausstrahlungswirkung der UN-Kinderrechtekonvention von 1989 (Hamburg 2011)
WOHLGEMUTH, Volksrepublik China: Adoptionsgesetz, StAZ 1992, 253

ders, Die Kodifikation des Adoptionsrechts in der Volksrepublik China, FamRZ 1993, 149.
Costa Rica:
BENICKE, Typenmehrheit im Adoptionsrecht und deutsches IPR (Diss Heidelberg 1994) 14.
Haiti:
WEITZEL, Die Adoption haitianischer Kinder – Zugleich Anmerkung zum Beschluss des AG – VormG – Karlsruhe vom 1. 8. 2008, JAmt 2009, 421.
Indien:
OTTO, Indisches Adoptionsrecht und deutsche Praxis, StAZ 1993, 39
SCHÜTT, Indisches Familienrecht und deutsche Praxis, FamRZ 1999, 1330.
Indonesien:
LEWENTON, Indonesien: Kindesadoption. Einleitung, Übersetzung und Kommentierung, StAZ 2010, 278.
Irak:
YASSARI, Adoption und Funktionsäquivalente im islamischen Rechtskreis, in: FS Coester-Waltjen (2015) 1059, 1068.
Iran:
YASSARI, Adoption und Funktionsäquivalente im islamischen Rechtskreis, in: FS Coester-Waltjen (2015) 1059, 1066.
Japan:
BRYANT, Sons and Lovers: Adoption in Japan, 38 Am J comp law 1990, 299
KAMITANI, Aktuelle Tendenzen im japanischen Adoptionsrecht, FamRZ 1987, 130
ders, Zur Reform des japanischen Adoptionsrechts, FamRZ 1988, 803
MAYER, Wandel und Kontinuität im Japanischen Adoptionsrecht (Diss Tübingen 1995)
O'HALLORAN, The Politics of Adoption – International Perspectives on Law, Policy and Practice (3. Aufl 2015) 637
TOKOTANI, Japanisches Adoptionsrecht und Vorschläge zur Reform, in: FS Frank (2008) 281.
Jemen:
FORSTNER, Jemen: Das neue Ehe- und Kindschaftsrecht von 1992, StAZ 1993, 260
ders, Das neue jemenitische Ehe- und Kindschaftsrecht von 1992 – Teil 1, StAZ 1993, 249, Teil 2, StAZ 1993, 280.

Kambodscha:
Gesetz über Ehe und Familie, StAZ 1990, 304, 309
WOHLGEMUTH, Adoption und Legitimation im Familien- und Kollisionsrecht Kambodschas, ZfRV 1987, 272.
Kamerun:
OTTO, Kamerun: Ehe- und Personenstandsrecht, StAZ 1995, 372.
Kanada:
HEPWORTH, Foster care and adoption in Canada (Ottawa/Ontario 1980)
LAVALLÉE, L'enfant, ses familles et les institutions de l'adoption, Regards sur le droit francais et québécois (Montreal 2005)
O'HALLORAN, The Politics of Adoption – International Perspectives on Law, Policy and Practice (3. Aufl 2015) 365.
Kasachstan:
BALANOWSKI, Kasachisches Familien- und Personenstandsrecht, StAZ 1999, 120.
Laos:
WOHLGEMUTH, Laos: Familiengesetz, StAZ 1992, 283.
Lateinamerika:
HEINRICH, Adoption in Lateinamerika, ZVglRWiss 1986, 100.
Marokko:
HEINEN, Keine Adoption nach marokkanischem Recht, StAZ 1994, 292.
Mongolei:
KUBITZ, Mongolisches Kindschaftsrecht, StAZ 1994, 390
WOHLGEMUTH, Zum Staatsangehörigkeits-, Familien- und Namensrecht in der heutigen Mongolei, StAZ 1996, 72.
Neuseeland:
O'HALLORAN, The Politics of Adoption – International Perspectives on Law, Policy and Practice (3. Aufl 2015) 451.
Peru:
RIECK, Peru: Adoption Minderjähriger, StAZ 1993, 398.
Philippinen:
GLAHN, Die Neuregelung des Adoptionsrechts der Philippinen durch die Gesetze über die Adoption philippinischer Kinder im Ausland und über die Inlandsadoption von 1995 und 1998, StAZ 1999, 232.

Vorbem zu §§ 1741 ff

Sri Lanka:
CIESLAR, Sri Lanka: Adoptionsrecht, StAZ 1991, 295.

Südkorea:
BÖHMER, Südkorea: Neues Familienrecht, StAZ 1991, 174.

Tansania:
WANITZEK, Adoptionsrecht in Afrika – Eine Fallstudie aus Tansania zum „lebenden Recht" im Kontext internationaler Migration, in: FS Frank (2008) 327.

Thailand:
MARX, Adoptionsrecht und Adoptionspolitik in Thailand, StAZ 1990, 89.

Tunesien:
MENHOFER, Neues Internationales Privatrecht in Tunesien, IPRax 1999, 266
YASSARI, Adoption und Funktionsäquivalente im islamischen Rechtskreis, in: FS Coester-Waltjen (2015) 1059, 1065.

USA:
CAHN/HEIFETZ HOLLINGER, Families bei Law – An Adoption Reader (New York 2004)

MABRY/KELLY, Adoption Law – Theory, Policy and Practice (Buffalo 2006)
KUNTZ, Das gesetzliche Erbrecht des Adoptivkindes in den USA (Diss Passau 2013)
O'HALLORAN, The Politics of Adoption – International Perspectives on Law, Policy and Practice (3. Aufl 2015) 307
PFUND, L'adoption internationale: Etats-Unis, Rev int dr comp 2003, 803
PÜTTER, Adoption in den USA – Voraussetzungen, Verfahren und Wirkungen (1972)
SONNENBERGER, Erwerb und Fortfall der Erbberechtigung adoptierter Kinder, insbesondere bei Adoptionen in den USA, in: GS Alexander Lüderitz (2000) 713
Voss, Neue Tendenzen im Adoptionsrecht der Vereinigten Staaten von Amerika, FamRZ 2001, 203.

Usbekistan:
ZAKIROV, Die Adoption Minderjähriger im internationalen Kindschaftsrecht Usbekistans und Deutschlands (Diss Bremen 2006).

Systematische Übersicht

I.	**Entstehungsgeschichte**	1
1.	Das Europäische Adoptionsübereinkommen v 1967	2
2.	Die sog Vorabnovelle v 1973 und das Adoptionsgesetz v 1976	4
a)	Vorgeschichte	4
b)	Die sog Vorabnovelle v 1973	5
c)	Das Adoptionsgesetz v 1976	6
d)	Inhalt des Adoptionsgesetzes v 1976	7
3.	Änderungen nach dem Adoptionsgesetz v 1976	13
4.	Haager Übereinkommen über den Schutz von Kindern und die Zusammenarbeit auf dem Gebiet der Adoption v 29. 5. 1993	21
II.	**Die Rechtslage in der ehemaligen DDR**	
1.	Die adoptionsrechtlichen Bestimmungen des Familiengesetzbuches v 20. 12. 1965	24
2.	Die intertemporalen Bestimmungen des Einigungsvertrages	30
III.	**Statistisches**	
1.	Bundesrepublik Deutschland	32
2.	Ehemalige DDR	33
IV.	**Pflegekindschaft und Adoption**	
1.	Gegenüberstellung beider Institute	34
2.	Die rechtliche Ausgestaltung des Pflegekindschaftsverhältnisses	37
3.	Einzelprobleme	40
a)	Adoption durch Pflegeeltern	40
b)	Adoption des Pflegekindes durch Dritte	41
4.	Das Verhältnis von Pflegekindschaft und Adoption de lege lata – Möglichkeit einer funktionellen Abgrenzung de lege ferenda?	42
a)	de lege lata	42
b)	de lege ferenda	44

V. Kinderpsychologische und -psychiatrische Aspekte der Adoption	45
1. Allgemeines zur Entstehung von Deprivations- und Bindungsstörungen	46
2. Folgen, Therapie und Prognose von Deprivationssymptomen	49
3. Folgerungen für die Adoption	52
VI. Adoption mit Auslandsberührung	57
VII. Übergangsvorschriften (Art 12 §§ 1–7 AdoptG)	58
VIII. Adoptionsvermittlung	86
1. Entstehungsgeschichte	87
2. Gesetz über die Vermittlung der Annahme als Kind v 1976	88
3. Gesetz zur Änderung des Adoptionsvermittlungsgesetzes v 1989	92
4. Gesetz zur Regelung von Rechtsfragen auf dem Gebiet der internationalen Adoption und zur Weiterentwicklung des Adoptionsvermittlungsrechts v 2001	98

Alphabetische Übersicht

Adoptionsgesetz	6 ff
Adoptionsrechtsänderungsgesetz	14
Adoptionsverfahren	17
Adoptionsvermittlung	86 ff
– durch unqualifizierte Vermittler	87
– gewerbsmäßige	87
– internationale	98 ff
Adoptionsvermittlungsgesetz	86 ff, 92 ff
– Entstehungsgeschichte des -es	86 f, 92 f
– Umgehung des -es	96
– Zweck des -es	88, 93
Adoptionsvermittlungsstelle	89 ff
– anerkannte -n	89, 99
– Erfordernis der Anerkennung als	89
– JugÄ und LJugÄ als -n	89
– zentrale	90
Adoptionswirkungsgesetz	57
Altadoption, Überleitung einer	58 ff
– Widerspruch gegen die	69 ff, 82, 84
Altersunterschied zwischen Annehmendem und Kind	26
Annahmeverfahren	9, 80 f
– schwebende bei Inkrafttreten des AdoptG v 1976	80 f
Annahmevertrag	65, 70, 75
– Anfechtung des -s	65
– Sittenwidrigkeit des -s	65
Aufhebung des Annahmeverhältnisses	11, 28 ff, 60, 65, 71, 76
– durch Vertrag nach altem Recht	60
– durch das Jugendamt	28
Ausländer	57, 90
– Adoption durch einen	57, 90
– Adoption eines -s	57, 90
Auslandsadoption	
– Anerkennung einer	23, 57
– Vermittlung einer	98
Beratung, Rechtsanspruch auf	91
Bindungstheorie	48
Blankoeinwilligung	27
Bundeszentralstelle für Auslandsadoptionen	99
DDR	24 ff, 33
– Adoptionshäufigkeit in der ehemaligen	33
– Rechtslage in der ehemaligen	24 ff
Dekretsystem	4, 9, 25
Deprivation	45 ff
– Entstehung von -sstörungen	46 ff
– Folgen, Therapie und Prognose der	49 ff
Einfache Adoption	42
Einigungsvertrag, Intertemporale Bestimmungen des -s	30 f
Einwilligung	5, 8, 27 ff, 30 f, 40, 65, 69, 80, 82
– Anfechtung der	65
– des nichtehelichen Vaters	8, 15, 27
– elterliche	27 ff, 65, 81
– Entbehrlichkeit der	27, 30 f
– Ersetzung der	5, 8, 27, 30, 40, 65, 69, 81 f
– persönliche des Kindes	27, 30
Einzelannahme durch eine Frau	62
Entstehungsgeschichte	1 ff
Erbrecht	60, 63 f, 70, 75

– Ausschluss des -s durch Annahmevertrag	70, 75
– anwendbares bei Erbfällen bis 1976	63, 75
– anwendbares bei Erbfällen ab 1983	64
– Veränderung des gesetzlichen -s durch Überleitung	60
Ersatzmutterschaft	93 ff
Ersatzmuttervermittlung	93 ff
Europäisches Adoptionsübereinkommen	2 ff
Familiennamensrechtsgesetz	14
Frühadoption („Frühestadoption")	53
Haager Adoptionsübereinkommen	21 ff, 98
Häufigkeit der Adoption, statistische	32 f
Heimbetreuung	56
– Folgerungen für die Adoption	56
Hospitalismus	46
Inkognitoadoption	27
Insemination, künstliche	92
Jugendamt	24, 27 f
– als Adoptionsvermittlungsstelle	89, 99
– Aufhebung des Annahmeverhältnisses durch das	28
– Beschluss des -es	25
– Klage des -es	27 f
Kinderhandel	97
Kinderlosigkeit, Erfordernis der	5, 8
Kindschaftsrechtsreformgesetz	15
Landesjugendamt	89 f
– als Adoptionsvermittlungsstelle	89 f, 99
– Anhörung des -s durch das FamG	90
Lebenspartnerschaftsgesetz	16
Leihmutteragentur	92
Leihmutterschaft	93 ff
Mindestaltersgrenze für den Annehmenden	5, 8, 26
Perinatale Schädigung	50
Pflegekindschaft	34 ff, 52
– Schutz der	37, 41, 43
– Verhältnis zur Adoption	42 ff
Pflegeperson	37, 40, 44
– Adoption durch die	40
– Herausgabeanspruch gegenüber der	38, 41
– Sorgerechtsübertragung auf die	37
– Vorrang der Eltern vor der	38
Sorgerechtsübertragung	37, 44
– auf andere Betreuungspersonen	44
– auf den Vater des nichtehelichen Kindes	33
Staatsangehörigkeit, Erwerb der deutschen durch Adoption	58, 77 ff
Stiefkindadoption	10, 25, 28
Überleitung einer Altadoption	58 ff
Vater des nichtehelichen Kindes	8, 15, 27, 33
Verfahren in Adoptionssachen	17
Vermittlungsverbot, bußgeldbewehrtes	89
Vertragssystem	9
Verwandtenadoption	10, 25, 44
Volladoption	3 f, 10, 12, 14, 25, 42, 58, 66, 68, 79, 82, 84
Volljährigenadoption	12, 26, 31, 58 ff, 65, 67 f, 74 f, 76
– Reichweite der	61
Vorabnovelle	5
Voraussetzungen der Annahme	8
Widerspruch gegen die Überleitung einer Altadoption	69 ff, 82, 84
Zentrale Behörde	99

I. Entstehungsgeschichte

1 Zur Entwicklung des Adoptionsrechts vor Inkrafttreten des Adoptionsgesetzes v 1976 vgl STAUDINGER/ENGLER[10/11] Vorbem 1–66 zu § 1741; zur Rechtsgeschichte vgl außerdem KURTZ, Das Institut der Adoption im preußischen Allgemeinen Landrecht und im französischen Code civil zwischen Rezeption römisch-rechtlicher Prinzipien und verändertem Familienverständnis, Rechtshistorische Reihe Bd 332 (2006) und NEUKIRCHEN, Die rechtshistorische Entwicklung der Adoption (Diss Köln 2005).

1. Das Europäische Adoptionsübereinkommen v 1967

Das EuAdÜbEink v 1967 (BGBl 1980 II 1094 ff) hat die nationale Entwicklung mitbeeinflusst. Zur Geschichte des Übereinkommens vgl BT-Drucks 8/3529, 20; SCHWIND StAZ 1965, 33; FICKER RabelsZ 30 (1966) 606; OBERLOSKAMP ZBlJugR 1982, 121. **2**

Das Ministerkomitee des Europarats hat auf Wunsch des Sozialausschusses und in Anbetracht der Empfehlung 292 (1961) der Beratenden Versammlung im April 1961 einen ad-hoc-Ausschuss von Rechts- u Sozialsachverständigen einberufen mit dem Auftrag, die Probleme im Zusammenhang mit der internationalen Adoption von Kindern zu prüfen. Dieser Ausschuss stellte fest, dass der beste Weg, angemessene Schutzmaßnahmen für die internationale Adoption von Kindern zu schaffen, darin bestehe, dass sich der **Europarat** mit der Adoption von Kindern im Allgemeinen befasst. Aufgrund eines entsprechenden Auftrags durch das Ministerkomitee arbeitete der Ausschuss einen Übereinkommensentwurf aus, der dem Sozialausschuss und dem Europäischen Ausschuss für die rechtliche Zusammenarbeit des Europarats vorgelegt wurde. Das Ministerkomitee billigte schließlich den Entwurf und legte das Übereinkommen am 24. 4. 1967 zur Unterzeichnung durch die Mitgliedstaaten aus. Die Unterzeichnung durch die Bundesrepublik Deutschland erfolgte noch am gleichen Tag, die Ratifizierung erst durch Ges v 25. 8. 1980 (BGBl 1980 I 1093). **In Kraft getreten** ist das Übereinkommen am 11. 2. 1981 (BGBl 1981 II 72).

Das Abkommen zeichnet sich dadurch aus, dass es in seinem Teil II (Art 4–16) **obligatorische Bestimmungen** zur Ausgestaltung des nationalen Rechts der Mitgliedstaaten enthält und in Teil III (Art 17–20) **Regelungen fakultativer Art**, welche die Mitgliedstaaten gem Art 2 nur „in Erwägung zu ziehen haben". Das Abkommen selbst enthält kein unmittelbar geltendes Recht. Einzelheiten zum Inhalt des Übereinkommens können der Denkschrift zum GesE der Bundesregierung v 21. 12. 1979 und dem ihr anliegenden erläuternden Bericht (BT-Drucks 8/3529) entnommen werden. Vor allem wegen des in Art 10 verankerten Grundsatzes der **Volladoption** hat die Ratifizierung des EuAdÜbEink durch die Bundesrepublik Deutschland lange auf sich warten lassen. Andererseits wurde im deutschen Schrifttum von der Ratifizierung und dem Inkrafttreten des Abkommens kaum mehr Notiz genommen, nachdem den Anforderungen des EuAdÜbEink durch das AdoptG v 2. 7. 1976 (BGBl 1976 I 1749) in vollem Umfang Rechnung getragen worden war. **3**

2. Die sog Vorabnovelle v 1973 und das Adoptionsgesetz v 1976

a) Vorgeschichte

Die Arbeitsgemeinschaft für Jugendpflege und Jugendfürsorge (AGJJ) hatte bereits 1955 einen GesE vorgelegt, in dem ua die Einführung der Volladoption und des Dekretsystems gefordert worden war (MittAGJJ 11 [1955] 9 ff). Unter dem Eindruck des EuAdÜbEink (vgl Rn 2) unternahm die AGJJ 1967 erneut einen Vorstoß. Ein Ausschuss prüfte, welche Reformen des nationalen Rechts zur Anpassung an das Abkommen notwendig oder zweckmäßig seien. Das Ergebnis der zweijährigen Ar- **4** beit waren 16 Thesen zur Neuregelung des Adoptionsrechts (MittAGJJ 57/58 [1969] 32 ff). Auch im juristischen Schrifttum wurde immer dringlicher auf die Notwendigkeit einer Gesamtreform des Adoptionsrechts hingewiesen (Bosch FamRZ 1970, 497, 503; Engler, Auf dem Weg zu einem neuen Adoptionsrecht [1972]; Lüderitz, Adoption [1972]).

b) Die sog Vorabnovelle v 1973

5 Parlamentarische Aktivitäten folgten Anfang der Siebzigerjahre in immer kürzer werdenden Zeitabständen. Aufgrund eines Initiativantrags der Fraktionen von SPD und FDP (BT-Drucks 6/2367) und eines weiteren Antrags mehrerer Abgeordneter sowie der Fraktion der CDU/CSU (BT-Drucks 6/2591) fasste der BT am 2. 2. 1972 folgende Entschließung (vgl BT-Drucks 6/3067):

> „Der Bundestag hält eine Reform des Adoptionsrechts für dringend erforderlich. Er fordert die Bundesregierung auf, sobald wie möglich einen Gesetzentwurf vorzulegen, der das Adoptionsrecht umfassend neu regelt. ... Sollte die Vorlage des Entwurfs eines solchen umfassenden Reformgesetzes nicht alsbald möglich sein, so wird die Bundesregierung aufgefordert, unverzüglich den Entwurf für eine gesetzliche Neuregelung derjenigen Bestimmungen vorzulegen, die Adoptionen zur Zeit wesentlich erschweren. Dazu gehören vor allem die Bestimmungen über die elterliche Einwilligung, das Mindestalter des Annehmenden und das Erfordernis der Kinderlosigkeit."

Aufgrund dieser Entschließung legte die BReg vorweg den Entwurf eines Ges zur Änderung des Adoptionsrechts vor (BT-Drucks 7/421 mit Stellungnahme des BR; Bericht und Antrag des RAussch BT-Drucks 7/716). In dem Entwurf wurde vorgeschlagen, die Mindestaltersgrenze für die Annehmenden von 35 auf 25 Jahre herabzusetzen und die engen Bestimmungen über die Ersetzung der elterlichen Einwilligung in die Adoption zu lockern, insbes auch bei Gleichgültigkeit die Möglichkeit der Ersetzung vorzusehen. Dem Anliegen des Entwurfs wurde schließlich durch die sog Vorabnovelle v 14. 8. 1973 (Ges zur Änderung von Vorschriften des Adoptionsrechts, BGBl 1973 I 1013) Rechnung getragen. Zur Herabsetzung der Mindestaltersgrenze vgl § 1743 Rn 3, zur erleichterten Ersetzung der Einwilligung vgl § 1748 Rn 4.

c) Das Adoptionsgesetz v 1976

6 Die Gesamtreform des Adoptionsrechts wurde am 7. 9. 1973 durch einen **RefE des Bundesministeriums der Justiz** eingeleitet (DAVorm 1973, 522; Unsere Jugend 1974, 76). Dieser Entwurf wurde in der Lit eingehend diskutiert (vgl etwa MittAGJ 70 [1974] Sonderbeilage; Akademikerverbände FamRZ 1974, 170; Jayme FamRZ 1974, 115; Mende ZBlJugR 1974, 155). Der überarbeitete Entwurf wurde am 7. 1. 1975 als **GesE der BReg** (BT-Drucks 7/3061, 4–72) mit Stellungnahme des BR (BT-Drucks 7/3061, 73–83) und Gegenäußerung der BReg (BT-Drucks 7/3061, 84–87) dem BT zugeleitet (zum RegE vgl Engler FamRZ 1975, 125; Meyer-Stolte Rpfleger 1975, 204). Dieser verwies ihn am 23. 1. 1975 an den RAussch. Nach Vorlage des Berichts des RAussch (BT-Drucks 7/5087) wurde am 2. 7. 1976 das „Gesetz über die Annahme als Kind und zur Änderung anderer Vorschriften" (AdoptG) beschlossen (BGBl 1976 I 1749). Es ist am 1. 1. 1977 in Kraft getreten.

d) Inhalt des Adoptionsgesetzes v 1976

7 Der Inhalt des AdoptG v 1976 kann hier nur in Bezug auf einige wesentliche Punkte kurz skizziert werden. Im Einzelnen wird auf die Darstellung der Entstehungsge-

schichte bei der Kommentierung der jeweiligen Paragraphen verwiesen. Einen Überblick über den Inhalt des AdoptG v 1976 geben ua BINSCHUS ZfF 1976, 193; BISCHOF JurBüro 1976, 1569; ENGLER FamRZ 1976, 584; LÜDERITZ NJW 1976, 1865; OBERLOSKAMP DAVorm 1977, 89.

Voraussetzungen der Annahme: Gegenüber der Vorabnovelle wurden die **Mindestaltersvorschriften** bei der Annahme durch ein Ehepaar ein weiteres Mal dahingehend geändert, dass es nunmehr genügt, dass ein Ehegatte das 25., der andere das 21. Lebensjahr vollendet hat (vgl § 1743 Rn 3). Das Erfordernis der **Kinderlosigkeit** wurde abgeschafft (vgl § 1745 Rn 4). Dem **Vater des nichtehelichen Kindes** wurde 1976 noch kein Einwilligungsrecht zuerkannt. Stellte er jedoch selbst einen Antrag auf Ehelicherklärung oder Adoption, so entfaltete dieser Antrag Sperrwirkung gegenüber Anträgen Dritter auf Annahme des Kindes (vgl § 1747 Rn 2). Was die **Ersetzung der Einwilligung** der Eltern des ehelichen und der Mutter des nichtehelichen Kindes anbelangte, so hat das AdoptG v 1976 in § 1748 BGB unter nur unwesentlichen redaktionellen Änderungen die durch die Vorabnovelle eingeführte Regelung übernommen (vgl § 1748 Rn 6). **8**

Annahmeverfahren: Anders als vor der Reform kam die Adoption nicht mehr durch Vertrag, sondern durch vormundschaftsgerichtliche Entscheidung zustande (Dekret statt Vertragssystem; vgl § 1752 Rn 1). **9**

Wirkungen der Annahme: Die **Volladoption** ersetzte die einfache Adoption alten Rechts. Die Einführung der Volladoption war das zentrale Reformanliegen des AdoptG v 1976. Durch die Annahme werden seither einerseits die Rechtsbeziehungen zwischen Kind und Ursprungsfamilie vollkommen gelöst, andererseits wird das Kind völlig in die Familie seiner Adoptiveltern integriert (vgl § 1754 Rn 1 u § 1755 Rn 1). Lediglich für die **Verwandten- und Stiefkindadoption** enthält § 1756 BGB seit 1976 einige Kompromissregelungen (vgl § 1756 Rn 1). **10**

Aufhebung des Annahmeverhältnisses: Ein wesentliches Anliegen der Adoptionsrechtsreform war es auch, dem Annahmeverhältnis **verstärkten Bestandsschutz** zu verleihen. Die Möglichkeit, eine Adoption wegen Begründungsmängeln oder wegen späteren Scheiterns aufzuheben, wurde auf seltene Ausnahmefälle beschränkt (vgl § 1759 Rn 2). **11**

Volljährigenadoption: Die umstrittene Volljährigenadoption war im Zuge der Reform nicht ernsthaft in Frage gestellt. Sie wurde in den §§ 1767 ff BGB gegenüber der Minderjährigenadoption selbständig geregelt. Die **Sonderregelung** war notwendig geworden, weil die für Minderjährige eingeführte Volladoption als Regeltyp für die Erwachsenenadoption nicht in Betracht kam (vgl § 1770 Rn 1). **12**

3. Änderungen nach dem Adoptionsgesetz v 1976

Das AdoptG v 1976 hat eine Reihe von Rechtsvorschriften außerhalb des BGB dem neuen Recht angeglichen. Eine umfassende Anpassung ist jedoch nicht erfolgt. Erforderliche gesetzliche Änderungen oder Klarstellungen sollten einem späteren Ges vorbehalten bleiben (vgl BR-Drucks 304/76 u BT-Drucks 8/1495). Diesem Auftrag ist der Gesetzgeber durch das Ges zur Anpassung rechtlicher Vor- **13** schriften an das AdoptG (**Adoptionsanpassungsgesetz** – AdoptAnpG) v 24. 6. 1985 (BGBl 1985 I 1144; Begründung BT-Drucks 10/1746, 11 ff) nachgekommen. Geändert wurden öffentlichrechtliche Vorschriften, zB das BKGG, die RVO, das AVG, das BVG. Bürgerlichrechtliche Bestimmungen waren von den Änderungen nicht betroffen.

14 Das Ges zur Änderung adoptionsrechtlicher Vorschriften (**AdoptRÄndG**) v 4. 12. 1992 (BGBl 1992 I 1974) korrigierte einige punktuelle Mängel des AdoptG v 1976. So wurde die Möglichkeit, den Vornamen eines Adoptivkindes auf Antrag des (der) Annehmenden zu ändern, erleichtert (vgl § 1757 Rn 4 u 48). Das Verbot der erneuten Annahme eines volljährigen oder volljährig gewordenen Adoptivkindes wurde beseitigt (vgl § 1742 Rn 8). Schließlich wurde im Interesse der leiblichen Eltern eines volljährigen Adoptivkindes in § 1772 BGB die Bestimmung eingefügt, dass die *Voll*adoption (nicht: die einfache Adoption) des Volljährigen nur dann sittlich gerechtfertigt sein soll, wenn ihr überwiegende Interessen der leibl Eltern nicht entgegenstehen (vgl § 1772 Rn 7).

Obwohl das Ges zur Neuordnung des Familiennamensrechts (**FamNamRG**) v 16. 12. 1993 (BGBl 1993 I 2054) nicht eigens auf eine Änderung adoptionsrechtlicher Vorschriften abzielte, wirkte sich das Reformgesetz doch unvermeidbar auch auf die namensrechtlichen Bestimmungen der §§ 1756, 1757 BGB aus.

15 Erhebliche Änderungen – auch für das Adoptionsrecht – brachte das Ges zur Reform des Kindschaftsrechts (**KindRG**) v 16. 12. 1997 (BGBl 1997 I 2942). Die Aufgabe jeglicher Unterscheidung zwischen ehelichen und nichtehelichen Kindern durch das KindRG hatte vor allem zur Folge, dass erstmals in der Geschichte des deutschen Adoptionsrechts dem Vater eines nichtehelichen Kindes in gleicher Weise wie dem Vater eines ehelichen Kindes ein Einwilligungsrecht bei der Annahme seines Kindes zugestanden wurde (§ 1747 Abs 1 BGB). Die Möglichkeit, das eigene nichtehelich geborene Kind zu adoptieren (§ 1741 Abs 3 S 2 aF), wurde abgeschafft. Zu weiteren Änderungen vgl FRANK FamRZ 1998, 393 u LIERMANN FuR 1997, 217 u 266.

16 Das am 1. 1. 2001 in Kraft getretene **LPartG** enthielt zunächst keine Regelungen bezüglich der Möglichkeit einer Adoption durch Lebenspartner. Erst durch das am 1. 1. 2005 in Kraft getretene Gesetz zur Überarbeitung des Lebenspartnerschaftsrechts (BGBl 2004 I 3396) wurde die Annahme eines Kindes des Lebenspartners durch den anderen Lebenspartner im Wege der Stiefkindadoption erlaubt (§ 9 Abs 7 LPartG aF). Ein weiterer Schritt wurde durch das „Gesetz zur Umsetzung der Entscheidung des Bundesverfassungsgerichts zur Sukzessivadoption durch Lebenspartner" vom 20. 6. 2014 (BGBl 2014 I 786) unternommen, das die Vorgaben aus der Entscheidung BVerfG 19. 2. 2013 – 1 BvL 1/11 u 1 BvR 3247/09, BVerfGE 133, 59 = FamRZ 2013, 521 umsetzt. In seiner Entscheidung hatte das BVerfG festgestellt, dass für eingetragene Lebenspartner aus Gründen der Gleichbehandlung auch die Zulassung der Sukzessivadoption geboten sei. Obwohl es auf der Hand liegt, dass für die gemeinschaftliche Fremdkindadoption, die nicht Gegenstand des Verfahrens war, das Gleiche gelten muss (vgl § 1741 Rn 86), ist diese für Lebenspartner in § 9 Abs 7 LPartG nach wie vor nicht vorgesehen. Das BVerfG hatte bisher noch keine Gelegenheit, über eine solche Konstellation in der Sache zu entscheiden (zur Unzulässigkeit einer entsprechenden Richtervorlage vgl BVerfG 23. 1. 2014 – 1 BvL 2/13 u 1 BvL 3/13, FamRZ 2014, 537).

Durch Inkrafttreten des „Gesetzes über das Verfahren in Familiensachen und in den Angelegenheiten der freiwilligen Gerichtsbarkeit **(FamFG)**" am 1. 9. 2009 (BGBl 2008 I 2586) wurde das gerichtliche Adoptionsverfahren auf ein vollkommen neues Fundament gestellt: Das bisher zuständige VormG wurde abgeschafft, Adoptionssachen als Familiensachen (§ 111 Nr 4 FamFG) eingeordnet und damit den Familiengerichten zugewiesen (§ 23a Abs 1 S 1 Nr 1 GVG). Rechtsmittelgericht ist seither nicht mehr das Landgericht, sondern das Oberlandesgericht (§ 119 Abs 1 Nr 1a GVG). Durch die neu geschaffenen Vorschriften speziell für Adoptionssachen (§§ 186 ff FamFG) wurden vor allem die Regeln über die Verfahrensbeteiligung (auch des neu geschaffenen Verfahrensbeistands) sowie die Anhörungspflichten präzisiert und fortentwickelt. Einen Überblick geben ua BRAUN FamRZ 2011, 81 ff; KRAUSE FamRB 2009, 221 ff; REINHARDT JAmt 2009, 162 ff; ZSCHIEBSCH FPR 2009, 493 ff (weitere LitNachw PRÜTTING/HELMS/KRAUSE § 186 FamFG vor Rn 1). **17**

Das **Europäische Übereinkommen vom 27. November 2008 über die Adoption von Kindern (revidiert)** (BGBl 2015 II 2) ist am 1. 7. 2015 in Kraft getreten; es gilt (Stand: 1. 1. 2019) außer für Deutschland für Belgien, Dänemark, Finnland, Malta, die Niederlande, Norwegen, Rumänien, Spanien und die Ukraine (BGBl 2015 II 463). Es enthält in gleicher Weise wie das EuAdÜbEink v 1967 (vgl Rn 2), das hierdurch abgelöst wird, völkerrechtliche Vorgaben für die Ausgestaltung des materiellen Adoptionsrechts zum Teil aber auch für das (Adoptions-)Verfahren (dazu im Einzelnen die Denkschrift BT-Drucks 18/2654, 20 ff). Den Anforderungen des EuAdÜbEink(rev) wurde das deutsche Recht im Zeitpunkt des Inkrafttretens des Abkommens bereits im Großen und Ganzen gerecht, sodass hiervon keine nennenswerten Reformimpulse ausgingen (MAURER FamRZ 2015, 1937, 1939 ff; vgl auch § 1741 Rn 13). Das EuAdÜbEink(rev) erlaubt in Art 7 Abs 2 und Art 8 lit a den Mitgliedstaaten ausdrücklich, eine Adoption für verheiratete oder eingetragene gleichgeschlechtliche Lebenspartner vorzusehen. Von dieser Option hat Deutschland bislang nur in beschränktem Umfang Gebrauch gemacht (vgl Rn 16 u 20). **18**

Durch das Gesetz zur Bekämpfung von Kinderehen v 17. 7. 2017 (BGBl 2017 I 2429) wurden Sonderregeln für die Annahme eines **verheirateten minderjährigen Kindes** gestrichen und der entsprechende Regelungsgehalt – ausschließlich für Volljährigenadoptionen – in § 1767 Abs 2 S 2 u 3 BGB übernommen (vgl § 1749 Rn 2, § 1757 Rn 7, § 1767 Rn 57). **19**

Durch das Gesetz zur Einführung des Rechts auf Eheschließung für Personen gleichen Geschlechts v 20. 7. 2017 (BGBl 2017 I 2787) hat der deutsche Gesetzgeber mit Wirkung zum 1. 10. 2017 die **gleichgeschlechtliche Ehe** eingeführt (§ 1353 Abs 1 S 1 BGB). Da § 1741 Abs 2 S 2 BGB das Recht zur gemeinschaftlichen Annahme eines Kindes jedem „Ehepaar" eröffnet, steht dieses nunmehr auch gleichgeschlechtlichen Ehepaaren zu. Dass eingetragenen Lebenspartnern (vgl Rn 16) dieses Recht nach wie vor verwehrt wird, ist ein schwerwiegender und verfassungsrechtlich nicht haltbarer Wertungswiderspruch. **20**

4. Haager Übereinkommen über den Schutz von Kindern und die Zusammenarbeit auf dem Gebiet der Adoption v 29. 5. 1993*

21 Das Haager Übereinkommen über den Schutz von Kindern und die Zusammenarbeit auf dem Gebiet der internationalen Adoption v 29. 5. 1993 (BR-Drucks 17/01) ist am 1. 5. 1995 für eine Reihe von Vertragsstaaten in Kraft getreten (aktueller Überblick über den Ratifikationsstand unter https://www.hcch.net/en/instruments/conventions/status-table/?cid=69). Für die Bundesrepublik Deutschland trat es am 1. 3. 2002 in Kraft (vgl Vertragsgesetz v 23. 10. 2001, BGBl 2001 II 1034). Einzelheiten der Umsetzung des Übereinkommens (zB Fragen der internationalen Adoptionsvermittlung) enthält ein Gesetz zur Regelung von Rechtsfragen auf dem Gebiet der internationalen Adoption und zur Weiterentwicklung des Adoptionsvermittlungsrechts vom 5. 11. 2001 (BGBl 2001 I 2950). Zur Entstehungsgeschichte und zum Inhalt des sog Begleitgesetzes vom 5. 11. 2001 vgl STEIGER, Das neue Recht der internationalen Adoption und Adoptionsvermittlung – Einführung, Erläuterung, Materialien (2002) u MAURER FamRZ 2003, 1337.

Ziel des Haager Übereinkommens ist es, auch bei internationalen Adoptionen den Vorrang des Kindeswohls durch ein System zwischenstaatlicher Kooperation sicherzustellen, Kinderhandel zu verhindern und die Anerkennung von internationalen Adoptionen in den Vertragsstaaten zu erleichtern (Art 1 HAÜ).

22 Die **Anwendung** des Übereinkommens setzt voraus, dass Kind (vgl Art 3 HAÜ) und Adoptionsbewerber ihren gewöhnlichen Aufenthalt in verschiedenen Vertragsstaaten haben und die Annahme für das Kind mit einem Aufenthaltswechsel verbunden ist (Art 2 HAÜ), sei es, dass eine Adoption einen solchen Aufenthaltswechsel nach sich ziehen wird, sei es, dass der Aufenthaltswechsel zum Zwecke der Annahme erfolgt war. Keine Rolle spielt es dabei, ob die Adoption im Herkunftsstaat des Kindes oder im Aufnahmestaat ausgesprochen wird. Nicht ganz verständlich ist, dass Verwandten- und Stiefkindadoptionen vom Anwendungsbereich des Übereinkommens nicht ausgenommen wurden (vgl dazu BR-Drucks 16/01, 35 ff).

23 In erster Linie enthält das Übereinkommen **verfahrensrechtliche Vorschriften**, welche die Anbahnung der Adoption (Art 14–22 HAÜ), die Einrichtung zentraler Behörden

---

* **Schrifttum**: BENICKE, Typenmehrheit im Adoptionsrecht und deutsches IPR (Diss Heidelberg 1994) 314 ff; BOTTHOF, Perspektiven der Minderjährigenadoption (Diss Marburg 2014); BUSCH, Das Haager Übereinkommen über internationale Adoptionen – Hinweise und Erfahrungen aus der Praxis der internationalen Adoptionsvermittlung, DAVorm 1997, 659; MARX, Zur Perspektive eines neuen Haager Übereinkommens über die internationale Zusammenarbeit und den Schutz von Kindern auf dem Gebiet grenzüberschreitender Adoptionen, StAZ 1993, 1; ders, Das Haager Übereinkommen über internationale Adoptionen, StAZ 1995, 315; WEITZEL, Das Haager Adoptionsübereinkommen vom 29. 5. 1993, NJW 2008, 186; WEITZEL/MARX/REINHARDT/RADKE, Rechtslage und Verfahrensgang bei Auslandsadoptionen, in: PAULITZ, Adoption: Positionen, Impulse, Perspektiven (2. Aufl 2006) 271 ff; WINKELSTRÄTER, Anerkennung und Durchführung internationaler Adoptionen in Deutschland (Diss Bielefeld 2007); PIRRUNG, Sorgerechts- und Adoptionsübereinkommen der Haager Konferenz und des Europarats, RabelsZ 57 (1993) 146 ff; Kommentierungen bei MünchKomm/HELMS Art 22 EGBGB Anh u STAUDINGER/HENRICH (2019) Vorbem zu Art 22 EGBGB jeweils m weiteren LitNachw.

in jedem Vertragsstaat (Art 6–13 HAÜ) und die Zusammenarbeit zwischen ihnen regeln. Zwar enthält das Übereinkommen keine Kollisionsnorm zur Bestimmung des auf eine Adoption **anwendbaren Sachrechts**, doch begründet es für die Behörden des Herkunfts- und des Aufnahmestaates gewisse Prüfpflichten: Soweit eine Unterbringungsmöglichkeit im Herkunftsstaat nicht besteht **(Subsidiaritätsprinzip)**, haben die Behörden des Heimatstaates die Adoptionsvoraussetzungen in Bezug auf das Kind und dessen leibliche Eltern zu prüfen (Art 4 HAÜ). Demgegenüber begutachten die Behörden im Aufnahmestaat die Eignung der Adoptionsbewerber und stellen die Einreise sowie die Aufenthaltsberechtigung des Kindes sicher (Art 5 HAÜ). Da aber das FamG an diese Einschätzungen nicht gebunden ist (BR-Drucks 16/01, 40), enthalten Art 4, 5 HAÜ in der Sache auch **materiellrechtliche Mindestanforderungen** für den Ausspruch einer Adoption, unabhängig davon, welches Sachrecht im Übrigen nach Art 22 EGBGB anwendbar ist, wobei dieses weitergehende Erfordernisse enthalten kann. Da eine Adoption aber nur dann ausgesprochen werden darf, wenn sowohl die Behörden des Herkunfts- als auch des Aufnahmestaates deren Unbedenklichkeit nach Art 4, 5 HAÜ festgestellt und nach Einholung der abschließenden Zustimmungserklärungen der Fortsetzung des Verfahrens zugestimmt haben (Art 17 lit c HAÜ), müssen im praktischen Ergebnis die Adoptionsvoraussetzungen des Herkunfts- und des Aufnahmestaates kumulativ erfüllt sein. Im Übrigen vereinheitlicht das Abkommen die **Anerkennung von Auslandsadoptionen** (Art 23–25 HAÜ), regelt die Mindestwirkungen, die einer solchen Anerkennung beizumessen sind (Art 26 HAÜ), und eröffnet unter bestimmten Voraussetzungen die Möglichkeit einer Zweitadoption (Art 27 HAÜ).

II. Die Rechtslage in der ehemaligen DDR*

1. Die adoptionsrechtlichen Bestimmungen des Familiengesetzbuches v 20. 12. 1965

Die Annahme an Kindes Statt war in den §§ 66–78 des Familiengesetzbuches der **24** DDR (FGB) v 20. 12. 1965 (GBl I 1) idF des Einführungsgesetzes zum Zivilgesetz-

---

* **Schrifttum:** FGB-Kommentar (Autorenkollektiv unter der Leitung von EBERHARDT) (5. Aufl 1982), Kommentierung zu §§ 66–78 FGB; GRANDKE/ORTH/RIEGER/STOLPE, Zur Wirksamkeit des Erziehungsrechts des FGB, NJ 1979, 345, 349; GRANDKE/WEISS, Gedanken zur familienrechtlichen Ausgestaltung der Annahme an Kindes Statt, Jugendhilfe 1982, 213; HEINRICHS, Zur Entgegennahme der Einwilligung zur Annahme an Kindes Statt durch die Jugendhilfeorgane, Jugendhilfe 1981, 40; KRÜSCH, Unsere Leitungserfahrungen und Standpunkte zu Fragen der Annahme an Kindes Statt, Jugendhilfe 1982, 136; Lehrbuch Familienrecht (Autorenkollektiv unter der Leitung v GRANDKE) (3. Aufl 1981) 191 ff; LIEBER/LUCK, Zu Klagen auf Ersetzung der Einwilligung der Eltern zur Annahme an Kindes Statt, Jugendhilfe 1981, 201; PÄTZOLD/LUCK, Probleme der Entgegennahme von Einwilligungserklärungen zur Annahme an Kindes Statt durch das Referat Jugendhilfe, Jugendhilfe 1982, 104; REINWARTH, Die Verantwortung der Gerichte für die Entscheidung über das elterliche Erziehungsrecht, NJ 1968, 656, 660; RÜHL, Aufhebung der Annahme an Kindes Statt nach Volljährigkeit des Angenommenen, NJ 1969, 372; SCHLICHT, Das Recht zwischen Eltern und Kindern nach dem neuen FGB der SBZ, ROW 1966, 59, 66; ders, Das Familien- und Familienverfahrensrecht der DDR (1970) 176 ff; SZEWCZYK, Ist frühkindlicher Hirnschaden eine „schwere unheilbare Krankheit", die zur Aufhebung der Adoption berechtigt?, NJ 1973, 486; WESTEN, in: BÖHM ua, Innerdeutsche Rechtsbeziehungen (1988) 160 f; WESTEN/SCHLEIDER, Zivilrecht im Systemvergleich (1984) 776 ff.

buch der DDR v 19. 6. 1975 (GBl I 517) und des 1. FamRÄndG v 20. 7. 1990 (GBl I 1038) geregelt. Zur Rechtslage vor dem Inkrafttreten des FGB am 1. 4. 1966 vgl STAUDINGER/ENGLER[10/11] Vorbem 58–62. Die adoptionsrechtlichen Bestimmungen des FGB (abgedr in STAUDINGER/ENGLER[10/11] Vorbem 64) blieben ihrem sachlichen Gehalt nach bis zum Wirksamwerden des Beitritts der DDR zur Bundesrepublik Deutschland am 3. 10. 1990 unverändert.

25 Das Recht der DDR folgte dem **Dekretsystem**. Die Entscheidung über die Annahme an Kindes Statt wurde durch **Beschluss des Jugendamtes** getroffen (§ 68 Abs 1 S 1 FGB; § 13 JugendhilfeorganisationsG iVm § 18 Abs 1 Nr 2 c der JugendhilfeVO v 3. 3. 1966, GBl II 215). Die Annahme an Kindes Statt war als **Volladoption** ausgestaltet. Durch die Adoption erlangte das Kind die rechtliche Stellung eines leiblichen Kindes des Annehmenden (§ 66 S 2 FGB); die Rechtswirkungen der Annahme erstreckten sich auch auf die Verwandten des Annehmenden bzw auf die Abkömmlinge des Kindes (§ 72 Abs 1 FGB). Lediglich ein Eheverbot zwischen dem Kind und den Verwandten des Annehmenden wurde durch die Adoption nicht begründet (§ 72 Abs 2 FGB). Die Annahme führte zum Erlöschen aller aus dem Verhältnis zwischen dem Kind und seinen leiblichen Verwandten aufsteigender Linie sich ergebenden Rechte und Pflichten (§ 73 Abs 1 FGB). Zum Sonderfall der **Stiefkindadoption** vgl § 73 Abs 2 FGB. Sondervorschriften für die **Verwandtenadoption** sah das FGB nicht vor.

26 Die Annahme setzte nach § 67 Abs 1 S 1 FGB die Volljährigkeit des Annehmenden voraus, und zwischen dem Annehmenden und dem Kind sollte ein angemessener Altersunterschied bestehen (§ 67 Abs 1 S 3 FGB). Anders als das BGB kannte das FGB **keine Volljährigenadoption** (vgl § 67 Abs 1 S 2 FGB).

27 Zur Annahme bedurfte es der **Einwilligung** der Eltern des Kindes (§ 69 Abs 1 S 1 HS 1 FGB) und ggf eines anderen gesetzlichen Vertreters (§ 69 Abs 1 S 3 FGB). Die Einwilligung des nichtehelichen Vaters war nur erforderlich, wenn ihm das elterliche Erziehungsrecht übertragen worden war (§ 69 Abs 1 S 2 FGB). Hatte das Kind das 14. Lebensjahr vollendet, so bedurfte es auch seiner persönlichen Einwilligung (§ 69 Abs 1 S 1 HS 2 FGB). Die **Inkognitoadoption** war ausdrücklich vorgesehen (§ 69 Abs 3 FGB); eine **Blankoeinwilligung** war zulässig. Zu **Zwangsadoptionen** in der DDR vgl WARNECKE NJ 2010, 156 ff.

Die **Einwilligung** eines Elternteils konnte auf Klage des JugA durch das Gericht **ersetzt** werden, wenn die Verweigerung der Einwilligung dem Wohle des Kindes entgegenstand oder sich aus dem bisherigen Verhalten des Elternteils ergeben hat, dass ihm das Kind und seine Entwicklung gleichgültig waren (§ 70 Abs 1 FGB). Die **Einwilligung** eines Elternteils war nach § 70 Abs 2 FGB **entbehrlich**, wenn dieser zur Abgabe einer Erklärung für eine nicht absehbare Zeit außerstande war, ihm das Erziehungsrecht entzogen worden war oder sein Aufenthalt nicht ermittelt werden konnte.

28 Das Annahmeverhältnis konnte aufgehoben werden

– durch das **Gericht** auf **Klage der leiblichen Eltern**, wenn eine erforderliche elterliche Einwilligung nicht eingeholt worden war, der Aufenthalt der Eltern nicht hatte ermittelt werden können oder sie zur Abgabe einer Erklärung außerstande gewesen waren und die Aufhebung dem Wohle des Kindes entsprach (§ 74 Abs 1 FGB); die Klage konnte nach § 74 Abs 2 S 2, 3 FGB allerdings nur innerhalb eines Jahres ab Kenntniserlangung des Klägers von der Annahme an Kindes Statt bzw ab Wiederherstellung seiner Fähigkeit zur Abgabe einer Willenserklärung erhoben werden;

– durch das **Gericht** auf **Klage des JugA**, wenn der Annehmende die elterlichen Pflichten schuldhaft so schwer verletzt hatte, dass die Entwicklung des Kindes dadurch gefährdet war (§ 75 Abs 1 FGB);

– durch das **Gericht** auf **Klage des Annehmenden**, wenn sich innerhalb von 5 Jahren seit der Annahme an Kindes Statt herausstellte, dass das Kind an einer schweren unheilbaren Krankheit litt, die das Entstehen oder den Bestand eines echten Eltern-Kind-Verhältnisses unmöglich machte, oder wenn das Kind einen schweren Angriff auf das Leben oder die Gesundheit des Annehmenden, dessen Ehegatten oder deren Kinder verübt hatte (§ 76 Abs 1 FGB); die Klage war nur innerhalb eines Jahres ab Kenntniserlangung der zur Klage berechtigenden Tatsachen seitens des Annehmenden zulässig (§ 76 Abs 2 S 2, 3 FGB);

– durch das **JugA** auf **Antrag des Annehmenden**, wenn bei einer **Stiefkindadoption** die Ehe vor Eintritt der Volljährigkeit des Kindes beendet worden war und ein echtes Eltern-Kind-Verhältnis nicht mehr bestand (§ 73 Abs 2 S 2 FGB);

– in besonderen Ausnahmefällen durch das **staatliche Notariat** auf **gemeinsamen Antrag** des Annehmenden und des Angenommenen, wenn der Angenommene volljährig geworden war (§ 77 Abs 1 FGB).

Die Aufhebung der Annahme an Kindes Statt führte zum Erlöschen der zwischen dem Annehmenden und dessen Verwandten einerseits und dem Angenommenen und seinen Abkömmlingen andererseits bestehenden rechtlichen Beziehungen (§ 78 Abs 1 FGB) und gleichzeitig zum Wiederaufleben der rechtlichen Beziehungen zwischen dem Kind und seinen Verwandten aufsteigender Linie mit Ausnahme des elterlichen Erziehungsrechtes (§ 78 Abs 2 FGB); war das Kind noch minderjährig, so konnte das Gericht im Aufhebungsverfahren auf Antrag des JugA den Eltern oder einem Elternteil das Erziehungsrecht übertragen (§ 78 Abs 3 FGB). **29**

2. Die intertemporalen Bestimmungen des Einigungsvertrages*

Der durch den Vertrag zwischen der Bundesrepublik Deutschland und der DDR über die Herstellung der Einheit Deutschlands – Einigungsvertrag – v 31. 8. 1990 **30**

---

* **Schrifttum**: ADLERSTEIN/WAGENITZ, Das Verwandtschaftsrecht in den neuen Bundesländern, FamRZ 1990, 1169, 1176 f; FIEBIG, Die rechtliche Bewältigung politisch motivierter Sorgerechtsentziehungen und Zwangsadoptionen, ZfJ 1995, 16; GÖSER, Wiederholung der DDR-Adoption, Rpfleger 1994, 21; GRANDKE, Familienrecht in der ehemaligen DDR nach dem Einigungsvertrag, DtZ 1990, 321, 323; RAACK, Der Einigungsvertrag und die sog Zwangsadoptionen in der ehemaligen DDR, ZfJ 1991, 449; RAUSCHER, Gespaltenes Kindschaftsrecht

(BGBl 1990 II 889) eingeführte Art 234 § 1 EGBGB statuiert den Grundsatz, dass das 4. Buch des BGB für alle familienrechtlichen Verhältnisse, die am Tag des Wirksamwerdens des Beitritts bestehen, gilt. Für die Annahme als Kind enthält **Art 234 § 13 EGBGB** eine besondere **Übergangsvorschrift**, welche ihre heutige Fassung durch das AdoptFristG v 30. 9. 1991 (BGBl 1991 I 1930) erhielt:

(1) Für Annahmeverhältnisse, die vor dem Wirksamwerden des Beitritts begründet worden sind, gelten § 1755 Abs. 1 Satz 2, die §§ 1756 und 1760 Abs. 2 Buchstabe e, § 1762 Abs. 2 und die §§ 1767 bis 1772 des Bürgerlichen Gesetzbuchs nicht. § 1766 des Bürgerlichen Gesetzbuchs gilt nicht, wenn die Ehe vor dem Wirksamwerden des Beitritts geschlossen worden ist.

(2) Vor dem Wirksamwerden des Beitritts ergangene Entscheidungen des Gerichts, durch die ein Annahmeverhältnis aufgehoben worden ist, bleiben unberührt. Dasselbe gilt für Entscheidungen eines staatlichen Organs, durch die ein Annahmeverhältnis aufgehoben worden ist und die vor dem Wirksamwerden des Beitritts wirksam geworden sind.

(3) Ist ein Annahmeverhältnis vor dem Wirksamwerden des Beitritts ohne die Einwilligung des Kindes oder eines Elternteils begründet worden, so kann es aus diesem Grund nur aufgehoben werden, wenn die Einwilligung nach dem bisherigen Recht erforderlich war.

(4) Ist ein Annahmeverhältnis vor dem Wirksamwerden des Beitritts begründet worden und war die Einwilligung eines Elternteils nach dem bisherigen Recht nicht erforderlich, weil

1. dieser Elternteil zur Abgabe einer Erklärung für eine nicht absehbare Zeit außerstande war oder

2. diesem Elternteil das Erziehungsrecht entzogen worden war oder

3. der Aufenthalt dieses Elternteils nicht ermittelt werden konnte, so kann das Annahmeverhältnis gleichwohl auf Antrag dieses Elternteils aufgehoben werden. § 1761 des Bürgerlichen Gesetzbuchs gilt entsprechend.

(5) Ist ein Annahmeverhältnis vor dem Wirksamwerden des Beitritts begründet worden und ist die Einwilligung eines Elternteils ersetzt worden, so gilt Absatz 4 entsprechend.

(6) Ein Antrag auf Aufhebung eines vor dem Wirksamwerden des Beitritts begründeten Annahmeverhältnisses kann nur bis zum Ablauf von drei Jahren nach dem Wirksamwerden des Beitritts gestellt werden. Für die Entgegennahme des Antrags ist jedes Vormundschaftsgericht zuständig.

(7) Ist über die Klage eines leiblichen Elternteils auf Aufhebung eines Annahmeverhältnisses am Tag des Wirksamwerdens des Beitritts noch nicht rechtskräftig entschieden worden, so gilt die

---

im vereinten Deutschland, StAZ 1991, 1; SIEHR, Das Kindschaftsrecht im Einigungsvertrag, IPRax 1991, 20, 21 f; WEBER, Gesetz zur Änderung adoptionsrechtlicher Fristen, DtZ 1992, 10; WOLF, Überprüfung von in der DDR ausgesprochenen Adoptionen, FamRZ 1991, 12, Kommentierung bei STAUDINGER/RAUSCHER (2016) Art 234 § 13 EGBGB.

Klage als Antrag auf Aufhebung des Annahmeverhältnisses. § 1762 Abs. 3 des Bürgerlichen Gesetzbuchs gilt nicht.

Die Übergangsvorschrift des Art 234 § 13 EGBGB (ausführlich STAUDINGER/RAUSCHER [2016] Art 234 § 13 EGBGB) wurde in ihrer ursprünglichen Fassung in den **Erläuterungen zu den Anlagen zum Einigungsvertrag** (BT-Drucks 11/7817, 46) wie folgt begründet: **31**

> „Die Rechtswirkungen, die das bisher geltende Recht der, Annahme an Kindes Statt, beimißt, entspricht im wesentlichen den Rechtsfolgen, die das BGB an die Annahme als Kind knüpft. Mit der Überleitung des BGB gelten, wie sich aus dem Grundsatz des Artikel 234 § 1 EGBGB ergibt, deshalb die Rechtsfolgen des neuen Rechts auch für bereits bestehende Annahmeverhältnisse.
>
> Eine Ausnahme gilt nach Absatz 1 für § 1755 Absatz 1 Satz 2, § 1756 BGB, die in dem bisher geltenden Recht keine Entsprechung finden. Eine Überleitung dieser Vorschriften auf am Tag des Wirksamwerdens des Beitritts (Stichtag) bestehende Annahmeverhältnisse würde bewirken, daß bereits erloschene Rechtsbeziehungen wieder auflebten; dies soll vermieden werden. Das bisher geltende Recht kennt keine Annahme Volljähriger. Für vor dem Inkrafttreten des Familiengesetzbuchs der Deutschen Demokratischen Republik unter Volljährigen begründete Annahmeverhältnisse gelten die allgemeinen Vorschriften über die Annahme an Kindes Statt (§ 2 EGBGB). Absatz 1 schreibt deshalb vor, daß die besonderen Vorschriften des BGB über die Annahme Volljähriger auf die am Tag des Wirksamwerdens des Beitritts (Stichtag) bestehenden Annahmeverhältnisse keine Anwendung finden. Das bisher geltende Recht kennt keine dem § 1747 Absatz 3 Satz 1 vergleichbare Regelung. Absatz 1 schließt deshalb die Möglichkeit des § 1760 Absatz 2 Buchstabe e BGB aus, ein Annahmeverhältnis aufzuheben, weil ein Elternteil seine Einwilligung in die Annahme vor Ablauf der in § 1747 Absatz 3 Satz 1 BGB bestimmten Frist erteilt hat.
>
> Absatz 2 konkretisiert die bereits in Artikel 18 und 19 des Einigungsvertrags niedergelegten Grundsätze: Gerichtliche Entscheidungen, durch die ein Annahmeverhältnis aufgehoben wird, bleiben von der Überleitung des BGB unberührt, wenn sie vor dem Tag des Wirksamwerdens des Beitritts (Stichtag) ergangen sind. Dasselbe gilt für entsprechende Entscheidungen anderer staatlicher Organe, wenn sie vor dem Stichtag wirksam geworden sind.
>
> Die künftige Aufhebung von Annahmeverhältnissen bestimmt sich mit der Überleitung des BGB nach neuem Recht. Dies gilt gemäß Artikel 234 § 1 EGBGB auch dann, wenn das aufzuhebende Annahmeverhältnis vor dem Tag des Wirksamwerdens des Beitritts (Stichtag) begründet worden ist – dies allerdings nur mit den in Absatz 3 bis 6 bezeichneten Maßgaben:
>
> – Nach Absatz 3 kann ein vor dem Tag des Wirksamwerdens des Beitritts (Stichtag) begründetes Annahmeverhältnis gemäß § 1760 BGB wegen des Fehlens einer Einwilligung des Kindes oder eines Elternteils nur aufgehoben werden, wenn die Einwilligung nach dem bisherigen Recht erforderlich war.
>
> – Nach dem bisher geltenden Recht ist die Einwilligung eines Elternteils in die Annahme seines Kindes nicht erforderlich, wenn der Elternteil zur Abgabe einer Erklärung für eine

nicht absehbare Zeit außerstande war oder der Aufenthalt dieses Elternteils nicht ermittelt werden konnte. Das bisher geltende Recht gibt diesem Elternteil allerdings die Möglichkeit, unter bestimmten Voraussetzungen die Aufhebung des Annahmeverhältnisses zu verlangen (§§ 70 Absatz 2, 74 FGB). Absatz 3 will dem betroffenen Elternteil diese Möglichkeit erhalten.

– Nach dem bisher geltenden Recht ist die Einwilligung eines Elternteils in die Annahme nicht erforderlich, wenn ihm das Erziehungsrecht entzogen worden ist; außerdem kann die Einwilligung eines Elternteils immer schon dann ersetzt werden, wenn er die Einwilligung verweigert und diese Verweigerung dem Wohle des Kindes entgegensteht (§ 70 FGB). Absatz 5 und 6 wollen in beiden Fällen den Eltern die Möglichkeit eröffnen, die ohne ihre Einwilligung erfolgte Annahme ihres Kindes am Maßstab des § 1761 BGB überprüfen zu lassen.

Absatz 7 stellt klar, daß anhängige Klagen auf Aufhebung eines Annahmeverhältnisses nunmehr als Antrag auf Aufhebung des Annahmeverhältnisses gelten; die Formvorschrift des § 1762 Absatz 3 BGB gilt für sie nicht. Damit wird eine erneute Antragstellung entbehrlich und die Gefahr einer Verfristung ausgeschlossen."

III. Statistisches

1. Bundesrepublik Deutschland

32 Im **Inland** ausgesprochene **Minderjährigenadoptionen** werden vom Statistischen Bundesamt* jährlich erfasst. Keine Berücksichtigung in der Statistik finden Volljährigenadoptionen (vgl zu den insoweit vorhandenen Zahlen § 1767 Rn 6 ff) sowie im Ausland ausgesprochene (Minderjährigen-)Adoptionen von Adoptionsbewerbern mit gewöhnlichem Aufenthalt in Deutschland. Statistische Anhaltspunkte zu Auslandsadoptionen ergeben sich aus den Tätigkeitsberichten der Bundeszentralstelle für Auslandsadoptionen beim Bundesamt für Justiz, doch können diese zuverlässig nur die sog „begleiteten" Auslandsadoptionen erfassen (BOTTHOF 121 f; SCHLAUSS FamRZ 2007, 1699).

Die Angaben des Statistischen Bundesamtes zeigen, dass die **Zahl der Minderjährigenadoptionen stark rückläufig** ist. Seit dem Höhepunkt Mitte der 70er Jahre war ein Rückgang um 60 % zu verzeichnen.

---

* **Quelle**: Begründung RegE, BT-Drucks 7/3061, 18; ab 1975: Statistisches Bundesamt, Fachserie 13: Sozialleistungen, Reihe 6: Öffentliche Jugendhilfe; ab 1980 dass, Reihe 6: Jugendhilfe; ab 1982 dass, Reihe 6. 1: Erzieherische Hilfen und Aufwand für die Jugendhilfe; ab 1991 dass, Statistik der Jugendhilfe, Teil I, Zeitreihen 1991 bis 1996, Adoptionen; ab 1997 dass, Statistiken der Kinder- und Jugendhilfe, Adoptionen. Vgl außerdem FENDRICH, Adoptionen in Deutschland – Ein Überblick zur quantitativen Entwicklung von Kindesannahmen auf der Grundlage der amtlichen Kinder- und Jugendhilfestatistik, ZfJ 2005, 283 – 289; FENDRICH/MÜHLMANN, Kurzbericht zu aktuellen Entwicklungen der Adoptionen in Deutschland – Datenauswertung auf der Basis der amtlichen Kinder- und Jugendhilfestatistik für die Jahre 2005 bis 2015 (2016).

Titel 7
Annahme als Kind   **Vorbem zu §§ 1741 ff**

Jahr	Adoption Minderjähriger insg	davon durch Verwandte[1]	davon durch Stiefeltern[2]	davon ausl Kinder	zur Adoption vorgesehene Minderjährige	Adoptionsbewerber
1960	6158				4850	2940
1961	7389				4811	2820
1962	7228				4710	3249
1963	7608	2169			4844	3828
1964	7684	1928			5030	4257
1965	7748	2058			4499	4455
1966	7481	1984			3984	4512
1967	7249	1887			4053	4861
1968	7092	1761			3869	5224
1969	7366	1952			3392	5345
1970	7165	1918			3157	6009
1971	7337	2037			3098	6537
1972	7269	1848			3230	7632
1973	7745	2017			3368	9211
1974	8530	2218			3334	12210
1975	9308	2540			3076	15674
1976	9551	2564			2994	17909
1977	10074	2959			3194	18817
1978	11224	3555			2913	18884
1979	9905	3867			2950	20014
1980	9298	3102			2819	20282
1981	9091	3602			2766	19180
1982	9145	535	3433	1117	6850[3] 1035[4]	20746
1983	8801	431	3383	1041	6467[3] 884[4]	21249
1984	8543	446	3562	1085	5967[3] 822[4]	20003
1985	7974	380	3491	1066	5689[3] 672[4]	19726
1986	7875	370	3497	1115	5417[3] 726[4]	21071
1987	7694	349	3566	1136	5315[3] 608[4]	20806
1988	7481	347	3697	1253	4987[3] 639[4]	20183
1989	7114	344	3630	1161	5212[3] 595[4]	20507

[1] Als „verwandt" gelten Verwandte u Verschwägerte bis zum dritten Grad. Erfasst werden bis zum KindRG v 1997 auch Adoptionen des eigenen nichtehel Kindes. Bis 1981 zählten auch Stiefkindadoptionen zu den Verwandtenadoptionen.
[2] Ab 1982 werden Stiefkindadoptionen gesondert ausgewiesen.
[3] In Adoptionspflege untergebrachte Minderjährige.
[4] Zur Adoption vorgemerkte Minderjährige.

Vorbem zu §§ 1741 ff

Jahr	Adoption Minderjähriger insg	davon durch Verwandte[1]	davon durch Stiefeltern[2]	davon ausl Kinder	zur Adoption vorgesehene Minderjährige	Adoptionsbewerber
1990[5]	6947	344	3564	1150	4994[3] 711[4]	19576
1991[6]	7142	306	3950	1355	6689[3] 1285[4]	21826
1992	8403	399	4040	1664	7295[3] 1357[4]	25744
1993	8687	323	4293	1549	6691[3] 1402[4]	21711
1994	8449	411	4340	1491	6384[3] 1414[4]	23189
1995	7969	375	4151	1643	5908[3] 1331[4]	19426
1996	7420	452	3903	1567	5379[3] 1311[4]	17310
1997	7173	599	3513	1692	4888[3] 1276[4]	17139
1998	7119	448	3433	1889	4443[3] 1123[4]	15930
1999	6399	314	2916	1765	4260[3] 1077[4]	14524
2000	6373	327	3676	1891	4024[3] 942[4]	13138
2001	5909	318	3365	1789	3974[3] 925[4]	12837
2002	5668	372	3117	1919	3640[3] 866[4]	11616
2003	5336	344	2980	1720	3355[3] 801[4]	10476
2004	5072	379	2793	1637	3212[3] 878[4]	9984
2005	4762	309	2592	1453	3083[3] 771[4]	9324
2006	4748	256	2569	1388	3059[3] 889[4]	9154
2007	4509	229	2242	1432	2942[3] 886[4]	8914
2008	4201	226	2056	1251	2918[3] 774[4]	7841
2009	3888	185	2011	1025	2729[3] 818[4]	7139
2010	4021	168	2184	980	2856[3] 944[4]	6522

[5] Bis 1990 nur alte Bundesländer.
[6] Ab 1991 alte und neue Bundesländer zusammen.

Titel 7
Annahme als Kind   Vorbem zu §§ 1741 ff

Jahr	Adoption Minderjähriger insg	davon durch Verwandte[1]	davon durch Stiefeltern[2]	davon ausl Kinder	zur Adoption vorgesehene Minderjährige	Adoptionsbewerber
2011	4060	104	2266	934	2619[3] 859[4]	5957
2012	3886	128	2215	801	2389[3] 959[4]	5671
2013	3793	113	2232	661	2302[3] 817[4]	5362
2014	3805	124	2190	622	2166[3] 755[4]	5765
2015	3812	131	2319	549	2219[3] 744[4]	5370
2016	3976	114	2474	563	2147[3] 826[4]	5266
2017	3888	153	2373	497	1921[3] 758[4]	4644

2. Ehemalige DDR

Statistische Angaben aus der ehemaligen DDR sind nicht verfügbar. Auf Anfrage teilte Frau Prof ANITA GRANDKE (Humboldtuniversität Berlin) mit Schreiben v 30. 11. 1990 seinerzeit folgendes mit: „In der ehemaligen DDR wurden ziemlich konstant pro Jahr **2700 bis 3000 Kinder** an Kindes Statt angenommen. **Knapp 30 % davon wurden von ihren Stiefvätern, seltener auch von ihren Stiefmüttern** angenommen. Die **Verwandtenadoption** wurde nicht besonders ausgewiesen, zumal sie überaus selten war. Die Großeltern und die Väter nichtehelicher Kinder konnten nach § 46 Abs 2 FGB das Erziehungsrecht erhalten, was der Adoption grds vorgezogen wurde. Bei der Aufnahme des Kindes durch Verwandte aus der Seitenlinie blieb es aus dem gleichen Grund in aller Regel bei der Pflegekindschaft."

IV. Pflegekindschaft und Adoption

1. Gegenüberstellung beider Institute

Pflegekindschaft und Adoption sind zwei unterschiedliche Formen der Pflege und Erziehung von Kindern, die – aus welchen Gründen auch immer – nicht in ihrer Ursprungsfamilie versorgt werden (können) (LAKIES FamRZ 1990, 698). Während es jedoch bei der **Adoption** um eine endgültige Neuzuordnung des Kindes geht, stellt die **Familienpflege** eine Maßnahme dar, mit deren Hilfe ein Kind vorübergehend von anderen als den leiblichen Eltern versorgt werden soll. Das Pflegekindschaftsverhältnis hat im BGB erst nachträglich und auch nur punktuell eine Regelung erfahren. Zur **Geschichte des Rechts der Pflegekinder** vgl STAUDINGER/ENGLER[10/11] Vorbem 72 ff zu § 1741 und TIREY, Das Pflegekind in der Rechtsgeschichte (1996).

Bei der Adoption werden Elternrechte und Elternpflichten vollständig und endgültig aufgehoben. Mit der Annahme des Kindes erlöschen das Verwandtschaftsverhältnis des Kindes zu den bisherigen Verwandten und die sich aus ihm ergebenden Rechte und Pflichten (§ 1755 Abs 1 S 1 BGB). Das Kind erlangt die rechtliche Stellung eines leiblichen Kindes des oder der Annehmenden (§ 1754 BGB). Das künstlich geschaffene Eltern-Kind-Verhältnis ist nur unter engen Voraussetzungen auflösbar (§§ 1759 ff BGB). Demgegenüber ist bei der Familienpflege die Rückführung des Kindes in die Herkunftsfamilie von vornherein beabsichtigt, wenngleich es in der Praxis oft zu einer sog Dauerpflege kommt (HELMS, Gutachten für den 71. DJT [2016] Verh Bd I S F 71 f).

36 Während das Adoptivkind rechtlich *und* tatsächlich seinen Adoptiveltern zugeordnet wird, gehört das Pflegekind rechtlich weiter seiner Ursprungsfamilie an, obwohl es tatsächlich Bindungen zu den Pflegepersonen entwickelt (soziale oder faktische Elternschaft). Somit wird die erforderliche Kontinuität der Pflege und Erziehung durch eine Adoption besser gewährleistet als durch ein Pflegekindschaftsverhältnis (MünchKomm/MAURER Vor § 1741 Rn 8; SALGO 370; WIESNER/SCHMIDT-OBKIRCHNER, SGB VIII, § 36 Rn 38; LONGINO 11 und 27). § 36 Abs 1 S 2 SGB VIII stellt daher auch ausdrücklich klar, dass „vor und während einer langfristig zu leistenden Hilfe außerhalb der eigenen Familie" zu prüfen ist, „ob die Annahme als Kind in Betracht kommt".

2. Die rechtliche Ausgestaltung des Pflegekindschaftsverhältnisses

37 Das **Auseinanderfallen von tatsächlicher und rechtlicher Zuordnung** kann zu schwierigen Konfliktsituationen führen. Mit **§ 1630 Abs 3 BGB** hat das Ges zur Neuregelung des Rechts der elterlichen Sorge v 1979 (BGBl 1979 I 1061) für die Eltern eine Möglichkeit geschaffen, Angelegenheiten der elterlichen Sorge durch das FamG auf die Pflegeperson übertragen zu lassen. Die Pflegeperson erhält dann insoweit die Rechtsstellung eines Pflegers und damit auch die Möglichkeit gesetzlicher Vertretung. Der Schutz des Pflegekindschaftsverhältnisses besteht indes nur solange, als die leiblichen Eltern die Übertragung nicht wieder rückgängig machen. Einem entsprechenden Antrag muss das Gericht grds jederzeit stattgeben (OLG Celle 14. 2. 2011 – 10 UF 8/11, FamRZ 2011, 1664, 1665; MünchKomm/HUBER § 1630 Rn 30). Das KindRG v 1997 hat das Antragsrecht nach § 1630 Abs 3 BGB nunmehr auch der Pflegeperson eingeräumt. Da der Erfolg des Antrags auch in diesem Fall von der Zustimmung der Eltern abhängt, ist das **Initiativrecht der Pflegeperson** vor allem in den Fällen praktisch bedeutsam, in denen die Eltern aus Gleichgültigkeit oder Scheu vor einem Gerichtsverfahren selbst keinen Antrag stellen. Zur damit einhergehenden Stärkung der verfahrensrechtlichen Stellung der Pflegeperson SALGO FamRZ 1999, 337, 342. Auch ohne Ausübungsübertragung nach § 1630 Abs 3 BGB wurde bei **langfristiger Familienpflege** (krit zu dieser Einschränkung SALGO FamRZ 1999, 337, 343; WIESNER ZfJ 1998, 269, 275) durch **§ 1688 BGB** für Angelegenheiten des täglichen Lebens ein gesetzliches Entscheidungs- und Vertretungsrecht der Pflegeperson geschaffen, welches allerdings unter dem Vorbehalt einer „anderweitigen Erklärung" des Sorgeberechtigten steht (§ 1688 Abs 3 S 1 BGB). Durch § 1688 BGB wird die ordnungsmäßige tägliche Betreuung des Kindes gewährleistet, während § 1630 Abs 3 BGB seine Bedeutung vor allem für Fragen behält, die über „Angelegenheiten des täglichen Lebens" hinausgehen.

38 Probleme entstehen insbesondere, wenn die sorgeberechtigten Eltern das Kind von den Pflegeeltern herausverlangen. Falls das Kind seit längerer Zeit in Familienpflege lebt, kann gem **§ 1632 Abs 4 BGB**, der auf das Ges zur Neuregelung des Rechts der elterlichen Sorge v 1979 zurückgeht und durch das KindRG v 1997 präzisiert wurde (SALGO FamRZ 1999, 337, 344 f; LAKIES ZfJ 1998, 129, 132), das FamG von Amts wegen oder auf Antrag der Pflegeperson anordnen, dass das Kind bei der Pflegeperson verbleibt (ausführlich STAUDINGER/SALGO [2007] § 1632 Rn 42 ff). Die Verbleibensanordnung darf nur ergehen, wenn und solange das Kindeswohl durch die Wegnahme gefährdet würde. Bei einem Streit um den Aufenthalt des Kindes kommt den leiblichen Eltern allerdings grds der Vorrang zu (Art 6 Abs 2 GG). Rechtspolitisch wurde in den letzten Jahren intensiv darüber diskutiert, ob langandauernde Pflegeverhältnisse insbes durch Einführung einer sog Dauerverbleibensanordnung rechtlich stärker abgesichert werden sollten (Kinderrechtekommission des DFGT FamRZ 2014, 891 f; HEILMANN/SALGO FamRZ 2014, 705, 710 f; skeptisch HELMS, Gutachten für den 71. DJT [2016] Verh Bd I S F 76 ff mwNw). Pflegeeltern, bei denen das Kind längere Zeit in Familienpflege war, steht nach Beendigung des Pflegeverhältnisses unter den Voraussetzungen des § 1685 BGB ein eigenes **Umgangsrecht** zu (vgl SALGO FamRZ 1999, 337, 344).

Verfahrensrechtlich abgesichert wird die Stellung von Pflegepersonen in **kindschafts-** **39** **rechtlichen Verfahren**, die das Pflegekind betreffen, durch § 161 FamFG, wenn das Kind seit längerer Zeit bei ihnen lebt: Nach § 161 Abs 1 S 1 FamFG können sie als Beteiligte hinzugezogen werden, nach § 161 Abs 2 FamFG sind sie im Verfahren anzuhören. Seit Inkrafttreten des FamFG im Jahre 2009 ist nach § 158 Abs 1 FamFG für minderjährige Kinder ein **Verfahrensbeistand** zu bestellen, soweit dies zur Wahrnehmung ihrer Interessen erforderlich ist. Aufgrund der ausdrücklichen Nennung in § 158 Abs 2 Nr 4 FamFG gilt dies stets in Verfahren nach § 1632 Abs 4 BGB. Aber auch im übrigen Pflegekinderbereich kann ein erheblicher Interessengegensatz zwischen dem Kind und seinen gesetzlichen Vertretern iSv § 158 Abs 2 Nr 1 FamFG bestehen (SALGO FamRZ 1999, 337, 346).

3. Einzelprobleme

a) Adoption durch Pflegeeltern

Wollen die Pflegeeltern das Kind adoptieren, verweigern aber die leiblichen Eltern **40** die nach § 1747 BGB erforderliche Einwilligung, so stellt sich die Frage nach deren **Ersetzung durch das FamG gem § 1748 BGB**. Den nach dieser Vorschrift geforderten unverhältnismäßigen Nachteil für das Kind im Falle des Unterbleibens einer Adoption hat die Rspr früher zT mit dem Argument verneint, dass sich für das Kind faktisch nichts ändere, wenn es nur weiterhin als Pflegekind gut versorgt bleibe (vgl § 1748 Rn 44). Dies führte zu dem paradoxen Ergebnis, dass adoptionswillige Pflegeeltern es ablehnen mussten, das Kind auch ohne Adoption zu behalten, um mit eben dieser Argumentation die Annahme zu erzwingen. Mittlerweile gehen Rspr u Lehre aber davon aus, dass ein Nachteil iS des § 1748 Abs 1 S 1 BGB grds auch dann bejaht werden kann, wenn die Pflegeeltern bereit wären, das Kind auch ohne Adoption zu behalten. Zur Begründung wird darauf verwiesen, dass der Status eines Pflegekindes rechtlich ungesichert sei und das Kind **Anspruch auf Klarheit und Sicherheit seiner familiären Beziehungen** habe (vgl § 1748 Rn 44). Gleichwohl ändert das wenig daran, dass im deutschen Recht – nicht zuletzt auch aus verfassungsrechtlichen Gründen (vgl § 1748 Rn 8) – die Hürden für die Ersetzung einer elterlichen Einwilligung in die Adoption hoch sind und es in der Praxis nur zu relativ wenigen erfolgreichen Ersetzungsverfahren kommt (vgl § 1748 Rn 1).

b) Adoption des Pflegekindes durch Dritte

41 Eine Gefahr für den Bestand des Dauerpflegeverhältnisses besteht auch dann, wenn Dritte das Kind adoptieren wollen. Einem Herausgabeverlangen steht in einem solchen Fall zwar regelmäßig nicht Art 6 Abs 1 u 3 GG entgegen, da diese Vorschrift im Zusammenhang mit Art 6 Abs 2 GG gesehen werden muss, auf den sich aber die Pflegeeltern gerade nicht berufen können (offengelassen in BVerfG NJW 1994, 183 = FamRZ 1993, 1045; Britz, in: Coester-Waltjen/Lipp/Schumann/Veit [Hrsg], Das Pflegekindverhältnis – zeitlich befristete oder dauerhafte Lebensperspektive für Kinder? [2014] 11, 18). Eine Ausnahme liegt dann vor, wenn etwa die Pflegeeltern während einer jahrelangen Dauerpflege das Kind betreut haben oder andere ins Gewicht fallende Umstände von Verfassungs wegen eine Auflösung der Pflegefamilie verbieten (BVerfGE 79, 51, 60 = FamRZ 1989, 31, 33). Jedoch gebieten die Menschenwürde des Kindes und sein Recht auf Entfaltung der Persönlichkeit iS der Art 1 Abs 1 u 2 Abs 1 GG, dass gewachsene Bindungen nicht ohne gewichtigen Grund zerstört werden. Das Wohl des Kindes verlangt allerdings auch eine Entscheidung, die ihm ein Höchstmaß an Geborgenheit gewährleistet. Anders als bei einer Herausnahme des Kindes zum Zwecke des bloßen Wechsels der Pflegefamilie ist dies bei einer angestrebten Adoption in besonderer Weise gewährleistet. Nach BVerfGE 79, 51 = FamRZ 1989, 31 darf deshalb ein Kind aus einer Pflegefamilie auch dann herausgenommen und in eine vorgesehene Adoptivfamilie übergeführt werden, wenn psychische Beeinträchtigungen des Kindes als Folge der Trennung nicht schlechthin ausgeschlossen werden können. Die Adoption hängt in einem solchen Fall davon ab, ob die vorgesehenen Adoptiveltern in der Lage sind, das Kind ohne dauerhafte Schädigungen in ihre Familie zu integrieren (Art 6 Abs 2 S 2 GG).

4. Das Verhältnis von Pflegekindschaft und Adoption de lege lata – Möglichkeit einer funktionellen Abgrenzung de lege ferenda?

a) de lege lata

42 Nach § 36 Abs 1 S 2 SGB VIII besteht bei langfristig zu leistender Hilfe außerhalb der Familie eine **besondere Prüfungspflicht des Jugendamtes, ob die Annahme als Kind in Betracht kommt**, sodass das SGB VIII die Adoption des Kindes gegenüber der Pflegekindschaft zu bevorzugen scheint (Behrentin/Kunkel, Handb AdoptionsR, A Rn 55; Botthof FamRZ 2016, 768 f; Salgo, in: Wiesner/Zarbock, Das neue Kinder- und Jugendhilfegesetz [1991] 128; Lakies ZfJ 1998, 129, 133). Doch haben dieser Prüfauftrag und die dahinter liegenden gesetzgeberischen Wertungen auf die Praxis keinen spürbaren Einfluss. Die Adoption fürsorgebedürftiger Kinder ist in Deutschland selten: So wurden etwa im Jahr 2017 alles in allem überhaupt nur 1.362 familienfremde (minderjährige) Kinder adoptiert, 418 Kinder lebten vor Beginn der Adoptionspflege in einer Pflegefamilie und 189 in einem Heim (vgl Rn 32). Dem standen im gleichen Jahr 74.969 Kinder gegenüber, die sich in Vollzeitpflege iSv § 33 SGB VIII befanden.

43 Diese **geringe Adoptionsquote** dürfte in erster Linie damit zusammenhängen, dass eine Adoption die Zustimmung der Herkunftseltern voraussetzt (§ 1747 Abs 1 S 1

BGB). Ein Absehen von ihrer Einwilligung (§ 1747 Abs 4 BGB) oder deren Ersetzung (§ 1748 BGB) ist nur unter engen Voraussetzungen möglich (vgl § 1748 Rn 15 ff). Im Jahre 2017 wurde insgesamt – bezogen auf alle Adoptionsformen – nur in 277 Fällen die Einwilligung der Eltern in die Adoption ersetzt (Statistisches Bundesamt, Statistiken der Kinder- und Jugendhilfe, Adoptionen 2017, 12). Angesichts dieser geringen „Erfolgsaussichten" und der Gefahr, sich den Zugang zur Herkunftsfamilie zu erschweren, ist es kaum überraschend, dass die Adoption aus Sicht der Fachkräfte der Kinder- und Jugendhilfe offenbar als ultima ratio angesehen und im Rahmen einer Hilfeplanung nur selten in Betracht gezogen wird (vgl die Ergebnisse der Befragung von HOFFMANN JAmt 2011, 10 ff). Manche Herkunftseltern werden auch deshalb vor der Erteilung einer Einwilligung zurückschrecken, weil durch die Adoption jegliches rechtliche Band zu ihrem Kind – einschließlich des Umgangsrechts nach § 1684 Abs 1 BGB – zerschnitten wird (vgl § 1751 Rn 10 ff u § 1755 Rn 15). Dauerpflegschaften werden daher in manchen Fällen nur deshalb nicht in Adoptivverhältnisse umgewandelt, weil positive Restbeziehungen zur Herkunftsfamilie bestehen. Auch aus der Perspektive der Pflegefamilie gibt es Gründe, keine Adoption anzustreben, dazu zählt etwa der Verlust des Pflegegeldes. Bei frühkindlichen Schädigungen oder Behinderungen ist für die Betreuungsperson zudem nicht absehbar, welche psychischen Belastungen (neben den materiellen) im Falle einer Adoption auf sie zukommen werden. Die Volladoption erweist sich hier als ein ungeeignetes, weil kompromissloses Mittel der Zuordnung.

b) de lege ferenda
Grundsätzlich besteht Einmütigkeit darüber, dass die Adoption in vielen Fällen **44** einer dauerhaften Betreuung in Familienpflege oder in einem Heim vorzuziehen ist. Jedoch lassen sich die vielgestaltigen und unterschiedlichen Lebensverhältnisse mit den schematischen Modellen der Adoption einerseits und der Pflegekindschaft andererseits kaum erfassen. Beide Institute können iS eines tertium non datur schwerlich abschließend voneinander abgegrenzt werden. De lege ferenda sollte man deshalb **Zwischenlösungen** gegenüber aufgeschlossen bleiben (für die [Wieder-] Einführung einer schwachen Adoptionsform, deren Konturen allerdings unklar bleiben, REINHARDT 154 ff sowie ders JAmt 2013, 499, 501 f; vgl krit dazu § 1754 Rn 3). So werden schon seit längerer Zeit vielfach „offene Adoptionen" vermittelt, bei denen der Kontakt zwischen leiblichen Eltern und Kindern nicht wie bei der Inkognitoadoption von vornherein irreversibel unterbunden wird (vgl § 1747 Rn 64 ff); zu Überlegungen, diese **Umgangskontakte auch rechtlich abzusichern** HELMS, Gutachten für den 71. DJT (2016) Verh Bd I S F 93 ff; BOTTHOF FamRZ 2016, 768, 769 ff u rechtsvergleichend HELMS/BOTTHOF, Besuchskontakte nach Adoption und Formen schwacher Adoption (2017) insbes 41 ff.

Teilweise wird auch – unter Hinweis auf entsprechende Modelle im anglo-amerikanischen Recht („subsidized adoptions") – die Möglichkeit subventionierter Adoptionen gefordert (BOTTHOF FamRZ 2016, 768, 772 f; HOFFMANN JAmt 2011, 10, 16; SALGO 374 iVm 170 ff). Zu denken wäre auch, insbes als eine Alternative zur Stiefkind- oder Verwandtenadoption (vgl § 1741 Rn 37 ff u 63 ff), an eine familiengerichtliche **Übertragung des Sorgerechts** auf Zeit oder Dauer auf andere Betreuungspersonen als die rechtlichen Eltern (FRANK 141 ff; HELMS, Gutachten für den 71. DJT [2016] Verh Bd I S F 66 ff u 84 f).

V. Kinderpsychologische und -psychiatrische Aspekte der Adoption*

45 Soweit im Adoptionsrecht das Kindeswohl maßgebend ist (vgl §§ 1741 Abs 1 S 1, 1748 Abs 1, 1757 Abs 4 S 1 Nr 2, 1761 Abs 2 BGB), sind neben rechtlichen Kriterien auch Erkenntnisse der Erfahrungswissenschaften, insbes der Entwicklungspsychologie und der Kinderpsychiatrie zu berücksichtigen. Vor allem bei Fremdkindadoptionen sind dabei sowohl zum Zeitpunkt der Adoption vorliegende Entwicklungsstörungen, sog **Deprivations- und Bindungsstörungen**, von Bedeutung als auch die **Auswirkungen des Adoptionsvorganges** selbst auf die weitere psychische Entwicklung des Kindes.

1. Allgemeines zur Entstehung von Deprivations- und Bindungsstörungen

46 Als **Deprivationssyndrom** bezeichnet man eine Entwicklungsstörung von Säuglingen und Kleinkindern, die Folge des Verlustes oder Mangels von emotionaler Zuwendung und Pflege durch eine feste Bezugsperson ist (vgl STEINHAUSEN 356). Der auch heute noch für schwerste Schädigungen gebrauchte Begriff des **Hospitalismus** stammt aus einer Zeit, in der elternlose oder nichtehelich geborene Säuglinge und Kleinkinder in Massenheimen ohne jegliche geistige oder emotionale Anregung untergebracht waren und zum Großteil starben. In den seit etwa 1900 beginnenden Untersuchungen wurde verstärkt auf diese Missstände aufmerksam gemacht – ein Prozess, der bis in die Achtzigerjahre andauerte (vgl BOWLBY, Maternal Care and Mental Health, World Health Organization [1951]; SPITZ, Vom Säugling zum Kleinkind [1967]; ausführlich NISSEN, in: EGGERS/LEMPP/NISSEN/STRUNK 105 f). Mittlerweile werden in Heimen allgemein an die Versorgung von Kindern hohe psychologische und sozialpädagogische Anforderungen gestellt; ein Großteil der Säuglinge und Kleinkinder wird zudem in Pflegefamilien betreut (LEMPP, in: EGGERS/LEMPP/NISSEN/STRUNK 612; ausführlich zur Wandlung der Heimerziehung UNZNER, in: SPANGLER/ZIMMERMANN 335 ff). Als Ursachen von schwersten Deprivationsschäden kommen deshalb heute vor allem die Misshandlung und Vernachlässigung durch die Eltern in Frage. Dennoch bleibt ein längerer Heim- oder Krankenhausaufenthalt wegen des häufigen Wechsels der

---

* **Schrifttum:** BRISCH, Adoption aus der Perspektive der Bindungstheorie und Therapie, in: BRISCH/HELLBRÜGGE, Kinder ohne Bindung: Deprivation, Adoption und Psychotherapie (2006) 222–258; DETTENBORN/WALTER, Familienrechtspsychologie (2. Aufl 2015) 408–433; EGGERS/LEMPP/NISSEN/STRUNK, Kinder- und Jugendpsychiatrie (7. Aufl 1994); FEGERT, Die Auswirkungen traumatischer Erfahrungen in der Vorgeschichte von Pflegekindern, in: Stiftung zum Wohl von Pflegekindern, 1. Jahrbuch des Pflegekinderwesens (1998) 20; HOKSBERGEN/TEXTOR (Hrsg), Adoption: Grundlagen, Vermittlung, Nachbetreuung, Beratung (1993); KINDLER/HELMING/MEYSEN/JURCZYK (Hrsg), Handbuch Pflegekinderhilfe (2010); KROLZIK (Hrsg), Pflegekinder und Adoptivkinder im Focus (3. Aufl 2005); MATTEJAT/SCHULTE-MARKWORT, Kinder- und Jugendpsychiatrie und -psychotherapie (5. Aufl 2013); NIENSTEDT/WESTERMANN, Pflegekinder (5. Aufl 2017); PAULITZ (Hrsg), Adoption – Positionen, Impulse, Perspektiven (2. Aufl 2006); SALZGEBER, Familienpsychologische Gutachten – Rechtliche Vorgaben und sachverständiges Vorgehen (6. Aufl 2015) 342–352; SCHNEIDER/LINDENBERGER (Hrsg), Entwicklungspsychologie (8. Aufl 2018); SPANGLER/ZIMMERMANN (Hrsg), Die Bindungstheorie – Grundlagen, Forschung und Anwendung (7. Aufl 2015); STEINHAUSEN, Psychische Störungen bei Kindern und Jugendlichen (8. Aufl 2016).

Bezugspersonen für kleinere Kinder weiterhin ein wichtiger Risikofaktor (NISSEN, in: EGGERS/LEMPP/NISSEN/STRUNK 111; STEINHAUSEN 357 ff).

Nach heutigem Wissensstand können bestimmte **Deprivationsbedingungen** hervorgehoben werden, die Risikofaktoren darstellen und zu pathologischen Zuständen führen *können*, deren Auswirkung auf die Kindesentwicklung aber von weiteren Faktoren abhängt. Im Vordergrund stehen dabei traumatische Beziehungen der Kinder zu einer Bezugsperson und die längere Trennung oder Entbehrung von dauerhaften Bezugspersonen. Zu unterscheiden sind (1) Fälle der seelischen und körperlichen Vernachlässigung, (2) Misshandlung oder Missbrauch durch die Eltern oder andere Bezugspersonen, (3) längere Trennungen oder Verlust der Eltern durch Tod oder Scheidung sowie (4) längere Heim- und Krankenhausaufenthalte von Säuglingen und Kleinkindern (STEINHAUSEN 356; NISSEN, in: EGGERS/LEMPP/NISSEN/STRUNK 114). 47

Die Bedeutung des Aufbaus fester und sicherer Beziehungen zu bestimmten Bezugspersonen in der frühen Kindheit für die weitere Entwicklung des Kindes hat vor allem BOWLBY untersucht (Bindung [1975]; Trennung [1976]). Er entwickelte auf der Grundlage von entwicklungspsychologischen Experimenten die **Bindungstheorie** (engl attachment), die von seiner Schülerin AINSWORTH belegt und weiterentwickelt wurde (AINSWORTH et al, Patterns of Attachment [1978]) und heute zum gesicherten Bestand der Entwicklungspsychologie zählt (zusammenfassend BRISCH, Brühler Schriften zum Familienrecht Bd 15 [2008] 89 ff; FEGERT/KLIEMANN, in: FS Brudermüller [2014] 173; im vorliegenden Kontext: MOHNERT RPsych 2018, 439, 495 ff). Danach entwickeln Kinder Bindungen in mehreren Etappen: Während der Säugling nach der Geburt zunächst für verschiedene Bezugspersonen offen ist, lernt er **ab etwa 3 Monaten** die wichtigsten Bezugspersonen zu unterscheiden. Ab dem **6.–8. Lebensmonat** beginnt die eigentliche Bindungsphase, sodass mit einem Alter von etwa 1 Jahr bereits enge Bindungsbeziehungen bestehen. Dabei können Bindungen zunächst nur zu wenigen Personen (wenn auch nicht nur zu einer) aufgebaut werden. Die stärksten Bindungen werden mit der Hauptpflegeperson gebildet, die idR die Mutter ist, aber auch der Vater oder eine dritte verwandte oder nichtverwandte Person sein kann. Auch kurzzeitige Trennungen von dieser Person werden vom Kind bereits als schmerzlich empfunden und durch Weinen und Suchverhalten ausgedrückt. In der Folgezeit werden diese Bindungen konsolidiert. Im **Laufe des 2. Lebensjahres** beginnt das Kind, das Verhalten der Bezugspersonen aktiv zu beeinflussen und deren Erwartungen und Motive zu berücksichtigen (HAASE/HECKHAUSEN, in: SCHNEIDER/LINDENBERGER 496 f; NISSEN, in: EGGERS/LEMPP/NISSEN/STRUNK 112; zum entspr Bindungsverhalten auf Seiten der Eltern, sog „bonding" vgl ELSNER/PAUEN, in: SCHNEIDER/LINDENBERGER 184). Alle Kinder bauen derartige Bindungen auf, sofern nur ein Minimum an Interaktionsmöglichkeiten besteht. Bindungen entstehen auch zu Bezugspersonen, die das Kind vernachlässigen, misshandeln oder missbrauchen. Ausnahmen bestehen lediglich bei schwer hospitalisierten Kindern, also solchen, die überhaupt keinen regelmäßigen Kontakt zu bestimmten Personen haben. Allerdings gibt es je nach Konstanz, Dauer und Umfang der Fürsorge bedeutende Unterschiede der **Qualität der Bindungen**. Sichere Bindungsbeziehungen werden zu Personen aufgebaut, die feinfühlig auf Gefühls- und Bedürfnisäußerungen des Kindes eingehen und dem Kind daher Vertrauen und ein Gefühl der Wertschätzung geben (ELSNER/PAUEN, in: SCHNEIDER/LINDENBERGER 185 f; ausführlich FREMMER-BOMBIK, in: SPANGLER/ZIMMERMANN 109). Die Schaffung möglichst sicherer Bindungen hat ausschlaggebende Bedeutung für die weitere Entwicklung des Kindes; denn sie dienen ihm als „sichere Basis" 48

Vorbem zu §§ 1741 ff

für die Bewältigung der Entwicklungsaufgaben im Kleinkindalter. Bindungen haben aber auch Auswirkungen auf die spätere Entwicklung (Bewältigung schulischer Probleme, Rückhalt in der Phase der Pubertät, Bildung von partnerschaftlichen Bindungen und eigene Erziehungsfähigkeit), da die im Säuglingsalter erworbenen Bindungen sowie das erlernte Bindungsverhalten offenbar eine relativ große Stabilität aufweisen (SCHNEIDER/HASSELHORN, in: SCHNEIDER/LINDENBERGER 210 f, 279 f). Vor allem aber stellen Bindungsbeziehungen **Schutzfaktoren** gegen störende Einflüsse dar. So können sicher gebundene Kinder zB Trennung oder Tod der Eltern, Krankenhausaufenthalte und andere Gefahren und Belastungen idR besser verarbeiten als unsicher gebundene Kinder, die auch im Übrigen größere Probleme haben, Entwicklungsaufgaben zu bewältigen. Auch unsicher gebundene Kinder entwickeln sich aber idR normal (SCHEUERER-ENGLISCH, in: Stiftung „Zum Wohl des Pflegekindes" [Hrsg], 1. Jahrbuch des Pflegekinderwesens [1998] 66, 71; SUESS/FEGERT FPR 1999, 160). Dagegen entstehen bei **traumatischen Beziehungen** zu den Bindungspersonen häufig **desorganisierte Bindungen**, die nicht mehr als Schutzfaktor dienen können. Hier ist die Bindungsperson nicht Quelle von Sicherheit und Vertrauen, sondern selbst Auslöser von Furcht und Bedrohung oder zumindest wegen Überforderung oder Abwesenheit nicht als „sichere Basis" verfügbar (SCHEUERER-ENGLISCH, in: Stiftung „Zum Wohl des Pflegekindes" [Hrsg], 1. Jahrbuch des Pflegekinderwesens [1998] 66, 73 ff, 79). Schließlich ist zu beachten, dass sich die Bindungsqualität durch traumatische Erfahrungen im späteren Kindesalter auch nachträglich noch ändern kann (SCHNEIDER/HASSELHORN, in: SCHNEIDER/LINDENBERGER 210).

2. Folgen, Therapie und Prognose von Deprivationssyndromen

49 Die Annahmen der **klassischen Deprivationslehre** bezüglich der längerfristigen Auswirkungen von Deprivationsbedingungen auf die Kindesentwicklung, insbes der Heimunterbringung und der frühen Mutterentbehrung, sind heute nicht mehr oder nur noch in modifizierter Form haltbar (STEINHAUSEN 359; NISSEN, in: EGGERS/LEMPP/NISSEN/STRUNK 111, 115; LEMPP, in: EGGERS/LEMPP/NISSEN/STRUNK 608). Grund dafür ist (neben den Veränderungen in der Heimpflege) die Einsicht, dass Kinder sehr unterschiedlich auf Deprivationsbedingungen reagieren. Für das Entstehen eines Deprivationssyndromes, die Stärke der ausgebildeten Symptome und den Einfluss auf die weitere Entwicklung des Kindes ist zum einen ausschlaggebend, inwieweit **innere Schutzfaktoren** beim Kind bestehen (Qualität der Bindungen, erreichter Grad an Eigenständigkeit, Vorliegen von Bewältigungsstrategien), was auch entscheidend vom Alter des Kindes abhängt. Zum anderen sind **äußere Schutzfaktoren** maßgeblich, zB niedriges Konfliktniveau der Eltern nach der Scheidung oder (bei älteren Kindern) Bestätigung außerhalb der Familie durch Freunde, Schule uä (NISSEN 114). Des Weiteren ist von Bedeutung, inwieweit **zusätzliche Risikofaktoren** auftreten, also eine Häufung von Deprivationsbedingungen (zB lange Heim- und Krankenhausaufenthalte, die einer traumatischen Beziehung nachfolgen). Schließlich sind die Auswirkungen entscheidend von der Dauer und Schwere der frustrierenden Einwirkungen abhängig (NISSEN, in: EGGERS/LEMPP/NISSEN/STRUNK 107; SCHULTE-MARKWORT, in: KNÖLKER 370 ff).

50 Kurzfristige Folgen einer Deprivation können vor allem eine motorische Entwicklungsverlangsamung (Verzögerung bei Stehen, Sitzen, Laufen), Verzögerung der Sprachentwicklung, sonstige Verhaltensauffälligkeiten (Einkoten, Einnässen, Lügen uä), Hemmung der intellektuellen Entwicklung und auch psychische Störungen sein. Sie können verstärkt werden durch die mit Deprivationsbedingungen häufig einhergehenden physischen Beeinträchtigungen (zB Unterernährung, Verletzungen, perinatale Schäden bei alkoholkranken Eltern; ausführlich Nissen, in: Eggers/Lempp/Nissen/Strunk 109 f, 115). In den offiziellen Nomenklaturen ICD-10 und DSM-V wurden entsprechende typische Krankheitsbilder definiert, zu denen Formen der **reaktiven Bindungsstörung** sowie **posttraumatische Belastungsstörungen** (PTSD) gehören (Überblick bei Mattejat/Schulte-Markwort 374 ff; Hoksbergen, in: Paulitz 63 f; Steinhausen 232 f, 360 ff). Abhängig von den sonstigen Bedingungen kann Folge der Deprivation aber auch eine bloße unsichere Bindung oder eine zwar klinisch sichtbare, aber noch nicht krankhafte Bindungsstörung sein, wie sie sich auch unter weniger gravierenden Umständen entwickeln kann (Minde, in: Spangler/Zimmermann 364 f). Allerdings kann es nicht nur in der frühen Kindheit, sondern auch im mittleren und späten Kindesalter bei schweren Traumata zu psychischen Störungen kommen, die mit frühen Deprivationsfolgen vergleichbar sind (Nissen 115).

Ob sich **längerfristige Folgen** ergeben, hängt wesentlich von der Dauer der Deprivationsbedingungen ab. So sind die Folgen monate- oder gar jahrelanger Vernachlässigung oder Misshandlung idR wesentlich gravierender als die einmaliger Trennungseinschnitte (zB Tod eines Elternteils) bei ansonsten guten Rahmenbedingungen (Steinhausen 360; Fegert 20, 22). Deprivation kann die Entwicklung von Neurosen und Psychosen fördern, kommt als alleinige Ursache hierfür jedoch nicht in Frage. Allerdings werden spätere psychische Störungen wie allgemeine Ängstlichkeit, Depressivität und Kontaktschwäche, aber auch dissoziale und delinquente Verhaltensweisen zumindest bei längerer Deprivation überdurchschnittlich häufig beobachtet. Selbst schwere **psychische Entwicklungsstörungen** sind jedoch durch gezielte Behandlung und Übergang in eine Fürsorge und Anregung bietende Dauerbeziehung **reversibel**, wenngleich die Beeinflussungsmöglichkeiten umso geringer werden, je chronifizierter die Störungen sind (Nissen, in: Eggers/Lempp/Nissen/Strunk 115; Brisch, in: Brisch/Hellbrügge 243; Steinhausen 359; Mattejat/Schulte-Markwort 376). Auch **Rückstände der körperlichen und geistigen Entwicklung** können oft relativ schnell wieder aufgeholt werden. Bei langandauernder Deprivation kann jedoch auch die geistige Entwicklung stagnieren, zu einer geistigen Behinderung kann es aber nur zusammen mit materieller Unterernährung kommen (Steinhausen 360; Nissen, in: Eggers/Lempp/Nissen/Strunk 115). 51

3. Folgerungen für die Adoption

Eine Vielzahl der zur Adoption freigegebenen Kinder befindet sich in einer psychischen Verfassung, die durch **traumatische Erfahrungen mit den leiblichen Eltern** (seelische und körperliche Vernachlässigung, Misshandlung und Missbrauch, Alkohol- und Drogenabhängigkeit der Eltern, Tod der Eltern) geprägt ist (vgl Brisch, in: Brisch/Hellbrügge 236; Doukkani-Bördner/Malter, Hindernisse und Chancen bei der Vermittlung traumatisierter, behinderter und älterer Kinder in Adoptionspflege, FPR 2001, 334 ff). Zudem droht oftmals ein **häufiger Wechsel der Bezugspersonen** (Heimpersonal, mehrere Pflegeeltern, Krankenhausaufenthalte), oder er ist bereits eingetreten (zu den anders gelagerten Problemen bei der Stiefkindadoption vgl § 1741 Rn 63 ff). Infolge dieser mehrfachen Risikofaktoren liegen häufig reaktive Bindungsstörungen und posttraumatische Belastungsstörungen vor, zumindest aber unsichere oder desorganisierte Bindungen. Durch die Aufnahme in die Adoptivfamilie kann dem Kind eine dauerhafte, fürsorgliche und anregende Umgebung vermittelt werden, in der psychische 52 wie physische Entwicklungsdefizite ausgeglichen und Verhaltensstörungen revidiert oder gemildert werden können. Auch wurden in Untersuchungen deutlich positive Auswirkungen auf den Erwerb sozialer Fähigkeiten festgestellt (Textor, in: Hoksbergen/Textor 47; Fegert 20, 28). Die Adoption wird daher aus entwicklungspsychologischer wie aus kinderpsychiatrischer Sicht in ihrer Wirkung für das Kind insgesamt als sehr positiv bewertet (Lempp, in: Eggers/Lempp/Nissen/Strunk 610; Fegert 20, 28; Hoksbergen, in: Paulitz 68; Dettenborn/Walter 421).

Allerdings soll ein **adoptionsspezifisches Risiko** darin bestehen, dass Adoptiveltern zu hohe Erwartungen an die Kinder stellen und die Kinder ihrerseits fürchten, die uU auch selbst gesetzten Erwartungen nicht erfüllen zu können (ausführlich Schleiffer, in: Krolzik 171). Auch wird nach Begründung des Annahmeverhältnisses eine erhöhte Inanspruchnahme psychiatrischer Hilfe verzeichnet; Ursache dafür sind aber regelmäßig die Vorschädigungen der Kinder. Zudem besteht eine gewisse Unsicherheit der Adoptiveltern im Umgang mit Entwicklungsstörungen, und das selbst dann, wenn diese objektiv gar nicht bestehen (Lempp, in: Eggers/Lempp/Nissen/Strunk 610; Wollek UJ 1999, 147, 152; Schleiffer, in: Krolzik 164). Untersuchungen zeigen aber, dass sich Kinder in Adoptivfamilien insgesamt nicht wesentlich anders als andere Kinder entwickeln. Vor allem bei **Frühadoptionen** konnten keine erhöhten Neigungen zu späterer psychischen Erkrankungen, Verhaltensauffälligkeiten oder Unterschiede bei der Intelligenzentwicklung festgestellt werden (Lempp, in: Eggers/Lempp/Nissen/Strunk 611; Textor, in: Hoksbergen/Textor 51, 60, 62), wenn auch Unterschiede im Verhalten delinquenter Jugendlicher vorliegen sollen (Schleiffer, in: Krolzik 169).

53 Von Kinderpsychologen und -psychiatern wird daher immer wieder auf die Bedeutung der **Frühadoption** („Frühestadoption") möglichst innerhalb der ersten Lebensmonate oder doch zumindest während des ersten Lebensjahres hingewiesen (Mattejat/Schulte-Markwort 174; Lempp, in: Eggers/Lempp/Nissen/Strunk 611; Wollek UJ 1999, 149). Säuglinge und Kleinstkinder sind idR nur wenig depriviert, können sichere Bindungen zu den neuen Bezugspersonen leichter aufbauen und auch körperliche Defizite besser aufholen. Zu Problemen zwischen Kind und Adoptiveltern kommt es idR erst im Schulalter bzw mit Beginn der Pubertät, wenn das Kind Kenntnis von seinem Adoptionsstatus erhält und mehr über seine Herkunft erfahren will (Textor, in: Hoksbergen/Textor 49; Lempp, in: Eggers/Lempp/Nissen/Strunk 611; zur Aufklärung des Kindes vgl § 1758 Rn 14). Diese sog Identitätskrise, die in abgeschwächter Form ein allgemeines Phänomen der Pubertät ist, wird aber vom Kind bei ansonsten guten Adoptionsbedingungen idR ohne Weiteres gemeistert (ausführlich Nienstedt/Westermann 240, 271 ff; Hoksbergen/Juffer/Textor Prax Kinderpsychol Kinderpsychiat 1994, 339; Wollek UJ 1999, 150). Zu Fragen der Inkognitoadoption und der offenen Adoption vgl § 1747 Rn 64 ff, zum Recht des Kindes auf Kenntnis der eigenen Abstammung vgl § 1747 Rn 41 u § 1758 Rn 14.

54 Bei **Spätadoptionen** besteht dagegen schon in der Eingewöhnungsphase die Gefahr von Kontaktstörungen zu den Adoptiveltern. Hier liegen bei den Kindern oft traumatische Erfahrungen sowie häufige Wechsel der Bezugspersonen vor. Zudem bestehen trotz traumatischer Erfahrungen nicht selten Bindungen zu den leiblichen Eltern, aber auch zu Pflegeeltern und zu Heimpersonal, sodass diese Kinder einer Adoption teilweise ablehnend oder ambivalent gegenüberstehen (Textor, in: Hoks-

BERGEN/TEXTOR 46; LEMPP, in: EGGERS/LEMPP/NISSEN/STRUNK 610). Ihre negativen Erfahrungen müssen sie zunächst in einem längeren Trauerprozess verarbeiten (ausführlich STECK Prax Kinderpsychol Kinderpsychiat 1998, 241, 244 ff). Manche Autoren sprechen in diesem Zusammenhang sogar von einem „Adoptionssyndrom" (HOKSBERGEN, in: PAULITZ 61). Zudem wird eine **Altersobergrenze** der Vermittlung in eine Adoptivfamilie bei längerfristig deprivierten Kindern bei etwa 11 bis 12 Jahren gesehen; hier bieten das Heim und alternative Wohnformen oft bessere und dem Entwicklungsstadium angepasstere Lösungen (KROLZIK 84; UNZNER, in: SPANGLER/ZIMMERMANN 349 f). Dagegen bestehen nach neueren Untersuchungen gute Chancen auch für Spätadoptionen bei Kindern, die behütet aufwachsen konnten und ihre Eltern durch plötzliche Ereignisse wie Verkehrsunfälle uä verloren haben (FEGERT 20, 28; zu Stiefkindadoptionen vgl § 1741 Rn 64 ff).

Nicht selten besteht die Gefahr, dass es wegen Überforderung der Eltern aufgrund psychischer und physischer Störungen des Adoptivkindes zu einem **Scheitern der Adoption** kommt (Überblick bei KASTEN, in: PAULITZ 242 ff; KUNZE, „Scheitern" von Adoptionsverhältnissen, FPR 2001, 339 ff). Nicht alle Erziehungsprobleme können auf den Adoptionsstatus des Kindes zurückgeführt werden. Auch die Qualität der Interaktion der Eltern mit dem Adoptivkind hat entscheidenden Anteil am Gelingen der Adoption. Deshalb bedarf es einer ausführlichen **psychischen Begutachtung des Kindes** und der gründlichen Klärung seiner Vorgeschichte. Allerdings wird vor vorschnellen Diagnosen gewarnt. Sie sind vor allem bei Säuglingen schwierig und können daher nur durch Sachverständige erfolgen (HOKSBERGEN, in: PAULITZ 64; MATTEJAT/SCHULTE-MARKWORT 174; MINDE, in: SPANGLER/ZIMMERMANN 363). Vielfach wird auch gefordert, dass die **Eignung der Eltern** zumindest bei schwer vorgeschädigten und älteren und damit schwerer erziehbaren Kindern gutachterlich geklärt wird (LEMPP, in: EGGERS/LEMPP/NISSEN/STRUNK 662; MATTEJAT/SCHULTE-MARKWORT 174). Denn bei Vorschädigungen muss davon ausgegangen werden, dass das Kind ein Jahr oder länger unerwartete und seinem Alter unangemessene Verhaltensweisen zeigt (HOKSBERGEN, in: PAULITZ 64). In jedem Fall besteht bei Spät- wie bei Frühadoptionen ein hoher Bedarf an **Beratung und Aufklärung**, weshalb nach der Vorbereitung durch die Vermittlungsstelle auch eine nachhaltige Unterstützung durch die Jugendhilfe (zB allgemeine Förderung [§ 16 SGB VIII], Förderung von Selbsthilfegruppen [§ 25 SGB VIII], Erziehungsberatung durch Psychologen, Psychiater, Sozialpädagogen [§ 28 SGB VIII], Gruppenangebote [§ 29 SGB VIII]) notwendig ist. Den Adoptiveltern muss hier einerseits die Angst vor eigenem Versagen oder bleibenden Störungen des Kindes genommen und andererseits Hilfestellung bei Erziehungsproblemen gegeben werden (LEMPP, in: EGGERS/LEMPP/NISSEN/STRUNK 610; HOKSBERGEN, in: PAULITZ 82 ff). Sie müssen deshalb schon bei der Adoptionsvermittlung, aber auch später durch das Gericht über die vorhandenen Angebote informiert werden, zumal die derzeit aufgewandte Beratungszeit als zu niedrig eingeschätzt wird (TEXTOR, in: HOKSBERGEN/TEXTOR 32). **55**

Schwierigkeiten kann im Einzelfall das **Verhältnis der Adoption zur vorherigen Fremdunterbringung** bereiten. Vor allem die Bedeutung der Heime hat sich in den letzten Jahren stark verändert (vgl schon Rn 49). So setzt sich heute zunehmend die Erkenntnis durch, dass die Heimunterbringung über wenige Wochen bei Kindern mit traumatischen Erfahrungen eine notwendige Zwischenstation im Übergang von der Ursprungsfamilie zur Pflege- oder Adoptivfamilie darstellt. Diese Kinder haben zunächst Probleme, sich überhaupt auf neue Bindungen einzulassen, sodass **56** ihre Integration in die neue Familie gefährdet ist. Sie vermischen in der Übertragungsbeziehung Gefühle aus der erlebten traumatischen Beziehung mit aktuellen Gefühlen und richten häufig die Wut über die leiblichen Eltern gegen die neuen Pflegepersonen (Scheuerer-Englisch, in: Stiftung „Zum Wohl des Pflegekindes" [Hrsg], 1. Jahrbuch des Pflegekinderwesens [1998] 66, 80; Lempp, in: Eggers/Lempp/Nissen/Strunk 612; ausführlich Nienstedt/Westermann 25 ff). Im Heim soll das Kind deshalb Distanz zur Ursprungsfamilie gewinnen und mittels therapeutischer Angebote seine traumatischen Erfahrungen aufarbeiten, um sich wieder frei an die neuen Eltern binden zu können (Nienstedt/Westermann 19 f, 26 ff; Unzner, in: Spangler/Zimmermann 345, 348). Mit Beginn der Reifeentwicklung kann auch die **längerfristige Heimerziehung** durchaus vorzuziehen sein (vgl schon oben Rn 54). In dieser Phase steht das Bedürfnis nach Kontakt mit Gleichaltrigen gegenüber der Beziehung zu Erwachsenen im Vordergrund (Lempp, in: Eggers/Lempp/Nissen/Strunk 612; Krolzik 84). Später kann dann zur eigenständigen Lebensgestaltung mittels betreuter Wohnformen übergeleitet werden (vgl § 34 SGB VIII). Zum Verhältnis von Adoption zu Pflegekindschaftsverhältnissen vgl Rn 42. Eine vorübergehende **Betreuung in Krankenhäusern** ist bei schwerer Vernachlässigung und Misshandlungen vor allem zur Behandlung der physischen Erkrankungen (Verletzungen, Unterernährung) meist unumgänglich. Viele Krankenhäuser haben sich aber anders als Heime noch nicht auf die psychischen Bedürfnisse traumatisierter Kinder eingestellt. So wird bei der Einteilung des Pflegepersonals häufig das Bindungsbedürfnis noch nicht in der Weise berücksichtigt, dass Kinder, soweit es der Dienstplan erlaubt, möglichst immer von den gleichen Schwestern betreut werden (zur Umsetzung in der Heimbetreuung Unzner, in: Spangler/Zimmermann 343). Der Krankenhausaufenthalt sollte daher nur solange dauern, wie die Versorgung in einem Heim oder einer Pflegefamilie nicht gewährleistet werden kann.

VI. Adoption mit Auslandsberührung

57 Bei **Inlandsadoptionen** mit Auslandsberührung bestimmt sich das maßgebende Recht nach Art 22, 23 EGBGB (MünchKomm/Helms Art 22 u Staudinger/Henrich [2019] Art 22 jeweils m LitNachw).

Auslandsadoptionen, die nach Maßgabe des Haager Adoptionsübereinkommens v 1993 (vgl Rn 21 ff) zustande gekommen sind, müssen nach Art 23 Abs 1 HAÜ in den anderen Vertragsstaaten anerkannt werden, wenn die zuständige Behörde des Staats, in dem die Adoption durchgeführt wurde, bescheinigt, dass sie gem dem Übereinkommen zustande gekommen ist. Auslandsadoptionen, die nicht dem Haager Übereinkommen unterliegen, sind anzuerkennen, wenn sie den Anforderungen der §§ 108, 109 FamFG genügen. Ist die Auslandsadoption allerdings eine Vertragsadoption (seltener Fall) und unterliegt sie nicht dem Haager Adoptionsübereinkommen, so beurteilt sich ihre Gültigkeit nach Art 22, 23 EGBGB.

Ein obligatorisches förmliches Anerkennungsverfahren kennt das deutsche Recht nicht, wobei es keinen Unterschied macht, ob es sich um eine Auslandsadoption nach Maßgabe des Haager Adoptionsübereinkommens handelt oder nicht. Dem Bedürfnis der Adoptiveltern nach Rechtsklarheit trägt § 2 AdwirkG durch ein **fakultatives Anerkennungs- und Wirkungsfeststellungsverfahren** Rechnung. § 3 Abs 2 AdwirkG ermöglicht darüber hinaus die **Umwandlung einer Auslandsadoption** in ein Annahmeverhältnis nach Maßgabe deutscher Sachvorschriften (vgl zur Anerkennung und Wirkung von Auslandsadoptionen FRANK StAZ 2003, 257; MünchKomm/HELMS Art 22 EG-BGB Rn 75 ff; STAUDINGER/HENRICH [2019] Art 22 EGBGB Rn 84 ff).

VII. Übergangsvorschriften (Art 12 §§ 1–7 AdoptG)*

Das AdoptG v 1976 hat in Art 12 ausführliche Übergangsregelungen zur **Überleitung** **58** **von Altadoptionen** getroffen. Grundgedanke der in **Art 12 §§ 1–3 AdoptG** enthaltenen Regelung war die Überlegung, dass alle Altadoptionen dem neuen Recht unterstellt werden sollten (BT-Drucks 7/3061, 68). Allerdings war es nicht möglich und auch nicht geboten, alle bestehenden Annahmeverhältnisse den Vorschriften über die Annahme Minderjähriger, also den Regeln der Volladoption, zu unterstellen. War das Kind im Zeitpunkt des Inkrafttretens des AdoptG (1. 1. 1977) bereits volljährig, sind die Vorschriften neuen Rechts über die Annahme Volljähriger anzuwenden (Art 12 § 1 AdoptG). Ist das Kind zu diesem Zeitpunkt noch minderjährig, so sind die neuen Vorschriften über die Annahme Minderjähriger anzuwenden, es sei denn, ein unmittelbar Beteiligter erklärte innerhalb einer Frist von einem Jahr, dass diese Wirkungen nicht eintreten sollen. Dann wurde das Annahmeverhältnis den neuen Vorschriften über die Annahme Volljähriger unterstellt (Art 12 §§ 2 u 3 AdoptG). Verfassungsrechtliche Bedenken gegenüber der unterschiedlichen Behandlung von zum Stichtag bereits volljährigen und nach wie vor minderjährigen Adoptierten bestehen – nicht zuletzt wegen der Aufstockungsoption des § 7 Abs 2 AdoptG (vgl Rn 82 ff) – keine (OLG Köln 13. 8. 2014 – 2 Wx 220/14, FamRZ 2015, 516, 517; OLG Schleswig 5. 12. 2011 – 3 Wx 61/11, FamRZ 2012, 1005, 1006).

1. Art 12 § 1 AdoptG

(1) Ist der nach den bisher geltenden Vorschriften an Kindes Statt Angenommene im Zeitpunkt des Inkrafttretens dieses Gesetzes volljährig, so werden auf das Annahmeverhältnis die Vorschriften dieses Gesetzes über die Annahme Volljähriger angewandt, soweit sich nicht aus den Absätzen 2 bis 6 ein anderes ergibt.

(2) Auf einen Abkömmling des Kindes, auf den sich die Wirkungen der Annahme an Kindes Statt nicht erstreckt haben, werden die Wirkungen der Annahme nicht ausgedehnt.

(3) Hat das von einer Frau angenommene Kind den Namen erhalten, den die Frau vor der Verheiratung geführt hat, so führt es diesen Namen weiter.

(4) Für die erbrechtlichen Verhältnisse bleiben, wenn der Erblasser vor dem Inkrafttreten dieses Gesetzes gestorben ist, die bisher geltenden Vorschriften maßgebend.

(5) Ist in dem Annahmevertrag das Erbrecht des Kindes dem Annehmenden gegenüber ausgeschlossen worden, so bleibt dieser Ausschluß unberührt; in diesem Fall hat auch der Annehmende kein Erbrecht.

---

* **Schrifttum:** BEHN ZBlJugR 1977, 463; ders ZBlJugR 1978, 233; BISCHOF JurBüro 1976, 1569, 1600 ff; BRÜGGEMANN ZBlJugR 1977, 199, 207 f; BÜHLER BWNotZ 1977, 129, 132; CZERNER DAVorm 1977, 115, 117; DITTMANN Rpfleger 1978, 277, 284 f; ENGLER FamRZ 1976, 584, 593 f; KEMP DNotZ 1976, 646; ders MittRhNotK 1976, 373; LÜDERITZ NJW 1976, 1865, 1871; OBERLOSKAMP DAVorm 1977, 89, 105 ff; REICHARD StAZ 1978, 106; ROTH 263 ff.

(6) § 1761 Abs. 1 des Bürgerlichen Gesetzbuchs in der Fassung dieses Gesetzes ist entsprechend anzuwenden. Die in § 1762 Abs. 2 des Bürgerlichen Gesetzbuchs in der Fassung dieses Gesetzes bezeichneten Fristen beginnen frühestens mit dem Inkrafttreten dieses Gesetzes.

Materialien: BT-Drucks 7/3061, 68–70; BT-Drucks 7/5087, 28.

a) Abs 1

59 § 1 Abs 1 AdoptG unterstellt alle **Altadoptionen, bei denen der Angenommene bei Inkrafttreten des AdoptG (1. 1. 1977) volljährig war**, den Vorschriften des neuen Rechts über die Annahme Volljähriger (ausführlich KEMP MittRhNotK 1976, 373, 374 ff; ders DNotZ 1976, 646). Von § 1 AdoptG werden also nicht nur alle Volljährigen-Altadoptionen, sondern auch ein großer Teil der Minderjährigenadoptionen erfasst, die nach Maßgabe des alten Rechts zustande gekommen waren. Entscheidend ist nur, ob der Angenommene am **Stichtag (1. 1. 1977)** bereits volljährig war oder nicht. Die Überleitung dieser Adoptionen in Volljährigenadoptionen neuen Rechts erschien dem Gesetzgeber gerechtfertigt (BT-Drucks 7/3061, 69), weil die Wirkungen der Annahme eines Volljährigen nach neuem Recht im Wesentlichen den Wirkungen der Annahme an Kindes Statt nach altem Recht entsprechen: Rechtsbeziehungen werden gem § 1770 Abs 1 S 1 BGB, § 1763 aF nur zwischen dem Annehmenden und dem Anzunehmenden begründet, das Rechtsverhältnis des Kindes zu seinen bisherigen Verwandten bleibt gem § 1770 Abs 2 BGB, § 1764 aF im Wesentlichen bestehen (zu den erbrechtlichen Auswirkungen etwa BayObLG 16. 11. 1993 – 1 Z BR 73/93, FamRZ 1994, 853, 854; OLG Schleswig 5. 12. 2011 – 3 Wx 61/11, FamRZ 2012, 1005, 1006 f). Der Annehmende ist dem Kind vor den leiblichen Verwandten zum Unterhalt verpflichtet (§ 1770 Abs 3 BGB, § 1766 aF). Auch nachträgliche Statusänderungen im Verhältnis zu seinen leiblichen Verwandten wirken sich weiterhin auf die Rechtsstellung des Kindes aus: Wurde ein nichteheliches Kind, das gem § 1589 Abs 2 aF mit seinem Vater als nicht verwandt galt, nach altem Recht adoptiert und wurde es durch eine spätere Heirat seiner leiblichen Eltern gem § 1719 aF ehelich, so erhält es damit auch beim Tod seines leiblichen Vaters ein gesetzliches Erbrecht (OLG Frankfurt FamRZ 1995, 1087). Das Gleiche gilt aufgrund der Überleitungsvorschriften in Art 12 §§ 1 u 2 iVm § 3 Abs 1 S 1 NEhelG für ein angenommenes Kind, das von seinem leiblichen Vater vor Inkrafttreten des NEhelG in öffentlicher Urkunde anerkannt wurde (KG 30. 6. 2017 – 6 W 25/17, FamRZ 2018, 278, 279).

60 Die **Überleitung** der von Abs 1 erfassten Altadoptionen in Volljährigenadoptionen neuen Rechts bewirkt indessen zwangsläufig auch (geringfügige) **inhaltliche Veränderungen** dieser Annahmeverhältnisse, die der Gesetzgeber gesehen hat, aber – von den Sonderregelungen des § 1 Abs 2–6 AdoptG abgesehen – glaubte, hinnehmen zu sollen. So wird mit der Unterstellung schon bestehender Annahmeverhältnisse unter neues Recht das gesetzliche Erbrecht verändert. Während früher die Annehmenden das Kind nicht beerbt haben (§ 1759 aF), erwerben sie nach neuem Recht ein Erbrecht nach dem Tod des Kindes (vgl § 1770 Rn 2) und treten als Miterben neben die leiblichen Eltern, deren Erbrecht dadurch geschmälert wird (KEMP DNotZ 1976, 646, 647; krit ROTH 263 f). Verfassungsrechtliche Bedenken bestehen gegenüber der Regelung nicht (OLG Schleswig 5. 12. 2011 – 3 Wx 61/11, FamRZ 2012, 1005,

1007). Außerdem konnten Annahmeverhältnisse zu einem Volljährigen nach altem Recht wieder durch Vertrag aufgehoben werden (§ 1768 aF). Diese Möglichkeit ist mit Inkrafttreten des AdoptG v 1976 entfallen; denn nach § 1771 S 1 BGB kann eine Volljährigenadoption auf beiderseitigen Antrag nur aufgehoben werden, wenn ein wichtiger Grund vorliegt.

b) Abs 2
Während sich die Volljährigenadoption neuen Rechts auch auf die **Abkömmlinge des** 61 **Angenommenen** erstreckt (vgl § 1770 Rn 2), war dies nach altem Recht nur dann der Fall, wenn diese gem § 1762 aF in die Annahme einbezogen waren. Nach Abs 2 werden die Wirkungen der Annahme nicht auf diese Abkömmlinge des Kindes ausgedehnt, wenn sich die Wirkungen der Annahme an Kindes Statt nicht bereits auf sie erstreckt haben. Zwischen den Abkömmlingen des Kindes und den Adoptiveltern bestehen also keine erb- und unterhaltsrechtlichen Beziehungen. Die Regelung ist vernünftig: Dem Abkömmling und dem Annehmenden sollen keine Familienbeziehungen aufgezwungen werden, nachdem bei Abschluss des Adoptionsvertrags auf eben diese Beziehungen bewusst verzichtet worden war.

c) Abs 3
Bis zum **Inkrafttreten** des 1. EheRG am 1. 7. 1976 (vgl MünchKomm/MAURER § 1772 Anh 62 Rn 4) konnte bei einer **Einzelannahme durch eine Frau** im Annahmevertrag vereinbart werden, dass das angenommene Kind den von der Frau vor ihrer Verheiratung geführten Namen trägt. Diese Möglichkeit ist mit Inkrafttreten des 1. EheRG entfallen. Der Angenommene erhält nach der heutigen Regelung des § 1757 Abs 1 S 1 BGB als Geburtsnamen stets den Familiennamen des Annehmenden. Entgegen § 1757 Abs 1 S 1 BGB, auf den § 1767 Abs 2 S 1 BGB an sich verweist, bleibt jedoch nach § 1 Abs 3 AdoptG eine unter der Geltung des alten Rechts getroffene abweichende Vereinbarung über die Namensführung des Angenommenen trotz Überleitung der Adoption in eine Volljährigenadoption neuen Rechts wirksam.

d) Abs 4
Bei **Erbfällen, die vor Inkrafttreten des AdoptG (1. 1. 1977) eingetreten sind**, bleibt für 63 die Erbfolge altes Recht maßgebend. Die an sich selbstverständliche Regelung des Abs 4 kann nur iS einer Klarstellung verstanden werden (vgl ROTH 266).

e) Abs 5
Bei **Erbfällen nach dem 1. 1. 1977** ist grds neues Recht maßgebend (vgl Rn 60). Eine 64 Ausnahme gilt nach § 1 Abs 5 AdoptG, wenn das **Erbrecht des Kindes** dem Annehmenden gegenüber gem § 1767 Abs 1 aF **ausgeschlossen** worden war; dieser Ausschluss bleibt wirksam (Vertrauensschutz). Da es nicht angemessen wäre, dem Annehmenden nach § 1 Abs 1 AdoptG ein gesetzliches Erbrecht nach dem Angenommenen einzuräumen, während das Erbrecht des Angenommenen aufgrund der vertraglichen Vereinbarung ausgeschlossen bleibt, schließt § 1 Abs 5 AdoptG für einen solchen Fall auch das Erbrecht des Annehmenden nach dem Angenommenen aus (OLG Düsseldorf FamRZ 1998, 1627, 1628; krit ROTH 265). Ist für den Angenommenen nicht das Erbrecht, sondern das **Pflichtteilsrecht ausgeschlossen**, so liegt eine ähnliche Interessenlage vor, sodass aufgrund entsprechender Anwendung des § 1 Abs 5 AdoptG die vertragliche Vereinbarung maßgebend bleibt und das Pflichtteilsrecht

des Annehmenden, nicht aber sein Erbrecht ausgeschlossen wird (Kemp DNotZ 1976, 646, 648 f; ders MittRhNotK 1976, 373, 378 f; Dittmann Rpfleger 1978, 277, 284). Erfolgte die Annahme durch ein Ehepaar, und wurde das **Erb- oder Pflichtteilsrecht des Kindes nur gegenüber einem Ehegatten ausgeschlossen**, so bleibt der Erb- oder Pflichtteilsrechtsausschluss gegenüber diesem einen Ehegatten bestehen; dieser beerbt dann auch nicht das Kind (so richtig Dittmann Rpfleger 1978, 277, 284; MünchKomm/Maurer § 1772 Anh Rn 5 gegen Kemp MittRhNotK 1976, 373, 379).

f) Abs 6

65 Die Regelung von § 1 Abs 6 AdoptG ist schwer verständlich gefasst. Da § 1 Abs 1 AdoptG nicht nur **Volljährigenadoptionen** unter der Herrschaft des alten Rechts, sondern auch **Minderjährigenadoptionen** betrifft, sofern nur der Angenommene vor dem 1.1.1977 volljährig geworden ist, musste bei der Aufhebung von Altadoptionen gem § 1771 BGB – auf diese Bestimmung verweist § 1 Abs 1 AdoptG – auch der Fall bedacht werden, dass es seinerzeit an der erforderlichen *elterlichen* Einwilligung fehlte. Nach **§ 1 Abs 6 S 1 AdoptG** ist in einem solchen Fall auch § 1761 Abs 1 BGB anzuwenden, der eine Aufhebung ausschließt, wenn eine Ersetzung der Einwilligung möglich gewesen wäre (vgl BT-Drucks 7/3061, 69; BGB-RGRK/ Dickescheid Vor § 1741 Rn 27). – Nach altem Recht konnte eine Adoption uU 30 Jahre lang (§ 121 Abs 2 BGB) dadurch in Frage gestellt werden, dass der Annahmevertrag oder die Einwilligung angefochten wurde (vgl § 1762 Rn 2). Um zu verhindern, dass Antragsfristen gem § 1767 Abs 2 BGB iVm § 1762 Abs 2 BGB bei Inkrafttreten des AdoptG bereits verstrichen waren, während die Antragsfristen nach altem Recht noch liefen, lässt **§ 1 Abs 6 S 2 AdoptG** den Lauf der in § 1762 Abs 2 BGB genannten Fristen erst am 1.1.1977 beginnen (BT-Drucks 7/3061, 69 f). Ein nach altem Recht sittenwidriger und damit eo ipso **nichtiger Adoptionsvertrag** (§ 138 BGB) hat allerdings nicht nach Abs 1 S 1 die Wirkungen eines Annahmeverhältnisses erlangen können; einer förmlichen Aufhebung derartiger Adoptionsverhältnisse nach neuem Recht bedarf es deshalb nicht (**aA** OLG Köln NJW 1980, 63 u Lüderitz NJW 1980, 1087).

2. Art 12 § 2 AdoptG

(1) Ist der nach den bisher geltenden Vorschriften an Kindes Statt Angenommene im Zeitpunkt des Inkrafttretens dieses Gesetzes minderjährig, so werden auf das Annahmeverhältnis bis zum 31. Dezember 1977 die bisher geltenden Vorschriften über die Annahme an Kindes Statt angewandt.

(2) Nach Ablauf der in Absatz 1 bestimmten Frist werden auf das Annahmeverhältnis die Vorschriften dieses Gesetzes über die Annahme Minderjähriger angewandt; § 1 Abs. 2 bis 4 gilt entsprechend; die in § 1762 Abs. 2 des Bürgerlichen Gesetzbuchs in der Fassung dieses Gesetzes bezeichneten Fristen beginnen frühestens mit dem Tag, an dem auf das Annahmeverhältnis die Vorschriften dieses Gesetzes anzuwenden sind. Das gilt nicht, wenn ein Annehmender, das Kind, ein leiblicher Elternteil eines ehelichen Kindes oder die Mutter eines nichtehelichen Kindes erklärt, daß die Vorschriften dieses Gesetzes über die Annahme Minderjähriger nicht angewandt werden sollen. Wurde die Einwilligung eines Elternteils zur Annahme an Kindes Statt durch das Vormundschaftsgericht ersetzt, so ist dieser Elternteil nicht berechtigt, die Erklärung abzugeben.

(3) Die Erklärung nach Absatz 2 Satz 2 kann nur bis zum Ablauf der in Absatz 1 bestimmten Frist gegenüber dem Amtsgericht Schöneberg in Berlin-Schöneberg abgegeben werden. Die Erklärung bedarf der notariellen Beurkundung; sie wird in dem Zeitpunkt wirksam, in dem sie dem Amtsgericht Schöneberg in Berlin-Schöneberg zugeht; sie kann bis zum Ablauf der in Absatz 1 bestimmten Frist schriftlich gegenüber dem Amtsgericht Schöneberg in Berlin-Schöneberg widerrufen werden. Der Widerruf muß öffentlich beglaubigt werden. § 1762 Abs. 1 Satz 2 bis 4 des Bürgerlichen Gesetzbuchs ist anzuwenden.

(4) Eine Erklärung nach Absatz 2 Satz 2 ist den Personen bekanntzugeben, die zur Abgabe einer solchen Erklärung ebenfalls berechtigt sind. Ist der Angenommene minderjährig, so ist diese Erklärung nicht ihm, sondern dem zuständigen Jugendamt bekanntzugeben. Eine solche Mitteilung soll unterbleiben, wenn zu besorgen ist, daß durch sie ein nicht offenkundiges Annahmeverhältnis aufgedeckt wird.

Materialien: BT-Drucks 7/3061, 70, 83, 87; BT-Drucks 7/5087, 28.

a) Normzweck und Regelungsbereich

§ 2 AdoptG regelt Fälle, in denen der Angenommene am 1. 1. 1977, also bei Inkrafttreten des AdoptG, noch minderjährig war. Eine kompromisslose Überleitung dieser Adoptionen in Volladoptionen neuen Rechts wäre mit dem Gedanken des Vertrauensschutzes nicht vereinbar gewesen. Andererseits bestand vielfach ein Interesse der Beteiligten, Altadoptionen mit den stärkeren Wirkungen des neuen Rechts auszustatten. § 2 AdoptG strebt einen **Interessenausgleich** an. 66

§ 2 Abs 1 AdoptG normiert zunächst eine einjährige **Zwischenfrist bis zum 31. 12. 1977**, innerhalb deren das alte Recht weitergilt. **Ab 1. 1. 1978** gelten dann gem § 2 Abs 2 S 1 AdoptG entweder die neuen Vorschriften über die Annahme Minderjähriger oder gem § 2 Abs 2 S 2 AdoptG iVm § 3 Abs 1 AdoptG die neuen Vorschriften über die Annahme Volljähriger. Die letztgenannten Vorschriften sind nur dann maßgebend, wenn ein Adoptionsbeteiligter gem § 2 Abs 2 S 2 AdoptG erklärt hat, dass die Wirkungen der Minderjährigenannahme nicht eintreten sollen. 67

Eine Überleitung gem § 2 AdoptG erfolgt auch dann, **wenn der Angenommene zwischen dem 1. 1. und dem 31. 12. 1977 volljährig geworden ist** (MünchKomm/MAURER § 1772 Anh Rn 10; SOERGEL/LIERMANN Vor § 1741 Rn 57; aA BEHN ZBlJugR 1977, 463, 482 f). Der Gesetzgeber hat diesen besonderen Fall offensichtlich nicht bedacht. Gerade deshalb sollte man aber am klaren Wortlaut des Ges, das allein darauf abstellt, ob der Angenommene am 1. 1. 1977 minderjährig war, festhalten, wenn dieser Wortlaut zu einem vernünftigen Ergebnis führt. Kleinere Unstimmigkeiten im Verhältnis zu § 1 Abs 1 AdoptG (BEHN ZBlJugR 1977, 463, 482 f) sind hinzunehmen. Vor allem stört es nicht, dass ein volljährig Gewordener ab 1. 1. 1978 nach den Vorschriften des AdoptG v 1976 „über die Annahme Minderjähriger" (§ 2 Abs 2 S 1 AdoptG) behandelt wird; denn das AdoptG v 1976 kennt auch die Volladoption Volljähriger (§ 1772 BGB). Außerdem hatten die Beteiligten die Möglichkeit, bis zum 31. 12. 1977 eine Erklärung nach § 2 Abs 2 S 2 AdoptG abzugeben und so die starken Wirkungen zu vermeiden. 68

b) Rechtslage nach Ablauf der Widerspruchsfrist

69 Hat keiner der Beteiligten eine Erklärung nach § 2 Abs 2 S 2 AdoptG abgegeben (Widerspruch), so ist nach Ablauf der Frist des § 2 Abs 1 AdoptG, also ab 1. 1. 1978, auf das Annahmeverhältnis grds das **neue Recht über die Annahme Minderjähriger** anzuwenden. Gleiches gilt, wenn die Einwilligungserklärung eines Elternteils ersetzt wurde, weil in einem solchen Fall ein Widerspruch gegen die Maßgeblichkeit des neuen Rechts nicht in Betracht kommt (§ 2 Abs 2 S 3 AdoptG).

70 Ist das neue Recht grds anzuwenden, so macht doch § 2 Abs 2 S 1 AdoptG einige **Ausnahmen**: (1) Gem § 2 Abs 2 S 1 AdoptG iVm § 1 Abs 2 AdoptG erstreckt sich die Annahme abweichend von § 1754 BGB nicht auf Abkömmlinge des Angenommenen, auf die sich die Wirkungen der Annahme nicht erstreckt hatten – ein Fall, der kaum praktisch werden dürfte, weil er voraussetzt, dass der Abkömmling bei der Adoption des noch minderjährigen Elternteils bereits vorhanden war. (2) Hat das von einer Frau angenommene Kind den Namen erhalten, den die Frau vor der Verheiratung geführt hat, so führt es gem § 2 Abs 2 S 1 AdoptG iVm § 1 Abs 3 AdoptG diesen Namen weiter. (3) Bei einem Erbfall vor dem 1. 1. 1978 bleibt gem § 2 Abs 2 S 1 AdoptG iVm § 1 Abs 4 AdoptG altes Recht maßgebend. Für Erbfälle ab 1. 1. 1978 gilt dagegen neues Recht. War im Annahmevertrag das Erbrecht des Kindes dem Annehmenden gegenüber ausgeschlossen worden, so hat dieser Ausschluss mit Ablauf des 31. 12. 1977 seine Wirksamkeit verloren: § 2 Abs 2 S 1 AdoptG verweist nicht auf § 1 Abs 5 AdoptG (vgl dazu Roth 273) – eine problematische Regelung (pacta sunt servanda), die auch durch die Möglichkeit des Widerspruchs (§ 2 Abs 2 S 2 AdoptG iVm § 3 Abs 2 S 1 AdoptG) nur schwer zu rechtfertigen ist. Das BVerfG (FamRZ 2003, 999) sieht jedoch in dieser Bestimmung keinen Verstoß gegen Art 14 Abs 1 S 1 GG, weil der Eingriff in die erbrechtlichen Vermögensdispositionen des Annehmenden nicht allzu schwer wiege und bei der gebotenen Abwägung zwischen dem Ausmaß des Vertrauensschadens für den Annehmenden und der Bedeutung des gesetzlichen Anliegens für das Wohl des adoptierten Kindes und seiner neuen Familie ersterem keine überwiegende Bedeutung zukomme.

71 Wird das Annahmeverhältnis gem § 2 Abs 2 S 1 AdoptG in eine Minderjährigenadoption neuen Rechts übergeleitet, so gelten für eine eventuelle **Aufhebung** die Vorschriften der §§ 1759 ff BGB. Für einen Aufhebungsantrag nach § 1760 BGB legt § 2 Abs 2 S 1 AdoptG bzgl des Fristbeginns nach § 1762 Abs 2 BGB den 1. 1. 1978 als frühesten Termin fest.

c) Der Widerspruch und seine Folgen

72 Die Wirkungen der Minderjährigenadoption nach neuem Recht traten nicht ein, wenn der Annehmende, der Angenommene, die Eltern des ehelichen oder die Mutter des nichtehelichen Kindes nach § 2 Abs 2 AdoptG erklärten, dass diese Bestimmungen nicht maßgebend sein sollen (§ 2 Abs 2 S 2 AdoptG). Gem § 2 Abs 3 S 1 AdoptG konnte der **Widerspruch bis zum 31. 12. 1977** gegenüber dem AG Berlin-Schöneberg erklärt werden und hatte nach OLG Köln StAZ 1979, 272 folgendermaßen zu lauten: „Zu dem Annahmeverhältnis wurde eine ab 1. 1. 1978 wirksame Erklärung nach Art 12 § 2 Abs 2 S 2 AdoptG abgegeben ...". Zu weiteren Einzelheiten vgl Staudinger/Frank[12] Vorbem 62 zu §§ 1741 ff.

Während § 2 Abs 2 S 2 AdoptG nur negativ bestimmt, dass im Falle eines Widerspruchs die neuen Vorschriften über die Annahme Minderjähriger nicht angewandt werden, regelt § 3 Abs 1 AdoptG positiv, dass dann die Vorschriften des AdoptG v 1976 über die Annahme Volljähriger maßgebend sind (ausführlich vgl Rn 74 f). **73**

3. Art 12 § 3 AdoptG

(1) Wird eine Erklärung nach § 2 Abs. 2 Satz 2 abgegeben, so werden auf das Annahmeverhältnis nach Ablauf der in § 2 Abs. 1 bestimmten Frist die Vorschriften dieses Gesetzes über die Annahme Volljähriger angewandt.

(2) Die Vorschriften des § 1 Abs. 2 bis 5 und des § 2 Abs. 2 Satz 1 Halbsatz 3 werden entsprechend angewandt. § 1761 des Bürgerlichen Gesetzbuchs ist anzuwenden. Solange der an Kindes Statt Angenommene minderjährig ist, kann das Annahmeverhältnis auch nach § 1763 Abs. 1, 2 des Bürgerlichen Gesetzbuchs in der Fassung dieses Gesetzes aufgehoben werden.

Materialien: BT-Drucks 7/3061, 71, 83; BT-Drucks 7/5087, 28.

a) Normzweck

§ 3 AdoptG bestimmt die Rechtsfolgen für den Fall, dass eine Widerspruchserklä- **74** rung gem § 2 Abs 2 S 2 AdoptG abgegeben wurde. In einem solchen Fall treten nicht die Wirkungen der Volladoption nach neuem Recht ein (§ 2 Abs 2 S 2 AdoptG). Für das Annahmeverhältnis gelten aber auch nicht die alten Adoptionswirkungen weiter. Um ein allzu langes Nebeneinander von altem und neuem Recht zu vermeiden, bestimmt vielmehr § 3 Abs 1 AdoptG, dass auf das Annahmeverhältnis ab 1. 1. 1978 die **Vorschriften des AdoptG v 1976 über die Annahme Volljähriger** Anwendung finden. Da sich diese nur geringfügig von denen unterscheiden, die für die Annahme an Kindes Statt maßgebend waren, hat der Gesetzgeber einerseits dem Interesse der Beteiligten am Fortbestand der alten Adoptionswirkungen Rechnung getragen, andererseits aber auch vermieden, dass neben den verschiedenen Adoptionswirkungen neuen Rechts noch solche alten Rechts fortbestehen.

b) Rechtswirkungen im Einzelnen

Von der grds Anwendbarkeit der Vorschriften des neuen Rechts über die Annahme **75** Volljähriger musste der Gesetzgeber in **§ 3 Abs 2 AdoptG einige Ausnahmen** machen. Wie bei allen Adoptionen sollen die Wirkungen der Annahme nicht auf einen Abkömmling des Angenommenen ausgedehnt werden, auf den sich die Wirkungen der Annahme an Kindes Statt nicht erstreckt haben (§ 1 Abs 2 AdoptG). Hat das von einer Frau angenommene Kind den Namen erhalten, den die Frau vor der Verheiratung geführt hat, so behält es diesen Namen (§ 1 Abs 3 AdoptG). Für Erbfälle vor Inkrafttreten des AdoptG bleibt das alte Recht maßgebend (§ 1 Abs 4 AdoptG). War im Annahmevertrag das Erbrecht des Kindes dem Annehmenden gegenüber ausgeschlossen worden, so bleibt es bei diesem Ausschluss; in diesem Fall hat auch der Annehmende kein Erbrecht (§ 1 Abs 5 AdoptG).

c) Aufhebung des Annahmeverhältnisses

76 Für die Aufhebung des Annahmeverhältnisses gilt nach § 3 Abs 1 AdoptG **§ 1771 BGB** (RsprNachw vgl § 1771 Rn 7). Eine Aufhebung ist somit einmal wegen Mängel beim Zustandekommen der Adoption gem § 1771 S 2 BGB möglich. § 3 Abs 2 S 2 AdoptG ergänzt dabei die Verweisung v § 1771 S 2 BGB auf § 1760 BGB um § 1761 BGB. Die Antragsfristen gem § 1762 Abs 2 BGB beginnen frühestens ab 1. 1. 1978 zu laufen (§ 3 Abs 2 S 1 AdoptG iVm § 2 Abs 2 S 1 HS 3). Eine Aufhebung kommt außerdem nach § 1771 S 1 BGB auf übereinstimmenden Antrag des Annehmenden und des Angenommenen in Betracht, wenn ein wichtiger Grund vorliegt. **Solange das Kind minderjährig ist**, kann das Annahmeverhältnis gem § 3 Abs 2 S 3 AdoptG „auch" nach § 1763 Abs 1 u 2 BGB aufgehoben werden. Da § 1771 S 1 BGB jedoch speziell auf die Erwachsenenadoption zugeschnitten ist, sollte diese Bestimmung neben § 1763 Abs 1 u 2 BGB nicht zur Anwendung kommen, solange das Kind minderjährig ist (so auch BayObLG FamRZ 1990, 97; MünchKomm/MAURER § 1772 Anh Rn 19; SOERGEL/LIERMANN Vor § 1741 Rn 57; BOSCH FamRZ 1978, 656, 663 f; **aA** BEHN ZBlJugR 1977, 463, 482). Die missverständliche Formulierung („auch") in Art 12 § 3 Abs 2 S 3 AdoptG steht dem nicht entgegen. Diese Bestimmung wurde im Gesetzgebungsverfahren lediglich eingefügt, um für Übergangsfälle die Aufhebung zum Wohl des Kindes gem § 1763 Abs 1 u 2 BGB zu ermöglichen, wenn das Adoptionsverhältnis den Vorschriften über die Annahme Volljähriger untersteht, weil diese Möglichkeit entgegen dem früheren Recht im GesE fehlte (BT-Drucks 7/3061, 71; 7/5087, 58). Mehr sollte durch diese Änderung nicht bewirkt werden (BayObLG FamRZ 1990, 97, 98). Art 12 § 3 Abs 2 S 3 AdoptG verweist jedoch nur auf § 1763 Abs 1 u 2 BGB, nicht auf § 1763 Abs 3 BGB. § 1763 Abs 3 BGB sollte nach dem Willen des Gesetzgebers nicht anwendbar sein, weil das alte Recht (§ 1770a aF) keine solche Beschränkung enthielt und das Annahmeverhältnis nicht dahingehend verstärkt werden sollte (BT-Drucks 7/3061, 71).

4. Art 12 § 4 AdoptG

> (1) Das vor dem Inkrafttreten dieses Gesetzes von einem Deutschen nach den deutschen Gesetzen wirksam angenommene und im Zeitpunkt des Inkrafttretens dieses Gesetzes noch minderjährige Kind erwirbt durch die schriftliche Erklärung, deutscher Staatsangehöriger werden zu wollen, die Staatsangehörigkeit, wenn auf das Annahmeverhältnis gemäß § 2 Abs. 2 Satz 1 die Vorschriften dieses Gesetzes über die Annahme Minderjähriger Anwendung finden. Der Erwerb der Staatsangehörigkeit erstreckt sich auf diejenigen Abkömmlinge des Kindes, auf die sich auch die Wirkungen der Annahme an Kindes Statt erstreckt haben.
>
> (2) Das Erklärungsrecht besteht nicht, wenn das Kind nach der Annahme an Kindes Statt die deutsche Staatsangehörigkeit besessen oder ausgeschlagen hat.
>
> (3) Das Erklärungsrecht kann nur bis zum 31. Dezember 1979 ausgeübt werden. Der Erwerb der Staatsangehörigkeit wird wirksam, wenn die Erklärung
> 1. vor dem 1. Januar 1978 abgegeben wird, am 1. Januar 1978;
> 2. ab 1. Januar 1978 abgegeben wird, mit der Entgegennahme der Erklärung durch die Einbürgerungsbehörde.
>
> (4) Artikel 3 Abs. 3 Satz 2 und 3, Abs. 4, 5 Satz 1 und 4 und Abs. 7 bis 9 des Gesetzes zur Änderung des Reichs- und Staatsangehörigkeitsgesetzes vom 20. Dezember 1974 (Bundesgesetzbl. I S. 3714) gelten entsprechend.

(5) Die Staatsangehörigkeit erwirbt nach den Absätzen 1 bis 4 auch das Kind, wenn ein Annehmender im Zeitpunkt der Annahme an Kindes Statt Deutscher ohne deutsche Staatsangehörigkeit im Sinne des Artikels 116 Abs. 1 des Grundgesetzes war.

Materialien: BT-Drucks 7/3061, 71 f, 83; BT-Drucks 7/5087, 28 f.

a) Normzweck

Nach früherem Recht hatte eine Adoption keinen Einfluss auf die Staatsangehörigkeit des Kindes. Ein angenommenes Kind konnte lediglich unter erleichterten Voraussetzungen eingebürgert werden. Nach neuem Recht erhält ein ausländisches Kind, das im Zeitpunkt des Annahmeantrags das 18. Lebensjahr noch nicht vollendet hat, mit der Annahme durch einen Deutschen die deutsche Staatsangehörigkeit (§ 6 S 1 StAG). Zweck des § 4 ist es, ausländischen Adoptivkindern, die am 1. 1. 1977 noch minderjährig waren, den Erwerb der deutschen Staatsangehörigkeit zu ermöglichen. **77**

b) Voraussetzungen

Der Annehmende (oder einer der Annehmenden) muss im Zeitpunkt der Annahme Deutscher gewesen sein (§ 4 Abs 1 S 1 AdoptG). Es genügt, wenn er Deutscher iSv Art 116 Abs 1 GG war (§ 4 Abs 5 AdoptG). Das Kind muss im Zeitpunkt des Inkrafttretens des AdoptG, also am 1. 1. 1977, minderjährig gewesen sein, wobei sich nach hM die Minderjährigkeit nach dem Heimatrecht des Kindes bestimmt (vgl § 1741 Rn 14). Auf das Annahmeverhältnis müssen gem § 2 Abs 2 S 1 AdoptG die Vorschriften des AdoptG über die Annahme Minderjähriger Anwendung finden (§ 4 Abs 1 S 1 AdoptG). Das Recht, durch schriftliche Erklärung die deutsche Staatsbürgerschaft zu erwerben (§ 4 Abs 1 S 1 AdoptG), ist nach § 4 Abs 2 AdoptG ausgeschlossen, wenn das Kind nach der Annahme die deutsche Staatsangehörigkeit bereits besessen oder ausgeschlagen hat. Die Annehmenden, die das Kind nach wie vor vertreten, werden also an der einmal getroffenen Entscheidung festgehalten. Die Erklärung, die deutsche Staatsangehörigkeit erwerben zu wollen, muss schriftlich bis zum 31. 12. 1979 abgegeben worden sein (§ 4 Abs 3 S 1 AdoptG). **78**

c) Rechtsfolgen

Mit der Abgabe der Erklärung erwarb der Angenommene die deutsche Staatsangehörigkeit (§ 4 Abs 1 S 1 AdoptG). War die Erklärung vor dem 1. 1. 1978 abgegeben worden, wurde der Erwerb am 1. 1. 1978 wirksam (§ 4 Abs 3 S 2 Nr 1 AdoptG). Das Abstellen auf den 1. 1. 1978 erklärt sich durch die bis zum 31. 12. 1977 laufende Widerspruchsfrist nach § 2 Abs 3 S 1 AdoptG. Wurde die Erklärung nach dem 1. 1. 1978 abgegeben, wurde der Erwerb mit der Entgegennahme der Erklärung durch die Einbürgerungsbehörde wirksam (§ 4 Abs 3 S 2 Nr 2 AdoptG). Der Erwerb der Staatsangehörigkeit erstreckte sich auf diejenigen Abkömmlinge des Kindes, auf die sich auch die Wirkungen der Annahme an Kindes Statt erstreckt hatten (§ 4 Abs 1 S 2 AdoptG). **79**

Vorbem zu §§ 1741 ff

5. **Art 12 § 5 AdoptG**

Hat im Zeitpunkt des Inkrafttretens dieses Gesetzes der Annehmende oder das Kind den Antrag auf Bestätigung eines Vertrages über die Annahme oder auf Bestätigung eines Vertrages über die Aufhebung der Annahme an Kindes Statt bei dem zuständigen Gericht eingereicht oder bei oder nach der notariellen Beurkundung des Vertrages den Notar mit der Einreichung betraut, so kann die Bestätigung nach den bisher geltenden Vorschriften erfolgen. § 15 Abs. 1 Satz 3 des Personenstandsgesetzes ist in diesem Fall in der bisher geltenden Fassung anzuwenden.

Materialien: BT-Drucks 7/3061, 72.

80 § 5 AdoptG enthält (zusammen mit § 6 AdoptG) eine Sonderregelung für Adoptionen und Adoptionsaufhebungen, die bei Inkrafttreten des AdoptG bereits eingeleitet, aber noch nicht abgeschlossen waren (schwebende Verfahren). Die praktische Bedeutung dieser Bestimmung hat sich **mit Zeitablauf erledigt**. Ausführlich STAUDINGER/FRANK (2007) Vorbem 77 ff zu §§ 1741 ff.

6. **Art 12 § 6 AdoptG**

(1) Hat vor Inkrafttreten dieses Gesetzes ein Elternteil die Einwilligung zur Annahme eines Kindes an Kindes Statt erteilt, so behält diese Einwilligung ihre Wirksamkeit zu einer Annahme als Kind nach den Vorschriften dieses Gesetzes. Dies gilt entsprechend, wenn das Vormundschaftsgericht die Einwilligung eines Elternteils zur Annahme des Kindes an Kindes Statt ersetzt hat.

(2) Hat der Elternteil bei der Einwilligung nicht ausdrücklich zugestimmt, daß die Annahme nach den Vorschriften dieses Gesetzes mit den sich daraus ergebenden Wirkungen erfolgen kann, so kann er bis zum 31. Dezember 1977 erklären, daß die Vorschriften dieses Gesetzes über die Annahme Minderjähriger nicht angewandt werden sollen. § 2 Abs. 3 gilt für die Erklärung entsprechend. Auf das Annahmeverhältnis werden bis zum Ablauf der in Satz 1 bestimmten Frist, im Fall einer Erklärung nach Satz 1 auch nach Ablauf dieser Frist, die Vorschriften dieses Gesetzes über die Annahme Volljähriger mit der Maßgabe angewandt, daß auf die Aufhebung des Annahmeverhältnisses die Vorschriften der §§ 1760 bis 1763 des Bürgerlichen Gesetzbuchs in der Fassung dieses Gesetzes entsprechend anzuwenden sind. Wird keine Erklärung nach Satz 1 abgegeben, so werden nach Ablauf der in Satz 2 bestimmten Frist auf das Annahmeverhältnis die Vorschriften dieses Gesetzes über die Annahme Minderjähriger angewandt.

Materialien: BT-Drucks 7/3061, 72;
BT-Drucks 7/5087, 29.

81 Mit § 6 AdoptG wurde erreicht, dass am 1. 1. 1977 bereits erteilte Einwilligungen oder ausgesprochene Ersetzungen wegen der weiterreichenden Wirkungen der Annahme als Kind (Volladoption) nicht wiederholt zu werden brauchten. Andererseits blieb den leiblichen Eltern die Möglichkeit erhalten, eine Volladoption zu verhindern, die bei freiwilliger Erklärung der Einwilligung nicht beabsichtigt war

(BT-Drucks 7/5087, 29; KEMP DNotZ 1976, 646, 656). § 6 AdoptG hat wie § 5 AdoptG seine **praktische Bedeutung für die Rechtsanwendung durch Zeitablauf verloren**. Ausführlich STAUDINGER/FRANK (2007) Vorbem 82 ff zu §§ 1741 ff.

7. Art 12 § 7 AdoptG

(1) Die Annahme als Kind nach den Vorschriften dieses Gesetzes über die Annahme Minderjähriger ist auch dann zulässig, wenn der Annehmende und der Anzunehmende bereits durch Annahme an Kindes Statt nach den bisher geltenden Vorschriften verbunden sind. Besteht das Annahmeverhältnis zu einem Ehepaar, so ist die Annahme als Kind nur durch beide Ehegatten zulässig.

(2) Ist der Angenommene im Zeitpunkt des Inkrafttretens dieses Gesetzes volljährig, so wird § 1772 des Bürgerlichen Gesetzbuchs angewandt.

Materialien: BT-Drucks 7/3061, 72.

§ 7 AdoptG ergänzt zunächst eine Lücke in der Überführung von Altadoptionen in **82** neues Recht für die Zeit v 1. 1.–31. 12. 1977. Wünschten die Beteiligten, dass bereits vor dem 1. 1. 1978 die Wirkungen der Volladoption eintraten, so konnten sie von der Möglichkeit des § 7 AdoptG Gebrauch machen. Darüber hinaus ist an den Fall gedacht, dass ein Beteiligter zunächst der Überleitung der Adoption in eine Volladoption nach § 2 Abs 2 S 2 AdoptG widerspricht, nach Ablauf der Widerspruchsfrist aber seine Meinung ändert. In Betracht kommt weiter der Fall, dass bei Altadoptionen, deren Überleitung am Widerspruch der leiblichen Eltern scheiterte, eine Ersetzung der Einwilligung in eine Volladoption möglich ist (BT-Drucks 7/3061, 72; BISCHOF JurBüro 1976, 1569, 1602 f; ENGLER FamRZ 1976, 584, 594; KEMP DNotZ 1976, 646, 658). Da das Kind bereits adoptiert ist und es nur darum geht, die Wirkungen der Adoption zu verstärken, wird hier eine Ersetzung der Einwilligung idR bereits dann möglich sein, wenn anerkennenswerte Gründe für die Verweigerung nicht feststellbar sind (BGB-RGRK/DICKESCHEID Vor § 1741 Rn 33).

Die Aufstockung erfolgt nach den gleichen Voraussetzungen und im gleichen ge- **83** richtlichen Verfahren wie die Annahme als Kind nach geltendem Recht. Soweit für das Kind ein gesetzlicher Vertreter handeln muss, sind die Annehmenden von der gesetzlichen Vertretung nicht ausgeschlossen, da ein Interessenwiderstreit nicht ersichtlich ist (MünchKomm/MAURER § 1772 Anh Rn 29).

War der nach altem Recht Angenommene am 1. 1. 1977 volljährig, so kann nach § 7 **84** Abs 2 AdoptG unter den Voraussetzungen des § 1772 BGB Volladoption angeordnet werden. War der nach altem Recht Angenommene am 1. 1. 1977 zwar noch minderjährig, wurde er aber später volljährig, ohne dass ein Verfahren nach § 7 Abs 1 AdoptG durchgeführt wurde, so fragt es sich, ob eine Umwandlung des Annahmeverhältnisses noch nach § 7 Abs 1 AdoptG in Betracht kommt. Dagegen spricht der Wortlaut v § 7 Abs 1 AdoptG, der eine Aufstockung nur „nach den Vorschriften über die Annahme Minderjähriger" gestattet, und wohl auch die Überlegung, dass in den wenigen Fällen, in denen die Überleitung einer Minderjährigenadoption in eine Volladoption am

Widerspruch eines Beteiligten scheiterte, eine Korrektur der Adoptionswirkungen nach Erreichung des Volljährigkeitsalters nicht mehr gerechtfertigt erscheint.

85 Anders als den §§ 5 u 6 AdoptG kommt dem § 7 AdoptG nach wie vor praktische Bedeutung zu, weil weder in Abs 1 noch in Abs 2 Fristen für die Einleitung eines Verfahrens auf „Aufstockung" von Altadoptionen gesetzt werden.

VIII. Adoptionsvermittlung*

86 Gesetz über die Vermittlung der Annahme als Kind und über das Verbot der Vermittlung von Ersatzmüttern – Adoptionsvermittlungsgesetz (AdVermiG) – in der ab 1. 1. 2002 geltenden Fassung (BGBl 2001 I 2950)

* **Schrifttum:** BEHRENTIN/GRÜNENWALD/NUÑEZ, Handb AdoptionsR, A Rn 1 ff; Empfehlungen der Bundesarbeitsgemeinschaft der Landesjugendämter zur Adoptionsvermittlung (7. Aufl 2014); HOFFMANN, Adoptionsoption in der Hilfeplanung – Perspektive der Fachkräfte in der Hilfeplanung, JAmt 2011, 10; MünchKomm/MAURER § 1744 Anh (7. Aufl 2017); ELMAUER, Kommentar zum AdoptVermG, in: WIESNER, SGB VIII Anh V (5. Aufl 2015); PAULITZ (Hrsg), Adoption – Positionen, Impulse, Perspektiven (2. Aufl 2006) insbes S 1 ff, 271 ff, 327 ff; PAULITZ, Innerstaatliche Adoptionsvermittlung – Bestandsaufnahme und Perspektiven, ZfJ 2001, 379; REINHARDT, Kommentar zum AdoptVermG, in: REINHARDT/KEMPER/WEITZEL, Adoptionsrecht (2. Aufl 2015); ders, Aktuelle Herausforderungen in der Praxis der Adoptionsvermittlung, JAmt 2013, 499 ff. **1. Zum AdoptVermG v 1976** (BGBl 1976 I 1762): BAER/FALTERMEIER/GROSS, Adoptions- und Adoptionsvermittlungsgesetz nach drei Jahren Praxis – Erste Erfahrungen, NDV 1980, 370; BAER/GROSS, Adoption und Adoptionsvermittlung (2. Aufl 1981); CARSPECKEN, Probleme des Adoptionsvermittlungsgesetzes, ZBlJugR 1976, 512; CZERNER, Kritische Anmerkungen zum Adoptionsvermittlungsgesetz und Adoptionsgesetz, DAVorm 1977, 115; FEIL, Stellungnahme zum Entwurf eines Gesetzes über die Vermittlung der Annahme Minderjähriger als Kind – Adoptionsvermittlungsgesetz – (AdoptVermG), RdJB 1975, 53; OBERLOSKAMP, Annahme als Kind und Adoptionsvermittlung seit dem 1. 1. 1977, DAVorm 1977, 89; ROTH/STIELOW, Adoptionsgesetz – Adoptionsvermittlungsgesetz (1976); SEIBERT, Das neue Adoptionsvermittlungsrecht, ZfF 1976, 201; TACK, Die Neuordnung des Adoptionsvermittlungsrechts durch das Adoptionsvermittlungsgesetz vom 2. Juli 1976, ZBlJugR 1977, 1. **2. Zum Gesetz zur Änderung des AdoptVermG v 1989** (BGBl 1989 I 2014): BACH, Neue Regelungen gegen Kinderhandel und Ersatzmuttervermittlung, FamRZ 1990, 574; HABERMANN, Änderung des Adoptionsvermittlungsgesetzes, FuR 1990, 95; LIERMANN, Ersatzmutterschaft und das Verbot ihrer Vermittlung, MDR 1990, 857; LÜDERITZ, Verbot von Kinderhandel und Ersatzmuttervermittlung durch Änderung des Adoptionsvermittlungsgesetzes, NJW 1990, 1633; SOERGEL/LIERMANN Anh Vor § 1741 (13. Aufl 2000). **3. Zum Gesetz zur Regelung von Rechtsfragen auf dem Gebiet der internationalen Adoption und zur Weiterentwicklung des Adoptionsvermittlungsgesetzes v 2001** (BGBl 2001 I 2950): BEHRENTIN, Handb AdoptionsR, A Rn 181 ff; BIENENTREU/BUSCH, Die Rechtsstellung des ausländischen Adoptionspflegekindes, Argumentationshilfen für Fachkräfte und Adoptionspflegeeltern, JAmt 2002, 87; BUSCH, Die Umsetzung der Haager Adoptionskonvention in Deutschland, JAmt 2001, 581; MAURER, Das Gesetz zur Regelung von Rechtsfragen auf dem Gebiet der internationalen Adoption und zur Weiterentwicklung des Adoptionsvermittlungsrechts, FamRZ 2003, 1337; STEIGER, Das neue Recht der internationalen Adoption und Adoptionsvermittlung (2002); STEIGER, Im alten Fahrwasser zu neuen Ufern: Neuregelungen im Recht der internationalen Adoption mit Erläuterungen für die notarielle Praxis, DNotZ 2002, 184.

Titel 7\
Annahme als Kind **Vorbem zu §§ 1741 ff**

Erster Abschnitt\
Adoptionsvermittlung

§ 1 Adoptionsvermittlung

Adoptionsvermittlung ist das Zusammenführen von Kindern unter achtzehn Jahren und Personen, die ein Kind annehmen wollen (Adoptionsbewerber), mit dem Ziel der Annahme als Kind. Adoptionsvermittlung ist auch der Nachweis der Gelegenheit, ein Kind anzunehmen oder annehmen zu lassen, und zwar auch dann, wenn das Kind noch nicht geboren oder noch nicht gezeugt ist. Die Ersatzmuttervermittlung gilt nicht als Adoptionsvermittlung.

§ 2 Adoptionsvermittlungsstellen

(1) Die Adoptionsvermittlung ist Aufgabe des Jugendamtes und des Landesjugendamtes. Das Jugendamt darf die Adoptionsvermittlung nur durchführen, wenn es eine Adoptionsvermittlungsstelle eingerichtet hat; das Landesjugendamt hat eine zentrale Adoptionsstelle einzurichten. Jugendämter benachbarter Gemeinden oder Kreise können mit Zustimmung der zentralen Adoptionsstelle des Landesjugendamtes eine gemeinsame Adoptionsvermittlungsstelle errichten. Landesjugendämter können eine gemeinsame zentrale Adoptionsstelle bilden. In den Ländern Berlin, Hamburg und Saarland können dem Landesjugendamt die Aufgaben der Adoptionsvermittlungsstelle des Jugendamtes übertragen werden.

(2) Zur Adoptionsvermittlung sind auch die örtlichen und zentralen Stellen des Diakonischen Werks, des Deutschen Caritasverbandes, der Arbeiterwohlfahrt und der diesen Verbänden angeschlossenen Fachverbände sowie sonstiger Organisationen mit Sitz im Inland berechtigt, wenn die Stellen von der zentralen Adoptionsstelle des Landesjugendamtes als Adoptionsvermittlungsstellen anerkannt worden sind.

(3) Die Adoptionsvermittlungsstellen der Jugendämter und die zentralen Adoptionsstellen der Landesjugendämter arbeiten mit den in Absatz 2 genannten Adoptionsvermittlungsstellen partnerschaftlich zusammen.

§ 2a Internationale Adoptionsvermittlung

(1) Die Vorschriften dieses Gesetzes über internationale Adoptionsvermittlung sind in allen Fällen anzuwenden, in denen das Kind oder die Adoptionsbewerber ihren gewöhnlichen Aufenthalt im Ausland haben oder in denen das Kind innerhalb von zwei Jahren vor Beginn der Vermittlung in das Inland gebracht worden ist.

(2) Im Anwendungsbereich des Haager Übereinkommens vom 29. Mai 1993 über den Schutz von Kindern und die Zusammenarbeit auf dem Gebiet der internationalen Adoption (BGBl 2001 II S 1034) (Adoptionsübereinkommen) gelten ergänzend die Bestimmungen des Adoptionsübereinkommens-Ausführungsgesetzes vom 5. November 2001 (BGBl I S 2950).

(3) Zur internationalen Adoptionsvermittlung sind befugt
1. die zentrale Adoptionsstelle des Landesjugendamtes
2. die Adoptionsvermittlungsstelle des Jugendamtes, soweit die zentrale Adoptionsstelle des Landesjugendamtes ihr diese Tätigkeit im Verhältnis zu einem oder mehreren bestimmten Staaten allgemein oder im Einzelfall gestattet hat;

3. eine anerkannte Auslandsvermittlungsstelle (§ 4 Abs 2) im Rahmen der ihr erteilten Zulassung;
4. eine ausländische zugelassene Organisation im Sinne des Adoptionsübereinkommens, soweit die Bundeszentralstelle (Absatz 4 Satz 1) ihr diese Tätigkeit im Einzelfall gestattet hat.

(4) Zur Koordination der internationalen Adoptionsvermittlung arbeiten die in Absatz 3 und in § 15 Abs 2 genannten Stellen mit dem Bundesamt für Justiz als Bundeszentralstelle für Auslandsadoption (Bundeszentralstelle) zusammen. Das Bundesministerium für Familie, Senioren, Frauen und Jugend kann im Einvernehmen mit dem Bundesministerium der Justiz und für Verbraucherschutz durch Rechtsverordnung mit Zustimmung des Bundesrates bestimmen, dass die Bundeszentralstelle im Verhältnis zu einzelnen Staaten, die dem Adoptionsübereinkommen nicht angehören, ganz oder zum Teil entsprechende Aufgaben wie gegenüber Vertragsstaaten wahrnimmt; dabei können diese Aufgaben im Einzelnen geregelt werden.

(5) Die in Absatz 3 und in § 15 Abs 2 genannten Stellen haben der Bundeszentralstelle
1. zu jedem Vermittlungsfall im Sinne des Absatzes 1 von der ersten Beteiligung einer ausländischen Stelle an die jeweils verfügbaren Angaben zur Person (Name, Geschlecht, Geburtsdatum, Geburtsort, Staatsangehörigkeit, Familienstand und Wohnsitz oder gewöhnlicher Aufenthalt) des Kindes, seiner Eltern und der Adoptionsbewerber sowie zum Stand des Vermittlungsverfahrens zu melden,
2. jährlich zusammenfassend über Umfang, Verlauf und Ergebnisse ihrer Arbeit auf dem Gebiet der internationalen Adoptionsvermittlung zu berichten und
3. auf deren Ersuchen über einzelne Vermittlungsfälle im Sinne des Absatzes 1 Auskunft zu geben, soweit dies zur Erfüllung der Aufgaben nach Absatz 4 und nach § 2 Abs 2 Satz 1 des Adoptionsübereinkommens-Ausführungsgesetzes vom 5. November 2001 (BGBl I S 2950) erforderlich ist.

Die Meldepflicht nach Satz 1 Nr 1 beschränkt sich auf eine Meldung über den Abschluß des Vermittlungsverfahrens, sofern dieses weder das Verhältnis zu anderen Vertragsstaaten des Adoptionsübereinkommens noch zu solchen Staaten betrifft, die durch Rechtsverordnung nach Absatz 4 Satz 2 bestimmt worden sind.

(6) Die Bundeszentralstelle speichert die nach Absatz 5 Satz 1 Nr 1 übermittelten Angaben in einer zentralen Datei. Die Übermittlung der Daten ist zu protokollieren. Die Daten zu einem einzelnen Vermittlungsfall sind dreißig Jahre nach Eingang der letzten Meldung zu dem betreffenden Vermittlungsfall zu löschen.

§ 3 Persönliche und fachliche Eignung der Mitarbeiter

(1) Mit der Adoptionsvermittlung dürfen nur Fachkräfte betraut werden, die dazu auf Grund ihrer Persönlichkeit, ihrer Ausbildung und ihrer beruflichen Erfahrung geeignet sind. Die gleichen Anforderungen gelten für Personen, die den mit der Adoptionsvermittlung betrauten Beschäftigten fachliche Weisungen erteilen können. Beschäftigte, die nicht unmittelbar mit Vermittlungsaufgaben betraut sind, müssen die Anforderungen erfüllen, die der ihnen übertragenen Verantwortung entsprechen.

(2) Die Adoptionsvermittlungsstellen (§ 2 Abs 1 und 2) sind mit mindestens zwei Vollzeitfachkräften oder einer entsprechenden Zahl von Teilzeitfachkräften zu besetzen; diese Fachkräfte dürfen nicht überwiegend mit vermittlungsfremden Aufgaben befasst sein. Die zentrale Adoptionsstelle des Landesjugendamtes kann Ausnahmen zulassen.

§ 4 Anerkennung als Adoptionsvermittlungsstelle

(1) Die Anerkennung als Adoptionsvermittlungsstelle im Sinne des § 2 Abs 2 kann erteilt werden, wenn der Nachweis erbracht wird, dass die Stelle
1. die Voraussetzungen des § 3 erfüllt,
2. insbesondere nach ihrer Arbeitsweise und der Finanzlage ihres Rechtsträgers die ordnungsgemäße Erfüllung ihrer Aufgaben erwarten lässt und
3. von einer juristischen Person oder Personenvereinigung unterhalten wird, die steuerbegünstigte Zwecke im Sinne der §§ 51 bis 68 der Abgabenordnung verfolgt. Die Adoptionsvermittlung darf nicht Gegenstand eines steuerpflichtigen wirtschaftlichen Geschäftsbetriebs sein.

(2) Zur Ausübung internationaler Adoptionsvermittlung durch eine Adoptionsvermittlungsstelle im Sinne des § 2 Abs 2 bedarf es der besonderen Zulassung, die für die Vermittlung von Kindern aus einem oder mehreren bestimmten Staaten (Heimatstaaten) erteilt wird.
Die Zulassung berechtigt dazu, die Bezeichnung „anerkannte Auslandsvermittlungsstelle" zu führen; ohne die Zulassung darf diese Bezeichnung nicht geführt werden. Die Zulassung kann erteilt werden, wenn der Nachweis erbracht wird, dass die Stelle die Anerkennungsvoraussetzungen nach Absatz 1 in dem für die Arbeit auf dem Gebiet der internationalen Adoption erforderlichen besonderen Maße erfüllt; sie ist zu versagen, wenn ihr überwiegende Belange der Zusammenarbeit mit dem betreffenden Heimatstaat entgegenstehen. Die zentrale Adoptionsstelle des Landesjugendamtes und die Bundeszentralstelle unterrichten einander über Erkenntnisse, die die in Absatz 1 genannten Verhältnisse der anerkannten Vermittlungsstelle betreffen.

(3) Die Anerkennung nach Absatz 1 oder die Zulassung nach Absatz 2 sind zurückzunehmen, wenn die Voraussetzungen für ihre Erteilung nicht vorgelegen haben. Sie sind zu widerrufen, wenn die Voraussetzungen nachträglich weggefallen sind. Nebenbestimmungen zu einer Anerkennung oder Zulassung sowie die Folgen des Verstoßes gegen eine Auflage unterliegen den allgemeinen Vorschriften.

(4) Zur Prüfung, ob die Voraussetzungen nach Absatz 1 oder Absatz 2 Satz 3 weiterhin vorliegen, ist die zentrale Adoptionsstelle des Landesjugendamtes berechtigt, sich über die Arbeit der Adoptionsvermittlungsstelle im Allgemeinen und im Einzelfall, über die persönliche und fachliche Eignung ihrer Leiter und Mitarbeiter sowie über die rechtlichen und organisatorischen Verhältnisse und die Finanzlage ihres Rechtsträgers zu unterrichten. Soweit es zu diesem Zweck erforderlich ist,
1. kann die zentrale Adoptionsstelle Auskünfte, Einsicht in Unterlagen sowie die Vorlage von Nachweisen verlangen;
2. dürfen die mit der Prüfung beauftragten Bediensteten Grundstücke und Geschäftsräume innerhalb der üblichen Geschäftszeiten betreten; das Grundrecht der Unverletzlichkeit der Wohnung (Artikel 13 des Grundgesetzes) wird insoweit eingeschränkt.

(5) Widerspruch und Anfechtungsklage gegen Verfügungen der zentralen Adoptionsstelle haben keine aufschiebende Wirkung.

§ 5 Vermittlungsverbote

(1) Die Adoptionsvermittlung ist nur den nach § 2 Abs 1 befugten Jugendämtern und Landesjugendämtern und den nach § 2 Abs 2 berechtigten Stellen gestattet; anderen ist die Adoptionsvermittlung untersagt.

(2) Das Vermittlungsverbot gilt nicht
1. für Personen, die mit dem Adoptionsbewerber oder dem Kind bis zum dritten Grad verwandt oder verschwägert sind;
2. für andere Personen, die in einem Einzelfall und unentgeltlich die Gelegenheit nachweisen, ein Kind anzunehmen oder annehmen zu lassen, sofern sie eine Adoptionsvermittlungsstelle oder ein Jugendamt hiervon unverzüglich benachrichtigen.

(3) Es ist untersagt, Schwangere, die ihren Wohnsitz oder gewöhnlichen Aufenthalt im Geltungsbereich dieses Gesetzes haben, gewerbs- oder geschäftsmäßig durch Gewähren oder Verschaffen von Gelegenheit zur Entbindung außerhalb des Geltungsbereichs dieses Gesetzes
1. zu bestimmen, dort ihr Kind zur Annahme als Kind wegzugeben,
2. ihnen zu einer solchen Weggabe Hilfe zu leisten.

(4) Es ist untersagt, Vermittlungstätigkeiten auszuüben, die zum Ziel haben, dass ein Dritter ein Kind auf Dauer bei sich aufnimmt, insbesondere dadurch, dass ein Mann die Vaterschaft für ein Kind, das er nicht gezeugt hat, anerkennt. Vermittlungsbefugnisse, die sich aus anderen Rechtsvorschriften ergeben, bleiben unberührt.

§ 6 Adoptionsanzeigen

(1) Es ist untersagt, Kinder zur Annahme als Kind oder Adoptionsbewerber durch öffentliche Erklärungen, insbesondere durch Zeitungsanzeigen oder Zeitungsberichte, zu suchen oder anzubieten. Dies gilt nicht, wenn
1. die Erklärung den Hinweis enthält, dass Angebote oder Anfragen an eine durch Angabe der Anschrift bezeichnete Adoptionsvermittlungsstelle oder zentrale Adoptionsstelle (§ 2 Abs 1 und 2) zu richten sind und
2. in der Erklärung eine Privatanschrift nicht angegeben wird.

§ 5 bleibt unberührt.

(2) Die Veröffentlichung der in Absatz 1 bezeichneten Erklärung unter Angabe eines Kennzeichens ist untersagt.

(3) Absatz 1 Satz 1 gilt entsprechend für öffentliche Erklärungen, die sich auf Vermittlungstätigkeiten nach § 5 Abs 4 Satz 1 beziehen.

(4) Die Absätze 1 bis 3 gelten auch, wenn das Kind noch nicht geboren oder noch nicht gezeugt ist, es sei denn, dass sich die Erklärung auf eine Ersatzmutterschaft bezieht.

§ 7 Vorbereitung der Vermittlung

(1) Wird der Adoptionsvermittlungsstelle bekannt, dass für ein Kind die Adoptionsvermittlung in Betracht kommt, so führt sie zur Vorbereitung der Vermittlung unverzüglich die sachdienlichen Ermittlungen bei den Adoptionsbewerbern, bei dem Kind und seiner Familie durch. Dabei ist insbesondere zu prüfen, ob die Adoptionsbewerber unter Berücksichtigung der Persönlichkeit des Kindes und seiner besonderen Bedürfnisse für die Annahme des Kindes geeignet sind. Mit den Ermittlungen bei den Adoptionsbewerbern soll schon vor der Geburt des Kindes begonnen werden, wenn zu erwarten ist, dass die Einwilligung zur Annahme als Kind erteilt wird. Das Ergebnis der Ermittlungen bei den Adoptionsbewerbern und bei der Familie des Kindes ist den jeweils Betroffenen mitzuteilen.

(2) Die örtliche Adoptionsvermittlungsstelle (§ 9 a), in deren Bereich sich die Adoptionsbewerber gewöhnlich aufhalten, übernimmt auf Ersuchen einer anderen Adoptionsvermittlungsstelle (§ 2 Abs 1 und 2) die sachdienlichen Ermittlungen bei den Adoptionsbewerbern.

(3) Auf Antrag prüft die örtliche Adoptionsvermittlungsstelle die allgemeine Eignung der Adoptionsbewerber mit gewöhnlichem Aufenthalt in ihrem Bereich zur Annahme eines Kindes mit gewöhnlichem Aufenthalt im Ausland. Hält die Adoptionsvermittlungsstelle die allgemeine Eignung der Adoptionsbewerber für gegeben, so verfasst sie über das Ergebnis ihrer Prüfung einen Bericht, in dem sie sich über die rechtliche Befähigung und die Eignung der Adoptionsbewerber zur Übernahme der mit einer internationalen Adoption verbundenen Verantwortung sowie über die Eigenschaften der Kinder äußert, für die zu sorgen diese geeignet wären. Der Bericht enthält die zu der Beurteilung nach Satz 2 erforderlichen Angaben über die Person der Adoptionsbewerber, ihre persönlichen und familiären Umstände, ihren Gesundheitsstatus, ihr soziales Umfeld und ihre Beweggründe für die Adoption. Den Adoptionsbewerbern obliegt es, die für die Prüfung und den Bericht benötigten Angaben zu machen und geeignete Nachweise zu erbringen. Absatz 1 Satz 4 gilt entsprechend.
Der Bericht wird einer von den Adoptionsbewerbern genannten Empfangsstelle zugeleitet. Empfangsstelle kann nur sein:
1. eine der in § 2a Abs 3 und § 15 Abs 2 genannten Stellen oder
2. eine zuständige Stelle mit Sitz im Heimatstaat.

(4) Auf Antrag bescheinigt die Bundeszentralstelle deutschen Adoptionsbewerbern mit gewöhnlichem Aufenthalt im Ausland, ob diese nach den deutschen Sachvorschriften die rechtliche Befähigung zur Annahme eines Kindes besitzen. Die Bescheinigung erstreckt sich weder auf die Gesundheit der Adoptionsbewerber noch auf deren sonstige Eignung zur Annahme eines Kindes; hierauf ist im Wortlaut der Bescheinigung hinzuweisen. Verweisen die Bestimmungen des Internationalen Privatrechts auf ausländische Sachvorschriften, so ist auch die maßgebende ausländische Rechtsordnung zu bezeichnen.

§ 8 Beginn der Adoptionspflege

Das Kind darf erst dann zur Eingewöhnung bei den Adoptionsbewerbern in Pflege gegeben werden (Adoptionspflege), wenn feststeht, dass die Adoptionsbewerber für die Annahme des Kindes geeignet sind.

§ 9 Adoptionsbegleitung

(1) Im Zusammenhang mit der Vermittlung und der Annahme hat die Adoptionsvermittlungsstelle jeweils mit Einverständnis die Annehmenden, das Kind und seine Eltern eingehend zu beraten und zu unterstützen, insbesondere bevor das Kind in Pflege genommen wird und während der Eingewöhnungszeit.

(2) Soweit es zur Erfüllung der von einem ausländischen Staat aufgestellten Annahmevoraussetzungen erforderlich ist, können Adoptionsbewerber und Adoptionsvermittlungsstelle schriftlich vereinbaren, dass diese während eines in der Vereinbarung festzulegenden Zeitraums nach der Annahme die Entwicklung des Kindes beobachtet und der zuständigen Stelle in dem betreffenden Staat hierüber berichtet. Mit Zustimmung einer anderen Adoptionsvermittlungsstelle kann vereinbart werden, dass diese Stelle Ermittlungen nach Satz 1 durchführt und die Ergebnisse an die Adoptionsvermittlungsstelle im Sinne des Satzes 1 weiterleitet.

Vorbem zu §§ 1741 ff

§ 9a Örtliche Adoptionsvermittlungsstelle

Die Jugendämter haben die Wahrnehmung der Aufgaben nach den §§ 7 und 9 für ihren jeweiligen Bereich sicherzustellen.

§ 9b Vermittlungsakten

(1) Aufzeichnungen und Unterlagen über jeden einzelnen Vermittlungsfall (Vermittlungsakten) sind, gerechnet vom Geburtsdatum des Kindes an, 100 Jahre lang aufzubewahren. Wird die Adoptionsvermittlungsstelle aufgelöst, so sind die Vermittlungsakten der Stelle, die nach § 2 Abs 1 Satz 3 oder Satz 4 ihre Aufgaben übernimmt, oder der zentralen Adoptionsstelle des Landesjugendamtes, in dessen Bereich die Adoptionsvermittlungsstelle ihren Sitz hatte, zur Aufbewahrung zu übergeben. Nach Ablauf des in Satz 1 genannten Zeitraums sind die Vermittlungsakten zu vernichten.

(2) Soweit die Vermittlungsakten die Herkunft und die Lebensgeschichte des Kindes betreffen oder ein sonstiges berechtigtes Interesse besteht, ist dem gesetzlichen Vertreter des Kindes und, wenn das Kind das 16. Lebensjahr vollendet hat, auch diesem selbst auf Antrag unter Anleitung durch eine Fachkraft Einsicht zu gewähren. Die Einsichtnahme ist zu versagen, soweit überwiegende Belange eines Betroffenen entgegenstehen.

§ 9c Durchführungsbestimmungen

(1) Das Bundesministerium für Familie, Senioren, Frauen und Jugend wird ermächtigt, im Einvernehmen mit dem Bundesministerium der Justiz und für Verbraucherschutz durch Rechtsverordnung mit Zustimmung des Bundesrates das Nähere über die Anerkennung und Beaufsichtigung von Adoptionsvermittlungsstellen nach § 2 Abs 2 und den §§ 3 und 4, die Zusammenarbeit auf dem Gebiet der internationalen Adoptionsvermittlung nach § 2a Abs 4 und 5, die sachdienlichen Ermittlungen nach § 7 Abs 1, die Eignungsprüfung nach § 7 Abs 3, die Bescheinigung nach § 7 Abs 4, die Adoptionsbegleitung nach § 9 und die Gewährung von Akteneinsicht nach § 9b sowie über die von den Adoptionsvermittlungsstellen dabei zu beachtenden Grundsätze zu regeln. Durch Rechtsverordnung nach Satz 1 können insbesondere geregelt werden:
1. Zeitpunkt, Gliederung und Form der Meldungen nach § 2a Abs 5 Satz 1 Nr 1 und 2 sowie Satz 2;
2. Anforderungen an die persönliche und fachliche Eignung des Personals einer Adoptionsvermittlungsstelle (§§ 3, 4 Abs 1 Satz 1 Nr 1);
3. Anforderungen an die Arbeitsweise und die Finanzlage des Rechtsträgers einer Adoptionsvermittlungsstelle (§ 4 Abs 1 Satz 1 Nr 2);
4. besondere Anforderungen für die Zulassung zur internationalen Adoptionsvermittlung (§ 4 Abs 2);
5. Antragstellung und vorzulegende Nachweise im Verfahren nach § 7 Abs 4;
6. Zeitpunkt und Form der Unterrichtung der Annehmenden über das Leistungsangebot der Adoptionsbegleitung nach § 9 Abs 1.

(2) Durch Rechtsverordnung nach Absatz 1 Satz 1 kann ferner vorgesehen werden, dass die Träger der staatlichen Adoptionsvermittlungsstellen von den Adoptionsbewerbern für eine Eignungsprüfung nach § 7 Abs 3 oder für eine internationale Adoptionsvermittlung Gebühren sowie Auslagen für die Beschaffung von Urkunden, für Übersetzungen und für die Vergütung von Sachverständigen erheben. Die Gebührentatbestände und die Gebührenhöhe sind dabei zu bestimmen; für den einzelnen Vermittlungsfall darf die Gebührensumme 2000 Euro nicht überschreiten. Solange das Bundesministerium für Familie, Senioren, Frauen und Jugend von der Ermächtigung nach Absatz 1

Satz 1 in Verbindung mit Satz 1 keinen Gebrauch gemacht hat, kann diese durch die Landesregierungen ausgeübt werden; die Landesregierungen können diese Ermächtigung durch Rechtsverordnung auf oberste Landesbehörden übertragen.

§ 9d Datenschutz

(1) Für die Erhebung, Verarbeitung und Nutzung personenbezogener Daten gilt das Zweite Kapitel des Zehnten Buches Sozialgesetzbuch mit der Maßgabe, dass Daten, die für Zwecke dieses Gesetzes erhoben worden sind, nur für Zwecke der Adoptionsvermittlung oder Adoptionsbegleitung, der Anerkennung, Zulassung oder Beaufsichtigung von Adoptionsvermittlungsstellen, der Überwachung von Vermittlungsverboten, der Verfolgung von Verbrechen oder anderen Straftaten von erheblicher Bedeutung oder der internationalen Zusammenarbeit auf diesen Gebieten verarbeitet oder genutzt werden dürfen, Die Vorschriften über die internationale Rechtshilfe bleiben unberührt.

(2) Die Bundeszentralstelle übermittelt den zuständigen Stellen auf deren Ersuchen die zu den in Absatz 1 genannten Zwecken erforderlichen personenbezogenen Daten. In dem Ersuchen ist anzugeben, zu welchem Zweck die Daten benötigt werden.

(3) Die ersuchende Stelle trägt die Verantwortung für die Zulässigkeit der Übermittlung. Die Bundeszentralstelle prüft nur, ob das Übermittlungsersuchen im Rahmen der Aufgaben der ersuchenden Stelle liegt, es sei denn, dass ein besonderer Anlaß zur Prüfung der Zulässigkeit der Übermittlung besteht.

(4) Bei der Übermittlung an eine ausländische Stelle oder an eine inländische nicht öffentliche Stelle weist die Bundeszentralstelle darauf hin, dass die Daten nur für den Zweck verarbeitet und genutzt werden dürfen, zu dem sie übermittelt werden.

(5) Fügt eine verantwortliche Stelle dem Betroffenen durch eine nach diesem Gesetz oder nach anderen Vorschriften über den Datenschutz unzulässige oder unrichtige Erhebung, Verarbeitung oder Nutzung seiner personenbezogenen Daten einen Schaden zu, so finden die §§ 7 und 8 des Bundesdatenschutzgesetzes Anwendung.

§ 10 Unterrichtung der zentralen Adoptionsstelle des Landesjugendamtes

(1) Die Adoptionsvermittlungsstelle hat die zentrale Adoptionsstelle des Landesjugendamtes zu unterrichten, wenn ein Kind nicht innerhalb von drei Monaten nach Abschluss der bei ihm durchgeführten Ermittlungen Adoptionsbewerbern mit dem Ziel der Annahme als Kind in Pflege gegeben werden kann. Die Unterrichtung ist nicht erforderlich, wenn bei Fristablauf sichergestellt ist, dass das Kind in Adoptionspflege gegeben wird.

(2) Absatz 1 gilt entsprechend, wenn Adoptionsbewerber, bei denen Ermittlungen durchgeführt wurden, bereit und geeignet sind, ein schwer vermittelbares Kind aufzunehmen, sofern die Adoptionsbewerber der Unterrichtung der zentralen Adoptionsstelle zustimmen.

(3) In den Fällen des Absatzes 1 Satz 1 sucht die Adoptionsvermittlungsstelle und die zentrale Adoptionsstelle nach geeigneten Adoptionsbewerbern. Sie unterrichten sich gegenseitig vom jeweiligen Stand ihrer Bemühungen. Im Einzelfall kann die zentrale Adoptionsstelle die Vermittlung eines Kindes selbst übernehmen.

§ 11 Aufgaben der zentralen Adoptionsstelle des Landesjugendamtes

(1) Die zentrale Adoptionsstelle des Landesjugendamtes unterstützt die Adoptionsvermittlungsstelle bei ihrer Arbeit, insbesondere durch fachliche Beratung,
1. wenn ein Kind schwer zu vermitteln ist,
2. wenn ein Adoptionsbewerber oder das Kind eine ausländische Staatsangehörigkeit besitzt oder staatenlos ist,
3. wenn ein Adoptionsbewerber oder das Kind seinen Wohnsitz oder gewöhnlichen Aufenthalt außerhalb des Geltungsbereichs dieses Gesetzes hat,
4. in sonstigen schwierigen Einzelfällen.

(2) In den Fällen des Absatzes 1 Nr 2 und 3 ist die zentrale Adoptionsstelle des Landesjugendamtes vom Beginn der Ermittlungen (§ 7 Abs 1) an durch die Adoptionsvermittlungsstellen ihres Bereiches zu beteiligen. Unterlagen der in Artikel 16 des Adoptionsübereinkommens genannten Art sind der zentralen Adoptionsstelle zur Prüfung vorzulegen.

§ 12 (weggefallen)

§ 13 Ausstattung der zentralen Adoptionsstelle des Landesjugendamtes

Zur Erfüllung ihrer Aufgaben sollen der zentralen Adoptionsstelle mindestens ein Kinderarzt oder Kinderpsychiater, ein Psychologe mit Erfahrungen auf dem Gebiet der Kinderpsychologie und ein Jurist sowie Sozialpädagogen und Sozialarbeiter mit mehrjähriger Berufserfahrung zur Verfügung stehen.

Zweiter Abschnitt
Ersatzmutterschaft

§ 13a Ersatzmutter

Ersatzmutter ist eine Frau, die aufgrund einer Vereinbarung bereit ist,
1. sich einer künstlichen oder natürlichen Befruchtung zu unterziehen oder
2. einen nicht von ihr stammenden Embryo auf sich übertragen zu lassen oder sonst auszutragen

und das Kind nach der Geburt Dritten zur Annahme als Kind oder zur sonstigen Aufnahme auf Dauer zu überlassen.

§ 13b Ersatzmuttervermittlung

Ersatzmuttervermittlung ist das Zusammenführen von Personen, die das aus einer Ersatzmutterschaft entstandene Kind annehmen oder in sonstiger Weise auf Dauer bei sich aufnehmen wollen (Bestelleltern), mit einer Frau, die zur Übernahme einer Ersatzmutterschaft bereit ist. Ersatzmuttervermittlung ist auch der Nachweis der Gelegenheit zu einer in § 13a bezeichneten Vereinbarung.

§ 13c Verbot der Ersatzmuttervermittlung

Die Ersatzmuttervermittlung ist untersagt.

Titel 7
Annahme als Kind   Vorbem zu §§ 1741 ff

§ 13d Anzeigenverbot

Es ist untersagt, Ersatzmütter oder Bestelleltern durch öffentliche Erklärungen, insbesondere durch Zeitungsanzeigen oder Zeitungsberichte, zu suchen oder anzubieten.

Dritter Abschnitt
Straf- und Bußgeldvorschriften

§ 14 Bußgeldvorschriften

(1) Ordnungswidrig handelt, wer
1. entgegen § 5 Abs 1 oder 4 Satz 1 eine Vermittlungstätigkeit ausübt oder
2. entgegen § 6 Abs 1 Satz 1, auch in Verbindung mit Abs 2 oder 3, oder § 13d durch öffentliche Erklärungen
   a) Kinder zur Annahme als Kind oder Adoptionsbewerber,
   b) Kinder oder Dritte zu den in § 5 Abs 4 Satz 1 genannten Zwecken oder
   c) Ersatzmütter oder Bestelleltern
sucht oder anbietet.

(2) Ordnungswidrig handelt auch, wer
1. entgegen § 5 Abs 1 oder 4 Satz 1 eine Vermittlungstätigkeit ausübt und dadurch bewirkt, dass das Kind in den Geltungsbereich dieses Gesetzes oder aus dem Geltungsbereich dieses Gesetzes verbracht wird, oder
2. gewerbs- oder geschäftsmäßig
   a) entgegen § 5 Abs 3 Nr 1 eine Schwangere zu der Weggabe ihres Kindes bestimmt oder
   b) entgegen § 5 Abs 3 Nr 2 einer Schwangeren zu der Weggabe ihres Kindes Hilfe leistet.

(3) Die Ordnungswidrigkeit kann in den Fällen des Absatzes 1 mit einer Geldbuße bis zu fünftausend Euro, in den Fällen des Absatzes 2 mit einer Geldbuße bis zu dreißigtausend Euro geahndet werden.

§ 14a Strafvorschriften gegen Kinderhandel

(aufgehoben durch Art 4 des Sechsten Gesetzes zur Reform des Strafrechts v 26. 1. 1998 [BGBl I 164] und übergeführt in § 236 StGB)

§ 14b Strafvorschriften gegen Ersatzmuttervermittlung

(1) Wer entgegen § 13c Ersatzmuttervermittlung betreibt, wird mit einer Freiheitsstrafe bis zu einem Jahr oder mit Geldstrafe bestraft.

(2) Wer für eine Ersatzmuttervermittlung einen Vermögensvorteil erhält oder sich versprechen lässt, wird mit Freiheitsstrafe bis zu zwei Jahren oder Geldstrafe bestraft. Handelt der Täter gewerbs- oder geschäftsmäßig, so ist die Strafe Freiheitsstrafe bis zu drei Jahren oder Geldstrafe.

(3) In den Fällen der Absätze 1 und 2 werden die Ersatzmutter und die Bestelleltern nicht bestraft.

Vorbem zu §§ 1741 ff

Vierter Abschnitt
Übergangsvorschriften

§ 15 Weitergeltung der Berechtigung zur Adoptionsvermittlung

(1) Eine vor dem 1. Januar 2002 erteilte Anerkennung als Adoptionsvermittlungsstelle gilt vorläufig fort. Sie erlischt, wenn nicht bis zum 31. Dezember 2002 erneut die Anerkennung beantragt wird oder, im Falle rechtzeitiger Antragstellung, mit Eintritt der Unanfechtbarkeit der Entscheidung über den Antrag.

(2) Hat eine vor dem 1. Januar 2002 anerkannte Adoptionsvermittlungsstelle internationale Adoptionsvermittlung im Verhältnis zu einem bestimmten Staat ausgeübt und hat sie ihre Absicht, diese Vermittlungstätigkeit fortzusetzen, der zentralen Adoptionsstelle des Landesjugendamtes angezeigt, so gelten Absatz 1 sowie § 4 Abs 2 Satz 4 entsprechend. § 4 Abs 2 Satz 2 dieses Gesetzes sowie § 1 Abs 3 des Adoptionsübereinkommens-Ausführungsgesetzes bleiben unberührt.

(3) Die staatlichen Adoptionsvermittlungsstellen (§ 2 Abs 1) haben sicherzustellen, dass die Anforderungen des § 3 vom 1. Januar 2003 an erfüllt werden.

§ 16 Anzuwendendes Recht

Vom Zeitpunkt des Inkrafttretens einer Änderung dieses Gesetzes an richtet sich die weitere Durchführung einer vor dem Inkrafttreten der Änderung begonnenen Vermittlung, soweit nicht anders bestimmt, nach den geänderten Vorschriften.

§§ 17 bis 22

(aufgehoben)

Materialien: AdoptVermG v 1976: BT-Drucks 7/3421 u BR-Drucks 7/75; BT-Drucks 7/5089. Ges zur Änderung des AdoptVermG v 1989: BT-Drucks 11/4154 u BR-Drucks 608/88; BT-Drucks 11/5283; BT-Drucks 11/5325; BR-Drucks 559/89; außerdem BT-Drucks 11/5212 (Große Anfrage) u BT-Drucks 11/7618 (Antwort auf Große Anfrage); Ges zur Regelung von Rechtsfragen auf dem Gebiet der internationalen Adoption und zur Weiterentwicklung des Adoptionsvermittlungsrechts v 2001: BT-Drucks 14/6011.

1. Entstehungsgeschichte

87 Zur Entstehungsgeschichte bis zum Stand v 31. 12. 1966 vgl STAUDINGER/ENGLER[10/11] Vorbem 47–57 zu § 1741. Das **Bundesgesetz über die Vermittlung der Annahme an Kindes Statt v 29. 3. 1951** (BGBl 1951 I 214) – ergänzt durch DVOen v 1952 u 1971 – erwies sich als unzulänglich (vgl ZUR NIEDEN, Adoption und Adoptionsvermittlung [3. Aufl 1963]; Thesen der AGJJ, MittAGJJ 57/58 [1969] aE; PECHSTEIN MittAGJJ 61/62 [1971] 53 ff; ENGLER 120 ff; BAER/GROSS 166 ff; wNachw BT-Drucks 7/3421, 12). Es beschränkte sich im Wesentlichen darauf, die Stellen zu bestimmen, denen die Adoptionsvermittlung gestattet war. Nur die gewerbsmäßige Adoptionsvermittlung war verboten. Dies hatte zur Folge, dass des Öfteren Personen, die von werdenden Müttern oder Adoptionsbewerbern um Rat angegangen wurden (zB Ärzte, Leiter von Kinderheimen), sich als Adoptionsvermittler betätigten. Ein weiterer – und wohl der entscheidende – Kritikpunkt war, dass nicht alle Adoptionsvermittlungsstellen über die erforderlichen Fachkräfte verfügten, die zur Beurteilung der Adoptionsbewerber, zur Beratung der Beteiligten und zur Klärung der anstehenden Rechts- und Verfahrensfragen in der Lage waren. Außerdem fehlte es an einem funktionierenden Mitteilungssystem, das sicherstellte, dass Heimkinder, die für eine Adoption in Betracht kamen, den Vermittlungsstellen auch tatsächlich gemeldet wurden. Schließlich mangelte es zwischen den Adoptionsstellen an jedem geordneten überregionalen Austausch von Informationen, der es ermöglichte, für zB behinderte oder heimgeschädigte Kinder besonders qualifizierte Adoptiveltern andernorts zu finden.

Die **Reform des Adoptionsvermittlungsrechts** verlief parallel zur Reform des materiellen Adoptionsrechts (vgl Rn 6 ff). Der GesE der BReg wurde am 26. 3. 1975 eingebracht (BT-Drucks 7/3421) und vom BT am 17. 4. 1975 an den Ausschuss für Jugend, Familie und Gesundheit federführend sowie an den RAussch und den Haushaltsausschuss mitberatend überwiesen. Nach Vorlage des Berichts des Ausschusses für Jugend, Familie und Gesundheit (BT-Drucks 7/5089) wurde am **2. 7. 1976** das „**Gesetz über die Vermittlung der Annahme als Kind**" (AdoptVermG) beschlossen (BGBl 1976 I 1762). Es trat am gleichen Tag wie das AdoptG, am 1. 1. 1977, in Kraft.

2. Gesetz über die Vermittlung der Annahme als Kind v 1976

Das AdoptVermG verfolgte in erster Linie das Ziel, mehr adoptionsbedürftige Kinder besser und schneller zu vermitteln. Inhaltlich brachte es im Wesentlichen folgende Neuerungen: **88**

(1) Die Adoptionsvermittlung von Kindern unter 18 Jahren wurde auf **anerkannte Adoptionsvermittlungsstellen** öffentlicher und freier Träger beschränkt (§§ 1, 2 AdoptVermG), die **mit mindestens zwei Vollzeitfachkräften** besetzt sein müssen, die nicht weniger als 50 % ihrer Arbeitszeit mit Adoptionen beschäftigt sind (§ 3 Abs 2 AdVermiG). **89**

Als Adoptionsvermittlungsstelle „anerkannt" sind kraft Ges (§ 2 Abs 1 AdVermiG) die **Adoptionsvermittlungsstellen der JugÄ und die zentralen Adoptionsstellen der LandesjugÄ**. Zur Adoptionsvermittlung berechtigt sind auch die örtlichen und zentralen Stellen des **Diakonischen Werks**, des **Deutschen Caritas-Verbandes**, der Arbeiterwohlfahrt (welche ihre Tätigkeit allerdings seit 1988 eingestellt hat; Wiesner/Elmauer, SGB VIII, Anh V § 2 Rn 14) und der diesen Verbänden angeschlossenen Fachverbände sowie sonstige Organisationen, wenn diese Stellen von der zentralen Adoptionsstelle der Landesjugendämter als Adoptionsvermittlungsstellen anerkannt worden sind (§ 2 Abs 2 iVm § 4 AdVermiG). Ergänzt wird das in § 2 AdVermiG statuierte Vermittlungsmonopol durch ein **bußgeldbewehrtes** (§ 14 AdVermiG) **Vermittlungsverbot** (§ 5 AdVermiG), das Ausnahmen nur vorsieht zugunsten von Personen, die mit dem Adoptionsbewerber oder dem Kind bis zum 3. Grad verwandt oder verschwägert sind, oder die in einem Einzelfall und unentgeltlich die Gelegenheit nachweisen, ein Kind anzunehmen oder annehmen zu lassen, sofern sie eine Adoptionsvermittlungsstelle oder ein JugA hiervon unverzüglich benachrichtigen.

Jede Adoptionsvermittlungsstelle ist mit mindestens zwei **hauptamtlichen Fachkräften** zu besetzen, die nicht weniger als 50 % ihrer Arbeitszeit mit Adoptionen beschäftigt sind (§ 3 Abs 2 AdVermiG). Ein besonderes Berufsbild des Adoptionsvermittlers wollte der Gesetzgeber mit dem Erfordernis einer Fachkraft nicht schaffen. Nach der Begründung des RegE (BT-Drucks 7/3421, 17) wird Fachkraft iSv § 3 Abs 1 S 1 AdVermiG „in der Regel der Sozialarbeiter oder Sozialpädagoge mit beruflicher Erfahrung im Adoptionswesen" sein (vgl dazu auch WIESNER/ELMAUER, SGB VIII, Anh V § 3 Rn 2).

90 (2) Bei den LandesjugÄ sind **zentrale Adoptionsvermittlungsstellen** einzurichten, denen ein **interdisziplinär besetztes Team** zur Verfügung stehen soll (§ 13 AdVermiG). **Aufgabe dieser zentralen Adoptionsvermittlungsstellen** ist es einmal, den überregionalen Ausgleich bei der Zusammenführung von Adoptionsbewerbern und Kindern zu ermöglichen (§ 10 AdVermiG). Sie haben außerdem die Adoptionsvermittlungsstellen bei ihrer Arbeit insbes durch fachliche Beratung in den beispielhaft genannten Fällen des § 11 Abs 1 Nr 1–4 AdVermiG zu unterstützen. Schließlich ist die zentrale Adoptionsstelle des LandesjugA bei einer angestrebten **Adoption mit Auslandsberührung** von Anbeginn an in die Adoptionsvermittlung einzuschalten (§ 11 Abs 2 AdVermiG). Auch ist das LandesjugA vom FamG vor dem Ausspruch der Annahme als Kind in allen Fällen mit Auslandsberührung zu hören (§ 195 FamFG). Die Vermittlung internationaler Adoptionen wurde durch die Ratifikation des **Haager Übereinkommens über den Schutz von Kindern und die Zusammenarbeit auf dem Gebiet der Adoption vom 29. 5. 1993** (vgl Rn 21 ff) sowie das in Ausführung dieses Übereinkommens ergangene Gesetz zur Regelung von Rechtsfragen auf dem Gebiet der internationalen Adoption und zur Weiterentwicklung des Adoptionsvermittlungsrechts auf eine neue Grundlage gestellt (vgl Rn 98 ff).

91 (3) § 9 AdVermiG statuiert einen Rechtsanspruch der Annehmenden, des Kindes und seiner Eltern auf vor- und nachgehende **Beratung** (zur Amtshaftung bei unzureichender Information der Adoptiveltern vgl OLG Hamm 3. 7. 2013 – 11 U 166/12, FamRZ 2014, 607 [Verjährung]; OLG Frankfurt 21. 5. 2014 – 1 U 305/12, FamRZ 2015, 518; OLG Hamm FamRZ 1993, 704; OLG Frankfurt OLGR 1998, 243 f; LG Baden-Baden 27. 11. 2015 – 2 O 341/14, juris [freie Träger als Beliehene]; LG Frankfurt NJW-RR 1988, 646).

3. Gesetz zur Änderung des Adoptionsvermittlungsgesetzes v 1989

92 Das Ges zur Änderung des AdoptVermG v 27. 11. 1989 (BGBl 1989 I 2014), in Kraft getreten am 1. 12. 1989, wurde zum Anlass genommen, das gesamte AdoptVermG neu bekannt zu machen (BGBl 1989 I 2017). Ursache für das Ges zur Änderung des AdoptVermG v 1989 war ein Missstand, dem der Gesetzgeber so schnell wie möglich entgegentreten wollte: **„Leihmutteragenturen"** boten Ehepaaren, die wegen Unfruchtbarkeit der Frau keine Kinder bekommen konnten, die Vermittlung einer Ersatzmutter an, die bereit war, sich „auf Bestellung" einer künstlichen Insemination zu unterziehen oder einen nicht von ihr stammenden Embryo auszutragen. Die Wunscheltern verpflichteten sich, das Kind zu adoptieren (vgl zu einem solchen Fall VGH Kassel NJW 1988, 1281; auch OLG Hamm FamRZ 1983, 1120; rechtsvgl DIETRICH, Mutterschaft für Dritte [1989]).

93 Der Zweck des Ges v 27. 11. 1989 wird bereits durch seine Bezeichnung „Gesetz über die Vermittlung der Annahme als Kind und das Verbot der Vermittlung von Ersatzmüttern" deutlich. Das Ges ist überraschend schnell und weitgehend einvernehmlich zustande gekommen (vgl BT-Drucks 11/5283, 2). Noch im Februar 1989 hatte der BR den bis dahin vorliegenden Entwurf mit der Begründung abgelehnt, ein selbständiges und vorgezogenes Verbot der **Ersatzmuttervermittlung** sei nicht gerechtfertigt, weil die Ersatzmutterschaft in den umfassenden Sachzusammenhang der Fortpflanzungsmedizin gehöre (BR-Drucks 608/88 [Beschluss] 2 ff). Auch die Fachkreise der Jugendhilfe und der Adoptionsvermittlung standen dem Entwurf ablehnend gegenüber. Kritisiert wurde vor allem die unglückliche Verquickung der Bestimmungen über die Pönalisierung der Ersatzmuttervermittlung mit dem AdoptVermG. Die Aufnahme von Straf- und Bußgeldvorschriften in ein Leistungsgesetz aus dem Bereich der Jugendhilfe gefährde den fachlichen Ruf der Adoptionsvermittlung (ZfJ 1987, 358; Jugendwohl 1989, 243 u 513; vgl BT-Drucks 11/4154, 7).

Durch das Ges zur Änderung des AdoptVermG werden rein formal betrachtet nur die Vermittlung von Ersatzmutterschaften und die damit verbundenen Werbetätigkeiten verboten und sanktioniert, nicht aber die Ersatzmutterschaft als solche. § 14b Abs 3 AdVermiG nimmt die Ersatzmutter und die Wunscheltern von den neuen Strafvorschriften aus (krit dazu Bach FamRZ 1990, 574, 575). **94**

Neben den Abschnitt „Adoptionsvermittlung" ist ein **neu eingefügter Abschnitt „Ersatzmutterschaft"** getreten: § 13a AdVermiG definiert den Begriff der Ersatzmutterschaft, § 13b AdVermiG den der Ersatzmuttervermittlung. § 13c AdVermiG untersagt sodann die Ersatzmuttervermittlung, und § 13d AdVermiG normiert zusätzlich ein Verbot von Anzeigen durch öffentliche Erklärungen. Die bisherigen (und erweiterten) **Bußgeldvorschriften** werden durch **Strafvorschriften** ergänzt. Das Betreiben einer Ersatzmuttervermittlung wird mit einer Freiheitsstrafe bis zu 1 Jahr oder mit Geldstrafe sanktioniert (§ 14b Abs 1 AdVermiG). Die Vermittlung gegen Entgelt oder in der Absicht, sich oder einen anderen zu bereichern, wird verschärft mit Freiheitsstrafe bis zu 2 Jahren oder Geldstrafe geahndet (§ 14b Abs 2 S 1 AdVermiG). Handelt der Täter gewerbs- oder geschäftsmäßig, so ist eine Freiheitsstrafe bis zu 3 Jahren oder eine Geldstrafe vorgesehen (§ 14b Abs 2 S 2 AdVermiG). **95**

Außerdem machte das Ges eine bisher sanktionslose Umgehung des AdoptVermG zum Bußgeldtatbestand (§ 14 Abs 1 Nr 1 iVm § 5 Abs 4 S 1 AdVermiG; dazu BT-Drucks 11/4154, 9). Untersagt wurde insbesondere eine Vermittlungstätigkeit mit dem Ziel, dass ein Mann die Vaterschaft für ein nichteheliches Kind zum Zwecke der Ehelicherklärung anerkennt, ohne dessen Vater zu sein (zu einem solchen Fall der Kindervermittlung vgl VG Frankfurt FamRZ 1989, 209). Seit dem KindRG 1997, welches die Ehelicherklärung abschaffte, bezieht sich dieses Verbot nunmehr auf alle Fälle, in denen die Vermittlungstätigkeit eine wahrheitswidrige Vaterschaftsanerkennung zum Ziel hat. **96**

Schließlich hatte der Gesetzgeber in § 14a AdVermiG eine neue **Strafvorschrift gegen Kinderhandel** aufgenommen, die durch das Sechste Gesetz zur Reform des Strafrechts v 26.1.1998 (BGBl 1998 I 164) aus dem AdoptVermG wieder gestrichen und mit erhöhtem Strafrahmen in § 236 StGB übernommen wurde. Diese Bestimmung richtet sich vor allem gegen die illegale Vermittlung von Kindern aus der Dritten Welt (vgl dazu den Fall VG Frankfurt FamRZ 1989, 209; außerdem Bach, Gekaufte Kinder – Babyhandel mit der Dritten Welt [1986]). **97**

4. Gesetz zur Regelung von Rechtsfragen auf dem Gebiet der internationalen Adoption und zur Weiterentwicklung des Adoptionsvermittlungsrechts v 2001

98 Das Haager Übereinkommen v 29. 5. 1993 (HAÜ) ist für die Bundesrepublik Deutschland am 1. 3. 2002 in Kraft getreten (vgl Rn 21 ff). Das Gesetz zur Regelung von Rechtsfragen auf dem Gebiet des internationalen Adoptionsrechts und zur Weiterentwicklung des Adoptionsvermittlungsrechts v 5. 11. 2001 (BGBl 2001 I 2950) beschränkt sich nicht auf die Umsetzung und Präzisierung der im HAÜ enthaltenen Vorgaben (Art 1), sondern trifft teilweise auch darüber hinausgehende allgemeingültige Regelungen für die (internationale) Adoptionsvermittlung (Art 3).

99 Art 1 des Gesetzes enthält zunächst das **Gesetz zur Ausführung des Haager Übereinkommens vom 29. 5. 1993 über den Schutz von Kindern und die Zusammenarbeit auf dem Gebiet der internationalen Adoption (Adoptionsübereinkommens-Ausführungsgesetz – AdÜbAG)**. Die Aufgaben der in Art 6 Abs 1 HAÜ vorgesehenen **zentralen Behörde** werden zwischen dem Bundesamt für Justiz und den zentralen Adoptionsstellen der Landesjugendämter verteilt (§ 1 Abs 1 AdÜbAG). Dabei hat das Bundesamt für Justiz als **Bundeszentralstelle für Auslandsadoptionen** den Verkehr mit Behörden und Organisationen in anderen Vertragsstaaten zu **koordinieren** und einen vom Einzelfall gelösten **Informationsaustausch** zu pflegen (§ 2 Abs 2 S 1 u 2 AdÜbAG). Demgegenüber obliegt die **Adoptionsvermittlung im Einzelfall** den zentralen Adoptionsstellen der Landesjugendämter (§ 2a Abs 3 Nr 1 AdoptVermG) sowie gewissen (§ 2a Abs 3 Nr 2 AdoptVermG) Adoptionsvermittlungsstellen der Jugendämter und zugelassenen (§ 2a Abs 3 Nr 3, § 4 Abs 2 AdoptVermG) Organisationen in freier Trägerschaft (vgl dazu den Überblick unter http://www.bundesjustizamt.de Link: Bürgerdienste, Auslandsoption, Anschriften). Die entsprechende Zulassung und Beaufsichtigung der nichtstaatlichen Adoptionsvermittlungsstellen wurde in §§ 3, 4 AdoptVermG neu geregelt, wobei diese Vorschriften einheitlich auch für solche Organisationen gelten, deren Tätigkeit sich auf das Inland beschränkt.

100 In Ergänzung zu den im Haager Übereinkommen enthaltenen materiellen (Art 4, 5 HAÜ) und verfahrensrechtlichen (Art 14–21 HAÜ) Vorschriften regeln §§ 4–7 AdÜbAG einzelne **Verfahrensschritte bei der Vermittlung einer internationalen Adoption**: Beginnend mit der Bewerbung potentieller Adoptiveltern (§ 4 AdÜbAG), über die Prüfung eines Vermittlungsvorschlags, der von den Behörden des Heimatstaates unterbreitet wurde (§ 5 AdÜbAG), bis zur Einverständniserklärung der Adoptiveltern mit dem konkreten Vermittlungsvorschlag (§ 7 AdÜbAG). Der konkrete Verfahrensablauf für internationale Adoptionen ergibt sich somit erst aus einer Zusammenschau der Vorschriften des Haager Übereinkommens mit dem Adoptionsübereinkommens-Ausführungsgesetz. § 6 AdÜbAG erleichtert die Einreise und den Aufenthalt von Kindern, die von im Inland lebenden Adoptionsbewerbern angenommen werden sollen (vgl BT-Drucks 14/6011, 41 f).

101 Art 3 des Gesetzes enthält allgemeine **Änderungen des Adoptionsvermittlungsgesetzes**. Diese Neuregelungen betrafen insbesondere (vgl BT-Drucks 14/6011, 49 f):

– die Begutachtung von Adoptionsbewerbern im Vorfeld einer Auslandsadoption (§ 7 Abs 3 und 4 AdoptVermG),

– die Erstattung von Entwicklungsberichten nach Übersiedlung des Kindes ins Inland im Zuge einer internationalen Adoption (§ 9 Abs 2 AdoptVermG),

– die Zusammenarbeit der Adoptionsvermittlungsstellen mit der zentralen Behörde des Bundes bei grenzüberschreitender Adoption (§ 2a Abs 4 und 5 AdoptVermG),

– die Aufbewahrung von und den Zugang zu Vermittlungsakten sowie den Datenschutz (§§ 2a Abs 6, 9b und 9d AdoptVermG),

– die Anerkennung und Beaufsichtigung von Adoptionsvermittlungsstellen in freier Trägerschaft (§§ 3, 4 AdoptVermG),

– die Ermächtigung zur näheren Regelung von Modalitäten der Vermittlung und Nachsorge, von Mitteilungspflichten sowie der Kostenerhebung durch Rechtsverordnung (§ 9c AdoptVermG).

Untertitel 1
Annahme Minderjähriger

§ 1741
Zulässigkeit der Annahme

(1) Die Annahme als Kind ist zulässig, wenn sie dem Wohl des Kindes dient und zu erwarten ist, dass zwischen dem Annehmenden und dem Kind ein Eltern-Kind-Verhältnis entsteht. Wer an einer gesetzes- oder sittenwidrigen Vermittlung oder Verbringung eines Kindes zum Zwecke der Annahme mitgewirkt oder einen Dritten hiermit beauftragt oder hierfür belohnt hat, soll ein Kind nur dann annehmen, wenn dies zum Wohl des Kindes erforderlich ist.

(2) Wer nicht verheiratet ist, kann ein Kind nur allein annehmen. Ein Ehepaar kann ein Kind nur gemeinschaftlich annehmen. Ein Ehegatte kann ein Kind seines Ehegatten allein annehmen. Er kann ein Kind auch dann allein annehmen, wenn der andere Ehegatte das Kind nicht annehmen kann, weil er geschäftsunfähig ist oder das 21. Lebensjahr noch nicht vollendet hat.

Materialien: BT-Drucks 7/3061, 23, 28–30, 73, 84; BT-Drucks 7/5087, 9; BT-Drucks 13/4899, 111 f; BT-Drucks 13/8511, 75. S STAUDINGER/BGB-Synopse (2005) § 1741.

Systematische Übersicht

I.	Normzweck und Entstehungsgeschichte	2. Eltern-Kind-Verhältnis	40
1.	Normzweck ___ 1	3. Die Sonderregelung des Abs 1 S 2	43
2.	Entstehungsgeschichte ___ 7	IV. Der Personenkreis der Annehmenden	
a)	Die Regelung des Abs 1 ___ 7		
b)	Die Regelung des Abs 2 ___ 9	1. Annahme durch ein Ehepaar (Abs 2 S 2)	53
II.	Minderjährigkeit des Anzunehmenden ___ 12	2. Annahme durch einen Ehegatten allein (Abs 2 S 4)	57
III.	Die Adoptionsvoraussetzungen nach Abs 1	3. Stiefkindadoption (Abs 2 S 3)	63
1.	Wohl des Kindes ___ 16	a) Problematik der Stiefkindadoption	64
a)	Begriff und Allgemeines ___ 17	b) Annahme durch den Stiefelternteil	74
b)	Adoptionseignung des Kindes ___ 20	4. Annahme durch eine nichtverheiratete Person (Abs 2 S 1)	78
c)	Elterneignung ___ 27	5. Keine Annahme des eigenen Kindes	81
d)	Der Sonderfall der Verwandtenadoption ___ 37	6. Annahme durch einen Lebenspartner	85

Titel 7 · Annahme als Kind
Untertitel 1 · Annahme Minderjähriger § 1741

Alphabetische Übersicht

Adoption and Children Act 2002 (England) _____ 73
Adoptionseignung _____ 20 ff
Adoptionsstatut _____ 14
Adoptionsvermittlungsverfahren _____ 27, 75
AIDS-Test _____ 32
Altersabstand zwischen Annehmendem und Kind _____ 30, 41
Amtsermittlung _____ 19
Aufklärung des Adoptivkindes _____ 25, 35, 91
Ausländische Rechtsordnungen _____ 38, 45, 48, 55, 70, 73, 87

Becherspende _____ 92
Bestätigung des Annahmevertrags _____ 7
Beurteilungsspielraum _____ 17
Bezugspersonen _____ 21
Bindungen _____ 21

Children Act 1975 u 1989 (England) _____ 73

Ehegatte
– Annahme des Kindes des Ehegatten _____ 63 ff
– Annahme durch ausländischen _____ 62
– Annahme durch einen Ehegatten allein _____ 6, 11, 57 ff, 63 ff
– gemeinschaftliche Annahme durch beide -n _____ 6, 11, 53 ff
– geschäftsunfähiger oder in Geschäftsfähigkeit beschränkter _____ 57 ff
– gleichgeschlechtliche -n _____ 11, 53
Ehekrise _____ 31
Ehepaar, gemeinschaftliche Annahme durch _____ 11, 53 ff, 63
Ehepartner
– beschränkt geschäftsfähiger _____ 58
– Adoption dem Ehepartner zuliebe _____ 67
Einbenennung _____ 72
Einkommensnachweis _____ 28
Einstellung, politische _____ 34
Einzeladoption
– bei Geschäftsunfähigkeit oder beschränkter Geschäftsfähigkeit des Ehegatten _____ 57
– des eigenen nichtehelichen Kindes _____ 9, 81 f
– durch einen Ehegatten _____ 57 ff
– durch einen Lebenspartner _____ 6, 88 ff
– durch einen Nichtverheirateten _____ 53, 78 ff

– durch Stiefelternteil _____ 63 ff
– in nichtehelicher Lebensgemeinschaft _____ 80
– rechtsvergleichend _____ 78
Elterneignung _____ 27 ff
Eltern-Kind-Verhältnis _____ 4, 7, 40 ff, 69
Empfehlungen zur Adoptionsvermittlung _____ 27, 29, 38, 65, 78
Enkel, Annahme des -s _____ 37, 39, 42
Ermessen _____ 17
Ersatzmutter _____ 36, 49 ff

Fachliche Äußerung von Jugendamt _____ 19, 27
Führungszeugnis _____ 33

Gemeinschaftliche Annahme
– des Kindes durch leiblichen Elternteil und Stiefelternteil _____ 77
– durch Ehepaar _____ 11, 53, 63 ff
– durch Geschwister _____ 56
– durch gleichgeschlechtliche Ehegatten _____ 11, 53, 86
– durch Lebenspartner _____ 85 ff
– durch Partner einer nichtehelichen Lebensgemeinschaft _____ 54 f, 80
Genehmigung, vormundschaftsgerichtliche, des Annahmevertrags _____ 7
Geschäftsfähigkeit _____ 12 ff, 57 ff
Geschwister
– Annahme durch _____ 37 ff, 56
– Trennung von -n _____ 21
Gesundheitszeugnis _____ 32
Getrenntleben, Einzeladoption bei _____ 60
Gleichgeschlechtliche Ehegatten _____ 11, 53, 86
Großeltern
– Annahme durch _____ 37 ff, 42
– Aufwachsen des Kindes bei _____ 23

Heimkinder _____ 29
Heimunterbringung _____ 20
HIV-Trägerschaft _____ 32
Höchstalter _____ 30
Höchstaltersdifferenz _____ 30
Homosexualität _____ 89
Hospitalismus _____ 20
Houghton-Committee (England) _____ 73

Interessen, namensrechtliche des Stiefkindes	72	Recht auf Kenntnis der eigenen Abstammung	91
Kindeswille	24	Reziproke In-vitro-Fertilisation	90
Kindeswohl	2 f, 7, 16 ff, 37, 40, 43 f, 72, 76, 78	Rückadoption des eigenen Kindes	61, 71
Konfession	34	Samenspende	90 ff
Kontinuitätsinteresse	21 f	Scheidung	67, 77
Künstliche Befruchtung	90 ff	Sorgerecht, Beteiligung des Stiefelternteils am	72
Lebensgemeinschaft, nichteheliche	53 ff, 80	Spielgefährte, Adoptivkind als	31
Lebenspartner, Adoption durch	6, 85 ff	Statusvorteile durch Adoption	18, 26, 72
Leihmutter	36, 49 ff, 90	Stiefkindadoption	
		– durch Lebenspartner	90
Melderegisterauskunft	76	– in England	73
Minderjährigkeit	12 ff, 57 f	– Problematik der	64 ff
Mindestaltersabstand	30	– Rückgängigmachung der	67
Mindestalterserfordernisse	30	– Verbot der	72
Mindestdauer der Ehe	30	Stiefkindproblematik	64 ff
Mutter		Stiefkindverhältnis, gesetzliche Regelung des -ses	72
– Annahme des nichtehelichen Kindes durch	81 f		
– Annahme von Mutter und Tochter gemeinsam	42	Tante, Annahme durch	37 ff
– Annahme des Stiefkindes der Mutter zuliebe	67	Umgangsrecht des Vaters	65, 92
		Vater, Annahme des nichtehelichen Kindes durch	81 f
Namensänderung	72	Vaterschaftsfeststellung	26
Namensgleichheit des Stiefkinds	72	Verwandtenadoption	37 ff
		Volljährigenadoption	12 f, 16, 40, 61
Offene Adoption	19	Volljährigkeitsalter	12 ff
Onkel, Annahme durch	37 ff		
		Wille des Kindes	24
Pflegekinder	22	Wohl des Kindes	
Prognoseentscheidung	18		2 f, 7, 16 ff, 37, 40, 43 f, 72, 76, 78

I. Normzweck und Entstehungsgeschichte

1. Normzweck

1 § 1741 BGB regelt in den Abs 1 u 2 zwei unterschiedliche Fragen. Während Abs 1 klarstellt, wann im Interesse eines Kindes eine Annahme zulässig ist, regelt Abs 2, wer ein Kind adoptieren darf.

2 Abs 1 S 1 nennt die beiden wichtigsten **Adoptionsvoraussetzungen** im Kindesinteresse, nämlich das Wohl des Kindes und die Erwartung, dass zwischen dem Annehmenden und dem Kind ein Eltern-Kind-Verhältnis entsteht. Abs 1 S 1 ist *die* zentrale Vorschrift des gesamten Adoptionsrechts.

Richtschnur für die Adoption ist nach Abs 1 S 1 das **Wohl des Kindes**. Es ist im 3
AdoptG v 1976 erstmals als Voraussetzung genannt worden, nachdem in der Reformliteratur nachdrücklich eine solche Regelung gefordert worden war (ENGLER 81;
LÜDERITZ 27). Schon durch den Gesetzeswortlaut und die Stellung der Vorschrift wird
unterstrichen, dass die Adoption im Interesse des Kindes erfolgt, nicht dagegen,
wie teilweise zur Zeit der Entstehung des BGB, im Interesse des Annehmenden
(BT-Drucks 7/5087, 4; vgl demgegenüber Mot IV 952).

Abs 1 S 1 normiert als zweite Adoptionsvoraussetzung die Erwartung, dass zwischen 4
dem Annehmenden und dem Kind ein **Eltern-Kind-Verhältnis** entsteht. Damit soll
deutlich gemacht werden, dass die Adoption nicht nur eine rechtliche Statusveränderung zum Vorteil des Kindes bewirken soll, sondern in erster Linie der tatsächlichen Herstellung eines neuen Familienbandes dient.

Abs 1 S 2 enthält keine zusätzliche Adoptionsvoraussetzung, sondern will lediglich 5
dazu beitragen, dass sich **gesetzes- und sittenwidrige Praktiken** bei der Vermittlung
oder Verbringung eines Kindes zum Zwecke der Annahme für den oder die Adoptionsbewerber nicht auszahlen. Bei entsprechenden Verstößen soll eine Kindesannahme nur ausgesprochen werden, wenn sie zum Wohl des Kindes *erforderlich* ist,
nicht aber, wenn sie nur dem Wohl des Kindes *dient,* was Abs 1 S 1 für den Normalfall als Adoptionsvoraussetzung genügen lässt.

Abs 2 S 1 ermöglicht die Adoption **durch eine nichtverheiratete Einzelperson**. Abs 2 6
S 2 spricht den Regelfall einer Adoption **durch ein Ehepaar** an und stellt klar, dass
Eheleute ein Kind grds nur gemeinschaftlich annehmen können. Eine Ausnahme gilt
nach Abs 2 S 3, wenn ein Ehegatte das Kind des anderen Ehegatten annimmt **(Stiefkindadoption)** und nach Abs 2 S 4, wenn eine gemeinschaftliche Adoption nicht in
Betracht kommt, weil ein Ehegatte geschäftsunfähig oder für eine Adoption deshalb
zu jung ist, weil er das 21. Lebensjahr noch nicht vollendet hat (vgl § 1743 S 2
BGB).

Die **Adoption durch Lebenspartner** ist im LPartG geregelt. Nach § 9 Abs 6 LPartG
kann ein Lebenspartner ein **fremdes Kind** mit Einwilligung des anderen Lebenspartners allein annehmen. Außerdem kann ein Lebenspartner nach § 9 Abs 7 S 1
LPartG ein **Kind seines Lebenspartners** allein annehmen (vgl Rn 85 bis 93). Das gilt
seit Inkrafttreten des „Gesetzes zur Umsetzung der Entscheidung des Bundesverfassungsgerichts zur Sukzessivadoption durch Lebenspartner" (BGBl 2014 I 2014, 786)
am 27. 6. 2014 über den Verweis in § 9 Abs 7 S 2 LPartG auf § 1742 BGB auch für
die Adoption eines vom anderen Lebenspartner bereits adoptierten Kindes (sog
Sukzessivadoption) (vgl Rn 86). Nach wie vor nicht möglich ist es Lebenspartnern
aber, ein **fremdes Kind gemeinschaftlich** anzunehmen, diese Einschränkung ist verfassungsrechtlich äußerst bedenklich (Rn 86 f).

2. Entstehungsgeschichte

a) Die Regelung des Abs 1

Obwohl vor dem AdoptG v 1976 das **Wohl des Kindes** im Gesetz als Adoptions- 7
voraussetzung nicht ausdrücklich genannt war (heute: Abs 1 S 1), durfte die vormundschaftsgerichtliche Genehmigung zum Abschluss des Annahmevertrags nach

§ 1751 aF nur erteilt werden, wenn die Adoption auch tatsächlich dem Wohl des Kindes entsprach (vgl STAUDINGER/ENGLER[10/11] § 1751 Rn 24). Die zweite Adoptionsvoraussetzung des Abs 1 S 1, nämlich die **Erwartung, dass zwischen dem Annehmenden und dem Kind ein Eltern-Kind-Verhältnis entsteht,** war vor dem AdoptG v 1976 in § 1754 Abs 2 Nr 2 aF normiert. Nach dieser Bestimmung musste die Bestätigung des Annahmevertrags versagt werden, wenn begründete Zweifel daran bestanden, dass durch die Annahme ein dem Eltern-Kind-Verhältnis entsprechendes Familienband hergestellt werden sollte (vgl STAUDINGER/ENGLER[10/11] § 1754 Rn 32 ff). Mit der seit dem AdoptG v 1976 maßgebenden positiven Formulierung soll klargestellt werden, dass das Gericht die Annahme erst aussprechen darf, „wenn es zu seiner Überzeugung festgestellt hat, dass die Herstellung eines Eltern-Kind-Verhältnisses beabsichtigt ist und die Voraussetzungen dafür vorliegen" (BT-Drucks 7/5087, 9).

8 Die Regelung des Abs 1 S 2 wurde durch das KindRG v 1997 auf Wunsch der Adoptionspraxis an die alte Regelung des Abs 1 (heute: Abs 1 S 1) angefügt. Eine vergleichbare Bestimmung enthielt das frühere Recht nicht.

b)   Die Regelung des Abs 2

9 Die heutige Fassung des Abs 2 beruht auf dem KindRG v 1997, das die bis dahin geltenden Abs 2 u 3 des § 1741 BGB in einen neuen Abs 2 zusammengefasst sowie inhaltlich abgeändert hat. Die wichtigste Änderung betrifft die ersatzlose Streichung des alten Abs 3 S 2, wonach der Vater oder die Mutter eines nichtehelichen Kindes dieses als Kind annehmen konnte (BT-Drucks 13/4899, 111 f; ausführlich vgl Rn 81). Im Einzelnen gilt:

10 Die **Annahme durch eine nichtverheiratete Einzelperson** ist schon seit Inkrafttreten des BGB möglich (§ 1741 S 1 aF). Wenn Abs 2 S 1 idF des KindRG v 1997 erstmals hervorhebt, dass eine nichtverheiratete Person ein Kind „nur" allein annehmen kann, so soll damit klargestellt werden, dass nichtverheiratete Paare ein Kind nicht adoptieren können (BT-Drucks 13/4899, 111).

11 Eine gemeinschaftliche Adoption durch Ehegatten stellt schon seit Inkrafttreten des BGB den Regelfall der Kindesannahme dar (§ 1749 Abs 1 aF). Allerdings schränkte das BGB vor dem AdoptG v 1976 die Möglichkeit der **Adoption durch einen Ehegatten allein** nicht ausdrücklich ein, sondern verlangte in § 1746 Abs 1 aF lediglich (ebenso wie heute in § 1749 Abs 1 BGB), dass der andere Ehegatte in die Adoption einwilligte. Das AdoptG v 1976 beschränkte dann erstmals die Einzeladoption durch einen Ehegatten auf die Fälle der Stiefkindadoption bzw der Geschäftsunfähigkeit oder beschränkten Geschäftsfähigkeit des anderen Ehegatten (§ 1741 Abs 2 S 2 u 3 aF). Bei dieser Rechtslage ist es auch nach dem KindRG im Wesentlichen geblieben (heute: § 1741 Abs 2 S 3 u 4 BGB). Mit dem Hinweis darauf, dass ein Ehepaar ein Kind „nur" gemeinschaftlich annehmen kann, hat der Gesetzgeber von 1997 zusätzlich klargestellt, dass Einzeladoptionen durch einen Ehegatten nur in den gesetzlich genannten Ausnahmefällen möglich sein sollen (BT-Drucks 13/4899, 111). Seit Inkrafttreten des Gesetzes zur Einführung des Rechts auf Eheschließung für Personen gleichen Geschlechts v 20. 7. 2017 (BGBl 2017 I 2787) wird vom Anwendungsbereich der Vorschrift auch die Adoption durch **gleichgeschlechtliche Ehegatten** erfasst.

II. Minderjährigkeit des Anzunehmenden

Die §§ 1741 ff BGB regeln im Gegensatz zu den §§ 1767 ff BGB die **Adoption Min-** 12
derjähriger. Entscheidend für die Frage der Minderjährigkeit des Anzunehmenden ist der Zeitpunkt des *Erlasses* des Adoptionsbeschlusses, nicht der des Antrags nach § 1752 BGB (OLG Zweibrücken 18. 12. 2015 – 6 UF 94/15, FamRZ 2016, 990, 991; LG Düsseldorf 19. 1. 2010 – 25 T 659/09, FamRZ 2010, 1261, 1262; BayObLGZ 1996, 77, 80 = FamRZ 1996, 1034, 1035 m Anm Liermann FamRZ 1997, 112; OLG Karlsruhe FamRZ 2000, 768; AG Kempten StAZ 1990, 108; **aA** Kirchmayer StAZ 1995, 262). Auf den Zeitpunkt des *Wirksamwerdens* des Adoptionsbeschlusses nach § 197 Abs 2 FamFG (= Zustellung an den Annehmenden) ist schon deshalb nicht abzustellen, weil der Beschluss nur mit dem Inhalt wirksam werden kann, mit dem er ergangen ist. Eine rechtsirrtümlich ausgesprochene Minderjährigenadoption eines Erwachsenen bleibt hinsichtlich ihrer Wirkungen Minderjährigenadoption (BayObLGZ 1996, 77, 80 = FamRZ 1996, 1034, 1035; AG Kempten StAZ 1990, 108), ebenso wie umgekehrt die irrig verfügte Adoption eines Minderjährigen nach den Vorschriften über die Volljährigenadoption unanfechtbar (§ 197 Abs 3 S 1 FamFG) Volljährigenadoption bleibt (BayObLGZ 1986, 155, 159 f = StAZ 1986, 318, 319; Näheres vgl § 1770 Rn 22). Für den Sonderfall, dass der Anzunehmende bei Einreichung des Adoptionsantrags noch minderjährig war, bis zum Erlass des Annahmebeschlusses aber volljährig geworden ist, enthält § 1772 Abs 1 lit d BGB seit dem KindRG v 1997 eine Sonderregelung: Das FamG kann beim Ausspruch der Annahme auf Antrag des Annehmenden und des Anzunehmenden bestimmen, dass sich die Wirkungen der Annahme nach den Vorschriften über die Annahme eines Minderjährigen oder eines verwandten Minderjährigen (§§ 1754 bis 1756 BGB) richten (vgl § 1772 Rn 5).

Diese Grenzziehung läuft nicht parallel zur **Konzeption des EuAdÜbEink(rev)** (vgl 13 Vorbem 18 zu §§ 1741 ff), das seinen persönlichen Anwendungsbereich in Art 1 Abs 1 auf alle Kinder erstreckt, die im Zeitpunkt der Antragstellung noch keine 18 Jahre alt waren (Maurer FamRZ 2015, 1937, 1939). Konkrete Schlussfolgerungen lassen sich hieraus für das deutsche Recht aber nicht ableiten: Das EuAdÜbEink(rev) begründet keinen Anspruch auf Adoption und damit auf Fortführung des Verfahrens als Minderjährigenadoption; wenn aber nach Eintritt der Volljährigkeit ein Antrag auf Volljährigenadoption gestellt wird, so fällt diese nicht mehr in den Anwendungsbereich des Abkommens.

Findet über Art 22 EGBGB deutsches Adoptionsrecht Anwendung, aber gehört der 14 Anzunehmende einem fremden Staat an, bestimmt die Rspr und bislang hL die Minderjährigkeit gem **Art 7 Abs 1 EGBGB** nach seinem Heimatrecht (OLG Köln 29. 7. 2011 – 4 UF 108/11, StAZ 2012, 88; BayObLG FamRZ 1996, 183; OLGR Bremen 2006, 510; OLG Karlsruhe FamRZ 2000, 768; Staudinger/Henrich [2019] Art 22 EGBGB Rn 25 f; NK-BGB/Benicke Art 22 EGBGB Rn 7; jurisPK-BGB/Behrentin/Grünenwald Art 22 EGBGB Rn 42 ff; NK-BGB/Dahm Rn 3). Damit wird unterstellt, dass es sich bei der Minderjährigkeit um eine **(Vor-)Frage** handelt, die nicht durch das anwendbare Adoptionsrecht beantwortet wird, sondern einer eigenständigen kollisionsrechtlichen Anknüpfung bedarf – entweder im Wege sog unselbständiger oder selbständiger Anknüpfung (was bei Maßgeblichkeit deutschen Adoptionsrechts stets zu Art 7 EGBGB führt). Hierfür lässt sich vorbringen, dass der Gesetzgeber die Zulässigkeit der Adoption nach Maßgabe der §§ 1741 ff BGB nicht ausdrücklich davon abhängig gemacht hat, ob der

Anzunehmende ein bestimmtes Höchstalter noch nicht überschritten hat (wie das etwa im französischen Recht der Fall ist, das in Art 345 Abs 1 Cc die adoption plénière nur für Kinder unter 15 Jahren zulässt), sondern in den §§ 1741 ff u 1767 ff BGB danach differenziert, ob der Anzunehmende die allg Geschäftsfähigkeit erlangt hat oder nicht (Staudinger/Frank [2007] Rn 13).

15 Ob dieser recht formalen Betrachtungsweise auch heute noch gefolgt werden sollte, erscheint **zweifelhaft**. Das Abstellen auf die Minderjährigkeit bzw Volljährigkeit des Kindes im deutschen Adoptionsrecht ist in der Sache doch eher ein Kürzel für das Unterschreiten bzw Überschreiten der 18-Jahresgrenze. Aus adoptionsrechtlicher Sicht liegt dem die Wertung zugrunde, dass Kinder vor Vollendung des 18. Lebensjahres eines besonderen Schutzes bedürfen, während ihnen mit Erreichen des 18. Lebensjahres in Statusfragen ein größeres Maß an Autonomie zugebilligt wird. Das hat weder etwas mit ihrer Staatsangehörigkeit noch der allg Geschäftsfähigkeit nach ihrem Heimatrecht zu tun. Auch Art 3 HAÜ sowie Art 1 Abs 1 EuAdÜbEink(rev) stellen auf eine feste 18-Jahresgrenze ab (wie im Übrigen auch § 6 S 1 StAG für den Erwerb der Staatsangehörigkeit aufgrund Adoption). Vor diesem Hintergrund besteht auch keine Gefahr, dass deutsche Adoptionsbeschlüsse, die sich über Art 7 Abs 1 EGBGB hinwegsetzen, im Ausland nicht anerkannt werden könnten (Helms, in: FS Hahne [2012] 69, 73 f). Bei Anwendbarkeit deutschen Adoptionsrechts sollte die Abgrenzung zwischen Minderjährigkeit und Volljährigkeit daher direkt dem **Adoptionsstatut** und damit § 2 BGB entnommen werden (Behrentin/Braun, Handb AdoptionsR, B Rn 714; PraxKommKindschaftsR/Braun § 1767 Rn 6; MünchKomm/Maurer Rn 57 f und § 1767 Rn 7; BeckOGK/Löhnig [1. 7. 2016] § 1767 Rn 5; Soergel/Lüderitz[12] Art 22 EGBGB Rn 2 Fn 1). Ist der Anzunehmende trotz Vollendung des 18. Lebensjahres nach seinem Heimatrecht noch minderjährig, so wird die elterliche Sorge nach der Adoption durch die Annehmenden ausgeübt (MünchKomm/Maurer Rn 58 mit Verweis auf § 1767 BGB Rn 9). Praktische Bedeutung kommt der elterlichen Sorge dann ohnehin nicht mehr zu: vgl § 1626 Abs 2 BGB und Art 13 Rom I-VO, Art 12 EGBGB.

III. Die Adoptionsvoraussetzungen nach Abs 1

1. Wohl des Kindes

16 Jede Adoption, also auch die eines verwandten Kindes oder eines Stiefkindes, muss nach Abs 1 S 1 dessen Wohl dienen. Abs 1 S 1 gilt gem § 1767 Abs 2 S 1 BGB auch für die Volljährigenadoption, spielt dort im Ergebnis aber keine Rolle (vgl § 1767 Rn 20).

a) Begriff und Allgemeines

17 Das Wohl des Kindes ist **Leitmotiv des Kindschaftsrechts** und wird in einer Vielzahl von gesetzlichen Bestimmungen – vor allem im Zusammenhang mit sorge- und umgangsrechtlichen Fragen – angesprochen (zB §§ 1626 Abs 3, 1626a Abs 2 S 1, 1627, 1632 Abs 4, 1666 Abs 1, 1671 Abs 1, 1684 Abs 4 S 1, 1685 Abs 1, 1686, 1696, 1697a BGB). Es handelt sich dabei um eine schwer konkretisierbare Generalklausel (grundlegend Coester, Das Kindeswohl als Rechtsbegriff [1983], sowie in Brühler Schriften zum Familienrecht Bd 4 [1986] 35 ff, allerdings ohne Einbeziehung des Adoptionsrechts), die die Gefahr in sich birgt, dass jeder Richter sie mit seinen eigenen Wertvorstellungen ausfüllt. Allerdings räumt der Begriff dem Tatrichter kein Ermessen ein. Vielmehr handelt es sich um einen sog **unbestimmten Rechtsbegriff** (BayObLG ZfJ 1991, 431, 432; OLG Hamm FamRZ 1982, 194, 195; MünchKomm/MAURER Rn 72; BeckOGK/LÖHNIG [1. 7. 2016] Rn 4), sodass das Rechtsbeschwerdegericht sowohl die Auslegung des Begriffs als auch die Subsumtion der festgestellten Tatsachen unter diesen Begriff voll überprüfen kann. Auch ein sog Beurteilungsspielraum wird dem Tatrichter allg nicht eingeräumt (PRÜTTING/HELMS/ABRAMENKO § 72 FamFG Rn 16).

Bei der im Adoptionsrecht notwendigen Prognoseentscheidung hat der Begriff des **18** Kindeswohls eine doppelte Funktion. Eine **Zielfunktion** kommt ihm insoweit zu, als das Kind durch die Adoption ein beständiges und ausgeglichenes Zuhause bekommen soll (BT-Drucks 7/3061, 28). Eine **Vergleichsfunktion** hat der Begriff insoweit, als sich die Lebensbedingungen des Kindes im Vergleich zur Lage ohne Adoption **nachhaltig** so verändern müssen, dass eine **merklich bessere Persönlichkeitsentwicklung** zu erwarten ist (MünchKomm/MAURER Rn 73; BeckOGK/LÖHNIG [1. 7. 2016] Rn 5; OLG Düsseldorf 17. 3. 2017 – 1 UF 10/16, FamRZ 2017, 976, 977; OLG Stuttgart 20. 5. 2015 – 17 UF 61/15, FamRZ 2015, 1987, 1988; OLG Karlsruhe 7. 2. 2014 – 16 UF 274/13, FamRZ 2014, 674, 675; BayObLG FamRZ 1997, 839, 840; demgegenüber lässt GERNHUBER/COESTER-WALTJEN § 68 Rn 98 eine schlichte Verbesserung genügen). Zur Klärung der Frage, ob sich die Lebensverhältnisse des Kindes durch die beantragte Annahme verbessern, ist ein **Gesamturteil** erforderlich; die Situation des Kindes braucht sich nicht bzgl jeder unterscheidbaren Einzelbedingung zu verbessern. Auch ist es nicht erforderlich, dass sich die Adoption als alternativlos darstellt, entscheidend ist, dass sie sich im **Vergleich zu den bestehenden Betreuungsmöglichkeiten** (va der Unterbringung in einer Pflegefamilie) wegen ihrer weitreichenden rechtlichen Wirkungen sowie ihrer Stabilisierungsfunktion (vgl ausführlich Vorbem 34 und 52 ff zu §§ 1741) als vorzugswürdig darstellt (PraxKomm-KindschaftsR/BRAUN Rn 11). Höchstrichterliche Rechtsprechung zum Begriff des Kindeswohls speziell im Adoptionsrecht ist – nicht zuletzt wegen der Unanfechtbarkeit von Adoptionsbeschlüssen (§ 197 Abs 3 S 1 FamFG) – kaum vorhanden, sodass sich im Einzelnen noch keine allgemein anerkannten Leitlinien herauskristallisieren konnten (BRAUN ZKJ 2018, 174, 177).

Eine Schlüsselrolle spielt in Adoptionsverfahren die **fachliche Äußerung der Adop- 19 tionsvermittlungsstelle bzw des Jugendamts** nach § 189 FamFG (vgl dazu § 1752 Rn 26). Anhaltspunkte für die dabei zu berücksichtigenden Umstände ergeben sich aus den Empfehlungen der Bundesarbeitsgemeinschaft der Landesjugendämter zur Adoptionsvermittlung (7. Aufl 2014) insbes unter 7. 3 u 7. 4. Naturgemäß enthebt die sozialpädagogische Sachkunde der Adoptionsvermittlungsstellen und Jugendämter den Richter nicht davon, die Kindeswohldienlichkeit eigenständig zu beurteilen. Eine wichtige Weichenstellung für Fremdkindadoptionen folgt oftmals auch schon aus der **Inpflegegabe des Kindes** bei bestimmten Adoptionsbewerbern (§ 1744 BGB). Soweit während der Pflegezeit ein (erster) Beziehungs- und Bindungsaufbau gelingt, spricht dies im Adoptionsverfahren regelmäßig für dessen rechtliche Verfestigung (vgl Rn 22). Das FamG hat nach dem **Amtsermittlungsgrundsatz** (§ 26 FamFG) die entscheidungserheblichen Umstände aufzuklären und die erforderlichen Nachweise (instruktiv PraxKommKindschaftsR/BRAUN § 189 FamFG Rn 16 ff) einzuholen und zu prüfen (vgl § 1752 Rn 25 ff). In der Adoptionsvermittlungspraxis spielen sog **offene Adoptionen** eine zunehmende Rolle, rechtlich verbindliche Vereinbarungen können nach geltendem deutschen Recht in diesem Zusammenhang aber nicht getroffen werden, vgl § 1747 Rn 64 ff.

b) Adoptionseignung des Kindes

20 Zentraler Bezugspunkt für die Kindeswohlprüfung ist zunächst die gegenwärtige Situation des Kindes sowie seine Entwicklungsgeschichte, um auf dieser Basis seine Bedürfnisse ermitteln zu können. Dabei ist zum einen die soziale und medizinische **Vorgeschichte des Kindes** (Betreuungsqualität, Beziehungsabbrüche, Traumatisierungen und Gesundheitsrisiken) zu eruieren und zum anderen sein gegenwärtiger emotionaler, sozialer, kognitiver sowie körperlicher **Entwicklungsstand** zu untersuchen (ausf DETTENBORN/WALTER 427 f). Ergibt sich hieraus ein besonderer Erziehungs- und Förderbedarf, kann dieser uU auch zu einer Überforderung der Adoptiveltern führen und eine Heimunterbringung oder die Betreuung durch eine sozialpädagogisch geschulte Pflegeperson vorzugswürdig erscheinen lassen.

21 Gewachsene **Bindungen des Kindes** dürfen nur in Ausnahmefällen bei Vorliegen gewichtiger Gründe zerstört oder gefährdet werden (Kontinuitätsgrundsatz, vgl etwa BVerfG FamRZ 22. 9. 2014 – 1 BvR 2102/14, FamRZ 2015, 210, 211 Rn 15; BVerfGE 79, 51, 64 = FamRZ 1989, 31, 33; BGH FamRZ 1985, 169 zu § 1671). Dieser Gesichtspunkt verdient insbes bei Stiefkindadoptionen (dazu Rn 63 ff) besondere Beachtung. Er kann aber auch gegen eine Adoption sprechen, wenn diese zu einer **Trennung von Geschwistern** führen würde, mit denen das Kind in gutem Einvernehmen aufgewachsen ist (OLG Bremen DAVorm 1974, 472 betr eine Adoption des Kindes durch seinen Onkel und dessen Ehefrau; vgl OLG Dresden 12. 10. 2011 – 21 UF 581/11, FamRZ 2012, 1153, 1155; zur Geschwisterbindung allg STAUDINGER/COESTER [2016] § 1671 Rn 226 ff). Die Empfehlungen der Bundesarbeitsgemeinschaft der Landesjugendämter zur Adoptionsvermittlung (7. Aufl 2014) halten unter 7.3.8 nur in „begründeten Ausnahmefällen" eine Trennung von Geschwistern für empfehlenswert. Demgegenüber wird in der Literatur zT davor gewarnt, den Grundsatz der Geschwisterbindung im Adoptionsrecht überzubewerten, weil bei dysfunktionalen Herkunftsfamilien pathologisch verzerrte Geschwisterbeziehungen entstanden sein können (Parentifizierung, Notgemeinschaften), und eine Einzelfallbetrachtung angemahnt (KLEINZ ZKJ 2008, 404 ff).

22 Befindet sich das Kind bereits seit längerer Zeit in **Adoptionspflege** (§ 1744 BGB) und nimmt diese einen **positiven Verlauf**, so sprechen die hierdurch entstandenen Bindungen regelmäßig dafür, durch Ausspruch der Adoption eine rechtliche Stabilisierung des Verhältnisses herbeizuführen (PraxKommKindschaftsR/BRAUN Rn 12; vgl § 1744 Rn 3 f). Dabei wird man nicht so weit gehen können, bereits das Bestehen einer sicheren Bindung zwischen Adoptivkind und -eltern iSd Bindungstheorie (vgl Vorbem 48 zu §§ 1741 ff) verlangen zu dürfen oder auch nur die sichere Prognose der Entstehung einer solchen (so aber MOHNERT RPsych 2018, 477, 503 f). Schließlich können die betroffenen Kinder nicht ohne Weiteres von einer Pflegefamilie in die andere weitergeschoben werden, wenn sich der Beziehungsaufbau schwieriger gestaltet als ursprünglich erhofft wurde, (mehrfache) Beziehungsabbrüche sind gerade ein Risikofaktor für eine gedeihliche Entwicklung des Kindes (STAUDINGER/COESTER [2016] § 1666 Rn 129 f). Daher müssen immer die (realistischerweise) bestehenden Betreuungsalternativen in die Bewertung einbezogen werden (vgl Rn 18). Dass eine Adoption – zumindest bei jüngeren Kindern (vgl Vorbem 54 zu §§ 1741 ff) – im Regelfall einer Heimpflege vorzuziehen ist, bedarf keiner Erläuterung. Zur Gefahr des Hospitalismus und von Bindungsstörungen vgl Vorbem 46 zu §§ 1741 ff.

Führt eine im Interesse des Kindes erforderliche Adoption unvermeidbar zu einer **Trennung von bisherigen Bezugspersonen**, so gebietet es das Kontinuitätsinteresse des Kindes, den Wechsel so behutsam wie möglich vorzunehmen. Probleme ergeben sich, wenn das Kind längere Zeit gut betreut in einer Pflegefamilie lebte und später in die Obhut der vorgesehenen Adoptiveltern (§ 1744 BGB) kommen soll. Nach BVerfGE 79, 51 (= FamRZ 1989, 31) darf ein Kind aus seiner Pflegefamilie auch dann herausgenommen und in eine vorgesehene Adoptivfamilie übergeführt werden (Adoptionspflege), wenn psychische Beeinträchtigungen des Kindes als Folge der Trennung nicht schlechthin ausgeschlossen werden können. Obwohl in solchen Fällen von Verfassungs wegen eine Adoptionspflege möglich ist, muss die Entscheidung im Einzelfall davon abhängen, wie intensiv die gewachsenen Bindungen des Kindes zu seinen Pflegeeltern sind (Dauer des Pflegeverhältnisses), und ob das Pflegeverhältnis auf Dauer fortgeführt werden kann. Die Statusvorteile, die eine Adoption mit sich bringt, reichen jedenfalls nicht aus, um eine Adoption angesichts des damit verbundenen Erziehungsbruchs zu rechtfertigen (Lakies FamRZ 1990, 689, 702; Lempp ZBlJugR 1974, 124, 129 ff).

Wächst ein Kind bei seinen **Großeltern** auf, die das Kind gut betreuen, es indessen nicht adoptieren können (vgl dazu Rn 37–39) oder wollen, so scheidet ebenfalls die Möglichkeit einer Adoption durch Dritte grds aus (vgl BayObLG DAVorm 1979, 616, 619 f). Haben (auch) Großeltern des Kindes die Adoption beantragt und ist dieser Antrag nicht aussichtslos, so kann ein dringendes Bedürfnis für eine einstweilige Anordnung des FamG, durch die das Kind in eine Adoptionspflege bei ihm fremden Personen übergeführt werden soll, nicht allein wegen des besonderen Interesses an einem möglichst raschen Beginn der Adoptionspflege bejaht werden (BayObLGZ 1993, 76 = FamRZ 1993, 1356). 23

Dass für die Kindeswohlprüfung der **Wille des Kindes** eine zentrale Rolle spielt, ist selbstverständlich (vgl allg Staudinger/Coester [2015] § 1666 Rn 233 ff). Dass er gerade auch im vorliegenden Kontext einen besonders hohen Stellenwert besitzt, zeigt sich daran, dass Adoptivkinder vom Familiengericht gem § 192 Abs 1 und 3 FamFG persönlich anzuhören sind (vgl § 1752 Rn 27) und ab Vollendung des 14. Lebensjahres die Einwilligung in die Adoption nur selbst erteilen können (§ 1746 Abs 1 S 3 BGB). Auch wenn nach familienpsychologischer Einschätzung Kinder das Konzept der Adoption erst ab Beginn des zweiten Lebensjahrzehnts so richtig zu erfassen beginnen (Dettenborn/Walter 422), sind ihre emotionalen Bindungen und Wünsche, über die sie regelmäßig ab dem Kindergartenalter Auskunft geben können, auch schon vorher ein wichtiger Anhaltspunkt (vgl Staudinger/Coester [2016] § 1666 Rn 237 f). 24

Die **Aufklärung eines Adoptivkindes** über seine wahre Abstammung ist grds Sache der Adoptiveltern (vgl § 1758 Rn 14). Gleichwohl kann die **Anhörung** nach § 192 Abs 1 und 3 FamFG zumindest ab einem gewissen Alter nur dann sinnvoll durchgeführt werden, wenn das Kind in groben Zügen über die Sachlage Bescheid weiß (vgl § 1752 Rn 27). Daher ist es äußerst problematisch, wenn die Annahme eines 8 Jahre alten Stiefkindes durch seinen Stiefvater ausgesprochen werden soll, den es für seinen leiblichen Vater hält, weil der Annehmende nicht bereit ist, das „psychisch sehr empfindsame Kind" über seine Abstammung aufzuklären (so aber LG Freiburg FamRZ 2002, 1647; vgl auch BayObLG NJW-RR 2001, 722; zust noch Staudinger/Frank [2007] Rn 18; vgl im umgangsrechtlichen Kontext BGH 5. 10. 2016 – XII ZB 280/15, FamRZ 2016, 2082, 2087 25

Rn 52 ff). Zur Aufklärungsbereitschaft im Rahmen der Prüfung der Elterneignung vgl Rn 35.

26 Spielen für den Entschluss der **Herkunftseltern**, ihr Kind zur Adoption freizugeben, wirtschaftliche Gesichtspunkte oder familiäre Probleme eine Rolle, so ist zu prüfen, ob finanzielle Hilfen oder unterstützende Maßnahmen der Kinder- und Jugendhilfe nach dem SGB VIII noch eine Änderung dieses Entschlusses bewirken können (MünchKomm/MAURER Rn 9; WIESNER/ELMAUER, SGB VIII Anh 5, § 7 AdVermiG Rn 5; Empfehlungen der Bundesarbeitsgemeinschaft der Landesjugendämter zur Adoptionsvermittlung [7. Aufl 2014] unter 7.2.1). Zur Frage, ob bei der Adoption eines nichtehelichen Kindes der Ausgang eines Vaterschaftsfeststellungsprozesses abgewartet werden muss, vgl § 1747 Rn 24.

c) Elterneignung

27 Neben den Bedürfnissen des Kindes ist der zweite Aspekt der Kindeswohlprüfung die Eignung der Adoptionsbewerber. Auch schon im **Adoptionsvermittlungsverfahren** spielt dieser Aspekt gem § 7 Abs 1 S 2 AdVermiG eine zentrale Rolle. Im Vermittlungsverfahren müssen die Adoptionsbewerber idR umfangreiche Fragebögen ausfüllen (vgl etwa www.stadt-koeln.de/mediaasset/content/pdf51/fragebogen-adoption.pdf), einen detaillierten Lebenslauf erstellen, evtl an einem Vorbereitungsseminar teilnehmen und ausführliche Gespräche mit den Fachkräften führen, die durch Hausbesuche ergänzt werden. Regelmäßig handelt es sich um einen intensiven Prozess, der sich über mehrere Monate erstreckt (BEHRENTIN/GRÜNENWALD/NUÑEZ, Handb AdoptionsR, A Rn 79). Ziel ist es, die Persönlichkeit, die Lebenszufriedenheit und die Adoptionsmotivation der Bewerber zu ermitteln, diese sollen sich mit ihrer „eigenen Biografie detailliert auseinandergesetzt haben", „sich mit den Problemlagen einer Adoption ausführlich (...) beschäftigen" und über ein „reflektiertes Selbstkonzept" verfügen (BEHRENTIN/GRÜNENWALD/NUÑEZ, Handb AdoptionsR, A Rn 95 f; vgl auch das „Persönlichkeitsprofil" der Empfehlungen der Bundesarbeitsgemeinschaft der Landesjugendämter zur Adoptionsvermittlung [7. Aufl 2014] unter 7.4.2.1 sowie DETTENBORN/WALTER 429 f). Wird kein Adoptionsvermittlungsverfahren durchgeführt, weil eine Stiefkind- oder Verwandtenadoption im Raum steht, müssen die Jugendämter zwecks Abgabe der **fachlichen Äußerung** nach § 189 FamFG letztlich ganz ähnliche Ermittlungen und Überlegungen anstellen. Eine weniger intensive Prüfung seitens der Jugendämter, wie sie gelegentlich berichtet wird (BOVENSCHEN et al 103), würde der besonderen Problematik von Stiefkind- (vgl Rn 64 ff) und Verwandtenadoptionen (vgl Rn 37 ff) nicht gerecht.

28 Voraussetzung für die Annahme ist die **Bereitschaft und die Fähigkeit des Annehmenden**, selbst, wenn auch mit Hilfe Dritter, **für das Kind zu sorgen**. Dabei spielen sowohl äußere Umstände (etwa Wohnverhältnisse, finanzielle und berufliche Situation, soziales Umfeld) als auch innere Haltungen und Charaktereigenschaften (Empathie- und Erziehungsfähigkeit, Belastbarkeit sowie die Bereitschaft, fachkundige Hilfe anzunehmen) eine Rolle. Adoptivelternschaft ist einerseits eine besonders herausfordernde Form der Elternschaft, die ein hohes Maß an emotionaler und sozialer Kompetenz voraussetzt (DETTENBORN/WALTER 420 u 429). Andererseits dürfen auch keine unrealistischen Anforderungen gestellt werden (BEHRENTIN/GRÜNENWALD/ NUÑEZ, Handb AdoptionsR, A Rn 91). Ausschlaggebend ist die Frage, ob im Hinblick auf die Persönlichkeit des Kindes und seine besonderen Bedürfnisse die Bewerber zur Annahme des betreffenden Kindes geeignet sind (BEHRENTIN/GRÜNENWALD/NUÑEZ,

Titel 7 · Annahme als Kind
Untertitel 1 · Annahme Minderjähriger § 1741

Handb AdoptionsR, A Rn 82). Zur Amtsermittlung (§ 26 FamFG) gehört es zumindest, die Vorlage von **Einkommens- und Vermögensnachweisen** zu verlangen (PraxKomm-KindschaftsR/Braun § 189 FamFG Rn 19aE).

Die Annahme eines Kindes dient nicht dessen Wohl, wenn die Annehmenden nicht **29** bereit sind, ihm – auch in **zeitlicher Hinsicht** – die Zuwendung zu schenken, die ein Kind, das regelmäßig bereits mindestens einen Beziehungsabbruch erlebt hat, für eine gedeihliche Entwicklung benötigt. Empfohlen wird insofern mittlerweile, dass ein Elternteil zumindest im ersten Jahr nach der Aufnahme des Kindes in die Familie dem Kind seine ungeteilte Aufmerksamkeit schenken sollte, um den Aufbau tragfähiger Bindungen zu ermöglichen. Wird danach eine Berufstätigkeit (wieder) aufgenommen, muss sichergestellt werden, dass ein „Adoptivelternteil die Hauptbezugsperson ist und das Kind in stabilen sozialen Verhältnissen aufwachsen kann" (Empfehlungen der Bundesarbeitsgemeinschaft der Landesjugendämter zur Adoptionsvermittlung [7. Aufl 2014] unter 7.4.2.12). Besonders bei der **Adoption von Heim- und Pflegekindern**, die noch keine engen Beziehungen entwickeln konnten oder oftmals schon einen Beziehungsbruch zu verkraften hatten, ist die Möglichkeit einer intensiven persönlichen Zuwendung unabdingbare Adoptionsvoraussetzung.

Die **Mindestalterserfordernisse** des § 1743 BGB sollen sicherstellen, dass der Anneh- **30** mende altersbedingt wenigstens ein gewisses Mindestmaß an persönlicher Reife besitzt. Anders als in manchen ausländischen Rechtsordnungen wurde im BGB davon abgesehen, im Interesse des Kindes ein Höchstalter für Adoptierende, einen Mindestaltersabstand oder eine Höchstaltersdifferenz zwischen Annehmendem und Kind oder eine **Mindestdauer der Ehe** der Adoptierenden vorzuschreiben (vgl § 1743 Rn 4). Alle diese Gesichtspunkte spielen indessen für die Frage, ob die Adoption dem Wohl des Kindes dient, eine nicht unerhebliche Rolle. Die Bundesarbeitsgemeinschaft der Landesjugendämter zur Adoptionsvermittlung (7. Aufl 2014) empfiehlt unter 7.4.2.2 die **Einhaltung eines natürlichen Altersabstandes**, was etwa gegen die Adoption von Säuglingen durch Personen sprechen würde, die deutlich über 40 Jahre alt sind. Adoptivelternschaft sei eine besonders herausfordernde Form der Elternschaft, die den Betroffenen häufig über einen längeren Zeitraum intensives Engagement abverlange, sodass Adoptiveltern im fortgeschrittenen Alter an die Grenzen ihrer Belastbarkeit gelangen könnten. Allerdings wird gleichzeitig hervorgehoben, dass keine starren Altersgrenzen angegeben werden könnten, sondern jeweils der konkrete Einzelfall bewertet werden müsse (vgl § 1743 Rn 4 mwNw). Auch die **Stabilität** der Ehe oder Lebenspartnerschaft der Adoptiveltern ist ein wichtiger Faktor (Behrentin/Grünenwald/Nuñez, Handb AdoptionsR, A Rn 104), um dem Kind erneute Beziehungsabbrüche zu ersparen und zu verhindern, dass es in den Mittelpunkt von Elternkonflikten rückt. Zur Bedeutung des Aufwachsens in einer **gleichgeschlechtlichen Partnerschaft** vgl Rn 89. Zur Annahme durch eine **Einzelperson** vgl Rn 78 ff.

Gegen eine Adoption kann im Einzelfall auch sprechen, dass die Annehmenden **31** erkennbar auf eigene Kinder, seien es vorhandene oder gewünschte, fixiert sind und die Adoption in erster Linie dazu dienen soll, über den **Verlust eines eigenen Kindes** hinwegzukommen (Binschus ZfF 1976, 193, 194). Abzulehnen ist eine Adoption auch dann, wenn sie dazu beitragen soll, eine **Ehekrise** zu bewältigen (Dettenborn/Walter 431; Behrentin/Grünenwald/Nuñez, Handb AdoptionsR, A Rn 97).

32 Der **Gesundheitszustand des Annehmenden** muss erwarten lassen, dass er das Kind auf Dauer selbst pflegen kann (KG OLGZ 1991, 406, 409 = FamRZ 1991, 1101, 1102; LG Berlin FamRZ 1989, 427; LG Berlin FamRZ 1978, 148, 149; VG Hamburg 1. 12. 2005 – 13 K 3059/05, JAmt 2006, 367, 370; Behrentin/Grünenwald/Nuñez, Handb AdoptionsR, A Rn 100). Im Rahmen der Amtsermittlung hat das Gericht sich daher ein **amtsärztliches Zeugnis oder zumindest ein hausärztliches Attest** vorlegen zu lassen (PraxKommKindschaftsR/ Braun § 189 FamFG Rn 19; vgl auch MünchKomm/Maurer Rn 96). So kann etwa eine HIV-Trägerschaft des Annehmenden einer Adoption entgegenstehen (LG Berlin FamRZ 1989, 427; Bruns MDR 1989, 297, 299 f; Kallabis ZfJ 1988, 53, 55 ff; Tiedemann NJW 1988, 729, 736 f). Deshalb kann vom Annehmenden im Adoptionsverfahren als Grundlage für eine zuverlässige Prognose hinsichtlich des Wohls des Kindes auch die Vorlage eines AIDS-Tests verlangt werden (KG OLGZ 1991, 406 = FamRZ 1991, 1101; LG Berlin FamRZ 1989, 427). Eine Weigerung des Adoptionsbewerbers rechtfertigt zwar nicht automatisch die Zurückweisung des Adoptionsantrages, jedoch ist ein solches Verhalten in die Gesamtbeurteilung einzubeziehen (KG OLGZ 1991, 406, 409 = FamRZ 1991, 1101, 1102; KG OLGZ 1978, 257, 259 = DAVorm 1978, 788, 792 unter Aufhebung v LG Berlin FamRZ 1978, 148).

33 **Vorstrafen** können die Elterneignung ausschließen. Dabei müssen die Adotiveltern regelmäßig schon im Vermittlungsverfahren ein erweitertes Führungszeugnis vorlegen (Empfehlungen der Bundesarbeitsgemeinschaft der Landesjugendämter zur Adoptionsvermittlung [7. Aufl 2014] unter 7. 4. 2. 14), doch kann es im Einzelfall empfehlenswert sein, im Adoptionsverfahren einen aktuellen Nachweis zu verlangen oder eine sog unbeschränkte Auskunft aus dem Bundeszentralregister einzuholen (PraxKommKindschaftsR/Braun § 189 FamFG Rn 19aE). Verurteilungen wegen Verstößen gegen die sexuelle Selbstbestimmung oder wegen Gewalttaten schließen die Elterneignung aus. Bei anderen Straftaten kommt es auf die Umstände des Einzelfalles an (Behrentin/ Grünenwald/Nuñez, Handb AdoptionsR, A Rn 102). Verbüßt der Adoptionsbewerber eine **längere Haftstrafe**, so dient die Annahme schon deshalb nicht dem Wohl des Kindes, weil sich persönliche Beziehungen kaum entwickeln lassen (BayObLG FamRZ 1983, 532, 533).

34 **Konfession, Weltanschauung und politische Einstellung** des Annehmenden sind grds unbeachtlich. Zur Adoption von Kindern durch Mitglieder einer Jugendsekte vgl Scholz DRiZ 1993, 148, 151. Bei der Adoption älterer Kinder, die schon eine geistige, religiöse oder weltanschauliche Prägung erfahren haben, spricht indessen das Kontinuitätsinteresse dafür, dass die Adoptionsbewerber ihm eine entsprechende Umgebung bieten können (MünchKomm/Maurer Rn 98; Dettenborn/Walter 432).

35 Angesichts der besonderen Bedeutung, die die **Kenntnis der eigenen Abstammung** für die ungestörte Entwicklung eines Adoptivkindes besitzt (vgl § 1758 Rn 14 f), kann die Bereitschaft der Adoptiveltern, das Kind in altersgerechter Weise über seine Herkunft aufzuklären, im Allgemeinen als Voraussetzung für die Vermittlung eines Adoptivkindes angesehen werden (Empfehlungen der Bundesarbeitsgemeinschaft der Landesjugendämter zur Adoptionsvermittlung [7. Aufl 2014] unter 7. 4. 2. 1; Dettenborn/Walter 430). Doch soll ein Kind nach Inanspruchnahme einer **anonymen Samenspende** von der Lebenspartnerin der Mutter adoptiert werden, spricht dieser Umstand nicht gegen deren Elterneignung (vgl Rn 91). Für die Entwicklung des Kindes kann die Anonymität des Samenspenders zwar zu einer gravierenden Belastung werden (vgl § 1758

Rn 14 f), doch ändert das nichts daran, dass eine Adoption in dieser Situation im Allgemeinen kindeswohlförderlich ist. Familienrechtliche Entscheidungen, die nach Kindeswohlkriterien zu treffen sind, dürfen nicht instrumentalisiert werden, um Fehlverhalten von Eltern zu sanktionieren (STAUDINGER/COESTER [2016] § 1666 Rn 67 f).

Umstritten ist, ob die Adoption eines Kindes, das „auf Bestellung" durch Wunsch- **36** eltern von einer **Leih- oder Ersatzmutter** zur Welt gebracht wurde, dem Wohl des Kindes dient, wenn die Adoptionsbewerber die „Besteller" sind. Durch das KindRG v 1997 wurde die schon nach altem Recht lebhaft diskutierte Frage verschärft, weil nach Abs 1 S 2 eine Adoption durch die „Besteller" nunmehr voraussetzt, dass die Adoption zum Wohl des Kindes *erforderlich* ist, also nicht lediglich dem Wohl des Kindes *dient*. Näheres dazu vgl Rn 43.

d) Der Sonderfall der Verwandtenadoption

Besondere Probleme wirft neben der Stiefkindadoption (vgl Rn 63 ff) die Verwand- **37** tenadoption auf (ausführlich dazu FRANK 126 ff; auch GERNHUBER/COESTER-WALTJEN § 68 Rn 26 ff; MünchKomm/MAURER Rn 135 ff). Sie wird im Gesetz bei den Voraussetzungen der Adoption nicht erwähnt, wohl aber bei deren Wirkungen (§ 1756 Abs 1 BGB). Der Umstand, dass der Gesetzgeber es für richtig hielt, bei der **Annahme durch Verwandte zweiten oder dritten Grades**, also durch Großeltern, Geschwister, Onkel, Tante, die Adoptionswirkungen besonders zu regeln, macht deutlich, dass er der Annahme eines Kindes durch nahe Verwandte nicht dezidiert ablehnend gegenüberstand. Die Rspr hat sich schon des Öfteren mit der Verwandtenadoption befasst (BVerfGE 24, 119, 126 = FamRZ 1968, 578, 580; BVerwG FamRZ 1969, 488; BayObLGZ 1965, 313 = FamRZ 1965, 525; BayObLG DAVorm 1979, 616; OLG Frankfurt FamRZ 1971, 322; LG Bad Kreuznach StAZ 1985, 167; AG Cuxhaven FamRZ 1976, 241) und diese aus **Gründen des Kindeswohls** auch immer mal wieder abgelehnt (so betr die **Großelternadoption** OLG Koblenz 23. 2. 2016 – 7 UF 758/15, FamRZ 2016, 1690; BayObLG FamRZ 1997, 839; OLG Oldenburg FamRZ 1996, 895 = JuS 1996, 1033 m Anm HOHLOCH; OLG Hamm FamRZ 1968, 110; OLG Celle ZBlJugR 1967, 257; AG Hannover FamRZ 1966, 45; für ein **Gegenbeispiel** OLG Köln 27. 1. 2015 – 4 UF 181/14, JAmt 2015, 97 [leibl Mutter verstorben]; betr die **Adoption durch den Onkel** OLG Bremen Rpfleger 1973, 430).

Die Verwandtenadoption begründet künstliche Rechtsbeziehungen auf dem Boden **38** natürlicher Verwandtschaftsverhältnisse. Die **Umwandlung natürlicher Verwandtschaftsverhältnisse** führt oft zu einem unerträglichen **Verwirrspiel** für das angenommene Kind. Bei der Reform v 1976 wurde dieses Problem zwar gesehen, durch die missglückte Regelung des § 1756 Abs 1 BGB aber nicht gelöst (ausführlich vgl § 1756 Rn 1–4 u 9–25). Erfolgt die Verwandtenadoption zu Lebzeiten der leiblichen Eltern, so ist eine sichere Prognose darüber, ob der persönliche Kontakt der Eltern mit dem Kind oder mit nahen Verwandten auch wirklich definitiv beendet wird, kaum möglich. Zwar ist der Abbruch personaler Beziehungen keine Adoptionsvoraussetzung, aber es ist offenkundig, dass eine Familiengemeinschaft, in der die leiblichen Eltern auch nach der Adoption ihres Kindes tatsächlich dessen Entwicklung mitverfolgen, ohne rechtlich irgendwelche Einflussmöglichkeiten auf die Erziehung zu besitzen, in hohem Maße **konfliktgefährdet** ist. Die Empfehlungen der Bundesarbeitsgemeinschaft der Landesjugendämter zur Adoptionsvermittlung (7. Aufl 2014) sehen deshalb eine Verwandtenadoption nur als ultima ratio an, wenn „das Wohl des Kindes andere Lösungen weniger hilfreich und sinnvoll erscheinen lässt" und mahnen die sorgfältige Prüfung sachfremder Motive an (unter 7.1.3). Wenn die Bereitschaft zur Übernahme elterlicher Verantwortung auf **verwandtschaftlicher Solidarität** beruht, sollte auch die Herstellung eines künstlichen Verwandtschaftsverhältnisses auf Ausnahmefälle beschränkt bleiben (vgl auch PraxKommKindschaftsR/Braun Rn 17; Oberloskamp ZBlJugR 1980, 581, 586). **Ausländische Rechtsordnungen** verbieten zT ausdrücklich die Adoption durch Großeltern und Geschwister (*Albanien* Art 243 FGB; *Bulgarien* Art 80 Abs 1 FGB – mit einer Einschränkung in Abs 2 für die Adoption nichtehelicher Kinder, Halb- und Vollwaisen durch die Großeltern; *Kroatien* § 125 Abs 3 FGB; *Serbien* Art 92 FamG; *Spanien* Art 175 Abs 3 Cc). Die *Niederlande* untersagen nur die Großelternadoption (Art 1:228 Abs 1 b BW), *Rumänien* nur die Geschwisteradoption (Art 457 ZGB). Für die ehemalige *DDR* hatte § 46 Abs 2 FGB als Adoptionsalternative ausdrücklich die Übertragung des „Erziehungsrechts" auf die Großeltern oder einen Großelternteil vorgesehen.

39 Auch ohne ausdrückliches gesetzliches Verbot sollten **Enkel oder Geschwister** in aller Regel nicht als Kind angenommen werden (vgl außer den Rspr-Hinw in Rn 37 Hillenkamp ZBlJugR 1953, 14; DIV-Gutachten ZfJ 1997, 222 u ZBlJugR 1983, 420). Die Bedenken gegen eine Verwandtenadoption werden allerdings geringer, je weiter sich die Verwandtschaft zwischen Kind und Annehmendem entfernt. Trotzdem wäre es verfehlt, etwa eine **Adoption durch Onkel oder Tante** a priori als *besonders* wünschenswert anzusehen. Zur Bedeutung des **Altersabstands** va bei Großelternadoptionen vgl § 1741 Rn 30 u § 1743 Rn 4.

2. Eltern-Kind-Verhältnis

40 Nach Abs 1 S 1 muss das Gericht (neben der Prüfung des Kindeswohls) außerdem zur Überzeugung gelangen, dass ein Eltern-Kind-Verhältnis hergestellt wird. Der Begriff des Eltern-Kind-Verhältnisses hat die Rspr seit jeher in besonderem Maße bei der **Volljährigenadoption** beschäftigt, für die § 1741 Abs 1 S 1 BGB wegen der Verweisung in § 1767 Abs 2 BGB ebenfalls maßgebend ist. Ausführlich dazu vgl § 1767 Rn 21 ff. Bei der Minderjährigenadoption hat die selbständige Adoptionsvoraussetzung der Erwartung, dass zwischen dem Annehmenden und dem Kind ein Eltern-Kind-Verhältnis entsteht, nie eine besondere Rolle gespielt. Das liegt zum einen daran, dass eine Adoption, die diesen Voraussetzungen nicht genügt, **auch nicht dem Wohl des Kindes dienen** würde (Soergel/Liermann Rn 10; Erman/Saar Rn 1). Zum andern schließt die Adoptionspflege (§ 1744 BGB) bei Minderjährigen praktisch aus, dass diese als Kind angenommen werden, obwohl noch Zweifel bestehen, ob ein Eltern-Kind-Verhältnis entstehen wird (vgl Rn 22).

41 Bei der Frage, ob in concreto ein Eltern-Kind-Verhältnis bereits besteht oder zu erwarten ist, dass es entstehen wird, ist allein **darauf abzuheben, ob der Annehmende die soziale Elternrolle übernimmt**, also Aufgaben wahrnimmt, die normalerweise den biologischen Eltern eines Kindes obliegen. Ist der **Altersabstand** zwischen Annehmendem und Kind sehr gering oder bedenklich groß (vgl § 1743 Rn 4 und zur Volljährigenadoption vgl § 1767 Rn 24), dann entscheidet das Wohl des Kindes, ob dem Annahmeantrag stattzugeben ist oder nicht.

42 Schwierigkeiten haben in der Praxis gelegentlich Fälle bereitet, bei denen bereits bestehende natürliche Verwandtschaft durch künstliche ersetzt werden sollte. So wurde mehrmals die Adoption eines Kindes durch seine **Großeltern** abgelehnt, weil wegen des fortbestehenden Kontaktes zwischen Kind und Mutter Zweifel an der Entstehung eines echten Eltern-Kind-Verhältnisses bestanden (OLG Oldenburg FamRZ 1996, 895 = JuS 1996, 1033 m Anm Hohloch; OLG Hamm FamRZ 1968, 110; OLG Celle ZBlJugR 1967, 257; AG Hannover FamRZ 1966, 45). Wenn die Großeltern indessen das Kind tatsächlich betreuen und damit faktisch die Elternrolle übernehmen, sollte man die Adoption nicht deshalb scheitern lassen, weil es an einem Eltern-Kind-Verhältnis fehlt, sondern weil eine solche Adoption nicht dem Wohl des Kindes dient (vgl Rn 38). Entsprechendes kann bei der geplanten Annahme eines Kindes durch seinen **Onkel** gelten (OLG Bremen Rpfleger 1973, 430). Eine **gemeinsame Adoption von Mutter und Tochter** mit der Folge, dass zu beiden ein Eltern-Kind-Verhältnis entsteht, ist abzulehnen, weil sie dem Wohl des Kindes widerspricht. Auf die begründeten Zweifel, ob zu Mutter *und* Tochter tatsächlich ein Eltern-Kind-Verhältnis hergestellt werden soll und kann, kommt es nicht entscheidend an (vgl aber OLG Frankfurt FamRZ 1982, 848).

3. Die Sonderregelung des Abs 1 S 2

Die Regelung des Abs 1 S 2 wurde durch das KindRG v 1997 neu an Abs 1 S 1 **43** angefügt. Sie soll dem **Kinderhandel** und vergleichbaren Praktiken präventiv entgegenwirken. Die Annahme eines Kindes durch eine Person, die an solchen Praktiken mitgewirkt hat, darf danach nur dann ausgesprochen werden, wenn die Annahme des Kindes gerade durch diese Person zum Wohl des Kindes erforderlich ist; dass die Annahme dem Wohl des Kindes dient (so Abs 1 S 1), reicht nicht aus (krit Botthof/Diel StAZ 2013, 211, 214 ff; Dethloff JZ 2014, 922, 930; Baltz NDV 1997, 341, 344). Die Regelung bezweckt eine **Erschwerung der Annahme**. Sie wirkt dem Anreiz entgegen, der in der Aussicht liegt, eine auf gesetzes- oder sittenwidrige Weise angebahnte Adoption schließlich doch rechtlich verwirklichen zu können. Andererseits berücksichtigt die Regelung aber auch die Erfordernisse des Kindeswohls. Diese können es im Einzelfall gebieten, der tatsächlichen Verbundenheit, die sich zwischen dem Annahmewilligen und dem unter seiner Mitwirkung auf gesetzes- oder sittenwidrige Weise „vermittelten" Kind entwickelt und im Laufe der Zeit verstärkt hat, maßgebliche Beachtung zu schenken und eine Annahme des Kindes auch durch diesen Annahmewilligen zuzulassen (BT-Drucks 13/8511, 75). Auf der einen Seite ist damit nicht ausreichend, dass sich die Adoption als vorzugswürdige Alternative darstellt (vgl Rn 18), doch ist auch nicht erforderlich, dass sie sich als „praktisch alternativlos" erweist und alle anderen Lösungen „aus Sicht des Kindes nicht hinnehmbar erscheinen" (so aber Behrentin/Braun, Handb AdoptionsR, B Rn 301); erforderlich und ausreichend ist vielmehr, dass die Adoption für das Kind die **deutlich bessere Lösung** darstellt (AG Celle 9. 6. 2017 – 50 F 40025/10 AD, FamRZ 2017, 1500 [Verwandtenadoption nach Umgehung des HAÜ]; MünchKomm/Maurer Rn 161).

Vor dem Hintergrund des **Kindeswohlprimats**, das sich immer auf das Wohl des **44** einzelnen, konkret betroffenen Kindes bezieht (Staudinger/Coester [2015] § 1666 Rn 67 f) und des **Gleichbehandlungsgrundsatzes**, handelt es sich bei der Vorschrift rechtspolitisch um eine **heikle Gratwanderung**: Im Interesse der Bekämpfung von Praktiken, die die Interessen einer größeren Anzahl von Kindern beeinträchtigen, wird in Kauf genommen, dass eine Adoption nicht – wie in allen anderen Fällen – schon dann ausgesprochen werden kann, wenn sie „dem Wohl des Kindes dient" (Abs 1 S 1), sondern nur dann, wenn sie „zum Wohl des Kindes erforderlich ist".

Eine solche generalisierende Kinderschutzstrategie darf der Gesetzgeber nur nach sorgfältiger Sachverhaltsanalyse und umfassender Interessenbewertung einschlagen. Auch wenn der Ansatz im Ergebnis legitim ist, darf bei der Auslegung der Vorschrift der Gesetzesanwender die Interessen des konkret betroffenen Kindes nicht aus dem Auge verlieren (zu ähnlichen Konfliktlagen im int Kindschaftsrecht HELMS StAZ 2017, 1 ff).

45 Der Begriff der **Vermittlung zum Zwecke der Annahme** entspricht der Legaldefinition in § 1 AdoptVermG. Gesetzeswidrig ist die Adoptionsvermittlung im Inland, wenn sie nicht durch eine der nach § 5 Abs 1 AdoptVermG autorisierten Vermittlungsstellen erfolgt. Eines besonderen Hinweises auf „sittenwidrige" Vermittlungen zum Zwecke der Annahme hätte es für reine Inlandsfälle nicht bedurft. Sittenwidrig kann eine Vermittlung nach Abs 1 S 2 jedoch auch dann sein, wenn sie den gesetzlichen Vorschriften eines fremden Staates, in dem die Vermittlung erfolgt, nicht widerspricht. So ist eine Vermittlung im Ausland beispielsweise sittenwidrig, wenn dem Ehemann eines adoptionswilligen deutschen Ehepaares nahegelegt wird, wahrheitswidrig die Vaterschaft für ein Kind, das er nicht gezeugt hat, anzuerkennen, um später in Deutschland das Endziel einer gemeinsamen Elternschaft durch eine ergänzende (Stiefmutter-)Adoption gem § 1741 Abs 2 S 3 BGB herbeiführen zu können (vgl § 5 Abs 4 AdoptVermG; DIV-Gutachten ZfJ 1997, 220).

46 Die **Verbringung** eines Kindes zum Zwecke der Annahme kann, muss aber nicht notwendigerweise Teilakt einer konkreten Adoptionsvermittlung sein. Anders als in § 236 Abs 2 StGB kann die Verbringung eines Kindes zum Zwecke der Annahme auch dann gesetzes- oder sittenwidrig sein, wenn das Kind nicht vom Ausland ins Inland, sondern im Inland von einem Ort an einen anderen verbracht wird (MünchKomm/MAURER Rn 150). **Gesetzeswidrig** ist das Verbringen eines Kindes vom Ausland in das Inland zum Zwecke der Adoption vor allem dann, wenn ein Fall von (zivilrechtlicher) Kindesentführung vorliegt oder die Verfahrensvorschriften des HAÜ (vgl Vorbem 21 zu §§ 1741 ff) nicht beachtet werden (AG Celle 9. 6. 2017 – 50 F 40025/10 AD, FamRZ 2017, 1500; BeckOK/PÖCKER Rn 25.1).

47 Der Annehmende muss an der gesetzes- oder sittenwidrigen Vermittlung oder Verbringung des Kindes zum Zwecke der Adoption **mitgewirkt** oder einen Dritten damit **beauftragt** oder hierfür **belohnt** haben. Bloße Kenntnis reicht nicht aus (BEHRENTIN/BRAUN, Handb AdoptionsR, B Rn 303; MünchKomm/MAURER Rn 154 u 158), was im Falle einer späteren ergänzenden Stiefvater- oder Stiefmutteradoption von Bedeutung sein kann.

48 Erfolgt die **Adoptionsvermittlung im Ausland**, so kann die Frage, ob diese gesetzeswidrig ist oder nicht, nur nach ausländischem Recht beurteilt werden. Allerdings wird man § 1741 Abs 1 S 2 BGB vernünftigerweise in dem Sinne interpretieren müssen, dass diese Bestimmung nach dem Willen des Gesetzgebers auch dann Anwendung findet, wenn die Adoptionsvermittlung unter Verstoß gegen gesetzliche Vorschriften eines fremden Staates erfolgt. Für den Ausspruch der Annahme im Inland ist deshalb in einem solchen Fall § 1741 Abs 1 S 2 BGB (nicht: § 1741 Abs 1 S 1 BGB) maßgebend (MünchKomm/MAURER Rn 159; ERMAN/SAAR Rn 13).

49 Ob **Adoptionen nach Durchführung einer Leihmutterschaft im Ausland** unter Abs 1 S 2 fallen, ist lebhaft umstritten. Bis vor gar nicht allzu langer Zeit wurde das über-

Titel 7 · Annahme als Kind
Untertitel 1 · Annahme Minderjähriger   § 1741

wiegend angenommen (STAUDINGER/FRANK [2007] Rn 35; SOERGEL/LIERMANN Rn 20; BENICKE StAZ 2013, 101, 112; MünchKomm/MAURER⁶ Rn 31; AG Hamm 22. 2. 2011 – XVI 192/08, FamFR 2011, 551), doch nimmt die heute herrschende Meinung den gegenteiligen Standpunkt ein (LG Frankfurt 3. 8. 2012 – 2-09 T 50/11, FamRZ 2013, 644, 645; OLG München 12. 2. 2018 – 33 UF 1152/17, FamRZ 2018, 1008, 1009; OLG Düsseldorf 17. 3. 2017 – II-1 UF 10/16, FamRZ 2017, 976, 977; BOTTHOF/DIEL StAZ 2013, 211, 212 ff; DETHLOFF JZ 2014, 922, 930; MünchKomm/MAURER Rn 157; BeckOK/PÖCKER Rn 26; PALANDT/GÖTZ Rn 6; **aA** BEHRENTIN/BRAUN, Handb AdoptionsR, B Rn 310 f; ERMAN/SAAR Rn 13), eine höchstrichterliche Klärung steht noch aus.

Ausgangspunkt für die Bewertung ist zunächst, dass die Durchführung einer Leih-   **50**
mutterschaft aus Sicht der deutschen Rechtsordnung **rechtswidrig** ist (und damit auch wenn sie im Ausland nach den dortigen Vorschriften legal erfolgt iSv Abs 1 S 2 sittenwidrig sein könnte). Das folgt aus den Verbotsnormen der § 1 Abs 1 Nr 7 EschG und §§ 13c, 14b AdVermiG. Dass Leihmutter und Wunscheltern – aus sozialen Gründen – selbst gem § 1 Abs 3 EschG, § 14b Abs 3 AdVermiG nicht strafrechtlich sanktioniert werden, ändert nichts an der objektiven rechtlichen Missbilligung. Ob man den Vorgang allerdings als **„Vermittlung oder Verbringung eines Kindes zum Zwecke der Annahme"** ansehen kann, erscheint zumindest zweifelhaft. Denn die meisten Leihmutterschaftsfälle weisen markante Unterschiede zu den Konstellationen auf, die normalerweise durch § 1741 Abs 1 S 2 BGB bekämpft werden sollen: So stammt das Kind in der Praxis genetisch meist von einem der Wunscheltern ab. Dass der Ehegatte oder Partner dieses genetischen Elternteils dann auch rechtlich in die Verantwortung genommen wird, erscheint nicht zuletzt angesichts der sozialen Elternrolle, die er ohnehin einnehmen wird, kaum missbilligenswert. Daher wird zu Recht betont, zumindest in diesem Fall finde Abs 1 S 2 keine Anwendung (OLG München 12. 2. 2018 – 33 UF 1152/17, FamRZ 2018, 1008, 1009; LÖHNIG NZFam 2017, 879).

Aus rechtssystematischer Sicht würde es zu **schwerwiegenden Wertungswidersprüchen**   **51**
führen, wenn man die Adoption von Leihmutterschaftskindern unter Abs 1 S 2 subsumieren würde: In Bezug auf die familienrechtliche Zuordnung von Leihmutterschaftskindern war im deutschen Recht etwa immer schon anerkannt, dass eine Vaterschaftsanerkennung der betreffenden Kinder ohne Weiteres wirksam sein kann (Bedenken hiergegen wurden niemals ernsthaft erhoben, ausdrücklich klarstellend etwa AG Nürnberg 14. 12. 2009 – III 0264/09, StAZ 2010, 182 f). Noch einen deutlichen Schritt weiter geht die Entscheidung des Bundesgerichtshofs vom 10. 12. 2014 (BGH 10. 12. 2014 – FamRZ 2015, 240, 242 ff m Anm HELMS). Dort erblickte der Bundesgerichtshof – unter Fortschreibung der vom Europäischen Gerichtshof für Menschenrechte vorgegebenen Linie (EGMR 26. 6. 2014 – Mennesson/Frankreich, NJW 2015, 3211 ff; EGMR 26. 6. 2014 – Labassée/Frankreich; vgl dazu FRANK FamRZ 2014, 1527 ff) – in einer kalifornischen Gerichtsentscheidung, die zwei deutsche Lebenspartner im Zusammenhang mit der Durchführung einer Leihmutterschaft als rechtliche Eltern des Kindes festgelegt hatte, keinen Verstoß gegen den deutschen ordre public (§ 109 Abs 1 Nr 4 FamFG). Zwar betonte das Gericht – angesichts des zur Entscheidung stehenden Ausgangsfalles, diese Bewertung gelte zumindest dann, wenn ein Wunschelternteil mit dem Kind genetisch verwandt sei, doch drängt sich auf, dass die eingeschlagene Argumentationslinie verallgemeinerungsfähig ist: Ausschlaggebend könne nicht das Anliegen sein, die Umgehung des deutschen Leihmutterschaftsverbots möglichst zu verhindern, vielmehr müssten die Interessen

des konkret betroffenen Kindes im Vordergrund stehen. Aus dessen Sicht spreche aber nichts gegen eine abstammungsrechtliche Zuordnung zu beiden Wunschvätern. Dabei berief sich der Bundesgerichtshof auch auf Art 6 GG sowie Art 8 EMRK. Diese Wertungen sind auf den vorliegenden Kontext übertragbar (OLG München 12. 2. 2018 – 33 UF 1152/17, FamRZ 2018, 1008, 1010; OLG Düsseldorf 17. 3. 2017 – II-1 UF 10/16, FamRZ 2017, 976, 978 f; so auch schon BOTTHOF/DIEL StAZ 2013, 211, 214 f).

52 Der **historische Gesetzgeber** selbst hat sich zur Frage nicht klar positioniert. Sein erklärtes Ziel war es lediglich, „dem Kinderhandel und vergleichbaren Praktiken präventiv" entgegenzuwirken (BT-Drucks 13/8511, 75). Dass die Durchführung einer Leihmutterschaft auch aus Sicht des deutschen Gesetzgebers einen ganz anderen Unrechtsgehalt besitzt (ausführlich BOTTHOF/DIEL StAZ 2013, 211, 212 f), zeigt sich schon an der unterschiedlichen strafrechtlichen Sanktionierung, die im Falle der Leihmutterschaft die Wunscheltern gerade ausnimmt (vgl Rn 50). Anders als das beim Kinderhandel regelmäßig der Fall ist, wird das Leihmutterschaftskind auch nicht aus einer bestehenden sozialen Familien- oder Betreuungsstruktur herausgerissen. Im Ergebnis spricht somit Alles dafür, die Adoption nach vorangehender Durchführung einer Leihmutterschaft nicht unter Abs 1 S 2 zu subsumieren.

IV. Der Personenkreis der Annehmenden

1. Annahme durch ein Ehepaar (Abs 2 S 2)

53 Die gemeinsame Annahme durch ein Ehepaar ist in der Praxis der **Regelfall**. Während in Deutschland – im Unterschied zu zahlreichen ausländischen Rechtsordnungen (vgl Rn 87) – Partner einer gleichgeschlechtlichen eingetragenen Lebensgemeinschaft nach wie vor kein Recht zur gemeinsamen Adoption eines Kindes besitzen, wurde durch die Öffnung der Ehe aufgrund des Gesetzes zur Einführung des Rechts auf Eheschließung für Personen gleichen Geschlechts v 20. 7. 2017 (BGBl 2017 I 2787) auch für **gleichgeschlechtliche Ehepaare** die Möglichkeit zur gemeinsamen Annahme eines Kindes eröffnet. Dass eine gemeinschaftliche Annahme nur durch Ehegatten möglich ist, bringt Abs 2 S 1 negativ mit der Feststellung zum Ausdruck, dass Personen, die nicht verheiratet sind, ein Kind „nur allein" annehmen können (vgl BT-Drucks 13/4899, 111). Es sind somit keine Zweifel daran möglich, dass de lege lata nur **Eheleute** (verschiedenen oder gleichen Geschlechts) gemeinschaftlich ein Kind adoptieren können.

54 Keine gemeinschaftliche Adoption möglich ist damit auch **Partnern einer nichtehelichen Lebensgemeinschaft**. Der Bundesgerichtshof hat in seiner Entscheidung vom 8. 2. 2017, bei der eine Stiefkindadoption beantragt war, dargelegt, dass sich der Gesetzgeber mit dieser Weichenstellung noch im Rahmen des ihm eröffneten Gestaltungsspielraums bewege (BGH 8. 2. 2017 – XII ZB 586/15, FamRZ 2017, 626, 628 f Rn 25 u 30 m Anm BOTTHOF und GRZIWOTZ NJW 2017, 1646). Gegen diese Entscheidung ist **Verfassungsbeschwerde** eingelegt worden (1 BvR 673/17). Die Anknüpfung an den Beziehungsstatus der Adoptiveltern ist verfassungsrechtlich nicht sachwidrig: Wenn der Gesetzgeber einem Kind eine stabile Elternbeziehung dadurch gewährleisten will, dass er auf Seiten der Annehmenden den Bestand einer Ehe voraussetzt, überschreitet er nicht sein gesetzgeberisches Ermessen. Die rechtliche Stabilisierung der Beziehung durch Eingehung der Ehe bietet besonders günstige Rahmenbedingungen für das Aufwachsen von Kindern (vgl schon BVerfG 28. 2. 2007 – 1 BvL 5/03, FamRZ 2007, 529 ff; dazu HELMS/WANITZEK FamRZ 2007, 685 ff). Zwar könnte der Gesetzgeber auch auf eine Kindeswohlprüfung im Einzelfall vertrauen, doch ist es ihm nicht verwehrt, gewisse Typisierungen vorzunehmen, diese sind auch in anderen Zusammenhängen seit jeher und in allen Rechtsordnungen integraler Bestandteil des Adoptionsrechts: Das gilt etwa für die Vorschriften über das Mindestalter des oder der Adoptierenden (§ 1743 BGB) oder auch die Bestimmung, dass ein Verheirateter zwar das Kind seines Ehepartners, nicht aber ein sonstiges drittes Kind allein annehmen kann (§ 1741 Abs 2 BGB). Andere Rechtsordnungen legen ein Höchstalter für Adoptierende, einen Mindestaltersabstand zwischen Annehmendem und Kind, eine Mindestdauer der Ehe (vgl § 1743 Rn 3 f) oder eine „Mindestprobezeit" (vgl § 1744 Rn 3) vor dem Ausspruch der Adoption fest.

Rechtspolitisch selbstverständlich ist die restriktive Haltung des deutschen Rechts 55 allerdings nicht mehr. Es gibt inzwischen eine ganze Reihe von europäischen Rechtsordnungen, die eine gemeinsame Annahme auch durch Partner einer nichtehelichen Lebensgemeinschaft erlauben, so zB Belgien seit 2005 (Art 343 cc), Dänemark seit 2015 (§ 5 Abs 2 AdoptG), England seit dem Adoption and Children Act 2002 (Sect 50 Abs 1), Italien für Ausnahmefälle seit 2001 (Art 44 Gesetz Nr 184 v 4. 5. 1983), Niederlande seit 1997 (Art 227 BW), Norwegen seit 2014 (GIESEN StAZ 2015, 193, 199), Portugal seit 2001 (Art 7 Gesetz Nr 7/2001 v 11. 3. 2001 iVm Art 1979 cc), Serbien (Art 101 Abs 1 FamG) und Spanien seit 1987 (Art 175 Abs 4 Codigo civil). Das am 1. 1. 2018 in Kraft getretene revidierte schweizerische Adoptionsrecht trifft eine differenzierte Regelung: Eine gemeinschaftliche Fremdkindadoption ist – wie schon bisher – nur möglich, wenn die Annehmenden miteinander verheiratet sind (Art 264a ZGB), während Stiefkindadoptionen – erstmals – auch dann erlaubt sind, wenn der Stiefelternteil mit der Mutter oder dem Vater „eine faktische Lebensgemeinschaft führt" (Art 264c Abs 1 Nr 3 ZGB). Auch Art 7 Abs 2 S 2 EuAdÜbEink (rev) (vgl Vorbem 18 zu §§ 1741 ff) eröffnet den Mitgliedstaaten ausdrücklich die Option, die Adoption durch nichtverheiratete Paare zu ermöglichen, „die in einer stabilen Beziehung zusammenleben". Auch wenn man das geltende Recht nicht für verfassungswidrig hält, spricht angesichts der gewandelten familiären Beziehungsstrukturen doch einiges für eine entsprechende Reform auch des deutschen Rechts (so etwa BOTTHOF 108 ff; DETHLOFF FamR § 15 Rn 17; BeckOGK/LÖHNIG [1. 7. 2016] Rn 91 f).

Aus Abs 2 S 1 folgt auch, dass eine gemeinsame **Annahme durch Geschwister** aus- 56 geschlossen ist (LG Bad Kreuznach StAZ 1985, 167). Sollte entgegen der gesetzlichen Regelung dennoch eine gemeinschaftliche Annahme durch Nichtverheiratete erfolgen, so wäre diese nichtig (vgl § 1759 Rn 10).

2. Annahme durch einen Ehegatten allein (Abs 2 S 4)

Abs 2 S 4 erlaubt die ansonsten grundsätzlich verbotene Adoption durch einen 57 **Ehegatten allein**, wenn der andere Ehegatte geschäftsunfähig ist (und deshalb nach § 1752 Abs 1 BGB keinen Adoptionsantrag stellen kann) oder das einundzwanzigste Lebensjahr noch nicht vollendet hat (und damit für eine gemeinschaftliche Adoption nach § 1743 S 2 BGB zu jung ist). Die **Einwilligung** des anderen Ehegatten bleibt aber erforderlich (§ 1749 Abs 1 S 1 BGB), selbst wenn er beschränkt geschäftsfähig sein sollte (§ 1750 Abs 3 S 2 BGB), demgegenüber muss ein geschäftsunfähiger

Ehegatte nicht einwilligen (§ 1749 Abs 2 BGB). Zur Adoption durch einen Lebenspartner allein vgl Rn 88 ff. Wird eine Einzeladoption mit Zustimmung des anderen Ehegatten ausgesprochen, obwohl die **Voraussetzungen von Abs 2 S 4 nicht erfüllt** sind, ist der fehlerhafte Adoptionsbeschluss gleichwohl wirksam und nicht anfechtbar (§ 197 Abs 3 S 1 FamFG). Die engen Voraussetzungen für eine Nichtigkeit (vgl § 1759 Rn 9) sind hier nicht erfüllt, da eine Einzeladoption durch einen Ehegatten vom Gesetz nicht schlechthin ausgeschlossen wird (OLG Düsseldorf 11. 10. 2007 – 3 Wx 179/07, FamRZ 2008, 1282, 1283).

58 In beiden Fällen des Abs 2 S 4 werden die allg Adoptionsvoraussetzungen (vgl Rn 16 ff) **besonders sorgfältig zu prüfen** sein, denn obwohl das Gesetz den anderen Ehegatten als ungeeignet für eine Adoption ansieht, wird von ihm erwartet werden, dass er faktisch Mitverantwortung für das betroffene Kind trägt.

59 In den Fällen des Abs 2 S 4 Alt 2 wird man den Ehegatten regelmäßig empfehlen können, mit der Adoption zuzuwarten, bis auch der andere Ehegatte die Altersgrenze überschritten hat und das Kind mitadoptieren kann (sogar für eine Abschaffung von Abs 2 S 4 Alt 2 plädierte daher STAUDINGER/FRANK [2007] Rn 38 f). Wird aber eine Einzeladoption ausgesprochen, kann der andere Ehegatte mit Vollendung des 21. Lebensjahres im Wege einer Sukzessivadoption (Abs 2 S 3, §§ 1743 Abs 1 S 1, 1742 BGB) das Kind ebenfalls adoptieren (MünchKomm/MAURER Rn 26; BeckOGK/LÖHNIG [1. 7. 2016] Rn 97).

60 Für andere als die in Abs 2 S 4 genannten Fälle hat der Gesetzgeber eine Ausnahme nicht zugelassen, so insbes nicht für den Fall, dass der allein adoptierende Ehegatte von seinem Partner **auf Dauer getrennt lebt** (OLG Hamm FamRZ 2000, 257), wobei der nicht adoptierende Ehegatte durchaus durch das Einwilligungserfordernis nach § 1749 BGB geschützt wäre. Anders entscheiden insoweit etwa das *schweizerische* (Art 264b Abs 2 ZGB) und *österreichische* Recht (§ 191 Abs 2 S 2 ABGB) bei längerem Getrenntleben oder falls der Ehegatte unbekannten Aufenthalts ist oder (im Falle des österreichischen Rechts) ähnliche und besonders gewichtige Gründe vorliegen.

61 Abs 2 S 2 schließt die Adoption durch einen Ehegatten allein auch dann aus, wenn geltend gemacht wird, die Annahme des (in concreto volljährigen) Kindes solle durch seinen **biologischen Vater** erfolgen, nachdem die Fristen zur Anfechtung der rechtlich als bestehend geltenden Vaterschaft eines mit der Mutter früher verheiratet gewesenen Mannes versäumt worden sind (OLG Hamm FamRZ 2003, 1039). Auch für den Sonderfall der **Rückadoption des eigenen Kindes** nach dem Tod der Adoptiveltern (vgl § 1742 Rn 11) durch nur einen, aber mit einem Dritten verheirateten Elternteil gilt der Grundsatz der gemeinschaftlichen Annahme uneingeschränkt (vgl dazu die allerdings recht spezielle Fallkonstellation AG Starnberg FamRZ 1995, 827 m Anm LIERMANN S 1229). Eine Differenzierung danach, ob es sich bei dieser Rückadoption um eine Minderjährigen- oder eine Volljährigenadoption handelt, für die gem § 1768 Abs 1 S 2 BGB das Verbot der Kettenadoption (§ 1742 BGB) nicht gilt, erlaubt das Gesetz nicht. § 1741 Abs 2 S 2 BGB gilt nach dem eindeutigen Willen des Gesetzgebers (BT-Drucks 7/3061, 53) auch für die **Volljährigenadoption** (§ 1767 Abs 2 S 1 BGB), sodass insoweit für eine „teleologische Reduktion" des Anwendungsbereichs von § 1741 Abs 2 S 2 BGB kein Raum ist (OLG Schleswig 20. 12. 2013 – 8 UF 173/13, FamRZ 2014, 1039 f mwNw; MÜLLER MittBayNot 2011, 16, 19; **aA** AG Rosenheim FamRZ 2002, 1648; AG

Titel 7 · Annahme als Kind
Untertitel 1 · Annahme Minderjähriger § 1741

Siegburg 1. 3. 2013 – 350 F 18/12, juris, zum Fortgang des Verfahrens vgl BGH 15. 1. 2014 – XII ZB 443/13, FamRZ 2014, 546); verfassungsrechtliche Bedenken hiergegen bestehen keine (OLG Koblenz 10. 12. 2013 – 13 UF 793/13, StAZ 2014, 336, 337 f; OLG Schleswig 20. 12. 2013 – 8 UF 173/13, FamRZ 2014, 1039, 1040).

Die nach Inkrafttreten des AdoptG v 1976 diskutierte Frage, ob der heutige Abs 2 **62** S 4 entsprechend anzuwenden ist, wenn der ausländische Ehegatte zwar mitadoptieren will, es aber nach seinem Heimatrecht nicht kann (KG OLGZ 1981, 37 = Rpfleger 1980, 281), ist durch das **IPRG v 1986** weitgehend gegenstandslos geworden; denn nach Art 22 S 2 EGBGB bestimmt sich die Annahme als Kind nach dem Ehewirkungsstatut und damit nach einer einheitlichen, für beide Ehegatten maßgebenden Rechtsordnung. In Ausnahmefällen kann sich das Problem allerdings auch heute noch stellen, wenn nämlich das an sich maßgebende ausländische Adoptionsstatut bezüglich eines der beiden Ehegatten auf das deutsche Recht zurückverweist (vgl LG Hamburg FamRZ 1999, 253).

3. Stiefkindadoption (Abs 2 S 3)

Wenn es in Abs 2 S 3 heißt, dass ein Ehegatte das Kind seines Ehegatten „allein" **63** annehmen kann, so erweckt diese Formulierung den Eindruck, als würden nach der Annahme nur Rechtsbeziehungen zwischen dem Kind und dem Annehmenden (sowie dessen Verwandten) bestehen. § 1754 Abs 1 S 1 BGB stellt indessen klar, dass bei einer Adoption durch den Stiefvater oder die Stiefmutter die Rechtsbeziehungen zwischen dem Kind und dem mit dem Stiefelternteil verheirateten leiblichen Elternteil nicht etwa erlöschen, sondern das Kind infolge der Adoption die **rechtliche Stellung eines gemeinschaftlichen Kindes** der Ehegatten erlangt. Die Alleinadoption durch einen Ehegatten nach Abs 2 S 3 unterscheidet sich also in ihren Wirkungen grundlegend von der Alleinadoption durch einen Ehegatten nach Abs 2 S 4. Zur Adoption des Kindes eines Lebenspartners durch den anderen **Lebenspartner** vgl Rn 90.

a) Problematik der Stiefkindadoption
In Deutschland sind heute ungefähr die **Hälfte aller Adoptionen Stiefkindadoptionen** **64** (Statistik Vorbem 28 zu §§ 1741 ff). Der Anteil der Stieffamilien im engeren Sinne (dh der Stieffamilien, die von dem Elternteil gegründet werden, bei dem sich das Kind überwiegend aufhält) macht ca 10 % aller Haushalte mit Kindern unter 18 Jahren aus. Damit leben in Deutschland derzeit ungefähr eine Million Kinder in dieser Familienform, wobei aufgrund der steigenden Trennungs-, Scheidungs- und Wiederverheiratungszahlen in Zukunft mit einem weiteren Zuwachs an Stieffamilien zu rechnen ist (HELMS, Gutachten für den 71. DJT [2016] Verh Bd I S F 58 f). Da es bei der Stiefkindadoption darum geht, eine de facto bereits existierende familiäre Beziehung in eine Form zu kleiden, die dem Wunschbild der Beteiligten am meisten entspricht, wurde dieser Typ von Adoption in der Vergangenheit oft als besonders wünschenswert und vorteilhaft für das Kind angesehen. Im BGB kommt das ua darin zum Ausdruck, dass die Annahme eines Stiefkindes bereits mit Vollendung des 21. (und nicht erst des 25.) Lebensjahres möglich ist (§ 1743 S 1 HS 2 BGB).

Stiefkindadoptionen sind indessen erheblich problematischer, als früher vielfach ange- 65 nommen wurde (ausführlich dazu FRANK 21–110; FRANK StAZ 2010, 324, 325 f; WILKE 66–89;

Empfehlungen der Bundesarbeitsgemeinschaft der Landesjugendämter zur Adoptionsvermittlung [7. Aufl 2014] unter 7.1.3; GRIEBEL/FTHENAKIS, Stiefkindadoptionen aus psychosozialer Sicht, in: PAULITZ [Hrsg], Adoption: Positionen, Impulse, Perspektiven [2. Aufl 2006] 120 ff; MUSCHELER FamRZ 2004, 913; ENDERS FPR 2004, 60). Zentrales Anliegen der Beteiligten ist oft der **Wunsch**, und zwar nicht einmal so sehr des Stiefelternteils als vor allem des mit diesem verheirateten leiblichen Elternteils, mit Hilfe der Adoption **den außerhalb der Stiefehe lebenden leiblichen Elternteil** (im allg den Vater) ein für alle Mal „**aus dem Felde zu schlagen**" (FRANK StAZ 2010, 324, 326; SALZGEBER Rn 910). Da der außerhalb der Stiefehe lebende leibliche Vater oft sein Interesse am Kind nur dadurch bekunden kann, dass er pünktlich Unterhalt bezahlt und sein Umgangsrecht wahrnimmt, ist eine Ersetzung der von ihm verweigerten Einwilligung in die Adoption in aller Regel problematisch (vgl § 1748 Rn 46). Außerdem ändert sich durch die Adoption nichts an der Tatsache, dass das Kind weiterhin in der Stieffamilie aufwächst. BVerfG und BGH haben sich deshalb auch zu Recht in Entscheidungen aus den Jahren 2005 und 2006 kritisch zu Stiefkindadoptionen gegen den Willen des leiblichen Vaters geäußert (Nachw vgl § 1748 Rn 62). Die Einwilligung des Vaters in eine Adoption des Kindes durch den Stiefvater sei „nur unter strengeren Voraussetzungen als in Fällen der Drittadoption zu ersetzen", es könne nicht ohne Weiteres davon ausgegangen werden, dass die Adoption durch den Stiefvater „in aller Regel dem Wohl des Kindes dient". Stiefkindadoptionen seien „häufig nicht unproblematisch".

66 In der Literatur zur Stiefkindproblematik* besteht Einmütigkeit darüber, dass die Beziehung der Kinder zu beiden leiblichen Elternteilen für das Funktionieren der Stieffamilie eine wichtige Voraussetzung ist: Aus Sicht der Sozialwissenschaften wird als beste Herangehensweise für eine gelingende Stiefelternschaft das **Konzept der sog**

---

* BERNSTEIN, Deine, meine, unsere Kinder: die Patchwork-Familie als gelingendes Miteinander (1993); BIEN/HARTL/TEUBNER (Hrsg), Stieffamilien in Deutschland (2002); EWERING, Stieffamilien: Schwierigkeiten und Chancen (1996); FRIEDL, Stieffamilien (1988); FELDHAUS/HUININK, Multiple Elternschaft in Deutschland, in: SCHWAB/VASKOVICS (Hrsg), Pluralisierung von Elternschaft und Kindschaft (2011); FRIEDL/MAIER-AICHEN, Leben in Stieffamilien. Erfahrungen von Eltern und Kindern mit neuen Familienbeziehungen (1991); FRITSCH/SANDERS, Hau ab, du bist nicht meine Mutter (1987); FURSTENBERG/CHERLIN, Geteilte Familien (1993); GEISSLER/BERGMANN, Unsere neue Familie. Dilemma und Chance der Stieffamilie (1989); GIESECKE, Die Zweitfamilie. Leben mit Stiefkindern und Stiefvätern (1987); GRIEBEL/FTHENAKIS, Stiefkindadoptionen aus psychosozialer Sicht, in: PAULITZ (Hrsg), Adoption: Positionen, Impulse, Perspektiven (2. Aufl 2006) 120 ff; HORSTMANN (Hrsg), Stieffamilie, Zweitfamilie: Reflexionen über einen an gesellschaftl Bedeutung zunehmenden Familientypus (1994); KRÄHENBÜHL ua, Stieffamilien, Struktur-Entwicklung-Therapie (7. Aufl 2011); MOINET, Meine Kinder, deine Kinder, unsere Kinder (1987); PERKINS/KAHAN, Ein empirischer Vergleich der Familiensysteme mit leiblichen Vätern und Stiefvätern, Familiendynamik 7 (1982) 354 ff; RITZENFELD, Kinder mit Stiefvätern: Familienbeziehungen und Familienstruktur in Stiefvaterfamilien (1998); SCHEIB, Der zweite Anlauf zum Glück, Risiko und Chance der Stieffamilie (1987); STEINBACH, Stieffamilien, in: HILL/KOPP (Hrsg), Handbuch Familiensoziologie (2015) 563; VISHER/VISHER, Stiefeltern, Stiefkinder und ihre Familien (1987); WALPER, Soziale Elternschaft in elternreichen Familien: Ein Blick auf Stieffamilien, in: FS Brudermüller (2014) 889; WALPER/SCHWARZ (Hrsg), Was wird aus unseren Kindern? Chancen und Risiken für die Entwicklung von Kindern aus Trennungs- und Stieffamilien (2002).

erweiterten Stieffamilie angesehen. Dabei wird nicht versucht, dem Bild einer traditionellen Kernfamilie zu entsprechen, sondern die Besonderheit der Familiensituation anerkannt und haushaltsübergreifend eine offene Kommunikation sowie Kontakt mit dem externen Elternteil und dessen weiterer Familie gepflegt. Ein Radikalschnitt, wie ihn die Adoption darstellt, gleicht zwar rechtlich eine Stieffamilie der „Normalfamilie" an, löst aber ihre spezifischen Probleme nicht.

Stiefkindadoptionen sind oftmals auch aus einem anderen Grund gefährlich: Wer **67** sein Stiefkind adoptiert, übernimmt **lebenslange elterliche Verantwortung ohne Rücksicht auf den Bestand der Stiefehe**. Der Stiefelternteil bleibt also insbes auch nach dem Scheitern der Stiefehe zum Unterhalt verpflichtet, und auch am gesetzlichen Pflichtteilsanspruch der adoptierten Stiefkinder ändert eine eventuelle Scheidung nichts. Obwohl diese Rechtsfolge dem Annehmenden von vornherein bekannt ist, dürfte sie doch nur selten von ihm ernstlich gewollt sein. Das beweisen schon die zahlreichen Entscheidungen, in denen Stiefväter oder Stiefmütter versuchen, eine Adoption nach der Ehescheidung wieder rückgängig zu machen (BGH FamRZ 1971, 89; OLG Köln 12. 1. 2009 – 16 Wx 227/08, NJW-RR 2009, 1376; OLG Oldenburg FamRZ 2004, 399; BayObLG FamRZ 2000, 768; OLG Düsseldorf FamRZ 1998, 1196; OLG Karlsruhe FamRZ 1996, 434; BayObLG FamRZ 1995, 1210; BayObLGZ 1979, 386 = FamRZ 1980, 498; BayObLGZ 1968, 142 = FamRZ 1968, 485; OLG Karlsruhe FamRZ 1960, 292). SALZGEBER (Familienpsychologische Gutachten[6] Rn 910) etwa schreibt: „Manchmal ist der Wunsch zur Adoption ein Symbolakt des Stiefelternteils, der dazu dient, dem Kind und dem Ehepartner gegenüber zu dokumentieren, ganz für die Familie da zu sein." Gelegentlich wird die Adoption des Kindes sogar zur Bedingung der Eheschließung gemacht. Eine eventuelle Scheidung, die erst den eigentlichen Selbstwert der Adoption gegenüber dem bloßen Stiefkindverhältnis hervorkehrt, wird nicht bedacht, oder es wird aus Takt nicht darüber gesprochen.

Bedauerlicherweise gibt es so gut wie keine sozialwissenschaftlichen Untersuchungen **68** darüber, wie sich die **Beziehungen nach einem Auseinanderbrechen der Stieffamilie** entwickeln, wie intensiv sich etwa der (Umgangs-)Kontakt und die emotionalen Bindungen zwischen Stiefelternteil und Stiefkind gestalten (auch veröffentlichte Rechtsprechung zum Umgangsrecht eines Stiefelternteils ist im Grunde nicht vorhanden). Einzelne Studien aus den USA besitzen nur eingeschränkte Aussagekraft. Durchgehend zeichnet sich aber ab, dass es nach der Scheidung einer Ehe oft zu einer signifikanten Verschlechterung der Beziehung zwischen dem Kind und seinem Stiefelternteil kommt. War es während der Ehe jedoch gelungen, einen positiven Kontakt oder gar ein familienähnliches Verhältnis aufzubauen, wollten die meisten Kinder diese Beziehung durchaus aufrechterhalten, sahen dies aber als freiwilliges Engagement an (HELMS, Gutachten für den 71. DJT [2016] Verh Bd I S F 60 f mwNw). Eine lebenslange umfassende rechtliche Bindung, die das Scheitern der Paarbeziehung überdauert, dürfte dieser sozialen Realität kaum gerecht werden.

Die oftmals fragwürdige, zur Annahme von Stiefkindern führende Motivation der **69** Beteiligten legt eine weitere Überlegung nahe: **Stiefkindverhältnisse zählen zu den besonders herausfordernden Formen sozialer Elternschaft** (LitAngaben vgl Rn 65). Aus Sicht des betroffenen Kindes kann ein **Konkurrenzverhältnis** um die Aufmerksamkeit und Zuwendung des leiblichen Elternteils entstehen, mit dem das Kind in der Zeit nach der Trennung seiner rechtlichen Eltern oft enger zusammengerückt ist. Darüber hinaus besteht die Gefahr von **Loyalitätskonflikten**, wenn der neue Stiefelternteil in Konkurrenz zum externen leiblichen Elternteil tritt und versucht, diesen aus dem Leben des Kindes zu verdrängen. Auch für den Stiefelternteil ist es nicht einfach, seine Rolle in einem Familiensystem zu finden, das seine eigene Vorgeschichte besitzt, an der er keinen Anteil hat (Helms, Gutachten für den 71. DJT [2016] Verh Bd I S F 59 mwNw). Allgemein verbindliche Rollenmuster existieren hierfür nicht, in der Soziologie spricht man daher von einer **„unvollständigen Institution"** (Steinbach 574; Beckh/Walper, in: Bien/Hartl/Teubner 204). So ist auch die Gefahr des Auseinanderbrechens der Stieffamilie im Vergleich zu traditionellen Erstfamilien deutlich erhöht (Steinbach 569; Statistisch gesehen ist die Gefahr des Scheiterns einer Erstehe im Vergleich zu einer Ehe „höherer Ordnung" offenbar um 29% niedriger, vgl Wagner/Weiss, Zeitschrift für Soziologie, 32 [2003] 29, 45).

70 Gelingende Stiefelternschaft setzt sowohl auf Seiten des leiblichen als auch des sozialen Elternteils Fingerspitzengefühl, eine offene Kommunikation und vor allem Geduld voraus. Dabei wird aus sozialwissenschaftlicher Sicht die Zeitdauer, die für die **Rekonstituierung des Familienverbandes** benötigt wird, mit zwei bis fünf Jahren angegeben (Steinbach 574: durchschnittlich zwei bis fünf; Beckh/Walper, in: Bien/Hartl/Teubner 204: durchschnittlich fünf). Das spricht dafür, eine Stiefkindadoption zumindest erst nach ausreichender Verfestigung der Paarbeziehung auszusprechen. In der **Schweiz** darf nach Art 264a Abs 2 ZGB eine Stiefkindadoption erst erfolgen, wenn die das Stiefkindverhältnis begründende Ehe, eingetragene Partnerschaft oder faktische Lebensgemeinschaft 3 Jahre lang bestanden hat. Eine entsprechende dreijährige Frist sieht etwa auch das **niederländische Recht** vor (Art 1:227 Abs 2 S 2 BW).

71 Stiefkindverhältnisse sollten nicht ohne Not durch Adoptionen überlagert und rechtlich „zementiert" werden, und auf keinen Fall sollte das voreilig geschehen, solange noch nicht zuverlässig absehbar ist, wie tragfähig sich die Beziehung zwischen dem leiblichen und dem Stiefelternteil erweist (OLG Köln 22. 12. 2011 – 4 UF 182/11, juris Rn 12 f). Die Empfehlungen der Bundesarbeitsgemeinschaft der Landesjugendämter zur Adoptionsvermittlung ([7. Aufl 2014] unter 7.1.3) weisen deshalb auch zu Recht auf die **besonderen Gefahren einer Stiefkindadoption** hin (vgl auch Paulitz ZfJ 1997, 311 ff). – Zur **Rückadoption** des eigenen Kindes nach dem Scheitern der Stiefehe und Wiederheirat der leiblichen Eltern vgl AG Kerpen FamRZ 1989, 431.

72 Dennoch würde ein gänzliches Verbot der Stiefkindadoption der Vielfalt denkbarer Lebensverhältnisse nicht gerecht. Eine verbesserte **gesetzliche Regelung des Stiefkindverhältnisses** könnte jedoch die Stiefkindadoption ein Stück weit überflüssig machen (ausführlich Helms, Gutachten für den 71. DJT [2016] Verh Bd I S F 58 ff; Frank 21–110; Muscheler FamRZ 2004, 913, 916 ff). **Namensrechtliche Interessen** des Stiefkindes werden durch § 1618 S 1 BGB geschützt, danach können „der Elternteil, dem die elterliche Sorge für ein unverheiratetes Kind allein zusteht, und sein Ehegatte, der nicht Elternteil des Kindes ist, dem Kind durch Erklärung gegenüber dem Standesbeamten ihren Ehenamen erteilen". Die Einbenennung setzt allerdings – wie die Adoption auch – die Einwilligung des anderen Elternteils voraus, dessen Namen das Kind führt (§ 1618 S 3 BGB). Die Einwilligung kann gerichtlich ersetzt werden, wenn die Einbenennung „zum Wohl des Kindes erforderlich ist" (§ 1618 S 4 BGB). Problematisch bleibt, dass das geltende Recht im Gegensatz zu zahlreichen Aus-

landsrechten keine gesetzliche **Unterhaltspflicht des Stiefelternteils** gegenüber den in den Haushalt aufgenommenen Kindern kennt (Überblick bei KREMER, Das Stiefkind im Unterhaltsrecht – eine rechtsvergleichende Untersuchung [Diss Freiburg i Br 1998]; FRANK 29–42; krit gegenüber Reformvorschlägen allerdings BRUDERMÜLLER, Referat für den 71. DJT [2016] Verh Bd II S P 41 ff; vgl auch § 1745 Rn 18). Auch ist dem BGB – wieder im Gegensatz zu vielen ausländischen Rechtsordnungen – die Möglichkeit fremd, den Stiefelternteil auch ohne Adoption am **Sorgerecht** des leiblichen Elternteils teilhaben zu lassen (HELMS, Gutachten für den 71. DJT [2016] Verh Bd I S F 66 ff; FRANK 42–49; vPUTTKAMER, Stieffamilien und Sorgerecht in Deutschland und England [Diss Freiburg i Br 1994]). Das sog kleine Sorgerecht nach § 1687b BGB ist auf der Tatbestands- und Rechtsfolgenseite so eingeschränkt, dass es praktisch keine Bedeutung besitzt und sich letztlich auf eine symbolische Anerkennung der sozialen Bedeutung des Stiefelternteils beschränkt (HELMS, Gutachten für den 71. DJT [2016] Verh Bd I S F 61 ff). **Erbschaftsteuerrechtlich** werden Stiefkinder demgegenüber schon nach geltendem Recht durch die Zuordnung zur Erbschaftsteuerklasse I (§ 15 Abs 1 Nr 2 ErbStG) genauso behandelt wie leibliche Kinder und Adoptivkinder.

Das **englische Recht** der letzten vierzig Jahre spiegelt die Problematik der Stiefkindadoption besonders deutlich wider. Zunächst empfahl das Houghton-Committee (1972), die Stiefkindadoption auf Ausnahmefälle zu beschränken, und entwickelte Alternativlösungen, wie zB die in England heute mögliche Übertragung des Mitsorgerechts auf den Stiefelternteil. Obwohl die Empfehlungen des Houghton Committees im Children Act 1975 weitgehend aufgegriffen wurden, stand die Rspr Stiefkindadoptionen weiterhin tendenziell eher wohlwollend gegenüber, woran auch der Children Act 1989 nichts Entscheidendes änderte. In jüngster Zeit werden indessen erneut Alternativlösungen favorisiert. Ein Vorschlag sieht beispielsweise vor, die Aufhebung von Stiefkindadoptionen im Falle einer späteren Ehescheidung zu erleichtern. Obwohl sich der Gesetzgeber auch im Adoption and Children Act 2002 nicht zu einem Verbot der Stiefkindadoption durchringen konnte, stehen Rspr und Lehre dieser derzeit recht kritisch gegenüber, sie machen in der aktuellen Praxis nur noch ca 10 % der jährlich ausgesprochenen Adoptionen aus (Näheres WILKE 99 ff mwNw; FRANK StAZ 2010, 324, 327). **73**

Aufschlussreich ist aber etwa auch die Haltung des **französischen Rechts** (vgl FRANK StAZ 2010, 324, 327 f): Dieses erlaubt im Falle einer Stiefkindadoption in aller Regel nur eine schwache Adoption, sodass die rechtlichen Beziehungen zur Herkunftsfamilie erhalten bleiben (Art 364 Abs 1 Cc). Die Volladoption eines Stiefkindes ist nur in wenigen Ausnahmefällen möglich, vor allem dann, wenn dem externen Elternteil das Sorgerecht komplett entzogen worden oder dieser verstorben war, ohne direkte Verwandte aufsteigender Linie zu hinterlassen (Art 345-1 Nr 2 u 3 Cc). Demgegenüber wird in Deutschland der Grundsatz der Volladoption nur ausnahmsweise dann durchbrochen, wenn der externe Elternteil bereits verstorben ist und Mitinhaber der elterlichen Sorge war (§ 1756 Abs 2 BGB).

b) Annahme durch den Stiefelternteil
Nach Abs 2 S 3 erfolgt eine Stiefkindadoption stets in der Weise, dass der Stiefelternteil das Kind **allein adoptiert**. Das Kind erlangt dadurch nach § 1754 Abs 1 Alt 2 BGB aber die rechtliche Stellung eines **gemeinsamen Kindes der Ehegatten**. Hiermit verbunden ist nach der allgemeinen Vorschrift des § 1754 Abs 3 BGB auch der **74**

Erwerb der gemeinsamen elterlichen Sorge. Das gilt selbst für den (praktisch allerdings unwahrscheinlichen) Fall, dass dem leiblichen Elternteil, dessen Ehegatte das Kind adoptiert, bislang nicht die elterliche Sorge zustand; auch dessen Rechtsstellung kann sich also ändern, obwohl es sich – rein formal – um einen Fall der Einzeladoption handelt. Kontrollmechanismen zum Schutz des Kindes sind bei einer Stiefkindadoption (wie in allen anderen Fällen auch) die nach § 1747 Abs 1 BGB notwendigen Einwilligungserklärungen beider leiblicher Elternteile sowie die allgemeine Adoptionsvoraussetzung des **Kindeswohls** (§ 1741 Abs 1 S 1 BGB).

75 Zu berücksichtigen ist, dass im Falle einer Stiefkindadoption **kein vorgeschaltetes Adoptionsvermittlungsverfahren** stattgefunden hat. Gleichwohl sollten die Jugendämter zur Vorbereitung der fachlichen Stellungnahme gem § 189 FamFG vergleichbar intensive Prüfungen vornehmen. In der Praxis scheint das allerdings nicht immer der Fall zu sein. Die Studie „Adoptionen in Deutschland" aus dem Jahre 2017 (Bovenschen et al 103) konstatiert, dass „die Prüfverfahren in der Praxis sehr heterogen gestaltet zu sein (scheinen) und teilweise, im Gegensatz zu Fremdadoptionen, in verkürzter Form durchgeführt […] werden." Das wird der besonderen Problematik von Stiefkindadoption (Rn 64 ff) nicht gerecht. Dabei muss die **Kindeswohldienlichkeit** einer Stiefkindadoption auch dann kritisch hinterfragt werden, wenn der externe Elternteil in die Adoption einwilligt. Dies kann insbes nach jahrelangen (gerichtlichen) Auseinandersetzungen über Umgang und Unterhalt, die zu einer Entfremdung vom Kind geführt haben, eher Ausdruck von Resignation als Indiz für die Kindeswohldienlichkeit sein (Frank StAZ 2010, 324, 326).

76 Fälle, in denen die **Kindeswohldienlichkeit von Stiefkindadoptionen** mit hinreichender Zuverlässigkeit prognostiziert werden kann, sind vor dem Hintergrund der unter Rn 64 ff dargelegten strukturellen Schwierigkeiten eher selten. Rainer Frank kommt zu dem treffenden Fazit: „Stiefkindadoptionen haben sich vor allem in Fällen bewährt, in denen der nicht mit dem Stiefelternteil verheiratete leibliche Elternteil unbekannt, verstorben oder unauffindbar ist oder in denen das Stiefkind den außerhalb der Stiefehe lebenden Elternteil nie bewusst erfahren hat und in denen ein jahrelanger Bestand der Stiefehe oder sonstige Umstände sicherstellen, dass der Stiefelternteil auch wirklich bereit ist, lebenslange rechtliche Verantwortung für das Kind zu übernehmen" (Frank StAZ 2010, 324, 330). Wie lange der Annehmende tatsächlich schon mit dem Kind zusammengelebt hat, lässt sich uU durch eine Auskunft aus dem Melderegister überprüfen (PraxKommKindschaftsR/Braun § 189 FamFG Rn 19).

77 Eine gemeinsame Annahme kommt auch dann nicht in Betracht, wenn im Falle einer zunächst erfolgten Einzeladoption der spätere Ehegatte des Annehmenden eine ergänzende Annahme im Wege einer Sukzessivadoption nach § 1742 BGB anstrebt. Auch hier liegt ein Fall des Abs 2 S 3 vor, sodass nur eine Alleinadoption durch den späteren Ehegatten möglich ist. War das Kind von einem Ehepaar gemeinschaftlich adoptiert worden und will im Falle einer Ehescheidung der neue Ehegatte eines der Annehmenden das Kind adoptieren, so muss wegen § 1742 BGB zuerst das Annahmeverhältnis zu dem außerhalb der Stiefehe lebenden Elternteil aufgehoben werden (vgl § 1742 Rn 9), bevor die Annahme durch den Stiefelternteil allein gem Abs 2 S 3 möglich ist.

Titel 7 · Annahme als Kind
Untertitel 1 · Annahme Minderjähriger   **§ 1741**

4. Annahme durch eine nichtverheiratete Person (Abs 2 S 1)

Die Annahme durch eine nichtverheiratete Einzelperson ist nach Abs 2 S 1 grds **78** möglich. Auch international wird die Einzeladoption allg nicht verboten. Eine Ausnahme macht nur das *italienische* Recht (Art 6 Ges zum Recht des Minderjährigen auf eine Familie v 1983 mit einer Ausnahme für die „Adoption in besonderen Fällen" nach Art 44 Abs 3). Problematisch ist die Einzeladoption insoweit, als das Kind in einer unvollständigen Familie aufwächst und nur mit einem Familienstamm rechtlich verbunden wird. Einigkeit bestand bislang darüber, dass unter dem Aspekt des Kindeswohls die Annahme durch eine nicht verheiratete Einzelperson einer **besonders eingehenden Kindeswohlprüfung** bedarf (BT-Drucks 7/3061, 30; OBERLOSKAMP 103; MünchKomm/MAURER Rn 110; BeckOGK/LÖHNIG [1. 7. 2016] Rn 23), doch scheint sich diese Haltung teilweise geändert zu haben und einer Adoption durch Einzelpersonen mittlerweile mehr Offenheit entgegengebracht zu werden (BEHRENTIN/GRÜNENWALD/ NUÑEZ, Handb AdoptionsR, A Rn 105). Zwar ist es richtig, dass man „Alleinerziehenden" oder „Einelternfamilien" nicht mit vorurteilsbehafteter Skepsis begegnen sollte, wie das in der Vergangenheit teilweise der Fall war, doch ändert das nichts daran, dass Adoptivkinder oftmals besonders gefährdet und verletzlich sind und Adoptivelternschaft eine besonders herausfordernde Form der Elternschaft darstellt (vgl Vorbem 45 zu §§ 1741 ff). Vor diesem Hintergrund stellt eine stabile Paarbeziehung eine gute Basis für eine Adoption dar. Daher wird auch in den Empfehlungen zur Adoptionsvermittlung (7. Aufl 2014) die Annahme durch Alleinstehende vor allem in folgenden (Einzel-)Fällen für möglich gehalten (unter 7. 4. 2. 6):

– bei bereits länger währender, für das Kind bedeutsamer Beziehung, die einem Eltern-Kind-Verhältnis entspricht,

– der Aufnahme eines verwandten Kindes,

– Kindern, für die auf Grund persönlicher Vorerfahrungen die Vermittlung zu einem Paar nicht förderlich ist,

– der Aufnahme eines, das von den leiblichen Eltern nur zur Adoption durch diese alleinstehende Person freigegeben wird, soweit dies keinen Rechtsmissbrauch darstellt.

Aus der **Praxis** vgl LG Köln FamRZ 1985, 108 m Anm SCHÖN, wo ein krankes Kind **79** vier Jahre lang von einer ledigen Frau liebevoll gepflegt und versorgt worden war und dann mit Einwilligung der Mutter (Vater unbekannt) adoptiert werden sollte; ferner AG Arnsberg FamRZ 1987, 1194, wo es um die Annahme eines Kindes durch einen katholischen Geistlichen ging, weil die erste Adoption aufgehoben werden sollte, nachdem der Junge seine Adoptivmutter getötet hatte.

Lebt der Annehmende mit einem Partner in **nichtehelicher Lebensgemeinschaft**, so **80** scheidet eine gemeinschaftliche Adoption zusammen mit seinem Partner nach geltendem deutschen Recht wegen Abs 2 S 1 aus, in Frage kommt nur eine Einzeladoption (zur Frage der Verfassungsmäßigkeit sowie abweichenden Lösungen im ausländischen Recht vgl Rn 54 f). Bei der Kindeswohlprüfung nach Abs 1 S 1 ist auch die Erziehungseignung des Partners (so auch die Empfehlungen zur Adoptionsvermittlung [7. Aufl

2014] unter 7.4.2.7.1) sowie die Stabilität der Beziehung mit in die Betrachtung einzubeziehen. Handelt es sich um eine auf Dauer angelegte eheähnliche Beziehung, die dem Kind einen **zweiten sozialen Elternteil** vermittelt, ist dies ein relevanter Gesichtspunkt, der für den Ausspruch der Adoption spricht. Dass der Gesetzgeber die Einzeladoption durch einen Ehegatten allein grundsätzlich verbietet (Abs 2 S 4), steht dieser Wertung nicht entgegen (MünchKomm/Maurer Rn 41 f; **aA** Staudinger/Frank [2007] Rn 51), weil bei Ehegatten eine gemeinschaftliche Adoption möglich und vorzugswürdig ist, die der Gesetzgeber für nichteheliche Lebensgemeinschaften aber ausschließt.

5. Keine Annahme des eigenen Kindes

81 § 1741 Abs 3 S 2 idF vor Inkrafttreten des KindRG von 1997 bestimmte: „Der Vater oder die Mutter eines nichtehelichen Kindes kann das Kind annehmen." Zu dieser Regelung vgl Staudinger/Frank[12] Rn 9, Rn 45–49. Durch das KindRG v 1997 wurde § 1741 Abs 3 S 2 aF ersatzlos gestrichen. Weder die Mutter noch der Vater kann also **das eigene nichtehelich geborene Kind** „als Kind annehmen".

Das NEhelG v 1969 hatte in der Adoption des eigenen nichtehelichen Kindes ein Instrument gesehen, mit dem die Mutter ein von der Amtspflegschaft befreites Sorgerecht erlangen könne; außerdem stellte die Regelung den „einzigen Weg" dar, „den Verkehr des anderen Elternteils mit dem Kind sicher und endgültig auszuschließen". Diese Begründung erscheint heute ebenso wenig tragfähig wie das Ziel, die Zeugung oder Geburt eines „unehelichen" Kindes zu verbergen (vgl BT-Drucks V/2370, 79).

82 Da das KindRG v 1997 **keine besonderen Überleitungsvorschriften** bezüglich des Inkrafttretens von § 1741 nF BGB enthält, gilt das Verbot der Adoption des eigenen nichtehelichen Kindes mit Inkrafttreten des Gesetzes am 1. 7. 1998 (OLG Thüringen FamRZ 2000, 767). Altadoptionen durch die Mutter des nichtehelichen Kindes bleiben hingegen auch dann gültig, wenn sie nach Maßgabe von § 1747 Abs 2 aF gegen den Willen oder ohne Anhörung des Vaters, ja sogar ohne sein Wissen ausgesprochen wurden (so der Fall des Beschwerdeführers zu 1 in BVerfGE 92, 158 = FamRZ 1995, 789; vgl auch OLG Hamm OLGZ 1994, 553 = FamRZ 1994, 1198 m Anm Liermann FamRZ 1995, 506).

83 Die **Adoption des eigenen ehelichen Kindes** (mit dem Ziel, den geschiedenen Ehepartner endgültig vom Kind fernzuhalten oder um schlicht die Gemeinsamkeit der Elternstellung zu beseitigen) war dem BGB – anders als die Annahme des eigenen nichtehelichen Kindes – seit jeher fremd (Nachw Staudinger/Frank[12] Rn 45).

84 Der **Begriff der Abstammung** ist ein rechtlicher und nicht etwa ein biologischer. Um die Annahme eines eigenen Kindes handelt es sich deshalb nicht, wenn der Erzeuger (oder Samenspender), der seine Vaterschaft nicht anerkannt hat oder dessen Vaterschaft nicht gerichtlich festgestellt wurde, das Kind annimmt. Entsprechendes gilt, wenn ein Ehebruchskind mit Zustimmung der Mutter und ihres Ehemannes von seinem leiblichen Vater adoptiert wird.

Titel 7 · Annahme als Kind
Untertitel 1 · Annahme Minderjähriger   § 1741

6. Annahme durch einen Lebenspartner*

Das geltende Recht lässt eine **gemeinschaftliche Adoption** durch Lebenspartner nach **85**
wie vor nicht zu. Dies ergibt sich zum einen aus § 1741 Abs 2 S 2 BGB, der nur für
Ehegatten eine gemeinschaftliche Adoption vorsieht, zum andern aus § 9 LPartG,
der in Abs 6 nur die Adoption durch einen Lebenspartner allein, und in Abs 7 nur
die Adoption eines Kindes des anderen Lebenspartners (Stiefkindadoption) erlaubt.

Unverständlicherweise hat der Gesetzgeber an dieser Haltung auch festgehalten, **86**
nachdem das Bundesverfassungsgericht im Jahre 2013 (BVerfG 19. 2. 2013 – 1 BvL 1/11 u
1 BvR 3247/09, BVerfGE 133, 59 = FamRZ 2013, 521) festgestellt hatte, dass für eingetragene
Lebenspartner aus Gründen der Gleichbehandlung die Zulassung der **Sukzessivadoption** (vgl Rn 6) geboten ist. Dabei hat das Bundesverfassungsgericht hervorgehoben, dass „die behüteten Verhältnisse einer eingetragenen Lebenspartnerschaft das
Aufwachsen von Kindern ebenso fördern können wie die einer Ehe". Damit liegt
eigentlich auf der Hand, dass für die gemeinschaftliche Fremdkindadoption das
Gleiche gelten muss, auch wenn das BVerfG bislang noch keine Gelegenheit hatte,
über eine solche Konstellation in der Sache zu entscheiden (vgl BVerfG 23. 1. 2014 –
1 BvL 2/13 u 1 BvL 3/13, FamRZ 2014, 537: Unzulässigkeit einer entsprechenden Richtervorlage).
Gleichwohl hat sich der Gesetzgeber in dem „Gesetz zur Umsetzung der Entscheidung des Bundesverfassungsgerichts zur Sukzessivadoption durch Lebenspartner"
vom 20. 6. 2014 (BGBl 2014 I 786) – wie schon der Gesetzestitel deutlich signalisiert –
darauf beschränkt, die Vorgaben aus der konkreten Entscheidung umzusetzen. Dieser Zustand ist umso unhaltbarer geworden, seitdem der Gesetzgeber durch das
Gesetz zur Einführung des Rechts auf Eheschließung für Personen gleichen Geschlechts v 20. 7. 2017 (BGBl 2017 I 2787) die **gleichgeschlechtliche Ehe** eingeführt und
damit nunmehr auch gleichgeschlechtlichen Ehepaaren über § 1741 Abs 2 S 2 BGB

---

* **Literatur**: BACH/GRIEBEL/FTHENAKIS, Adoption in der Lebenspartnerschaft, in: PAULITZ (Hrsg), Adoption: Positionen, Impulse, Perspektiven (2. Aufl 2006) 167 ff; COESTER, Elternrecht des nichtehelichen Vaters und Adoption, FamRZ 1995, 1245; ders, Adoption durch registrierte Lebenspartner im deutschen Recht: Was bleibt vom „besonderen Schutz der Ehe", in: FS Pintens (2012) 313; DETHLOFF, Adoption durch gleichgeschlechtliche Paare, ZRP 2004, 195; dies, Adoption und Sorgerecht – Problembereiche für die eingetragenen Lebenspartner?, FPR 2010, 208; vDICKHUTH-HARACH, Das Lebenspartnerschaftsrecht Version 2005, FPR 2005, 273, 276; EGGEN, Gleichgeschlechtliche Lebensgemeinschaften – Gegenwart und künftige Entwicklung, Praxis der Rechtspsychologie (2003) 25; GOLOMBOK, Modern Families (2015); GRZIWOTZ, Gleichstellung der Lebenspartnerschaft nach dem Gesetz zur Überarbeitung des Lebenspartnerschaftsrechts, DNotZ 2005, 13, 25; HK-LPartR/KEMPER (Handkommentar zum Lebenspartnerschaftsrecht) (2. Aufl 2006) § 9 Rn 29 ff; MÜLLER, Adoption in der gleichgeschlechtlichen Partnerschaft – de lege lata et de lege ferenda, FF 2011, 56; MUSCHELER, Das Recht der eingetragenen Lebenspartnerschaft (2. Aufl 2004) Rn 422 ff; PÄTZOLD, Die gemeinschaftliche Adoption Minderjähriger durch Lebenspartner, FPR 2005, 269; RUPP, Die Lebenssituation von Kindern in gleichgeschlechtlichen Lebenspartnerschaften (2009); SCHLÜTTER, Die erbrechtliche Stellung eines Kindes nach Adoption durch den anderen Lebenspartner einer gleichgeschlechtlichen Lebenspartnerschaft aus verfassungsrechtlicher Sicht, FF 2005, 234; WELLENHOFER-KLEIN, Die eingetragene Lebenspartnerschaft (2003) Rn 229 ff.

87 **International** wächst die Zahl der Länder, die eine **gemeinschaftliche Adoption** durch gleichgeschlechtliche Paare zulassen, stetig an. Im Allgemeinen geht die rechtspolitische Entwicklung dahin, Paaren schlechthin die Adoption zu gestatten, ohne Rücksicht darauf, ob diese verheiratet oder verpartnert, heterosexuell oder homosexuell sind (vgl Rn 55). Besonders konsequent verwirklicht wird dieser Grundsatz zB in *England,* wo schon seit Längerem „two people – whether of different sexes or of the same sex – living in an enduring relationship" ein Kind adoptieren können (vgl Lowe/Douglas, Bromley's Family Law [10. Aufl 2007] 844). Darüber hinaus lässt sich sagen, dass sich ein gemeinschaftliches Adoptionsrecht für gleichgeschlechtliche Paare typischerweise in all den Ländern durchgesetzt hat, in denen diesen die Eingehung einer Ehe oder zumindest die Begründung einer eingetragenen Partnerschaft möglich ist, so zB in Belgien seit 2005 (Art 343 Cc), Dänemark seit 2010 (§ 5 Abs 2 AdoptG, § 3 Abs 2 PartG), Frankreich seit 2013 (Art 143 Cc iVm Art 343 Cc), den Niederlanden seit 2001 (Art 227 BW), Norwegen seit 2009 (§ 1 EheG iVm § 5 AdoptG), Österreich seit 2016 (durch Aufhebung von § 8 Abs 4 LPartG), Schweden seit 2003, Spanien seit 2005 (Art 175 Abs 4 Codigo civil). Auf der anderen Seite gibt es nach wie vor durchaus europäische Rechtsordnungen, welche nur (verschiedengeschlechtlichen) Ehegatten eine gemeinschaftliche Adoption erlauben. Art 28 des am 1. 1. 2007 in Kraft getretenen *schweizerischen* PartG sah vor, dass Personen, die in einer eingetragenen Partnerschaft leben, von jeglicher Adoption ausgeschlossen bleiben (Hausheer FamRZ 2006, 246, 249). Eine ähnliche Regelung enthält auch das am 1. 7. 2006 in Kraft getretene tschechische Gesetz über die registrierte Partnerschaft (Hrusakowa FamRZ 2006, 1337, 1338). Auch nach dem am 1. 1. 2018 in Kraft getretenen revidierten schweizerischen Recht ist eine gemeinschaftliche Fremdkindadoption nur möglich, wenn die Annehmenden miteinander verheiratet sind (Art 264a ZGB), während Stiefkindadoptionen – erstmals – auch dann erlaubt sind, wenn der Stiefelternteil mit der Mutter oder dem Vater „in eingetragener Partnerschaft lebt" (Art 264c Abs 1 Nr 2 ZGB).

88 Für die **Einzeladoption** durch einen Lebenspartner verlangt § 9 Abs 6 S 1 LPartG die Einwilligung des anderen Lebenspartners. Die Regelung entspricht insoweit der Einzeladoption durch einen Ehegatten, die allerdings nur in seltenen Ausnahmefällen zulässig ist (§ 1741 Abs 2 S 4 BGB). Der Gesetzgeber wollte aber Einzeladoptionen durch Personen, die eine Lebenspartnerschaft begründet haben, nicht entsprechend § 1741 Abs 2 S 4 BGB erschweren, wenn schon eine gemeinschaftliche Adoption durch Lebenspartner nicht zugelassen wird.

89 Anzeichen dafür, dass die **sozial-familiären Rahmenbedingungen für Kinder in gleichgeschlechtlichen Gemeinschaften** weniger gut sind als in verschiedengeschlechtlichen, bestehen keine: Insbesondere in den 70er und 80er Jahren geäußerte Befürchtungen, Kinder lesbischer Mütter könnten häufiger eine gleichgeschlechtlich orientierte sexuelle Präferenz oder sogar Unsicherheit über ihre Geschlechtsidentität entwickeln, haben sich nicht bewahrheitet (Golombok 37 ff, insbes 44, 49 f, 53, 64 f, 68). Lesbische Frauen sind keine weniger fürsorglichen Mütter als heterosexuelle

Titel 7 · Annahme als Kind
Untertitel 1 · Annahme Minderjähriger   § 1741

Frauen, die Kinder entwickeln sich in der gleichen Weise wie ihre Altersgenossen (Rupp, Die Lebenssituation von Kindern in gleichgeschlechtlichen Lebenspartnerschaften [2009] 116 ff, 188 ff, 266 ff, 294, 305 f; Coester, in: FS Pintens [2012] 319 f; Golombok 37 ff, insbes 43, 45 ff, 52 f, 59, 64 f). Inwieweit die betroffenen Kinder Diskriminierungen und Mobbing ausgesetzt sind, hängt von regionalen und milieuspezifischen Faktoren ab. In Übereinstimmung mit den Ergebnissen ausländischer Studien (Golombok 43, 54, 57 ff, 62 f, 67) wies eine großangelegte deutsche Untersuchung aus dem Jahre 2009 bei knapp der Hälfte der betroffenen Kinder Diskriminierungserfahrungen nach, deren Ausmaß zwar in der Mehrzahl der Fälle nicht außerordentlich schwerwiegend war, aber doch für nicht wenige der Kinder eine erhebliche Belastung bedeutete (Rupp 149 ff, 258 ff, 296 f, 306 f). Offenbar sind die Kinder und ihre Mütter aber in aller Regel in der Lage, diese Erfahrungen zu verarbeiten (Rupp 257, 261 f, 297; Eggen, Praxis der Rechtspsychologie [2003] 25, 32), denn es gibt keine Hinweise dafür, dass Kinder mit gleichgeschlechtlich orientierten Müttern häufiger psychologische Probleme entwickeln würden (Golombok 63, 66 f). Teilweise wird für die Adoptionsvermittlung die Empfehlung ausgesprochen, im „Umfeld der Lebenspartner sollte das andere Geschlecht vorhanden sein" (Behrentin/Grünenwald/Nuñez, Handb AdoptionsR, A Rn 109; vgl auch Salzgeber Rn 914).

Die Möglichkeit der Adoption des Kindes eines Lebenspartners durch den anderen **90** Lebenspartner (**Stiefkindadoption**) wurde durch das Gesetz zur Überarbeitung des Lebenspartnerschaftsrechts mit Wirkung vom 1. 1. 2005 eingeführt (§ 9 Abs 7 LPartG). Voraussetzung dafür ist selbstverständlich, dass im Zeitpunkt der Entscheidung über die Adoption eine eingetragene Lebenspartnerschaft auch tatsächlich (noch) besteht (OLG Hamburg 14. 3. 2017 – 2 UF 160/16, FamRZ 2017, 1234, 1235 m Anm Hammer). Die Stiefkindadoption durch einen Lebenspartner spielt in der Praxis mittlerweile vor allem bei Frauenpaaren im **Zusammenhang mit einer künstlichen Befruchtung** eine Rolle. Das gilt in erster Linie für Fälle der offiziellen oder privaten Samenspende, aber auch für die sog reziproke In-vitro-Fertilisation. Dabei handelt es sich um Fälle einer – in aller Regel im Ausland durchgeführten – Eispende der einen an die andere Partnerin, die durch Spendersamen befruchtet wird, sodass die Eizellenspenderin letztlich ihr genetisch eigenes Kind adoptiert (vgl dazu Dethloff, in: FS Coester-Waltjen [2015] 41 ff und für einen Fall aus der Praxis DIJuF-Rechtsgutachten, JAmt 2012, 576 ff). In allen diesen Konstellationen ist die (Stiefkind-)Adoption nach geltendem Abstammungsrecht die einzige Möglichkeit, zu einer gemeinschaftlichen Elternschaft beider Wunscheltern zu kommen (zu Reformvorschlägen siehe Helms, Gutachten für den 71. DJT [2016] Verh Bd I S F 31 ff m LitNachw). Zur Adoptionspflegezeit vgl § 1744 Rn 6. Zur (Stiefkind-)Adoption durch den Lebenspartner eines Wunschvaters nach Durchführung einer Leihmutterschaft vgl auch Rn 43 ff.

Regelmäßig unproblematisch ist die **Kindeswohldienlichkeit** der Adoption durch die **91** Lebenspartnerin der Mutter in Fällen unpersönlicher Samenspende durch einen **offiziellen Spender**, der seine Samen einer Samenbank (im In- oder Ausland anonym oder nicht anonym) zur Verfügung gestellt hat (OLG Karlsruhe 7. 2. 2014 – 16 UF 274/13, FamRZ 2014, 674, 675). Hier kommt der Samenspender zumindest faktisch (und seit Inkrafttreten von § 1600d Abs 4 BGB auch rechtlich) als Bezugsperson bzw Elternteil für das Kind ohnehin nicht in Frage (auch ein Einwilligungsrecht nach § 1747 Abs 1 S 2 BGB steht dem offiziellen Samenspender nicht zu, vgl § 1747 Rn 29). Das

Kind gewinnt hier einen rechtlich vollwertigen zweiten Elternteil, und die Annehmende wird durch die Adoption in ihrer Erziehungsaufgabe und in ihrem Selbstverständnis als Erziehungspartnerin gestärkt (Salzgeber Rn 914; OLG Köln 16. 10. 2012 – 4 UF 71/12, FamRZ 2013, 1150 f). Ob die Beteiligten in diesem Zusammenhang sicherstellen, dass das **Recht des Kindes auf Kenntnis seiner Abstammung** gewahrt wird (vgl § 1758 Rn 14 f), kann für den Ausspruch der Adoption keine Bedeutung besitzen (OLG Bamberg 26. 4. 2017 – 2 UF 70/17, FamRZ 2017, 1236, 1237 f m Anm Heiderhoff; Keuter NZFam 2017, 873, 878; krit Frie NZFam 2017, 520, 521). Denn der Nichtausspruch der Adoption verbessert die Lage des konkret betroffenen Kindes (vgl Rn 44) im Hinblick auf das Kenntnisanliegen in keiner Weise (Rn 35).

92 Daneben spielt in der Praxis aber auch zunehmend die **private Samenspende** eine nicht unerhebliche Rolle. Die Skala reicht dabei von Fällen einer anonymen (Becher-)Spende etwa nach Kontaktaufnahme über das Internet, die in ihrer Unpersönlichkeit und den Erwartungen der Beteiligten einer offiziellen Samenspende entsprechen (vgl OLG Bamberg 26. 4. 2017 – 2 UF 70/17, FamRZ 2017, 1236 m Anm Heiderhoff), bis zu Spenden aus dem Freundeskreis, denen der Wunsch zur Gründung einer sog Queer-Family (schwul-lesbische Co-Elternschaft) zu Grunde liegt, und die sich nach ihrer sozialen Bedeutung – sieht man von der technischen Ausführung ab – kaum von einer natürlichen Zeugung unterscheiden (vgl dazu Helms, Gutachten für den 71. DJT [2016] Verh Bd I S F 22 f). Auf der einen Seite können derartige Konstellationen mit „normalen" Stiefkindadoptionen vergleichbar und daher aus den dargelegten Gründen (Rn 64 ff) problematisch sein; auf der anderen Seite besteht die Besonderheit oftmals gerade darin, dass der private Samenspender von vornherein keine Vaterrolle einnehmen wollte (vgl OLG Brandenburg 6. 7. 2012 – 9 UF 45/12, FamRZ 2013, 643, 644: „eher die Rolle eines Patenonkels"; vgl auch OLG Köln 16. 10. 2012 – 4 UF 71/12, FamRZ 2013, 1150, 1151). Das geltende Recht ist auf derartige Konstellationen nicht optimal zugeschnitten (vgl Vorbem 44 zu §§ 1741 ff), insbes macht sich auch hier nachteilig bemerkbar, dass mit einer Adoption das Umgangsrecht des biologischen Vaters nach § 1684 Abs 1 BGB erlischt (vgl § 1751 Rn 10 u § 1755 Rn 15). Zum Einwilligungsrecht, das dem privaten Samenspender zustehen kann, vgl § 1747 Rn 31 ff.

93 Die in § 1742 BGB enthaltene **Ausnahme vom Verbot der Kettenadoption** ist durch das „Gesetz zur Umsetzung der Entscheidung des Bundesverfassungsgerichts zur Sukzessivadoption durch Lebenspartner" vom 20. 6. 2014 auf Lebenspartner erstreckt worden. Der Verweis in § 9 Abs 7 S 2 LPartG erfasst nunmehr auch § 1742 BGB, sodass ein Lebenspartner ein vom anderen Lebenspartner angenommenes Kind im Wege der Stiefkindadoption annehmen kann (vgl § 1742 Rn 14 f). Die **Sukzessivadoption** durch einen Lebenspartner ist dabei auch dann zulässig, wenn die Lebenspartnerschaft im Zeitpunkt der ersten Adoption bereits bestand und es damit von vornherein zu einer gleichgeschlechtlichen Adoptivelternschaft (wie im Falle der noch nicht zulässigen gemeinschaftlichen Adoption) kommen sollte (BT-Drucks 18/841, 6).

Titel 7 · Annahme als Kind
Untertitel 1 · Annahme Minderjähriger § 1742

§ 1742
Annahme nur als gemeinschaftliches Kind

Ein angenommenes Kind kann, solange das Annahmeverhältnis besteht, bei Lebzeiten eines Annehmenden nur von dessen Ehegatten angenommen werden.

Materialien: BT-Drucks 7/3061, 30 f; BT-Drucks 7/5087, 10. S Staudinger/BGB-Synopse (2005) § 1742.

Systematische Übersicht

I.	Entstehungsgeschichte und Normzweck		3.	Adoption durch den Ehegatten oder Lebenspartner des Annehmenden ... 14
1.	Entstehungsgeschichte ... 1			
2.	Normzweck ... 2		III.	Folgen eines Verstoßes gegen § 1742
II.	Ausnahmen vom Verbot der Zweitadoption		1.	Wirksamkeit der Zweitadoption ... 16
1.	Aufhebung der Erstadoption ... 9		2.	Auswirkungen auf die Erstadoption ... 17
2.	Adoption nach dem Tod des (der) Adoptierenden ... 11			

I. Entstehungsgeschichte und Normzweck

1. Entstehungsgeschichte

§ 1742 BGB entspricht § 1749 Abs 2 S 1 BGB idF vor der Reform des Adoptions- **1** rechts v 1976. Näheres zur Entstehungsgeschichte v § 1749 Abs 2 S 1 aF bei Staudinger/Engler[10/11] unter § 1749 Rn 4 f.

2. Normzweck

§ 1742 BGB verbietet grds eine Zweitadoption, „solange das (erste) Annahmever- **2** hältnis besteht". Ist das Annahmeverhältnis durch Aufhebung nach Maßgabe der §§ 1759 ff BGB oder durch Tod der (des) Adoptierenden beendet, so ist eine Zweitadoption unter den gleichen Voraussetzungen möglich wie eine Erstadoption (Näheres vgl Rn 9–13). Auch ohne vorherige Beendigung des Annahmeverhältnisses gestattet § 1742 BGB ausnahmsweise eine Zweitadoption dann, wenn das Kind bei Lebzeiten *eines* Annehmenden von dessen Ehegatten angenommen wird.

Das grds **Verbot von Zweit- oder Mehrfachadoptionen** („Kettenadoptionen") wurde **3** vor der Reform des Adoptionsrechts v 1976 damit begründet, dass eine Adoption die Rechtsbeziehungen des Kindes zu seiner bisherigen Familie nicht vollständig löse. Eine Zweitadoption würde deshalb zu unnötig komplizierten familienrechtlichen Beziehungen zwischen dem Kind, seiner Ursprungsfamilie und zwei Adoptivfamilien führen (Mot IV 962; Beitzke StAZ 1955, 3; vgl auch Gernhuber/Coester-Waltjen § 68

Rn 42). Mit dem Übergang zur Volladoption durch das AdoptG v 1976 ist dieses Argument gegenstandslos geworden, weil nunmehr jede Adoption das Kind auch rechtlich vollständig aus seiner bisherigen Familie löst und verhindert, dass ein Kind mehreren Familien angehören kann.

4 Im RegE eines Ges über die Annahme als Kind (BT-Drucks 7/3061, 31) wird die Beibehaltung des grds Verbots von Zweitadoptionen damit gerechtfertigt, dass **unerwünschte Kettenadoptionen** möglichst vermieden werden sollen und die strengen Bestimmungen über die nur ausnahmsweise zulässige Aufhebung von Annahmeverhältnissen (§§ 1759 ff BGB) nicht umgangen werden dürfen. Kinder sollen nicht von einer Familie zur anderen „weitergereicht" werden (BT-Drucks 7/3061, 30).

5 Notwendig ist die Bestimmung des § 1742 BGB sicher nicht (so aber RegE BT-Drucks 7/3061, 31). Ob sie zweckmäßig ist, kann bezweifelt werden. Wenn Adoptiveltern die Beendigung eines Annahmeverhältnisses anstreben und neue Eltern bereit sind, die volle Verantwortung für das Kind zu übernehmen, so wird – trotz des unerwünschten „Weiterreichens" von Adoptivkindern – eine Zweitadoption idR „das kleinere Übel" sein. Das zuständige FamG wird in einem solchen Fall auch de lege lata kaum zögern, die Erstadoption „aus schwerwiegenden Gründen" (§ 1763 Abs 1 u 3 lit b BGB) aufzuheben. Im Übrigen ist die Zweitadoption nur zulässig, wenn sie dem Wohl des Kindes dient (§ 1741 Abs 1 S 1 BGB).

6 Die **ausländischen Rechtsordnungen** bieten kein einheitliches Bild bzgl der Möglichkeit einer Zweitadoption. Ein Verbot der Zweitadoption kennt beispielsweise *Frankreich* (Art 346, 360 Abs 2 Cc). Unbekannt ist das Verbot demgegenüber in der *Schweiz* (Hegnauer, Grundriss des Kindesrechts [5. Aufl 1999] Rn 12. 05) und *England* (Sect 46 Abs 5 Adoption and Children Act 2002). In Portugal wird eine Zweitadoption zwar nicht unter den gleichen Voraussetzungen wie eine Erstadoption, aber doch in recht weitem Umfang zugelassen (Art 1975 Abs 2 Cc). Art 8 lit d EuAdÜbEink(rev) stellt nunmehr ausdrücklich klar, dass eine Zweitadoption immer dann vorgesehen werden kann, wenn durch die erneute Adoption die rechtlichen Wirkungen der Erstadoption enden (zum EuAdÜbEink v 1967 vgl Staudinger/Frank [2007] Rn 6).

7 Schließlich wird das grds Verbot von Zweitadoptionen auch damit verteidigt, dass die Einwilligung der leiblichen Eltern in die Erstadoption sich nur auf dieses Annahmeverhältnis beziehe (MünchKomm/Maurer Rn 7). Zweitadoptionen würden deshalb dem Verbot von Blankoeinwilligungen (vgl § 1747 Rn 56) zuwiderlaufen. In der Tat führt der Zwang des geltenden Rechts zur Aufhebung des Annahmeverhältnisses im Falle einer angestrebten Zweitadoption dazu, dass mit der Aufhebung die Rechte der leiblichen Verwandten (mit Ausnahme der elterlichen Sorge) wiederaufleben (§ 1764 Abs 3 BGB), sodass den **Eltern für die Zweitadoption erneut das Einwilligungsrecht gem § 1747 BGB zusteht** (allgM, vgl RegE BT-Drucks 7/3061, 31; Erman/Saar Rn 5; MünchKomm/Maurer Rn 10; BeckOGK/Löhnig [1. 7. 2016] Rn 13; offengelassen in AG Arnsberg FamRZ 1987, 1194, 1195 li Sp Mitte). Es erscheint indessen weder notwendig noch zweckmäßig, den leiblichen Eltern ein Mitspracherecht am Zustandekommen der Zweitadoption einzuräumen. Die Rechtsbeziehungen zwischen Kind und Ursprungsfamilie enden mit der Volladoption. Auch wenn das Einwilligungsrecht des § 1747 BGB Ausfluss des Elternrechts und nicht des elterlichen Sorgerechts ist (vgl

§ 1747 Rn 12), besteht kein Anlass, die Eltern unter Berufung auf Art 6 Abs 2 GG auch nach der Volladoption ihres Kindes zu schützen (nicht zu überzeugen vermag das von GERNHUBER/COESTER-WALTJEN § 68 Rn 17 vorgebrachte Argument, Art 6 Abs 2 GG sei bei einer ergänzenden Zweitadoption nach § 1742 BGB deshalb nicht verletzt, weil die elterliche Einwilligung in Kenntnis des § 1742 BGB erfolgt sei). Sie haben ohnehin keinen Einfluss darauf, wie sich das Annahmeverhältnis entwickelt. Sie können in Anbetracht der Regelung des § 1742 BGB auch nicht verhindern, dass nach dem Tod eines Adoptivelternteils der andere wieder heiratet und der neue Ehepartner das Kind mitadoptiert. Außerdem gestattet § 1742 BGB nach dem Tod beider Adoptivelternteile eine Zweitadoption ohne jede Mitwirkung der Eltern (Näheres vgl Rn 11).

Das Verbot der Zweitadoption gilt nicht für die **Volljährigenadoption**. § 1768 Abs 1 **8** S 2 BGB bestimmt ausdrücklich, dass § 1742 BGB auf die Annahme eines Volljährigen nicht anzuwenden ist. Die Möglichkeit der Volljährigenzweitadoption ohne vorhergehende Aufhebung der Erstadoption ist durch das AdoptRÄndG v 4. 12. 1992 (BGBl 1992 I 1974) eingeführt worden, weil Minderjährigenadoptionen nach §§ 1763, 1771 BGB nicht mehr aufgehoben werden können, sobald der Minderjährige das Volljährigkeitsalter erreicht hat (vgl § 1771 Rn 5). Da der Gesetzgeber an diesem Grundsatz nichts ändern, in Ausnahmefällen aber doch Zweitadoptionen oder Mehrfachadoptionen von Volljährigen, insbes Rückadoptionen durch die leiblichen Eltern oder einen leiblichen Elternteil ermöglichen wollte und außerdem ein Schutzbedürfnis Volljähriger vor Kettenadoptionen nicht erkennbar war (BT-Drucks 12/2506, 9), wurde die Anwendbarkeit von § 1742 BGB auf Volljährigenadoptionen ausgeschlossen (§ 1768 Abs 1 S 2 BGB). Ein Volljähriger kann somit durchaus mehrmals adoptiert werden, wobei es **keine Rolle spielt, ob die Erstadoption eine Minderjährigen- oder eine Volljährigenadoption war** oder ob der Volljährigenadoption als Erstadoption Wirkungen nach § 1770 BGB oder § 1772 BGB zukamen (ERMAN/SAAR § 1768 Rn 3; aA SOERGEL/LIERMANN § 1742 Rn 11 u § 1768 Rn 8).

II. Ausnahmen vom Verbot der Zweitadoption

1. Aufhebung der Erstadoption

Eine Zweitadoption ist zulässig, sobald das frühere Annahmeverhältnis aufgehoben **9** ist. Das ergibt sich aus dem Wortlaut des § 1742 BGB („solange das Annahmeverhältnis besteht"), folgt mittelbar aber auch aus § 1763 Abs 3 lit b BGB, wo die Aufhebung des Annahmeverhältnisses mit dem Ziel, eine erneute Annahme des Kindes zu ermöglichen, geregelt ist. Zur Aufhebung der Erstadoption und zum gleichzeitigen Ausspruch einer Zweitadoption, wie ihn noch AG Arnsberg FamRZ 1987, 1194 für möglich hielt, vgl § 1763 Rn 22. Wird das Annahmeverhältnis nur zu *einem* Adoptivelternteil aufgehoben (§ 1763 Abs 2 BGB), so kann auch nur der neue Ehe- oder Lebenspartner (§ 9 Abs 7 S 2 LPartG) des anderen das Kind wegen der in § 1742 BGB enthaltenen Ausnahmeregelung annehmen („ergänzende Zweitadoption").

Eine **Rückadoption** des Kindes durch seine leiblichen Eltern scheidet bei Aufhebung **10** des Annahmeverhältnisses grds aus, weil § 1764 Abs 3 u 4 BGB auch ohne Adoption die Wiedereingliederung des Kindes in seine Ursprungsfamilie ermöglicht (ERMAN/SAAR Rn 2; SOERGEL/LIERMANN § 1741 Rn 44). Denkbar ist allerdings eine Rückadoption, soweit die erwähnte Wiedereingliederung ausscheidet:

Beispiel (nach AG Kerpen FamRZ 1989, 431): Das Kind der Eheleute A wird nach Scheidung der Ehe und Wiederheirat der Ehefrau A von deren zweitem Ehemann B adoptiert. Nach Scheidung der zweiten Ehe schließen die Eheleute A erneut miteinander die Ehe. Ehemann A kann nach Aufhebung des Annahmeverhältnisses des Kindes zu B das eigene Kind annehmen; denn nach § 1764 Abs 5 BGB lebt mit der Aufhebung des Annahmeverhältnisses des Kindes zu B die Beziehung des Kindes zu seinem leiblichen Vater A nicht wieder auf.

2. Adoption nach dem Tod des (der) Adoptierenden

11 Sind die Annehmenden (oder im Falle einer Einzeladoption: der Annehmende) verstorben, so ist eine Zweitadoption – auch eine Rückadoption durch die leiblichen Eltern oder nur einen leiblichen Elternteil – **ohne besondere Einschränkungen** möglich (allgM, vgl PALANDT/GÖTZ Rn 2; SOERGEL/LIERMANN Rn 3). Man mag darüber streiten, ob sich dieses Ergebnis bereits daraus ableiten lässt, dass das Annahmeverhältnis iS des § 1742 BGB nicht mehr besteht (so GERNHUBER/COESTER-WALTJEN § 68 Rn 43). Die Hinzufügung der Worte „bei Lebzeiten eines Annehmenden" stellt auf alle Fälle klar, dass die **Einschränkung von Zweitadoptionen nur gelten soll, solange einer der Annehmenden lebt** (so MünchKomm/MAURER Rn 11; SOERGEL/LIERMANN Rn 5). Die Worte „bei Lebzeiten des Annehmenden" waren in § 1749 Abs 2 S 1 aF bereits durch das FamRÄndG 1961 eingefügt worden, um die damals akute Streitfrage zu klären, ob nach dem Ableben des Annehmenden ein anderer als der Ehegatte des Verstorbenen das Kind adoptieren kann (Näheres STAUDINGER/ENGLER[10/11] Rn 22). Schon vor 1961 war indessen von der Rspr die Auffassung vertreten worden, dass nach dem Tod der Adoptiveltern einer zweiten Adoption grds nichts im Wege steht (Nachw STAUDINGER/ENGLER[10/11] Rn 22).

12 Ist nur **ein Adoptivelternteil verstorben**, so ist eine Weiteradoption dann uneingeschränkt möglich, wenn das Annahmeverhältnis zum Überlebenden aufgehoben worden ist. Eine Aufhebung des Annahmeverhältnisses zum verstorbenen Adoptivelternteil ist weder nötig noch möglich (Näheres vgl § 1764 Rn 16). Im Übrigen kann nach dem Tod des einen Adoptivelternteils nur der neue Ehe- oder Lebenspartner des anderen Adoptivelternteils das Kind aufgrund der in § 1742 BGB iVm § 9 Abs 7 S 2 LPartG normierten Ausnahme annehmen (vgl Rn 15).

13 Einer **Mitwirkung der leiblichen Eltern** bei der Zweitadoption bedarf es nach dem Tod des (der) Adoptierenden nicht; denn ihre Rechtsbeziehungen zum Kind sind durch die Volladoption beendet worden und bleiben es auch nach dem Tod des (der) Annehmenden. Den Adoptivverwandten stehen im Falle einer Zweitadoption Einwilligungsrechte ebenso wenig zu wie den leiblichen Verwandten eines noch nicht adoptierten Kindes nach dem Tode seiner Eltern. Die Interessen des Kindes werden bei einer Zweitadoption nach dem Tode des (der) Adoptierenden nach Maßgabe des § 1746 BGB durch den zu bestellenden Vormund gewahrt.

3. Adoption durch den Ehegatten oder Lebenspartner des Annehmenden

14 Seit Inkrafttreten des „Gesetzes zur Umsetzung der Entscheidung des Bundesverfassungsgerichts zur Sukzessivadoption durch Lebenspartner" (BGBl 2014 I 786) am 27. 6. 2014 gilt § 1742 BGB aufgrund des Verweises in § 9 Abs 7 S 2 LPartG auch für den **Lebenspartner eines Annehmenden**. Unerheblich ist es dabei, ob die Lebenspartnerschaft schon im Zeitpunkt der Adoption durch den ersten Lebenspartner bestanden hat und die ergänzende Zweitadoption bereits geplant war, sodass es von vornherein zu einer gleichgeschlechtlichen Adoptivelternschaft (wie im Falle der für Lebenspartner noch nicht zulässigen gemeinschaftlichen Adoption) kommen sollte (BT-Drucks 18/841, 6).

Im Falle einer **Einzeladoption** ist nach § 1742 BGB iVm § 9 Abs 7 S 2 LPartG jederzeit eine ergänzende Zweitadoption durch den Ehegatten oder Lebenspartner des Annehmenden möglich. Dies gilt auch dann, wenn der Annehmende ein leiblicher Elternteil des Kindes ist (Beispiel: A nimmt das Kind von B und C an. Später heiratet die A den B). Gleiches gilt, wenn die Mutter oder der Vater eines nichtehelichen Kindes dieses vor Inkrafttreten des KindRG v 1997 nach § 1741 Abs 3 S 2 aF adoptiert hat und später den anderen Elternteil heiratet (vgl zu dieser Frage unter der Herrschaft des alten Rechts STAUDINGER/FRANK[12] Rn 17). **15**

Im Falle einer **gemeinschaftlichen Adoption** erlaubt § 1742 BGB iVm § 9 Abs 7 S 2 LPartG einem neuen Ehe- oder Lebenspartner eine ergänzende Zweitadoption nur, wenn die Ehe oder Lebenspartnerschaft **durch Tod aufgelöst** wurde (vgl Rn 12). Endet die Ehe bzw Lebenspartnerschaft durch Scheidung oder Aufhebung, so kommt im Falle der Wiederheirat eine Adoption durch den neuen Ehe- oder Lebenspartner eines der Annehmenden nur in Betracht, wenn zuvor das Annahmeverhältnis zu dem Annehmenden, der durch den neuen Ehe- oder Lebenspartner ersetzt werden soll, aufgehoben wurde (vgl Rn 9). Dies ergibt sich aus den Worten „bei Lebzeiten eines Annehmenden".

War die erste Adoption eine **Stiefkindadoption durch den Ehegatten oder Lebenspartner** (§ 9 Abs 7 S 1 LPartG) eines leiblichen Elternteils, so ist nach dem Tode des leiblichen oder des Adoptivelternteils ebenfalls eine ergänzende Zweitadoption durch den neuen Ehegatten oder Lebenspartner möglich. Dabei ist bzgl der Adoptionswirkungen § 1756 Abs 2 BGB zu beachten.

III. Folgen eines Verstoßes gegen § 1742

1. Wirksamkeit der Zweitadoption

Eine unter Verstoß gegen § 1742 BGB zustande gekommene Minderjährigen- oder Volljährigenadoption ist zwar **fehlerhaft, aber nicht nichtig** (BayObLG FamRZ 1985, 201; LG Braunschweig FamRZ 1988, 106; LG Münster StAZ 1983, 316; PALANDT/GÖTZ Rn 1 und § 1759 Rn 1; ERMAN/SAAR § 1742 Rn 1; KRÖMER StAZ 2017, 381 f; **aA** BEITZKE StAZ 1983, 1, 6; FRITSCHE StAZ 1983, 106, 107 mHinw auf AG Mannheim v 16. 3. 1982). Das deutsche Adoptionsrecht sieht selbst bei schwersten Verstößen gegen materielles Recht nicht die Nichtigkeit, sondern nur die Aufhebbarkeit vor (Näheres vgl § 1759 Rn 9 ff). Ob die fehlerhaft zustande gekommene Zweitadoption aufgehoben werden kann, entscheiden die §§ 1759 ff BGB bzw § 1771 BGB. Bei einer Minderjährigenzweitadoption kommt vor allem eine Aufhebung wegen fehlender Einwilligung der leibl Eltern (§ 1760 Abs 1 BGB) in Betracht, weil deren Zustimmung gem § 1764 Abs 3 BGB iVm § 1747 BGB erforderlich gewesen wäre, falls die Erstadoption richtigerweise zuvor aufgehoben worden wäre. Allerdings dürfte auch in Fällen dieser Art eine Aufhebung oft an § 1761 Abs 2 BGB scheitern. **16**

2. Auswirkungen auf die Erstadoption

17 Da eine unter Verstoß gegen § 1742 BGB zustande gekommene Zweitadoption nicht nichtig ist, kommen ihr rechtlich die vollen Adoptionswirkungen zu. Die **Erstadoption verliert ihre Wirkungen** in gleicher Weise, wie wenn das Gesetz eine Weiteradoption ohne vorherige Aufhebung der Erstadoption erlauben würde (so auch MünchKomm/MAURER Rn 24; SOERGEL/LIERMANN Rn 12; aA KUBITZ StAZ 1985, 318 u NIED StAZ 1982, 23: auch die Erstadoption bleibe wirksam), – eine Lösung, die ohnehin viele Auslandsrechtsordnungen vorsehen (vgl Rn 6). Eine Minderjährigenzweitadoption beendet demgemäß die Wirkungen der ersten Annahme. Ist die Zweitadoption eine Volljährigenadoption, so hängen deren Wirkungen davon ab, ob es sich um den Regelfall des § 1770 BGB oder um die ausnahmsweise Anordnung einer Volladoption (§ 1772 BGB) handelt.

§ 1743
Mindestalter

Der Annehmende muss das 25., in den Fällen des § 1741 Abs. 2 Satz 3 das 21. Lebensjahr vollendet haben. In den Fällen des § 1741 Abs. 2 Satz 2 muss ein Ehegatte das 25. Lebensjahr, der andere Ehegatte das 21. Lebensjahr vollendet haben.

Materialien: BT-Drucks 7/3061, 31 f, 73, 84; BT-Drucks 7/5087, 9 f; BT-Drucks 13/4899, 112. S STAUDINGER/BGB-Synopse (2005) § 1743.

I. Normzweck und Entstehungsgeschichte

1 In der Entwicklung des heutigen § 1743 BGB (vor dem AdoptG v 1976: § 1744 BGB) zeigt sich der Wandel der Adoption von einem Mittel der Tradierung von Familiennamen und Familiengut zu einem Instrument der Sozialpolitik, das hilfsbedürftigen Kindern das Aufwachsen in einer intakten Familie ermöglichen soll.

Nach § 1744 BGB in seiner ursprüngl Fassung musste der Annehmende das **50. Lebensjahr** vollendet haben. Diese Altersregelung orientierte sich an dem oft im Vordergrund stehenden Wunsch der Annehmenden, „auf diesem Wege das Andenken an ihren Namen und ihre Familie fortzupflanzen" (Mot IV 952). Die primäre Zielrichtung dieser Bestimmung bestand indessen darin, über die hoch angesetzte Altersgrenze „die Wahrscheinlichkeit der Erzielung eigener Kinder" zu verringern (Mot IV 960); denn die Adoption sollte nur ein „subsidiäres Mittel" zur Begründung von Eltern-Kind-Verhältnissen sein (Mot IV 960). § 1744 aF ergänzte insoweit § 1741 aF, der eine Adoption nur im Falle der Kinderlosigkeit der Annehmenden gestattete (Näheres STAUDINGER/ENGLER[10/11] § 1741 Rn 26 ff). Allerdings bestand bereits nach § 1745 aF die Möglichkeit der Befreiung vom Erfordernis der Vollendung des 50. Lebensjahres, wenn der Annehmende wenigstens volljährig war.

Durch das FamRÄndG 1961 (BGBl 1961 I 1221) wurde das Mindestalter der Anneh- 2
menden – weiterhin mit Dispensmöglichkeit – auf **35 Jahre** herabgesetzt, um vor
allem im Interesse von anzunehmenden Kleinkindern den Altersabstand von Adoptiveltern und Adoptivkind dem zwischen natürlichen Eltern und Kind anzunähern. Gleichzeitig wurde § 1745 aF dahingehend geändert, dass nunmehr vom Erfordernis der Kinderlosigkeit Befreiung gewährt werden konnte (Näheres vgl § 1745 Rn 3), eine Regelung, die bereits das AdoptErleichtG v 8. 8. 1950 (BGBl 1950 I 356) – zunächst zeitlich begrenzt, dann mehrfach verlängert – vorgesehen hatte (Näheres STAUDINGER/ENGLER[10/11] § 1745 Rn 3). Damit aber begann sich die Ratio des gesetzlich vorgeschriebenen Mindestalters entscheidend zu ändern. Es ging nicht mehr in erster Linie darum, sicherzustellen, dass der Adoptierende ohne leibliche Abkömmlinge bleiben würde, sondern darum, eine gewisse Persönlichkeitsreife sowie eine Konsolidierung der Lebens- und Familienverhältnisse aufseiten des Annehmenden abzuwarten.

Diese Entwicklung wurde durch die sog Vorabnovelle v 1973 (BGBl 1973 I 1013) 3
bestätigt, die in § 1744 aF das Mindestalter der Adoptierenden erneut, und zwar
auf **25 Jahre**, reduzierte. Das AdoptG v 1976 übernahm die Regelung in § 1743
Abs 2 aF (seit dem KindRG v 1997 § 1743 S 1 BGB), beseitigte allerdings die nach
der Vorabnovelle v 1973 noch mögliche Befreiung von diesem Alterserfordernis
(§ 1745 aF). Andererseits wurden die Mindestaltersvorschriften bei der Annahme
durch ein Ehepaar ein weiteres Mal, und zwar dahingehend gelockert, dass es
genügt, wenn **ein Ehegatte das 25., der andere das 21. Lebensjahr** vollendet hat
(§ 1743 Abs 1 aF; seit dem KindRG v 1997 § 1743 S 1 BGB). Mit dieser Altersgrenze
soll verhindert werden, dass zu junge Menschen eine Verantwortung durch die
Annahme eines Kindes auf sich nehmen, deren Auswirkungen sie nicht überblicken
können. Damit wurde die unterste Altersgrenze des EuAdoptÜbEink v 1967 (Art 7
Abs 1) übernommen. Im neuen EuAdoptÜbEink(rev) aus dem Jahre 2008 wurde
die Mindestaltersgrenze dann allerdings noch weiter auf 18 Jahre abgesenkt (Art 9
Abs 1 S 2), ohne dass der deutsche Gesetzgeber diesen Schritt (zu dem er auch
keineswegs verpflichtet ist) nachvollzogen hätte.

Der Regelung des § 1743 BGB haftet wie jeder Regelung, die starre Altersgrenzen
vorsieht, etwas Willkürliches an (krit GERNHUBER/COESTER-WALTJEN § 68 Rn 32 f). Sie
orientiert sich jedoch zutreffend an der internationalen Tendenz, die ehedem hohen
Mindestaltersgrenzen für Annehmende zwar zu senken, aber doch höher anzusetzen
als das Volljährigkeitsalter (zB *Belgien* Art 345 Cc: mind 25 Jahre; *Frankreich*
Art 343 – 1 Cc: Einzelpersonen älter als 28 Jahre; *Großbritannien* Adoption and
Children Act 2002 Sect 55, 51: Einzelpersonen mind 21 Jahre; bei Ehegatten einer
mind 21 Jahre, der andere mind 18 Jahre; *Österreich* § 193 Abs 1 ABGB: jeweils
mind 25 Jahre; *Schweiz* Art 264a, 264b ZGB: im Allgemeinen jeweils 28 Jahre;
Spanien Art 175 Cc: 25 Jahre, bei Ehegatten mind einer 25 Jahre).

Manche Rechtsordnungen sehen neben oder anstatt des Mindestalters eine **Mindest-** 4
dauer der Ehe der Adoptierenden vor (zB *Frankreich* Art 343 Cc: 2 Jahre Ehedauer
oder beide das 28. Lebensjahr erreicht; *Italien* Art 6 Abs 1 AdoptG: 3 Jahre; *Portugal* Art 1979 Abs 1 Cc: 4 Jahre; *Schweiz* Art 264a, 264c ZGB: im Allgemeinen
3 Jahre). Obwohl ein derartiges Adoptionserfordernis bei den Reformarbeiten erwogen worden war (vgl Thesen der AGJ zur Neuregelung des Adoptionsrechts, MittAGJJ Nr 57/

58 [1969], These 7. 2; MENDE ZBlJugR 1970, 189, 192; ENGLER 65), wurde es nicht in das AdoptG v 1976 aufgenommen. Auch von der Normierung eines **Mindestaltersabstandes** zwischen Annehmendem und Kind, wie ihn § 1744 aF bis zum FamRÄndG v 1961 vorgeschrieben hatte (18 Jahre), und wie ihn eine Reihe ausländischer Rechte vorsehen *(Belgien* Art 345 Cc: im Allgemeinen 15 Jahre; *Frankreich* Art 344 Abs 1 Cc: 15 Jahre und bei Stiefkindadoption 10 Jahre; *Griechenland* Art 1582 ZGB: 18 Jahre; *Italien* Art 6 Abs 3 AdoptG: 18 Jahre; *Niederlande* Art 228 Abs 1c BW: 18 Jahre; *Österreich* § 193 Abs 2 ABGB: 16 Jahre; *Schweiz* Art 264d Abs 1 ZGB: im Allgemeinen 16 Jahre; *Spanien* Art 175 Abs 1 Cc: 16 Jahre; vgl auch Art 9 Abs 1 S 3 EuAdoptÜbEink(rev): vorzugsweise mindestens 16 Jahre), wurde Abstand genommen, ebenso von der Festsetzung einer **Höchstaltersdifferenz** (so *Italien* Art 6 AdoptG: 45 Jahre; *Schweiz* Art 264d Abs 1 ZGB: im Allgemeinen 45 Jahre; *Spanien* Art 175 Cc: im Allgemeinen 45 Jahre) oder eines **Höchstalters für Adoptierende** (so *Portugal* Art 1979 Abs 3 Cc: 60 Jahre). Mit starren Altersgrenzen ist der Grundsatz „adoptio imitatur naturam" nur bedingt zu verwirklichen. Ehedauer und Altersabstand sind deshalb nach deutschem Recht bei einer Minderjährigenadoption nur im Zusammenhang mit der Frage zu prüfen, ob die Adoption nach den allgemeinen Grundsätzen (vgl § 1741 Rn 30) dem **Wohl des Kindes** dient (vgl LG Kassel [FamRZ 2006, 727] in einem Fall, in dem der Altersunterschied zwischen Kind und Annehmendem 85 Jahre betrug; OLG Frankfurt 12. 6. 2003 – 20 W 264/02: abgelehnte Annahme eines aus dem Libanon stammenden Kindes durch deutsche Eheleute im Alter von 75 und 79 Jahren; OLG Hamm 5. 8. 2013 – 8 UF 68/13, FamRB 2014, 97 ausnahmsweise Zulassung einer Stiefkindadoption trotz eines Altersabstandes von nur gut 7 Jahren). Zur Prüfung des Altersabstandes bei einer Erwachsenenadoption vgl § 1767 Rn 24.

5 Durch das **KindRG v 1997** wurde § 1743 BGB idF des AdoptG v 1976 redaktionell neu gefasst. Trotz erheblicher sprachlicher Änderungen ist der Inhalt gleichgeblieben (vgl STAUDINGER/FRANK [2007] Rn 5). Gestrichen wurde dabei auch § 1743 Abs 4 aF, der bestimmte, dass ein **Annehmender unbeschränkt geschäftsfähig** sein muss. Geschäftsunfähigen war indessen die Möglichkeit der Adoption seit jeher verwehrt, weil sie nach § 1752 BGB keinen wirksamen Adoptionsantrag stellen konnten, und beschränkt geschäftsfähige Volljährige gibt es seit Inkrafttreten des BtG am 1. 1. 1992 nicht mehr.

II. Die Voraussetzungen im Einzelnen

6 Das **Regelalter** für den Annehmenden beträgt **25 Jahre**. Wer ein Kind allein annehmen will, *muss* dieses Alter erreicht haben (S 1). Bei der Annahme durch ein Ehepaar genügt es, wenn **ein Ehegatte das 25., der andere das 21. Lebensjahr** vollendet hat (S 2). Das Regelalter von 25 Jahren wird in S 1 auf 21 Jahre für den Fall herabgesetzt, dass der Adoptierende ein Kind seines Ehegatten annimmt. Die Alterserfordernisse müssen spätestens beim Ausspruch der Annahme als Kind (§ 1752 Abs 1 BGB) erfüllt sein (vgl BGHZ 2, 62 = NJW 1951, 706 und LG Bochum StAZ 1966, 173 jeweils zum alten Recht; LG Darmstadt DAVorm 1977, 375, 379). Entsprechendes gilt, wenn ein **Lebenspartner** ein Kind seines Lebenspartners annimmt (§ 9 Abs 7 S 2 LPartG iVm § 1743 S 1 BGB).

7 Die Regelung von § 1743 BGB ist klar, wenn auch **nicht unproblematisch**. Bei der Reform des Adoptionsrechts im Jahre 1976 bestand zwar weitgehend Einigkeit

darüber, dass das 25. Lebensjahr Regelalter werden sollte. Die vor der Reform auch bei Einzeladoptionen mögliche Befreiung vom Alterserfordernis bis zum 21. Lebensjahr wurde indessen trotz anderslautender Vorschläge gestrichen (vgl zB Thesen der AGJ zur Neuregelung des Adoptionsrechts, MittAGJJ Nr 57/58 [1969] These 7. 2; ENGLER 65). Mag diese Entscheidung des Gesetzgebers auch vertretbar sein, so erscheint es nicht recht verständlich, wenn bei Ehepaaren die fehlende persönliche Reife des einen Teils und die möglicherweise mangelnde Stabilität von dessen Lebensverhältnissen in pauschalierender Weise durch das höhere Lebensalter des anderen Teils kompensiert wird (krit auch GERNHUBER/COESTER-WALTJEN § 68 Rn 32 f; ENGLER FamRZ 1975, 125, 128). Eine Regelung, die zwar vom 25. Lebensjahr ausgeht, aber für Sonderfälle eine Befreiungsmöglichkeit vorsieht, hätte wohl besser überzeugt.

Verfehlt dürfte auch die in S 1 (sowie § 9 Abs 7 S 2 LPartG) zum Ausdruck kommende **Förderung der Adoption von Stiefkindern** sein. Bei Stiefkindadoptionen ist vor allem zu bedenken, dass Stiefkinder typischerweise nicht um ihrer selbst willen, sondern dem Ehepartner zuliebe adoptiert werden. Scheitert die Ehe, so bleibt der adoptierende Stiefelternteil unwiderruflich mit Unterhaltspflichten belastet, die er in aller Regel nur im Vertrauen auf den Bestand der Ehe übernehmen wollte (vgl § 1741 Rn 65 ff). Das Stiefkindverhältnis ist ein vom Bestand der Ehe abhängiges faktisches Eltern-Kind-Verhältnis, das nicht ohne Not durch ein künstliches überlagert und erst recht nicht gefördert werden sollte (Bedenken auch bei MünchKomm/MAURER Rn 8; BeckOGK/LÖHNIG [1. 7. 2016] Rn 10). **8**

III. Folgen des Fehlens einer Voraussetzung

Eine entgegen § 1743 BGB ausgesprochene Annahme als Kind (§ 1752 Abs 1 BGB) ist voll wirksam und kann grds auch nicht aufgehoben werden (so auch SOERGEL/LIERMANN Rn 4). Zu den engen Maßstäben für die Nichtigkeit einer Adoptionsentscheidung vgl § 1759 Rn 9. Eine Aufhebung kommt nur nach der allg Bestimmung des § 1763 Abs 1 BGB „aus schwerwiegenden Gründen zum Wohl des Kindes" in Betracht. **9**

§ 1744
Probezeit

Die Annahme soll in der Regel erst ausgesprochen werden, wenn der Annehmende das Kind eine angemessene Zeit in Pflege gehabt hat.

Materialien: BT-Drucks 7/3061, 32; BT-Drucks 7/5087, 10. S STAUDINGER/BGB-Synopse (2005) § 1744.

Systematische Übersicht

I.	**Normzweck und Entstehungsgeschichte**		2. Zweckmäßigkeit einer gesetzlichen Regelung der Pflegezeit	3
1.	Rechtslage vor der Reform v 1976	1	3. Dauer der Pflegezeit	5

II. Inhalt der Adoptionspflege	2. Zeitpunkt für das Vorliegen der Adoptionsvoraussetzungen ____ 13
1. Rechtliche Zielsetzung ____ 7	3. Keine Pflegeerlaubnis ____ 14
2. Vertragsnatur ____ 10	4. Vertrag ____ 15
III. Voraussetzungen der Adoptionspflege	**IV. Folgen eines Verstoßes gegen § 1744** ____ 16
1. Eignung der künftigen Adoptiveltern ____ 12	

I. Normzweck und Entstehungsgeschichte

1. Rechtslage vor der Reform v 1976

1 Bis zum Inkrafttreten des AdoptG v 1976 enthielt das BGB **keine gesetzliche Regelung** über Notwendigkeit oder Zweckmäßigkeit eines Pflegeverhältnisses als „Probezeit" vor der Adoption. Zu erkennbaren Unzuträglichkeiten hatte das Fehlen einer solchen Vorschrift nicht geführt (vgl BT-Drucks 7/3061, 32). In Mot IV 969 war der Verzicht des Gesetzgebers auf eine Regelung damit begründet worden, dass niemand „die Mannigfaltigkeit der Verhältnisse im Voraus zu übersehen imstande sei", und dass „gegen leichtsinniges Vorgehen die Form der Annahme an Kindesstatt und, wenn ein Minderjähriger angenommen werden soll, die erforderliche Genehmigung des Vormundschaftsgerichtes schützen". Auch ohne gesetzliche Regelung war indessen bis zur Reform v 1976 die grds **Zweckmäßigkeit** eines Pflegeverhältnisses vor der Adoption **unbestritten**. So sahen die Richtlinien für die Adoptionsvermittlung (erarbeitet und empfohlen von der Arbeitsgemeinschaft der Landesjugendämter) v 1963 „in der Regel eine Anpassungszeit von mindestens 1 Jahr" vor (Abschn 2. 51).

2 Im Zuge der Reformarbeiten wurden mehrfach Zweifel geäußert, ob mit einer gesetzlichen Regelung, die ohnehin nur allgemein richtungweisend sein könne, viel gewonnen sei (so Engler 82). Im Bericht des RAussch zum RegE heißt es denn auch etwas skeptisch: „Die Bewährung der Vorschrift wird davon abhängen, ob es gelingt, die unbestimmten Rechtsbegriffe, in der Regel, und, angemessene Zeit, jeweils im Hinblick auf die besonderen Umstände des Einzelfalles auszulegen und nicht schematisch zu verfahren" (BT-Drucks 7/5087, 10).

2. Zweckmäßigkeit einer gesetzlichen Regelung der Pflegezeit

3 Der gesetzliche Hinweis auf das Erfordernis einer angemessenen Pflegezeit dürfte zwar **nicht notwendig, aber zweckmäßig** sein (vgl Vorschläge der AGJ zur Reform des Adoptionsrechts und des Adoptionsvermittlungsrechts, MittAGJ 64 [1972] 34 zu Frage 5; Internat Sozialdienst MittAGJ [1975] 3 ff; Caritas Jugendwohl [1972] 246). Gesetzliche Bestimmungen haben eine größere Signalwirkung als bloße Verwaltungsvorschriften oder Empfehlungen von Fachverbänden. § 1744 BGB trug auch dem EuAdoptÜbEink v 1967 Rechnung, das in Art 17 eine Pflegezeit vorschrieb, die „ausreicht, damit die zuständige Behörde die Beziehungen zwischen dem Kind und den Annehmenden im Fall einer Adoption richtig einzuschätzen vermag". Der Bundesgerichtshof hat den Zweck der Probezeit (allerdings in einem etwas anderen Kontext) mit den Worten beschrieben: „Die vor einer endgültigen Adoption vorgesehene Probezeit dient der

Prüfung der Frage, ob gewachsene persönliche Beziehungen entstanden sind, die es **rechtfertigen, ein soziales Eltern-Kind-Verhältnis anzunehmen**" (BGH 12. 7. 1995 – XII ZR 128/94, FamRZ 1995, 1272, 1274 betr Vaterschaftsanfechtung nach heterologer Insemination nach altem Abstammungsrecht). Demgegenüber wird den Vertragsstaaten in Art 18 des EuAdoptÜbEink(rev) v 2008 die Einhaltung einer Pflegezeit nunmehr freigestellt. So verzichten auch einige **europäische Rechtsordnungen** zT auf jedwede gesetzliche Regelung (zB *Dänemark, Norwegen, Österreich, Ungarn)*, andere sehen zT aber auch weitergehend als § 1744 BGB bestimmte **Regel- oder sogar Mindestanpassungszeiten** vor (zB Art 345 Abs 1 *französ* Cc: mind 6 Monate; Art 25 Abs 1 *ital* AdoptG v 1983: mind 1 Jahr; Art 264 *schweiz* ZGB: mind 1 Jahr).

Der früher gelegentlich vertretenen **Ansicht, dass § 1744 BGB nicht nur nicht not-** 4 **wendig, sondern schädlich** sei (GOLDSTEIN/FREUD/SOLNIT 36, 43; LEBER/REISER/SIMONSOHN MittAGJ 75 [1975] 7 ff), weil die Vorläufigkeit des Pflegeverhältnisses die vorbehaltlose Annahme als Kind erschwere, ist nicht zu folgen. Sie widerspricht den Erfahrungen, wie sie im Zuge der Reform des Adoptionsrechts von den mit der Adoptionsvermittlung befassten Stellen geäußert wurden (Vorschläge der AGJ zur Reform des Adoptionsrechts und des Adoptionsvermittlungsrechts, MittAGJ 64 [1972] 34 zu Frage 5; Caritas Jugendwohl [1972] 246; Internat Sozialdienst MittAGJ 75 [1975] 3 ff). Wer ein Kind in Adoptionspflege nimmt, denkt nicht an ein „Reuerecht" (vgl ERMAN/SAAR[11] Rn 6), von dem er bis zum endgültigen Erlass des Adoptionsbeschlusses Gebrauch machen kann. Bedenken gegen die Vorschaltung eines längeren Pflegeverhältnisses wären allenfalls aus der Sicht der künftigen Adoptiveltern verständlich (vgl GOLDSTEIN/FREUD/SOLNIT 36). Für sie ist das Warten auf den Adoptionsbeschluss nach § 1752 BGB gelegentlich mit der Sorge verbunden, „ihr" Kind im letzten Augenblick doch noch zu verlieren – eine Befürchtung, die ua bei Kindern, die im Wege vertraulicher Geburt geboren wurden oder aus sog Babyklappen stammen (dazu etwa HELMS FamRZ 2014, 609), nicht ganz unbegründet ist, das Gleiche gilt bei außerehelich geborenen Kindern dann, wenn die Vaterschaft erst nach der Inpflegegabe festgestellt wird und der Vater sich mit der Adoption nicht einverstanden erklärt. Entscheidend spricht indessen für § 1744 BGB, dass idR ohne eine angemessene Pflegezeit trotz sorgfältigster Vorbereitung die nach § 1741 BGB notwendige Prognose nicht gewagt werden kann, es sei „zu erwarten, dass zwischen dem Annehmenden und dem Kind ein Eltern-Kind-Verhältnis entsteht" (vgl OLG Frankfurt 21. 7. 2003 – 20 W 151/03: Ablehnung der Adoption eines in Pakistan lebenden Kindes, zu dem bisher nur Kontakte durch finanzielle Zuwendungen, Briefe und länger zurückliegende kurze Besuche bestanden). Außerdem ist eine nach nicht allzu langer Zeit abgebrochene Pflege in jedem Fall besser als eine gescheiterte Adoption (MünchKomm/MAURER Rn 6; BeckOGK/LÖHNIG [1. 7. 2016] Rn 3).

3. Dauer der Pflegezeit

Hinsichtlich der Dauer des Pflegeverhältnisses ist zu differenzieren: **Bei Säuglingen** 5 **und Kleinkindern** bestehen oft geringe Anpassungsschwierigkeiten, sodass die Probezeit kürzer ausfallen kann als **bei älteren Kindern**, insbesondere behinderten und sog Problemkindern. In den „Empfehlungen der Bundesarbeitsgemeinschaft der Landesjugendämter zur Adoptionsvermittlung" idF v 2014 heißt es unter 8. 5:

> „Bei Säuglingen und Kleinkindern bestehen in der Regel geringere Integrationsschwierigkeiten, sodass die Adoptionspflegezeit kürzer ausfallen kann als bei älteren Kindern. Eine

Adoptionspflegezeit von weniger als einem Jahr dürfte in den seltensten Fällen angemessen sein (z.B. bei neugeborenen Kindern ohne Beziehungsabbruch unter Beachtung der Tatsache, dass durch die Anwesenheit eines Kindes die Paarbeziehung eine neue Dynamik erhält). Auch und gerade bei Verwandten- oder Stiefkindadoptionen ist auf eine angemessene Adoptionspflegezeit zu achten [...]. Dies gilt ebenso für Stiefkindadoptionen nach dem Lebenspartnerschaftsgesetz."

Dabei heben die Empfehlungen zu Recht hervor, dass auch bei **Verwandten- und Stiefkindadoptionen** nicht grundsätzlich auf die Vorschaltung einer Pflegezeit verzichtet werden sollte. Verwandten- und Stiefkindadoptionen sind in hohem Maße problematisch, sodass hier keine Erleichterungen am Platze sind, sondern erhöhte Vorsicht (vgl FRANK 21 f, 68 f, 126 f; BeckOGK/LÖHNIG [1. 7. 2016] Rn 5; vgl auch § 1741 Rn 37 ff u 64 ff). Allerdings wird es sich in diesen Fällen in aller Regel nicht um eine offizielle Adoptionspflege iSd Rn 7 ff handeln, sondern um die **faktische Fürsorge** meist aufgrund längeren gemeinsamen Zusammenlebens (MünchKomm/MAURER Rn 30 und 54; PraxKommKindschaftsR/BRAUN Rn 4).

6 Eine Sondersituation besteht demgegenüber in den Fällen einer (offiziellen) **Samenspende an ein Frauenpaar**. Während die Geburtsmutter über § 1591 BGB automatisch die rechtliche Elternschaft erlangt, kann die andere Partnerin als Ehefrau (§ 1741 Abs 1 S 3 BGB) oder Lebenspartnerin nur im Wege der Stiefkindadoption (§ 9 Abs 7 S 1 LPartG) in die Elternstellung einrücken (krit dazu etwa HELMS, Gutachten für den 71. DJT [2016] Verh Bd I S F 33 ff). Im Falle einer von vornherein **intendierten gleichgeschlechtlichen Elternschaft**, die nur im Wege einer Stiefkindadoption verwirklicht werden kann, spricht alles dafür, auf die Pflegezeit zu verzichten (vgl auch jurisPK-BGB/HEIDERHOFF Rn 2; BeckOGK/LÖHNIG [1. 7. 2016] Rn 21): Durch die Pflegezeit verzögert sich die Begründung verwandtschaftlicher Beziehungen zum (vermutlich) zweiten sozialen Elternteil des Kindes ganz erheblich, außerdem entsteht die Gefahr, dass das Kind dauerhaft nur einen Elternteil erhält, obwohl es seine Existenz dem (gemeinsamen) Kinderwunsch beider Frauen zu verdanken hat. Eine Adoption scheitert schon immer dann, wenn – etwa nach einer Trennung des Paares – die Geburtsmutter ihre Einwilligung in die (Stiefkind-)Adoption (§ 1747 Abs 1 S 1 BGB) verweigert oder ihre Partnerin das Interesse daran verliert oder verstirbt, bevor der Adoptionsantrag gestellt wird (§ 1753 Abs 2 BGB). Aus Sicht des (betroffenen) Kindes besteht aber ein großes Interesse, zuverlässig zwei Elternteilen rechtlich zugeordnet zu werden. Das gilt nicht nur in finanzieller, sondern auch in sozial-affektiver Hinsicht, denn angesichts der gemeinsamen Entscheidung der beiden Frauen zur Durchführung einer künstlichen Befruchtung bestehen gute Chancen, dass auch die Lebenspartnerin bzw Ehefrau der Mutter eine soziale Elternrolle im Leben des Kindes einnehmen wird. Eine Sondersituation liegt aber auch deshalb vor, weil es zur statusrechtlichen Zuordnung des Kindes **keine vernünftige Alternative** gibt. Denn der genetische Vater steht in den Fällen offizieller Samenspende für die Einnahme der rechtlichen Vaterrolle seit jeher – zumindest faktisch – nicht zur Verfügung; das gilt umso mehr seit Inkrafttreten des in § 1600d Abs 4 nF BGB verankerten Ausschlusses einer gerichtlichen Vaterschaftsfeststellung gegen einen Samenspender. Während in der Rechtsprechung das Adoptionspflegejahr teilweise für verzichtbar gehalten wird (AG Elmshorn 20. 12. 2010 – 46 F 9/10, FamRZ 2011, 1316 f; DIJuF-Rechtsgutachten, JAmt 2012, 576, 578; vgl auch AG Göttingen 29. 6. 2015 – 40 F 9/14 AD, FamRZ 2015, 1982, 1983 [„kurze Adoptionspflegezeit"]), wird von den Jugendämtern wohl

Titel 7 · Annahme als Kind
Untertitel 1 · Annahme Minderjähriger § 1744

überwiegend nicht davon abgesehen (Jansen/Bruns/Greib/Herbertz-Flossdorf, Regenbogenfamilien – alltäglich und doch anders [2. Aufl 2014] 124 f; vgl auch Reinhardt JAmt 2011, 628, 631 m Fn 22).

II. Inhalt der Adoptionspflege

1. Rechtliche Zielsetzung

Von einem „normalen" Pflegeverhältnis unterscheidet sich die Adoptionspflege 7 durch die **besondere Zielsetzung** (vgl BT-Drucks 7/3421 zu § 6 unter 1; OVG Saarlouis DAVorm 1982, 905, 908). Inhaltlich gleicht sie der allg Familienpflege iSd §§ 1630 Abs 3, 1632 Abs 4 BGB, 33 SGB VIII (OLG Brandenburg DAVorm 2000, 171, 173; OLG Hamm NJW 1985, 2168; MünchKomm/Maurer Rn 30).

Bestrebungen der AGJ, ein **förmliches Adoptionspflegeverfahren** nach *französischem* 8 (Art 351, 352 Cc: placement en vue de l'adoption) oder *italienischem* (Art 22, 23 AdoptG v 4. 5. 1983: affidamento preadottivo) Vorbild einzuführen (Vorschläge zur Reform des Adoptionsrechts und des Adoptionsvermittlungsrechts, MittAGJ 64 [1972] 33 f; Feil MittAGJ 67 [1973] 39 f; Schnabel MittAGJ 64 [1972] 18, 20 f, MittAGJ 67 [1973] 38 f, MittAGJ 70 [1974] 43 f; Internat Sozialdienst MittAGJ 75 [1975] 3 ff), waren bei der Reform v 1976 gescheitert (vgl BT-Drucks 7/3061, 32 unter 5). Ein derartiges zweiphasiges Modell sollte das Kind schrittweise zunächst durch einen Adoptionspflegebeschluss, später durch den Adoptionsbeschluss aus der Ursprungsfamilie lösen und in die neue Familie eingliedern. Ziel der Reformbestrebungen war es ua, Statusveränderungen des Kindes durch Vaterschaftsanerkennung und Vaterschaftsfeststellung während der Adoptionspflege zu verhindern, damit geplante Kindesannahmen nicht durch rechtliche Veränderungen wieder in Frage gestellt werden können.

Der Gesetzgeber hat dem Wunsch nach einer **rechtlichen Verfestigung von Adop-** 9 **tionspflegeverhältnissen** partiell durchaus Rechnung getragen: Nach § 1751 Abs 1 BGB ruht die elterliche Sorge mit der Einwilligung in die Annahme; die Befugnis zum persönlichen Umgang mit dem Kind darf nicht ausgeübt werden. Das JugA wird grds Vormund. Der Pflegeperson selbst werden seit dem KindRG v 1997 in § 1751 Abs 1 S 4 BGB erweiterte Erziehungs- und Entscheidungskompetenzen eingeräumt. Nach § 1751 Abs 4 BGB ist der Annehmende dem Kind vor den Verwandten des Kindes zur Gewährung des Unterhalts verpflichtet, sobald die Eltern des Kindes die erforderliche Einwilligung erteilt haben und das Kind in die Obhut des Annehmenden mit dem Ziel der Annahme aufgenommen ist. Zu beachten ist allerdings, dass die in § 1751 Abs 1 und 4 BGB angeordneten Rechtsfolgen nicht an die Inpflegegabe des Kindes anknüpfen. Die Wirkungen des Abs 1 sind die unmittelbare Folge der elterlichen Einwilligung in die Adoption; die Wirkungen des Abs 4 hängen von der elterlichen Einwilligung und der Aufnahme des Kindes in die „Obhut" des Annehmenden ab. Mit der Verwendung des Begriffes „Obhut" distanzierte sich der Gesetzgeber auch sprachlich von der Adoptions„pflege" des § 1744 BGB. Durch das Wort „Obhut" wird klargestellt, dass das Kind nicht unbedingt in den Haushalt des Annehmenden aufgenommen sein muss. Muss es bspw wegen Krankheit oder körperlicher oder geistiger Behinderung noch einige Zeit in einem Krankenhaus oder einem Heim bleiben, so tritt die Unterhaltspflicht der künftigen Annehmenden ein, wenn sie die Verantwortung für das Kind übernehmen

(BT-Drucks 7/5087, 14). Demgegenüber setzt die Adoptionspflege als Probezeit voraus, dass die Pflege im eigenen Wohn- und Lebensbereich geleistet wird, weil nur so entsprechend der Zielsetzung des § 1744 BGB festgestellt werden kann, ob „zu erwarten ist, dass zwischen dem Annehmenden und dem Kind ein Eltern-Kind-Verhältnis entsteht" (§ 1741 Abs 1 S 1 BGB; zur Unterscheidung zwischen „Obhut" und „Pflege" vgl Soergel/Liermann Rn 9 f).

2. Vertragsnatur

10 Das Rechtsverhältnis der Adoptionspflege ist **vertraglicher Natur** (zum Abschluss des Pflegevertrages vgl Rn 15). Es wird zutreffend als ein „besonderes familienrechtliches" qualifiziert (so Roth-Stielow Rn 16; vgl etwa auch LSG BW 24. 2. 2015 – L 11 EG 559/14, FamRZ 2015, 2010, 2011), wobei indessen zu beachten ist, dass es im Interesse des **Kindes durch öffentlichrechtliche Schutznormen** geprägt ist. So entscheidet über den Beginn der Adoptionspflege die AdVermStelle (§ 8 AdoptVermG) und über ihr Ende der Richter, der die Adoption ausspricht (§ 1752 BGB). Die AdVermStelle hat außerdem die Annehmenden, das Kind und seine Eltern während der Eingewöhnungszeit zu beraten und zu unterstützen, und die Jugendämter haben nach § 9a AdVermG sicherzustellen, dass die gebotene Beratung und Unterstützung auch tatsächlich geleistet werden, wenn die Annehmenden dies wünschen (§ 9 Abs 1 AdoptVermG). Die mit einseitigem Blick auf die Vertragsnatur von Pflegeverhältnissen geführte Diskussion, ob Pflegeverträge als Dauerschuldverhältnisse aus wichtigem Grund gekündigt (so Gernhuber/Coester-Waltjen § 68 Rn 8–10) oder nach § 119 BGB angefochten werden können (so Roth-Stielow Rn 16), erscheint angesichts der Überlagerung privatrechtlicher durch öffentlichrechtliche Vorschriften weitgehend theoretisch und praxisfern: Die Fortsetzung einer Adoptionspflege gegen den Willen der ursprünglichen Adoptionsbewerber ist im Falle einer Adoptionsvormundschaft (§ 1751 Abs 1 S 2 BGB) ohnehin ausgeschlossen, weil der Vormund dann kraft seines Amtes im Interesse des Kindes für eine anderweitige Unterbringung sorgen muss (MünchKomm/Maurer Rn 11). Haben die personensorgeberechtigten Eltern noch nicht in die Annahme eingewilligt, so kann die für das Kind schädliche Herausnahme aus der Pflegestelle gegen den Willen der Adoptionsbewerber nach § 1632 Abs 4 BGB unterbunden werden (vgl BayObLGZ 1984, 98 = FamRZ 1984, 817; OLG Hamm NJW 1985, 3029). Weitere Schutzmaßnahmen zugunsten des Kindes sind nach §§ 1666, 1748 BGB möglich. Die Unterhaltspflicht der Adoptionspflegeeltern gem § 1751 Abs 4 S 1 BGB ist ebenfalls nicht von der Frage abhängig, ob der Adoptionspflegevertrag nach §§ 119, 123 BGB angefochten werden kann. Rückwirkung kommt einer Anfechtung – falls zulässig – jedenfalls nicht zu (OVG Münster JAmt 2001, 426; vgl § 1751 Rn 37).

11 Dem Zweck der Adoptionspflege entsprechend hat die **Adoptionsvermittlungsstelle** gem § 189 S 1 FamFG eine **fachliche Äußerung** darüber abzugeben, ob das Kind und die Familie des Annehmenden für die Annahme geeignet sind. Das **JugA** selbst ist vor der Entscheidung des FamG nach § 194 Abs 1 S 1 FamFG **zu hören**, sofern es nicht bereits nach § 189 S 1 FamFG als Adoptionsvermittlungsstelle eine Stellungnahme abgegeben hat.

III. Voraussetzungen der Adoptionspflege

1. Eignung der künftigen Adoptiveltern

Nach § 8 AdoptVermG darf ein Kind „erst dann zur Eingewöhnung bei den Ad- 12
optionsbewerbern in Pflege gegeben werden, wenn **feststeht, dass die Adoptionsbewerber für die Annahme des Kindes geeignet sind**". Im RegE zum AdoptVermG v 1976 (BT-Drucks 7/3421, 21) heißt es dazu im Einzelnen:

> „Die Inpflegegabe mit dem Ziel der Adoption bedarf einer äußerst sorgfältigen Vorbereitung. Die sog Eingewöhnungs- oder Anpassungszeit (§ 1744) darf keinesfalls dazu dienen, eine von der Adoptionsvermittlungsstelle für zweifelhaft gehaltene Eignung der Annehmenden zu klären. Zweck der Eingewöhnungszeit ist es vielmehr, das Verhältnis der mit positivem Ergebnis überprüften Adoptionsbewerber zu dem Kind dadurch zu festigen, daß die Adoptionsbewerber das Kind wie leibliche Eltern selbst eine Zeit lang vor der Adoption betreuen. Die Adoptionsvermittlungsstelle soll so Gelegenheit erhalten, die Entwicklung der Eltern-Kindbeziehung zu beobachten, um im Rahmen der gutachtlichen Äußerung gegenüber dem Gericht vor dem Ausspruch der Adoption (§ 56d FGG [jetzt: § 189 FamFG]) endgültig beurteilen zu können, ob die ausgewählten Adoptionsbewerber als Eltern dieses bestimmten Kindes geeignet sind. Das Adoptionspflegeverhältnis ist demnach eine ‚Bewährungsprobezeit', und keine ‚Vorprüfungszeit'."

2. Zeitpunkt für das Vorliegen der Adoptionsvoraussetzungen

Die Adoptionsvoraussetzungen müssen nicht notwendigerweise alle im Zeitpunkt 13
der Inpflegegabe erfüllt sein. So kann eine geringfügige **Unterschreitung des Mindestalters** hingenommen werden, wenn abzusehen ist, dass beim Ausspruch der Annahme als Kind (§ 1752 BGB) den Alterserfordernissen genügt sein wird. Keine Bedenken bestehen auch gegen eine Adoptionspflege, wenn die **elterliche Einwilligung in die Adoption** zwar erklärt, dem FamG aber noch nicht zugegangen und damit noch nicht wirksam (§ 1750 Abs 1 S 3 BGB) geworden ist (AG Kamen DAVorm 1980, 45 ff; OVG Saarlouis DAVorm 1982, 905 ff). In Betracht kommt eine Adoptionspflege aber auch schon dann, wenn die Eltern ihre Einwilligung noch nicht erklärt haben, so etwa, wenn ein Kind ohne elterliche Fürsorge in einem Heim lebt und mit der elterlichen Einwilligung oder deren Ersetzung zu rechnen ist (DIV-Gutachten DAVorm 1999, 833 f). Hier liegt es oft im Interesse des Kindes, möglichst schnell in die Familie seiner – wahrscheinlichen – Adoptiveltern aufgenommen zu werden, die dann allerdings über die Risiken eines eventuellen Nichtzustandekommens der Adoption informiert werden müssen (MünchKomm/Maurer Rn 21).

3. Keine Pflegeerlaubnis

Die Inpflegegabe zum Zwecke der Adoption erfüllt an sich den Tatbestand des § 44 14
Abs 1 S 1 SGB VIII, was eigentlich zur Folge haben müsste, dass die Pflegeperson nicht nur durch die AdVermStelle auf ihre Eignung zu überprüfen wäre (§ 7 AdVermG), sondern auch einer Pflegeerlaubnis durch das JugA bedürfte. Das war in der Tat auch der Rechtszustand bis zum 31. 3. 1993 (vgl Staudinger/Frank[12] Rn 14). Da indessen der Adoptionspflege bereits eine Vermittlung durch eine fachlich kompetente Adoptionsvermittlungsstelle vorausgeht (§§ 2, 3 AdVermG), besteht für einen zusätzlichen Er-

laubnisvorbehalt kein Anlass. Durch das erste ÄndG zum SGB VIII wurde deshalb auf das Erfordernis einer Pflegeerlaubnis verzichtet (§ 44 Abs 1 S 2 Nr 6 SGB VIII).

4. Vertrag

15 Die Begründung der Adoptionspflege erfolgt durch **Vertrag** zwischen dem gesetzlichen Vertreter des Kindes und der Pflegeperson (LSG BW 24. 2. 2015 – L 11 EG 559/14, FamRZ 2015, 2010, 2011). Haben die Eltern gem §§ 1747, 1750 Abs 1 BGB in die Annahme eingewilligt, oder wurde ihre Einwilligung durch rechtskräftigen Beschluss des FamG gem § 1748 BGB ersetzt, so wird das Kind durch das JugA als Vormund vertreten (§ 1751 Abs 1 S 2 BGB). Andernfalls steht den Eltern das **Vertretungsrecht** zu, es sei denn, ihnen wurde das Personensorgerecht oder das Aufenthaltsbestimmungsrecht gem § 1666 BGB entzogen. Zur rechtl Qualifizierung dieses Vertrags vgl Rn 10.

IV. Folgen eines Verstoßes gegen § 1744

16 Ein Verstoß gegen § 1744 BGB hat für die Wirksamkeit der Adoption – für sich genommen – **keine Konsequenzen** (MünchKomm/MAURER Rn 56; ERMAN/SAAR Rn 1). Bei § 1744 BGB handelt es sich um eine Sollvorschrift, die in erster Linie dazu beitragen soll, das zentrale Erfordernis der Kindeswohldienlichkeit iSd § 1741 Abs 1 S 1 BGB sachgerecht beurteilen zu können. Die Vorschrift wird in §§ 1759 ff BGB nicht als Aufhebungsgrund genannt.

§ 1745
Verbot der Annahme

Die Annahme darf nicht ausgesprochen werden, wenn ihr überwiegende Interessen der Kinder des Annehmenden oder des Anzunehmenden entgegenstehen oder wenn zu befürchten ist, dass Interessen des Anzunehmenden durch Kinder des Annehmenden gefährdet werden. Vermögensrechtliche Interessen sollen nicht ausschlaggebend sein.

Materialien: BT-Drucks 7/3061, 33 f; BT-Drucks 7/5087, 10. S STAUDINGER/ BGB-Synopse (2005) § 1745.

Systematische Übersicht

I. Entstehungsgeschichte	II. Bewertung der Vorschrift
1. Ursprüngliches Erfordernis der Kinderlosigkeit 1	1. Abschaffung des Erfordernisses der Kinderlosigkeit 5
2. Befreiung vom Erfordernis der Kinderlosigkeit 2	2. Schutz von Interessen der Kinder des Annehmenden und des Anzunehmenden 6
3. Regelung durch das FamRÄndG v 1961 3	3. Gefährdung von Interessen des Anzunehmenden durch Kinder des Annehmenden 9
4. Regelung des geltenden Rechts 4	

Titel 7 · Annahme als Kind
Untertitel 1 · Annahme Minderjähriger § 1745

III.	Entgegenstehende Interessen der Kinder des Annehmenden	
1.	Allgemeines zum Abwägungsprozess	10
2.	„Kinder" des Annehmenden	11
3.	Nichtvermögensinteressen	14
4.	Vermögensinteressen	15
IV.	Entgegenstehende Interessen der Kinder des Anzunehmenden	19
V.	Gefährdung von Interessen des Anzunehmenden durch Kinder des Annehmenden	20
VI.	Verfahren und Feststellungslast	
1.	Anhörungsrechte und Beteiligtenstellung	22
2.	Verletzung von Anhörungsrechten	25
3.	Feststellungslast	26

Alphabetische Übersicht

Abwägung der betroffenen Interessen	10, 15, 21
Adoptivkind als „Kind des Annehmenden"	11
Altersunterschied zu vorhandenen Kindern	20
Anhörungsrecht	
– des Kindes des Annehmenden	22
– des Kindes des Anzunehmenden	22
– nach altem Recht (vor FamFG)	22
Beteiligtenstellung	23 f
– des Kindes des Annehmenden	23
– des Kindes des Anzunehmenden	24
Enkel des Annehmenden	12
Entstehungsgeschichte	1 ff
Erbteil, Schmälerung des -s	10, 15
Erwachsenenadoption	4, 15
Finanzielle Leistungskraft des Annehmenden, Minderung durch Adoption	10, 15
Gefährdung der Interessen des Anzunehmenden	2 f, 9, 20 f
Gewichtung der betroffenen Interessen	10, 15, 18, 25
Großeltern	
– Adoption durch	12
Interessen	
– der Enkel des Annehmenden	12
– der Kinder des Annehmenden	2 ff, 6 f, 10 ff
– der Kinder des Anzunehmenden	6, 8, 19
– des Anzunehmenden	2 ff, 9 f, 18, 20 f
– des nasciturus des Anzunehmenden	13
– nichtvermögensrechtliche	14
– überwiegende	10
– vermögensrechtliche	2 f, 7, 10, 15 ff
Kinder des Annehmenden	11 f
Kinderlosigkeit	
– Abschaffung des Erfordernisses der	4 f
– Befreiung vom Erfordernis der	2 ff
– Erfordernis der	1 ff
Lebenspartner	4
Nasciturus als „Kind des Annehmenden"	13
Nichtfeststellbarkeit von Tatsachen; Feststellungslast	26
Nichtvermögensinteressen	14
Pflichtteil, Schmälerung des -s	15
Rechtliches Gehör	
– Anspruch des Kindes des Annehmenden auf	22
– Anspruch des Kindes des Anzunehmenden auf	22
– Folgen der Nichtgewährung	25
Rechtsentwicklung, internationale	5
Rechtsordnungen, ausländische	5, 18
Stiefkindadoption	14, 17 f
Unterhaltsansprüche, Beeinträchtigung durch Adoption	
– Ansprüche des Anzunehmenden	18
– Ansprüche gegen den Annehmenden	7, 17 f

Unternehmen, elterliches		Verfassungsbeschwerde wegen Nichtan-	
– Fortführung	15	hörung	25
– Gefahr der Zerschlagung	15	Vermögensinteressen	15 ff
		Volljährigenadoption	4, 15
Verfahren der Sachverhaltsermittlung	22 ff		

I. Entstehungsgeschichte

1. Ursprüngliches Erfordernis der Kinderlosigkeit

1 Vorläufer des heutigen § 1745 BGB war § 1741 aF, der in seiner ursprünglichen Fassung die Annahme an Kindes Statt ohne Befreiungsmöglichkeit nur demjenigen erlaubte, der **„keine ehelichen Abkömmlinge"** hatte. Für diese Regelung des BGB v 1900 war die Überlegung maßgebend, dass beim Vorhandensein ehelicher Abkömmlinge

> „einerseits für eine Annahme an Kindesstatt regelmäßig ein Bedürfnis nicht vorliegt, andererseits dieselbe die Gefahr mit sich bringt, daß durch die Aufnahme eines fremden Kindes das häusliche Glück gestört und die Gelegenheit zu Mißhelligkeiten zwischen dem Annehmenden und dessen ehelichen Abkömmlingen gegeben wird, Mißhelligkeiten, welche namentlich daraus entstehen können, daß durch die Annahme an Kindesstatt die Hoffnungen der ehelichen Abkömmlinge in erbrechtlicher Hinsicht getäuscht werden" (Mot IV 957).

Näher zur Rechtslage unter der Geltung des § 1741 aF GLÄSSING 57 ff.

2. Befreiung vom Erfordernis der Kinderlosigkeit

2 Nach dem 2. Weltkrieg erließen zunächst 1948 die Länder der sowjetisch besetzten Zone und 1949 auch die Länder Württemberg-Hohenzollern und Rheinland-Pfalz Gesetze, welche die Erleichterung der Annahme an Kindes Statt, insbes die Möglichkeit der Befreiung vom Erfordernis der Kinderlosigkeit des Annehmenden, vorsahen (vgl STAUDINGER/ENGLER[10/11] Rn 3). Eine bundeseinheitliche Regelung brachte erst das **Gesetz zur Erleichterung der Annahme an Kindes Statt v 8. 8. 1950** (BGBl 1950 I 356). Dessen § 1 sah gleichfalls die Möglichkeit vor, von dem Erfordernis der Kinderlosigkeit zu befreien. In häuslicher Gemeinschaft lebende Ehegatten mit gemeinschaftlichen Abkömmlingen konnten Befreiung nur für die gemeinschaftliche Annahme eines Kindes erhalten. Nach § 4 sollte die Befreiung nur bewilligt werden, wenn der Annahme an Kindes Statt keine überwiegenden Interessen der ehelichen Abkömmlinge des Annehmenden entgegenstanden und keine Gefährdung der Interessen des Anzunehmenden durch das Vorhandensein ehelicher Abkömmlinge zu befürchten war; vermögensrechtliche Interessen der Beteiligten sollten idR nicht ausschlaggebend sein. Die Geltungsdauer des zunächst bis Ende 1952 befristeten Adopt-ErleichtG wurde durch zwei weitere Gesetze v 1953 u 1955 verlängert. Diese waren aber ebenfalls jeweils befristet, sodass es am 31. 12. 1960 endgültig außer Kraft trat.

3. Regelung durch das FamRÄndG v 1961

3 Am 11. 8. 1961 wurde das FamRÄndG (BGBl 1961 I 1221) beschlossen. Die Möglichkeit der Befreiung vom Erfordernis der Kinderlosigkeit war nunmehr in § 1745 aF geregelt. § 1745a aF stellte Richtlinien auf, nach deren Abs 1 – entsprechend der Regelung des AdoptErlG v 1950 – eine Befreiung vom Erfordernis der Kinderlosigkeit nur erfolgen sollte,

> „wenn der Annahme an Kindes Statt keine überwiegenden Interessen der ehelichen Abkömmlinge des Annehmenden entgegenstehen und wenn keine Gefährdung der Interessen des Anzunehmenden durch das Vorhandensein ehelicher Abkömmlinge zu befürchten ist. Vermögensrechtliche Interessen der Beteiligten sollen nicht ausschlaggebend sein."

Näheres zu den §§ 1745, 1745a BGB idF des FamRÄndG v 1961 wie auch allg zur Entstehungsgeschichte des heutigen § 1745 BGB in STAUDINGER/ENGLER[10/11] § 1745 Rn 1 f.

4. Regelung des geltenden Rechts

Das Erfordernis der Kinderlosigkeit wurde durch das AdoptG v 1976 abgeschafft **4** (vgl BT-Drucks 7/3061, 29 u 33). Schutzwürdigen Interessen vorhandener Kinder wird nunmehr durch § 1745 BGB Rechnung getragen, der weitgehend § 1745a Abs 1 aF entspricht. In der Sache hat sich somit bei der Minderjährigenadoption gegenüber dem früheren Rechtszustand wenig geändert. Geändert hat sich allerdings die Rechtslage bei der **Erwachsenenadoption**, weil dort die Interessen vorhandener Kinder in § 1769 BGB anders gewichtet sind als in § 1745a aF, der gleichermaßen für die Minderjährigen- wie für die Erwachsenenadoption galt (Näheres vgl § 1769 Rn 2). § 1745 BGB ist auf Erwachsenenadoptionen nicht anwendbar, für diese gilt ausschließlich § 1769 BGB.

II. Bewertung der Vorschrift

1. Abschaffung des Erfordernisses der Kinderlosigkeit

Die Abschaffung des Erfordernisses der Kinderlosigkeit spiegelt einen grundlegen- **5** den Funktionswandel der Adoption wider: Das frühere Verständnis der Adoption, nach dem dieselbe „kinderlosen Personen" von diesem „Mangel" abhelfen sollte (Mot IV 952) und folglich beim Vorhandensein von Kindern keinen rechten Sinn haben konnte, ist längst einer Betrachtung gewichen, nach der die **Förderung des Kindeswohls der eigentliche Zweck der Annahme als Kind** ist. § 1745 BGB entspricht im Übrigen den Vorgaben von Art 13 Abs 2 EuAdoptÜbEink(rev) aus dem Jahre 2008 (BGBl 2015 II 2), wonach einer Person die Kindesannahme nicht deshalb untersagt werden darf, „weil sie ein Kind hat oder haben könnte", wobei eine vergleichbare Regelung auch schon in Art 12 Abs 2 EuAdoptÜbEink v 24. 4. 1967 (BGBl 1980 II 1093) enthalten war. Die Zulassung der Adoption durch Eltern, die bereits Kinder haben, entspricht der **internationalen Rechtsentwicklung**: Staaten, welche das Institut der Adoption erst im 20. Jahrhundert als ein Instrument der Sozialpolitik anerkannt haben, wie die nordischen Länder *(Dänemark* AdoptG v 26. 3. 1923, nunmehr AdoptG v 23. 12. 2015 Nr 1821; *Schweden* AdoptG v 14. 6. 1917 u 28. 6. 1923, nunmehr 4. Kap §§ 1–11 des ElternG v 10. 6. 1949 Nr 381; *Norwegen* AdoptG v 2. 4. 1917 Nr 1, nunmehr AdoptG v 28. 2. 1986 Nr 8; *Finnland* Ges über Adoptivkinder v 5. 6. 1925 Nr 208, nunmehr AdoptG v 20. 1. 2012 Nr 22), *Großbritannien* (Adoption of Children Act v 1926, nunmehr Adoption and Children Act 2002) und die

Niederlande (Ges v 26. 1. 1956 Stb 42, nunmehr Ges v 24. 12. 1997 Stb 772), sahen von vornherein die Möglichkeit der Adoption auch beim Vorhandensein eigener Kinder vor. Aber auch diejenigen Staaten, in denen die „Annahme an Kindes Statt" ursprünglich als ein Mittel zur Tradierung von Familiennamen und Familiengut gedient hat, haben in den 70er und 80er Jahren des 20. Jahrhunderts fast ausnahmslos durch Gesetzesänderungen dieses Erfordernis gestrichen *(Schweiz* Art 264 ZGB Ges v 30. 6. 1972; *Frankreich* Art 353 Abs 2 Cc Ges no 76 – 1179 v 22. 12. 1976; *Spanien* Art 172 Cc Ges v 4. 7. 1970; *Italien* Art 6 d Ges Nr 184 v 4. 5. 1983 zur Regelung der Adoption und der Pflegekindschaft Minderjähriger, Ausnahme Art 291 Cc betr Erwachsenenadoption).

2. Schutz von Interessen der Kinder des Annehmenden und des Anzunehmenden

6 Es entspricht allgemeinen Gerechtigkeitsvorstellungen, bei der Entscheidung über die Adoption die **Interessen der Kinder des Annehmenden** ebenso zu berücksichtigen wie die der Kinder **des Anzunehmenden**. Diese Interessen werden deshalb heute in **§ 1745 BGB** ausdrücklich geschützt.

7 Trotzdem fragt es sich, ob auf § 1745 BGB nicht hätte verzichtet werden können, weil die einer Adoption entgegenstehenden **Interessen vorhandener Kinder** idR auf die in **§ 1741** Abs 1 BGB geschützten Interessen des Anzunehmenden zurückschlagen (vgl BT-Drucks 7/5087, 10). Dagegen sprechen indessen zwei Überlegungen: Wenn die vorhandenen Kinder des Annehmenden in gleicher Weise wie der Anzunehmende Schutz verdienen, dann ist nicht einzusehen, warum ihnen dieser Schutz nur mittelbar zuteilwerden soll. Außerdem spiegeln sich die Interessen der eigenen Kinder nicht notwendigerweise in denen des Adoptivkindes wider. So kann die Adoption eines Stiefkindes diesem durchaus zum Vorteil gereichen, obwohl die Unterhaltsansprüche der eigenen Kinder des Annehmenden hierdurch geschmälert werden. Große Schwierigkeiten bereitet allerdings die Klärung der Frage, welche Interessen der Kinder des Annehmenden einer Adoption überhaupt entgegenstehen können. Vermögensinteressen sollen nach § 1745 S 2 BGB nicht ausschlaggebend sein. Nichtvermögensinteressen, die einer Adoption entgegenstehen könnten, sind aber nur schwer ausfindig zu machen. Näheres zu dieser Problematik vgl Rn 14.

8 Entbehrlich erscheint die besondere Hervorhebung der **Interessen der Kinder des Anzunehmenden**. Diese Interessen stehen allenfalls bei der Annahme Volljähriger auf dem Spiel, sind dort aber in § 1769 BGB besonders geregelt. Minderjährige Anzunehmende mit eigenen Kindern dürften die Praxis kaum jemals beschäftigen. Sollte dies doch einmal der Fall sein, so spiegeln sich die Interessen der Kinder des Annehmenden notwendigerweise im Interesse des Anzunehmenden selbst wider (anders BT-Drucks 7/3061, 34 unter 8; vgl auch Rn 19).

3. Gefährdung von Interessen des Anzunehmenden durch Kinder des Annehmenden

9 Soweit in § 1745 BGB bestimmt ist, dass die **Interessen des Anzunehmenden** nicht durch Kinder des Annehmenden gefährdet werden dürfen, ist diese Regelung überflüssig (Erman/Saar Rn 1; MünchKomm/Maurer Rn 31; Soergel/Liermann Rn 14); denn

Voraussetzung der Annahme ist nach § 1741 Abs 1 S 1 BGB, dass sie dem Wohl des Kindes dient. Die Begründung des RegE (BT-Drucks 7/3061, 33), dass es „zweckmäßig" sei, „darauf hinzuweisen, daß auch das anzunehmende Kind Schaden erleiden könnte, wenn sich das Verhältnis zu den Geschwistern nicht normal entwickeln würde", überzeugt nicht. Auf „Hinweise" sollte der Gesetzgeber verzichten.

III. Entgegenstehende Interessen der Kinder des Annehmenden

1. Allgemeines zum Abwägungsprozess

Die Annahme darf nicht ausgesprochen werden, wenn ihr überwiegende Interessen **10** der Kinder des Annehmenden entgegenstehen. Zunächst sind unter dem allg Aspekt des Kindeswohls (§ 1741 Abs 1 BGB) die **Interessen des Anzunehmenden** an der Adoption festzustellen. Sodann sind die der Adoption evtl entgegenstehenden **Interessen der Kinder des Annehmenden** zu ermitteln. Diese Interessen können materieller und immaterieller Art sein. Dass nach § 1745 S 2 BGB vermögensrechtl Interessen nicht ausschlaggebend sein sollen, heißt nicht, dass sie nicht zu berücksichtigen sind (OLG Köln 2. 12. 2014 – 4 UF 90/14, FamRZ 2015, 866, 867; OLG Oldenburg NdsRpfl 1952, 186; OLG Celle ZBlJugR 1960, 305, 306; LG Mannheim Die Justiz 1961, 14, 15; NK-BGB/Dahm Rn 9; Soergel/Liermann Rn 11; MünchKomm/Maurer Rn 14 [wobei dieser betont, es müsse eine Rückkoppelung mit immateriellen Interessen eintreten]; DIV-Gutachten DAVorm 1995, 488, 489). Sie können im Einzelfall sogar so gewichtig sein, dass sie eine Annahme verhindern. „Nicht sollen" iS v § 1745 S 2 BGB heißt nicht „nicht dürfen". Der Gesetzgeber wollte mit dieser Regelung, die im Übrigen § 1745a S 2 aF entspricht, vor allem klarstellen, dass die mit jeder Adoption verbundene Schmälerung des Erbteils der Geschwister und Minderung der finanziellen Leistungskraft der Eltern keine ausschlaggebende Gefährdung vorhandener Kinder darstellen, solange nicht besondere Umstände vorliegen (BT-Drucks 7/3061, 34 unter 7). Zu restriktiv erscheint angesichts des Gesetzeswortlauts („sollen nicht ausschlaggebend sein") die in der Begründung des RegE (BT-Drucks 7/3061, 34 unter 7) enthaltene Aussage, dass vermögensrechtliche Gesichtspunkte „ganz in den Hintergrund treten sollen und nur ganz ausnahmsweise ausschlaggebend sein können". Stehen Interessen und Gegeninteressen fest, so darf die Annahme nur dann nicht ausgesprochen werden, **wenn die Interessen der Kinder des Annehmenden** die des Anzunehmenden an der Adoption **überwiegen**.

2. „Kinder" des Annehmenden

Neben allen leiblichen Kindern schützt § 1745 BGB auch bereits vorhandene Adop- **11** tivkinder des Annehmenden, da diese nach § 1754 BGB leiblichen Kindern des Annehmenden gleichgestellt sind. Die Interessen von Stiefkindern, auch wenn sie einbenannt wurden (§ 1618 BGB), werden von § 1745 BGB ebenso wenig erfasst wie die von Pflegekindern. Werden ihre Interessen durch eine angestrebte Adoption erkennbar vernachlässigt, so dürfte allerdings fraglich sein, ob die Adoption nicht deshalb unterbleiben muss, weil die Annehmenden zur Erziehung nicht hinreichend geeignet sind.

Die Schutzvorschrift des § 1745 BGB bezieht sich anders als § 1745a aF nur auf „Kin- **12** **der"**, nicht auf **„Abkömmlinge"** des Annehmenden. Aus den Gesetzesmaterialien ergeben sich allerdings keine Hinweise darauf, dass bei der Reform v 1976 insoweit an eine Änderung der früheren Regelung gedacht war (vgl BT-Drucks 7/3061, 33 unter 3). In der Literatur wird die analoge Anwendung des § 1745 BGB auf Kindeskinder diskutiert und allg bejaht (MünchKomm/Maurer Rn 8; BeckOGK/Löhnig [1. 7. 2016] § 1745 Rn 8; Soergel/Liermann Rn 5; aA NK-BGB/Dahm Rn 2). Bei der Minderjährigenadoption hat die Frage indessen wenig praktische Bedeutung: „Großeltern" kommen im Hinblick auf das Kindeswohl als Annehmende kaum in Betracht. Außerdem ist nicht ersichtlich, welche schützenswerten Interessen der Enkel einer Adoption durch ihre Großeltern überhaupt entgegenstehen sollen, wenn die vermögensmäßigen Interessen ohnehin nachrangig sind. Die alte Regelung des § 1745a aF war gerechtfertigt, weil sich die Bestimmung anders als der heutige § 1745 BGB sowohl auf die Minderjährigen- als auch auf die Volljährigenadoption bezog.

13 Fraglich ist, ob mittels einer extensiven Interpretation des § 1745 BGB auch der **nasciturus** geschützt werden muss (so Gernhuber/Coester-Waltjen § 68 Fn 187). Der nasciturus wird der natürlichen Person in allen Fällen gleichgestellt, in denen die Ausdehnung einer Vorschrift auf das werdende Leben möglich und sinnvoll ist (zB §§ 844 Abs 2, 1923 Abs 2, 1912 BGB). In der Konsequenz dieser Wertung liegt es, die Frage zu bejahen. Ist der nasciturus allerdings ein nichteheliches Kind des Annehmenden, so hängt sein Schutz von einer vorgängigen Vaterschaftsfeststellung ab (§§ 1592, 1594 Abs 1 und 4 BGB).

3. Nichtvermögensinteressen

14 Obwohl S 2 mit der Hintanstellung vermögensrechtlicher Interessen signalisiert, dass in erster Linie Nichtvermögensinteressen vorhandener Kinder berücksichtigt werden sollen, spielen diese in der Praxis unter dem besonderen Aspekt des § 1745 BGB kaum eine Rolle. Der Grund liegt darin, dass in den Fällen, in denen vorhandene Kinder durch die Hinzuadoption eines weiteren Kindes Gefahr laufen, in ihrer Pflege, Betreuung oder Erziehung vernachlässigt zu werden, bereits die vorgängige Frage, ob die Adoption überhaupt dem Kindeswohl dient, in aller Regel zu verneinen ist (vgl auch Empfehlungen der Bundesarbeitsgemeinschaft der Landesjugendämter zur Adoptionsvermittlung [7. Aufl 2014] unter 7.4.2.9). Auch dann, wenn zu erwarten ist, dass sich die Annehmenden einseitig dem neuen Kind zuwenden, etwa weil sie von einem bereits vorhandenen eigenen leiblichen oder adoptierten Kind (aus irgendeinem Grund) enttäuscht sind (MünchKomm/Maurer Rn 18; PraxKommKindschaftsR/Braun Rn 8), dürfte es bereits an der für eine Adoption erforderlichen **Elterneignung fehlen**. Wendet sich ein Kind des Annehmenden aus emotionalen Gründen gegen die Adoption, so wird das Anlass sein, die Kindeswohldienlichkeit besonders sorgfältig zu prüfen. Doch besitzen Kinder des Annehmenden nach der gesetzlichen Konzeption auch kein Vetorecht, denn ihre Einwilligung ist nicht erforderlich (Behrentin/Braun, Handb AdoptionsR, B Rn 337).

In den die Praxis beschäftigenden Fällen der Annahme von **Stiefkindern** zum Nachteil eigener Kinder, die beim anderen Elternteil leben, stehen typischerweise nicht immaterielle, sondern materielle Interessen auf dem Spiel. An den guten oder schlechten Beziehungen des adoptierenden Stiefelternteils zu seinen eigenen außerhalb der Stiefehe lebenden Kindern ändert sich jedenfalls durch die Adoption in aller Regel nur wenig (vgl OLG Köln 2. 12. 2014 – 4 UF 90/14, FamRZ 2015, 866, 867; Münch-

Komm/MAURER Rn 35; NK-BGB/DAHM Rn 8; **aA** offenbar ERMAN/SAAR Rn 3). Nicht überzeugen kann deshalb eine Entscheidung des OLG Oldenburg (NdsRpfl 1952, 186), in der es heißt, dass durch die Stiefkindadoption die Gefahr einer Entfremdung zwischen dem Annehmenden und seinem bei der Mutter lebenden 9 Jahre alten Sohn eintreten würde.

4. Vermögensinteressen

Vorhandene Kinder haben nach der Wertung von S 2 (vgl Rn 10) grds die mit der 15 Adoption verbundene **Schmälerung ihres gesetzlichen Erb- und Pflichtteilsrechts sowie die Minderung der finanziellen Leistungskraft ihrer Eltern** hinzunehmen. Anders ist die Rechtslage bei der Erwachsenenadoption, wo in § 1769 BGB eine § 1745 S 2 BGB entsprechende Regelung fehlt, die Vermögensinteressen vorhandener Kinder also stärkeren Schutz genießen. Im Spannungsfeld zwischen § 1745 BGB und § 1769 BGB darf indessen nicht übersehen werden, dass die **typisierende Unterscheidung zwischen Minderjährigen- und Volljährigenadoption** notwendigerweise nur eine grobe Erstorientierung erlaubt. So fallen bei der Adoption eines fast volljährigen Kindes die Vermögensinteressen vorhandener Kinder uU erheblich stärker ins Gewicht als bei der Adoption eines Kleinkindes. Umgekehrt können bei der Annahme eines volljährigen Pflegesohnes, der schon seit seiner Kindheit in der Familie der Annehmenden lebt, die vermögensrechtlichen Interessen vorhandener Kinder im Abwägungsprozess eine geringere Rolle spielen als sonst bei einer Erwachsenenadoption. Vermögensrechtliche Interessen fallen auch dann stärker ins Gewicht, wenn das vorhandene Kind bereits erwachsen ist, sich für die Fortführung des elterlichen Unternehmens engagiert hat und ausgebildet wurde und durch die Pflichtteilsansprüche des Anzunehmenden eine Zerschlagung des Unternehmens zu besorgen ist (MünchKomm/MAURER Rn 19; BGB-RGRK/DICKESCHEID Rn 6; ERMAN/SAAR Rn 3).

Wachsen die vorhandenen eigenen Kinder des Annehmenden in derselben Familie auf 16 wie der **Anzunehmende**, so spiegeln sich ihre Vermögensinteressen idR in denen des künftigen Adoptivkindes wider. Die Adoption hat zu unterbleiben, wenn es an den nötigen Mitteln fehlt, ein weiteres Familienmitglied zu ernähren.

Schwierig zu beurteilen sind die **Fälle, in denen die bereits vorhandenen Kinder nicht** 17 **der (faktischen) Familie des Annehmenden angehören**. In erster Linie geht es dabei um die **Adoption von Stiefkindern** zum Nachteil der beim anderen Elternteil lebenden Kinder des Annehmenden (PraxKommKindschaftsR/BRAUN Rn 7). Müssen diese Kinder es hinnehmen, dass ihre Unterhaltsansprüche durch die Adoption von Stiefkindern geschmälert oder gar gefährdet werden? Nach SOERGEL/LIERMANN (Rn 11) muss die Adoption unterbleiben, wenn die eigenen Kinder sonst „auf Sozialhilfe angewiesen wären", nach ENGLER (STAUDINGER/ENGLER[10/11] § 1745a Rn 6), „wenn die Gefahr wirtschaftlicher Not begründet würde". MAURER (MünchKomm/MAURER Rn 24 f) meint, ein Annahmeantrag sei dann abzulehnen, wenn der Mindestunterhalt unterschritten werde oder das „leitende Motiv" der Stiefkindadoption die Verkürzung von Unterhaltsansprüchen eigener Kinder sei. Der BGH (FamRZ 1984, 378 = JR 1984, 328 m Anm BÖHMER) scheint in einem obiter dictum die Grenze bei der drohenden Inanspruchnahme von Sozialhilfe zu ziehen. Das OLG Köln hebt hervor, dass die Auswirkungen **jedenfalls erheblich und spürbar** sein müssen, bei einer Reduzierung von 105% auf 100% des Mindestunterhalts sei das nicht der Fall (OLG Köln 2. 12. 2014

– 4 UF 90/14, FamRZ 2015, 866, 867: in concreto von 356 € auf 334 €). Im Übrigen hat sich die Rspr vor allem unter der Herrschaft des alten § 1745a aF zu dieser Problematik geäußert. Das LG Mannheim (Die Justiz 1961, 14, 15) nahm überwiegende, der Adoption entgegenstehende Interessen der erstehelichen Kinder an, wenn zu befürchten ist, dass diese „nicht einmal mehr den gegenwärtig geschuldeten Unterhaltsbetrag infolge der hinzutretenden Unterhaltsverpflichtung erhalten werden". Das OLG Oldenburg (NdsRpfl 1952, 186) stellte auf eine „erhebliche Beeinträchtigung" der Unterhaltsansprüche ehelicher Kinder ab, und das OLG Hamm (StAZ 1954, 109) meinte, eine Stiefkindadoption dürfe nicht erfolgen, wenn der Annehmende „ernstliche Versuche unternehme, sich der Unterhaltspflicht gegenüber seinen Kindern zu entziehen".

18 Eine objektive Grenze, bis zu der eine **Beeinträchtigung von Unterhaltsansprüchen bei der Stiefkindadoption** hinzunehmen ist, lässt sich nicht ziehen. Der Grund liegt darin, dass das im Abwägungsprozess zu berücksichtigende Wohl des Anzunehmenden (§ 1741 Abs 1 BGB) bei einer Stiefkindadoption recht unterschiedlich tangiert sein kann (Näheres vgl § 1741 Rn 63 ff). Eine Stiefkindadoption ändert grds nichts daran, dass „dieses Kind in dieser Familie" aufwächst. Den Beteiligten kommt es oft nicht in erster Linie auf die Veränderung von Rechtspositionen (Sorgerecht, Unterhalt, Erbrecht), sondern darauf an, das Kind in einer Art Symbolakt als eigenes „anzunehmen" (vgl Frank 80 f mNw). Auch wenn dieser Symbolwert für das gedeihliche Zusammenleben der Beteiligten von erheblicher Bedeutung sein kann, bleibt festzuhalten, dass das Wohl des Stiefkindes eine Adoption in vielen Fällen nicht mit der gleichen Intensität gebietet wie etwa das Wohl eines Heimkindes, das in eine neue Familie aufgenommen werden soll (so auch NK-BGB/Dahm Rn 11). Unabhängig davon sollte nicht übersehen werden, dass eine ganze Reihe von Gründen gegen die Stiefkindadoption schlechthin sprechen (vgl dazu und zu der insoweit restriktiven Adoptionspraxis in anderen Ländern § 1741 Rn 65 ff). Diese Überlegungen rechtfertigen es, bei der Stiefkindadoption die unterhaltsrechtlichen Interessen der Kinder des Annehmenden nicht ausnahmslos, aber doch oft stärker ins Gewicht fallen zu lassen als bei anderen Minderjährigenadoptionen. Das gilt vor allem auch dann, wenn mit der Adoption durch den *Stiefvater* ohne Not Unterhaltsansprüche des Anzunehmenden gegen den leiblichen Vater preisgegeben werden (so der Fall LG Mannheim Die Justiz 1961, 14, 15). Die Dauer des Stiefkindverhältnisses spricht zwar für eine „Besiegelung" des faktischen Eltern-Kind-Verhältnisses durch Adoption (BGB-RGRK/Dickescheid Rn 5; vgl auch AG Darmstadt DAVorm 1981, 933), ist aber für sich allein kein ausreichender Grund, gesetzliche Unterhaltsansprüche vorhandener eigener Kinder zu verkürzen. Solange das deutsche Recht – anders als manche ausländische Rechtsordnungen (*Großbritannien* Sec 1b iVm Sec 88 [1] [b] Domestic Proceedings and Magistrate Courts Act 1978; *Niederlande* Art 392 Abs 1 c BW; *Schweden* Kap 7 § 5 des ElternG v 10. 6. 1949; *Schweiz* Art 278 Abs 2 ZGB: mittelbarer Unterhaltsanspruch des Stiefkindes wegen der Beistandspflicht des Stiefelternteils gegenüber seinem Ehegatten) Stiefkindern keine Unterhaltsansprüche zuerkennt, liegt darin eine Wertung, die mit Hilfe des Rechtsinstituts der Adoption zum Nachteil vorhandener Kinder nur überspielt werden kann, wenn *andere* Gründe eine Annahme nahelegen. Wird eine Stiefkindadoption primär angestrebt, um die gesetzlichen Unterhaltsansprüche vorhandener Kinder zu verkürzen, so ist der Annahmeantrag abzulehnen (MünchKomm/Maurer Rn 25; jurisPK-BGB/Heiderhoff Rn 4; OLG Hamm StAZ 1954, 109). Dem Annehmenden geht es hier nicht um das Wohl des Stiefkindes; seine Interessen wiegen

jedenfalls gering gegenüber den Interessen seiner leiblichen Kinder. Rückschlüsse auf die Motivation des Annehmenden erlaubt sein Verhalten bei der Erfüllung der Unterhaltsansprüche in den zurückliegenden Jahren.

IV. Entgegenstehende Interessen der Kinder des Anzunehmenden

Die Annahme darf nicht ausgesprochen werden, wenn ihr überwiegende Interessen der Kinder des Anzunehmenden entgegenstehen. Der Gesetzgeber hat diese **unschädliche, aber überflüssige Regelung** (vgl Rn 8) für erforderlich gehalten, weil sich nach §§ 1754, 1755 BGB die Wirkungen der Annahme auf die Kinder des Anzunehmenden erstrecken. Ein Interessengegensatz zwischen dem minderjährigen Anzunehmenden und dem Kind, das sich nur im Säuglings- oder Kleinkindalter befinden kann, ist indessen nicht zu erkennen. An der rechtlichen Zuordnung des Kindes zu dem Elternteil, der adoptiert werden soll, ändert sich durch die Annahme ohnehin nichts. Auch Geschwister (ein allerdings recht theoretischer Fall) bleiben dem Kind erhalten. Wenn ein „Austausch" der sonstigen Verwandtschaft dem Wohl des Anzunehmenden dient, so gilt gleiches auch für sein Kind. Was insbes den Verlust der leiblichen Großeltern durch das Kind anbelangt, so müssen diese als Eltern des Anzunehmenden ohnehin in die Adoption einwilligen (§ 1747 BGB). Wollen die Annehmenden zwar die Mutter, nicht aber deren Kind faktisch in die neue Familie integrieren, so dient die Annahme nicht dem Wohl des Anzunehmenden. **19**

V. Gefährdung von Interessen des Anzunehmenden durch Kinder des Annehmenden

Hat der Annehmende Kinder und ist zu besorgen, dass sich daraus Interessenbeeinträchtigungen für den Anzunehmenden ergeben, die nicht durch Vorteile in anderen Belangen überwogen werden, so darf das FamG die Annahme nicht aussprechen. Zur Berechtigung der Vorschrift und ihrem Verhältnis zu § 1741 Abs 1 BGB vgl Rn 7. Zunächst ist zu prüfen, ob durch das Vorhandensein von Kindern Interessen des Anzunehmenden beeinträchtigt werden. Das ist idR nicht der Fall, wenn das anzunehmende Kind noch klein ist und der **Altersunterschied** zu den bereits vorhandenen Kindern dem natürlicher Geschwister entspricht. Probleme können sich vor allem ergeben, wenn die vorhandenen Kinder schon älter sind und sich durch die unerwartete Adoption eines Nachkömmlings zurückgesetzt fühlen oder überraschend finanzielle Einschränkungen befürchten müssen. **20**

Ist eine Beeinträchtigung bestimmter Interessen zu besorgen, so führt dies noch nicht zur Ablehnung der Annahme; eine **Interessenabwägung** ist auch hier – obwohl sich die Vorschrift durchaus in anderem Sinne verstehen ließe – erforderlich. **21**

VI. Verfahren und Feststellungslast

1. Anhörungsrechte und Beteiligtenstellung

Nach **§ 193 FamFG** sind die **Kinder des Annehmenden und des Anzunehmenden** vom Gericht (nicht notwendigerweise persönlich) anzuhören. Vor Inkrafttreten des FamFG war im FGG eine entsprechende Anhörungspflicht nicht ausdrücklich verankert, doch wurde diese aus dem Anspruch auf Wahrung des rechtlichen Gehörs **22** abgeleitet (ausführlich STAUDINGER/FRANK [2007]; betr Erwachsenenadoption: BVerfG FamRZ 2009, 106; BVerfG FamRZ 1994, 687; BVerfGE 89, 381, 391 = FamRZ 1994, 493, 494; BVerfG FamRZ 1988, 1247 m Anm FRANK/WASSERMANN; BayObLG FamRZ 2005, 131, 133; BayObLG FamRZ 2001, 121). Von der Anhörung kann unter den Voraussetzungen des § 192 Abs 3 FamFG (vgl § 1752 Rn 29), der gem § 193 S 2 FamFG entsprechend gilt, abgesehen werden.

23 Ob die **Kinder des Annehmenden** auch als **Muss-Beteiligte** anzusehen sind (zu den Konsequenzen SOCHA FamRZ 2014, 1602 ff), ist umstritten. In § 188 FamFG werden sie nicht aufgezählt, doch wird teilweise die Auffassung vertreten, dass sie schon nach der allgemeinen Vorschrift des § 7 Abs 2 Nr 1 FamFG als Beteiligte anzusehen seien, weil sie durch das Adoptionsverfahren in ihren Rechten betroffen seien, wie die Wertung des § 1745 BGB zeige, außerdem setze die effektive Gewährung rechtlichen Gehörs eine Beteiligung am Verfahren voraus (OLG Stuttgart 16. 9. 2011 – 11 WF 155/11, FamRZ 2012, 145 f betr Erwachsenenadoption; MünchKomm/MAURER § 188 FamFG Rn 8; MUSIELAK/BORTH § 188 FamFG Rn 5). Mit der gesetzlichen Konzeption lässt sich der Rückgriff auf § 7 Abs 2 Nr 1 FamFG jedoch nicht vereinbaren (OLG Düsseldorf 22. 12. 2010 – 8 WF 282/10, FamRZ 2011, 925; 20. 9. 2017 – II-3 WF 120/17, NZFam 2018, 91; SOCHA FamRZ 2014, 1602, 1604; PraxKommKindschaftsR/BRAUN § 188 FamFG Rn 26; PRÜTTING/HELMS/KRAUSE § 188 FamFG Rn 18b; KEIDEL/ENGELHARDT § 188 FamFG Rn 4; BeckOGK/LÖHNIG [1. 7. 2016] § 1745 Rn 34; NK-BGB/DAHM § 1745 Rn 13). Obwohl der Gesetzgeber den Kindern des Annehmenden in § 193 FamFG ein Anhörungsrecht eingeräumt hat, wurden sie in § 188 Abs 1 FamFG nicht aufgeführt, zudem lautet die Überschrift des § 193 FamFG ausdrücklich: „Anhörung weiterer Personen" im klaren Gegensatz zur „Anhörung der Beteiligten", die in § 192 FamFG geregelt ist. So heißt es auch in der Gesetzesbegründung (BT-Drucks 16/6308, 248), dass weder die Kinder des Annehmenden noch des Anzunehmenden „im Regelfall Beteiligte aufgrund der allgemeinen Vorschrift des § 7 FamFG" seien. Die (verfassungsmäßigen) Rechte der Kinder des Annehmenden (vgl § 1759 Rn 18), die in § 1745 BGB Niederschlag gefunden haben, werden durch das Anhörungsrecht des § 193 FamFG ausreichend gewahrt; schließlich ist die Adoption materiellrechtlich nicht von ihrer Einwilligung abhängig. Auch eine Hinzuziehung als Beteiligte im Einzelfall nach Ermessen des Gerichts (so offenbar BEHRENTIN/BRAUN, Handb AdoptionsR, B Rn 453; **aA** allerdings PraxKommKindschaftsR/BRAUN § 188 FamFG Rn 26; BRAUN FamRZ 2011, 81, 85) ist in Adoptionssachen nicht vorgesehen.

24 Sind die Kinder des Annehmenden keine Muss-Beteiligten nach § 7 Abs 2 Nr 1 FamFG, gilt das Gleiche umso mehr auch für die **Kinder des Anzunehmenden**.

2. Verletzung von Anhörungsrechten

25 Die Kinder des Annehmenden und des Anzunehmenden haben ein Recht auf Anhörung. Wird es verletzt, so ist der Beschluss zwar nicht mit ordentlichen Rechtsmitteln anfechtbar (§ 197 Abs 3 S 1 FamFG), dem Betroffenen steht aber die **Anhörungsrüge** (§§ 44, 69 Abs 3 FamFG) und sodann die **Verfassungsbeschwerde** offen (näher hierzu § 1759 Rn 16 ff). Dass in einer versäumten Anhörung gleichzeitig ein Verstoß gegen Art 103 Abs 1 GG liegt, kann gravierende Konsequenzen haben: Nachdem das BVerfG zunächst im Falle einer Volljährigenadoption die Ansicht vertreten hatte, dass bei einer Verletzung des Anspruchs auf rechtliches Gehör der

Annahmebeschluss gem § 95 Abs 2 BVerfGG aufzuheben und die Sache zurückzuverweisen sei (FamRZ 1988, 1247 m abl Anm Frank/Wassermann), hat es später – ebenfalls im Falle einer Volljährigenadoption – seine Meinung dahingehend präzisiert, dass entgegen dem Wortlaut des § 95 Abs 2 BVerfGG „nur die Beseitigung der Rechtskraft auszusprechen (sei), damit das Fachgericht das rechtliche Gehör nachholen und anschließend darüber entscheiden kann, ob der Adoptionsbeschluß rückwirkend aufzuheben oder aufrechtzuerhalten ist" (BVerfGE 89, 381, 393 = NJW 1994, 1053, 1055 m Anm Luther NJW 1995, 306; bestätigt durch BVerfG FamRZ 1994, 687; BVerfG 19. 2. 2007 – 1 BvR 510/03, FamRZ 2008, 243; BVerfG 20. 10. 2008 – 1 BvR 291/06, FamRZ 2009, 106, 107). In der Sache hat sich allerdings nichts daran geändert, dass gelebte Statusverhältnisse nach Ansicht des BVerfG ohne Rücksicht auf die Umstände des Einzelfalls bei einem Verstoß gegen Art 103 Abs 1 GG ausnahmslos aufzuheben sind, wenn sich uU erst nach Jahren herausstellt, dass der Adoptionsbeschluss nicht hätte ergehen dürfen. Zur Problematik dieser Rspr vgl § 1759 Rn 20 f. Entgegen der Ansicht des BVerfG (BVerfGE 89, 381, 393 = NJW 1994, 1053, 1054 m Anm Luther NJW 1995, 306; FamRZ 1988, 1247 m Anm Frank/Wassermann) führt die Nichtgewährung rechtlichen Gehörs nicht schon dann zur Annahme einer Grundrechtsverletzung und zur Begründetheit der Verfassungsbeschwerde, wenn nicht ausgeschlossen werden kann, dass bei Anhörung eine dem Beschwerdeführer günstigere Entscheidung ergangen wäre. Ob die Verfassungsbeschwerde begründet ist, ergibt sich vielmehr erst nach Abwägung der aus Art 103 Abs 1 GG einerseits und Art 6 Abs 1, Art 1 Abs 1, Art 2 Abs 1 GG andererseits folgenden Grundrechtspositionen der Beteiligten. Dabei wird im Bereich der Minderjährigenadoption das verfassungsrechtlich geschützte Interesse des Kindes und seiner neuen Familie am Fortbestand der Adoption idR den Vorrang haben (näher hierzu § 1759 Rn 19 ff sowie ausführlich die oben zitierte Anm von Frank/Wassermann).

3. Feststellungslast

Die Prüfung, ob überwiegende Interessen der Kinder des Annehmenden oder des Anzunehmenden einer Adoption entgegenstehen oder ob Interessen des Anzunehmenden durch Kinder des Annehmenden gefährdet werden, erfordert eine **Prognose**, die notwendigerweise mit **Unsicherheiten** verbunden ist, auch wenn die entscheidungserheblichen Tatsachen feststehen. Mit Beweislast hat diese Frage zunächst nichts zu tun. Vielmehr führt eine geringere Wahrscheinlichkeit der Beeinträchtigung lediglich zu einer minderen Gewichtung des Interesses. Können **entscheidungserhebliche Tatsachen nicht festgestellt** werden, so beantwortet das materielle Recht die Frage, wer die Folgen der Nichtfeststellbarkeit zu tragen hat (sog Feststellungslast oder materielle Beweislast). Nach dem Regel-Ausnahmeverhältnis des § 1745 BGB muss die Annahme ausgesprochen werden, falls kein Gegengrund festgestellt werden kann (MünchKomm/Maurer Rn 33; BeckOK/Enders Rn 4; NK-BGB/Dahm Rn 13). Soweit es allerdings um die Gefährdung von Interessen des *Anzunehmenden* durch Kinder des Annehmenden geht, ist zu beachten, dass es sich hier in Wirklichkeit um einen Teilaspekt der Frage handelt, ob die Adoption dem Wohl des Kindes dient (§ 1741 Abs 1 S 1 BGB). Kann diese Frage nicht positiv beantwortet werden, so muss die Annahme unterbleiben (MünchKomm/Maurer Rn 33; Soergel/Liermann Rn 19; vgl auch § 1752 Rn 31).

26

§ 1746
Einwilligung des Kindes

(1) Zur Annahme ist die Einwilligung des Kindes erforderlich. Für ein Kind, das geschäftsunfähig oder noch nicht 14 Jahre alt ist, kann nur sein gesetzlicher Vertreter die Einwilligung erteilen. Im Übrigen kann das Kind die Einwilligung nur selbst erteilen; es bedarf hierzu der Zustimmung seines gesetzlichen Vertreters. Die Einwilligung bedarf bei unterschiedlicher Staatsangehörigkeit des Annehmenden und des Kindes der Genehmigung des Familiengerichts; dies gilt nicht, wenn die Annahme deutschem Recht unterliegt.

(2) Hat das Kind das 14. Lebensjahr vollendet und ist es nicht geschäftsunfähig, so kann es die Einwilligung bis zum Wirksamwerden des Ausspruchs der Annahme gegenüber dem Familiengericht widerrufen. Der Widerruf bedarf der öffentlichen Beurkundung. Eine Zustimmung des gesetzlichen Vertreters ist nicht erforderlich.

(3) Verweigert der Vormund oder Pfleger die Einwilligung oder Zustimmung ohne triftigen Grund, so kann das Familiengericht sie ersetzen; einer Erklärung nach Absatz 1 durch die Eltern bedarf es nicht, soweit diese nach den §§ 1747, 1750 unwiderruflich in die Annahme eingewilligt haben oder ihre Einwilligung nach § 1748 durch das Familiengericht ersetzt worden ist.

Materialien: BT-Drucks 7/3061, 34–36; BT-Drucks 7/5087, 10; BT-Drucks 10/504, 86; BT-Drucks 13/4899, 112, 155 f; BT-Drucks 13/8511, 75 f. S STAUDINGER/BGB-Synopse (2005) § 1746.

Systematische Übersicht

I.	Normzweck und Entstehungsgeschichte	1	4. Maßgeblicher Zeitpunkt	24
			5. Mängel der Einwilligung	25
II.	Einwilligung des noch nicht 14 Jahre alten oder geschäftsunfähigen Kindes		III. Einwilligung des über 14 Jahre alten Kindes	
1.	Einwilligung durch den gesetzlichen Vertreter	5	1. Persönliche Einwilligung des Kindes	27
a)	Gesetzlicher Vertreter des Kindes	5	2. Widerruf der Einwilligung	28
b)	Eltern als gesetzliche Vertreter (Abs 3 HS 2)	7	3. Zustimmung des gesetzlichen Vertreters	31
c)	Stiefkindadoption	12	a) Allgemeines	31
d)	Inkognitoadoption	17	b) Verweigerung der Zustimmung	32
2.	Ersetzung der Einwilligung	18	c) Form, Adressat und Widerruf der Zustimmung	33
a)	des Vormunds oder Pflegers	18	d) Mängel der Zustimmung	35
b)	der Eltern	22		
3.	Form der Einwilligung	23		

Titel 7 · Annahme als Kind
Untertitel 1 · Annahme Minderjähriger § 1746

IV. Einwilligung bei unterschiedlicher Staatsangehörigkeit von Annehmendem und Kind (Abs 1 S 4)	
1. Entstehungsgeschichte	36
2. Anwendungsbereich von Abs 1 S 4	37
3. Maßgeblicher Zeitpunkt für die Erteilung der Genehmigung	39

Alphabetische Übersicht

Adressat	9 f, 23, 27, 34, 39
– der Einwilligungserklärung	9 f, 23, 27, 39
– der Zustimmungserklärung	34
Altersgrenze für die persönliche Einwilligung	1 f, 24
Amtsermittlung	1
Anhörungsrecht	1, 35
Anspruch auf rechtliches Gehör	35
Ausländer	36, 38
– Adoption durch einen	36
– Adoption eines -s	38
Auslandsadoption, familiengerichtliche Genehmigung bei der	38
Beurkundung	23, 27, 29
– notarielle	23, 27
– öffentliche	29
Dekretsystem	1, 13, 15, 17, 38
Einwilligung des Kindes	1 ff, 23 ff
– Adressat der Einwilligungserklärung	9, 23, 27
– durch den gesetzlichen Vertreter	5 ff, 24
– Fehlen der	25
– Form der	23, 27
– Genehmigung der – durch das Familiengericht	4, 36 ff
– in ausländischen Rechtsordnungen	1 f
– Mängel der	25 f
– persönliche	2, 24, 27
– Rechtscharakter der	13, 39
– Verhältnis zur Einwilligung der Eltern	7 ff, 31
– Widerruf der	2, 23 f, 28 ff
– Zustimmung des gesetzlichen Vertreters zur	24, 31 ff
– Zwischenentscheidung über Notwendigkeit oder Wirksamkeit der	26
Einwilligung, Ersetzung der (siehe Ersetzung der Einwilligung)	
Einwilligung, Genehmigung der (siehe Genehmigung der Einwilligung)	
Entstehungsgeschichte	1 ff, 36
Entziehung der Vertretungsmacht des gesetzlichen Vertreters	12 ff
Ergänzungspfleger, Bestellung eines -s für die Einwilligung	10, 15, 17
Ersetzung	1, 8, 18 ff, 32
– der Einwilligung	1, 8, 18 ff
– der Eltern	8, 22
– des Vormunds oder Pflegers	1, 18 ff
– Rechtsmittel gegen die	21
– Zuständigkeit des Familiengerichts für die	21
– der Zustimmung	32
Erwachsenenadoption	4
Familiengericht	4, 7, 10, 18, 20, 23, 27, 32, 34, 36 ff
– als Adressat der Einwilligungserklärung	10, 23, 27
– als Adressat der Zustimmungserklärung	34
– Ersetzung der Einwilligung durch das	18 ff
– Ersetzung der Zustimmung durch das	32
– Genehmigung der Einwilligung durch das	4, 36 ff
Form	9, 23, 27, 29, 33
– der Einwilligung	9, 23, 27
– der Zustimmung	33
– des Widerrufs der Einwilligung	29
Genehmigung der Einwilligung	4, 36 ff
– Fehlen der	38
– Zeitpunkt der Erteilung der	39
Grund, triftiger für die Verweigerung	1, 19 ff, 32
– der Einwilligung	1, 19 ff
– der Zustimmung	32
Inkognitoadoption	17

Lebenspartner	4
Mängel	25 f, 35
– der Einwilligung des Kindes	25 f
– der Zustimmung des gesetzlichen Vertreters	35
Normzweck	1 f
Pfleger als Vertreter des Kindes	1, 10 f, 15, 17, 32
– Bestellung eines Ergänzungspflegers	10, 15, 17
– Verweigerung der Einwilligung durch den	1, 18 ff
– Verweigerung der Zustimmung durch den	32
– zukünftige Adoptiveltern als	11
Rechtsordnungen, ausländische	1 f, 36 ff
Staatsangehörigkeit, unterschiedliche von Annehmendem und Kind	3, 36 ff
Stiefkindadoption	6, 12 ff, 31
Vertragssystem	1, 12, 15, 17, 38
Vertreter, gesetzlicher des Kindes	5 ff, 24
– Ausschluss eines Elternteils als	12 ff
– Einwilligung durch den	5 ff, 24
– Entziehung der Vertretungsmacht	12 ff, 15
– Wechsel nach Abgabe der Einwilligungserklärung	24
– Zustimmung des -s (siehe Zustimmung des gesetzlichen Vertreters)	
Verwandte, Adoption durch – des gesetzlichen Vertreters	16
Verweigerung	1, 18 ff, 32
– der Einwilligung	1, 18 ff
– durch die Eltern	7 ff, 22
– durch den Vormund oder Pfleger	1, 18 ff
– triftiger Grund für die	19 ff
– der Zustimmung	32
Volljährigenadoption	4 f
Vormund als Vertreter des Kindes	1, 6 ff, 11, 15, 18 ff, 32
– Verweigerung der Einwilligung durch den	1, 18 ff
– Verweigerung der Zustimmung durch den	32
– zukünftige Adoptiveltern als	11
Widerruf	2, 24 f, 28 ff, 34
– der Einwilligung des Kindes	2, 24 f, 28 ff
– der Zustimmung des gesetzlichen Vertreters	34
Zustimmung des gesetzlichen Vertreters	24, 31 ff
– Ersetzung der	32
– Verweigerung der	32
– zum Widerruf der Einwilligung durch das Kind	30
– zur Einwilligung des Kindes	24, 31 ff
– Adressat der	34
– Fehlen der	35
– Form der	33
– Mängel der	35
– persönliche	34
– Widerruf der	34

I. Normzweck und Entstehungsgeschichte

1 Vor der Reform v 1976 war das Kind als Vertragspartner am Zustandekommen der Adoption beteiligt (§§ 1741, 1751 aF). Seit 1976 muss das minderjährige Kind – nach dem Wechsel vom Vertrags- zum Dekretsystem (§ 1752 BGB) – gem § 1746 BGB in die Annahme einwilligen. **Ob eine solche Einwilligung zweckmäßig oder gar notwendig ist, lässt sich** jedenfalls im Hinblick auf das geschäftsunfähige oder noch nicht 14 Jahre alte Kind **auf den ersten Blick bezweifeln**; denn nach § 1741 BGB setzt die Annahme ohnehin voraus, dass sie dem Wohl des Kindes dient, und verfahrensrechtlich ist durch § 26 FamFG (Amtsermittlungsgrundsatz) iVm gesetzlich geregelten Anhörungsrechten (§§ 189 ff FamFG) gewährleistet, dass alle für oder gegen eine Adoption sprechenden Umstände gewürdigt werden. Ausländische Rechtsordnungen verzichten deshalb weitgehend auf eine besondere Einwilligung des Anzunehmenden, soweit dieser ein bestimmtes Mindestalter, ab dem ein *persönliches* Mitspracherecht sinnvoll erscheint, noch nicht erreicht hat (so *Belgien* Art 348-1 Cc: Einwilligung ab 12 Jahren; *Dänemark* § 6 Abs 1 AdoptG: ab 12 Jahren; *Schweiz* Art 265 Abs 1: ab Vorliegen von Urteilsfähigkeit). Gegen § 1746 BGB lässt sich auch anführen, dass der gesetzliche Vertreter, der für das geschäftsunfähige oder noch nicht 14 Jahre alte Kind die Einwilligung erklärt, oft die leiblichen Eltern selbst sind, die nach § 1747 BGB ohnehin in die Annahme einwilligen müssen. Man fragt sich zu Recht, welche Vorteile hier eine doppelte Einwilligung bringen soll. Der Reformgesetzgeber v 1997 (KindRG) hat deshalb vernünftigerweise in § 1746 Abs 3 HS 2 BGB die Bestimmung eingefügt, dass es **der elterlichen Einwilligung gem § 1746 Abs 1 BGB dann nicht bedarf**, wenn die Eltern bereits nach §§ 1747, 1750 BGB unwiderruflich in die Annahme eingewilligt haben oder ihre Einwilligung nach § 1748 BGB durch das FamG ersetzt worden ist. Im Ergebnis **verdient die Regelung des § 1746 BGB gleichwohl Zustimmung**. Der gesetzliche Vertreter als Sachwalter des Kindesinteresses kann beim Zustandekommen einer Adoption nicht übergangen werden. Das gilt vor allem, wenn gesetzlicher Vertreter nicht ein ohnehin einwilligungsberechtigter leiblicher Elternteil ist. Dass die Einschaltung des Vertreters in das Verfahren zusätzliche Informationen verspricht, ist dabei nicht primär maßgebend. Entscheidend ist vielmehr, dass die vom Vertreter übernommene Verantwortung für das Kind auch zu einer *Entscheidung* im Namen des Kindes nötigt. Verweigert der Vormund oder Pfleger die Einwilligung ohne triftigen Grund, so kann sie durch das FamG nach Abs 3 HS 1 ersetzt werden.

Ist der Anzunehmende 14 Jahre alt und nicht geschäftsunfähig, so kann er die 2 Einwilligung nur selbst erteilen, bedarf allerdings der Zustimmung seines gesetzlichen Vertreters (Abs 1 S 3; Ausnahme: Abs 3 HS 2). Nach § 1746 Abs 2 BGB ist die Einwilligung des 14 Jahre alten nicht geschäftsunfähigen Kindes bis zum Wirksamwerden des Ausspruchs der Annahme frei widerruflich. Die **14-Jahresgrenze** entspricht deutscher Rechtstradition insofern, als schon nach der ursprünglichen Fassung des BGB (§ 1750 aF) das 14 Jahre alte nicht geschäftsunfähige Kind den Adoptionsvertrag nur selbst schließen konnte (Näheres zur Entstehungsgeschichte STAUDINGER/ENGLER[10/11] § 1751 Rn 1 ff). Andere Rechtsordnungen setzen die Altersgrenze teils niedriger an (zB *Belgien:* Art 348-1 Cc: 12 Jahre; *Dänemark* § 6 Abs 1 AdoptG: 12 Jahre; *Frankreich* Art 345 Abs 3, 360 Abs 4: 13 Jahre; *Polen* Art 118 ZGB: 13 Jahre) oder stellen allgemein auf die Urteilsfähigkeit ab *(Schweiz* Art 265 Abs 1 ZGB). Die Regelung des geltenden Rechts steht in Einklang mit zahlreichen anderen Bestimmungen, die beim 14 Jahre alten Kind von einem erhöhten Maß an Selbstbestimmung ausgehen, so zB bei der Namensänderung (§ 1617c Abs 1 S 2 BGB), der Übertragung der elterlichen Sorge auf einen Elternteil (§ 1671 Abs 1 S 2 Nr 1 und Abs 2 S 2 Nr 1 BGB), der Vaterschaftsanerkennung (§ 1596 Abs 2 S 1 BGB) sowie im fG-Verfahren durch die Einräumung von Beteiligungs- und Anhörungsrechten (zB §§ 9 Abs 1 Nr 3, 159 Abs 1 S 1 FamFG). Das Abstellen auf eine starre Altersgrenze, über deren Fixierung man im Einzelnen diskutieren kann, ist aus Gründen der Rechtssicherheit unerlässlich (BT-Drucks 7/3061, 35 Nr 7).

Abs 1 S 4 HS 1 ist durch das **Gesetz zur Neuregelung des Internationalen Privatrechts** 3 **v 25. 7. 1986** (BGBl 1986 I 1142) in das BGB eingefügt worden. Die Regelung betrifft den Sonderfall, dass Annehmender und Kind unterschiedliche Staatsangehörigkeiten besitzen. Hier bedarf die Einwilligung des Kindes der sonst nicht erforderlichen Genehmigung des FamG. Seit dem KindRG v 1997 ist auch bei unterschiedlicher Staatsangehörigkeit eine Genehmigung des FamG dann nicht erforderlich, wenn die Annahme *deutschem* Recht unterliegt (Abs 1 S 4 HS 2). Näheres vgl Rn 36 ff.

4 Nur § 1746 Abs 3 BGB ist auf **Erwachsenenadoptionen** übertragbar (§ 1767 Abs 2 S 1 BGB), demgegenüber finden § 1746 Abs 1 und 2 BGB – wie § 1768 Abs 1 S 2 BGB klarstellt – insofern keine Anwendung (vgl § 1768 Rn 4 u 14). Für einen geschäftsunfähigen volljährigen Anzunehmenden wird die Vertretung durch seinen gesetzlichen Vertreter in § 1768 Abs 2 BGB ausdrücklich angeordnet.

II. Einwilligung des noch nicht 14 Jahre alten oder geschäftsunfähigen Kindes

1. Einwilligung durch den gesetzlichen Vertreter

a) Gesetzlicher Vertreter des Kindes

5 Nach Abs 1 S 1 ist zur Annahme grundsätzlich die Einwilligung des Anzunehmenden erforderlich. Für ein Kind, das geschäftsunfähig oder noch nicht 14 Jahre alt ist, kann diese Einwilligung nur von seinem **gesetzlichen Vertreter** erteilt werden (Abs 1 S 2). Der in Abs 1 S 2 angesprochene Fall der Geschäftsunfähigkeit des Kindes bezieht sich nur auf Anzunehmende unter 18 Jahren; denn für volljährige Anzunehmende schließt § 1768 Abs 1 BGB die Anwendbarkeit des § 1746 Abs 1 BGB ausdrücklich aus. Allerdings bestimmt § 1768 Abs 2 BGB, dass der Adoptionsantrag für einen volljährigen Anzunehmenden, der geschäftsunfähig ist, von seinem gesetzlichen Vertreter gestellt werden muss.

6 Wer gesetzlicher Vertreter eines Kindes ist, bestimmt sich nach den **allgemeinen Vorschriften**. Sind die Eltern miteinander verheiratet, so steht ihnen das für die Einwilligung nach Abs 1 S 2 maßgebliche Recht der Personensorge grds gemeinsam zu. Gleiches gilt, wenn sie nicht miteinander verheiratet sind, aber gem § 1626a Abs 1 Nr 1 BGB Sorgeerklärungen abgegeben haben oder ihnen die elterliche Sorge gem § 1626a Abs 1 Nr 2 BGB vom Familiengericht gemeinsam übertragen wurde. Andernfalls steht die elterliche Sorge der Mutter zu (§ 1626a Abs 3 BGB) bzw dem Jugendamt als Amtsvormund, falls die ledige Mutter minderjährig oder geschäftsunfähig ist (§§ 1791c, 1673 Abs 1 u 2 S 1 BGB). Waisen- oder Findelkinder werden von ihrem Vormund vertreten (§ 1773 BGB), Kinder geschiedener oder getrenntlebender Eltern nach Maßgabe des § 1671 BGB entweder von beiden Eltern gemeinsam oder nur von einem Elternteil allein. Wurde den Eltern das Sorgerecht ganz oder teilweise entzogen (§ 1666 BGB), so ist als gesetzlicher Vertreter des Kindes ein Vormund (§ 1773 BGB) oder Pfleger (§ 1909 BGB) zu bestellen.

b) Eltern als gesetzliche Vertreter (Abs 3 HS 2)

7 Sind die Eltern (oder ein Elternteil) Inhaber des Personensorgerechts, so müssen sie grds sowohl in ihrer Eigenschaft als Eltern gem § 1747 BGB als auch in ihrer Eigenschaft als gesetzliche Vertreter des Kindes gem § 1746 Abs 1 S 2 BGB in die Adoption einwilligen. Das **Erfordernis einer doppelten Einwilligung** hat sich in der Vergangenheit als wenig sinnvoll erwiesen (BT-Drucks 13/4899, 112; STAUDINGER/

Titel 7 · Annahme als Kind
Untertitel 1 · Annahme Minderjähriger § **1746**

FRANK[12] Rn 6). Durch das KindRG v 1997 wurde deshalb in § 1746 Abs 3 HS 2 BGB die Bestimmung eingefügt, dass es der Einwilligung durch die Eltern in ihrer Eigenschaft als Vertreter des Kindes dann **nicht bedarf**, wenn ihre Einwilligung aus eigenem Recht nach §§ 1747, 1750 BGB unwiderruflich geworden oder durch das FamG nach § 1748 BGB ersetzt worden ist. Im **Fall der Adoptionspflege** bedarf es somit der Einwilligung des Jugendamtes als Vormund gem § 1751 Abs 1 S 2 BGB nicht mehr, weil das Jugendamt Vormund erst wird, wenn die elterliche Einwilligung bindend erteilt worden ist (OBERLOSKAMP/HOFFMANN 153).

Die Regelung des Abs 3 HS 2 ist sachlich angemessen, wenn auch an falscher Stelle **8** platziert. Sie gehört systematisch nicht in Abs 3, sondern in Abs 1. Inhaltlich wirkt die Neuregelung v 1997 sich widersprechenden Erklärungen der Eltern entgegen und schließt außerdem aus, dass nach einem oft langwierigen Ersetzungsverfahren (§ 1748 BGB) das Jugendamt, das in Folge der Ersetzung Vormund geworden ist (§ 1751 Abs 1 S 2 BGB), eine weitere (überflüssige) Erklärung als Vertreter des Kindes abgeben muss (§ 1746 Abs 1 S 2 BGB), die theoretisch verweigert werden könnte und dann durch eine Entscheidung des FamG ersetzt werden müsste (§ 1746 Abs 3 HS 1 BGB).

Die Neuregelung ändert allerdings nichts daran, dass nach wie vor zwischen der **9** Einwilligung aus eigenem Recht (§ 1747 BGB) und der Einwilligung, welche die Eltern als Vertreter des Kindes abgeben (§ 1746 Abs 1 S 2 BGB), unterschieden werden muss (SOERGEL/LIERMANN Rn 7). Das gilt jedenfalls solange, als die Einwilligung der Eltern aus eigenem Recht noch nicht bindend erteilt worden ist (§ 1746 Abs 3 HS 3 BGB). Erklärt ein vertretungsberechtigter Elternteil ohne nähere Angaben die Einwilligung in die Annahme des Kindes, so ist davon auszugehen (§ 133 BGB), dass diese Erklärung **sowohl die Einwilligung nach § 1746 BGB als auch die nach § 1747 BGB umfasst** (MünchKomm/MAURER Rn 31; SOERGEL/LIERMANN Rn 7; aA BeckOGK/LÖHNIG [1. 7. 2016] Rn 14), zumal beide Einwilligungen gem § 1750 Abs 1 BGB der gleichen Form bedürfen und an den gleichen Adressaten zu richten sind. Schon vor der Reform v 1976 wurde allg im Vertragsschluss durch die Eltern zugleich ihre Einwilligung nach § 1747 aF gesehen (BayObLGZ 21, 197, 199; STAUDINGER/ENGLER[10/11] § 1747 Rn 28).

Die Neuregelung v Abs 3 HS 2 durch das KindRG v 1997 hat mittelbar auch die **10** früher nicht ganz unumstrittene Frage gelöst, ob Eltern als Inhaber des Personensorgerechts überhaupt in der Lage sind, sowohl in ihrer Eigenschaft als Eltern gem § 1747 BGB als auch als Vertreter des Kindes gem § 1746 BGB in die Annahme einzuwilligen (vgl STAUDINGER/FRANK[12] Rn 6). Schließlich zwingt die doppelte Einwilligung der Eltern zur gleichzeitigen **Wahrnehmung eigener und fremder Interessen**. Allerdings war schon nach altem Recht sowohl eine entsprechende Anwendung des § 181 BGB als auch die **Bestellung eines Ergänzungspflegers** für das Kind nach §§ 1629 Abs 2 S 3, 1796, 1909 BGB allgemein abgelehnt worden, weil die Einwilligung der Eltern einerseits und des Kindes vertreten durch seine Eltern andererseits keine gegeneinander gerichteten, sondern parallel laufende Erklärungen darstellten, die jeweils gem § 1750 Abs 1 BGB an das FamG als Adressaten zu richten seien (Nachw STAUDINGER/FRANK[12] Rn 6). Der Wortlaut des neuen § 1746 Abs 3 HS 2 BGB stellt klar, dass auch der Gesetzgeber davon ausgeht, dass Eltern grds Einwilligungserklärungen sowohl nach § 1747 BGB als auch in Vertretung des Kindes nach § 1746 BGB abgeben können. Zur besonderen Problematik der Stiefkindadoption vgl Rn 12 ff.

11 Bestehen im Hinblick auf eine mögliche Interessenkollision keine Bedenken, dass Eltern sowohl nach § 1747 BGB als auch nach § 1746 BGB in ihrer Eigenschaft als Vertreter des Kindes in die Annahme einwilligen, dann bestehen auch keine Bedenken, wenn die zum Vormund oder Pfleger des Kindes bestellten künftigen Adoptiveltern nicht nur gem § 1752 Abs 1 BGB den Adoptionsantrag stellen, sondern auch als Vertreter des Kindes gem § 1746 BGB in die Annahme einwilligen (so zutr AG Plettenberg IPRax 1994, 218 m Anm HOHNERLEIN 197 ff, 199; MünchKomm/MAURER Rn 24; BeckOGK/LÖHNIG [1. 7. 2016] Rn 24; SOERGEL/LIERMANN Rn 10).

Entsprechendes sollte (entgegen DIJuF-Rechtsgutachten JAmt 2004, 360) gelten, wenn eine schwache Auslandsadoption gem § 3 AdWirkG in eine Annahme nach deutschem Recht umgewandelt wird. Auch hier kann die in entspr Anwendung des § 1746 BGB erforderliche Zustimmung des Kindes von den Adoptiveltern erklärt werden, die ihrerseits in eigenem Namen den Antrag auf Umwandlung stellen (so auch UEBERFUHR JAmt 2004, 528).

c) Stiefkindadoption

12 Will ein Ehegatte das Kind des anderen annehmen, so stellt sich die Frage, ob der andere **Ehegatte als Vertreter seines noch nicht 14 Jahre alten oder geschäftsunfähigen Kindes** die Einwilligung nach § 1746 BGB erteilen kann oder ob er von der Vertretung gem §§ 1629 Abs 2 S 1, 1795 Abs 1 BGB ausgeschlossen und statt seiner ein Ergänzungspfleger gem § 1909 BGB zu bestellen ist (zum weiteren Erfordernis der Einwilligung als Ehegatte des Annehmenden vgl § 1749 Rn 3). Vor der Reform v 1976 erfolgte die Adoption durch Vertrag, den nach dem bis heute unveränderten Wortlaut des § 1795 Abs 1 Nr 1 BGB der leibliche Elternteil nicht als Vertreter des Kindes mit dem Stiefelternteil schließen konnte (allgM, vgl STAUDINGER/ENGLER[10/11] § 1751 Rn 16; KG JW 1935, 870; auch KG OLGZ 1968, 70 = NJW 1968, 942 und BGH NJW 1971, 841 für die Zustimmung des gesetzl Vertreters zur Einwilligung des über 14 Jahre alten Kindes nach § 1751 Abs 2 aF). Die Einfügung von Abs 3 HS 2 in § 1746 BGB durch das KindRG v 1997 hat an der Problematik nichts geändert; denn Abs 3 HS 2 setzt immer voraus, dass dem personensorgeberechtigten Elternteil bzgl der konkret angestrebten Adoption auch wirklich das Vertretungsrecht zusteht, und das ist eben – vor wie nach der Reform v 1997 – die Frage.

13 Unstreitig ist, dass nach dem Wechsel zum Dekretsystem eine **unmittelbare Anwendung der §§ 1629 Abs 2 S 1, 1795 Abs 1 BGB nicht mehr möglich** ist. Zwar gilt § 1795 Abs 1 Nr 1 BGB auch für einseitige Rechtsgeschäfte, auch wenn die Erklärung einer Behörde gegenüber abzugeben ist, sofern nur das Rechtsgeschäft nach seinem Inhalt unmittelbar Wirkungen zwischen dem Mündel und dem Ehegatten des Vormunds hervorruft (SOERGEL/ZIMMERMANN § 1795 Rn 13). Jedoch ist die Adoption nicht mehr als Rechtsgeschäft ausgestaltet; außerdem kann die Einwilligung nicht als einseitiges Rechtsgeschäft verstanden werden. Der Antrag des Annehmenden und die Einwilligungen nach den §§ 1746, 1747 BGB sind vielmehr Verfahrenshandlungen (BGH NJW 1980, 1746, 1747 = FamRZ 1980, 675, 676); denn sie werden „unabhängig voneinander, parallelgehend, nicht einander, sondern ausschließlich der Behörde gegenüber abgegeben" (OLG Hamm OLGZ 1978, 405, 409 = FamRZ 1978, 945, 947; **aA** MünchKomm/SPICKHOFF § 1795 Rn 24). Sie bewirken nicht unmittelbar eine Änderung des Eltern-Kind-Verhältnisses. Diese wird erst durch den Beschluss des FamG nach § 1752 BGB herbeigeführt.

Auch § 1795 Abs 1 Nr 3 BGB ist nicht anzuwenden, weil das Adoptionsverfahren als **14** fG-Verfahren kein Rechtsstreit iSd § 1795 Abs 1 Nr 3 BGB ist (BGH NJW 1980, 1746 m Hinw auf BayObLG NJW 1961, 2309; MünchKomm/Maurer Rn 29).

Von einem Teil der Literatur (Soergel/Zimmermann § 1795 Rn 33; vgl auch MünchKomm/ **15** Spickhoff § 1795 Rn 24) und der älteren Rspr (OLG Stuttgart FamRZ 1979, 1077 = DAVorm 1979, 693; LG Stuttgart FamRZ 1977, 413; LG Traunstein NJW 1977, 2167) wird jedoch **eine analoge Anwendung des § 1795 Abs 1 Nr 1 BGB** befürwortet, weil sich an dem Interessenwiderstreit in der Person des leiblichen Elternteils durch den Wechsel zum Dekretsystem nichts geändert habe. Gegen eine analoge Anwendung von § 1795 Abs 1 Nr 1 BGB spricht, dass abstrakte oder konkrete Interessengegensätze zwischen Vormund und Mündel ein Vertreterhandeln nicht in jedem Falle, sondern nur unter den in § 1795 BGB genannten Voraussetzungen ausschließen. Das ergibt sich klar aus § 1796 Abs 2 BGB, der für die nicht von § 1795 BGB erfassten Fälle lediglich die Möglichkeit einer Entziehung der Vertretungsmacht durch das FamG vorsieht. In Statussachen sollte man außerdem wegen des Gebots der Rechtssicherheit mit Analogien besonders vorsichtig sein (Brüggemann FamRZ 1977, 656, 658); immerhin stellt die fehlende Einwilligung des Kindes einen Aufhebungsgrund nach § 1760 Abs 1 BGB dar. Unabhängig davon ist bei einer Stiefkindadoption ein abstrakter Interessenkonflikt des vertretungsberechtigten leiblichen Elternteils zwar nicht auszuschließen, aber doch eher gering einzuschätzen; denn eine Stiefkindadoption „besiegelt" typischerweise rechtlich nur, was sich faktisch bereits vollzogen hat. Der Lebenserfahrung entspricht es jedenfalls nicht, dass der vertretungsberechtigte leibliche Elternteil deshalb gegen die Interessen seines Kindes verstößt, weil er sich seinem annahmewilligen Ehepartner gegenüber „befangen" fühlt. Was schließlich das Argument anbelangt, dass sich an der Konfliktsituation durch den Wechsel vom Vertrags- zum Dekretsystem nichts geändert habe, so ist diese Feststellung in der Tat richtig. Da die Adoption alten Rechts jedoch als Vertrag ausgestaltet war und § 1795 BGB für Verträge *jedweder* Art galt, war für eine Prüfung des konkreten Interessengegensatzes von vornherein kein Raum. Von Rspr und Literatur wird deshalb heute zu Recht eine **analoge Anwendung der §§ 1629 Abs 2, 1795 Abs 1 Nr 1 BGB abgelehnt** (BGH NJW 1980, 1746 = FamRZ 1980, 675 = DAVorm 1980, 474; BayObLG FamRZ 1981, 93 = DAVorm 1980, 859; OLG Hamm OLGZ 1978, 405 = NJW 1979, 49 = FamRZ 1978, 945; OLG Schleswig DAVorm 1979, 440; Krause NotBZ 2006, 221, 224; Gernhuber/Coester-Waltjen § 68 Rn 47; BeckOK/Pöcker Rn 3 u 3.2; MünchKomm/Maurer Rn 29; Palandt/Götz Rn 3; Soergel/Liermann Rn 10). In besonderen Konfliktsituationen („erheblicher Gegensatz" iSv § 1796 Abs 2 BGB) kann dem leiblichen Elternteil nach §§ 1629 Abs 2 S 3, 1796 BGB die Vertretungsmacht entzogen und ein Ergänzungspfleger nach § 1909 BGB bestellt werden.

Soll das Kind nicht vom Ehegatten, sondern von einem **Verwandten des gesetzlichen** **16** **Vertreters in gerader Linie** adoptiert werden, so gelten die §§ 1629, 1795 BGB ebenfalls nicht (BGB-RGRK/Dickescheid Rn 8 aE; Soergel/Liermann Rn 10; zu den grds Bedenken gegen eine Adoption durch Großeltern vgl § 1741 Rn 37–39).

d) Inkognitoadoption
Eine Inkognitoadoption steht einer Vertretung des Kindes durch seine Eltern bei **17** Erklärung der Einwilligung (vgl Rn 9) nicht im Wege. Eine **Gefährdung des Inkognitos** ist nämlich ausgeschlossen: Was zunächst die eigene Einwilligung der Eltern

anbelangt, so ist für diese nicht erforderlich, dass ihnen die Person des Annehmenden bekannt ist (§ 1747 Abs 2 S 2 BGB). Gleiches hat zu gelten, wenn die Eltern als Vertreter ihres Kindes gem § 1746 BGB in die Annahme einwilligen (heute allgM, MünchKomm/MAURER Rn 25; GERNHUBER/COESTER-WALTJEN § 68 Rn 48; SOERGEL/LIERMANN Rn 6). Da aber seit dem KindRG v 1997 eine Einwilligung der Eltern als Vertreter des Kindes ohnehin nicht mehr erforderlich ist, sobald ihre Einwilligung nach § 1747 BGB unwiderruflich geworden ist (§ 1746 Abs 3 HS 2 BGB), ist die Sorge um die Wahrung des Inkognitos im vorliegenden Zusammenhang weitgehend gegenstandslos geworden. Allerdings kann auch dann, wenn das **Kind nicht von seinen Eltern vertreten** wird, im Einzelfall ein schützenswertes Interesse der künftigen Adoptiveltern daran bestehen, dass der Vertreter des Kindes die schon feststehenden Annehmenden wie im Falle des § 1747 Abs 2 S 2 BGB nicht kennt (das Kind wird zB von seinem Großvater vertreten). Hier sollte bei der Einwilligung des Vertreters des Kindes in gleicher Weise verfahren werden wie bei der Einwilligung der Eltern im Falle einer Inkognitoadoption (SOERGEL/LIERMANN Rn 6; vgl auch MünchKomm/MAURER Rn 25 Fn 15). Mit einem Hinweis auf das Offenbarungsverbot des § 1758 BGB ist den Interessen der Annehmenden nicht immer gedient (so aber ERMAN/SAAR Rn 2).

2. Ersetzung der Einwilligung

a) des Vormunds oder Pflegers

18 Ist der gesetzliche Vertreter ein Vormund oder Pfleger, so kann das FamG gem § 1746 Abs 3 HS 1 BGB seine Einwilligung ersetzen. Der Gesetzgeber wollte damit erreichen, dass ein Vormund oder Pfleger, der die Einwilligung verweigert, nicht sogleich entlassen werden muss (BT-Drucks 7/3061, 36 Nr 14; zum früheren Recht OLG Hamm DNotZ 1957, 436, 440 und BayObLGZ 1962, 151, 158), obgleich diese Möglichkeit auch heute noch besteht (§§ 1886, 1915 BGB).

19 Eine Ersetzung der Einwilligung nach § 1746 Abs 3 BGB scheidet jedoch aus, wenn der Vormund oder Pfleger die Einwilligung aus einem triftigen Grund verweigert. Nach dem RegE (BT-Drucks 7/3061, 36 Nr 14) ist die Formulierung **„triftiger Grund"** in Anlehnung an § 3 Abs 3 EheG (später: § 1303 Abs 3 aF, der durch das Gesetz zur Bekämpfung von Kinderehen v 17. 6. 2017 aufgehoben wurde, BGBl 2017 I 2429) gewählt worden, wo er als objektiv einsehbarer Grund verstanden wurde (BGHZ 21, 340).

20 Der Vormund verweigert die Einwilligung zur Adoption jedenfalls dann aus triftigem Grund, wenn die Voraussetzungen zur Annahme als Kind fehlen (BayObLG FamRZ 1997, 839, 840; BayObLG ZfJ 1991, 431, 432; BayObLGZ 1989, 70 = FamRZ 1989, 1336). Über die Frage, wann ein triftiger Grund fehlt, besteht indessen vom theoretischen Ansatz her keine Einigkeit. Nach MAURER (MünchKomm/MAURER Rn 50) fehlt er schon dann, „wenn die Annahme im Interesse des Kindes liegt". Da indessen jede Adoption im Interesse des Kindes liegen muss, kommt nach dieser Auffassung der Einwilligung des gesetzlichen Vertreters in dieser Konstellation keine inhaltliche Bedeutung zu. Nach ROTH-STIELOW (Rn 8) fehlt es an einem triftigen Grund, wenn das Unterbleiben der Adoption dem Kind zu einem unverhältnismäßigen Nachteil iSd § 1748 BGB gereichen würde. Der richtige Lösungsansatz dürfte zwischen diesen beiden Ansichten liegen: Es überzeugt einerseits nicht, dass der Einwilligung des gesetzlichen Vertreters inhaltlich überhaupt keine Bedeutung zukommen soll, obwohl dieser die Interessen des Kindes verantwortlich wahrzunehmen hat. Es bestehen andererseits Bedenken, dem Kind durch das Unterlassen der Adoption Nachteile aufzubürden, die nur nicht „unverhältnismäßig" sein dürfen. Der Vergleich mit § 1748 BGB hinkt, weil es dort um die Grenzen des durch Art 6 GG geschützten Elternrechts geht. Dass eine Adoption die Situation des Kindes verbessert und somit in seinem Interesse liegt, heißt nicht, dass die Adoption die einzig mögliche Lösung darstellt. Das Kind könnte zB anderen Adoptionsbewerbern anvertraut werden. Selbst die Frage des „Ob" einer Adoption ist oft schwierig zu entscheiden, weil Risiken abgeschätzt, Prognosen gewagt, Vor- und Nachteile abgewogen werden müssen. Das gilt insbesondere für die oft kompliziert gelagerten Fälle der Stiefkind- und Verwandtenadoption. Hier muss eine **vernünftige Entscheidung des Vertreters** auch dann respektiert werden, wenn das FamG eine andere Ansicht vertritt (zutr BeckOGK/LÖHNIG [1. 7. 2016] Rn 26; PraxKommKindschaftsR/BRAUN Rn 9; SOERGEL/LIERMANN Rn 11). In diesem Sinne hat das OLG Stuttgart (OLGZ 1980, 110) unter der Herrschaft des alten Rechts (§ 1741 Abs 3 S 2 BGB vor dem KindRG v 1997) iE zutreffend entschieden, dass der Vormund des nichtehelichen Kindes die Zustimmung zur Annahme des Kindes durch den nichtehelichen Vater nicht ohne triftigen Grund verweigert, wenn das Kind (nach dem Tode seiner Mutter) in dem Familienverband seines Stiefvaters verwurzelt ist. Entsprechendes gilt für die Entscheidungen BayOLG FamRZ 1997, 839 (= Rpfleger 1997, 214) und OLG Oldenburg NJW-RR 1996, 709 (= FamRZ 1996, 895 = JuS 1996, 1033 m Anm HOHLOCH), wo der Vormund des Kindes sich gegen eine Großelternadoption ausgesprochen hatte. Zu der hier vertretenen Ansicht neigt auch das OLG Koblenz in seiner Entscheidung vom 23. 2. 2016 (OLG Koblenz 23. 2. 2016 – 7 UF 758/15, FamRZ 2016, 1690). Keinen triftigen Grund stellt es dar, dass die Vaterschaft nicht festgestellt werden kann, weil die Mutter nicht bereit ist, den Erzeuger des Kindes zu benennen (LG Ellwangen DAVorm 1988, 309); vgl hierzu auch § 1741 Rn 35.

Über die Ersetzung der Einwilligung kann **ohne Antrag** entschieden werden (OLG **21** Hamm NJW-RR 1991, 905 = FamRZ 1991, 1230; vgl BT-Drucks 7/3061, 36 Nr 14). **Zuständig** ist das FamG, das auch über den Annahmeantrag zu befinden hat (§ 186 Nr 2 FamFG). Es entscheidet der Richter (§ 14 Abs 1 Nr 14 RPflG). Die Ersetzung, die gem § 198 Abs 1 S 1 FamFG erst mit Rechtskraft wirksam wird, ergeht als Zwischenentscheidung im Annahmeverfahren oder in einem selbständigen Verfahren (vgl auch § 1752 Rn 34). Gegen den Ersetzungsbeschluss ist die **Beschwerde** (§§ 58 Abs 1, 63 Abs 1 FamFG) durch denjenigen möglich, dessen Einwilligung ersetzt wurde (§ 59 Abs 1 FamFG). Wurde die Einwilligung nicht ersetzt, so ist zu differenzieren: Hat das FamG die Frage des triftigen Grundes inzident im Rahmen des Annahmeverfahrens geprüft, so kann gem § 59 Abs 2 FamFG nur derjenige, der die Adoption beantragt hat, und gem § 194 Abs 2 S 2 FamFG auch das Jugendamt gegen die endgültige Zurückweisung des Adoptionsantrags vorgehen (vgl § 1752 Rn 47). Wurde die Ersetzung mit einer selbständigen (Zwischen-)Entscheidung abgelehnt, so ist diese von jedem Beteiligten, der dadurch in seinen Rechten beeinträchtigt wird (§ 59 Abs 1 FamFG), mit der Beschwerde anfechtbar (zur Anfechtung durch das 14 Jahr alte nicht geschäftsunfähige Kind vgl OLG Stuttgart OLGZ 1980, 110, 111).

b) der Eltern
Während die eigene Einwilligung der Eltern iSv § 1747 BGB nach § 1748 BGB **22** ersetzt werden kann, gibt es keine Möglichkeit, die Einwilligung, welche die Eltern

gem § 1746 Abs 1 S 2 BGB für das Kind abgeben, zu ersetzen, § 1746 Abs 3 HS 1 BGB ist hierauf nicht anwendbar. Doch ist in diesem Zusammenhang der durch das KindRG v 1997 eingeführte § 1746 Abs 3 HS 2 BGB zu beachten (zur Entwicklung vgl STAUDINGER/FRANK [2007] Rn 22). Danach bedarf es **einer Einwilligung der Eltern in ihrer Eigenschaft als Vertreter des Kindes überhaupt nicht**, wenn die Eltern entweder nach §§ 1747, 1750 BGB unwiderruflich in die Annahme eingewilligt haben oder ihre Einwilligung nach § 1748 BGB durch das FamG (rechtskräftig) ersetzt worden ist (BT-Drucks 13/4899, 112). Wird die Einwilligung der personensorgeberechtigten Eltern nach § 1748 BGB ersetzt, so bedarf es auch keiner Einwilligung des JugA, das gem § 1751 Abs 1 S 2 BGB Vormund des Kindes wird.

3. Form der Einwilligung

23 Nach § 1750 Abs 1 S 1 BGB ist die Einwilligung dem FamG gegenüber zu erklären und bedarf der **notariellen Beurkundung**. Die Einwilligung ist bedingungs- und befristungsfeindlich sowie unwiderruflich (§ 1750 Abs 2 BGB).

4. Maßgeblicher Zeitpunkt

24 Alle Annahmevoraussetzungen müssen im **Zeitpunkt des Ausspruchs der Annahme** (§ 1752 BGB) vorliegen. Die nach Maßgabe des § 1750 BGB erklärte und wirksam gewordene Einwilligung ist jedoch unwiderruflich (§ 1750 Abs 2 S 2 BGB), sodass selbst ein Wechsel des gesetzlichen Vertreters die einmal erteilte Einwilligung nicht mehr in Frage stellen kann. **Wird der Anzunehmende** nach Erklärung der Einwilligung durch den gesetzlichen Vertreter, aber **vor Ausspruch der Annahme 14 Jahre alt**, so ist entgegen der hM (MünchKomm/MAURER Rn 10; BeckOGK/LÖHNIG [1. 7. 2016] Rn 10; NK-BGB/DAHM Rn 4; BT-Drucks 7/3061, 35 Nr 11) die persönliche Einwilligung des Kindes nach Abs 1 S 3 erforderlich (so auch PraxKommKindschaftsR/BRAUN Rn 8). Zwar stellt die vor Vollendung des 14. Lebensjahres vom gesetzlichen Vertreter erklärte Einwilligung eine Einwilligung des *Kindes* dar. Diese kann jedoch nicht über das 14. Lebensjahr hinaus zu Lasten des Kindes fortwirken, da Abs 1 S 3 sinngemäß, aber unmissverständlich die persönliche Einwilligung von Kindern verlangt, die vor Erlass des Adoptionsbeschlusses die Altersgrenze von 14 Jahren erreichen. Mit dem Hinweis darauf, dass das Kind die von seinem Vertreter erklärte Einwilligung widerrufen könne (so RegE BT-Drucks 7/3061, 35 Nr 11 und ihm folgend die herrschende Lehre, zB MünchKomm/MAURER Rn 11; SOERGEL/LIERMANN Rn 12), wird weder der ratio legis noch den Interessen des Kindes Rechnung getragen, das uU von dieser Möglichkeit keine Kenntnis hat (vgl auch MünchKomm/MAURER Rn 11). Eine besondere Zustimmung des gesetzlichen Vertreters nach Abs 1 S 3 ist indessen entbehrlich, wenn der Vertreter bereits nach Abs 1 S 2 eingewilligt hat. Die Zustimmung ist in der Einwilligung enthalten.

5. Mängel der Einwilligung

25 Kommt es zum Ausspruch der Annahme trotz Fehlens der Einwilligung des Kindes, so kann das **Annahmeverhältnis** nur unter den engen Voraussetzungen des § 1760 BGB wieder **aufgehoben** werden. Wurde die Einwilligung erteilt, war sie aber mit Willensmängeln behaftet, so berühren diese die Wirksamkeit der Erklärung nur nach Maßgabe des § 1760 Abs 2 BGB.

Fraglich ist, ob schon vor Erlass des Adoptionsdekrets selbständig über die Not- 26
wendigkeit oder Wirksamkeit einer Einwilligung nach § 1746 BGB entschieden
werden kann. Das Problem wird vor allem im Zusammenhang mit der elterlichen
Einwilligung nach § 1747 BGB diskutiert, kann aber auch bei § 1746 BGB relevant
werden. Richtiger Ansicht nach sollte hier eine **Entscheidung** sowohl vor als auch
nach der Stellung des Annahmeantrags möglich sein, um so der Gefahr zu begegnen,
dass die spätere Kindesannahme mit einem drohenden Aufhebungsverfahren belastet wird (Einzelheiten § 1752 Rn 33 u § 1750 Rn 13).

III. Einwilligung des über 14 Jahre alten Kindes

1. Persönliche Einwilligung des Kindes

Hat das Kind das 14. Lebensjahr vollendet und ist es nicht geschäftsunfähig, so kann 27
es die Einwilligung nur selbst (Abs 1 S 3) und wegen § 1750 Abs 3 S 1 BGB nur
persönlich erteilen. Zur 14-Jahresgrenze vgl Rn 2. Die Einwilligung ist dem FamG
gegenüber zu erklären (§ 1750 Abs 1 S 1 BGB). Sie bedarf nach § 1750 Abs 1 S 2
BGB der **notariellen Beurkundung**. Zur Belehrungspflicht der Urkundsperson vgl
§ 17 BeurkG. Ist der Ausspruch der Annahme eines über 14 Jahre alten Kindes
beantragt worden, ohne dass der Antragsteller die erforderliche Einwilligung des
Kindes in die Annahme vorlegt, so ist eine persönliche Anhörung des Kindes und
des Antragstellers durch das erkennende Gericht jedenfalls dann nicht geboten,
wenn das Kind bei seiner Anhörung vor dem ersuchten Richter ausdrücklich eine
Einwilligung in die Annahme verweigert (BayObLG FamRZ 1997, 576; Eckebrecht FPR
2001, 357, 359).

2. Widerruf der Einwilligung

Nach § 1746 Abs 2 BGB ist die Einwilligung des 14 Jahre alten, nicht geschäftsunfä- 28
higen Kindes **bis zum Wirksamwerden des Ausspruchs der Annahme**, dh bis zur
Zustellung des Annahmebeschlusses (§ 197 Abs 2 FamFG), **frei widerruflich** (zur
Entwicklung Staudinger/Frank [2007] Rn 28). Denn eine Annahme wird dem Wohl
des Kindes regelmäßig nicht entsprechen, wenn dieses die Begründung des Eltern-Kind-Verhältnisses nicht mehr will, ehe das Gericht entschieden hat (BT-Drucks
7/3061, 35 Nr 11). Das Kind erhält damit die gleiche Stellung wie der Annehmende, der
ebenfalls bis zum Wirksamwerden der Annahme seinen Antrag nach allg Verfahrensgrundsätzen zurücknehmen kann (vgl § 1752 Rn 10). Wirksam wird die Annahme
gem § 197 Abs 2 FamFG erst mit Zustellung an den Annehmenden.

Nach § 1746 Abs 2 S 2 BGB bedarf der Widerruf der **öffentlichen Beurkundung**. 29
Diese Form wurde auf Initiative des Rechtsausschusses (BT-Drucks 7/5087, 10) gewählt,
nachdem der RegE (BT-Drucks 7/3061, 35 Nr 11) noch die bloße Schriftform vorgesehen
hatte. Es sollte vor allem erreicht werden, dass das Kind vor der Abgabe der
Erklärung über die Bedeutung und die Folgen des Widerrufs beraten wird (zu Recht
skeptisch Gernhuber/Coester-Waltjen § 68 Rn 51). Außerdem wurde durch eine Änderung des Zuständigkeitskatalogs in § 49 Abs 1 Nr 5 JWG (heute: § 59 Abs 1 S 1 Nr 6
SGB VIII) auch dem **Jugendamt** die Möglichkeit eingeräumt, eine solche Beurkundung vorzunehmen. Dies erschien dem Gesetzgeber besonders wichtig, „weil davon
ausgegangen werden kann, daß ein Kind dieses Alters, das angenommen werden

soll, bereits Kontakte zu Mitarbeitern des Jugendamts hatte und deshalb am ehesten dem Jugendamt Vertrauen entgegenbringt" (BT-Drucks 7/5087, 10).

30 Einer Zustimmung des gesetzlichen Vertreters zum Widerruf bedarf es nicht (Abs 2 S 3), weil der Widerruf nur bezweckt, dass die bereits vorhandene familiäre Zuordnung unverändert fortbesteht (vgl BT-Drucks 7/3061, 35 Nr 11).

3. Zustimmung des gesetzlichen Vertreters

a) Allgemeines

31 Das 14 Jahre alte, nicht geschäftsunfähige Kind bedarf zu einer wirksamen Einwilligungserklärung der **Zustimmung seines gesetzlichen Vertreters** (Abs 1 S 3 HS 2). Diese kann vor oder nach der Einwilligungserklärung des Kindes erteilt werden (§§ 183, 184 BGB). Die Zustimmung ist, wie der BGH (NJW 1971, 841) zu § 1751 aF entschieden hat, „kein Akt der Fürsorge für das Kind aus eigenem Recht, sondern ein Akt der gesetzlichen Vertretung". Ist ein **personensorgeberechtigter Elternteil** der gesetzliche Vertreter, so ist seine Zustimmung nach § 1746 Abs 3 HS 2 BGB nicht erforderlich, falls er nach den §§ 1747, 1750 BGB unwiderruflich in die Annahme eingewilligt hat oder die Einwilligung nach § 1748 BGB durch das FamG ersetzt worden ist. Für die Zustimmung des personensorgeberechtigten Elternteils gilt also das Gleiche wie für die Einwilligung, falls das Kind geschäftsunfähig oder noch nicht 14 Jahre alt ist (vgl Rn 7–10). Auch für die **Stiefkindadoption** gelten die Ausführungen Rn 12–16 entsprechend.

b) Verweigerung der Zustimmung

32 Verweigert der Vormund oder Pfleger die Zustimmung ohne triftigen Grund, so kann das FamG sie ersetzen (Abs 3 HS 1). Es gelten die Ausführungen zur Ersetzung der Einwilligung unter Rn 18 ff entsprechend. Sind die Eltern gesetzliche Vertreter, so gilt das unter Rn 22 Gesagte entsprechend.

c) Form, Adressat und Widerruf der Zustimmung

33 § 1750 Abs 1 S 1 BGB bezieht sich nur auf „die Einwilligung nach § 1746", nicht auf die Zustimmung des gesetzlichen Vertreters. Letztere ist deshalb nach allgM (Palandt/Götz Rn 4; MünchKomm/Maurer Rn 41; Erman/Saar Rn 6; Soergel/Liermann Rn 16) formlos gültig (§ 182 Abs 2 BGB). Eine analoge Anwendung von § 1750 BGB (dafür wohl BeckOGK/Löhnig [1. 7. 2016] Rn 32; Roth-Stielow Rn 10) kommt nicht in Betracht: Schon vor der Reform v 1976 verlangte § 1751 Abs 2 aF die Zustimmung des gesetzlichen Vertreters zum Vertragsschluss durch das 14 Jahre alte Kind, ohne eine besondere Form vorzuschreiben (Staudinger/Engler 10/11 § 1751 Rn 18 f). An der Formfreiheit ändert sich auch dadurch nichts, dass die Zustimmung dem FamG nachgewiesen werden muss (Krause NotBZ 2006, 221, 225). Die Schriftform mag sich deshalb aus praktischen Gründen empfehlen, kann indessen auch vom FamG nicht erzwungen werden (Soergel/Liermann Rn 16).

34 Die Maßgeblichkeit der allg Bestimmungen für die Zustimmung bewirkt, dass diese nach § 182 Abs 1 BGB **sowohl dem Erklärenden** (= Anzunehmender) **als auch dem Erklärungsempfänger** (= FamG) **gegenüber** erfolgen kann (MünchKomm/Maurer Rn 41; NK-BGB/Dahm Rn 13; BGB-RGRK/Dickescheid Rn 13; aA BeckOGK/Löhnig [1. 7. 2016] Rn 32). Wegen der Nichtanwendbarkeit von § 1750 BGB muss die Zustimmungserklärung als grundsätzlich **widerruflich** angesehen werden (MünchKomm/Maurer Rn 47; **aA** BeckOGK/Löhnig [1. 7. 2016] Rn 33 und Soergel/Liermann Rn 16 unter Berufung auf § 130 Abs 1 S 2 u Abs 3 BGB). Unter einer Bedingung oder Zeitbestimmung (vgl § 1750 Abs 2 S 1 BGB) kann die Zustimmung schon deshalb nicht erklärt werden, weil die zustimmungsbedürftige Einwilligungserklärung selbst bedingungs- und zeitbestimmungsfeindlich ist. Die Notwendigkeit einer **persönlichen Zustimmung** durch den gesetzlichen Vertreter lässt sich auch ohne Rückgriff auf § 1750 Abs 3 BGB aus der höchstpersönlichen Natur der Erklärung herleiten (Erman/Saar Rn 6; BGB-RGRK/ Dickescheid Rn 13; vgl auch MünchKomm/Maurer Rn 41).

d) Mängel der Zustimmung

Kommt es zum Ausspruch der Annahme trotz fehlender Zustimmung oder ist die Zustimmung mit Willensmängeln behaftet, so wirkt sich dies nicht auf die Bestandskraft der Adoption aus. Eine Aufhebung nach § 1760 BGB ist ausgeschlossen, weil die fehlende Zustimmung des gesetzlichen Vertreters dort nicht als Aufhebungsgrund aufgeführt ist (MünchKomm/Maurer Rn 27; BeckOGK/Löhnig [1. 7. 2016] Rn 42). Auch eine – zulässige – Verfassungsbeschwerde wegen Verletzung des Anspruchs auf rechtliches Gehör (Art 103 Abs 1 GG) vermag an diesem Ergebnis nichts zu ändern. Zwar steckt in jedem Einwilligungs- und Zustimmungsrecht als Minus auch ein Anhörungsrecht. Dessen Verletzung muss jedoch hinter dem ebenfalls grundgesetzlich (Art 6 GG) geschützten Bestandsinteresse des Angenommenen an der Adoption zurückstehen (Näheres vgl § 1759 Rn 19). 35

IV. Einwilligung bei unterschiedlicher Staatsangehörigkeit von Annehmendem und Kind (Abs 1 S 4)

1. Entstehungsgeschichte

Nach der bis zum KindRG v 1997 geltenden Fassung von Abs 1 S 4 bedurfte die Einwilligung des Kindes in die Annahme der vormundschaftsgerichtlichen Genehmigung, falls der Annehmende und das Kind unterschiedliche Staatsangehörigkeit besaßen. Die durch das Gesetz zur Neuregelung des IPR 1986 in das BGB eingefügte Bestimmung (Näheres zur Entstehungsgeschichte Staudinger/Frank[12] Rn 34) ergab indessen keinen Sinn, wenn sich die Adoption insgesamt nach deutschem Recht richtete, sei es unmittelbar über Art 22 EGBGB, sei es kraft Rückverweisung (Art 4 Abs 1 EGBGB). Für diesen Fall war und ist nämlich eine Kindeswohlprüfung durch das FamG bereits nach § 1741 BGB vorgeschrieben. Einer zusätzlichen gerichtlichen Genehmigung der Einwilligung bedurfte und bedarf es nicht (BT-Drucks 13/4899, 156). Schon vor der Reform v 1997 beschränkte deshalb die hM den Anwendungsbereich von Abs 1 S 4 auf den Fall, dass *ausländisches* Recht Adoptionsstatut war (MünchKomm/Klinkhardt[3] Art 22 EGBGB Rn 35; Staudinger/Henrich [1996] Art 23 EGBGB Rn 22; AG Recklinghausen IPRax 1985, 110 m Anm Jayme). Abs 1 S 4 idF des KindRG v 1997 bestätigt nunmehr diese Rechtspraxis: Eine familiengerichtliche Genehmigung der Einwilligung ist nicht erforderlich, „wenn die Annahme deutschem Recht unterliegt". 36

2. Anwendungsbereich von Abs 1 S 4

Abs 1 S 4 ist eine **Vorschrift des deutschen materiellen Adoptionsrechts** und setzt deshalb – auch nach der Reform v 1997 – voraus, dass trotz unterschiedlicher 37

Staatsangehörigkeit von Annehmendem und Kind *deutsches* Recht zur Anwendung gelangt (MünchKomm/Helms Art 22 EGBGB Rn 29; Staudinger/Henrich [2019] Art 23 EGBGB Rn 16; Soergel/Liermann Rn 19). Da jedoch Abs 1 S 4 HS 1 nach dem eindeutigen Gesetzeswortlaut gerade nicht gelten soll, wenn die Annahme deutschem Recht unterliegt, bleibt für den Anwendungsbereich von Abs 1 S 4 nur der Fall übrig, dass sich zwar nicht die *Annahme,* wohl aber die *Einwilligung des Kindes* gem Art 23 EGBGB nach deutschem Recht beurteilt (Frank FamRZ 1998, 393, 398; Liermann FuR 1997, 217, 219). Auch für diesen Fall hätte man aber besser auf eine Sonderregelung verzichtet. Ausländische Rechtsordnungen, die bei einer Minderjährigenadoption eine Kindeswohlprüfung nicht vorsehen, dürfte es heutzutage kaum mehr geben. Sollte das ausnahmsweise doch einmal der Fall sein, wäre das geradezu ein Musterbeispiel für die Anwendbarkeit des deutschen ordre public (Art 6 EGBGB). Soweit nach Abs 1 S 4 eine familiengerichtliche Genehmigung erforderlich ist, kann diese zusammen mit dem Adoptionsbeschluss erteilt werden (Staudinger/Henrich [2019] Art 23 EGBGB Rn 16; Soergel/Liermann Rn 20).

38 Abs 1 S 4 kann bei einer **Auslandsadoption** dann zur Anwendung kommen, wenn sich nach dem maßgebenden ausländischen IPR die Adoption selbst nach ausländischem Recht bestimmt, für die Einwilligung des Kindes in die Annahme aber deutsches Recht maßgebend ist. Ob indessen Abs 1 S 4 in einem solchen Fall überhaupt angewandt sein will, erscheint fraglich. In den Gesetzesmaterialien heißt es nämlich, dass Abs 1 S 4 das Tätigwerden eines *deutschen* FamG voraussetze (BT-Drucks 10/504, 86). Aber auch wenn Abs 1 S 4 auf Auslandsadoptionen angewandt wird, führt eine fehlende familiengerichtliche Genehmigung iSv Abs 1 S 4 nicht zur Nichtanerkennung der im Ausland ausgesprochenen Adoption; denn die richtige Anwendung deutschen Rechts ist nach §§ 108 Abs 1, 109 Abs 5 FamFG keine Anerkennungsvoraussetzung. Eine Anerkennung wäre nur dann ausgeschlossen, wenn die Annahme gegen den deutschen ordre public verstoßen würde (§ 109 Abs 1 Nr 4 FamFG), was beim bloßen Fehlen einer familiengerichtlichen Genehmigung nicht der Fall ist. Handelt es sich bei der Auslandsadoption nicht um eine anerkennungsfähige Dekret- sondern ausnahmsweise um eine **Vertragsadoption** (zur Wirksamkeit ausländischer Vertragsadoptionen vgl MünchKomm/Helms Art 22 EGBGB Rn 74 f), so entscheidet das Adoptionsstatut, ob die Nichtbeachtung von § 1746 Abs 1 S 4 BGB die Wirksamkeit der Adoption in Frage stellt bzw zu einer Aufhebung der Adoption führt. Bei Auslandsadoptionen, die nach Maßgabe des **Haager Adoptionsübereinkommens** von 1993 zustande gekommen sind, gilt letztlich nichts anderes. Sie müssen zwar ohne Rücksicht darauf, ob es sich um Dekret- oder Vertragsadoptionen handelt, kraft Gesetzes anerkannt werden (Art 23 Abs 1 HAÜ), eine Ausnahme gilt aber dann, wenn die Adoption gegen den deutschen ordre public verstößt (Art 24 HAÜ). Näheres MünchKomm/Helms Art 22 EGBGB Anh Rn 12 f.

3. Maßgeblicher Zeitpunkt für die Erteilung der Genehmigung

39 Soweit eine familiengerichtliche Genehmigung nach Abs 1 S 4 erforderlich ist, stellt sich bezüglich des Zeitpunkts die Frage, ob gem § 1831 BGB die Genehmigung der Einwilligungserklärung vorangehen muss. Das ist nicht der Fall. Sinn des § 1831 BGB ist der Schutz Dritter, die bei einseitigen Rechtsgeschäften Gewissheit darüber haben sollen, ob deren Rechtswirkungen eintreten (MünchKomm/Kroll-Ludwigs § 1831

Rn 1). Im Fall des § 1746 BGB wird die Einwilligung aber gegenüber demselben Gericht abgegeben, welches die Genehmigung zu erteilen hat (§ 1750 Abs 1 S 3 BGB). Ferner handelt es sich bei der Einwilligung insoweit nicht um ein einseitiges Rechtsgeschäft, als sie keine unmittelbaren Rechtswirkungen zeitigt. Diese treten erst mit dem Ausspruch der Adoption (§ 1752 BGB) ein. § 1831 BGB ist deshalb auf die Genehmigung nach Abs 1 S 4 nicht anwendbar (AG Tettnang ZfJ 1989, 392 = Justiz 1987, 316; Krzywon BWNotZ 1987, 58, 60; Sameluck ZfJ 1989, 203; MünchKomm/Helms Art 22 EGBGB Rn 30).

§ 1747
Einwilligung der Eltern des Kindes

(1) Zur Annahme eines Kindes ist die Einwilligung der Eltern erforderlich. Sofern kein anderer Mann nach § 1592 als Vater anzusehen ist, gilt im Sinne des Satzes 1 und des § 1748 Abs. 4 als Vater, wer die Voraussetzung des § 1600d Abs. 2 Satz 1 glaubhaft macht.

(2) Die Einwilligung kann erst erteilt werden, wenn das Kind acht Wochen alt ist. Sie ist auch dann wirksam, wenn der Einwilligende die schon feststehenden Annehmenden nicht kennt.

(3) Steht nicht miteinander verheirateten Eltern die elterliche Sorge nicht gemeinsam zu, so

1. **kann die Einwilligung des Vaters bereits vor der Geburt erteilt werden; 2. kann der Vater durch öffentlich beurkundete Erklärung darauf verzichten, die Übertragung der Sorge nach § 1626a Absatz 2 und § 1671 Absatz 2 zu beantragen; § 1750 gilt sinngemäß mit Ausnahme von Absatz 1 Satz 2 und Absatz 4 Satz 1;**

2. **darf, wenn der Vater die Übertragung der Sorge nach § 1626a Absatz 2 oder § 1671 Absatz 2 beantragt hat, eine Annahme erst ausgesprochen werden, nachdem über den Antrag des Vaters entschieden worden ist.**

(4) Die Einwilligung eines Elternteils ist nicht erforderlich, wenn er zur Abgabe einer Erklärung dauernd außerstande oder sein Aufenthalt dauernd unbekannt ist. Der Aufenthalt der Mutter eines gemäß § 25 Absatz 1 des Schwangerschaftskonfliktgesetzes vertraulich geborenen Kindes gilt als dauernd unbekannt, bis sie gegenüber dem Familiengericht die für den Geburtseintrag ihres Kindes erforderlichen Angaben macht.

Materialien: BT-Drucks 7/3061, 20 f, 36–38, 73 f, 74 f, 84 f; BT-Drucks 7/5087, 10–13, 33 f; BT-Drucks 13/4899, 112–114, 156 f, 169 f; BT-Drucks 13/8511, 76; BT-Drucks 17/11048, 22; BT-Drucks 17/12814, 16. S Staudinger/BGB-Synopse (2005) § 1747.

§ 1747

Systematische Übersicht

I. Entstehungsgeschichte
1. Einwilligungsrecht der Eltern des ehelichen und der Mutter des nichtehelichen Kindes ... 1
2. Einwilligungsrecht des Vaters des nichtehelichen Kindes ... 2
3. Überlegungsfrist ... 4
4. Inkognitoadoption und Blankoeinwilligung ... 5
5. Entbehrlichkeit der Einwilligung ... 6

II. Einwilligungsberechtigte ... 7
1. Einwilligung der Mutter ... 10
2. Einwilligung des Vaters ... 13
   a) Rechtlich feststehender Vater (Abs 1 S 1) ... 13
   b) Vaterschaftsprätendent (Abs 1 S 2) ... 16
   c) Samenspender ... 27
   d) Pflicht zur Ermittlung eines rechtlich nicht feststehenden leiblichen Vaters ... 36

III. Überlegungsfrist
1. Die 8-Wochen-Frist des Abs 2 S 1 ... 44
2. Sonderregelung des Abs 3 Nr 1 ... 48
3. Pränatale Einwilligung ... 52
4. Leihmutterschaft, Ersatzmutterschaft ... 54
   a) Terminologie ... 54
   b) Einwilligung und Leihmutterschaftsvereinbarungen ... 55

IV. Inhalt der Einwilligung
1. Blankoeinwilligung ... 56
2. Eventual- und Alternativeinwilligung ... 58
3. Beschränkung der Einwilligung ... 60
4. Inkognitoadoption und offene Adoption ... 61
   a) Sicherung des Inkognito im Annahmeverfahren ... 61
   b) Spätere Wahrung des Inkognito ... 63
   b) Offene Adoptionen ... 64

V. Sorgerechtsantrag des mit der Mutter nicht verheirateten Vaters
1. Verzicht auf Antragstellung (Abs 3 Nr 2) ... 67
2. Sperrwirkung des Antrags (Abs 3 Nr 3) ... 69
3. Beratung des Vaters nach § 51 Abs 3 SGB VIII ... 73

VI. Entbehrlichkeit der Einwilligung (Abs 4) ... 75
1. Dauernde Verhinderung (Abs 4 S 1 HS 1) ... 76
2. Unbekannter Aufenthalt (Abs 4 S 1 HS 2) ... 78
3. Vertrauliche Geburt (Abs 4 S 2) ... 81
4. Inzidententscheidung, Abgrenzung zu § 1748 ... 86

VII. Mängel der Einwilligung ... 89

Alphabetische Übersicht

Adoption des nichtehelichen Kindes nach altem Recht, Antrag des Vaters auf ... 2
Adoption, offene ... 64 ff
Adoption, pränatale ... 48 ff, 52 f
Alternativeinwilligung ... 58 f
Amtsermittlung ... 37, 78
Anonyme Geburt ... 85
Anspruch des Kindes auf Nennung des potentiellen Erzeugers ... 41
Anspruch des Vaters auf Nennung des Geburtsorts ... 84

Antragsrecht des mit der Mutter nicht verheirateten Vaters ... 69 ff
– Beratung über das ... 73 f
– Voraussetzungen für das ... 70
– Sperrwirkung ... 69
Aufenthalt, unbekannter, des Einwilligungsberechtigten ... 78 ff
Auskunftspflicht der Mutter ... 41

Babyklappe ... 85
Beratung des mit der Mutter nicht verheirateten Vaters über seine Rechte ... 73 f

Titel 7 · Annahme als Kind
Untertitel 1 · Annahme Minderjähriger

§ 1747

Berechnung der Frist nach Abs 2 S 1 — 47
Biologischer Vater
— 14 f, 16 ff, 27 ff, 36 ff, 79, 84
Blankoeinwilligung — 4, 56 f

Einwilligung — 1 ff, 7 ff, 48 ff, 56 ff, 76 ff
- Beschränkung der — 60
- der Adoptiveltern — 11
- der Mutter   1, 7 ff, 10 ff, 44 ff, 52 f, 76, 78 ff
- des biologischen Vaters (siehe des Vaterschaftsprätendenten)
- des Samenspenders — 27 ff, 79
- des Vaters — 2 ff, 13 ff, 48 ff
- des Vaterschaftsprätendenten   3, 16 ff, 75, 79
- Ersetzung der — 12, 16, 54
- Entbehrlichkeit der (siehe Entbehrlichkeit der Einwilligung)
- Inhalt der — 56 ff
- Mängel der — 89
- pränatale — 48 ff, 52 f
- vor der Zeugung — 49
Einwilligungsrecht der Eltern — 1, 7 ff, 54 f
- bei Ersatzmutterschaft — 54 f
- bei Leihmutterschaft — 54 f
- nach Entzug des Sorgerechts — 12
Einwilligungsrecht von Verwandten — 7
Eispende, Einwilligungsrecht bei — 54 f
Entbehrlichkeit der Einwilligung — 6, 76 ff
- bei offenkundig scheinehelichen Kindern — 77
- Inzidententscheidung über die — 86
- wegen dauernder Verhinderung des Berechtigten — 76
- wegen unbekannten Aufenthalts des Berechtigten — 78 ff
Entstehungsgeschichte — 1 ff, 44, 58, 81
Ersatzmutterschaft — 54
Eventualeinwilligung — 58 f

Fristberechnung nach Abs 2 S 1 — 48

Geschäftsunfähigkeit, Entbehrlichkeit der Einwilligung bei — 76
Gleichgeschlechtliche Elternschaft — 8

Inkognitoadoption — 5, 56, 61 ff

Leihmutterschaft — 10, 54 f
Leihmutterschaftsvereinbarung — 55

Mängel der Einwilligung — 89
Mutter, Einwilligung der
— 1, 7 ff, 10 ff, 44 ff, 52 f, 76, 78 ff
- Entbehrlichkeit der — 76, 78 ff
- Ersetzung der — 86 ff
- pränatale — 52 f

Nichteheliches Kind — 2 f
- Aufgabe der Unterscheidung zwischen ehelichem und -m — 3
- Ermittlung des Vaters — 36 ff

Offene Adoption — 64 ff

Rechtslage nach altem Recht — 1 ff
Rechtsordnungen, ausländische   25, 50, 57, 66

Samenspender — 22, 27 ff, 37, 42, 49, 79
Sorgerechtsantrag — 69 ff
Sperrwirkung des Antrags — 2, 69 ff

Überlegungsfrist, 8-wöchige — 4, 44 ff
- Schutz der nicht verheirateten Mutter — 46
Unbekannter Vater — 29 ff, 42 f, 78 ff

Vater — 2, 13 ff
- Anspruch des Kindes auf Nennung des -s — 41
- Beratung des -s — 73 f
- biologischer — 14 f, 16 ff, 27 ff, 36 ff, 79, 84
- Einwilligung bereits vor der Geburt durch den — 48
- Einwilligung bereits vor der Zeugung durch den — 49
- Ermittlung des -s — 36 ff
- nichtehelicher — 15
- Sorgerechtsantrag des -s — 69 ff
- Sorgeübertragung auf den — 70
- Verzicht auf Sorgerechtsantrag seitens des -s — 67 f
Vater, der mit der Mutter verheiratete — 14
Vaterschaftsfeststellung — 14 f, 18 ff, 24
- Adoptionsverzögerung durch — 24
- nach erfolgter Adoption — 24
Vaterschaftsprätendent — 14, 16 ff, 75
- Beteiligtenstellung des — 21
- Einwilligungsrecht des — 16 ff
- gerichtliche Ersetzung der verweigerten Einwilligung — 16

Vertrauliche Geburt	6, 81 ff	Vorrang des Vaters vor anderen Adoptionsbewerbern	2, 69 ff, 84
Verzicht auf Sorgerechtsantrag	67 f		
– Beratung über die Möglichkeit des -s	73 f	Zweitadoption	9
– Form des -s	68		
Volljährigenadoption	9		

I. Entstehungsgeschichte

1. Einwilligungsrecht der Eltern des ehelichen und der Mutter des nichtehelichen Kindes

1 § 1747 BGB sah schon in seiner ursprünglichen Fassung ein Einwilligungsrecht der **Eltern des ehelichen** und der **Mutter des nichtehelichen Kindes** vor. Wechselvoll und umstritten war die Geschichte der Rechtsstellung des Vaters des nichtehelichen Kindes.

2. Einwilligungsrecht des Vaters des nichtehelichen Kindes

2 Der **Vater des nichtehelichen Kindes** war bis zum NEhelG v 1969 am Zustandekommen einer Adoption überhaupt nicht beteiligt. Das Gesetz ignorierte ihn; denn nach der Fiktion des § 1589 Abs 2 aF galten „ein uneheliches Kind und dessen Vater nicht als verwandt" (allg zur geschichtlichen Entwicklung der Vaterstellung im deutschen Recht seit 1900 PESCHEL-GUTZEIT FPR 2005, 167). Durch das NEhelG v 1969 wurde § 1747a in das BGB eingefügt (später in unveränderter Fassung § 1747b BGB aufgrund des AdoptRÄndG v 1973 = BGBl 1973 I 1013). Diese Bestimmung sah ein „Anhörungsrecht" des Vaters im Adoptionsverfahren vor. Das AdoptG v 1976 wollte die Rechtsstellung des nichtehelichen Vaters „verstärken" (BT-Drucks 7/3061, 37), ohne ihm indessen ein Einwilligungsrecht einzuräumen. Nach Abs 2 S 2 idF des AdoptG v 1976 war die Annahme eines nichtehelichen Kindes durch Dritte nicht auszusprechen, „wenn der Vater die Ehelicherklärung oder die Annahme des Kindes beantragt hat(te)". Der **Antrag des Vaters auf Ehelicherklärung oder Adoption seines Kindes** entfaltete somit eine Sperrwirkung gegenüber Adoptionsanträgen Dritter und sicherte dem Vater einen Vorrang vor anderen Adoptionsbewerbern. Bzgl seines Antragsrechts war der Vater nach § 51 Abs 3 aF SGB VIII durch das Jugendamt zu beraten. Eine Beteiligung des Vaters am Adoptionsverfahren selbst war jedoch nicht vorgesehen, sodass der Gesetzgeber von 1976 insoweit die Rechtsstellung des Vaters gegenüber der früheren Regelung von 1969 nicht verbesserte, sondern verschlechterte (zur Problematik des Anhörungsrechts des nichtehelichen Vaters vgl STAUDINGER/FRANK[12] Rn 14 f, außerdem BVerfGE 92, 158 = FamRZ 1995, 789 und OLG Hamm OLGZ 1994, 553 = FamRZ 1994, 1198 m Anm LIERMANN FamRZ 1995, 506). Wegen des fehlenden Einwilligungsrechts war die Regelung des § 1747 aF in zunehmendem Maße verfassungsrechtlichen Bedenken ausgesetzt (vgl STAUDINGER/FRANK[12] Rn 13). Den entscheidenden **Anstoß zur Reform** gab schließlich das Bundesverfassungsgericht (BVerfGE 92, 158 = FamRZ 1995, 789), das sich allerdings nicht zur Adoption des nichtehelichen Kindes durch Dritte, sondern nur zur Adoption des nichtehelichen Kindes durch seine eigene Mutter oder deren Ehemann äußerte und insoweit die gesetzliche Regelung des § 1747 aF als mit Art 6 Abs 2 S 1 GG nicht vereinbar ansah. Das Bundesverfassungsgericht setzte dem Gesetzgeber eine Frist zur Reform bis zum Ende der Legislaturperiode, die dieser dann zu einer grundsätzlichen Neuregelung des § 1747 BGB im Rahmen des KindRG v 1997 nutzte. Inhaltlich wurde die Reform durch eine Entscheidung des Europäischen Gerichtshofs für Menschenrechte in der Sache Keegan v Ireland vom 26. 5. 1994 mitbestimmt (EuGRZ 1995, 113; deutsche Übersetzung in FamRZ 1995, 110 m Anm BRÖTEL FamRZ 1995, 72 und FAHRENHORST FuR 1995, 107). In dieser Entscheidung, die irisches Recht betraf, hatte der Europäische Gerichtshof für Menschenrechte festgestellt, dass in einem Fall, in dem der Vater vor der Geburt des Kindes mit der Mutter zusammengelebt hatte, der Ausspruch der Adoption des nichtehelichen Kindes durch Dritte ohne Anhörung des Vaters gegen Art 8 Abs 1 und Art 6 Abs 1 der Europäischen Menschenrechtskonvention verstieß.

Durch das **KindRG v 1997** wurde dem Vater eines nichtehelichen Kindes in gleicher **3** Weise wie dem Vater eines ehelichen Kindes ein Einwilligungsrecht zuerkannt (BT-Drucks 13/4899, 112 ff). Unter **Aufgabe der Unterscheidung zwischen ehelichen und nichtehelichen Kindern** spricht das Gesetz in § 1747 Abs 1 S 1 BGB nur noch von der Erforderlichkeit der Einwilligung „der Eltern" ohne Rücksicht darauf, ob diese miteinander verheiratet sind oder waren. Allerdings enthalten Abs 1 S 2 und Abs 3 nach wie vor **Sonderregelungen**, die sich in der Sache, wenn auch nicht sprachlich, typischerweise auf den Fall nichtehelicher Geburt des Kindes beziehen: So schützt Abs 1 S 2 einen nur potentiellen Erzeuger, dessen Vaterschaft also rechtlich noch nicht feststeht, vor der Adoption „seines" Kindes durch Dritte (vgl Rn 16 ff), während Abs 3 Nr 1 dem Vater eines nichtehelich geborenen Kindes die Möglichkeit einräumt, die Einwilligung bereits vor der Geburt zu erteilen (vgl Rn 48 ff). Abs 3 Nr 3 regelt die Wirkung eines Antrags des Vaters eines nichtehelichen Kindes auf Übertragung des Sorgerechts im laufenden Adoptionsverfahren (vgl Rn 69 ff), während Abs 3 Nr 2 die Möglichkeit vorsieht, dass der Vater auf einen solchen Antrag verzichtet, ohne indessen in die Adoption einzuwilligen (vgl Rn 67 f). Durch das Gesetz zur Reform der elterlichen Sorge nicht miteinander verheirateter Eltern v 16. 4. 2013 (BGBl 2013 I 795) wurde Abs 3 an die neue sorgerechtliche Lage angepasst und gleichzeitig die Reihenfolge von Nr 2 und Nr 3 umgetauscht, ohne dass sich in der Sache etwas geändert hätte (BT-Drucks 17/11048, 22).

3. Überlegungsfrist

Eine (Zwangs-)Überlegungsfrist für Eltern, die in die Adoption ihres Kindes einwilligen, war dem BGB in seiner ursprünglichen Fassung fremd. § 1749 Abs 2 idF des FamRÄndG v 1961 normierte erstmals eine Frist von 3 Monaten. Diese wurde durch das AdoptG v 1976 im Interesse des Kindes auf **8 Wochen** reduziert (BT-Drucks 7/3061, 37 f u BT-Drucks 7/5087, 11 f). Das KindRG v 1997 hat an der 8-Wochen-Frist nichts geändert (Abs 2 S 1), für den Fall nichtehelicher Geburt des Kindes aber eine Sonderregelung bezüglich der Einwilligung des Vaters eingefügt (Abs 3 Nr 1). **4**

4. Inkognitoadoption und Blankoeinwilligung

Abs 2 S 2 verbietet die **Blankoeinwilligung** (die Einwilligung darf sich nur auf die Annahme durch „schon feststehende Annehmende" beziehen), erlaubt aber die **Inkognitoadoption** (die schon feststehenden Annehmenden brauchen dem Einwilligenden nicht bekannt zu sein). Vor dem AdoptG v 1976 fehlte es insoweit an einer eindeutigen gesetzlichen Regelung. In der Praxis hatte sich indessen längst die **5**

Möglichkeit der Inkognitoadoption durchgesetzt, bei der zwar die Einwilligung zur Annahme durch einen bestimmten Annehmenden erteilt wird, dessen Person aber dem Einwilligenden unbekannt bleibt (Näheres STAUDINGER/ENGLER[10/11] Rn 16 ff sowie unten Rn 61 ff).

5. Entbehrlichkeit der Einwilligung

6 Die Regelung des Abs 4 S 1 entspricht wörtlich der schon in der ursprünglichen Fassung des BGB enthaltenen Bestimmung des § 1747 S 2 BGB iVm § 1746 Abs 2 BGB (Näheres vgl Rn 75 ff). Durch das Gesetz zum Ausbau der Hilfen für Schwangere und zur Regelung der vertraulichen Geburt v 28. 8. 2013 wurde Abs 4 S 2 angefügt (BGBl 2013 I 3458).

II. Einwilligungsberechtigte

7 Einwilligungsberechtigt nach Abs 1 S 1 sind die (rechtlichen) **Eltern des Kindes**. Anderen Verwandten steht ein Einwilligungsrecht nicht zu, obwohl durch die Adoption auch zu ihnen die Rechtsbeziehungen abgebrochen werden (§ 1755 BGB). Anliegen des Gesetzgebers war es, den Kreis der Einwilligungsberechtigten möglichst eng zu halten, um die Adoption nicht zu erschweren (BT-Drucks 7/3061, 38). Bestehen zwischen dem Kind und seinen Verwandten (zB Großeltern, Geschwistern) enge Beziehungen, so ist allerdings fraglich, ob die Adoption durch Dritte dem Wohl des Kindes dient (§ 1741 BGB).

8 Während das geltende deutsche Recht in §§ 1591 ff BGB davon ausgeht, dass ein Kind stets nur eine Mutter und einen Vater haben kann, kommen bei Anwendbarkeit ausländischen Rechts oder der Anerkennungsfähigkeit ausländischer Gerichtsentscheidungen auch **zwei Mütter oder zwei Väter** als rechtliche Eltern des Kindes in Frage (vgl MünchKomm/HELMS Art 19 EGBGB Rn 57 u Rn 64 ff). Soweit auf die Adoption eines solchen Kindes über Art 22 EGBGB deutsches Adoptionsrecht Anwendung findet, sind die beiden betreffenden Frauen oder Männer Einwilligungsberechtigte iSv Abs 1 S 1 (KEUTER NZFam 2017, 873, 874).

9 Abs 1 S 2 gewährt auch einem **Vaterschaftsprätendenten**, also einem potentiellen Erzeuger, dessen Vaterschaft rechtlich nicht feststeht, ein Einwilligungsrecht bei der Adoption „seines" Kindes durch Dritte. Zur Beteiligtenstellung der Eltern sowie des Vaterschaftsprätendenten im Adoptionsverfahren vgl § 1752 Rn 21. Zum Einwilligungsrecht im Fall einer Zweitadoption vgl § 1742 Rn 7. Nach § 1768 Abs 1 S 2 BGB ist § 1747 BGB auf **Volljährigenadoptionen** nicht anzuwenden.

1. Einwilligung der Mutter

10 Der **Begriff der Mutterschaft** ist seit dem KindRG v 1997 in § 1591 BGB definiert. Danach ist Mutter die Frau, die das Kind geboren hat. Der Gesetzgeber sah sich zu dieser Definition genötigt, nachdem es durch die moderne Fortpflanzungsmedizin möglich geworden war, dass eine Frau ein genetisch nicht von ihr abstammendes Kind zur Welt bringt (Eispende, Embryonenspende). Mutter im Rechtssinne ist also ausschließlich die Gebärende. Eine Anfechtung der Mutterschaft kennt das geltende Recht nicht (vgl auch Rn 55).

Einer **Adoptivmutter** steht ebenso wenig wie einem Adoptivvater ein Einwilligungs- 11
recht zu. Der Grund liegt in der Regelung des § 1742 BGB, der eine Zweitadoption
während der Minderjährigkeit des Kindes ausschließt, und nach der Regelung des
§ 1768 Abs 1 S 2 BGB ist § 1747 BGB auf Volljährigenadoptionen nicht anzuwenden.

Das Einwilligungsrecht der Eltern und damit auch das der Mutter ist **Ausfluss des** 12
natürlichen Elternrechts (unbestr, vgl STAUDINGER/FRANK[12] Rn 6). Es ist daher unerheblich, ob der einwilligende Elternteil Inhaber (Mitinhaber) der elterlichen Sorge ist. Selbst wenn der Mutter oder dem Vater das Sorgerecht gem § 1666 BGB ganz oder teilweise entzogen worden ist, ändert dies am Einwilligungsrecht nach Abs 1 S 1 nichts. Das deutsche Recht geht damit über die Gewährleistungen des EuAdÜbEink (rev) hinaus, dieses sieht in Art 5 Abs 4 vor: „Ist der Vater oder die Mutter nicht Träger der elterlichen Verantwortung für das Kind […] so können die Rechtsvorschriften vorsehen, dass seine beziehungsweise ihre Zustimmung nicht erforderlich ist." Im deutschen Recht ist das aber – nicht zuletzt aus verfassungsrechtlichen Gründen – gerade nicht vorgesehen.

Allerdings kommt unter den Voraussetzungen des § 1748 BGB eine Ersetzung der Einwilligung in Betracht. Einwilligungsberechtigt sind auch die minderjährige Mutter und der minderjährige Vater, was sich (auch) aus § 1750 Abs 3 S 2 BGB ergibt. Sind die Eltern geschäftsunfähig, so ist § 1747 Abs 4 S 1 BGB maßgebend (vgl Rn 76).

2. Einwilligung des Vaters

a) Rechtlich feststehender Vater (Abs 1 S 1)

Nach Abs 1 S 1 sind die „Eltern" einwilligungsberechtigt. Ob die Eltern miteinander 13
verheiratet sind oder nicht, macht grundsätzlich keinen Unterschied. Wegen der unterschiedlichen rechtlichen Voraussetzungen der Vaterschaft bei ehelicher und nichtehelicher Geburt (§ 1592 BGB) ist jedoch abstammungsrechtlich danach zu unterscheiden, ob der Vater bei der Geburt des Kindes mit der Mutter verheiratet ist oder nicht. Ob dem Vater auch das Sorgerecht zusteht oder nicht, spielt keine Rolle (vgl Rn 12).

Nach § 1592 Nr 1 BGB ist Vater eines Kindes der Mann, der zum Zeitpunkt der 14
Geburt mit der Mutter des Kindes **verheiratet** ist. Der wahre **Erzeuger des Kindes** hat daneben kein Einwilligungsrecht (zur Diskussion im Rahmen von Abs 1 S 2 vgl Rn 18), das gilt selbst dann, wenn die Mutter und ihr Ehemann gerade deshalb in die Annahme einwilligen, weil das Kind ein Ehebruchskind ist. Allerdings steht dem Erzeuger des Kindes unter den Voraussetzungen des § 1600 Abs 1 bis 3 BGB ein Vaterschaftsanfechtungsrecht zu. Nach erfolgreicher Anfechtung kann er sich auf Abs 1 S 2 berufen; außerdem ist dann eine Vaterschaftsanerkennung oder -feststellung möglich, mit der Konsequenz, dass dem Erzeuger als rechtlicher Vater ein Einwilligungsrecht nach Abs 1 S 1 zusteht. Der Erzeuger ist im Adoptionsverfahren über seine (Anfechtungs-)Rechte aufzuklären (vgl Rn 39); macht er von seinem Anfechtungsrecht Gebrauch ist das Adoptionsverfahren nach § 21 FamFG auszusetzen (KEUTER NZFam 2017, 873, 874; vgl Rn 24). Maßgebender Zeitpunkt für die Frage, ob eine Einwilligung des Ehemannes der Mutter nach Abs 1 S 1 erforderlich ist, ist der Aus-

spruch der Annahme (§ 1752 BGB). Bis dahin kann die Vaterschaft noch durch Ehemann, Mutter, Kind oder biologischen Vater (§ 1600 Abs 1 Nr 1 bis 4 BGB) wirksam angefochten werden.

15 Einwilligungsberechtigt ist nach Abs 1 S 1 auch der zur Zeit der Geburt mit der Mutter nicht verheiratete Vater. Allerdings muss er die Vaterschaft **anerkannt** haben (§ 1594 BGB) oder die Vaterschaft muss nach § 1600d BGB **gerichtlich festgestellt** sein. Die Anerkennung bedarf nach § 1595 Abs 1 BGB der Zustimmung der Mutter. Gelegentlich wird in der Praxis versucht, den biologischen, nicht rechtlichen Vater dadurch aus dem Adoptionsverfahren herauszuhalten, dass ein anderer Mann in Absprache mit der Mutter die Vaterschaft für das Kind anerkennt (**sog Sperrvater**), um sodann in eine (Stiefkind-)Adoption beispielsweise durch eine Lebenspartnerin einzuwilligen (vgl hierzu BGH 15. 5. 2013 – XII ZR 49/11, FamRZ 2013, 1209 m Anm HEIDERHOFF). Auch in diesem Fall muss der biologische Vater zunächst die bestehende Vaterschaft nach § 1600 Abs 1 bis 3 BGB anfechten (**aA** offenbar jurisPK-BGB/HEIDERHOFF Rn 14), um ein Einwilligungsrecht zu erlangen (vgl Rn 14 u 18).

b) Vaterschaftsprätendent (Abs 1 S 2)

16 Das in Abs 1 S 2 geregelte **Einwilligungsrecht des Vaterschaftsprätendenten**, der glaubhaft macht, dass er der Mutter während der gesetzlichen Empfängniszeit beigewohnt hat (§ 1600d Abs 2 S 1 BGB), beruht auf der Überlegung, dass die Anerkennung der Vaterschaft an der Zustimmung der Mutter scheitern kann (§ 1595 Abs 1 BGB) und die daraufhin vom potentiellen Erzeuger angestrengte gerichtliche Vaterschaftsfeststellung möglicherweise so zeitaufwendig ist, dass dessen Schutz im laufenden Adoptionsverfahren nicht gewährleistet ist (BT-Drucks 13/4899, 113). Die Vermutungswirkung des Abs 1 S 2 beschränkt sich auf die Begründung des Einwilligungserfordernisses nach Abs 1 S 1 (**vorläufige Vaterschaftsvermutung**). Einen Antrag auf Übertragung der elterlichen Sorge nach Abs 3 Nr 3 kann der Vaterschaftsprätendent also nicht stellen. Hingegen kann die verweigerte Einwilligung des Vaterschaftsprätendenten nach Abs 1 S 2 iVm § 1748 Abs 4 BGB unter erleichterten Voraussetzungen (vgl dazu § 1748 Rn 60 ff) gerichtlich ersetzt werden.

17 Die Regelung dient dem Schutz der **verfassungsrechtlichen Stellung** des Vaterschaftsprätendenten. Zwar vermittelt die biologische Abstammung ohne statusmäßige Verfestigung noch nicht das Elternrecht aus Art 6 Abs 2 S 1 GG. Doch schützt die Grundrechtsnorm den leiblichen Vater in seinem Interesse, die Rechtsstellung als Vater des Kindes einzunehmen (BVerfG 9. 4. 2003 – 1 BvR 1493/96 u 1724/01, FamRZ 2003, 816, 818; BVerfG 25. 9. 2018 – 1 BvR 2814/17, FamRZ 2019, 124, 126 m Anm HELMS; BGH 18. 2. 2015 – XII ZB 473/13, FamRZ 2015, 828, 829 Rn 14). Daher ist dem biologischen Vater grundsätzlich eine Zugangsmöglichkeit zur Vaterschaft zu eröffnen, auch wenn es im Allgemeinen verfassungsrechtlich nicht zu beanstanden ist, wenn seine Interessen – unter bestimmten Voraussetzungen – hinter denen eines rechtlichen Vaters zurückstehen müssen. Doch in den Abs 1 S 2 zugrundeliegenden Fallkonstellationen tritt der biologische Vater nicht in Konkurrenz zu einer bestehenden rechtlichen Vaterschaft.

18 Voraussetzung für das Eingreifen von Abs 1 S 2 ist nach dem klaren Wortlaut der Vorschrift und dem erklärten Willen des Gesetzgebers (BT-Drucks 13/4899, 113) stets, dass „kein anderer Mann nach § 1592 als Vater anzusehen ist", dass also **keine recht-**

liche Vaterschaft für das Kind besteht. Soweit teilweise die Auffassung vertreten wird, unter bestimmten Voraussetzungen könne einem Vaterschaftsprätendenten auch neben einem rechtlichen Vater ein Einwilligungsrecht zustehen (für Becherspender: jurisPK-BGB/Heiderhoff Rn 14; unter den Voraussetzungen des § 1686a BGB: BeckOK/Pöcker Rn 7. 2; de lege ferenda: Löhnig/Riege FamRZ 2015, 9, 10 f), vermag das nicht zu überzeugen. Will sich der biologische Vater gegen die Adoption seines Kindes wehren, die mit Zustimmung eines rechtlichen Vaters vorgenommen werden soll (vgl Rn 14 f), so muss er dessen Vaterschaft nach § 1600 Abs 1 Nr 2 BGB anfechten (Keuter NZFam 2017, 873, 874 f). Dem biologischen Vater wäre auch gar nicht damit gedient, die Adoption nur verhindern zu können, die entscheidende Frage ist vielmehr, ob er in die Elternstellung einrücken kann (so auch Keuter NZFam 2017, 873, 875). Nur wenn er dazu bereit ist, verdient er auch besonderen Schutz. Rechtspolitisch ist daher das Anfechtungsrecht des biologischen Vaters der richtige Ort, um das Konkurrenzverhältnis zwischen biologischem und rechtlichem Vater angemessen auszutarieren (Reformvorschläge bei Helms, Gutachten für den 71. DJT [2016] Verh Bd I S F 44 ff m LitNachw).

Voraussetzung von Abs 1 S 2 ist, dass die **Beiwohnung nach § 1600d Abs 2 S 1 BGB** glaubhaft gemacht wird. Die Vaterschaft selbst kann im Falle von Mehrverkehr sogar unwahrscheinlich sein (NK-BGB/Dahm Rn 21; Palandt/Götz Rn 3; BeckOK/Pöcker Rn 5; jurisPK-BGB/Heiderhoff Rn 9; BeckOGK/Löhnig [1. 7. 2016] Rn 23; aA Erman/Saar Rn 3; MünchKomm/Maurer Rn 29 f; die auch noch von Helms JAmt 2001, 57, 59 vertretene Position wird aufgegeben). Auf § 1600d Abs 2 S 2 BGB wird nicht verwiesen, schwerwiegende Zweifel an der Vaterschaft im Sinne dieser Vorschrift ändern daher nichts am Eingreifen von § 1747 Abs 1 S 2 BGB. Sollen Zweifel an der Vaterschaft ausgeräumt werden, muss dies in einem Abstammungsverfahren geschehen, bis zu dessen Ausgang das Adoptionsverfahren auszusetzen ist (vgl Rn 24). Ist ein Antrag auf Vaterschaftsfeststellung durch Sachentscheidung rechtskräftig abgewiesen oder die Vaterschaft des Betreffenden erfolgreich angefochten, greift Abs 1 S 2 nach Sinn und Zweck der Norm nicht mehr ein (NK-BGB/Dahm Rn 23; Erman/Saar Rn 3; MünchKomm/Maurer Rn 31; BeckOGK/Löhnig [1. 7. 2016] Rn 23). Auch ein negativer Feststellungsantrag ist möglich (§ 169 Nr 1 FamFG) und vermag Zweifel an der Vaterschaft auszuräumen (§ 184 Abs 2 FamFG), was dann im Rahmen von § 1747 Abs 1 S 2 BGB ebenfalls zu berücksichtigen wäre. 19

Mittel der Glaubhaftmachung sind alle nach § 29 FamFG zulässigen Beweismittel ohne Beschränkung auf deren Präsenz (NK-BGB/Dahm Rn 21; Palandt/Götz Rn 3; BeckOGK/Löhnig [1. 7. 2016] Rn 26; wohl iE auch MünchKomm/Maurer Rn 36), vor allem auch die eidesstattliche Versicherung nach § 31 Abs 1 FamFG. Die Einholung von Sachverständigengutachten kommt allerdings nicht in Betracht, weil trotz der Amtsermittlungspflicht nach § 26 FamFG die Vorwegnahme der Vaterschaftsfeststellung dem Sinn und Zweck von Abs 1 S 2 widerspräche (Palandt/Götz Rn 3; MünchKomm/Maurer Rn 36; NK-BGB/Dahm Rn 21). Die Glaubhaftmachung erfolgt im Adoptionsverfahren vor dem FamG, dem gegenüber die Einwilligung nach § 1750 Abs 1 BGB zu erklären ist (Soergel/Liermann Rn 8). 20

§ 1747 Abs 1 S 2 BGB knüpft nicht allein an das Vorliegen des objektiven Tatbestands einer bestimmten Vaterschaftsvermutung an, sondern setzt des Weiteren voraus, dass der Vaterschaftsprätendent seine Vaterschaft iSd § 1600d Abs 2 S 1 BGB selbst glaubhaft macht, also seine **Interessen aktiv wahrnimmt** (BGH 18. 2. 2015 – XII ZB 21

473/13, FamRZ 2015, 828, 829 Rn 16 u 28; OLG Bamberg 26. 4. 2017 – 2 UF 70/17, FamRZ 2017, 1236, 1237; Helms JAmt 2001, 57, 60; MünchKomm/Maurer Rn 29 u 34; BeckOGK/Löhnig [1. 7. 2016] Rn 28). Auswirkungen hat das sowohl auf materieller als auch auf verfahrensrechtlicher Ebene: Hat das Gericht Kenntnis davon, dass auf einen bestimmten Mann mit überwiegender Wahrscheinlichkeit der Vermutungstatbestand des § 1600d Abs 2 S 1 BGB zutrifft, so besteht für die betreffende Person gleichwohl kein Einwilligungsrecht, wenn dieser nach **Inkenntnissetzung vom laufenden Adoptionsverfahren** (vgl Rn 37) (auch formlos) erklärt, er habe an dem Verfahren kein Interesse oder über längere Zeit schlicht untätig bleibt. Unter diesen Voraussetzungen wird gegenüber dem FamG keine Vaterschaft iSv § 1600d Abs 2 S 1 BGB glaubhaft gemacht. Verfahrensrechtlich bedeutet dies darüber hinaus, dass selbst dann, wenn der Vaterschaftsprätendent seine Vaterschaft glaubhaft macht, dieser nicht schon kraft Gesetzes an dem Adoptionsverfahren zu beteiligen ist, sondern er dem Verfahren beitreten muss (BGH 18. 2. 2015 – XII ZB 473/13, FamRZ 2015, 828, 829 Rn 16; OLG Bamberg 26. 4. 2017 – 2 UF 70/17, FamRZ 2017, 1236, 1237; BeckOK/Pöcker Rn 5). Zur Pflicht des FamG, den (möglichen) leiblichen Vater vom Adoptionsverfahren zu informieren vgl Rn 37.

22 Da das Einwilligungsrecht somit von der Bereitschaft abhängig ist, seine Vaterrechte aktiv wahrzunehmen, kann unter bestimmten Voraussetzungen aus einem bestimmten Verhalten des leiblichen Vaters vor oder anlässlich der Zeugung des Kindes – auch ohne dessen Kenntnis von einem konkreten Adoptionsverfahren – auf **sein mangelndes Mitwirkungsinteresse** geschlossen werden (BGH 18. 2. 2015 – XII ZB 473/13, FamRZ 2015, 828, 830 f Rn 18 u 23; OLG Bamberg 26. 4. 2017 – 2 UF 70/17, FamRZ 2017, 1236, 1237). Praktische Bedeutung besitzt das vor allem in Fällen der Samenspende (vgl dazu Rn 27 ff).

23 Das Einwilligungsrecht des Vaterschaftsprätendenten setzt nicht voraus, dass er (unverzüglich) eine gerichtliche **Vaterschaftsfeststellung** beantragt. Rechtspolitisch ist diese Weichenstellung vielfach kritisiert worden (Staudinger/Frank [2007] Rn 18 mwNw), zu praktischen Problemen hat sie aber soweit ersichtlich nicht geführt. Denkbar ist, dass dieser Umstand bei der Beurteilung der Glaubhaftmachung gewürdigt wird (MünchKomm/Maurer Rn 38; BeckOK/Pöcker Rn 5) sowie im Rahmen der Ersetzung der Einwilligung nach § 1748 Abs 4 BGB Berücksichtigung findet (Coester-Waltjen FamRZ 2013, 1693, 1696).

24 Wird die Vaterschaftsfeststellung jedoch bei Gericht beantragt, ist das Annahmeverfahren nach **§ 21 FamFG** bis zum rechtskräftigen Abschluss des Vaterschaftsfeststellungsverfahrens von Amts wegen **auszusetzen** (Frank FamRZ 2017, 497, 499; PraxKommKindschaftsR/Braun Rn 9; BeckOK/Pöcker Rn 7. 1; jurisPK-BGB/Heiderhoff Rn 14; vgl auch Rn 14 u 18). Für die früher in der Literatur übliche Einschränkung, dass die Verzögerung der Adoption dem Wohl des Kindes nicht widersprechen dürfe (vgl BT-Drucks 7/5087, 15 und auch noch BT-Drucks 18/2654, 23; Nachw in Staudinger/Frank[12] Rn 43), besteht angesichts der Möglichkeit einer schnellen Klärung der Abstammung und in Anbetracht der Verstärkung der Vaterrechte durch Gesetzgebung und Rechtsprechung in aller Regel kein Anlass mehr. Bestätigt wird dieses Ergebnis nunmehr auch durch Art 16 EuAdÜbEink(rev) v 2008: „Im Fall eines anhängigen Verfahrens zur Feststellung der Vaterschaft ... ist das Adoptionsverfahren, soweit angebracht, auszusetzen, um die Ergebnisse des Verfahrens ... abzuwarten." (vgl dazu Maurer FamRZ 2015, 1937, 1941 sowie Denkschrift BT-Drucks 18/2654, 23). Erfolgt die **Vaterschafts-**

feststellung nach erfolgter Adoption (vgl § 1755 Rn 18 ff) ändert das im Allgemeinen nichts an der Wirksamkeit des Adoptionsbeschlusses. Die Möglichkeit zur Aufhebung nach § 1760 Abs 1 BGB besteht nur dann, wenn die Vaterschaftsvermutung entgegen der Beurteilung des Gerichts bereits im Adoptionsverfahren glaubhaft gemacht war (Helms JAmt 2001, 57, 62). Im Übrigen bleibt nur die Aufhebung nach § 1763 BGB (BeckOK/Pöcker Rn 6).

Im **internationalen Vergleich** dürfte die Regelung des Abs 1 S 2, welcher der Gesetzgeber „zentrale Bedeutung" beimaß (BT-Drucks 13/4899, 169), einmalig sein. Eine einfachere Alternative hätte darin bestanden, während eines anhängigen Vaterschaftsfeststellungs- oder Anfechtungsverfahrens das Adoptionsverfahren schlichtweg auszusetzen (Helms JAmt 2001, 57, 59 mwNw zu entsprechenden Reformvorschlägen). 25

Eine Einwilligung des Vaterschaftsprätendenten ist nach § 1747 Abs 4 S 1 BGB **entbehrlich**, wenn sein Aufenthalt dauernd unbekannt ist (vgl Rn 75 u 79). Darüber hinaus besteht kraft ausdrücklicher Verweisung auch insoweit die Möglichkeit zur **Ersetzung** der Einwilligung nach § 1748 Abs 4 BGB. Problematisch ist, wie der potentielle Vater vom Adoptionsverfahren überhaupt **Kenntnis** erlangt (vgl Rn 36 ff). 26

c) Samenspender
Die Frage, ob auch ein Samenspender nach Abs 1 S 2 in eine Adoption einwilligen muss, besitzt praktische Bedeutung vor allem für die **Samenspende an ein Frauenpaar**. Bei verschiedengeschlechtlichen Paaren wird die Elternschaft des (Wunsch-) Vaters mit Hilfe abstammungsrechtlicher Regeln über § 1592 BGB hergestellt. Demgegenüber ist für Frauenpaare die (Stiefkind-)Adoption nach geltendem Abstammungsrecht die einzige Möglichkeit, zu einer gemeinschaftlichen Elternschaft beider Wunscheltern zu kommen (zu Reformvorschlägen siehe Helms, Gutachten für den 71. DJT [2016] Verh Bd I S F 31 ff m LitNachw). Zur Verkürzung der Probezeit vgl § 1744 Rn 6. 27

Grundsätzlich kommt auch ein Samenspender als **Vaterschaftsprätendent** nach Abs 1 S 2 in Frage. Dass man darüber streiten kann, ob im Falle einer Samenspende eine Beiwohnung iSv § 1600d Abs 2 S 1 BGB vorliegt, kann insofern keine Rolle spielen (keine Wortlautbedenken auch im Zusammenhang mit einer Vaterschaftsanfechtung bei BGH 15. 5. 2013 – XII ZR 49/11, FamRZ 2013, 1209, 1210 Rn 14). Der Gesetzgeber konnte solche Fälle im Jahre 1996 bei der Schaffung der Vorschrift nicht bedenken (BT-Drucks 13/4899, 112 f), denn eine (Stiefkind-)Adoption durch eine eingetragene Lebenspartnerin nach Durchführung einer Samenspende ist erst seit der Reform des § 9 Abs 7 LPartG im Jahre 2005 möglich (vgl Vorbem 16 zu §§ 1741 ff). Der Verweis auf § 1600d Abs 2 S 1 BGB dürfte in erster Linie ein Kürzel für eine „mögliche Vaterschaft" sein. Nicht zuletzt vor dem Hintergrund der verfassungsrechtlich geschützten Rechtsposition des biologischen Vaters (vgl Rn 17), findet die Vorschrift daher nach ihrem Sinn und Zweck grundsätzlich auch auf einen Samenspender Anwendung (BGH 18. 2. 2015 – XII ZB 473/13, FamRZ 2015, 828, 829 Rn 13 u 15 m Anm Reuss; NK-BGB/Dahm Rn 26; Palandt/Götz Rn 3; **aA** Siegfried FPR 2005, 120, 122). Allerdings steht einem Samenspender nicht in allen Fällen tatsächlich auch ein Einwilligungsrecht nach Abs 1 S 2 zu. Vielmehr ist nach den näheren Umständen der Samenspende zu differenzieren: 28

Kein Einwilligungsrecht hat ein sog **offizieller Samenspender**, der seinen Samen einer Samenbank oder sonstigen medizinischen Einrichtung zur Durchführung einer me- 29 dizinisch assistierten Befruchtung zur Verfügung gestellt hat (BGH 18. 2. 2015 – XII ZB 473/13, FamRZ 2015, 828, 830 Rn 18; AG Göttingen 29. 6. 2015 – 40 F 9/14 AD, FamRZ 2015, 1982, 1983). In einem solchen Fall kann aus den Umständen mit hinreichender Gewissheit geschlossen werden, dass der Samenspender **mit einer späteren Adoption des Kindes einverstanden** ist und auf sein Mitwirkungsrecht verzichtet hat. Unter diesen Voraussetzungen besteht kein Einwilligungsrecht nach Abs 1 S 2, weil dieses ein aktives Tätigwerden voraussetzt (vgl Rn 21 f). Als Nachweis können Unterlagen der Samenbank sowie des behandelnden Arztes vorgelegt werden. Auch die **Wertung des neuen § 1600d Abs 4 BGB**, der eine Vaterschaftsfeststellung durch oder gegen einen offiziellen Samenspender ausschließt (dazu Helms FamRZ 2017, 1537, 1540 f), spricht für dieses Ergebnis. Denn Sinn und Zweck des Einwilligungsrechts nach Abs 1 S 2 ist es, zu verhindern, dass dem biologischen Vater die Möglichkeit zur Geltendmachung seiner (rechtlichen) Vaterschaft durch eine Adoption vereitelt wird (BT-Drucks 13/4899, 113; BGH 18. 2. 2015 – XII ZB 473/13, FamRZ 2015, 828, 829 Rn 14 f). Dem offiziellen Samenspender steht ein solches Recht aber nun nicht mehr zu.

30 Soweit diese Fallgruppe oftmals als **anonyme Samenspende** bezeichnet wird, ist das missverständlich. Der Samenspender kann nach deutschem Recht nicht anonym bleiben, das gilt nicht erst seit Inkrafttreten des Gesetzes zur Regelung des Rechts auf Kenntnis der Abstammung bei heterologer Verwendung von Samen vom 17. 6. 2017 (BGBl I 2017, 2513), sondern war auch zuvor schon anerkannt (BGH 28. 1. 2015 – XII ZR 201/13, FamRZ 2015, 642; OLG Hamm 6. 2. 2013 – 14 U 7/12, FamRZ 2013, 637). Anders ist die Lage vielfach bei einer im Ausland durchgeführten künstlichen Befruchtung (Helms, Gutachten für den 71. DJT [2016] Verh Bd I S F 16 mwNw). Anonym ist in der hier vorliegenden Fallgruppe nicht der Samenspender, vielmehr sind es die Umstände der Zeugung, weil es zu keinem direkten Kontakt zwischen Spender und Empfängerin kommt. Um von anonymen Samenspenden (im Ausland) zu unterscheiden, erscheint daher die Bezeichnung „offizieller Samenspender" in Abgrenzung zum privaten Samenspender vorzugswürdig.

31 Schwieriger liegen die Dinge im Falle einer **privaten Samenspende**, die eine Vielzahl ganz unterschiedlicher Fallgestaltungen umfasst (zu den spärlichen soziologischen Erkenntnissen Helms, Gutachten für den 71. DJT [2016] Verh Bd I S F 22–24): Bei einer privaten Samenspende steht in aller Regel der gemeinsame Kinderwunsch eines Frauenpaares im Vordergrund. Die betroffenen Frauen können Wert auf eine **möglichst anonyme Spende** legen, sodass häufig die Kontaktaufnahme zum Spender mittels Internet erfolgt, um sicherzugehen, dass der Samenspender im Leben des Kindes keine aktive Rolle spielen will. Doch besteht typischerweise durchaus ein Bewusstsein dafür, dass die Kenntnis der eigenen Abstammung für das Kind von großer Bedeutung sein kann, sodass oftmals durchaus ein Spender gesucht wird, der für eine **spätere Kontaktaufnahme grundsätzlich zur Verfügung** steht (wobei dieser gleichzeitig ein Interesse daran hat, sich vor einer insbes unterhaltsrechtlichen Inanspruchnahme zu schützen). In anderen Fällen wird ein Samenspender aus dem Freundes- oder Bekanntenkreis gewählt, weil der Wunsch besteht, eine männliche Bezugsperson für das Kind, vergleichbar etwa mit einem Onkel, zur Verfügung zu haben. Auf der anderen Seite des Spektrums stehen (wohl bislang eher seltene) Fallgestaltungen, in denen ein (alleinstehender) Mann oder ein Männerpaar durch eine private Samenspende ebenfalls einen Kinderwunsch verwirklichen will und eine mehr oder weniger gleichberechtigte **kooperative Elternschaft** von drei oder vier Erwachsenen angestrebt wird. Vielfach werden (notarielle) Verträge zwischen den Beteiligten geschlossen, um die Rechte und Pflichten der Beteiligten möglichst präzise im Vorhinein zu klären (vgl dazu etwa LETTMAIER/MOES FamRZ 2018, 1553 ff).

Dass sich bei Frauenpaaren die private Samenspende **großer Beliebtheit** erfreut, hängt zum einen damit zusammen, dass in der Vergangenheit gleichgeschlechtlichen Paaren der Zugang zu (deutschen) Samenbanken ganz überwiegend versperrt war. Doch auch wenn sich deutsche Samenbanken zunehmend für lesbische Paare öffnen, werden private Samenspenden weiterhin eine nicht unbedeutende Rolle spielen. Zu groß ist angesichts des Wissens um den prägenden Einfluss von Erbanlagen der Anreiz, den genetischen Vater des Kindes – anders als bei einer offiziellen Samenspende – nach eigenen Kriterien selbst aussuchen zu können. In vielen Fällen werden daher auch eine ganze Reihe von persönlichen Informationen zwischen dem Spender und der Empfängerin ausgetauscht. **32**

Anders als in den Fällen offizieller Samenspende kann bei einer privaten Samenspende angesichts der Heterogenität der Fallgestaltungen (vgl etwa den Sachverhalt zum Anfechtungsrecht in BGH 15. 5. 2013 – XII ZR 49/11, FamRZ 2013, 1209) aus den Umständen der Zeugung **nicht ohne Weiteres auf das Einverständnis des Samenspenders** mit einer späteren Adoption geschlossen werden (**aA** KEUTER NZFam 2017, 873, 876 f). Daher hat der Bundesgerichtshof auch hervorgehoben, dass das FamG sich nicht allein auf die Angaben der Annehmenden und der Mutter verlassen dürfe, der Samenspender sei mit der Adoption einverstanden (BGH 18. 2. 2015 – XII ZB 473/13, FamRZ 2015, 828, 830 Rn 22 u 30). Diese Einschätzung liegt auch dem neuen § 1600d Abs 4 BGB zu Grunde (dazu HELMS FamRZ 2017, 1537, 1540 f), der eine Vaterschaftsfeststellung nur durch oder gegen einen offiziellen Samenspender ausschließt, weil in den übrigen Konstellationen es „nicht wenige Fälle" gäbe „in denen der Samenspender auch Verantwortung für das Kind übernehmen will, zumal der Spender und die Empfängerin der Spende – anders als bei der Spende bei einer Entnahmeeinrichtung – typischerweise mehr oder weniger engen sozialen Kontakt miteinander haben" (BT-Drucks 18, 11291, 35). **33**

Eine heikle Gratwanderung ist es daher, wenn das OLG Bamberg (26. 4. 2017 – 2 UF 70/17, FamRZ 2017, 1236, 1237 m Anm HEIDERHOFF) bei einem privaten Samenspender, der vor erfolgreichem Abschluss des Adoptionsverfahrens – nach Angaben der Mutter und der Annehmenden – **nicht bereit war, seine Identität zu offenbaren**, aus der „Anhörung der Annehmenden ... des vorgelegten Vertrages ... sowie aufgrund der vorgelegten E-Mail des Samenspenders" auf dessen Verzichtswillen schließt. Ob wirklich der Samen des betreffenden Mannes für eine (Selbst-)Insemination verwendet wurde, lässt sich auf dieser Grundlage schwer beurteilen. Demgegenüber kann in den Fällen offizieller Samenspende immerhin nachgewiesen werden, dass ein Versuch künstlicher Befruchtung mit Hilfe eines offiziellen Samenspenders durchgeführt wurde. In der Tat wäre es durchaus sinnvoll gewesen, wenn das FamG an die angegebene E-Mail-Adresse auch noch einmal selbst geschrieben hätte (so die Anregung von HEIDERHOFF FamRZ 2017, 1238), doch hätte sich an der Ungewissheit dadurch vermutlich wenig geändert. Dass die Mutter und die Annehmende keinerlei Hinweise auf die Identität des Samenspenders besitzen, ist zwar nicht sonderlich wahrscheinlich, aber auch nicht auszuschließen. Letztlich erscheint es daher vertretbar, wenn das OLG Bamberg aufgrund einer Würdigung der konkret vorliegenden Anhaltspunkte zu dem gefundenen Ergebnis gelangt. Dass das geltende Recht ver- **34** worren und unbefriedigend ist, liegt letztlich daran, dass das Adoptionsrecht herangezogen werden muss, um Lücken des Abstammungsrechts zu schließen, eine entsprechende Reform wäre dringend erforderlich (Reformvorschläge zur Regelung privater Samenspende bei HELMS, Gutachten für den 71. DJT [2016] Verh Bd I S F insbes 25 f).

35 Sieht das Gericht keine ausreichenden Anhaltspunkte dafür, dass der (private) Samenspender auf seine Einbeziehung in den Adoptionsvorgang verzichtet hat, muss das Gericht alles Erforderliche tun, um seine **Identität zu ermitteln und ihn vom Adoptionsverfahren zu unterrichten** (vgl dazu Rn 37 ff). Das Einwilligungsrecht entfällt dabei nicht allein schon deshalb, weil Annehmende und Mutter, denen die Identität des Samenspenders bekannt ist, diese gegenüber dem Gericht verschweigen (vgl Rn 42).

d) Pflicht zur Ermittlung eines rechtlich nicht feststehenden leiblichen Vaters

36 Entscheidend für den **praktischen Wert des dem Vaterschaftsprätendenten zustehenden Einwilligungsrechts** ist oftmals die Frage, welche Bemühungen das FamG anstellen muss, um einen möglichen leiblichen Vater, dessen Vaterschaft rechtlich nicht feststeht, zu ermitteln und vom Adoptionsverfahren zu informieren. § 1747 Abs 1 S 2 BGB beantwortet diese Frage nicht, weil die Bestimmung voraussetzt, dass ein Vaterschaftsprätendent seine Vaterschaft iSd § 1600d Abs 2 S 1 BGB glaubhaft macht, also selbst seine Interessen wahrnimmt (näher Rn 21 f). Diese Möglichkeit scheidet jedoch aus, wenn der Erzeuger von seiner Vaterschaft nichts weiß und die Mutter seinen Namen nicht preisgibt. Außerdem beantwortet § 1747 Abs 1 S 2 BGB nicht die Frage, ob der Erzeuger des Kindes von Amts wegen zu ermitteln ist. Das Problem war unter der Herrschaft des alten Rechts besonders brisant, weil die Jugendämter als Amtspfleger (§ 1706 aF) nicht selten die Vaterschaftsfeststellung verzögerten, um den Vater als potentiellen Störenfried aus dem Adoptionsverfahren herauszuhalten (vgl STAUDINGER/FRANK[12] Rn 43). Seit der Reform des Kindschaftsrechts von 1997 obliegt die Vaterschaftsfeststellung grundsätzlich der Kindesmutter, die entweder als Vertreterin des Kindes (§ 1629 Abs 1 S 3 BGB) oder in eigenem Namen die Vaterschaftsfeststellung betreiben kann, sodass gegen den Willen der Mutter eine Vaterschaftsfeststellung nur möglich ist, wenn der Mutter wegen ihrer Weigerung insoweit das Personensorgerecht entzogen wird (§ 1666 BGB) oder nach der Erteilung einer unwiderruflichen Einwilligung in die Annahme das Jugendamt als Amtsvormund (§ 1751 Abs 1 S 2 BGB) sich um die Vaterschaftsfeststellung bemüht. Bei den Vorarbeiten zum KindRG v 1997 war die Problematik durchaus gesehen worden. Auf eine Anregung des Bundesrates hin, die Frage gesetzlich zu klären (BT-Drucks 13/4899, 156), beschränkte sich indessen die Bundesregierung auf eine formale Stellungnahme (BT-Drucks 13/4899, 170): „§ 1747 Abs 1 S 1 u 2 sieht eine Einwilligungszuständigkeit des Kindesvaters oder des Vaterschaftsprätendenten nur dann vor, wenn der Mann entweder gemäß § 1592 als Kindesvater im Rechtssinne feststeht oder wenn er die Voraussetzungen der Vaterschaftsvermutung gemäß § 1600d Abs 2 glaubhaft gemacht hat. Keines dieser beiden Tatbestandsmerkmale ist erfüllt, wenn die Person des (möglichen) Kindesvaters unbekannt ist."

37 Nach den allgemeinen Regeln des Adoptionsverfahrensrechts hat das FamG grundsätzlich **von Amts wegen** (§ 26 FamFG) zu ermitteln, wessen Einwilligung in die Adoption erforderlich ist. Diese Ermittlung umfasst nach mittlerweile wohl einhelliger Meinung, nicht zuletzt auch im Hinblick auf die verfassungsrechtliche Stellung des leiblichen Vaters (vgl Rn 17), die Klärung der Frage, wer als biologischer und damit auch als potentieller rechtlicher Vater in Betracht kommt. Gem § 7 Abs 4 FamFG ist der Betreffende **vom Verfahren in Kenntnis zu setzen** (BGH 18. 2. 2015 – XII ZB 473/13, FamRZ 2015, 828, 830 f Rn 17 u 21 f; vgl auch FRANK FamRZ 2017, 497, 498; Münch-Komm/MAURER Rn 126 u 133; NK-BGB/DAHM Rn 29; BeckOK/PÖCKER Rn 8). Soweit in der Literatur früher teilweise eine Pflicht zur Amtsermittlung verneint oder eingeschränkt interpretiert wurde (so beispielsweise auch noch HELMS JAmt 2001, 57, 60), dürften diese Ansätze überholt sein. Keine Pflicht zur amtswegigen Ermittlung des biologischen Vaters besteht, wenn feststeht, dass dieser auf eine Mitwirkung am Adoptionsverfahren verzichtet hat (vgl Rn 22), was insbesondere beim (offiziellen) **Samenspender** der Fall ist (vgl Rn 29).

Ist der biologische Vater dem FamG bekannt oder könnte er ermittelt werden, wird **38** er aber am Annahmeverfahren nicht beteiligt, so liegt ein Verstoß gegen **Art 103 Abs 1 GG (Anspruch auf rechtliches Gehör)** vor. Obwohl dem biologischen Vater als solchem, ohne dass er seine Vaterschaft im Verfahren glaubhaft macht, kein Einwilligungsrecht zusteht (vgl Rn 21) und eine Aufhebung der ohne sein Wissen zustande gekommenen Adoption nach § 1760 Abs 1 BGB daher nicht möglich ist (vgl § 1760 Rn 6), könnte und müsste nach der Rechtsprechung des BVerfG auf eine Verfassungsbeschwerde hin „die Rechtskraft des Annahmebeschlusses beseitigt" werden (für Näheres vgl § 1759 Rn 16 ff).

In der viel diskutierten Entscheidung des EGMR Görgülü/Deutschland (FamRZ 2004, **39** 1456) war dem Erzeuger des Kindes mangels mütterlicher Angaben zum Vater vom Jugendamt jede Auskunft zum Adoptionsverfahren verweigert worden, nachdem der Erzeuger aufgrund eigener Recherchen in Erfahrung gebracht hatte, dass die Mutter das Kind zur Adoption freigegeben hatte und dieses schon wenige Tage nach der Geburt von den künftigen Adoptiveltern aus dem Krankenhaus abgeholt worden war. Das **Jugendamt**, das nach § 51 Abs 3 SGB VIII den Vater bei der Wahrnehmung seiner Rechte zu beraten hat, muss richtigerweise nicht nur den rechtlich bereits feststehenden, sondern auch den präsumtiven Vater informieren und beraten, sodass das Jugendamt letztlich zu den gleichen Ermittlungstätigkeiten verpflichtet ist wie das FamG, das über die Annahme zu entscheiden hat. Der Schutz des biologischen Vaters gilt unabhängig davon, ob das Kind innerhalb oder außerhalb einer Ehe geboren wurde: Willigen Eheleute ua deshalb in eine Adoption ein, weil der Ehemann nicht der Vater des Kindes ist, so ist auch der biologische Vater, der die Vaterschaft des Ehemannes nach § 1600 Abs 1–3 BGB **anfechten** kann, über seine Rechte von Amts wegen aufzuklären (vgl DIJuF-Gutachten JAmt 2003, 578).

Für die Frage, **welche Ermittlungen das FamG** bzw das Jugendamt in concreto **40** anstellen muss, kann nur auf die Umstände des Einzelfalls abgehoben werden (FRANK FamRZ 2017, 497, 498). Die Elternrechte des Vaters können „nicht schlicht dem Zeitablauf und den Aversionen der Mutter preisgegeben werden" (GERNHUBER/COESTER-WALTJEN § 68 Rn 64). Je nach Fallgestaltung kann daher durchaus eine Befragung der Eltern der Mutter (so MAURER FPR 2005, 196, 198) oder der sonstigen Angehörigen oder Bekannten in Betracht kommen (NK-BGB/DAHM Rn 29). Es liegt auf der Hand, dass „trotz gebührender Anstrengungen" (AG Tempelhof-Kreuzberg FamRZ 2005, 302) Härtefälle zu Lasten des biologischen Vaters unvermeidbar sind; denn „irgendwo schlägt das Pendel zugunsten der sozialen Beziehung des Kindes um" (GERNHUBER/COESTER-

WALTJEN § 68 Rn 64). In Fällen künstlicher Befruchtung durch **private Samenspende** (vgl Rn 31 ff) wird in aller Regel ein (umfangreicher) E-Mail-Verkehr vorliegen, persönliche Angaben zum Samenspender ausgetauscht worden sein und oftmals eine schriftliche oder notarielle Vereinbarung vorliegen. Auch ist in aller Regel zumindest eine E-Mail-Adresse des Samenspenders bekannt (vgl Rn 34). Sorgfältige Ermittlungen sind allein schon deshalb geboten, weil sonst eine Verletzung des Anspruchs auf rechtliches Gehör droht (vgl Rn 38). Der BGH betont daher zu Recht, es müssten „alle zur Verfügung stehenden Aufklärungsmöglichkeiten ausgeschöpft" werden (BGH 18. 2. 2015 – XII ZB 473/13, FamRZ 2015, 828, 831 Rn 31 u 34).

41 Unbestritten ist, dass die Mutter im Adoptionsverfahren nicht gezwungen werden kann, den oder die möglichen Erzeuger des Kindes zu benennen. Nach § 27 Abs 2 FamFG ist die Mutter zwar verpflichtet, dem Gericht wahrheitsgemäße Angaben zum Erzeuger zu machen (BGH 18. 2. 2015 – XII ZB 473/13, FamRZ 2015, 828, 830 Rn 21), doch gibt es **keine verfahrensrechtliche Befugnis, die Mutter zu einer Aussage zu zwingen** (BGH 18. 2. 2015 – XII ZB 473/13, FamRZ 2015, 828, 831 Rn 34; LG Stuttgart FamRZ 1992, 1469; LG Freiburg FamRZ 2002, 1647; AG Tempelhof-Kreuzberg FamRZ 2005, 302). Zwar hat das BVerfG vom Grundsatz her einen Anspruch des Kindes gegen seine Mutter auf Nennung des potentiellen Erzeugers aus § 1618a BGB bejaht (BVerfGE 96, 56 = FamRZ 1997, 869 mit krit Anm FRANK/HELMS FamRZ 1997, 1258); in diesem Zusammenhang wurde auch die Frage der Vollstreckung mittels Zwangsgeld und Zwangshaft kontrovers diskutiert (für Vollstreckung OLG Bremen FamRZ 2000 618; gegen Vollstreckung LG Münster NJW 1999, 3787). In der Entscheidung des BVerfG war es jedoch konkret um einen Anspruch des Kindes gegen seine Mutter gegangen. § 1618a BGB bietet indessen für das Familiengericht keine Grundlage, um der Mutter im Adoptionsverfahren die Namensnennung aufzugeben. Zwar ist es richtig, dass das Jugendamt in seiner Eigenschaft als Amtsvormund (§ 1751 Abs 1 S 2 BGB) den Auskunftsanspruch des Kindes gegen die Mutter geltend machen könnte (FRANK FamRZ 2017, 497, 498 f; NK-BGB/DAHM Rn 31), doch hat das FamG darauf keinen Einfluss. Dass in der Praxis hiervon stets abgesehen wird, liegt im Einschätzungsermessen der Jugendämter und hat keine Auswirkung auf die Frage, ob das FamG seinen Ermittlungspflichten nachgekommen ist.

42 Scheitern die Bemühungen zur Ermittlung der Identität des mutmaßlichen biologischen Vaters, so stellt sich die Frage, wie auf dieser Grundlage zu entscheiden ist: Nach der Grundsatzentscheidung des BGH vom 18. 2. 2015 zu einem Fall privater Samenspende (vgl dazu Rn 31) kann dann, wenn Annehmender und Mutter die **Identität des Samenspenders bekannt** ist, diese aber **gegenüber dem Gericht verschwiegen** wird, die Adoption in aller Regel (soweit die Offenbarung seiner Identität nicht ausnahmsweise unzumutbar ist) nicht ausgesprochen werden (BGH 18. 2. 2015 – XII ZB 473/13, FamRZ 2015, 828, 831 Rn 24 u 34; **aA** KEUTER NZFam 2017, 873, 877). Zur Begründung wird angeführt, die Einwilligung eines potenziellen leiblichen Vaters nach § 1747 Abs 1 S 2 BGB sei gem § 1747 Abs 4 S 1 BGB entbehrlich, wenn sein **Aufenthalt dauernd unbekannt** ist (BGH 18. 2. 2015 – XII ZB 473/13, FamRZ 2015, 828, 830 f Rn 19 u 23). Doch seien die Voraussetzungen dieser Vorschrift nicht erfüllt, wenn Annehmende und Mutter dessen Identität kennen. Dieser Begründungsansatz vermag nicht uneingeschränkt zu überzeugen, weil der zweite Schritt vor dem ersten gemacht wird. Denn die Voraussetzungen des Abs 1 S 2 sind nach dem Wortlaut der Vorschrift in der vorliegenden Konstellation eigentlich nicht erfüllt, weil der leibliche Vater gegenüber dem Gericht seine Vaterschaft nicht glaubhaft macht, wie auch der BGH ausdrücklich einräumt (BGH 18. 2. 2015 – XII ZB 473/13, FamRZ 2015, 828, 830 Rn 19). Die Vorschrift setzt nämlich ein aktives Geltendmachen der eigenen (möglichen) Vaterschaft voraus (vgl dazu Rn 21). Nach der hier vertretenen Auffassung, sollte nicht gleich § 1747 Abs 4 S 1 BGB entsprechende Anwendung finden, sondern erst über die Anwendbarkeit von § 1747 Abs 1 S 2 BGB entschieden werden. Im Ergebnis ist aber dem BGH im Hinblick auf den Schutzzweck des § 1747 Abs 1 S 2 BGB und der verfassungsrechtlichen Stellung des potenziellen Vaters (vgl Rn 16 f) zuzustimmen: Das Einwilligungsrecht des potenziellen leiblichen Vaters würde ausgehöhlt, wenn es einfach zur Disposition der Annehmenden gestellt würde (vgl NK-BGB/Dahm Rn 31). Sinn und Zweck der Vorschrift ist es gerade, dem leiblichen Vater die Durchsetzung seiner Vaterschaft auch gegen den Willen der Mutter zu ermöglichen. Im Ergebnis besteht in der vorliegenden Konstellation damit tatsächlich ein Einwilligungsrecht nach Abs 1 S 2. Auf dieses findet dann § 1747 Abs 4 S 1 BGB Anwendung; und in der Tat ist in Übereinstimmung mit dem BGH festzuhalten, dass die Voraussetzungen dieser Norm in der vorliegenden Konstellation nicht erfüllt sind.

In manchen Fällen (insbes privater Samenspende) wird aber **offenbleiben, ob die** **43** **Identität des leiblichen Vaters den Annehmenden bekannt** oder nicht bekannt ist (vgl etwa den in Rn 34 geschilderten Sachverhalt). Dann kommt es „zum Schwur". Nach der hier vertretenen Ansicht sollte nach Ausschöpfung aller sinnvollen Ermittlungsmöglichkeiten die Annahme in dieser Situation ausgesprochen werden können. Eine missbräuchliche Vereitelung des Einwilligungsrechts aus § 1747 Abs 1 S 2 BGB kann unter diesen Voraussetzungen nicht festgestellt werden. Wendet man mit dem BGH demgegenüber direkt § 1747 Abs 4 S 1 BGB entsprechend an, so weist diese Vorschrift in die gegenteilige Richtung, solange nicht feststeht, dass die Identität des Samenspenders den Betreffenden tatsächlich unbekannt ist. Im Zweifel den Ausspruch der Adoption zu verweigern, wäre aber kaum im Interesse der betroffenen Kinder.

III. Überlegungsfrist

1. Die 8-Wochen-Frist des Abs 2 S 1

Zur Entstehungsgeschichte des Abs 2 S 1 vgl Rn 3, außerdem Staudinger/Frank[12] **44** Rn 30. – Nach Abs 2 S 1 kann die elterliche Einwilligung in die Annahme erst erteilt werden, wenn das Kind acht Wochen alt ist. Die 8-Wochen-Frist gilt nach Abs 3 Nr 1 nicht für einen Vater, der mit der Mutter des Kindes nicht verheiratet ist und dem auch keine elterliche Mitsorge nach § 1626a Abs 1 BGB zusteht.

Die 8-Wochen-Frist dient dem **Schutz der Eltern, insbesondere der nicht verheirateten** **45** **Mutter**, vor einer übereilten Weggabe ihres Kindes. Abgebende Mütter sind in der Praxis typischerweise alleinerziehend und befinden sich überwiegend in einer wirtschaftlichen und/oder emotionalen Notlage (Dettenborn/Walter 8.2.1.2). Sie benötigen daher nach der Geburt ausreichend Zeit, um eine Entscheidung verantwortlich treffen zu können. Die Überlegungsfrist darf allerdings auch nicht zu lang bemessen sein; denn der Bindungsprozess von Kindern an eine Bezugsperson beginnt recht früh (vgl Vorbem 48 zu §§ 1741 ff). Es liegt deshalb im Interesse des Kindes, bald zu seinen künftigen Eltern zu finden. Werden jedoch Kinder aus der Klinik heraus in die Pflege der in Aussicht genommenen (der Mutter oft unbekannten) Adoptiveltern gegeben, ist das nicht ganz unproblematisch, weil auf diese Weise die Mutter de facto teilweise um den Schutz des Abs 2 S 1 gebracht wird.

46 Obwohl die 8-Wochen-Frist in erster Linie dem **Schutz der nicht verheirateten Mutter** dient, gilt Abs 2 S 1 in gleicher Weise auch für die verheiratete Mutter und den mit der Mutter verheirateten Vater. Dass auch die Väter ehelicher Kinder geschützt werden, ist kein Redaktionsversehen (vgl BT-Drucks 7/5087, 12). Eine entsprechende Regelung enthielt schon § 1747 Abs 2 idF vor dem AdoptG v 1976. Es wäre auch nicht sinnvoll, bei ehelichen Kindern die Überlegungsfrist der Eltern unterschiedlich festzusetzen.

47 Berechnungsbeispiel: Wird das Kind an einem Dienstag geboren, wird es nach §§ 187 Abs 2 S 2, 188 Abs 2 Alt 2 BGB acht Wochen später mit Ablauf des Montags acht Wochen alt. Die Einwilligung nach Abs 1 S 1 kann demnach frühestens am Dienstag erteilt werden. Dabei kommt es – was in der Praxis nicht immer beachtet wird – nach Sinn und Zweck der Schutzvorschrift des Abs 2 S 1 nicht auf den Zugang der Einwilligung bei Gericht, sondern den Zeitpunkt der Abgabe der Erklärung an (MünchKomm/Maurer Rn 53; BeckOGK/Löhnig [1. 7. 2016] Rn 34).

2. Sonderregelung des Abs 3 Nr 1

48 Ist der Vater nicht mit der Mutter verheiratet und steht den Eltern die elterliche Sorge auch nicht gem § 1626a Abs 1 BGB gemeinsam zu, kann gem Abs 3 Nr 1 die **Einwilligung des Vaters bereits vor der Geburt** erteilt werden. Die Vorschrift hebt somit die Sperrfrist des Abs 2 S 1 auf, sodass die Einwilligung ab der Zeugung des Kindes jederzeit und damit auch schon vor der Geburt oder während der 8 Wochen nach der Geburt erteilt werden kann. Voraussetzung ist allerdings, dass die **rechtliche Vaterschaft wirksam begründet** wurde, was nach § 1592 Nr 2 BGB iVm § 1594 Abs 4 BGB schon vor der Geburt durch Vaterschaftsanerkennung möglich ist. Eine pränatale gerichtliche Vaterschaftsfeststellung kennt das deutsche Recht demgegenüber nicht (BGH 24. 8. 2016 – XII ZB 351/15, FamRZ 2016, 1849).

49 Theoretisch könnte die Vorschrift auch auf den **potentiellen Vater** Anwendung finden, der seine Vaterschaft iSv Abs 1 S 2 glaubhaft macht (NK-BGB/Dahm Rn 49; MünchKomm/Maurer Rn 57; aA Staudinger/Frank [2007] Rn 23), doch besitzt die Frage kaum praktische Bedeutung, weil die Glaubhaftmachung gegenüber dem FamG erfolgen muss (vgl Rn 20) und das voraussetzen würde, dass bereits ein Adoptionsverfahren anhängig ist. Eher fernliegend ist es daher auch, wenn teilweise die Anwendbarkeit der Vorschrift für den **Zeitraum vor der Zeugung** des Kindes bejaht wird (BeckOGK/Löhnig [1. 7. 2016] Rn 41 u 41.1; NK-BGB/Dahm Rn 52; jurisPK-BGB/Heidherhoff Rn 17; aA MünchKomm/Maurer Rn 73). Für eine pränatale Vaterschaftsanerkennung ist nach wohl herrschender Meinung Voraussetzung, dass das betreffende Kind bereits gezeugt wurde (Staudinger/Rauscher [2011] § 1594 Rn 50; Muscheler, FamR^3 Rn 548; Gernhuber/Coester-Waltjen § 52 Rn 55; aA Taupitz/Schlüter AcP 205 [2005] 591, 595; Erman/Hammermann § 1594 BGB Rn 14). Soweit es den Autoren darum geht, eine präkonzeptionelle Einwilligungsmöglichkeit für einen **Samenspender** zu konstruieren, bedarf es einer Anwendung des Abs 3 Nr 1 in diesen Fällen nicht, weil mittlerweile allgemein anerkannt ist, dass dieser auf seine Vaterrechte aus Abs 1 S 2 formlos verzichten kann (vgl Rn 29 ff).

In der Sache differenziert das Gesetz nach wie vor zwischen ehelichen und nicht- **50** ehelichen Kindern. Es ist jedenfalls nicht gerade wahrscheinlich, dass Sorgeerklärungen gem § 1626a Abs 1 Nr 1 BGB vor oder unmittelbar nach der Geburt abgegeben werden, obwohl die Mutter bereit ist, das Kind zur Adoption freizugeben. Ein Vergleich mit **ausländischen Rechtsordnungen** zeigt, dass dort derartige Differenzierungen unbekannt sind, sofern nur das Einwilligungsrecht grundsätzlich unabhängig davon gewährt wird, ob der Vater mit der Mutter verheiratet ist oder nicht (*Schweiz:* Art 265a und 265b ZGB; *Frankreich:* Art 348 Cc; *Spanien:* Art 177 Cc).

Eine **Rechtfertigung** der von der deutschen Adoptionspraxis aus naheliegenden **51** Gründen favorisierten gesetzlichen Regelung fällt schwer (für verfassungswidrig hält die Regelung NK-BGB/Dahm Rn 50). Sie lässt sich (mit Mühe) aus der Überlegung herleiten, dass verheiratete Eltern die Möglichkeit haben sollten, gemeinsam und zeitgleich über die Freigabe eines Kindes zur Adoption zu entscheiden. Bei nicht verheirateten Eltern hingegen fehlt es ohne Rücksicht auf die konkreten Lebensumstände jedenfalls an einer gesetzlichen Pflicht zu partnerschaftlicher Rücksichtnahme, und die Mutter verdient wegen der psychologischen Belastung durch die Geburt besonderen Schutz (Frank FamRZ 1998, 393, 395). Indessen drängen sich naheliegende Gegenargumente auf: Warum kann der verheiratete, getrennt lebende Ehemann, dessen Frau schwanger ist, nicht pränatal einwilligen, wohl aber der Lebensgefährte der Schwangeren? Überzeugt es, wenn ein Mann, der sich immerhin durch Anerkennung zu seinem Kind bekannt hat, der Überlegungsfrist nur deshalb nicht für wert befunden wird, weil er nicht Inhaber der elterlichen Sorge ist, was faktisch vom Willen der Kindesmutter abhängen wird (Soergel/Liermann Rn 17)? Verdient der mit der Mutter nicht verheiratete Vater, der pränatal in die Adoption eingewilligt hat, nicht wenigstens dann besonderen Schutz, wenn sich die Lebensumstände überraschend ändern, weil er zB die Mutter heiratet oder Mittel und Wege findet, selbst für das Kind zu sorgen? Die Annahme, eine pränatal erklärte Einwilligung des Vaters werde „hinfällig", wenn dieser noch vor der Geburt die Mutter heiratet, findet im Gesetz keine Stütze (zutr Soergel/Liermann Rn 10). Nachdem das KindRG v 1997 die Unterscheidung zwischen ehelichen und nichtehelichen Kindern aufgegeben hat, wäre es besser gewesen, auf jede Differenzierung auch im Zusammenhang mit den Überlegungsfristen zu verzichten (so auch Deutscher Familiengerichtstag FamRZ 1997, 337, 341: „mit dem natürlichen Elternrecht sowie der damit zusammenhängenden Elternverantwortung nicht vereinbar"; Soergel/Liermann Rn 17).

3. Pränatale Einwilligung

Eine pränatale Einwilligung, wie sie zT vor der Reform des Adoptionsrechts ge- **52** fordert worden war (vgl Bosch ua FamRZ 1972, 356; Akademikerverbände FamRZ 1974, 170; Stöcker FamRZ 1974, 568) und auch später noch vor allem von Bosch (FamRZ 1983, 976; FamRZ 1984, 839, 840; NJW 1987, 2617, 2630) für richtig gehalten wurde, kennt das geltende Recht – von der Sonderregelung des Abs 3 Nr 1 abgesehen – wegen der 8-Wochen-Überlegungsfrist nicht. Die pränatale Einwilligung soll der Tötung ungeborenen Lebens (**„abgeben statt abtreiben"**) entgegenwirken, indem sichergestellt wird, dass die nichteheliche Mutter – an sie ist in erster Linie gedacht – bereits mit der Geburt von allen persönlichen und finanziellen Verpflichtungen definitiv freigestellt wird. Gelingt es, für das Kind im Mutterleib Adoptiveltern zu finden, so würde die pränatale Einwilligung ergänzt durch eine **pränatale Adoption**.

53 Gegen die pränatale Einwilligung spricht, dass sie ohnehin nur mit einem Widerrufsrecht „binnen 2–3 Monaten nach der Geburt" (so Bosch NJW 1987, 2630) befürwortet werden könnte, sodass aus der Sicht der Mutter die Unterschiede zur Regelung des geltenden Rechts gering wären. Was an Vorteilen bliebe, wäre die völlige Freistellung der Mutter von jeder persönlichen und finanziellen Verantwortung zu Lasten des Staates oder der bereits feststehenden Adoptiveltern. Angesichts des seit Jahren bestehenden Überhangs an Adoptionsbewerbern würde der Mutter de facto nur das Risiko abgenommen, dass ihr Kind nicht gesund zur Welt kommt und deshalb nur schwer zu vermitteln wäre. Ob Mütter mit Blick auf dieses „Restrisiko" abtreiben statt abzugeben, erscheint fraglich. Empirische Untersuchungen fehlen, dürften allerdings auch kaum zuverlässige Daten liefern (gegen pränatale Einwilligung und Adoption vgl BT-Drucks 7/3061, 20; BT-Drucks 7/5087, 12; Deutscher Richterbund [Zierl] DRiZ 1984, 108; Grob 65 ff mNw).

4. Leihmutterschaft, Ersatzmutterschaft

a) Terminologie

54 Die Begriffe „Leihmutter" und „Ersatzmutter" werden nicht immer einheitlich verwendet. Nach der Legaldefinition des § 1 Abs 1 Nr 7 EschG ist Ersatzmutter eine Frau, welche nach Durchführung einer künstlichen Befruchtung bereit ist, ihr Kind Dritten auf Dauer zu überlassen (vgl ähnlich § 13a Nr 1 u 2 AdVermiG). Demgegenüber wird im allgemeinen Sprachgebrauch von einer Ersatzmutter vielfach nur dann gesprochen (so auch Staudinger/Frank [2007] Rn 28), wenn es sich um ein genetisch eigenes Kind der austragenden Frau handelt (Diel, Leihmutterschaft und Adoptionstourismus [2014] 13). Heutzutage wird aber **im Allgemeinen der Begriff der Leihmutter** verwendet, und zwar unabhängig davon, ob die Leihmutter ein genetisch eigenes oder – aufgrund einer Eispende – ein genetisch fremdes Kind austrägt. Dabei ist es mittlerweile international üblich geworden, dass Leihmütter genetisch fremde Kinder austragen, damit keine zu starken Bindungen zwischen der Mutter und dem Kind entstehen (Bernard, Kinder machen – Neue Reproduktionstechnologien und die Ordnung der Familie [2014] 316 ff).

b) Einwilligung und Leihmutterschaftsvereinbarungen

55 Nach § 1591 BGB ist rechtliche Mutter des Kindes stets die Leihmutter. **Vereinbarungen** zwischen der Mutter und den Wunscheltern wegen einer angestrebten späteren Statusänderung des Kindes durch Adoption sind ohne Rücksicht auf die Sittenwidrigkeit der Vereinbarung schon wegen der Regelung des Abs 2 S 1 nur unverbindliche Absichtserklärungen. Verweigert die Leihmutter nach der Geburt die Herausgabe des Kindes sowie ihre Einwilligung in die Adoption, so kommt allein wegen einer zuvor getroffenen (und sei es entgeltlichen) Leihmutterschaftsvereinbarung weder eine Entziehung des Sorgerechts (§§ 1666, 1666a BGB) noch eine Ersetzung der Einwilligung (§ 1748 BGB) in Betracht (KG OLGZ 1985, 291 = FamRZ 1985, 735 = JZ 1985, 1053 m Anm Giesen). Ist die Leihmutter verheiratet, so ist für eine Adoption auch die Einwilligung des Ehemannes erforderlich. Einwilligungserklärungen sind nur nach Maßgabe der §§ 1747, 1750 BGB, insbesondere unter Beachtung der 8-Wochen-Frist, möglich.

IV. Inhalt der Einwilligung

1. Blankoeinwilligung

Abs 2 S 2 verbietet die Blankoeinwilligung; denn die Einwilligung darf sich nur auf 56 bereits feststehende Annehmende beziehen. Schon vor der Reform v 1976 vertraten Rspr und Literatur trotz nicht eindeutiger gesetzlicher Regelung die Ansicht, dass Blankoeinwilligungen unzulässig seien (Nachw in STAUDINGER/ENGLER[10/11] § 1747 Rn 14 ff). Im RegE zum AdoptG v 1976 (BT-Drucks 7/3061, 21) heißt es: „Auch im neuen Recht soll die Erleichterung der Vermittlung der Annahme als Kind keinen Vorrang vor dem Mitwirkungsanspruch der Eltern haben ... ‚Staatsmündel', für die nur eine staatliche Stelle Verantwortung trägt, sollen nicht entstehen. Aus der elterlichen Pflicht zur Pflege und Erziehung der Kinder ergibt sich die sittliche Verpflichtung der Eltern oder der nichtehelichen Mutter, die Einwilligung zur Annahme nicht ohne ein Mindestmaß an Unterrichtung über die Lebensverhältnisse des Kindes abzugeben." Der kritische Hinweis darauf, dass mit der Zulassung der Blankoeinwilligung Kinder zur Disposition staatlicher Einrichtungen gestellt würden (so GERNHUBER/COESTER-WALTJEN § 68 Fn 74; vgl auch BT-Drucks 7/5087, 12: Verstoß gegen Art 6 Abs 2 GG; ROTH-STIELOW Rn 15: „moderner Menschenhandel"), übersieht, dass der Wunsch der Mutter (oder des Vaters), in eine Adoption einzuwilligen, nicht nur eine aus dem Elternrecht fließende eigenverantwortliche Entscheidung, sondern auch ein Signal für die Schutzbedürftigkeit des Kindes ist, das staatliches Handeln nach Art 6 Abs 2 S 2 GG erforderlich macht (FRANK 156 f). Man sollte den Hinweis auf Art 6 Abs 2 S 1 GG nicht im Interesse von Eltern strapazieren, die ihr Elternrecht (blanko) preiszugeben wünschen. Dies gilt umso mehr, seitdem der neue § 1600d Abs 4 BGB im Falle einer (offiziellen) Samenspende die gerichtliche Feststellung des Samenspenders als rechtlichen Vater ausschließt und damit implizit anerkennt, dass dieser durch Abgabe seines Samens an eine Samenbank (konkludent) auf alle Elternrechte verzichtet hat – unabhängig davon, wer die rechtlichen Eltern des mit seinem Samen gezeugten Kindes werden (vgl Rn 29).

Ehrlicherweise sollte man eingestehen, dass es aus Sicht des einwilligungsberechtig- 57 ten Elternteils **keinen großen Unterschied** macht, ob er nach Abs 2 S 2 in eine Inkognitoadoption durch zwar feststehende, aber für ihn anonyme Adoptiveltern (vgl § 1758 BGB) einwilligt (üblich ist etwa die Einwilligung in die Adoption durch „das auf der Bewerberliste des Jugendamts der Stadt XY unter der Ziffer XY geführte Ehepaar") oder ob er seine Einwilligungserklärung von vornherein blanko erteilt (was de lege lata unzulässig ist). Der Praxis bereitet das Verbot der Blankoeinwilligung gelegentlich Schwierigkeiten (für die Zulassung der Blankoeinwilligung FEIL MittAGJ 64 [1972] 27, 29; SCHNABEL MittAGJ 64 [1972] 18, 19; SCHMIDGEN MittAGJ 67 [1973] 30, 32; DAIMER BayNotV 1924, 368 ff; MÜLLER DAVorm 1973, 528; Akademikerverbände FamRZ 1974, 170, 171; BAER DAVorm 1996, 855, 864; ausführlich zur Gesamtproblematik mwHinw GROB 80 ff), weil Adoptionen verzögert werden, etwa wenn die zunächst angestrebte Adoption nicht zustande kommt und die Mutter danach unauffindbar bleibt. Wird ein Ersetzungsverfahren nach § 1748 BGB eingeleitet, so müssen außerdem die künftigen Adoptiveltern bereits feststehen, auch wenn sie später bei entsprechender Verfahrensdauer oft monate- oder jahrelang in der unerträglichen Ungewissheit leben müssen, ob es zu einer Adoption kommt oder nicht (vgl DiJuF-Rechtsgutachten, JAmt 2009, 174). In der *Schweiz* (Art 265a Abs 3 ZGB), in den romanischen Rechtsordnungen *(Frankreich* Art 348-4 Cc; *Belgien* Art 348-9 Cc) und in den *USA* (vgl Uniform Adoption Act § 7b: „A consent which does not name or otherwise identify the adopting parent is valid if the consent contains a statement by the person whose consent it is that the person consenting voluntarily executed the consent irrespective of disclosure of the name or other identification of the adopting parent.") bestehen jedenfalls keine Bedenken, Blankoeinwilligungen zuzulassen.

2. Eventual- und Alternativeinwilligung

58 Abs 3 S 2 des RegE zum AdoptG v 1976 (BT-Drucks 7/3061, 4) lautete ursprünglich, dass der Einwilligende „den" schon feststehenden Annehmenden nicht zu kennen brauche. Diese Formulierung stand und steht in Einklang mit der anderer Bestimmungen, in denen das AdoptG v 1976 von „dem" Annehmenden im Singular auch dann spricht, wenn die Annahme durch ein Ehepaar erfolgt (zB § 1741 Abs 1 BGB). Auf Antrag des Rechtsausschusses (BT-Drucks 7/5087, 13) wurde in Abs 3 S 2 (seit dem KindRG v 1997: Abs 2 S 2) bewusst die Formulierung gewählt, dass der Einwilligende „die" schon feststehenden Annehmenden nicht zu kennen brauche. Damit sollte klargestellt werden, dass eine „Einwilligung nicht nur zur Adoption des Kindes durch eine Person oder ein Ehepaar erteilt (werden kann), sondern gleichzeitig auch für den Fall, daß das zunächst vorgesehene Annahmeverhältnis nicht zustande kommen sollte, zur Adoption durch ein weiteres Ehepaar oder mehrere weitere Ehepaare. Der Ausschuß hält diese Verbindung einer Einwilligungserklärung mit **hilfsweisen Einwilligungserklärungen** für zulässig" (BT-Drucks 7/5087, 13). Erkennbares Ziel des Gesetzgebers war es, die Härten des Verbots der Blankoeinwilligung durch die Zulassung von Eventualeinwilligungen zu mildern (vgl auch BAER/GROSS 29 f). Bei dieser Ausgangslage sollte man nicht versuchen, das vom Gesetzgeber gewünschte Ergebnis durch einen Hinweis auf die Bedingungsfeindlichkeit der Einwilligung (§ 1750 Abs 2 S 1 BGB) wieder in Frage zu stellen (ERMAN/SAAR Rn 5a; BeckOGK/ LÖHNIG [1. 7. 2016] § 1750 Rn 18; BGB-RGRK/DICKESCHEID Rn 10; SOERGEL/LIERMANN Rn 19; aA MünchKomm/MAURER Rn 63).

59 Bedenken bestehen allerdings gegen **Alternativeinwilligungen**, bei denen der Einwilligungsberechtigte sein Einverständnis mit der Adoption durch eine möglicherweise unbegrenzte Vielzahl von Bewerbern erklärt und der Adoptionsvermittlungsstelle die Auswahl überlässt. Der **Unterschied** zwischen Eventualeinwilligungen und Alternativeinwilligungen besteht darin, dass Eventualeinwilligungen für den Fall erteilt werden, dass das zunächst vorgesehene Annahmeverhältnis nicht zustande kommt. In der Kommentarliteratur wird zT nicht die Alternativeinwilligung, sondern eher die oben genannte Eventualeinwilligung für problematisch gehalten (BGB-RGRK/ DICKESCHEID Rn 10; SOERGEL/LIERMANN Rn 19; MünchKomm/MAURER Rn 63 f; wie hier ERMAN/SAAR Rn 5a und BeckOK/PÖCKER Rn 10; auch die Bedenken von BINSCHUS [ZfF 1976, 191, 196] und OBERLOSKAMP [DAVorm 1977, 89, 103] gegen die Eventualeinwilligung betreffen in Wirklichkeit die Alternativeinwilligung). Dass der Gesetzgeber die Alternativeinwilligung zulassen wollte, kann den Gesetzesmaterialien nicht entnommen werden. Es würde auch dem Sinn des Verbots der Blankoeinwilligung widersprechen, wollte man ohne zahlenmäßige Begrenzung (!) (so GERNHUBER/COESTER-WALTJEN § 68 Rn 48 iVm Fn 76 m Hinw) eine Einwilligung in die Adoption durch alle in der Liste des JugA X geführten Adoptionsbewerber gutheißen. Unzulässig ist es deshalb entgegen OLG Hamm NJW-RR 1991, 905 = FamRZ 1991, 1230 und BayObLGZ 1993, 76, 82 = FamRZ

1993, 1356, 1359 auch, eine alternative Einwilligungserklärung „nachzuschieben", nachdem die bereits erteilte Einwilligungserklärung unwiderruflich geworden ist. Die „nachgeschobene" Einwilligungserklärung kann Wirksamkeit iS einer Eventualeinwilligung nur dann entfalten, wenn die zunächst angestrebte Annahme gescheitert ist. Unzulässig ist es hingegen, aufgrund zweier Einwilligungserklärungen die Auswahl der Adoptionsbewerber der Vermittlungsstelle zu überlassen.

3. Beschränkung der Einwilligung

Zulässig ist eine Beschränkung der Einwilligung dergestalt, dass der Annehmende **60** bestimmte objektivierbare Voraussetzungen zu einem bestimmten Zeitpunkt (idR dem des Annahmebeschlusses) erfüllt, zB was Religionszugehörigkeit, Nationalität, Beruf angeht (vgl dazu evtl SAGIR ZKJ 2017, 135 ff betr Religionszugehörigkeit; AG Kerpen JAmt 2004, 382 = FPR 2004, 620 betr Religionszugehörigkeit; LISTL FamRZ 1974, 74 betr Religionszugehörigkeit; OBERLOSKAMP/HOFFMANN 141 f; GROB 109 ff; GERNHUBER/COESTER-WALTJEN § 68 Fn 112; **aA** ERMAN/SAAR Rn 6b; NK-BGB/DAHM Rn 10; MünchKomm/MAURER Rn 65; SOERGEL/LIERMANN Rn 21). Eine unzulässige Bedingung (§ 1750 Abs 2 S 1 BGB) im Sinne eines zukünftigen ungewissen Ereignisses liegt hier nicht vor. Auch zwingt die ratio des § 1750 Abs 2 S 1 BGB nicht dazu, derartige Beschränkungen als unzulässige **unechte** Bedingung anzusehen, um die Adoption nicht mit möglichen Fehlerquellen zu belasten. Zu unterscheiden ist allerdings zwischen einem bloßen Wunsch der Einwilligungsberechtigten und einer wirklichen Beschränkung der Einwilligung. Letztere müsste mit der Einwilligungserklärung gem § 1750 Abs 1 S 2 BGB notariell beurkundet werden. Nicht zulässig wäre es freilich, die Einwilligung davon abhängig zu machen, dass das Kind später auch tatsächlich in einem bestimmten Bekenntnis erzogen wird (vgl § 1 RelKEG), dass Beruf oder Staatsangehörigkeit nicht gewechselt werden. Hier würde es sich in der Tat um eine unzulässige Bedingung handeln. Nach den Empfehlungen der Bundesarbeitsgemeinschaft der Landesjugendämter zur Adoptionsvermittlung (7. Aufl 2014) unter 7.3.3 „ist die Religionszugehörigkeit des Kindes zu beachten, soweit sie bereits durch die leiblichen Eltern bestimmt wurde. Ist dies noch nicht geschehen, sind gleichwohl die Wünsche der leiblichen Eltern unter Berücksichtigung des Alters des Kindes einzubeziehen."

4. Inkognitoadoption und offene Adoption

a) Sicherung des Inkognito im Annahmeverfahren

Nach Abs 2 S 2 braucht der Einwilligende die schon feststehenden Annehmenden **61** nicht zu kennen. Damit wird die Inkognitoadoption ausdrücklich anerkannt (BT-Drucks 7/3061, 38). Zur **Entstehungsgeschichte** vgl Rn 5. Durch die Inkognitoadoption soll dem Kind in der neuen Familie eine Entwicklung gesichert werden, die nicht durch unvorbereitetes Dazwischentreten der leiblichen Verwandten gestört werden kann. Gewahrt wird das Inkognito in der Weise, dass die Eltern ihre Einwilligung etwa in die Annahme durch „das auf der Bewerberliste des Jugendamts der Stadt XY unter der Ziffer XY geführte Ehepaar" erklären. Dem Einwilligenden werden die wichtigsten Lebensumstände der Annehmenden (Staatsangehörigkeit, Konfession, wirtschaftliche und soziale Lage, familiäre Verhältnisse) mitgeteilt, soweit durch diese Information das Inkognito nicht gefährdet wird. Auch das BVerfG (BVerfGE 24, 119, 155 = FamRZ 1968, 578, 587) geht davon aus, dass eine Unterrichtung der Eltern über die allgemeinen Verhältnisse der Adoptiveltern „in der Regel geboten" ist. Liegt eine Inkognitoadoption vor, sind die leiblichen Eltern nach § 188 Abs 1 Nr 1 lit b FamFG am Adoptionsverfahren nicht beteiligt (vgl § 1752 Rn 21). Zum Akteneinsichtsrecht nach § 13 FamFG vgl Rn 63.

62 Das **Inkognito** des Abs 2 S 2 ist **einseitig**. Die leiblichen Eltern kennen die Adoptiveltern nicht, während umgekehrt keine Bedenken bestehen, den Adoptiveltern Namen und Adresse der leiblichen Eltern mitzuteilen. Dieses Verständnis lässt sich mit dem Recht des Kindes auf Kenntnis seiner genetischen Herkunft und damit begründen, dass in Krankheitsfällen gewährleistet sein muss, dass umgehend die notwendigen Informationen über die leiblichen Eltern eingeholt werden können. Selbstverständlich ist indessen die Einseitigkeit des Inkognito nicht. Andere Rechtsordnungen schützen auch die leiblichen Eltern vor späteren Nachforschungen des Kindes, von dem sie sich endgültig trennen wollten (vgl dazu FRANK FamRZ 1988, 113, 117 bei Fn 29).

b) Spätere Wahrung des Inkognito

63 Der Zweck der Inkognitoadoption liefe leer, wenn das Inkognito nicht auch nach Abschluss des Annahmeverfahrens gesichert würde. Aus diesem Grund ordnet § 1758 BGB ein Offenbarungs- und Ausforschungsverbot an. Innerhalb der Grenzen dieses Verbots ist nach § 13 Abs 2 S 2 FamFG die Einsichtnahme in Akten und die Erteilung von Abschriften zu versagen. § 13 Abs 2 S 2 FamFG wirkt nach seiner systematischen Stellung eindeutig nur gegenüber Personen, die nicht am Verfahren beteiligt sind (etwa die leiblichen Eltern im Falle einer Inkognitoadoption: § 188 Abs 1 Nr 1 lit b FamFG), während gegenüber Verfahrensbeteiligten lediglich die deutlich engere Einschränkung des § 13 Abs 1 aE FamFG gilt (REINHARDT JAmt 2011, 628, 632). Außerdem darf nach § 63 Abs 1 u 3 PStG nur den Annehmenden, deren Eltern, dem gesetzlichen Vertreter des Kindes und dem über 16 Jahre alten Kind selbst Einsicht in den Geburtseintrag gestattet oder ein Ausdruck aus dem Geburtenregister erteilt werden. Die vor allem im allgemeinen Behördenverkehr oft benötigte Geburtsurkunde weist als Eltern (§ 59 Abs 1 Nr 4 PStG) nur die Annehmenden aus; anders der Ausdruck aus dem Geburtenregister (vgl § 27 Abs 3 Nr 1 PStG), den der Angenommene wegen § 1307 BGB spätestens bei seiner Eheschließung benötigt (Nr 12.4.1 Ziffer 2 PStG-VwV). Das kann zu schweren Konflikten führen, wenn die Adoptiveltern es versäumt haben, den Angenommenen rechtzeitig über die Tatsache der Adoption aufzuklären. Zur Sicherung des Inkognito ist nach § 51 Abs 5 Nr 2 BMG auch eine Melderegisterauskunft, die dem Schutzzweck des § 1758 BGB zuwiderläuft, unzulässig. Zur Wahrung des Inkognitos bei Abstammungsverfahren, die auch nach dem Ausspruch der Annahme möglich sind, vgl § 1755 Rn 19.

c) Offene Adoptionen

64 Eine zunehmende praktische Bedeutung besitzen sog **offene Adoptionen**. Diese bewegen sich auf einer gleitenden Skala, angefangen von Fällen, in denen – bei Wahrung des Inkognitos der Adoptiveltern – ein Austausch von Informationen uU vermittelt über das Jugendamt stattfindet (zT auch halboffene Adoptionen genannt), über Arrangements, bei denen den Herkunftseltern die Identität der Adoptiveltern bekannt ist und gelegentlich Kontakte per Telefon bzw Brief oder auch persönlich – mit oder ohne Einbeziehung des Adoptivkindes – stattfinden, bis zu Konstellationen, in denen das Adoptivkind ohne Begleitung seiner Adoptiveltern mehr oder weniger

regelmäßigen Umgang mit seinen Herkunftseltern pflegt. Vor allem in den USA und Großbritannien (HELMS, Gutachten für den 71. DJT [2016] Verh Bd I S F 86 f), aber offenbar etwa auch in Spanien und der Schweiz (BOVENSCHEN et al 47) sind offene Adoptionen heute eher die Regel als die Ausnahme; statistische Daten zur Verbreitung in Deutschland liegen keine vor.

In den **Sozialwissenschaften** werden zunehmend offene Adoptionen empfohlen (BO- **65** VENSCHEN et al 47; BOTTHOF 29 ff; PAULITZ, Offene Adoption, Ein Plädoyer [1997]; PAULITZ ZKJ 2018, 307; TEXTOR Jugendwohl 1989, 10; ders NDV 1991, 107; ders, in: HOKSBERGEN/TEXTOR, Adoption: Grundlagen, Vermittlung, Nachbetreuung, Beratung [1993] 30, 35 f). Nach heutigem Erkenntnisstand besitzt die Öffnung der Adoption als solche weder im positiven noch im negativen Sinne – mit sozialwissenschaftlichen Methoden statistisch messbare – Auswirkungen auf die Entwicklung von Adoptivkindern (hierzu sowie zu den folgenden Ausführungen HELMS, Gutachten für den 71. DJT [2016] Verh Bd I S F 87 ff mwNw). Das liegt nicht zuletzt schon daran, dass der Adoptionserfolg von einer Fülle an persönlichen Umständen in der Biographie von Kind, Herkunftseltern und Adoptiveltern abhängt. Fest steht aber, dass die **meisten Adoptivkinder, die Kontakt mit Mitgliedern ihrer Herkunftsfamilie haben, diesen schätzen** und ihn nicht selten auch gerne ausweiten würden. Das gilt allerdings dann nicht, wenn Kontakt mit Personen durchgeführt werden soll, die das Kind schwer vernachlässigt oder missbraucht haben oder unerträgliche Spannungen zwischen den beteiligten Erwachsenen spürbar werden. Außerdem wird im Allgemeinen davon ausgegangen, dass es vorteilhafte Auswirkungen auf das Wohlergehen des Kindes hat, wenn die Adoptiveltern in der Lage sind, die **Adoptionsgeschichte des Kindes mit einer offenen und positiven Haltung in das Familienleben zu integrieren**. Dazu kann die offene Adoption eine Hilfe sein. Nicht bestätigt haben sich auch die Befürchtungen, der Kontakt mit der Herkunftsfamilie könne die Beziehung zwischen dem Kind und seinen Adoptiveltern gefährden. Darüber hinaus ist es vor allem auch den Herkunftseltern oftmals ein wichtiges Anliegen, sich von Zeit zu Zeit ein eigenes Bild von der Entwicklung des Kindes machen zu können. Das kann ihnen helfen, sich mit der Tatsache der Adoption auszusöhnen und den Verlust ihres Kindes zu bewältigen. Selbstverständlich muss in jedem **Einzelfall** im Adoptionsvermittlungsverfahren sorgfältig abgewogen werden, inwieweit eine Öffnung der Adoption angezeigt ist (vgl die Empfehlungen der Bundesarbeitsgemeinschaft der Landesjugendämter zur Adoptionsvermittlung [7. Aufl 2014] unter 7.1.2). Für die abgebenden Eltern kann es zu einer – auch für das Kind spürbaren – Enttäuschung führen, wenn sich ihre Erwartungen an den Kontakt oder die Entwicklung des Kindes in der Adoptivfamilie nicht erfüllen (DETTENBORN/WALTER 418 f). Die Adoptiveltern können – angesichts eines drängenden Kinderwunsches – ihre Kräfte und Fähigkeiten auch überschätzen und mit der Zusatzbelastung überfordert sein (so die Befürchtung von STAUDINGER/FRANK [2007] Rn 36).

Vereinbarungen, die im Rahmen einer offenen Adoption zwischen Herkunfts- und **66** Adoptiveltern etwa über Umgangskontakte getroffen werden, besitzen nach geltendem Recht **keinerlei rechtliche Verbindlichkeit**, ihre Einhaltung steht vielmehr im Belieben der Adoptiveltern (OLG Schleswig 30. 1. 2004 – 10 UF 199/03, FamRZ 2004, 1057, 1058; OLG Dresden 12. 10. 2011 – 21 UF 581/11, FamRZ 2012, 1153, 1155; HOFFMANN JAmt 2003, 453, 454 f; BOTTHOF 40). Diese restriktive Haltung stellt nach einer Entscheidung des Europäischen Gerichtshofs für Menschenrechte keine Verletzung des Rechts auf Achtung des Privat- und Familienlebens (Art 8 Abs 1 EMRK) dar. Vor dem Hintergrund des geltenden deutschen Rechts müsse eine leibliche Mutter wissen, dass durch ihre Einwilligung in die Adoption sämtliche elterlichen Rechte erlöschen (EGMR 5. 6. 2014 – I.S./Deutschland, NJW 2015, 2319, 2320 f m krit Anm Botthof FamRZ 2014, 1353). In einem Minderheitenvotum, das zwei (der acht) Richter unterstützen, wird das deutsche Recht allerdings dafür kritisiert, dass Vereinbarungen über die Praktizierung einer geöffneten Adoption, die im Zusammenhang mit einer so existenziellen Entscheidung wie der Adoptionsfreigabe getroffen werden, keinerlei rechtliche Verbindlichkeit besitzen.

Zumindest **rechtspolitisch** spricht viel dafür, über einen verbindlicheren rechtlichen Rahmen für offene Adoptionen nachzudenken (vgl Vorbem 44 zu §§ 1741 ff u § 1751 Rn 11). So sieht das *spanische Recht* seit einer Reform aus dem Jahre 2015 in Art 178 Nr 4 Cc die Möglichkeit vor, mit Zustimmung der Adoptiveltern im Adoptionsbeschluss Häufigkeit, Dauer und Bedingungen des Umgangs mit der Herkunftsfamilie verbindlich zu regeln, wobei es Aufgabe des Jugendamtes ist, diese Kontakte zu begleiten und zu überwachen. Eine spätere Abänderung im Interesse des Kindeswohls ist möglich (Ferrer i Riba FamRZ 2016, 1557, 1560 f; Helms/Botthof, Besuchskontakte nach Adoption und Formen schwacher Adoption [2017] 18 ff). Eine ähnliche Regelung wurde nahezu zeitgleich in Portugal (Art 1986 Nr 3 Cc) eingeführt (de Oliveira FamRZ 2016, 1550 f). Auch in der *Schweiz* können seit der letzten großen Reform aus dem Jahre 2016 die Adoptiveltern nach Art 268e ZGB mit den leiblichen Eltern vereinbaren, dass den leiblichen Eltern ein Anspruch auf angemessenen persönlichen Verkehr mit dem Kind eingeräumt wird. Um Verbindlichkeit zu erlangen, bedarf diese Vereinbarung der Genehmigung der Kindesschutzbehörde. Entsteht Streit über die Umsetzung oder droht eine Kindeswohlgefährdung, entscheidet (erneut) die Kindesschutzbehörde (Helms/Botthof, Besuchskontakte nach Adoption und Formen schwacher Adoption [2017] 7 f).

V. Sorgerechtsantrag des mit der Mutter nicht verheirateten Vaters

1. Verzicht auf Antragstellung (Abs 3 Nr 2)

67 Durch das Gesetz zur Reform der elterlichen Sorge nicht miteinander verheirateter Eltern v 16. 4. 2013 (BGBl 2013 I 795) wurde die Reihenfolge von Abs 3 Nr 2 und Nr 3 – ohne sachliche Änderung – umgetauscht (BT-Drucks 17/11048, 22). Abs 3 Nr 2 sieht nunmehr vor, dass der Vater darauf verzichten kann, die Übertragung der Sorge nach § 1626a Abs 2 BGB oder § 1672 Abs 1 BGB zu beantragen. Dieser Verzicht ist § 1747 Abs 2 S 3 aF nachempfunden (Verzicht des Vaters, einen Antrag auf Adoption des eigenen nichtehelichen Kindes zu stellen). Er soll das Annahmeverfahren erleichtern und beschleunigen und ist für den Fall gedacht, dass der Vater zwar einerseits nicht bereit ist, in die Annahme einzuwilligen, andererseits aber auch keinen Antrag auf Sorgerechtsübertragung stellen will. Die Regelung ist abgesehen davon, dass sie für die Adoptionspraxis zu einer Arbeitserleichterung führt, ohne eigentlichen Sinn: Verweigert der Vater die Einwilligung in die Adoption und verzichtet er dennoch „blanko" (vgl Rn 68) und unwiderruflich (Abs 3 Nr 2 iVm § 1750 Abs 2 S 2 BGB) darauf, einen Sorgerechtsantrag zu stellen, so schafft er geradezu zwangsläufig die Voraussetzungen für eine Ersetzung der Einwilligung nach § 1748 Abs 4 BGB (Frank FamRZ 1998, 393, 396; auch Soergel/Liermann Rn 29). Die Regelung ist außerdem verfassungsrechtlich bedenklich, weil sie dem Vater das (unverzichtbare) Elternrecht belässt, ihm aber wegen seines unwiderruflichen Blankoverzichts

Titel 7 · Annahme als Kind
Untertitel 1 · Annahme Minderjähriger § 1747

für künftige Drittadoptionen die Möglichkeit abschneidet, einen Antrag auf Sorgerechtsübertragung zu stellen (Coester RdJB 1996, 430, 439 u FamRZ 1995, 1245, 1250; Frank FamRZ 1998, 393, 396).

Die Verzichtserklärung erfolgt **blanko** und verliert deshalb auch dann nicht ihre Kraft, **68** wenn der Annahmeantrag zurückgenommen oder die Annahme versagt wird. Auf § 1750 Abs 4 S 1 BGB wird in Abs 3 Nr 2 aE ausdrücklich nicht Bezug genommen. Wegen der Verweisung auf § 1750 Abs 4 S 2 BGB entfällt indessen die Wirkung des Verzichts, wenn das Kind nicht innerhalb von drei Jahren angenommen wird (MünchKomm/Maurer Rn 85; Oberloskamp/Hoffmann 173; Soergel/Liermann Rn 29;). Der Verzicht ist an **keine Frist** gebunden und kann deshalb wie die Einwilligung nach Abs 3 Nr 1 bereits vor der Geburt erteilt werden (MünchKomm/Maurer Rn 77; BeckOGK/Löhnig [1. 7. 2016] Rn 44; aA Erman/Saar Rn 11; NK-BGB/Dahm Rn 55, weil Regelung wie in Nr 1 fehle). Die Verzichtserklärung bedarf der **öffentlichen Beurkundung** (Abs 3 Nr 2), für die auch das JugA (§ 59 Abs 1 S 1 Nr 7 SGB VIII), aber nicht das Amtsgericht (vgl § 67 Abs 1 BeurkG) oder das Standesamt (vgl § 44 PStG) zuständig ist. Auf § 1750 Abs 1 S 2 BGB, der notarielle Beurkundung verlangt, wird in Abs 2 Nr 2 aE ausdrücklich nicht verwiesen (BT-Drucks 17/11048, 22). Die Verzichtserklärung wird erst mit dem Zugang beim FamG wirksam und unwiderruflich (Abs 3 Nr 3 aE iVm § 1750 Abs 1 S 3 u Abs 2 S 2 BGB). Der spätestens gleichzeitig mit dem Verzicht zugangsbedürftige Widerruf bedarf nicht der für die Erklärung vorgeschriebenen Form (OLG Hamm OLGZ 1982, 282, 288 f = FamRZ 1982, 845, 848). Das Wirksamwerden des Verzichts setzt den Zugang einer Ausfertigung der beurkundeten Erklärung voraus; eine beglaubigte Abschrift genügt nicht (OLG Hamm OLGZ 1982, 282, 288 = FamRZ 1982, 845, 848). Die Verzichtserklärung ist **höchstpersönlicher Natur** und darf daher nicht von einem Vertreter erteilt werden (Abs 3 Nr 3 aE iVm § 1750 Abs 3 S 1 BGB). Auf den Antrag verzichten kann auch ein **minderjähriger Vater**. Dessen Sorgerecht würde zwar nach § 1673 Abs 2 S 1 BGB ruhen. Aber auch ein minderjähriger Vater kann Inhaber der tatsächlichen Personensorge sein (§ 1673 Abs 2 S 2 BGB), sodass ein Verzicht nach Abs 3 Nr 2 nicht ins Leere zielt (Oberloskamp/Hoffmann 171).

2. Sperrwirkung des Antrags (Abs 3 Nr 3)

Durch das Gesetz zur Reform der elterlichen Sorge nicht miteinander verheirateter **69** Eltern v 16. 4. 2013 (BGBl 2013 I 795) wurde die Reihenfolge von Abs 3 Nr 2 und Nr 3 – ohne inhaltliche Änderung – umgetauscht (BT-Drucks 17/11048, 22). Ist der Vater mit der Mutter nicht verheiratet und steht den Eltern die elterliche Sorge nicht gem § 1626a Abs 1 BGB bereits gemeinsam zu, so bewirkt ein Antrag des Vaters auf Übertragung der gemeinsamen Sorge nach § 1626a Abs 2 BGB bzw auf Übertragung der alleinigen Sorge nach § 1671 Abs 2 BGB, dass die Annahme erst ausgesprochen werden kann, nachdem über den Antrag des Vaters entschieden worden ist (Abs 3 Nr 3). Der Regelung liegt der vernünftige Gedanke zugrunde, dass dem mit der Mutter nicht verheirateten Vater allein mit einem Einwilligungsrecht nach Abs 1 S 1 nicht gedient ist. Der Vater muss auch die Chance haben, das Sorgerecht zu erlangen, nachdem die alleinsorgeberechtigte Mutter (§ 1626a Abs 3 BGB) ihre Einwilligung in die Annahme erklärt hat. Allerdings regelt Abs 3 Nr 3 nicht die Frage, unter welchen Voraussetzungen der Vater das Sorgerecht erlangen kann, sondern nur, dass ein derartiger Antrag **Sperrwirkung** für ein bereits eingeleitetes Annahmeverfahren entfaltet.

70 Bezüglich der Frage, unter welchen **Voraussetzungen** der Vater Inhaber der elterlichen Sorge werden kann, verweist Abs 3 Nr 3 auf § 1626a Abs 2 BGB (Übertragung der gemeinsamen Sorge) und § 1672 Abs 2 BGB (Übertragung der alleinigen Sorge). Hat die **Mutter in die Adoption bereits eingewilligt**, ruht ihre elterliche Sorge nach § 1751 Abs 1 S 1 BGB und ein Antrag des Vaters auf Übertragung der gemeinsamen Sorge nach § 1626a Abs 2 BGB gilt gem § 1671 Abs 3 S 1 BGB ex lege als Antrag auf Übertragung der alleinigen Sorge iSv § 1671 Abs 2 BGB. Dabei stellt § 1672 Abs 3 S 2 BGB seit Inkrafttreten des Gesetzes zur Reform der elterlichen Sorge nicht miteinander verheirateter Eltern v 16. 4. 2013 (BGBl 2013 I 795) ausdrücklich klar, dass unter diesen Voraussetzungen dem Antrag des Vaters bereits dann stattzugeben ist, wenn die Übertragung der elterlichen Sorge auf den Vater „dem Wohl des Kindes nicht widerspricht". Dieser Maßstab ist auch dann anzulegen, wenn der Vater zunächst einen Antrag auf Übertragung der alleinigen Sorge nach § 1671 Abs 2 BGB stellt und die Mutter dann in die Adoption einwilligt (MünchKomm/Hennemann § 1672 Rn 156).

71 Gegen die Sperrwirkung eines Sorgerechtsantrags des mit der Mutter nicht verheirateten Vaters ist an sich nichts einzuwenden. Es überrascht nur, dass eine ähnliche Sperrwirkung nicht eintritt, wenn ein Vater, der früher einmal (Mit-)Inhaber des Sorgerechts war, dieses zugunsten des anderen Elternteils – zB als Folge einer Trennung nach § 1671 Abs 1 BGB – wieder verloren hat und dieses nunmehr im Wege eines Abänderungsverfahrens nach § 1696 BGB zurückgewinnen möchte (Frank FamRZ 1998, 393, 396; MünchKomm/Maurer § 1672 Rn 91 f; BeckOGK/Löhnig [1. 7. 2016] Rn 48). In BT-Drucks 13/4899, 113 heißt es dazu, dass es hier eines besonderen Schutzes des nicht sorgeberechtigten Elternteils nicht bedürfe, weil diesem keine gerichtliche Ersetzung der verweigerten Einwilligung unter den erleichterten Voraussetzungen des § 1748 Abs 4 BGB drohe. Die Sperrwirkung des väterlichen Sorgerechtsantrags nach Abs 3 Nr 3 diene dem Zweck, zu „verhindern, daß eine Mutter, die nach § 1626a Abs 2 Alleininhaberin der Sorge ist, das Kind zur Adoption freigibt und die Einwilligung des Vaters in diese Adoption unter den erleichterten Voraussetzungen des § 1748 Abs 4 ersetzt wird, ohne daß der Vater seinerseits die Möglichkeit erhält, die (Allein-)Sorge für sein Kind zu erlangen". Die Sperrwirkung des Abs 3 Nr 3 muss somit im Zusammenhang mit der durch das KindRG v 1997 neugeschaffenen Regelung des § 1748 Abs 4 BGB gesehen werden (Soergel/Liermann Rn 27; Gressmann, Neues Kindschaftsrecht Rn 399; vgl außerdem § 1748 Rn 60 f), wobei allerdings zu beachten ist, dass nach der inzwischen vom BVerfG vorgegebenen verfassungskonformen Auslegung des § 1748 Abs 4 BGB dort von einer erleichterten Ersetzung der väterlichen Einwilligung nicht mehr die Rede sein kann (vgl § 1748 Rn 62). Wurde bereits ein Antrag auf Ersetzung der väterlichen Einwilligung in die Adoption gem § 1748 Abs 4 BGB gestellt, so ist dieses Verfahren zwingend bis zur Entscheidung über den Sorgerechtsantrag auszusetzen. Das nach § 21 FamFG auszuübende Ermessen des Gerichts „ist wegen § 1747 Abs 3 Nr 3 auf Null reduziert" (OLG Naumburg FamRZ 2004, 810 m Anm Geimer).

72 Die Sperrwirkung des Abs 3 Nr 3 endet erst, wenn die Entscheidung des FamG nicht mehr mit der Beschwerde oder Rechtsbeschwerde nach §§ 58 Abs 1, 63 Abs 1, 70, 71 Abs 1 FamFG angefochten werden kann, mithin **formell rechtskräftig** geworden ist (MünchKomm/Maurer Rn 95).

3. Beratung des Vaters nach § 51 Abs 3 SGB VIII

Gem § 51 Abs 3 SGB VIII hat das Jugendamt den Vater, der mit der Mutter nicht **73** verheiratet und auch nicht Inhaber des Sorgerechts nach § 1626a Abs 1 BGB ist, „bei der Wahrnehmung seiner Rechte nach § 1747 Abs 1 u 3 des Bürgerlichen Gesetzbuchs zu beraten". Diese Beratung ist zum einen Rechtsberatung (Einwilligungsrecht des Vaters nach Abs 1, Möglichkeit der Antragstellung nach Abs 3 Nr 3 bzw Verzicht nach Abs 3 Nr 2), zum anderen aber auch Beratung in einer konkreten Lebenslage. Da jeder Vater unabhängig davon, ob er mit der Mutter des Kindes zusammenlebt oder mit dieser gemeinsam Erziehungsaufgaben wahrnimmt, Träger des Elternrechts aus Art 6 Abs 2 S 1 GG ist (BVerfGE 92, 158 = FamRZ 1995, 789), darf bei dieser Beratung nicht der Wunsch der Mutter nach einer Drittadoption beherrschend im Vordergrund stehen. Auch dann, wenn der Vater einen Antrag auf Sorgerechtsübertragung zunächst nicht stellen will, sollte das Jugendamt nicht voreilig im Interesse eines ungestörten Adoptionsverfahrens auf die Abgabe einer Einwilligungs- und einer Verzichtserklärung hinwirken. Vor allem sollte der noch unentschlossene Vater nicht vor der Geburt des Kindes zu einer Verzichtserklärung nach Abs 3 Nr 2 gedrängt werden, die ihn später wegen der möglichen Ersetzung der Einwilligung nach § 1748 Abs 4 BGB praktisch der Chance, Vater zu bleiben, beraubt. Dies ändert allerdings nichts daran, dass die Beratung des Vaters rechtzeitig erfolgen muss, und zwar so, dass dieser die Möglichkeit hat, noch vor Beginn der Adoptionspflege eine Entscheidung zu treffen (Wiesner/Wapler SGB VIII § 51 Rn 55).

Kommt das Jugendamt seiner Beratungspflicht nicht nach, so bleibt dies für die **74** Adoption folgenlos, insbesondere kann eine unterlassene Beratung eine Aufhebung des Annahmeverhältnisses nach § 1763 BGB nicht rechtfertigen (BeckOK/Pöcker Rn 16; BeckOGK/Löhnig [1. 7. 2016] Rn 59; aA Palandt/Götz Rn 6; MünchKomm/Maurer Rn 115: uU entsprechende Anwendung von § 1763 Abs 3 lit b BGB).

VI. Entbehrlichkeit der Einwilligung (Abs 4)

Die Entbehrlichkeit der Einwilligung nach Abs 4 gilt sowohl für das Einwilligungs- **75** recht nach **Abs 1 S 1** als auch für das Einwilligungsrecht nach **Abs 1 S 2** (BeckOK/ Pöcker Rn 17), denn der mögliche Vater wird in § 1747 Abs 1 S 2 BGB bezüglich seines Einwilligungsrechts dem feststehenden Vater gleichgestellt. Umstritten ist die Anwendbarkeit von Abs 4 allerdings dann, wenn der mögliche Vater seine Vaterschaft gegenüber dem Familiengericht gar nicht geltend machen kann, was eigentlich Voraussetzung für das Eingreifen von Abs 1 S 2 ist (vgl Rn 21), weil er vom Adoptionsverfahren nicht informiert wird (vgl Rn 79).

1. Dauernde Verhinderung (Abs 4 S 1 HS 1)

Wichtigster Fall dauernder Verhinderung an der Abgabe einer Erklärung ist die **76** **Geschäftsunfähigkeit** (BT-Drucks 7/3061, 38). Von Dauer ist die Geschäftsunfähigkeit allerdings nur dann, wenn eine Änderung des Zustands nicht abzusehen ist (BayObLG FamRZ 1999, 1688). Beschränkte Geschäftsfähigkeit lässt das Einwilligungsrecht bestehen (§ 1750 Abs 3 S 2 BGB). Dauernde Verhinderung ist auch dann anzunehmen, wenn sich der Berechtigte schon über einen längeren Zeitraum in einem Zustand der Bewusstlosigkeit (Koma) befindet oder sich sonst weder schriftlich noch mündlich äußern kann, ohne dass eine Änderung dieses Zustandes in absehbarer Zeit zu erwarten ist (NK-BGB/Dahm Rn 62; Soergel/Liermann Rn 32).

77 Fraglich ist, ob bei Kindern, die **offenkundig nicht vom Ehemann der Mutter abstammen**, auf die Einwilligung des Ehemannes, der von der Existenz des Kindes nichts weiß, abgesehen werden kann, wenn bei Kenntniserlangung des Scheinvaters mit erheblichen Gefahren für die Mutter gerechnet werden muss. Dass eine Benachrichtigung des Ehemannes zu familiären Schwierigkeiten, evtl auch zu einer gesellschaftlichen Diskriminierung der Frau führen würde, kann nicht ausreichen, um eine Benachrichtigung als unzumutbar und infolgedessen den Ehemann in analoger Anwendung von Abs 4 als dauernd außerstande anzusehen, eine Einwilligungserklärung abzugeben. Etwas anderes gilt dann, wenn es im Rahmen einer **Güterabwägung** aus humanitären Gründen nicht mehr verantwortet werden kann, den Ehemann zu informieren (AG Ludwigsburg BWNotZ 1984, 23 u AG Hamburg-Bergedorf DAVorm 1979, 195: Todesgefahr für die türkische Mutter; AG XY ZfJ 1986, 462: existenzvernichtende gesellschaftliche Sanktionen zu Lasten der griechischen Mutter; wie hier: Empfehlungen der Bundesarbeitsgemeinschaft der Landesjugendämter zur Adoptionsvermittlung [7. Aufl 2014] Rn 10. 32; PraxKommKindschaftsR/Braun Rn 22; Soergel/Liermann Rn 32; Reinhardt JAmt 2011, 628, 629). In diesem Fall sollte als zusätzlicher Schutz für die abgebende Mutter ein Bevollmächtigter iSv § 10 Abs 2 FamFG bestellt werden, damit Zustellungen (§ 15 Abs 2 FamFG iVm § 171 ZPO) und Mitteilungen von Seiten des Gerichts an diesen erfolgen können.

2. Unbekannter Aufenthalt (Abs 4 S 1 HS 2)

78 Die Einwilligung ist auch dann entbehrlich, wenn der Aufenthalt des Berechtigten dauernd unbekannt ist. Als Beispiel eines unbekannten Aufenthalts wird schon in den Motiven zum BGB (Mot IV 965) das Findelkind genannt. Streng genommen ist in diesem Fall nicht der Aufenthalt des Einwilligungsberechtigten, sondern dessen **Person unbekannt**. Doch leuchtet es ein, dass dieser Fall wertungsmäßig gleichbehandelt werden muss und auch von Abs 4 S 1 erfasst wird (NK-BGB/Dahm Rn 66; BeckOK/Pöcker Rn 19). Zu denken ist darüber hinaus allgemein an Fälle, in denen vor allem infolge von Kriegseinwirkungen, Naturkatastrophen, aber auch individuellen Umständen der Name der Eltern oder eines einwilligungsberechtigten Elternteils unbekannt ist. Sind die Einwilligungsberechtigten namentlich bekannt, so sind sie von Amts wegen (§ 26 FamFG) ausfindig zu machen. Ein dauernd unbekannter Aufenthalt kann regelmäßig angenommen werden, wenn der Aufenthalt **trotz angemessener Nachforschungen** (vgl dazu PraxKommKindschaftsR/Braun Rn 20 u ders ZKJ 2018, 174, 177 f) bei Verwandten und Bekannten sowie den kommunalen Meldebehörden – in Auslandsfällen bei den entsprechenden Auslandsvertretungen – nach etwa 6 Monaten nicht zu ermitteln ist (OLG Köln DAVorm 1998, 936; Empfehlungen der Bundesarbeitsgemeinschaft der Landesjugendämter zur Adoptionsvermittlung [7. Aufl 2014] Rn 10. 32; MünchKomm/Maurer Rn 104; hiervon geht auch BT-Drucks 17/12814, 16 aus). Mögliche Erkenntnisquellen sind auch die Sozialversicherungsträger, uU auch Arbeitsämter und Sozialhilfeträger, wenn von entsprechenden Leistungen auszugehen ist (OLG Köln DAVorm 1998, 936; BeckOK/Pöcker Rn 19.2), in Frage kommt ggf auch eine Anfrage bei der Ausländerbehörde (NK-BGB/Dahm Rn 64). Zur Nachforschungspflicht bei Auslandsaufenthalt des Einwilligungsberechtigten vgl DIV-Gutachten ZfJ 1990, 61.

Unbekannt iSv Abs 4 ist der Aufenthalt einer Person nicht automatisch schon dann, **79** wenn das Gericht ihn nicht kennt. Vielfach diskutiert wird diese Problematik in Fällen der Samenspende an Frauenpaare, wenn die Mutter und die Annehmende nicht bereit oder nicht in der Lage sind, die **Identität des Samenspenders** zu offenbaren. Doch spielt die Frage bei näherem Hinsehen dort gar nicht so eine zentrale Rolle: Die Anwendung von Abs 4 setzt nämlich voraus, dass ein Einwilligungsrecht nach Abs 1 überhaupt besteht. In Fällen künstlicher Befruchtung durch Samenspende ist das nicht der Fall, wenn der Samenspender auf sein Einwilligungsrecht (konkludent) verzichtet hat (vgl Rn 29 ff). Kann ein solcher Verzicht nicht festgestellt werden, steht der Bundesgerichtshof auf dem Standpunkt, dass von einer Einwilligung nur unter den Voraussetzungen des § 1747 Abs 4 BGB abgesehen werden kann (BGH 18. 2. 2015 – XII ZB 473/13, FamRZ 2015, 828, 830 f Rn 19 u 23). Das führt im Ergebnis dazu, dass eine Einwilligung dann nicht entbehrlich ist, wenn die Identität des Samenspenders, obwohl sie den beteiligten Frauen bekannt ist, dem Gericht nicht offenbart wird. Auch wenn dieser Bewertung im Ergebnis zuzustimmen ist, ergibt sich das nach der hier vertretenen Auffassung nicht aus einer direkten Anwendung von Abs 4, sondern zunächst aus einer sachgerechten Auslegung von Abs 1 S 2 (vgl Rn 42). Zu unterschiedlichen Ergebnissen könnten diese Begründungsansätze führen, wenn offenbleibt, ob die betroffenen Frauen die Identität des Samenspenders tatsächlich kennen oder nicht (vgl Rn 43). Geht es nicht um Fälle einer Samenspende, sondern behauptet die Mutter etwa, das Kind stamme von einem **flüchtigen Bekannten, dessen Namen sie nicht kenne**, gelten die gleichen Grundsätze.

Weigert sich die Mutter gegenüber der Adoptionsvermittlungsstelle standhaft, ihre **80** **eigene Identität** zu offenbaren, kann von ihrer Einwilligung nach Abs 4 ebenfalls – ähnlich wie im Falle eines Findelkindes – abgesehen werden (DIJuF-Rechtsgutachten JAmt 2015, 16 f).

3. Vertrauliche Geburt (Abs 4 S 2)

§ 1747 Abs 4 S 2 BGB ist mit Wirkung zum 1. 5. 2014 durch das Gesetz zum Ausbau **81** der Hilfen für Schwangere und zur Regelung der vertraulichen Geburt (BGBl 2013 I, 3458) eingefügt worden (vgl dazu Helms FamRZ 2014, 609 ff; Berkl StAZ 2014, 65 ff; Behrentin/Grünenwald/Nuñez, Handb AdoptionsR, A Rn 140 ff). Kommt es zur Adoption eines Kindes, das im Wege vertraulicher Geburt iSv § 25 Abs 1 SchKG zur Welt gebracht worden ist, stellt § 1747 Abs 4 S 2 BGB klar, dass **der Aufenthalt der Mutter als dauerhaft unbekannt gilt**. Damit ist ihre Zustimmung zur Adoption gem Abs 4 S 1 entbehrlich. Es gibt für das Gericht nämlich keine erfolgversprechenden Ansatzpunkte, um die Identität der Mutter zu ermitteln (BT-Drucks 17/12814, 16): Die Mutter tritt unter einem Pseudonym auf (§ 26 Abs 1 Nr 1 SchKG), im Geburtenregister werden keine Angaben zu den Eltern eingetragen (§ 21 Abs 2a PStG), und nur das Kind hat nach Vollendung des 16. Lebensjahres das Recht, Einsicht in den sog Herkunftsnachweis zu nehmen, der die wahre Identität der Mutter dokumentiert und beim Bundesamt für Familie und zivilgesellschaftliche Aufgaben verwahrt wird (§ 31 Abs 1 SchKG), wobei die Mutter sogar das Recht hat, der Offenlegung ihrer Identität in Ausnahmefällen zu widersprechen (§ 31 Abs 2 bis 4 SchKG).

Allerdings kann sich die vertraulich entbindende Mutter nachträglich entscheiden, **82** ihre **Anonymität aufzugeben**. Macht sie gegenüber dem Familiengericht die für den

Geburtseintrag des Kindes erforderlichen Angaben, greift Abs 4 S 2 nicht mehr ein. Die Gesetzesbegründung stellt klar, dass zu den „erforderlichen Angaben" keine Angaben zum Vater gehören (BT-Drucks 17/12814, 16). Nach den bisherigen Erfahrungen unternehmen die meisten Frauen, die sich für die Aufgabe ihrer Anonymität entschließen, diesen Schritt in unmittelbarem zeitlichen Zusammenhang mit der Geburt (Helms FamRZ 2014, 609, 613). Aufgrund des Pflegejahres (§ 1744 BGB) hat die Mutter in aller Regel faktisch ein Jahr dafür Zeit (BT-Drucks 17/12814, 10, 17 u 21).

83 Zwar ist § 1747 Abs 4 S 2 BGB auf den **Vater** nicht anwendbar, doch ob das Kind rechtlich überhaupt einen Vater besitzt, steht meist nicht fest; und selbst wenn bekannt wäre, dass die betroffene Frau verheiratet war oder einer (pränatalen) Vaterschaftsanerkennung zugestimmt hat, lässt sich seine Identität in aller Regel nicht ermitteln. Im Ergebnis ist dann auch die Einwilligung des Vaters in direkter Anwendung von Abs 4 S 1 entbehrlich (Helms FamRZ 2014, 609, 614).

84 Will der biologische oder rechtliche Vater selbst Verantwortung für ein Kind übernehmen, das von der Mutter im Wege vertraulicher Geburt zur Welt gebracht wurde, ohne den Geburts- oder Aufenthaltsort des Kindes zu kennen, so soll nach Auffassung des OLG München **kein Anspruch auf Auskunft** über Namen, Geburtsdatum oder Geburtsort des vertraulich geborenen Kindes bestehen. Ein solcher Anspruch (vgl dazu im Allgemeinen OLG Brandenburg 17. 1. 2007 – 10 WF 193/06, FamRZ 2007, 2003 f) ließe sich mit den Wertungen der §§ 25, 31 SchKG nicht vereinbaren (AG Kempten 30. 9. 2016 – 2 F 635/15, FamRZ 2018, 761, 762 und OLG München 3. 3. 2017 – 30 UF 1413/16, FamRZ 2018, 762, 763 f; **aA** Reinhardt JAmt 2019, 6). Damit wäre der Vater entgegen den Beteuerungen im Gesetzgebungsverfahren (BT-Drucks 17/12814, 16; BT-Drucks 17/13391, 6) in dieser Situation machtlos und müsste die einseitige Entscheidung der Mutter hinnehmen, ohne eine Chance auf Geltendmachung seiner Vaterschaft zu haben.

85 Liegt keine vertrauliche Geburt nach § 25 Abs 1 SchKG, sondern eine (gesetzlich nicht geregelte) **anonyme Geburt** vor oder wird ein Kind in einer **Babyklappe** abgegeben (vgl zum Fortbestehen dieser Einrichtungen Helms FamRZ 2014, 609 f), ist Abs 4 S 2 zwar nicht anwendbar, doch kann auch dann in aller Regel unmittelbar auf Abs 4 S 1 zurückgegriffen werden (DIJuF-Gutachten, JAmt 2008, 144, 145 f; DIJuF-Gutachten JAmt 2015, 16, 17).

4. Inzidententscheidung, Abgrenzung zu § 1748

86 Die Entscheidung darüber, ob die Voraussetzungen des Abs 4 gegeben sind, trifft das FamG **inzident** mit dem Ausspruch über die Annahme (MünchKomm/Maurer Rn 118; Soergel/Liermann Rn 32). In dem die Annahme aussprechenden Beschluss ist anzugeben, dass die Einwilligung eines Elternteils nach Abs 4 nicht für erforderlich erachtet wurde (§ 197 Abs 1 S 2 FamFG; Näheres vgl § 1752 Rn 38). Diese Feststellung ist für eine eventuelle Aufhebung des Annahmeverhältnisses von Bedeutung. Sind nämlich die Voraussetzungen des Abs 4 zu Unrecht angenommen worden, kann das Annahmeverhältnis nach § 1760 Abs 1 iVm Abs 5 BGB aufgehoben werden.

87 Dies führt im **Überschneidungsbereich von § 1747 Abs 4 BGB** und **§ 1748 BGB** zu Abgrenzungsfragen mit erheblichen praktischen Konsequenzen (BayObLG FamRZ 1999, 1688; Oberloskamp ZBlJugR 1980, 581, 591). Ist zB der Aufenthalt eines einwilligungs-

berechtigten Elternteils dauernd unbekannt, so kann außer über § 1747 Abs 4 BGB ggf auch nach § 1748 Abs 2 S 2 BGB vorgegangen werden. Bei einer die Geschäftsfähigkeit ausschließenden Geisteskrankheit des Einwilligungsberechtigten liegt ein Ersetzungsgrund nach § 1748 Abs 3 BGB vor, von der Einholung der Einwilligung könnte aber auch nach § 1747 Abs 4 BGB abgesehen werden. Während jedoch das Übergehen eines Einwilligungsberechtigten einen Aufhebungsgrund nach § 1760 BGB darstellt, erwächst der Ersetzungsbeschluss in Rechtskraft, sodass eine Aufhebung der Annahme aus Gründen, auf denen der Beschluss beruht, nicht mehr möglich ist. Deshalb sollte in Fällen, in denen sowohl nach § 1747 Abs 4 BGB verfahren werden kann, als auch eine Ersetzung der Einwilligung nach § 1748 BGB in Betracht kommt, im Zweifel der (bestandskräftigeren) Ersetzung der Vorzug gegeben werden (für den Fall, dass die Eltern geisteskrank sind, vgl BayObLG FamRZ 1999, 1688 u DIV-Gutachten ZfJ 1987, 379).

Eine solche Vorgehensweise hat BRAUN (PraxKommKindschaftsR/BRAUN Rn 19) kritisiert: Wegen der weiterreichenden Folgen eines Ersetzungsbeschlusses müsse in den Konkurrenzfällen zunächst immer (abschließend) geprüft werden, ob die Tatbestandsvoraussetzungen des § 1747 Abs 4 BGB erfüllt seien. Eine Ersetzung der Einwilligung komme nur dann in Frage, wenn der entsprechende Elternteil von der Adoption des eigenen Kindes Kenntnis erlangt habe. Richtig ist, dass nicht (beschwerliche) Ermittlungsbemühungen des Gerichts unterlassen werden dürfen und § 1748 BGB als einfacher Ausweg gewählt werden darf. Doch das gebietet schon der Anspruch auf rechtliches Gehör; nur wenn alle sinnvollen Bemühungen zur Information und Verfahrensbeteiligung des Einwilligungsberechtigten gescheitert sind, darf eine Ersetzung der Einwilligung nach § 1748 BGB (als sicherer Weg) gewählt werden. Die Anwendbarkeit des § 1748 BGB setzt aber nicht voraus, dass die Bemühungen zur Information des Einwilligungsberechtigten erfolgreich waren. De lege ferenda wäre zu überlegen, wie eine Harmonisierung von § 1747 Abs 4 und § 1748 Abs 2 S 2, Abs 3 BGB erreicht werden kann. Zu denken wäre an ein besonderes Beschlussverfahren auch für § 1747 Abs 4 BGB. **88**

VII. Mängel der Einwilligung

Kommt es zum Ausspruch der Annahme trotz Fehlens einer erforderlichen Einwilligung oder ist die Einwilligung mit einem der in § 1760 Abs 2 BGB genannten Mängeln behaftet, so ist die Adoption nach Maßgabe der §§ 1760–1762 BGB aufhebbar. Über die Wirksamkeit der (unwiderruflich gewordenen) Einwilligung kann vor Erlass des Adoptionsbeschlusses in einem selbständigen Verfahren entschieden werden (Näheres vgl § 1752 Rn 33). Die Wirksamkeit der Einwilligung beurteilt sich vor Erlass des Adoptionsbeschlusses nicht nach § 1760 Abs 2 BGB, sondern nach allg Grundsätzen des bürgerlichen Rechts (Näheres vgl § 1750 Rn 13). **89**

§ 1748
Ersetzung der Einwilligung eines Elternteils

(1) Das Familiengericht hat auf Antrag des Kindes die Einwilligung eines Elternteils zu ersetzen, wenn dieser seine Pflichten gegenüber dem Kind anhaltend gröblich verletzt hat oder durch sein Verhalten gezeigt hat, dass ihm das Kind gleichgültig ist, und wenn das Unterbleiben der Annahme dem Kind zu unverhältnismäßigem Nach-

teil gereichen würde. Die Einwilligung kann auch ersetzt werden, wenn die Pflichtverletzung zwar nicht anhaltend, aber besonders schwer ist und das Kind voraussichtlich dauernd nicht mehr der Obhut des Elternteils anvertraut werden kann.

(2) Wegen Gleichgültigkeit, die nicht zugleich eine anhaltende gröbliche Pflichtverletzung ist, darf die Einwilligung nicht ersetzt werden, bevor der Elternteil vom Jugendamt über die Möglichkeit ihrer Ersetzung belehrt und nach Maßgabe des § 51 Abs. 2 des Achten Buches Sozialgesetzbuch beraten worden ist und seit der Belehrung wenigstens drei Monate verstrichen sind; in der Belehrung ist auf die Frist hinzuweisen. Der Belehrung bedarf es nicht, wenn der Elternteil seinen Aufenthaltsort ohne Hinterlassung seiner neuen Anschrift gewechselt hat und der Aufenthaltsort vom Jugendamt während eines Zeitraums von drei Monaten trotz angemessener Nachforschungen nicht ermittelt werden konnte; in diesem Falle beginnt die Frist mit der ersten auf die Belehrung und Beratung oder auf die Ermittlung des Aufenthaltsorts gerichteten Handlung des Jugendamts. Die Fristen laufen frühestens fünf Monate nach der Geburt des Kindes ab.

(3) Die Einwilligung eines Elternteils kann ferner ersetzt werden, wenn er wegen einer besonders schweren psychischen Krankheit oder einer besonders schweren geistigen oder seelischen Behinderung zur Pflege und Erziehung des Kindes dauernd unfähig ist und wenn das Kind bei Unterbleiben der Annahme nicht in einer Familie aufwachsen könnte und dadurch in seiner Entwicklung schwer gefährdet wäre.

(4) In den Fällen des § 1626a Absatz 3 hat das Familiengericht die Einwilligung des Vaters zu ersetzen, wenn das Unterbleiben der Annahme dem Kind zu unverhältnismäßigem Nachteil gereichen würde.

Materialien: BT-Drucks 7/3061, 38; BT-Drucks 7/5087, 13. Zu § 1747a idF d AdoptRÄndG: BT-Drucks 7/421, 5 ff. Zu § 1747 Abs 3 idF d FamRÄndG: BT-Drucks 3/530, 21. Zu § 1748 Abs 3 idF d BtG: BT-Drucks 11/4528, 108. Zu § 1748 Abs 4 idF d KindRG: BT-Drucks 13/4899, 144, 157, 170. S STAUDINGER/BGB-Synopse (2005) § 1748.

Systematische Übersicht

I.	Normzweck	1
II.	Entstehungsgeschichte	3
III.	Verfassungsrecht	
1.	Grundlagen	8
2.	Elternrechte und Grundrechte des Kindes	11
3.	Art 6 Abs 1 GG und Volladoption	13
4.	Verhältnismäßigkeit	14
IV.	Überblick über die gesetzliche Regelung	15
V.	Anhaltende gröbliche Pflichtverletzung (Abs 1 S 1 Alt 1)	
1.	Gröbliche Pflichtverletzung	16
2.	Das Merkmal „anhaltend"	26
3.	Subjektive Voraussetzungen	27
VI.	Gleichgültigkeit (Abs 1 S 1 Alt 2)	
1.	Begriff der Gleichgültigkeit	28
2.	Abgrenzung zur anhaltenden gröblichen Pflichtverletzung	30
3.	Belehrung und Beratung (Abs 2)	32
a)	Entstehungsgeschichte des Abs 2	32
b)	Belehrung	33

c) Beratung — 36
d) Abgrenzung zu § 1747 Abs 4 Alt 2 BGB — 38

VII. Unverhältnismäßiger Nachteil (Abs 1 S 1)
1. Verhältnismäßigkeitsprinzip — 39
2. Aufwachsen in einer Familie — 43
3. Stiefkindadoption — 46
4. Zeitlicher Faktor bei Fremdunterbringung — 49

VIII. Besonders schwere Pflichtverletzung (Abs 1 S 2) — 52

IX. Besonders schwere psychische Krankheit oder besonders schwere geistige oder seelische Behinderung (Abs 3) — 56

X. Ersetzung der väterlichen Einwilligung nach Abs 4 — 60

XI. Verfahren
1. Allgemeines — 66
2. Zuständigkeit — 67
3. Antrag — 68
4. Verfahrensgegenstand — 70
5. Beteiligte — 71
6. Anhörungen und Verfahrensbeistand — 72
7. Rechtsbehelfe — 75

Alphabetische Übersicht

Alkoholabhängigkeit — 24, 57
Anhörungsrechte — 72 ff
Antrag des Kindes — 68 f
– durch Vertreter — 68
Aufenthaltsort des Elternteils — 20, 34, 38
– Ermittlung des -s — 34
– unbekannter — 20, 34, 38
Ausländische Rechtsordnungen — 2

Behinderung, geistige oder seelische — 57
Belehrung — 30, 32 ff
Beratung — 30, 32, 36 f
Beschwerde — 75
Bindungen — 13, 43, 49
Blanko-Ersetzung — 42
Böswilligkeit — 4 f, 27

Drogenabhängigkeit — 24, 57

Ehescheidung, Pflichten nach — 18, 25, 46
Entfremdung — 50
Erziehungsunfähigkeit — 5, 11
Europäische Menschenrechtskonvention — 10

Gebrechen, besonders schweres geistiges — 56 ff
Gleichgültigkeit — 28 f, 51
– Abgrenzung zu Abs 1 — 30 f
– Abgrenzung zu § 1747 Abs 4 — 38
– Begriff u Einzelfälle — 28 f

– formelle Voraussetzungen bei — 32 ff
Grundrechte — 8 ff, 39 f, 56
– Abwägung — 14
– der Eltern — 8 ff, 39 f, 56
– des Kindes — 9 ff

Heimaufenthalt — 19, 43, 59

Inkognitoadoption — 42

Kindesentziehung — 23
Kindeswohl — 40
Krankheit — 28, 56 ff
– Vernachlässigung infolge — 28
– psychische — 56 ff

Misshandlungen — 19

Pflegekindschaft — 43 ff, 49 ff, 59
– leibliche Verwandtschaft — 49 ff
– u Verhältnismäßigkeit bei Abs 3 — 59
– unverhältnismäßiger Nachteil bei — 43 f, 49 ff
Pflichtverletzung — 16 ff, 30 f, 46, 49 ff
– anhaltende — 26
– besonders schwere — 52 ff
– gröbliche — 16 ff, 30 f, 51, 53
– nach Ehescheidung — 18, 25, 46
– nach Sorgerechtsentzug — 25, 51
– zurückliegende — 26, 50 f

Rechtsbehelfe	75	– bei Stiefkindadoption	46 ff
Rechtskraft	74	– bei Unterbringung bei Verwandten	45
Rechtsvergleichung	2, 10	– Zeitfaktor	49 ff
Reformdiskussion	14		
		Verfahren	66 ff
Sorgerechtsentzug	17, 25, 39, 51	– Ablauf	66, 72
– Pflichten nach	25, 51	– Gegenstand	70
– Vorrang vor Ersetzung	17, 39	– sbeistand	72
Stiefkindadoption	46 ff	– sbeteiligte	71
Strafhaft	22, 46	Verfassungsbeschwerde	75
Straftaten	22 f, 53 f	Verfassungsmäßigkeit	4, 8 ff
– gegen den anderen Elternteil	23, 54	Verhältnismäßigkeit der Ersetzung	11, 14, 39, 47, 59
– gegen Dritte	22, 54	– bei Gebrechen	11, 59
– gegen das Kind	53	– bei Pflichtverletzungen	11, 47
Subjektive Voraussetzungen, s Vorwerfbarkeit		Vernachlässigung des Kindes	16
Suchtmittelabhängigkeit	24, 59	Vorwerfbarkeit	27, 29, 56
		– Erziehungsunfähigkeit	56
Umgangsrecht, Nichtwahrnehmung des -s	28, 46	– Gleichgültigkeit	29
Unterhaltspflicht, Verletzung der	20 f, 25, 46	– Pflichtverletzung	27
Unverhältnismäßiger Nachteil	39 ff	Zurechenbarkeit, s Vorwerfbarkeit	
– Abwägung	40, 47	Zuständigkeit	67
– bei Pflegekindschaft	43 f	Zwischenverfahren	66

I. Normzweck

1 Die Minderjährigenadoption dient dem Zweck, Kindern ohne Eltern und Kindern, deren Eltern zur Erziehung nicht bereit oder in der Lage sind, das Aufwachsen in einer intakten Familie zu ermöglichen (BVerfGE 24, 119, 122 = FamRZ 1968, 578, 579). Vielfach verweigern jedoch die leiblichen Eltern die gem § 1747 BGB erforderliche Einwilligung. Der der Adoption zugrundeliegende **Fürsorgegedanke** gebietet es, in besonderen Ausnahmefällen eine Annahme auch gegen den Willen der einwilligungsberechtigten leiblichen Eltern zu ermöglichen.

Die **Statistik** der Kinder- und Jugendhilfe (Adoptionen) zeigt, dass (nur) in ca 5 bis 7 % aller Adoptionen die Einwilligung eines Elternteils oder beider Eltern ersetzt wurde (2017: bei 3.888 Adoptionen 277 Ersetzungen; 2010: 248 Ersetzungen bei 4.021 Adoptionen; 2005: 326 Ersetzungen bei 4.762 Adoptionen; 2000: 517 Ersetzungen bei 6.373 Adoptionen; 1995: 534 Ersetzungen bei 7.969 Adoptionen; 1992: 441 Ersetzungen bei 8.403 Adoptionen).

2 In anderen europäischen Ländern existieren ähnliche Ersetzungstatbestände (FENTON-GLYNN, Adoption without consent, 2015, 29 ff; KESSLER RIDC 2018, 271 ff). Eine besondere Position nimmt demgegenüber das **englische Recht** ein. Dort kann bei fremduntergebrachten Kindern eine Adoption auch gegen den Willen der Eltern schon dann ausgesprochen werden, wenn eine Rückkehr des Kindes in die Ursprungsfamilie ausgeschlossen erscheint (BOTTHOF 93). Nach Sect 52 Abs 1 lit b Adoption and Children Act 2002 kann die Einwilligung der Eltern nämlich bereits dann ersetzt werden, wenn „das Wohl des Kindes die Befreiung vom Einwilligungserfordernis verlangt". Die Adoptionszahlen in England liegen deutlich höher als in Deutschland oder anderen europäischen Staaten (im Haushaltsjahr 2014/2015 gab es 5.300 Adoptionen von „looked-after children"), dabei muss im Vergleich zu den deutschen Zahlen (Vorbem 32 zu §§ 1741 ff) berücksichtigt werden, dass bei uns Stiefkindadoptionen einen großen Prozentsatz ausmachen, während diese in den für England angegebenen Zahlen nicht erfasst sind, wobei Stiefkindadoptionen im Übrigen in England ohnehin nur selten vorkommen (vgl § 1741 Rn 73). In England erfolgte in über 90% der Fälle die Adoption gegen den Willen der betroffenen Eltern (FENTON-GLYNN, Adoption without consent, 2015, 20).

II. Entstehungsgeschichte

Die **Ersetzung der elterlichen Einwilligung** war **im BGB ursprünglich nicht vorgesehen**. 3 Dies hatte zur Folge, dass eine Adoption bei fehlender Einwilligung – abgesehen von den Fällen des § 1747 Abs 1 S 2 aF iVm § 1746 Abs 2 aF (heute § 1747 Abs 4 BGB) – überwiegend als unzulässig angesehen wurde, selbst wenn die Einwilligung böswillig verweigert wurde und das Unterbleiben der Annahme mit unverhältnismäßigen Nachteilen für das Kind verbunden war (umfassende Nachw in STAUDINGER/ENGLER[10/11] § 1747 Rn 36, 38). Entgegen dieser streng am Gesetzeswortlaut orientierten Auffassung hielten es allerdings einige Gerichte unter dem Gesichtspunkt der unzulässigen Rechtsausübung für gerechtfertigt, in besonders gelagerten Ausnahmefällen vom Erfordernis der elterlichen Einwilligung abzusehen (grundl KG DR 1939, 2079 = StAZ 1940, 89; OLG Hamburg FamRZ 1957, 379, 380; wNachw vgl STAUDINGER/FRANK[12] § 1747 Rn 37). Der BGH hat diese Streitfrage nicht ausdrücklich entschieden, in der Entscheidung BGHZ 27, 126, 131 (= FamRZ 1958, 317, 318) aber ausgeführt, es sei angesichts der eindeutigen Regelung des BGB in erster Linie Sache des Gesetzgebers, durch eine entsprechende Gesetzesänderung Vorsorge zu treffen, dass eine rechtsmissbräuchliche Geltendmachung des elterlichen Einwilligungsrechts verhindert werden könne.

Rechtspolitisch war die Schaffung einer Möglichkeit, die elterliche Einwilligung zu ersetzen, vor allem unter verfassungsrechtlichen Aspekten lebhaft umstritten (befürwortend insbes GLÄSSING 102 ff; ZUR NIEDEN NJW 1961, 638 ff; ablehnend BOSCH FamRZ 1959, 379; FamRZ 1961, 35; GÖPPINGER FamRZ 1959, 397, 403; KLEIN FamRZ 1954, 66, 68; FamRZ 1957, 294, 296; Jugendwohl 1959, 38; Jugendwohl 1960, 436; SCHNITZERLING 26 ff; Eherechtskommission der EKD FamRZ 1959, 491, 492).

Durch das **FamRÄndG v 11.8.1961** (BGBl 1961 I 1221) wurde erstmals mit **§ 1747 Abs 3** 4 **aF** eine Bestimmung eingeführt, wonach das FamG auf Antrag des Kindes die Einwilligung eines Elternteils ersetzen konnte, wenn dieser seine Pflichten gegenüber dem Kind „dauernd gröblich verletzt oder die elterliche Gewalt verwirkt" hatte (zur Verwirkung der elterlichen Gewalt vgl § 1676 aF, aufgehoben durch das Gesetz zur Neuregelung des Rechts der elterlichen Sorge v 18.7.1979, BGBl 1979 I 1061) *und* die Einwilligung „böswillig verweigert" wurde *und* das Unterbleiben der Annahme dem Kind „zu unverhältnismäßigem Nachteil" gereicht hätte. Nach der Begründung zum RegE (BT-Drucks III/530, 21) sollte, um die verfassungsmäßig garantierten Elternrechte nicht zu beeinträchtigen, die Ersetzung der Einwilligung nur in ganz besonderen Ausnahmefällen unter den im Gesetz genau bestimmten und eng umgrenzten Voraussetzungen zulässig sein. Das BVerfG hat die Verfassungsmäßigkeit dieser Bestimmung bejaht (BVerfGE 24, 119 = FamRZ 1968, 578; zur verfassungsrechtlichen Problematik vgl Rn 8 ff).

5 In der Rechtspraxis erwies sich allerdings schon bald, dass § 1747 Abs 3 aF zu eng gefasst war. In vielen Fällen bot die Bestimmung keine ausreichende Handhabe, dem Kindeswohl gegen den Elternwillen zur Durchsetzung zu verhelfen. Der Nachweis einer gröblichen und zudem dauernden Pflichtverletzung sowie des subjektiven Merkmals der „Böswilligkeit" der Verweigerung der Einwilligung war oft nur schwer zu führen. Durch das **AdoptRÄndG v 14. 8. 1973** (BGBl 1973 I 1013) wurde deshalb wegen eines dringenden praktischen Bedürfnisses unter Vorwegnahme der Gesamtreform des Adoptionsrechts (sog „Vorabnovelle"; vgl dazu die Begründung zum RegE BT-Drucks 7/421, 5 ff) § **1747a** aF eingeführt, der insbes das Erfordernis einer „dauernden" gröblichen Pflichtverletzung abschwächte und die Ersetzung der Einwilligung auch dann zuließ, wenn dem einwilligungsberechtigten Elternteil nur Gleichgültigkeit gegenüber dem Kind zur Last zu legen war. Außerdem wurde das Merkmal der „Böswilligkeit" der Verweigerung ersatzlos gestrichen und mit § 1747a Abs 3 aF erstmals ein allein an objektive Merkmale anknüpfender Ersetzungsgrund – Erziehungsunfähigkeit wegen besonders schwerer geistiger Gebrechen – eingeführt.

6 Das **AdoptG v 2. 6. 1976** (BGBl 1976 I 1749) hat § 1747a aF unter unwesentlichen redaktionellen Änderungen als § **1748 BGB** übernommen (vgl dazu die Begründung zum RegE BT-Drucks 7/3061, 38; Bericht und Antrag des RAussch BT-Drucks 7/5087, 13). Zu den Auswirkungen des **KJHG** v 26. 6. 1990 (BGBl 1990 I 1163) auf Abs 2 vgl Rn 32. Zur Änderung des Abs 3 durch das **BtG** v 12. 9. 1990 (BGBl 1990 I 2002) vgl Rn 57.

7 Durch das **KindRG v 1997** (BGBl 1997 I 2942) wurde **Abs 4** neu eingefügt. Bis dahin bezog sich die in § 1748 BGB geregelte Ersetzung der elterlichen Einwilligung auf die Ersetzung der Einwilligung der Eltern eines ehelichen und der Mutter eines nichtehelichen Kindes. Dem Vater eines nichtehelichen Kindes stand ein Einwilligungsrecht nicht zu. Die neu eingefügte Ersetzungsregelung des Abs 4 bezieht sich allerdings nicht generell auf die Väter nichtehelicher Kinder, sondern nur auf die „Fälle des § 1626a Abs 3 BGB", Fälle also, in denen die Eltern bei der Geburt des Kindes nicht miteinander verheiratet sind und der Mutter die elterliche Sorge allein zusteht. Abs 4 betrifft somit nur Väter nichtehelicher Kinder, die nie (Mit-)Inhaber der elterlichen Sorge waren. Inhaltlich sieht Abs 4 eine erleichterte Ersetzung der Einwilligung vor. Für die Ersetzung genügt es, dass „das Unterbleiben der Annahme dem Kind zu unverhältnismäßigem Nachteil gereichen würde"; ein Fehlverhalten des Vaters ist anders als nach Abs 1 nicht erforderlich (so jedenfalls der Gesetzestext; zur verfassungskonformen Auslegung von Abs 4 vgl aber Rn 62). Ziel des Gesetzgebers war es, „dem Vater, der zu keiner Zeit die elterliche Sorge und damit die Verantwortung für das Kind getragen hat, nicht zu ermöglichen, eine Adoption des Kindes – allein – durch sein Veto zu verhindern" (BT-Drucks 13/4899, 114).

III. Verfassungsrecht

1. Grundlagen

8 Die durch das AdoptG v 2. 6. 1976 (BGBl 1976 I 1749) eingeführte Volladoption führt zum Erlöschen aller verwandtschaftlichen Beziehungen des Anzunehmenden zu den

Titel 7 · Annahme als Kind
Untertitel 1 · Annahme Minderjähriger § 1748

leiblichen Verwandten und beseitigt damit die rechtliche Zuordnung zur natürlichen Familie (vgl § 1755 BGB). Anders als nach früherem Recht ist die Ersetzung der Einwilligung eines Elternteils in die Adoption verfassungsrechtlich nicht mehr nur unter dem Aspekt eines schwerwiegenden Eingriffs in das von **Art 6 Abs 2 S 1 GG** geschützte Elternrecht zu beurteilen. Da die Ersetzung der Einwilligung die Grundlage für die Beseitigung der familiären Zuordnung des Kindes zu den leiblichen Eltern überhaupt bildet, sind die Bestimmungen des § 1748 BGB auch an **Art 6 Abs 1 GG**, der die Familie in ihrem Bestand schützt und ein Abwehrrecht gegen störende Eingriffe des Staates normiert (BVerfGE 6, 386, 388; COESTER-WALTJEN, in: vMÜNCH/KUNIG [Hrsg], Grundgesetz-Kommentar⁶ Art 6 Rn 19), zu messen.

Bereits die Bestimmung des § 1747 Abs 3 aF war auf erhebliche verfassungsrechtliche Bedenken gestoßen (OLG Stuttgart FamRZ 1964, 51; GÖPPINGER FamRZ 1962, 541; FamRZ 1968, 302; BOSCH FamRZ 1961, 35; LEHMANN/HENRICH, FamR [4. Aufl 1967] 230). Das **BVerfG**, das wegen der seinerzeit noch schwachen Wirkungen der Adoption (kein Abbruch des rechtlichen Verwandtschaftsverhältnisses zu den leiblichen Eltern, vgl § 1764 aF) durch die Ersetzung der Einwilligung vorrangig die in Art 6 Abs 2 S 1 GG geschützte Eltern-Kind-Beziehung betroffen sah, bejahte jedoch die Verfassungsmäßigkeit des § 1747 Abs 3 aF mit der Begründung, dass das Recht zur Pflege und Erziehung unauflösbar mit einer entsprechenden Pflicht der Eltern verbunden sei und der Grundrechtsschutz des Art 6 Abs 2 S 1 GG nur für ein Handeln in Anspruch genommen werden dürfe, das bei weitester Anerkennung der Selbstverantwortlichkeit der Eltern noch als Pflege und Erziehung gewertet werden könne, nicht aber für das Gegenteil, die Vernachlässigung des Kindes (BVerfGE 24, 119, 143 = FamRZ 1968, 578, 584). Bei Versagen der Eltern ergebe sich aus dem Schutzanspruch des Kindes als Träger der Grundrechte aus Art 1 Abs 1, 2 Abs 1 GG eine Verpflichtung des Staates zur Sicherstellung von Pflege und Erziehung (BVerfGE 24, 119, 144). Der Staat müsse bei der Ausübung seines Wächteramtes (Art 6 Abs 2 S 2 GG) allerdings stets dem grundsätzlichen Vorrang der Eltern sowie dem Grundsatz der Verhältnismäßigkeit Rechnung tragen (BVerfGE 24, 119, 145).

§ 1748 Abs 1–3 BGB geht in zweifacher Hinsicht **über § 1747 Abs 3 aF hinaus**. Zum einen schafft diese Bestimmung die Grundlage für die völlige Aufhebung der rechtlichen Zuordnung zur natürlichen Familie, zum anderen hat sie die Möglichkeiten für eine Ersetzung der Einwilligung – insbesondere durch den Verzicht auf die Maßgeblichkeit subjektiver Orientierungen – erheblich erweitert (FINGER FuR 1990, 183, 184).

Gleichwohl sind die gegen die Verfassungsmäßigkeit des § 1748 Abs 1–3 BGB vorgebrachten Bedenken (ENGLER 73 f; FamRZ 1975, 125, 131) iE nicht durchschlagend (so auch MünchKomm/MAURER Vor § 1741 Rn 40 ff; BeckOGK/LÖHNIG [1. 7. 2016] Rn 4; SOERGEL/ LIERMANN Rn 2; BayObLG FamRZ 1984, 417, 418; BayObLGZ 1974, 413, 415 ff = FamRZ 1976, 234, 238; OLG Hamm DAVorm 1978, 364, 370; OLGZ 1976, 434 = FamRZ 1976, 462).

Bedenken gegen § 1748 BGB, die aus **Art 8 Abs 1 EMRK** (Recht auf Achtung des Familienlebens) resultieren könnten, werden in Rspr und Literatur nicht vorgetragen (zu § 1748 Abs 4 vgl Rn 61). Rechtsvergleichend gesehen gehört Deutschland (in Übereinstimmung mit der ganz überwiegenden Mehrzahl der anderen europäischen Rechtsordnungen) auch zu den Staaten, die eine Adoption gegen den Willen der

Eltern nur unter engen Voraussetzungen zulassen (vgl Rn 2). Allerdings hat der Fall Görgülü/Deutschland (EuGRZ 2004, 700 = FamRZ 2004, 1456; vgl allg zu Väterrechten vor dem EuGMR BRÜCKNER FPR 2005, 200 und zur Rechtsprechung des EGMR in Kindschaftssachen RIXE, Brühler Schriften zum Familienrecht Bd 14 [2006] 57) bewirkt, dass deutsche Gerichte sich verstärkt auch im Rahmen von § 1748 BGB mit Art 8 EMRK auseinandersetzen (zB OLG Brandenburg 15. 3. 2007 – 11 Wx 43/06, FamRZ 2007, 2006, 2007; BayObLG FamRZ 2004, 1812; OLG Stuttgart FamRZ 2005, 542). In der Entscheidung Görgülü/Deutschland war es nicht um eine Ersetzung der väterlichen Einwilligung gegangen, wohl aber war von den Pflegeeltern eine Adoption gegen den Willen des Vaters bereits in die Wege geleitet worden. Die Adoption gegen den Willen eines Elternteils stellt einen gravierenden Eingriff in das Recht auf Familienleben nach Art 8 EMRK dar. Dieser ist nach der Rechtsprechung des Europäischen Gerichtshofs für Menschenrechte bei Vorliegen von „außergewöhnlichen Umständen" gerechtfertigt, die „zur Sicherung von vorrangigen Bedürfnissen des Kindeswohls" unerlässlich sind (EGMR 30. 11. 2017 – Nr 37283/12, Rn 106 = FamRZ 2018, 264, 265 m Anm BOTTHOF).

2. Elternrechte und Grundrechte des Kindes

11 Soweit § 1748 BGB in Abs 1 an ein gravierendes, dem Elternteil **zurechenbares Fehlverhalten** anknüpft (anhaltende gröbliche bzw besonders schwere Pflichtverletzung, Gleichgültigkeit), sind Bedenken gegen die Verfassungsmäßigkeit der Bestimmung ebenso wenig angebracht wie gegen § 1747 Abs 3 aF. Wo dem Elternrecht nicht die Elternverantwortung als Korrelat gegenübersteht, muss die Berufung auf dieses Elternrecht gegen Maßnahmen, die der Staat in Ausübung seines Wächteramtes (Art 6 Abs 2 S 2 GG) zur Wahrung der Grundrechte des Kindes aus Art 1 Abs 1, 2 Abs 1 GG trifft, versagen (BVerfG FamRZ 2002, 535 für den Fall anhaltender gröblicher Pflichtverletzung). Dem Anspruch des Kindes auf Wahrung seiner Menschenwürde und seines Rechts auf freie Entfaltung der Persönlichkeit würde aber eine ausschließlich am schuldhaften Fehlverhalten der Eltern orientierte gesetzliche Regelung nicht gerecht. Während das BVerfG in BVerfGE 24, 119, 147 = FamRZ 1968, 578, 585 die Zulassung der Ersetzung der Einwilligung bei besonders schwerwiegendem und vollständigem Versagen mit dem allgemeinen Rechtsgedanken legitimierte, dass die missbräuchliche Ausübung eines Rechts von der Rechtsordnung nicht geschützt wird, kann das Argument des Rechtsmissbrauchs allein nicht mehr zur Rechtfertigung des § 1748 BGB herangezogen werden. Denn in § 1748 BGB ist nicht nur das Erfordernis der „Böswilligkeit" der Verweigerung der Einwilligung entfallen (aA SOERGEL/LIERMANN Rn 2: Auf das Erfordernis der „Böswilligkeit" könne aus verfassungsrechtlichen Gründen nicht verzichtet werden; es sei als ungeschriebenes Element mitzuprüfen), die Bestimmung lässt die Ersetzung auch bei unverschuldeter, „schicksalhafter" Erziehungsunfähigkeit zu (Abs 3). Das Schutzbedürfnis des Kindes, das als Grundrechtsträger selbst Anspruch auf den Schutz und die Hilfe des Staates hat, um sich zu einer eigenverantwortlichen Persönlichkeit innerhalb der sozialen Gemeinschaft entwickeln zu können, besteht auch dann, wenn die Eltern **aus objektiven Gründen zur Erziehung und Pflege des Kindes nicht in der Lage** sind. In solchen Fällen kann es zur Abwendung schwerer Entwicklungsschäden des Kindes geboten sein, dem Schutzbedürfnis des Kindes gegenüber den Elterngrundrechten den Vorrang einzuräumen (OLG Hamm DAVorm 1978, 364, 370 ff). Dass ein Eingriff in die verfassungsrechtlich geschützten Elternrechte zur Wahrung der Erfordernisse des Kindeswohls nicht nur bei zurechenbarem Versagen des Elternteils zu rechtfertigen ist, macht im Übrigen

schon die – allg keinen verfassungsrechtlichen Bedenken ausgesetzte – Bestimmung des § 1747 Abs 4 BGB deutlich, die das Einwilligungserfordernis bei dauerndem Außerstandesein zur Abgabe einer Erklärung (insbes also in den Fällen der Geschäftsunfähigkeit) völlig entfallen lässt. Auch § 1666 Abs 1 S 1 BGB lässt für den allerdings weniger weitgehenden Eingriff in das elterliche Sorgerecht ein „unverschuldetes Versagen der Eltern" genügen.

Fraglich erscheint, ob die durch das KindRG v 1997 neu eingefügte Bestimmung des Abs 4 mit dem verfassungsrechtlich gewährleisteten **Elternrecht von Vätern nichtehelicher Kinder** (BVerfGE 92, 158 = FamRZ 1995, 789) vereinbar ist. Nach Abs 4 kann nämlich die verweigerte Einwilligung des mit der Mutter nicht verheirateten Vaters, der nie Inhaber der elterlichen Sorge war, auch dann ersetzt werden, wenn dem Vater kein Fehlverhalten iSv Abs 1 anzulasten ist. Nach Abs 4 genügt es vielmehr, dass „das Unterbleiben der Annahme dem Kind zu unverhältnismäßigem Nachteil gereichen würde". Abs 4 geht sogar weiter als Abs 3, wo beim Vorliegen geistig-seelischer Anomalien eine Ersetzung allein deshalb, weil das Unterbleiben der Annahme dem Kind zu unverhältnismäßigem Nachteil gereichen würde, nicht möglich ist (BGHZ 133, 384 = FamRZ 1997, 85 m Anm Hohloch JuS 1997, 274; Näheres vgl Rn 61). Inzwischen hat das BVerfG (FamRZ 2006, 94; FamRZ 2006, 1355) entschieden, dass der Begriff des unverhältnismäßigen Nachteils in Abs 4 verfassungskonform so ausgelegt werden müsse, dass eine Ungleichbehandlung zwischen sorgeberechtigten und nichtsorgeberechtigten Vätern in Abs 1 bzw Abs 4 verhindert werde. Anders ausgedrückt: Die vom Gesetzgeber intendierte Ungleichbehandlung der beiden Vätergruppen wird durch eine verfassungskonforme Auslegung des Abs 4 wieder revidiert (Näheres vgl Rn 62). 12

3. Art 6 Abs 1 GG und Volladoption

Die Bestimmungen über die Ersetzung der Einwilligung in Abs 1–3 halten auch einer Nachprüfung anhand v Art 6 Abs 1 GG stand. Der Gesetzgeber hat sich bei der Reform des Adoptionsrechts für die Volladoption, also die völlige rechtliche Herauslösung des Kindes aus der leiblichen und seine völlige rechtliche Eingliederung in die Adoptivfamilie, entschieden. In seiner Grundsatzentscheidung vom 29. 6. 1968 (1 BvL 20/63 – BVerfGE 24, 119, 148 [Rn 67] = FamRZ 1968, 578, 585) formulierte das Bundesverfassungsgericht: „Die überlieferte Überzeugung, daß für eine normale Entwicklung des Kindes das Erlebnis einer harmonischen und lebenstüchtigen Familiengemeinschaft schlechthin unersetzlich ist, wird durch die Erfahrungen der Jugend- und Fürsorgebehörden sowie die Erkenntnisse der modernen Psychologie, Psychiatrie und Kinderheilkunde bestätigt." In der heutigen kindschaftsrechtlichen Diskussion stehen die Erkenntnisse der Bindungstheorie im Vordergrund, die die besondere Bedeutung stabiler Bindungen für das gedeihliche Aufwachsen von Kindern betont (vgl Vorbem 45 zu §§ 1741 ff). Die volle rechtliche Integration des Kindes in eine erziehungsfähige Familiengemeinschaft und seine Gleichstellung mit leiblichen Abkömmlingen des Annehmenden bietet am ehesten die Gewähr für ein harmonisches, von möglichen schädlichen Einflüssen der leiblichen Eltern ungestörtes Aufwachsen. Dieses Erfordernis des Kindeswohls ist gerade in den in § 1748 Abs 1–3 BGB umschriebenen Fällen elterlichen Versagens bzw elterlicher Erziehungsunfähigkeit höher zu bewerten als das mögliche Interesse der leiblichen Eltern am Fortbestand des rechtlichen Verwandtschaftsverhältnisses zum Kind. Zur besonderen Problematik des durch das KindRG v 1997 neu eingefügten Abs 4 vgl Rn 60. 13

4. Verhältnismäßigkeit

14 Die Ersetzung der Einwilligung ist in § 1748 BGB an eng umgrenzte gesetzliche Voraussetzungen gebunden und wegen ihrer einschneidenden Wirkungen **nur als äußerste Maßnahme zulässig**, wenn das Eltern-Kind-Verhältnis so sehr von der Norm abweicht, dass die Elternverantwortung als das Korrelat des Elternrechts diesem nicht mehr gegenübersteht (vgl BVerfGE 24, 119, 143 ff = FamRZ 1968, 578, 584). Das bedeutet aber nicht, wie in der Rspr vielfach geäußert wird, dass die Vorschrift des § 1748 BGB aufgrund ihres Ausnahmecharakters „eng auszulegen" sei (so aber OLG Hamm ZfJ 1984, 364, 366; FamRZ 1968, 110, 111; OLG Frankfurt OLGZ 1983, 135 = FamRZ 1983, 531; OLG Zweibrücken FamRZ 1976, 469, 470; dagegen zutr FINGER FuR 1990, 183, 185; Münch-Komm/MAURER Rn 2). Verfassungsrechtliche Vorgaben gebieten vielmehr im Einzelfall eine umfassende, auf exakter Feststellung der tatbestandlichen Voraussetzungen beruhende und streng am Verhältnismäßigkeitsgrundsatz orientierte Abwägung der beiderseitig geschützten Grundrechtspositionen (MünchKomm/MAURER Vor § 1741 Rn 43; SOERGEL/LIERMANN Rn 4; FINGER FuR 1990, 183, 185). Auch **de lege ferenda** sind daher einer Ausweitung der Ersetzungsbefugnis (vgl etwa REINHARDT JAmt 2013, 500, 501 mit dem Vorschlag, die Adoption von Pflegekindern nach Ablauf gewisser Fristen zu erleichtern) wohl recht enge Grenzen gezogen (WAPLER/FREY 53; vgl auch BOTTHOF 92 ff).

IV. Überblick über die gesetzliche Regelung

15 § 1748 BGB unterscheidet bzgl der Ersetzung der elterlichen Einwilligung **fünf Fälle**:

(1) **Fall des Abs 1 S 1 Alt 1**: Ein Elternteil hat seine Pflichten gegenüber dem Kind anhaltend gröblich verletzt und das Unterbleiben der Annahme würde dem Kind zu unverhältnismäßigem Nachteil gereichen (vgl dazu Rn 16–27 u 39–51).

(2) **Fall des Abs 1 S 1 Alt 2**: Ein Elternteil hat durch sein Verhalten gezeigt, dass ihm das Kind gleichgültig ist, und das Unterbleiben der Annahme würde dem Kind zu unverhältnismäßigem Nachteil gereichen (vgl dazu Rn 28–38 u 39–51).

(3) **Fall des Abs 1 S 2**: Ein Elternteil hat eine zwar nicht anhaltende, aber besonders schwere Pflichtverletzung begangen und das Kind kann voraussichtlich dauernd nicht mehr der Obhut dieses Elternteils anvertraut werden (vgl dazu Rn 52–55).

(4) **Fall des Abs 3**: Ein Elternteil ist wegen einer besonders schweren psychischen Krankheit oder einer besonders schweren geistigen oder seelischen Behinderung zur Pflege und Erziehung des Kindes dauernd unfähig. Das Kind könnte bei Unterbleiben der Annahme nicht in einer Familie aufwachsen und wäre dadurch in seiner Entwicklung schwer gefährdet (vgl dazu Rn 56–59).

(5) **Fall des Abs 4**: Sind die Eltern bei der Geburt des Kindes nicht miteinander verheiratet und steht die elterliche Sorge der Mutter alleine zu, so kann die Einwilligung des Vaters ersetzt werden, wenn das Unterbleiben der Annahme dem Kind zu unverhältnismäßigem Nachteil gereichen würde (vgl dazu Rn 60–65).

V. Anhaltende gröbliche Pflichtverletzung (Abs 1 S 1 Alt 1)

1. Gröbliche Pflichtverletzung

Eine Pflichtverletzung gegenüber dem Kind liegt regelmäßig vor, wenn ein Elternteil **16** das körperliche, geistige oder seelische Wohl des Kindes durch missbräuchliche Ausübung der elterlichen Sorge oder durch Vernachlässigung des Kindes gefährdet. Eine solche Pflichtverletzung ist als anhaltend gröblich zu qualifizieren, wenn sie, offensichtlich und auch für den Elternteil selbst erkennbar, von schwerwiegender Art und von längerer Dauer ist (OLG Frankfurt 23. 7. 2007 – 20 W 76/07, FamRZ 2008, 296, 297; BayObLG FamRZ 1984, 417, 419; FamRZ 1982, 1129, 1131; DAVorm 1981, 131, 136; vgl auch OLG Hamm FamRZ 1977, 415, 418).

Objektiv ist für eine gröbliche Pflichtverletzung erforderlich, dass **der Elternteil einer** **17** **wesentlichen Elternpflicht nicht oder nur unzureichend nachkommt**. Als wesentliche Elternpflicht ist insbes die Pflicht zu Pflege und Betreuung (Ernährung, Kleidung, häusliche Unterbringung, Reinigung, Erziehung, Beaufsichtigung, Versorgung bei Krankheit, Unterhaltsgewährung) anzusehen. „Gröblich" ist eine in besonderem Maße anstößige Verletzung der Elternpflichten (OLG Köln FamRZ 1982, 1132, 1133; KG OLGZ 1966, 251, 255 = FamRZ 1966, 266, 267). Dabei ist jedes Verhalten ausreichend, das zu einer objektiven **Gefährdung existentieller Bedürfnisse des Kindes** führen kann (OLG Karlsruhe FamRZ 1983, 1058, 1059; AG Bad Iburg DAVorm 1983, 62, 63). In Betracht zu ziehen sind dabei insbes die Gefährdungstatbestände des § 1666 BGB, wobei jedoch keineswegs jeder Eingriff in die Personensorge nach den §§ 1666 ff BGB auch die Ersetzung der Einwilligung in die Adoption rechtfertigt (OLG Hamm ZfJ 1984, 364, 366, 368; WILLUTZKI ZKJ 2007, 18, 20; zur Vorrangigkeit der Maßnahmen nach den §§ 1666 ff BGB unter dem Gesichtspunkt der Verhältnismäßigkeit vgl Rn 39). Stets muss es sich um Fälle eines besonders schwerwiegenden, vollständigen Versagens der Eltern in ihrer Verantwortung gegenüber dem Kind handeln (OLG Hamm ZfJ 1984, 364, 366 mwNw; OLG Frankfurt OLGZ 1983, 135 = FamRZ 1983, 531; OLG Köln FamRZ 1982, 1132, 1133). Verhaltensweisen der Eltern **vor der Geburt** können in die Bewertung einbezogen werden (zum familienrechtlichen Schutz des ungeborenen Kindes allg COESTER, in: FS Coester-Waltjen [2015] 29 ff), wenn sich diese erkennbar auf das Wohl des Kindes auswirken werden und keinerlei Einsicht und Bereitschaft besteht, das betreffende Verhalten zu ändern (OLG Frankfurt 23. 7. 2007 – 20 W 76/07, FamRZ 2008, 296, 297).

Eine **gröbliche Pflichtverletzung** liegt demnach vor, wenn die Eltern das Kind nach **18** der Geburt nicht abholen (OLG Hamm FamRZ 1977, 415, 418; LG München II DAVorm 1980, 119, 124 ff) oder unmittelbar nach der Geburt oder auch zu einem späteren Zeitpunkt an Dritte weitergeben und sich nicht weiter um das Kind kümmern (OLG Karlsruhe FamRZ 1983, 1058; LG Berlin DAVorm 1966, 98, 99; LG Mannheim DAVorm 1963, 129; AG Mainz DAVorm 1967, 150, 151; AG Schwabach DAVorm 1974, 273, 274), also zB keinen oder nur sporadischen Kontakt pflegen und kein Bemühen zeigen, die Erziehung selbst wieder in die Hand zu nehmen (AG Hamburg ZBlJugR 1983, 240; ZBlJugR 1983, 241; AG Hamburg-Altona ZBlJugR 1983, 241, 242), oder – vor dem Hintergrund des früher in Deutschland geltenden Rechts – eine Volladoption im Ausland verlangen, um alle Bindungen zu beseitigen (BayObLGZ 1974, 413 = FamRZ 1976, 234). Kümmert sich der nichtsorgeberechtigte Elternteil nach der Scheidung nicht um sein Kind, so handelt er **gleichgültig**. Eine gröbliche Pflichtverletzung liegt nur ausnahmsweise vor, wenn etwa das Kind unter dem Desinteresse leidet oder der sorgeberechtigte Elternteil der erzieherischen Mithilfe bedarf (zu weitgehend AG Kerpen DAVorm 1981, 885 und AG Tübingen DAVorm 1973, 321, 322). Zur Stiefkindadoption gegen den Willen des nichtsorgeberechtigten Elternteils vgl Rn 46 ff.

19 Neben häufigen körperlichen Misshandlungen, unmäßigen Züchtigungen (AG Blieskastel DAVorm 1975, 434) und schwerwiegender Vernachlässigung des Kindes, zB durch Verwahrlosenlassen (LG Hamburg DAVorm 1978, 49, 52; LG Ravensburg DAVorm 1975, 306, 307; AG Schwabach DAVorm 1974, 273; AG Berlin-Schöneberg DAVorm 1968, 17) oder Vorenthaltung von Nahrung, Kleidung oder Reinigung (OLG Braunschweig FamRZ 1997, 513), kann auch das Fehlen liebevoller Zuwendung oder das Vorenthalten der notwendigen geistig-seelischen Betreuung (BayObLG FamRZ 1982, 1129, 1131 = ZBlJugR 1983, 230, 233; OLG Hamm ZfJ 1984, 364, 368; FamRZ 1977, 415, 418; OLG Frankfurt FamRZ 1971, 322, 323; LG Kiel DAVorm 1978, 384, 385) eine gröbliche Pflichtverletzung darstellen. Entsprechendes gilt, wenn ein Kind sich wiederholt in Heimen aufhält, weil die Eltern eigensüchtige Interessen verfolgen, ohne sich ernsthaft um die Herstellung von Verhältnissen zu bemühen, die die Aufnahme des Kindes ermöglichen würden (OLG Hamm FamRZ 1977, 415, 419; OLGZ 1976, 434 = FamRZ 1976, 462: Unmöglichkeit der Betreuung des Kindes wegen Betätigung der Mutter als Prostituierte). Im Einzelfall kann eine gröbliche Pflichtverletzung auch darin liegen, dass ein Elternteil nicht bereit ist, sich von einem Partner zu trennen, der die eigentliche Ursache für die Gefährdung und Schädigung des Kindes darstellt (AG Kamen FamRZ 1995, 1013). Lassen die Eltern das Kind durch zuverlässige Dritte betreuen, so stellt dies – wenn keine weiteren, gravierenden Umstände hinzukommen – für sich genommen noch keinen Ersetzungsgrund dar (OLG Zweibrücken FamRZ 1976, 469; LG München II DAVorm 1980, 119, 124). Zur Abgrenzung von der Alternative „Gleichgültigkeit" vgl Rn 30 f.

20 Eine gröbliche Verletzung elterlicher Pflicht kann auch darin liegen, dass der Elternteil trotz bestehender Leistungsfähigkeit seinen **Unterhaltsverpflichtungen** gegenüber dem Kind nicht nachkommt. Die Nichtzahlung von Unterhalt allein begründet allerdings keine gröbliche Pflichtverletzung. Hinzukommen müssen erschwerende Umstände (BayObLG FamRZ 2005, 541; BayObLGZ 2003, 232 = FamRZ 2004, 397; BayObLGR 2002, 291 = FamRZ 2002, 1142; BayObLG FamRZ 1998, 55). Diese liegen zB vor, wenn der Elternteil ohne Hinterlassung der jeweiligen Anschrift häufig den Wohnsitz wechselt, um sich so systematisch dem Zugriff des Unterhaltsberechtigten zu entziehen (OLG Köln DAVorm 1979, 361; vgl auch BayObLG FamRZ 1988, 868, 871), nicht aber, wenn der Elternteil (zB eine unverheiratete Mutter) das Kind aus einer wirtschaftlichen Notlage heraus zeitweise nicht selbst pflegt und auch keine Unterhaltsleistungen erbringt, aber durchaus die Absicht hat, es später wieder zu sich zu nehmen (BT-Drucks 7/421, 6; OLG Düsseldorf DAVorm 1977, 757, 758 mNachw; OBERLOSKAMP ZBlJugR 1980, 581, 585).

21 Nach überwiegender Ansicht ist bei Verstößen gegen die Unterhaltspflicht eine gröbliche Pflichtverletzung nur anzunehmen, **wenn es in der Folge tatsächlich zu einer Gefährdung des Kindeswohls kommt** (OLG Köln 20. 12. 2011 – 4 UF 246/11, juris Rn 7; OLG Schleswig FamRZ 1994, 1351; BayObLG FamRZ 1984, 935; FamRZ 1984, 417, 419; ZBlJugR 1983, 234, 238; DAVorm 1981, 131, 137; offengelassen in FamRZ 1994, 1348; OLG Frankfurt OLGZ 1985, 171, 172 = FamRZ 1985, 831; OLG Düsseldorf DAVorm 1977, 757, 758; KG OLGZ 1969, 235, 237 = FamRZ 1969, 171). Dies sei nicht der Fall, wenn das Kind von Pflegeeltern gut versorgt wird oder Dritte für den Unterhalt des Kindes aufkommen. Zur Begründung wird angeführt, dass die Zerschneidung des rechtlichen Bandes zwischen Elternteil und Kind nur bei einem auch objektiv besonders schweren und anstößigen Fehlverhalten zu rechtfertigen sei und nicht lediglich eine zusätzliche Strafe für anhaltende Unterhaltspflichtverletzungen oder eine bloße „Charakterstrafe" darstellen dürfe (BayObLG ZBlJugR 1983, 234, 238). Die Ansicht ist verfehlt. Ob eine Pflichtverletzung gröblich ist, kann nicht durch eine Betrachtung ex post geklärt werden. Entscheidend ist, wie sich – für den Unterhaltsschuldner erkennbar – die **Gesamtsituation im Zeitpunkt der Pflichtverletzung** darstellt. Wer monate- oder jahrelang seine Unterhaltspflicht nicht erfüllt und blind darauf vertraut, dass Dritte diese Aufgabe übernehmen, kann später seine gröbliche Pflichtverletzung nicht mit dem Argument in Frage stellen, es sei ja noch einmal alles gutgegangen. Verfehlt ist deshalb auch die Ansicht des OLG Frankfurt (OLGZ 1985, 171, 172 = FamRZ 1985, 831; ähnlich OLG Düsseldorf DAVorm 1977, 757, 758), die Nichtzahlung von Unterhalt stelle keine gröbliche Pflichtverletzung dar, wenn sie sich nicht zum Nachteil des Kindes ausgewirkt habe, weil der **Unterhalt durch öffentliche Mittel** habe gesichert werden können. Wer so argumentiert, nimmt der Unterhaltspflichtverletzung mit Bezug auf § 1748 BGB im Sozialstaat jede Relevanz (wie hier FINGER FuR 1990, 183, 186; BAER/GROSS 38; OBERLOSKAMP ZBlJugR 1980, 581, 585; ERMAN/SAAR Rn 7; MünchKomm/MAURER Rn 26; **aA** BeckOK/PÖCKER Rn 8. 3).

Eine gröbliche Pflichtverletzung ist zu bejahen, wenn Eltern das Kind zu **Straftaten** 22 oder ähnlichem schwerwiegenden Fehlverhalten anhalten. Begeht der Elternteil eine Straftat gegenüber Dritten, so liegt darin eine Pflichtwidrigkeit gegenüber dem Kind nur, wenn damit konkrete Auswirkungen auf das Kind verbunden sind (BVerfG FamRZ 2006, 1355 m Anm RÖSLER/REIMANN; BayObLG FamRZ 2005, 541; BayObLG NJW-RR 1990, 776, 777; ZBlJugR 1983, 234, 238; BayObLGZ 1978, 105, 109 = StAZ 1979, 13, 15). So liegt zugleich eine (mittelbare) Pflichtwidrigkeit gegenüber dem Kind vor, wenn der Elternteil infolge häufiger Straftaten unfähig wird, für das Kind zu sorgen (LG Kleve DAVorm 1970, 315; LG München II DAVorm 1980, 119, 124; **aA** FINGER FuR 1990, 183, 186), das Kind infolge der Freiheitsentziehung des Elternteils sich selbst überlassen bleibt oder sein Unterhalt gefährdet ist (BayObLG FamRZ 1979, 1078 [LS]; OLG Frankfurt OLGZ 1983, 135 = FamRZ 1983, 531; OLG Düsseldorf DAVorm 1977, 757, 758; vgl auch LG Duisburg DAVorm 1975, 432 und AG Homburg DAVorm 1976, 160, 161). Dabei genügt es, wenn der Elternteil durch sein strafbares Verhalten in Kauf nimmt, dass das Kind von ihm nicht versorgt und betreut werden kann, weil er sich ständig in Strafhaft befindet (AG Cuxhaven FamRZ 1976, 241, 242).

Missbraucht der nichtsorgeberechtigte Elternteil den persönlichen Umgang, um das 23 Kind dem sorgeberechtigten Elternteil zu entziehen, so liegt darin eine Straftat gegen den anderen Elternteil (§ 235 StGB), nicht gegen das Kind. Die Rechtsprechung in Fällen, in denen der nichtsorgeberechtigte Elternteil **mit dem Kind im Ausland untergetaucht** war, ist nicht einheitlich. Während im Fall BayObLG FamRZ 1989, 429 eine anhaltend gröbliche Pflichtverletzung aufgrund körperlicher Vernachlässigung und unzureichender Schulbildung bejaht wurde, wurde im Falle BayObLG NJW-RR 1990, 776 eine besonders schwere Pflichtverletzung mangels konkreter schwerwiegender Auswirkungen auf das Wohl des Kindes verneint, da durch den Auslandsaufenthalt eingetretene Defizite in der Schulausbildung keine endgültigen schweren Nachteile für den weiteren Lebensweg begründen und für die Wiedereingliederung in deutsche Lebensverhältnisse bzw den Haushalt des Sorgeberechtigten keine anhaltenden Schwierigkeiten bereitet hätten.

24 Als eine gröbliche Pflichtverletzung ist es anzusehen, wenn der Vater der Mutter nach der Geburt des Kindes keine anhaltende persönliche Unterstützung zuteilwerden lässt, sondern sie durch sein aggressives, gewalttätiges und labiles Verhalten dazu nötigt, das Kind zur Adoption freizugeben (BayObLG FamRZ 1988, 868, 871). Die Drogen-, Alkohol- oder sonstige **Suchtmittelabhängigkeit** des Elternteils stellt für sich genommen keine Pflichtverletzung gegenüber dem Kind dar, kann aber Maßnahmen nach den §§ 1666 ff BGB rechtfertigen (BayObLG FamRZ 2005, 541; OLG Frankfurt OLGZ 1983, 135 = FamRZ 1983, 531). Anders liegt es bei nachgewiesenen negativen Auswirkungen für die Gesundheit oder Entwicklung des Kindes (OLG Celle ZfJ 1998, 262, 263; FINGER FuR 1990, 183, 186).

25 **Steht einem Elternteil das Sorgerecht** infolge von Trennung oder Ehescheidung oder aufgrund von Maßnahmen nach den §§ 1666 ff BGB **ganz oder teilweise nicht mehr zu**, so können nur noch solche Pflichten verletzt werden, die dem Elternteil verblieben sind (OLG Frankfurt 23. 7. 2007 – 20 W 76/07, FamRZ 2008, 296, 297; FamRZ 1985, 831; FamRZ 1983, 531; OLG Hamm ZfJ 1984, 364, 370; BayObLG FamRZ 2002, 1142; FamRZ 1998, 55; FamRZ 1994, 1348, 1349; NJW-RR 1990, 776; FamRZ 1984, 417, 419; ZBlJugR 1983, 234, 237 f; DAVorm 1981, 131, 136). Wurde das Sorgerecht in toto entzogen und außerdem die Befugnis zum persönlichen Umgang ausgeschlossen, so bleibt als Pflicht, die dem Kind gegenüber verletzt werden kann, im Wesentlichen nur die Unterhaltspflicht übrig. War der Elternteil für eine gewisse Zeit zu Pflege und Erziehung nicht fähig, zB aufgrund eines geistigen Gebrechens, und sind in der Folge Bindungen des Kindes zu anderen Personen entstanden, so stellt das Bestreben des Elternteils nach Aufrechterhaltung des verwandtschaftlichen Verhältnisses zum Kind und die Weigerung, in die Annahme einzuwilligen, jedenfalls dann keine als Rücksichtslosigkeit zu qualifizierende gröbliche Pflichtverletzung dar, wenn zuvor Elternpflichten allenfalls in geringem Ausmaß verletzt worden waren (OLG Köln FamRZ 1990, 1152, 1153; vgl auch unten Rn 51). Zum Sonderfall der Stiefkindadoption gegen den Willen des nichtsorgeberechtigten Elternteils vgl Rn 46 ff.

2. Das Merkmal „anhaltend"

26 Erforderlich ist eine anhaltende Pflichtverletzung. Ein einmaliger Verstoß gegen elterliche Pflichten reicht – soweit nicht die Voraussetzungen des Abs 1 S 2 erfüllt sind – nicht aus. Die Pflichtverletzung muss vielmehr **von längerer Dauer** sein. Über welchen Zeitraum sie sich erstrecken muss, um „anhaltend" zu sein, lässt sich nicht pauschal beurteilen, sondern ist im Einzelfall unter Berücksichtigung von Art und Schwere der Pflichtverletzung festzustellen (BT-Drucks 7/421, 8; LG München II DAVorm 1980, 119, 123). Während bei jüngeren oder labilen Kindern uU eine die Ersetzung der Einwilligung rechtfertigende Gefährdung bereits bei Verstößen in Betracht kommt, die sich nur über einen relativ kurzen Zeitraum erstrecken (zu den Besonderheiten des kindlichen Zeitempfindens vgl MünchKomm/HEILMANN § 155 FamFG Rn 2 mwNw), wird bei älteren und stabilen die Pflichtverletzung idR länger andauern müssen (OBERLOSKAMP ZBlJugR 1980, 581, 584; FINGER FuR 1990, 183, 188). Die sichere Erwartung, dass der Elternteil auch in Zukunft gegen seine Pflichten verstoßen wird, ist nicht mehr Ersetzungsvoraussetzung, nachdem der Gesetzgeber durch das AdoptRÄndG v 14. 8. 1973 (BGBl 1973 I

1013) das Merkmal **„dauernd"** durch den Begriff **„anhaltend"** ersetzt und die Vergangenheitsform (**„verletzt hat"**) gewählt hat (BT-Drucks 7/421, 8; OLG Frankfurt 23. 7. 2007 – 20 W 76/07, FamRZ 2008, 296, 297; BayObLG FamRZ 1976, 234, 238; OLG Braunschweig FamRZ 1997, 513; OLG Hamm ZfJ 1984, 364, 368; FamRZ 1977, 415, 418; OLGZ 1976, 434, 435 = FamRZ 1976, 462, 463; OLG Köln FamRZ 1982, 1132, 1133). Die Formulierung wurde bewusst gewählt, damit Eltern, die sich lange Zeit nicht um das Kind gekümmert haben, das Zustandekommen der Adoption nicht mehr dadurch verhindern können, dass sie unter dem Druck der bevorstehenden Adoption ihr Verhalten ändern und den Entschluss bekunden, das Kind jetzt zu sich zu nehmen. Ein „Gesinnungswandel" unter dem Druck der bevorstehenden Adoption ist daher unbeachtlich (BT-Drucks 7/421, 8). Die sichere Erwartung, die Eltern-Kind-Beziehung werde sich bessern (MünchKomm/MAURER Rn 21), oder die begründete Annahme, eine Periode gröblicher Pflichtverletzung gehöre der Vergangenheit an (ERMAN/SAAR Rn 4; FINGER FuR 1990, 183, 187 f), ist eine Frage des unverhältnismäßigen Nachteils iSv Abs 1 S 1 aE (vgl auch BeckOGK/LÖHNIG [1. 7. 2016] Rn 19) und kann die Ersetzung nur hindern, wenn der Elternteil noch als Bezugsperson vorhanden ist und eine Rückführung des Kindes ohne nachteilige Folgen für seine Entwicklung in Betracht kommt (vgl Rn 50 f).

3. Subjektive Voraussetzungen

Subjektiv ist für die Ersetzung der Einwilligung bei anhaltend gröblicher Pflichtverletzung **weder eine besondere individuelle Schuld noch eine verwerfliche Gesinnung erforderlich** (BayObLG FamRZ 1999, 1688, 1690; OLG Karlsruhe FamRZ 1983, 1058, 1059; MünchKomm/MAURER Rn 16). Die Pflichtverletzung muss lediglich offensichtlich und für den Elternteil erkennbar sein (BT-Drucks 7/421, 9), was ein Mindestmaß an Einsichtsfähigkeit erfordert (BayObLG FamRZ 1999, 1688, 1690; BayObLGZ 1977, 148, 154; OLG Karlsruhe FamRZ 1983, 1058, 1059; **aA** FINGER FuR 1990, 183, 184). Fehlt es hieran, kommt eine Ersetzung nach § 1748 Abs 3 BGB in Betracht, in besonders gravierenden Fällen kann die Einwilligung sogar nach § 1747 Abs 4 BGB ganz entbehrlich sein (OBERLOSKAMP ZBlJugR 1980, 581, 585). Während vor dem AdoptRÄndG v 14. 8. 1973 (BGBl 1973 I 1013) die Einwilligung nach § 1747 Abs 3 aF nur ersetzt werden konnte, wenn der Elternteil sie „böswillig" verweigerte, ist dieses Erfordernis im heutigen § 1748 Abs 1 S 1 BGB nicht mehr enthalten. In der Praxis hatte es sich nämlich als schwierig erwiesen, dem die Einwilligung verweigernden Elternteil „Böswilligkeit", dh verwerfliche Gründe, insbesondere eine „gehässige, feindselige Gesinnung" nachzuweisen (zu diesen Erfordernissen im Einzelnen vgl STAUDINGER/ENGLER[10/11] § 1747 Rn 49), sodass gerade dieses Merkmal ein Haupthindernis für die Ersetzung der Einwilligung darstellte (BT-Drucks 7/421, 9). Das Merkmal der Böswilligkeit wurde deshalb vom Reformgesetzgeber bewusst ersatzlos gestrichen. Somit kann nicht der Ansicht gefolgt werden, dass die „Böswilligkeit" der Verweigerung auch heute noch bei der Ersetzungsentscheidung als ungeschriebenes Tatbestandsmerkmal mitzuprüfen sei (so aber SOERGEL/LIERMANN Rn 2). Auch unter verfassungsrechtlichen Gesichtspunkten ist eine solche Interpretation nicht geboten (BayObLG FamRZ 1984, 417, 418 f).

VI. Gleichgültigkeit (Abs 1 S 1 Alt 2)

1. Begriff der Gleichgültigkeit

Mit der Einführung des Ersetzungsgrundes der Gleichgültigkeit durch das Adopt- 28

RÄndG v 14. 8. 1973 (BGBl 1973 I 1013) sollte die Adoption in den Fällen ermöglicht werden, in denen sich die Eltern **gegenüber dem Kind und dessen Entwicklung gänzlich teilnahmslos zeigen**, ohne dass sie damit zugleich der Vorwurf einer anhaltend gröblichen Pflichtverletzung trifft (BT-Drucks 7/421, 8). In der Praxis steht dieser Tatbestand im Vordergrund (Willutzki ZKJ 2007, 18, 22; PraxKommKindschaftsR/Braun Rn 6). Gleichgültig verhält sich ein Elternteil insbesondere dann, wenn ihn das Kind und dessen Schicksal nicht interessieren oder wenn er es **an einer persönlichen Zuwendung völlig fehlen lässt** (OLG Hamm 7. 12. 2016 – 13 UF 131/15, FamRZ 2017, 1064, 1065; FamRZ 1991, 1103, 1106; BayObLG FamRZ 2005, 541; FamRZ 2004, 397; FamRZ 2002, 1142; FamRZ 1998, 55; FamRZ 1997, 514, 515; FamRZ 1994, 1348, 1349; OLG Karlsruhe FamRZ 1999, 1686, 1687). Wer sein Kind in die Obhut Dritter gibt, ist gehalten, einen zumutbaren persönlichen Erziehungsbeitrag zu leisten (Kontakt durch Besuche, gemeinsame Wochenenden oder Ferien, Telefongespräche, E-Mails usw), um die persönliche Beziehung zum Kind aufrechtzuerhalten (LG Bochum 21. 10. 2011 – 7 T 104/09, ZKJ 2012, 150, 152; AG Wunsiedel DAVorm 1982, 100, 101; Finger DAVorm 1990, 393, 397; FuR 1990, 183, 188; Salgo 383; Oberloskamp ZBlJugR 1980, 581, 589), wobei dem Kontaktbedürfnis des Kindes in der jeweiligen Lebensphase Rechnung zu tragen ist (AG Bad Iburg DAVorm 1983, 62, 64). Gleichgültigkeit zeigen Eltern, die sich nur sporadisch um das Kind kümmern (KG 27. 6. 2016 – 3 UF 8/16, FamRZ 2016, 2019, 2020 f; OLG Köln FamRZ 1987, 203, 204). Hingegen darf nicht auf Gleichgültigkeit geschlossen werden, wenn Besuchskontakte im Interesse des Kindeswohls auf Anraten des Jugendamts eingeschränkt werden oder unterbleiben (BayObLG FamRZ 1984, 417, 419; Finger DAVorm 1990, 393, 397; FuR 1990, 183, 188) oder wenn es für die Weigerung, das Kind zu sich zu nehmen, vernünftige Gründe gibt (LG Mannheim DAVorm 1985, 723, 725: Krankheit). Ist dem Elternteil der Aufenthaltsort des Kindes unbekannt, so kann auf Gleichgültigkeit geschlossen werden, wenn er kein weiteres Interesse am Schicksal des Kindes zeigt und sich nicht um eine Besuchsregelung bemüht (vgl LG Bochum 21. 10. 2011 – 7 T 104/09, ZKJ 2012, 150, 152; OLG Hamm OLGZ 1976, 434, 437 = FamRZ 1976, 462, 466), nicht aber, wenn das Bemühen um die Bekanntgabe des Aufenthaltsortes bzw um eine Umgangsregelung dem Elternteil von vornherein aussichtslos erscheinen muss. Mangelndes Interesse am Kind und dessen Schicksal kann sich auch darin zeigen, dass der Elternteil trotz seines grundsätzlichen Einverständnisses mit der Adoption die Erteilung der Einwilligung immer wieder aufschiebt, von unbilligen Bedingungen abhängig macht oder es aus Teilnahmslosigkeit unterlässt, die Einwilligungserklärung beurkunden zu lassen (BT-Drucks 7/421, 8). Gleichgültigkeit kann auch dann vorliegen, wenn der Elternteil zwar äußerlich am Kind festhält, dieser „Besitzanspruch" aber keiner echten gefühlsmäßigen Bindung entspricht, sondern durch Eifersucht, verletzten Stolz, Neid, Rachsucht, Böswilligkeit, schlechtes Gewissen oder die bloße Besorgnis um das eigene Wohl motiviert ist (Willutzki ZKJ 2007, 18, 22; BayObLG FamRZ 2005, 541; BayObLGZ 2003, 232 = FamRZ 2004, 397; BayObLG FamRZ 1998, 55; FamRZ 1984, 417, 419; ZBlJugR 1983, 234, 238 f; DAVorm 1981, 131, 138; OLG Hamm FamRZ 1991, 1103, 1106).

29 Bei der Gleichgültigkeit handelt es sich um eine **subjektive Einstellung** zum Kind. Da sich eine solche Einstellung nur schwer nachprüfen lässt, misst das Gesetz dem äußeren Verhalten des Elternteils Indizwirkung bei und lässt es genügen, wenn **objektiv feststellbare Tatsachen** nach der Lebenserfahrung den Schluss zulassen, dass dem Elternteil das Kind gleichgültig ist (BT-Drucks 7/421, 8; BayObLG FamRZ 2005, 541; BayObLGZ 2003, 232 = FamRZ 2004, 397; BayObLG FamRZ 1998, 55, 56). Die Gründe oder

Motive des Elternteils für sein Verhalten sind daher nicht notwendigerweise entscheidend; so ist unerheblich, ob das Lebensschicksal bzw der gesundheitliche Zustand des Elternteils für sein Verhalten mitbestimmend waren (BayObLG NJW-RR 1991, 1219, 1220; LG Frankfurt FamRZ 1990, 663; FINGER FuR 1990, 183, 189). Erforderlich ist aber, dass der Betreffende ein Mindestmaß an Einsichtsfähigkeit besitzt (LG Bochum 21. 10. 2011 – 7 T 104/09, ZKJ 2012, 150, 153; vgl auch Rn 27). Liegt ein objektiv mehrdeutiges Verhalten vor, das sowohl auf Rücksichtnahme als auch auf Gleichgültigkeit beruhen kann, so darf Gleichgültigkeit nur dann bejaht werden, wenn Rücksichtnahme ausgeschlossen werden kann (BayObLGZ 2003, 232 = FamRZ 2004, 397).

2. Abgrenzung zur anhaltenden gröblichen Pflichtverletzung

In der Teilnahmslosigkeit gegenüber dem Kind und dessen Schicksal liegt vielfach zugleich eine anhaltend gröbliche Pflichtverletzung iSv Abs 1 S 1 Alt 1. So trifft Eltern, die ihr Kind gleich nach der Geburt oder auch später in ein Heim oder eine Pflegefamilie abschieben und es fortan an jedweder persönlichen Zuwendung fehlen lassen, nicht nur der Vorwurf der Gleichgültigkeit, sie verletzen auch ihre elterliche Pflicht gröblich (vgl Rn 18). Die Abgrenzung, wann „nur" Gleichgültigkeit und wann bereits eine gröbliche Pflichtverletzung vorliegt, ist deshalb von Bedeutung, weil im letzteren Fall die Einwilligung ersetzt werden darf, ohne dass es zuvor einer Belehrung und Beratung nach Abs 2 bedarf. **30**

Maßgebendes Kriterium für die Abgrenzung ist, ob es der Elternteil noch in der Hand hat, durch bloße Änderung seines Verhaltens gegenüber dem Kind eine echte Eltern-Kind-Beziehung (wieder-)herzustellen (dann „nur" Gleichgültigkeit) oder ob bereits unwiderrufliche Nachteile für das Kind eingetreten sind und diese Gefährdung des Kindeswohls nicht mehr allein durch eine Änderung der subjektiven Einstellung, durch die Herstellung oder Wiederherstellung eines verantwortungsbewussten Verhaltens des Elternteils beseitigt werden kann (dann bereits gröbliche Pflichtverletzung; so BayObLG FamRZ 1994, 1348, 1350; FamRZ 1982, 1129, 1130; OLG Köln FamRZ 1987, 203, 204; MünchKomm/MAURER Rn 32; BeckOGK/LÖHNIG [1. 7. 2016] Rn 24 f; FINGER DA-Vorm 1990, 393, 394 f). Inwieweit eine **„wiederbelebungsfähige Restbindung"** noch besteht, ist nach den Verhältnissen des Einzelfalls zu beurteilen. Zu den Erkenntnissen der modernen Bindungsforschung vgl Vorbem 45 zu §§ 1741 ff. Neben dem konkreten Verhalten des Elternteils kommt dabei insbesondere dem Alter und Entwicklungsstand des Kindes besonderes Gewicht zu (dazu GAWLITTA ZfJ 1988, 110, 111). Nur solange der Elternteil wenigstens als eine latente Bindungsperson angesehen werden kann, ist sein Fehlverhalten noch reparabel und können Beratung und Hilfsangebote des JugA (Abs 2) zugunsten des Kindes noch etwas bewirken (GAWLITTA ZfJ 1988, 110, 111). **31**

3. Belehrung und Beratung (Abs 2)

a) Entstehungsgeschichte des Abs 2

Liegt nach den genannten Kriterien in der Gleichgültigkeit des Elternteils nicht zugleich eine anhaltende gröbliche Pflichtverletzung, so darf die Einwilligung nach dem Wortlaut des Abs 2 S 1 nur ersetzt werden, wenn der Elternteil vom JugA über die Möglichkeit der Ersetzung belehrt und nach Maßgabe des § 51 Abs 2 SGB VIII beraten worden ist. Während die **Belehrung** durch das JugA Pflicht ist, ist die **32**

Beratung nach dem insoweit missverständlichen Wortlaut von § 1748 Abs 2 S 1 BGB nicht Voraussetzung für die Ersetzung der Einwilligung. Die **Beratung** hat nämlich nur „nach Maßgabe des § 51 Abs 2 SGB VIII" zu erfolgen, und § 51 Abs 2 SGB VIII ist keine Muss- sondern eine Sollvorschrift. § 51 Abs 2 SGB VIII lautet: „Das Jugendamt soll den Elternteil mit der Belehrung nach Absatz 1 über Hilfen beraten, die die Erziehung des Kindes in der eigenen Familie ermöglichen könnten. Einer Beratung bedarf es insbesondere nicht, wenn das Kind seit längerer Zeit bei den Annehmenden in Familienpflege lebt und bei seiner Herausgabe an den Elternteil eine schwere und nachhaltige Schädigung des körperlichen und seelischen Wohlbefindens des Kindes zu erwarten ist. Das Jugendamt hat dem Familiengericht im Verfahren mitzuteilen, welche Leistungen erbracht oder angeboten worden sind und aus welchem Grund davon abgesehen wurde." Vor Inkrafttreten des heutigen § 51 Abs 2 SGB VIII durch das KJHG am 1. 1. 1991 hatte die **Vorgängerregelung des § 51a JWG** eine unbedingte Beratungspflicht des JugA vorgesehen, die in der Praxis aber vor allem dann auf Schwierigkeiten gestoßen war, wenn das Kind bereits seit längerer Zeit in Familienpflege gelebt hatte und seine Rückführung in die Herkunftsfamilie von vornherein nicht mehr in Betracht kam, sodass insoweit eine Beratung durch das JugA leerlief (Näheres dazu STAUDINGER/FRANK[12] § 1748 Rn 34 f). Der bloße Austausch der Verweisung in § 1748 Abs 2 S 1 BGB – früher auf § 51a JWG, heute auf § 51 Abs 2 SGB VIII – erweckt nunmehr den unzutreffenden Eindruck, nicht nur die Belehrung, sondern auch die Beratung sei Pflicht. In der Sache bestehen indessen keine Zweifel (BayObLGZ 1996, 276 = FamRZ 1997, 514; OLG Hamm FamRZ 1991, 1103; WIESNER/WAPLER SGB VIII § 51 Rn 34 f). Durch die Ausgestaltung der Beratung als bloße Sollvorschrift wollte der Gesetzgeber vermeiden, dass durch etwaige Fehler bei der Beratung die Ersetzung der Einwilligung in Frage gestellt wird (BT-Drucks 11/5948, 89). Auch das Inkrafttreten des EuAdÜbEink(rev) zwingt nicht zu einer Neubewertung (vgl dazu MAURER FamRZ 2015, 1937, 1939), Art 5 Abs 2 EuAdÜbEink(rev) gilt nach seiner systematischen Stellung für die Erteilung der Einwilligung und nicht für deren Ersetzung, die erst in Abs 3 thematisiert wird, außerdem ist nur eine „notwendige Beratung" vorgeschrieben.

b) Belehrung

33 Während eine gröbliche Pflichtverletzung im Allgemeinen offensichtlich und für den Elternteil als solche erkennbar ist – mit der Folge, dass er mit familienrechtlichen Konsequenzen zu rechnen hat – ist bei der Alternative „Gleichgültigkeit" nicht klar umrissen, von welcher Art und Dauer das zu beanstandende Verhalten sein muss. Die **Belehrungspflicht** verfolgt den Zweck, die Eltern nicht mit dem Vorwurf der Gleichgültigkeit und der Möglichkeit der Ersetzung der Einwilligung zu überraschen, sondern ihnen Gelegenheit zu geben, ihre Einstellung und ihr Verhalten gegenüber dem Kind zu ändern (WIESNER/WAPLER § 51 SGB VIII Rn 15 u 24).

Das Gesetz räumt dem Elternteil eine mit der Belehrung beginnende **Frist von 3 Monaten** ein, die Änderung seiner Einstellung und seines Verhaltens gegenüber dem Kind zu beweisen. Auf diese Frist ist der Elternteil bei der Belehrung hinzuweisen (Abs 2 S 1 HS 2; § 51 Abs 1 S 2 SGB VIII). Der Umstand, dass die Frist frühestens 5 Monate nach der Geburt des Kindes abläuft (Abs 2 S 3; § 51 Abs 1 S 4 SGB VIII), bedeutet nicht, dass die Belehrung erst stattfinden darf, wenn das Kind 2 Monate alt ist. Die Elternpflichten beginnen mit der Geburt des Kindes, und das JugA hat aktiv zu werden, sobald es von Umständen Kenntnis erlangt, die auf

Gleichgültigkeit der Eltern schließen lassen. Eine möglichst frühzeitige Vornahme der Belehrung ist im Interesse des Kindes sogar geboten, um dem Kind jeden unnötigen Zeitverlust zu ersparen (Finger DAVorm 1990, 393, 398 f; Oberloskamp ZBlJugR 1980, 581, 590 f; Wiesner/Wapler SGB VIII § 51 Rn 27).

Innerhalb von drei Monaten nach der Belehrung hat der Elternteil die Änderung seines Verhaltens gegenüber dem Kind unter Beweis zu stellen, wobei ihm uU auch der Wechsel seines Wohnortes bzw seines Arbeitsplatzes zuzumuten ist, um das Kind zu sich nehmen oder häufiger besuchen zu können (BT-Drucks 7/421, 10). Zu beachten ist, dass der fruchtlose Ablauf der Frist nur ein zusätzliches Erfordernis für die Ersetzung der Einwilligung darstellt. Bei der Ersetzungsentscheidung hat das Gericht stets gesondert zu prüfen, ob das Verhalten des Elternteils das Merkmal der Gleichgültigkeit auch tatsächlich erfüllt und das Unterbleiben der Annahme dem Kind zu unverhältnismäßigem Nachteil gereichen würde (BVerfG FamRZ 2003, 1448). Der Ersetzung steht es nicht entgegen, wenn der Elternteil nur während eines Teils der Frist sein Verhalten ändert oder nach Fristablauf zur früheren Gleichgültigkeit zurückkehrt (BT-Drucks 7/421, 10).

Die **Belehrung** muss – soweit nicht die Voraussetzungen des Abs 2 S 2 erfüllt sind – **34** der Ersetzung der Einwilligung **zwingend** vorausgehen. Es kann hiervon auch nicht ausnahmsweise abgesehen werden (BVerfG FamRZ 2003, 1448; BayObLG FamRZ 1984, 935, 936; FamRZ 1982, 1129, 1130; OLG Hamm FamRZ 1977, 415, 418; OLG Köln FamRZ 1987, 203, 204). Allerdings kann die Belehrung auch noch im Ersetzungsverfahren durchgeführt werden (BayObLG FamRZ 1998, 55, 56; OLG Köln FamRZ 1987, 203, 205). Verweigert der Elternteil jede Kooperation, so ist eine schriftliche Belehrung durch das JugA als ausreichend anzusehen (BayObLGZ 1996, 276, 283 f = FamRZ 1997, 514, 516; Oberloskamp ZBlJugR 1980, 581, 591; Finger DAVorm 1990, 393, 399; FuR 1990, 183, 189; Soergel/Liermann Rn 36; zu weitgehende Anforderungen stellt OLG Hamm FamRZ 1977, 415, 417 f). **Wechselt der Elternteil seinen Aufenthaltsort ohne Hinterlassung seiner neuen Anschrift** und lässt sich sein Aufenthaltsort auch nicht ermitteln, so weist dies idR auf besonders krasse Gleichgültigkeit hin (LG Bochum 21. 10. 2011 – 7 T 104/09, ZKJ 2012, 150, 154). Da in einem solchen Fall eine Belehrung nach Abs 2 S 1 nicht durchführbar ist, erklärt das Gesetz dieses Ersetzungserfordernis für entbehrlich, wenn der Aufenthaltsort trotz angemessener Nachforschungen des JugA während eines Zeitraums von drei Monaten nicht ermittelt werden kann (Abs 2 S 2 HS 1; § 51 Abs 1 S 3 SGB VIII). Das JugA hat dabei alle ordnungsbehördlichen Maßnahmen zur Aufenthaltsermittlung auszuschöpfen und allen Hinweisen und Informationen von Gerichten, Behörden etc nachzugehen (MünchKomm/Maurer Rn 67; Willutzki ZKJ 2007, 18, 23; Finger DAVorm 1990, 393, 398; vgl OLG Zweibrücken FamRZ 1976, 469, 470; vgl auch § 1747 Rn 78 ff). Setzt das Familiengericht in einem Aktenvermerk den Fristbeginn fest, weil der Aufenthaltsort der Mutter nach Angaben des Jugendamts nicht ermittelt werden konnte, so gebietet der Grundsatz des rechtlichen Gehörs (Art 103 Abs 1 GG), hiervon den Betreuer der Mutter sowie deren Verfahrensbevollmächtigten in Kenntnis zu setzen (BVerfG FamRZ 2003, 1448). Die **Dreimonatsfrist beginnt** mit der ersten auf die Belehrung oder auf die Ermittlung des Aufenthalts gerichteten Handlung des JugA (Abs 2 S 2 HS 2; § 51 Abs 1 S 3 HS 2 SGB VIII). Lässt sich der Aufenthaltsort innerhalb von drei Monaten ermitteln, so ist der Elternteil nunmehr zu belehren, womit eine neue Dreimonatsfrist in Gang gesetzt wird. **Ist die Frist bereits abgelaufen**, wird danach aber der Aufenthaltsort des Elternteils bekannt, erscheint eine

Belehrung nach dem Wortlaut des Abs 2 S 2 entbehrlich (so auch MünchKomm/Maurer Rn 68). Angesichts der weitreichenden Folgen der Ersetzung der Einwilligung und unter Berücksichtigung der mit der zwingend vorgeschriebenen Belehrung verfolgten Zwecke wird aber auch in einem solchen Fall die Durchführung einer Belehrung zu fordern sein, solange die Einwilligung noch nicht rechtskräftig ersetzt ist. Daher hat das OLG Köln (FamRZ 1987, 203; zust Finger FuR 1990, 183, 191 und MünchKomm/Maurer Rn 68) in einem Fall, in dem die Mutter, deren Aufenthalt zunächst nicht zu ermitteln war, dann aber gegen die Ersetzungsentscheidung mit der Beschwerde vorgegangen war, die Vornahme einer Belehrung nach Abs 2 trotz des Ablaufs der Dreimonatsfrist zu Recht als Ersetzungsvoraussetzung angesehen und dem Gesichtspunkt der Verfahrensbeschleunigung keine den Belehrungszweck überwiegende Bedeutung beigemessen. Verfehlt erscheint unter Berücksichtigung des Gesetzeszwecks auch die Annahme, eine Belehrung sei überflüssig, wenn eine Verhaltensänderung überhaupt nicht in Betracht komme (so aber Finger DAVorm 1990, 393, 400 ff; aA BayObLG FamRZ 1984, 935, 936; FamRZ 1982, 1129, 1130; OLG Hamm FamRZ 1977, 415, 418; OLG Köln FamRZ 1987, 203, 204; BGB-RGRK/Dickescheid Rn 15).

35 Gem Abs 2 S 3, § 51 Abs 1 S 4 SGB VIII **endet die Frist** in allen Fällen **frühestens 5 Monate nach der Geburt** des Kindes.

c) Beratung

36 Die Beratungspflicht des JugA ist nach § 51 Abs 2 SGB VIII, auf den § 1748 Abs 2 S 1 BGB verweist, als **Sollvorschrift** ausgestaltet. Für das Verfahren nach § 1748 BGB bedeutet dies, dass die Beratung **kein zwingendes Erfordernis für die Ersetzung** der Einwilligung (mehr) darstellt (Näheres vgl Rn 32).

37 Die Beratung, die im pflichtgemäßen Ermessen des JugA liegt, soll auf die Beseitigung der Gleichgültigkeit und damit auf die Erhaltung eines natürlichen Eltern-Kind-Verhältnisses ausgerichtet sein. Eine Beratung, die nicht auf die Beseitigung der Gleichgültigkeit abzielt, sondern nur dazu dient, dem Elternteil die Notwendigkeit einer Adoption klarzumachen, wird den Anforderungen nicht gerecht (so zu § 51a Abs 1 JWG BayObLG FamRZ 1982, 1129, 1130 f; OLG Hamm FamRZ 1977, 415, 417 f; Finger DAVorm 1990, 393, 399). Die Beratung umfasst die fachlich fundierte Information über alle im Einzelfall realistischen Möglichkeiten und Hilfen, die zu einer Erziehung des Kindes in der eigenen Familie führen können. Zu beraten ist deshalb ua über geeignete Leistungen nach dem SGB VIII sowie über andere öffentlichrechtliche Ansprüche und deren eventuelle Durchsetzung (Wiesner/Wapler SGB VIII Rn 36 f).

d) Abgrenzung zu § 1747 Abs 4 Alt 2 BGB

38 Ist der Aufenthalt des einwilligungsberechtigten Elternteils unbekannt, stellt sich die Frage nach der Abgrenzung zwischen § 1747 Abs 4 Alt 2 BGB und § 1748 Abs 2 S 2 BGB. Gem § 1747 Abs 4 Alt 2 BGB ist die Einwilligung entbehrlich, wenn der Aufenthalt des Einwilligungsberechtigten dauernd unbekannt ist. Die Entbehrlichkeit der Einwilligung ist im Adoptionsbeschluss festzustellen (vgl § 197 Abs 1 S 2 FamFG und § 1752 Rn 35). Wird sie fälschlich bejaht, so liegt ein Aufhebungsgrund vor (§ 1760 Abs 1 BGB). Wird hingegen die Einwilligung ersetzt, ohne dass die Voraussetzungen des § 1748 Abs 2 S 2 BGB im konkreten Fall tatsächlich vorlagen, und erwächst der Ersetzungsbeschluss in Rechtskraft, so ist dies auf den Bestand der Adoption ohne Einfluss. Bei der Anwendung des § 1747 Abs 4 Alt 2 BGB ist daher

Vorsicht angebracht und im Zweifel der bestandskräftigen Ersetzung der Vorzug zu geben (OBERLOSKAMP ZBlJugR 1980, 581, 591 f; vgl außerdem § 1747 Rn 87 f).

VII. Unverhältnismäßiger Nachteil (Abs 1 S 1)

1. Verhältnismäßigkeitsprinzip

Sowohl bei Vorliegen einer anhaltend gröblichen Pflichtverletzung als auch bei festgestellter Gleichgültigkeit darf die Einwilligung in die Adoption nur ersetzt werden, wenn das Unterbleiben der Annahme dem Kind zu unverhältnismäßigem Nachteil gereichen würde (Abs 1 S 1 HS 2). Bei der Frage, ob ein unverhältnismäßiger Nachteil vorliegt, handelt es sich um einen **unbestimmten Rechtsbegriff** (OLG Frankfurt 23. 7. 2007 – 20 W 76/07, FamRZ 2008, 296, 297; BayObLGZ 2001, 333 = FamRZ 2002, 486; BayObLGZ 1996, 276, 280 = FamRZ 1997, 514, 515; FamRZ 1994, 1348, 1350), dessen Auslegung und Anwendung auf den festgestellten Sachverhalt im Rechtsbeschwerdeverfahren unbeschränkt nachprüfbar ist. Die Ersetzung der Einwilligung ist wegen der Schwere des Eingriffs in das Elternrecht (Art 6 Abs 2 S 1 GG) schon aus verfassungsrechtlichen Gründen nur unter strikter **Beachtung des Verhältnismäßigkeitsgrundsatzes** möglich (OLG Frankfurt 23. 7. 2007 – 20 W 76/07, FamRZ 2008, 296, 297; BayObLGZ 1996, 276, 280 = FamRZ 1997, 514, 515; OLG Karlsruhe FamRZ 1999, 1686, 1687). Die Adoption gegen den Willen der leiblichen Eltern muss erforderlich sein, um die infolge ihres Versagens bereits eingetretene oder drohende Gefahr für eine gesunde Entwicklung des Kindes abzuwenden. Sie darf nur erfolgen, wenn mildere Mittel nicht ausreichen (BVerfGE 24, 119, 146 = FamRZ 1968, 578, 584). Stets ist daher vorrangig zu prüfen, ob nicht bereits **Maßnahmen nach den §§ 1666 ff BGB** (zB Entziehung der Personensorge, Unterbringung bei Pflegeeltern) zur Wahrung der Kindesinteressen genügen. **39**

Die Prüfung der Frage, ob das Unterbleiben der Adoption für das Kind unverhältnismäßig nachteilig wäre, darf nicht auf einen Vergleich der Lage des Kindes mit und ohne Adoption beschränkt werden (OLG Stuttgart FamRZ 2005, 542). Vielmehr müssen die **Eltern- und Kindesinteressen umfassend gegeneinander abgewogen werden**. Dabei ist der Nachteil, den das Unterbleiben der Adoption bedeutet, in Beziehung zu setzen zur Schwere des Eingriffs in das Elternrecht (BVerfG FamRZ 2006, 94; BGHZ 162, 357 = FamRZ 2005, 891; BGH FamRZ 1986, 460, 462; BayObLGR 2005, 381 = FamRZ 2005, 1587; BayObLGZ 1996, 276, 280 = FamRZ 1997, 514, 515; FamRZ 1994, 1348, 1350; OLG Saarbrücken FamRZ 2005, 1586; OLG Karlsruhe FamRZ 1999, 1686, 1687). Der Nachteil muss so schwer wiegen, dass der Eingriff in das Elternrecht angesichts des Fehlverhaltens der Eltern hingenommen werden kann (OLG Frankfurt 23. 7. 2007 – 20 W 76/07, FamRZ 2008, 296, 298; OLG Hamm 7. 12. 2016 – 13 UF 131/15, FamRZ 2017, 1064, 1065; BeckOGK/LÖHNIG [1. 7. 2016] Rn 39), oder, positiv formuliert: Durch die Adoption muss sich die Lage des Kindes so verbessern, dass der Vorteil für das Kind außer Verhältnis zum Rechtsverlust des Elternteils steht. Dabei fallen die Elternrechte bei der Abwägung umso weniger ins Gewicht, je schwerer die Pflichtverletzung bzw je nachhaltiger die Gleichgültigkeit ist. In diesem Zusammenhang kann auch der **Wille des Kindes** eine Rolle spielen (recht weitgehend KG 27. 6. 2016 – 3 UF 8/16, FamRZ 2016, 2019, 2021). Doch wird man nur bei älteren Kindern davon ausgehen können, dass sie das Konzept der Adoption tatsächlich zu erfassen vermögen (vgl § 1741 Rn 24), außerdem sind aus Sicht von Kindern nicht in erster Linie die rechtlichen Beziehungen, sondern die fak- **40** tischen Betreuungsverhältnisse entscheidend, an denen sich durch die Adoption aber oftmals gar nichts ändert (OLG Köln 20. 12. 2011 – 4 UF 246/11, juris Rn 5 ff).

41 Durch die Adoption müssen **die Lebensverhältnisse des Kindes insgesamt entscheidend verbessert werden**. Ein unverhältnismäßiger Nachteil ist im Zweifel nicht anzunehmen, wenn die Adoption lediglich zu einer Verbesserung der wirtschaftlichen Verhältnisse (BayObLGZ 1977, 148, 153 = Rpfleger 1977, 303, 304; BayObLGZ 1974, 413, 417 = FamRZ 1976, 234, 238; OLG Hamm FamRZ 1976, 462, 464; LG München II DAVorm 1980, 119, 125) oder zur Betreuung durch einen nicht berufstätigen Annehmenden führen würde (SOERGEL/LIERMANN Rn 22; FINGER FuR 1990, 183, 191) oder dem Kind dadurch günstigere Entwicklungschancen eingeräumt würden als in dem wenig günstigen soziokulturellen Milieu, in das es „schicksalhaft" hineingeboren wurde (OLG Hamm ZfJ 1984, 364, 370).

42 Erfordert die Verhältnismäßigkeitsprüfung eine umfassende Würdigung derjenigen Verhältnisse und Lebensumstände, die die geistige und leibliche Entwicklung des Kindes mit und ohne Adoption bestimmen würden, so kommt eine Ersetzung der Einwilligung nur hinsichtlich der Annahme durch einen ganz konkreten, bereits feststehenden Annehmenden in Betracht (OLG Zweibrücken JAmt 2001, 431; LG Saarbrücken ZBlJugR 1983, 239, 240; FINGER FuR 1990, 183, 191). Dabei ist auch die **Ersetzung der Einwilligung in eine Inkognitoadoption** (vgl § 1747 Abs 2 S 2 BGB) zulässig (BVerfGE 24, 119, 152 ff = FamRZ 1968, 578, 586 f); doch bedarf es auch in einem solchen Fall einer eingehenden Ermittlung der persönlichen, wirtschaftlichen und familiären Verhältnisse der künftigen Adoptiveltern (BayObLGZ 1977, 148, 151; OLG Hamm DAVorm 1978, 364, 376; recht großzügig OLG Frankfurt 23. 7. 2007 – 20 W 76/07, FamRZ 2008, 296, 299). Ebenso, wie de lege lata eine Blanko-Einwilligung nicht zulässig ist, kommt eine **„Blanko-Ersetzung"** nicht in Betracht (krit dazu § 1747 Rn 57). Dies gilt selbst dann, wenn eine Rückkehr des Kindes zu den leiblichen Eltern von vornherein auszuschließen ist.

2. Aufwachsen in einer Familie

43 Durch § 1748 BGB sollte vor allem das Schicksal von verlassenen und im Heim aufwachsenden Kindern verbessert werden (BT-Drucks 7/421, 5). Ein unverhältnismäßiger Nachteil droht dem Kind immer dann, **wenn es ohne Adoption nicht in einer Familie groß werden kann**, also ohne feste Bezugsperson bleiben oder einen Wechsel der Pflegestelle befürchten müsste, eine Wertung, die auch in Abs 3 zum Ausdruck kommt. Der Aufbau möglichst stabiler Bindungen ist für die gesunde körperliche und seelische Entwicklung eines Kindes von zentraler Bedeutung (vgl Rn 13). Mit längerdauernden Heimaufenthalten und dem Fehlen einer festen Bezugsperson sind idR irreparable Entwicklungsschäden verbunden (vgl Vorbem 45 zu §§ 1741 ff).

44 Ist das Kind in einer guten Pflegestelle untergebracht und würde es diese ohne Adoption verlieren, so liegt ein unverhältnismäßiger Nachteil iSv Abs 1 S 1 vor (OLG Düsseldorf DAVorm 1977, 751; LG Ellwangen DAVorm 1976, 160). Sind die Pflegeeltern bereit, das Kind auch ohne Adoption zu behalten, so ist die Rechtslage nicht ganz so eindeutig. In der Rspr wurde in solchen Fällen ein unverhältnismäßiger Nachteil verschiedentlich verneint (OLG Schleswig FamRZ 1994, 1351; OLG Frankfurt FamRZ 1986, 601; OLG Düsseldorf DAVorm 1977, 755, 756; DAVorm 1976, 157, 158; LG Duisburg DAVorm

1975, 432, 433). In der neueren Rspr hat sich indessen die Auffassung durchgesetzt, dass ein **unverhältnismäßiger Nachteil auch dann** vorliegen kann, **wenn das Verbleiben des Pflegekindes in der Pflegestelle auch ohne Adoption nicht in Frage gestellt ist**. Zur Begründung wird darauf verwiesen, dass der Status eines Pflegekindes rechtlich ungesichert sei und das Kind Anspruch auf Klarheit und Sicherheit seiner familiären Beziehungen habe (BGHZ 133, 384, 388 = FamRZ 1997, 85; BGH FamRZ 1986, 460, 462; OLG Frankfurt 23. 7. 2007 – 20 W 76/07, FamRZ 2008, 296, 298; FamRZ 1986, 1042; OLG Hamm 7. 12. 2016 – 13 UF 131/15, FamRZ 2017, 1064, 1065; ZfJ 1984, 364, 367 f; OLG Saarbrücken FamRZ 2005, 1586; BayObLG FamRZ 2004, 1812; FamRZ 1994, 1348, 1350; NJW-RR 1991, 1219, 1220; FamRZ 1988, 871, 872; FamRZ 1982, 1129, 1131; OLG Stuttgart FamRZ 2005, 542; OLG Karlsruhe FamRZ 1999, 1686, 1688; FamRZ 1990, 94, 95 f m zust Anm GAWLITTA; FamRZ 1983, 1058, 1060; OLG Braunschweig FamRZ 1997, 513, 514; LG Bochum 21. 10. 2011 – 7 T 104/09, ZKJ 2012, 150, 154). In der Tat fehlt Pflegekindverhältnissen im Gegensatz zur Adoption das Merkmal einer auf Dauer angelegten unwiderruflichen Zuordnung. Zwar bietet § 1632 Abs 4 BGB dem Pflegekind Schutz davor, dass es „zur Unzeit" aus der Pflegefamilie herausgerissen wird. Seine Einbindung in die Pflegefamilie ist aber rechtlich nur vorläufig und unvollständig (näher GAWLITTA FamRZ 1988, 807; vgl auch Vorbem 34 zu §§ 1741 ff). Die Adoption begründet demgegenüber ein Höchstmaß an Geborgenheit (vgl BVerfGE 79, 51, 65 = FamRZ 1989, 31, 34) und schafft engere Beziehungen als ein stabiles, rechtlich abgesichertes Dauerpflegeverhältnis. Die durch die Adoption bewirkte völlige – faktische wie rechtliche – Integration des Kindes in eine intakte Familie bietet am ehesten die Gewähr für ein harmonisches, geborgenes und von möglichen Einflüssen der leiblichen Eltern ungestörtes Aufwachsen des Kindes. So kann sich für das Kind schon der Umstand schädigend auswirken, dass es sich in seiner Geborgenheit in der Pflegefamilie verunsichert und gestört fühlt (BayObLG FamRZ 1984, 937, 939; OLG Stuttgart FamRZ 2005, 542; OLG Hamm FamRZ 1977, 415, 420; LG München II DAVorm 1980, 119, 126; AG Kamen FamRZ 1995, 1013; AG Bad Iburg DAVorm 1983, 62, 64). Zu Recht hat daher auch der BGH (FamRZ 1986, 460, 462; auch OLG Stuttgart FamRZ 2005, 542) die Annahme eines unverhältnismäßigen Nachteils nicht daran scheitern lassen, dass die Pflegeeltern bereit waren, das Kind auch ohne Adoption bei sich zu behalten.

Befindet sich das Kind bei väterlichen oder mütterlichen Verwandten in Pflege, so **45** gelten für die Ersetzung der elterlichen Einwilligung grundsätzlich die gleichen Überlegungen (OBERLOSKAMP ZBlJugR 1980, 581, 586 f; aA MünchKomm/MAURER Rn 98; BeckOGK/LÖHNIG [1. 7. 2016] Rn 42; wohl auch FINGER FuR 1990, 183, 190). Da die Überlagerung natürlicher durch künstliche Verwandtschaftsverhältnisse jedoch besondere Probleme aufwirft und vor allem dann Bedenken begegnet, **wenn ein Kind durch nahe Verwandte** (insbes Großeltern oder Geschwister) **angenommen werden soll** (vgl § 1741 Rn 37 ff), wird der für die Bestimmung des unverhältnismäßigen Nachteils erforderliche Abwägungsprozess eher als im Falle einer angestrebten Fremdkindadoption zu dem Ergebnis führen, dass die Annahme nicht erforderlich ist, falls das Kind auch ohne Adoption ungestört in der ihm vertrauten Umgebung aufwachsen kann. Zur Adoption eines Kindes durch seine Großmutter mütterlicherseits nach dem Tod der Mutter und gegen den Willen des Vaters vgl BayObLGZ 1996, 276 (= FamRZ 1997, 514); zur Adoption eines Kindes durch seine Großeltern mütterlicherseits mit Einverständnis der Mutter, aber gegen den Willen des Vaters vgl OLG Frankfurt FamRZ 1971, 322; zu einer Adoption durch die Schwester des Vaters mit Einverständnis der Mutter, aber gegen den Willen des Vaters vgl AG Cuxhaven FamRZ 1976, 241; zu einer Adoption des Kindes durch seine Großtante nach dem Tod der

Mutter gegen den Willen des Vaters vgl BayObLG FamRZ 1984, 937; zu einer Adoption des nichtehelichen Kindes durch die Tante seiner Mutter gegen den Willen der Mutter vgl OLG Köln FamRZ 1987, 203.

3. Stiefkindadoption

46 Stiefkindadoptionen erweisen sich unter dem Blickwinkel der Kindeswohldienlichkeit schon im Allgemeinen als problematisch (vgl § 1741 Rn 64 ff); Stiefkindadoptionen gegen den Willen des externen Elternteils werfen ganz **besondere Probleme** auf (ausführlich dazu FRANK 76 ff). Wie bereits bei § 1741 Rn 75 ausgeführt, liegt eine Stiefkindadoption oft selbst dann nicht im Interesse des Kindes, wenn der externe Elternteil mit der Adoption einverstanden ist. Wird die Einwilligung verweigert, obwohl eine Adoption dem Wohl des Kindes dienen würde, so scheitert die Ersetzung in aller Regel am Erfordernis der anhaltend gröblichen Pflichtverletzung, weil dem nichtsorgeberechtigten Elternteil nach der Scheidung im Wesentlichen nur zwei Möglichkeiten der Bewährung verbleiben, nämlich die Zahlung von Unterhalt und die Wahrnehmung des Umgangsrechts, das nach der Neuregelung des KindRG v 1997 nicht nur ein Recht, sondern auch eine Pflicht der Eltern gegenüber ihrem Kind darstellt (§ 1684 Abs 1 BGB). Wird die **Unterhaltspflicht verletzt**, so liegt eine „gröbliche" Pflichtverletzung oft deshalb nicht vor, weil das Kind von der sorgeberechtigten Mutter und deren Ehemann wie dessen eigenes angemessen unterhalten wird (vgl Rn 21), und die **Nichtwahrnehmung des Umgangsrechts** findet häufig im Spannungsverhältnis zwischen Mutter, Vater und Stiefelternteil eine Erklärung, die jedenfalls die Annahme einer „gröblichen" Pflichtverletzung oder Gleichgültigkeit ausschließt (vgl BayObLG FamRZ 2005, 541; BayObLGZ 2003, 232 = FamRZ 2004, 397; BayObLG FamRZ 1998 [LS] = NJWE-FER 1998, 173; OLG Köln FamRZ 1990, 1152, 1153; OLG Stuttgart Justiz 1972, 316; FINGER FuR 1990, 183, 187; vgl außerdem Rn 28). Soweit die Judikatur dennoch eine Ersetzung der Einwilligung zulässt, wird diese im Allgemeinen mit der summarischen Auflistung verschiedenartiger Pflichtverletzungen begründet, insbes damit, dass der Vater sowohl vor als auch nach der Scheidung keinen Unterhalt bezahlt und sich nicht um das Kind gekümmert habe (OLG Köln DAVorm 1979, 361, 362; LG Kleve DAVorm 1970, 315, 316; AG Kerpen DAVorm 1981, 885; AG Homburg DAVorm 1976, 160; AG Tübingen FamRZ 1973, 321, 322; AG Hamburg DAVorm 1966, 335, 336), sich ins Ausland abgesetzt habe (OLG Köln DAVorm 1979, 361, 362) oder infolge von Strafhaft nicht in der Lage sei, Kontakte zu pflegen bzw die erforderlichen Geldmittel für den Kindesunterhalt aufzubringen (LG Kleve DAVorm 1970, 315, 316; AG Homburg DAVorm 1976, 160 f).

47 Wird eine gröbliche Pflichtverletzung (oder Gleichgültigkeit) festgestellt, so scheitert eine Ersetzung der Einwilligung im Allgemeinen aber daran, dass dem Kind das Unterbleiben der Annahme nicht zu einem **unverhältnismäßigen Nachteil** gereicht; denn an den konkreten Lebensumständen des Kindes ändert eine Adoption nur wenig. Der Aufenthalt des Kindes in der Familiengemeinschaft aus leiblichem Elternteil und Stiefelternteil ist in aller Regel ohnehin gesichert (WILLUTZKI ZKJ 2007, 18, 24), im Übrigen ist das eine Frage des Sorgerechts und nicht Aufgabe des Adoptionsrechts. Dass das Kind mit dem Stiefelternteil einen **zuverlässigeren Unterhaltsschuldner** erhält, reicht allein zur Annahme eines unverhältnismäßigen Nachteils nicht aus (BayObLG FamRZ 1989, 429, 430; BayObLGZ 1978, 105, 112 = StAZ 1979, 13, 16; OLG Schleswig FamRZ 1994, 1351; KG OLGZ 1969, 235, 237 = FamRZ 1969, 171; MünchKomm/

Titel 7 · Annahme als Kind
Untertitel 1 · Annahme Minderjähriger § 1748

MAURER Rn 91; BeckOGK/LÖHNIG [1. 7. 2016] Rn 43; **aA** OLG Köln DAVorm 1979, 361, 363), ebenso wenig, dass mit der Adoption der **Name des Stiefvaters** (BayObLG FamRZ 1989, 429, 430; OLG Frankfurt OLGZ 1979, 40, 42; OLG Stuttgart Justiz 1972, 316 f; OLG Braunschweig FamRZ 1964, 323, 324; WILLUTZKI ZKJ 2007, 18, 24; zur Einbenennung nach § 1618 vgl § 1741 Rn 72) oder dessen **Staatsangehörigkeit** (BayObLGZ 1978, 105, 112 = StAZ 1979, 13, 16; OLG Frankfurt OLGZ 1979, 40, 42) erworben werden soll. Auch die **Erlangung eines gesetzlichen Erbrechts** nach dem Stiefvater rechtfertigt keinesfalls die Bejahung eines unverhältnismäßigen Nachteils (KG OLGZ 1969, 235, 237 = FamRZ 1969, 171). Im Einzelfall mögen allerdings – jenseits aller konkreten rechtlichen Vorteile – **geistig-seelische Interessen des Kindes** dessen volle rechtliche Eingliederung in die Stieffamilie besonders nahelegen. Insbesondere fällt auf, dass in fast allen Entscheidungen, in denen die Ersetzung der Einwilligung des nichtsorgeberechtigten Elternteils abgelehnt wurde, stereotyp darauf abgehoben wird, dass das Kind auch ohne Adoption wohlbehütet bei seiner leiblichen Mutter und dem Stiefvater aufwachsen werde (OLG Köln 20. 12. 2011 – 4 UF 246/11, juris Rn 5 ff; BayObLG FamRZ 2004, 397; FamRZ 1989, 429, 430; FamRZ 2005, 1587; FamRZ 2004, 1812; BayObLGZ 1978, 105, 112 = StAZ 1979, 13, 16; OLG Schleswig FamRZ 1994, 1351, 1352; OLG Frankfurt OLGZ 1979, 40, 42; OLG Braunschweig FamRZ 1964, 323, 324; LG Tübingen DAVorm 1968, 140, 142; LG Heilbronn DAVorm 1968, 16, 17), während in den Entscheidungen, die sich für eine Ersetzung aussprachen, summarisch die positiven rechtlichen Veränderungen sowie die mehr im psychischen Bereich liegenden günstigen Voraussetzungen für eine gedeihliche Entwicklung des Kindes hervorgehoben werden (OLG Hamm 19. 1. 2015 – II-4 UF 136/14, FamRZ 2015, 868, 869; BayObLG FamRZ 2005, 1587; FamRZ 2004, 1812; FamRZ 1994, 1348, 1350; OLG Köln DAVorm 1979, 361, 363; LG Kleve DAVorm 1970, 315, 316 f; AG Kerpen DAVorm 1981, 885, 886; AG Homburg DAVorm 1976, 160, 161; AG Tübingen FamRZ 1973, 321, 322).

Richtigerweise wird man **nur in seltenen Fällen eine Ersetzung** der Einwilligung gutheißen können, wenn nämlich der zur Ermittlung des unverhältnismäßigen Nachteils erforderliche Abwägungsprozess ergibt, dass einer ungewöhnlich schweren anhaltenden Pflichtverletzung oder einer ausgeprägten, langandauernden Gleichgültigkeit (vgl etwa OLG Hamm 19. 1. 2015 – II-4 UF 136/14, FamRZ 2015, 868; OLG Saarbrücken 21. 3. 2013 – 6 UF 409/12, ZKJ 2013, 305, 307) auf der einen Seite ein gegenüber dem Fortbestand des bloßen **Stiefkindverhältnisses** ungewöhnlich großer Vorteil infolge der Adoption auf der anderen Seite gegenübersteht (MünchKomm/MAURER Rn 91; ERMAN/SAAR Rn 14). Diese Auslegung ist geboten, will man der Ansicht des BVerfG gerecht werden, dass nämlich eine Adoption gegen den Willen der leiblichen Eltern nur zulässig ist, „um die infolge des Versagens der Eltern bereits eingetretene oder drohende Gefahr für eine gesunde Entwicklung des Kindes abzuwenden" (BVerfGE 24, 119, 146 = FamRZ 1968, 578, 584).

Das BVerfG (FamRZ 2006, 94 m Anm MAURER; FamRZ 2006, 1355 m Anm RÖSLER/REIMANN) und der BGH (BGHZ 162, 357 = NJW 2005, 1781 m Anm PESCHEL-GUTZEIT 3324 = JZ 2006, 94 m Anm LIPP) haben im Rahmen von § 1748 Abs 4 BGB in Fällen, die ausnahmslos Stiefkindadoptionen betrafen, entschieden, dass ein unverhältnismäßiger Nachteil für das Kind nur dann vorliege, „wenn die Adoption einen so erheblichen Vorteil für das Kind bietet, daß ein sich verständig um sein Kind sorgender Elternteil auf der Erhaltung des Verwandtschaftsbandes nicht bestehen würde". § 1748 Abs 4 BGB setzt allerdings expressis verbis kein Fehlverhalten voraus. Trotzdem meint das BVerfG, eine Ersetzung der Einwilligung komme auch im Falle des Abs 4 „regelmäßig nur dann in Betracht, wenn der Vater selbst durch sein Verschulden das Scheitern des Vater-Kind-Verhältnisses zu vertreten hat". § 1748 Abs 4 BGB sei verfassungskonform so auszulegen, dass eine Differenzierung zwischen den in Abs 1 und Abs 4 angesprochenen Vätergruppen vermieden werde. Man wird deshalb die tendenziell restriktive Umschreibung dessen, was „unverhältnismäßiger Nachteil" bedeutet, bei allen Adoptionen, insbes bei allen Stiefkindadoptionen, zugrunde legen müssen. Näheres zu Abs 4 vgl Rn 60 ff.

48 Für die Adoption **nichtehelicher Stiefkinder** gelten die gleichen Überlegungen wie für die Annahme ehelicher Stiefkinder (vgl FRANK 79 f). Seit dem KindRG v 1997 unterscheidet das Gesetz nicht mehr zwischen ehelichen und nichtehelichen Kindern. Allerdings kann nach § 1748 Abs 4 BGB die Einwilligung des Vaters unter erleichterten Voraussetzungen ersetzt werden, falls die Eltern bei der Geburt des Kindes nicht miteinander verheiratet sind und der Mutter die elterliche Sorge alleine zusteht. Bezogen auf die Stiefkindadoption bedeutet diese Regelung, dass beim Vorliegen der Voraussetzungen des Abs 4 die väterliche Einwilligung ersetzt werden kann, wenn das Unterbleiben der Annahme dem Kind zu unverhältnismäßigem Nachteil gereichen würde. Auf eine gröbliche Pflichtverletzung oder auf Gleichgültigkeit iSv § 1748 Abs 1 BGB kommt es nicht an. Zur Problematik des § 1748 Abs 4 BGB und zu dessen verfassungskonformer Auslegung vgl Rn 62.

4. Zeitlicher Faktor bei Fremdunterbringung

49 Angesichts der besonderen Bedeutung, die die moderne Bindungsforschung **kontinuierlichen Lebensverhältnissen und stabilen persönlichen Beziehungen** zuschreibt (vgl Vorbem 48 zu §§ 1741 ff sowie STAUDINGER/COESTER [2016] § 1666 Rn 129 ff), kann der Zeitfaktor auch im vorliegenden Kontext eine entscheidende Rolle spielen. Führt das Fehlverhalten der Eltern zur Trennung vom Kind und zu dessen Unterbringung in einer (adoptionsbereiten) Pflegefamilie, so wächst in dem Maß, in dem sich das Kind in der Pflegefamilie zuhause fühlt, auch der Nachteil, den das Unterbleiben der Adoption und dadurch bedingt der Verlust der Pflegestelle für das Kind bedeutet.

50 Schwierigkeiten ergeben sich daher, wenn **die Pflichtverletzung des Elternteils schon längere Zeit zurückliegt** und das Adoptionsverfahren erst geraume Zeit später eingeleitet wird oder das gerichtliche Verfahren sich verzögert. Hat die anhaltend gröbliche Pflichtverletzung zur Trennung des Kindes von den Eltern geführt, so ist die Ersetzung jedenfalls zulässig, wenn auf die Periode der gröblichen Pflichtverletzung eine noch andauernde Periode der Gleichgültigkeit folgt (BayObLG FamRZ 1988, 871, 872; ERMAN/SAAR Rn 4). Problematischer sind die Fälle, in denen den Eltern nach der durch ihr Fehlverhalten ausgelösten Trennung vom Kind kein weiterer Pflichtverstoß zum Vorwurf gemacht werden kann, sei es, dass sie den ihnen verbliebenen Pflichten (Unterhalt, Umgang) nachkommen, sei es, dass eine Pflichtverletzung schon deshalb nicht in Betracht kommt, weil den Eltern – trotz ernsthaften Bemühens – der Aufenthaltsort des Kindes nicht bekanntgegeben wird. Hat das Kind in der Pflegefamilie neue, feste Bindungen entwickelt und jeden Bezug zu den leiblichen Eltern verloren, so erscheint es kaum angängig, die Adoption allein an der zeitlichen Verzögerung des Verfahrens scheitern zu lassen (OLG Frankfurt 23. 7. 2007 – 20 W 76/07, FamRZ 2008, 296, 298; **aA** offenbar OLG Köln FamRZ 1999, 889; OLG Hamm ZfJ 1984, 364, 370; LG Kiel DAVorm 1978, 384, 385). Abzulehnen ist auch die Ansicht, dass mindestens in den letzten 6 Monaten des von der Tatsacheninstanz zu beurteilenden Zeitraums Pflichtverstöße kontinuierlich vorhanden gewesen sein müssen (so aber SOERGEL/ROTH-STIELOW[11] Rn 9) bzw zwischen der Pflichtverletzung und dem Zeitpunkt des Ersetzungsverfahrens allgemein ein naher zeitlicher Zusammenhang bestehen muss (so aber AG Königstein ZfJ 1989, 212, 215). Ist das Kind infolge der Trennung den leiblichen Eltern völlig entfremdet und **eine Herausnahme aus der vertrauten Umgebung oder ein Verlust der jetzigen Bezugspersonen ohne erhebliche Nachteile für das Kind nicht mehr möglich**, so können diese Folgen der anhaltend gröblichen Pflichtverletzung der Eltern nicht mehr rückgängig gemacht werden (so auch OLG Frankfurt 23. 7. 2007 – 20 W 76/07, FamRZ 2008, 296, 298). Die Ersetzung ist deshalb auch dann als zulässig anzusehen, wenn die Eltern ihr Fehlverhalten nunmehr ernstlich einsehen oder neuerdings in geordneten Verhältnissen leben und auch bereit und in der Lage sind, das Kind bei sich aufzunehmen (BayObLGZ 1974, 413, 420 = FamRZ 1976, 234, 239; FamRZ 1982, 1129, 1131; OLG Braunschweig FamRZ 1997, 513; OLG Hamm OLGZ 1976, 434, 435 = FamRZ 1976, 462, 465; FamRZ 1977, 415, 420; LG Münster FamRZ 1999, 890 m Anm LIERMANN FamRZ 1999, 1685; MünchKomm/MAURER Rn 88, 97 u 101).

Noch problematischer sind die Fälle, in denen das Fehlverhalten der Eltern zum **51** Sorgerechtsentzug und zur **Unterbringung des Kindes in einer Pflegefamilie** geführt hat, **ohne dass die Voraussetzungen für eine Ersetzung nach § 1748 BGB vorgelegen haben**, wobei allerdings das JugA diese Voraussetzungen falsch beurteilt hat. Kommt der Elternteil den ihm verbliebenen Restpflichten (vgl Rn 25) nach und bemüht er sich um Kontakt zu dem Kind oder zeigt er auf andere Weise Interesse an dessen Schicksal, so kann ihn weder der Vorwurf einer gröblichen Pflichtverletzung noch der Gleichgültigkeit treffen. Entwickelt das Kind in der Folgezeit intensive Bindungen zur Pflegefamilie und gehen die leiblichen Eltern als Bezugspersonen völlig verloren (was insbes bei Unterbringung in einer anonymen Pflegefamilie leicht der Fall sein kann), so bietet § 1632 Abs 4 BGB dem Kind zwar einen weitgehenden Schutz vor einer sein Wohl gefährdenden Herausnahme aus der Pflegefamilie. Ob aber dem Anspruch des Kindes auf rechtliche Klarheit und Sicherheit seiner Beziehungen zu den Pflegeeltern (vgl Rn 44) auch dann, wenn der Elternteil die erforderliche Einwilligung zu der im Interesse des Kindeswohls gebotenen Adoption verweigert, durch die Ersetzung der Einwilligung Rechnung getragen werden kann, ist fraglich. Verschiedentlich wird die Ansicht vertreten, allein in dem Umstand, dass der Elternteil einsichtslos auf seinen Elternrechten beharre, ohne auf die infolge der längeren Fremdunterbringung erfolgte anderweitige Bindung des Kindes Rücksicht zu nehmen, liege eine gröbliche, die Ersetzung rechtfertigende Pflichtverletzung (AK-BGB/FIESELER Rn 6; OLG Karlsruhe FamRZ 1983, 1058, 1060; vgl auch KG 27. 6. 2016 – 3 UF 8/16, FamRZ 2016, 2019, 2020 f; **aA** OLG Köln FamRZ 1990, 1152, 1153; vgl auch Rn 25). Dem ist entgegenzuhalten, dass der Elternteil für die Verwurzelung des Kindes in der Pflegefamilie zwar eine Mitursache gesetzt hat, die Entfremdung des Kindes vom Elternteil aber entscheidend auf das Eingreifen Dritter, insbes des JugA zurückzuführen ist, das den Abbruch der Beziehungen des Elternteils zum Kind forciert hat, möglicherweise sogar mit dem Ziel, die Entscheidung über die Ersetzung der Einwilligung zu präjudizieren (WILLUTZKI ZKJ 2007, 18, 21; OLG Hamm ZfJ 1984, 364, 367; FamRZ 1976, 462, 467 m krit Anm BOSCH; AG Königstein ZfJ 1989, 212 nebst DIV-Gutachten ZfJ 1988, 338). Das BVerfG (FamRZ 1988, 807) verneint in solchen Fällen einen verfassungsrechtlichen Anspruch des Kindes auf Ersetzung der Einwilligung des Elternteils. Die Lage des betroffenen Kindes ist misslich. Zwar ist es **durch § 1632 Abs 4**

BGB vor der Herausnahme aus der Pflegefamilie weitgehend **geschützt**, seine Einbindung in die Pflegefamilie aber ist, da es nicht ohne die Einwilligung des Elternteils adoptiert werden kann, nur unvollständig. GAWLITTA (FamRZ 1988, 807, 808) bemängelt die fehlende Abstimmung zwischen § 1632 Abs 4 BGB einerseits und den Ersetzungsgründen des § 1748 BGB andererseits. Die Rechtsordnung respektiere in § 1632 Abs 4 BGB die Verwurzelung des Kindes in der Pflegefamilie und nehme damit in Kauf, dass die Elternrechte ihrer Substanz nach verlorengehen. GAWLITTA schlägt deshalb vor, de lege ferenda einen Ersetzungsgrund zu schaffen, der es erlaubt, die Einwilligung auch dann zu ersetzen, wenn wegen neuer gewachsener Bindungen das Pflegekind nicht mehr an die leiblichen Eltern herausgegeben werden muss (vgl auch LAKIES ZfJ 1998, 129, 133 f). Dieser Auffassung kann nicht gefolgt werden: § 1632 Abs 4 BGB geht nicht von einer auf Dauer angelegten Trennung des Kindes von seinen Eltern aus („wenn und solange"). Aufgabe der Gerichte und Jugendämter kann deshalb im Falle des § 1632 Abs 4 BGB nur sein, Vorkehrungen zu treffen, damit das Kind möglichst bald wieder seinen Eltern zurückgegeben werden kann (zur Diskussion über die Ausweitung des § 1632 Abs 4 BGB durch Einführung einer sog Dauerverbleibensanordnung vgl Vorbem 38 zu §§ 1741 ff).

VIII. Besonders schwere Pflichtverletzung (Abs 1 S 2)

52 Nach Abs 1 S 2 kann die elterliche Einwilligung in die Adoption auch ersetzt werden, wenn die Pflichtverletzung zwar nicht anhaltend, aber besonders schwer ist und das Kind voraussichtlich dauernd nicht mehr der Obhut des Elternteils anvertraut werden kann. Nicht erforderlich ist in dieser Variante, dass wie in den Fällen des Abs 1 S 1 das Unterbleiben der Annahme dem Kind zu unverhältnismäßigem Vorteil gereichen würde (OLG Brandenburg 15. 3. 2007 – 11 Wx 43/06, FamRZ 2007, 2006, 2007). Die Tatbestandsalternative der „besonders schweren Pflichtverletzung" ist an die Stelle des Ersetzungsgrundes der „Verwirkung der elterlichen Sorge" nach früherem Recht (§ 1676 aF) getreten, der bei der Reform des Adoptionsrechts durch das AdoptRÄndG v 1973 (vgl Rn 4) als zu schematisch empfunden wurde und sich auch als unzureichend erwiesen hatte (vgl BT-Drucks 7/421, 8).

53 Im Verhältnis zum Merkmal der „anhaltenden gröblichen Pflichtverletzung" drückt die „besonders schwere Pflichtverletzung" ein gravierenderes Fehlverhalten aus, wobei eine exakte Abgrenzung schwierig ist. Maßgebend ist, ob das Fehlverhalten von solchem Gewicht ist, dass dem Kind auch ohne die in Abs 1 S 1 vorausgesetzte Dauer des Fehlverhaltens erhebliche Nachteile drohen. Es muss ein besonders schweres vollständiges Versagen des Elternteils in seiner Verantwortung gegenüber dem Kind vorliegen (BayObLG NJW-RR 1990, 776, 777). Unter Abs 1 S 2 fallen vor allem **Straftaten gegen das Kind** (zB Sexualdelikte, schwere Körperverletzungen, auch seelische Misshandlungen) bzw ein Fehlverhalten, das einem kriminellen Vergehen gleichkommt (BayObLG NJW-RR 1990, 776; FamRZ 1984, 417, 419; FamRZ 1984, 937, 939; OLG Köln FamRZ 1982, 1132; OLG Hamm FamRZ 1976, 462, 465). Ob es in der Folge auch tatsächlich zu einer Verurteilung und Bestrafung des Elternteils kommt, ist unerheblich (MünchKomm/MAURER Rn 84).

54 Wer den andern Elternteil tötet, begeht auch gegenüber dem Kind eine besonders schwere Pflichtverletzung, wenn die Tat konkrete und schwerwiegende Auswirkungen für das Kind hat (OLG Brandenburg 15. 3. 2007 – 11 Wx 43/06, FamRZ 2007, 2006;

BayObLGZ 1978, 105, 109 = StAZ 1979, 13, 15; FamRZ 1984, 937, 939; OLG Zweibrücken JAmt 2001, 431; LG Essen DAVorm 1979, 521, 525; vgl auch BayObLG DAVorm 1981, 131, 137), nicht aber schon, wer den Liebhaber des anderen Elternteils aus Eifersucht tötet und sodann das Kind entführt, ohne das Sorgerecht zu haben (BayObLGZ 1978, 105, 110 f = StAZ 1979, 13, 15). Zur Kindesentziehung durch den nicht sorgeberechtigten Elternteil s vgl Rn 23. Allg zur Pflichtverletzung gegenüber dem Kind durch Straftaten des Elternteils gegen Dritte vgl Rn 22.

Die Ersetzung der Einwilligung erfordert die **Prognose**, dass das Kind infolge der 55 Verfehlungen des Elternteils **voraussichtlich dauernd nicht mehr dessen Obhut anvertraut werden kann**. Abzustellen ist dabei auf Art und Schwere der Pflichtverletzung, die Persönlichkeit des Elternteils sowie die mögliche Gefahr weiterer Pflichtverletzungen (BT-Drucks 7/421, 8). Die Ersetzung der Einwilligung ist nicht dadurch ausgeschlossen, dass das Kind auf Dauer bei Verwandten untergebracht werden kann (OLG Brandenburg 15. 3. 2007 – 11 Wx 43/06, FamRZ 2007, 2006, 2007). Gerade in Fällen, in denen der Elternteil eine besonders schwere Pflichtverletzung begangen hat, ist oft damit zu rechnen, dass diese weiter auf das Kind einwirkt, solange es in der ihm vertrauten Umgebung verbleibt und die Möglichkeit störender Einflussnahme des Elternteils nicht auszuschließen ist (OBERLOSKAMP ZBlJugR 1980, 581, 593). Im Übrigen gelten auch insoweit die oben Rn 45 aufgezeigten Erwägungen.

IX. Besonders schwere psychische Krankheit oder besonders schwere geistige oder seelische Behinderung (Abs 3)

§ 1748 Abs 3 BGB regelt einen Ersetzungsgrund, der nicht an ein dem einwilligungs- 56 berechtigten Elternteil zurechenbares Verhalten, sondern an objektive Gründe anknüpft. Ist dem Elternteil kein Vorwurf zu machen, so stellt die Ersetzung der Einwilligung eine besondere, nur in Ausnahmefällen zumutbare Härte dar. Der mit der Ersetzung verbundene Eingriff in das Elternrecht ist nur gerechtfertigt, wenn dem Schutzbedürfnis des Kindes ein höheres Gewicht beizumessen ist als dem Elternrecht (zur verfassungsrechtlichen Problematik vgl Rn 11). Dabei ist zu beachten, dass nach der Wertung des Gesetzes auch ein in der Geschäftsfähigkeit Beschränkter grundsätzlich als erziehungsfähig anzusehen ist (vgl § 1673 Abs 2 BGB). Abs 3 stellt strenge, scharf umgrenzte Voraussetzungen für die Ersetzung der Einwilligung auf. Sie ist nur zulässig, wenn der Elternteil infolge besonders schwerer geistig-seelischer Anomalien zur Pflege und Erziehung des Kindes dauernd unfähig ist und das Kind bei Unterbleiben der Annahme nicht in einer Familie aufwachsen könnte und dadurch in seiner Entwicklung schwer gefährdet wäre.

Der **objektive Ersetzungsgrund des Abs 3** wurde als § 1747a Abs 3 BGB durch das 57 AdoptRÄndG v 14. 8. 1973 (BGBl 1973 I 1013) geschaffen und durch das AdoptG v 2. 7. 1976 (BGBl 1976 I 1749) als § 1748 Abs 3 BGB übernommen. Durch das BtG v 12. 9. 1990 (BGBl 1990 I 2002) ist lediglich der Begriff des „besonders schweren geistigen Gebrechens" durch die Formulierung „besonders schwere psychische Krankheit oder besonders schwere geistige oder seelische Behinderung" ersetzt worden, ohne dass durch diesen neuen Wortlaut eine inhaltliche Änderung von Abs 3 bewirkt worden wäre. Der Gesetzgeber wollte mit der neuen Formulierung lediglich dem Wegfall des alten § 1910 Rechnung tragen und eine Anpassung an den Sprachgebrauch des neuen § 1896 BGB bewirken (BT-Drucks 11/4528, 108). Die Rspr zum alten Begriff des „besonders schweren geistigen Gebrechens" kann deshalb ohne Weiteres auf den neuen Begriff der „besonders schweren geistigen oder seelischen Behinderung" entsprechend angewandt werden. Als **psychische Krankheiten** sind anzusehen: Körperlich nicht begründbare (endogene) Psychosen; seelische Störungen als Folge von Krankheiten oder Verletzungen des Gehirns, von Anfallsleiden oder von anderen Krankheiten oder körperlichen Beeinträchtigungen (körperlich begründbare – exogene – Psychosen); Abhängigkeitskrankheiten (Alkohol- und Drogenabhängigkeiten); Neurosen und Persönlichkeitsstörungen (Psychopathien). **Geistige Behinderungen** sind angeborene oder frühzeitig erworbene Intelligenzdefekte. Als **seelische Behinderungen** sind bleibende psychische Beeinträchtigungen anzusehen, die Folge von psychischen Krankheiten sind (vgl BT-Drucks 11/4528, 116).

58 Der Begriff der besonders schweren psychischen Krankheit bzw der besonders schweren geistigen oder seelischen Behinderung ist **funktional** zu verstehen, ohne dass es auf eine sichere diagnostische Einordnung der Krankheit oder Behinderung ankommt (BayObLG FamRZ 1999, 1688; FamRZ 1984, 201; OLG Hamm Jugendwohl 1994, 284; Palandt/Götz Rn 9; Erman/Saar Rn 15; **aA** AG Melsungen FamRZ 1996, 53). Sie kann danach in jeder geistigen oder seelischen Anomalie liegen, die den betroffenen Elternteil zur Pflege und Erziehung seines Kindes, auch mit **Hilfe Dritter**, dauernd unfähig macht (BayObLG FamRZ 1999, 1688, 1689; FamRZ 1984, 201, 202; BayObLGZ 1977, 148, 152 = Rpfleger 1977, 303, 304; StAZ 1977, 254, 257; OLG Hamm DAVorm 1978, 364, 378). Eine psychische Krankheit oder eine geistige oder seelische Behinderung ist besonders schwer, wenn der Elternteil hierdurch dauernd erziehungsunfähig wird und die geistig-seelische Anomalie so erheblich ist, dass der Elternteil für ein Versagen bei der Ausübung der elterlichen Sorge nicht verantwortlich gemacht werden kann (BayObLG FamRZ 1999, 1688, 1689; FamRZ 1984, 201, 202). Der Umstand, dass der Elternteil einzelnen Betreuungs- und Erziehungsaufgaben nachkommen kann, hindert nicht die Annahme einer (umfassenden) Erziehungsunfähigkeit (MünchKomm/Maurer Rn 107). Zu berücksichtigen ist aber die mit zunehmendem Lebensalter **gewachsene Selbständigkeit des Kindes** (LG Mannheim DAVorm 1985, 723, 725). Ist der Elternteil infolge Geisteskrankheit geschäftsunfähig, so bedarf es seiner Einwilligung nicht (§ 1747 Abs 4 Alt 1 BGB). Zur Abgrenzung des Anwendungsbereichs von § 1747 Abs 4 BGB und § 1748 Abs 3 BGB vgl § 1747 Rn 87.

59 Nach dem **Verhältnismäßigkeitsgrundsatz** darf die Einwilligung des Elternteils nur ersetzt werden, wenn die Adoption erforderlich ist, um eine bereits eingetretene oder drohende Gefahr für eine gesunde Kindesentwicklung abzuwenden, und mildere Mittel zu diesem Zweck nicht ausreichen (BVerfGE 24, 119, 146 = FamRZ 1968, 578, 584). Abs 3 konkretisiert das Verhältnismäßigkeitsprinzip dahin, dass die Ersetzung bei Erziehungsunfähigkeit nur zulässig ist, wenn das Kind ohne die Annahme nicht in einer Familie aufwachsen könnte und dadurch in seiner Entwicklung schwer gefährdet wäre. Die Ersetzung der Einwilligung kommt sonach nicht in Betracht, **wenn das Kind auf Dauer beim anderen Elternteil, bei Verwandten, Stief- oder Pflegeeltern** („in einer Familie") **aufwachsen kann** (BGHZ 133, 384 = FamRZ 1997, 85 m Anm Hohloch JuS 1997, 274; BayObLG FamRZ 1999, 1688; BayObLGZ 1977, 148, 153 = Rpfleger 1977, 303, 304; StAZ 1977, 254, 257; OLG Hamm DAVorm 1978, 364, 373; AG Melsungen FamRZ 1996, 53; Finger FuR 1990, 183, 191). Vor der Entscheidung über den Ersetzungsantrag sind im Hinblick darauf eingehende Nachforschungen anzustellen (OLG Hamm DAVorm 1978, 364, 374 ff). Die vom OLG Karlsruhe (FamRZ 1990, 94, 95 f m zust Anm Gawlitta;

auch OLG Hamm Jugendwohl 1994, 284 m Anm Happe) vorgenommene Übertragung der Wertung, dass ein unverhältnismäßiger Nachteil iSv Abs 1 S 1 auch dann bejaht werden kann, wenn das Kind auch bei Unterbleiben der Annahme keinen Verlust der Pflegestelle zu befürchten habe, auf Abs 3 widerspricht dem eindeutigen Wortlaut der Bestimmung und verkennt die durch das Verhältnismäßigkeitsprinzip gezogenen engen Grenzen bei unverschuldeter Erziehungsunfähigkeit des Elternteils (BGHZ 133, 384 = FamRZ 1997, 85 m Anm Hohloch JuS 1997, 274; OLG Frankfurt FGPrax 1996, 109 [Vorlagebeschluss]; BayObLG FamRZ 1999, 1688; AG Melsungen FamRZ 1996, 53). Müsste das Kind ohne Adoption in einem Heim aufwachsen (zB weil geeignete Pflegeeltern bzw zur Erziehung bereite Verwandte nicht zur Verfügung stehen oder zur Aufnahme des Kindes nur bereit sind, wenn sie es auch adoptieren können, vgl BayObLG StAZ 1977, 254, 257 und OLG Schleswig JAmt 2003, 318), so ist die Ersetzung zulässig, wenn das Kind durch den Heimaufenthalt „in seiner Entwicklung schwer gefährdet" wäre. Dies wird bei Kleinkindern wegen der Gefahr frühkindlicher Schädigungen durch Hospitalismus stets zu bejahen sein. Anders, wenn es sich um ein älteres, in seiner Entwicklung bereits gefestigtes Kind handelt oder wenn das Kind wegen eigener Gebrechen am besten von Fachkräften in einem Heim betreut wird (BT-Drucks 7/421, 11; BayObLGZ 1977, 148, 153 = Rpfleger 1977, 303, 304).

Besteht eine Gefährdung des Kindeswohls infolge körperlicher oder leichterer geistiger Gebrechen, so kommen nur Schutzmaßnahmen nach den §§ 1666 ff BGB in Betracht.

X. Ersetzung der väterlichen Einwilligung nach Abs 4

Sind die Eltern bei der Geburt des Kindes nicht miteinander verheiratet und steht **60** der Mutter die elterliche Sorge nach § 1626a Abs 3 BGB alleine zu, so kann die Einwilligung des Vaters nach dem Wortlaut des Abs 4 schon dann ersetzt werden, „wenn das Unterbleiben der Annahme dem Kind zu unverhältnismäßigem Nachteil gereichen würde". Die durch das KindRG v 1997 eingefügte Bestimmung des Abs 4 bezieht sich auf Väter nichtehelicher Kinder, die nicht (Mit-)Inhaber der elterlichen Sorge sind und es auch nie waren. Wäre dem Vater die elterliche Sorge nach § 1626a Abs 2 BGB oder § 1671 Abs 2 BGB zunächst übertragen, später aber allein der Mutter zugewiesen worden, käme nicht Abs 4, sondern die allg Regelung der Abs 1– 3 zur Anwendung. Nach der **amtlichen Begründung** des Abs 4 soll mit der Regelung verhindert werden, dass ein Vater, der niemals die elterliche Sorge und damit die Verantwortung für das Kind getragen hat, die Adoption des Kindes allein durch sein Veto verhindern kann (BT-Drucks 13/4899, 114).

Die gesetzliche Regelung war von Anbeginn an als **verfehlt und verfassungsrechtlich** **61** **bedenklich** kritisiert worden (Frank FamRZ 1998, 393, 394 f; Finger JR 2005, 141 f; Liermann FamRZ 2003, 1523; Muscheler Rn 717; weitere Nachweise bei Staudinger/Frank [2001] Rn 59): Während nach Abs 1 eine Ersetzung der elterlichen Einwilligung nur im Falle eines schweren schuldhaften Fehlverhaltens (anhaltende gröbliche Pflichtverletzung oder Gleichgültigkeit) möglich ist, soll es beim Vater eines nichtehelichen Kindes, der nie (Mit-)Inhaber der elterlichen Sorge war, auf ein Fehlverhalten nicht ankommen. Es soll genügen, dass das Unterbleiben der Annahme dem Kind zu unverhältnismäßigem Nachteil gereichen würde. Bei dieser Regelung war vom Gesetzgeber nicht genügend bedacht worden, dass der Vater eines nichtehelichen Kindes gegen den Willen der Mutter nur schlechte Chancen hat, Mitinhaber der elterlichen Sorge zu werden (vgl § 1626a Abs 2 BGB), und dass die Sorgezuständigkeit als solche kein brauchbares Indiz für das Vorhandensein oder Nichtvorhandensein elterlichen Verantwortungsbewusstseins ist (wegen weiterer Bedenken gegen die Regelung des Abs 4 vgl STAUDINGER/FRANK [2001] Rn 59).

62 Das BVerfG hat die Bedenken gegen Abs 4 dadurch ausgeräumt, dass es der Rechtsprechung Vorgaben für eine **verfassungskonforme Auslegung** von Abs 4 gemacht hat (29. 11. 2005 – 1 BvR 1444/01, FamRZ 2006, 94 m Anm MAURER und m Anm BINSCHUS ZfF 2006, 97; MOTZER FamRB 2006, 42, SCHNITZLER FF 2006, 44; HEITMANN jurisPR-FamR 1/2006 Anm 2; FamRZ 2006, 1355 m Anm RÖSLER/REIMANN). Der **Begriff des unverhältnismäßigen Nachteils** in Abs 4 sei so auszulegen, dass eine Ungleichbehandlung der in Abs 1 und Abs 4 angesprochenen Vätergruppen verhindert werde. Auch wenn Abs 4 – anders als Abs 1 – kein Fehlverhalten voraussetze, komme eine Ersetzung der Einwilligung nach Abs 4 „regelmäßig nur dann in Betracht, wenn der Vater selbst durch sein Verhalten das Scheitern des Vater-Kind-Verhältnisses zu verantworten hat." Die Rechtsprechung kann daher nicht mehr stereotyp argumentieren, ein Fehlverhalten des Vaters sei im Falle des Abs 4 irrelevant (so aber noch BayObLG 2005, 381 = FamRZ 2005, 1587; BayObLGR 2004, 212 = FamRZ 2004, 1812; BayObLGZ 2001, 333 = FamRZ 2002, 486; OLG Stuttgart FamRZ 2005, 542; OLG Saarbrücken FamRZ 2005, 1586; OLG Karlsruhe FamRZ 2001, 573). Ein „unverhältnismäßiger Nachteil" für das Kind liegt nach Ansicht des BVerfG nur dann vor, **„wenn die Adoption einen so erheblichen Vorteil für das Kind bietet, daß ein sich verständig um sein Kind sorgender Elternteil auf der Erhaltung des Verwandtschaftsbandes nicht bestehen würde".**

Mit dieser Definition schränkt das BVerfG die Ersetzungsmöglichkeit nicht unerheblich ein und schließt sich voll inhaltlich dem BGH an, der in einer Entscheidung aus dem gleichen Jahr dieselbe Definition gewählt hatte (BGHZ 162, 357 = NJW 2005, 1781 m Anm PESCHEL-GUTZEIT 3324 = JZ 2006, 94 m Anm LIPP; weitere Anm WIEGELMANN FamRB 2005, 236; FINGER BGHReport 2005, 976; HEITMANN jurisPR-FamR 1/2006 Anm 2). Vor den Entscheidungen des BVerfG und des BGH hatte die Rechtsprechung für Abs 4 zwar immer „eine umfassende Abwägung der Eltern- und Kindesinteressen" gefordert (zB BayObLGR 2005, 381 = FamRZ 2005, 1587; OLG Saarbrücken FamRZ 2005, 1586). Wie die Gewichte im Abwägungsprozess zu verteilen sind, blieb indessen unklar (vgl PESCHEL-GUTZEIT NJW 2005, 3324).

Die Entscheidungen des BVerfG und des BGH stehen erkennbar unter dem Eindruck des Urteils des EGMR v 26. 2. 2004 in Sachen Görgülü/Deutschland (EuGRZ 2004, 700 = FamRZ 2004, 1456), in dem die Bundesrepublik Deutschland wegen Verstoßes gegen Art 8 EMRK verurteilt wurde und in dem es um das Sorge- und Umgangsrecht eines türkischen Vaters ging, der nach Einwilligung der Mutter in eine Adoption um seine Vaterrechte kämpfte, um eine Adoption durch die Pflegeeltern des Kindes zu verhindern.

63 In der **Rechtsprechung der Oberlandesgerichte** wird bei der Prüfung von Abs 4 nunmehr an die vom BGH und BVerfG entwickelten Leitlinien angeknüpft, eine explizite **Prüfung der in Abs 1 enthaltenen Tatbestandselemente erfolgt demgegenüber nicht** (typisch etwa OLG Saarbrücken 21. 3. 2013 – 6 UF 409/12, ZKJ 2013, 305, 306 f = juris Rn 18; vgl auch OLG Hamm 19. 1. 2015 – 4 UF 136/14, FamRZ 2015, 868; 7. 12. 2016 – 13 UF 131/15, FamRZ 2017,

1064; KG 27. 6. 2016 – 3 UF 8/16, FamRZ 2016, 2019). Eine solche wird auch in der Literatur nur vereinzelt empfohlen (wohl jurisPK-BGB/HEIDERHOFF Rn 22). Klar ist aber, dass die Anforderungen von Abs 4 und Abs 1 „praktisch die gleichen" sein müssen (Prax-KommKindschaftsR/BRAUN Rn 30), wenn man den Vorgaben von BGH und BVerfG gerecht werden will. Wenn „regelmäßig" erforderlich sein soll, dass „der Vater selbst durch sein Verhalten das Scheitern des Vater-Kind-Verhältnisses zu verantworten hat" (29. 11. 2005 – 1 BvR 1444/01, FamRZ 2006, 94, 95), kommt hierfür in aller Regel auch nur eine Pflichtverletzung oder Gleichgültigkeit iSv Abs 1 in Frage.

BVerfG und BGH haben ihre Entscheidungen aus den Jahren 2005 und 2006 zum **64** Anlass genommen klarzustellen, dass im Falle einer **Stiefkindadoption** die Einwilligung des Vaters in die Annahme seines Kindes „nur unter strengeren Voraussetzungen als in Fällen der Drittadoption zu ersetzen" sei. Es könne nicht ohne Weiteres davon ausgegangen werden, „dass die Adoption durch den Stiefvater in aller Regel dem Wohl des Kindes dient". Stiefkindadoptionen seien „häufig nicht unproblematisch". Sie änderten „im Regelfall an der tatsächlichen Situation des Kindes wenig". Näheres zur Stiefkindadoption gegen den Willen des externen Elternteils vgl Rn 46 ff.

Abs 4 setzt grundsätzlich voraus, dass die Vaterschaft durch Anerkennung oder **65** gerichtlich festgestellt ist. Abs 4 findet jedoch auch Anwendung, soweit einem nur **präsumtiven Vater** gem § 1747 Abs 1 S 2 BGB ein Einwilligungsrecht zusteht (vgl § 1747 Rn 16 ff; BT-Drucks 13/4899, 113).

XI. Verfahren

1. Allgemeines

Über die Ersetzung der Einwilligung ist in einem gesonderten Verfahren zu ent- **66** scheiden, und zwar entweder isoliert vor Einreichung des Annahmeantrags (wobei die Annehmenden bereits feststehen müssen, vgl Rn 42) oder nach gestelltem Annahmeantrag in einem sog **„Zwischenverfahren"** (vgl auch § 1752 Rn 34; BayObLG FamRZ 1994, 1348, 1349; OLG Celle ZfJ 1998, 262). Das Ersetzungsverfahren muss gem § 198 Abs 1 S 1 FamFG rechtskräftig abgeschlossen sein, ehe das FamG die Annahme als Kind aussprechen kann. Der Ersetzungsbeschluss kann also nicht inzident mit dem Adoptionsbeschluss ergehen. Zum Anspruch der leiblichen Eltern auf Verfahrenskostenhilfe im Ersetzungsverfahren vgl HOFFMANN FamRZ 2010, 1394 ff.

2. Zuständigkeit

Zuständig ist nach § 187 Abs 1 FamFG das FamG am **gewöhnlichen Aufenthalt des** **67** **Annehmenden bzw einer der Annehmenden**. Haben die Annehmenden im Inland keinen gewöhnlichen Aufenthalt, so ist das Gericht zuständig, in dessen Bezirk das Kind seinen gewöhnlichen Aufenthalt hat (§ 187 Abs 2 FamFG). Hilfsweise ist das AG Berlin-Schöneberg zuständig (§ 187 Abs 5 S 1 FamFG). Maßgebend sind dabei die Verhältnisse im Zeitpunkt des Ersetzungsantrags (§ 2 Abs 2 FamFG). Die Abgabe des Verfahrens nach § 4 FamFG ist möglich. Funktionell zuständig ist der Richter (§ 14 Abs 1 Nr 14 RPflG). Näheres zur Zuständigkeit vgl § 1752 Rn 13 ff.

3. Antrag

68 Das Verfahren setzt einen **Antrag des Kindes** voraus (Abs 1 S 1). Für das geschäftsunfähige oder noch nicht 14 Jahre alte Kind handelt dessen **gesetzlicher Vertreter**. Sind bereits Maßnahmen nach den §§ 1666 ff BGB getroffen, wird dies idR der Vormund oder Pfleger sein. Ist der Elternteil, dessen Einwilligung ersetzt werden soll, bzw dessen Ehegatte noch gesetzlicher Vertreter, liegt idR ein erheblicher **Interessenwiderstreit** vor, der die Entziehung der Vertretungsmacht des Elternteils in dieser Angelegenheit (§§ 1629 Abs 2 S 3, 1796 Abs 2 BGB) und die Übertragung auf einen Ergänzungspfleger (§ 1909 BGB) notwendig macht (OLG Celle FamRZ 2001, 1732; OLG Nürnberg NJW-RR 2000, 1678; OLG Karlsruhe FamRZ 1999, 1686, 1687). Verfehlt ist die Ansicht, dass der Elternteil bereits kraft Gesetzes (§§ 1629 Abs 2 S 1, 1795 Abs 2, 181 BGB) auch hinsichtlich der Einleitung des Verfahrens von der Vertretung des Kindes ausgeschlossen ist. Der gesetzliche Ausschluss des Vertretungsrechts betrifft nur die Vertretung im Verfahren selbst (dazu ausführlich Frank FamRZ 1985, 966 mwNw). Will der Vormund seinen Mündel adoptieren, so ist er nicht gehindert, den Antrag auf Ersetzung der elterlichen Einwilligung in die Adoption im Namen des Kindes zu stellen (OLG Zweibrücken JAmt 2001, 431).

69 Das **14-jährige, nicht geschäftsunfähige Kind** kann den Ersetzungsantrag **analog § 9 Abs 1 Nr 3 FamFG selbst stellen** und bedarf hierzu nicht der Zustimmung seines gesetzlichen Vertreters (jurisPK-BGB/Heiderhoff Rn 23; Erman/Saar Rn 19; MünchKomm/Maurer Rn 133; OLG Düsseldorf FamRZ 1995, 1294, 1295; OLG Hamm FamRZ 1976, 462, 463; **aA** OLG Köln 20. 12. 2011 – 4 UF 246/11, juris Rn 1; Palandt/Götz Rn 13; NK-BGB/Dahm Rn 7; Gernhuber/Coester-Waltjen § 68 Fn 137 unter Heranziehung von § 1746 Abs 1 S 3 BGB, der allerdings von einem materiellrechtlichen Zustimmungserfordernis ausgeht, während hier eine Verfahrenshandlung zur Diskussion steht). Dem gesetzlichen Vertreter bleibt es aber unbenommen, neben dem Kind für dieses einen Ersetzungsantrag zu stellen (OLG Düsseldorf FamRZ 1995, 1294, 1295; Soergel/Liermann Rn 46; MünchKomm/Maurer Rn 133: wenn das Kind bereits eingewilligt hat).

4. Verfahrensgegenstand

70 Gegenstand des Verfahrens ist die **Ersetzung der Einwilligung in die Adoption schlechthin**, nicht etwa nur, ob ein bestimmter Ersetzungsgrund erfüllt ist. Das Gericht hat daher von Amts wegen zu prüfen, ob einer der Ersetzungsgründe des § 1748 BGB vorliegt, und ist an die Begründung des Antrags nicht gebunden (BayObLG FamRZ 1982, 1129, 1131; FamRZ 1984, 201, 202). Der Ersetzungsantrag bedarf nicht einmal notwendigerweise einer Begründung. Verfahrensgegenstand ist aber stets die Ersetzung der Einwilligung in eine bestimmte Adoption durch einen konkreten, bereits feststehenden Annehmenden (vgl Rn 42). Bei einer Inkognitoadoption ist dem durch die Angabe objektiver Unterscheidungsmerkmale (zB der Nummer, unter der die Annehmenden bei der Adoptionsvermittlungsstelle geführt werden) im Tenor des Ersetzungsbeschlusses Rechnung zu tragen (LG München II DAVorm 1980, 119, 127 f).

5. Beteiligte

71 Verfahrensbeteiligter ist nach § 188 Abs 1 Nr 2 FamFG der **Elternteil, dessen Einwilligung ersetzt** werden soll, das kann ggf auch der Vaterschaftsprätendent iSv

Titel 7 · Annahme als Kind
Untertitel 1 · Annahme Minderjähriger   § 1748

§ 1747 Abs 1 S 2 BGB sein (vgl Rn 65). Das **Kind** ist nach § 7 Abs 1 FamFG als Antragsteller Verfahrensbeteiligter. Für die **Annehmenden** ergibt sich eine Beteiligtenstellung aus § 7 Abs 2 Nr 1 FamFG, da ihnen ohne Ersetzung der Einwilligung eine Adoption nicht möglich ist (PraxKommKindschaftsR/Braun § 189 FamFG Rn 28; MünchKomm/Maurer § 188 FamFG Rn 12; Bork/Jacoby/Schwab/Sonnenfeld § 188 FamFG Rn 17). Nach § 188 Abs 2 FamFG sind – wie im Annahmeverfahren auch (vgl § 1752 Rn 23) – das **Jugendamt und das Landesjugendamt** auf Antrag zu beteiligen.

6. Anhörungen und Verfahrensbeistand

Die Anhörung dient nicht nur der Gewährung rechtlichen Gehörs (Art 103 Abs 1 GG), sondern auch der nach § 26 FamFG gebotenen umfassenden Sachaufklärung. Ausdrücklich gesetzlich geregelte Anhörungspflichten ergeben sich aus § 192 Abs 2 FamFG, im Übrigen leiten sie sich vor allem aus der Pflicht zur Amtsermittlung ab. Der **Elternteil**, dessen Einwilligung ersetzt werden soll, ist als Verfahrensbeteiligter (§ 186 Abs 1 Nr 2 FamFG) (persönlich) **anzuhören**, selbst wenn ihm das Sorgerecht nicht zusteht (BayObLGR 2004, 188 = FamRZ 2004, 1811; BayObLG FamRZ 1984, 935, 936; FamRZ 1984, 936, 937; OLG Düsseldorf FamRZ 1995, 1294, 1295). Auch auf den anderen Elternteil wird sich die Anhörungspflicht in aller Regel erstrecken (MünchKomm/Maurer Rn 142).   72

Das **Kind** ist als Verfahrensbeteiligter (§ 7 Abs 1 FamFG) nach § 192 Abs 2 FamFG ebenfalls (persönlich) **anzuhören** (BVerfG FamRZ 2002, 229; BGH 6. 12. 2017 – XII ZB 371/17, FamRZ 2018, 440, 444 Rn 43: 6- bis 7jähriges Kind; BayObLG 15. 12. 1987 – 1 Z 44/87, FamRZ 1988, 871, 873: vierjähriges Kind; OLG Düsseldorf FamRZ 1995, 1294, 1295; OLG Karlsruhe FamRZ 1995, 1012). Für die Frage, ob von der Anhörung ausnahmsweise gem § 192 Abs 3 FamFG abgesehen werden kann, vgl § 1752 Rn 27. Dabei kann eine weitere „Aufklärung" auch dann nicht zu erwarten sein, wenn das Kind schon aus tatsächlichen Gründen keine Bindung und Neigung zu den Eltern oder einem Elternteil entwickeln konnte (BayObLGR 2004, 188 = FamRZ 2004, 1811; BayObLG 2002, 291 = FamRZ 2002, 1142; BayObLG 15. 12. 1987 – 1 Z 44/87, FamRZ 1988, 871, 873).   73

Wegen des Interessenwiderstreits zwischen Kind und einwilligungsberechtigtem Elternteil ist dem Kind in aller Regel nach § 191 FamFG ein **Verfahrensbeistand** zu bestellen (MünchKomm/Maurer Rn 142; Behrentin/Braun, Handb AdoptionsR, B Rn 549: selbst wenn das Kind im Zeitpunkt des Verfahrens schon von einem Vormund vertreten wird; zum Verfahrenspfleger nach altem Recht vgl OLG Stuttgart FamRZ 2005, 542; OLG Celle FamRZ 2001, 1732).

Nach § 194 Abs 1 S 1 FamFG ist das **Jugendamt** stets anzuhören. Bei einer angestrebten Inkognitoadoption ist auch im Ersetzungsverfahren das Inkognito zu wahren (BayObLGR 2004, 188 = FamRZ 2004, 1811). Es genügt, wenn die Lebensverhältnisse der bereits feststehenden Annehmenden (vgl § 1747 Rn 61) bekannt sind. Die Pflicht zur Anhörung weiterer Personen (zB Annehmender, ehemaliger Pflegeeltern usw) kann sich aus dem Amtsermittlungsgrundsatz ergeben (§ 26 FamFG).   74

Hat die Mutter in die Adoption ihres nichtehelichen Kindes eingewilligt und der Vater die Übertragung der Sorge beantragt (§ 1747 Abs 3 Nr 3 BGB), ist das Verfahren auf Ersetzung der Einwilligung zwingend auszusetzen, bis über den Antrag abschließend entschieden worden ist (OLG Naumburg FamRZ 2004, 810). Erachtet das Gericht die Ersetzungsvoraussetzungen für gegeben, so hat es die Ersetzung durch

Beschluss auszusprechen. Der Beschluss wird gem § 198 Abs 1 S 1 FamFG **mit Eintritt der Rechtskraft wirksam.**

7. Rechtsbehelfe

75 Wird der Antrag auf Ersetzung **abgelehnt**, steht (nur) dem Kind hiergegen die **Beschwerde** zu (§§ 58 Abs 1, 59 Abs 2, 63 Abs 1 FamFG; BayObLGZ 2002, 99 = FamRZ 2002, 1282). **Gegen den die Ersetzung aussprechenden Beschluss** kann der Elternteil, dessen Einwilligung ersetzt wurde, mit der **Beschwerde** (§§ 58 Abs 1, 59 Abs 1 FamFG) vorgehen, selbst wenn er nicht voll geschäftsfähig ist – soweit er nur das 14. Lebensjahr vollendet hat (§ 60 FamFG; BayObLGZ 1977, 148, 150). Führt die Beschwerde des Elternteils zur Aufhebung des Ersetzungsbeschlusses, steht dem Kind hiergegen – nach Zulassung durch das Beschwerdegericht – die Rechtsbeschwerde offen (§ 70 Abs 1 u 2 FamFG).

Nach Erschöpfung des Rechtswegs kommt gegen die Ersetzung der Einwilligung auch eine **Verfassungsbeschwerde** in Betracht (vgl BVerfG FamRZ 2006, 94; BVerfG FamRZ 2006, 1355). Entsprechendes gilt im Falle der Zurückweisung eines Antrags auf Ersetzung der Einwilligung bei Verletzung von Art 103 Abs 1 GG (BVerfG FamRZ 2002, 229). In diesem Fall ist allerdings zunächst eine Anhörungsrüge (§§ 44, 69 Abs 3 FamFG) zu erheben. Zur Verfassungsbeschwerde gegen Adoptionsbeschlüsse vgl § 1759 Rn 16 ff.

§ 1749
Einwilligung des Ehegatten

(1) Zur Annahme eines Kindes durch einen Ehegatten allein ist die Einwilligung des anderen Ehegatten erforderlich. Das Familiengericht kann auf Antrag des Annehmenden die Einwilligung ersetzen. Die Einwilligung darf nicht ersetzt werden, wenn berechtigte Interessen des anderen Ehegatten und der Familie der Annahme entgegenstehen.

(2) Die Einwilligung des Ehegatten ist nicht erforderlich, wenn er zur Abgabe der Erklärung dauernd außerstande oder sein Aufenthalt dauernd unbekannt ist.

Materialien: BT-Drucks 7/3061, 38 f;
BT-Drucks 7/5087, 13 f; BT-Drucks 18/12086, 23. S Staudinger/BGB-Synopse (2005) § 1749.

Systematische Übersicht

I. Normzweck und Entstehungsgeschichte 1	2. Einwilligung 4
	3. Entbehrlichkeit der Einwilligung (Abs 2) 5
II. Einwilligung des Ehegatten des Annehmenden	4. Ersetzung der Einwilligung 6
1. Anwendungsbereich 3	

Titel 7 · Annahme als Kind
Untertitel 1 · Annahme Minderjähriger   § 1749

| III. | Mängel der Einwilligung | 8 | IV. | Beteiligung sonstiger Familienangehöriger des Annehmenden | 9 |

I. Normzweck und Entstehungsgeschichte

§ 1746 Abs 1 aF hatte bereits in seiner ursprünglichen Fassung v 1896 vorgesehen, **1** dass ein Verheirateter „nur mit Einwilligung seines Ehegatten an Kindes Statt annehmen oder angenommen werden" kann. Dem Wesen der Ehe als einer umfassenden Lebensgemeinschaft (§ 1353 BGB) entspricht es, dass das Gesetz die Adoption durch einen Ehegatten allein von der Einwilligung des anderen abhängig macht (Mot IV 961).

Die **Reform v 1976** hat – von sprachlichen Änderungen abgesehen – gegenüber § 1746 aF insofern eine Neuerung gebracht, als Abs 1 S 2 u 3 nunmehr vorsieht, dass die Einwilligung des Ehegatten des Annehmenden ersetzt werden kann. § 9 Abs 6 S 1 LPartG wiederholt den Grundsatz des Abs 1 S 1 für die Annahme durch einen **Lebenspartner**; Abs 1 S 2 u 3 sowie Abs 2 gelten über den Verweis in § 9 Abs 6 S 2 LPartG entsprechend.

Die **praktische Bedeutung** von § 1749 BGB ist **gering**, weil § 1741 Abs 2 S 4 BGB die Annahme durch einen Ehegatten allein nur ausnahmsweise gestattet und die Annahme eines Stiefkindes ohnehin die Einwilligung des Ehegatten in seiner Eigenschaft als leiblicher Elternteil voraussetzt (§ 1747 Abs 1 S 1 BGB). § 1749 gilt auch für die Annahme **Volljähriger** (§ 1767 Abs 2 S 1 BGB).

§ 1749 Abs 2 aF regelte ursprünglich die Einwilligung des Ehegatten eines verhei- **2** rateten Anzunehmenden. Diese Vorschrift, die über den Verweis in § 1767 Abs 2 S 1 BGB auch für Volljährigenadoptionen galt, hatte für die Minderjährigenadoption kaum Bedeutung (STAUDINGER/FRANK [2007] Rn 7). Durch das **Gesetz zur Bekämpfung von Kinderehen v 17. 7. 2017** (BGBl 2017, 2429) ist sie gestrichen und inhaltsgleich in § 1767 Abs 2 S 2 BGB eingegliedert worden. Dabei wurde zur Begründung angeführt, dass „künftig keine Eheschließungen unter Beteiligung Minderjähriger mehr zulässig sind" (BT-Drucks 18/12086, 23). Gleichwohl können auch in Zukunft – insbesondere im Ausland – Minderjährigenehen geschlossen werden, die aus deutscher Sicht nicht automatisch unwirksam sind (vgl Art 13 Abs 3 Nr 2 EGBGB). Die hierdurch entstandene Regelungslücke (SCHWAB FamRZ 2017, 1369, 1373) dürfte sich nicht bemerkbar machen und wäre im Fall der Fälle im Wege einer Analogie zu § 1767 Abs 2 S 2 BGB zu schließen. Der Gesetzgeber hat den Grundsatz des § 1749 Abs 2 aF nicht inhaltlich abgelehnt, sondern hielt ihn bei Minderjährigenadoptionen nur für praktisch überflüssig. Durch die Ausgliederung des bisherigen Abs 2 in § 1767 Abs 2 S 2 BGB ist der alte Abs 3 zum neuen Abs 2 geworden.

II. Einwilligung des Ehegatten des Annehmenden

1. Anwendungsbereich

Nach § 1741 Abs 2 S 3 u 4 BGB kann ein Verheirateter nur in zwei Fällen ein Kind **3** allein annehmen, nämlich,

(1) wenn er das Kind seines Ehegatten annimmt (§ 1741 Abs 2 S 3 BGB). Durch eine solche Adoption erlangt das Kind die rechtliche Stellung eines gemeinschaftlichen Kindes der Ehegatten (§ 1754 Abs 1 BGB). Das Einwilligungserfordernis des § 1749 Abs 1 S 1 BGB hat hier keine selbständige Bedeutung, weil der Ehegatte ohnehin als leiblicher Elternteil gem § 1747 Abs 1 S 1 BGB (ggf auch noch als gesetzlicher Vertreter des Kindes gem § 1746 BGB, vgl § 1746 Rn 7 ff) einwilligen muss. In der Einwilligung nach § 1747 BGB ist dann die Einwilligung nach § 1749 BGB, ggf auch die nach § 1746 BGB mit enthalten (NK-BGB/Dahm Rn 10; Erman/Saar Rn 2; Soergel/Liermann Rn 1).

(2) wenn sein Ehegatte ein Kind nicht annehmen kann, weil er geschäftsunfähig ist oder das einundzwanzigste Lebensjahr noch nicht vollendet hat (§ 1741 Abs 2 S 4 BGB). Hat er das einundzwanzigste Lebensjahr noch nicht vollendet, so bedarf die Adoption seiner Einwilligung (vgl § 1750 Abs 3 S 2 BGB). Ist der nicht adoptierende Ehegatte geschäftsunfähig, so ist seine Einwilligung nach Abs 2 nicht erforderlich.

Wie sich aus diesen Ausführungen ergibt, reduziert sich die praktische Bedeutung des § 1749 Abs 1 BGB heute auf den seltenen und im Übrigen höchst problematischen Fall (vgl § 1741 Rn 57 ff), dass ein Ehegatte ein Kind allein adoptieren will, weil sein Ehepartner noch zu jung für eine Mitadoption ist. Vor dem KindRG v 1997 hatte die Regelung des § 1749 Abs 1 BGB noch zusätzliche Bedeutung für den Fall der Adoption des eigenen nichtehelichen Kindes durch die verheiratete Mutter oder den verheirateten Vater (vgl Staudinger/Frank[12] Rn 2). Nachdem jedoch die Möglichkeit der Adoption des eigenen nichtehelichen Kindes durch das KindRG v 1997 beseitigt worden ist, **läuft die unverändert fortgeltende Bestimmung des Abs 1 praktisch leer.**

2. Einwilligung

4 Soweit § 1749 Abs 1 BGB noch Anwendung findet, ist die Einwilligung des Ehegatten erforderlich, wenn beim Ausspruch der Annahme (§ 1752 BGB) die Ehe besteht. Ob die Eheleute vorübergehend oder dauernd getrennt leben, spielt keine Rolle. Für den Fall, dass der Ehegatte zur Abgabe der Erklärung dauernd außerstande oder sein Aufenthalt dauernd unbekannt ist, vgl Rn 5. Zur Form der Einwilligungserklärung, ihrem Wirksamwerden sowie den Erklärungsadressaten vgl § 1750 BGB.

3. Entbehrlichkeit der Einwilligung (Abs 2)

5 Ist der Ehegatte des Annehmenden zur Abgabe der Erklärung dauernd außerstande oder ist sein Aufenthalt dauernd unbekannt, so ist seine Einwilligung nach Abs 2 nicht erforderlich. Die Regelung entspricht § 1747 Abs 4 BGB und war fast wörtlich schon in § 1746 Abs 2 BGB idF v 1900 enthalten. Wichtigster Fall dauernder Verhinderung an der Abgabe der Erklärung ist die **Geschäftsunfähigkeit**. Vgl im Übrigen die Hinweise zu § 1747 Abs 4 BGB, die entsprechend gelten.

4. Ersetzung der Einwilligung

6 Vor der Reform v 1976 war kritisiert worden, dass § 1746 aF eine Ersetzung der Einwilligung des Ehegatten unter keinen Umständen erlaubte (vgl Engler 67 u Stau-

Titel 7 · Annahme als Kind
Untertitel 1 · Annahme Minderjähriger   § 1749

Dinger/Engler[10/11] § 1746 Rn 13). Abs 1 S 2 idF v 1976 sieht nunmehr die Möglichkeit der Ersetzung vor, ohne indessen die Voraussetzungen der Ersetzung zu präzisieren. Abs 1 S 3 bestimmt lediglich, dass die Einwilligung nicht ersetzt werden darf, wenn „berechtigte Interessen des anderen Ehegatten und der Familie" der Annahme entgegenstehen. In den Gesetzesmaterialien (BT-Drucks 7/3061, 39) wird auf die entsprechende Regelung des § 1727 Abs 2 aF verwiesen, die inzwischen durch das KindRG v 1997 aufgehoben worden ist. In § 1727 Abs 2 aF war für die Ehelicherklärung auf Antrag des Vaters gegen den Willen seiner Ehefrau zusätzlich gefordert worden, dass „die häusliche Gemeinschaft der Ehegatten aufgehoben" ist.

Eine Kommentierung der Ersetzungsvoraussetzungen (vgl dazu Staudinger/Frank[12] Rn 6 ff) erübrigt sich, weil seit dem KindRG v 1997 die Ersetzung der Einwilligung **ohne jeden praktischen Anwendungsbereich** ist: Die Adoption eines Kindes durch einen Ehegatten allein, der mit einem minderjährigen Partner verheiratet ist, dient in aller Regel dem Wohl des Kindes selbst dann nicht, wenn der Minderjährige mit der Annahme einverstanden sein sollte (§ 1741 Rn 59). Ist der Minderjährige nicht mit der Annahme einverstanden, dann ist es schlechterdings nicht mehr vorstellbar, dass die Adoption noch dem Wohl des Kindes dienen könnte. Im Übrigen dürfte die Adoption schon deshalb scheitern, weil der minderjährige Ehegatte, dessen Einwilligung ersetzt werden soll, in aller Regel im Laufe des Verfahrens volljährig werden dürfte, wonach eine Adoption wegen § 1741 Abs 2 S 4 BGB ohnehin ausgeschlossen ist. Theoretisch wäre bei § 1749 Abs 1 S 3 BGB noch an den Fall einer Stiefkindadoption gegen den Willen des Ehepartners zu denken (§ 1741 Abs 2 S 3 BGB). Da indessen eine Stiefkindadoption immer dazu führt, dass das Kind die rechtliche Stellung eines gemeinschaftlichen Kindes beider Ehegatten erlangt (§ 1754 Abs 1 BGB), kommt auch eine Stiefkindadoption gegen den Willen des Ehegatten, der leiblicher Elternteil des Kindes ist und dessen Einwilligung im Übrigen auch noch nach § 1748 BGB ersetzt werden müsste, nicht in Betracht.

III. Mängel der Einwilligung

Fehlt die Einwilligung des Ehegatten, ist sie unwirksam oder mit Willensmängeln behaftet, oder ist das FamG zu Unrecht von der Entbehrlichkeit der Einwilligung ausgegangen, so ist die dennoch ausgesprochene Adoption (§ 1752 BGB) wirksam. Eine **Aufhebung** des Annahmeverhältnisses ist in § 1760 Abs 1 BGB **nicht vorgesehen** (vgl OLG Nürnberg JAmt 2002, 194 = FPR 2002, 457). Hinter dem Interesse des Kindes am Fortbestand der Adoption treten die Interessen des Ehegatten zurück. Zur **Verfassungsbeschwerde** gegen Adoptionsbeschlüsse wegen Verletzung des Anspruchs auf rechtliches Gehör (Art 103 Abs 1 GG) vgl § 1759 Rn 16 ff.

IV. Beteiligung sonstiger Familienangehöriger des Annehmenden

Außer dem Ehegatten sind weitere Familienangehörige des Annehmenden am Zustandekommen der Adoption nicht beteiligt. Jedenfalls sieht das Gesetz keine weiteren Einwilligungsrechte vor. Aus § 1745 BGB wird man allerdings ein Anhörungsrecht der Kinder des Annehmenden ableiten müssen (vgl § 1745 Rn 22), das jedoch weiteren Verwandten des Annehmenden nicht zusteht, auch nicht den künftigen Großeltern des Kindes (vgl auch § 1752 Rn 29 f).

10 Vor allem gegen die Nichtbeteiligung der **Adoptivgroßeltern** am Annahmeverfahren wurden Bedenken geäußert, weil der Grundsatz der Volladoption dazu führt, dass ihnen unterhalts- und pflichtteilsberechtigte Enkel gegen ihren Willen aufgezwungen werden (SCHELD DRiZ 1976, 45 u FamRZ 1975, 326; BISCHOF Jur Büro 1976, 1569, 1575; BINSCHUS ZfF 1976, 193, 200). Es wäre sicher verfehlt, wollte man die Lösung des geltenden Rechts mit dem oberflächlichen Hinweis verteidigen, dass Großeltern sich auch nicht gegen die Geburt natürlicher Enkelkinder zur Wehr setzen können, und dass Großeltern durch die Adoption nicht nur Pflichten, sondern auch Rechte erwachsen (so aber BT-Drucks 7/5087, 15). Die Regelung lässt sich nur durch die besonderen Interessen der Eltern und vor allem des Kindes an einer vollständigen Eingliederung in die neue Familie auch gegen den Willen einzelner Familienangehöriger rechtfertigen (GERNHUBER/COESTER-WALTJEN § 68 Rn 95; FRANK 248). Würde man den Großeltern ein Einwilligungs- oder Anhörungsrecht zuerkennen, so könnten auch andere Verwandte ähnliches fordern, weil auch ihre Rechtsstellung – wenn auch in erheblich geringerem Maße als die der Großeltern – durch die Adoption tangiert wird (so auch BT-Drucks 7/5087, 15). Schließlich sollte man nicht übersehen, dass Großeltern auch in anderem Zusammenhang Enkelkinder akzeptieren müssen, ohne dass blutsverwandtschaftliche Beziehungen bestehen (Ehebruchskinder, falsche Vaterschaftsanerkennung, heterologe künstliche Insemination, Auseinanderfallen von genetischer und gebärender Mutter im Falle der „Eispende" oder „Leihmutterschaft").

§ 1750
Einwilligungserklärung

(1) Die Einwilligung nach §§ 1746, 1747 und 1749 ist dem Familiengericht gegenüber zu erklären. Die Erklärung bedarf der notariellen Beurkundung. Die Einwilligung wird in dem Zeitpunkt wirksam, in dem sie dem Familiengericht zugeht.

(2) Die Einwilligung kann nicht unter einer Bedingung oder einer Zeitbestimmung erteilt werden. Sie ist unwiderruflich; die Vorschrift des § 1746 Abs. 2 bleibt unberührt.

(3) Die Einwilligung kann nicht durch einen Vertreter erteilt werden. Ist der Einwilligende in der Geschäftsfähigkeit beschränkt, so bedarf seine Einwilligung nicht der Zustimmung seines gesetzlichen Vertreters. Die Vorschrift des § 1746 Abs. 1 Satz 2, 3 bleibt unberührt.

(4) Die Einwilligung verliert ihre Kraft, wenn der Antrag zurückgenommen oder die Annahme versagt wird. Die Einwilligung eines Elternteils verliert ferner ihre Kraft, wenn das Kind nicht innerhalb von drei Jahren seit dem Wirksamwerden der Einwilligung angenommen wird.

Materialien: BT-Drucks 7/3061, 39 f;
BT-Drucks 7/5087, 14. S STAUDINGER/BGB-Synopse (2005) § 1750.

Titel 7 · Annahme als Kind
Untertitel 1 · Annahme Minderjähriger § 1750

Systematische Übersicht

I.	Entstehungsgeschichte	1	VI. Bedingungsfeindlichkeit (Abs 2 S 1)	10
II.	Rechtsnatur der Einwilligung	3	VII. Unwiderruflichkeit (Abs 2 S 2)	12
III.	Erklärungsadressat (Abs 1 S 1)	4	VIII. Höchstpersönlichkeit (Abs 3)	14
IV.	Wirksamwerden der Einwilligung (Abs 1 S 3)	6	IX. Erlöschen der Einwilligung (Abs 4)	16
V.	Notarielle Beurkundung (Abs 1 S 2)	9		

I. Entstehungsgeschichte

§ 1750 BGB betrifft gleichermaßen die **Einwilligung des Kindes (§ 1746 BGB), der Eltern (§ 1747 BGB) und des Ehegatten (§ 1749 BGB)**. Vor der Reform v 1976 bedurfte es keiner besonderen Einwilligung des Kindes, weil zum Zustandekommen der Adoption ohnehin ein Vertrag zwischen Annehmendem und Kind erforderlich war (§ 1741 aF). **1**

Die Einwilligung der Eltern und des Ehegatten war schon vor 1976 (§ 1748 aF) in ähnlicher Weise geregelt, wie das heute der Fall ist (vgl STAUDINGER/ENGLER[10/11] § 1748 Rn 2). Erklärungsadressat waren die Vertragschließenden oder das für die Bestätigung des Annahmevertrags zuständige Gericht (§ 1748 Abs 1 HS 1 aF). Seit 1976 ist Erklärungsadressat nur noch das FamG, weil mit dem Wegfall des Annahmevertrags auch die Vertragsparteien als Empfänger ausgeschieden sind. Mit der Reform 1976 neu eingeführt, wenn auch ohne große praktische Relevanz, ist die Regelung des Abs 4. **2**

II. Rechtsnatur der Einwilligung

Nach dem Übergang vom Vertrags- zum Dekretsystem ist die Einwilligung nach §§ 1746, 1747, 1749 BGB als „eine im materiellen Familienrecht normierte **verfahrensrechtliche Handlung** im Rahmen der freiwilligen Gerichtsbarkeit" zu qualifizieren (BGH FamRZ 1980, 675, 676; BayObLG FamRZ 1981, 93, 94; OLG Hamm OLGZ 1987, 129, 133 f = NJW-RR 1987, 260, 261; OLGZ 1978, 405, 409 = FamRZ 1978, 945, 947; MünchKomm/ MAURER Rn 6). Eine Mindermeinung sieht in der Einwilligung nach wie vor ein **einseitiges Rechtsgeschäft** des privaten Rechts (GERNHUBER/COESTER-WALTJEN § 68 Rn 50). Die Streitfrage ist ohne erkennbare praktische Bedeutung. Sie wäre von Belang, wenn die Wirksamkeit, insbesondere die Anfechtbarkeit der Einwilligung, nicht für die Aufhebung des Annahmeverhältnisses ohnehin spezialgesetzlich in § 1760 Abs 2 BGB geregelt wäre. **3**

III. Erklärungsadressat (Abs 1 S 1)

Es handelt sich um amtsempfangsbedürftige Willenserklärungen; Erklärungsadressat ist das **FamG**. **Örtlich zuständig** ist normalerweise das FamG, in dessen Bezirk der **4**

Annehmende seinen gewöhnlichen Aufenthalt hat (§ 187 Abs 1 FamFG). Die Zuständigkeitsregelung des § 187 FamFG erfasst nicht nur den Ausspruch der Annahme (§ 1752 BGB), sondern alle Verrichtungen im Zusammenhang mit der Annahme eines Kindes und damit insbesondere auch die Entgegennahme der Einwilligungserklärungen iSv § 1750 BGB. Näheres zur Zuständigkeitsregelung des § 187 FamFG vgl § 1752 Rn 15. Ist das örtlich zuständige FamG einmal mit einer Adoptionsangelegenheit befasst, so berührt die spätere Änderung des gewöhnlichen Aufenthalts die Zuständigkeit des FamG für diese oder weitere Verrichtungen in der gleichen Adoptionsangelegenheit nicht – perpetuatio fori (§ 2 Abs 2 FamFG). Zur Frage, ob die **Einwilligungserklärung** auch wirksam wird, wenn sie **einem örtlich unzuständigen Gericht zugeht**, vgl Rn 8.

5 § 187 FamFG setzt nicht voraus, dass der Annahmeantrag dem zuständigen FamG vor den Einwilligungserklärungen vorliegt. „Annehmende" iSv § 187 FamFG sind deshalb Adoptionsbewerber auch vor der Stellung des Annahmeantrags, sofern sich die beim FamG eingehende notariell beurkundete Einwilligungserklärung auf sie bezieht (OLG Hamm OLGZ 1987, 129 = NJW-RR 1987, 260; KG OLGZ 1982, 129 = FamRZ 1981, 1111; BayObLGZ 1977, 193 = FamRZ 1978, 65; MünchKomm/MAURER Rn 17). Bei einer angestrebten Inkognito-Adoption genügt es, wenn die Annehmenden mit einer Listennummer der Adoptionsvermittlungsstelle bezeichnet sind. Den Eltern des Kindes muss im Falle einer Inkognitoadoption das zuständige Gericht von der Adoptionsvermittlungsstelle mitgeteilt werden. Zweckmäßiger und in der Praxis üblich ist es indessen, die Einwilligungserklärung über die Adoptionsvermittlungsstelle dem zuständigen FamG zuzuleiten. Da die Einwilligungserklärung erst wirksam wird, wenn sie dem FamG zugeht (Abs 1 S 3), und bis zu diesem Zeitpunkt widerrufen werden kann (§ 130 Abs 1 S 2 BGB), erscheint die Praxis mancher Adoptionsvermittlungsstellen, Einwilligungserklärungen erst nach Monaten „bei Bedarf" beim FamG einzureichen, bedenklich (vgl AG Kamen DAVorm 1980, 45 m krit Anm DICKMEIS; OVG Saarlouis DAVorm 1982, 905). Die Empfehlungen der Bundesarbeitsgemeinschaft der Landesjugendämter zur Adoptionsvermittlung (7. Aufl 2014 unter 10. 3. 1) weisen zutreffend darauf hin, dass „vorliegende Einwilligungserklärungen [...] möglichst unverzüglich beim Familiengericht eingereicht werden [sollten], damit sie rechtsverbindlich und unwiderruflich werden".

IV. Wirksamwerden der Einwilligung (Abs 1 S 3)

6 Die Einwilligung wird erst in dem Zeitpunkt wirksam, in dem sie dem FamG zugeht (Abs 1 S 3). Die Regelung dient der Klarstellung, weil mit der Einwilligung das elterliche Sorgerecht ruht (§ 1751 Abs 1 S 1 BGB) und der Beginn des Ruhens sicher feststellbar sein muss (RegE BT-Drucks 7/3061, 39).

Es genügt, wenn dem FamG anstelle der Urschrift eine **Ausfertigung** der notariellen Einwilligungsurkunde zugeht (§ 47 BeurkG). Nicht ausreichend ist hingegen der Zugang einer **beglaubigten Abschrift** (BayObLGZ 1978, 384 = StAZ 1979, 122; OLG Hamm OLGZ 1982, 161 = NJW 1982, 1002; OLGZ 1987, 129, 134 = NJW-RR 1987, 260, 261; DIV-Gutachten DAVorm 1986, 500, 502).

7 Obwohl die Einwilligungserklärung allgemein als Verfahrenshandlung und nicht als Willenserklärung des privaten Rechts verstanden wird (vgl Rn 3), werden für Abgabe

und Zugang der Erklärung die für Willenserklärungen entwickelten Grundsätze des bürgerlichen Rechts, insbes § 130 BGB angewandt (OLG Hamm NJW-RR 1987, 260, 261). Das bedeutet: Die Einwilligungserklärung wird nicht wirksam, wenn dem FamG vorher oder gleichzeitig ein **Widerruf** zugeht (§ 130 Abs 1 S 2 BGB). Der Widerruf bedarf nicht der für die Einwilligungserklärung vorgeschriebenen Form (BayObLGZ 1978, 384, 390 = StAZ 1979, 122, 124; OLG Hamm OLGZ 1982, 161, 164 = NJW 1982, 1002, 1003). Wird die notarielle Einwilligungserklärung durch den beurkundenden Notar, das Jugendamt oder eine Adoptionsvermittlungsstelle als Übermittlungsboten **weisungswidrig dem FamG zugeleitet**, so fehlt es bereits an der wirksamen Abgabe der Erklärung (OLG Hamm OLGZ 1987, 129 = NJW-RR 1987, 260).

Fraglich ist, ob die Einwilligung auch dann wirksam wird, wenn sie einem **örtlich unzuständigen Gericht zugeht**. Nach § 2 Abs 3 FamFG sind „gerichtliche Handlungen" nicht aus dem Grunde unwirksam, weil sie „von einem örtlich unzuständigen Gericht vorgenommen worden sind". Unter welchen Voraussetzungen diese Bestimmung auf die bloße Entgegennahme von Erklärungen entsprechende Anwendung findet, ist str. Einigkeit besteht in der FG-Literatur eigentlich darüber, dass eine Erklärung unwirksam ist, wenn das Gericht die Entgegennahme ablehnt oder die Erklärung sofort zurückgibt (Keidel/Sternal § 2 FamFG Rn 33; Prütting/Helms/Prütting § 2 FamFG Rn 37; MünchKomm/Pabst § 2 FamFG Rn 42; **aA** MünchKomm/Maurer Rn 20 für den vorliegenden Fall unter Berufung auf die Rechtssicherheit). Erkennt das Gericht seine Unzuständigkeit nicht, oder erkennt es sie und bleibt es dennoch untätig, so muss die Erklärung als wirksam angesehen werden, weil fehlerhaftes Verhalten des Gerichts nicht zu Lasten der Beteiligten gehen darf (Keidel/Sternal § 2 FamFG Rn 33). Gibt das unzuständige Gericht von Amts wegen pflichtgemäß die Erklärung an das zuständige weiter, so ist sie nach der einen Ansicht schon vom Zeitpunkt der Einreichung beim unzuständigen Gericht an wirksam (Prütting/Helms/Prütting § 2 FamFG Rn 37; BeckOGK/Löhnig [1. 7. 2016] Rn 8), nach der zutreffenden Gegenansicht erst ab Eingang beim zuständigen Gericht (Keidel/Sternal § 2 FamFG Rn 33 unter Berufung auf § 25 Abs 3 S 2 FamFG; offengelassen in KG OLGZ 1982, 129, 131 = FamRZ 1981, 1111). 8

V. Notarielle Beurkundung (Abs 1 S 2)

Die Einwilligungserklärung bedarf der notariellen Beurkundung (Abs 1 S 2). Der Erklärende soll von einer neutralen Person über die Tragweite seiner Erklärung belehrt, unüberlegte oder übereilte Erklärungen sollen vermieden werden (vgl RegE BT-Drucks 7/3061, 40; BT-Drucks 13/4899, 170). Das FamG soll sicher sein, dass eine einwandfreie Erklärung vorliegt (§ 17 Abs 1 BeurkG). Dass die entscheidenden vorbereitenden Gespräche von Fachkräften der Adoptionsvermittlungsstelle und nicht vom Notar geführt werden, stellt die Richtigkeit der Regelung, die sich in der Praxis als eine Art zusätzliche Kontrolle auswirkt, nicht in Frage (krit allerdings MünchKomm/Maurer Rn 11). Die einwilligenden Eltern werden überdies durch die Notwendigkeit eines Notartermins besonders nachdrücklich auf die Tragweite ihrer Entscheidung hingewiesen. Zur Beurkundung der Einwilligungserklärung gem § 4 KonsG vgl AG Lahnstein FamRZ 1994, 1350. Keiner notariellen Beurkundung bedarf die Zustimmung des gesetzlichen Vertreters zur Einwilligung des Kindes nach § 1746 Abs 1 S 3 HS 2 BGB. Näher dazu vgl § 1746 Rn 33. 9

VI. Bedingungsfeindlichkeit (Abs 2 S 1)

10 Die Einwilligung kann nicht unter einer Bedingung oder einer Zeitbestimmung erteilt werden (Abs 2 S 1). Entsprechend bestimmt § 1752 Abs 2 S 1 BGB, dass auch der Antrag des Annehmenden nicht unter einer Bedingung oder Zeitbestimmung gestellt werden kann.

11 Keine unzulässige Bedingung, sondern eine **zulässige Beschränkung** liegt vor, wenn die Einwilligung davon abhängig gemacht wird, dass der Annehmende bestimmte objektivierbare Voraussetzungen in einem bestimmten Zeitpunkt (idR dem des Annahmebeschlusses) erfüllt, zB was Religionszugehörigkeit, Nationalität, Beruf angeht. Näheres dazu vgl § 1747 Rn 60.

Eventualeinwilligungen, die für den Fall erteilt werden, dass das zunächst vorgesehene Annahmeverhältnis nicht zustande kommt, sind zulässig (Näheres vgl § 1747 Rn 58). Bedenken bestehen gegen **Alternativeinwilligungen**, bei denen der Einwilligungsberechtigte sein Einverständnis mit der Adoption durch mehrere Bewerber erklärt und der Adoptionsvermittlungsstelle die Auswahl überlässt (Näheres vgl § 1747 Rn 59). Zu einem Unterhaltsabfindungsvertrag, wie er nach § 1615e aF möglich war, im Zusammenhang mit einer angestrebten Adoption durch den Stiefvater vgl DIV-Gutachten ZfJ 1990, 37, 41.

VII. Unwiderruflichkeit (Abs 2 S 2)

12 Die **Einwilligung** ist unwiderruflich (Abs 2 S 2 HS 1). Diese Regelung gilt gem Abs 1 S 1 nicht nur für die Einwilligungserklärung der Eltern (§ 1747 BGB), sondern auch für die Einwilligung des geschäftsunfähigen oder noch nicht 14 Jahre alten Kindes (§ 1746 Abs 1 S 2 BGB) und die des Ehegatten (§ 1749 BGB). Dagegen kann das **Kind, welches das 14. Lebensjahr vollendet hat** und nicht geschäftsunfähig ist und deshalb gem § 1746 Abs 1 S 3 BGB nur selbst die Einwilligung erklären kann, die Einwilligung bis zum Wirksamwerden des Ausspruchs der Annahme gegenüber dem FamG widerrufen (Abs 2 S 2 HS 2 iVm § 1746 Abs 2 S 1 BGB). Näheres dazu vgl § 1746 Rn 28 ff. Der Grundsatz der Unwiderruflichkeit gilt auch nicht für die nach § 1746 Abs 1 S 3 HS 2 BGB erforderliche **Zustimmung** des gesetzlichen Vertreters zur Einwilligung des mindestens 14 Jahre alten nicht geschäftsunfähigen Kindes. Näheres dazu vgl § 1746 Rn 31 ff. Die Unwiderruflichkeit setzt voraus, dass die Einwilligung wirksam geworden ist, was erst dann der Fall ist, wenn sie gem Abs 1 S 3 **dem FamG zugegangen** ist. Näheres dazu vgl Rn 6–8.

Der Europäische Gerichtshof für Menschenrechte hat in einer Entscheidung vom 22. 5. 2007 (EGMR 22. 5. 2007 – 4261/02, juris Rn 128 ff) klargestellt, dass es nicht gegen Art 8 EMRK verstößt, dass eine siebzehneinhalbjährige Kindesmutter nach deutschem Recht an ihre Einwilligung gebunden ist, die sie bereut und im laufenden Adoptionsverfahren widerrufen möchte.

13 Die Einwilligung kann wegen Geschäftsunfähigkeit nichtig oder wegen Irrtums, arglistiger Täuschung oder Drohung anfechtbar sein (OLG Düsseldorf FamRZ 1988, 1095, 1096; OLG Hamm OLGZ 1987, 129, 132 = NJW-RR 1987, 260, 261; OLG Frankfurt FamRZ 1981, 206, 207; Soergel/Liermann Rn 14). Das folgt zwingend aus § 1760 Abs 2 BGB und hat mit der

Diskussion um die Rechtsnatur der Einwilligungserklärung nichts zu tun (vgl Rn 3). **Nach dem Ausspruch der Annahme** kann die Unwirksamkeit der Einwilligung allerdings nur nach Maßgabe der §§ 1759 ff BGB, insbes des § 1760 Abs 2 BGB zu einer Aufhebung des Annahmeverhältnisses führen. Fraglich ist, ob die eingeschränkte Berücksichtigung von Willensmängeln im Aufhebungsverfahren (vgl § 1760 Rn 16) auch bedeutet, dass sich die Wirksamkeit der Einwilligung bereits **vor Erlass des Adoptionsdekrets** nach eben diesen in § 1760 Abs 2 BGB normierten Kriterien beurteilt. Die Frage wurde bislang kaum diskutiert, kann aber durchaus praktische Bedeutung erlangen. So hat etwa das OLG Düsseldorf (FamRZ 1988, 1095, 1096) für einen Fall, in dem die Annahme noch nicht ausgesprochen worden war, die Frage aufgeworfen, ob die Einwilligung der Kindesmutter „wegen inhaltlicher Mängel (§ 138 BGB)" nichtig war, obwohl nach § 1760 Abs 2 BGB derartige Mängel für ein eventuelles Aufhebungsverfahren irrelevant wären. In ähnlicher Weise könnte man sich fragen, ob der Irrtum über die Unwiderruflichkeit der Einwilligung, der nach § 1760 Abs 2 BGB keinen Aufhebungsgrund darstellt, wegen § 119 Abs 1 BGB geeignet ist, den Ausspruch einer Adoption zu verhindern. Das BGB unterscheidet deutlich zwischen Voraussetzungen der Adoption einerseits und Aufhebung der Adoption wegen fehlender Voraussetzungen andererseits. Dass die §§ 1769 ff BGB im Allgemeinen und § 1760 Abs 2 BGB im Besonderen die Aufhebung eines Annahmeverhältnisses nur in engen Grenzen zulassen, kann nicht bedeuten, dass ein Adoptionsbeschluss ergehen muss, obwohl eine Einwilligungserklärung mit einem Mangel behaftet ist, der nach allgemeinen Grundsätzen des bürgerlichen Rechts rechtserheblich ist (wie hier MünchKomm/MAURER Rn 47; BeckOGK/LÖHNIG [1. 7. 2016] Rn 29; SOERGEL/LIERMANN Rn 14; GERNHUBER/COESTER-WALTJEN § 68 Rn 69; vgl auch BVerfGE 78, 201, 205 = MDR 1988, 831 f; **aA** NK-BGB/DAHM Rn 25; PALANDT/GÖTZ Rn 3; BeckOK/ENDERS Rn 8; HEILMANN DAVorm 1997, 581, 585 ff; vgl auch OLG Frankfurt FamRZ 1981, 206, 207). Es ist auch kein Grund einzusehen, warum insoweit die Reform v 1976 den früheren Rechtszustand (vgl dazu STAUDINGER/ENGLER[10/11] § 1755; BayObLG FRES 4 [1980] 119) hätte ändern sollen. Jedenfalls sollte auch die Entscheidung dieser Frage nicht mit der Diskussion um die Rechtsnatur der Einwilligungserklärung (vgl Rn 3) belastet werden.

Über die Wirksamkeit der Einwilligung kann vor Erlass des Adoptionsdekrets entschieden werden, und zwar ohne Rücksicht darauf, ob bereits ein Annahmeantrag gestellt wurde oder nicht (Näheres dazu vgl § 1752 Rn 33; vgl auch § 1746 Rn 26).

VIII. Höchstpersönlichkeit (Abs 3)

Die Einwilligungen nach den §§ 1746, 1747, 1749 BGB sind höchstpersönlich; **Stellvertretung ist ausgeschlossen** (Abs 3 S 1). Nur für das geschäftsunfähige oder noch nicht 14 Jahre alte Kind wird die Einwilligung vom gesetzlichen Vertreter (Abs 3 S 3 iVm § 1746 Abs 1 S 2 BGB), sonst vom Kind selbst mit Zustimmung seines gesetzlichen Vertreters (Abs 3 S 3 iVm § 1746 Abs 1 S 3 BGB) erteilt.

Bei Eltern (§ 1747 BGB) oder Ehegatten (§ 1749 BGB) ist im Fall beschränkter Geschäftsfähigkeit die Zustimmung des gesetzlichen Vertreters zur Einwilligungserklärung nicht erforderlich (Abs 3 S 2). Da es seit Inkrafttreten des BtG v 1990 am 1. 1. 1992 keine beschränkt geschäftsfähigen Volljährigen mehr gibt, beschränkt sich der Anwendungsbereich von Abs 3 S 2 auf die minderjährigen Eltern des Kindes und den minderjährigen Ehegatten des Annehmenden bzw des Anzunehmenden (vgl

§ 1749 Rn 2). Sind die Eltern oder der Ehegatte zur Abgabe einer Erklärung dauernd außerstande oder ist ihr Aufenthalt unbekannt, so ist die Einwilligung entbehrlich (§ 1747 Abs 4 BGB u § 1749 Abs 2 BGB). Der Europäische Gerichtshof für Menschenrechte hat in einer Entscheidung vom 22. 5. 2007 (EGMR 22. 5. 2007 – 4261/02, juris Rn 140 ff) klargestellt, dass es nicht gegen die Europäische Menschenrechtskonvention verstößt, dass nach deutschem Recht eine siebzehneinhalbjährige Kindesmutter die Einwilligung in die Adoption selbst erteilt und dafür nicht der Zustimmung ihres gesetzlichen Vertreters bedarf.

Das Vertretungsverbot hindert nicht, dass die Erklärungen durch einen Dritten, insbesondere den Notar, an das FamG weitergeleitet werden (vgl § 1753 Abs 2 BGB). Dieser wird dann als Bote tätig (vgl OLG Hamm OLGZ 1987, 129, 135 ff = NJW-RR 1987, 260, 262 f). Bei der Beurkundung der Einwilligungserklärung sollte der Notar darauf achten, dass der Beteiligte ihn anweist, eine Ausfertigung der Einwilligung dem FamG (Abs 1 S 3 iVm § 130 Abs 3 BGB) bzw dem JugA oder der Adoptionsvermittlungsstelle zur sofortigen Weiterleitung an das zuständige FamG zuzuleiten (BÜHLER BWNotZ 1977, 129).

IX. Erlöschen der Einwilligung (Abs 4)

16 Die Einwilligungen nach §§ 1746, 1747, 1749 BGB werden unwirksam, wenn der **Annahmeantrag zurückgenommen** oder die **Annahme versagt** wird (Abs 4 S 1). Versagt ist die Annahme erst, wenn der Annahmeantrag „endgültig" (BT-Drucks 7/3061, 40), dh rechtskräftig abgelehnt wird (vgl § 1752 Rn 47 f). Ferner verliert die vor der Stellung des Annahmeantrags erklärte Einwilligung der Eltern ihre Kraft, wenn die Pflegeeltern eindeutig und endgültig erklären, einen **Annahmeantrag nicht stellen zu wollen** (BayObLG FamRZ 1983, 761, 762; MünchKomm/MAURER Rn 37; PALANDT/GÖTZ Rn 4). Entsprechendes muss gelten, wenn das 14 Jahre alte Kind nach § 1746 Abs 2 BGB seine Einwilligung widerruft (OBERLOSKAMP/HOFFMANN 137).

17 Die Einwilligung eines Elternteils wird ferner unwirksam, **wenn das Kind nicht innerhalb von 3 Jahren** seit dem Wirksamwerden der Einwilligung **angenommen wird** (Abs 4 S 2). Die Automatik der Dreijahresfrist gilt nur für die elterliche Einwilligung, nicht für die Einwilligung gem §§ 1746, 1749 BGB. Das Kind soll nicht unangemessen lange in einem Schwebezustand zwischen den leiblichen Eltern, die ihre Einwilligung zur Annahme schon erteilt haben, und den neuen Eltern belassen werden. Die Frist soll außerdem alle Beteiligten dazu anhalten, das Annahmeverfahren nicht unnötig zu verzögern (BT-Drucks 7/3061, 40 f).

§ 1751
Wirkung der elterlichen Einwilligung, Verpflichtung zum Unterhalt

(1) Mit der Einwilligung eines Elternteils in die Annahme ruht die elterliche Sorge dieses Elternteils; die Befugnis zum persönlichen Umgang mit dem Kind darf nicht ausgeübt werden. Das Jugendamt wird Vormund; dies gilt nicht, wenn der andere Elternteil die elterliche Sorge allein ausübt oder wenn bereits ein Vormund bestellt ist. Eine bestehende Pflegschaft bleibt unberührt. Für den Annehmenden gilt während der Zeit der Adoptionspflege § 1688 Abs. 1 und 3 entsprechend.

(2) Absatz 1 ist nicht anzuwenden auf einen Ehegatten, dessen Kind vom anderen Ehegatten angenommen wird.

(3) Hat die Einwilligung eines Elternteils ihre Kraft verloren, so hat das Familiengericht die elterliche Sorge dem Elternteil zu übertragen, wenn und soweit dies dem Wohl des Kindes nicht widerspricht.

(4) Der Annehmende ist dem Kind vor den Verwandten des Kindes zur Gewährung des Unterhalts verpflichtet, sobald die Eltern des Kindes die erforderliche Einwilligung erteilt haben und das Kind in die Obhut des Annehmenden mit dem Ziel der Annahme aufgenommen ist. Will ein Ehegatte ein Kind seines Ehegatten annehmen, so sind die Ehegatten dem Kind vor den anderen Verwandten des Kindes zur Gewährung des Unterhalts verpflichtet, sobald die erforderliche Einwilligung der Eltern des Kindes erteilt und das Kind in die Obhut der Ehegatten aufgenommen ist.

Materialien: BT-Drucks 7/3061, 40 f, 73 f; BT-Drucks 7/5087, 14 f; BT-Drucks 13/4899, 113, 156 f, 170; BT-Drucks 13/8511, 21, 76; BT-Drucks 16/6308, 346; BT-Drucks 17/11048, 22. S STAUDINGER/BGB-Synopse (2005) § 1751.

Systematische Übersicht

I. Normzweck und Entstehungsgeschichte	1
II. Elterliche Einwilligung und Sorgerecht (Abs 1–3)	
1. Ruhen der elterlichen Sorge (Abs 1 S 1)	4
2. Auswirkung auf Umgangsrecht (Abs 1 S 1)	10
3. Jugendamt als Amtsvormund (Abs 1 S 2)	16
4. Sonderfall bereits bestehender Vormundschaft (Abs 1 S 2)	20
5. Sonderfall bereits bestehender Pflegschaft (Abs 1 S 3)	23
6. Verweisung auf § 1688 Abs 1 und 3 (Abs 1 S 4)	24
7. Die Ausnahmeregelung des Abs 2	25
8. Zeitliche Begrenzung des Ruhens der elterlichen Sorge (Abs 3)	26
III. Elterliche Einwilligung und Unterhaltspflicht (Abs 4)	
1. Allgemeines	31
2. Voraussetzungen der Unterhaltspflicht des Annehmenden	34
a) Einwilligung der Eltern	34
b) Obhut des Annehmenden	35
c) Adoptionsabsicht	37
3. Sonderfall der Stiefkindadoption	38
4. Sozialleistungen und Pflegegeld	39
a) Sozialleistungen	39
b) Pflegegeld	40
5. Ende der Unterhaltspflicht des Annehmenden	41
a) Beendigungsgründe	41
aa) Ausspruch der Annahme als Kind	41
bb) Volljährigkeit des Anzunehmenden	42
cc) Wegfall einer der Voraussetzungen des Abs 4	43
b) Regressansprüche des Annehmenden	47

§ 1751

Alphabetische Übersicht

Adoptionsabsicht	37, 43, 46
Adoptionsantrag, förmlicher	37, 43, 46
Adoptionspflege	
– Aufnahme des Kindes in	23, 39
– sorgerechtliche Befugnisse bei	24
Adoptionspflegeverfahren, förmliches	3
Adoptionsvormundschaft	16, 20, 22 ff, 29
– Bescheinigung über die	19
Amtspflegschaft	23
Amtsvormund, Jugendamt als	1, 16 ff, 23 ff
Anhörung des Jugendamts	26
Annahme des Kindes des Ehegatten	25, 38, 46
Aufnahme des Kindes mit dem Ziel der Annahme	1 f, 31, 34, 37
Befugnis zum persönlichen Umgang, Ruhen der elterlichen Sorge	1, 5, 10 ff, 30
Bescheinigung über die Amtsvormundschaft	19
Einwilligung der Eltern	1 ff, 8 f, 21, 25 ff, 31, 34, 36 ff, 42 ff, 47
– Fehlen der	44, 47
– Kraftloswerden der	26, 44
– nichtige oder anfechtbare	5, 27, 44
– familiengerichtlich ersetzte	4, 34
Elterliche Sorge (siehe Sorgerecht der Eltern)	
Entstehungsgeschichte	1 ff, 16, 20
Erwachsenenadoption	1
Familiengericht	1, 4, 7, 21, 26, 30
– Entscheidung über Wiederausübung des Umgangsrechts durch das	30
– Ersetzung der elterlichen Einwilligung durch das	4
– Rückübertragung der elterlichen Sorge durch das	7, 26
Jugendamt	16, 23, 26
– als Vormund (siehe Amtsvormund, Jugendamt als)	
– Anhörung des -s	26
– örtliche Zuständigkeit des -s	16, 23
Kraftloswerden der elterlichen Einwilligung	26, 44

Normzweck	1 ff, 5 f, 20, 48
Obhut des Annehmenden	1, 31, 34 ff, 45
Offene Adoption	11
Pflegegeld, Anspruch auf	40, 47
Pflegschaft	23, 29
– bereits bestehende	23
Regressanspruch des Annehmenden für Unterhaltsleistungen	47
Religionsbestimmung	24
Ruhen der elterlichen Sorge	1, 4 f, 7, 10 ff, 26, 29
Sorgerecht der Eltern	1, 4 ff, 9, 17, 23, 26 ff
– Antrag des mit der Mutter nicht verheirateten Vaters auf Übertragung	9
– Ausübung durch nur einen Elternteil	17
– entzogenes	8 ff, 27
– Ruhen	1, 4 f, 7, 10 ff, 26 f, 29
– Rückübertragung	7, 23, 26 ff
Sozialleistungen bei Adoptionspflege	39
Stiefkindadoption	25, 38, 46
Umgangsrecht	10 ff
– Auswirkungen der Adoption auf	10 ff
– der Großeltern	12
– der Herkunftseltern	13 f
– des nur-biologischen Vaters	15
– Ruhen des elterlichen -s	1, 5, 10 ff, 30
– weiterer Bezugspersonen	12
Unterhaltspflicht	1 f, 6, 31 ff
– der einwilligenden Eltern des Kindes	38, 40
– des Annehmenden	1 f, 6, 31, 33 ff, 40 ff
– – für das Kind	1 f, 31, 34 ff, 40
– – Ende der	41 ff
– – Regressanspruch bei fehlender	47
– – Voraussetzungen der	34 ff
– – für Kinder des Kindes	33
– des Kindes	32
Verzicht des mit der Mutter nicht verheirateten Vaters auf Übertragung der elterl Sorge	18, 34
Volljährigenadoption	1, 42

Vormundschaft	19 ff, 29 f	Ziel der Annahme, Inobhutnahme	
– bestehende	20 ff	mit dem	1 f, 31, 34, 37
– bestellte	20 f	Zuständigkeit des Jugendamts, örtliche	16
– für Kinder lediger minderjähriger Mütter	20 ff		

I. Normzweck und Entstehungsgeschichte

Mit der elterlichen Einwilligung, die mit dem Zugang beim FamG unwiderruflich wird (§ 1750 Abs 2 S 2 iVm Abs 1 S 3 BGB), vollzieht sich ein erster Schritt der Trennung zwischen Eltern und Kind. § 1751 BGB beantwortet die Frage, wie sich die Rechtsbeziehungen zwischen Eltern und Kind mit der unwiderruflich erklärten Einwilligung verändern. Nach Abs 1 S 1 tritt ein **Ruhen der elterlichen Sorge** ein; die Befugnis zum persönlichen Umgang mit dem Kind darf nicht mehr ausgeübt werden. Das JugA wird Amtsvormund (Abs 1 S 2). Auf die Unterhaltspflicht hat die Einwilligung allein noch keinen Einfluss. Wird das Kind jedoch außerdem in die Obhut des Annehmenden mit dem Ziel der Annahme aufgenommen, was idR vor der Erklärung der Einwilligung der Fall ist, so ist der Annehmende dem Kind vor dessen Verwandten zur Gewährung von **Unterhalt** verpflichtet (Abs 4 S 1). Die Vorschrift (insbesondere Abs 4) ist auf die **Adoption Volljähriger** nicht anwendbar, da diese keine Einwilligung der leiblichen Eltern voraussetzt (vgl § 1768 Abs 1 S 2 BGB mit Verweis auf § 1747 BGB). 1

Dem Adoptionsrecht **vor der Reform v 1976** war eine entsprechende Regelung fremd. Die Einwilligungserklärung blieb ohne Einfluss auf das elterliche Sorgerecht (STAUDINGER/ENGLER[10/11] § 1747 Rn 33). Die leiblichen Eltern konnten deshalb „an sich" die Herausgabe ihres Kindes von den Adoptionsbewerbern fordern; nur der „Notanker" des § 1666 BGB bzw der Einwand des Rechtsmissbrauchs erlaubte es, zu vernünftigen Ergebnissen zu gelangen (BGH NJW 1951, 309 = LM § 1707 Nr 1 = ZBlJugR 1951, 194; FRANK 142 f). Auch **unterhaltsrechtlich** hatte die elterliche Einwilligung in die Adoption vor 1976 keine Auswirkungen. Im RegE (BT-Drucks 7/3061, 5) war eine § 1751 Abs 4 BGB entsprechende Bestimmung zunächst nicht vorgesehen. Die heutige Regelung geht zurück auf eine Anregung des Bundesrates (BT-Drucks 7/3061, 73), die später vom RAussch aufgegriffen wurde (BT-Drucks 7/5087, 14). Es entspricht der Billigkeit, dass Adoptionsbewerber, die ein Kind mit dem Ziel der Annahme bei sich aufgenommen haben, aus eigenen Mitteln den Unterhalt für dieses, „ihr" Kind bestreiten, sobald die Einwilligungserklärung der Eltern unwiderruflich geworden ist (BT-Drucks 7/3061, 63). Der RAussch führte zur Begründung weiter an, dass Adoptionsbewerber während der Pflegezeit erkennen sollen, welche wirtschaftlichen Belastungen die vorgesehene Adoption mit sich bringt (BT-Drucks 7/5078, 14). 2

§ 1751 BGB stellt eine **„Kompromisslösung"** dar, nachdem im Zuge der Reform v 1976 vor allem vonseiten der AGJ angeregt worden war, ein **förmliches Adoptionspflegeverfahren** nach französischem oder italienischem Muster einzuführen (Näheres vgl § 1744 Rn 8). Ziel dieser Anregung war es ua, mit Beginn der Adoptionspflege Statusveränderungen des Kindes durch Legitimation, Ehelicherklärung, Vaterschaftsanerkennung, gerichtliche Vaterschaftsfeststellung zu verhindern (Näheres dazu STAUDINGER/FRANK[12] unter § 1747 Rn 16 ff). Legitimation und Ehelicherklärung gibt es 3 seit dem KindRG v 1997 nicht mehr. Vaterschaftsanerkennungen und gerichtliche Vaterschaftsfeststellungen sind jedoch nach wie vor auch nach der Einwilligung der Mutter und nach Inpflegegabe des Kindes zum Zwecke der Adoption möglich und bewirken, dass dem festgestellten Vater ein Einwilligungsrecht erwächst, mit dem die künftigen Adoptiveltern oft nicht gerechnet haben und auch nicht mehr zu rechnen brauchten (vgl Rn 18).

§ 1751 Abs 1 S 4 aF wurde durch das FGG-Reformgesetz v 17. 12. 2008 aufgehoben (BGBl 2008 I 2586) und inhaltsgleich in § 190 FamFG (Bescheinigung über den Eintritt der Vormundschaft) übernommen (vgl Rn 19). § 1751 Abs 1 S 6 aF wurde durch das Gesetz zur Reform der elterlichen Sorge nicht miteinander verheirateter Eltern v 16. 4. 2013 (BGBl 2013 I 795) aufgehoben, weil die Vorschrift durch die Regelung in § 1671 Abs 3 BGB überflüssig geworden war (vgl Rn 9).

II. Elterliche Einwilligung und Sorgerecht (Abs 1–3)

1. Ruhen der elterlichen Sorge (Abs 1 S 1)

4 Voraussetzung des Abs 1 S 1 ist „die Einwilligung eines Elternteils". Einwilligung in diesem Sinne ist **sowohl die freiwillig erklärte (§ 1747 BGB) als auch die durch Entscheidung des FamG ersetzte (§ 1748 BGB) Einwilligung**. Auf die ursprünglich im RegE (BT-Drucks 7/3061, 5) vorgesehene besondere Erwähnung der gerichtlich ersetzten Einwilligung wurde im späteren Gesetzgebungsverfahren verzichtet, weil diese „ebenfalls eine Einwilligung ist" (BT-Drucks 7/5087, 14; KG OLGZ 1978, 139 = FamRZ 1978, 210). Die Rechtsfolgen des Abs 1 S 1 treten somit entweder dann ein, wenn die Einwilligungserklärung dem FamG zugeht (§ 1750 Abs 1 S 3 BGB) oder der Ersetzungsbeschluss rechtskräftig wird (§ 198 Abs 1 FamFG).

5 Fraglich könnte sein, ob eine **wegen Geschäftsunfähigkeit nichtige oder wegen Irrtums, arglistiger Täuschung oder Drohung angefochtene Willenserklärung** die Rechtsfolgen des § 1751 BGB auszulösen vermag. Es wurde bei § 1750 Rn 13 dargelegt, dass sich die Wirksamkeit einer Einwilligung vor Erlass des Adoptionsdekrets nach allgemeinen bürgerlichrechtlichen Grundsätzen bestimmt, und dass über die Wirksamkeit einer solchen Einwilligung vor dem Annahmebeschluss in einem selbständigen Verfahren entschieden werden kann (vgl auch § 1752 Rn 33). Dass aber *nur* eine solche Entscheidung entsprechend § 1751 Abs 3 BGB mit Wirkung für die Zukunft die Rechtslage soll verändern können (so MünchKomm/MAURER Rn 13 f, BeckOK/LÖHNIG [1. 7. 2016] Rn 5 ff), überzeugt nicht: § 1760 Abs 2 BGB schränkt die Berufung der Eltern auf die Unwirksamkeit ihrer Einwilligung nur aus Gründen der Stabilität des bereits entstandenen Annahmeverhältnisses ein. Vor Erlass des Adoptionsdekrets besteht für eine entsprechende Einschränkung, insbesondere für eine analoge Anwendung von § 1751 Abs 3 BGB, kein Anlass (wie hier auch NK-BGB/DAHM Rn 27; BeckOK/ENDERS Rn 2.1; SOERGEL/LIERMANN Rn 14). Dem Familienrecht sind ähnliche Probleme durchaus auch in anderem Zusammenhang bekannt, wenn etwa die Voraussetzungen für den Eintritt einer gesetzlichen Amtsvormundschaft oder Amtspflegschaft irrig bejaht werden. Die Rspr hat sich zu der hier angesprochenen Problematik noch nicht klar geäußert (offengelassen von OLG Düsseldorf FamRZ 1988, 1095, 1096; vgl auch OLG Frankfurt FamRZ 1981, 206, 207). In einer Entscheidung des BayObLG (FRES 4 [1980] 119, 130) wird – allerdings ohne nähere Begründung – eine wirksame

Titel 7 · Annahme als Kind
Untertitel 1 · Annahme Minderjähriger   § 1751

und unanfechtbare Einwilligungserklärung als Voraussetzung für das Ruhen der elterlichen Sorge nach Abs 1 S 1 genannt.

Während Abs 4 S 1 das Entstehen der Unterhaltspflicht der Annehmenden von der **6** elterlichen Einwilligung *und* der Übernahme der tatsächlichen Pflege abhängig macht, **bewirkt nach Abs 1 S 1 allein die Einwilligung das Ruhen der elterlichen Sorge.** Es ist also der (mehr theoretische als praktische) Fall denkbar, dass ein Kind sich noch bei seinen leiblichen Eltern aufhält, deren Sorge bereits ruht. Der in Abs 1 S 1 statuierte Ausschluss des Umgangsrechts würde hier mit den tatsächlichen Verhältnissen nicht mehr übereinstimmen. Der Gesetzgeber entschied sich dennoch wegen des klaren Anknüpfungspunktes, der jede Unsicherheit für die Rechtsanwendung ausschließt, für die Regelung des geltenden Rechts (BT-Drucks 7/5087, 14).

Wenn Abs 1 S 2 davon spricht, dass die elterliche Sorge ruht, so wird damit gem **7** § 1675 BGB zum Ausdruck gebracht, dass die Rechtsposition als solche erhalten bleibt, aber nicht mehr ausgeübt werden kann. **Ungenau ist daher die Formulierung** in Abs 3, wonach das FamG die elterliche Sorge *(zurück-)übertragen* kann. In Wirklichkeit geht es – entsprechend der üblichen Terminologie – um die Wiederausübung des Sorgerechts. Zumindest **atypisch ist die Regelung** des § 1751 BGB auch insoweit, als zwar der Beginn des Ruhens gem Abs 1 S 1 ex lege erfolgt, nicht aber die Beendigung gem Abs 3 (BeckOGK/Löhnig [1. 7. 2016] Rn 48; BGB-RGRK/Dickescheid Rn 3).

Die Ruhenswirkung nach Abs 1 S 1 kann nicht eintreten, wenn der einwilligende **8** Elternteil zur Zeit der Einwilligung nicht (mehr) **Inhaber der elterlichen Sorge** war, wenn also der mit der Mutter nicht verheiratete Vater nie das Sorgerecht erlangt hat (§ 1626a Abs 3 BGB) oder wenn der Elternteil das Sorgerecht durch eine gerichtliche Entscheidung gem § 1671 BGB oder § 1666 BGB verloren hat. Ist einem Elternteil die elterliche Sorge vor dem Wirksamwerden der Einwilligung ganz oder teilweise entzogen worden, so kann allerdings die Entziehung des Sorgerechts mit der Beschwerde nach §§ 58 ff FamFG angefochten werden (OLG Frankfurt OLGZ 1983, 301 [LS] = FamRZ 1983, 1164, 1165). Wird der Entziehungsbeschluss nach der Einwilligung wieder aufgehoben, so kann das Sorgerecht wegen Abs 1 S 1 nur noch als ruhendes Recht an den Elternteil zurückfallen.

Willigen beide Eltern in die Adoption ein oder zumindest der Elternteil, dem die **9** elterliche Sorge allein zusteht, wird das JA nach Abs 1 S 2 (Amts-)Vormund des Kindes (vgl Rn 16 f). **Ruht die elterliche Sorge (allein) der Mutter**, weil sie in die Adoption eingewilligt hat, während der **Vater die elterliche Sorge anstrebt**, trifft § 1671 Abs 3 BGB eine Sonderregelung: Ein Antrag des Vaters auf Übertragung der gemeinsamen Sorge nach § 1626a Abs 2 BGB gilt gem § 1671 Abs 3 S 1 BGB ex lege als Antrag auf Übertragung der alleinigen Sorge iSv § 1671 Abs 2 BGB. Außerdem stellt § 1672 Abs 3 S 2 BGB seit Inkrafttreten des Gesetzes zur Reform der elterlichen Sorge nicht miteinander verheirateter Eltern v 16. 4. 2013 (BGBl 2013 I 795) ausdrücklich klar, dass dem Antrag des Vaters bereits dann stattzugeben ist, wenn die Übertragung der elterlichen Sorge auf den Vater „dem Wohl des Kindes nicht widerspricht" (vgl § 1747 Rn 70). Dieser Maßstab ist auch dann anzulegen, wenn der Vater zunächst einen Antrag auf Übertragung der alleinigen Sorge nach § 1671 Abs 2 BGB stellt und die Mutter dann in die Adoption einwilligt (MünchKomm/Hennemann § 1672 Rn 156). Zuvor stellte § 1751 Abs 1 S 6 aF lediglich klar, dass es zur

Übertragung der elterlichen Sorge nicht der Zustimmung der Mutter nach § 1671 Abs 2 BGB bedurfte (vgl STAUDINGER/FRANK [2007] § 1751 Rn 21 u § 1747 Rn 39). Zur **Sperrwirkung des Sorgerechtsantrags** im Adoptionsverfahren vgl § 1747 Rn 69 ff.

2. Auswirkung auf Umgangsrecht (Abs 1 S 1)

10 Abs 1 S 1 bestimmt als weitere Rechtsfolge der Einwilligung, dass auch die **Befugnis zum persönlichen Umgang** mit dem Kind nicht mehr ausgeübt werden kann. Normalerweise steht einem Elternteil, dessen elterliche Sorge ruht oder dem sie entzogen worden ist, gem § 1684 BGB weiterhin das Umgangsrecht zu. § 1751 Abs 1 S 1 BGB weicht von diesem Grundsatz ab, da mit der Einwilligung in die Adoption das Eltern-Kind-Verhältnis nach der Konzeption des geltenden Adoptionsrechts auf endgültige und vollständige Trennung angelegt ist. Der Reformgesetzgeber aus dem Jahre 1976 sah die Herkunftseltern in erster Linie als potenziellen Störfaktor für die gedeihliche Entwicklung des Kindes in der Adoptivfamilie an (BT-Drucks 7/3061, 19 u 21). Er nahm daher den Standpunkt ein, dass für eine Förderung weiterer Kontakte ab diesem Zeitpunkt kein Bedürfnis mehr bestehe, vielmehr das Kindeswohl den Ausschluss des Umgangsrechts gebiete, damit das Kind möglichst rasch und unbelastet eine Beziehung zu dem Annehmenden aufbauen könne (vgl auch noch STAUDINGER/FRANK [2007] Rn 9).

11 Dass mit der Einwilligung die Befugnis zum persönlichen Umgang mit dem Kind nicht mehr ausgeübt werden darf, schließt aber nicht aus, dass sich die Beteiligten im Rahmen einer sog **offenen Adoption** auf eine andere Lösung verständigen. In vielen Fällen haben sich offene Adoptionen als die für die betroffenen Kinder vorteilhafte Lösung erwiesen (vgl § 1747 Rn 64 f). Werden in diesem Zusammenhang Abreden über Umgangskontakte für die Zeit nach der Adoption getroffen, besitzen diese nach geltendem Recht allerdings keine juristische Verbindlichkeit (vgl § 1747 Rn 66). De lege ferenda sollte daher darüber nachgedacht werden, in Fällen offener Adoption die verbindliche Vereinbarung bzw die verbindliche Anordnung eines Umgangsrechts zu ermöglichen (vgl § 1747 Rn 66 u Vorbem 44 zu §§ 1741 ff).

12 Während der historische Gesetzgeber das heute in § 1684 BGB verankerte Umgangsrecht der rechtlichen Eltern vor Augen hatte, wurde durch das Kindschaftsrechtsreformgesetz aus dem Jahre 1997 (Gesetz zur Reform des Kindschaftsrechts vom 16. 12. 1997, BGBl 1997 I 2942) ein Umgangsrecht auch für bestimmte **weitere Bezugspersonen** eingeführt und dieses in § 1685 Abs 2 BGB dann im Jahre 2004 auf alle Personen erstreckt, die eine sozial-familiäre Beziehung zum Kind aufgebaut haben (Gesetz zur Änderung der Vorschriften über die Anfechtung der Vaterschaft und das Umgangsrecht von Bezugspersonen des Kindes [...] vom 23. 4. 2004, BGBl 2004 I 598). Dieses Umgangsrecht wird durch eine Adoption grundsätzlich nicht tangiert (vgl § 1755 Rn 16 f): So besteht beispielsweise ein Umgangsrecht von Großeltern gem § 1685 Abs 1 BGB nach Erlöschen der verwandtschaftlichen Beziehungen nicht mehr, doch kommt beim Vorhandensein einer sozial-familiären Beziehung ein Umgangsrecht aus § 1685 Abs 2 BGB in Frage, soweit das Adoptionsgeheimnis (§ 1758 BGB) nicht entgegensteht.

13 Damit stellt sich aber nunmehr die Frage, ob nicht auch **Herkunftseltern** unter Berufung auf eine sozial-familiäre Beziehung zum Kind ein **Umgangsrecht nach**

Titel 7 · Annahme als Kind
Untertitel 1 · Annahme Minderjähriger § 1751

§ 1685 Abs 2 BGB geltend machen können, denn dieses wurzelt nicht in einer – durch die Adoption beendeten – statusrechtlichen Beziehung, sondern einer faktischen sozialen Lebenswirklichkeit. Die traditionelle Ansicht steht allerdings auf dem Standpunkt, dass sich der durch die Adoption bewirkte Ausschluss des Umgangsrechts der Eltern – angesichts der vom historischen Gesetzgeber eingenommenen Haltung gegenüber den Herkunftseltern (vgl Rn 10) – auch auf den Tatbestand des § 1685 Abs 2 BGB erstrecke (OLG Schleswig 30. 1. 2004 – 10 UF 199/03, FamRZ 2004, 1057 f; jurisPK-BGB/Heiderhoff § 1755 Rn 3; BeckOK/Pöcker § 1755 Rn 9. 1; Enders FPR 2004, 60, 63). Diese Schlussfolgerung ist jedoch nicht zwingend, wenn man bedenkt, dass der Umgang nach § 1685 Abs 2 BGB nicht im Verwandtschaftsverhältnis wurzelt und nur dann begehrt werden kann, wenn dessen Kindeswohldienlichkeit positiv nachgewiesen ist. Zu Recht gewinnt daher die Gegenansicht an Gewicht (OLG Köln 16. 10. 2012 – II-4 UF 71/12, FamRZ 2013, 1150, 1151; Oberloskamp ZKJ 2008, 484, 490; MünchKomm/Maurer Vor § 1741 Rn 51; NK-BGB/Dahm § 1755 Rn 6; Gernhuber/Coester-Waltjen § 66 Rn 20 f; Botthof 38 ff). Andernfalls entstünde auch ein Wertungswiderspruch zum Umgangsrecht des nur biologischen Vaters nach § 1686a BGB. Die Annahme, dass dieses durch eine Adoption ausnahmslos erlöschen könnte, ist fernliegend (vgl Rn 15). Haben die leiblichen Eltern in eine **Inkognito-Adoption eingewilligt**, wird man allerdings von einem Verzicht auf ein etwaiges Umgangsrecht aus § 1685 Abs 2 BGB ausgehen können (Gernhuber/Coester-Waltjen § 66 Rn 20; Hoffmann JAmt 2003, 453, 459), zumindest ist dessen Durchsetzung angesichts des Ausforschungsverbots des § 1758 BGB oftmals faktisch unmöglich (vgl auch Rn 15).

Offen gelassen wurde die Frage in einer **Entscheidung des OLG Stuttgart** aus dem Jahre 2006. Obwohl eine sozial-familiäre Beziehung der Mutter vor Durchführung der (Stiefkind-)Adoption, wenn auch nur für kurze Zeit, existiert hatte und nach der Adoption offenbar über Jahre hinweg Umgang relativ regelmäßig einmal im Monat stattgefunden hatte, legte das Gericht nachvollziehbar dar, dass keine ausreichenden Anhaltspunkte mehr für eine Kindeswohldienlichkeit des Umgangs bestünden. Ausschlaggebend war insbesondere, dass die Herkunftsmutter die Verantwortung der rechtlichen Eltern in Frage stellte und der neunjährige Junge, der nach Trennung seiner Eltern schon regelmäßigen Wochenendumgang mit seinem Vater pflegte, sich gegen eine Fortsetzung des persönlichen Umgangs mit seiner Herkunftsmutter aussprach (OLG Stuttgart 21. 3. 2006 – 15 UF 4/06, FamRZ 2006, 1865, 1866 f). Die Entscheidung ist insofern aufschlussreich, als man sich gut ausmalen kann, dass bei etwas anderen tatsächlichen Rahmenbedingungen das Gericht sehr wohl zu der Schlussfolgerung hätte kommen können, dass ein Umgang mit der Herkunftsmutter auch nach der Adoption dem Kindeswohl dient. In Frage kommt eine solche Bewertung beispielsweise auch in Fällen einer (Stiefkind-)Adoption durch die Lebenspartnerin der Mutter nach Durchführung einer **privaten Samenspende** (vgl § 1747 Rn 31 ff), wenn der Samenspender, der nach § 1747 Abs 1 S 2 BGB in die Adoption eingewilligt hat, absprachegemäß in das Leben des Kindes eingebunden wird (vgl OLG Köln 16. 10. 2012 – II-4 UF 71/12, FamRZ 2013, 1150, 1151; OLG Brandenburg 6. 7. 2012 – 9 UF 45/12, FamRZ 2013, 643, 644). **14**

Ebenfalls Fortbestand haben können die nach § 1686a BGB dem **biologischen, aber nicht rechtlichen Vater** – unter der Prämisse der Kindeswohldienlichkeit – zustehenden Umgangs- und Auskunftsrechte. Durch eine Adoption nicht tangiert werden diese Rechte auf jeden Fall für solche biologischen Väter, die nicht in die Adoption **15** einwilligen mussten, weil das Kind einem anderen Mann rechtlich zugeordnet war. Das Gleiche muss aber auch für solche biologischen Väter gelten, die entgegen § 1747 Abs 1 S 2 BGB am Adoptionsverfahren nicht ordnungsgemäß beteiligt wurden (Frank FamRZ 2017, 497, 501; VG Neustadt/Weinstraße 2. 10. 2015 – 4 K 292/15. NW, FamRZ 2016, 148 m Anm Hammer). Ob im Falle einer **Inkognitoadoption** ein Umgangsantrag aber wegen § 1758 BGB de facto zum Scheitern verurteilt ist (so unter Berufung auf den Sozialdatenschutz Hoffmann JAmt 2015, 590, 591 ff) oder die Adoptionsvermittlungsstelle im Hinblick auf die aus Art 8 EMRK resultierenden Rechte des potenziellen biologischen Vaters zur Weitergabe der erforderlichen Informationen doch verpflichtet sein kann (so VG Neustadt/Weinstraße 2. 10. 2015 – 4 K 292/15. NW, FamRZ 2016, 148, 150) oder es verfahrensrechtliche Möglichkeiten gibt, ein Umgangsverfahren unter (einstweiliger) Wahrung des Inkognitos zu führen, bis die Frage der Kindeswohldienlichkeit des Umgangs geklärt ist (so Hammer FamRZ 2016, 151), wird kontrovers diskutiert. Aussicht auf Erfolg könnte ein Umgangsantrag des nur biologischen Vaters aber auf jeden Fall bei Vorliegen einer offenen Adoption haben (vgl Rn 11). Der Vorschlag, zur Vermeidung dieser Rechtsfolge de lege ferenda den nur biologischen Vater selbst dann in die Adoption einwilligen zu lassen, wenn das Kind einen rechtlichen Vater besitzt (so Löhnig/Riege FamRZ 2015, 9, 11; vgl § 1747 Rn 18), erscheint unpraktikabel. Nicht auf § 1686a BGB berufen kann sich ein leiblicher Vater, der aufgrund seiner Einwilligung in die Adoption seine rechtliche Vaterstellung verloren hat (BT-Drucks 17/12163, 12), oder dessen Einwilligung rechtskräftig ersetzt worden ist (Frank FamRZ 2017, 497, 501; wohl verkannt von OLG Hamm 31. 8. 2017 – 3 WF 148/17, JAmt 2018, 22 m krit Anm Dürbeck).

3. Jugendamt als Amtsvormund (Abs 1 S 2)

16 Ruht die elterliche Sorge nach Abs 1 S 1, so wird das JugA nach Abs 1 S 2 Amtsvormund (sog **Adoptionsvormundschaft**). Dem Gesetzgeber v 1976 diente die Regelung der §§ 1709, 1791c Abs 1 aF als Vorbild (BT-Drucks 7/3061, 40). Auf die Amtsvormundschaft des JugA finden die §§ 55 f SGB VIII Anwendung. **Örtlich zuständig** ist nach § 87c Abs 4 SGB VIII das JugA, „in dessen Bezirk die annehmende Person ihren gewöhnlichen Aufenthalt hat". Dem Adoptionsvormund obliegen als Sorgerechtsinhaber alle Aufgaben, die es zwischen der Einwilligung (oder der Ersetzung der Einwilligung) der leiblichen Eltern in die Adoption und dem Zustandekommen der Adoption zu erledigen gilt. Es handelt sich um eine Interimsvormundschaft (Oberloskamp/Hoffmann 153), die sich mit Erreichen ihres Ziels, der Adoption, von selbst erledigt.

17 Für eine Amtsvormundschaft ist kein Raum, **wenn nur ein Elternteil einwilligt und der andere die Sorge allein ausübt** (Abs 1 S 2 HS 2 Alt 1). Die Voraussetzung für Abs 1 S 2 HS 2 Alt 1 ist sowohl dann erfüllt, wenn von zwei sorgeberechtigten Elternteilen nur einer eingewilligt hat, weil dann der andere gem § 1678 Abs 1 BGB bis auf Weiteres das Sorgerecht allein ausübt, als auch dann, wenn nur der nichtsorgeberechtigte Elternteil eingewilligt hat, die Einwilligung des Sorgeberechtigten aber noch aussteht. Die Vormundschaft des JugA tritt hingegen ein, wenn zwar nur ein Elternteil in die Annahme einwilligt, dem anderen aber zuvor das Sorgerecht teilweise entzogen und insoweit ein Pfleger bestellt wurde; denn der andere Elternteil übt in diesem Fall die elterliche Sorge „nicht allein aus" (AG Kamen FamRZ 1994, 1489). Steht der Mutter etwa nach § 1626a Abs 3 BGB die elterliche Sorge allein zu, wird das JugA Vormund, falls die Mutter, nicht dagegen, falls der Vater in die

Annahme einwilligt. Steht den Eltern demgegenüber die elterliche Sorge (etwa nach §§ 1626 Abs 1 S 1 BGB oder § 1626a Abs 2 BGB) gemeinsam zu, so bewirkt die Einwilligung nur eines Elternteils, dass der andere nach § 1678 Abs 1 BGB allein die elterliche Sorge ausübt.

Ist das JugA gem Abs 1 S 2 Amtsvormund geworden, so ändert eine **nachfolgende** **Anerkennung oder gerichtliche Feststellung der Vaterschaft** nichts am Fortbestand der Vormundschaft, auch wenn der Vater nunmehr die Übertragung der Sorge nach § 1671 Abs 2 iVm Abs 3 S 2 BGB beantragen kann und die Annahme erst ausgesprochen werden darf, nachdem über den Antrag des Vaters entschieden worden ist (§ 1747 Abs 3 Nr 3 BGB; Näheres vgl § 1747 Rn 69 ff). Der nichteheliche Vater erlangt auch nicht dadurch im Nachhinein automatisch das Sorgerecht, dass er die Mutter, die bereits in die Annahme eingewilligt hat, **heiratet** oder diese eine Sorgeerklärung **gem § 1626a Abs 2 Nr 1 BGB** abgibt. Da die elterliche Sorge der Mutter aufgrund der Einwilligung in die Annahme ruht, schließt das eine Sorgeerklärung durch sie aus (PraxKommKindschaftsR/Braun Rn 13; MünchKomm/Maurer Rn 31; **aA** Staudinger/Frank [2007] Rn 13). Auch die Eheschließung mit der Mutter, deren elterliche Sorge aufgrund der Einwilligung in die Adoption ruht, führt nicht zum Sorgerechtserwerb nach § 1626a Abs 1 Nr 2 BGB. Anerkannt ist das für Fälle, in denen der Mutter die elterliche Sorge nach § 1666 BGB entzogen wurde (Staudinger/Coester [2015] § 1626a Rn 26 u 28), im vorliegenden Fall muss das Gleiche gelten (PraxKommKindschaftsR/ Braun Rn 13; MünchKomm/Maurer Rn 31; **aA** Staudinger/Frank [2007] Rn 13). 18

Da die Vormundschaft kraft Gesetzes entsteht, erhält der Adoptionsvormund keine Bestallungsurkunde gem § 1791 BGB, sondern lediglich eine **deklaratorische Bescheinigung** über den Eintritt der Berechtigung. Dieser früher in § 1751 Abs 1 S 4 aF normierte Grundsatz wurde durch das FGG-Reformgesetz v 17. 12. 2008 (BGBl 2008 I 2586) in § 190 FamFG übernommen. Damit das JugA auch bei den nicht von ihm selbst vermittelten Adoptionspflegeverhältnissen möglichst schnell von der Vormundschaft erfährt, muss das für die Entgegennahme der Einwilligungserklärung zuständige FamG die Bescheinigung gem § 190 FamFG unverzüglich und von Amts wegen erteilen. 19

4. Sonderfall bereits bestehender Vormundschaft (Abs 1 S 2)

Nach Abs 1 S 2 HS 2 Alt 2 macht eine bereits bestellte Vormundschaft (§ 1773 BGB) den Eintritt der Adoptionsvormundschaft entbehrlich. Bei wörtlicher Auslegung des Begriffs „bestellt" fiele die in der Praxis nicht seltene **Vormundschaft für Kinder lediger minderjähriger Mütter** aus dem Anwendungsbereich des Abs 1 S 2 heraus, da sie gem § 1791c BGB kraft Ges entsteht. Es handelt sich hier jedoch nicht um eine beabsichtigte Differenzierung des Gesetzgebers, sondern um eine primäre Lücke, die sich aus der Entstehungsgeschichte der Vorschrift erklärt. Der Gesetzgeber v 1976 hat sich bei der Formulierung des § 1751 BGB an den Wortlaut des § 1791c BGB angelehnt, da dieser auch inhaltlich Vorbild sein sollte (BT-Drucks 7/3061, 40). § 1791c Abs 1 S 1 HS 2 BGB und § 1751 Abs 1 S 2 HS 2 Alt 2 BGB bezwecken, dort keine Amtsvormundschaft eintreten zu lassen, wo bereits eine andere Vormundschaft besteht. Die Amtsvormundschaft soll nur dort zum Zuge kommen, wo das Kind andernfalls keinen Sorgeberechtigten hätte (vgl BT-Drucks 7/3061, 40: „Da das Kind ... einen gesetzlichen Vertreter hat, besteht für eine Amtsvormundschaft des Jugendamts, die automatisch eintritt, kein Bedürfnis"). 20

21 Zur Entstehungszeit des § 1791c BGB konnte der Wortlaut „bestellt" bedenkenlos gewählt werden. Die früher sog Nichtehelichenvormundschaft war nämlich die einzige kraft Ges entstehende Vormundschaft. Alle anderen denkbaren Vormundschaften waren bestellte. Das Problem des Verhältnisses zweier gesetzl Amtsvormundschaften zueinander entstand erstmals durch die Einführung des § 1751 BGB und wurde seinerzeit vom Gesetzgeber nicht erkannt. Die bei wörtlicher Auslegung entstehende Doppelvormundschaft wäre unsinnig. Da der „Nichtehelichenvormund" bereits für alle Sorgebereiche zuständig ist, werden durch die Einwilligung der Kindesmutter keine weiteren Sorgebefugnisse mehr frei, die dem neuen Vormund zufallen könnten. Das FamG darf zwar bei einer bestellten Vormundschaft die Sorge in einzelne Funktionsbereiche untergliedern und für jeden Bereich einen eigenen Vormund bestellen (§ 1797 Abs 2 BGB). Eine derartige Aufteilung verbietet sich aber bei einer kraft Ges entstandenen und durch das Ges in ihrem Umfang festgelegten Vormundschaft (DIV-Gutachten ZfJ 1985, 79, 81).

22 Auch die vor dem KindRG v 1997 vertretene Auffassung, die Vormundschaft gem § 1791c BGB werde durch das Eintreten der Adoptionsvormundschaft kraft Ges auf den Aufgabenbereich eines Nichtehelichenpflegers (§ 1706 aF) reduziert, überzeugte schon früher nicht (so aber BGB-RGRK/Dickescheid Rn 6). Nur um die wörtliche Auslegung zu retten und gleichzeitig die sich aus der wörtlichen Auslegung ergebenden unstimmigen Ergebnisse zu vermeiden, sollte man nicht Lösungen anstreben, die das Gesetz nicht vorsieht. Vielmehr ist § 1751 BGB von vornherein dahingehend auszulegen, dass **alle bestehenden Vormundschaften erfasst** sind (inzwischen völlig hM: OLG Köln FamRZ 1992, 352; Erman/Saar Rn 3; Soergel/Liermann Rn 6; Palandt/Götz Rn 3; DIV-Gutachten DAVorm 1991, 934).

5. Sonderfall bereits bestehender Pflegschaft (Abs 1 S 3)

23 Eine schon vor der Einwilligung bestehende Pflegschaft bleibt nach Abs 1 S 3 unberührt. Die Befugnisse des Vormunds erstrecken sich deshalb nicht auf diejenigen Bereiche, für die eine Pflegschaft besteht (§ 1794 BGB). Obwohl im Familienrecht allgemein der Grundsatz gilt, dass eine Vormundschaft eine bestehende Pflegschaft absorbiert (vgl §§ 1918, 1791c Abs 2 BGB), hat sich der Gesetzgeber in § 1751 Abs 1 S 3 BGB für eine andere Lösung entschieden: Soweit aufgrund der Einwilligung in die Adoption die elterliche Sorge eines Elternteils ruht, nimmt das JugA als Adoptionsvormund rechtlich die Stelle des einwilligenden Elternteils ein. Darüber hinausgehende rechtliche Veränderungen sieht § 1751 BGB nicht vor (DIV-Gutachten DAVorm 1995, 210). Die Regelung des Abs 1 S 3 hat sich zT bewährt (zB im Fall der §§ 1909 Abs 1 S 2, 1638 BGB), begegnet zT allerdings auch Bedenken (zB im Fall einer Pflegerbestellung nach teilweiser Entziehung der elterl Sorge, § 1666 BGB). Dass das Gesetz eine Pflegschaft neben der Amtsvormundschaft fortbestehen lässt, schließt indessen nicht aus, dass Vormundschaft und Pflegschaft durch richterliche Entscheidung in einer Hand vereinigt werden (§ 1919 BGB). In vielen Fällen sollte dies auch geschehen (Oberloskamp/Hoffmann 155).

Eine Pflegschaft iSv Abs 1 S 3 hat auch eine Pflegeperson inne, der das FamG gem § 1630 Abs 3 BGB Angelegenheiten der elterlichen Sorge übertragen hat (MünchKomm/Maurer Rn 47; BeckOGK/Löhnig [1. 7. 2016] Rn 36). Will die bisherige Pflegeperson das Kind adoptieren, behält sie ihre Rechte aus § 1630 Abs 3 BGB auch nach der

Einwilligung. Soll das Kind von einer anderen Person adoptiert werden, so enthält die Einwilligungserklärung der Eltern den konkludenten Antrag auf Aufhebung der Pflegschaft nach § 1630 Abs 3 BGB, dem das FamG stattgeben muss, weil die Voraussetzungen für die Übertragung von Angelegenheiten der elterlichen Sorge auf die bisherige Pflegeperson nunmehr entfallen sind.

Vor Inkrafttreten des KindRG v 1997 war einer der Hauptanwendungsfälle des Abs 1 S 3 die Amtspflegschaft für ein nichteheliches Kind (§§ 1706, 1709 aF). Vgl hierzu ausführlich STAUDINGER/FRANK[12] Rn 16. Durch die Aufhebung der Amtspflegschaft ist die früher lebhaft diskutierte Problematik des Nebeneinanders von Adoptionsvormundschaft und Amtspflegschaft gegenstandslos geworden. Obwohl die Beistandschaft des geltenden Rechts funktionsbezogen an die Stelle der früheren Amtspflegschaft getreten ist, dürfte es richtig sein, etwaige „Restaufgaben" des Beistandes, insbesondere die Geltendmachung von Unterhaltsrückständen, nunmehr dem Adoptionsvormund anzuvertrauen, dh § 1751 Abs 1 S 3 BGB nicht entsprechend anzuwenden (**aA** DIJuF-Gutachten JAmt 2006, 343, 345 f).

6. Verweisung auf § 1688 Abs 1 und 3 (Abs 1 S 4)

Der heutige Abs 1 S 4 wurde durch das KindRG v 1997 auf Empfehlung des Bundesrates (damals als Abs 1 S 5) neu in § 1751 BGB eingefügt (BT-Drucks 13/4899, 158, 170). Mit der Verweisung auf § 1688 Abs 1 BGB erhalten Pflegeeltern im Falle der Adoptionspflege die gleichen sorgerechtlichen Befugnisse wie Pflegeeltern im Falle einer Familienpflege (BT-Drucks 13/8511, 76). Sie können also in **Angelegenheiten des täglichen Lebens** für das Kind entscheiden sowie den Inhaber der elterlichen Sorge in solchen Angelegenheiten vertreten (§ 1688 Abs 1 S 1 BGB). Sie sind weiterhin befugt, den Arbeitsverdienst des Kindes zu verwalten sowie Unterhalts-, Versicherungs-, Versorgungs- und sonstige Sozialleistungen für das Kind geltend zu machen und zu verwalten (§ 1688 Abs 1 S 2 BGB) und bei Gefahr im Verzug alle Rechtshandlungen vorzunehmen, die zum Wohl des Kindes notwendig sind (zB ärztliche Behandlung, Operation). Allerdings muss in einem solchen Fall nach § 1688 Abs 1 S 3 BGB iVm § 1629 Abs 1 S 4 BGB „der andere Elternteil" unverzüglich unterrichtet werden. „Anderer Elternteil" ist wegen der nur entsprechenden Anwendung von § 1629 Abs 1 S 4 BGB der Adoptionsvormund gem § 1751 Abs 1 S 2 BGB oder, soweit ausnahmsweise die Eltern noch nicht in die Annahme eingewilligt haben, der sorgeberechtigte Elternteil bzw die sorgeberechtigten Eltern. Die entsprechende Anwendung von § 1688 Abs 3 BGB bedeutet, dass das im Adoptionsverfahren zuständige FamG die Befugnisse der (Adoptions-)Pflegeeltern einschränken oder ausschließen kann, wenn dies zum Wohl des Kindes erforderlich ist. Wollen die künftigen Adoptiveltern das Kind taufen lassen, so bedürfen sie dazu nicht nur der Zustimmung des insoweit zuständigen Adoptionsvormunds (§ 3 Abs 2 S 1 RelKEG). Erforderlich ist außerdem die Genehmigung des FamG (§ 3 Abs 2 S 2 RelKEG), das vor seiner Entscheidung die leiblichen Eltern anzuhören hat (§ 3 Abs 2 S 3 RelKEG). Die Regelung ist vor allem dann fragwürdig, wenn sich die Eltern bei der Inpflegegabe ihres Kindes zum Zwecke der Adoption mit einer bestimmten religiösen Erziehung einverstanden erklärt oder aber insoweit keinen besonderen Wunsch geäußert haben (OBERLOSKAMP/HOFFMANN 264).

7. Die Ausnahmeregelung des Abs 2

25 Die in Abs 1 aufgeführten Rechtsfolgen treten gem § 1751 Abs 2 BGB nicht ein, wenn das Kind vom Ehegatten des einwilligenden Elternteils angenommen werden soll. In diesem Fall gibt der einwilligende Elternteil seine Elternrechte nicht preis; das Kind soll lediglich den Stiefelternteil als neuen Elternteil hinzugewinnen (vgl § 1754 Abs 1 BGB).

8. Zeitliche Begrenzung des Ruhens der elterlichen Sorge (Abs 3)

26 Verliert die Einwilligung eines Elternteils ihre Kraft (vgl dazu § 1750 Rn 16 f), so fällt der Grund für das Ruhen der elterlichen Sorge weg. Anders als in den übrigen Fällen des Ruhens (vgl § 1674 Abs 2 BGB) lebt die gem § 1751 Abs 1 S 1 BGB ruhende Sorge nicht wieder automatisch auf; denn mit der Einwilligung hat der Elternteil gezeigt, dass er nicht willens oder im Falle des § 1748 BGB nicht fähig ist, elterliche Verantwortung wahrzunehmen (MünchKomm/Maurer Rn 92). Außerdem hat das Kind die Zwischenzeit getrennt von seinem nicht umgangsberechtigten Elternteil verbracht. Es bedarf deshalb einer **familiengerichtlichen** Prüfung und **Entscheidung**, ob die Ausübung der elterlichen Sorge wieder auf den Elternteil zurückübertragen werden kann. Vor der Entscheidung hat das FamG das Kind, die leiblichen Eltern, die Pflegeeltern und das JugA nach §§ 159–162 FamFG zu hören. Zur ungenauen Terminologie in Abs 3 (Übertragung der elterlichen Sorge anstatt Übertragung der Ausübung der elterlichen Sorge) vgl Rn 7.

27 Stellt sich vor der Adoption heraus, dass die elterliche **Einwilligungserklärung wegen Geschäftsunfähigkeit oder Willensmängeln nichtig** war, so kommt eine analoge Anwendung des Abs 3 nicht in Betracht (vgl dazu Rn 5). In einem solchen Fall sind die Wirkungen des Abs 1 von vornherein nicht eingetreten. Bestehen Bedenken, das Kind (wieder) seinen leiblichen Eltern anzuvertrauen, so ist zu prüfen, ob die Voraussetzungen des § 1748 BGB oder § 1666 BGB erfüllt sind.

Abs 3 setzt voraus, dass das Ruhen der elterlichen Sorge auf Grund der Einwilligung, also nach Abs 1 S 1, eingetreten ist. War dem Elternteil schon vor der Einwilligung das Sorgerecht in toto entzogen worden, so kommt eine Rückübertragung gem Abs 3 nicht in Betracht. Vielmehr geht es ausschließlich um die Frage, ob die getroffene Maßnahme gem § 1696 Abs 2 BGB wieder aufzuheben ist. War das Sorgerecht nur teilweise gem § 1666 BGB entzogen worden (zB nur das Aufenthaltsbestimmungsrecht), so ist über die Aufhebung dieser Maßnahme nach § 1696 Abs 2 BGB zu entscheiden, während für die Fortdauer des Ruhens der elterlichen Sorge im Übrigen § 1751 Abs 3 BGB maßgebend ist.

28 Die **Rückübertragung** der elterlichen Sorge muss erfolgen, „**soweit dies dem Wohl des Kindes nicht widerspricht**". Richtschnur für die Entscheidung ist § 1666 BGB (MünchKomm/Maurer Rn 93; BeckOGK/Löhnig [1. 7. 2016] Rn 50): Soweit bei einem Herausgabeverlangen sorgeberechtigter Eltern Maßnahmen gem § 1666 BGB getroffen werden müssten, kommt auch eine Rückübertragung nach § 1751 Abs 3 BGB nicht in Betracht.

29 Wird die Sorge nicht oder teilweise nicht zurückgewährt, und ist auch der andere

Elternteil nicht ausübungsberechtigt, so muss das Gericht einen **Vormund oder Pfleger** bestellen. Der RegE hatte ursprünglich in Abs 3 eine entsprechende Regelung ausdrücklich vorgesehen (BT-Drucks 7/3061, 5 u 41). Sie war dann allerdings auf Anregung des Bundesrates (BT-Drucks 7/3061, 74; BT-Drucks 7/5087, 14) gestrichen worden. Obwohl die Adoptionsvormundschaft nicht kraft Ges erlischt, kann wegen des Wegfalls der gesetzlichen Voraussetzungen für das Ruhen der elterlichen Sorge auf Dauer nicht von der Bestellung eines Vormunds abgesehen werden (DIV-Gutachten DAVorm 1983, 634; MünchKomm/Maurer Rn 93; BeckOGK/Löhnig [1. 7. 2016] Rn 52; Baer/Gross 53; Oberloskamp/Hoffmann 157; vgl auch BayObLG FamRZ 1983, 761; **aA** wohl BT-Drucks 7/3061, 74). Wird ein Vormund bestellt, so endet eine bis dahin noch bestehende Pflegschaft gem § 1918 Abs 1 BGB (DIV-Gutachten DAVorm 1983, 634, 635; Soergel/Liermann Rn 13).

Abs 3 enthält bezüglich des nach Abs 1 S 1 ebenfalls ruhenden **Umgangsrechts** keine ausdrückliche Regelung. Wird dem Elternteil die Ausübung des Sorgerechts zurückübertragen, so schließt diese Entscheidung das Umgangsrecht notwendigerweise ein. Wird allerdings ein Vormund bestellt, so fragt es sich, ob das Umgangsrecht automatisch wiederauflebt (so BeckOGK/Löhnig [1. 7. 2016] Rn 53; NK-BGB/Dahm Rn 15; BeckOK/Enders Rn 4; BGB-RGRK/Dickescheid Rn 15). Richtigerweise ist auch hier Abs 3 analog anzuwenden und eine Wiederausübung des Umgangsrechts nur für den Fall zu bejahen, dass eine entsprechende familiengerichtliche Entscheidung getroffen wird (MünchKomm/Maurer Rn 97; Erman/Saar Rn 9). 30

III. Elterliche Einwilligung und Unterhaltspflicht (Abs 4)

1. Allgemeines

Zu Normzweck und Entstehungsgeschichte von Abs 4 vgl Rn 1 ff. Die elterliche Einwilligung allein löst noch keine Unterhaltspflicht des Annehmenden aus; erforderlich ist außerdem, dass das Kind in die Obhut des Annehmenden mit dem Ziel der Annahme aufgenommen ist. Sind die Voraussetzungen des Abs 4 S 1 erfüllt, so ist der Annehmende dem Kind vor dessen Verwandten zur Unterhaltsgewährung verpflichtet. Die **Unterhaltspflicht der leiblichen Eltern sowie der übrigen Verwandten** erlischt also nicht, sondern tritt nur als **subsidiär** hinter die des Annehmenden zurück. Ist die Unterhaltspflicht des Annehmenden entstanden, so ist der Unterhaltsanspruch des Adoptivpflegekindes gleichrangig mit dem Anspruch der leiblichen Kinder auf Unterhalt (BGH FamRZ 1984, 378, 379; MünchKomm/Maurer Rn 72). 31

An der gesetzlichen **Unterhaltspflicht des Kindes gegenüber seinen leiblichen Verwandten** ändert Abs 4 nichts. Das Kind erhält nach Abs 4 einen neuen Unterhaltsschuldner, ohne selbst zusätzlichen Unterhaltspflichten ausgesetzt zu werden. Es besteht deshalb kein Anlass, entgegen dem Gesetzeswortlaut die Unterhaltspflicht des Kindes gegenüber seinen leiblichen Eltern „ruhen" zu lassen (so aber Roth-Stielow Rn 9; **aA** [wie hier] MünchKomm/Maurer Rn 73; Gernhuber/Coester-Waltjen § 68 Rn 85 Fn 173; Soergel/Liermann Rn 15). 32

Hat der Anzunehmende bereits ein Kind, so fragt es sich, ob die Annehmenden diesem gem Abs 4 als Großeltern (nach den leiblichen Eltern) unterhaltspflichtig werden mit der Konsequenz, dass die Unterhaltspflicht der Eltern des Anzuneh- 33 menden als subsidiär hinter die der Adoptivgroßeltern zurücktritt. Man wird die vom Gesetzgeber offengelassene Frage (BT-Drucks 7/5087, 15) bejahen müssen, weil es wenig sinnvoll erscheint, die leiblichen Eltern auf Kosten der Adoptiveltern von der Unterhaltslast gegenüber ihrem Kind, nicht aber gegenüber ihrem Enkel zu befreien, der nach der angestrebten Adoption ebenso wie der Anzunehmende rechtlich zur Familie des Annehmenden gehören soll (ebenso MünchKomm/MAURER Rn 73; Beck-OGK/LÖHNIG [1. 7. 2016] Rn 67 ff; BGB-RGRK/DICKESCHEID Rn 23; teilweise aA SOERGEL/LIERMANN Rn 15).

2. Voraussetzungen der Unterhaltspflicht des Annehmenden

a) Einwilligung der Eltern

34 „Erforderlich" iSv Abs 4 S 1 ist die Einwilligung beider Eltern (§ 1747 Abs 1 S 1 BGB) oder deren gerichtliche Ersetzung (§ 1748 BGB). Solange nur ein Elternteil in die Annahme eingewilligt hat, treten die Wirkungen des Abs 4 nicht ein (vgl DIV-Gutachten ZfJ 1988, 546). Verzichtet der mit der Mutter nicht verheiratete Vater darauf, die Übertragung der Sorge nach § 1626a Abs 2 BGB oder § 1671 Abs 2 BGB zu beantragen (§ 1747 Abs 3 Nr 2 BGB), so hat dieser Verzicht keine Auswirkungen auf die gesetzliche Unterhaltspflicht. Ist die Einwilligung der Eltern nicht erforderlich, weil diese bereits verstorben sind oder die Voraussetzungen des § 1747 Abs 4 BGB vorliegen, so treten die Wirkungen des Abs 4 schon dann ein, wenn das Kind mit dem Ziel der Annahme in die Obhut des Annehmenden aufgenommen wird (BT-Drucks 7/5087, 15; DIV-Gutachten ZfJ 1987, 459, 460).

b) Obhut des Annehmenden

35 Mit der Formulierung, dass das Kind „in die Obhut des Annehmenden aufgenommen" sein muss, wollte der Gesetzgeber entsprechend § 1629 Abs 2 S 2 BGB klarstellen, „daß das Kind nicht unbedingt in den Haushalt des Annehmenden aufgenommen sein muß. Muß es beispielsweise wegen Krankheit oder körperlicher oder geistiger Behinderung noch einige Zeit in einem Krankenhaus oder in einem Heim bleiben, so tritt die Unterhaltspflicht der künftigen Annehmenden ein, wenn sie **die Verantwortung für das Kind übernehmen"** (BT-Drucks 7/5087, 14).

36 Ist das Kind noch nicht in den Haushalt des Annehmenden aufgenommen, so muss allerdings der für die „Inobhutnahme" erforderliche Wille zur Übernahme der Verantwortung nach außen klar in Erscheinung treten (MünchKomm/MAURER Rn 65; BGB-RGRK/DICKESCHEID Rn 18). In der Praxis bereitet die Feststellung des Tatbestandsmerkmals der Inobhutnahme weniger Schwierigkeiten, als man zunächst anzunehmen geneigt ist, weil die Unterhaltspflicht nach Abs 4 S 1 erst entsteht, wenn auch die elterliche Einwilligung wirksam erteilt oder gerichtlich ersetzt ist, das Kind zu diesem Zeitpunkt aber in aller Regel längst bei seinen künftigen Adoptiveltern lebt. Anlass zu Zweifeln können Fälle geben, in denen eine elterliche Einwilligung nicht erforderlich ist (vgl Rn 34).

c) Adoptionsabsicht

37 Das Kind muss in die Obhut des Annehmenden „**mit dem Ziel der Annahme**" aufgenommen sein. Die Feststellung des entscheidenden Zeitpunktes kann schwierig sein, wenn bei einem Pflegeverhältnis der Entschluss zur Adoption erst später gefasst wird. Allerdings kommt es auf diesen Zeitpunkt im Allgemeinen nicht an, weil das Entstehen der Unterhaltspflicht nach Abs 4 zusätzlich die elterliche Einwilligung in die Adoption erfordert. Wird diese Einwilligung erteilt, dürften spätestens zu dieser Zeit keine Zweifel mehr an der Adoptionsabsicht der Annehmenden bestehen. Ist allerdings die elterliche Einwilligung in die Adoption nicht erforderlich (vgl Rn 34), so kommt es entscheidend darauf an, wann der Entschluss zur Annahme gefasst wurde. Ein förmlicher Adoptionsantrag gem § 1752 BGB braucht jedenfalls nicht gestellt zu sein (hM, zB BSGE 71, 128, 132 = FamRZ 1993, 1077, 1079; OBERLOSKAMP/ HOFFMANN 158 f; ERMAN/SAAR Rn 7; MünchKomm/MAURER Rn 64 u 69; DIJuF-Gutachten JAmt 2016, 367; JAmt 2006, 341, 342; aA VG Münster DAVorm 1978, 40, 42). „Endgültig" braucht die Adoptionsabsicht auch nicht in dem Sinne zu sein, dass sie unabhängig von künftigen Entwicklungen unverrückbar feststeht. Es ist ja gerade der Sinn einer Probezeit (§ 1744 BGB), von einem angestrebten Ziel auch wieder Abstand nehmen zu können (BRÜGGEMANN DAVorm 1978, 44, 46; DIV-Gutachten ZfJ 1985, 214, 215 u ZfJ 1987, 74). Erforderlich ist jedoch die **ernsthafte Absicht der Annahme, die nach außen hin klar zum Ausdruck gebracht werden muss**, naheliegenderweise durch Mitteilung gegenüber dem JugA oder dem Vormund des Kindes (OBERLOSKAMP/HOFFMANN 159, MünchKomm/MAURER Rn 69; ERMAN/SAAR Rn 7; DIV-Gutachten DAVorm 1991, 846).

Eine Anfechtung des Adoptionspflegevertrags (§ 1744 BGB) mit der Folge, dass rückwirkend auch die Adoptionsabsicht und damit die Unterhaltspflicht entfällt, ist nicht möglich, auch dann nicht, wenn die künftigen Adoptiveltern über nicht erkennbare Behinderungen oder Erbkrankheiten des Kindes getäuscht wurden (§ 123 BGB). Die auf der Grundlage der Adoptionspflege zwischen Adoptionspflegeeltern und Kind tatsächlich gelebte Familiengemeinschaft einschließlich der in dieser Zeit ausgeübten Sorge für das Kind kann nicht ungeschehen gemacht werden (OVG Münster JAmt 2001, 426). Schadensersatzansprüche der Adoptionspflegeeltern wegen geleisteten Unterhalts kommen allerdings durchaus in Betracht.

3. Sonderfall der Stiefkindadoption

Der Fall einer angestrebten Stiefkindadoption ist in Abs 4 S 2 besonders geregelt, **38** weil der mit dem Stiefelternteil verheiratete leibliche Elternteil seine Elternrechte nicht preisgeben will (§ 1754 Abs 1 BGB), sodass es auch keinen Sinn ergäbe, diesen Elternteil aus seiner primären Unterhaltspflicht zu entlassen. Befindet sich das Kind in der Obhut der Ehegatten und haben beide leibliche Elternteile die Einwilligung erklärt, so sind die Ehegatten dem Kind vor den anderen Verwandten des Kindes, insbes vor dem nicht mit dem Stiefelternteil verheirateten leiblichen Elternteil, zur Gewährung des Unterhalts verpflichtet.

4. Sozialleistungen und Pflegegeld

a) Sozialleistungen

Eine ganze Reihe von Sozialleistungen knüpft an bestehende Unterhaltspflichten **39** oder tatsächlich erbrachte Unterhaltsleistungen an (zur Rechtsentwicklung vgl STAUDINGER/FRANK [2007] Rn 36). Kinder, die sich in Adoptionspflege befinden und deren Eltern in die Annahme eingewilligt haben, werden hinsichtlich sozialer Leistungen **Adoptivkindern gleichgestellt** (Überblick MünchKomm/MAURER Rn 99). Dies gilt zB für Kindergeld (§ 2 Abs 1 Nr 2 BKGG), Elterngeld (§ 1 Abs 3 Nr 1 BEEG); Wohngeld (§ 5 Abs 1 S 2 Nr 5 WoGG), Familienversicherung (§ 10 Abs 4 S 2 SGB V), Rentenversicherung (vgl § 48 Abs 3 Nr 1 SGB VI), Versorgungsleistungen (vgl § 33b Abs 2 S 2 BVG).

b) Pflegegeld

40 Pflegeeltern haben Anspruch auf Pflegegeld gem § 39 SGB VIII, sofern die leiblichen Eltern nach Erteilung der Pflegeerlaubnis ihrer Unterhaltspflicht nicht nachkommen oder nachkommen können. Da Pflegegeld Unterhalt ist, dauert die Verpflichtung zur Zahlung von Pflegegeld an, solange die Annehmenden noch nicht unterhaltspflichtig sind. Mit Beginn der **Unterhaltspflicht nach Abs 4** erlischt somit der Anspruch auf Pflegegeld (allgM).

5. Ende der Unterhaltspflicht des Annehmenden

a) Beendigungsgründe
aa) Ausspruch der Annahme als Kind

41 Kommt es zum Ausspruch der Annahme, so endet die durch Abs 4 begründete Unterhaltspflicht. Der Annehmende ist nunmehr als Elternteil gem §§ 1754, 1601 ff BGB unterhaltspflichtig.

bb) Volljährigkeit des Anzunehmenden

42 § 1751 BGB gilt nicht für die Volljährigenadoption, weil eine der wesentlichen Voraussetzungen des Abs 4 die elterliche Einwilligung nach § 1747 BGB ist, auf die es bei der Volljährigenadoption nicht ankommt (§ 1768 Abs 1 S 2 BGB). Die Wirkungen des zu einem Minderjährigen begründeten Adoptionspflegeverhältnisses gem § 1751 BGB enden deshalb auch notwendigerweise mit der Volljährigkeit des Anzunehmenden.

cc) Wegfall einer der Voraussetzungen des Abs 4

43 Die gesetzliche Unterhaltspflicht erlischt, wenn eine der Voraussetzungen des Abs 4 wegfällt. Die Unterhaltspflicht des Abs 4 ist an das kumulative Vorliegen von Einwilligung, Inobhutnahme und Adoptionsabsicht geknüpft (Gernhuber/Coester-Waltjen § 68 Rn 85; BeckOGK/Löhnig [1. 7. 2016] Rn 72 ff; NK-BGB/Dahm Rn 22; DIJuF-Rechtsgutachten JAmt 2006, 341, 342; DIV-Gutachten ZfJ 1987, 74, 75 u ZfJ 1995, 328, 329; aA OLG Frankfurt FamRZ 1984, 312, 313 m insoweit zust Anm Bosch 313 [Wegfall von Einwilligung *und* Obhut]; BGB-RGRK/Dickescheid Rn 24 [Fehlschlagen des Adoptionsvorhabens *und* Aufgabe der Obhut]; MünchKomm/Maurer Rn 79 [nur bei Umwandlung in Familienpflege oder Abweisung bzw Rücknahme des Adoptionsantrags]).

44 An der gem Abs 4 erforderlichen **Einwilligung** fehlt es, wenn sie gem § 1750 Abs 4 BGB kraftlos wird oder wenn sich noch vor dem Ausspruch der Annahme herausstellt, dass die Einwilligungserklärung unwirksam war (vgl DIV-Gutachten ZfJ 1986, 309). An der erforderlichen Einwilligung des Vaters fehlt es auch, wenn die Vaterschaft erst anerkannt oder gerichtlich festgestellt wird, nachdem die Mutter in die Annahme eingewilligt und so die Wirkungen des § 1751 Abs 4 S 1 BGB ausgelöst hat.

45 Die **Obhut** ist beendet, wenn die Betreuungsperson die Pflege und Verantwortung für das Kind aufgibt. Die Ansicht, der Bewerber könne sich nicht allein durch die Aufgabe der Obhut der gesetzlichen Unterhaltspflicht entziehen (so aber MünchKomm/

Maurer Rn 79; BGB-RGRK/Dickescheid Rn 24), findet im Gesetz keine Stütze. Fortbestehen könnte nur eine vertraglich übernommene Unterhaltspflicht.

Die Unterhaltspflicht endet auch, wenn die **Adoptionsabsicht** aufgegeben wird (Bei- 46
spielsfälle: DIV-Gutachten ZfJ 1995, 328; ZfJ 1994, 281; DAVorm 1994, 784). Zweifel an der Richtigkeit des Adoptionsentschlusses stellen allerdings noch keine Aufgabe der Adoptionsabsicht dar (vgl DIV-Gutachten ZfJ 1987, 74), ebenso wenig das Aufschieben eines förmlichen Adoptionsantrags aus wirtschaftlichen Gründen (DIJuF-Rechtsgutachten JAmt 2006, 341, 342). Die Unterhaltspflicht nach Abs 4 besteht ebenfalls weiter, wenn das JugA das Annahmeverfahren für eine bestimmte Zeit aussetzt, weil Zweifel aufgekommen sind, ob eine (Stiefvater-)Adoption dem Wohl des Kindes dient (vgl DIV-Gutachten ZfJ 1987, 75). War bereits ein Adoptionsantrag gestellt worden, so wird man aus Gründen der Klarheit verlangen müssen, dass der Antrag zurückgenommen wird (vgl DIV-Gutachten ZfJ 1995, 328, 329 u ZfJ 1987, 74; MünchKomm/Maurer Rn 79; Soergel/Liermann Rn 21). Eine rückwirkende Beseitigung der Adoptionsabsicht, etwa durch Anfechtung des Adoptionspflegevertrags, kommt nicht in Betracht (vgl Rn 37).

b) Regressansprüche des Annehmenden

Hat ein Adoptionsbewerber Unterhalt geleistet, obwohl eine wirksame elterliche 47
Einwilligung nicht vorlag, oder leistet er trotz Wegfalls einer der Voraussetzungen des Abs 4 weiterhin Unterhalt, so kommt gegen die gesetzlich unterhaltspflichtigen Eltern ein **Regressanspruch nach §§ 677, 679, 683, 670 BGB oder § 812 BGB in Betracht** (skeptisch MünchKomm/Maurer Rn 81; BeckOGK/Löhnig [1. 7. 2016] Rn 78 ff). In Frage kommt für die gleiche Zeit auch ein Anspruch auf Pflegegeld gem § 39 SGB VIII (vgl DIV-Gutachten ZfJ 1986, 560, 561). Eine rückwirkende Beseitigung der Adoptionsabsicht, etwa durch Anfechtung des Adoptionspflegevertrags, kommt nicht in Betracht (vgl Rn 37).

Ein **Ersatzanspruch für den unter den Voraussetzungen des Abs 4 geleisteten Unter-** 48
halt kommt indessen selbst dann nicht in Betracht, wenn die Annahme gegen den Willen des Adoptionsbewerbers scheitert. Eine condictio sine causa (§ 812 Abs 1 S 1 BGB) scheidet aus, weil Unterhalt aufgrund einer bestehenden gesetzlichen Verpflichtung geleistet wurde. Eine condictio ob rem (§ 812 Abs 1 S 1 Alt 2 BGB) würde voraussetzen, dass das Zustandekommen der Adoption Zweck der Leistung war. Das ist nicht der Fall. Der Ausspruch der Annahme wurde zwar erwartet, war jedoch unsicher. Darüber waren sich die Pflegeeltern auch im Klaren. Die gesetzliche Unterhaltspflicht des Abs 4 findet ihre Rechtfertigung in der tatsächlichen Lebensgemeinschaft, nicht in einer späteren Adoption (heute allgM; vgl MünchKomm/ Maurer Rn 82; BeckOGK/Löhnig [1. 7. 2016] Rn 83; Soergel/Liermann Rn 23; Ruthe FamRZ 1977, 30, 31 Fn 16; OLG Frankfurt FamRZ 1984, 312, 313; **aA** Roth-Stielow Rn 9). Scheitert die Annahme wegen einer zunächst nicht erkannten Behinderung oder Erbkrankheit des Kindes, so scheiden Regressansprüche wegen geleisteten Unterhalts ebenfalls aus (vgl Rn 37). In Betracht kommen allerdings Schadensersatzansprüche, wenn den Adoptionspflegeeltern die Behinderung oder Erbkrankheit verschwiegen wurde.

§ 1752
Beschluss des Familiengerichts, Antrag

(1) Die Annahme als Kind wird auf Antrag des Annehmenden vom Familiengericht ausgesprochen.

(2) Der Antrag kann nicht unter einer Bedingung oder einer Zeitbestimmung oder durch einen Vertreter gestellt werden. Er bedarf der notariellen Beurkundung.

Materialien: BT-Drucks 7/3061, 41 f, 74, 85; BT-Drucks 7/5087, 15. S Staudinger/BGB-Synopse (2005) § 1752.

Systematische Übersicht

I. Dekretsystem	1
II. Der Antrag	
1. Rechtsnatur	4
2. Wirksamwerden	9
3. Rücknahme	10
III. Die Zuständigkeit des Familiengerichts	
1. Internationale Zuständigkeit	13
2. Sachliche Zuständigkeit	14
3. Örtliche Zuständigkeit	15
4. Funktionelle Zuständigkeit	20
IV. Beteiligte	21
1. Minderjährigenadoption	21
2. Volljährigenadoption	24
V. Ermittlungen, Anhörungen und Verfahrensbeistand	25
VI. Zwischenentscheidungen	32
VII. Der Annahmebeschluss	
1. Inhalt	35
2. Wirksamwerden und Bekanntmachung	40
a) Wirksamwerden	40
b) Bekanntmachung	41
3. Unanfechtbarkeit und Unabänderlichkeit	42
a) Unanfechtbarkeit	42
b) Unabänderlichkeit	44
VIII. Die Ablehnung der Annahme	46

Alphabetische Übersicht

Ablehnung der Annahme	46 ff
– Rechtsmittel gegen	47 f
– Bekanntmachung der	46
– Wirksamwerden der	46
Adoptionsantrag (siehe Antrag des Annehmenden)	
Adoptionspflege, Verlauf der	26
Adoptionsvermittlungsstelle, gutachtliche Äußerung der	26
Amtsermittlung durch das Familiengericht	30
Anhörungsrecht	26 ff
– der Annehmenden	28
– des Jugendamts	26
– der Kinder des Annehmenden und des Anzunehmenden	29
– des Kindes	27
Annahmebeschluss	10, 20, 25, 35 ff
– Begründung des -es	35
– Bekanntmachung des -es	41
– Inhalt des -es	35 ff, 45
– Unabänderlichkeit des -es	44 f
– Unanfechtbarkeit des -es	20, 33, 42 f
– Voraussetzungen für den	25, 34, 39
– Wirksamwerden des -es	40
– Wirkungsfeststellung bei Anwendbarkeit ausl Sachrechts	39

Titel 7 · Annahme als Kind
Untertitel 1 · Annahme Minderjähriger   § 1752

– Zustellung des -es — 10, 40
– Zuständigkeit des Richters für den — 20
Antrag des Annehmenden — 1, 4 ff
– bedingter — 6
– Form — 5
– Geschäftsfähigkeit — 8
– mit einer Zeitbestimmung verbundener — 6
– Rechtsnatur — 4
– Rücknahme — 10 ff
– Stellvertretung beim — 7
– Umdeutung des -s — 9
Aufenthalt, gewöhnlicher — 13, 15 ff
– Änderung nach Stellung des Adoptionsantrags — 16
– des Annehmenden — 13, 15 ff
– – kein inländischer — 17
– des Ehegatten des Annehmenden — 13
– des Kindes — 13, 16 f
Auslandsadoption, Anerkennung einer — 2, 13

Bekanntmachung — 41, 46
– der Ablehnung des Adoptionsantrags, Adressat der — 46
– des Adoptionsbeschlusses — 41
– – Adressat der — 41
– – Gefährdung des Inkognitos durch die — 41
Bestandskraft fehlerhafter Adoptionen — 3
Beteiligte — 21 ff
Beteiligtenstellung — 21 ff
– bei Minderjährigenadoption — 21 ff
– bei Volljährigenadoption — 24
– der Kinder des Annehmenden — 21
– der leiblichen Eltern — 21, 24
– des Annehmenden — 21, 24
– des Anzunehmenden — 21, 24
– des Ehegatten des Annehmenden — 22, 24
– des Jugendamtes — 23, 24
– des Lebenspartners des Annehmenden — 22, 24
– des Vaterschaftsprätendenten — 21
– des Verfahrensbeistands — 21
Beurkundung — 5, 12

Dekretadoption, Anerkennung einer ausländischen — 2
Dekretsystem — 1 f, 4

Einkommensnachweis — 30
Entstehungsgeschichte — 1 ff

Ergänzungsbeschluss zum Annahmebeschluss — 45
Ermittlung des entscheidungserheblichen Sachverhalts — 25 ff

Fachliche Äußerung — 26
– der Adoptionsvermittlungsstelle — 26
– des Jugendamts — 26
Familiengericht — 13 ff, 35 ff
– Abgabe des Annahmeverfahrens — 16
– amtswegige Sachverhaltsermittlung durch das — 25 ff
– Aussetzung des Verfahrens — 32
– Verweisung des Annahmeverfahrens — 17
– Zuständigkeit für den Ausspruch der Annahme — 13 ff
– – funktionelle — 20
– – internationale — 13
– – konkurrierende — 13, 16
– – örtliche — 15 ff
– – sachliche — 14
– Zwischenentscheidung des -s — 32 ff
Folgebeurkundung im Geburtenregister durch den Standesbeamten — 37
Form — 5 f, 12, 40
– der Bekanntmachung des Annahmebeschlusses — 41
– der Rücknahme des Antrags — 12
– des Antrags — 4
Führungszeugnis — 30

Geschäftsunfähigkeit — 8
Gesetzesvorschriften, Angabe im Annahmebeschluss — 36, 38, 45
Gesundheitszeugnis — 30

Inkognitoadoption — 41

Jugendamt — 26
– Anhörung des -s — 26
– gutachtliche Äußerung durch das — 26

Korrektur offenbarer Unrichtigkeiten — 45

Melderegisterauskunft — 30
Minderjährigenadoption — 21, 36 ff

perpetuatio fori — 16

Rechtsentwicklung, internationale	1	Vertragssystem	1 ff
Richtervorbehalt	20	Verwandtenadoption	36
		Volljährigenadoption	24, 36 ff
Sachverständigengutachten	30	Vorabentscheidung über die Wirksamkeit der Adoptionseinwilligung	33
Staatsangehörigkeit	13, 45		
– ausländische eines Adoptivelternteils	45		
– deutsche	9	Wirksamwerden des Adoptionsbeschlusses	40
– – des Annehmenden	13		
– – des Ehegatten des Annehmenden	13	Zuständigkeitskonzentration	18 f
– – des Kindes	13	Zustellung	10, 40, 46
Standesbeamter, Folgebeurkundung im Geburtenregister durch den -n	38	– des Ablehnungsbeschlusses	46
		– des Annahmebeschlusses	10, 40
		Zwischenentscheidung des Familiengerichts	32 ff
Verfahrensbeistand	21, 27		
Verfahrensbeteiligte	21 ff	– über die gerichtliche Ersetzung der Einwilligung	34
Vertragsadoption, Anerkennung einer ausländischen	2	– über die Wirksamkeit der Einwilligung	33

I. Dekretsystem

1 Die Vorschrift normiert an Stelle des früheren **Vertrags-** das sog **Dekretsystem**. Vor der Reform v 1976 kam die Adoption durch Vertrag zwischen Annehmendem und Anzunehmendem zustande, wobei allerdings der Vertrag nicht nur der vormundschaftsgerichtlichen Genehmigung bedurfte (§ 1751 aF), sondern auch gerichtlich bestätigt werden musste (§ 1741 S 2 aF). Näheres zum alten Recht vgl STAUDINGER/ENGLER[10/11] § 1741 Rn 18 ff. Das heute geltende Recht sieht in der Adoption einen staatlichen Hoheitsakt. Die nach früherem Verständnis auf einen Vertrag gerichteten Willenserklärungen von Annehmendem und Kind werden heute rechtlich als Antrag des Annehmenden auf Ausspruch der Adoption (§ 1752 BGB) und Einwilligung des Kindes in die Annahme (§ 1746 BGB) qualifiziert. Das Vertragssystem widerspricht dem Verständnis der Adoption als eines Mittels der Fürsorge für hilfsbedürftige Kinder (**aA** BOSCH FamRZ 1984, 829, 838; GERNHUBER/COESTER-WALTJEN § 68 Rn 11). Kritik war insoweit schon in den Motiven zum BGB (Mot IV 1001) angeklungen, hatte sich vor und nach dem 2. Weltkrieg verstärkt (vgl STAUDINGER/ENGLER[10/11] § 1755 Rn 30 ff) und hat inzwischen weltweit zu einer Verdrängung des Vertrags- durch das Dekretsystem geführt (Nachw BT-Drucks 7/3061, 24; BEGHÈ LORETI, L'adozione dei minori nelle legislazioni europee [Milano 1986] 3, 35 f; BOSCH FamRZ 1984, 829, 838). Diese Entwicklung hat sich mittlerweile auch in **Art 3 EuAdoptÜbEink(rev)** niedergeschlagen, danach ist eine Adoption nur „rechtswirksam, wenn sie von einem Gericht oder einer Verwaltungsbehörde (…) ausgesprochen wird". Demgegenüber hatte sich das **EuAdoptÜbEink** vom 24. 4. 1967 noch nicht auf das Dekretsystem festgelegt (vgl STAUDINGER/FRANK [2007] Rn 2).

2 Man sollte allerdings Dekret- und Vertragssystem nicht als unvereinbare Gegensätze verstehen. In allen Rechtsordnungen erfordert die Adoption neben der Zustimmung der Beteiligten auch die Mitwirkung staatlicher Stellen. Ob der entscheidende Akt des Zustandekommens der Adoption mehr im Vertragsrecht (verbunden mit einer staatlichen Kontrolle) oder in einem staatlichen Hoheitsakt (aber eben doch beruhend auf den Einwilligungserklärungen der Beteiligten) zu suchen ist, ist eine Frage der Gewichtung (vgl BOSCH FamRZ 1984, 829, 837 f; GERNHUBER/COESTER-WALTJEN § 68 Rn 11). Sie hat indessen praktische Bedeutung; denn die Anerkennung ausländischer Dekretadoptionen richtet sich nach §§ 108, 109 FamFG, während sich die Gültigkeit von Vertragsadoptionen nach Art 22 EGBGB beurteilt (MünchKomm/HELMS Art 22 Rn 84 ff). Dabei ist allerdings zu beachten, dass Auslandsadoptionen, die nach Maßgabe des Haager Adoptionsübereinkommens v 1993 zustande gekommen sind, immer ex lege anerkannt werden müssen – ohne Rücksicht darauf, ob es sich um eine Vertrags- oder Dekretadoption handelt (Überblick bei FRANK StAZ 2003, 257 ff).

Negativ hat sich früher das Vertragsdenken vor allem auf die **Bestandskraft fehler-** 3 **hafter Adoptionen** ausgewirkt. So konnte der Annahmevertrag mit ex-tunc-Wirkung nichtig oder anfechtbar sein (§ 1755 aF); er konnte durch actus contrarius aufgehoben werden (§ 1768 aF), wobei allerdings der Aufhebungsvertrag vormundschaftsgerichtlich genehmigt und gerichtlich bestätigt werden musste (§ 1770 aF). Allerdings hatte schon das alte Recht manche Härten des Vertragssystems durch Sonderregelungen gemildert (vgl §§ 1756, 1770b Abs 1 S 2 aF). Insgesamt hat das oft und mit Recht kritisierte Vertragssystem der Praxis jedoch weniger Kopfzerbrechen bereitet, als gemeinhin angenommen wird.

II. Der Antrag

1. Rechtsnatur

Der Antrag ist nach dem Übergang vom Vertrags- zum Dekretsystem **Verfahrens-** 4 **handlung** (§ 23 FamFG). Das darf nicht darüber hinwegtäuschen, dass er ebenso wie früher das „Vertragsangebot" des Annehmenden eine materiellrechtliche Erklärung beinhaltet, die sich qualitativ nicht von den Einwilligungserklärungen des Kindes, der Eltern und des Ehegatten in die Adoption (§§ 1746, 1747, 1749 BGB) unterscheidet. Es erleichtert deshalb durchaus das Verständnis, wenn dem Antrag rechtlich eine Art Doppelnatur (Verfahrensantrag und materiellrechtliche Willenserklärung) zuerkannt wird. „Weil der Antrag auch die materiellrechtliche Einwilligung zur Begründung des neuen Eltern-Kindverhältnisses enthält" (so BT-Drucks 7/3061, 41 f), behandelt deshalb auch das geltende Adoptionsrecht den Antrag nach § 1752 BGB und die Einwilligungen nach §§ 1746, 1747, 1749 BGB rechtlich weitgehend gleich:

(1) Der Antrag bedarf nach Abs 2 S 2 wie die Einwilligungserklärungen des Kin- 5 des, der Eltern und des Ehegatten nach § 1750 Abs 1 S 2 BGB der **notariellen Beurkundung** (vgl auch BayObLG FamRZ 1983, 532; KEMPER DAVorm 1977, 153).

(2) Der Antrag ist nach Abs 2 S 1 ebenso **bedingungs- und zeitbestimmungsfeind-** 6 **lich** wie die Einwilligung des Kindes, der Eltern und des Ehegatten (§ 1750 Abs 2 S 1 BGB). Eine unzulässige Bedingung liegt etwa dann vor, wenn im Falle einer ins Auge gefassten Stiefkindadoption der Antrag bereits vor Eingehung der Ehe gestellt und das Gericht gebeten wird, das Verfahren bis dahin ruhen zu lassen (KG 6. 6. 2012 – 17 UF 102/12, FamRZ 2013, 642, 643), oder ein Notar (vgl Rn 7) beauftragt wird, den Antrag „für den Fall des Todes des Antragstellers" bei Gericht einzureichen (OLG München 2. 2. 2010 – 31 Wx 157/09, MDR 2010, 447, 448). Wird ein Adoptionsantrag mit der

Beantragung einer bestimmten namensrechtlichen Gestaltung verknüpft, die vom Gesetz so nicht vorgesehen ist (etwa der Beibehaltung des bisherigen Geburtsnamens entgegen § 1757 Abs 1 S 1 BGB), handelt es sich ebenfalls um eine unzulässige Bedingung und der Adoptionsantrag ist zurückzuweisen (OLG Hamm 30. 6. 2011 – II-4 UF 186/10, FamRZ 2012, 138).

7 (3)   Außerdem ist gem Abs 2 S 1 beim Adoptionsantrag **Stellvertretung** ebenso wenig zulässig wie bei der Einwilligung des Kindes, der Eltern und des Ehegatten (§ 1750 Abs 3 S 1 BGB). Aus § 1753 Abs 2 BGB folgt, dass sich das Vertretungsverbot nur auf die Erklärung des Antrags bezieht. Eingereicht werden kann der Antrag beim FamG durchaus durch einen Dritten, insbesondere den Notar.

8 Im Unterschied zu den Einwilligungen von Kind (§ 1746 Abs 1 S 2 u 3 BGB) und Eltern (vgl § 1747 Rn 12) setzt der Adoptionsantrag als Willenserklärung aber stets **volle Geschäftsfähigkeit** voraus (vgl § 1743 Rn 5). Bestehen Zweifel an der Geschäftsfähigkeit, kann die Adoption nicht ausgesprochen werden. Der im Interesse des Verkehrsschutzes für (rein) rechtsgeschäftliche Willenserklärungen entwickelte Grundsatz, dass bei Volljährigen die Geschäftsfähigkeit vermutet wird, solange ihr Fehlen nicht positiv festgestellt ist, vermag darüber nicht hinweg zu helfen (**aA** OLG Braunschweig 21. 3. 2017 – 1 UF 139/16, FamRZ 2017, 1240, 1241). Denn bestehen Zweifel an der Geschäftsfähigkeit, ist damit gleichzeitig auch die Verfahrensfähigkeit des Antragstellers in Frage gestellt (Soergel/Liermann § 1752 Rn 6).

Nicht ausreichend ist, dass die Geschäftsfähigkeit nur bei Antragstellung vorgelegen hat, vielmehr muss sie auch im Zeitpunkt der gerichtlichen Entscheidung fortbestehen. Im Falle einer Minderjährigenadoption wäre andernfalls ohnehin schon die Elterneignung zu verneinen (vgl § 1741 Rn 27 ff), doch gilt darüber hinaus auch für die Volljährigenadoption der allgemeine Grundsatz, dass **alle Annahmevoraussetzungen im Zeitpunkt des Ausspruchs der Annahme** vorliegen müssen (vgl Rn 25 und § 1768 Rn 7). Es ist kein Grund ersichtlich, warum bei der Prüfung der Geschäftsfähigkeit hiervon abgewichen werden sollte, das Gericht muss sich vergewissern können, dass der Ausspruch der Adoption immer noch dem Willen des Antragstellers entspricht (OLG München 7. 4. 2010 – 31 Wx 3/10, FamRZ 2010, 2087, 2088; Palandt/Götz § 1768 Rn 2; Soergel/Liermann § 1752 Rn 6; **aA** OLG München 26. 2. 2015 – 33 UF 1292/14, FamRZ 2015, 1509, 1510 f; MünchKomm/Maurer Rn 13). § 1753 Abs 2 BGB macht nur in eng begrenzten Fällen hiervon eine Ausnahme, wenn der Antragsteller verstorben ist.

2.   Wirksamwerden

9 Der Antrag wird mit der Einreichung beim FamG wirksam (BVerwGE 108, 216 = NJW 1999, 1347; Prütting/Helms/Krause § 197 FamFG Rn 5). Bei einer gemeinschaftlichen Adoption müssen beide Annehmenden den Antrag stellen, was nicht zwingend in einer gemeinsamen Urkunde erfolgen muss, doch liegt ein wirksamer Antrag erst dann vor, wenn beide Erklärungen beim FamG eingegangen sind (Behrentin/Braun, Handb AdoptionsR, B Rn 39 f).

Bei der **Minderjährigen- und der Volljährigenadoption** handelt es sich um **unterschiedliche Verfahrensgegenstände** (OLG Nürnberg 8. 9. 2011 – 7 UF 883/11, FamRZ 2012, 804, 805). Die Umdeutung eines Antrags auf Minderjährigenadoption in einen solchen auf Volljährigenadoption ist daher ausgeschlossen (MünchKomm/Maurer Rn 20; vgl § 1768 Rn 2). Wird der Minderjährige im Laufe des Verfahrens volljährig, so muss ein neuer Sachantrag von Annehmenden und Anzunehmendem gemeinsam (§ 1768 Abs 1 S 1 BGB) gestellt werden (OLG Karlsruhe FamRZ 2000, 768; PraxKommKindschaftsR/ Braun § 1767 Rn 7; MünchKomm/Maurer § 1752 Rn 21 u 27). Im (Rechts-)Beschwerdeverfahren ist den Beteiligten durch Zurückverweisung an das Amtsgericht Gelegenheit zur Stellung eines Antrags auf Volljährigenadoption zu geben (vgl § 1772 Rn 6).

3. Rücknahme

Der Antrag kann nach allg Verfahrensgrundsätzen **in jedem Stadium des Verfahrens** 10 bis zum Wirksamwerden der Annahme, dh bis zur Zustellung des Annahmebeschlusses an den Antragsteller (§ 197 Abs 2 FamFG), zurückgenommen werden (OLG Düsseldorf 19. 6. 1996 – 3 W 99/96 FamRZ 1997, 117; MünchKomm/Maurer Rn 22; ungenau OLG München 7. 4. 2010 – 31 Wx 3/10, FamRZ 2010, 2087, 2088 „vor dem Erlass des Adoptionsdekrets"). § 1750 Abs 4 S 1 BGB setzt die Möglichkeit der Rücknahme ausdrücklich voraus. Einer gesetzlichen Klarstellung dahingehend, dass der Antrag nicht nur bis zum Ausspruch der Annahme, sondern bis zu dessen Wirksamwerden zurückgenommen werden kann, bedurfte es nicht (vgl BT-Drucks 7/3061, 74 und 85; BT-Drucks 7/ 5087, 15).

Dass der Antrag des Annehmenden zurückgenommen und die Einwilligung des 11 wenigstens 14 Jahre alten Kindes widerrufen werden kann (§ 1746 Abs 2 BGB), steht nicht im Widerspruch zur Regelung des § 1750 Abs 2 BGB, wonach die Einwilligungen der Eltern und des Ehegatten unwiderruflich sind; denn die Herstellung eines künstlichen Kindschaftsverhältnisses ist nicht zu verantworten, wenn die Annehmenden oder das einwilligungsberechtigte Kind dies nicht (mehr) wünschen, während es durchaus sinnvoll erscheint, die Durchführung eines in die Wege geleiteten Adoptionsverfahrens nicht daran scheitern zu lassen, dass zustimmungsberechtigte Dritte ihre Meinung ändern.

Eine besondere **Form** für die Rücknahme des Annahmeantrags ist nicht vorgesehen 12 (vgl BayObLGZ 1982, 318, 321 f; Gernhuber/Coester-Waltjen § 68 Rn 39 Fn 60; MünchKomm/ Maurer Rn 22; Prütting/Helms/Krause § 197 FamFG Rn 6). Eine Analogie zu § 1746 Abs 2 S 2 BGB erscheint nicht geboten (so aber Erman/Saar Rn 4; BGB-RGRK/Dickescheid Rn 4): Wenn der Gesetzgeber für den Widerruf der Einwilligung eines 14 Jahre alten Kindes in die Annahme aus Gründen der Rechtsklarheit (BT-Drucks 7/3061, 35) und, um eine Beratung des Kindes zu gewährleisten (BT-Drucks 7/5087, 10), eine öffentliche Beurkundung vorschreibt, braucht Gleiches nicht für die Rücknahme des Antrags des (der) Annehmenden zu gelten. **Wirksam** wird die Zurücknahme des Antrags mit Zugang bei Gericht (Soergel/Liermann Rn 3). **Stellvertretung** ist für die Zurücknahme des Antrags in gleicher Weise ausgeschlossen wie für die Antragstellung (DIV-Gutachten ZfJ 1993, 364 u ZfJ 1995, 77). Als höchstpersönliches Recht geht das Recht, den Antrag zurückzunehmen, auch nicht auf die **Erben des Antragstellers** über, sodass die Adoption nach dessen Tod gegen den Willen der Erben gem § 1753 Abs 2 BGB ausgesprochen werden kann (BayObLGZ 1995, 245 = FamRZ 1995, 1604). Die rechtzeitige Rücknahme des Antrags führt nicht zur Nichtigkeit eines gleichwohl ergangenen Adoptionsbeschlusses, sondern nur zur Aufhebbarkeit nach § 1760 Abs 1 BGB (vgl § 1759 Rn 14).

III. Die Zuständigkeit des Familiengerichts

1. Internationale Zuständigkeit

13 Die internationale Zuständigkeit deutscher Gerichte in Adoptionsangelegenheiten ist in § 101 FamFG geregelt. Dabei stellt § 106 FamFG klar, dass es sich nicht um eine ausschließliche internationale Zuständigkeit handelt, was bei der Anerkennung von Auslandsadoptionen nach § 109 Abs 1 Nr 1 FamFG zu unerträglichen Ergebnissen führen würde. Die internationale Zuständigkeit deutscher Gerichte ist nach § 101 FamFG immer gegeben, wenn der Annehmende, einer der annehmenden Ehegatten oder das Kind entweder Deutscher ist oder seinen gewöhnlichen Aufenthalt im Inland hat.

2. Sachliche Zuständigkeit

14 Sachlich zuständig ist für Adoptionsangelegenheiten als Familiensachen (§ 111 Nr 4 FamFG) gem § 23a Abs 1 S 1 Nr 1 GVG iVm § 23b Abs 1 GVG die Abteilung für Familiensachen (FamG) beim Amtsgericht.

3. Örtliche Zuständigkeit

15 Die örtliche Zuständigkeit richtet sich gem § 187 Abs 1 FamFG in erster Linie nach dem **gewöhnlichen Aufenthalt des oder der Annehmenden**, nicht des Kindes. Das FamG, in dessen Bezirk sich die Annehmenden gewöhnlich aufhalten, kann wegen seiner Sachnähe besser über die Voraussetzungen einer Adoption entscheiden als das FamG am Ort des gewöhnlichen Aufenthalts des Kindes. Zum Begriff des gewöhnlichen Aufenthalts vgl beispielsweise PRÜTTING/HELMS § 122 Rn 4 ff.

16 Im Einzelnen gilt: Maßgebend ist nach § 187 Abs 1 FamFG **der gewöhnliche Aufenthalt des Annehmenden**. Nehmen Ehegatten oder Lebenspartner mit getrenntem gewöhnlichen Aufenthalt ein Kind an, so besteht nach dem klaren Gesetzeswortlaut („oder einer der Annehmenden") eine konkurrierende Zuständigkeit. Zuständig ist dann gem § 2 Abs 1 FamFG das Gericht, das zuerst mit der Angelegenheit befasst ist.

Haben die Annehmenden im Inland keinen gewöhnlichen Aufenthalt, so ist das Gericht zuständig, in dessen Bezirk das **Kind seinen gewöhnlichen Aufenthalt** hat (§ 187 Abs 2 FamFG).

Eine Änderung des gewöhnlichen Aufenthalts nach der Stellung des Adoptionsantrags, dh nach Zugang des Antrags bei Gericht, berührt gem § 2 Abs 2 FamFG die einmal begründete Zuständigkeit des FamG grundsätzlich nicht (Grundsatz der **perpetuatio fori**). Allerdings kann das Annahmeverfahren unter den Voraussetzungen des § 4 FamFG an ein anderes FamG abgegeben werden. Dabei hat der Gesetzgeber gerade auch in Adoptionssachen das Vorliegen eines „wichtigen Grundes" dann für möglich gehalten, wenn der Annehmende und das Kind ihren gewöhnlichen Aufenthalt in einen anderen Gerichtsbezirk verlegt haben (BT-Drucks 16/6308, 176; OLG Köln 28. 8. 2010 – 16 AR 7/10, FamRZ 2011, 318).

Ist auch nach § 187 Abs 2 FamFG eine Zuständigkeit deutscher Gerichte nicht **17** gegeben, weil **auch das Kind keinen gewöhnlichen Aufenthalt im Inland** hat, so ist nach § 187 Abs 5 S 1 FamFG das AG Schöneberg in Berlin-Schöneberg zuständig (soweit die internationale Zuständigkeit aufgrund der Staatsangehörigkeit eines Beteiligten gegeben ist). Aus wichtigem Grund kann dieses das Verfahren an ein anderes Gericht verweisen (§ 187 Abs 5 S 2 FamFG). Dabei macht das AG Schöneberg in der Praxis von dieser Verweisungsmöglichkeit – mit Rückendeckung des KG Berlin – routinemäßig in äußerst großzügiger Weise Gebrauch (so auch Behrentin/Braun, Handb AdoptionsR, B Rn 408), weil auf die Bindungswirkung der Verweisung (§ 3 Abs 3 S 2 FamFG) vertraut wird (krit auch MünchKomm/Maurer § 187 FamFG Rn 15).

Hat das FamG bei seinem Adoptionsausspruch **ausländisches Adoptionsrecht** anzuwenden, gilt durch den Verweis in § 187 Abs 4 FamFG die **Zuständigkeitskonzentration** nach § 5 Abs 1 S 1 und Abs 2 AdWirkG. § 5 Abs 1 S 1 AdWirkG konzentriert die örtliche Zuständigkeit bei dem AG, in dessen Bezirk ein OLG seinen Sitz hat, für den Bezirk des KG beim AG Schöneberg in Berlin. Damit soll dem FamG ermöglicht werden, die im Umgang mit dem ausländischen Recht und den ausländischen Behörden erforderlichen einschlägigen Erfahrungen zu gewinnen (BT-Drucks 14/6011, 49 und 57). Von der Ermächtigung zur abweichenden Regelung nach § 5 Abs 2 AdWirkG hat kein Bundesland Gebrauch gemacht. **18**

Nach Sinn und Zweck der Vorschrift liegt es nahe, über den Wortlaut hinaus unter **19** den ausländischen Sachvorschriften auch das **ausländische internationale Privatrecht**, selbst wenn es auf das deutsche Recht zurückverweist (OLG Frankfurt aM 13. 12. 2010 – 1 UFH 18/10, StAZ 2011, 333, 334; OLG Karlsruhe 22. 5. 2006 – 19 AR 16/06, StAZ 2007, 84, 85; NK-BGB/Benicke Art 22 EGBGB Rn 72; aA Behrentin/Braun, Handb AdoptionsR, B Rn 401), einschließlich der ausländischen Zuständigkeitsvorschriften zu verstehen, die in den Fällen von Interesse sein können, in denen eine „versteckte Rückverweisung" in Betracht kommt, sofern man eine solche zulässt; im Übrigen entspricht es dem Sinn der Vorschrift, unter den ausländischen Sachvorschriften nicht nur die zu verstehen, auf die Art 22 EGBGB verweist, sondern auch die, auf die die Verweisung des Art 23 EGBGB zielt (MünchKomm/Helms § 5 AdWirkG Rn 6 mwNw). Von der Zuständigkeitskonzentration demgegenüber nicht erfasst werden Fälle, in denen lediglich Vorfragen nach ausländischem Recht zu beurteilen sind, denn gebündelt werden soll nur spezifisches Wissen zum internationalen Adoptionsrecht (NK-BGB/Benicke Art 22 EGBGB Rn 72; BeckOGK/Markwardt [1. 7. 2016] § 5 AdWirkG Rn 15). Da **Volljährigenadoptionen** nicht dem AdWirkG unterfallen (§ 1 S 2 AdWirkG), besteht für sie keine Zuständigkeitskonzentration, auch wenn das in der Sache misslich ist (mittlerweile unstr vgl MünchKomm/Helms § 5 AdWirkG Rn 6 mwNw).

4. Funktionelle Zuständigkeit

Funktionell zuständig ist in Adoptionssachen gem § 14 Abs 1 Nr 14 RPflG grund- **20** sätzlich der **Richter**. Denn der Erlass eines Adoptionsdekrets nach § 1752 BGB ist einer der schwerwiegendsten gerichtlichen Eingriffe, die auf dem Gebiet des Familienrechts überhaupt denkbar sind, und der Adoptionsbeschluss ist darüber hinaus nach § 197 Abs 3 FamFG unanfechtbar. Nur einige wenige Maßnahmen verbleiben nach § 3 Nr 2a RPflG dem Rechtspfleger (etwa die Bescheinigung des Eintritts der

Amtsvormundschaft nach Einwilligung der leiblichen Eltern gem § 190 FamFG iVm § 1751 Abs 1 S 2 BGB).

IV. Beteiligte

1. Minderjährigenadoption

21 Im Verfahren auf Annahme eines minderjährigen Kindes sind Verfahrensbeteiligte nach § 188 Abs 1 Nr 1 lit a FamFG stets der **Annehmende** bzw die Annehmenden sowie das **Kind**. Wird vom Gericht gem § 191 S 1 FamFG ein **Verfahrensbeistand** bestellt (vgl Rn 27), ist dieser gem § 191 S 2 FamFG iVm § 158 Abs 3 S 2 FamFG automatisch Verfahrensbeteiligter. Für die **leiblichen Eltern** ist die Beteiligtenstellung in § 188 Abs 1 Nr 1 lit b FamFG geregelt: Danach sind (durch den Verweis auf § 1747 Abs 2 S 2 BGB) die leiblichen Eltern keine Verfahrensbeteiligten im Falle einer Inkognitoadoption oder wenn ihre Einwilligung nach § 1747 Abs 4 BGB entbehrlich ist. Wenn die Einwilligung eines Elternteils nach § 1748 BGB rechtskräftig ersetzt wurde (zu ihrer Beteiligung im Ersetzungsverfahren vgl § 1748 Rn 71), gilt das Gleiche (PraxKommKindschaftsR/BRAUN § 188 FamFG Rn 11). Auch der **Vaterschaftsprätendent** iSv § 1747 Abs 1 S 2 BGB ist Verfahrensbeteiligter, weil seine Rechtsstellung demjenigen eines rechtlichen Vaters gleichgestellt wird (PraxKommKindschaftsR/BRAUN § 188 FamFG Rn 12; MünchKomm/MAURER § 188 Rn 8; KEIDEL/ENGELHARDT § 188 FamFG Rn 3a), allerdings muss er dem Verfahren selbst beitreten (vgl im Einzelnen § 1747 Rn 21).

22 Verfahrensbeteiligter ist gem § 188 Abs 1 Nr 1 lit c FamFG stets auch der **Ehegatte bzw Lebenspartner** des Annehmenden sowie des Anzunehmenden, soweit seine Einwilligung nicht nach § 1749 Abs 2 BGB, § 9 Abs 6 S 2 LPartG entbehrlich ist oder rechtskräftig nach § 1749 Abs 1 S 2 BGB ersetzt wurde (PraxKommKindschaftsR/BRAUN § 188 FamFG Rn 14). Eine Verfahrensbeteiligung **sonstiger Familienangehöriger** (etwa der Großeltern) ist nicht vorgesehen (vgl § 1749 Rn 10). Das gilt nach herrschender, wenn auch umstr Ansicht auch für die Kinder des Annehmenden (vgl § 1745 Rn 23) sowie die Kinder des Anzunehmenden (vgl § 1745 Rn 24). Auch wenn die Adoption gem § 1753 Abs 2 BGB nach dem Tod des Annehmenden ausgesprochen wird, sind dessen **Erben** keine Beteiligten (OLG Braunschweig 21. 3. 2017 – 1 UF 139/16, FamRZ 2017, 1240, 1241).

23 Das **Jugendamt** und das Landesjugendamt haben nach § 188 Abs 2 FamFG die Möglichkeit, sich auf Antrag am Verfahren zu beteiligen, doch wird hiervon in der Praxis – angesichts der ohnehin zwingend vorgeschriebenen Einbindung von Adoptionsvermittlungsstelle bzw JugA (vgl Rn 26) – idR kein Gebrauch gemacht (REINHARDT JAmt 2011, 628, 629).

Zu den Verfahrensbeteiligten bei **Ersetzung der Einwilligung** in die Adoption vgl § 1748 Rn 71 sowie bei **Aufhebung** einer Adoption vgl § 1759 Rn 34.

2. Volljährigenadoption

24 Während bei der Minderjährigenadoption der Annehmende den Antrag stellt (§ 1752 Abs 1 BGB) und der Anzunehmende nach § 1746 BGB in die Adoption einwilligt, setzt die Volljährigenadoption gem § 1768 Abs 1 S 1 BGB einen Antrag des Annehmenden und des Anzunehmenden voraus. Verfahrensbeteiligte sind im Verfahren auf Annahme eines Volljährigen nach § 188 Abs 1 Nr 1 lit a FamFG stets der **Annehmende** bzw die Annehmenden sowie der **Anzunehmende**. Eine Beteiligtenstellung der leiblichen Eltern besteht gem § 188 Abs 1 Nr 1 lit b FamFG nur in den Fällen des § 1772 BGB, wenn eine Adoption mit starken Wirkungen ausgesprochen wird. Für die Beteiligtenstellung eines **Ehegatten oder Lebenspartners** gilt gem § 188 Abs 1 Nr 1 lit c FamFG das Gleiche wie in den Fällen einer Minderjährigenadoption; eine Beteiligung sonstiger Familienangehöriger ist nicht vorgesehen (vgl Rn 21). Eine Beteiligung des Jugendamtes (vgl Rn 23) ist – naturgemäß – nicht vorgesehen (PraxKommKindschaftsR/BRAUN § 188 FamFG Rn 17 u 22).

V. Ermittlungen, Anhörungen und Verfahrensbeistand

Gegenstand der Ermittlungen sind die gesetzlichen **Voraussetzungen für den Erlass** 25 **des Adoptionsdekrets**. Sämtliche Adoptionsvoraussetzungen müssen im Zeitpunkt des Ausspruchs der Annahme vorliegen (vgl Rn 8 und § 1768 Rn 7). Dazu gehört insbesondere (ausführlich: BEHRENTIN/BRAUN, Handb AdoptionsR, B Rn 88 ff, 257 ff, 474 ff):

(1) dass die erforderlichen Einwilligungen von Kind (§ 1746 BGB), Eltern (§ 1747 Abs 1 S 1 BGB), evtl des leiblichen Vaters (§ 1747 Abs 1 S 2 BGB) und Ehegatten (§ 1749 BGB) vorliegen oder gerichtlich ersetzt wurden (§§ 1746 Abs 3, 1748, 1749 Abs 1 S 2 BGB);

(2) dass den Alterserfordernissen des § 1743 BGB genügt ist;

(3) dass die Interessen bereits vorhandener Kinder des Annehmenden oder des Anzunehmenden einer Adoption nicht entgegenstehen (§ 1745 BGB);

(4) dass die Annahme dem Wohl des Kindes dient und zu erwarten ist, dass zwischen dem Annehmenden und dem Kind ein Eltern-Kind-Verhältnis entsteht (§ 1741 Abs 1 S 1 BGB).

Vor allem zwecks Klärung dieser letztgenannten zentralen Adoptionsvoraussetzung 26 des § 1741 Abs 1 S 1 BGB hat das Gericht nach § 189 FamFG eine **fachliche Äußerung** der Adoptionsvermittlungsstelle darüber einzuholen, ob das Kind und die Familie des Annehmenden für die Annahme geeignet sind. Ist keine Adoptionsvermittlungsstelle tätig geworden (insbes bei Stiefkindadoptionen), so ist eine fachliche Äußerung des Jugendamtes oder irgendeiner Adoptionsvermittlungsstelle einzuholen (§ 189 S 2 FamFG). Die Berichte müssen sich zu den Annahmevoraussetzungen des § 1741 Abs 1 S 1 BGB (vgl § 1741 Rn 16 ff) und dem Verlauf der Adoptionspflege (§ 1744 BGB) äußern, ggf müssen sie Aufschluss darüber geben, warum eine Probezeit für entbehrlich gehalten wurde (BEHRENTIN/BRAUN, Handb AdoptionsR, B Rn 530 ff). Soweit das JugA sich nicht bereits nach § 189 FamFG geäußert hat, ist es nach § 194 Abs 1 FamFG zu **hören**. In Fällen mit Auslandsberührung (§ 11 Abs 1 Nr 2 und 3 AdoptVermG) ist außerdem die zentrale Adoptionsstelle oder das LandesjugA nach § 195 Abs 1 FamFG zu hören.

Nach § 192 Abs 1 FamFG ist das **Kind stets persönlich anzuhören**, wenn nicht aus- 27 nahmsweise schwerwiegende Gründe oder das geringe Alter entgegenstehen (§ 192

Abs 3 FamFG). Dabei kann – je nach Entwicklungsstand und konkretem Alter – auch schon die Anhörung von Kindern im Kindergartenalter dem Gericht einen gewissen Eindruck von dessen Beziehung zu den Annehmenden vermitteln (BayObLG 15. 12. 1987 – 1 Z 44/87, FamRZ 1988, 871, 873: vierjähriges Kind; vgl auch § 1748 Rn 73 mwNw). Ist das Kind noch jünger, wird es zwar nicht angehört, doch sollte es im Rahmen der Amtsermittlungspflicht (vgl Rn 30) idR gleichwohl zum Termin geladen werden, damit sich das Gericht einen Eindruck vom Kind verschaffen kann (BEHRENTIN/BRAUN, Handb AdoptionsR, B Rn 561 ff). Eine Anhörung ohne vorherige Aufklärung des Kindes über seine leibliche Abstammung erfüllt spätestens bei Kindern im Grundschulalter (zur Aufklärung des Kindes vgl § 1758 Rn 14) in aller Regel nicht Sinn und Zweck der in § 192 Abs 1 FamFG vorgeschriebenen Anhörung; liegt kein Grund für ein Absehen von der Anhörung vor (vgl § 1741 Rn 25), wird die Adoption nicht ausgesprochen werden können. Ob für das Kind ein **Verfahrensbeistand** zu bestellen ist, richtet sich über den Verweis in § 191 FamFG nach § 158 Abs 2 Nr 1 und Abs 3 bis 8 FamFG entsprechend. Normalerweise wird für einen Verfahrensbeistand in Adoptionssachen kein Bedürfnis bestehen (so schon der Einwand des Bundesrates, BT-Drucks 16/6308, 381 mit Gegenäußerung der Bundesregierung 417; BRAUN FamRZ 2011, 81, 85; SCHULTE-BUNERT/WEINRICH/SIEGHÖRTNER § 191 FamFG Rn 4). Anders wird sich die Sachlage jedoch in aller Regel darstellen, wenn die Einwilligung eines Elternteils ersetzt werden soll (vgl § 1748 Rn 73) oder es um die Aufhebung einer Adoption geht (MünchKomm/MAURER § 191 FamFG Rn 6).

28 Gem § 192 Abs 1 FamFG sind die **Annehmenden stets persönlich anzuhören**. Ob **weitere Beteiligte** anzuhören sind, richtet sich nach § 192 Abs 3 FamFG. Hierbei handelt es sich um eine bloße Sollvorschrift, die auch nicht zwingend eine persönliche Anhörung vorschreibt, Voraussetzung ist danach außerdem, dass die betreffenden Personen Beteiligte nach den Maßstäben des FamFG sind (allerdings kann das Gericht im Rahmen seiner Pflicht zur Amtsermittlung auch nicht-beteiligte Personen anhören, vgl Rn 30). Zur Beteiligtenstellung der **leiblichen Eltern** in Fällen einer Minderjährigenadoption vgl Rn 21. Vor allem bei der Stiefkindadoption wird sich eine Anhörung des leiblichen Elternteils selbst dann anbieten, wenn er formgerecht in die Adoption eingewilligt hat (BEHRENTIN/BRAUN, Handb AdoptionsR, B Rn 586). Bei einer Volljährigenadoption besteht eine Beteiligtenstellung nur in den Fällen des § 1772 BGB, wenn eine Adoption mit starken Wirkungen ausgesprochen wird (zu einem gleichwohl bestehenden Anhörungsrecht bei Volljährigenadoptionen mit schwachen Wirkungen vgl § 1768 Rn 8).

29 Weitere **Anhörungsrechte** sind in § 193 FamFG für die **Kinder des Annehmenden und des Anzunehmenden** normiert (vgl § 1745 Rn 22). Die Möglichkeit, nach § 192 Abs 3 FamFG von der Anhörung ausnahmsweise abzusehen (vgl Rn 27), findet über § 193 S 2 FamFG entsprechende Anwendung.

30 Im Übrigen ist das FamG im Rahmen des **Amtsermittlungsgrundsatzes** (§ 26 FamFG) nach pflichtgemäßem Ermessen berechtigt und verpflichtet, auch **weitere Personen** zu hören; hierdurch wird noch keine förmliche Beteiligtenstellung begründet (§ 7 Abs 6 FamFG). Außerdem ist die Vorlage aussagekräftiger **Urkunden und Nachweise** – wie etwa Personenstandsurkunden, Melderegisterauskünfte, Gesundheits- und Führungszeugnisse sowie Einkommensnachweise (instruktiv PraxKommKindschaftsR/BRAUN § 189 FamFG Rn 16 ff) – anzuordnen. Das Gericht kann im Einzelfall auch ein familienpsychologisches Gutachten einholen, um etwa die Stabilität eines zukünftigen Eltern-

Kind-Verhältnisses besser beurteilen zu können (OBERLOSKAMP/HOFFMANN 270; BayObLGZ 1998, 351 = FamRZ 1998, 1456, insbes zur Leistungsentschädigung des Sachverständigen). Doch wird hierfür, wenn eine aussagekräftige fachliche Äußerung nach § 189 FamFG vorliegt (vgl Rn 26), in aller Regel kein Anlass bestehen.

Bleiben trotz Ausschöpfung aller Erkenntnismöglichkeiten **Zweifel, ob die Annahme** 31
dem Wohl des Kindes dient, oder ob zu erwarten ist, dass zwischen dem Annehmenden und dem Kind ein Eltern-Kind-Verhältnis entsteht, so hat die Adoption zu unterbleiben.

VI. Zwischenentscheidungen

Zwischenentscheidungen sind nach allg Verfahrensgrundsätzen nur dann anfechtbar, 32
wenn dies **ausdrücklich gesetzlich angeordnet** ist (PRÜTTING/HELMS/ABRAMENKO § 58 Rn 17 mNachw), im Übrigen sind sie vom Beschwerdegericht inzident im Rahmen des Hauptsacherechtsmittels zu überprüfen (§ 58 Abs 2 FamFG). Ausdrücklich vorgesehen ist beispielsweise die Anfechtbarkeit einer **Aussetzung des Verfahrens** (§ 21 Abs 2 FamFG). Eine solche kommt in Adoptionsverfahren etwa dann in Frage, wenn zunächst die Feststellung einer Vaterschaft abzuwarten ist (LG Stuttgart FamRZ 1978, 147; zur Problematik näher bei § 1747 Rn 24), der nichteheliche Vater einen Antrag stellt, ihm die elterliche Sorge nach §§ 1626a Abs 2, 1671 BGB (vgl § 1747 Abs 3 Nr 3 BGB) zu übertragen (MünchKomm/MAURER § 197 FamFG Rn 9), oder noch keine ausreichende Pflegezeit zwischen Kind und Annehmenden abgelaufen ist (BEHRENTIN/BRAUN, Handb AdoptionsR, B Rn 669).

Um eine nach § 58 Abs 1 FamFG selbständig anfechtbare Zwischenentscheidung 33
handelt es sich auch dann, wenn ein FamG nach der Stellung eines Annahmeantrags vorab durch Feststellungsbeschluss über die **Wirksamkeit einer erforderlichen Einwilligung** in die Adoption entscheidet. Hier stellt sich zunächst die Frage, ob über die Unwirksamkeit oder Anfechtbarkeit einer solchen Einwilligungserklärung überhaupt selbständig, ggf auch vor der Einleitung des Adoptionsverfahrens entschieden werden kann. Mit der ganz hM in Rspr u Lit ist diese Frage zu bejahen (OLG Düsseldorf FamRZ 1988, 1095; OLG Hamm OLGZ 1987, 129 = NJW-RR 1987, 260; OLG Frankfurt FamRZ 1981, 206; vgl auch BVerfGE 78, 201, 202 = MDR 1988, 831; HEILMANN DAVorm 1997, 671 ff; MünchKomm/MAURER § 197 FamFG Rn 8; ERMAN/SAAR § 1750 Rn 7; **aA** LG Duisburg DAVorm 1980, 227): Wenn eine Kindesmutter *nach* erfolgter Adoption deren Aufhebung gem § 1760 BGB verlangen kann, muss ihr auch *vor* Erlass des Adoptionsdekrets Rechtsschutz zuteilwerden. *Nach* der Stellung eines Annahmeantrags besteht allerdings für das FamG die grds Pflicht, bei Entscheidungsreife über den Annahmeantrag und damit inzidenter auch über die Wirksamkeit der Einwilligungserklärung zu entscheiden. Allerdings kann hier vor dem Ausspruch der Annahme wegen deren weitreichender Folgen eine Vorabentscheidung über die Wirksamkeit der Einwilligungserklärung sinnvoll sein, weil der Kindesmutter so eine selbständige Beschwerdemöglichkeit verschafft und nicht in Anbetracht der Unanfechtbarkeit des Annahmebeschlusses ein späteres Aufhebungsverfahren nach § 1760 BGB provoziert wird.

Eine selbständig anfechtbare Zwischenentscheidung liegt darüber hinaus auch dann 34
vor, wenn die elterliche **Einwilligung** gem § 1748 BGB, die Einwilligung oder Zu-

stimmung des Pflegers oder Vormundes gem § 1746 Abs 3 BGB oder die Einwilligung des Ehegatten gem § 1749 Abs 1 S 2 BGB **gerichtlich ersetzt** wird. Anfechtbar sind solche Entscheidungen mit der Beschwerde gem §§ 58, 63 Abs 1 FamFG, wirksam werden sie erst mit Rechtskraft (§ 198 Abs 1 S 1 FamFG), soweit nicht ausnahmsweise die sofortige Wirksamkeit angeordnet wird (§ 198 Abs 1 S 2 FamFG). Bis zur rechtskräftigen Entscheidung fehlt eine wesentliche Adoptionsvoraussetzung, sodass die Annahme nicht vor Rechtskraft ausgesprochen werden kann (vgl OLG Celle DAVorm 1978, 383; BISCHOF Jur Büro 1976, 1569, 1593). Für die selbständige Anfechtbarkeit des Ersetzungsbeschlusses spielt es (selbstverständlich) keine Rolle, ob das Annahmeverfahren durch Antragstellung bereits eingeleitet ist oder nicht (MünchKomm/MAURER § 198 FamFG Rn 2; OLG Celle ZfJ 1998, 262).

VII. Der Annahmebeschluss

1. Inhalt

35 Liegen die Voraussetzungen für die Kindesannahme vor, so hat das FamG die Annahme durch Beschluss (§§ 38 Abs 1 S 1, 116 Abs 1 FamFG) auszusprechen. Dieser bedarf gem § 38 Abs 3 S 1 FamFG grundsätzlich einer **Begründung**, die den entscheidenden Sachverhalt sowie zusammengefasst wiedergeben sollte, weshalb die Annahme dem Wohl des Kindes dient und zu erwarten ist, dass zwischen dem Annehmenden und dem Kind ein Eltern-Kind-Verhältnis entsteht. Von einer Begründung kann jedoch nach § 38 Abs 4 Nr 2 FamFG **abgesehen** werden, wenn gleichgerichteten Anträgen der Beteiligten stattgegeben oder der Beschluss nicht dem erklärten Willen eines Beteiligten widerspricht (MünchKomm/MAURER § 186 ff FamFG Rn 42; SCHULTE-BUNERT/WEINREICH/SIEGHÖRTNER § 197 Rn 7; eine kurze Begründung empfiehlt BEHRENTIN/BRAUN, Handb AdoptionsR, B Rn 638 f u 641). Erforderlich ist eine Begründung damit auf jeden Fall immer dann, wenn die Zustimmung oder Einwilligung eines Beteiligten nicht für erforderlich gehalten oder ersetzt wird oder Anträgen zum Namen des Kindes nicht entsprochen wird. Aber auch in weiteren Konstellationen ist eine Begründung des Beschlusses dringend anzuraten: Wenden sich Kinder des Annehmenden oder des Anzunehmenden gegen die Adoption, sollte der Adoptionsentscheidung zu entnehmen sein, ob ihr Anspruch auf rechtliches Gehör (vgl § 1745 Rn 22 u 24) gewahrt wurde. Kommt die Anerkennung der Adoption im Ausland in Frage, sollte der Entscheidung – zwecks Überwindung des ordre public-Vorbehalts – zu entnehmen sein, dass Adoptionseignung, Adoptionsbedürfnis und Kindeswohl geprüft wurden (zu den deutschen ordre public-Maßstäben vgl MünchKomm/ HELMS Art 22 EGBGB Rn 92 ff).

36 Außerdem verlangt § 197 Abs 1 S 1 FamFG die **Angabe**, „auf welche Gesetzesvorschriften sich die Annahme gründet" (dazu im Einzelnen SCHULTE-BUNERT/WEINREICH/ SIEGHÖRTNER § 197 FamFG Rn 5; KEIDEL/ENGELHARDT § 197 FamFG § 197 Rn 12 f). Weiter ist in dem Beschluss anzugeben, wenn die Einwilligung eines Elternteils nach § 1747 Abs 4 BGB nicht für erforderlich gehalten wurde (§ 197 Abs 1 S 2 FamFG). Die Angaben gem § 197 Abs 1 FamFG können in den Tenor oder in die Begründung des Beschlusses aufgenommen werden (vgl BT-Drucks 7/3061, 79). Die Regelung des § 197 Abs 1 S 1 FamFG, nach der im Annahmebeschluss die **Gesetzesvorschriften** anzugeben sind, **auf die sich die Annahme gründet**, sind deshalb für notwendig erachtet worden, weil die Wirkungen der Annahme verschieden sind, je nachdem, ob es sich

um eine Minderjährigenvolladoption (§ 1754 BGB), eine Stiefkind- oder Verwandtenadoption iSd § 1756 BGB, eine Erwachsenenadoption mit den allgemeinen Wirkungen des § 1770 BGB oder mit den besonderen Wirkungen einer Minderjährigenadoption nach § 1772 BGB handelt. Allerdings ist auch bei ungenauen oder unzutreffenden Gesetzesangaben eine Feststellung der konkreten Adoptionswirkungen jederzeit möglich; denn bei der Minderjährigenadoption stehen die Wirkungen der Kindesannahme immer fest: Sie ist entweder Volladoption oder unter den Voraussetzungen des § 1756 BGB einfache Adoption mit gesetzlich vorgegebenen Wirkungen. Eine Wahlmöglichkeit zwischen mehreren Adoptionstypen ist dem deutschen Recht (anders die romanischen Rechtsordnungen nach dem Vorbild Frankreichs) fremd. Die Wirkungen einer Erwachsenenadoption ergeben sich grds aus § 1770 BGB, es sei denn, das FamG hat auf Antrag ausdrücklich gem § 1772 BGB bestimmt, dass die Adoptionswirkungen der §§ 1754–1756 BGB maßgebend sind. Die Angaben im Adoptionsbeschluss sind daher nur **deklaratorisch** und nicht konstitutiv (MünchKomm/MAURER § 197 FamFG Rn 32; BEHRENTIN/BRAUN, Handb AdoptionsR, B Rn 627). Die Wirkungen einer Adoption ergeben sich grds aus dem Gesetz selbst und nicht aus den nach Maßgabe des § 197 Abs 1 S 1 FamFG im Beschluss (möglicherweise unzutreffend) zitierten Bestimmungen. Zur Frage, welche Wirkungen die Minderjährigenadoption eines Volljährigen bzw die Volljährigenadoption eines Minderjährigen entfaltet, vgl § 1770 Rn 22.

Die Angabe der gesetzlichen Bestimmungen gem § 197 Abs 1 S 1 FamFG hat praktische Bedeutung auch für die Arbeit des **Standesbeamten**: Nach § 5 Abs 4 S 2 PStG iVm § 56 Abs 1 Nr 1 lit c PStV sind Entscheidungen über die Annahme als Kind dem Standesamt mitzuteilen. Die Adoption ist nach § 27 Abs 3 Nr 1 PStG nämlich als Folgebeurkundung in das Geburtenregister einzutragen. Dabei sind entsprechend der Nr 2 der Anlage 2 der PStG-VwV die jeweiligen Feststellungen des FamG zu den anwendbaren Vorschriften im Anlass der Folgebeurkundung zu erwähnen (BERKL, Personenstandsrecht [2015] Rn 694). Ein eigenes Prüfungsrecht steht dem Standesamt gegenüber dem Adoptionsbeschluss nicht zu (BayObLGZ 1996, 77 = FamRZ 1996, 1034 m Anm LIERMANN FamRZ 1997, 112; BayObLGZ 1993, 179 = FamRZ 1994, 775). Dies gilt auch für eine Namensbestimmung im Adoptionsdekret, soweit der Beschluss nicht insofern ausnahmsweise (teil-)nichtig ist (Näheres vgl § 1757 Rn 14 ff). 37

Was die Notwendigkeit anbelangt, nach § 197 Abs 1 S 2 FamFG (früher: § 56e S 1 HS 2 FGG) im Annahmebeschluss anzugeben, ob die Einwilligung eines Elternteils nach § 1747 Abs 4 BGB nicht für erforderlich erachtet wurde, so heißt es in der Begründung der vom BR vorgeschlagenen Ergänzung des RegE (BT-Drucks 7/3061, 79): 38

> „Ob die Voraussetzungen des § 1747 Abs 4 vorliegen, (ist) von großer Tragweite, weil auf eine falsche Beurteilung dieser Frage eine Aufhebung des Annahmeverhältnisses nicht gestützt werden kann (§ 1760 Abs 4 S 1 BGB idF des E). Um bei einem etwaigen Aufhebungsantrag zweifelsfrei feststellen zu können, ob die Einwilligung eines Elternteils deshalb nicht eingeholt wurde, weil die Voraussetzungen des § 1747 Abs 4 BGB für gegeben erachtet wurden, ist es erforderlich, dies im Adoptionsbeschluß festzuhalten."

Obwohl im später Gesetz gewordenen § 1760 Abs 5 BGB dann doch – wenn auch mit Einschränkungen – die Möglichkeit einer Aufhebung des Annahmeverhältnisses im Falle einer unzutreffenden Bejahung der Voraussetzungen des § 1747 Abs 4 BGB vorgesehen wurde (BT-Drucks 7/5087, 19 f), ist die ursprünglich vorgesehene Fassung des § 56e S 1 HS 2 FGG (heute: § 197 Abs 1 S 2 FamFG) nicht mehr geändert worden.

39 Spricht ein deutsches FamG aufgrund der Verweisung in Art 22 EGBGB eine Adoption **nach ausländischem Sachrecht** aus, so sind seit Inkrafttreten des AdWirkG zum 1. 1. 2002 nach § 2 Abs 3 AdWirkG die Wirkungen der Annahme nach fremdem Sachrecht auszusprechen. Die Feststellungen sind zusammen mit dem Ausspruch der Annahme von Amts wegen, ohne dass es eines entsprechenden Antrags bedürfte, zu treffen (§ 2 Abs 3 S 1 AdWirkG).

2. Wirksamwerden und Bekanntmachung

a) Wirksamwerden

40 Der Adoptionsbeschluss wird nach § 197 Abs 2 FamFG wirksam durch **Zustellung** an den Annehmenden. Für die Zustellung gelten gem § 15 Abs 2 S 1 Alt 1 FamFG die §§ 166 bis 195 ZPO. Zum Fall einer Ersatzzustellung vgl BayObLGZ 1998, 279 = FamRZ 1999, 1667. Eine bloße Bekanntmachung nach § 40 Abs 1 FamFG genügt also nicht. Bei der Annahme durch ein Ehepaar tritt die Wirksamkeit erst ein, wenn der Beschluss beiden Eheleuten zugestellt ist. Nimmt ein Ehegatte das Kind des anderen an, so kommt es auf die Zustellung an den Annehmenden an. Für den Eintritt der Wirksamkeit ist es ohne Bedeutung, ob der Beschluss gem § 40 Abs 1 FamFG anderen Beteiligten bekanntgemacht wird oder nicht.

b) Bekanntmachung

41 Die Bekanntgabe des Beschlusses hat nach § 41 Abs 1 S 1 FamFG an **alle Beteiligten** (vgl § 188 Abs 1 FamFG) zu erfolgen. Die Form der Bekanntgabe richtet sich nach §§ 15 Abs 2, 41 Abs 2 FamFG. § 41 Abs 1 S 2 FamFG ist nicht anwendbar, da der Ausspruch der Annahme nicht anfechtbar ist (§ 197 Abs 3 S 1 FamFG). Das Jugendamt und das Landesjugendamt sind gem § 188 Abs 2 FamFG zwar nur auf Antrag zu beteiligen, doch besteht unter den Voraussetzungen der §§ 194 Abs 2 S 1, 195 Abs 2 S 1 FamFG eine Mitteilungspflicht, wenn diese Behörden angehört wurden oder eine fachliche Äußerung abgegeben haben. Selbstverständlich nicht Beteiligter am Adoptionsverfahren ist der beurkundende Notar. Aus dem Umstand, dass der Notar den Adoptionsantrag beim FamG einreicht und um spätere Übersendung des Adoptionsbeschlusses bittet, kann auch nicht auf seine (konkludente) Bestellung zum Verfahrensbevollmächtigten für das Adoptionsverfahren geschlossen werden (OLG Bremen 29. 4. 2014 – 5 UF 16/14, FamRB 2014, 377 f m Anm Krause). Nach hM nicht Beteiligte am Adoptionsverfahren sind auch die Kinder des Annehmenden und des Anzunehmenden (vgl § 1745 Rn 23 f). Zur Wahrung ihres Anspruchs auf rechtliches Gehör ist es gleichwohl ratsam, ihnen zumindest mitzuteilen, dass die Adoption ausgesprochen wurde (Socha FamRZ 2014, 1602, 1604). Das **Adoptionsgeheimnis** (§ 1758 BGB) braucht durch die Bekanntmachung nicht gefährdet zu werden. So kann der Annahmebeschluss anderen Empfängern als den Annehmenden, dem anzunehmenden Kind und dem (Landes-)Jugendamt ohne Name und Anschrift der Annehmenden mitgeteilt werden. Wird mit dem Ausspruch der Annahme der Vorname des Kindes geändert (oder eine sonstige Namensänderung iSd § 1757 Abs 3 BGB vorgenommen), so ist dieser Teil des Beschlusses den Beteiligten, denen gegenüber das

Adoptionsgeheimnis gewahrt werden soll, ebenfalls nicht mitzuteilen. Liegt eine **Inkognitoadoption nach § 1747 Abs 2 S 2 BGB** vor, sind die leiblichen Eltern gem § 188 Abs 1 Nr 1 lit b BGB schon gar keine Verfahrensbeteiligten. Vom Ausgang des Verfahrens informiert werden sie von der Adoptionsvermittlungsstelle (Empfehlungen der Bundesarbeitsgemeinschaft der Landesjugendämter zur Adoptionsvermittlung [7. Aufl 2014] unter 9.1).

3. Unanfechtbarkeit und Unabänderlichkeit

a) Unanfechtbarkeit

42 Der Beschluss, durch den das Gericht die Annahme als Kind ausspricht, ist nach § 197 Abs 3 S 1 FamFG nicht anfechtbar, sodass mit der Wirksamkeit des Beschlusses auch sofort die formelle Rechtskraft eintritt (§ 45 FamFG). Damit wird die in Statussachen für alle Beteiligten notwendige Klarheit geschaffen (BT-Drucks 7/3061, 58). Gleiches gilt, wenn im Falle einer Auslandsadoption im Inland eine Anerkennung- und Wirkungsfeststellung nach dem Adoptionswirkungsgesetz von 2001 erfolgt (vgl § 5 Abs 4 AdWirkG; Näheres MünchKomm/HELMS § 5 AdWirkG Rn 14). Verfahrens- oder materiellrechtlichen Fehlern kann grds nur noch unter den engen Voraussetzungen der §§ 1759 ff BGB **(Aufhebung des Annahmeverhältnisses)** Rechnung getragen werden. Zu den Möglichkeiten, diese gesetzgeberische Weichenstellung durch den Rekurs auf die Geltendmachung einer **Grundrechtsverletzung** im Wege einer Anhörungsrüge (§ 44 FamFG) oder Verfassungsbeschwerde, in Frage zu stellen, vgl § 1759 Rn 16 ff. Voraussetzung des § 197 Abs 3 S 1 FamFG ist selbstverständlich, dass der **Annahmebeschluss** nicht etwa **nichtig** ist (vgl dazu § 1759 Rn 7 ff).

43 Aus § 197 Abs 3 S 1 FamFG folgt, dass auch ein Beschluss des Beschwerdegerichts, der die Versagung der Annahme aufhebt und die Annahme ausspricht, nicht mit der Rechtsbeschwerde angefochten werden kann (MünchKomm/MAURER § 197 FamFG Rn 29; KEIDEL/ENGELHARDT § 197 FamFG Rn 23). Demgegenüber steht § 197 Abs 3 S 1 FamFG nicht der Anfechtbarkeit von Annahmebeschlüssen im Wege, soweit in diesen ein Antrag auf **Änderung des Kindesnamens** (§ 1757 Abs 4 BGB) oder auf **Bestimmung von Adoptionswirkungen** nach Maßgabe des § 1772 BGB abgelehnt wurde (vgl dazu § 1757 Rn 35, 54 und § 1768 Rn 11).

b) Unabänderlichkeit

44 Abweichend von § 48 Abs 1 und 2 FamFG ist der Annahmebeschluss nach § 197 Abs 3 S 2 FamFG unabänderlich und kann auch nicht im Wege eines Wiederaufnahmeverfahrens angegriffen werden. Die Unabänderlichkeit tritt für das Gericht schon **mit dem Erlass**, nicht erst mit der Zustellung (§ 197 Abs 2 FamFG) ein (BayObLGZ 1998, 279, 283 = FamRZ 1999, 1667, 1669). Die Entscheidung ist erlassen, wenn sie der Geschäftsstelle übergeben oder durch Verlesen der Beschlussformel bekannt gegeben wurde (§ 38 Abs 3 S 3 FamFG).

45 Der Grundsatz der Unabänderlichkeit steht der **Korrektur offenbarer Unrichtigkeiten** nach allg Grundsätzen (§ 42 FamFG) nicht im Wege. So können die nach § 197 Abs 1 S 1 FamFG im Annahmebeschluss erforderlichen Angaben, die zunächst unterblieben sind, später nachgeholt werden (vgl BayObLGZ 1986, 57, 59 = FamRZ 1986, 719, 720; KEIDEL/ENGELHARDT § 197 FamFG Rn 26; aA MünchKomm/MAURER § 197 FamFG Rn 26). Darüber hinaus ist die Änderung angeführter gesetzlicher Bestimmungen aber unzulässig; das gilt insbes dann, wenn in einem Annahmebeschluss lediglich Bestimmungen des deutschen Adoptionsrechts zitiert wurden, obwohl (kumulativ) wegen der ausländischen Staatsangehörigkeit eines Adoptivelternteils auch ausländische Bestimmungen hätten angeführt werden müssen (vgl LG Stuttgart StAZ 1984, 247). Der Unabänderlichkeit steht es gem § 43 Abs 1 FamFG außerdem nicht entgegen, wenn Entscheidungen, die aufgrund eines rechtzeitigen Antrags nach § 1757 Abs 3 BGB im Adoptionsbeschluss hätten getroffen werden müssen, später in einem Ergänzungsbeschluss nachgeholt werden (Näheres vgl § 1757 Rn 36, 55). Zur selbständigen Anfechtbarkeit namensrechtlicher Entscheidungen gem § 1757 BGB vgl § 1757 Rn 35, 54.

VIII. Die Ablehnung der Annahme

46 Der Beschluss, durch den die Annahme als Kind abgelehnt wird, wird mit der **Zustellung** an den oder die Annehmenden, im Falle des § 1753 Abs 2 BGB mit derjenigen an das Kind und im Falle des § 1768 Abs 1 BGB mit der Zustellung an den Annehmenden und den Anzunehmenden **wirksam**. § 197 Abs 2 FamFG ist zwar insofern nicht anwendbar, doch ist nach § 41 Abs 1 S 2 FamFG eine förmliche Zustellung für die Beteiligten vorgeschrieben, deren erklärtem Willen der Beschluss nicht entspricht. Wie der Annahmebeschluss (vgl dazu Rn 40) ist auch die Ablehnung der Annahme den weiteren Beteiligten bekanntzumachen (§ 41 Abs 1 S 1 FamFG) bzw – unter den Voraussetzungen des § 41 Abs 1 S 2 FamFG – zuzustellen. Diese Bekanntmachung hat indessen auf das Wirksamwerden der Entscheidung keinen Einfluss (§ 40 Abs 1 FamFG).

47 Der Beschluss, durch den die Annahme abgelehnt wird, ist nach den allg Regeln mit der Beschwerde (§§ 58 ff FamFG) sowie – nach Zulassung – mit der Rechtsbeschwerde (§§ 70 ff FamFG) anfechtbar. Beschwerdeberechtigt ist nach § 59 Abs 2 FamFG grundsätzlich **nur der Antragsteller**, im Falle des § 1752 Abs 1 BGB also nur der Annehmende oder die Annehmenden und im Falle des § 1768 Abs 1 BGB der Annehmende und der Anzunehmende. Das Beschwerderecht des Kindes ist durch die Reform v 1976 entfallen (vgl BT-Drucks 7/3061, 59; OLG Nürnberg 8. 9. 2011 – 7 UF 883/11, FamRZ 2012, 804, 805), eine vernünftige Lösung, weil ein selbständiges Beschwerderecht des Kindes diesem in der Sache nichts nützt, wenn die Annehmenden nicht gewillt sind, von ihrem Beschwerderecht Gebrauch zu machen. Dass das fehlende Beschwerderecht des Kindes im Rahmen des § 1753 BGB zu Schwierigkeiten führt, ist eine andere Frage (vgl dazu § 1753 Rn 5). Zum Beschwerderecht des Kindes nach Tod des Annehmenden vgl § 1753 Rn 5. Ein besonderes Beschwerderecht wird dem **(Landes-)Jugendamt** in §§ 194 Abs 2 S 2, 195 Abs 2 S 2 FamFG eingeräumt. Bestimmt sich die Adoption nach ausländischem Recht (Art 22 EGBGB), so ist dennoch für die verfahrensrechtlich zu qualifizierende Antragsbefugnis, von der die Beschwerdeberechtigung gem § 59 FamFG abhängt, die inländische lex fori maßgebend (BayObLGZ 1997, 85 = FamRZ 1997, 841).

48 Die **Beschwerdefrist** beträgt einen Monat (§ 63 Abs 1 FamFG) und beginnt ab der schriftlichen Bekanntgabe des Beschlusses an den Beschwerdeberechtigten (§ 63 Abs 3 S 1 FamFG) oder – falls die schriftliche Bekanntgabe an die betreffende Person nicht möglich ist – fünf Monate nach Erlass des Beschlusses (§ 63 Abs 3 S 2 FamFG).

§ 1753
Annahme nach dem Tode

(1) Der Ausspruch der Annahme kann nicht nach dem Tode des Kindes erfolgen.

(2) Nach dem Tode des Annehmenden ist der Ausspruch nur zulässig, wenn der Annehmende den Antrag beim Familiengericht eingereicht oder bei oder nach der notariellen Beurkundung des Antrags den Notar damit betraut hat, den Antrag einzureichen.

(3) Wird die Annahme nach dem Tode des Annehmenden ausgesprochen, so hat sie die gleiche Wirkung, wie wenn sie vor dem Tode erfolgt wäre.

Materialien: BT-Drucks 7/3061, 42; BT-Drucks 7/5087, 15. S Staudinger/BGB-Synopse (2005) § 1753.

Systematische Übersicht

I.	Normzweck und Entstehungsgeschichte	1		a) Angestrebte Einzeladoption	6
				b) Angestrebte Annahme durch ein Ehepaar	7
II.	Tod des Kindes	3	3.	Erforderliche Einwilligungserklärungen	8
III.	Tod des Annehmenden		4.	Förderung des Kindeswohls	9
1.	Grundsätzliche Zulässigkeit der Annahme	4	5.	Wirksamwerden des Annahmebeschlusses	11
2.	Fallgruppen	6	6.	Wirkung der Annahme	12

I. Normzweck und Entstehungsgeschichte

Der heutige § 1753 BGB idF des AdoptG v 1976 entspricht inhaltlich der Regelung, wie **1** sie bereits vom Inkrafttreten des BGB an gegolten hatte. Die durch das AdoptG v 1976 bewirkten Änderungen stellen lediglich eine notwendige Anpassung an das veränderte Zustandekommen der Adoption (Dekret- statt Vertragssystem) dar. Während es früher um die Frage ging, ob ein Annahmevertrag auch dann gerichtlich bestätigt werden konnte, wenn der Annehmende oder Anzunehmende nach dem Abschluss des Annahmevertrags, aber vor dessen Bestätigung verstorben war, geht es heute darum, ob der Ausspruch der Annahme (§ 1752 BGB) auch möglich ist, wenn Annehmender oder Anzunehmender versterben, nachdem der Antrag beim FamG eingereicht oder der beurkundende Notar mit dessen Einreichung betraut worden ist.

§ 1753 Abs 1 BGB lässt eine Adoption nach dem Tod des *Kindes* nicht zu, während **2** § 1753 Abs 2 BGB eine Adoption nach dem Tod des *Annehmenden* jedenfalls grds gestattet, wenn der Annehmende den Antrag beim FamG eingereicht oder bei oder nach der notariellen Beurkundung des Antrags den Notar damit betraut hat, den Antrag einzureichen. Die Differenzierung ist gerechtfertigt aufgrund der Tatsache, dass die Adoption nur zulässig ist, wenn sie dem Kindeswohl dient (§ 1741 Abs 1 BGB). Dies ist nicht mehr möglich, wenn das Kind vor der Annahme gestorben ist. Demgegenüber sind Fälle denkbar, in denen die Annahme dem Kindeswohl dient, obwohl der Annehmende vor ihrem Ausspruch gestorben ist. § 1753 BGB gilt gem § 1767 Abs 2 S 1 BGB auch für eine **Volljährigenadoption** (vgl Rn 10).

II. Tod des Kindes

3 Nach dem Tod des Kindes kann die Annahme nicht mehr ausgesprochen werden (Abs 1). Ausgesprochen ist die Annahme mit der Zustellung des Annahmebeschlusses an den Annehmenden (§ 197 Abs 2 FamFG). Eine Annahme ist deshalb auch dann nicht möglich, wenn der Tod des Kindes zwischen dem Absetzen des Beschlusses und der Zustellung eintritt (Soergel/Liermann Rn 1). Erfolgt die Annahme in Unkenntnis des Todes des Kindes, so entfaltet der Beschluss keine Rechtswirkungen (BayObLG FamRZ 1996, 1034, 1035; MünchKomm/Maurer Rn 5; NK-BGB/Dahm Rn 4; Palandt/Götz Rn 1). Dies sollte, um jeden Zweifel auszuschließen, von Amts wegen durch einen zweiten Beschluss klargestellt werden. Eine solche Verfügung, die lediglich die Wirkungslosigkeit des Annahmebeschlusses bestätigt, stellt keine unzulässige Änderung des Annahmebeschlusses iS v § 197 Abs 3 FamFG dar (MünchKomm/Maurer Rn 6; Erman/Saar Rn 1).

III. Tod des Annehmenden

1. Grundsätzliche Zulässigkeit der Annahme

4 Der Ausspruch der Annahme nach dem Tod des Annehmenden ist nach Abs 2 nur zulässig, wenn der Annehmende den Antrag beim FamG eingereicht oder den beurkundenden Notar – bei oder nach der Beurkundung – mit der Einreichung beauftragt hat (vgl zum alten Recht BGHZ 2, 62 = NJW 1951, 706; OLG Hamm NJW 1966, 1821). Liegen die Voraussetzungen des Abs 2 vor, so können die Erben des Annehmenden den Adoptionsantrag nicht zurücknehmen; denn dieser ist als **höchstpersönliches Recht** nicht vererblich (OLG Braunschweig 21. 3. 2017 – 1 UF 139/16, FamRZ 2017, 1240, 1241; BayObLGZ 1995, 245 = FamRZ 1995, 1604; LG Kassel FamRZ 2006, 727). Stirbt der Annehmende, bevor die Voraussetzungen des Abs 2 erfüllt sind, so ist die Annahme ausgeschlossen. Wurde der Antrag bei einem örtlich unzuständigen FamG eingereicht, so schließt dies die Möglichkeit einer postmortalen Adoption nicht aus (MünchKomm/Maurer Rn 28; Erman/Saar Rn 2; NK-BGB/Dahm Rn 8); denn entscheidend kommt es auf die ernsthafte Adoptionsabsicht an, die im Antrag zum Ausdruck kommt, ähnlich wie auch die Verjährung einer Forderung durch Klageerhebung vor einem örtlich unzuständigen Gericht gehemmt wird (vgl § 204 BGB). Diese Interpretation von § 1753 BGB war schon vor dem AdoptG v 1976 herrschend, obwohl Abs 2 aF noch ausdrücklich die Einreichung des Antrags „bei dem zuständigen Gericht" gefordert hatte (vgl Staudinger/Engler[10/11] Rn 10). Sind die (formalen) Voraussetzungen des Abs 2 erfüllt, so ist dennoch der Ausspruch der Annahme unzulässig, wenn die Beteiligten von vornherein nur eine postmortale Adoption angestrebt haben, wenn also der beurkundende Notar angewiesen wurde, den Adoptionsantrag erst nach dem Tod des Annehmenden beim FamG einzureichen (AG Ratzeburg SchlHA 1999, 214 = NJWE-FER 2000, 7; OLG München 2. 2. 2010 – 31 Wx 157/09, MDR 2010, 447; Müller MittBayNot 2011, 16, 21; Erman/Saar Rn 1; BeckOK/Pöcker § 1752 Rn 2.1; vgl § 1752 Rn 6).

Verstirbt der Annehmende während der Anhängigkeit des Verfahrens in der Rechtsmittelinstanz, so wirkt seine **Beschwerdeberechtigung** bis zur Entscheidung über das von ihm noch zu Lebzeiten eingelegte Rechtsmittel in entsprechender Anwendung des Abs 2 fort (OLG Braunschweig DAVorm 1978, 784; MünchKomm/MAURER Rn 32). War der ablehnende Beschluss vom inzwischen verstorbenen Annehmenden nicht mehr angefochten worden, so sollte dem Anzunehmenden praeter legem die Möglichkeit einer Beschwerde zuerkannt werden, weil der Gesetzgeber bei der Aufhebung des Beschwerderechts des Kindes gegen ablehnende Beschlüsse (vgl § 1752 Rn 47) übersehen hat, dass im Falle des Abs 2 wegen des fehlenden Beschwerderechts des Annehmenden der Beschluss unanfechtbar wäre, was der ratio des Abs 2 widerspräche (wie hier MünchKomm/MAURER § 197 FamFG Rn 42; SOERGEL/LIERMANN Rn 4; **aA** LG Kassel FamRZ 2006, 727; SCHULTE-BUNERT/WEINREICH/SIEGHÖRTNER § 197 FamFG Rn 23). Die in der 12. Auflage vorgeschlagene Analogie zu § 56a FGG ist indessen nach Aufhebung dieser Bestimmung durch das KindRG v 1997 nicht mehr möglich. 5

2. Fallgruppen

Abs 2 findet sowohl im Falle einer angestrebten Einzeladoption als auch im Falle einer Adoption durch ein Ehepaar Anwendung. 6

a) Angestrebte Einzeladoption
Die Möglichkeit einer postmortalen Adoption im Falle einer angestrebten Einzeladoption ist nicht nur gegeben, wenn es um die Annahme eines familienfremden Kindes geht, sondern auch dann, wenn ein Stiefelternteil das Kind seines Ehegatten annehmen will, um diesem die Rechtsstellung eines gemeinschaftlichen Kindes zu verschaffen (§ 1741 Abs 2 S 3 BGB iVm § 1754 Abs 1 BGB).

b) Angestrebte Annahme durch ein Ehepaar
Versterben beide Ehegatten (vgl OLG Hamm NJW 1966, 1821), so macht es für die Anwendbarkeit des Abs 2 keinen Unterschied, ob sie gleichzeitig oder nacheinander sterben. 7

Verstirbt nur ein Ehegatte, so ist nach dem klaren Wortlaut des Abs 2 weiterhin eine gemeinschaftliche Annahme möglich (allgM, vgl NK-BGB/DAHM Rn 11; ERMAN/SAAR Rn 3; SOERGEL/LIERMANN Rn 5). Fraglich könnte nur sein, ob der **Antrag des Überlebenden** wirksam bleibt oder neu gestellt werden muss. § 1753 Abs 2 BGB geht davon aus, dass ein einmal gestellter Antrag wirksam bleibt. Das gilt mit Sicherheit für den Antrag des Verstorbenen, der mit der Möglichkeit seines Todes ebenso wenig gerechnet hat wie sein Ehegatte und dennoch an seinem Antrag festgehalten wird; das Gleiche gilt daher auch für den Antrag des Überlebenden (NK-BGB/DAHM Rn 11; ERMAN/SAAR Rn 3; BeckOK/PÖCKER Rn 4). Dieser kann seinen Antrag ohnehin jederzeit zurücknehmen (vgl § 1752 Rn 10). Tut er dies, so verbietet sich eine Einzeladoption durch den Verstorbenen, weil dessen Antrag nur auf eine gemeinschaftliche Adoption gerichtet war (NK-BGB/DAHM Rn 12; ERMAN/SAAR Rn 3; MünchKomm/MAURER Rn 13; BeckOK/PÖCKER Rn 4; SOERGEL/LIERMANN Rn 5; **aA** BeckOGK/LÖHNIG [1. 7. 2016] Rn 9). Es versteht sich von selbst, dass das FamG den Überlebenden befragen muss, ob er die Annahme noch wünscht, aber nicht, weil es sonst am erforderlichen Antrag fehlt, sondern weil geklärt werden muss, ob die (partiell) postmortale Adoption noch dem Wohl des Kindes dient.

3. Erforderliche Einwilligungserklärungen

8 Abs 2 setzt nur voraus, dass der Annehmende den Antrag beim FamG eingereicht oder bei oder nach der notariellen Beurkundung des Antrags den Notar damit betraut hat, den Antrag einzureichen. Nicht erforderlich ist, dass die Eltern (§ 1747 BGB), das Kind (§ 1746 BGB) und ggf der Ehegatte (§ 1749 BGB) bereits ihre Einwilligung erklärt haben. Soweit die **Einwilligungen** erteilt sind, **bleiben** sie nach Maßgabe des § 1750 Abs 2 S 2 BGB **unwiderruflich**. Nur das 14 Jahre alte, nicht geschäftsunfähige Kind kann seine Einwilligung bis zum Wirksamwerden des Ausspruchs der Annahme gegenüber dem FamG widerrufen (§ 1746 Abs 2 S 1 BGB und § 1750 Abs 2 S 2 HS 2 BGB). Schon unter der Herrschaft des alten Rechts war unstreitig, dass Einwilligungserklärungen fortwirken (Staudinger/Engler[10/11] Rn 15). Die Frage war während der Reform nicht neu diskutiert worden. Ob der Annehmende erst nach dem Ausspruch der Annahme oder kurze Zeit zuvor verstirbt, hängt von Zufälligkeiten ab, denen der Gesetzgeber insoweit keine entscheidende Bedeutung beimisst, als er explizit eine postmortale Adoption gestattet. Bringt einer der Einwilligungsberechtigten zum Ausdruck, dass er an seiner Einwilligung nicht festhalten will, kann dies nur im Rahmen der Prüfung berücksichtigt werden, ob die Annahme dem Kindeswohl dient (MünchKomm/Maurer Rn 15).

4. Förderung des Kindeswohls

9 Wenn § 1753 BGB eine Adoption nach dem Tod des Annehmenden gestattet, kann es auf die Herstellung eines Eltern-Kind-Verhältnisses gem § 1741 Abs 1 S 1 BGB nicht mehr ankommen. Dagegen setzt auch eine postmortale Adoption voraus, dass sie dem Wohl des Kindes dient (§ 1741 Abs 1 S 1 BGB). Durch die Annahme können sowohl persönliche als auch vermögenswerte Interessen betroffen sein. Die im Vordergrund jeder Adoption stehende persönliche Fürsorge durch den Annehmenden entfällt mit dessen Tod. Gleichwohl können **persönliche Interessen des Kindes** für eine Annahme durch den Verstorbenen sprechen. In aller Regel wird das Kind im Falle des § 1753 Abs 2 BGB seine Bindung an die Ursprungsfamilie bereits verloren haben. Es wird – auch im Falle des Unterbleibens der Adoption – dort nicht mehr Fuß fassen können. Umgekehrt wird das Kind in seiner neuen Familie oft faktisch bereits eingegliedert sein. Durch eine postmortale Adoption können diese Bande insbesondere zu Geschwistern und Großeltern auch rechtlich verfestigt werden. Entspricht es dem Wohl des Kindes, dass es in seiner neuen Umgebung verbleibt, was vor allem der Fall sein wird, wenn bei einer angestrebten Adoption durch Eheleute nur ein Ehegatte verstorben ist, dann wird auch eine postmortale Adoption grundsätzlich in seinem Interesse liegen. Als problematisch können sich **Stiefkindadoptionen** erweisen, weil hier das Kind ohnehin dem sorgeberechtigten leiblichen Elternteil zugeordnet ist und bleibt und eine Veränderung der tatsächlichen Lebensumstände des Kindes von vornherein nicht zur Diskussion steht (so auch MünchKomm/Maurer Rn 18). Entscheidend wird es darauf ankommen, ob der andere leibliche Elternteil des Kindes noch lebt, und wie sich die Beziehungen des Kindes zu ihm darstellen. Im Allgemeinen dürfte sich der ohnehin problematische „Austausch" von leiblichem Vater gegen Stiefvater bzw leiblicher Mutter gegen Stiefmutter (vgl dazu § 1741 Rn 64 ff) verbieten, wenn der Stiefelternteil verstorben ist, weil mit dem Tod des Stiefelternteils auch das Spannungsverhältnis zwischen Stiefvater und leiblichem Vater bzw Stiefmutter und leiblicher Mutter nicht mehr besteht und im Übrigen das Kind mit der Adoption ersatzlos einen Unterhaltsschuldner verlieren würde. **Vermögensinteressen** können allein oder neben anderen Gründen eine postmortale Adoption rechtfertigen. Erforderlich ist immer ein Abwägungsprozess, in den alle Argumente für und wider einzubeziehen sind. Vermögensvorteile für das Kind resultieren vor allem aus dem entstehenden Erbrecht, aus Ansprüchen auf Waisengeld oder auf Unterhaltsersatz gem § 844 Abs 2 BGB.

Im Falle einer **Volljährigenadoption** kommt es darauf an, ob die Annahme sittlich gerechtfertigt ist. Das ist nach § 1767 Abs 1 HS 2 BGB insbesondere dann der Fall, wenn zwischen dem Annehmenden und dem Anzunehmenden ein Eltern-Kind-Verhältnis bereits entstanden ist (vgl § 1767 Rn 21 ff). Wird die Annahme unter den Voraussetzungen des Abs 2 ausgesprochen, **ohne dass bei der Kindeswohlprüfung der Tod des Annehmenden bekannt** war, ist die Adoption wirksam, doch kommt eine Aufhebung nach § 1763 Abs 1 BGB in Frage (MünchKomm/MAURER Rn 11; BeckOGK/LÖHNIG [1. 7. 2016] Rn 6). **10**

5. Wirksamwerden des Annahmebeschlusses

Nach dem Tod des Annehmenden wird der Annahmebeschluss mit der **Zustellung an das Kind** bzw dessen gesetzlichen Vertreter, wenn es das 14. Lebensjahr noch nicht vollendet hat oder geschäftsunfähig ist, wirksam (§ 197 Abs 2 HS 2 FamFG). Nach einer Gegenansicht soll es bei einem minderjährigen Angenommenen stets auf die Zustellung an dessen gesetzlichen Vertreter ankommen, auch wenn der Betreffende schon das 14. Lebensjahr vollendet hat (KEIDEL/ENGELHARDT § 197 FamFG Rn 18 und 20; PRÜTTING/HELMS/KRAUSE § 197 FamFG Rn 50; demgegenüber wie hier MünchKomm/MAURER § 197 FamFG Rn 16; SCHULTE-BUNERT/WEINREICH/SIEGHÖRTNER § 197 FamFG Rn 9), doch sind über 14 Jahre alte Kinder gem § 9 Abs 1 Nr 3 FamFG in Adoptionssachen verfahrensfähig (KEIDEL/ZIMMERMANN § 9 FamFG Rn 14; BEHRENTIN/BRAUN, Handb AdoptionsR, B Rn 714; **aA** SCHULTE-BUNERT/WEINREICH/SCHÖPFLIN § 9 FamFG Rn 8). Den Erben des verstorbenen Annehmenden ist der Beschluss in der Form des § 41 Abs 1 S 1 und Abs 2 FamFG bekanntzumachen (KEIDEL/ENGELHARDT § 197 FamFG Rn 18). **War eine gemeinschaftliche Annahme beabsichtigt**, so genügt nach ganz hM eine Zustellung an den überlebenden Ehegatten (MünchKomm/MAURER § 197 FamFG Rn 16; KEIDEL/ENGELHARDT § 197 FamFG Rn 18; SCHULTE-BUNERT/WEINREICH/SIEGHÖRTNER § 197 FamFG Rn 9; vgl demgegenüber STAUDINGER/FRANK [2007] Rn 11: Doppelzustellung „sinnvoll"). **11**

6. Wirkung der Annahme

Wird die Annahme nach dem Tod des Annehmenden ausgesprochen, so hat sie nach Abs 3 die **gleiche Wirkung, wie wenn sie vor dem Tod** erfolgt wäre. Das Kind wird also ebenso Erbe des Annehmenden wie ein zur Zeit des Erbfalls noch nicht geborenes, aber schon gezeugtes Kind (§ 1923 Abs 2 BGB). Außerdem stehen dem Kind unter den Voraussetzungen des § 844 Abs 2 BGB Ansprüche auf Unterhaltsersatz sowie nach sozialversicherungs- oder beamtenrechtlichen Vorschriften Versorgungsansprüche zu. Hat der Erblasser letztwillig verfügt und das Kind übergangen, so kann dieses die Verfügung nach Maßgabe des § 2079 BGB anfechten. Solange nach dem Tod des Annehmenden über den Adoptionsantrag nicht entschieden ist, darf eine Erbauseinandersetzung wegen der Unbestimmtheit der Erbteile nicht erfolgen (§ 2043 Abs 2 BGB). **12**

§ 1754
Wirkung der Annahme

(1) Nimmt ein Ehepaar ein Kind an oder nimmt ein Ehegatte ein Kind des anderen Ehegatten an, so erlangt das Kind die rechtliche Stellung eines gemeinschaftlichen Kindes der Ehegatten.

(2) In den anderen Fällen erlangt das Kind die rechtliche Stellung eines Kindes des Annehmenden.

(3) Die elterliche Sorge steht in den Fällen des Absatzes 1 den Ehegatten gemeinsam, in den Fällen des Absatzes 2 dem Annehmenden zu.

Materialien: BT-Drucks 7/3061, 19 f, 42 f; BT-Drucks 7/5087, 7, 15 f; BT-Drucks 13/4899, 114. S STAUDINGER/BGB-Synopse (2005) § 1754.

Systematische Übersicht

I.	Normzweck und Entstehungsgeschichte	1	III. Erwerb der rechtlichen Stellung eines Kindes des Annehmenden (Abs 2)	7
II.	Erwerb der rechtlichen Stellung eines gemeinschaftlichen Kindes der Ehegatten (Abs 1)	4	IV. Wirkungen der erlangten Rechtsstellung im Einzelnen	8
			1. Zivilrechtliche Wirkungen	9
			2. Öffentlichrechtliche Wirkungen	11

I. Normzweck und Entstehungsgeschichte

1 § 1754 BGB ist im Zusammenhang mit den §§ 1755 und 1756 BGB zu sehen. Während § 1754 BGB klarstellt, dass ein Adoptivkind die rechtliche Stellung eines leiblichen Kindes des oder der Annehmenden erlangt, also voll in die neue Familie integriert wird, bestimmt § 1755 BGB, dass die Rechtsbeziehungen des Kindes zur Ursprungsfamilie vollständig erlöschen. Die §§ 1754 und 1755 BGB normieren für die Adoption Minderjähriger somit die **Volladoption**, deren Einführung das zentrale **Reformanliegen des AdoptG v 1976** war (vgl BT-Drucks 7/3061, 19 f, BT-Drucks 7/5087, 7; früher schon BT-Drucks 7/421, 3 u 7/716, 4 iVm 7/328, 1). § 1756 BGB korrigiert den Grundsatz der Volladoption geringfügig bezüglich zweier Fallgruppen: Bei der Annahme naher Familienangehöriger (zB des Enkelkindes durch seine Großeltern) soll das Kind zwar neue Eltern erhalten, nicht aber seine bisherige Verwandtschaft verlieren (§ 1756 Abs 1 BGB). Bei der Adoption eines Stiefkindes, das einen sorgeberechtigten Elternteil durch Tod verloren hat, sollen dem Kind die Rechtsbeziehungen zur Verwandtschaft des verstorbenen Elternteils erhalten bleiben (§ 1756 Abs 2 BGB). Für die Wirkungen einer **Volljährigenadoption** sind vorrangig die §§ 1770, 1772 Abs 1 BGB zu berücksichtigen.

Titel 7 · Annahme als Kind
Untertitel 1 · Annahme Minderjähriger § 1754

Das **KindRG v 1997** hat an der Regelung des § 1754 BGB inhaltlich nichts geändert. Lediglich sprachlich wurde in den Absätzen 1 und 2 der Hinweis darauf, dass das angenommene Kind die rechtliche Stellung eines *ehelichen* Kindes erlangen soll, gestrichen, weil das KindRG die Unterscheidung zwischen ehelichen und nichtehelichen Kindern aufgegeben hat (vgl BT-Drucks 13/4899, 114). Der neu angefügte Abs 3 hat lediglich klarstellende Funktion: Dass die elterliche Sorge den Ehegatten gemeinsam oder, im Falle einer Einzeladoption, dem Annehmenden allein zusteht, ist an sich eine Selbstverständlichkeit, die sich aus den Abs 1 und 2 ohne Weiteres ergibt. Früher war eine dem Abs 3 entsprechende Regelung schon deshalb überflüssig, weil das Kind durch die Adoption die Rechtsstellung eines *ehelichen* Kindes erlangte. Nachdem der Gesetzgeber zwar die Unterscheidung zwischen ehelichen und nichtehelichen Kindern aufgegeben hat, in Sorgerechtsfragen aber weiterhin danach differenziert, ob Eltern miteinander verheiratet sind oder nicht (§§ 1626, 1626a BGB), sollte mit Hilfe des Abs 3 eventuellen Missverständnissen vorgebeugt werden (Soergel/Liermann Rn 1).

Mit der Einführung der Volladoption wollte der Gesetzgeber v 1976 die besten Voraussetzungen für eine ungestörte Entwicklung des Kindes schaffen. Das **alte Recht** hatte zu Unzuträglichkeiten geführt (vgl Engler 27 ff, 51 ff; Lüderitz 67 ff; BT-Drucks 7/5087, 6). Der Grundsatz, dass das Kind mit der Adoption die rechtliche Stellung eines ehelichen erlangte (§ 1755 aF), war in mancher Hinsicht eingeschränkt. Die Annahmewirkungen erstreckten sich nicht auf die Verwandten des Annehmenden (§ 1763 aF). Für den Annehmenden wurde kein Erbrecht nach dem Kind begründet (§ 1759 aF). Vor allem aber bestanden die Rechtsbeziehungen zwischen Kind und Ursprungsfamilie fort, soweit nicht das Gesetz etwas anderes vorschrieb (§ 1764 aF). Das Kind wurde insbes kraft Gesetzes von seinen leiblichen Eltern beerbt. Solange es nicht testieren konnte, drohte deshalb immer die Gefahr, dass von den Adoptiveltern ererbtes Vermögen an die leiblichen Eltern gelangte, die ihr Kind möglicherweise nie gesehen hatten. Kam das Kind in der neuen Familie zu Wohlstand, so war es denkbar, dass es später seinen leiblichen Eltern Unterhalt leisten musste. Es wurde von Fällen berichtet, in denen die Sozialhilfebehörden die Anschrift des früher inkognito adoptierten Kindes ausfindig machten, um Regressforderungen wegen Unterhaltsleistungen an die leiblichen Eltern durchsetzen zu können.

Die Einführung der Volladoption durch das AdoptG v 1976 entsprach der **internationalen Rechtsentwicklung**. Länder, die das Institut der Adoption erst im 20. Jahrhundert in ihre Rechtsordnungen aufnahmen, wie zB *Großbritannien* (Adoption of Children Act v 1926, nunmehr Adoption and Children Act 2002) und die *Niederlande* (Ges v 26. 1. 1956 Stb 42, nunmehr Ges v 21. 12. 2000 Stb 2001, 10), verstanden diese von vornherein als Instrument der Sozialpolitik und erkannten nur die Volladoption an. Aber auch diejenigen Länder, in denen die Adoption als sog einfache Adoption historisch gewachsen war und ursprünglich vornehmlich der Tradierung von Familiennamen und Familiengut gedient hatte, bekannten sich im Laufe der letzten Jahrzehnte mehr und mehr zur Volladoption, so die meisten Einzelstaaten *Nordamerikas* (Überblick bei Frank 86 Fn 21; Pütter, Adoption in den USA [1972] 159 ff; Helms/Botthof, Besuchskontakte nach Adoption und Formen schwacher Adoption [2017] 29 f), die Mehrheit der ehedem *sozialistischen* Rechtsordnungen (vgl Sadikov, Soviet Civil Law [1988] 480 ff; Gralla StAZ 1996, 24 ff), die *Schweiz* (Art 267 ZGB), *Spanien* (Art 178 Cc), *Italien*

2

(Art 27 Ges Nr 184 v 4. 5. 1983 zur Regelung der Adoption u der Pflegekindschaft Minderjähriger) und seit dem 1. 1. 1988 auch *Japan* (Ges Nr 101 v 1987; vgl Kamitani FamRZ 1988, 803; Tokotani, in: FS Frank [2008] 281).

3   Einen originellen Weg geht das *französische* Recht: Es behielt die historisch gewachsene einfache Adoption im Wesentlichen unverändert bei, führte daneben aber als **zweiten Adoptionstyp** die Volladoption ein (Ges Nr 66–500 v 11. 7. 1966, Art 343 ff u 360 ff Cc). Wann welcher Adoptionstyp Anwendung finden soll, wurde gesetzlich nicht abschließend geregelt. Entscheidend sollten der Wille der Beteiligten und das Kindeswohl unter Berücksichtigung der konkreten Umstände des Einzelfalles sein (Huet/Weiller Rev int dr comp 1985, 611 ff; Helms/Botthof, Besuchskontakte nach Adoption und Formen schwacher Adoption [2017] 8 ff). Für das *deutsche* Recht hatte vor allem Engler (43 ff u FamRZ 1975, 125) eine ähnliche Lösung empfohlen (ebenso Jayme FamRZ 1969, 527, 530; 1973, 14, 17 f; 1974, 115, 116; Krause 114 f; Akademikerverbände FamRZ 1974, 170; Kraut FamRZ 1974, 295; aus jüngerer Zeit Reinhardt 154 ff). Der Gesetzgeber hat sich aber dafür entschieden, die Volladoption als Regeltyp einzuführen, gleichzeitig allerdings für die Verwandten- und Stiefkindadoption (§ 1756 BGB) sowie die Volljährigenadoption (§§ 1770, 1772 BGB) Ausnahmen zuzulassen (vgl BT-Drucks 7/3061, 21 ff). Der entscheidende Unterschied zum *französischen* Recht besteht darin, dass der *deutsche* Gesetzgeber diejenigen Fälle, bei denen modifizierte Adoptionswirkungen eintreten sollen, konkret bezeichnet hat, während das *französische* Recht angesichts der Vielfalt denkbarer Lebenssachverhalte auf die Bildung von Fallgruppen von vornherein verzichtete. Auch *Spanien* (Ges 21/1987 v 11. 11. 1987; vgl Arce Y Florez/Valdes Rev Gen Leg Jur 1987, 741, 780) und *Italien* (Ges Nr 184 v 4. 5. 1983; vgl Brand Rev int dr comp 1985, 631 ff), die dem *französischen* Vorbild zunächst gefolgt waren, haben die grds freie Wahl zwischen zwei Adoptionstypen wieder aufgegeben, die Volladoption zum Regeltyp erhoben und die einfache Adoption auf gesetzlich präzisierte Fallgruppen beschränkt.

Bei näherem Hinsehen zeigt sich, dass die **schwache Adoption in Frankreich kein Erfolgsmodell** darstellt. Schwache Adoptionen sind in Frankreich in aller Regel Erwachsenenadoptionen, werden sie bei Minderjährigen eingesetzt, handelt es sich in aller Regel um Stiefkindadoptionen. Dabei wird aber auch in Frankreich zahlenmäßig nur ein verschwindend geringer Teil der Stiefkindfälle erfasst. Stiefkindadoptionen sind in Frankreich (wie auch in Italien) kaum häufiger anzutreffen als in Deutschland (Helms/Botthof, Besuchskontakte nach Adoption und Formen schwacher Adoption [2017] 9 f, 14, 17). Die äußerst vielfältigen und komplexen Beziehungsstrukturen, mit denen viele Stiefkinder konfrontiert werden (vgl § 1741 Rn 64 ff), dürften durch die Entwicklung eines zusätzlichen Adoptionstypus auch kaum gelöst werden können (Helms/Botthof, Besuchskontakte nach Adoption und Formen schwacher Adoption [2017] 46). Eine wesentliche Kritik am geltenden Adoptionsrecht rührt daher, dass durch eine Adoption stets alle Ansprüche auf Information und Kontakt erlöschen, auch wenn faktisch noch eine soziale Beziehung des Kindes zu seinen Herkunftseltern besteht. Entscheidende Bedeutung kommt de lege ferenda daher der Frage zu, inwieweit dieser Kontakt auch nach der Adoption aufrechterhalten und rechtlich abgesichert werden sollte (vgl Vorbem 44 zu §§ 1741 ff u § 1747 Rn 64 ff). Ob darüber hinaus im Rahmen einer schwachen Adoption unter bestimmten Voraussetzungen auch (gesetzliche) Erbrechte und subsidiäre Unterhaltsansprüche fortbestehen, dürfte aus Sicht der Beteiligten eine untergeordnete Rolle spielen.

II. Erwerb der rechtlichen Stellung eines gemeinschaftlichen Kindes der Ehegatten (Abs 1)

§ 1754 Abs 1 BGB regelt zwei Fälle, nämlich einmal die **gemeinschaftliche Adoption** 4
eines fremden Kindes durch ein **Ehepaar** und zum andern die Stiefkindadoption
(§ 1741 Abs 2 S 3 BGB), bei der ein **Ehegatte** das Kind des anderen annimmt. In
beiden Fällen erlangt das Kind die rechtliche Stellung eines gemeinschaftlichen
Kindes beider Ehegatten. Nach § 9 Abs 7 S 1 LPartG kann auch ein **Lebenspartner**
ein Kind seines Lebenspartners allein annehmen. Wegen der Verweisung von § 9
Abs 7 S 2 LPartG auf § 1754 Abs 1 BGB gelten die folgenden Ausführungen entsprechend für die Stiefkindadoption durch einen Lebenspartner. Demgegenüber ist
nach bislang geltendem deutschen Recht eine gemeinschaftliche Adoption durch
Lebenspartner nicht zulässig (vgl § 1741 Rn 85 f).

Bei der **Stiefkindadoption** liegt die Besonderheit darin, dass das Kind gemeinschaft- 5
liches Kind beider Ehegatten wird, obwohl es nur vom Stiefelternteil angenommen
wird. Der Umstand, dass die Annahme durch den Stiefelternteil auch die Rechtsstellung seines Ehegatten gegenüber dem Kind berührt (vgl § 1741 Rn 63 u 74), ändert
nichts daran, dass eine Mitadoption durch den Ehegatten unzulässig ist. Schließlich
besteht zwischen diesem und dem Kind bereits ein vollwertiges natürliches Eltern-
Kind-Verhältnis. Das war vor dem KindRG v 1997 nicht anders, soweit es sich um
die Annahme eines *ehelichen* Stiefkindes handelte. Bei nichtehelichen Kindern war
hingegen eine gemeinschaftliche Adoption durchaus möglich, weil nach § 1741 Abs 3
S 2 aF sowohl der Vater als auch die Mutter eines nichtehelichen Kindes dieses
adoptieren konnten, sodass auch gegen eine gemeinschaftliche Adoption durch den
Stiefelternteil und den mit ihm verheirateten leiblichen Elternteil nichts einzuwenden war. Allerdings genügte nach § 1754 Abs 1 aF auch die Annahme durch den
Stiefelternteil allein, um dem nichtehelich geborenen Kind die rechtliche Stellung
eines gemeinschaftlichen ehelichen Kindes zu verschaffen. Bei der Adoption eines
nichtehelichen Kindes konnten die Ehegatten also zwischen einer gemeinschaftlichen Adoption und einer Adoption durch den Stiefelternteil allein wählen, ohne
dass sich daraus unterschiedliche Rechtsfolgen ergeben hätten (Näheres STAUDINGER/
FRANK[12] Rn 7 f m Hinw). Seit dem KindRG v 1997 ist die Rechtslage indessen eindeutig:
Eine gemeinschaftliche Adoption ist nunmehr ausnahmslos unzulässig. Sollte dennoch einmal eine gemeinschaftliche Annahme durch Stiefelternteil und leiblichen
Elternteil ausgesprochen werden, so wäre diese insoweit nichtig, als sie sich auf das
Verhältnis zum leiblichen Elternteil bezieht (§ 139 BGB). Im Übrigen aber wäre sie
wirksam, sodass der Gesetzesverstoß letztlich ohne Folgen bliebe (STAUDINGER/
FRANK[12] Rn 7; MÜNSTERMANN StAZ 1985, 258, 259).

Wird ein Stiefkind **vom Stiefelternteil erst nach dem Tod des Ehegatten angenommen**, 6
so können die Wirkungen des § 1754 Abs 1 BGB nicht mehr eintreten. § 1754 Abs 1
Alt 2 setzt voraus, dass der Ehegatte des adoptierenden Stiefelternteils beim Ausspruch der Annahme noch lebt (MünchKomm/MAURER § 1754 Rn 8; BeckOGK/LÖHNIG [1. 7.
2016] Rn 9; SOERGEL/LIERMANN Rn 2; PALANDT/GÖTZ Rn 1; **aA** HELLERMANN FamRZ 1983, 659;
ERMAN/SAAR Rn 1; NK-BGB/DAHM Rn 12). Eine ganz andere Frage ist es, ob § 1756 Abs 2
BGB analog mit der Folge angewandt werden kann, dass dem Kind die Rechtsbeziehungen zu den Verwandten des verstorbenen Elternteils erhalten bleiben (vgl
§ 1756 Rn 31). Eine darüber hinausgehende, eher bildhafte Vorstellung, dass das Kind

infolge der Adoption gemeinschaftliches eheliches Kind geworden sei, würde an dessen Rechtsstellung nicht nur nichts ändern, sie wäre auch verfehlt; denn die Wirkungserstreckung des § 1754 Abs 1 BGB rechtfertigt sich nur durch die nach § 1749 BGB erforderliche Einverständniserklärung des Ehegatten. Diese kann zwar bei der Stiefkindadoption in aller Regel vermutet, keineswegs aber unterstellt werden. Denkbar sind auch Fälle, in denen der leibliche Elternteil zu Lebzeiten mit der Adoption durch seinen Ehegatten nicht einverstanden war, weil er zB von diesem getrennt lebte, sodass auch nach seinem Tod das Bild eines gemeinschaftlichen Eltern-Kind-Verhältnisses verfehlt wäre.

III. Erwerb der rechtlichen Stellung eines Kindes des Annehmenden (Abs 2)

7 Während Abs 1 die Adoption durch ein Ehepaar und die Stiefkindadoption zu Lebzeiten des Ehegatten (= leiblichen Elternteils) regelt, behandelt, Abs 2 die „anderen Fälle", also Adoptionen durch eine **Einzelperson** (vgl § 1741 Abs 2 S 1 BGB). Ist der Annehmende verheiratet, so gilt ebenfalls Abs 2, sofern es sich nicht um eine Stiefkindadoption handelt und der Annehmende allein adoptiert, was § 1741 Abs 2 S 4 BGB in Ausnahmefällen gestattet.

IV. Wirkungen der erlangten Rechtsstellung im Einzelnen

8 Da das Kind die rechtliche Stellung eines eigenen Kindes erlangt, wird es vollkommen in die Familie des (der) Annehmenden integriert, erhält also Geschwister, Großeltern, Onkel, Tante usw. Außerdem erstreckt sich die Annahme auf bereits vorhandene (ebenso wie auf später hinzukommende) Abkömmlinge des Kindes, ohne dass dies in § 1754 BGB besonders erwähnt wäre (anders § 1755 Abs 1 S 1 BGB bzgl des Erlöschens bisheriger Verwandtschaftsverhältnisse). Zur Problematik, dass auch verwandtschaftliche Beziehungen zu Personen begründet werden, die dies nicht wünschen, vgl § 1749 Rn 10.

1. Zivilrechtliche Wirkungen

9 Mit dem Wirksamwerden des Annahmebeschlusses wird das Kind zivilrechtlich behandelt, als sei es ein eigenes Kind des (der) Annehmenden (adoptio imitatur naturam). Es gelten insbes die Vorschriften über den Wohnsitz (§ 11 BGB), den Unterhalt (§§ 1601 ff BGB), das Rechtsverhältnis zwischen Eltern und Kind (§§ 1616 ff BGB), das Erbrecht (§§ 1924 ff BGB) und das Pflichtteilsrecht (§§ 2303 ff BGB). Was die elterliche Sorge anbelangt (§§ 1626 ff BGB), so glaubte der Gesetzgeber, in § 1754 Abs 3 idF des KindRG v 1997 expressis verbis klarstellen zu müssen, dass diese in den Fällen einer gemeinschaftlichen Adoption und einer Stiefkindadoption den Ehegatten gemeinsam, im Falle einer Einzeladoption dem Annehmenden allein zusteht (vgl Rn 1). In der neuen Familie entsteht auch gem § 1308 BGB ein Eheverbot, das dem unter Blutsverwandten (§ 1307 BGB) nachgebildet ist. Trennen sich die Annehmenden, so ist für die Verteilung des Sorgerechts § 1671 BGB maßgebend. Das gilt grundsätzlich auch im Falle einer Stiefkindadoption, wo der leibliche Elternteil sein natürliches Prae mit der Adoption durch den Stiefelternteil verloren hat.

10 Rechtsgeschäftlich, insbes in **Verfügungen von Todes wegen** und **Gesellschaftsverträgen**, können leibliche und Adoptivkinder ebenso unterschiedlich behandelt werden, wie das zwischen mehreren leiblichen Kindern rechtlich möglich ist (REIMANN ZEV 2013, 479, 482 f). Fehlt es an einer klaren sprachlichen Differenzierung, ist zB allgemein von „Kindern" oder „Abkömmlingen" die Rede, so muss durch Auslegung (§§ 133, 157 BGB) ermittelt werden, ob die Erklärung auch ein Adoptivkind erfasst (BEHRENTIN/SCHIEMANN, Handb AdoptionsR, F Rn 206 ff). In einer Entscheidung, die den Staat Andorra betrifft, meint der EGMR, die Auslegung eines Testaments, die ein Adoptivkind nicht einem ehelichen Kind gleichstelle, verstoße gegen Art 8 EMRK (FamRZ 2004, 1467 m Anm PINTENS). Richtig ist, dass der **Begriff „Abkömmling" oder „Kind"** ein Adoptivkind grds mit einschließt (OLG Stuttgart 7. 7. 2009 – 8 W 63/09, ZEV 2010, 94; BayObLG NJW-RR 1992, 839; OLG Hamm FamRZ 1999, 1390, 1392; OLG Düsseldorf FamRZ 1998, 1206; OLG Brandenburg FamRZ 1999, 55, 58). Eine abweichende Entscheidung des BayObLG (BayObLGZ 1961, 132 = NJW 1961, 1678) zu § 2069 BGB war unter dem alten Adoptionsrecht, nach dem der Adoptierte nur mit dem Annehmenden verwandt wurde, folgerichtig, ist jedoch durch die Reform des Adoptionsrechts von 1976 überholt. Allerdings kann sich aus den Umständen etwas anderes ergeben (OLG Hamm FamRZ 1999, 1390, 1392; OLG Düsseldorf FamRZ 1998, 1206; OLG Brandenburg FamRZ 1999, 55, 58; LG Stuttgart FamRZ 1990, 214; auch BayObLGZ 1984, 246 = FamRZ 1985, 426 betr Erwachsenenadoption). Haben die Beteiligten nicht an die Möglichkeit einer Adoption gedacht, so können im Einzelfall erhebliche Bedenken bestehen, wenn Stiefkinder, Kinder aus der Verwandtschaft, ältere Kinder oder gar Erwachsene (vgl auch § 1770 Rn 20) durch Adoption in den Genuss von Vereinbarungen oder letztwilligen Verfügungen gebracht werden sollen (zur Erwachsenenadoption vgl OLG Stuttgart FamRZ 1981, 818 m Anm BAUSCH; LG München FamRZ 2000, 569; BEHRENTIN/SCHIEMANN, Handb AdoptionsR, F Rn 210). Der erkennbar angestrebte punktuelle wirtschaftliche Vorteil steht allerdings weder dem Zustandekommen noch der Anerkennung einer Adoption im Wege, ähnlich wie die Rspr es hingenommen hat, wenn eine Adoption nur dazu dient, lästig gewordene Bindungen an ein gemeinschaftliches Testament oder einen Erbvertrag durch Anfechtung (§§ 2281, 2079 BGB) abzustreifen (BGH FamRZ 1970, 79; vgl auch § 1767 Rn 47).

2. Öffentlichrechtliche Wirkungen

Nach § 6 StAG erwirbt das angenommene Kind eines Deutschen, das im Zeitpunkt 11 des Annahmeantrags das 18. Lebensjahr noch nicht vollendet hatte (Näheres vgl § 1772 Rn 6), die deutsche **Staatsangehörigkeit**. Es genügt, wenn bei der Annahme durch ein Ehepaar einer der Annehmenden die deutsche Staatsangehörigkeit besitzt (BayVGH StAZ 1989, 287). Eine Erwachsenenadoption führt auch dann nicht zum Erwerb der deutschen Staatsangehörigkeit, wenn sie gem § 1772 BGB die Wirkungen einer Volladoption hat (BVerwGE 108, 216 = NJW 1999, 1347). Zur Frage, welche Anforderungen eine Auslandsadoption erfüllen muss, um eine deutsche Staatsangehörigkeit zu vermitteln vgl MünchKomm/HELMS Art 22 EGBGB Rn 41 und BVerwG 25. 10. 2017 – 1 C 30. 16, FamRZ 2018, 359, 361 (Rn 17 ff).

Die Gleichstellung von leiblichen Kindern und Adoptivkindern im öffentlichen 12 Recht, insbes im **Steuerrecht, Sozial-, Beamten- und Tarifrecht**, ist heute lückenlos verwirklicht (Überblick bei MünchKomm/MAURER Rn 37 ff u ausführlich BEHRENTIN, Handb AdoptionsR, F Rn 85–176a, 215–277). Adoptivkinder werden heute in öffentlichrechtlichen Bestimmungen ebenso wie andernorts allg mit dem Begriff „Kinder" erfasst. Werden Leistungen auch Pflegekindern oder Stiefkindern zuerkannt, so wird das redaktionell durch die Formulierung „als Kinder gelten auch" zum Ausdruck gebracht (vgl die Begründung des AdoptAnpG BT-Drucks 10/1746, 14).

13 Soweit in öffentlichrechtlichen Bestimmungen ausnahmsweise weiterhin zwischen leiblichen und Adoptivkindern differenziert wird, hat die Unterscheidung ihren Grund darin, dass Adoption und Geburt nicht immer gleichgesetzt werden können. So werden **Mutterschutz, Mutterschaftsurlaub** und **Mutterschaftsgeld** wegen der besonderen physischen und psychischen Belastung der Mutter im Zusammenhang mit Schwangerschaft und Geburt gewährt, sodass Adoptivmüttern entsprechende Vergünstigungen nicht zuteilwerden (BAG NJW 1984, 630 = FamRZ 1983, 1221; BSG NJW 1981, 2719; BEHRENTIN/REUFELS, Handb AdoptionsR, F Rn 131; krit LEHMANN/JESSEN FamRZ 1974, 636). Auch im **Beihilferecht** kann die Annahme zwar nicht als ein Geburtsfall angesehen werden (vgl BVerwG FamRZ 1972, 456); die Beihilfevorschriften der Länder sehen jedoch vor, dass der Beihilfeberechtigte eine Beihilfe zur Säuglings- und Kleinkinderausstattung erhält, wenn er – je nach Bundesland – ein Kind unter zwei oder drei Jahren annimmt (zB § 11 Abs 2 S 2 BVO BaWü; § 9 Abs 1 S 3 BVO NRW; § 12 Abs 1 S 4 BVO Saarl). Bedenklich sind Regelungen, die einem Adoptivkind Vergünstigungen vorenthalten, um auf diese Weise von vornherein möglichen Missbräuchen der Adoption zu begegnen. So erhalten nach § 23 Abs 2 S 1 **BeamtVG** die angenommenen Kinder eines verstorbenen Ruhestandsbeamten kein Waisengeld, wenn dieser im Zeitpunkt der Annahme bereits im Ruhestand war und die Regelaltersgrenze erreicht hatte (vgl BT-Drucks 10/1746, 22). Doch kann ihnen nach § 23 Abs 2 S 2 BeamtVG immerhin ein Unterhaltsbeitrag bis zur Höhe des Waisengeldes bewilligt werden. Auch wenn § 20 Abs 2 BeamtVG bestimmt, dass die Versorgungsbezüge einer mehr als 20 Jahre jüngeren Witwe nicht gekürzt werden können, wenn „aus der Ehe ein Kind hervorgegangen" ist, dann erscheint es fragwürdig, wenn das BVerwG (NVwZ 1989, 375 = FamRZ 1988, 717 [LS]) meint, Adoptivkinder seien keine Kinder iS dieser Bestimmung. Das deutsche Recht geht traditionell davon aus, dass ein wirksam begründeter Status auch volle Rechtswirkungen entfaltet. Das gilt zB im **Erbschaftsteuerrecht** selbst dann, wenn eine Erwachsenenadoption erkennbar zu dem Zweck vorgenommen wurde, dem Erben die günstige Erbschaftsteuerklasse I zuteilwerden zu lassen (Nachw vgl § 1767 Rn 41 f). Ähnliches gilt für die **Ausländerbehörden**, die an den gerichtlichen Ausspruch der Annahme gebunden sind (vgl § 1767 Rn 43 f).

14 Auch im **Strafrecht** werden angenommene und leibliche Kinder nach der Begriffsdefinition des „Angehörigen" in § 11 Abs 1 Nr 1 a StGB gleichgestellt. In § 174 Abs 1 Nr 3 StGB werden angenommene Kinder aus Klarstellungsgründen neben den leiblichen Kindern sogar ausdrücklich erwähnt; anders der Straftatbestand des Beischlafs zwischen Verwandten (§ 173 StGB), der sich nur auf Blutsverwandte bezieht.

15 Im **Verfahrensrecht** gelten ebenfalls alle Vorschriften, in denen von „Verwandten" die Rede ist, auch für Personen, deren Verwandtschaft durch Adoption begründet wurde, so zB §§ 383 Abs 1 Nr 3 ZPO, 52 Abs 1 Nr 3 StPO für das Zeugnisverweigerungsrecht u §§ 41 Nr 3 ZPO, 22 Nr 3 StPO für die Ausschließung von der Ausübung des Richteramts.

Titel 7 · Annahme als Kind
Untertitel 1 · Annahme Minderjähriger § 1755

§ 1755
Erlöschen von Verwandtschaftsverhältnissen

(1) Mit der Annahme erlöschen das Verwandtschaftsverhältnis des Kindes und seiner Abkömmlinge zu den bisherigen Verwandten und die sich aus ihm ergebenden Rechte und Pflichten. Ansprüche des Kindes, die bis zur Annahme entstanden sind, insbesondere auf Renten, Waisengeld und andere entsprechende wiederkehrende Leistungen, werden durch die Annahme nicht berührt; dies gilt nicht für Unterhaltsansprüche.

(2) Nimmt ein Ehegatte das Kind seines Ehegatten an, so tritt das Erlöschen nur im Verhältnis zu dem anderen Elternteil und dessen Verwandten ein.

Materialien: BT-Drucks 7/3061, 43, 74 f, 85; BT-Drucks 7/5087, 16 f; BT-Drucks 13/4899, 114 f. S STAUDINGER/BGB-Synopse (2005) § 1755.

Systematische Übersicht

I.	Normzweck und Entstehungsgeschichte	1	IV.	Bestehenbleibende Rechte und Pflichten (Abs 1 S 2)
			1. Ansprüche auf einmalige Leistung	8
II.	Erlöschen der Verwandtschaft	2	2. Ansprüche auf wiederkehrende Leistungen	10
1.	Grundsatz (Abs 1)	2	3. Fortwirken der natürlichen Verwandtschaft	14
2.	Ausnahme für Stiefkindadoptionen (Abs 2)	4	4. Umgangsrechte	15
III.	Wirkungen des Erlöschens	7	V. Abstammungsfeststellung nach der Adoption	18

I. Normzweck und Entstehungsgeschichte

§ 1755 BGB normiert für die Adoption Minderjähriger im Zusammenspiel mit § 1754 BGB den Grundsatz der **Volladoption**. Näheres zu Normzweck und Entstehungsgeschichte vgl § 1754 Rn 1. Zu den verfassungsrechtlichen Grundlagen der Volladoption vgl § 1748 Rn 8 ff. Gem § 1770 Abs 2 BGB gilt § 1755 BGB nicht im Falle einer **Volljährigenadoption**, soweit keine Annahme mit den Wirkungen einer Minderjährigenadoption ausgesprochen wird (§ 1772 Abs 1 BGB). 1

II. Erlöschen der Verwandtschaft

1. Grundsatz (Abs 1)

Nach Abs 1 S 1 erlischt das Verwandtschaftsverhältnis des Kindes zu den bisherigen Verwandten. „**Bisherige Verwandte**" sind idR leibliche Verwandte. Im Falle einer 2 zulässigen Zweitadoption (§ 1742 BGB) kann die erlöschende Verwandtschaft auch durch Adoption vermittelt sein, so zB, wenn nach dem Tod der Adoptiveltern das Kind erneut adoptiert wird.

3 Nach Abs 1 S 1 erlischt auch das Verwandtschaftsverhältnis eines bereits vorhandenen **Abkömmlings des Kindes** zu den bisherigen Verwandten. Die Formulierung ist missverständlich. Gemeint ist, dass sich das Erlöschen der Beziehungen zwischen Adoptivkind und leiblicher Verwandtschaft auch auf den Abkömmling erstreckt. Wird eine (minderjährige) Mutter mit Kind angenommen, so erlöschen die Rechtsbeziehungen des Kindes (= Abkömmling) zu den Großeltern mütterlicherseits sowie zu Onkel und Tante (mütterlicherseits). Dagegen ändert sich nichts an den Beziehungen des Kindes (= Abkömmling) zu seinem Vater und dessen Verwandten, und natürlich auch nichts an denen zur Mutter selbst und zu bereits vorhandenen Geschwistern.

2. Ausnahme für Stiefkindadoptionen (Abs 2)

4 Für den Fall der **Stiefkindadoption** enthält Abs 2 eine überflüssige Klarstellung. Wird ein Kind des Ehegatten adoptiert, so erlöschen nur die Rechtsbeziehungen des Kindes zu dem Elternteil, der nicht mit dem adoptierenden Stiefelternteil verheiratet ist, und zu dessen Verwandten. Überflüssig ist die Regelung deshalb, weil schon § 1754 Abs 1 BGB bestimmt, dass das Kind durch eine solche Adoption die rechtliche Stellung eines gemeinschaftlichen Kindes beider Ehegatten erlangt. Für den Fall, dass ein Lebenspartner das Kind seines Lebenspartners annimmt, verweist § 9 Abs 7 S 2 LPartG auf § 1755 Abs 2 BGB.

Abs 2 ist nicht (analog) auf Fälle anwendbar, in denen der Annehmende die Annahme des Kindes seines *geschiedenen* Ehegatten begehrt (BGH 15. 1. 2014 – XII ZB 443/13, FamRZ 2014, 546, 547 [Rn 14] betr die Rückadoption einer Erwachsenen durch ihren leiblichen Vater in Form einer starken Erwachsenenadoption, nachdem diese als Minderjährige durch den [mittlerweile geschiedenen] Ehemann ihrer Mutter adoptiert worden war, wobei durch die Rückadoption das Verwandtschaftsverhältnis zur Mutter nicht erlöschen sollte, vgl auch § 1741 Rn 61). Spricht ein Gericht gleichwohl in analoger Anwendung des § 1755 Abs 2 BGB aus, dass ein Adoptivkind die rechtliche Stellung eines gemeinschaftlichen Kindes der *geschiedenen* Ehegatten erlangt, ist dieser Beschluss zwar fehlerhaft, aber nicht nichtig (Wall StAZ 2016, 27, 28 f).

5 **Vor dem KindRG v 1997** galt Abs 2 nur für die Annahme eines *nichtehelichen* Kindes des Ehegatten. Die Regelung des alten Rechts war somit nicht nur überflüssig, sondern auch noch missverständlich, weil bei der Annahme eines *ehelichen* Kindes selbstverständlich nichts anderes gelten konnte (vgl Staudinger/Frank[12] Rn 4). Streitig war unter der Herrschaft des alten Rechts bei der Annahme eines ehelichen Kindes des Ehegatten nur, ob sich das Erlöschen der Rechtsbeziehungen zu dem außerhalb der Stiefehe lebenden leiblichen Elternteil aus einem Analogieschluss zu § 1755 Abs 2 BGB oder aber aus einer direkten Anwendung von § 1754 Abs 1 BGB iVm § 1755 Abs 1 BGB ergab (Staudinger/Frank[12] Rn 4). Die Neuregelung des § 1755 Abs 2 BGB, die sich nicht auf nichteheliche Kinder, sondern auf Kinder des Ehegatten schlechthin bezieht, setzt dieser fruchtlosen Diskussion ein Ende (vgl BT-Drucks 13/4899, 114 f), ändert aber nichts daran, dass die Regelung als solche entbehrlich wäre.

Ein Erlöschen der Rechtsbeziehungen zu dem außerhalb der Stiefehe lebenden leiblichen Elternteil sowie dessen Verwandten tritt nicht ein, soweit die Voraussetzungen des **§ 1756 Abs 2 BGB** gegeben sind. **6**

III. Wirkungen des Erlöschens

Das Erlöschen der Verwandtschaftsbeziehungen hat zur Folge, dass mit **ex-nunc-Wirkung** alle Rechte und Pflichten, die nach dem Gesetz auf Verwandtschaft beruhen, erlöschen. **7**

Zivilrechtlich verlieren die leiblichen Eltern insbes das Sorgerecht sowie das Umgangsrecht aus § 1684 BGB. Das Gleiche gilt für das Umgangsrecht von Großeltern nach § 1685 Abs 1 BGB. Zum Umgangsrecht der Eltern und Großeltern nach § 1685 Abs 2 BGB sowie des leiblichen Vaters nach § 1686a BGB vgl Rn 15 f.

Unterhaltsansprüche zwischen dem Kind und seinen leiblichen Verwandten erlöschen (nicht aber Ansprüche auf rückständigen Unterhalt, vgl Rn 8). Dies gilt auch von Unterhaltsvereinbarungen, die von einer fortbestehenden gesetzlichen Unterhaltspflicht ausgehen (§ 313 BGB). Eine Scheidungsvereinbarung, die den nichtsorgeberechtigten Elternteil im Interesse eines gemeinsamen Kindes in der Verfügung über ein Hausgrundstück beschränkt, wird gegenstandslos, wenn das Kind später vom neuen Ehepartner des sorgeberechtigten Elternteils adoptiert wird (OLG Köln FamRZ 2004, 832).

Für das gesetzliche Erb- und Pflichtteilsrecht scheidet das Kind aus dem Verband der Ursprungsfamilie aus.

Für den Bereich des **öffentlichen Rechts** entfallen alle Vergünstigungen, die den Eltern für das Kind zustanden, wie zB Kindergeld, Elterngeld, Kinderzulagen, Kinderzuschuss, erhöhter Ortszuschlag, beamtenrechtliche Beihilfe, steuerrechtliche Vergünstigungen (vgl aber Rn 14) usw, wie überhaupt im Sozial-, Beamten-, Tarif- und Steuerrecht das Adoptivkind entspr § 1755 BGB nicht mehr als Kind seiner leiblichen Eltern berücksichtigt wird (Überblick bei OBERLOSKAMP/HOFFMANN 194 ff). Das Kind verliert nach § 27 StAG auch die deutsche **Staatsangehörigkeit**, wenn es infolge der Annahme durch ausländische Adoptierende deren Staatsangehörigkeit erwirbt.

IV. Bestehenbleibende Rechte und Pflichten (Abs 1 S 2)

1. Ansprüche auf einmalige Leistung

Da die Annahme ex nunc wirkt, bleiben Ansprüche auf einmalige Leistung, die vor der Adoption entstanden sind, erhalten. Abs 1 S 2 bringt diesen Grundsatz noch einmal klarstellend mit den Worten zum Ausdruck, dass Ansprüche, die bis zur Annahme entstanden sind, durch die Annahme nicht berührt werden. Das bedeutet, dass zB Erb- oder Pflichtteilsansprüche des Angenommenen aus einem vor der Adoption eingetretenen Erbfall erhalten bleiben. Für Ansprüche auf rückständigen Unterhalt gilt Entsprechendes (vgl Rn 7). Unterhaltsvereinbarungen zwischen leiblichem Vater und adoptierendem Stiefvater, die für den Fall der Adoption getroffen **8** wurden, sind nicht (notwendigerweise) sittenwidrig (OLG Hamm FamRZ 1979, 1079; vgl auch DIV-Gutachten DAVorm 1990, 37).

9 Hat ein nichteheliches Kind nach § 1934d aF, also vor Inkrafttreten des ErbGleichG von 1997, einen **vorzeitigen Erbausgleich** verlangt und erhalten, so stellt sich die Frage, wie sich eine spätere Adoption des Kindes durch Dritte auf diesen Erbausgleich auswirkt. Da ein vorzeitiger Erbausgleich von einem nichtehelichen Kind erst nach Vollendung des 21. Lebensjahres verlangt werden konnte (§ 1934d Abs 1 aF), kann diese spätere Adoption nur eine Erwachsenenadoption sein. Eine Erwachsenenadoption ändert indessen grds nichts an den Rechtsbeziehungen zwischen dem Kind und seinem Vater (§ 1770 Abs 2 BGB), sodass der vorzeitige Erbausgleich nach wie vor seinen ursprünglichen Zweck erfüllt (vgl Übergangsvorschrift des Art 227 Abs 1 Nr 2 EGBGB). Etwas anderes gilt nur, wenn die spätere Adoption ausnahmsweise eine Volladoption ist, welche die Rechtsbeziehungen zwischen Kind und Vater zum Erlöschen bringt (§ 1772 BGB). In diesem Fall können die ursprünglich angestrebten Wirkungen des § 1934e aF nicht mehr eintreten, sodass dem Vater wegen des Geleisteten eine condictio ob causam finitam (§ 812 Abs 1 S 2 Alt 1 BGB) zusteht. Die Rechtslage ist dann die gleiche, wie wenn der Vater eines nichtehelichen Kindes dieses nach Gewährung des vorzeitigen Erbausgleichs selbst adoptiert hätte, was nach § 1741 Abs 3 S 2 BGB idF vor dem KindRG v 1997 möglich war. Vgl zu dieser speziellen Problematik ausführlich STAUDINGER/FRANK[12] Rn 9.

2. Ansprüche auf wiederkehrende Leistungen

10 Bei Ansprüchen auf wiederkehrende Leistungen besteht nach Abs 1 S 2 die Besonderheit, dass dem Kind nicht nur die bis zur Adoption aufgelaufenen Beträge, sondern auch die danach fällig werdenden Teilleistungen erhalten bleiben. Insofern handelt es sich um eine echte **Ausnahme vom Grundsatz der Volladoption**. Ursprünglich hatte der Bundesrat bei den Vorarbeiten zum AdoptG v 1976 vorgeschlagen, Ansprüche auf wiederkehrende Leistungen erlöschen zu lassen und als Ausgleich eine Abfindungssumme zu zahlen (BT-Drucks 7/3061, 74 f). Auf Vorschlag des Rechtsausschusses wurde dann aber doch der später Gesetz gewordenen Regelung der Vorzug gegeben. Zur Begründung wurde ua angeführt, dass ansonsten Dauerpflegeverhältnisse einer Adoption vorgezogen werden könnten, besonders pflegebedürftige und kostenintensive Kinder (behinderte Kinder) möglicherweise nicht zu vermitteln wären, und für Kinder, die mit Renten ausgestattet sind, auch ärmere Adoptiveltern in Betracht kommen sollten (BT-Drucks 7/5087, 16 f).

§ 1755 Abs 1 S 2 BGB findet keine Anwendung auf Annahmeverhältnisse, die vor der Wiedervereinigung nach dem Recht der ehemaligen DDR begründet wurden (Art 234 § 13 Abs 1 S 1 EGBGB; DIV-Gutachten ZfJ 1992, 568).

11 Abs 1 S 2 enthält keine abschließende Aufzählung der Renten und anderer wiederkehrender Leistungen, die von der Adoption unberührt bleiben, weil eine solche Aufzählung angesichts der großen Zahl der nach privatem und öffentlichem Recht denkbaren Ansprüche nicht zweckmäßig erschien (BT-Drucks 7/5087, 16). **Waisenrenten** können sich insbes aus der gesetzlichen Renten- oder Unfallversicherung ergeben (§ 48 Abs 6 SGB VI, § 67 Abs 5 SGB VII), aber auch aus anderen Altersversorgungssystemen außerhalb der sozialen Rentenversicherung, zB aus § 23 BeamtenVG oder aus § 15 Gesetz über die Alterssicherung der Landwirte (ALG). Renten iSv Abs 1 S 2 sind auch **Ansprüche aus § 844 Abs 2 BGB, § 10 Abs 2 StVG**. Für diese Ansprüche hatte der BGH schon vor dem AdoptG v 1976 entschieden, dass der Gedanke der Vorteilsausgleichung nicht dazu nötigt, sie im Falle einer späteren Adoption in Frage zu stellen (BGHZ 54, 269 = NJW 1970, 2061 m Anm SCHULTZE-BLEY NJW 1971, 1137 = JZ 1971, 657 m Anm ROTHER). Abs 1 S 2 schließt nunmehr insoweit alle Zweifel aus.

Eine Ausnahme von der Ausnahme enthält Abs 1 S 2 HS 2: Danach erlischt der **12 Unterhaltsanspruch** des Kindes gegen seine leiblichen Verwandten mit der Adoption. Die Bestimmung ist unglücklich gefasst, weil sie nicht eindeutig klärt, ob sich das Erlöschen nur auf Unterhaltsansprüche bezieht, die nach der Adoption fällig werden, oder auch auf **rückständigen Unterhalt** aus der Zeit vor der Adoption. Die Frage war nach Inkrafttreten des AdoptG v 1976 streitig, wurde aber durch die Entscheidung des BGH v 8. 7. 1981 (FamRZ 1981, 949 = JR 1982, 62 m Anm FINGER) dahingehend geklärt, dass Unterhaltsansprüche aus der Zeit bis zur Adoption nicht erlöschen (ebenso KG FamRZ 1984, 1131; OLG Celle FamRZ 1981, 604 u DAVorm 1980, 940; OLG Düsseldorf FamRZ 1980, 496; OLG Hamburg FamRZ 1979, 180; DIJuF-Rechtsgutachten JAmt 2006, 343 f; PALANDT/GÖTZ Rn 4). In der Tat erscheint nur diese Interpretation sinnvoll: Die Adoption wirkt nicht zurück und kann deshalb grds auch bereits entstandene Ansprüche nicht mehr in Frage stellen. Andernfalls würden säumige Zahler prämiert und ein Anreiz für die leiblichen Eltern geschaffen, keinen Unterhalt zu leisten, sobald eine Adoption des Kindes in Betracht kommt. Haben Dritte Unterhalt geleistet, so würde übergegangenen Ansprüchen mit der Adoption der Boden entzogen. Wertungswidersprüche würden sich auch ergeben, wenn einem Kind Zahlungen aufgrund einer Abfindungsvereinbarung nach § 1615e BGB idF vor Inkrafttreten des KindRG v 1997 (BGBl 1997 I 666) erhalten blieben (so BT-Drucks 7/5087, 16), während aufgelaufene gesetzliche Unterhaltsansprüche erlöschen würden.

Da Unterhaltsansprüche bis zur Adoption nicht erlöschen und eine Vaterschafts- **13** feststellung auch nach der Adoption zulässig ist (vgl Rn 18), haben die Annehmenden es auch nach Jahren in der Hand, den Vater des Kindes feststellen zu lassen und auf Zahlung von Unterhalt zu verklagen (vgl § 1613 Abs 2 Nr 2 a BGB). Selbst wenn ein Säugling von seinen künftigen Adoptiveltern sofort aus der Klinik abgeholt wurde, konnte deren primäre gesetzliche Unterhaltspflicht nach § 1751 Abs 4 S 1 BGB frühestens 8 Wochen nach der Geburt entstehen, nachdem die Mutter die erforderliche Einwilligung erteilt hatte (§ 1747 Abs 2 S 1 BGB). Zumindest für diese Zeitspanne kommt theoretisch also immer ein Anspruch des Kindes auf rückständigen Unterhalt in Betracht.

3. Fortwirken der natürlichen Verwandtschaft

Trotz des Erlöschens der Verwandtschaftsbeziehungen gibt es einige Rechtsbereiche, **14** in denen das natürliche Verwandtschaftsverhältnis fortwirkt. So besteht weiterhin das **Eheverbot** der leiblichen Verwandtschaft (§ 1307 S 2 BGB). Die natürliche Abstammung muss daher bei der Eheschließung durch Vorlage eines Auszugs aus dem Geburtenregister nachgewiesen werden (§§ 12 Abs 2 Nr 1, 13 Abs 1 S 1 PStG). Im **Strafrecht** behält die leibliche Verwandtschaft auch nach der Annahme ihre teils privilegierende, teils strafbegründende Bedeutung (§§ 11 Abs 1 Nr 1a, 173 Abs 1,

174 Abs 1 Nr 3 StGB). Im **gerichtlichen Verfahren** und im **Verwaltungsverfahren** ist der leibliche Verwandte eines Verfahrensbeteiligten auch nach der Annahme (ebenso wie nach einer früheren Ehe) von bestimmten Tätigkeiten ausgeschlossen, zB als Richter (§ 41 Nr 3 ZPO, § 22 Nr 3 StPO, § 54 Abs 1 VwGO), Notar (§ 16 Abs 1 BNotO iVm § 3 Abs 1 S 1 Nr 3 BeurkG; § 26 Abs 1 Nr 4 BeurkG), Verwaltungsbeamter (§ 20 Abs 1 Nr 4 iVm Abs 5 S 2 Nr 2 VwVfG). Das **Zeugnisverweigerungsrecht** bleibt auch nach der Annahme bestehen (§ 383 Abs 1 Nr 3 ZPO, § 52 Abs 1 Nr 3 StPO, § 98 VwGO). Nicht recht überzeugen will die durch Gesetz v 18. 8. 1980 (BGBl 1980 I 1537) eingeführte Regelung des § 15 Abs 1a **ErbStG**, der die nach BGB erloschene Verwandtschaft für die Steuerklassen I und II Nr 1–3 bestehen lässt.

4. Umgangsrechte

15 Während die Umgangs- und Auskunftsrechte der leiblichen Eltern aus §§ **1684, 1686 BGB** aufgrund des Erlöschens der Verwandtschaftsbeziehungen sowie der Klarstellung in § 1751 Abs 1 S 1 HS 2 BGB ausgeschlossen sind, erscheint fraglich, ob ihnen nicht unter den Voraussetzungen des § **1685 Abs 2 BGB** ein Umgangsrecht zugestanden werden muss. Dagegen spricht die Haltung des historischen Gesetzgebers, der die biologischen Eltern in erster Linie als potenziellen Störfaktor angesehen hat und einem fortbestehenden Umgang ablehnend gegenüberstand, um den Beziehungsaufbau zwischen Adoptivkind und -eltern nicht zu gefährden (vgl § 1751 Rn 10). Doch war damals ein Umgangsrecht aus § 1685 Abs 2 BGB noch überhaupt nicht bekannt. Dieses ist Ausdruck einer gestiegenen Wertschätzung gegenüber der Beibehaltung gewachsener sozialer Beziehungen (unabhängig vom Bestand eines Statusverhältnisses). Dabei hat sich auch in der Adoptionspraxis die Einstellung gegenüber einer Öffnung der Adoption unter Beibehaltung von Kontakt zu den abgebenden Eltern grundlegend gewandelt (vgl dazu § 1747 Rn 64 f; besonders weitgehend NK-BGB/Dahm Rn 6). Soweit keine Inkognitoadoption vorliegt, kommt daher nach hier vertretener Auffassung ein Umgangsrecht der leiblichen Eltern aus § 1685 Abs 2 BGB durchaus in Frage (vgl § 1751 Rn 13 f), wobei der positive Nachweis der Kindeswohldienlichkeit in der Sache eine hohe Hürde darstellt. Zum Fortbestand von Umgangs- und Auskunftsrechten aus § 1686a BGB vgl § 1751 Rn 15.

16 Auch ein **Umgangsrecht von Großeltern** besteht nach § 1685 Abs 1 BGB nach Erlöschen der verwandtschaftlichen Beziehungen nicht mehr. Beim Vorhandensein einer sozial-familiären Beziehung ist indessen an ein Umgangsrecht aus § 1685 Abs 2 BGB zu denken, soweit das Adoptionsgeheimnis nicht entgegensteht (nach Erwachsenenadoption der Mutter OLG Rostock 30. 10. 2004 – 10 WF 76/04, FamRZ 2005, 744). Dogmatisch nicht vertretbar ist allerdings die Ansicht des OLG Rostock (FamRZ 2005, 744), ein Umgangsrecht der leiblichen Großeltern könne sich trotz erloschener Verwandtschaftsbeziehung und trotz nicht vorhandener persönlicher Bindungen aus § 1626 Abs 3 S 2 BGB ergeben, wo der Begriff „Bindungen" auch iS bloß leiblicher Abstammung zu verstehen sei. Abgesehen von der kaum haltbaren Interpretation spricht gegen das OLG Rostock entscheidend, dass Umgangsrechte nicht in § 1626 Abs 3 BGB, sondern in §§ 1684, 1685, 1685a BGB geregelt werden. Ein auf § 1685 Abs 2 BGB gestützter Umgangsantrag von **Geschwistern** wird in aller Regel daran scheitern, dass diese für das Kind keine „tatsächliche Verantwortung tragen oder getragen haben" (OLG Dresden 12. 10. 2011 – 21 UF 581/11, FamRZ 2012, 1153 f). Ein Rückgriff auf § 1666 Abs 1 BGB bleibt (nur) theoretisch möglich.

Titel 7 · Annahme als Kind
Untertitel 1 · Annahme Minderjähriger § 1755

Auch **sonstigen engen Bezugspersonen** iSv § 1685 Abs 2 BGB kann ein Umgangs- 17
recht zustehen, wobei der Nachweis der positiven Kindeswohldienlichkeit schwer zu
erbringen sein wird (abgelehnt für Umgang mit Pflegegroßeltern nach dreijähriger Kontakt-
unterbrechung OLG Koblenz 17. 9. 2008 – 7 UF 237/08, FamRZ 2009, 1229).

V. Abstammungsfeststellung nach der Adoption

Nach allgM ist eine **Vaterschaftsfeststellung** durch das Adoptivkind – ggf vertreten 18
durch seine gesetzlichen Vertreter – auch nach erfolgter Adoption weiterhin zulässig
(BT-Drucks 7/5087, 16; OLG Celle DAVorm 1980, 940; OLG Braunschweig OLGZ 1979, 344 =
DAVorm 1978, 639; OLG Karlsruhe 7. 2. 2014 – 16 UF 274/13, FamRZ 2014, 674, 676; BeckOK/
PÖCKER Rn 7; MünchKomm/MAURER Rn 30; ERMAN/SAAR Rn 8; DIV-Gutachten DAVorm 1999,
369; DAVorm 1998, 387, 388; ZfJ 1995, 130). Begründen lässt sich diese Ansicht mit den
rechtlichen Nachwirkungen des Altstatus (vgl Rn 14) und mit dem Wiederaufleben
der früheren Verwandtschaftsbeziehungen im Falle einer Aufhebung der Adoption
(§ 1764 Abs 3 BGB). Die Nachwirkungen des Altstatus sind indessen, sofern es nicht
gerade um Ansprüche des Adoptivkindes auf rückständigen Unterhalt geht (vgl OLG
Celle DAVorm 1980, 940), nur in seltenen Fällen von besonderem aktuellen Interesse.
Von zentraler Bedeutung ist in diesem Zusammenhang aber das vom BVerfG (vor
allem BVerfGE 79, 256 und BVerfG 13. 2. 2007 – 1 BvR 421/05, BVerfGE 117, 202 m krit Anm
FRANK/HELMS FamRZ 2007, 1277; vgl auch BVerfG 19. 4. 2016 – 1 BvR 3309/13, FamRZ 2016, 877,
880 f m Anm SPICKHOFF) entwickelte **Recht auf Kenntnis der eigenen Abstammung**, das
seinen gesetzlichen Niederschlag etwa in § 1598a BGB und § 10 Abs 1 Samenspen-
derregistergesetz (SaRegG) gefunden hat. Mit der starken Betonung des Rechts auf
Kenntnis der eigenen Herkunft nimmt das deutsche Recht rechtsvergleichend gesehen allerdings eher eine Außenseiterposition ein. Andere Rechtsordnungen verbieten zT, wie bspw *Frankreich* (Art 352 Cc) und die *Schweiz* (HEGNAUER, Grundriß des
Kindesrechts und des übrigen Verwandtschaftsrechts [5. Aufl 1999] 94), Vaterschaftsfeststellungen nach erfolgter Adoption. Deutlich weniger problematisch ist, dass nach allgM
auch nach der Adoption noch eine **Vaterschaftsanerkennung** des adoptierten Kindes
möglich ist (MünchKomm/MAURER Rn 30; ERMAN/SAAR Rn 8), auch wenn diese zunächst
nur geringe Wirkungen entfaltet, sichert sie dem Kind für den Fall der Aufhebung
der Adoption doch einen umfassenden rechtlichen Status.

Das **Inkognito** braucht durch ein gerichtliches Verfahren auf Vaterschaftsfeststellung 19
nicht gefährdet zu werden. Für die Adoptiveltern kann ein **Ergänzungspfleger**
(§ 1909 Abs 1 S 1 BGB) bestellt werden (OLG Braunschweig OLGZ 1979, 324, 325 =
DAVorm 1978, 639, 640; OLG Karlsruhe FamRZ 1975, 507, 508 u FamRZ 1966, 268 f; BT-Drucks
7/5087, 16; BARTH ZfJ 1984, 68, 69 f; OBERLOSKAMP/HOFFMANN 177), und für die Bezeichnung
eines Beteiligten genügt es, wenn dessen Identität eindeutig bestimmt ist, was etwa
durch die Formulierung „das am ... geborene und im Geburtsregister unter dem
Namen ... eingetragene Kind" möglich ist (vgl OLG Braunschweig OLGZ 1979, 324, 325 =
DAVorm 1978, 639, 640; OLG Karlsruhe 1975, 507, 508 u FamRZ 1966, 268; BARTH ZfJ 1984,
68, 70).

War die **Vaterschaftsfeststellung** vom gesetzlichen Vertreter des Kindes bereits **vor** 20
der Adoption eingeleitet worden, das Adoptionsverfahren aber nicht ausgesetzt worden (vgl dazu § 1747 Rn 24), so ist es nach der Adoption Sache der Annehmenden, zu
entscheiden, ob sie das Verfahren fortführen wollen (OLG Braunschweig OLGZ 1979, 324

= DAVorm 1978, 639; Barth ZfJ 1984, 68, 69; MünchKomm/Maurer Rn 37 f; Oberloskamp/ Hoffmann 177). Gegen ihren Willen kann jedenfalls kein Ergänzungspfleger bestellt werden (OLG Braunschweig OLGZ 1979, 324 = DAVorm 1978, 639).

21 Auch der **biologische Vater** kann ein legitimes Interesse daran besitzen, die Feststellung der Vaterschaft zu betreiben (Frank FamRZ 2017, 497, 501; Coester-Waltjen FamRZ 2013, 1693, 1697; BeckOGK/Löhnig [1. 7. 2016] Rn 19 f; **aA** offenbar DIJuF-Gutachten JAmt 2014, 511, 512). Dass eine Klärung auch von seiner Seite nicht a limine ausgeschlossen ist, zeigen die Umgangs- und Auskunftsrechte aus § 1686a BGB, die auch nach einer Adoption bestehen können (vgl Rn 15 sowie ausführlich § 1751 Rn 15). Allerdings wird man vom biologischen Vater – anders als vom Kind – die Darlegung eines konkreten Feststellungsinteresses verlangen können, das nur selten gegeben sein wird.

22 Wenn das deutsche Recht eine Vaterschaftsfeststellung nach erfolgter Adoption zulässt, muss jedenfalls grds auch eine **Vaterschaftsanfechtung** durch das Kind, den Ehemann der Mutter, die Mutter oder den biologischen Vater selbst nach der Adoption zulässig sein (Frank FamRZ 2016, 497, 501; MünchKomm/Maurer Rn 30; Erman/Saar Rn 8; Soergel/Liermann Rn 9; zur Wahrung des Inkognitos vgl OLG Karlsruhe FamRZ 1966, 268 und als Vorinstanz LG Mannheim NJW 1966, 357). Allerdings fällt es schwer, ein schützenswertes *rechtl* Interesse der Beteiligten, insbes von Vater und Mutter, an der Anfechtung zu finden. Denkbar erscheint aber beispielsweise ein Interesse des abgebenden Vaters an einem Unterhaltsregress gegen den Erzeuger.

§ 1756
Bestehenbleiben von Verwandtschaftsverhältnissen

(1) Sind die Annehmenden mit dem Kind im zweiten oder dritten Grad verwandt oder verschwägert, so erlöschen nur das Verwandtschaftsverhältnis des Kindes und seiner Abkömmlinge zu den Eltern des Kindes und die sich aus ihm ergebenden Rechte und Pflichten.

(2) Nimmt ein Ehegatte das Kind seines Ehegatten an, so erlischt das Verwandtschaftsverhältnis nicht im Verhältnis zu den Verwandten des anderen Elternteils, wenn dieser die elterliche Sorge hatte und verstorben ist.

Materialien: BT-Drucks 7/3061, 21 f, 44 f, 75 f, 85; BT-Drucks 7/5087, 7, 17 f, 30 f; BT-Drucks 13/4899, 115. S Staudinger/BGB-Synopse (2005) § 1756.

Systematische Übersicht

I.	Normzweck und Entstehungsgeschichte		II.	Die Regelung des Abs 1
	1. Voraussetzungen			9
1.	Die Regelung des Abs 1	1	2. Wirkungen	13
2.	Die Regelung des Abs 2	5		

Titel 7 · Annahme als Kind
Untertitel 1 · Annahme Minderjähriger   § 1756

a)	Das Grundmuster der gesetzlichen Regelung		13
b)	Mehrfache Verwandtschaft		15
c)	Rechtsbeziehungen zwischen Kind und leiblichen Geschwistern		19
d)	Rechtsbeziehungen zwischen Kind und leiblichen Eltern		24

III. **Die Regelung des Abs 2**
1. Voraussetzungen und Wirkungen — 26
2. Annahme eines Kindes des verstorbenen Ehegatten — 31
3. Stiefkindadoption nach Verwandten- oder Verschwägertenadoption — 32

Alphabetische Übersicht

Adoption durch
– Bruder oder Schwester bzw deren Ehegatten — 2, 9, 11, 14
– einen Großelternteil bzw dessen Ehegatten — 2, 9, 11, 14, 16
– einen Urgroßelternteil bzw dessen Ehegatten — 2, 9
– Onkel oder Tante bzw deren Ehegatten — 1 f, 9, 11 f, 16, 24 f, 32 f
Adoption, sukzessive durch Ehegatten — 12
Adoptionstypen, Einführung zweier verschiedener — 1, 6
Adoptivverwandtschaft der leiblichen Eltern mit dem Kind — 25

Eheverbot der Verwandtschaft — 23
Einzeladoption — 4, 10 f
Entstehungsgeschichte — 1, 5 ff, 20
Erbschaftsteuer — 23

Großelternpaar, Erwerb von mehr als dreien — 28

Mehrfachadoption — 28

Normzweck — 1, 5

Rechtsbeziehungen des adoptierten Kindes zu
– seinen leiblichen Eltern — 1, 14, 17, 24 f, 31, 33, 35

– seinen leiblichen Geschwistern — 15, 19 ff, 29
– seinen leiblichen Großeltern — 1, 13 f, 18, 21
Rechtsordnungen, ausländische — 2

Schwägerschaft im 2. oder 3. Grad — 9
Sorgerecht des verstorbenen Elternteils — 5, 8, 26 f
Stiefkindadoption — 5 ff, 11, 26 ff
– mehrfache — 28
– nach dem Tod des Ehegatten — 31
– nach dem Tod eines Elternteils — 5 ff, 26 ff
– nach Verwandten- oder Verschwägertenadoption — 32 ff

Verschwägerte — 4, 10 ff
– Einzeladoption durch — 4, 10 f
– gemeinsame Adoption durch den -n und seinen neuen Ehegatten — 12
Verwandtschaft — 9, 15 ff
– im 2. oder 3. Grad — 9
– mehrfache — 15 ff
Verwirrung natürlicher Verwandtschaftsverhältnisse — 3
Volljährigenadoption — 4, 8, 30

Wirkungen
– der Adoption durch Verwandte oder Verschwägerte — 13 ff
– der Stiefkindadoption — 26, 28 ff
Zweitadoption — 28, 32 ff

I. Normzweck und Entstehungsgeschichte

1. Die Regelung des Abs 1

Die Regelung des Abs 1 geht zurück auf das AdoptG v 1976 und ist danach nicht **1** mehr geändert worden. Bei den Vorarbeiten zum AdoptG v 1976 bestand Einmütigkeit darüber, dass die Volladoption als Adoptionstyp nicht passt, wenn Kinder angenommen werden, die mit dem Annehmenden bereits eng verwandt sind. Das Kind brauche in einem solchen Fall zwar neue Eltern, aber keine neuen Verwandten. Die Anregung, neben der Volladoption einen zweiten Adoptionstyp wahlweise einzuführen, der mit Blick auf die Annahme nicht fürsorgebedürftiger Kinder eine Kompromisslösung zwischen alter und neuer Familie darstellen sollte, ist vom Gesetzgeber nicht aufgegriffen worden (Näheres vgl § 1754 Rn 3). Er hat es stattdessen vorgezogen, für den besonderen Fall der **Annahme durch Verwandte oder Verschwägerte 2. oder 3. Grades** eine **Sonderregelung** einzuführen. § 1756 Abs 1 BGB geht letztlich auf einen Vorschlag von LÜDERITZ (Adoption [1972] 78 ff) zurück, von dem jedoch inhaltlich wenig übriggeblieben ist. LÜDERITZ hatte für eine Lösung plädiert, nach der mit der Adoption die Eltern ausgetauscht werden, die Verwandtschaft im Übrigen aber unverändert beibehalten wird. Nach der Gesetz gewordenen Regelung des § 1756 Abs 1 BGB, die in den wesentlichen Grundzügen schon im RegE (BT-Drucks 7/3061, 21 f, 44) enthalten war, erlöschen zwar die Rechtsbeziehungen zwischen Kind und leiblichen Eltern, dem Kind wird auch die alte Verwandtschaft belassen, aber es erwirbt nach § 1754 BGB wie ein volladoptiertes Kind neue Verwandte hinzu. Beispielhaft verdeutlicht: Bei einer Adoption durch den Onkel und dessen Ehefrau behält das Kind seine leiblichen Großeltern und erhält darüber hinaus nach der mitadoptierenden Ehefrau des Onkels ein 3. Großelternpaar. Zu Komplikationen führt die Vorstellung des Gesetzgebers, dass bereits vorhandene Verwandtschaft einerseits unverändert erhalten bleiben (§ 1756 Abs 1 BGB), andererseits aber auch iSd Volladoption nach dem annehmenden Verwandten neu berechnet werden soll (§ 1754 BGB). Der adoptierende Onkel wird so gesehen Vater, ohne seine Stellung als leiblicher Onkel zu verlieren (Näheres dazu vgl Rn 13 f).

2 Insgesamt muss die Regelung des Abs 1 als **missglückt** bezeichnet werden. Sie ist „ein unübersichtliches rechtliches Flickwerk ohne klare Konzeption" (FRANK 182; vgl auch ENGLER FamRZ 1975, 125, 127; ROTH 211 ff; MünchKomm/MAURER Rn 1 f). Zunächst will nicht überzeugen, dass eine Sonderregelung für die ohnehin problematischen und seltenen Fälle der Adoption durch Großeltern, Geschwister, Onkel, Tante und deren Ehegatten notwendig sein soll. International ist keine Rechtsordnung bekannt, die für eine ähnlich eng umgrenzte Fallgruppe einen besonderen Adoptionstyp eingeführt hätte. Selbst das italienische Recht, das insoweit noch am ehesten mit dem deutschen vergleichbar ist, lässt die sog einfache Adoption für Verwandte bis zum 6. Grade zu, beschränkt sie aber nicht etwa auf Verwandte, sondern bezieht andere gesetzlich näher umschriebene Fallgruppen nicht fürsorgebedürftiger Minderjähriger mit ein (Art 44, 55 Ges Nr 184 v 4. 5. 1983). Auch das Recht der ehemaligen DDR ließ im Falle einer Verwandtenadoption keine Ausnahme vom Grundsatz der Volladoption zu. Nach der Überleitungsvorschrift des Art 234 § 13 Abs 1 EGBGB bleibt für Verwandtenadoptionen aus der Zeit vor der Wiedervereinigung das FGB der DDR maßgebend.

3 Gegen die Verwandtenadoption wird allg zu Recht ins Feld geführt, dass sie zu einer **Verwirrung natürlicher Verwandtschaftsverhältnisse** führe (vgl § 1741 Rn 38). Gerade dieses Problem, das LÜDERITZ mit seinem Vorschlag lösen wollte, ist durch die §§ 1754–1756 BGB nicht nur nicht gelöst, sondern so verkompliziert worden, dass eine „normale" Volladoption – bei allen verständlichen Bedenken – für die Betei-

ligten einfacher auszurechnen und zu verstehen wäre als das in den §§ 1754–1756 BGB konzipierte Mischgebilde aus einfacher Adoption und Volladoption.

Eine **Fülle von Ungereimtheiten**, an die der Gesetzgeber nicht gedacht, die er aber durch seine Regelung heraufbeschworen hat, verstärkt den negativen Gesamteindruck. Auf Einzeladoptionen durch *Verschwägerte* 2. oder 3. Grades passt die Sonderregelung des Abs 1 nur mit Vorbehalten (vgl Rn 11 f). Das vom Gesetzgeber nicht durchdachte, aber normierte Prinzip mehrfacher Verwandtschaft gibt wertungsmäßig manches Rätsel auf (vgl Rn 15 ff). Im Erbrecht, wo die Verwandtschaftsverhältnisse in erster Linie relevant werden, bleibt einiges unklar (vgl Rn 19 ff). 4

§ 1756 BGB gilt nicht im Falle einer **Volljährigenadoption**, da diese gem § 1770 Abs 2 BGB die Verwandtschaftsverhältnisse des Angenommenen zu seinen bisherigen Verwandten ohnehin bestehen lässt. Anders ist das nur, wenn eine Annahme mit den Wirkungen einer Minderjährigenadoption nach § 1772 Abs 1 BGB ausgesprochen wird.

2. Die Regelung des Abs 2

Die Regelung des Abs 2 geht auf das **KindRG v 1997** zurück. Sie bezieht sich allerdings nicht auf **Stiefkindadoptionen** schlechthin, sondern nur auf solche, bei denen der mit dem Stiefelternteil nicht verheiratete Elternteil **bereits verstorben** ist und außerdem zur Zeit seines Todes **Allein- oder Mitinhaber der elterlichen Sorge** war. *Beispiel:* Die Ehe zwischen A und B wird durch Tod aufgelöst. Die elterliche Sorge für das gemeinsame Kind stand bis dahin A und B gemeinsam zu. Nach dem Tod des A heiratet die B den C, der das Kind adoptiert. 5

Nach Abs 2 erlischt das Verwandtschaftsverhältnis nicht im Verhältnis zu den Verwandten des verstorbenen Elternteils. Das Kind erhält also einen neuen Verwandtenstamm nach dem adoptierenden Stiefelternteil (§ 1754 Abs 1 BGB), ohne dass sich an den Rechtsbeziehungen des Kindes zu seiner Mutter und deren Verwandten (§ 1754 Abs 1 BGB iVm § 1755 Abs 2 BGB) bzw zu den Verwandten des verstorbenen Vaters etwas ändert. Das Kind erwirbt bzw behält somit 3 Verwandtenstämme, hat also 3 Großelternpaare. Die Regelung des Abs 2 ist nicht anwendbar, falls der mit dem Stiefelternteil nicht verheiratete Elternteil noch lebt; denn der noch lebende Elternteil kann durch die Verweigerung seiner Einwilligung in die Adoption selbst darüber entscheiden, ob er die Rechtsbeziehungen zu seinem Kind aufrechterhalten will. Problematisch ist allerdings, dass im Falle des Abs 2 die Aufrechterhaltung der Rechtsbeziehungen zwischen dem Kind und den Verwandten des verstorbenen Elternteils davon abhängig gemacht wird, dass der verstorbene Elternteil (Mit-)Inhaber der elterlichen Sorge war; denn über die Qualität einer Eltern-Kind-Beziehung sagt die Inhaberschaft der elterlichen Sorge nicht immer etwas aus (Näheres vgl Rn 26 f).

Eine Sonderregelung für Stiefkindadoptionen wurde erstmals bei den **Vorarbeiten zum AdoptG v 1976** erwogen. Nachdem sich bei der Reformdiskussion der Vorschlag, zwei Adoptionstypen wahlweise zur Verfügung zu stellen, nicht hatte durchsetzen können (vgl § 1754 Rn 3), wurden im Gesetzgebungsverfahren unterschiedliche Lösungen erwogen. Der RefE eines Gesetzes zur Neuordnung des Adoptionsrechts 6 v 1973 (DAVorm 1973, 522) sah zunächst eine recht pauschale Sonderbehandlung der Stiefkindadoption vor: Nach den §§ 1756, 1755 Abs 1 S 1, 1752 E sollte einem Stiefkind die Verwandtschaft des durch die Adoption verdrängten Elternteils ausnahmslos erhalten bleiben, ohne Unterschied, ob die Ehe der Eltern durch Tod oder Scheidung aufgelöst wurde oder ob es sich um ein eheliches oder nichteheliches Kind handelt. Darüber hinaus sollte das Kind voll in die Familie des annehmenden Stiefelternteils integriert werden (§ 1753 E).

7 Abweichend vom RefE differenzierte der RegE (BT-Drucks 7/3061, 22, 44) zwischen ehelichen und nichtehelichen Kindern: Bei der Annahme eines nichtehelichen Stiefkindes sollten immer die Rechtswirkungen der Volladoption eintreten. Bei der Annahme eines ehelichen Stiefkindes sollten dagegen die Rechtsbeziehungen des Kindes zu den Verwandten des verstorbenen oder geschiedenen Elternteils erhalten bleiben (§§ 1755 Abs 2, 1756 Abs 2 E).

8 Das **AdoptG v 1976** folgte schließlich einer Empfehlung des Rechtsausschusses (BT-Drucks 7/5087, 17) und wich vom Prinzip der Volladoption nur zugunsten von Stiefkindern ab, die aus einer durch Tod aufgelösten Ehe stammten. Nur eheliche Kinder behielten also im Falle einer Adoption durch den Stiefvater den durch den verstorbenen Vater vermittelten Verwandtenstamm und dies auch nur, wenn die Ehe der Eltern durch Tod aufgelöst wurde, nicht aber, wenn die Ehe geschieden wurde, der Vater später starb und danach erst die Stiefkindadoption erfolgte. Die Neuregelung des Abs 2 durch das KindRG v 1997 hat mit der Vorgängerregelung nur noch gemein, dass sie sich auf Stiefkindadoptionen nach dem Tod eines leiblichen Elternteils bezieht. Anders als Abs 2 aF gilt jedoch Abs 2 nF nicht nur für eheliche, sondern auch für nichteheliche Kinder. Es spielt also keine Rolle, ob die Eltern jemals verheiratet waren bzw ob ihre Ehe durch Tod oder Scheidung aufgelöst wurde. Auf der anderen Seite wird der Anwendungsbereich von Abs 2 nF dadurch eingeengt, dass vorausgesetzt wird, dass der verstorbene Elternteil wenigstens Mitinhaber der elterlichen Sorge war (BT-Drucks 13/4899, 115). Zur Kritik der Neuregelung vgl Rn 26 f. § 1756 Abs 2 BGB ist auch anwendbar, wenn ein Lebenspartner ein Kind seines Lebenspartners annimmt (§ 9 Abs 7 S 2 LPartG). Bei einer **Volljährigenadoption** gilt die Vorschrift nur, wenn eine Annahme mit den Wirkungen einer Minderjährigenadoption nach § 1772 Abs 1 BGB ausgesprochen wird (vgl Rn 4 aE).

II. Die Regelung des Abs 1

1. Voraussetzungen

9 Abs 1 findet Anwendung, wenn die Annehmenden mit dem Kind im 2. oder 3. Grad verwandt oder verschwägert sind (vgl §§ 1589, 1590 BGB). Erfasst werden somit die Annahme durch **Großeltern, Urgroßeltern, Geschwister, Onkel und Tante und deren Ehegatten**. Da gegen die Annahme durch Urgroßeltern, Großeltern und Geschwister unter dem Aspekt des Kindeswohls erhebliche Bedenken bestehen (vgl § 1741 Rn 37 ff), Urgroßeltern als Annehmende außerdem kaum in Betracht kommen, geht es bei Abs 1 im Wesentlichen um die Annahme durch Onkel oder Tante und deren Ehepartner.

Abs 1 spricht systemwidrig von Annehmenden im Plural. Grds wird im Gesetz der **10** Singular auch dann gebraucht, wenn Eheleute ein Kind adoptieren. Es kann indessen keinem Zweifel unterliegen, dass Abs 1 auch **Einzeladoptionen** durch Personen erfasst, die mit dem Kind im 2. oder 3. Grad entweder verwandt oder verschwägert sind (Erman/Saar Rn 2; Palandt/Götz Rn 1; Dieckmann ZBlJugR 1980, 567, 574 ff).

Die Konsequenzen einer **Einzeladoption durch Verschwägerte 2. oder 3. Grades** hat **11** der Gesetzgeber allerdings nicht bedacht. Er war wohl der irrigen Ansicht, dass Abs 1 nur Einzeladoptionen durch Verwandte 2. oder 3. Grades oder gemeinsame Adoptionen durch dieselben Verwandten mit ihrem Ehepartner erfasse. Da jedoch die Schwägerschaft die Ehe, durch die sie begründet wurde, überdauert (§ 1590 Abs 2 BGB), fallen unter Abs 1 auch Adoptionen durch frühere Ehepartner von Onkel, Tante, Großvater, Großmutter, Bruder, Schwester. Ob es hier sinnvoll ist, dem Kind die mütterliche und väterliche Verwandtschaft zu belassen, obwohl es durch die Adoption einen neuen Verwandtenstamm erhält, erscheint fraglich. Verständlich mag die Lösung des Gesetzes noch sein, wenn die Ehe des Annehmenden durch Tod aufgelöst wurde. Wurde die Ehe jedoch geschieden, so ist nicht recht einzusehen, warum dem Kind die alte Verwandtschaft erhalten bleiben soll (jurisPK-BGB/Heiderhoff Rn 3; Frank 183 f; **aA** Dieckmann ZBlJugR 1980, 567, 574 f; Erman/Saar Rn 2). Eine ausreichende Basis für eine teleologische Reduktion der Vorschrift dürfte in diesem Fall allerdings nicht bestehen (**aA** NK-BGB/Dahm Rn 6).

Fraglich ist, ob Abs 1 auch den Fall erfasst, dass **der im 2. oder 3. Grad Verschwägerte** **12** **das Kind zusammen mit seinem neuen Ehegatten annimmt**, der mit dem Kind weder verwandt noch verschwägert ist. Beispiel: Die geschiedene Ehefrau des Onkels adoptiert das Kind zusammen mit ihrem neuen Ehemann. Man wird die Frage verneinen müssen (jurisPK-BGB/Heiderhoff Rn 3; Dieckmann ZBlJugR 1980, 567, 579 f; im Ergebnis auch NK-BGB/Dahm Rn 6; **aA** BGB-RGRK/Dickescheid Rn 4). Formal könnte argumentiert werden, Abs 1 setze voraus, dass jeder Ehegatte mit dem Kind entweder im 2. oder 3. Grad verwandt oder verschwägert ist. Überzeugender ist die Überlegung, dass bei einer „Zweistufen-Adoption", zunächst durch die geschiedene Ehefrau des Onkels und später – nach der Wiederverheiratung – durch den Ehemann, die Beziehungen des Kindes zur Ursprungsfamilie erlöschen würden. Warum das Ergebnis anders sein soll, wenn die Eheleute das Kind sofort gemeinsam annehmen, ist in der Tat nicht einzusehen. Bei einer „Zweistufen-Adoption" würde zwar die Erstadoption dem Kind nach Abs 1 die bisherige Verwandtschaft erhalten. Bei der zweiten Adoption würde jedoch das Kind gemeinschaftliches eheliches Kind der Ehegatten (§ 1754 Abs 1 BGB) werden; weder § 1756 Abs 1 noch § 1756 Abs 2 BGB würden dem Kind die alte leibliche Verwandtschaft „retten".

2. Wirkungen

a) Das Grundmuster der gesetzlichen Regelung

§ 1756 Abs 1 BGB ist im **Zusammenhang mit §§ 1754, 1755 BGB** zu sehen. **13**

An § 1754 BGB ändert § 1756 Abs 1 BGB nichts. Das Kind wird also vollständig in die Familie des oder der Annehmenden integriert. Bei einer Adoption durch den Onkel väterlicherseits wird der Onkel zum Vater; seine Kinder werden zu Geschwistern des Stiefkindes; die Großeltern väterlicherseits bleiben allerdings Großeltern, weil die

Adoption die bereits bestehende verwandtschaftliche Beziehung nicht verändern kann. Nimmt der Onkel das Kind zusammen mit seiner Ehefrau an, so wird diese Adoptivmutter; ihre Verwandten werden auch Verwandte des Kindes. Da das Kind nach § 1756 Abs 1 BGB die durch seine leiblichen Eltern vermittelten Verwandten behält, erwirbt es somit über seine Adoptivmutter einen 3. Verwandtenstamm, hat also zB drei Großelternpaare.

14 **§ 1756 Abs 1 BGB schränkt den Anwendungsbereich von § 1755 Abs 1 BGB ein**, spielt also bei Ausgliederungs-, nicht bei Eingliederungsfragen eine Rolle. Mit der Annahme erlischt nach § 1756 Abs 1 BGB nur das Verwandtschaftsverhältnis des Kindes und seiner Abkömmlinge zu den leiblichen Eltern. Alle anderen Verwandtschaftsverhältnisse bleiben bestehen. Für das Beispiel einer Adoption durch den Onkel väterlicherseits und seine Ehefrau bedeutet das: Das Kind behält seine Verwandten mütterlicherseits. Aus dem Verwandtschaftsverband scheidet lediglich die leibliche Mutter selbst aus. Was die Verwandten väterlicherseits anbelangt, so bleiben auch diese dem Kind erhalten; es erlischt nur die Vater-Kind-Beziehung. **Verständnisschwierigkeiten** entstehen dadurch, dass § 1754 BGB den adoptierenden Onkel väterlicherseits zum Vater macht und die Verwandtschaft der Vaterlinie nach den Grundsätzen der Volladoption neu ordnet, während § 1756 Abs 1 BGB in scheinbarem Widerspruch dazu bestimmt, dass die Verwandtschaftsverhältnisse väterlicherseits (außer der Vater-Kind-Beziehung) unverändert fortbestehen sollen. Will man dem Gesetzestext gerecht werden, so muss man den adoptierenden Onkel rechtlich in einer Doppelrolle sehen: Er ist Adoptivvater und leiblicher Onkel zugleich. Entsprechend sind die Kinder des Onkels sowohl Adoptivgeschwister als auch leibliche Vettern und Cousinen. Eine Adoption durch die Großeltern mütterlicherseits rückt die gesamte Aszendenz mütterlicherseits um einen Grad näher an das Kind heran (§ 1754 BGB), während § 1756 Abs 1 BGB dem gleichen Personenkreis die alte verwandtschaftliche Stellung belässt. Bei einer Adoption durch Geschwister bleiben die Großeltern was sie waren und werden zusätzlich zu „Adoptiv"-Urgroßeltern. Zur Frage, ob die aus dem Verwandtschaftsverband ausscheidenden leiblichen Eltern mit dem Kind grad- und linienverschoben adoptivverwandt werden, vgl Rn 25.

b) Mehrfache Verwandtschaft

15 Der Gesetzgeber v 1976 hat die besondere Problematik der mehrfachen Verwandtschaft nicht, allenfalls andeutungsweise gesehen (Überblick bei DIECKMANN ZBlJugR 1980, 567, 570 ff). Im RegE (BT-Drucks 7/3061, 44) heißt es lapidar: „Ungerechtfertigt wäre es, wenn das Verwandtschaftsverhältnis des Kindes zu den bisherigen Verwandten des Kindes erlöschen würde. Diese Konsequenz wäre ohne Folgen im Verhältnis zu den Verwandten, zu denen durch die Annahme über die neuen Eltern die Verwandtschaft neu begründet würde. Erlöschen würde jedoch das Verwandtschaftsverhältnis zum Stamm des Elternteils, mit dem die neuen Eltern nicht verwandt sind." Diskutiert wurde allerdings, ob die leiblichen Geschwister des Adoptivkindes entsprechend ihrer Geschwistereigenschaft Erben der 2. Ordnung bleiben sollen oder nicht. Diese Diskussion führte schließlich zur Sonderregelung des § 1925 Abs 4 BGB (dazu vgl Rn 19 ff). Im Übrigen kann wegen des klaren (wenn auch unbefriedigenden) Gesetzeswortlauts das durch § 1754 BGB einerseits und § 1756 Abs 1 BGB andererseits bedingte **Prinzip mehrfacher Verwandtschaft** kaum in Zweifel gezogen werden (allgM). Zwar wird erbrechtlich teilweise versucht, die hieraus resultierenden Konsequenzen zu vermeiden (vgl Rn 17), doch wird dadurch nicht die mehrfache Verwandtschaft als solche in Frage gestellt.

Eine **andere Sichtweise** vertritt demgegenüber nunmehr SCHIEMANN: Soweit es über § 1756 Abs 1 BGB prima facie zu einer Doppelverwandtschaft zu kommen scheine, sei die Vorschrift so zu verstehen, dass sie lediglich die Klarstellung enthalte, dass eine über § 1755 Abs 1 S 1 BGB eigentlich erloschene Verwandtschaft als – über § 1754 Abs 1 BGB vermittelte – Adoptivverwandtschaft (mit Ausnahme derjenigen zu den leiblichen Eltern) fortbestehe. Doch sei in diesen Fällen für das Verwandtschaftsverhältnis immer allein die Adoptivverwandtschaft entscheidend (SCHIEMANN, in: FS Schröder [2013] 569, 580 ff und BEHRENTIN/SCHIEMANN, Handb AdoptionsR, F Rn 182 f). Die hM führe demgegenüber zu einer verfassungswidrigen Privilegierung bestimmter Adoptivkinder (BEHRENTIN/SCHIEMANN, Handb AdoptionsR, F Rn 185 ff). Diese Sichtweise vermag nicht zu überzeugen. SCHIEMANN selbst legt dar, dass es schon nach altem Adoptionsrecht wegen des Grundsatzes der schwachen Adoption – wenn auch nur in seltenen Fällen – zu einer Doppelverwandtschaft kommen konnte (SCHIEMANN, in: FS Schröder [2013] 569, 573 ff). Außerdem ist eindeutig (und wird von SCHIEMANN auch nicht in Frage gestellt), dass § 1756 Abs 1 BGB insofern konstitutive Bedeutung besitzt, als das Verwandtschaftsverhältnis zu den (leiblichen) Verwandten erhalten bleibt, zu denen durch die (Verwandten-)Adoption keine Adoptivverwandtschaft begründet wird. Der Wortlaut wird über Gebühr strapaziert, wenn die Vorschrift für den einen Stamm der leiblichen Verwandten (die nicht mit den Adoptiveltern verwandt sind) konstitutive und für den anderen Stamm der leiblichen Verwandten (die mit den Adoptiveltern verwandt sind) lediglich deklaratorische Bedeutung besitzen soll.

Der Grundsatz der mehrfachen Verwandtschaft führt iE allerdings nicht zu so großen Komplikationen, wie man auf den ersten Blick annehmen möchte; denn eine **Mehrfachberufung nach § 1927 BGB** setzt die Zugehörigkeit zu verschiedenen Stämmen *in derselben Ordnung* voraus. Ansonsten gilt § 1930 BGB. Stirbt das Kind, so wird es in der 2. Ordnung von seinen Adoptiveltern beerbt. Dass der adoptierende Onkel rechtlich auch Onkel geblieben ist, interessiert nicht. Umgekehrt beerbt das Kind seine Adoptiveltern in der 1. Ordnung, wobei es ebenfalls ohne Belang ist, ob der Adoptivvater gleichzeitig leiblicher Onkel des Kindes ist oder nicht. Mehrfachberufungen nach § 1927 BGB sind indessen durchaus denkbar. **16**

> *1. Beispiel:* Kind K wird vom Großvater G väterlicherseits adoptiert. G verstirbt und hinterlässt außer seinem Adoptivkind K einen leiblichen Sohn S. Der leibliche Vater V des K, ebenfalls ein Sohn des G, ist vorverstorben, ohne (außer dem von G adoptierten K) Kinder zu hinterlassen.

K wird gesetzlicher Erbe zu $2/3$, S zu $1/3$. Durch die Adoption wurde neben den Stämmen V und S ein 3. Stamm K begründet. K erbt als Adoptivkind (§ 1754 BGB) $1/3$ und als Enkelkind (§ 1756 Abs 1) im Stamme V ebenfalls $1/3$.

> *2. Beispiel:* Kind K wird von seinem Onkel O väterlicherseits adoptiert. Der Großvater väterlicherseits verstirbt und hinterlässt als nächste Angehörige sein Enkelkind K und einen Sohn S. O und der leibliche Vater V des K, beide ebenfalls Söhne des G, sind vorverstorben.

Auch hier wird K Erbe zu $2/3$. Er repräsentiert sowohl den Stamm des O als Adoptivkind als auch des V, da er ja leiblicher Enkel des G geblieben ist (§ 1756 Abs 1 BGB). S ist Erbe zu $1/3$.

17 In beiden Fällen mag man über Sinn oder Unsinn der gesetzlichen Regelung diskutieren. An Mehrfachverwandtschaften hat der Gesetzgeber nicht gedacht, sie aber normiert. Man sollte deshalb nicht versuchen, ein gesetzlich vorgezeichnetes Ergebnis wieder in Frage zu stellen (ROTH 189 u 193; MünchKomm/LEIPOLD § 1927 Rn 3; STAUDINGER/WERNER [2017] § 1927 Rn 6; BGB-RGRK/DICKESCHEID Rn 9; SOERGEL/LIERMANN Rn 7). Nachbesserungen sind Aufgabe des Gesetzgebers. Insbes geht es angesichts des klaren Wortlauts in § 1754 BGB und § 1756 Abs 1 BGB nicht an, bei konkurrierender Verwandtschaft die leibliche Verwandtschaft als durch die Adoptivverwandtschaft aufgezehrt anzusehen (**aA** DIECKMANN ZBlJugR 1980, 567, 573 Fn 24; GERNHUBER/COESTER-WALTJEN § 68 Fn 234; MünchKomm/MAURER Rn 26; differenzierend ERMAN/SAAR Rn 5). Das würde sachlich bedeuten, dass nach § 1756 Abs 1 BGB nicht nur das Verwandtschaftsverhältnis des Kindes und seiner Abkömmlinge zu den Eltern des Kindes erlöschen würde, sondern auch zu den Verwandten, mit denen das Kind gem § 1754 BGB verwandt wird. So aber lautet § 1756 Abs 1 BGB gerade nicht (vgl DIECKMANN ZBlJugR 1980, 567, 573 f).

18 Die mehrfache Verwandtschaft kann allerdings nicht dazu führen, dass leibliche Großeltern, die zugleich Adoptivgroßeltern sind, ihr Enkelkind entspr § 1927 BGB mit einem doppelten Erbteil beerben (so aber ROTH 193; **aA** [wie hier] GERNHUBER/COESTER-WALTJEN § 68 Fn 234; BGB-RGRK/DICKESCHEID Rn 9; SOERGEL/LIERMANN Rn 7). Die Erbfolge nach Stämmen gilt nur für Deszendenten.

c) Rechtsbeziehungen zwischen Kind und leiblichen Geschwistern

19 Da nach Abs 1 nur das Verwandtschaftsverhältnis des Kindes und seiner Abkömmlinge zu den Eltern erlischt, bleibt das **Adoptivkind mit seinen leiblichen Geschwistern nach wie vor im 2. Grad verwandt**. **§ 1925 Abs 4 BGB** kann so gesehen nur als eine auf das Erbrecht bezogene **Ausnahmeregelung** von § 1756 Abs 1 BGB verstanden werden.

20 Diese Interpretation war bei den Vorarbeiten zum AdoptG v 1976 nicht unstreitig. Die Bundesregierung hatte aus der fehlenden Verwandtschaft des Adoptivkindes mit seinen leiblichen Eltern den Schluss gezogen, dass diese nicht mehr in der Lage seien, die Verwandtschaft zu den leiblichen Geschwistern weiter zu vermitteln. Auch ohne jede erbrechtliche Sonderregelung würde deshalb das Adoptivkind in der 2. Ordnung von seinen Adoptivgeschwistern, nicht aber von seinen leiblichen Geschwistern beerbt (BT-Drucks 7/3061, 44 u 85). Die leiblichen Geschwister könnten allerdings nach dem angenommenen Kind (und umgekehrt) über die gemeinsamen leiblichen Großeltern Erben der 3. Ordnung sein, wenn Erben der 2. Ordnung (Adoptiveltern, Adoptivgeschwister) nicht vorhanden seien (so der RAussch BT-Drucks 7/5087, 17). Dieser Interpretation hatte der Bundesrat in seiner Stellungnahme zum RegE widersprochen (BT-Drucks 7/3061, 75), weil der Gesetzeswortlaut die Rechtsbeziehungen zwischen Adoptivkind und leiblichen Geschwistern gerade nicht in Frage stelle. Durch die Regelung des § 1925 Abs 4 BGB ist nunmehr die Kontroverse in der Sache ausgestanden: Das angenommene Kind und die Abkömmlinge der leiblichen Eltern sind nach Abs 4 nicht Erben der 2. Ordnung. Sie sind im Verhältnis zueinander von Abkömmlingen der Eltern zu Abkömmlingen der Großeltern „degradiert" und der 3. Ordnung zugewiesen. Dass eine Erbberechtigung 2. Ordnung schlechterdings nicht vorstellbar sei, stimmt allerdings nicht, weil die Geschwister durch die neubegründete Adoptivverwandtschaft (§ 1754 BGB) durchaus in die 2. Ordnung „befördert" worden sein können, aus der sie als leibliche Geschwister gerade verbannt wurden. *Beispiel:* Wird K von seinem Großvater adoptiert, so kann der leibliche Bruder des K diesen in der 2. Ordnung beerben.

§ 1925 Abs 4 BGB ist deshalb um die Worte ergänzt zu denken: „soweit nicht durch die Annahme als Kind ein Verwandtschaftsverhältnis neu begründet worden ist, das ein Erbrecht in der 2. Ordnung verleiht" (SCHMITT-KAMMLER FamRZ 1978, 570, 571).

Offen bleibt weiterhin, ob **§ 1925 Abs 4 BGB** nur klarstellende (so MünchKomm/LEI- **21** POLD § 1925 Rn 12; PALANDT/WEIDLICH § 1925 Rn 5; ROTH 172 f, insbes 175; DIECKMANN ZBlJugR 1980, 567, 569 f, 572; SCHMITT-KAMMLER FamRZ 1978, 570, 571, der allerdings meint, dass – von § 1925 Abs 4 abgesehen – ein fortdauerndes Verwandtschaftsverhältnis 2. Grades nicht verneint zu werden brauche; KRAISS BWNotZ 1977, 1, 5; DITTMANN Rpfleger 1978, 277, 279) oder als Ausnahme von § 1756 Abs 1 BGB **konstitutive Bedeutung** (so ERMAN/SAAR Rn 3; GERNHUBER/COESTER-WALTJEN § 68 Rn 129; BGB-RGRK/DICKESCHEID Rn 5 u 11; FRANK 182 Fn 333; NÄGELE BWNotZ 1978, 79) hat. Richtig dürfte die letztgenannte Ansicht sein. Nach § 1756 Abs 1 BGB „erlöschen nur das Verwandtschaftsverhältnis des Kindes ... zu den Eltern des Kindes", alle anderen verwandtschaftlichen Beziehungen sollen offenbar „bleiben, wie sie sind". Die Herauslösung der Eltern aus dem Verwandtschaftsverband nach § 1756 Abs 1 BGB ist eine „seinswidrige Fiktion" (ERMAN/SAAR Rn 3), die nicht durch eine an der natürlichen Verwandtschaft orientierte Logik wieder ad absurdum geführt werden darf. Ohne leibliche Eltern gäbe es überhaupt keine leiblichen Verwandten. Auch wenn die Eltern rechtlich verdrängt werden, bleiben sie für das Kind als verwandtschaftsvermittelnde Personen relevant (GERNHUBER/COESTER-WALTJEN § 68 Rn 129). Dass dem Kind etwa seine leiblichen Großeltern als solche erhalten bleiben, wird von niemandem bestritten.

Wenn § 1925 Abs 4 BGB wirklich konstitutive Bedeutung hat, dann muss es für **22** diese Sonderregelung auch einen sachlichen Grund geben, der weiterträgt als das vordergründige Argument, Geschwister seien ohne gemeinsame Eltern nicht denkbar. Schon der RegE (BT-Drucks 7/3061, 44) hatte diesen Grund in der Überlegung gesehen, dass Vermögen aus der Adoptivfamilie nicht auf kurzem Weg über das Adoptivkind in die alte Familie abfließen soll. Diese Überlegung hat einiges für sich, obwohl auch der umgekehrte Weg bedacht werden muss, dass von den leiblichen Eltern erworbenes Vermögen über das Adoptivkind an die Adoptivgeschwister unter Ausschluss der leiblichen Geschwister gelangt.

Die praktische Bedeutung der Feststellung, dass – von § 1925 Abs 4 BGB abgesehen **23** – leibliche Geschwister wegen § 1756 Abs 1 BGB auch nach der Adoption Geschwister des Angenommenen bleiben, ist gering: Im Erbschaftsteuerrecht wird Verwandtschaft, die infolge einer Adoption erloschen ist, fortbestehender oder neubegründeter Verwandtschaft ausdrücklich gleichgestellt (§ 15 Abs 1a ErbStG). Auch das Eheverbot des § 1307 BGB gilt ohne Rücksicht darauf, ob die Verwandtschaft durch Adoption erloschen ist oder nicht. Lediglich für die Ausschließung von Amtshandlungen als Richter (§ 41 Nr 3 ZPO, § 22 Nr 3 StPO, § 54 Abs 1 VwGO), Notar (§ 16

Abs 1 BNotO iVm § 3 Abs 1 S 1 Nr 3 BeurkG), Verwaltungsbeamter (§ 20 Abs 1 Nr 4 iVm Abs 5 S 2 Nr 2 VwVfG) und für das Zeugnisverweigerungsrecht (§ 383 Abs 1 Nr 3 ZPO, § 52 Abs 1 Nr 3 StPO, § 98 VwGO) kann die fortbestehende Geschwistereigenschaft insoweit eine Rolle spielen, als bei der Eheschließung eines Geschwisters nach der Adoption dessen Ehegatte mit den übrigen Geschwistern und dem Angenommenen im 2. Grad verschwägert wird.

d) Rechtsbeziehungen zwischen Kind und leiblichen Eltern

24 Nach § 1756 Abs 1 iVm § 1755 Abs 1 BGB erlischt das Verwandtschaftsverhältnis des Kindes und seiner Abkömmlinge zu seinen leiblichen Eltern. **Im Verhältnis Kind – leibliche Eltern scheiden die Eltern vollständig aus dem Verwandtschaftsverband aus**. Sie sind iSd gesetzlichen Erbrechts als nicht vorhanden zu betrachten. Das Kind beerbt – nach den Regeln der gesetzlichen Erbfolge – weder seine leiblichen Eltern noch umgekehrt. Nach dem Tod des von seinem Onkel väterlicherseits angenommenen Kindes können deshalb die leiblichen Eltern das Kind in der 3. Ordnung selbst dann nicht beerben, wenn die Großeltern des Kindes vorverstorben sind, sodass an sich ein Eintrittsrecht der leiblichen Eltern als Abkömmlinge dieser Großeltern zur Diskussion stünde (MünchKomm/LEIPOLD § 1925 Rn 13; BGB-RGRK/DICKESCHEID Rn 5 u 6; ROTH 179 f; DIECKMANN FamRZ 1979, 389, 395 Fn 36; aA ERMAN/SAAR Rn 4; NK-BGB/DAHM Rn 4; SCHMITT-KAMMLER FamRZ 1978, 572 f).

25 Eine ganz andere Frage ist es, ob ein **leiblicher Elternteil**, der als solcher aus dem Verwandtschaftsverband ausscheidet (§ 1756 Abs 1 BGB), mit dem Kind infolge Adoption grad- und ggf linienverschoben **adoptivverwandt** bleibt (§ 1754 BGB). Die Frage wird zu Recht allgemein bejaht (MünchKomm/LEIPOLD § 1925 Rn 13; NK-BGB/DAHM Rn 4; BGB-RGRK/DICKESCHEID Rn 7; ROTH 191, 194; SCHMITT-KAMMLER FamRZ 1978, 570, 573; DIECKMANN ZBlJugR 1980, 567, 573; aA BEHRENTIN/SCHIEMANN, Handb AdoptionsR, F Rn 192). Wird das Kind von seinem Onkel väterlicherseits angenommen, so wird der leibliche Vater zum Adoptivonkel. Wird es von einer älteren Schwester adoptiert, so werden die leiblichen Eltern zu Adoptivgroßeltern. Im Falle einer Adoption durch die väterlichen Großeltern wird der leibliche Vater zum Adoptivbruder. In der Eigenschaft als Adoptivverwandte können Vater und Mutter durchaus ihr Kind beerben und umgekehrt. Für das oben gewählte Beispiel einer Adoption des Kindes durch seinen Onkel väterlicherseits bedeutet das: Nach dem Tod des Kindes kann der leibliche Vater in seiner Eigenschaft als Adoptivonkel das Kind in der 3. Ordnung beerben, falls die väterlichen Großeltern vorverstorben sind. Dagegen scheidet die Mutter als Erbin aus, weil zu ihr keine Adoptivverwandtschaft begründet wurde und Rechtsbeziehungen aufgrund leiblicher Verwandtschaft nicht fortbestehen.

III. Die Regelung des Abs 2

1. Voraussetzungen und Wirkungen

26 Abs 2 idF des KindRG v 1997 setzt voraus, dass der mit dem Stiefelternteil nicht verheiratete leibliche Elternteil verstorben ist. Ob die Eltern des Kindes früher einmal verheiratet waren oder nicht, spielt anders als nach früherem Recht keine Rolle (vgl Rn 8). Die unter der Herrschaft des alten Rechts kritisierte Differenzierung zwischen ehelichen und nichtehelichen Kindern (vgl STAUDINGER/FRANK[12] Rn 9) war der

entscheidende Grund für die Neuregelung des Abs 2 durch das KindRG v 1997 (BT-Drucks 13/4899, 115). Die Neuregelung ist allerdings nicht unproblematisch, weil nach Abs 2 das Verwandtschaftsverhältnis des Kindes zu den Verwandten des verstorbenen Elternteils nur dann fortbesteht, wenn der verstorbene Elternteil **im Zeitpunkt seines Todes Allein- oder Mitinhaber der elterlichen Sorge** war (vgl die Einschränkung für die Erwachsenenadoption in Rn 30). Diese neu in Abs 2 aufgenommene Voraussetzung geht typisierend von der Überlegung aus, dass erhaltenswerte verwandtschaftliche Beziehungen nur dann bestehen, wenn der verstorbene Elternteil Sorgerechtsinhaber war, nicht aber dann, wenn der verstorbene Elternteil von der elterlichen Sorge ausgeschlossen war. Diese Überlegung ist zwar nicht grds falsch, aber doch so vergröbernd, dass sie für eine Differenzierung nicht taugt. Zunächst einmal geht es bei den Wirkungen des Abs 2 nicht um die guten oder schlechten Beziehungen des Kindes zu dem verstorbenen Elternteil selbst, sondern um die Beziehungen des Kindes zu den noch lebenden Verwandten des Verstorbenen (zur Lösung etwa des *frz Rechts* vgl § 1741 Rn 73 aE). Vor allem aber besagt der Umstand, dass der verstorbene Elternteil nicht Sorgerechtsinhaber war, nur wenig bzgl der Qualität der tatsächlich gelebten Vater-Kind- bzw Mutter-Kind-Beziehung. Dazu folgende Beispiele:

1. Beispiel: Mutter und Vater eines nichtehelichen Kindes leben lange Jahre zusammen, bevor der Vater, der sich liebevoll um sein Kind gekümmert hat, stirbt. Zu Sorgeerklärungen gem § 1626a Abs 1 Nr 1 BGB bzw einer gerichtlichen Übertragung des Sorgerechts nach § 1626a Abs 1 Nr 3 BGB war es nicht gekommen, weil die Mutter die alleinige elterliche Sorge nicht preisgeben wollte und der Vater mit Rücksicht auf die harmonische Beziehung keinen Anlass sah, hieran etwas zu ändern. **27**

Abs 2 führt im Falle einer Stiefkindadoption zum Erlöschen der Rechtsbeziehungen zwischen Kind und Ursprungsfamilie ohne Rücksicht darauf, wie intensiv die Vater-Kind-Beziehung war. Dass der Vater im konkreten Fall ein sehr gutes Verhältnis zu seinem Kind hatte, spielt keine Rolle. Da der Mutter eines nichtehelichen Kindes die elterliche Sorge stets automatisch zusteht (§ 1626a Abs 3 BGB), laufen mütterliche Verwandte (soweit nicht etwa ein Sorgerechtsentzug nach § 1666 BGB vorausgeht) kaum Gefahr, durch eine Stiefkindadoption (seitens einer Ehefrau des Vaters) ihre verwandtschaftlichen Beziehungen zum Kind zu verlieren.

2. Beispiel: Der mit der Mutter verheiratete Vater stirbt wenige Tage vor der Geburt des Kindes. Die Mutter heiratet wieder. Ihr Ehemann adoptiert später das Kind.

Nach § 1756 Abs 2 aF blieben die Rechtsbeziehungen des Kindes zu den Verwandten des Vaters erhalten, weil das Kind aus einer „früheren durch Tod aufgelösten Ehe" stammte. Nach § 1756 Abs 2 nF dürften hingegen die Rechtsbeziehungen zu den Verwandten des Vaters erlöschen, weil dieser vor der Geburt des Kindes verstorben ist und somit nicht Mitinhaber der elterlichen Sorge werden konnte. Ob man hier § 1756 Abs 2 nF analog anwenden kann, weil der verstorbene Vater „Sorgerechtsanwärter" war und es kaum einen Unterschied machen kann, ob der Vater zwei Tage vor oder nach der Geburt verstirbt, mag dahinstehen. Das Beispiel zeigt jedenfalls, dass das Anknüpfen an das Sorgerecht höchst fragwürdig ist. Die gleiche Problematik würde sich im Übrigen ergeben, wenn der mit der Mutter nicht verheiratete Vater schon vor der Geburt des Kindes zusammen mit der Mutter eine Sorgeerklärung gem § 1626b Abs 2 BGB abgegeben hätte und danach verstorben wäre.

3. Beispiel: Die Mutter eines nichtehelichen Kindes sorgt jahrelang als alleinige Inhaberin der elterlichen Sorge (§ 1626a Abs 3 BGB) für ihr Kind. Nach einem Verkehrsunfall, der zu schweren Gehirnschädigungen der Mutter führt, kümmern sich zunächst ihre Eltern um das Kind, bis die Sorge gem § 1678 Abs 2 BGB auf den Vater übertragen wird. Die Mutter verstirbt. Später adoptiert die Ehefrau des Vaters das Kind.

Da die Mutter zur Zeit ihres Todes nicht Inhaberin der elterlichen Sorge war, erlöschen die Rechtsbeziehungen des Kindes zur mütterlichen Familie und damit auch zu den Großeltern, die es bis zur Übertragung der elterlichen Sorge auf den Vater versorgt hatten.

Jede typisierende Regelung führt unvermeidbar zu Härtefällen. Die elterliche Sorge ist jedoch kein brauchbares Kriterium, um über Fortbestand oder Erlöschen von Rechtsbeziehungen nach dem Tod eines Elternteils zu entscheiden (GERNHUBER/ COESTER-WALTJEN § 68 Rn 131 Fn 237; FRANK FamRZ 1998, 393, 398; SOERGEL/LIERMANN Rn 12). Der Grund liegt darin, dass schützenswerte und weniger schützenswerte familiäre Beziehungen sich nicht danach beurteilen lassen, ob der verstorbene Elternteil Mitinhaber der elterlichen Sorge war oder nicht. Besser wäre es gewesen, die Rechtsbeziehungen des Kindes zur Ursprungsfamilie generell dann fortbestehen zu lassen, wenn das Kind nach dem Tod seines Vaters (seiner Mutter) vom Stiefvater (von der Stiefmutter) adoptiert wird (so schon STAUDINGER/FRANK¹² Rn 9). Zu rechtfertigen wäre diese Lösung mit dem Argument, dass mit dem Tod eines Elternteils auch dessen Möglichkeit entfällt, sich gegen eine Adoption zur Wehr zu setzen und die Interessen seiner Familie wahrzunehmen. Ein zwingender Grund, hier verwandtschaftliche Beziehungen künstlich zu beenden, ist nicht zu erkennen.

28 **Stiefkinder können mehrmals**, jeweils nach dem Tod eines Elternteils und Heirat (Wiederheirat) des anderen, **adoptiert werden**.

Beispiel: Mutter A heiratet nach dem Tod des (mit-)sorgeberechtigten Vaters den B. Ehemann B nimmt das Kind der A an. Nach dem Tod der A heiratet B die C, die das Kind ebenfalls adoptiert. Nach dem Tod des B heiratet C den D usw.

In einem solchen Fall erhält das Kind entgegen ENGLER (FamRZ 1976, 584, 586) niemals mehr als drei Großelternpaare. § 1756 Abs 2 BGB garantiert dem Kind nicht die bisherige Verwandtschaft schlechthin, sondern nur die des verstorbenen Elternteils. Die 2. Adoption durch C belässt also dem Kind seine Verwandten mütterlicherseits, nimmt ihm aber die väterlicherseits (§ 1755 BGB), welche ihm nach der 1. Adoption gem § 1756 Abs 2 BGB noch verblieben waren (DIECKMANN ZBlJugR 1980, 567, 578).

29 Leibliche **Geschwister des Adoptivkindes** bleiben im Falle des Abs 2 Geschwister, obwohl **§ 1925 Abs 4 BGB** hinsichtlich der erbrechtlichen Wirkungen der Stiefkindadoption eine Ausnahmeregelung zu § 1756 Abs 2 BGB enthält und bestimmt, dass das angenommene Kind und seine leiblichen Geschwister im Verhältnis zueinander nicht Erben der 2., sondern der 3. Ordnung sind. Wie bei der Verwandtenadoption (vgl Rn 22) soll verhindert werden, dass über das adoptierte Stiefkind Vermögen des Stiefelternteils auf kurzem Wege an die einseitigen Verwandten des verstorbenen leiblichen Elternteils gelangt. Verfehlt ist die Regelung des § 1925 Abs 4 BGB allerdings insoweit, als sie nicht nur den einseitigen Abkömmlingen des verstorbenen Elternteils, sondern den leiblichen Geschwistern des Stiefkindes schlechthin die Eigenschaft als Erben der 2. Ordnung abspricht. Man wird jedoch entgegen dem missglückten Wortlaut **§ 1925 Abs 4 BGB nur auf einseitige Abkömmlinge** des verstorbenen Elternteils beziehen dürfen (so die ganz hA, vgl MünchKomm/Leipold § 1925 Rn 15; Gernhuber/Coester-Waltjen § 68 Rn 133–135; Soergel/Liermann Rn 18; Dieckmann FamRZ 1979, 389, 395 Fn 42; **aA** BGB-RGRK/Dickescheid Rn 13, der § 1925 Abs 4 BGB entgegen seinem Wortlaut überhaupt nicht auf § 1756 Abs 2 beziehen will).

Beispiel: Kind K stammt aus der durch Tod aufgelösten Ehe V – M und wurde nach Wiederheirat der M von seinem Stiefvater (Stv) adoptiert. K hat noch einen nicht mitadoptierten älteren leiblichen Bruder B und eine Adoptivschwester S (= halbbürtige leibliche Schwester), die aus der Ehe Stv – M stammt.

Stirbt K, so kommen als Erben, falls V, M und Stv vorverstorben sind, der leibliche Bruder B und die Adoptivschwester S in Betracht. Wegen der Regelung des § 1925 Abs 4 BGB sind Erben 2. Ordnung nur die Adoptiveltern des K und deren Abkömmlinge. An die Stelle des vorverstorbenen Stv tritt allein die S, an die Stelle der verstorbenen M treten B und S. S wird also Erbin zu ³/₄, B Erbe zu ¹/₄.

Wird der Anzunehmende nach dem Tod eines Elternteils im Wege einer **Volljährigenadoption mit starken Wirkungen** durch einen Stiefelternteil angenommen, findet § 1756 Abs 2 BGB über den ausdrücklichen Verweis in § 1772 Abs 1 S 1 BGB Anwendung. Der Anwendbarkeit der Vorschrift steht es nicht entgegen, wenn das Kind zum Zeitpunkt des Vorversterbens seines leiblichen Elternteils bereits volljährig war, sodass keine elterliche Sorge mehr bestand. Entscheidend ist nach Sinn und Zweck der Vorschrift dann vielmehr, ob dem betreffenden Elternteil bei Eintritt der Volljährigkeit die elterliche Sorge noch zustand (BGH 11. 11. 2009 – XII ZR 210/08, FamRZ 2010, 273 m Anm Maurer). 30

2. Annahme eines Kindes des verstorbenen Ehegatten

Wird ein Stiefkind erst nach dem Tod des Ehegatten (= leiblichen Elternteils) angenommen, so kann es nicht mehr nach § 1754 Abs 1 BGB die rechtliche Stellung eines gemeinschaftlichen ehelichen Kindes erlangen (vgl § 1754 Rn 6). An sich müssten deshalb gem § 1755 BGB die Rechtsbeziehungen des Kindes zu seiner bisherigen Verwandtschaft erlöschen. Hier sollte jedoch **§ 1756 Abs 2 BGB analog** angewendet werden, sodass dem Kind die Verwandtschaft des verstorbenen leiblichen Elternteils erhalten bleibt (so auch LG Koblenz Rpfleger 2001, 34; MünchKomm/Maurer Rn 30; BeckOGK/Löhnig [1. 7. 2016] Rn 23; jurisPK-BGB/Heiderhoff Rn 6; Soergel/Liermann § 1741 Rn 39. Zum gleichen Ergebnis gelangen auch NK-BGB/Dahm § 1754 Rn 12 und Erman/Saar § 1754 Rn 1; vgl außerdem § 1754 Rn 6). Ist der andere Elternteil des Kindes bereits vorverstorben und war er zur Zeit seines Todes (Mit-)Inhaber der elterlichen Sorge, so müssen wegen § 1756 Abs 2 BGB konsequenterweise auch die Rechtsbeziehungen des Kindes zu 31 den Verwandten des zuerst verstorbenen Elternteils aufrechterhalten werden (SOERGEL/LIERMANN Rn 14). Adoptiert der Stiefelternteil das Kind allerdings erst, nachdem er wieder geheiratet hat, zusammen mit seinem neuen Ehegatten, so erlöschen die Rechtsbeziehungen des Kindes zur Ursprungsfamilie (§ 1755 BGB).

3. Stiefkindadoption nach Verwandten- oder Verschwägertenadoption

32 Stiefkindadoptionen, die sich als Zweitadoptionen an eine Verwandten- oder Verschwägertenadoption iSv Abs 1 anschließen, werfen besondere Probleme auf:

1. Beispiel: Das Kind wird von seinem Onkel väterlicherseits und dessen Ehefrau angenommen. Nach dem Tod des Onkels adoptiert der neue Ehemann der Adoptivmutter das Kind.

Dem Kind waren nach der 1. Adoption die Verwandten väterlicher- und mütterlicherseits gem § 1756 Abs 1 BGB erhalten geblieben. Das Kind hatte außerdem nach der adoptierenden Ehefrau des Onkels einen 3. Verwandtenstamm hinzuerworben (§ 1754 Abs 1 BGB). Durch die 2. Adoption gewinnt das Kind über seinen 2. Adoptivvater einen weiteren Verwandtenstamm (§ 1754 Abs 1 BGB). An der adoptivmütterlichen Verwandtschaft ändert sich nichts, da die Adoptivmutter weiterhin Mutter des Kindes bleibt. Die väterliche Verwandtschaft besteht gem § 1756 Abs 2 BGB über den 1. Adoptivvater fort. Es erlöschen indessen die Rechtsbeziehungen zu den Verwandten der leiblichen Mutter (§ 1755 BGB), die der 1. Adoption noch standgehalten hatten; denn § 1756 Abs 2 BGB erhält dem Kind nur die Verwandten des *verstorbenen Elternteils* (= 1. Adoptivvaters).

33 *2. Beispiel:* Das Kind wird von seinem Onkel väterlicherseits und dessen Ehefrau angenommen. Nach dem Tod der Ehefrau adoptiert die neue Ehefrau das Kind.

Auch hier gewinnt das Kind über seine 2. Adoptivmutter einen neuen Verwandtenstamm hinzu. Die Verwandten des Adoptivvaters verbleiben dem Kind, ebenso die der 1. Adoptivmutter wegen § 1756 Abs 2 BGB. Fraglich ist jedoch, ob das Kind auch hier die Verwandtschaft seiner leiblichen Mutter verliert; denn die 2. Ehefrau des Onkels war mit dem Kind im Zeitpunkt der Adoption im 3. Grad verschwägert, weil der Onkel trotz der 1. Adoption Onkel geblieben war (vgl Rn 14), sodass seine 2. Ehefrau nicht nur als Stiefmutter, sondern auch als „angeheiratete Tante" des Kindes gesehen werden muss. Über § 1756 Abs 1 BGB bleibt deshalb hier dem Kind die Verwandtschaft seiner leiblichen Mutter erhalten (DIECKMANN ZBlJugR 1980, 567, 579 oben). Das wenig befriedigende Ergebnis hat seinen Grund darin, dass der Gesetzgeber bei der Verschwägertenadoption nur an den Fall einer ersten Adoption durch einen Verwandten 2. oder 3. Grades zusammen mit dessen Ehepartner gedacht hat (vgl Rn 10 ff). Es besteht jedenfalls kein Anlass, im vorliegenden Fall § 1756 Abs 1 BGB als durch § 1756 Abs 2 BGB verdrängt anzusehen.

34 *3. Beispiel:* Das Kind wird von seinem Onkel väterlicherseits allein adoptiert. Nach dessen Heirat adoptiert seine Ehefrau das Kind.

Hätten Onkel und Ehefrau das Kind zusammen adoptiert, so würde es sich um eine typische Fallgestaltung des Abs 1 handeln. Dem Kind wären drei Verwandtenstämme zuzuordnen; es hätte insbes drei Großelternpaare nach seinen leiblichen Eltern und seiner Adoptivmutter. Im vorliegenden Fall scheint das Kind die Verwandten nach seiner leiblichen Mutter zu verlieren; denn die adoptierende Ehefrau ist als Stiefmutter mit dem Kind nur im 1. Grad verschwägert, und § 1756 Abs 2 BGB greift bei der hier gewählten Fallgestaltung von vornherein nicht ein. Da jedoch der Onkel auch nach der Adoption Onkel geblieben ist, ist seine Ehefrau mit dem Kind als angeheiratete Tante auch im 3. Grad verschwägert, sodass aus diesem Grunde dem Kind nach Abs 1 seine alte Verwandtschaft belassen wird. IE spielt es also keine Rolle, ob Onkel und Ehefrau das Kind gemeinsam oder sukzessive adoptieren (DIECKMANN ZBlJugR 1980, 567, 576 f).

4. Beispiel: Das Kind wird nach dem Tod des Onkels väterlicherseits von dessen **35** Ehefrau allein adoptiert. Nach ihrer Wiederheirat adoptiert ihr Ehemann das Kind.

Die Erstadoption ist ein Fall des Abs 1. Das Kind behält seine leiblichen Verwandten väterlicher- und mütterlicherseits und erwirbt über die Adoptivmutter einen dritten Verwandtenstamm hinzu. Der später adoptierende Ehemann ist – anders als im dritten Beispiel – mit dem Kind nicht im 3., sondern nur im 1. Grad verschwägert. Das Kind verliert also die Verwandtschaft seiner leiblichen Eltern (§ 1755 BGB), ist allerdings in die Familie seiner Adoptiveltern voll eingegliedert (§ 1754 Abs 1 BGB).

§ 1757
Name des Kindes

(1) Das Kind erhält als Geburtsnamen den Familiennamen des Annehmenden. Als Familienname gilt nicht der dem Ehenamen oder dem Lebenspartnerschaftsnamen hinzugefügte Name (§ 1355 Abs. 4; § 3 Abs. 2 des Lebenspartnerschaftsgesetzes).

(2) Nimmt ein Ehepaar ein Kind an oder nimmt ein Ehegatte ein Kind des anderen Ehegatten an und führen die Ehegatten keinen Ehenamen, so bestimmen sie den Geburtsnamen des Kindes vor dem Ausspruch der Annahme durch Erklärung gegenüber dem Familiengericht; § 1617 Abs. 1 gilt entsprechend. Hat das Kind das fünfte Lebensjahr vollendet, so ist die Bestimmung nur wirksam, wenn es sich der Bestimmung vor dem Ausspruch der Annahme durch Erklärung gegenüber dem Familiengericht anschließt; § 1617c Abs. 1 Satz 2 gilt entsprechend.

(3) Das Familiengericht kann auf Antrag des Annehmenden mit Einwilligung des Kindes mit dem Ausspruch der Annahme

1. **Vornamen des Kindes ändern oder ihm einen oder mehrere neue Vornamen beigeben, wenn dies dem Wohl des Kindes entspricht;**

2. **dem neuen Familiennamen des Kindes den bisherigen Familiennamen voranstellen oder anfügen, wenn dies aus schwerwiegenden Gründen zum Wohl des Kindes erforderlich ist. § 1746 Abs. 1 Satz 2, 3, Abs. 3 erster Halbsatz ist entsprechend anzuwenden.**

Materialien: BT-Drucks 7/3061, 44–46, 76, 85 f; BT-Drucks 7/5087, 18; BT-Drucks 7/5125, 1 f; BT-Drucks 12/2506, 5 f, 8 f; BT-Drucks 12/3163, 5, 18 f, 24 f; BT-Drucks 13/4899, 12, 115; BT-Drucks 18/12086, 23. S Staudinger/ BGB-Synopse (2005) § 1757.

Systematische Übersicht

I.	Normzweck und Entstehungsgeschichte	1
II.	Der Familienname des Angenommenen	
1.	Annahme durch eine Einzelperson (Abs 1)	8
2.	Annahme durch ein Ehepaar	18
a)	mit gemeinsamem Familiennamen (Ehenamen)	18
b)	ohne gemeinsamen Familiennamen (Ehenamen)	19
aa)	Kind jünger als 5 Jahre	19
bb)	Kind älter als 5 Jahre	23
3.	Stiefkindadoption	26
4.	Voranstellen oder Anfügen des bisherigen Familiennamens (Abs 3 S 1 Nr 2)	27
a)	„Schwerwiegende Gründe" für das Voranstellen oder Anfügen	27
b)	Antrag des Annehmenden, Einwilligung des Kindes	29
aa)	Antrag des Annehmenden	29
bb)	Einwilligung des Kindes	30
c)	Der neu gebildete Name	31
d)	Verfahrensfragen	35
5.	Verheirateter oder verpartnerter Angenommener	39
6.	Wirkungen der Annahme auf den Namen eines Kindes des Angenommenen	40
7.	Wirkungen einer späteren Namensänderung des Annehmenden auf den Namen des Angenommenen	44
III.	Der Vorname des Angenommenen	
1.	Entwicklungsgeschichte	48
2.	Voraussetzung der Vornamensänderung (Abs 3 S 1 Nr 1)	49
3.	Antrag des Annehmenden auf Vornamensänderung	51
4.	Einwilligung des Kindes in die Vornamensänderung	52
5.	Verfahrensfragen	54

Alphabetische Übersicht

Abkömmlinge des Angenommenen, Namensänderung der	40 ff
Adelsbezeichnung im Namen des Annehmenden	8
Annahme	
– durch Ehepaar	18 ff
– durch Einzelperson	8 ff
– eines Stiefkindes	26
Begleitname	12, 32
Doppelname des Angenommenen	32
Dreigliedriger Name des Angenommenen	34
Einwilligung des Kindes	30, 52 f
– in die Voranstellung oder Anfügung des bisherigen Familiennamens	30
– in die Vornamensänderung	52 f
Einzeladoption	11
Entstehungsgeschichte	1 ff, 48
Erwachsenenadoption	6, 9 f, 13, 23, 28, 39, 47
Familienname des Angenommenen	8 ff
Form	
– der Rücknahme des Antrags auf Vornamensänderung	51
– des Antrags auf Voranstellung oder Anfügung des bisherigen Familiennamens	29
– des Antrags auf Vornamensänderung	51
Geburtsname, Änderung des -ns	
– bei Annahme durch Ehepaar	18 ff
– der Abkömmlinge des Angenommenen	40 ff
– des Angenommenen	8 ff
– des Angenommenen bei Namensänderung des (der) Annehmenden	44 ff

Titel 7 · Annahme als Kind
Untertitel 1 · Annahme Minderjähriger   § 1757

– wenn Annehmender geschieden oder verwitwet	8	Verfahrensfragen	35 ff, 54 ff
– wenn Annehmender ledig	8	Verfassungsmäßigkeit	9
Gründe, schwerwiegende		Volljährigenadoption	6, 9 f, 13, 23, 28, 39, 47
– für das Voranstellen oder Anfügen des bisherigen Familiennamens	27 f	Voranstellen oder Anfügen des bisherigen Familiennamens des Angenommenen	27 ff
– für die Vornamensänderung	48	– Antrag des Annehmenden auf	27
		– Ergänzungsbeschluss über das	36
Lebenspartnerschaft, namensrechtliche Folgen der Annahme	2	– Rechtsmittel gegen die Ablehnung des Antrags auf	35
		– schwerwiegende Gründe für das	27 f, 34
Minderjährigenadoption	6, 13	– Vorabentscheidung über den Antrag auf	38
Namensänderung des Annehmenden	44 ff	– Wahlrecht des Kindes nach altem Recht	27
Namensänderung, öffentlichrechtliche	22, 47 f, 50, 55	Vorname des Kindes, Änderung des -ns	4, 48 ff
– Subsidiarität der	50	– Antrag des Annehmenden auf	51
Namensbestimmungsrecht		– Einwilligung des Kindes in die	52
– der Adoptiveltern	2, 19 ff	– Ergänzungsbeschluss bei Antrag auf	55
– des adoptierenden Stiefelternteils	26	– Rechtsmittel gegen die Ablehnung des Antrags auf	54
Namensinteresse des Ehegatten des Annehmenden	11	– Vorabentscheidung über den Antrag auf	56
Nichtigkeit einer fehlerhaften Namensbestimmung	14 ff	– Voraussetzung der	48 f
Normzweck	1		
		Zustimmung zur Änderung des Ehenamens	34
Rechtslage nach altem Recht	1, 4 f, 27, 48		
Stiefkindadoption	26		

I. Normzweck und Entstehungsgeschichte

Die Vorschrift bezweckt auch namensrechtlich in Übereinstimmung mit dem Prinzip **1** der Volladoption eine umfassende Eingliederung des Angenommenen in die Adoptivfamilie. Das Kind erhält als Geburtsnamen den **Familiennamen** des Annehmenden (Abs 1 S 1). Dieselbe Regelung hatte allerdings § 1758 Abs 1 S 1 BGB schon in seiner ursprünglichen Fassung enthalten, als dem BGB die Volladoption noch fremd war.

Probleme ergeben sich, wenn ein Kind von einem Ehepaar angenommen wird, das **2** keinen Ehenamen führt, oder wenn ein Ehegatte das Kind des anderen Ehegatten annimmt, ohne dass die Ehegatten einen Ehenamen führen. Das FamNamRG v 16. 12. 1993 (BGBl 1993 I 2054) hat das Problem in Anlehnung an den heutigen § 1617 Abs 1 BGB durch ein **Namensbestimmungsrecht der Adoptiveltern** bzw der Ehegatten im Falle einer Stiefkindadoption gelöst (Abs 2 S 1). Ist das Adoptivkind bereits 5 Jahre alt, so setzt eine wirksame Namensbestimmung allerdings dessen Zustimmung voraus (Abs 2 S 2).

3 Nimmt ein **Lebenspartner** ein Kind seines Lebenspartners an (§ 9 Abs 7 S 1 LPartG), so gilt aufgrund der Verweisung in § 9 Abs 7 S 2 LPartG die Bestimmung des § 1757 Abs 2 S 1 BGB entsprechend. Auf § 1757 Abs 2 S 2 BGB wird in § 9 Abs 7 S 2 LPartG nicht verwiesen, was ein redaktionelles Versehen sein dürfte. Die Praxis geht jedenfalls wie selbstverständlich von einer entsprechenden Anwendung des § 1757 Abs 2 S 2 BGB aus, falls ein Lebenspartner ein Kind des anderen Lebenspartners annimmt. Was die Lebenspartnerschaft anbelangt, so enthält § 1757 Abs 1 S 2 BGB die eher periphere Regelung, dass der dem Lebenspartnerschaftsnamen hinzugefügte Name (§ 3 Abs 2 LPartG) nicht als Familienname gilt. Diese Regelung wurde im Übrigen erst nachträglich durch die „Berichtigung der Bekanntmachung der Neufassung des BGB" mit Wirkung ab 30. 5. 2003 in das BGB eingefügt. Die nicht gerade benutzerfreundliche breite Streuung der gesetzlichen Bestimmungen zur Lebenspartnerschaft ändert nichts daran, dass Ehe- und Lebenspartnerschaft im Hinblick auf die namensrechtlichen Folgen einer Adoption völlig gleich behandelt werden. Auf die Lebenspartnerschaft wird deshalb im Folgenden nicht mehr besonders hingewiesen.

4 Die Bestimmung, dass das FamG mit dem Ausspruch der Annahme auch den **Vornamen** des Kindes ändern kann (heute Abs 3 S 1 Nr 1), geht auf das AdoptG v 1976 zurück. Vor 1976 war eine Vornamensänderung nur im Verwaltungsweg nach den Vorschriften des NamÄndG möglich. Das ursprüngliche Ziel, die schon früher in der Adoptionspraxis übliche Änderung des Vornamens von Kleinkindern zu erleichtern (BT-Drucks 7/3061, 45), wurde allerdings mit dem AdoptG v 1976 nicht erreicht, weil dieses verlangte (Abs 2 S 1 aF), dass die Vornamensänderung „aus schwerwiegenden Gründen zum Wohl des Kindes erforderlich ist". Die heutige Regelung, nach der es genügt, dass die Vornamensänderung „dem Wohl des Kindes entspricht" (Abs 3 S 1 Nr 1), geht zurück auf das AdoptRÄndG v 4. 12. 1992 (BGBl 1992 I 1974).

5 Nach Abs 3 S 1 Nr 2 kann das FamG auf Antrag des Annehmenden mit Einwilligung des Kindes dem neuen Familiennamen des Kindes den **bisherigen Familiennamen voranstellen oder anfügen**, „wenn dies aus schwerwiegenden Gründen zum Wohl des Kindes erforderlich ist". Die Möglichkeit, den bisherigen Familiennamen dem neuen „hinzuzufügen", bestand schon nach der ursprünglichen Fassung des BGB (§ 1758 Abs 2 aF). Allerdings gab das alte Recht dem Angenommenen ein Wahlrecht, sofern nicht im Annahmevertrag etwas anderes bestimmt war, während heute das FamG auf Antrag eine solche Entscheidung nur treffen darf, „wenn dies aus schwerwiegenden Gründen zum Wohl des Kindes erforderlich ist". Die Streitfrage, ob „hinzufügen" nach früherem Recht lediglich „nachstellen" oder auch „voranstellen" bedeutet, hat das AdoptRÄndG im letztgenannten Sinn durch eine Änderung des Gesetzeswortlauts entschieden (vgl STAUDINGER/FRANK[12] Rn 28; BT-Drucks 12/2506, 9).

6 Die Anwendung von § 1757 BGB bereitet bei **Minderjährigenadoptionen** kaum Schwierigkeiten. Die eigentlichen Probleme ergeben sich bei der Annahme Volljähriger insbes dann, wenn diese bereits verheiratet (verpartnert) sind. § 1757 BGB steht zwar systematisch im Abschnitt über die Minderjährigenadoption. Die Bestimmung gilt indessen gem § 1767 Abs 2 S 1 BGB auch für die **Annahme Volljähriger**.

7 § 1757 Abs 3 aF enthielt eine Sonderregel für die Annahme eines **verheirateten Kindes**. Diese Vorschrift, die über den Verweis in § 1767 Abs 2 S 1 BGB auch für

Volljährigenadoptionen galt, hatte für die Minderjährigenadoption keine nennenswerte Bedeutung (STAUDINGER/FRANK [2007] Rn 32). Durch das **Gesetz zur Bekämpfung von Kinderehen vom 17. 7. 2017** (BGBl 2017 I 2429) ist sie gestrichen und inhaltsgleich in § 1767 Abs 2 S 2 BGB eingegliedert worden, Näheres vgl § 1767 Rn 56 ff. Dabei wurde zur Begründung angeführt, dass „künftig keine Eheschließungen unter Beteiligung Minderjähriger mehr zulässig sind" (BT-Drucks 18/12086, 23). Gleichwohl können auch in Zukunft – insbesondere im Ausland – Minderjährigenehen geschlossen werden, die aus deutscher Sicht nicht automatisch unwirksam sind (vgl Art 13 Abs 3 Nr 2 EGBGB). Die hierdurch entstandene Regelungslücke (SCHWAB FamRZ 2017, 1369, 1373) dürfte sich nicht bemerkbar machen und wäre im Fall der Fälle im Wege einer Analogie zu § 1767 Abs 2 S 3 BGB zu schließen (aA BeckOK/PÖCKER Rn 9), weil der Gesetzgeber in diesem Kontext schlichtweg übersehen hat, dass auch die deutsche Rechtsordnung weiterhin mit Minderjährigenehen konfrontiert werden kann. Durch die Ausgliederung des bisherigen Abs 3 in § 1767 Abs 2 S 3 BGB ist der alte Abs 4 zum neuen Abs 3 geworden.

II. Der Familienname des Angenommenen

1. Annahme durch eine Einzelperson (Abs 1)

Nach Abs 1 S 1 erhält das Kind als Geburtsnamen (Begriff: § 1355 Abs 6 BGB) den **8** Familiennamen des Annehmenden. Maßgeblicher Familienname ist der Name, den der Annehmende in dem Zeitpunkt führt, in dem der Name des Angenommenen rechtskräftig festgestellt wird (OLG Köln FamRZ 2004, 399). Wie der Annehmende selbst den Familiennamen, den er an das Adoptivkind als Geburtsnamen weitergibt, erworben hat, spielt keine Rolle: Ist der **Annehmende ledig**, so entspricht sein Familienname seinem Geburtsnamen. Ist er **geschieden oder verwitwet**, kann sein Familienname auch der Ehename aus der nicht mehr bestehenden Ehe sein, der sich nach dem Geburtsnamen des früheren Ehegatten bestimmt (§ 1355 Abs 2 BGB). Der geschiedene frühere Ehegatte hat in einem solchen Fall keine Möglichkeit, den Übergang seines Namens auf das Adoptivkind zu verhindern.

Die Regelung des Abs 1 S 1, wonach der Angenommene zwingend den Namen des **9** Annehmenden führt, ist – auch für den Fall der Volljährigenadoption – **verfassungsrechtlich nicht zu beanstanden** (FRANK StAZ 2008, 1, 2; OLG Hamm 30. 6. 2011 – II-e UF 186/10, FamRZ 2012, 138; BayObLG FamRZ 2003, 1869; OLG Karlsruhe FamRZ 2000, 115; zur Änderung des Beinamens im Zusammenhang mit einer Adoption BGH 17. 8. 2011 – XII ZB 656/10, FamRZ 2011, 1718, 1719 Rn 19 ff [Näheres vgl § 1767 Rn 64 f]; aA LÖHNIG FamRZ 2012, 679 ff; MOLLS ZRP 2012, 174, 176 f; vgl auch die Auslegung contra legem durch OLG Hamm 29. 6. 2012 – 2 UF 274/11, FamRZ 2013, 557, 559; AG Leverkusen 17. 12. 2007 – 14 XVI 12/07, FamRZ 2008, 2058 f m abl Anm MAURER FamRZ 2009, 440 f und 16. 4. 2009 – 14 XVI 01/09, RNotZ 2009, 544 f sowie AG Halberstadt 22. 12. 2011 – 8 F 661/10 AD, RNotZ 2012, 574, 575 f). Das Interesse an der Fortführung des bisherigen Geburtsnamens wird zwar vom allgemeinen Persönlichkeitsrecht (Art 1 Abs 1, 2 Abs 1 GG) geschützt, doch hat der Name auch den Zweck, die „Zusammengehörigkeit der Familienmitglieder äußerlich sichtbar" zu machen (BVerfG 8. 3. 1988 – 1 BvL 9/85, FamRZ 1988, 587, 589). Verfassungsrechtlich gibt es sicherlich keinen Anspruch auf Durchführung einer Erwachsenenadoption und schon gar nicht auf Durchführung einer Erwachsenenadoption zu selbstgewählten Bedingungen. Das Kontinuitätsinteresse des Anzunehmenden wird durch die Möglichkeit, nach § 1757 Abs 3 S 1 Nr 2 BGB dem neuen Familiennamen den **bisherigen Familiennamen voranstellen oder anfügen** zu können, ausreichend geschützt, zumal diese Option im Falle von Erwachsenenadoptionen großzügig gehandhabt wird (vgl Rn 28). Nach Annahme eines Doppelnamens kann sich der Adoptierte im täglichen Leben außerdem darauf beschränken, weiterhin unter seinem bisherigen Familiennamen aufzutreten, denn das deutsche Namensrecht schreibt keine starre Namensführungspflicht vor (BVerfG 8. 3. 1988 – 1 BvL 9/85, FamRZ 1988, 587, 589; OVG Berlin-Brandenburg 24. 7. 2013 – OVG 5 N 21. 11, juris Rn 12). Zur Nichtigkeit bei einer Entscheidung über den Namen entgegen § 1757 Abs 1 S 1 BGB vgl Rn 14 ff.

10 Auch **rechtspolitisch** erscheint es nicht sinnvoll, an der geltenden Rechtslage etwas zu ändern (**aA** ADAMIETZ, in: FS Kanzleiter [2010] 3, 13 ff): Die Gefahr eines Missbrauchs des Instituts der Volljährigenadoption zur Erreichung familienrechtsfremder Zwecke ist schon nach geltendem deutschen Recht mit Händen zu greifen (vgl § 1767 Rn 8, 13, 23, 36, 38 ff). Es wäre kontraproduktiv, würde man die Hürden noch weiter senken. In der Praxis kommt es in Einzelfällen durchaus vor, dass Anträge auf Erwachsenenadoption nicht gestellt oder zurückgenommen werden, nachdem der Annehmende (vom Notar oder Richter) darüber aufgeklärt worden ist, dass eine Beibehaltung seines bisherigen Namens nicht möglich ist; es drängt sich dann typischerweise der Eindruck auf, dass das zunächst behauptete „Eltern-Kind-Verhältnis" (§ 1767 Abs 1 HS 2 BGB) doch nicht ganz so inniglich war, wie zunächst geltend gemacht wurde.

11 Ist der **Annehmende verheiratet**, so kommt eine Einzeladoption nur ausnahmsweise in Betracht (§ 1741 Abs 2 S 4 BGB). Auch hier gilt dann aber Abs 1 S 1 ohne jede Einschränkung. Namensrechtlichen Interessen des anderen Ehegatten trägt das Gesetz nur mittelbar dadurch Rechnung, dass es die Annahme von seiner Einwilligung abhängig macht (§ 1749 Abs 1 S 1 BGB). Ist die Einwilligung erteilt worden, so schließt sie als umfassende Einverständniserklärung die namensrechtlichen Folgen der Adoption mit ein. War die Einwilligung nach § 1749 Abs 2 BGB nicht erforderlich, oder wurde sie nach § 1749 Abs 1 S 2 BGB ersetzt, so wird das Interesse des Kindes an der Namensgleichheit mit dem Annehmenden höher bewertet als das Namensinteresse des Ehegatten (ERMAN/SAAR Rn 1; BeckOGK/LÖHNIG [1. 7. 2016] Rn 6; BGB-RGRK/DICKESCHEID Rn 6).

12 Führt der Annehmende einen Ehenamen (Lebenspartnerschaftsnamen), dem gem § 1355 Abs 4 BGB (§ 3 Abs 2 LPartG) sein Geburtsname oder sein früherer Ehename (Lebenspartnerschaftsname) vorangestellt oder angefügt ist (sog **Begleitname**), so gilt dieser Name nicht als Familienname (Abs 1 S 2), der vom Adoptivkind als Geburtsname erworben werden könnte. Gleiches gilt für den Begleitnamen iSv § 1355 Abs 5 S 2 BGB (§ 3 Abs 3 S 2 LPartG), obwohl ein entsprechender Hinweis in § 1757 Abs 1 S 2 BGB fehlt (SOERGEL/LIERMANN Rn 14). Führt der **Annehmende einen adligen Namen**, so gilt Abs 1 S 1 grds ohne Einschränkung; denn nach Art 109 Abs 3 S 2 WeimRV, der gem Art 123 GG als einfache Norm des Bundesrechts fortgilt (BayObLG StAZ 1981, 186, 187 mwNw), sind Adelsbezeichnungen, die bei Inkrafttreten der WeimRV geführt wurden, nunmehr Teil des bürgerlichen Namens. Ein Adelsprädikat, das lediglich als persönlicher Adel verliehen war, kann allerdings nicht durch Adoption übertragen werden (BayObLG StAZ 1981, 186; vgl auch BayObLGZ 1984, 147, 153 f = StAZ 1984, 339, 340).

Ist der **Angenommene ledig**, so ist sein Geburtsname auch sein Familienname. Die **13** Adoption bewirkt also, dass er fortan den Familiennamen des Annehmenden trägt. Ist eine frühere Ehe des Angenommenen im Zeitpunkt der Adoption aufgelöst, ist der Angenommene also insbes **geschieden oder verwitwet**, so findet § 1757 BGB, der für die Minderjährigen- und die Volljährigenadoption gilt (§ 1767 Abs 2 S 1 BGB), ebenfalls uneingeschränkt Anwendung. Es ist zu unterscheiden: Führt der Angenommene den Geburtsnamen seines früheren Ehegatten als Ehenamen, so bleibt der Ehename von der Adoption unberührt. Nach Abs 1 S 1 ändert sich nämlich durch die Adoption nur der Geburtsname des Angenommenen. Der Angenommene hat jedoch die Möglichkeit, den durch die Adoption erworbenen Geburtsnamen (nicht den früheren Geburtsnamen) gem § 1355 Abs 4 BGB seinem Ehenamen voranzustellen oder anzufügen (BayObLGZ 1985, 184, 188 = StAZ 1985, 202, 203; SCHULTHEIS StAZ 1982, 255; BGB-RGRK/DICKESCHEID Rn 5) oder aber seinen neuen Geburtsnamen auch als Familiennamen zu führen, indem er – ohne jede zeitliche Begrenzung – gegenüber dem Standesbeamten eine entsprechende Erklärung gemäß § 1355 Abs 5 BGB abgibt. Führt der Angenommene seinen Geburtsnamen als Ehenamen, so bleibt ebenfalls der Ehename und damit der geführte Familienname von der Adoption unberührt (BGH 21. 6. 2017 – XII ZB 18/16, FamRZ 2017, 1583 Rn 10); denn der einmal bestimmte Ehename überlagert als Familienname den gleichlautenden Geburtsnamen bis zu einem Namenswechsel (HENRICH/WAGENITZ/BORNHOFEN, Deutsches Namensrecht § 1757 Rn 18). Auch in diesem Fall muss also der Angenommene eine Erklärung nach § 1355 Abs 5 BGB abgeben, wenn er den neuen Geburtsnamen auch als Familiennamen führen will. Zur Namensführung, wenn der Angenommene **verheiratet** ist, vgl § 1767 Rn 56 ff.

Der neue Geburtsname des Angenommenen **folgt unmittelbar aus dem Gesetz** (BGH **14** 21. 6. 2017 – XII ZB 18/16, FamRZ 2017, 1583, Rn 8). Aus Gründen der Klarstellung wird im Adoptionsbeschluss jedoch regelmäßig der neue Geburtsname des Angenommenen ausdrücklich festgelegt. Dabei ist einer solchen Namensangabe ganz allgemein Entscheidungsqualität beizumessen, auch wenn das – streng genommen – nicht immer ganz eindeutig erscheinen mag (FRANK StAZ 2008, 1, 4; vgl für ausländische Adoptionsdekrete FRANK StAZ 2018, 202, 204 f), die Rechtsprechung setzt das auf jeden Fall als selbstverständlich voraus. Problematisch ist die Wirkung eines solchen Beschlusses allerdings dann, wenn er inhaltlich mit der Regelung des Abs 1 nicht in Einklang steht. Durch eine **fehlerhafte Namensbestimmung** wird indessen die Gültigkeit des Adoptionsdekrets selbst auf keinen Fall tangiert (vgl dazu § 1759 Rn 9 ff). Fraglich kann nur sein, ob und unter welchen Voraussetzungen die Namensbestimmung nichtig ist, die Rspr dazu ist nicht ganz einheitlich (vgl FRANK StAZ 2008, 1, 4 f; HEPTING/DUTTA, Familie und Personenstand² Rn V-427 f).

Nach gefestigter und zutreffender Rechtsprechung ist ein Adoptionsdekret, das entgegen § 1757 Abs 1 BGB ausdrücklich bestimmt, dass der Angenommene seinen bisherigen Geburtsnamen als Geburtsnamen beibehält, insoweit **nichtig** (vgl nur OLG Karlsruhe NJW-RR 1999, 1089 m Anm LIERMANN FamRZ 2000, 722; StAZ 1999, 372; OLG Zweibrücken 10. 6. 2015 – 3 W 55/13, StAZ 2016, 52, 53 mwNw; zur personenstandsrechtlichen Praxis KAMPE StAZ 2008, 184, 185). Der Standesbeamte hat in einem solchen Fall im Geburtenregister den Familiennamen des Annehmenden als Geburtsnamen zu vermerken. Die Abgrenzung zwischen nichtigen und fehlerhaften, aber wirksamen Namensbestimmungen ist im Übrigen aber schwierig. Grundsätzlich greift das Verdikt der

Nichtigkeit nur in **seltenen Fällen** eines evidenten und besonders schweren Gesetzesverstoßes (Hepting/Dutta, Familie und Personenstand² Rn V-428). Nach der in der Rspr verwendeten Standardformel ist von Nichtigkeit nur dann auszugehen, „wenn es an jeder gesetzlichen Grundlage für die Entscheidung fehlt oder wenn die Entscheidung einer der Rechtsordnung ihrer Art nach unbekannte Rechtsfolge anordnet" (OLG Hamm 30. 4. 2014 – I-15 W 358/13, StAZ 2015, 83, 84; OLG Hamburg 6. 1. 2011 – 2 Wx 34/10, StAZ 2011, 334, 335; BayObLG 23. 9. 2004 – 1 Z BR 80/04, FamRZ 2005, 1010, 1011; OLG Karlsruhe 23. 12. 1998 – 4 W 7/97, FamRZ 2000, 115).

16 Im Allgemeinen ist die Rspr zurückhaltend und schreckt selbst bei groben Rechtsanwendungsfehlern vom Verdikt der Nichtigkeit zurück (Frank StAZ 2008, 1, 5): Das BayObLG (BayObLGZ 2002, 155 = FamRZ 2002, 1649) hat in einem Fall, in dem der Familienname des Annehmenden zwar zum Geburtsnamen, der bisherige Geburtsname des Angenommenen aber fälschlicherweise zu dessen Familiennamen bestimmt wurde, Nichtigkeit verneint und in einem anderen Fall ebenso entschieden, in dem bei einer Stiefkindadoption der Familienname der Mutter zum Geburtsnamen des Kindes bestimmt wurde, obwohl die Eltern bei der früheren Geburt eines gemeinsamen Kindes bereits den Familiennamen des Vaters zum Geburtsnamen des Kindes bestimmt hatten (BayObLGR 2005, 200 = FamRZ 2005, 1010). Das OLG Düsseldorf kam zum gleichen Ergebnis in einem Fall, in dem das AG bei einer Stiefkindadoption nicht den Ehenamen nach § 1757 Abs 1 S 1 BGB, sondern unter Anwendung von § 1757 Abs 2 BGB den Begleitnamen der Mutter (!) als neuen Familiennamen des Kindes bestimmt hat, obwohl das OLG selbst das Vorliegen eines „krassen Rechtsanwendungsfehlers" einräumt (26. 3. 2013 – I-3 Wx 270/12, StAZ 2013, 288, 289). Bloße Fehlerhaftigkeit wird allg auch bejaht, wenn die Namensbestimmung bei einem Fall mit Auslandsberührung unter der Herrschaft falschen Rechts erfolgt (OLG Karlsruhe FamRZ 1999, 252 m Anm Henrich IPRax 1998, 96; OLG Köln FamRZ 2003, 1773) oder der Inhalt ausländischen Namensrechts falsch ermittelt wird (OLG Hamm 30. 4. 2014 – I-15 W 358/13, StAZ 2015, 83, 84).

17 Dass der Standesbeamte an eine fehlerhafte Namensbestimmung gebunden ist, bedeutet indessen nicht notwendigerweise, dass auch die Betroffenen, insbes der Angenommene, eine fehlerhafte Namensbestimmung hinnehmen müssen. Die Frage ist umstritten. Es spricht jedoch alles dafür, die **Anfechtbarkeit** zu bejahen. Die Unanfechtbarkeit des Annahmebeschlusses (§ 197 Abs 3 S 1 FamFG) steht jedenfalls der selbständigen Anfechtbarkeit der fehlerhaften Namensbestimmung nicht entgegen (OLG Köln FamRZ 2003, 1773 mNw; offen gelassen in BayObLG StAZ 2003, 44 mNw; vgl auch Rn 35 ff).

2. Annahme durch ein Ehepaar

a) mit gemeinsamem Familiennamen (Ehenamen)

18 Führen die Annehmenden einen gemeinsamen Familiennamen (Ehenamen), so gilt Abs 1 S 1 ohne Einschränkung: Das Kind erhält **als Geburtsnamen den gemeinsamen Familiennamen** der Annehmenden. Anders als im Fall des Abs 2 tritt der Namenswechsel kraft Gesetzes und altersunabhängig ein. Zur Verfassungsmäßigkeit der Regelung vgl Rn 9. Zur Nichtigkeit bzw Anfechtbarkeit einer mit Abs 1 S 1 nicht in Einklang stehenden Namensbestimmung im Adoptionsbeschluss vgl Rn 14 ff.

b) ohne gemeinsamen Familiennamen (Ehenamen)
aa) Kind jünger als 5 Jahre

Führen die Annehmenden keinen Ehenamen, so **bestimmen sie nach Abs 2 S 1 den** 19
Geburtsnamen des Kindes einvernehmlich vor dem Ausspruch der Annahme durch Erklärung gegenüber dem FamG. Für diese Bestimmung sind den Ehegatten, wie sich aus der Verweisung auf § 1617 Abs 1 BGB ergibt, dieselben Gestaltungsmöglichkeiten eröffnet, die namensverschiedenen Eltern für die Bestimmung des Geburtsnamens eines gemeinsamen leiblichen Kindes zur Verfügung stehen. Das bedeutet insbes, dass die Namensbestimmung auch für später geborene oder adoptierte Kinder der Annehmenden bindend ist, ebenso wie umgekehrt eine frühere Namensbestimmung maßgebend ist, falls aus der Ehe bereits ein Kind hervorgegangen oder von den Eheleuten adoptiert worden ist (§ 1617 Abs 1 S 3 BGB; vgl OLG Hamm FamRZ 2001, 859, 860). Stirbt vor dem Ausspruch der Adoption ein Ehegatte (vgl § 1753 Rn 7), so steht das Namensbestimmungsrecht dem anderen Ehegatten als künftigem Alleininhaber der elterlichen Sorge (vgl § 1617 Abs 1 S 1 BGB) zu, falls über den Geburtsnamen des Kindes nicht bereits im Adoptionsantrag eine Bestimmung getroffen wurde (Soergel/Liermann Rn 6a).

Kommt eine Einigung der Eltern nicht zustande, hat der Ausspruch der Annahme zu 20 unterbleiben. Von der Möglichkeit einer gerichtlichen Entscheidung, wie sie in § 1617 Abs 2 BGB vorgesehen ist, hat der Gesetzgeber ausdrücklich Abstand genommen. In der Begründung des FamNamRG v 1993 heißt es (BT-Drucks 12/3136, 19): „Mit der Annahme als Kind soll das angenommene Kind voll in seine Familie integriert werden. Diesem Ziel liefe es zuwider, wenn das Kind seinen früheren Namen weiterführen könnte und so die Beziehungen zur bisherigen Familie aufrechterhalten bleiben. Läßt sich kein Konsens über den künftigen Geburtsnamen des Anzunehmenden erzielen, dürfte eine gedeihliche Entwicklung des Annahmeverhältnisses ohnehin von Anfang an gefährdet erscheinen." Die Ansicht, dass die fehlende Einigung der künftigen Eltern lediglich ein „Indiz für das Fehlen der Voraussetzungen des § 1741 BGB" und keine „Zulässigkeitsvoraussetzung für die Adoption" sei (so BeckOK/Pöcker Rn 4.4; zust MünchKomm/Maurer Rn 21 und 24), widerspricht dem eindeutigen Willen des Gesetzgebers (Frank StAZ 2008, 1, 2; Palandt/Götz Rn 3; BeckOGK/Löhnig [1. 7. 2016] Rn 21; Soergel/Liermann Rn 8). Die Regelung des geltenden Rechts ist verfassungsrechtlich nicht zu beanstanden (vgl Rn 24).

Die Namensbestimmung muss nach dem klaren Wortlaut der Vorschrift „vor dem 21 Ausspruch der Annahme" **dem zuständigen FamG gegenüber** erklärt werden, ist somit eine amtsempfangsbedürftige Willenserklärung (§ 130 Abs 3 BGB). In aller Regel wird die Namensbestimmung bereits in dem notariell zu beurkundenden Annahmeantrag (§ 1752 Abs 2 S 2 BGB) enthalten sein. Bei antragsunabhängiger Namensbestimmung schreibt Abs 2 S 1 iVm § 1617 Abs 1 S 2 BGB die **öffentliche Beglaubigung** vor. Die Erklärung der Annehmenden gegenüber dem FamG ist **unwiderruflich** (BT-Drucks 12/3163, 18; Palandt/Götz Rn 3; Soergel/Liermann Rn 6a, aA MünchKomm/Maurer Rn 33).

Mit dem Annahmebeschluss erlangt die Namensbestimmung, die bereits vorher für 22 die Annehmenden unwiderruflich geworden ist (Rn 21), rechtliche Wirksamkeit. Wird entgegen der gesetzlichen Regelung die **Annahme ausgesprochen, obwohl eine Namensbestimmung fehlt**, so behält das Kind seinen bis zur Annahme geführten

Geburtsnamen auch nach der Annahme bei (Henrich/Wagenitz/Bornhofen, Deutsches Namensrecht § 1757 Rn 8; BeckOGK/Löhnig [1. 7. 2016] Rn 21; Soergel/Liermann Rn 11). Nach der Annahme ist eine Namensbestimmung gem Abs 2 S 1 nicht mehr möglich (MünchKomm/Maurer Rn 34). In Betracht kommt nur noch eine Namensänderung im Verwaltungsweg nach dem NamÄndG. Ist die **Namenswahl fehlerhaft**, weil ein rechtlich nicht zulässiger Name von den Annehmenden bestimmt wurde, und stellt das Gericht den gewählten Namen im Adoptionsbeschluss fest, liegt, obwohl eine gerichtliche Feststellung insofern gar nicht erforderlich ist, eine bindende Entscheidung vor (MünchKomm/Maurer Rn 34; Frank StAZ 2008, 1, 4; vgl auch Rn 14). Zur Frage der evtl Nichtigkeit einer fehlerhaften Feststellung zur Namensführung vgl Rn 14 ff. Wird von den Eltern demgegenüber ein unzulässiger Name gewählt und dazu – ausnahmsweise – keine Feststellung im Adoptionsbeschluss getroffen, bleibt die Namenswahl ohne Wirkung (**aA** Soergel/Liermann Rn 9), es gilt das Gleiche, wie wenn die Eltern im Fall des § 1617 Abs 1 S 1 BGB eine unzulässige Namenswahl durch Erklärung gegenüber dem Standesbeamten getroffen hätten.

bb) Kind älter als 5 Jahre

23 Ist das Kind älter als 5 Jahre, so gelten zunächst die Ausführungen unter Rn 19–22 über die Namensbestimmung durch die Annehmenden ohne Einschränkung. In Ergänzung zu Abs 1 S 1 bestimmt Abs 2 S 2 lediglich, dass die Namenswahl nur wirksam wird, wenn sich das Kind, welches das 5. Lebensjahr bereits vollendet hat, vor dem Ausspruch der Annahme der Namensbestimmung durch Erklärung gegenüber dem FamG anschließt. Die Regelung des Abs 2 S 2 gilt wegen § 1767 Abs 2 BGB auch für den Fall, dass der Anzunehmende volljährig ist.

24 **Stimmt das 5 Jahre alte Kind der Namensbestimmung nicht zu**, hat der Ausspruch der Annahme zu unterbleiben (BT-Drucks 12/3163, 19; Henrich/Wagenitz/Bornhofen, Deutsches Namensrecht Rn 11; inzidenter auch BayObLGR 2003, 235 = FamRZ 2003, 1869; **aA** BeckOK/Pöcker Rn 5; Erman/Saar Rn 3; Soergel/Liermann Rn 12). Die Regelung ist nicht unproblematisch, weil die Ablehnung des von den Adoptiveltern bestimmten Namens durch das Kind nicht notwendigerweise signalisiert, dass die Annahme nicht dem Wohl des Kindes dient oder nicht zu erwarten ist, dass zwischen den Annehmenden und dem Kind ein Eltern-Kind-Verhältnis entsteht. Dass die Regelung indessen verfassungswidrig sein soll (so Gernhuber/Coester-Waltjen § 68 Rn 115 entgegen BayObLGR 2003, 235 = FamRZ 2003, 1869), leuchtet nicht ein: Kein Kind hat Anspruch darauf, unter von ihm selbst vorgegebenen namensrechtlichen Voraussetzungen adoptiert zu werden. Wenn der Gesetzgeber bei den namensrechtlichen Folgen einer Adoption die Zusammengehörigkeit der Familienmitglieder auch äußerlich sichtbar machen will, so überschreitet er nicht den ihm eingeräumten gestalterischen Rahmen, auch wenn andere namensrechtliche Regelungen als die des § 1757 BGB denkbar wären. Wird allerdings (unzulässigerweise) die Annahme ausgesprochen, obwohl sich das Kind nicht wirksam der Namensbestimmung angeschlossen hat, so gelten die Ausführungen oben Rn 22 entsprechend.

25 Die Anschließungserklärung des 5 Jahre alten Kindes, die sprachlich korrekt „Zustimmung" heißen müsste (Diederichsen NJW 1994, 1095 Fn 106), muss vor dem Ausspruch der Annahme **gegenüber dem zuständigen FamG** abgegeben werden. Sie ist als Voraussetzung für den Ausspruch der Annahme in gleicher Weise **unwiderruflich** wie die Namensbestimmung durch die Annehmenden. Hat das Kind das 14. Lebens-

jahr vollendet, so kann es die Erklärung nur selbst und mit Zustimmung seines gesetzlichen Vertreters abgeben (Abs 2 S 2 iVm § 1617c Abs 1 S 2 BGB). Die Anschließungserklärung bedarf der **öffentlichen Beglaubigung**, obwohl in Abs 2 S 2 insoweit eine Verweisung auf § 1617c Abs 1 S 3 BGB fehlt. Allerdings handelt es sich dabei um ein Redaktionsversehen: In der ursprünglichen Fassung des FamNamRG v 1993 war eine entsprechende Verweisung auf § 1616a Abs 1 S 4 HS 2 aF noch enthalten. Das KindRG v 1997, das die in § 1757 BGB ausgesprochenen Verweisungen lediglich an die neue Paragraphenfolge anpassen wollte (BT-Drucks 13/4899, 12, 115; 13/8511, 22, 76), hat erkennbar die notwendige Verweisung auf § 1617c Abs 1 S 3 HS 2 BGB übersehen (ausführlich FamRefK/MAURER § 1757 Rn 6; auch PALANDT/GÖTZ Rn 4; ERMAN/SAAR Rn 3; SOERGEL/LIERMANN Rn 11). Für die Anschließungserklärung ist eine **gesonderte Erklärung** erforderlich, sie ist nicht schon automatisch in der Einwilligung nach § 1746 BGB konkludent mitenthalten (vgl iE auch NK-BGB/DAHM Rn 27; aA ERMAN/SAAR Rn 3).

3. Stiefkindadoption

Nimmt ein Ehegatte ein Kind des anderen Ehegatten an, so erlangt das Kind die **26** rechtliche Stellung eines gemeinschaftlichen Kindes der Ehegatten (§ 1754 Abs 1 BGB). Führen die Ehegatten im Falle einer Stiefkindadoption keinen Ehenamen, so ist die Rechtslage im Hinblick auf den Namen des Anzunehmenden nicht anders, als wenn die Ehegatten gemeinsam ein familienfremdes Kind adoptieren würden (vgl BayObLGR 2005, 200 = FamRZ 2005, 1010; OLG Hamm JAmt 2001, 96, 97 f). Es bedarf hier grds einer Namensbestimmung durch den Stiefelternteil und den mit ihm verheirateten leiblichen Elternteil gem Abs 2 S 1. Hat das Kind das 5. Lebensjahr vollendet, muss es sich gem Abs 2 S 2 durch Erklärung gegenüber dem FamG der Namensbestimmung anschließen. Die Ausführungen unter Rn 23–25 gelten entsprechend.

4. Voranstellen oder Anfügen des bisherigen Familiennamens (Abs 3 S 1 Nr 2)

a) „Schwerwiegende Gründe" für das Voranstellen oder Anfügen
Nach Abs 3 S 1 Nr 2 kann das FamG auf Antrag des Annehmenden mit Einwilligung **27** des Kindes mit dem Ausspruch der Annahme dem bisherigen Familiennamen des Kindes den neuen Familiennamen voranstellen oder anfügen, „wenn dies aus schwerwiegenden Gründen zum Wohl des Kindes erforderlich ist". Die Regelung geht zurück auf das AdoptG v 1976, wurde allerdings später durch das AdoptRÄndG von 1992 insoweit neu gefasst, als das Wort „hinzufügen" aus Klarstellungsgründen (BT-Drucks 12/2506, 9) durch die Wörter „voranstellen oder anfügen" ersetzt wurde (Näheres dazu vgl Rn 31). Nach der ursprünglichen Regelung des BGB (§ 1758 Abs 2 aF) konnte das Kind noch frei darüber entscheiden, ob es seinem neuen Namen den bisherigen Familiennamen hinzufügen wollte, sofern im Annahmevertrag nichts anderes bestimmt war. Der RegE zum AdoptG v 1976 wollte ursprünglich das Hinzufügen des bisherigen Familiennamens bereits dann gestatten, „wenn dies dem Wohl des Kindes entspricht" (BT-Drucks 7/3061, 6, 45). Die später Gesetz gewordene Regelung fiel dann aber deutlich restriktiver aus. Die Hinzufügung des bisherigen Familiennamens muss nunmehr „aus schwerwiegenden Gründen zum Wohl des Kindes erforderlich" sein und soll nur dann in Betracht gezogen werden, wenn das Kind sich mit dem bisherigen Familiennamen bereits identifiziert hat und der

Namenswechsel sich störend auf die Eingliederung in die neue Familie auswirken kann (BT-Drucks 7/5087, 18).

28 Ob mit der Gesetz gewordenen restriktiven Formulierung eine nennenswerte sachliche Änderung bewirkt worden ist, muss bezweifelt werden. In der Rspr ist anerkannt, dass das Tatbestandsmerkmal „aus schwerwiegenden Gründen" schon dann erfüllt ist, „wenn dem Wohl des Kindes mit der geänderten Namensführung erheblich besser gedient ist" (LG Köln FamRZ 1998, 506; LG Bonn FamRZ 1985, 109). Während bei kleineren Kindern eine Hinzufügung des bisherigen Familiennamens kaum in Betracht kommt, dürfte sie bei älteren Kindern schon eher in deren Interesse liegen und bei volljährigen Adoptierten sogar regelmäßig zu bejahen sein, wenn diese unter ihrem bisherigen Familiennamen bekannt geworden sind und bekannt bleiben wollen (OLG Bamberg 28. 3. 2018 – 2 UF 17/18, juris Rn 8; OLG Zweibrücken 18. 12. 2015 – 6 UF 94, 15, FamRZ 2016, 990, 991; OLG Celle FamRZ 1997, 115, 116; LG Regensburg 5. 8. 2008 – 7 T 320/08, MittBayNot 2008, 481; LG Bonn FamRZ 1985, 109; AG Solingen FamRZ 1988, 105; MünchKomm/Maurer Rn 8; NK-BGB/Dahm Rn 22; Soergel/Liermann Rn 31). Auf ein *besonderes* wirtschaftliches oder gesellschaftliches Interesse sollte man ebenso wenig abstellen wie darauf, ob der Angenommene unter seinem bisherigen Namen „in der Fachliteratur bekannt geworden" ist (AG Erlangen StAZ 1979, 323) oder sich als Sportler oder Künstler einen Namen gemacht hat (vgl AG Solingen FamRZ 1988, 105). Aus der Rspr sind bislang keine Fälle bekannt geworden, in denen bei einer **Erwachsenenadoption** einem Antrag auf Hinzufügung des bisherigen Familiennamens nicht stattgegeben worden wäre (Frank StAZ 2008, 1, 3).

b) Antrag des Annehmenden, Einwilligung des Kindes
aa) Antrag des Annehmenden

29 Der nach Abs 3 S 1 erforderliche Antrag des Annehmenden bedarf der **notariellen Beurkundung**. Es gelten die gleichen Erwägungen wie für den Antrag des Annehmenden auf Vornamensänderung des Kindes (vgl dazu Rn 51). Für den Antrag auf Hinzufügung des bisherigen Familiennamens hat das BayObLG (BayObLGZ 1979, 346, 347 f = StAZ 1980, 65, 66) in diesem Sinne entschieden (**aA** BGB-RGRK/Dickescheid Rn 12). Zu den Möglichkeiten, bei einer Auslandsadoption im Rahmen einer Gleichstellungsfeststellung oder Umwandlungsentscheidung nach dem AdWirkG eine Namensänderung zu beantragen vgl Rn 50.

bb) Einwilligung des Kindes

30 Abs 3 S 1 verlangt die Einwilligung des Kindes. Diese erteilt der **gesetzliche Vertreter** (Abs 3 S 2 iVm § 1746 Abs 1 S 2 BGB), wenn das Kind geschäftsunfähig oder noch nicht 14 Jahre alt ist. Im Übrigen kann das **Kind** die Einwilligung nur selbst erteilen; es bedarf hierzu der Zustimmung seines gesetzlichen Vertreters (Abs 3 S 2 iVm § 1746 Abs 1 S 3 BGB). Die vom gesetzlichen Vertreter verweigerte Einwilligung oder Zustimmung kann das FamG ersetzen, falls es an einem triftigen Grund für die Verweigerung fehlt (Abs 3 S 2 iVm § 1746 Abs 3 HS 1 BGB). Die früher fehlende Verweisung auf den heutigen § 1746 Abs 3 HS 1 BGB ist durch das AdoptRÄndG v 1992 eingefügt worden (vgl BT-Drucks 12/2506, 9). Für den Widerruf der Einwilligung gelten die Ausführungen zur Vornamensänderung entsprechend (vgl Rn 53).

Die sinngemäße Anwendung der Vorschrift auf **Erwachsenenadoptionen** über § 1767 Abs 2 S 1 BGB bedeutet, dass – wie bei § 1768 Abs 1 BGB – ein Antrag sowohl des

Annehmenden als auch des Anzunehmenden erforderlich ist (OLG Bamberg 28. 3. 2018 – 2 UF 17/18, juris Rn 5).

c) Der neu gebildete Name

Nach Abs 3 S 1 Nr 2 kann das FamG dem neuen Familiennamen des Kindes den bisherigen Familiennamen **„voranstellen oder anfügen"**. Bis zum Inkrafttreten des AdoptRÄndG v 1992 konnte nach dem Gesetzeswortlaut der bisherige Familienname dem neuen nur „hinzugefügt" werden. Unter der Herrschaft des alten Rechts war es zunächst unstreitig gewesen, dass „Hinzufügen" nur „Nachstellen" bedeuten konnte. Später wurde indessen die Frage kontrovers diskutiert (Nachw STAUDINGER/ FRANK[12] Rn 28). Der Gesetzgeber beendete schließlich diese Diskussion, indem er im AdoptRÄndG v 1992 das Wort „hinzufügen" durch die Wörter „voranstellen oder anfügen" ersetzte (BT-Drucks 12/2506, 9). 31

Der neu erworbene Name ist ein echter **Doppelname**, kein bloßer Begleitname iSv § 1355 Abs 4 u 5 BGB. Das bedeutet: Heiratet der Angenommene und wählen die Ehegatten den Geburtsnamen des Angenommenen zum Ehenamen, so ist der Ehename ein Doppelname, was nicht der Fall wäre, wenn der vorangestellte oder angefügte Name lediglich Begleitname wäre. Entsprechendes gilt, wenn der Angenommene später selbst ein Kind adoptiert und diesem seinen Familiennamen als Geburtsnamen weitergibt. Der Umstand, dass der Gesetzgeber in Abs 3 S 1 Nr 2 den gleichen Wortlaut gewählt hat wie in § 1355 Abs 4 u 5 BGB („voranstellen oder anfügen") ist – vor allem auch mit Rücksicht auf die Entstehungsgeschichte (vgl Rn 31) – ohne Belang (ERMAN/SAAR Rn 8; PALANDT/GÖTZ Rn 10; MünchKomm/MAURER Rn 77; BeckOGK/LÖHNIG [1. 7. 2016] Rn 55; FRANK StAZ 2008, 1, 4; WAGENITZ/BORNHOFEN, FamNamRG § 1757 Rn 27; LG Köln FamRZ 1998, 506; LG Lübeck StAZ 1998, 290; aA SOERGEL/LIERMANN Rn 30). Wird ein adoptiertes Kind, das auf diese Weise einen Doppelnamen erworben hat, erneut adoptiert oder adoptiert die betreffende Person ihrerseits ein Kind, lässt sich die Entstehung von **Namensketten**, die dem deutschen Recht grundsätzlich fremd sind, nur dadurch verhindern, dass für das erneute Hinzufügen des bisherigen Familiennamens der schwerwiegende Grund iSv Abs 3 S 1 Nr 2 verneint wird (MünchKomm/MAURER Rn 77; vgl des Weiteren auch Rn 34). Doch lässt es sich grundsätzlich nicht ausschließen, dass es im Einzelfall auch zu Dreifachnamen kommen kann (OLG Celle 3. 7. 1996 – 17 W 15/96, FamRZ 1997, 115, 116). 32

Besonderheiten sind zu beachten, wenn ein **verheirateter Angenommener** (vgl dazu allgemein § 1767 Rn 56 ff) von der Namensänderungsoption Gebrauch macht: Fügt das FamG dem neuen Familiennamen den bisherigen hinzu, so ändert sich beim verheirateten Angenommenen nicht der Ehename, sondern nur der Name, den der Angenommene nach Abs 1 S 1 „als Geburtsnamen" erhält (BayObLGZ 1985, 184 = StAZ 1985, 202; LG Köln FamRZ 1998, 506). Die Namensänderung erstreckt sich nur dann auf den Ehenamen, wenn der (frühere) Geburtsname des Angenommenen Ehename geworden ist und der Ehegatte gem § 1767 Abs 2 S 3 BGB der Namensänderung zustimmt (OLG Hamm OLGZ 1983, 423, 427 = StAZ 1983, 200, 202). Wird A, der mit B verheiratet ist, von C adoptiert, so ist zu unterscheiden: Ist der Geburtsname von A zum Ehenamen geworden, so erstreckt sich die Änderung des Geburtsnamens (nunmehr A-C oder C-A) nur bei Zustimmung durch B auf den Ehenamen. Ist der Geburtsname von B zum Ehenamen geworden, so kann sich der Ehename nicht ändern. Es ändert sich lediglich der (latente) Geburtsname des A in A-C oder C-A. 33

In einem Verfahren vor dem OLG Hamburg (6. 1. 2011 – 2 Wx 34/10, StAZ 2011, 334, 335) hatte das Gericht bei einer verheirateten Anzunehmenden, die als Ehenamen den Namen ihres Ehegatten führte, nicht nur einen neuen Geburtsnamen (korrekt) nach § 1757 Abs 1 S 1 BGB festgelegt, sondern auch einen aktuellen Familiennamen nach § 1757 Abs 3 S 1 Nr 2 BGB bestimmt, und zwar zusammengesetzt aus dem Familiennamen (= Ehenamen) der Angenommenen und dem Familiennamen des Annehmenden (was in der Sache nur durch eine Erklärung gegenüber dem Standesamt nach § 1355 Abs 5 S 2 BGB hätte erreicht werden können). Nach den allgemeinen Grundsätzen (vgl Rn 14 ff) handelt es sich nur um eine fehlerhafte (und damit bindende) und nicht um eine nichtige Namensbestimmung.

34 Besonderheiten treten im Zusammenhang mit **§ 1355 Abs 4 BGB** auf. Wird A, der mit B verheiratet ist, von C angenommen und war sein früherer Geburtsname (A) zum Ehenamen geworden, so kann der Angenommene, wenn die Zustimmung seines Ehegatten zur Erstreckung der Namensänderung nicht erteilt wird, seinen neuen Geburtsnamen (A-C oder C-A) dem Ehenamen voranstellen oder anfügen. Es entstünde also ein dreigliedriger Name (aA offenbar LG Gießen StAZ 1984, 100; dagegen zutr Dörr StAZ 1984, 100 f). War der Geburtsname des Ehegatten B zum Ehenamen geworden, so könnte A dem Ehenamen B in entsprechender Weise seinen neuen Geburtsnamen (A-C oder C-A) voranstellen oder anfügen (LG Köln FamRZ 1998, 506). Namensrechtlichen Absonderlichkeiten kann in der Praxis freilich dadurch begegnet werden, dass das Vorliegen „schwerwiegender Gründe" iSd Abs 3 S 1 Nr 2 verneint wird (so auch MünchKomm/Maurer Rn 78; aA BeckOK/Löhnig [1. 7. 2016] Rn 56). Der Gesetzgeber hat jedenfalls bewusst davon abgesehen, durch eine Sonderregelung entsprechend § 1355 Abs 4 S 2 BGB **Namensketten** entgegenzuwirken (Wagenitz/Bornhofen, FamNamRG § 1757 Rn 12). Die Problematik war im Gesetzgebungsverfahren zunächst angesprochen (BT-Drucks 12/3163, 24), später aber nicht mehr aufgegriffen worden.

d) Verfahrensfragen

35 Wird im Annahmebeschluss ein **Antrag** auf Hinzufügung des bisherigen Familiennamens zum neuen Familiennamen oder auf Namensänderung **abgelehnt**, so ist die ablehnende Entscheidung mit der Beschwerde (§§ 58, 63 Abs 1 FamFG) anfechtbar. Die Unanfechtbarkeit von Annahmebeschlüssen (§ 197 Abs 3 S 1 FamFG) steht hier ebenso wenig entgegen wie bei der Ablehnung von Anträgen auf Änderung des Vornamens des Adoptierten (OLG Bamberg 28. 3. 2018 – 2 UF 17/18, juris Rn 5; OLG Köln FamRZ 2003, 1773; OLG Zweibrücken FamRZ 2001, 1773; Erman/Saar Rn 14; Palandt/Götz Rn 12; vgl auch Rn 54; offen gelassen in BGH 21. 6. 2017 – XII ZB 18/16, FamRZ 2017, 1583 Rn 7; aA BGB-RGRK/Dickescheid Rn 15).

36 Wird im Adoptionsbeschluss über einen Antrag versehentlich nicht entschieden, so kann das Gericht gem § 43 FamFG in einem **Ergänzungsbeschluss** die Entscheidung nachholen (Keidel/Engelhardt § 197 FamFG Rn 26; OLG Hamm OLGZ 1983, 423 = StAZ 1983, 200; LG Köln FamRZ 1998, 506; vgl auch BayObLGZ 1979, 346, 349 f = StAZ 1980, 65, 67). Auch hier gilt Entsprechendes wie bei einer versäumten Entscheidung über die Änderung des Vornamens (vgl Rn 55). Wurde vor dem Wirksamwerden des Annahmebeschlusses (§ 197 Abs 2 FamFG) kein Antrag auf Hinzufügung des bisherigen Familiennamens zum neuen Familiennamen gestellt, so ist ein später nachgeholter Antrag unstatthaft, weil das FamG nicht mehr für eine Namensänderung zuständig ist (BayObLG StAZ 2003, 44). Nichtig dürfte indessen ein dennoch ergehender Ergänzungsbeschluss nicht sein (so aber BayObLGZ 1979, 346 = StAZ 1980, 65 m abl Anm vBar 67 f u Hepting/Gaaz, PStR Bd 2, Rn V 500; wie hier Erman/Saar Rn 13; Soergel/Liermann Rn 33; vgl auch OLG Hamm OLGZ 1983, 423 = StAZ 1983, 200; zweifelnd auch Keidel/Engelhardt § 197 FamFG Rn 27).

37 Wurde **antragsgemäß entschieden**, so ist damit der Name grds mit verbindlicher Wirkung festgelegt. Er kann auch im Verfahren nach § 49 Abs 2 PStG nicht mehr geändert werden (BayObLGZ 1978, 372 = StAZ 1979, 121; BayObLGZ 1979, 346 = StAZ 1980, 65 m Anm vBar; BayObLGZ 1985, 184 = StAZ 1985, 202; BayObLGZ 2002, 155 = FamRZ 2002, 1649; OLG Hamm OLGZ 1983, 423, 424 = StAZ 1983, 200, 201; OLG Celle StAZ 1979, 323; OLG Stuttgart StAZ 1979, 242; LG Heilbronn StAZ 1979, 70). Etwas anderes gilt nur, wenn die Namensbestimmung ausnahmsweise nichtig sein sollte (vgl Rn 14 ff).

38 Eine **Vorabentscheidung** über den Antrag auf Hinzufügung des bisherigen Familiennamens ist unzulässig. Es gelten die gleichen Erwägungen wie im Falle einer beantragten Vornamensänderung (vgl dazu Rn 56; **aA** LG Bonn FamRZ 1985, 109, wo – allerdings ohne Erörterung der Problematik – über den Antrag auf Hinzufügung des bisherigen Familiennamens vorab entschieden wurde).

5. Verheirateter oder verpartnerter Angenommener

39 Ursprünglich war in § 1757 Abs 3 aF eine Sonderregel für die Namensführung bei **Annahme eines verheirateten Kindes** verankert (Rn 7). Ihre entsprechende Anwendung für den Fall, dass der Angenommene eine Lebenspartnerschaft begründet hatte, bestimmte § 1767 Abs 2 S 2 aF. Die Vorschrift besaß für Minderjährigenadoptionen noch nie eine nennenswerte Bedeutung (Staudinger/Frank [2007] § 1757 Rn 32), durch das Gesetz zur Bekämpfung von Kinderehen vom 17. 7. 2017 (BGBl 2017 I 2429) wurde sie gestrichen und **inhaltsgleich in § 1767 Abs 2 S 2 BGB eingegliedert**. Zur Namensführung bei Annahme eines verheirateten oder verpartnerten (volljährigen) Kindes vgl daher im Einzelnen § 1767 Rn 56 ff. Da für Minderjährigenadoptionen – in seltenen Fällen – eine Regelungslücke entstanden ist, muss § 1767 Abs 2 S 2 BGB auf diese nunmehr analog angewendet werden (vgl Rn 7).

6. Wirkungen der Annahme auf den Namen eines Kindes des Angenommenen

40 Die Wirkungen der Annahme auf den Namen eines Kindes des Angenommenen ergeben sich seit dem KindRG v 1997 aus der allgemeinen Vorschrift des **§ 1617c Abs 2 BGB**. Einer besonderen Verweisung auf diese Bestimmung in § 1757 BGB bedurfte es nicht. Zur Vorgeschichte der heutigen Regelung vgl Staudinger/Frank[12] Rn 20–23 und Soergel/Liermann Rn 20.

41 § 1617c Abs 2 BGB regelt in allgemeiner Form, wie sich eine Namensänderung auf Seiten eines Elternteils (hier: auf Seiten des Adoptivkindes) auf das Kind auswirkt. Dabei betrifft Nr 1 den Fall verheirateter Eltern, die einen Ehenamen führen, Nr 2 den Fall verheirateter Eltern, die keinen Ehenamen führen, oder nicht miteinander verheirateter Eltern. Die Rechtsfolge ist wegen der Verweisung in § 1617c Abs 2 BGB auf Abs 1 in allen Fällen die gleiche: Soweit die Änderung eines Elternnamens (hier: des Adoptivkindes) den Geburtsnamen des Kindes (hier: des Adoptivenkels) erfasst, tritt die Namensänderung automatisch ein, wenn das Kind das 5. Lebensjahr noch nicht vollendet hat. Nach Vollendung des 5. Lebensjahres erstreckt sich die Namensänderung auf den Geburtsnamen des Kindes nur dann, wenn es sich der Namensänderung anschließt.

42 Im Einzelnen gilt: Ist das **Adoptivkind verheiratet** und wurde der ursprüngliche Geburtsname des Adoptivkindes zum Ehenamen gewählt, so erstreckt sich die adoptionsbedingte Änderung des Geburtsnamens des Adoptivkindes auf das Kind nur dann, wenn sich der Ehegatte der Änderung des Ehenamens anschließt (§§ 1617c Abs 2 Nr 1, 1767 Abs 2 S 3 BGB). Fehlt es an der Bestimmung eines Ehenamens und wurde als Geburtsname des Kindes der Name des Ehegatten des Adoptivkindes gewählt, so wirkt sich die Änderung des Geburtsnamens des Adoptivkindes nicht auf den Geburtsnamen des Kindes aus (§ 1617c Abs 2 Nr 2 BGB). Wurde hingegen in einer ehenamenlosen Ehe der Name des Adoptivkindes zum Geburtsnamen des Kindes bestimmt, so erstreckt sich die adoptionsbedingte Änderung des Geburtsnamens des Adoptivkindes auf das Kind (§ 1617c Abs 2 Nr 2 BGB).

43 Ist das **Adoptivkind nicht verheiratet** und steht ihm die elterliche Sorge gemeinsam mit dem anderen Elternteil zu (§ 1626a Abs 1 BGB), so gilt das Gleiche wie im Falle verheirateter Eltern, die in einer ehenamenlosen Ehe leben (§ 1617c Abs 2 Nr 2 BGB iVm § 1617 Abs 1 BGB). Steht dem Adoptivkind allein die elterliche Sorge zu und führt das Kind den Namen des Adoptivkindes als seinen Geburtsnamen (§ 1617a Abs 1 BGB), so erstreckt sich die Änderung des Geburtsnamens des Adoptivkindes gem § 1617c Abs 2 Nr 2 BGB auf das Kind. Zu den weiteren nach § 1617c Abs 2 Nr 2 BGB zu beachtenden namensrechtlichen Gestaltungsmöglichkeiten, wenn die Eltern nicht verheiratet sind und nur ein Elternteil Inhaber der elterlichen Sorge ist, vgl §§ 1617a, 1617b BGB.

7. Wirkungen einer späteren Namensänderung des Annehmenden auf den Namen des Angenommenen

44 Bis zum FamNamRG v 1993 war die Wirkung einer späteren Namensänderung des Annehmenden auf den Namen des Angenommenen in § 1757 Abs 1 S 4 HS 2 aF durch eine Verweisung auf § 1617 Abs 2–4 aF geregelt. Mit Inkrafttreten des FamNamRG wurde eine Sonderregelung in § 1757 BGB überflüssig. Maßgebend ist heute die **allgemeine Vorschrift des § 1617c Abs 2 BGB**. Zur Rechtslage vor Inkrafttreten des FamNamRG v 1993 vgl STAUDINGER/FRANK[12] Rn 17–19 und SOERGEL/LIERMANN Rn 24 f.

45 Soweit sich nach § 1617c Abs 2 BGB überhaupt eine Namensänderung des (der) Annehmenden auf den Geburtsnamen des Kindes auswirkt, ist § 1617c Abs 1 BGB zu beachten: die Namenserstreckung erfolgt kraft Gesetzes nur bei Kindern unter 5 Jahren. Ab Vollendung des 5. Lebensjahres muss sich das Kind der Namensänderung anschließen.

46 Die Namensänderung des Annehmenden wirkt sich auf den Angenommenen aus, **wenn sich der Ehename, der Geburtsname des Kindes geworden ist, ändert** (§ 1617c Abs 2 Nr 1 BGB). Ändern muss sich also der Ehename als gemeinsamer Familienname (§ 1355 Abs 1 S 1 BGB). Es genügt deshalb nicht, wenn ein Ehegatte nach Auflösung der Ehe seinen Geburtsnamen wieder annimmt. Der Ehename kann sich insbes ändern, wenn sich der Geburtsname eines Ehegatten, der zum Ehenamen geworden ist, ändert (zB durch Adoption) und der andere Ehegatte sich der Ehenamensänderung anschließt (vgl § 1767 Abs 2 S 3 BGB) (weitere Beispiele bei HENRICH/WAGENITZ/BORNHOFEN, Deutsches Namensrecht § 1617c Rn 44).

Die Namensänderung wirkt sich weiter auf den Angenommenen aus, **wenn sich der Familienname des (einseitig) namengebenden Elternteils, der Geburtsname des Kindes geworden ist, ändert** (§ 1617c Abs 2 Nr 2 BGB). Eine Änderung des Familiennamens des namengebenden Elternteils kann sich insbes aus einer nachträglichen Änderung seines Geburtsnamens (zB durch Adoption) ergeben (weitere Beispiele bei HENRICH/WAGENITZ/BORNHOFEN, Deutsches Namensrecht § 1617c Rn 55). Wird der **Name des Annehmenden im Verwaltungsweg geändert** (§ 3 NamÄndG), so erstreckt sich die Namensänderung nach § 4 NamÄndG „auf Kinder der Person, deren Name geändert wird, sofern die Kinder bislang den Namen dieser Person getragen haben und für die Kinder die elterliche Sorge dieser Person besteht". Dies gilt allerdings nur, „soweit nicht bei der Entscheidung etwas anderes bestimmt ist" (Näheres BayObLGZ 1984, 147 = StAZ 1984, 339). § 4 NamÄndG ordnet als spezialgesetzliche Regelung gegenüber § 1617c BGB grundsätzlich eine automatische Erstreckung der Namensänderung auf Kinder unter 18 Jahren an. Gegen eine Anwendung von § 1617c BGB auf volljährige Kinder bestehen keine Bedenken (so auch HENRICH/WAGENITZ/BORNHOFEN, Deutsches Namensrecht § 1617c Rn 55). **Ändert sich der Familienname** des einseitig namengebenden Elternteils **durch Eheschließung**, so erstreckt sich die Namensänderung nach der ausdrücklichen Regelung des § 1617c Abs 2 Nr 2 BGB nicht auf das Adoptivkind. Namensänderungen, die als Folge einer Eheschließung aus der Bestimmung eines Ehenamens resultieren, bleiben also – wie schon nach altem Recht (vgl STAUDINGER/FRANK[12] Rn 17) – ausgespart. Für diese Fallkonstellation hat der Gesetzgeber in § 1618 BGB (Einbenennung) eine spezielle Regelung getroffen. **47**

III. Der Vorname des Angenommenen

1. Entwicklungsgeschichte

Die Vornamensänderung bei Adoptivkindern hat eine wechselvolle Geschichte. Vor Inkrafttreten des AdoptG v 1976 konnte der Vorname nur im öffentlichrechtlichen Namensänderungsverfahren gem §§ 11, 3 NamÄndG kostenpflichtig geändert werden. Es entsprach indessen schon damals allg Rechtspraxis, Vornamensänderungen bei einem adoptierten Kleinkind zuzulassen. Eine Ablehnung von Anträgen kam „praktisch kaum in Betracht" (Loos, Komm z NamÄndG [1970] § 11 II 3 c dd). Bei den Vorarbeiten zum AdoptG v 1976 sah der RegE zunächst noch recht großzügig eine Vornamensänderung unter der Voraussetzung vor, dass diese „dem Wohl des Kindes dient" (BT-Drucks 7/3061, 6, 45). Wegen der entwicklungspsychologischen Bedeutung des Vornamens für Kleinkinder zwischen 1 u 7 Jahren (BT-Drucks 7/5087, 18) wurde dann aber die Vorschrift erheblich enger gefasst. § 1757 Abs 2 S 1 idF des AdoptG v 1976 erlaubte eine Vornamensänderung nur, „wenn dies aus schwerwiegenden Gründen zum Wohl des Kindes erforderlich ist". Die Vorschrift des § 1757 Abs 2 S 1 aF wurde in der Folgezeit als zu eng empfunden und in der Lit lebhaft kritisiert (vgl STAUDINGER/FRANK[12] Rn 37). Die Rspr milderte die Härte der gesetzlichen Regelung mit Hilfe einer großzügigen Standardformel, dass die Voraussetzungen für eine Vornamensänderung erfüllt seien, „wenn dem Wohl des Kindes bei der geän- **48** derten Namensführung erheblich besser gedient ist" (KG OLGZ 1978, 135, 137 = FamRZ 1978, 208, 209; OLG Düsseldorf StAZ 1983, 314; LG Stuttgart DAVorm 1978, 793, 794; LG Freiburg FamRZ 1980, 1068; LG Aachen DAVorm 1984, 910, 912; auch BVerwG FamRZ 1987, 807, 810). Das AdoptRÄndG v 1992 trug schließlich der allgemeinen Kritik Rechnung und ermöglicht nunmehr eine Vornamensänderung schon dann, „wenn dies dem Wohl des Kindes entspricht" (zur Neuregelung vgl Liermann FamRZ 1993, 1263, 1264; Lüderitz NJW 1993, 1050; Wagenitz ZBlJugR 1991, 241, 243 f).

2. Voraussetzung der Vornamensänderung (Abs 3 S 1 Nr 1)

49 Nach Abs 3 S 1 Nr 1 kann das FamG auf Antrag des Annehmenden mit Einwilligung des Kindes mit dem Ausspruch der Annahme den Vornamen des Kindes ändern oder ihm einen oder mehrere Vornamen beigeben, **wenn dies dem Wohl des Kindes entspricht**. Mit der Erleichterung der Vornamensänderung (bzw Hinzufügung mehrerer Vornamen) wollte der Gesetzgeber die ohnehin großzügige Handhabung der Namensänderung in der Praxis „auf eine sichere Grundlage stellen" und der Bedeutung des Namens als eines „Sympathieträgers" Rechnung tragen (BT-Drucks 12/2506, 6): Durch die Auswahl des Namens werde eine enge Verbindung zwischen dem Namensgeber und dem Namensträger geschaffen. Eine erzwungene Beibehaltung des von den leiblichen Eltern ausgewählten Namens könne die Entwicklung einer engen Eltern-Kind-Verbindung hemmen. Dies gelte namentlich dort, wo die Adoptiveltern zu dem ihnen vorgegebenen Vornamen des Kindes kein Verhältnis finden könnten. Die Praxis zeige, dass Adoptiveltern kleinen Kindern häufig einen neuen Vornamen geben, sobald sie diese in Adoptionspflege nehmen (BT-Drucks 12/2506, 5). Das AdoptRÄndG v 1992 sah davon ab, die Anforderungen an die Zulässigkeit einer Namensänderung nach Altersgruppen zu staffeln. Es versteht sich jedoch von selbst, dass bei Kindern, die sich altersbedingt mit ihrem amtlichen Vornamen bereits identifiziert haben, eine Vornamensänderung nur ausnahmsweise in Betracht kommt (Gernhuber/Coester-Waltjen § 68 Rn 118; Soergel/Liermann Rn 80; Zöller StAZ 1975, 614 u 1978, 201). Allerdings – so heißt es in der Begründung – soll auch in diesen Fällen ein Vornamenswechsel nicht verwehrt werden, „wenn er im Einzelfall Gefahren nicht besorgen, wohl aber eine menschliche Verdichtung des Eltern-Kind-Verhältnisses erhoffen läßt" (BT-Drucks 12/2506, 6). Seit der Gesetzesänderung v 1992 wurden zum heutigen Abs 3 S 1 Nr 1 keine Entscheidungen mehr veröffentlicht, was darauf hindeutet, dass die Meinungsverschiedenheiten, die unter der Herrschaft des alten Rechts zu einer umfangreichen Rechtsprechung geführt hatten (vgl Staudinger/Frank[12] Rn 37), nunmehr ausgeräumt sind.

50 Haben die Annehmenden im Annahmeverfahren keinen Antrag auf Änderung des Vornamens gestellt, so ist eine **Vornamensänderung im Verwaltungsweg gem §§ 11, 3 NamÄndG** möglich (MünchKomm/Maurer Rn 83; Henrich/Wagenitz/Bornhofen C 294; AG Karlsruhe StAZ 1990, 264, 265). Die allg Verwaltungsvorschrift zum Gesetz über die Änderung von Familiennamen und Vornamen v 11. 8. 1980 (StAZ 1980, 291, 299) sieht unter Nr 27 Abs 1 lediglich vor, dass die Verwaltungsbehörde vorrangig zu prüfen hat, ob das erstrebte Ziel nicht durch eine namensgestaltende Erklärung nach bürgerlichem Recht oder eine Verfügung des FamG erreicht werden kann. Scheidet jedoch eine Namensänderung nach Abs 3 S 1 aus, weil die Annahme inzwischen ausgesprochen wurde, so fehlt es an der Subsidiarität des öffentlichrechtlichen Namensänderungsverfahrens (**aA** Brüggemann ZfJ 1988, 101, 109).

Titel 7 · Annahme als Kind
Untertitel 1 · Annahme Minderjähriger § 1757

Wird eine **Auslandsadoption** nach § 2 Abs 2 S 1 Nr 1 AdWirkG einer Inlandsadoption nach Maßgabe deutscher Sachvorschriften gleichgestellt oder nach § 3 AdWirkG umgewandelt, so werden dadurch die namensrechtlichen Gestaltungsmöglichkeiten nach § 1757 BGB eröffnet (Grünenwald JAmt 2015, 480, 486; Müller/Sieghörtner/Emmerling de Oliveira, Adoptionsrecht in der Praxis[3] Rn 389). Mit dem Antrag auf Gleichstellung oder Umwandlung kann daher ein Antrag auf Namensänderung verbunden werden (LG Stuttgart 29. 10. 2002 – 10 T 340/02, BeckRS 2013, 12290), doch kann eine noch nicht erfolgte Änderung des Vornamens des Kindes oder eine Angleichung des Familiennamens an den Familiennamen der Adoptiveltern auch in einem selbständigen Verfahren nachgeholt werden (AG Nürnberg StAZ 2003, 144).

3. Antrag des Annehmenden auf Vornamensänderung

Der nach Abs 3 S 1 erforderliche Antrag des Annehmenden bedarf entsprechend 51
§ 1752 Abs 2 S 2 BGB der **notariellen Beurkundung**. Obwohl Abs 3 die Formfrage nicht anspricht, wird man wegen der Einheitlichkeit der Entscheidung über Annahme und Vornamensänderung den Adoptions- und Namensänderungsantrag der gleichen Form, nämlich der des § 1752 Abs 2 S 2 BGB, unterwerfen müssen (BayObLG StAZ 1980, 65, 66; Brüggemann ZfJ 1988, 101, 102 f; Erman/Saar Rn 9).

Der Antrag ist im Übrigen nach allg Verfahrensgrundsätzen jederzeit rücknehmbar. Die Zurücknahme bedarf ebenso wenig einer besonderen Form wie die Zurücknahme des Annahmeantrags (vgl dazu § 1752 Rn 10 ff).

4. Einwilligung des Kindes in die Vornamensänderung

Die nach Abs 3 S 1 erforderliche Einwilligung erteilt nach Abs 3 S 2 iVm § **1746** 52
Abs 1 S 2 BGB der gesetzliche Vertreter, wenn das Kind geschäftsunfähig oder noch nicht 14 Jahre alt ist. Im Übrigen kann das Kind die Einwilligung nur selbst erteilen; es bedarf hierzu der Zustimmung seines gesetzlichen Vertreters (Abs 3 S 2 iVm § **1746 Abs 1 S 3 BGB**). Die Anregung des Bundesrates, dem Kind wegen der Bedeutung der Namensänderung schon ab Vollendung des 7. Lebensjahres ein Einwilligungsrecht zu gewähren (BT-Drucks 7/3061, 76), ist im AdoptG v 1976 nicht aufgegriffen worden (BT-Drucks 7/5087, 18). Die vom gesetzlichen Vertreter verweigerte Einwilligung oder Zustimmung kann das FamG ersetzen, falls es an einem triftigen Grund für die Verweigerung fehlt. Die früher fehlende Verweisung in Abs 3 S 2 auf den heutigen § **1746 Abs 3 HS 1 BGB** ist durch das AdoptRÄndG v 1992 eingefügt worden (vgl BT-Drucks 12/2506, 9; zur früheren Rechtslage vgl Staudinger/Frank[12] Rn 43).

Obwohl in § 1757 Abs 3 S 2 BGB nicht auf § 1746 Abs 2 BGB verwiesen wird, sollte 53
auch diese Bestimmung analog angewandt werden. Das 14 Jahre alte nicht geschäftsunfähige Kind sollte keine Vornamensänderung hinnehmen müssen, die es nicht (mehr) wünscht (Brüggemann ZfJ 1988, 101, 103). Ob über § 1746 Abs 2 BGB hinaus auch die vom gesetzlichen Vertreter erklärte **Einwilligung widerrufen** werden kann, mag zweifelhaft sein, weil jedenfalls die für das Kind erklärte Einwilligung in die Adoption gem § 1750 Abs 2 S 2 BGB unwiderruflich ist. Es besteht indessen kein überzeugender Grund, das Vertrauen in die Bestandskraft einer erteilten Einwilligung in eine Namensänderung mit gleicher Intensität zu schützen wie das Vertrauen

in die Bestandskraft einer erteilten Einwilligung in eine Statusänderung durch Adoption (BRÜGGEMANN ZfJ 1988, 101, 103).

5. Verfahrensfragen

54 Wird im Adoptionsbeschluss der **Antrag auf Vornamensänderung abgelehnt**, so ist die ablehnende Entscheidung mit der **Beschwerde** (§§ 58, 63 Abs 1 FGG) anfechtbar (allgM, vgl OLG Köln StAZ 1982, 278; OLG Düsseldorf StAZ 1983, 314; PRÜTTING/HELMS/KRAUSE § 197 FamFG Rn 51; MünchKomm/MAURER § 197 FamFG Rn 30). Die Unanfechtbarkeit von Annahmebeschlüssen (§ 197 Abs 3 S 2 FamFG) steht hier ebenso wenig entgegen wie bei der Ablehnung von Anträgen auf Hinzufügung des bisherigen Familiennamens zum neuen Familiennamen (vgl Rn 35).

55 Wird im Adoptionsbeschluss über einen Antrag auf Vornamensänderung versehentlich nicht entschieden, so kann das Gericht in einem **Ergänzungsbeschluss** gem § 43 FamFG die Vornamensänderung nachholen (OLG Düsseldorf DAVorm 1983, 87; AG Köln StAZ 1982, 178; AG Aachen StAZ 1982, 179; HEPTING/DUTTA, Familie und Personenstand[2] Rn V-445; MünchKomm/MAURER § 197 FamFG Rn 27). Auch hier gilt Entsprechendes wie im Falle einer versäumten Entscheidung über eine beantragte Änderung des Familiennamens (vgl Rn 36).

Wurde vor dem Wirksamwerden des Annahmebeschlusses (§ 197 Abs 2 FamFG) kein Antrag auf Vornamensänderung gestellt, so kann diese nur noch im Verwaltungsverfahren nach §§ 11, 3 NamÄndG erfolgen (vgl Rn 50). Vgl zur parallelen Problematik bzgl der Änderung des Familiennamens Rn 36.

56 Eine **Vorabentscheidung** über die beantragte Vornamensänderung vor Erlass des Annahmebeschlusses ist unzulässig (KG OLGZ 1978, 135 = FamRZ 1978, 208 gegen LG Berlin DAVorm 1977, 669 als Vorinstanz und LG Berlin FamRZ 1978, 149; MünchKomm/MAURER Rn 81; ERMAN/SAAR Rn 12; SOERGEL/LIERMANN Rn 33; aA BRÜGGEMANN ZfJ 1988, 101, 106 f). Dass die Vornamensänderung „mit dem Ausspruch der Annahme" zu erfolgen hat, schließt eine Vorabentscheidung iS einer Ankündigungsentscheidung zwar nicht a limine aus. In Erbscheinssachen hat die Rspr früher zB sog Vorbescheide zugelassen (vgl auch § 1752 Rn 33 zur Vorabentscheidung über die Wirksamkeit einer erforderlichen Einwilligung in die Adoption). Zu bedenken ist jedoch, dass Vorbescheide dem verfahrensrechtlichen Grundsatz widersprechen, dass bei Entscheidungsreife in der Sache selbst zu befinden ist. Dass es für die Beteiligten notwendig sein soll, über die Namensfrage endgültige Klarheit zu schaffen, bevor über die Annahme entschieden wird, will indessen nicht einleuchten.

§ 1758
Offenbarungs- und Ausforschungsverbot

(1) Tatsachen, die geeignet sind, die Annahme und ihre Umstände aufzudecken, dürfen ohne Zustimmung des Annehmenden und des Kindes nicht offenbart oder ausgeforscht werden, es sei denn, dass besondere Gründe des öffentlichen Interesses dies erfordern.

(2) Absatz 1 gilt sinngemäß, wenn die nach § 1747 erforderliche Einwilligung erteilt ist. Das Familiengericht kann anordnen, dass die Wirkungen des Absatzes 1 eintreten, wenn ein Antrag auf Ersetzung der Einwilligung eines Elternteils gestellt worden ist.

Materialien: BT-Drucks 7/3061, 6, 46; BT-Drucks 7/5087, 18 f. S Staudinger/ BGB-Synopse (2005) § 1758.

Systematische Übersicht

I.	Normzweck und Entstehungsgeschichte ___ 1	2.	Besondere Gründe des öffentlichen Interesses ___ 19
II.	Offenbarungsverbot	VI.	Vorwirkung des Offenbarungs- und Ausforschungsverbots
1.	Adressatenkreis ___ 6	1.	Die Regelung des Abs 2 ___ 24
2.	Ergänzende Schutzvorschriften ___ 8	2.	Möglichkeiten der Wahrung des Inkognitos im Adoptionsverfahren und bei späteren Verfahren zwischen Kind und leiblichen Eltern ___ 29
III.	Ausforschungsverbot ___ 10		
IV.	Recht auf Kenntnis der eigenen Abstammung und Aufklärung ___ 12		
V.	Zustimmung der Betroffenen – besondere Gründe des öffentlichen Interesses gem Abs 1	VII.	Sanktionen bei Verstößen gegen das Offenbarungs- und Ausforschungsverbot
1.	Zustimmung der Betroffenen ___ 17	1.	Zivilrechtliche Sanktionen ___ 31
		2.	Öffentlichrechtliche Sanktionen ___ 32

I. Normzweck und Entstehungsgeschichte

Vor der Reform v 1976 war dem BGB eine § 1758 BGB entsprechende Bestimmung **1** fremd. Allerdings ermöglichte bereits das alte Recht **Inkognitoadoptionen** (vgl § 1747 Rn 5) und sicherte diese verfahrensrechtlich so ab, dass bei Beachtung der einschlägigen Vorschriften eine Kontaktaufnahme der leiblichen Eltern mit dem Kind ausgeschlossen war (vgl § 1747 Rn 63). § 1758 BGB zielt zwar in erster Linie auf Inkognitoadoptionen und erweitert deren Schutz über das Adoptionsverfahren hinaus, ist jedoch nicht auf sie beschränkt. Zur Geltung bei offenen Adoptionen vgl Rn 6. Nach Sinn und Zweck der Vorschrift findet sie auf **Erwachsenenadoptionen** richtigerweise keine Anwendung (vgl § 1767 Rn 49).

Der Gesetzgeber wollte mit der Regelung des § 1758 BGB nicht irgendwelchen **2** aktuellen Missständen begegnen, sondern „den Schutz der Beteiligten davor, daß das Annahmeverhältnis grundlos aufgedeckt wird, allgemein verstärken" (BT-Drucks 7/3061, 46) und gleichzeitig **Art 20 EuAdoptÜbEink** vom 24. 4. 1967 Rechnung tragen, der detaillierte Richtlinien enthielt, die dem Geheimhaltungsinteresse von Adoptiveltern und Adoptivkind dienen (vgl nunmehr Art 22 EuAdoptÜbEink(rev)). Die Vorschrift ist letztlich Ausdruck der Vorstellung, dass Adoptivfamilien von einem

„schützenden Geheimnis" rund um die Adoption profitieren können, doch gilt diese Haltung – als Regelannahme – in den heutigen Sozialwissenschaften als überholt (KINDLER/WALPER/LUX/BOVENSCHEN NZFam 2017, 929, 930 f u 934). Darüber hinaus soll durch § 1758 BGB auch der radikale Bruch mit der Herkunftsfamilie abgesichert werden, die vom Gesetzgeber ausschließlich als potenzieller Störfaktor angesehen wurde (vgl § 1751 Rn 10). Dass offene Adoptionsformen heute deutlich positiver bewertet werden als Mitte der 70er Jahre (vgl § 1747 Rn 65 f), hat sich im Gesetz bislang nicht niedergeschlagen.

3 Auch ohne spezialgesetzliche Regelung könnte der durch § 1758 BGB intendierte Schutz weitgehend aus dem **allg Persönlichkeitsrecht** abgeleitet und fortentwickelt werden (so auch GERNHUBER/COESTER-WALTJEN § 68 Rn 121). § 1758 BGB erfüllt so gesehen vor allem eine Aufgabe der Klarstellung und Konkretisierung. Auch wenn das Kind selber bereits über seine Herkunft unterrichtet ist, soll diese Herkunft nicht von Außenstehenden ausgeforscht oder ihnen gegenüber offenbart werden. Die Besonderheit der verwandtschaftlichen Beziehung zwischen dem Kind und seiner neuen Familie darf nicht Gegenstand der Neugier und Indiskretion von Nachbarn oder anderen sein.

Allerdings steht nicht nur das allg Persönlichkeitsrecht, sondern auch die **elterliche Sorge** auf dem Spiel. Wie und wann das Kind über seine Herkunft aufgeklärt wird, ist allein Sache der Eltern (Näheres vgl Rn 14).

4 Das **Interesse der leiblichen Eltern** an der Geheimhaltung der Adoption ihres Kindes wird durch § 1758 BGB nicht geschützt. § 1758 BGB steht insoweit in Einklang mit der traditionellen Auffassung des deutschen Rechts, dass das Inkognito bei einer Adoption einseitig angelegt ist: Die leiblichen Eltern kennen die Adoptiveltern nicht, während den Adoptiveltern Name und Adresse der leiblichen Eltern mitgeteilt wird (vgl § 1747 Rn 62). Vor Nachforschungen Unbefugter schützt in gewissem Umfang § 62 Abs 1 PStG, wenn auch nicht mit der gleichen Intensität wie § 63 PStG.

5 Die Regelung des § 1758 Abs 1 BGB war schon wortgleich im RegE enthalten (BT-Drucks 7/3061, 6, 46). Die **Regelung des Abs 2** geht auf einen Antrag des Rechtsausschusses zurück (BT-Drucks 7/5087, 18 f) und soll den Schutz des Abs 1 auf die Zeit der Adoptionspflege vorverlagern, wenn die elterliche Einwilligung erteilt oder ein Antrag auf Ersetzung gestellt worden ist. Auf die Bestimmung des Abs 2 hätte man verzichten können. Sie spielt in der Praxis kaum eine Rolle, weil schon vor der Reform v 1976 im Adoptionsverfahren selbst keine Schwierigkeiten bestanden, das angestrebte Inkognito zu wahren.

II. Offenbarungsverbot

1. Adressatenkreis

6 Tatsachen, die geeignet sind, die Annahme und ihre Umstände aufzudecken, dürfen ohne Zustimmung des Annehmenden und des Kindes nicht offenbart werden (Abs 1). Das Offenbarungsverbot richtet sich an jeden, der amtlich oder privat **Kenntnis von Tatsachen hat, deren Mitteilung zur Aufdeckung einer Adoption** beitragen kann, auch an die leiblichen Eltern.

Dabei gilt § 1758 BGB grundsätzlich auch in Fällen sog **offener Adoptionen** (OLG Düsseldorf 17. 12. 2013 – I-3 Va 7/13, FamRZ 2014, 1480 betr Stiefkindadoption), doch wird das Inkognito dort faktisch eingeschränkt, soweit die Adoptiveltern gegenüber den Herkunftseltern etwa ihre Identität und ihre Adresse bekannt geben bzw Umgang pflegen (vgl § 1747 Rn 63). Allerdings besitzen Vereinbarungen über die Durchführung offener Adoptionen nach geltendem deutschen Recht keine rechtliche Verbindlichkeit (vgl § 1747 Rn 66). Damit haben die Adoptiveltern jederzeit die Möglichkeit, den vereinbarten Kontakt aufzukündigen und sich – soweit das faktisch noch möglich ist – auch gegenüber den leiblichen Eltern auf den Schutz des § 1758 BGB zurückzuziehen. De lege ferenda ist das nicht befriedigend (vgl Vorbem 44 zu §§ 1741 ff; BOTTHOF 76 ff). Aber auch soweit in Fällen offener Adoptionen das Adoptionsgeheimnis gegenüber den leiblichen Eltern faktisch aufgegeben wurde, bleiben diese durch § 1758 BGB verpflichtet, gegenüber anderen Personen ohne Zustimmung der annehmenden Eltern nichts zu offenbaren (HOFFMANN JAmt 2003, 453, 459).

Der **Kreis der vom Offenbarungsverbot Betroffenen** ist erheblich weiter als der Kreis 7
der Personen, die sich nach § 203 StGB strafbar machen, wenn sie „ein zum persönlichen Lebensbereich gehörendes Geheimnis" offenbaren. Auch insoweit, als das Offenbarungsverbot nicht strafbewehrt ist und eine zivilrechtliche Unterlassungsklage (vgl Rn 31) nur bescheidenen Schutz gewährt, kommt § 1758 Abs 1 BGB eine erzieherische und bewusstseinsschärfende Funktion zu, – erlangen doch von einer Adoption nicht nur die am Verfahren selbst Beteiligten Kenntnis, sondern auch Bekannte, Nachbarn und vor allem eine ganze Reihe von Behörden (Standesämter, Meldebehörden, Religionsgemeinschaften, Finanzbehörden, Gesundheitsämter, Schulbehörden, Krankenkasse, Kindergeldkasse, Erziehungsgeldkasse, Rentenversicherung ua mehr). So wird mit Blick auf § 1758 BGB zu Recht die Ansicht vertreten, dass der Standesbeamte bei der Aufgebotsverhandlung die Tatsache der Adoption eines Verlobten dem anderen nicht offenbaren darf (NIED StAZ 1982, 257). Zur Ausstellung einer Abstammungsurkunde (heute: Ausdruck aus dem Geburtenregister) für ein adoptiertes Kind an die leiblichen Eltern vgl FRITSCHE StAZ 1986, 221; zur Zulässigkeit eines Kontrollverfahrens in der Adoptionsvermittlungsstelle, bei dem zur Leistungskontrolle der Mitarbeiter stichprobenartig Adoptionsakten den Vorgesetzten vorgelegt werden, vgl DIJuF-Rechtsgutachten JAmt 2001, 74.

2. Ergänzende Schutzvorschriften

Nach § 63 Abs 1 u 3 PStG darf nur den Annehmenden, deren Eltern, dem gesetz- 8
lichen Vertreter des Kindes und dem über 16 Jahre alten Kind selbst **Einsicht in den Geburtseintrag** gestattet oder ein Ausdruck aus dem Geburtenregister erteilt werden (Näheres GAAZ/BORNHOFEN, PStG[4] § 63 Rn 4 ff). Ein darüber hinausgehendes Benutzungsrecht steht Behörden und Gerichten nach § 65 Abs 1 PStG zu, soweit dies zur Erfüllung der ihnen obliegenden Aufgaben erforderlich ist (GAAZ/BORNHOFEN, PStG[4] § 63 Rn 8); nach Ansicht der personenstandsrechtlichen Praxis gehört dazu für staatliche Adoptionsvermittlungsstellen nicht, leibliche Verwandte bei der Suche nach ihren adoptierten Familienangehörigen zu unterstützen (KISSNER StAZ 2007, 22 f; GAAZ StAZ 2010, 65, 71). Nr 63. 1. 1 PStG-VwV stellt klar, dass die besonderen Nutzungsbeschränkungen nach § 63 Abs 1 PStG nicht gelten, wenn „besondere Gründe des öffentlichen Interesses die Benutzung erfordern" und stellt damit einen Gleichlauf

zu § 1758 BGB her. Einsicht in die Personenstandsregister und Erteilung von Personenstandsurkunden bzgl seiner **leiblichen Vorfahren und Verwandten** (insbes Geschwistern) steht dem sechzehn Jahre alten angenommenen Kind gem § 62 Abs 1 S 2 u 3 PStG zu (OLG München FamRZ 2006, 61; Gaaz StAZ 2010, 65, 69 f; Kissner StAZ 2007, 22, 23 und 306).

Die im Behördenverkehr oft benötigte **Geburtsurkunde** des Kindes weist (wie bereits vor der Reform v 1976) als Eltern nur die Annehmenden aus (§ 59 Abs 1 Nr 4 PStG). Demgegenüber weist der **Ausdruck aus dem Geburtenregister** (vgl § 27 Abs 3 Nr 1 PStG), den der Angenommene wegen § 1307 BGB spätestens bei seiner Eheschließung benötigt (Nr 12. 4. 1 Ziffer 2 PStG-VwV), auch die leiblichen Eltern aus. Das kann zu schweren Konflikten führen, wenn die Adoptiveltern es versäumt haben, den Angenommenen rechtzeitig über die Tatsache der Adoption aufzuklären.

Zur Sicherung des Inkognito ist nach § 51 Abs 5 Nr 2 BMG auch eine Melderegisterauskunft, die dem Schutzzweck des § 1758 BGB zuwiderläuft, unzulässig. Auch § 13 Abs 2 S 2 FamFG verweist für das Recht auf Einsicht in Gerichtsakten ausdrücklich auf § 1758 Abs 1 BGB: Danach ist Personen, die keine Verfahrensbeteiligten sind (vgl § 1752 Rn 21 ff), die **Einsicht in Akten und die Erteilung von Abschriften** zu versagen, soweit die betreffenden Unterlagen geeignet sind, die Annahme oder ihre Umstände aufzudecken (vgl § 1747 Rn 61), es sei denn, dass einer der in § 1758 geregelten Ausnahmetatbestände greift.

9 Für die Tätigkeit der Adoptionsvermittlungsstellen nach dem AdoptVermG gilt über § 68 Nr 12 SGB I der **Schutz des Sozialgeheimnisses** (§ 35 SGB I). Soweit es um die Frage geht, ob Adoptionsvermittlungsstellen berechtigt und verpflichtet sind, Dritten Auskünfte aus ihren Akten zu erteilen, muss daher das Verhältnis zur Regelung in § 1758 BGB geklärt werden. Nach traditioneller Auffassung stellt **§ 1758 BGB eine lex specialis** dar, die den sozialdatenrechtlichen Schutz ergänzt und präzisiert (Soergel/Liermann Rn 1; VG Neustadt/Weinstraße 2. 10. 2015 – 4 K 292/15. NW, FamRZ 2016, 148, 150; VG Stuttgart 7. 7. 2015 – 7 K 803/14, BeckRS 2015, 55621; vgl auch Reinhardt JAmt 2008, 401, 405 f). Demgegenüber wird mittlerweile in der sozialrechtlichen Literatur teilweise der Standpunkt vertreten, dass sich die Befugnis der Adoptionsvermittlungsstellen zur Übermittlung von Sozialdaten nur nach den sozialrechtlichen Regeln richte (Behrentin/Kunkel, Handb AdoptionsR, A Rn 162), § 1758 BGB wird lediglich im Rahmen des hierdurch evtl eröffneten Entscheidungsspielraums ermessensleitende Wirkung zugebilligt (Hoffmann 2015, 590, 591). Auf dieser Basis wird geltend gemacht, eine Übermittlung von Sozialdaten sei nur in dem durch § 9d Abs 1 S 1 AdoptVermG gesteckten Rahmen zulässig, der sich auf die dort ausdrücklich aufgeführten Übermittlungszwecke beschränke (insbes Adoptionsvermittlung und -begleitung). Eine darüber hinaus gehende Datenübermittlung setze damit gem § 67b SGB X stets die Einwilligung der Betroffenen voraus. Damit wird einerseits die Möglichkeit abgeschnitten, unter Berufung auf die in § 1758 BGB angesprochenen „besonderen Gründe des öffentlichen Interesses", die nach allgA auch privater Natur sein können (vgl Rn 21 f), ausnahmsweise auch ohne eine solche Einwilligung Auskünfte zu erteilen (Hoffmann 2015, 590, 591; **aA** VG Neustadt/Weinstraße 2. 10. 2015 – 4 K 292/15 NW, FamRZ 2016, 148; VG Stuttgart 7. 7. 2015 – 7 K 803/14, BeckRS 2015, 55621). Andererseits ist dann aber auch klar, dass in eine Übermittlung von Daten des einwilligungsfähigen

Adoptivkindes, die nur dieses selbst und nicht seine Adoptiveltern betreffen, auch nur das Kind einwilligen muss (Hoffmann 2015, 590, 592 f; dazu Näheres vgl Rn 18). § 25 SGB X enthält ein **Akteneinsichtsrecht**, beschränkt dieses aber auf Beteiligte iSv § 12 SGB X und gilt nach hM auch nur während eines laufenden Verfahrens (Hoffmann 2015, 590 mwNw). Zum selbständigen Akteneinsichtsrecht des Adoptivkindes nach § 9b Abs 2 AdoptVermG vgl Rn 12.

III. Ausforschungsverbot

Das **Ausforschungsverbot gilt** wie das Offenbarungsverbot **für jedermann**. Nach Einführung der Volladoption besteht kein Anlass mehr für Behörden, Arbeitgeber, Vermieter usw, in Formularen getrennt danach zu fragen, ob ein Kind ein leibliches oder ein angenommenes ist (vgl BT-Drucks 7/3061, 46). Nachdem bei der Verabschiedung des AdoptG v 1976 aus Zeitgründen eine umfassende Anpassung sämtlicher Rechts- und Verwaltungsvorschriften nicht erfolgen konnte, wurde diese durch das AdoptAnpG v 24. 6. 1985 (BGBl 1985 I 1144; Begründung BT-Drucks 10/1746, 11 f) weitgehend nachgeholt. Auch die **Formularpraxis** hat sich auf die neue Rechtslage eingestellt und differenziert nicht mehr zwischen leiblichen und angenommenen Kindern. Soweit dies dennoch der Fall ist, brauchen entsprechende Angaben nicht gemacht zu werden. Das Kind könnte sogar wahrheitswidrig als „leiblich" bezeichnet werden. Schließlich sind auch Kinder, die in eine Ehe hineingeboren werden, nicht notwendigerweise leibliche Kinder des Ehemannes (vgl Gernhuber/Coester-Waltjen § 68 Fn 229; MünchKomm/Maurer Rn 24; BeckOGK/Löhnig [1. 7. 2016] Rn 18; Soergel/Liermann Rn 4 Fn 18).

10

Das Ausforschungsverbot bezieht sich auch auf die Ermittlung von Daten und Fakten, die **zeitlich vor der Annahme liegen**, aber geeignet sind, das Annahmeverhältnis aufzudecken (BGB-RGRK/Dickescheid Rn 5). Wer nachforscht, ob ein eheliches Kind von einer anderen Frau geboren wurde, deckt notwendigerweise auch die Tatsache der späteren Adoption auf. Soweit ausnahmsweise die natürliche Verwandtschaft Rechtswirkungen äußert, welche die Adoption überdauern (vgl § 1755 Rn 8–14), sind Nachforschungen möglich, aber nicht, weil es sich um Umstände handelt, die zeitlich vor der Adoption liegen, sondern weil hier besondere Gründe des öffentlichen Interesses einer Geheimhaltung entgegenstehen (vgl Rn 20).

11

IV. Recht auf Kenntnis der eigenen Abstammung und Aufklärung

Das Offenbarungs- und Ausforschungsverbot des § 1758 BGB gilt **nicht im Verhältnis zwischen Adoptiveltern und Kind** (NK-BGB/Dahm Rn 12; Soergel/Liermann Rn 8; vgl auch jurisPK-BGB/Heiderhoff Rn 7), es kann insbesondere nicht seinem Recht auf Kenntnis seiner eigenen Abstammung entgegen gehalten werden (vgl Rn 14). Dies zeigt sich nicht zuletzt an gesetzlichen Bestimmungen, die das Recht des Kindes auf Aufklärung über seine Herkunft sichern und nicht von der Zustimmung der Adoptiveltern abhängig machen: So kann das sechzehn Jahre alt gewordene Kind **auch gegen den Willen der Adoptiveltern Einsicht in die Vermittlungsakten** nehmen (§ 9b Abs 2 AdVermG), ähnlich wie das Kind sich ab diesem Alter auch gegen den Willen der Adoptiveltern Kenntnis von den Eintragungen im Geburtenregister verschaffen (§ 63 Abs 1 S 1 PStG) oder in Fällen vertraulicher Geburt seinen Auskunftsanspruch aus § 31 Abs 1 SchKG geltend machen kann. § 1758 BGB gewährt den Adoptivel-

12

tern demnach keinen Schutz vor Nachforschungen des Adoptivkindes. § 9 Abs 2 AdVermG lautet:

> „Soweit die Vermittlungsakten die Herkunft und die Lebensgeschichte des Kindes betreffen oder ein sonstiges berechtigtes Interesse besteht, ist dem gesetzlichen Vertreter des Kindes und, wenn das Kind das sechzehnte Lebensjahr vollendet hat, auch diesem selbst auf Antrag unter Anleitung einer Fachkraft Einsicht zu gewähren. Die Einsicht ist zu versagen, soweit überwiegende Belange eines Betroffenen entgegenstehen."

13 Überwiegende Belange eines Betroffenen, die einer uneingeschränkten Einsichtnahme entgegenstehen, können auch Interessen der Adoptiveltern sein (zB Angaben über deren erzieherische Eignung oder über eine erfolglos verlaufene künstliche Insemination). Was die Lebensumstände der Ursprungsfamilie anbelangt, so ist zu beachten, dass diese schon im Zuge der die Adoption vorbereitenden Ermittlungen offengelegt worden sind und damit den rein privaten Bereich der Ursprungsfamilie verlassen haben (so zutr BT-Drucks 14/6011, 55). Informationen, die an sich den unantastbaren persönlichen Bereich privater Lebensgestaltung betreffen (Prostitution, Verwahrlosung, Inzest, Misshandlung), können deshalb dem Adoptierten, der diese Informationen wünscht, nicht vorenthalten werden (**aA** wohl STALINSKI FamRZ 2005, 856, 860). Gerade aus diesem Grunde sieht § 9 Abs 2 S 1 AdVermG auch die „Anleitung durch eine Fachkraft" vor. Ausführlich REINHARDT, in: Handkommentar Adoptionsrecht[2], § 9b AdoptVermG Rn 8 ff. Das Inkrafttreten der DSGVO dürfte keine Auswirkungen auf die Auslegung und Anwendung von § 9b Abs 2 AdVermG haben (REINHARDT JAmt 2018, 126, 133).

14 Dass dem Adoptivkind wie jedem Kind ein **Recht auf Kenntnis seiner genetischen Herkunft** zusteht (vgl dazu allgemein BVerfGE 79, 256 = FamRZ 1989, 255; BVerfG 13. 2. 2007 – 1 BvR 421/05, BVerfGE 117, 202 m Anm FRANK/HELMS FamRZ 2007, 1277; BVerfG 19. 4. 2016 – 1 BvR 3309/13, FamRZ 2016, 877, 880 f; BGH 28. 1. 2015 – XII ZR 201/13, BGHZ 204, 54 Rn 41 u 54), besagt nichts darüber, wie und von welchem Alter an das Kind über seine Herkunft aufzuklären ist. Die Aufklärung des minderjährigen Kindes ist allein **Aufgabe der personensorgeberechtigten Adoptiveltern**, nicht der mit der Adoptionsvermittlung befassten Stelle (vgl DIV-Gutachten DAVorm 1983, 273). Daran ändert auch der Umstand nichts, dass das Kind selber ab 16 Jahren Einsicht in das Geburtenregister fordern und sich auf diese Weise die notwendigen Kenntnisse verschaffen darf (§ 63 Abs 1 S 1 PStG).

15 Von den mit der Adoptionsvermittlung befassten Fachkräften wird in Übereinstimmung mit der Literatur* der Standpunkt vertreten, dass Adoptivkinder **früh und kindgerecht** mit der Tatsache der Adoption vertraut gemacht werden sollen. „Notlügen" sollen ebenso wie ausweichende Antworten vermieden werden. Am besten

---

* Näheres bei BOHMANN 162 f; DETTENBORN/WALTER 422; EBERTZ 94 ff; HOFFMANN-RIEM 221 ff; HOKSBERGEN, in: PAULITZ (Hrsg), Adoption – Positionen, Impulse, Perspektiven (2. Aufl 2006) 65 ff; JUNGMANN 91 ff; ders Z f Kinder- u Jugendpsychiatrie 1980, 184, 208 f; KINDLER/WALPER/LUX/BOVENSCHEN NZFam 2017, 929, 931; LIFTON 254 ff; NAPP-PETERS 125 ff; SOROSKY/BARAN/PANNOR 76 ff; SWIENTEK, Was Adoptivkinder wissen sollten und wie man es ihnen sagen kann 11 ff; WALPER/WENDT Sonderheft 8 Zeitschrift für Familienforschung (2011) 211, 212 u 220 f; WOLLEK UJ 1999, 147, 148.

sei es, wenn das Kind nicht im eigentlichen Sinn des Wortes „aufgeklärt", sondern von Anbeginn an kindgerecht mit den Umständen der Adoption vertraut gemacht werde und so mit dem Eindruck aufwachse, als habe es immer schon von seiner Adoption gewusst. Kinder, die ihre leiblichen Eltern nie bewusst erfahren haben, leiden unter solchen Informationen nicht, sondern nehmen sie als selbstverständlich hin. Entscheidend ist, dass sie sich bei ihren Adoptiveltern geborgen fühlen. Eine zu späte, ungeschickte oder Dritten überlassene Aufklärung kann zu schweren psychischen Störungen führen. Darauf ist bei der Adoptionsvermittlung hinzuweisen. In den Empfehlungen der Bundesarbeitsgemeinschaft der Landesjugendämter zur Adoptionsvermittlung (7. Aufl 2014) heißt es unter Rn 9. 2:

> „Es ist Aufgabe der Fachkräfte, bei den Adoptiveltern die Einsicht dafür zu wecken bzw wach zu halten, wie elementar wichtig es ist, dass das Kind ‚seine Geschichte' von seinen Adoptiveltern erfährt. [...] Eine Aufdeckung der Adoption, die zu spät, in kritischen Situationen oder durch Dritte erfolgt, erschüttert das Vertrauen des Adoptierten und kann zu schweren Störungen im Familiensystem führen."

Im Übrigen wäre es ein Irrtum, zu glauben, man könne einem Adoptivkind auf Dauer seine Herkunft verheimlichen. Spätestens bei der Eheschließung muss der Adoptierte einen Ausdruck aus dem Geburtenregister vorlegen, aus der sowohl die Tatsache der Adoption als auch die leiblichen Eltern hervorgehen (vgl Rn 8).

V. Zustimmung der Betroffenen – besondere Gründe des öffentlichen Interesses gem Abs 1

Das Offenbarungs- und Ausforschungsverbot besteht nicht, wenn Annehmender **16** und Kind der Aufdeckung des Annahmeverhältnisses zugestimmt haben oder besondere Gründe des öffentlichen Interesses die Offenbarung oder Ausforschung erfordern.

1. Zustimmung der Betroffenen

Nach dem Wortlaut der Vorschrift ist stets **sowohl die Zustimmung des Annehmenden** **17** **als auch die des Kindes** erforderlich (vgl aber Rn 18).

Zunächst stellt sich die Frage, ab welchem Alter es darauf ankommt, dass **(auch) das Kind persönlich** seine Zustimmung erteilt. In Betracht kommt eine analoge Anwendung von § 1746 Abs 1 BGB, der auf die Vollendung des 14. Lebensjahres abstellt (so Gernhuber/Coester-Waltjen § 68 Rn 122; Soergel/Liermann Rn 6a; BeckOGK/Löhnig [1. 7. 2016] Rn 25), oder von § 63 Abs 1 S 1 PStG, wonach es auf die Vollendung des 16. Lebensjahres ankommt (so BGB-RGRK/Dickescheid Rn 9). Naheliegend dürfte eine **entsprechende Anwendung von § 1746 Abs 1 BGB** sein. § 63 Abs 1 S 1 PStG besagt nur, dass ein 16 Jahre altes Kind sich selbst Kenntnis von den Angaben im Geburtseintrag verschaffen kann, nicht aber, ob es eigenverantwortlich beurteilen kann, ob Ausforschungen oder Offenbarungen von dritter Seite ihm zum Nutzen oder Schaden gereichen. Die entsprechende Anwendung von § 1746 Abs 1 BGB stellt außerdem sicher, dass in Übereinstimmung mit zahlreichen anderen Bestimmungen, die dem 14 Jahre alten Kind ein erhöhtes Maß an Selbstbestimmung einräumen (vgl § 1746 Rn 2), das 14 Jahre alte Kind es nicht hinnehmen muss, dass die Tatsache der Adoption gegen seinen Willen aufgedeckt wird. Zum gleichen Ergebnis führt es im vorliegenden Kontext, wenn sich manche Autoren für eine Kombination beider Vorschriften aussprechen (ERMAN/SAAR Rn 5; NK-BGB/DAHM Rn 9), denn das hat zur Konsequenz, dass ab Vollendung des 14. Lebensjahres die Auskunft an die Zustimmung (auch) des Kindes gebunden ist.

18 Darüber hinaus ist aber auch fraglich, ob das **Kind nicht ab einem bestimmten Alter alleine** über die Aufrechterhaltung des Offenbarungs- und Ausforschungsverbots zu entscheiden hat. Der Wortlaut der Vorschrift scheint keine entsprechende Differenzierung zuzulassen, sodass nach traditionell hM daran festgehalten wurde, dass stets die Zustimmung von Kind und Eltern erforderlich sei (STAUDINGER/FRANK [2007] Rn 11; BeckOGK/LÖHNIG [1. 7. 2016] Rn 25; SOERGEL/LIERMANN Rn 6a; BayObLG 7. 2. 1996 – 1 Z BR 72/95, FamRZ 1996, 1436, 1437). Auf diesem Verständnis beruht etwa auch Nr 63. 1. 2 PStG-VwV, der bestimmt: „Die Nutzungsbeschränkungen nach § 63 Absatz 1 des Gesetzes (PStG) entfallen bei Zustimmung des Annehmenden *und* des Angenommenen zu der Benutzung" (vgl Rn 8). Systematische und teleologische Erwägungen sprechen jedoch für ein anderes Verständnis: Das strikte Offenbarungs- und Ausforschungsverbot des § 1758 BGB ist auch Ausfluss des elterlichen Sorgerechts und des besonderen Schutzes, den ein Adoptivkind für ein behütetes Aufwachsen benötigt (vgl Rn 2 f), beides gilt jedoch nur für den Zeitraum der Minderjährigkeit. So ist die hM auch der Auffassung, dass § 1758 BGB auf Erwachsenenadoptionen von vornherein keine Anwendung findet (vgl § 1767 Rn 49). Darüber hinaus gilt die Vorschrift unstr nicht im Verhältnis zwischen Adoptiveltern und ihrem Kind (vgl Rn 12). Dann muss aber spätestens das volljährig gewordene Kind auch allein darüber entscheiden können, ob und gegenüber wem die Adoption offenbart wird (iE VG Stuttgart 7. 7. 2015 – 7 K 803/14, BeckRS 2015, 55621; KEMPER, in: Handkommentar Adoptionsrecht[2] § 1758 Rn 5: soweit das Kind bei seinen Eltern ausgezogen sei). Ob etwa Kontaktaufnahmeversuche von leiblichen Geschwistern weitergeleitet werden, entscheiden volljährige Adoptivkinder damit alleine und sind nicht von der Zustimmung ihrer Adoptiveltern abhängig (soweit das Kind bei seinen Eltern ausgezogen sei: REINHARDT JAmt 2008, 457, 460; ders, in: Handkommentar Adoptionsrecht[2] § 9 AdoptVermG Rn 13; wohl auch WIESNER/ELMAUER, SGB VIII § 9b AdoptVermG Rn 5; iE auch HOFFMANN 2015, 590, 593 auf der Grundlage sozialdatenrechtlicher Erwägungen; **aA** BayObLG 7. 2. 1996 – 1 Z BR 72/95, FamRZ 1996, 1436, 1437). Mittlerweile wird aus der entsprechenden Anwendung des § 63 Abs 1 S 1 PStG (vgl Rn 17) teilweise sogar die Schlussfolgerung gezogen, dass schon dem 16 Jahre alten Kind die alleinige Zustimmungsbefugnis zustehe (MünchKomm/MAURER Rn 26; ERMAN/SAAR Rn 5; wohl auch NK-BGB/DAHM Rn 9, 13 u 15). Lässt man mit der hier vertretenen Auffassung zumindest das volljährig gewordene Kind nach § 1758 Abs 1 BGB allein entscheiden, sind die Adoptiveltern nicht schutzlos gestellt. Vielmehr greifen die allgemeinen datenschutzrechtlichen Bestimmungen sowie der Anspruch auf Schutz ihres Allgemeinen Persönlichkeitsrechts (Art 1 Abs 1, 2 Abs 1 GG).

2. Besondere Gründe des öffentlichen Interesses

19 Die Aufdeckung des Annahmeverhältnisses ist zulässig, wenn besondere Gründe des öffentlichen Interesses dies erfordern. Die Aufdeckung des Annahmeverhältnisses muss also notwendig sein, um den im öffentlichen Interesse liegenden Zweck zu erreichen. Es darf kein anderes, das Geheimhaltungsinteresse der Betroffenen we-

niger tangierendes Mittel zur Verfügung stehen, und es dürfen nur diejenigen Umstände offenbart und ausgeforscht werden, auf deren Aufdeckung es entscheidend ankommt. Außerdem muss es sich um „besondere" Gründe des öffentlichen Interesses handeln; es muss also immer eine **Abwägung** zwischen dem Geheimhaltungsinteresse einerseits und dem mit der Aufdeckung angestrebten Zweck vorgenommen werden. Auch nach einer Aufdeckung der Annahme wegen besonderer Gründe des öffentlichen Interesses bleiben die ermittelnden Personen und Behörden an § 1758 Abs 1 BGB gebunden. Sie dürfen die gewonnenen Informationen nur zweckbestimmt verwerten.

Besondere Gründe des öffentlichen Interesses können sich vor allem aus dem Fort- **20** wirken der natürlichen Verwandtschaft ergeben (Näheres vgl § 1755 Rn 14). So erlaubt das Eheverbot der leiblichen Verwandtschaft (§ 1307 BGB) entsprechende Nachforschungen, weshalb dem Standesbeamten bei der Eheschließung ein Ausdruck aus dem Geburtenregister vorgelegt werden muss (§ 12 Abs 2 Nr 1 PStG, § 13 PStG iVm Nr 12.4.1 Ziffer 2 PStG-VwV). Ermittlungen, welche eine Annahme aufdecken, können erforderlich werden, soweit die leibliche Verwandtschaft im Strafrecht ihre teils privilegierende, teils strafbegründende Bedeutung behält (§§ 173 Abs 1, 174 Abs 1 Nr 3 StGB). Entsprechendes gilt im gerichtlichen und Verwaltungsverfahren, wo leibliche Verwandte eines Verfahrensbeteiligten von bestimmten Tätigkeiten, zB als Richter, Notar, Verwaltungsbeamter, ausgeschlossen bleiben (vgl § 1755 Rn 14). Bezüglich des aus der Zugehörigkeit zur Ursprungsfamilie abgeleiteten Zeugnisverweigerungsrechts (vgl § 1755 Rn 14) wird zT die Ansicht vertreten, dass hier das Geheimhaltungsinteresse nur ausnahmsweise, etwa bei der Aufklärung schwerer Delikte, zurückstehen müsse (Soergel/Liermann Rn 7; Roth-Stielow Rn 8). Da jedoch das Offenbarungsverbot, vom konkreten Verfahren abgesehen, nicht aufgehoben ist, wird man ein besonderes öffentliches Interesse generell bejahen müssen (MünchKomm/Maurer Rn 44).

Private Interessen Dritter werden vom Gesetz nicht erwähnt. Fälle, in denen schüt- **21** zenswerte Drittinteressen auf dem Spiele stehen, ohne dass gleichzeitig besondere Gründe des öffentlichen Interesses tangiert wären, dürften indessen selten sein (vgl Gernhuber/Coester-Waltjen § 68 Rn 122). Das OVG Münster (FamRZ 1985, 204; auch VG Würzburg FamRZ 1994, 1201) hat entschieden, dass nach einer Inkognitoadoption die Benennung des zuständigen Gerichts sowie des Aktenzeichens zwecks Durchführung eines Adoptionsaufhebungsverfahrens jedenfalls dann nicht im öffentlichen Interesse liegt, wenn das Aufhebungsverfahren offensichtlich aussichtslos ist. Selbst wenn das angestrebte Aufhebungsverfahren nicht aussichtslos gewesen wäre, hätten nicht „besondere Gründe des öffentlichen Interesses", sondern nur das durch §§ 1759 f BGB geschützte eigene Interesse der Kindesmutter eine Lüftung des Inkognitos gerechtfertigt. Trotz des Wortlauts von § 1758 Abs 1 BGB sollte man deshalb den Weg zu der für den Persönlichkeitsschutz ohnehin typischen Güterabwägung nicht versperren (so auch Gernhuber/Coester-Waltjen § 68 Rn 122; MünchKomm/Maurer Rn 31; Erman/Saar Rn 5; jurisPK-BGB/Heiderhoff Rn 11). Auskunft darf freilich nur insoweit erteilt werden, als sie für eine zweckentsprechende Rechtsverfolgung im Aufhebungsverfahren unbedingt erforderlich ist (OLG Karlsruhe DAVorm 1996, 390, 391). Dies gilt auch dann, wenn im Falle paralleler Adoptionsverfahren rechtliches Gehör auf andere Weise nicht effektiv gewährt werden kann (BayObLG FamRZ 1991, 224, 226).

22 Die gleiche Frage wird mittlerweile für **biologische Väter** diskutiert, denen nach § 1686a BGB unter gewissen Voraussetzungen – trotz Adoption ihres Kindes – weiterhin ein Umgangsrecht zustehen kann (vgl § 1751 Rn 15). Das VG Neustadt/Weinstraße hat es im Hinblick auf die aus Art 8 EMRK resultierenden Rechte des potenziellen biologischen Vaters für möglich gehalten, dass die Adoptionsvermittlungsstelle zur Auskunft verpflichtet sein könnte (VG Neustadt/Weinstraße 2. 10. 2015 – 4 K 292/15. NW, FamRZ 2016, 148, 150 m Anm Hammer; BeckOK/Pöcker Rn 9. 1), während nach der Gegenansicht im Falle einer Inkognitoadoption die Regeln über den Sozialdatenschutz einer Auskunftserteilung – ohne Einwilligung von Adoptiveltern und Kind – stets entgegen stehen (Hoffmann JAmt 2015, 590, 591 ff).

23 In aller Regel kein ausreichend gewichtiges Interesse werden im Rahmen von § 13 Abs 2 S 2 FamFG iVm § 1758 BGB **Großeltern** bei der Adoption ihres Enkelkindes geltend machen können, wenn sie vortragen, es sei versäumt worden, sie im Adoptionsverfahren anzuhören und die Option ihrer Bestellung zum Vormund zu prüfen (OLG Düsseldorf 17. 12. 2013 – I-3 Va 7/13, FamRZ 2014, 1480 f). Das Gleiche gilt, wenn leibliche Großeltern ihr Enkelkind aufspüren wollen, um es zum Erben einzusetzen (VG Stuttgart 7. 7. 2015 – 7 K 803/14, BeckRS 2015, 55621). Nicht ausreichend ist auch das Interesse der **Kinder des Annehmenden**, sich zwecks Vorbereitung ihrer Anhörung im Adoptionsverfahren (vgl § 1745 Rn 22) über den Akteninhalt informieren zu wollen (OLG Düsseldorf 20. 9. 2017 – II-3 WF 120/17, NZFam 2018, 91).

VI. Vorwirkung des Offenbarungs- und Ausforschungsverbots

1. Die Regelung des Abs 2

24 Gem § 1758 Abs 2 S 1 BGB setzt das Offenbarungs- und Ausforschungsverbot bereits ein, sobald die leiblichen Eltern die Einwilligung in die Adoption erteilt haben. Darüber hinaus kann das FamG (auch durch einstweilige Anordnung) bestimmen, dass die Wirkung des Abs 1 schon eintreten soll, wenn das Verfahren auf Ersetzung der elterlichen Einwilligung eingeleitet worden ist (§ 1758 Abs 2 S 2 BGB). Die Mitteilung der Geburt durch den Standesbeamten an die Meldebehörde am Wohnsitz der leiblichen Eltern unterbleibt, wenn dem Standesbeamten durch eine Adoptionsvermittlungsstelle mitgeteilt wurde, dass das Kind unmittelbar nach der Geburt in Adoptionspflege gegeben worden ist (Nr 68. 1. 1 PStG-VwV). Auf diese Weise soll bereits das Adoptionspflegeverhältnis gegen Störungsversuche der leiblichen Eltern geschützt werden.

25 Die erst auf Antrag des Rechtsausschusses (BT-Drucks 7/5087, 18 f) eingefügte Bestimmung des Abs 2 ist **ohne große praktische Bedeutung** geblieben, was auch ihre spärliche Resonanz in Rspr u Schrifttum beweist. Der Schutz des Adoptionspflegeverhältnisses wird durch §§ 1632 Abs 4, 1688 Abs 1 BGB zufriedenstellend gewährleistet. Ein förmlicher Auskunftsanspruch der leiblichen Eltern, deren Sorge- und Umgangsrecht nach § 1751 Abs 1 S 1 BGB ruht, und den es abzuwehren gälte, besteht nach Aufhebung von § 1634 Abs 3 S 1 aF durch das KindRG v 1997 auch nicht mehr.

26 Das Offenbarungs- und Ausforschungsverbot nach Abs 2 gilt wie das nach Abs 1 für jedermann und schützt das Geheimhaltungsinteresse der künftigen Adoptiveltern

Titel 7 · Annahme als Kind
Untertitel 1 · Annahme Minderjähriger § 1758

nicht nur gegenüber den leiblichen Eltern, sondern **auch gegenüber Pflegeeltern**, die eine Herausgabe des Pflegekindes an die Adoptionsbewerber zu verhindern suchen (vgl BVerfGE 79, 51, 68 = FamRZ 1989, 31, 35).

Eine **über Abs 2 hinausgehende Vorverlagerung** des Offenbarungs- und Ausforschungsverbots auf Fälle, bei denen eine Adoption lediglich erwogen wird, ist rechtlich nicht zulässig (MünchKomm/MAURER Rn 14; **aA** LG Berlin DAVorm 1980, 936, 939; AG Birkenfels DAVorm 1989, 1034; ERMAN/SAAR Rn 3; PALANDT/GÖTZ Rn 6). **27**

Eine familiengerichtliche Anordnung nach Abs 2 S 2 ist möglich, sobald ein Antrag auf Ersetzung gestellt ist. Wird der **Antrag auf Ersetzung abgelehnt**, so kann die Anordnung im Hinblick auf eine eventuelle Beschwerde weiterhin getroffen werden (AG Königstein ZfJ 1989, 212, wo allerdings nach Ablehnung der Ersetzung die Auskunftssperre nur im Wege einer einstweiligen Anordnung erging; DIV-Gutachten ZfJ 1988, 338 zu demselben Verfahren). **28**

2. Möglichkeiten der Wahrung des Inkognitos im Adoptionsverfahren und bei späteren Verfahren zwischen Kind und leiblichen Eltern

Da leibliche Eltern und Adoptiveltern am Adoptionsverfahren grundsätzlich beteiligt sind, stellt sich die Frage, wie das Inkognito gewahrt werden kann, während des gesamten Verfahrens. Zur Einwilligungserklärung des Kindes, das durch seine Eltern vertreten wird, vgl § 1746 Rn 7 ff; zur Einwilligung der Eltern in eine Inkognitoadoption vgl § 1747 Rn 61; zur Ersetzung der elterl Einwilligung in eine Inkognitoadoption vgl § 1748 Rn 42; zur (Nicht-)Beteiligung im Annahmeverfahren im Falle einer Inkognitoadoption vgl § 1752 Rn 21; zur Wahrung des Inkognitos bei der Bekanntmachung des Adoptionsbeschlusses an die leibl Eltern vgl § 1752 Rn 41; zur Vaterschaftsfeststellung während und nach der Adoption vgl § 1755 Rn 18 ff und § 1747 Rn 24. Auch bei anderen Verfahren zwischen Kind und leiblichen Eltern, insbes bei der Geltendmachung von Unterhaltsrückständen (vgl LG Hof ZBlJugR 1966, 270; ZARBOCK ZBlJugR 1967, 140, 150) gelten die zur Wahrung des Inkognitos bei der Vaterschaftsfeststellung gemachten Ausführungen. **29**

VII. Sanktionen bei Verstößen gegen das Offenbarungs- und Ausforschungsverbot

Der Gesetzgeber hat bewusst davon abgesehen, besondere Sanktionen für den Verstoß gegen § 1758 BGB vorzusehen (RegE BT-Drucks 7/3061, 46). Dem Adoptivkind und dem Annehmenden steht aber das allg Instrumentarium zivil- und öffentlichrechtl Sanktionen zur Verfügung. **30**

1. Zivilrechtliche Sanktionen

§ 1758 BGB ist ein Schutzgesetz iSv § 823 Abs 2 BGB, stellt eine spezialgesetzliche Regelung des allg Persönlichkeitsrechts dar und berechtigt deshalb nicht nur zum Ersatz des materiellen, sondern unter den von der Rspr entwickelten Grundsätzen auch zum Ersatz des immateriellen Schadens. Aus § 1758 BGB können sich außerdem in entsprechender Anwendung von § 1004 BGB Unterlassungs- und Beseitigungsansprüche ergeben (GERNHUBER/COESTER-WALTJEN § 68 Rn 121; ERMAN/SAAR Rn 6; **31**

NK-BGB/Dahm Rn 23). Aktiv legitimiert sind sowohl das Kind als auch der Annehmende.

2. Öffentlichrechtliche Sanktionen

32 Gegenüber Amtsträgern können Kind und Annehmender die Wahrung des Adoptionsgeheimnisses durch Dienstaufsichtsbeschwerde und verwaltungsgerichtliche Leistungsklage in Form der Unterlassungsklage erzwingen. Bei bereits erfolgter Verletzung stehen ihnen Ersatzansprüche nach Art 34 GG iVm § 839 BGB zu.

§ 1759
Aufhebung des Annahmeverhältnisses

Das Annahmeverhältnis kann nur in den Fällen der §§ 1760, 1763 aufgehoben werden.

Materialien: BT-Drucks 7/3061, 24 ff, 46; BT-Drucks 7/5087, 7 ff, 19. S Staudinger/BGB-Synopse (2005) § 1759.

Systematische Übersicht

I. Normzweck und Entstehungsgeschichte 1	III. Verhältnis des Aufhebungsverfahrens zu anderen Verfahren
II. Unwirksamkeit und Aufhebbarkeit	1. Verfassungsbeschwerde und Anhörungsrüge 16
1. Allgemeines 7	2. Wiederaufnahme des Verfahrens 27
2. Unwirksamkeit aus materiellen Gründen 9	IV. Aufhebung und Beteiligteninteressen 28
3. Unwirksamkeit aus formellen Gründen 14	V. Aufhebungsverfahren
4. Geltendmachung der Unwirksamkeit 15	1. Zuständigkeit 32
	2. Gang des Verfahrens und Beteiligte 33
	3. Entscheidung und Rechtsmittel 37

I. Normzweck und Entstehungsgeschichte

1 Unter der **Geltung des Vertragssystems**, also vor Inkrafttreten des AdoptG v 1976, war die Bestandskraft des Annahmeverhältnisses nur unzureichend gewährleistet. Das Annahmeverhältnis war nicht nur nach Maßgabe der §§ 1770a, 1770b aF aufhebbar, sondern teilte wegen seiner vertragsrechtlichen Natur auch die allg Bestandsrisiken schuldrechtlicher Verträge. Es galten die allg Nichtigkeits- und Anfechtungsgründe (Verstoß gegen die guten Sitten, Irrtum, Täuschung, Drohung; zur Kritik vgl Staudinger/Engler[10/11] § 1755 Rn 30 ff). Darüber hinaus konnte das Annahmeverhältnis durch Vertrag jederzeit wieder aufgehoben werden (§ 1768 aF), wobei allerdings der Aufhebungsvertrag vormundschaftsgerichtlich genehmigt und gerichtlich bestätigt werden musste (§§ 1770, 1751, 1754 aF).

Ein wesentliches Anliegen der **Adoptionsrechtsreform** v 1976 war es, dem Annahmeverhältnis **verstärkten Bestandsschutz** zu verleihen (BT-Drucks 7/3061, 25–27; BT-Drucks 7/5087, 7 f; BOSCH, Gutachten für den 44. DJT [1962], Verh Bd I 1 B, 118; ENGLER 86 ff; LÜDERITZ 84; vgl auch STAUDINGER/ENGLER[10/11] § 1755 Rn 30 ff) und so dem Prinzip der Volladoption Rechnung zu tragen. Dem entspricht es, dass § 197 Abs 3 FamFG den Annahmebeschluss für unanfechtbar und nicht abänderbar erklärt und das Gesetz in den §§ 1759 ff BGB die Aufhebung des Annahmeverhältnisses an eng begrenzte Voraussetzungen knüpft. Hiermit trägt das deutsche Recht auch Art 14 Abs 2 EuAdoptÜbEink(rev) Rechnung, wonach eine Adoption nur „aus schwerwiegenden Gründen aufgehoben werden" darf (vgl bereits inhaltsgleich Art 13 Abs 2 EuAdoptÜbEink v 1967). Eine Aufhebung kraft Gesetzes ist nur für den Sonderfall des § 1766 BGB vorgesehen. Mängel, die dem Adoptionsdekret anhaften, berechtigen – soweit sie in § 1760 BGB für beachtlich erklärt sind – lediglich zur Aufhebung durch richterlichen Beschluss. Die Berufung auf allg rechtsgeschäftliche Unwirksamkeits- bzw Anfechtungsgründe ist ausgeschlossen, eine Konsequenz, die sich zwingend aus dem Übergang zum Dekretsystem ergibt. 2

Der Gesetzgeber hat bewusst davon abgesehen, das Annahmeverhältnis gänzlich unauflöslich auszugestalten. Ähnlich wie bei der Eheschließung (Aufhebbarkeit gem §§ 1313 ff BGB) konnte der Gesetzgeber auch bei der Adoption nicht über **gravierende Mängel bei der Begründung des Statusverhältnisses** einfach hinweggehen. Die Nichtbeachtung von Mitwirkungsrechten der leiblichen Eltern, des Kindes oder der Annehmenden führt nach Maßgabe der §§ 1760, 1761 BGB zur Aufhebbarkeit des Annahmeverhältnisses. 3

Eine **Aufhebung zum Wohl des Kindes** trotz fehlerfrei zustande gekommener Adoption sieht § 1763 BGB vor. Von einer gravierenden Ungleichbehandlung leiblicher und angenommener Kinder kann indessen nicht die Rede sein; denn § 1763 Abs 1 iVm Abs 3 lit b BGB ist das notwendige Korrelat des (nicht unproblematischen) § 1742 BGB, der eine Zweitadoption von der vorherigen Aufhebung der Erstadoption abhängig macht (als „plausibel" bezeichnet dieses Konzept BVerfG 8. 6. 2015 – 1 BvR 1227/14, FamRZ 2015, 1365; vgl auch BGH 12. 3. 2014 – XII ZB 504/12, FamRZ 2014, 930, 932 Rn 17). So gesehen bewirkt § 1763 BGB sogar die Gleichstellung leiblicher und angenommener Kinder, sieht man einmal von § 1763 Abs 2 iVm Abs 3 lit a BGB ab, der bei der Adoption durch ein Ehepaar die Aufhebung des Annahmeverhältnisses zwischen dem Kind und nur einem Ehegatten auch ohne Zweitadoption erlaubt. Soweit § 1763 Abs 3 lit a BGB eine Aufhebung des Annahmeverhältnisses auch gestattet, „wenn ein *leiblicher* Elternteil bereit ist, die Pflege und Erziehung des Kindes zu übernehmen, und wenn die Ausübung der elterlichen Sorge durch ihn dem Wohl des Kindes nicht widersprechen würde", handelt es sich in Wirklichkeit um eine „Rückadoption" des Kindes durch seine leiblichen Eltern (oder einen Elternteil), die aber das Gesetz nicht vorsieht, weil mit der Aufhebung der Adoption das natürliche Verwandtschaftsverhältnis kraft Gesetzes (§ 1764 Abs 3 BGB) wiederauflebt und nur die Rückübertragung des Sorgerechts von einer familiengerichtlichen Entscheidung abhängt (§ 1764 Abs 4 BGB).

Bei einer Minderjährigenadoption kommt während der Minderjährigkeit des Angenommenen eine Aufhebung nach § 1763 BGB in Betracht. Demgegenüber gilt § 1771 S 1 BGB nur für Annahmeverhältnisse, die „zu einem Volljährigen begründet" worden sind. **Nach Erreichung des Volljährigkeitsalters** scheidet daher im Falle einer Minderjährigenadoption nach dem klaren Gesetzeswortlaut eine Aufhebung sowohl gem § 1763 BGB als auch gem § 1771 S 1 BGB aus, Näheres vgl § 1763 Rn 4 f und § 1771 Rn 5.

4 **Rechtsvergleichend** gesehen beschränken manche Länder die Aufhebbarkeit einer Adoption strenger als das deutsche Recht oder verbieten sie komplett, lassen aber eine Zweitadoption unter den gleichen oder zumindest ähnlichen *(Portugal* Art 1975 Abs 2 Cc) Voraussetzungen zu wie eine Erstadoption, das gilt für *England* (Sect 46 Abs 5 und Sect 67 Abs 1 Adoption and Children Act 2002), *Frankreich* (Art 359, 360 Abs 2 Cc aber nur als schwache Adoption im Falle einer vorangehenden starken Adoption) und auch *Spanien* (FRANK StAZ 2016, 33, 35 auch mit Hinw zu weiteren Rechtsordnungen). Ähnlich wie im deutschen Recht sind die Aufhebungsgründe in *Österreich* (§ 200 f ABGB), doch kann dort, wie etwa auch in *Griechenland* (Art 1573 ZGB) eine Minderjährigenadoption nach Eintritt der Volljährigkeit einvernehmlich aufgelöst werden (§ 201 Nr 4 ABGB).

5 Die rechtliche Stabilität von Annahmeverhältnissen wird durch die **Angaben des Statistischen Bundesamtes** (vgl auch Vorbem 32 zu §§ 1741 ff) unterstrichen. Im Jahre 1985 wurden nach §§ 1760, 1763 BGB insges nur 18 Adoptionen aufgehoben, 2000 waren es 23 und 2017 waren es nur 8. Andererseits beweist die Statistik, dass die Reform des Adoptionsrechts im Jahre 1976 die Lebenswirklichkeit nur in bescheidenem Maße beeinflusst hat. Auch vor der Reform lagen die Aufhebungen nur bei ca 30–35 im Jahresdurchschnitt (Zusammenstellung MünchKomm/MAURER Vor § 1741 Rn 12); allerdings waren die Fälle der früheren Nichtigkeit (vgl Rn 1) statistisch nicht miterfasst. Von den Zahlen nicht erfasst wird auch (da sich die Statistiken nur auf Minderjährigenadoptionen beziehen) die Aufhebung von Erwachsenenadoptionen gem § 1771 Abs 1 S 1 BGB, die nach den Erfahrungen aus der Praxis nicht ganz so selten ist. Außerdem erlauben die Zahlen – angesichts der hohen rechtlichen Hürden, die einem erfolgreichen Verfahrensabschluss entgegenstehen, – keine Rückschlüsse darauf, wie oft eine Aufhebung der Adoption gewünscht oder sogar erfolglos beantragt wird (zu Stiefkindadoptionen vgl die Nachweise bei § 1741 Rn 67).

6 Die Aufhebung einer **Volljährigenadoption** ist in § 1771 BGB selbständig geregelt. Soweit die Adoption an Begründungsmängeln leidet, verweist allerdings § 1771 S 2 BGB auf § 1760 BGB. Die Aufhebung wegen nachträglichen Scheiterns ist aber nach § 1771 S 1 BGB von anderen Voraussetzungen abhängig als in § 1763 BGB. Demgegenüber kann eine Volljährigenadoption mit den Wirkungen des § 1772 BGB gem § 1772 Abs 2 S 1 BGB nur wegen Erklärungsmängeln unter entsprechender Anwendung von § 1760 Abs 1 bis 5 BGB aufgehoben werden (vgl § 1772 Rn 14 f).

II.   Unwirksamkeit und Aufhebbarkeit

1.   Allgemeines

7 Die Aufhebung des Annahmeverhältnisses setzt dessen Wirksamkeit voraus. **Aus-**

landsadoptionen werden entweder nach Maßgabe des von der Bundesrepublik Deutschland am 22. 11. 2001 ratifizierten Haager Übereinkommens von 1993 ex lege oder – soweit das Abkommen nicht anwendbar ist – nach §§ 108, 109 FamFG anerkannt, wobei das FamFG kein obligatorisches förmliches Anerkennungsverfahren vorsieht. Die Aufhebung der Adoption richtet sich gem der sog Wirkungserstreckungslehre nach dem Recht, welches das Zustandekommen der Adoption beherrscht, bei Auslandsadoptionen idR also nach ausländischem Recht. Etwas anderes gilt dann, wenn das Annahmeverhältnis nach § 3 Abs 2 AdWirkG vom 2. 11. 2001 später in ein solches nach den deutschen Sachvorschriften umgewandelt wurde. Vor Inkrafttreten des AdWirkG, das nunmehr auch ein fakultatives Anerkennungs- und Wirkungsfeststellungsverfahren vorsieht (§ 2 AdWirkG), waren Auslandsadoptionen im Inland oft „sicherheitshalber" wiederholt worden, was zu einem unerfreulichen Nebeneinander von Auslands- und Inlandsadoptionen mit unterschiedlichen Wirkungen geführt hat (Näheres bei FRANK StAZ 2003, 257; MünchKomm/HELMS Art 22 EGBGB und AdWirkG; STAUDINGER/HENRICH [2019] Art 22 EGBGB Rn 1 ff).

Der Gesetzgeber hat – unter Hinweis auf die geringe praktische Relevanz – von **8** einer Regelung der Fälle, in denen **Nichtigkeit** des Annahmedekrets anzunehmen ist, abgesehen (BT-Drucks 7/3061, 46). Die in § 1760 BGB normierten Aufhebungsgründe machen deutlich, dass das Ges selbst an schwerste Verstöße gegen materielles Recht nicht die Sanktion der Nichtigkeit, sondern grds die der Aufhebbarkeit knüpft. Gleichwohl sind Fälle, in denen der Annahmebeschluss mit so schwerwiegenden Fehlern behaftet ist, dass ihm jegliche Rechtswirkungen abzusprechen sind, nicht gänzlich auszuschließen.

2. Unwirksamkeit aus materiellen Gründen

Ein Adoptionsbeschluss kann im Einzelfall keinerlei Rechtswirkungen erzeugen, **9** wenn die durch ihn ausgesprochene Adoption mit **grundlegenden Wertungen des Gesetzes schlechthin unvereinbar** ist (ausführlich HEPTING/DUTTA, Familie und Personenstand[2] Rn V-394 ff; KISSNER StAZ 2004, 189, 192 f). Nach einer in der Rspr verwendeten Standardformel ist von Nichtigkeit auszugehen, „wenn es an jeder gesetzlichen Grundlage für die Entscheidung fehlt oder wenn die Entscheidung einer der Rechtsordnung ihrer Art nach unbekannte Rechtsfolge anordnet" (vgl BGH FamRZ 17. 6. 2015 – XII ZB 730/12, FamRZ 2015, 1479, 1481 [Rn 28] betr Anerkennungsentscheidung nach AdWirkG; OLG Hamm 30. 4. 2014 – I-15 W 358/13, StAZ 2015, 83, 84; BayObLG 23. 9. 2004 – 1 Z BR 80/04, FamRZ 2005, 1010, 1011; BayObLG 12. 6. 2002 – 1 Z BR 56/10, FamRZ 2002, 2002, 1649, 1650; OLG Karlsruhe 23. 12. 1998 – 4 W 7/97, FamRZ 2000, 115 jew betr namensrechtlichen Folgen eines Adoptionsdekrets). Zur Nichtigkeit **fehlerhafter Namensbestimmungen** im Adoptionsdekret vgl § 1757 Rn 15.

Die **gemeinschaftliche Annahme eines Kindes durch Personen, die nicht miteinander 10 verheiratet oder verpartnert sind** (zB Partner einer gleich- oder verschiedengeschlechtlichen nichtehelichen Lebensgemeinschaft oder Geschwister), ist als nichtig anzusehen (ebenso HEPTING/DUTTA, Familie und Personenstand[2] Rn V-404; WALL StAZ 2012, 280, 281 [betr Geschwister]; KRÖMER StAZ 1999, 379 f; ERMAN/SAAR Rn 2; BayObLGZ 1996, 77, 80 = FamRZ 1996, 1034, 1035; LG Bad Kreuznach StAZ 1985, 167; **aA** MünchKomm/MAURER Rn 15 f; BeckOK/PÖCKER § 1752 Rn 7.1). Daran ändert sich auch nichts dadurch, dass es inzwischen zahlreiche ausländische Rechtsordnungen gibt, welche die gemeinschaftliche Annahme durch nichtverheiratete verschieden- oder auch gleichgeschlechtliche Paare (zB Belgien, Dänemark, England, Italien, Niederlande, Norwegen, Portugal und Spanien) zulassen (Nachweise vgl § 1741 Rn 55 u 87). Dem deutschen Recht bleibt (auch wenn man rechtspolitisch eine andere Lösung favorisieren mag) bislang die gemeinschaftliche Annahme durch Personen fremd, die nicht durch eine verrechtlichte Paarbeziehung verbunden sind. Ebenfalls auf einem anderen Blatt steht, dass man nach ausländischem Recht legal begründeten Statusverhältnissen im Inland nicht automatisch die Anerkennung versagen kann. Daher steht dem hier vertretenen Ergebnis auch nicht der Umstand entgegen, dass der Bundesgerichtshof eine nach südafrikanischem Recht durchgeführte Adoption durch nichteheliche Lebenspartner nicht als Verstoß gegen den ordre public-Vorbehalt des § 109 Abs 1 Nr 4 FamFG gewertet hat (BGH FamRZ 17. 6. 2015 – XII ZB 730/12, FamRZ 2015, 1479, 1482 f [Rn 36 ff]). Für die gemeinschaftliche Annahme durch **Partner einer eingetragenen Lebenspartnerschaft** gilt das Nichtigkeitsverdikt spätestens seit Zulassung der Sukzessivadoption (vgl § 1741 Rn 86) allerdings nicht mehr (anders noch STAUDINGER/ FRANK [2007] Rn 6).

11 Rechtlich wirkungslos ist die **Annahme des eigenen ehelichen Kindes** durch einen Elternteil (vgl § 1741 Rn 83), ebenso die **Annahme des eigenen nichtehelichen Kindes**, die bis zum KindRG v 1997 noch möglich war (§ 1741 Abs 3 S 2 aF). Nimmt allerdings ein Elternteil das eigene Kind (unzulässigerweise) **gemeinschaftlich mit seinem Ehegatten** an (für die Anerkennung einer Auslandsadoption in einem solchen Fall OLG Schleswig 4. 8. 2015 – 12 UF 196/14, FamRZ 2015, 1985, 1986), bleibt die Adoption durch den Ehegatten wirksam und entfaltet die normalen Wirkungen einer Stiefkindadoption (vgl § 1754 Rn 5). Wird eine **Einzeladoption mit Zustimmung des anderen Ehegatten** ausgesprochen, obwohl die Voraussetzungen von § 1741 Abs 2 S 4 BGB nicht erfüllt sind, ist der Adoptionsbeschluss gleichwohl wirksam und nicht nichtig (vgl § 1741 Rn 57).

12 Auch eine entgegen § 1742 BGB vorgenommene **Zweitadoption** ist nicht nichtig, sondern lediglich unter den Voraussetzungen der §§ 1760, 1763 BGB aufhebbar (Näheres vgl § 1742 Rn 16). Das Gleiche gilt bei einem Verstoß gegen die **Mindestaltersgrenzen** des § 1743 BGB (vgl § 1743 Rn 9). Keine Rechtswirkungen entfaltet aber ein Adoptionsdekret, bei dessen Wirksamwerden das **Kind bereits verstorben** ist (vgl § 1753 Rn 3). Spricht ein Gericht in analoger Anwendung des § 1755 Abs 2 BGB aus, dass ein Adoptivkind die rechtliche Stellung eines gemeinschaftlichen Kindes von *geschiedenen* Ehegatten erlangt, ist dieser Beschluss zwar fehlerhaft, aber nicht nichtig (vgl § 1755 Rn 4).

13 Wird ein **Volljähriger nach den Vorschriften über die Minderjährigenadoption** angenommen, so ist der Adoptionsbeschluss wirksam; der Standesbeamte hat die Adoption als Minderjährigenadoption einzutragen (BayObLGZ 1996, 77, 80 = FamRZ 1996, 1034, 1035 m Anm LIERMANN FamRZ 1997, 112; AG Kempten StAZ 1990, 108). Entsprechendes gilt, wenn die Annahme eines Minderjährigen irrig nach den Vorschriften über die Volljährigenadoption verfügt wird (Näheres vgl § 1741 Rn 12 u § 1770 Rn 22). Zur Nichtigkeit einer Volljährigenadoption vgl auch § 1771 Rn 3. Das Gleiche gilt, wenn eine **einfache Volljährigenadoption** nach § 1770 BGB beantragt wird, das FamG aber versehentlich eine Volladoption nach § 1772 BGB ausspricht (vgl § 1772 Rn 19).

3. Unwirksamkeit aus formellen Gründen

Besonders schwere Verfahrensverstöße können zur Nichtigkeit des Adoptionsdekrets 14
führen. Nichtigkeit ist anzunehmen, wenn ein anderes Gericht oder eine andere
Behörde als das AG den Annahmebeschluss erlassen hat (ERMAN/SAAR Rn 2; Münch-
Komm/MAURER Rn 27; BeckOGK/LÖHNIG [15. 12. 2018] Rn 7). Die Nichtbeachtung der örtlichen Zuständigkeit des Gerichts (§ 2 Abs 3 FamFG) oder die Mitwirkung eines
kraft Gesetzes ausgeschlossenen Richters (§ 6 FamFG, §§ 41 ff ZPO) führen hingegen nicht zur Unwirksamkeit (PRÜTTING/HELMS/PRÜTTING[4] § 6 FamFG Rn 16). Das
Gleiche gilt, falls eine falsche Abteilung des AG (nicht das FamG) die Adoption
ausgesprochen hat. Hat der funktionell unzuständige Rechtspfleger (vgl § 14 Abs 1
Nr 15 RPflG) die Annahme ausgesprochen, ist der Beschluss unwirksam (§ 8 Abs 4
S 1 RPflG). Das Fehlen eines (wirksamen) Antrags als Verfahrensvoraussetzung
führt nach § 1760 Abs 1 BGB lediglich zur Aufhebbarkeit (OLG Stuttgart 14. 11. 2012 –
14 U 9/12, juris Rn 178), das Gleiche gilt für eine Adoption, die trotz Rücknahme des
Antrags ausgesprochen wird (OLG Düsseldorf FamRZ 1997, 117).

4. Geltendmachung der Unwirksamkeit

Ein besonderes Verfahren zur Feststellung der Unwirksamkeit eines Adoptionsbe- 15
schlusses ist im Gesetz nicht vorgesehen. Die Wirksamkeit der Adoption kann
allerdings zum Gegenstand eines **Feststellungsantrags** nach § 169 Nr 1 FamFG gemacht werden (NK-BGB/DAHM Rn 8; BeckOK/PÖCKER § 1752 Rn 7. 1; WALL StAZ 2012, 280,
281; zum alten Recht OLG Düsseldorf FamRZ 1997, 117; vgl auch BayObLG FamRZ 1996, 1034;
offen gelassen in BGH 13. 6. 2012 – XII ZR 77/10, FamRZ 2012, 1293 Rn 9 u 11). Obwohl der
nichtige Beschluss keinerlei Rechtswirkungen erzeugt und dies jederzeit geltend
gemacht werden kann, ist es zum Zwecke der Klarstellung und zur Vermeidung
von Missbräuchen des unwirksamen Adoptionsdekrets geboten, die Beseitigung des
durch den Beschluss erzeugten Rechtsscheins durch **formelle Aufhebung** zuzulassen,
und zwar sowohl im Aufhebungsverfahren (MünchKomm/MAURER Rn 32) als auch –
trotz „Unanfechtbarkeit" – durch die Beschwerdeinstanz (vgl auch BayObLG 10. 9. 1968
– BReg 1 b Z 56/68, NJW 1969, 195).

III. Verhältnis des Aufhebungsverfahrens zu anderen Verfahren

1. Verfassungsbeschwerde und Anhörungsrüge

Die Volladoption berührt – weil sie die familiäre Zuordnung des Angenommenen zu 16
seiner natürlichen Familie beseitigt und die volle rechtliche Integration in die Adoptivfamilie bewirkt – in hohem Maße **verfassungsrechtlich geschützte Rechte der Beteiligten** (Art 6 GG). Das Gesetz schützt die in ihren Grundrechtspositionen am stärksten betroffenen Beteiligten dadurch, dass es die Adoption grds nicht gegen ihren
Willen zulässt (vgl §§ 1752 Abs 1, 1746 Abs 1, 1747 Abs 1 S 1, 1749 Abs 1, 1767 Abs 2
S 2 BGB). Durch die Antrags- bzw Einwilligungserfordernisse wird gleichzeitig auch
die Wahrung ihres **Anspruchs auf rechtliches Gehör (Art 103 Abs 1 GG)** im Adoptionsverfahren sichergestellt. Die Zustimmungserfordernisse, die ein Recht auf Anhörung
einschließen, konkretisieren die Grundrechte aus Art 6 u 103 Abs 1 GG im einfachen
Recht. Der Umstand, dass das Gesetz das Annahmeverhältnis nicht gänzlich unauflösbar konzipiert hat, soll gerade auch diesen Grundrechten Rechnung tragen.

17 Steht die Aufhebung des Annahmeverhältnisses zur Diskussion, so ist zu beachten, dass auch die durch den Adoptionsbeschluss begründete **Adoptivfamilie durch Art 6 GG geschützt** wird. Das Kind, dessen Grundrecht auf Entfaltung seiner Persönlichkeit (vgl BVerfGE 24, 119, 144 = FamRZ 1968, 578, 584) durch die volle persönliche und rechtliche Integration in die Adoptivfamilie Rechnung getragen werden soll, kann durch jede Störung der Kontinuität von Pflege und Erziehung, durch jede Verunsicherung in der familiären Geborgenheit in seinen Grundrechten aus Art 1 Abs 1, 2 Abs 1 GG beeinträchtigt werden. Die in den §§ 1759 ff BGB normierten Einschränkungen der Aufhebbarkeit finden also ihre Rechtfertigung in den von der Verfassung geschützten Rechten der Adoptivfamilie und insbes des Adoptivkindes. Sie sind das Ergebnis einer Abwägung, bei der dem Wohl des Adoptivkindes prinzipieller Vorrang eingeräumt wird. Die Frage, wann und unter welchen Voraussetzungen Adoptionsbeschlüsse verfassungswidrig sind, muss deshalb im Zusammenhang mit den Grundprinzipien des Adoptionsrechts gesehen werden, dass nämlich Kindesannahmen zum einen unabänderlich sind (§ 197 Abs 3 FamFG) und dass sie zum anderen nur unter den engen Voraussetzungen der §§ 1759 ff BGB aufgehoben werden können.

18 Besondere Probleme ergeben sich daraus, dass der Kreis der zur Beantragung der Aufhebung Berechtigten in § 1762 Abs 1 BGB eng umgrenzt wird. Weder das Fehlen einer nach § 1749 BGB erforderlichen Einwilligung noch der nach § 1746 Abs 1 S 3 BGB erforderlichen Zustimmung des gesetzlichen Vertreters berechtigen zur Aufhebung. Außerdem geht der Kreis der im Adoptionsverfahren Anhörungsberechtigten über den Kreis der materiell Zustimmungsberechtigten hinaus (zB Kinder des Annehmenden; ausführlich dazu Frank/Wassermann FamRZ 1988, 1248, 1249 sowie § 1745 Rn 22 f, § 1752 Rn 27 ff). Dennoch wird allgemein die Auffassung vertreten, dass Anhörungsberechtigte, die in ihrem Grundrecht aus Art 103 Abs 1 GG verletzt sind, das Adoptionsdekret mittels Verfassungsbeschwerde angreifen können. Besonders häufig betrifft das **Kinder des Annehmenden** (BVerfG 16. 6. 2014 – 1 BvR 1443/12, FamRZ 2014, 1609 f [Rn 13]; BVerfG 20. 10. 2008 – 1 BvR 291/06, FamRZ 2009, 106; FamRZ 1988, 1247; FamRZ 1994, 493; FamRZ 1994, 687), aber auch **leibliche Eltern** (BVerfG FamRZ 2003, 1448; FamRZ 1995, 789; vgl auch BGH 6. 12. 2017 – XII ZB 371/17, FamRZ 2018, 440, 444 [Rn 45]) oder das **anzunehmende Kind** (vgl BGH 6. 12. 2017 – XII ZB 371/17, FamRZ 2018, 440, 444 [Rn 43]; BVerfG FamRZ 2002, 229 im Ersetzungsverfahren). Dies kann die eigentümliche Konsequenz haben, dass die Verletzung des Anspruchs auf rechtliches Gehör eines (lediglich) Anhörungsberechtigten mit strengeren Rechtsfolgen verbunden sein kann als die nicht ordnungsgemäße Beteiligung eines materiell Zustimmungsberechtigten, dessen fehlende Zustimmung nach dem Willen des Gesetzgebers nur in sehr eingeschränktem Maße zur Aufhebung des Annahmeverhältnisses berechtigen soll.

19 Rechtsstaatliche Gesichtspunkte verbieten es, diesen Wertungswiderspruch unter Hinweis auf den abschließenden Charakter der gesetzlich normierten Aufhebungsgründe aufzulösen und der Verletzung von grundgesetzlich geschützten Verfahrensrechten jegliche Relevanz abzusprechen (für die generelle Unzulässigkeit einer Verfassungsbeschwerde aber offenbar BGB-RGRK/Dickescheid Rn 10). Die früher zT erwogene Lösung, § 56e S 3 FGG aF (heute: § 197 Abs 3 S 1 FamFG) im Wege verfassungskonformer Auslegung einzuschränken und dem Gericht die Befugnis zuzubilligen, auf eine „außerordentliche Beschwerde" des übergangenen Beteiligten hin das rechtliche Gehör nachträglich zu gewähren und – soweit erforderlich – den Adop-

Titel 7 · Annahme als Kind
Untertitel 1 · Annahme Minderjähriger § 1759

tionsbeschluss entgegen dem Wortlaut dieser Bestimmung abzuändern (so LG Koblenz FamRZ 2000, 1095; ERMAN/HOLZHAUER[10] § 1752 Rn 15; BOSCH FamRZ 1986, 721, 723; dagegen zutr SOERGEL/LIERMANN § 1752 Rn 15; MünchKomm/MAURER Vor §§ 186 ff FamFG Rn 71), vermag nicht zu überzeugen, da sie der unmissverständlichen Wertung des Gesetzes widerspricht und den Einschränkungen der Aufhebbarkeit, die das Gesetz zum Wohle des Kindes normiert, nicht hinreichend Rechnung trägt. Vielmehr ist zu fordern, dass im Verfahren der Verfassungsbeschwerde die **gegenläufigen verfassungsrechtlich geschützten Interessen** des Angenommenen und eines in seinen Verfahrensgrundrechten Verletzten einer umfassenden Abwägung unterzogen werden. Bei einer **Minderjährigenadoption** werden dabei die Bestandsinteressen des Angenommenen tendenziell überwiegen, ein Gesichtspunkt, dem einfachrechtlich durch die §§ 1761 Abs 2, 1762 Abs 2 S 1 BGB Rechnung getragen wird (so auch ERMAN/SAAR § 1752 Rn 16; Bedenken auch bei MünchKomm/MAURER § 1759 Rn 81). Bei einer **Volljährigenadoption** hingegen besteht idR keine vergleichbare Schutzwürdigkeit des Angenommenen, sodass insoweit der Verstoß gegen Art 103 Abs 1 GG eher zur Aufhebung des Adoptionsdekrets führen wird (ausführlich zur Problematik der Verfassungsbeschwerde gegen einen Adoptionsbeschluss FRANK/WASSERMANN FamRZ 1988, 1248).

Nachdem das BVerfG zunächst im Falle einer Volljährigenadoption die Ansicht **20** vertreten hatte, dass bei einer Verletzung des Anspruchs auf rechtliches Gehör der Annahmebeschluss gem § 95 Abs 2 BVerfGG aufzuheben und die Sache zurückzuverweisen sei (FamRZ 1988, 1247 m Anm FRANK/WASSERMANN), hat es später – ebenfalls im Falle einer Volljährigenadoption – seine Meinung dahingehend präzisiert, dass entgegen dem Wortlaut des § 95 Abs 2 BVerfGG „nur die **Beseitigung der Rechtskraft** auszusprechen (sei), damit das Fachgericht das rechtliche Gehör nachholen und anschließend darüber entscheiden kann, ob der Adoptionsbeschluß **rückwirkend aufzuheben** oder aufrechtzuerhalten ist" (BVerfGE 89, 381, 393 = NJW 1994, 1053, 1055 m Anm LUTHER NJW 1995, 306 = FuR 1994, 98, 100 m Anm NIEMEYER; bestätigt durch BVerfG FamRZ 1994, 687; BVerfG 19. 2. 2007 – 1 BvR 510/03, BVerfG 2008, 243; BVerfG 20. 10. 2008 – 1 BvR 291/06, FamRZ 2009, 106, 107). Der Adoptionsbeschluss bleibt also wirksam, ist aber noch nicht rechtskräftig – ein Bild, das mit § 197 Abs 2 FamFG nicht in Einklang zu bringen ist. Nach BVerfGE 92, 158, 188 f = FamRZ 1995, 789, 795 sollen diese Grundsätze auch für die Minderjährigenadoption gelten, allerdings mit der Einschränkung, dass hier die Adoption nur **für die Zukunft aufgehoben** werden kann, weil bei einer Minderjährigenadoption das Interesse der Beteiligten daran, dass die Folgen der Aufhebung auf die Zukunft beschränkt werden, überwiege (für eine „grundsätzlich rückwirkende Aufhebung" auch im Falle einer Minderjährigenadoption jedoch – ohne Begründung – BVerfG FamRZ 2003, 1448).

Die **Rspr des BVerfG überzeugt nicht**, weil sie bei einem Verstoß gegen Art 103 **21** Abs 1 GG eine Aufhebung des Annahmeverhältnisses uU nach Jahren ausnahmslos befürwortet, wenn bei Beachtung des Grundsatzes des rechtlichen Gehörs die Adoption nicht hätte ausgesprochen werden dürfen. Dabei wird nicht genügend beachtet, dass das fehlerhaft zustande gekommene Annahmeverhältnis auch unter dem Schutz des Art 6 Abs 1 GG steht und dem Zeitfaktor gerade bei gelebten Familienbeziehungen besondere Bedeutung beigemessen werden muss (FRANK FamRZ 2017, 497, 500; zust MünchKomm/MAURER Rn 83). Zu welchen Konsequenzen die Rspr des BVerfG führen kann, zeigt die bereits erwähnte Entscheidung BVerfG 92, 158 (= FamRZ 1995, 789): Durch Beschluss vom 7. 3. 1995 hatte das BVerfG die Rechtskraft des angegriffenen Adoptionsbeschlusses beseitigt. Der gleiche Fall beschäftigte später das BVerfG erneut im Rahmen einer Verfassungsbeschwerde gegen die Ersetzung der verweigerten väterlichen Einwilligung in die Adoption (29. 11. 2005, FamRZ 2006, 94). Die am 20. 5. 1990 ausgesprochene Adoption war somit nach mehr als 13 Jahren (!) noch immer in der Schwebe. In der Zwischenzeit hatte das zuständige Amtsgericht lediglich am 31. 8. 2001 auf Antrag die Adoption „erneut bestätigend ausgesprochen". Richtigerweise wird man bei der Geltendmachung einer Verletzung des Anspruchs auf rechtliches Gehör darauf abstellen müssen, „ob im Zeitpunkt der neuen Entscheidung des FamG die Adoption aus Gründen des Kindeswohls die allein richtige Lösung darstellt, auch wenn ihr erstmaliges Zustandekommen wegen der Verletzung des rechtlichen Gehörs eines materiell Beteiligten nicht rechtens war" (FRANK FamRZ 2017, 497, 500; zust BeckOK/PÖCKER § 1747 Rn 8. 4).

22 Neben der Verletzung des Anspruchs auf rechtliches Gehör ist auch die Geltendmachung weiterer Grundrechte im Wege der Verfassungsbeschwerde denkbar, wenn auch praktisch selten. In seiner Entscheidung vom 14. 9. 2015 (BVerfG 14. 9. 2015 – 1 BvR 1321/13, FamRZ 2016, 26 m krit Anm BOTTHOF) gab das Bundesverfassungsgericht einer Verfassungsbeschwerde gegen eine Entscheidung über die Anerkennung einer Auslandsadoption nach § 2 Abs 1 AdWirkG wegen eines Verstoßes gegen die **verfassungsrechtliche Gewährleistung wirkungsvollen Rechtsschutzes** statt. Im konkreten Fall wurde dem Gericht die unzureichende Inanspruchnahme internationaler Rechtshilfe als besonders schwerwiegender Verstoß gegen die Amtsermittlungspflicht (§ 26 FamFG) zum Vorwurf gemacht. Verallgemeinerungsfähige Grundsätze dürften sich aus diesem Präjudiz kaum ableiten lassen.

23 Durch das Anhörungsrügengesetz vom 9. 12. 2004 (BGB I 3220) wurde § 29a FGG eingeführt, der durch das FGG-Reformgesetz inhaltsgleich in § 44 FamFG übernommen wurde. Seither ist wegen des Grundsatzes der Rechtswegerschöpfung (§ 90 Abs 2 S 1 BVerfGG) **Zulassungsvoraussetzung für die Erhebung einer Verfassungsbeschwerde wegen Verletzung des Anspruchs auf rechtliches Gehör** die erfolglose Einlegung der Anhörungsrüge. Dass Adoptionsbeschlüsse gem § 197 Abs 3 FamFG nicht anfechtbar sind, steht der Statthaftigkeit einer Anhörungsrüge als außerordentlichem Rechtsbehelf eigener Art nicht entgegen (BT-Drucks 15/3706, 19). Wird die Frist für die Anhörungsrüge versäumt, ist auch die Verfassungsbeschwerde unzulässig (BVerfG 16. 6. 2014 – 1 BvR 1443/12, FamRZ 2014, 1609, 1610 [Rn 16]).

24 Nach dem Wortlaut des § 44 Abs 1 S 1 FamFG können nur „Beteiligte" eine Anhörungsrüge erheben. Teilweise geht die Lit jedoch davon aus, dass eine **Beteiligteneigenschaft keine Zulässigkeitsvoraussetzung** darstellt, sondern jeder eine Anhörungsrüge erheben kann, der in seinem Anspruch auf rechtliches Gehör verletzt ist (so SIMON FamFR 2012, 340, 341). Überwiegend wird allerdings eine Beteiligteneigenschaft iSv § 7 FamFG gefordert, ohne dass es darauf ankommen würde, ob der Betreffende tatsächlich förmlich zum Verfahren hinzugezogen würde (MünchKomm/ULRICI § 44 FamFG Rn 13; KEIDEL/MEYER-HOLZ § 44 Rn 21; BARTELS/ELZER, in: BORK/JACOBY/SCHWAB [3. Aufl 2018] § 44 Rn 29). Das Bundesverfassungsgericht hat ausdrücklich klargestellt, dass es auch Personen, die nicht förmlich am Verfahren beteiligt wurden (in concreto: den leiblichen Kindern des Annehmenden im Falle einer Volljährigenadoption), bis zur Klärung dieser Rechtsfrage durch die Fachgerichte – zumutbar ist, eine Anhörungsrüge einzulegen (BVerfG 16. 6. 2014 – 1 BvR 1443/12, FamRZ 2014, 1609

[Rn 12 f]). Zur umstr Frage, ob die Kinder des Annehmenden im Adoptionsverfahren zu beteiligen sind, vgl § 1745 Rn 23.

Nach § 44 Abs 2 S 1 FamFG muss der Beschwerdeführer die Anhörungsrüge grundsätzlich **zwei Wochen ab Kenntnis von der Verletzung des rechtlichen Gehörs** erheben. Daneben sieht § 44 Abs 2 S 2 FamFG außerdem auch noch eine kenntnisunabhängige Frist von einem Jahr ab Bekanntgabe der angegriffenen Entscheidung vor. Allerdings regelt § 44 Abs 2 S 2 FamFG nach seinem Wortlaut nur eine (zusätzliche) Frist für Verfahrensbeteiligte, denen die angegriffene Entscheidung bekannt gemacht worden ist, was etwa auf einen Putativvater iSv § 1747 Abs 1 S 2 BGB, der nicht vom Adoptionsverfahren informiert wurde, nicht zutreffen würde. Das Bundesverfassungsgericht hat ausdrücklich darauf hingewiesen, dass die Frage der Anwendbarkeit von § 44 Abs 2 FamFG auf Personen, die nicht förmlich am Verfahren beteiligt wurden (in concreto: die leiblichen Kinder des Annehmenden im Falle einer Volljährigenadoption) fachgerichtlich noch nicht geklärt sei (BVerfG 16. 6. 2014 – 1 BvR 1443/12, FamRZ 2014, 1609, 1610 [Rn 17]). Allerdings spricht Vieles dafür, in solchen Fällen nur § 44 Abs 2 S 1 FamFG und nicht auch § 44 Abs 2 S 2 FamFG anzuwenden (ROGALLA NZFam 2014, 997, 998; FRANK FamRZ 2017, 497, 500 Fn 37; BAHRENFUSS/RÜNTZ, FamFG [3. Aufl 2017] § 44 FamFG Rn 22; **aA** MünchKomm/ULRICI § 44 FamFG Rn 15). 25

Hat die **Anhörungsrüge Erfolg**, wird dadurch die Wirksamkeit des Adoptionsbeschlusses nicht automatisch beseitigt. Vielmehr werden dem Gericht die Fortsetzung des Adoptionsverfahrens und eine erneute Sachprüfung ermöglicht. Kommt das Gericht aufgrund des nachgeholten rechtlichen Gehörs zu einer abweichenden Entscheidung, ersetzt erst die in Fortführung des Verfahrens ergangene rechtskräftige neue Entscheidung die erfolgreich gerügte vorangegangene Entscheidung (KEIDEL/ MEYER-HOLZ § 44 FamFG Rn 62 f). 26

2. Wiederaufnahme des Verfahrens

In Anbetracht der speziellen gesetzlichen Regelung, die im Interesse des Kindeswohls die Aufhebbarkeit des Annahmeverhältnisses an eng umgrenzte Voraussetzungen knüpft, ist eine Wiederaufnahme des Verfahrens nach § 48 Abs 2 FamFG iVm §§ 578 ff ZPO **ausgeschlossen**. Diese Konsequenz, die seit Inkrafttreten des FamFG am 1. 9. 2009 ausdrücklich in § 197 Abs 3 S 2 Alt 2 FamFG ausgesprochen wird (BT-Drucks 16/6308, 248), entsprach auch schon zu § 56e S 3 FGG allgemeiner Auffassung (STAUDINGER/FRANK [2007] Rn 14). 27

IV. Aufhebung und Beteiligteninteressen

Der Gesetzgeber hat 1976 mit dem Übergang zum Dekretsystem – abweichend vom früheren Recht, nach dem allerdings auch eine vormundschaftsgerichtl Genehmigung des Aufhebungsvertrags erforderlich war (§§ 1768, 1770, 1751 aF) – den Fortbestand des Annahmeverhältnisses **der Disposition der Beteiligten entzogen**, und zwar auch für die Zeit nach Eintritt der Volljährigkeit des Angenommenen (zu der besonderen Problematik, dass Adoptionen, die zu einem Minderjährigen begründet wurden, nach Erreichung der Volljährigkeit weder nach § 1763 BGB noch nach § 1771 BGB aufgehoben werden können, vgl § 1742 Rn 8 u § 1771 Rn 5). Dabei handelt es sich weniger um eine zwingende Konsequenz des Dekretsystems (so aber offenbar BT-Drucks 7/3061, 25; BAER/GROSS 105) 28 als vielmehr um eine rechtspolitische Entscheidung des Gesetzgebers (NK-BGB/Dahm Rn 1), das Annahmeverhältnis in einer dem genetischen Eltern-Kind-Verhältnis vergleichbaren Weise auszugestalten (Gernhuber/Coester-Waltjen § 68 Rn 139).

29 Das Gesetz sieht die Aufhebbarkeit des Annahmeverhältnisses nur in den Fällen der §§ 1760 und 1763 BGB vor. Eine **Aufhebung allein im Interesse des Annehmenden ist nicht vorgesehen**. Rechtspolitisch ist diese Entscheidung des Gesetzgebers früher vereinzelt auf Widerspruch gestoßen. So wurde eingewandt, dass eine dem Wohl des Kindes dienende Adoption stets auch eine persönliche Akzeptanz und innere Bejahung erfordere, die ein nur vom Gesetz erzwungener Zusammenhalt nicht gewährleisten könne (Roth-Stielow Rn 7; vgl auch zur Nieden FamRZ 1956, 68, 69; für die Zulassung der Aufhebung im Interesse der Adoptiveltern in extremen Situationen Stöcker FamRZ 1974, 568, 569).

30 Dass der Fortbestand des Annahmeverhältnisses mitunter zu unerträglichen Belastungen für die Adoptiveltern führen kann (so zB bei schwer kriminellem Verhalten des Angenommenen gegenüber den Adoptiveltern), hat der Gesetzgeber nicht verkannt (vgl BT-Drucks 7/3061, 26 f), sondern bewusst in Kauf genommen. Die rechtspolitische Entscheidung für die Unaufhebbarkeit in solchen Fällen ist auf der Grundlage des Prinzips der Volladoption konsequent. Ebenso wenig, wie leibliche Eltern aufgrund unvorhergesehener schicksalhafter Entwicklungen die Bindung zu ihrem Kind lösen können, sollen sich Adoptiveltern der übernommenen Verantwortung entledigen können. **Die Entscheidung für das Kind ist stets eine bedingungslose**. Auftretenden Erziehungsschwierigkeiten lässt sich nur mit den Mitteln begegnen, wie sie auch im Hinblick auf leibliche Kinder bestehen (für die generelle Beschränkung auf die allg Mittel des Kindschaftsrechts und auch gegen eine Aufhebbarkeit im Interesse des Kindes die AGJ-Stellungnahme MittAGJ 70 [1974] Beilage 6; Akademikerverbände FamRZ 1974, 170, 171). **Allerdings** ist nicht auszuschließen, dass im Einzelfall die Aufhebung einer Adoption, die für die Adoptiveltern zu einer schwerwiegenden Belastung geworden ist, gleichzeitig zum Wohl des Kindes erforderlich ist.

31 Das Gesetz sieht keine Möglichkeit zur Aufhebung im **Interesse der leiblichen Eltern** vor, die den Entschluss zur Adoption bereuen und ihre Elternrechte und -pflichten wieder wahrnehmen wollen. Das Adoptionsverfahren bietet hinreichende Sicherungen gegen vorschnelle und unüberlegte Entschlüsse.

V. Aufhebungsverfahren

1. Zuständigkeit

32 Zu den Adoptionssachen zählen gem § 186 Nr 3 FamFG auch die Verfahren auf Aufhebung des Annahmeverhältnisses. Die **örtliche Zuständigkeit** für das Aufhebungsverfahren bestimmt sich nach § 187 FamFG. Zuständig ist somit das FamG, in dessen Bezirk der Annehmende oder einer der annehmenden Ehegatten seinen gewöhnlichen Aufenthalt hat. Haben bei einer gemeinschaftlichen Annahme die Ehegatten ihren gewöhnlichen Aufenthalt im Bezirk zweier unterschiedlicher FamG, so sind beide FamG örtlich zuständig. Das gilt auch, wenn nur die Aufhebung des Annahmeverhältnisses zwischen einem der Ehegatten und dem Kind in Frage steht (MünchKomm/Maurer § 187 FamFG Rn 9; Prütting/Helms/Krause § 187 FamFG Rn 4; KG FamRZ 1995, 440). Bei einer solchen doppelten Zuständigkeit gebührt nach § 2 FamFG dem Gericht der Vorzug, das zuerst mit der Angelegenheit befasst ist. **Funktionell zuständig** ist der Richter (§ 14 Abs 1 Nr 15 RPflG). Zur **internationalen Zuständigkeit** vgl § 1752 Rn 13.

2. Gang des Verfahrens und Beteiligte

Soll das Annahmeverhältnis **nach § 1760 BGB** aufgehoben werden, so bedarf es zur Einleitung des Verfahrens des Antrags eines nach § 1762 BGB Antragsberechtigten. Der **Antrag** kann nur innerhalb eines Jahres von den in § 1762 Abs 2 S 2 lit a–e BGB genannten Zeitpunkten an gestellt werden, wenn seit der Annahme noch keine 3 Jahre verstrichen sind (§ 1762 Abs 2 S 1 BGB). Der Antrag bedarf der notariellen Beurkundung (§ 1762 Abs 3 BGB). Die Aufhebung **nach § 1763 BGB** erfolgt von Amts wegen. Die Einleitung des Verfahrens kann von jedermann angeregt werden (BayObLGZ 1979, 386, 388 = FamRZ 1980, 498, 499). 33

Verfahrensbeteiligte sind gem § 188 Abs 1 Nr 3 lit a FamFG stets das Kind und der Annehmende sowie – im Falle einer Minderjährigenadoption – die leiblichen Eltern (§ 188 Abs 1 Nr 3 lit b FamFG). Eine Ausnahme gilt allerdings wegen § 1764 Abs 5 BGB dann, wenn nur ein Ehegatte den Antrag auf Aufhebung stellt (vgl unten bei (3)). Einem minderjährigen Kind, dessen gesetzlicher Vertreter in aller Regel der Annehmende ist (vgl § 1754 Abs 3 BGB), hat das FamG für das Aufhebungsverfahren einen Verfahrensbeistand zu bestellen, sofern dies zur Wahrnehmung seiner Interessen erforderlich ist (§ 191 S 1 FamFG). Der Verfahrensbeistand ist kein rechtlicher Vertreter des Kindes (§ 191 S 2, 158 Abs 4 S 6 FamFG), ist aber selbst Verfahrensbeteiligter (§ 191 S 2, 158 Abs 3 S 2 FamFG). Das JugA wird im Verfahren grundsätzlich nur zu Auskunfts- und Anhörungszwecken herangezogen (§ 194 Abs 1 S 1 FamFG); es wird dadurch nicht zum Verfahrensbeteiligten (§ 7 Abs 6 FamFG), kann aber einen Antrag auf Beteiligung stellen (§ 188 Abs 2 FamFG). Über den Kreis der sonstigen Verfahrensbeteiligten iSv § 7 Abs 2 Nr 1 FamFG besteht kein allgemeiner Konsens (vgl die zT unterschiedlichen Auffassungen von MünchKomm/Maurer Rn 46 ff; Keidel/Engelhardt § 188 FamFG Rn 8; Schulte-Bunert/Weinreich/Sieghörtner § 188 FamFG Rn 13). Da die Aufhebung des Annahmeverhältnisses als actus contrarius der Annahme die rechtliche Zuordnung des Kindes ändert, sollten ähnliche Grundsätze gelten wie im Falle der Adoption selbst (vgl § 1745 Rn 23 f u § 1752 Rn 21 ff). Insbes geht es wie bei der Adoption nicht an, allen Personen die Beteiligteneigenschaft zuzuerkennen, zu denen Verwandtschaft zerschnitten oder neubegründet wird. So sind zB die alten und neuen Großeltern grds nicht Beteiligte, weil ihre unterhalts-, erbrechtlichen oder sonstigen Interessen durch das AdoptG v 1976 erkennbar nicht geschützt werden (vgl § 1749 Rn 9 f). **Im Einzelnen wird man differenzieren müssen**: 34

(1) Wird infolge der Aufhebung des Annahmeverhältnisses das Kind wieder rechtlich seiner Ursprungsfamilie zugeordnet (§ 1764 Abs 3 u 4 BGB), so sind materiell beteiligt alle Personen, denen beim Zustandekommen der Adoption ein Einwilligungsrecht zustand. Das sind neben Annehmendem, Kind und Eltern des Kindes gem §§ 1749, 1767 Abs 2 S 2 BGB auch der Ehegatte des Annehmenden und des Anzunehmenden (iE so auch MünchKomm/Maurer Rn 53). Außerdem wird man denjenigen leiblichen Verwandten die Beteiligteneigenschaft zuerkennen müssen, die durch die Aufhebung unmittelbar in ihren Rechten betroffen werden, ggf auch den Großeltern, die zB nach dem Tod der leiblichen 35

Eltern nunmehr die volle Unterhaltslast zu tragen hätten (iE so auch MünchKomm/ Maurer Rn 54). Hier ist die Rechtslage im Falle einer Aufhebung der Adoption eben doch eine andere als im Falle der Adoption selbst.

(2) Erfolgt die Aufhebung der Erstadoption nur, um eine Zweitadoption zu ermöglichen (§§ 1742, 1763 Abs 3 lit b BGB), sind die leiblichen Eltern des Kindes (vgl § 188 Abs 1 Nr 3 lit b FamFG) schon deshalb materiell betroffen, weil sie nach Aufhebung der Erstadoption wegen § 1764 Abs 3 BGB in die Zweitadoption einwilligen müssen (vgl § 1742 Rn 7). Fraglich erscheint aber, ob Anlass besteht, weitere Personen aus der Ursprungsfamilie am Verfahren zu beteiligen, wenn die Aufhebung nur erfolgt, um eine erneute Annahme des Kindes durch Dritte zu ermöglichen. Da das Zustandekommen der Zweitadoption aber noch ungewiss ist, wird man insofern gleichwohl keine Abstriche machen können (MünchKomm/Maurer Rn 54; aA Staudinger/Frank [2007] 21).

(3) Wird bei der Annahme durch ein Ehepaar das Annahmeverhältnis nur zu einem Ehegatten aufgehoben, so treten die Wirkungen der Aufhebung auch nur im Verhältnis zu diesem Ehegatten ein (§ 1764 Abs 5 HS 1 BGB) und werden Mitglieder der Ursprungsfamilie in ihren Rechten nicht betroffen (§ 1764 Abs 5 HS 2 BGB); der andere Ehegatte (MünchKomm/Maurer Rn 50) und die leiblichen Eltern brauchen deshalb – im Wege einer teleologischen Reduktion des § 188 Abs 1 Nr 3 FamFG – in diesem Fall nicht am Verfahren beteiligt zu werden.

36 Die erforderlichen **Ermittlungen** hat das FamG **von Amts wegen** vorzunehmen (§ 26 FamFG). Aus der Amtsermittlungspflicht kann sich im Einzelfall auch die Verpflichtung ergeben, Nichtbeteiligte (zB Adoptivverwandte) zu hören. Nach § 192 Abs 1 Alt 2 FamFG hat das Gericht den Annehmenden und das Kind in einem Termin persönlich anzuhören. Weitere Beteiligte, insbes die leiblichen Eltern, „sollen" nach § 192 Abs 2 FamFG angehört werden. Soweit sie nicht zum Termin geladen werden, kann es erforderlich sein, sie zur Wahrung rechtlichen Gehörs (Art 103 Abs 1 GG) vom Verlauf des Termins zu unterrichten (MünchKomm/Maurer Rn 58). Darüber hinaus ist nach § 194 Abs 1 S 1 FamFG auch das JugA anzuhören, wenn der Annehmende oder der Anzunehmende minderjährig ist. Ist ein leiblicher Elternteil Antragsteller, so ist auch im Aufhebungsverfahren das Inkognito zu wahren. Antragsteller und Annehmender sind dann nicht im selben Termin zu hören. Der **Zweck des Erörterungstermins** erschöpft sich nicht in einer umfassenden Sachaufklärung. Vielmehr sollen darüber hinaus Missverständnisse zwischen den Beteiligten beseitigt und Gegensätze gemildert sowie insbes die Möglichkeit erörtert werden, inwieweit Mängel bei der Begründung des Annahmeverhältnisses geheilt werden können (BT-Drucks 7/3061, 59; 7/5087, 24). Insbesondere in den Fällen des § 1763 BGB kann auch die Einholung eines Sachverständigengutachtens geboten sein, etwa um zu ermitteln wie schwerwiegend die Entfremdung zwischen Adoptivkind und einem Adoptivelternteil ist (OLG Köln 12.1.2009 – 16 Wx 227/08, NJW-RR 2009, 1376).

3. Entscheidung und Rechtsmittel

37 Das Verfahren endet durch **Beschluss** (§ 38 FamFG). Der Aufhebungsbeschluss sowie der die Aufhebung ablehnende Beschluss ist allen Beteiligten nach § 41 FamFG bekanntzumachen, eine Zustellung ist gem § 41 Abs 1 S 2 FamFG an die

Beteiligten erforderlich, deren erklärten Willen er nicht entspricht (KEIDEL/ENGELHARDT § 198 FamFG Rn 8). Wird die Aufhebung der Annahme ausgesprochen, so wird der Beschluss erst mit der Rechtskraft wirksam (§ 198 Abs 2 HS 1 FamFG). Eine Abänderung oder Wiederaufnahme ist ausgeschlossen (§ 198 Abs 2 HS 2 FamFG).

Gegen den **Aufhebungsbeschluss** ist die Beschwerde statthaft (§§ 58, 63 Abs 1 FamFG). Eine Rechtsbeschwerde findet nur nach Zulassung durch das OLG statt (§ 70 Abs 1 FamFG). **Beschwerdeberechtigt** ist gem §§ 59, 60 FamFG – soweit nicht Antragsteller – der Beteiligte, der durch den Beschluss in seinen Rechten beeinträchtigt ist (im Einzelnen MünchKomm/MAURER § 198 FamFG Rn 16), auch der (frühere) Ehegatte des Annehmenden, wenn im Falle gemeinschaftlicher Annahme das Annahmeverhältnis nur zu einem der Annehmenden aufgehoben wurde (§ 1763 Abs 2 BGB; KEIDEL/ENGELHARDT § 198 FamFG Rn 10; BayObLGZ 1968, 142, 143 = FamRZ 1968, 485; KG FamRZ 1993, 1359; OLG Düsseldorf FamRZ 1998, 1196). Das Kind kann, wenn es das 14. Lebensjahr vollendet hat und nicht geschäftsunfähig ist, das Beschwerderecht nach § 60 S 1 u 3 FamFG selbst ausüben. Im Übrigen übt der gesetzliche Vertreter (idR die Annehmenden) für das Kind das Beschwerderecht aus. Dem JugA steht gem § 194 Abs 2 S 2 FamFG ein Beschwerderecht zu. **38**

Gegen die **Zurückweisung des Antrags** auf Aufhebung nach § 1760 BGB steht (nur) dem Antragsteller die Beschwerde offen (§ 59 Abs 2 FamFG). Lehnt das Gericht im Verfahren nach § 1763 BGB die Aufhebung des Annahmeverhältnisses ab, so ist gem § 59 Abs 1 FamFG neben dem Kind (§ 60 FamFG) jeder beschwerdeberechtigt, der ein berechtigtes Interesse an der Wahrnehmung der (Sorge-)Angelegenheit hat, insbes auch der Annehmende, soweit er die Beschwerde auch im Interesse des Kindes einlegt (BayObLG FamRZ 2000, 768, 769; OLG Oldenburg FamRZ 2004, 399; OLG Zweibrücken FamRZ 1997, 577; MünchKomm/MAURER Rn 77). Da es sich um ein höchstpersönliches Recht handelt, steht Erben der Betroffenen kein Beschwerderecht zu (OLG München 16. 4. 2007 – 31 Wx 102/06, FamRZ 2008, 299). Dem JugA steht gem § 194 Abs 2 S 2 FamFG ein Beschwerderecht zu. **39**

§ 1760
Aufhebung wegen fehlender Erklärungen

(1) Das Annahmeverhältnis kann auf Antrag vom Familiengericht aufgehoben werden, wenn es ohne Antrag des Annehmenden, ohne die Einwilligung des Kindes oder ohne die erforderliche Einwilligung eines Elternteils begründet worden ist.

(2) Der Antrag oder eine Einwilligung ist nur dann unwirksam, wenn der Erklärende

    a) zur Zeit der Erklärung sich im Zustand der Bewusstlosigkeit oder vorübergehenden Störung der Geistestätigkeit befand, wenn der Antragsteller geschäftsunfähig war oder das geschäftsunfähige oder noch nicht 14 Jahre alte Kind die Einwilligung selbst erteilt hat,

    b) nicht gewusst hat, dass es sich um eine Annahme als Kind handelt, oder wenn er dies zwar gewusst hat, aber einen Annahmeantrag nicht hat stellen oder eine Einwilligung zur Annahme nicht hat abgeben wollen oder

wenn sich der Annehmende in der Person des anzunehmenden Kindes oder wenn sich das anzunehmende Kind in der Person des Annehmenden geirrt hat,

- c) durch arglistige Täuschung über wesentliche Umstände zur Erklärung bestimmt worden ist,
- d) widerrechtlich durch Drohung zur Erklärung bestimmt worden ist,
- e) die Einwilligung vor Ablauf der in § 1747 Abs. 2 Satz 1 bestimmten Frist erteilt hat.

(3) Die Aufhebung ist ausgeschlossen, wenn der Erklärende nach Wegfall der Geschäftsunfähigkeit, der Bewusstlosigkeit, der Störung der Geistestätigkeit, der durch die Drohung bestimmten Zwangslage, nach der Entdeckung des Irrtums oder nach Ablauf der in § 1747 Abs. 2 Satz 1 bestimmten Frist den Antrag oder die Einwilligung nachgeholt oder sonst zu erkennen gegeben hat, dass das Annahmeverhältnis aufrechterhalten werden soll. Die Vorschriften des § 1746 Abs. 1 Satz 2, 3 und des § 1750 Abs. 3 Satz 1, 2 sind entsprechend anzuwenden.

(4) Die Aufhebung wegen arglistiger Täuschung über wesentliche Umstände ist ferner ausgeschlossen, wenn über Vermögensverhältnisse des Annehmenden oder des Kindes getäuscht worden ist oder wenn die Täuschung ohne Wissen eines Antrags- oder Einwilligungsberechtigten von jemand verübt worden ist, der weder antrags- noch einwilligungsberechtigt noch zur Vermittlung der Annahme befugt war.

(5) Ist beim Ausspruch der Annahme zu Unrecht angenommen worden, dass ein Elternteil zur Abgabe der Erklärung dauernd außerstande oder sein Aufenthalt dauernd unbekannt sei, so ist die Aufhebung ausgeschlossen, wenn der Elternteil die Einwilligung nachgeholt oder sonst zu erkennen gegeben hat, dass das Annahmeverhältnis aufrechterhalten werden soll. Die Vorschriften des § 1750 Abs. 3 Satz 1, 2 sind entsprechend anzuwenden.

Materialien: BT-Drucks 7/3061, 24–27, 46–49, 76 f; BT-Drucks 7/5087, 7 f, 19–21. S STAUDINGER/BGB-Synopse (2005) § 1760.

Systematische Übersicht

I.	Normzweck und Entstehungsgeschichte		III.	Unwirksamkeit von Antrag oder Einwilligung	
1.	Regelungsgegenstand	1	1.	Allgemeines	11
2.	Rechtslage vor der Reform v 1976	2	2.	Geschäftsunfähigkeit (Abs 2 lit a)	14
3.	Reformziel	3	3.	Irrtum (Abs 2 lit b)	16
			4.	Arglistige Täuschung (Abs 2 lit c iVm Abs 4)	17
II.	Fehlen von Antrag oder Einwilligung				
1.	Grundregel	4	a)	Allgemeines	17
2.	Problemfälle	7			

Titel 7 · Annahme als Kind
Untertitel 1 · Annahme Minderjähriger § 1760

b)	Täuschung über Vermögensverhältnisse	18
c)	Täuschung über wesentliche Umstände	19
d)	Der Täuschende	21
5.	Drohung (Abs 2 lit d)	23
6.	Nichtbeachtung der 8-Wochen-Frist (Abs 2 lit e)	24

IV.	**Nachholung fehlender oder unwirksamer Erklärungen**	25
1.	Die Regelung des Abs 3	26
2.	Die Regelung des Abs 5	30
3.	Nachholung fehlender Erklärungen	31
V.	**Aufhebung nach dem Tod eines Beteiligten**	32
VI.	**Verfahren**	33

Alphabetische Übersicht

Absicht zur Herstellung eines Eltern-Kind-Verhältnisses, Täuschung über die 20
Adoptionsvertrag, Nichtigkeit nach altem Recht 2 f
Alkoholismus des Annehmenden, arglistige Täuschung über 20
Arbeitserlaubnis, Adoption zur Erlangung einer 12
Aufhebungsantrag nach dem Tod eines Beteiligten 32
Aufhebungsverfahren 33
Ausländisches Recht, fälschliche Anwendung 10
Auslandsberührung, Adoption mit 10
Bedingung, Erklärung unter unzulässiger 7, 9
Bestätigung des Annahmewillens durch (schlüssiges) Verhalten 25 ff
Bewusstlosigkeit, Unwirksamkeit von Antrag oder Einwilligung wegen 14

Dekretsystem 3
Drohung 2, 23
– Anfechtung des Adoptionsvertrags wegen 2 f
– Unwirksamkeit von Antrag oder Einwilligung wegen 23

Eigenschaftsirrtum 3, 16
Einwilligung 1 ff, 29
– der Eltern, Fehlen der 1 f, 5, 29
– des Ehegatten, Fehlen der 2 ff
– des Kindes, Fehlen der 1, 5
– des Vaters des nichtehelichen Kindes, Fehlen der 6

– des Vaterschaftsprätendenten, Fehlen der 6
– Widerruf der 5
Entstehungsgeschichte 2 f, 7, 12, 22, 24, 31
Erbliche Belastung des Kindes, arglistige Täuschung über 20
Erwachsenenadoption 12, 18, 20

Fehlen von Antrag oder Einwilligung 4 ff, 25 ff
– Abgrenzung zur Mangelhaftigkeit 7 ff
– bei Abgabe unter unzulässiger Bedingung oder Zeitbestimmung 7, 9
– bei Nichtbeachtung der gebotenen Form 7 f
– bei unwirksamer Vertretung 7, 10
– Bestätigung der Annahmebereitschaft bei 25 ff
– Nachholung der Erklärung bei 25 ff, 29 ff
Form, Nichtbeachtung der gebotenen 7 f, 27
Frist, Einwilligung vor Ablauf der achtwöchigen 7, 24

Identität des Vaters, arglistige Täuschung über die 20
Inkognitoadoption 5, 16
Irrtum 2 f, 16, 26
– Anfechtung des Adoptionsvertrags wegen -s 2 f
– Unwirksamkeit von Antrag oder Einwilligung wegen -s 16

Krankheit des Annehmenden, arglistige Täuschung über eine 20

Mangel von Antrag oder Einwilligung 7
Minderjährigenadoption 12, 18

Nachholung von Erklärungen	8, 25 ff, 29 ff
Normzweck	1, 3, 31
Prostitution der Mutter, arglistige Täuschung über	20
Rechtslage vor 1976	2 f, 5, 8, 16, 24, 31
Rücknahme von Antrag oder Einwilligung	5
Sexuelles Verhalten, arglistige Täuschung über abnormes des Annehmenden	20
Soziales Umfeld des Kindes, arglistige Täuschung über	20
Steuervorteil, Adoption zur Erlangung eines -s	12
Stiefkindadoption	16
Störung der Geistestätigkeit, Unwirksamkeit von Erklärungen wegen	14
Täuschender	21 f
Täuschung, arglistige	2 f, 17 ff, 26
– Anfechtung des Adoptionsvertrags wegen	2 f
– Unwirksamkeit von Antrag oder Einwilligung wegen	17 ff
Tod eines Beteiligten	32
Unwirksamkeit von Antrag oder Einwilligung	4, 7, 11 ff
– wegen Bewusstlosigkeit oder Störung der Geistestätigkeit	14
– wegen Drohung	23
– wegen Fragwürdigkeit des Adoptionsmotivs	12
– wegen Geschäftsunfähigkeit	14
– wegen Irrtums	16
– wegen Nichtbeachtung der 8-Wochen-Frist	7, 24
– wegen Täuschung (siehe Täuschung, arglistige)	
– wegen unwirksamer Selbsteinwilligung des Kindes	15
– wegen Verstoßes gegen §§ 134, 138 BGB	12
Vermögensverhältnisse, arglistige Täuschung über	18
Vertragssystem	2 f
Vertretungsverbot	7, 10, 29 f
– Nichtbeachtung eines -s	7, 10
Volljährigenadoption	1, 12, 18, 20
Wesentlicher Umstand, arglistige Täuschung über einen	18 ff
Zeitbestimmung, Erklärung unter unzulässiger	7, 10
Zugehörigkeit zu einer Glaubensgemeinschaft, Täuschung über die	20
Zustimmung des gesetzlichen Vertreters, Fehlen der	3 f

I. Normzweck und Entstehungsgeschichte

1. Regelungsgegenstand

1 § 1760 BGB sieht die Aufhebung eines Annahmeverhältnisses bei gravierenden Begründungsmängeln vor. **Gravierende Begründungsmängel** iSv § 1760 BGB liegen vor, wenn beim Zustandekommen der Adoption die Mitwirkungsrechte des Annehmenden (Antrag gem § 1752 BGB), des Anzunehmenden (Einwilligung nach § 1746 BGB) oder der Eltern des Kindes (Einwilligung nach § 1747 BGB) nicht beachtet wurden. Trotz Vorliegens der Voraussetzungen des § 1760 BGB wird die Aufhebbarkeit des Annahmeverhältnisses durch die §§ 1761, 1762 BGB erheblich eingeschränkt. Auf die **Volljährigenadoption** findet § 1760 BGB kraft ausdrücklicher Verweisung in §§ 1771 S 2, 1772 Abs 2 S 1 BGB „sinngemäße" Anwendung.

2. Rechtslage vor der Reform v 1976

Eine dem heutigen § 1760 entsprechende Regelung war dem BGB vor dem AdoptG 2
v 1976 fremd. Das bis dahin geltende **Vertragssystem** verlangte für das wirksame
Zustandekommen eines Adoptionsvertrags nicht nur die vertraglichen Erklärungen
von Annehmendem und Anzunehmendem (§ 1741 S 1 aF), sondern auch die Einwilligung der Eltern des ehelichen bzw der Mutter des nichtehelichen Kindes (§ 1747
aF) sowie die Einwilligung des Ehegatten des Annehmenden und des Anzunehmenden (§ 1746 aF). Fehlte eine dieser Erklärungen von vornherein oder wurde sie
später nach allg rechtsgeschäftlichen Grundsätzen wegen Irrtums, arglistiger Täuschung oder Drohung angefochten, so war der **Adoptionsvertrag nichtig** (STAUDINGER/
ENGLER[10/11] § 1754 Rn 15–29 iVm § 1756 Rn 1, § 1755 Rn 22, 23). Die nachfolgende gerichtliche Bestätigung (§ 1741 S 2 aF) änderte an dieser Nichtigkeit nichts (STAUDINGER/
ENGLER[10/11] § 1756 Rn 11). Auf die Nichtigkeit konnte sich jedermann in jedem Verfahren berufen (STAUDINGER/ENGLER[10/11] § 1755 Rn 26). Nur für einige wenige leichtere
Mängel sah § 1756 aF eine Heilung des Adoptionsvertrags durch nachfolgende
gerichtliche Bestätigung vor (STAUDINGER/ENGLER[10/11] Rn 11 f). Auf Mängel dieser Art
bezog sich auch der besondere Aufhebungstatbestand des § 1770b aF, der wegen
seines engen Anwendungsbereichs „nur geringe praktische Bedeutung hatte" (STAUDINGER/ENGLER[10/11] Rn 1).

3. Reformziel

Ein wesentliches Anliegen der Adoptionsrechtsreform war es, **dem Annahmever-** 3
hältnis verstärkten Bestandsschutz zu verleihen (Nachw § 1759 Rn 2). Nach dem Übergang vom Vertrags- zum Dekretsystem führen selbst gravierende Begründungsmängel wie die Nichtbeachtung von Mitwirkungsrechten der leiblichen Eltern, des Kindes oder des Annehmenden nicht mehr zur Nichtigkeit, sondern nur zur Aufhebbarkeit des Annahmeverhältnisses mit Wirkung für die Zukunft (§§ 1760, 1764
BGB). Außerdem wurde die Möglichkeit, ein fehlerhaft zustande gekommenes Annahmeverhältnis aufzuheben, im Vergleich zu den Nichtigkeits- und Aufhebungsgründen vor der Reform erheblich eingeschränkt. So wirkt sich nach § 1760 Abs 1
BGB weder das Fehlen der Einwilligung des Ehegatten (§ 1749 BGB) noch das
Fehlen der Zustimmung des gesetzlichen Vertreters (§ 1746 Abs 1 S 3 HS 2 BGB)
auf den Fortbestand der Adoption aus. Soweit die Adoption wegen der Verletzung
von Mitwirkungsrechten überhaupt aufgehoben werden kann, regelt § 1760 Abs 2
BGB detailliert, unter welchen Voraussetzungen die erforderlichen Erklärungen als
unwirksam anzusehen sind. Dabei bleiben manche Mängel, die vor der Reform noch
zur Nichtigkeit der Adoption geführt hatten (zB Anfechtung wegen Eigenschaftsirrtums), folgenlos. Sind die Voraussetzungen für die Aufhebung des Annahmeverhältnisses an sich gegeben, so schränken §§ 1760 Abs 3–5, 1761 BGB die Aufhebungsmöglichkeit wieder erheblich ein, und § 1761 Abs 2 BGB räumt im Spannungsverhältnis zwischen den Aufhebungsinteressen des übergangenen Mitwirkungsberechtigten und den Interessen des Kindes an der Aufrechterhaltung der Adoption
den letzteren den Vorrang ein. Schließlich trägt auch § 1762 BGB mit der Einschränkung des Antragsrechts und den kurzen Aufhebungsfristen dazu bei, die Stabilität
fehlerhaft zustande gekommener Adoptionen zu fördern.

II. Fehlen von Antrag oder Einwilligung

1. Grundregel

4 § 1760 BGB nennt zwei Aufhebungstatbestände, das **Fehlen** der in Abs 1 genannten Erklärungen und deren **Unwirksamkeit** (Abs 2). Da diese beiden Aufhebungstatbestände vom Gesetz abschließend normiert sind, führt das Fehlen (oder die Unwirksamkeit) von Einwilligungserklärungen sonstiger Beteiligter nicht zur Aufhebbarkeit des Annahmeverhältnisses. Die fehlende Einwilligung des Ehegatten des Annehmenden oder des Anzunehmenden (§ 1749 BGB) stellt deshalb den Fortbestand der Adoption ebenso wenig in Frage wie die fehlende Zustimmung des gesetzlichen Vertreters des Kindes nach § 1746 Abs 1 S 3 HS 2 BGB.

5 Eine Erklärung iSv Abs 1 fehlt, wenn sie überhaupt **nicht abgegeben** wurde oder **den Adressaten nicht erreicht** hat (vgl aber § 1750 Rn 6 ff). Ein Antrag fehlt auch dann, wenn er (formlos) vor der Zustellung des Annahmebeschlusses **zurückgenommen** wurde (vgl § 1752 Rn 10 ff; OLG Düsseldorf FamRZ 1997, 117). Entsprechendes gilt, wenn das über 14 Jahre alte Kind die Einwilligung gem § 1746 Abs 2 BGB **widerrufen** hat. Die erforderliche Einwilligung eines Elternteils fehlt, wenn **zu Unrecht angenommen** wurde, **dass dieser zur Abgabe einer Erklärung außerstande oder sein Aufenthalt dauernd unbekannt ist** (§ 1747 Abs 4 BGB). Dass auch dieser Fall von Abs 1 erfasst sein soll, ergibt sich aus Abs 5. Außerdem hatte schon das alte Recht vor 1976 insoweit die Möglichkeit einer Aufhebung des Annahmeverhältnisses vorgesehen (§§ 1770b iVm § 1756 Abs 2 aF). Abs 1 greift auch ein, wenn sich bei einer Inkognitoadoption die Einwilligung auf die unter einer bestimmten Nummer bei der Adoptionsvermittlungsstelle geführten Adoptiveltern bezogen hatte (vgl § 1747 Rn 61), später aber die **Adoptionsbewerber ausgetauscht** wurden; denn wegen des Verbots der Blankoeinwilligung (§ 1747 Abs 2 S 2 BGB) kann sich die Einwilligung nur auf bereits feststehende Adoptionsbewerber beziehen. Allerdings hat im Falle einer **Inkognitoadoption** im Verfahren nach § 1760 Abs 1 BGB ein Elternteil, der nicht wirksam in die Annahme eingewilligt hat, nur insoweit einen Anspruch auf Bekanntgabe von Name und Anschrift der Adoptiveltern als sie zur zweckentsprechenden Rechtsverfolgung unbedingt erforderlich ist (OLG Karlsruhe DAVorm 1996, 390; vgl § 1758 Rn 21).

6 Seit Inkrafttreten des KindRG am 1. 7. 1998 steht auch dem **Vater eines nichtehelichen Kindes** nach § 1747 Abs 1 S 1 BGB ein Einwilligungsrecht zu. Dabei ist allerdings zu beachten, dass dieses Einwilligungsrecht erst entsteht, wenn die Vaterschaft rechtswirksam anerkannt (§§ 1594 ff BGB) oder gerichtlich festgestellt ist (§ 1600d BGB). Das Annahmeverhältnis ist also nur dann iSd § 1760 Abs 1 BGB ohne die erforderliche Einwilligung des Vaters begründet worden, wenn die Vaterschaft im Zeitpunkt der Zustellung des Annahmebeschlusses (§ 197 Abs 2 FamFG) rechtlich feststand. Eine Ausnahme macht § 1747 Abs 1 S 2 BGB für den **Vaterschaftsprätendenten** (vgl § 1747 Rn 16 ff), der nur glaubhaft macht, dass er der Mutter während der gesetzlichen Empfängniszeit beigewohnt hat (§ 1600d Abs 2 S 1 BGB). Wenn § 1747 Abs 1 S 2 BGB bestimmt, dass auch der Vaterschaftsprätendent als Vater iSd § 1747 Abs 1 S 1 BGB anzusehen ist, dann wird man diesen auch als einwilligungsberechtigten „Elternteil" iSv § 1760 Abs 1 BGB ansehen müssen (Helms JAmt 2001, 57, 62; Erman/Saar Rn 2a; BeckOK/Pöcker Rn 2.1). Voraussetzung ist

aber, dass der Vaterschaftsprätendent seine Vaterschaft auch tatsächlich glaubhaft gemacht hat. Es genügt nicht, wenn bei fehlender Glaubhaftmachung die Vaterschaft nach Wirksamwerden des Annahmebeschlusses festgestellt wird (MünchKomm/Maurer § 1747 Rn 40). Wird die Annahme trotz Glaubhaftmachung der Vaterschaft ohne Einwilligung des Vaterschaftsprätendenten ausgesprochen, so dürfte eine Aufhebung des Annahmeverhältnisses allerdings nur dann in Betracht kommen, wenn die zunächst nur glaubhaft gemachte Vaterschaft auch tatsächlich feststeht (MünchKomm/Maurer Rn 21). Im Übrigen bietet § 1761 BGB ausreichenden Schutz vor einer Aufhebung, die das Wohl des Kindes gefährden würde. Zu Recht wird allerdings darauf hingewiesen (Frank FamRZ 2017, 497, 499 f; Frie NZFam 2017, 520, 521; aA wohl BeckOK/Pöcker § 1747 Rn 8.4), dass der BGH § 1747 Abs 4 S 1 BGB in seiner Entscheidung vom 18. 2. 2015 (XII ZB 473/13, FamRZ 2015, 828) unter bestimmten Voraussetzungen auch auf einen privaten **Samenspender** angewendet habe, der seine Vaterschaft (noch) nicht glaubhaft machen konnte. Über die Frage, welche Konsequenzen aus dieser Rechtsprechung für den Anwendungsbereich des § 1747 Abs 1 S 2 BGB im Einzelnen zu ziehen sind, lässt sich diskutieren (§ 1747 Rn 42 f). Ist der Anwendungsbereich des § 1747 Abs 1 S 2 BGB nicht eröffnet, ist auch der Rückgriff auf § 1760 Abs 1 BGB versperrt. Im Raum steht dann aber immer noch eine Verletzung des rechtlichen Gehörs (§ 1747 Rn 38 und § 1759 Rn 16 ff), soweit keine ausreichende Sorgfalt darauf verwendet wurde, den leiblichen Vater vom Adoptionsverfahren in Kenntnis zu setzen.

2. Problemfälle

Der Anwendungsbereich des Abs 1 ist teilweise umstr, weil es zweifelhaft sein kann, 7 ob eine der dort genannten **Erklärungen völlig fehlt oder lediglich mit Mängeln behaftet** ist, die nur unter den Voraussetzungen des Abs 2 zur Unwirksamkeitserklärung führen. So bedürfen Antrag und Einwilligung der notariellen Beurkundung (§§ 1752 Abs 2 S 2, 1750 Abs 1 S 2 BGB). Wurde die Form nicht beachtet, so fragt es sich, ob die Erklärung iSv Abs 1 völlig fehlt, oder ob sie vorliegt, ohne dass sich der Mangel wegen der abschließenden Regelung der Unwirksamkeitsgründe in Abs 2 auf die Bestandskraft des Annahmeverhältnisses auswirkt. Ähnliche Fragen stellen sich, wenn die Erklärung unter Missachtung des Vertretungsverbots (§§ 1750 Abs 3 S 1, 1752 Abs 2 S 1 BGB) oder unter einer unzulässigen Bedingung oder Zeitbestimmung erfolgte (§§ 1750 Abs 2 S 1, 1752 Abs 2 S 1 BGB). Die Entstehungsgeschichte gibt hinsichtlich dieser Problematik keinen Aufschluss. Naheliegend dürfte eine Interpretation von Abs 1 dahingehend sein, dass diese Bestimmung eine Erklärung voraussetzt, die den spezifischen adoptionsrechtlichen Anforderungen der §§ 1750, 1752 BGB genügt, während Abs 2 regelt, welche allg Mängel rechtsgeschäftlicher Erklärungen (Geschäftsfähigkeit, Anfechtbarkeit usw) geeignet sind, den Fortbestand des Annahmeverhältnisses in Frage zu stellen (wie hier Muscheler Rn 722). Gegen diese Interpretation spricht allerdings, dass in Abs 2 lit e bestimmt ist, dass eine vor Ablauf der 8-Wochen-Frist (§ 1747 Abs 2 S 1 BGB) erklärte Einwilligung unwirksam ist, obwohl nach der hier vertretenen Ansicht das gleiche Ergebnis bereits zwingend aus Abs 1 abzuleiten wäre. Dabei ist jedoch zu beachten, dass der RegE (BT-Drucks 7/3061, 7, 48) noch von einer Unwirksamkeit dieser Erklärung nach Abs 1 ausgegangen war, wie sich aus dem Wortlaut des ursprünglich vorgesehenen Abs 4 S 1 ergibt. Abs 2 lit e wurde erst auf Antrag des Rechtsausschusses (BT-Drucks 7/5087, 19, 38 f) – überflüssigerweise – in den Gesetzestext aufgenommen.

8 Im Einzelnen gilt:

Eine Einwilligungserklärung iSv Abs 1 liegt nur vor, wenn sie unter **Beachtung der Form des § 1750 Abs 1 S 2 BGB** wirksam wurde (so auch Muscheler Rn 722; BGB-RGRK/ Dickescheid Rn 2; Soergel/Liermann Rn 6; **aA** Erman/Saar Rn 2b; BeckOK/Pöcker Rn 3.2; BeckOGK/Löhnig [15.12.2018] Rn 12). Gleiches muss entgegen BGB-RGRK/Dickescheid Rn 2 u Soergel/Liermann Rn 6 auch für den Antrag nach § 1752 BGB gelten, da auch dieser eine materiellrechtliche Erklärung mitbeinhaltet, die sich qualitativ nicht von der Einwilligungserklärung des Kindes und der Eltern unterscheidet (Näheres vgl § 1752 Rn 4). Dass die Möglichkeit der Heilung des Formmangels im Gesetz nicht vorgesehen ist, spricht nicht gegen die hier vertretene Lösung, weil die *Nachholung* fehlender Erklärungen iSv Abs 1 von der hM generell befürwortet wird, ohne dass der Gesetzestext diese Möglichkeit ausdrücklich nennt (vgl Rn 31). Allerdings waren nach altem Recht (§ 1756 Abs 1 aF) Formmängel durch die gerichtliche Bestätigung des Adoptionsvertrags *geheilt* worden. Dieser überraschende Unterschied dürfte jedoch in Anbetracht der Heilungsmöglichkeit nach Abs 5 und der Schutzbestimmungen der §§ 1761, 1762 BGB praktisch kaum ins Gewicht fallen. Im Übrigen ist die Aufhebung von Annahmeverhältnissen durch die Reform v 1976 nicht nur erschwert, sondern im Falle von Abs 2 lit e auch erleichtert worden (vgl Rn 24).

9 **Einwilligungen unter einer Bedingung oder Zeitbestimmung** (§ 1750 Abs 2 S 1 BGB) sind keine Einwilligungen iSv Abs 1 (Soergel/Liermann Rn 6). Entsprechendes gilt für einen entgegen § 1752 Abs 2 S 1 BGB gestellten Antrag (**aA** BGB-RGRK/Dickescheid Rn 2; Soergel/Liermann Rn 6). Bei richtiger Unterscheidung zwischen unzulässigen Bedingungen und zulässigen Beschränkungen der Einwilligung (vgl § 1750 Rn 10 f) dürften sich jedoch kaum Probleme für die Praxis ergeben.

10 Wurde die Erklärung von einem **Vertreter ohne Vertretungsmacht** abgegeben, so fehlt es an der erforderlichen Erklärung iSv Abs 1 (allgM; MünchKomm/Maurer Rn 8; Erman/Saar Rn 2c; BeckOGK/Löhnig [15.12.2018] Rn 11). Denkbar sind insbes Fälle, in denen für das Kind nicht der richtige gesetzliche Vertreter handelte. Eine Erklärung iSv Abs 1 fehlt auch dann, wenn die Einwilligung entgegen § 1750 Abs 3 S 1 BGB von einem **gewillkürten Stellvertreter** erklärt wurde (BGB-RGRK/Dickescheid Rn 2; Soergel/Liermann Rn 5 u 6; **aA** BeckOK/Pöcker Rn 3.2; Erman/Saar Rn 2a). Entsprechendes gilt für den Antrag gem § 1752 Abs 2 S 1 BGB (**aA** Soergel/Liermann Rn 6). Fälle dieser Art dürften in der Praxis selten sein, möglicherweise aber dann vorkommen, wenn auf eine Adoption mit Auslandsberührung entgegen Art 22 EGBGB fälschlich ausländisches Recht angewandt wurde.

III. Unwirksamkeit von Antrag oder Einwilligung

1. Allgemeines

11 Außer dem Fehlen der in Abs 1 genannten Erklärungen stellt auch deren Unwirksamkeit einen Aufhebungsgrund dar. Abs 2 schränkt allerdings in Anlehnung an die Regelungen über die Aufhebbarkeit einer Ehe (§ 1314 BGB) die Relevanz der allg Vorschriften über Willensmängel ein (BT-Drucks 7/3061, 26).

12 Die **Unwirksamkeitsgründe** werden **in Abs 2 abschließend** aufgeführt (vgl zur Entstehungsgeschichte BT-Drucks 7/3061, 26, 47; BT-Drucks 7/5087, 7 f). Insbes können die Erklärungen der in Abs 1 genannten Personen nicht an den §§ 134, 138 BGB gemessen werden. Abs 2 darf auch nicht dahingehend interpretiert werden, dass diese Bestimmung nur die Anfechtung von Willensmängeln habe ausschließen wollen, ohne die Anwendbarkeit des § 138 BGB in Frage zu stellen (so aber OLG Köln NJW 1980, 63 m Anm LÜDERITZ NJW 1980, 1087; aA BGHZ 103, 12, 17 = FamRZ 1988, 390, 391 f; KG [Vorlagebeschluss] FamRZ 1987, 635, 637; GERNHUBER/COESTER-WALTJEN § 68 Rn 154; BeckOGK/LÖHNIG [15. 12. 2018] Rn 13). Die Absicht, nur Steuervorteile oder eine Arbeits- oder Aufenthaltserlaubnis zu erlangen, ohne ein Eltern-Kind-Verhältnis zu begründen, tangiert deshalb unter dem besonderen Aspekt des § 1760 BGB nicht die Bestandskraft einer dennoch zustande gekommenen Minderjährigen- oder Volljährigenadoption (vgl § 1771 S 2 BGB). In Betracht kommt nur eine Aufhebung nach § 1763 BGB bzw § 1771 S 1 BGB.

Der Umstand, dass in Abs 2 die Relevanz von Willensmängeln im Hinblick auf die **13** Aufhebung eines Annahmeverhältnisses eingeschränkt wird, nötigt nicht zu dem Schluss, dass auch die **Wirksamkeit einer (bindend gewordenen) Einwilligungserklärung vor der Adoption** an § 1760 Abs 2 BGB gemessen wird. Vielmehr ist in einem solchen Fall die Wirksamkeit der Erklärung uneingeschränkt nach den allg Grundsätzen des bürgerlichen Rechts zu beurteilen (näher dazu § 1750 Rn 13). Über die Wirksamkeit der Erklärung kann vorab in einem selbständigen Verfahren entschieden werden (vgl § 1752 Rn 33).

2. Geschäftsunfähigkeit (Abs 2 lit a)

Var 1 von lit a **(Erklärender befindet sich im Zustand der Bewusstlosigkeit oder** **14** **vorübergehenden Störung der Geistestätigkeit)** ist dem früheren § 18 EheG (heute § 1314 Abs 2 Nr 1 BGB) nachgebildet (BT-Drucks 7/3061, 47) und entspricht § 105 Abs 2 BGB. Auf die dortigen Erläuterungen wird verwiesen. Die Unwirksamkeit der Erklärung nach dieser Bestimmung wurde geltend gemacht in LG Duisburg DAVorm 1980, 227 u AG Hamburg ZfJ 1985, 422.

Var 2 von lit a **(Antragsteller ist geschäftsunfähig)** entspricht § 105 Abs 1 BGB iVm § 104 BGB. Der Fall der Geschäftsunfähigkeit eines Elternteils brauchte wegen § 1747 Abs 4 BGB nicht geregelt zu werden.

Var 3 **(geschäftsunfähiges oder noch nicht 14 Jahre altes Kind erklärt die Einwilligung** **15** **selbst)** wurde auf Vorschlag des BR (BT-Drucks 7/3061, 76 Nr 13) in das Gesetz aufgenommen. Dem fehlenden gesetzlichen Vertreter ist der geschäftsunfähige gleichzustellen (ERMAN/SAAR Rn 4; MünchKomm/MAURER Rn 26; NK-BGB/DAHM Rn 12; PALANDT/ GÖTZ Rn 3). Wenn im RegE die Auffassung vertreten wird, dass die Geschäftsunfähigkeit des gesetzlichen Vertreters keinen Aufhebungsgrund darstelle (BT-Drucks 7/ 3061, 47 Nr 3; ebenso SOERGEL/LIERMANN Rn 8), so überzeugt die Argumentation nicht, weil zwischen fehlender Vertretung und Vertretung durch einen Geschäftsunfähigen schwerlich differenziert werden kann.

3. Irrtum (Abs 2 lit b)

Abs 2 lit b ist dem früheren § 31 Abs 1 EheG (vgl heute teilweise § 1314 Abs 2 Nr 2 **16** BGB) nachgebildet (BT-Drucks 7/3061, 47) und stellt, was die Beachtlichkeit von Irrtümern anbelangt, eine Sonderregelung gegenüber § 119 BGB dar. Var 1 betrifft den Fall, dass der Erklärende nicht gewusst hat, dass es sich um eine Annahme als Kind handelt (= **Inhaltsirrtum**); vgl dazu AG Hamburg ZfJ 1985, 422, eine Entscheidung, in der der annehmende Stiefvater vorgab, er habe die Adoption für einen bloßen Akt der Namensgebung gehalten. Var 2 regelt den Fall, dass der Annehmende zwar wusste, dass es sich um eine Annahme handelte, aber einen Annahmeantrag nicht stellen oder eine Einwilligung zur Annahme nicht abgeben wollte (= **Erklärungsirrtum**). Var 3 schließlich regelt den **Identitätsirrtum** sowohl des Annehmenden über die Person des Anzunehmenden als auch umgekehrt des Anzunehmenden (bzw des gesetzlichen Vertreters, vgl BGB-RGRK/Dickescheid Rn 6) über die Person des Annehmenden. Fälle dieser Art sind selbst bei einer Inkognitoadoption kaum vorstellbar. Adoptiert ein Mann sein vermeintlich nichteheliches Kind und stellt sich später heraus, dass er nicht der Vater ist, so liegt kein Identitätsirrtum, sondern ein unbeachtlicher Eigenschaftsirrtum vor. Entsprechendes gilt, wenn eine Ehefrau das Kind ihres Mannes annimmt, obwohl dieses nicht von diesem abstammt (Soergel/Liermann Rn 9). Die eigentliche Bedeutung von Abs 2 lit b liegt darin, dass ein **Eigenschaftsirrtum** (zB über Krankheiten oder Behinderungen usw) entgegen der Rechtslage vor der Reform von 1976 (Staudinger/Engler[10/11] § 1755 Rn 5 ff) nunmehr unbeachtlich ist (KG 8. 4. 2014 – 17 WF 75/14, FamRZ 2014, 1795, 1796 betr Erziehungseignung; vgl auch BT-Drucks 7/3061, 26 unter 6 d, 47 zu Abs 2 unter Nr 4).

4. Arglistige Täuschung (Abs 2 lit c iVm Abs 4)

a) Allgemeines

17 Abs 2 lit c ist der Regelung des früheren § 33 EheG (heute § 1314 Abs 2 Nr 3 BGB) nachgebildet (BT-Drucks 7/3061, 47). Der Begriff der arglistigen Täuschung entspricht dem in § 123 BGB. In Abs 4 wird die Aufhebbarkeit des Annahmeverhältnisses wegen arglistiger Täuschung eingeschränkt und präzisiert. Abs 4 wäre besser in unmittelbarem Zusammenhang mit Abs 2 lit c geregelt worden, wie es noch im RegE (BT-Drucks 7/3061, 7 f, 47) vorgesehen war.

b) Täuschung über Vermögensverhältnisse

18 Abs 4 schränkt den Anwendungsbereich von Abs 2 lit c von vornherein dadurch ein, dass arglistige **Täuschungen über Vermögensverhältnisse** des Annehmenden oder des Anzunehmenden für unbeachtlich erklärt werden. Auf diese auch im früheren § 33 Abs 3 EheG und heutigen § 1314 Abs 2 Nr 3 BGB enthaltene Regelung hätte man verzichten können, weil Abs 2 lit c ohnehin nur Täuschungen über *wesentliche* Umstände (vgl Rn 19 f) für beachtlich erklärt. Die Frage, ob in Einzelfällen die Täuschung über Vermögensverhältnisse nicht doch Beachtung verdient (zB bei der Volljährigenadoption oder bei der Minderjährigenadoption, wenn der Annehmende kaum in der Lage ist, für den Unterhalt des Kindes aufzukommen), hätte man besser der Klärung durch die Rspr überlassen (krit auch Erman/Saar Rn 6).

c) Täuschung über wesentliche Umstände

19 Die entscheidende Frage bei Abs 2 lit c ist, wann eine **Täuschung über wesentliche Umstände** vorliegt. Ob ein Umstand wesentlich ist oder nicht, kann nicht subjektiv nach den Vorstellungen des Erklärenden bestimmt werden (OLG Brandenburg 29. 8. 2018 – 13 UF 120/17, BeckRS 2018, 23429 [Rn 25]; BeckOK/Pöcker Rn 5. 2; MünchKomm/Maurer Rn 34; aA BGB-RGRK/Dickescheid Rn 7). Ansonsten hätte der Gesetzgeber – wie in

§ 123 Abs 1 BGB – auf dieses zusätzliche Tatbestandsmerkmal verzichten können. Auch in der Gesetzesbegründung (BT-Drucks 7/3061, 47 zu Abs 2 unter Nr 5) heißt es deutlich: „Unbeachtlich sollen Umstände sein, die für die Annahme" (nicht für den Annehmenden!) „nicht wesentlich sind". Der Umstand, dass die Adoption – ebenso wie die Eheschließung – Rechtsbeziehungen im personalen Bereich schafft, gebietet es indessen, bei Umständen, über deren Wesentlichkeit Zweifel möglich sind, auf die Vorstellungen des Erklärenden verstärkt Rücksicht zu nehmen.

Wird bei der Vermittlung den Adoptionsbewerbern verschwiegen, dass die **Kindes-** **mutter eine Prostituierte** ist, so liegt ein Aufhebungsgrund vor, wenn dieser Umstand trotz entsprechender Nachfrage nicht mitgeteilt wird, um das Zustandekommen der Annahme nicht zu gefährden. „Wesentlich" ist hier der Umstand wegen des erhöhten Gesundheitsrisikos aufseiten des Kindes. Ähnlich ist die Rechtslage, wenn **wahrheitswidrige Angaben über die Person des Vaters** gemacht werden, obwohl die Adoptionsbewerber aus gesundheitlichen Gründen auf diese Information entscheidenden Wert legen und nur ein Kind adoptieren wollen, dessen Vater bekannt (wenn auch nicht notwendigerweise gerichtlich festgestellt) ist. Insgesamt wird man als wesentlich alle diejenigen Umstände ansehen müssen, die hinreichend deutlichen Aufschluss über Gesundheit und geistigen Entwicklungszustand des Kindes geben. Die Abstammung kann insofern erheblich sein, als eine **erbliche Belastung** in Betracht kommt. **Täuschungen über das soziale Umfeld des Kindes** sind unwesentlich (aA BeckOK/Pöcker Rn 5.2). Abs 2 lit c greift auch dann ein, wenn nicht die Annehmenden, sondern die leiblichen Eltern oder das Kind über wesentliche Umstände getäuscht werden. Als derartige Umstände kommen aufseiten des Annehmenden ua **Alkoholismus, abweichendes sexuelles Verhalten, Krankheiten**, die eine Unfähigkeit zur Erziehung und Betreuung des Kindes zur Folge haben, in Betracht. Eine Täuschung der leiblichen Eltern liegt auch vor, wenn ihr Anliegen, dass die Annehmenden nur **einer bestimmten Glaubensgemeinschaft angehören** dürfen, von der Adoptionsvermittlungsstelle missachtet wird (MünchKomm/Maurer Rn 35; Erman/Saar Rn 6; BeckOGK/Löhnig [15. 12. 2018] Rn 22; Sagir ZKJ 2017, 135, 139). War die notariell beurkundete Einwilligung entsprechend beschränkt worden (vgl § 1747 Rn 60), so liegt bereits nach Abs 1 die erforderliche Erklärung nicht vor. Fehlt es bei einer Volljährigenadoption an der **Absicht, ein echtes Eltern-Kind-Verhältnis herzustellen**, so kommt eine Aufhebung nach § 1771 S 2 BGB iVm § 1760 Abs 2 lit c BGB nicht in Betracht, solange nur Dritte (nicht einer der Erklärenden) getäuscht werden (vgl BGHZ 103, 12, 16 f = FamRZ 1988, 390, 391; KG [Vorlagebeschluss] FamRZ 1987, 635). Hatte es jedoch der Angenommene gegenüber dem Annehmenden nur darauf angelegt, ein gesetzliches Erbrecht oder eine Aufenthaltsgenehmigung zu erlangen, ohne ein Eltern-Kind-Verhältnis herstellen zu wollen, so liegt ein Aufhebungsgrund nach Abs 2 lit c vor (OLG Frankfurt OLGZ 1982, 421, 422 = FamRZ 1982, 1241, 1242; LG Augsburg FamRZ 1995, 1017 m Anm Bosch; vgl auch BayObLG ZfJ 1992, 442). Bei einer Volljährigen-Stiefkindadoption mit starken Wirkungen hat das OLG Brandenburg zu Recht die Wesentlichkeit des Irrtums in einem Fall verneint, in dem über das Vorliegen eines Eltern-Kind-Verhältnisses kein Zweifel bestehen konnte, der konkrete Anlass für den Annehmenden aber die – was in Stiefkindfällen nicht gerade selten ist (vgl § 1741 Rn 67) – **geheime Hoffnung war, seine Ehe zu retten** (OLG Brandenburg 29. 8. 2018 – 13 UF 120/17, BeckRS 2018, 23429 [Rn 25 ff] m krit Anm Eckebrecht NZFam 2018, 1004). Auch die namensrechtlichen Folgen einer Adoption wird man nicht zu den wesentlichen Umständen rechnen können (vgl OLG Stuttgart 16. 3. 2010 – 15 UF 36/ 10, FamRZ 2010, 1999, 2000, wo schon Arglist verneint wurde).

d) Der Täuschende

21 Abs 2 lit c iVm Abs 1 schützt den Annehmenden, das Kind und die leiblichen Eltern vor einer arglistigen Täuschung. **Relevant ist die Täuschung** nach Abs 4 aber **nur**, wenn sie entweder von einem Antrags- oder Einwilligungsberechtigten oder zur Vermittlung der Annahme Befugten verübt wird, oder wenn sie zwar von einem Dritten (etwa dem beurkundenden Notar) ausgeht, aber mit Wissen eines Antrags- oder Einwilligungsberechtigten erfolgt. Relevant ist die Täuschung durch jede einwilligungsberechtigte Person, also auch durch den einwilligungsberechtigten Ehegatten des Annehmenden oder des Kindes (§§ 1749, 1767 Abs 2 S 2 BGB), obwohl diese nicht zu den aufhebungsberechtigten Personen nach Abs 1 gehören (ERMAN/SAAR Rn 6; BeckOGK/LÖHNIG [15. 12. 2018] Rn 24). Entsprechend schadet auch ihre Mitwisserschaft im Falle einer Täuschung durch einen Dritten. Nicht zum Kreis der einwilligungsberechtigen Personen zählt der gesetzliche Vertreter des über 14 Jahre alten, nicht geschäftsunfähigen Kindes; er ist nur zustimmungsberechtigt. Handelt für das noch nicht 14 Jahre alte Kind sein gesetzlicher Vertreter, so ist die durch ihn erfolgte Täuschung ebenso rechtserheblich wie seine Mitwisserschaft.

22 Zur Vermittlung der Annahme befugt sind die in §§ 2, 3, 5 AdoptVermG ausgewiesenen Stellen. Die Erheblichkeit von Täuschungen durch Personen, die zur Vermittlung befugt sind, wurde erst auf Anregung des Rechtsausschusses (BT-Drucks 7/5087, 19) in das Gesetz aufgenommen. Wer sich hingegen auf die Erklärung von Personen verlässt, die zur Adoptionsvermittlung nicht befugt sind, verdient keinen Schutz (BT-Drucks 7/5087, 19). Gerechtfertigt erscheint es jedoch, über den Wortlaut des Abs 4 hinaus auch das Wissen der mit der Adoption betrauten Stelle um die Täuschung durch einen Dritten für erheblich zu erachten (so auch ERMAN/SAAR Rn 6; BeckOGK/LÖHNIG [15. 12. 2018] Rn 25).

5. Drohung (Abs 2 lit d)

23 Abs 2 lit d lehnt sich an den früheren § 34 Abs 1 EheG (heute § 1314 Abs 2 Nr 4 BGB) an. Zum Begriff der widerrechtlichen Drohung vgl § 123 Abs 1 BGB. Für die Anwendbarkeit des Abs 2 lit d ist unwesentlich, wer den Erklärenden bedroht hat. Es genügt die widerrechtliche Drohung durch eine Person, die in keinerlei rechtlicher Beziehung zum Annahmevorgang steht.

Zur Drohung des Ehemannes, „es passiere etwas", wenn ein nicht von ihm gezeugtes Kind der Ehefrau nicht aus der Familie entfernt werde, vgl OLG Frankfurt FamRZ 1981, 206, 207. Nach BGHZ 2, 287, 295 ff (= NJW 1951, 643, 644 f) ist die Drohung der Eltern gegenüber der erwachsenen Tochter, sie aus der Familiengemeinschaft auszuschließen, wenn sie das zu erwartende nichteheliche Kind nicht zur Adoption freigibt, nicht widerrechtlich. Da die Eltern zum Unterhalt nur durch Entrichtung einer Geldrente verpflichtet sind (§ 1612 Abs 1 BGB), ist die Entscheidung auch heute noch richtig. Verweigerte Hilfe ist keine widerrechtliche Drohung.

6. Nichtbeachtung der 8-Wochen-Frist (Abs 2 lit e)

24 Nach Abs 2 lit e ist die Einwilligung eines Elternteils unwirksam, wenn sie vor Ablauf der 8-Wochen-Frist des § 1747 Abs 2 S 1 BGB erteilt wurde. Nach altem Recht (vor 1976) hatte ein Verstoß gegen die damals noch geltende 3-Monats-Frist

(§ 1747 Abs 2 aF) keinen Aufhebungsgrund dargestellt (§ 1756 Abs 1 aF). Den gleichen Standpunkt nahm zunächst auch der RegE in § 1760 Abs 4 BGB ein (BT-Drucks 7/3061, 7), bis die nunmehr geltende Regelung auf Antrag des Rechtsausschusses (BT-Drucks 7/5087, 19) Gesetz wurde. Abs 2 lit e hat nur klarstellende Funktion, weil eine den speziellen adoptionsrechtlichen Vorschriften zuwider erfolgte Erklärung keine Erklärung iSv Abs 1 darstellt (vgl Rn 7).

IV. Nachholung fehlender oder unwirksamer Erklärungen

Abs 3 u 5 enthalten Ausschlussgründe für eine nach Abs 1 u 2 an sich mögliche **25** Aufhebung des Annahmeverhältnisses. Der Gesetzgeber ging bei diesen Regelungen davon aus, dass die Entstehungsmängel nach Abs 1 u 2 geheilt werden, wenn die fehlenden oder unwirksamen Erklärungen nachgeholt werden oder der Betroffene sonst zu erkennen gibt, dass das Annahmeverhältnis aufrecht erhalten werden soll (vgl BT-Drucks 7/3061, 47 u BT-Drucks 7/5087, 19 f).

1. Die Regelung des Abs 3

Abs 3 bezieht sich auf die in Abs 2 lit a–e genannten Mängel, auch auf den nicht **26** besonders hervorgehobenen Fall der arglistigen Täuschung, weil diese zu einem Irrtum geführt hat, der in Abs 3 genannt wird. Die Regelung des Abs 3 lehnt sich an die entsprechenden früheren Regelungen in den §§ 18 Abs 2, 30 Abs 2, 31 Abs 2, 32 Abs 2, 33 Abs 2, 34 Abs 2 EheG (heute § 1315 Abs 1 Nr 2–4 BGB) an.

Die **Nachholung der Erklärung** setzt voraus, dass diese in der vorgeschriebenen Form **27** (§§ 1750 Abs 1 S 2, 1752 Abs 2 S 2 BGB) dem richtigen Erklärungsadressaten, dh dem zuständigen FamG (§§ 1750 Abs 1 S 3, 1752 BGB), zugeht. Fehlt es an diesen Voraussetzungen, so kann die Erklärung als Bestätigung des Annahmeverhältnisses durch sonstiges Verhalten (Abs 3 S 1 aE) verstanden werden (vgl ERMAN/SAAR Rn 9).

Bei der Annahme einer **Bestätigung durch sonstiges (schlüssiges) Verhalten** ist Zu- **28** rückhaltung geboten, will man die einjährige Antrags-(Überlegungs-)Frist nach § 1762 Abs 2 BGB nicht voreilig in Frage stellen. Das Verhalten muss deshalb eindeutig sein und jeden Zweifel ausschließen. Äußerungen, die in einem Stadium der Unsicherheit oder Überlegung erfolgen, genügen nicht. Insbes ist es nicht ausreichend, wenn die Betreuung des Kindes nach Wegfall des Unwirksamkeitsgrundes fortgesetzt wird oder eine sofortige Antragstellung unterbleibt (ERMAN/SAAR Rn 9; jurisPK-BGB/HEIDERHOFF Rn 19; **aA** NK-BGB/DAHM Rn 17; MünchKomm/MAURER Rn 44). Aus Gründen der Rechtsklarheit sollte die Erklärung möglichst formgerecht nachgeholt werden (DIV-Gutachten ZfJ 1988, 220).

Abs 3 S 2 verweist auf die entsprechend anzuwendenden Bestimmungen der §§ **1746** **29** **Abs 1 S 2, 3 u 1750 Abs 3 S 1, 2 BGB**. Das bedeutet: Ist die elterliche Einwilligung unwirksam, so ist für die Nachholung der Erklärung oder sonstiges bestätigendes Verhalten **Vertretung** auch dann ausgeschlossen, wenn der betroffene Elternteil in der Geschäftsfähigkeit beschränkt war (§ 1750 Abs 3 S 1 u 2 BGB). Ist das Kind noch nicht 14 Jahre alt oder geschäftsunfähig, so kommt es auf die Person des gesetzlichen Vertreters an (§ 1746 Abs 1 S 2 BGB). Ist das Kind 14 Jahre alt und nicht geschäftsunfähig, so ist seine Erklärung bzw sein Verhalten maßgebend; das

Kind bedarf jedoch der Zustimmung seines gesetzlichen Vertreters (§ 1746 Abs 1 S 3 BGB). Ist der Antrag des Annehmenden unwirksam, so ist für die Nachholung oder bestätigendes Verhalten Vertretung ebenfalls ausgeschlossen (§ 1752 Abs 2 S 1 BGB). Einer besonderen Verweisung auf diese Bestimmung bedurfte es nicht.

2. Die Regelung des Abs 5

30 Ist beim Ausspruch der Annahme zu Unrecht angenommen worden, dass ein Elternteil zur Abgabe der Erklärung dauernd außerstande oder sein Aufenthalt dauernd unbekannt sei (§ 1747 Abs 4 BGB), so ist die Aufhebung ausgeschlossen, wenn der Elternteil die Einwilligung nachgeholt oder sonst zu erkennen gegeben hat, dass das Annahmeverhältnis aufrechterhalten werden soll. Es gelten insoweit die Anmerkungen zu Abs 3 (Rn 25 ff). Bzgl des Verbots der Stellvertretung wird in S 2 auf die entsprechende Anwendung v § 1750 Abs 3 S 1 u 2 BGB verwiesen.

3. Nachholung fehlender Erklärungen

31 Eine Nachholung fehlender Erklärungen wird in Abs 5 nur für den Sonderfall des § 1747 Abs 4 BGB angesprochen. Es wäre jedoch verfehlt, daraus zu folgern, dass eine Nachholung in den übrigen Fällen des Abs 1 ausgeschlossen sein soll. Nachdem der RegE in § 1760 Abs 4 lit e BGB noch die Aufhebbarkeit des Annahmeverhältnisses verneint hatte, wenn die elterliche Einwilligung zu Unrecht für entbehrlich gehalten worden war (BT-Drucks 7/3061, 47 f), empfahl der Rechtsausschuss später, die Aufhebung doch zuzulassen, allerdings die Möglichkeit der Bestätigung vorzusehen (BT-Drucks 7/5087, 19 f). Redaktionell wäre es konsequent gewesen, auf Abs 5 gänzlich zu verzichten und die Möglichkeit der Nachholung fehlender oder unwirksamer Erklärungen bzw deren Bestätigung durch schlüssiges Verhalten in Abs 3 zu regeln. Offenbar wollte der Gesetzgeber jedoch aus Gründen der Klarstellung den Sonderfall des § 1747 Abs 4 BGB ausdrücklich hervorheben, wie das auch unter der Herrschaft des alten Rechts vor der Reform v 1976 der Fall war (§ 1770b iVm § 1756 Abs 2 aF). Da es keinen rechten Sinn ergibt, bei fehlenden Erklärungen iSv Abs 1 die Aufhebbarkeit des Annahmeverhältnisses bis zum Ablauf der Frist des § 1762 BGB in der Schwebe zu lassen, sollte man die Regelung der Abs 3 u 5 auf **alle Fälle fehlender oder unwirksamer Erklärungen** iSv Abs 1 beziehen (so auch ERMAN/SAAR Rn 9; MünchKomm/ MAURER Rn 46 f; SOERGEL/LIERMANN Rn 18; BGB-RGRK/DICKESCHEID Rn 14; **aA** GERNHUBER/ COESTER-WALTJEN § 68 Rn 156).

V. Aufhebung nach dem Tod eines Beteiligten

32 Zur Frage, ob bei fehlenden oder unwirksamen Erklärungen eine Aufhebung auch nach dem Tod von leiblichen Eltern, Kind oder Annehmendem möglich ist, vgl § 1764 Rn 6.

VI. Verfahren

33 Zum Aufhebungsverfahren vgl § 1759 Rn 32 ff.

Titel 7 · Annahme als Kind
Untertitel 1 · Annahme Minderjähriger   § 1761

§ 1761
Aufhebungshindernisse

(1) Das Annahmeverhältnis kann nicht aufgehoben werden, weil eine erforderliche Einwilligung nicht eingeholt worden oder nach § 1760 Abs. 2 unwirksam ist, wenn die Voraussetzungen für die Ersetzung der Einwilligung beim Ausspruch der Annahme vorgelegen haben oder wenn sie zum Zeitpunkt der Entscheidung über den Aufhebungsantrag vorliegen; dabei ist es unschädlich, wenn eine Belehrung oder Beratung nach § 1748 Abs. 2 nicht erfolgt ist.

(2) Das Annahmeverhältnis darf nicht aufgehoben werden, wenn dadurch das Wohl des Kindes erheblich gefährdet würde, es sei denn, dass überwiegende Interessen des Annehmenden die Aufhebung erfordern.

Materialien: BT-Drucks 7/3061, 26, 48 Nr 10 u 11, 76 f Nr 13b; BT-Drucks 7/5087, 20. S Staudinger/BGB-Synopse (2005) § 1761.

I. Normzweck und Entstehungsgeschichte

§ 1761 BGB schränkt die Aufhebbarkeit des Annahmeverhältnisses im **Fall des** **1** **§ 1760 BGB** ein und ist Ausdruck des gesetzgeberischen Bestrebens, dem Annahmeverhältnis größtmöglichen **Bestandsschutz** zuteilwerden zu lassen.

Nach **Abs 1** sollen fehlende oder unwirksame Einwilligungen der Eltern (§ 1760 **2** Abs 1 u 2 BGB iVm § 1747 BGB) oder des Kindes (§ 1760 Abs 1 u 2 BGB iVm § 1746 BGB) den Fortbestand des Annahmeverhältnisses nicht tangieren, wenn die Erklärungen bei dessen Begründung hätten ersetzt werden können, oder wenn im Zeitpunkt der Entscheidung über den Aufhebungsantrag Gründe für die Ersetzung der Einwilligung vorliegen. Es soll vermieden werden, dass die Aufhebung nur erfolgt, um sogleich wieder ein neues Annahmeverhältnis zu begründen (BT-Drucks 7/3061, 48 Nr 10). Eine ähnliche Bestimmung hatte schon vor der Reform v 1976 § 1770b Abs 2 S 2 HS 2 aF enthalten („Wer sein Kind im Stich gelassen hat, kann den [Aufhebungs-]Antrag nicht stellen"). Die Regelung des heutigen § 1761 Abs 1 BGB stand im RegE noch in § 1760 Abs 4 S 2 BGB (BT-Drucks 7/3061, 7 u 48) und wurde später mit geringfügigen Änderungen (vgl BT-Drucks 7/3061, 76 f; BT-Drucks 7/5087, 20) aus redaktionellen Gründen (BT-Drucks 7/5087, 20) in § 1761 BGB übernommen.

Abs 2 schützt das Interesse des Kindes am Fortbestand des Annahmeverhältnisses **3** trotz fehlender oder unwirksamer Erklärungen. § 1770b Abs 1 S 2 aF hatte für den allerdings sehr engen Anwendungsbereich dieser Bestimmung (vgl dazu § 1760 Rn 2) bereits eine ähnliche Regelung enthalten. Der heutige § 1761 Abs 2 BGB war im RegE noch als § 1760 Abs 5 BGB vorgesehen (BT-Drucks 7/3061, 7, 26). Das dort ebenfalls mitgeregelte generelle Aufhebungsverbot für Adoptionen, die bereits 5 Jahre Bestand haben, wurde im Laufe des Gesetzgebungsverfahrens dahingehend modifiziert, dass eine Aufhebung schon nach Ablauf von 3 Jahren nicht mehr zulässig ist (BT-Drucks 7/5087, 20). Diese Regelung steht heute in § 1762 Abs 2 S 1 BGB und schränkt im Zusammenwirken mit § 1761 Abs 2 BGB die Aufhebbarkeit von Annahmeverhältnissen wegen ursprünglicher Mängel weitgehend ein.

II. Die Regelung von Abs 1

1. Anwendungsbereich

4 Da Abs 1 sich auf § 1760 BGB bezieht, kommt als eine **„erforderliche Einwilligung"** nur die der Eltern oder des Kindes (§ 1760 Abs 1 BGB) in Betracht. Die Einwilligung des Ehegatten (§§ 1749, 1767 Abs 2 S 2 BGB) ist zwar für das Zustandekommen der Adoption erforderlich; ihr Fehlen stellt aber keinen Aufhebungsgrund dar (vgl § 1760 Rn 4).

5 Abs 1 greift außerdem nur ein, soweit die **Einwilligung ersetzbar** ist. Die Einwilligung der Eltern kann nach § 1748 BGB ersetzt werden. Die Einwilligung des Kindes hingegen kann nicht ersetzt werden, falls das nicht geschäftsunfähige Kind das 14. Lebensjahr vollendet hat und deshalb die Einwilligung selbst erteilen muss (§ 1746 Abs 1 S 3 BGB). Ist das Kind geschäftsunfähig oder noch nicht 14 Jahre alt, so kann die Einwilligung ersetzt werden, wenn der Vormund oder Pfleger des Kindes diese ohne triftigen Grund verweigert (§ 1746 Abs 3 BGB). Wird das Kind nicht von einem Vormund oder Pfleger, sondern von seinen Eltern vertreten, so ist seit der Neuregelung des § 1746 Abs 3 HS 2 BGB durch das KindRG v 1997 eine Einwilligung des Kindes nicht mehr erforderlich, falls die Eltern nach den §§ 1747, 1750 BGB bindend in die Annahme eingewilligt haben oder ihre Einwilligung nach § 1748 BGB familiengerichtlich ersetzt wurde (vgl § 1746 Rn 22). Schwierigkeiten könnte allenfalls noch die Fallkonstellation bereiten, dass ein Kind sowohl ohne Einwilligung seiner vertretungsbefugten Eltern nach § 1746 BGB als auch ohne deren Einwilligung nach § 1747 BGB adoptiert wurde. In diesem Fall wäre nämlich im Aufhebungsverfahren nach § 1761 Abs 1 BGB zwar die elterliche Einwilligung nach § 1747 BGB ersetzbar (§ 1748 BGB), nicht aber die Einwilligung, welche die Eltern als Vertreter des Kindes abzugeben hatten. Da die Voraussetzungen des § 1746 Abs 3 HS 2 BGB beim Ausspruch der Adoption nicht vorlagen, war zu diesem Zeitpunkt auch die Einwilligung des Kindes, vertreten durch seine Eltern, erforderlich und konnte stricto sensu auch nicht ersetzt werden, weil § 1746 Abs 3 BGB eine Ersetzung nur vorsieht, falls das Kind von einem Vormund oder Pfleger vertreten wird. Richtigerweise wird man aber § 1746 Abs 3 HS 2 BGB so verstehen müssen, dass eine Einwilligung des Kindes, vertreten durch seine Eltern, im Rahmen eines Aufhebungsverfahrens nach § 1761 Abs 1 BGB auch dann nicht erforderlich ist, wenn die Voraussetzungen für die Ersetzung der elterlichen Einwilligung nach § 1747 BGB entweder beim Ausspruch der Annahme vorgelegen haben oder zum Zeitpunkt der Entscheidung über den Aufhebungsantrag vorliegen.

6 Wenn Abs 1 davon spricht, dass eine **Einwilligung „nicht eingeholt"** worden ist, so ist auch der Fall erfasst, dass um die Erteilung der Einwilligung zwar nachgesucht, diese aber versagt worden ist (MünchKomm/Maurer Rn 7; Erman/Saar Rn 1; aA Palandt/Götz Rn 2; Soergel/Liermann Rn 4). **War die Ersetzung der Einwilligung vom FamG abgelehnt worden**, so bleibt diese Entscheidung für das Aufhebungsverfahren maßgebend. Spätere Umstände, die vor oder nach der Begründung des Annahmeverhält-

nisses liegen können, sind indessen bis zum Zeitpunkt der Entscheidung über den Aufhebungsantrag zu berücksichtigen (BeckOK/Pöcker Rn 2 u 2.2; Erman/Saar Rn 1; aA Palandt/Götz Rn 2; Soergel/Liermann Rn 5).

2. Tatbestandliche Voraussetzungen

Unter zwei alternativen Voraussetzungen schließt Abs 1 die Aufhebung aus: Die Ersetzung der Einwilligung muss entweder beim Ausspruch der Annahme möglich gewesen sein (Alt 1), oder ihre Voraussetzungen müssen zum Zeitpunkt der Entscheidung über den Aufhebungsantrag vorliegen (Alt 2). Welche Voraussetzungen im Einzelnen für die Ersetzung der Einwilligung erforderlich sind, richtet sich nach dem jeweiligen Ersetzungstatbestand (§§ 1748 Abs 1, 3 u 4, 1746 Abs 3 BGB). Nach Abs 1 HS 2 ist es unschädlich, wenn eine Belehrung oder Beratung nach § 1748 Abs 2 BGB nicht erfolgt ist. Ist ein Ersetzungsverfahren nicht durchgeführt worden, so fehlt es auch an der für den Fall des § 1748 Abs 2 BGB vorgesehenen Belehrung oder Beratung. Um das bereits begründete Annahmeverhältnis im Interesse des Kindes nicht zu gefährden, erleichtert Abs 1 HS 2 die (hypothetischen) Ersetzungsvoraussetzungen des § 1748 Abs 2 BGB (BT-Drucks 7/3061, 48 Nr 10). 7

Das Tatbestandsmerkmal „unverhältnismäßiger Nachteil bei Unterbleiben der Annahme" in § 1748 Abs 1 u 3 BGB soll nach überwiegender Auffassung (BeckOK/Pöcker Rn 2.2; MünchKomm/Maurer Rn 17; Soergel/Liermann Rn 7; BGB-RGRK/Dickescheid Rn 4) im Rahmen der Prüfung von § 1761 **Abs 1 Alt 1** BGB so interpretiert werden, dass dieser Nachteil bei *Vornahme* der Aufhebung entstehen müsste. Es sei eine Betrachtung geboten, die das zwischenzeitliche Geschehen mitberücksichtige. Eine solche Auslegung ist nicht geboten. Wie der RegE zeigt, geht es bei der 1. Alt von Abs 1 nur um eine rückblickende Beurteilung der damaligen Rechtslage (BT-Drucks 7/3061, 48 Nr 10). Zwischenzeitliche Entwicklungen sind lediglich im Rahmen der 2. Alt des Abs 1 oder des Abs 2 zu berücksichtigen. 8

Was die **Alt 2** anbelangt, so verengt sich der Anwendungsbereich von § 1748 BGB erheblich, weil nach Begründung des Annahmeverhältnisses keine speziellen elterlichen Pflichten gegenüber dem Kind mehr bestehen. Neben § 1748 Abs 3 BGB kommt deshalb praktisch nur der Ersetzungsgrund der **Gleichgültigkeit** in Betracht, wenn die Eltern, deren Einwilligung völlig fehlte, nicht nach dem Verbleib des Kindes geforscht haben, oder wenn sie sich bei Kenntnis der Unwirksamkeit der Einwilligung innerhalb der Jahresfrist des § 1762 Abs 2 BGB nicht in angemessener Weise um eine Aufhebung bemüht haben. Außer Gleichgültigkeit setzt allerdings § 1748 Abs 1 BGB weiter voraus, dass „das Unterbleiben der Annahme dem Kind zu unverhältnismäßigem Nachteil gereichen würde". Daran wird eine hypothetische Ersetzung nach Abs 1 Alt 2 möglicherweise scheitern, was indessen nicht ausschließt, die Aufhebung wegen Gefährdung des Kindeswohls (Abs 2) abzulehnen.

Für den **Ersetzungsgrund des § 1748 Abs 3 BGB** gilt Entsprechendes. Es ist allein auf den Zeitpunkt der Annahme bzw Aufhebung bezogen zu prüfen, ob die Voraussetzungen des § 1748 Abs 3 BGB vorliegen (BGB-RGRK/Dickescheid Rn 7; aA MünchKomm/Maurer Rn 18; BeckOK/Pöcker Rn 2.3). 9

III. Die Regelung von Abs 2

10 Abs 2 schränkt im Interesse einer kontinuierlichen Entwicklung des Kindes die Aufhebbarkeit des Annahmeverhältnisses ein, obwohl die Aufhebungsvoraussetzungen des § 1760 BGB vorliegen. Abs 2 verbietet grds die Aufhebung, wenn dadurch das Wohl des Kindes erheblich gefährdet würde. Trotz erheblicher Gefährdung des Kindeswohls soll indessen die Aufhebung zulässig sein, wenn überwiegende Interessen des *Annehmenden* die Aufhebung erfordern.

11 Abs 2 verlangt eine **„erhebliche Gefährdung"**. Dabei handelt es sich um eine hohe Hürde, wenn man etwa berücksichtigt, dass eine Verbleibensanordnung zugunsten von Pflegeeltern nach § 1632 Abs 4 BGB bei einer einfachen Kindeswohlgefährdung getroffen werden kann. Dass eine qualifizierte Kindeswohlgefährdung verlangt wird, korrespondiert mit den hohen Anforderungen, die § 1748 BGB an die Ersetzung der elterlichen Einwilligung stellt. Eine „normale" Kindeswohlgefährdung, die mit einem umfassenden Wechsel des sozialen und räumlichen Bezugssystems nicht selten verbunden ist, genügt nicht (MünchKomm/MAURER Rn 23 aE betont etwa, dass „größere Beeinträchtigungen durch die Trennung in Kauf zu nehmen sind"; zust NK-BGB/DAHM Rn 7; vgl auch BeckOGK/LÖHNIG [15. 12. 2018] Rn 14). Ihr ist ggf mit den allg Instrumenten des Kinderschutzes (§§ 1666, 1666a BGB) zu begegnen, nicht aber durch Aufrechterhaltung einer Adoption, die an einem besonders schweren Mangel leidet. Für die Frage, ob durch die Aufhebung des Annahmeverhältnisses das Wohl des Kindes erheblich gefährdet würde, ist sowohl maßgebend, in welchen Verhältnissen das Kind jetzt lebt, als auch, in welchen Verhältnissen es leben würde, wenn es infolge der Aufhebung wieder seiner Ursprungsfamilie zugeordnet würde. Dazu kommt freilich die weitere und entscheidende Prüfung, wie das Kind den Wechsel von einer Familie zur anderen verkraften würde und ob eine ggf schrittweise Wiedereingliederung oder ergänzende Kinderschutzmaßnahmen erfolgversprechend erscheinen. Hierfür sind – idR unter Einholung eines Sachverständigengutachtens – die allg Kindeswohlkriterien heranzuziehen (vgl dazu umfassend etwa STAUDINGER/COESTER [2016] § 1666 Rn 65 ff), insbes die Intensität der entstandenen Bindungen, das Alter des Kindes, die Dauer der Beziehung und besondere Eigenschaften des Kindes. Nicht jede Aufhebung der Adoption führt allerdings auch zu einer Veränderung des sozialen und räumlichen Bezugssystems. Wird zB eine Adoption durch den Stiefvater aufgehoben, weil der leibliche Vater nicht eingewilligt hatte, so ändert sich an den tatsächlichen Lebensumständen des Kindes, das weiterhin bei seiner leiblichen Mutter und seinem Stiefvater lebt, nichts. Steht tatsächlich fest, dass durch die Aufhebung des Annahmeverhältnisses das Kindeswohl erheblich gefährdet würde, kommt eine Aufhebung mit der Maßgabe, dass das Kind „als Zwischenlösung" in seiner bisherigen Umgebung zu belassen ist, nicht in Betracht (OLG Karlsruhe 27. 2. 1996 – 11 Wx 63/95, DAVorm 1996, 390). Das schließt es freilich nicht aus, dass bei der Gefahrenbewertung im Rahmen von § 1761 Abs 2 BGB berücksichtigt werden muss, welche Kinderschutzmaßnahmen sinnvollerweise getroffen werden könnten, um eine mit einer Aufhebung der Adoption verbundene Kindeswohlgefährdung abzuwenden (vgl auch § 1764 Abs 4 BGB).

12 Obwohl Abs 2 keine **Abwägung zwischen den grundrechtlich geschützten Positionen der leiblichen Eltern einerseits (Art 6 Abs 2 S 1 GG) und der Adoptivfamilie andererseits (Art 6 Abs 1 GG) vorsieht**, sondern ausschließlich auf die Gefährdung des

Kindes abhebt, wird man Abs 2 richtigerweise auch als das gesetzlich normierte Ergebnis einer solchen Abwägung verstehen müssen (vgl MünchKomm/MAURER Rn 23; BeckOGK/LÖHNIG [15. 12. 2018] Rn 16; BGB-RGRK/DICKESCHEID Rn 12): Je besser die leiblichen Eltern, ohne deren Einwilligung die Adoption zustande kam, ihre Elternverantwortung wahrgenommen haben, desto weniger wird in Anbetracht der ohnehin kurzen Fristen des § 1762 BGB eine Aufhebung des Annahmeverhältnisses das Kindeswohl erheblich gefährden. Verfassungsrechtliche Bedenken gegen Abs 2 bestehen jedoch insoweit nicht, als der Gesetzgeber im Spannungsverhältnis zwischen zwei Elternrechten dem Kindeswohl die entscheidende Priorität einräumt (vgl GERNHUBER/COESTER-WALTJEN § 68 Rn 158; krit BGB-RGRK/DICKESCHEID Rn 12). Dies entspricht auch der Vorgabe von Art 14 Abs 1 S 2 EuAdoptÜbEink(rev), wonach bei der Entscheidung über eine Aufhebung der Adoption dem Wohl des Kindes die höchste Bedeutung beizumessen ist.

Trotz erheblicher Gefährdung des Kindeswohls soll es nach Abs 2 bei der Aufhebbarkeit des Annahmeverhältnisses bleiben, wenn **„überwiegende Interessen des Annehmenden"** die Aufhebung erfordern. Gedacht ist an den (allerdings kaum praktisch werdenden) Fall, dass der Annahmeantrag unwirksam war (BT-Drucks 7/3061, 48 Nr 11). Hier sollen das Kindeswohl, das durch die Aufhebung gefährdet würde, und das Interesse derjenigen, denen das Kind ohne ihren Antrag zugeordnet wurde, gegeneinander abgewogen werden. Im Fall einer Minderjährigenadoption wird es in aller Regel schon an einer durch die Aufhebung bedingten erheblichen Gefährdung des Kindeswohles fehlen (MünchKomm/MAURER Rn 24; ROTH-STIELOW Rn 8), wenn die Annehmenden alles daransetzen, das Annahmeverhältnis aufzuheben. Zwangselternschaft kann nicht im wohlverstandenen Interesse des Kindes liegen. Bei größeren Kindern und bei Volljährigen (§ 1771 S 2 BGB) können indessen vermögensrechtliche Interessen sowohl des Kindes als auch der Annehmenden im Gesamtabwägungsprozess eine entscheidende Rolle spielen (GERNHUBER/COESTER-WALTJEN § 68 Rn 158). 13

§ 1762
Antragsberechtigung; Antragsfrist, Form

(1) Antragsberechtigt ist nur derjenige, ohne dessen Antrag oder Einwilligung das Kind angenommen worden ist. Für ein Kind, das geschäftsunfähig oder noch nicht 14 Jahre alt ist, und für den Annehmenden, der geschäftsunfähig ist, können die gesetzlichen Vertreter den Antrag stellen. Im Übrigen kann der Antrag nicht durch einen Vertreter gestellt werden. Ist der Antragsberechtigte in der Geschäftsfähigkeit beschränkt, so ist die Zustimmung des gesetzlichen Vertreters nicht erforderlich.

(2) Der Antrag kann nur innerhalb eines Jahres gestellt werden, wenn seit der Annahme noch keine drei Jahre verstrichen sind. Die Frist beginnt

 a) in den Fällen des § 1760 Abs. 2 Buchstabe a mit dem Zeitpunkt, in dem der Erklärende zumindest die beschränkte Geschäftsfähigkeit erlangt hat oder in dem dem gesetzlichen Vertreter des geschäftsunfähigen Annehmenden oder des noch nicht 14 Jahre alten oder geschäftsunfähigen Kindes die Erklärung bekannt wird;

b) in den Fällen des § 1760 Abs. 2 Buchstaben b, c mit dem Zeitpunkt, in dem der Erklärende den Irrtum oder die Täuschung entdeckt;

c) in dem Fall des § 1760 Abs. 2 Buchstabe d mit dem Zeitpunkt, in dem die Zwangslage aufhört;

d) in dem Fall des § 1760 Abs. 2 Buchstabe e nach Ablauf der in § 1747 Abs. 2 Satz 1 bestimmten Frist;

e) in den Fällen des § 1760 Abs. 5 mit dem Zeitpunkt, in dem dem Elternteil bekannt wird, dass die Annahme ohne seine Einwilligung erfolgt ist.

Die für die Verjährung geltenden Vorschriften der §§ 206, 210 sind entsprechend anzuwenden.

(3) Der Antrag bedarf der notariellen Beurkundung.

Materialien: BT-Drucks 7/3061, 20, 48 f; BT-Drucks 7/5087, 20. S Staudinger/BGB-Synopse (2005) § 1762.

Systematische Übersicht

I.	Normzweck und Entstehungsgeschichte	1	III.	Antragsfristen (Abs 2)	
			1.	Allgemeines	12
			2.	Die Dreijahresfrist	13
II.	Aufhebungsantrag		3.	Die Einjahresfrist	14
1.	Antragsberechtigte Personen	3	a)	Die Regelung von Abs 2 S 2 lit a	14
2.	Antrag nur eines Ehegatten	5	b)	Die Regelung von Abs 2 S 2 lit b	15
3.	Vertretung	6	c)	Die Regelung von Abs 2 S 2 lit c	16
4.	Tod des Antragstellers	10	d)	Die Regelung von Abs 2 S 2 lit d	17
5.	Form des Antrags	11	e)	Die Regelung von Abs 2 S 2 lit e	18
			4.	Hemmung der Fristen	19

I. Normzweck und Entstehungsgeschichte

1 § 1762 BGB gehört in den Regelungszusammenhang der §§ 1760, 1761 BGB und bestimmt, wer bei Begründungsmängeln der Adoption iSv § 1760 BGB den Aufhebungsantrag stellen darf (Abs 1), welche Form erforderlich ist (Abs 3) und innerhalb welcher Frist der Aufhebungsantrag gestellt werden muss (Abs 2). Dabei sieht Abs 2 eine **doppelte Befristung** vor: Der Aufhebungsantrag kann nur **binnen Jahresfrist** gestellt werden, wobei die Frist mit Kenntnis des Aufhebungsgrundes oder Wegfall des Hindernisses beginnt (Näheres Abs 2 S 2 lit a–e). Nach Ablauf einer **Frist von drei Jahren** seit dem Wirksamwerden der Annahme ist ein Aufhebungsantrag selbst dann unzulässig, wenn die Einjahresfrist noch nicht abgelaufen sein sollte: „Ein Kind ist … voll in die Adoptivfamilie integriert, wenn es mehr als drei Jahre in ihr gelebt hat. Bei dieser Sachlage erscheint es im Interesse des

Titel 7 · Annahme als Kind
Untertitel 1 · Annahme Minderjähriger §1762

Kindeswohls auch unter Berücksichtigung der Tatsache, daß die Aufhebung nur bei besonders schweren Mängeln der Adoption zulässig ist, und vor allem der Bedeutung des Elternrechts nicht mehr vertretbar, ein Annahmeverhältnis aufzuheben" (BT-Drucks 7/5087, 20). Die Frist von drei Jahren ist erst auf Antrag des Rechtsausschusses Gesetz geworden (BT-Drucks 7/5087, 20), nachdem der RegE in § 1760 Abs 5 S 2 BGB noch eine Frist von fünf Jahren vorgesehen hatte (BT-Drucks 7/3061, 7, 26, 48 Nr 12). Manche Länder kennen teilweise noch strengere Fristen: Nach schweizerischem Recht muss eine Aufhebung spätestens zwei Jahre nach der Adoption erfolgen (Art 269b ZGB) und in Frankreich ist eine Volladoption überhaupt nicht aufhebbar (Art 359 Cc). Allerdings muss mit in den Blick genommen werden, ob die betreffenden Rechtsordnungen eine Zweitadoption – ohne vorherige Aufhebung der vorangehenden Adoption – erlauben, vgl dazu § 1742 Rn 6 und § 1759 Rn 4.

Vor der Reform von 1976 war ein Adoptionsvertrag nichtig, wenn die zum wirksamen **2** Zustandekommen der Annahme erforderlichen Erklärungen fehlten oder unwirksam waren (Näheres vgl § 1760 Rn 2). Auf die Nichtigkeit konnte sich jedermann zu jeder Zeit berufen. War der Annahmevertrag oder eine erforderliche Einwilligungserklärung anfechtbar (§ 1755 aF), so galt für die Anfechtungsfrist die Regelung der §§ 121, 124 aF. Ein Adoptionsvertrag konnte somit noch bis zu 30 Jahre nach Abgabe der Erklärung durch Anfechtung vernichtet werden (§§ 121 Abs 2 aF, 124 Abs 3 aF). Durch § 1762 Abs 2 BGB wird dem **Reformanliegen**, Annahmeverhältnissen verstärkten Bestandsschutz zu verleihen (vgl § 1759 Rn 2), Rechnung getragen. Für den Sonderfall des § 1760 Abs 5 BGB (unzutreffende Annahme, ein Elternteil sei zur Abgabe der Einwilligungserklärung dauernd außerstande oder sein Aufenthalt dauernd unbekannt) hatte allerdings § 1770b Abs 2 u 3 aF bereits eine dem heutigen § 1762 Abs 2 S 2 lit e BGB ähnliche Regelung enthalten.

II. Aufhebungsantrag

1. Antragsberechtigte Personen

Antragsberechtigt ist nicht, wie der Wortlaut des Abs 1 S 1 vermuten lassen könnte, **3** jeder, ohne dessen Antrag oder Einwilligung die Annahme erfolgte. § 1762 Abs 1 S 1 BGB knüpft vielmehr an die Bestimmung des § 1760 Abs 1 u 2 BGB an, die abschließend regelt, welche fehlenden oder unwirksamen Erklärungen einen Aufhebungsgrund darstellen. Nicht antragsberechtigt sind deshalb der Ehegatte des Annehmenden oder Anzunehmenden, ohne dessen Einwilligung (§§ 1749, 1767 Abs 2 S 2 BGB) die Adoption zustande kam (allgM), der gesetzliche Vertreter, dessen Zustimmung nach § 1746 Abs 1 S 3 HS 2 BGB fehlte, und Personen, die im Annahmeverfahren hätten gehört werden müssen (BayObLGZ 1986, 57, 59 = FamRZ 1986, 719, 720, betr Volljährigenadoption).

Antragsberechtigt sind nach § 1760 Abs 1 BGB allein der Annehmende, das Kind **4** sowie jeder Elternteil, im Falle des § 1747 Abs 1 S 2 BGB auch der Vaterschaftsprätendent (vgl § 1760 Rn 6). Jeder Antragsberechtigte kann nur die **Verletzung eigener Rechte** geltend machen, sich also nur auf das Fehlen oder die Unwirksamkeit der eigenen Erklärung berufen (BayObLG FamRZ 2000, 768, 770; BayObLGZ 1995, 245, 248 = FamRZ 1995, 1604, 1605). Nach der Begründung des RegE (BT-Drucks 7/3061, 49 zu § 1761

Abs 1) zieht § 1762 Abs 1 S 1 BGB die Schlussfolgerung aus § 1760 Abs 3 BGB, der die Nachholung fehlender oder unwirksamer Erklärungen vorsieht.

2. Antrag nur eines Ehegatten

5 Fehlt es bei einer gemeinschaftlichen Annahme durch ein Ehepaar am wirksamen Annahmeantrag nur eines Ehegatten, so kann nur dieser den Aufhebungsantrag stellen und das Annahmeverhältnis auch nur ihm gegenüber aufgehoben werden. § 1764 Abs 5 BGB sieht die Möglichkeit einer **Teilaufhebung** ausdrücklich vor. Allerdings erweckt § 1763 Abs 2 BGB den Eindruck, als käme eine Teilaufhebung nur im Falle des § 1763 Abs 1 BGB in Betracht. Die Entstehungsgeschichte macht jedoch deutlich, dass die Möglichkeit der Teilaufhebung nicht auf den Fall des § 1763 Abs 1 BGB beschränkt ist: Die Regelung des heutigen § 1763 Abs 2 BGB stand im RegE noch in § 1763 Abs 1 BGB (BT-Drucks 7/3061, 7) und bezog sich auf den Fall des § 1760 BGB. Sie wurde später lediglich „des engen Sachzusammenhangs wegen", ohne dass eine inhaltliche Änderung bezweckt war, an anderer Stelle platziert (BT-Drucks 7/5087, 20). Zwar war der wirksame Annahmeantrag des anderen Ehegatten auf eine gemeinsame Adoption, nicht auf eine Einzeladoption gerichtet (vgl zu einer ähnlichen Problemlage § 1753 Rn 7). Eine gemeinsame Adoption hat aber stattgefunden, und der Irrtum über den Fortbestand der gemeinsamen Adoption berechtigt nicht zur Aufhebung (GERNHUBER/COESTER-WALTJEN § 68 Rn 159 Fn 267; MünchKomm/MAURER Rn 9; BeckOGK/LÖHNIG [15. 12. 2018] Rn 4). Zu prüfen bleibt allerdings, ob das Annahmeverhältnis zum anderen Ehegatten nicht nach § 1763 Abs 1 BGB aufzuheben ist.

3. Vertretung

6 Der Aufhebungsantrag kann grds nicht durch einen Vertreter gestellt werden (Abs 1 S 3; ebenso schon vor der Reform § 1770b Abs 4 aF). Als **höchstpersönliches Recht** ist das Antragsrecht auch nicht vererblich (BGH 6. 12. 2017 – XII ZB 371/17, FamRZ 2018, 440, 444 Rn 45; OLG München 16. 4. 2007 – 31 Wx 102/06, FamRZ 2008, 299; BayObLGZ 1986, 57, 59 f = FamRZ 1986, 719, 720).

7 Ein **geschäftsunfähiger Elternteil** kann deshalb auch nicht durch seinen gesetzlichen Vertreter einen Aufhebungsantrag stellen. War der Elternteil schon bei der Annahme geschäftsunfähig, so war seine Einwilligung nach § 1747 Abs 4 BGB nicht erforderlich, sodass schon aus diesem Grund eine Aufhebung nicht in Betracht kommt. Trat die Geschäftsunfähigkeit erst später ein, so verbietet sich eine Aufhebung wegen des vorhandenen Begründungsmangels, weil nunmehr eine Adoption auch ohne Einwilligung des geschäftsunfähig gewordenen Elternteils möglich wäre (so RegE BT-Drucks 7/3061, 49 zu § 1761 Abs 1; BGB-RGRK/DICKESCHEID Rn 4). Gegen eine Aufhebung spricht auch, dass das Kindeswohl gefährdet wäre, wenn nach der Automatik des § 1764 Abs 3 BGB an die Stelle der Adoptiveltern wieder der geschäftsunfähige leibliche Elternteil träte (MünchKomm/MAURER Rn 6). Ein **beschränkt geschäftsfähiger Elternteil** ist gem Abs 1 S 4 ohne Zustimmung des gesetzlichen Vertreters antragsbefugt (vgl § 1750 Abs 3 S 2 BGB).

8 Für den **geschäftsunfähigen Annehmenden** kann nach Abs 1 S 2 der gesetzliche Vertreter den Aufhebungsantrag stellen. Obwohl bei der Stellung des Annahmeantrags

Stellvertretung verboten ist (§ 1752 Abs 2 S 1 BGB), ist die Regelung des Abs 1 S 2 gerechtfertigt und notwendig, weil ansonsten der Grund, der zur Unwirksamkeit des Antrags geführt hat, die Möglichkeit eines Aufhebungsantrags ausschließen würde und der Annehmende ohne seinen Willen mit den Rechtsfolgen einer Adoption belastet bliebe (RegE BT-Drucks 7/3061, 49 zu § 1761 Abs 1).

Entsprechend der Regelung des § 1746 Abs 1 S 2 BGB kann der Aufhebungsantrag für ein **Kind, das geschäftsunfähig oder noch nicht 14 Jahre alt ist**, nur von seinem gesetzlichen Vertreter gestellt werden (Abs 1 S 2). Ist gesetzlicher Vertreter (wie meist) der Annehmende (§ 1754 Abs 3 BGB), so muss zur Vermeidung von Interessenkollisionen (§ 1761 Abs 2 BGB!) für das Kind ein **Verfahrensbeistand** bestellt werden (§ 191 S 1 FamFG), der Bestellung eines Ergänzungspflegers nach § 1909 BGB bedarf es nicht (MünchKomm/Maurer Rn 5; aA [wegen §§ 1629 Abs 2 S 3, 1796 BGB] BeckOGK/Löhnig [15. 12. 2018] Rn 7; NK-BGB/Dahm Rn 3). Hat das Kind das **14. Lebensjahr vollendet**, so kann und muss es den Antrag selbst stellen (Abs 1 S 4 entspricht § 1746 Abs 1 S 3 BGB). Einer Zustimmung des gesetzlichen Vertreters bedarf es – anders als im Falle des § 1746 Abs 1 S 3 BGB – nicht (Abs 1 S 4). 9

4. Tod des Antragstellers

Dass ein Annahmeverhältnis nach dem Tod des Annehmenden oder des Kindes auf deren jeweiligen Antrag hin aufgehoben werden kann, ergibt sich aus § 1764 Abs 1 S 2 BGB. Näheres zur Aufhebbarkeit des Annahmeverhältnisses nach dem Tod des Antragstellers vgl § 1764 Rn 6. 10

5. Form des Antrags

Der Aufhebungsantrag bedarf der **notariellen Beurkundung** (Abs 3). Die gleiche Form ist für den Annahmeantrag (§ 1752 Abs 2 S 2 BGB) und die nach den §§ 1746, 1747, 1749 BGB erforderlichen Einwilligungserklärungen (§ 1750 Abs 1 S 2 BGB) vorgeschrieben. Die Regelung ist einerseits sinnvoll, weil der Antragsteller über die Tragweite seiner Erklärung belehrt wird, andererseits aber wegen der ohnehin kurzen Fristen des Abs 2 nicht unproblematisch (krit MünchKomm/Maurer Rn 10). Der Aufhebungsantrag muss beim zuständigen FamG (vgl § 1759 Rn 32) gestellt werden. Zur Fristwahrung genügt ein Antrag beim örtlich unzuständigen FamG (vgl zu einer ähnlich gelagerten Problematik die Ausführungen bei § 1753 Rn 4). Im Falle einer Inkognitoadoption hätten sonst die leiblichen Eltern Schwierigkeiten, den Aufhebungsantrag innerhalb der Fristen des Abs 2 zu stellen. Zur Frage, wann im Falle einer Inkognitoadoption der Kindesmutter das den Annahmebeschluss erlassende FamG und das Aktenzeichen des Annahmeverfahrens zwecks Durchführung eines Aufhebungsverfahrens benannt werden muss, vgl OVG Münster FamRZ 1985, 204; VG Würzburg FamRZ 1994, 1201 u § 1758 Rn 21. 11

III. Antragsfristen (Abs 2)

1. Allgemeines

Das Antragsrecht ist nach Abs 2 S 1 **doppelt befristet**: Nach Ablauf einer **Frist von drei Jahren** seit Wirksamwerden des Annahmebeschlusses kann ein Aufhebungs- 12 antrag nicht mehr gestellt werden, weil nach dem Willen des Gesetzgebers die Geltendmachung von Begründungsmängeln im Interesse des Kindes, das nach drei Jahren in die Adoptivfamilie voll integriert ist, ausgeschlossen sein soll (vgl Rn 1). Auch wenn die Dreijahresfrist noch nicht abgelaufen sein sollte, ist ein Aufhebungsantrag unzulässig, falls der Antragsteller diesen nicht binnen einer **Frist von einem Jahr** ab Aufdeckung des Mangels, Beendigung der Zwangslage oder Wegfall des Hindernisses gestellt hat. Den Fristbeginn im Einzelnen regelt Abs 2 S 2 lit a–e. Auch wenn die Fristen in erster Linie dem Interesse des Kindes an der Stabilisierung seiner Familienverhältnisse dienen, wirken sie im Interesse von **Statussicherheit und -klarheit** angesichts der weitreichenden Auswirkungen der (Voll-)Adoption auf weitere Verwandtschaftsverhältnisse doch allgemein und gegenüber jedermann. Ein Kind, das sich von einer Adoption lösen will, kann daher nicht geltend machen, es verzichte auf den Schutz der in § 1760 Abs 2 BGB normierten Fristen (BGH 6. 12. 2017 – XII ZB 371/17, FamRZ 2018, 440, 441 Rn 14 ff).

2. Die Dreijahresfrist

13 Die Dreijahresfrist beginnt mit der Zustellung des Adoptionsbeschlusses an den Annehmenden (§ 197 Abs 2 FamFG). Für die **Berechnung** der Frist gelten die §§ 187 ff BGB. Da die Dreijahresfrist eine **Ausschlussfrist** ist, kommt eine Wiedereinsetzung in den vorigen Stand nicht in Betracht (BGH 6. 12. 2017 – XII ZB 371/17, FamRZ 2018, 440, 441 Rn 16; OVG Münster FamRZ 1985, 204, 205). **Verfassungsrechtliche Bedenken gegen die starre Frist bestehen keine** (BGH 6. 12. 2017 – XII ZB 371/17, FamRZ 2018, 440, 442 Rn 24 ff). Der Gesetzgeber bewegt sich im Rahmen seines Gestaltungsermessens und seiner Befugnis zur Typisierung, wenn er die dauerhafte Infragestellung des abstammungsrechtlichen Status ausschließen wollte, um nicht das „gedeihliche und ungestörte Aufwachsen des Kindes" in seiner neuen Familie zu gefährden (BT-Drucks 7/5087, 20). Nicht zuletzt angesichts der Erkenntnisse der modernen Bindungstheorie (Vorbem 48 zu §§ 1741 ff) durfte er davon ausgehen, dass sich nach Ablauf von drei Jahren die sozialen Beziehungen soweit verfestigt haben, dass ihre Infragestellung mit dem Wohl des betroffenen Kindes nicht mehr vereinbar sei. Außerdem sind angesichts der weitreichenden Auswirkungen der (Voll-)Adoption auf das verwandtschaftliche Beziehungsgefüge auch die legitimen Erwartungen und Interessen der sonstigen Familienmitglieder – sowohl der leiblichen (vgl BGH 6. 12. 2017 – XII ZB 371/17, FamRZ 2018, 440, 442 Rn 35) als auch der Adoptivfamilie – zu berücksichtigen. Auch der Europäische Gerichtshof für Menschenrechte betont, dass bei der Aufhebung einer Adoption nicht nur Kindeswohlinteressen, sondern auch der Gedanke der Rechtssicherheit Berücksichtigung finden müssten (EGMR 24. 3. 2015 – Nr 44958/05, BeckRS 2015, 124213 Rn 46). Auch **rechtspolitisch** besteht nicht unbedingt Handlungsbedarf, insbesondere besteht kein Wertungswiderspruch (so aber Braun ZKJ 2018, 174, 176 f; vgl auch BeckOGK/Löhnig [15. 12. 2018] Rn 22.1 unter Hinweis auf § 1600b Abs 3 BGB) zu den großzügigeren Anfechtungsfristen im Abstammungsrecht (§ 1600b BGB), die keine absolute Ausschlussfrist kennen. Die Annahme an Kindes statt beruht auf einer Kindeswohlprüfung im Einzelfall, die in einem aufwändigen Gerichtsverfahren mit einer ganzen Reihe an verfahrensrechtlichen Absicherungen getroffen wird, während (anfechtbare) abstammungsrechtliche Zuordnungen auf typisierenden Annahmen (§ 1592 Nr 1 BGB) oder privatautonomen Erklärungen (§ 1592 Nr 2 BGB) beruhen.

3. Die Einjahresfrist

a) Die Regelung von Abs 2 S 2 lit a

War der **Annehmende geschäftsunfähig**, so beginnt die Frist, wenn dem gesetzlichen **14** Vertreter der unwirksame Antrag bekannt wird. Hat der gesetzliche Vertreter Kenntnis erlangt, und wird der Annehmende vor Fristablauf geschäftsfähig, so beginnt die Einjahresfrist erneut zu laufen (BGB-RGRK/Dickescheid Rn 7).

Hat das **geschäftsunfähige oder noch nicht 14 Jahre alte Kind** die Einwilligung selbst erteilt, so beginnt die Jahresfrist ebenfalls mit Kenntniserlangung des gesetzlichen Vertreters. Läuft die Jahresfrist, und vollendet das Kind vor Ablauf der Frist das 14. Lebensjahr (vgl Abs 1 S 4), so wird man zu dessen Gunsten einen neuen Fristbeginn annehmen müssen (MünchKomm/Maurer Rn 18).

Nicht erfasst ist von Abs 2 S 2 lit a die 1. Alt des § 1760 Abs 2 lit a BGB, dass nämlich der Annehmende, das Kind oder ein Elternteil die Erklärung im Zustand der Bewusstlosigkeit oder vorübergehenden Störung der Geistestätigkeit abgegeben haben. Hier wird man entsprechend der Regelung von Abs 2 S 2 lit e auf den Zeitpunkt abstellen müssen, in dem dem Betroffenen bekannt wird, dass die Annahme ohne seine erforderliche Erklärung erfolgt ist (MünchKomm/Maurer Rn 19).

b) Die Regelung von Abs 2 S 2 lit b

Hat sich der Erklärende in einem Irrtum gem § 1760 Abs 2 lit b BGB befunden, oder **15** war er durch arglistige Täuschung zur Erklärung bestimmt worden (§ 1760 Abs 2 lit c BGB), so läuft die Frist ab Entdeckung des Irrtums oder der Täuschung (vgl BayObLG ZfJ 1992, 442).

c) Die Regelung von Abs 2 S 2 lit c

Ist die Erklärung durch widerrechtliche Drohung (§ 1760 Abs 2 lit d BGB) herbei- **16** geführt worden, so ist für den Fristbeginn die Beendigung der Zwangslage der maßgebliche Zeitpunkt.

d) Die Regelung von Abs 2 S 2 lit d

Wurde die elterliche Einwilligung vor Ablauf der Achtwochenfrist erteilt (§ 1760 **17** Abs 2 lit e BGB iVm § 1747 Abs 2 S 1 BGB), so beginnt die Jahresfrist in dem Zeitpunkt, in dem das Kind 8 Wochen alt wird.

e) Die Regelung von Abs 2 S 2 lit e

Wurde bei der Adoption zu Unrecht angenommen, dass die elterliche Einwilligung **18** gem § 1747 Abs 4 BGB entbehrlich sei (§ 1760 Abs 5 BGB), so beginnt die Frist, sobald dem betroffenen Elternteil bekannt wird, dass die Annahme ohne seine Einwilligung erfolgt ist.

Nicht geregelt ist der allg Fall des § 1760 Abs 1 BGB, dass nämlich die Einwilligung der Eltern fehlt, ohne dass zu Unrecht die Voraussetzungen des § 1747 Abs 4 BGB bejaht wurden; ungeregelt ist ferner der Fall, dass die Annahme ohne Einwilligung des Kindes oder ohne den Antrag des Annehmenden erfolgte. Die Lücke ist durch analoge Anwendung von Abs 2 S 2 lit e zu schließen (Erman/Saar Rn 4; MünchKomm/ Maurer Rn 24). Fehlt die Einwilligung des Kindes, so ist bei dem noch nicht 14 Jahre alten Kind auf die Kenntnis des gesetzlichen Vertreters abzustellen; hat das Kind das 14. Lebensjahr vollendet, so ist seine Kenntnis maßgebend (vgl Abs 2 S 2 lit a iVm Abs 1 S 2 u 4). Wird das Kind 14 Jahre alt, während die Jahresfrist wegen Vertreterkenntnis läuft, so wird man zugunsten des Kindes einen neuen Fristbeginn annehmen müssen (vgl Rn 14).

4. Hemmung der Fristen

19 Abs 2 S 3 erklärt die für die Verjährung geltenden Vorschriften der §§ 206, 210 BGB für entsprechend anwendbar (Hemmung wegen höherer Gewalt, Fehlens eines gesetzlichen Vertreters). Die **Verweisung bezieht sich** nicht nur auf den Fall des Abs 2 S 2 lit e, sondern **auf alle Fälle des Abs 2 S 2**, obwohl sich in der ursprünglich veröffentlichten Fassung Abs 2 S 3 drucktechnisch unmittelbar an Abs 2 S 2 lit e anschloss und noch nicht (wie in den heute üblichen Gesetzestexten) durch eine neue Zeile davon abgehoben war (BGBl 1976 I 1753). Dass diese Lesart richtig ist, zeigt die Entstehungsgeschichte: Im RegE (BT-Drucks 7/3061, 7) war der heutige Abs 2 S 3 noch in § 1761 Abs 2 S 3 BGB enthalten. Dort waren die einzelnen Fälle des heutigen Abs 2 S 3 noch nicht nach Buchstaben einzeln aufgeführt, sondern in einem längeren S 2 zusammengefasst, sodass sich die Regelung von S 3 zweifelsfrei auf alle Fälle von S 2 bezog. Mit der späteren Übernahme der Bestimmung in § 1762 BGB und der sprachlichen Korrektur war eine inhaltliche Änderung nicht beabsichtigt (BT-Drucks 7/5087, 20).

20 **Auf die Dreijahresfrist des Abs 2 S 1 bezieht sich** hingegen **Abs 2 S 3 nicht** (BeckOGK/Löhnig [15. 12. 2018] Rn 24; MünchKomm/Maurer Rn 27; Erman/Saar Rn 5; aA NK-BGB/Dahm Rn 7; Palandt/Götz Rn 2 aE). Dies ergibt sich eindeutig aus der Entstehungsgeschichte. Schon in § 1770b Abs 3 S 2 aF, der dem heutigen § 1762 Abs 2 S 3 BGB als Vorbild diente, hatte sich die entsprechende Anwendung der §§ 203, 206 aF (heute: §§ 206, 210 BGB) nur auf die Einjahresfrist bezogen. Im RegE stand die ursprünglich vorgesehene Ausschlussfrist von 5 Jahren noch in § 1760 Abs 5 S 2 BGB ohne Hinweis auf die §§ 203, 206 aF (heute: §§ 206, 210 BGB). Auf Anregung des Rechtsausschusses wurde später zwar die Frist auf drei Jahre verkürzt; im Übrigen sollte sich aber durch die Übernahme der Regelung der Ausschlussfrist in § 1762 Abs 2 S 1 BGB inhaltlich nichts ändern (BT-Drucks 7/5087, 20).

§ 1763
Aufhebung von Amts wegen

(1) Während der Minderjährigkeit des Kindes kann das Familiengericht das Annahmeverhältnis von Amts wegen aufheben, wenn dies aus schwerwiegenden Gründen zum Wohl des Kindes erforderlich ist.

(2) Ist das Kind von einem Ehepaar angenommen, so kann auch das zwischen dem Kind und einem Ehegatten bestehende Annahmeverhältnis aufgehoben werden.

(3) Das Annahmeverhältnis darf nur aufgehoben werden,

a) wenn in dem Falle des Absatzes 2 der andere Ehegatte oder wenn ein leiblicher Elternteil bereit ist, die Pflege und Erziehung des Kindes zu übernehmen, und wenn die Ausübung der elterlichen Sorge durch ihn dem Wohl des Kindes nicht widersprechen würde oder

b) wenn die Aufhebung eine erneute Annahme des Kindes ermöglichen soll.

Materialien: BT-Drucks 7/3061, 26, 49 f; BT-Drucks 7/5087, 20. S STAUDINGER/ BGB-Synopse (2005) § 1763.

Systematische Übersicht

I. Normzweck	1	d) Erforderlichkeit ... 13
		3. Aufhebungsvoraussetzungen nach
II. Entstehungsgeschichte	2	Abs 3 ... 14
		a) Allgemeines ... 14
III. Voraussetzungen der Aufhebung		b) Die Regelung des Abs 3 lit a Alt 1 ... 16
1. Allgemeines	3	c) Die Regelung des Abs 3 lit a Alt 2 ... 18
2. Aufhebungsvoraussetzungen nach Abs 1	4	d) Die Regelung des Abs 3 lit b ... 21
a) Minderjährigkeit des Kindes	4	IV. Teilaufhebung (Abs 2) ... 24
b) Schwerwiegende Gründe	7	
c) Wohl des Kindes	12	V. Verfahren ... 26

I. Normzweck

Ein Annahmeverhältnis kann nicht nur wegen Fehlern bei der Begründung **1** (§§ 1760–1762 BGB), sondern auch wegen späteren Scheiterns aufgehoben werden, wenn dies aus schwerwiegenden Gründen zum Wohl des Kindes erforderlich ist (§ 1763 Abs 1 BGB). Der **Grundsatz der Volladoption** hätte es eigentlich nahegelegt, auf eine Bestimmung wie die des § 1763 BGB zu verzichten, weil natürliche Eltern-Kind-Verhältnisse auch nicht durch Aufhebung beendet werden können. Da jedoch nach § 1742 BGB Zweitadoptionen verboten sind, „solange das Annahmeverhältnis besteht" (krit dazu § 1742 Rn 3 ff), musste der Gesetzgeber in § 1763 BGB eine Aufhebungsmöglichkeit vorsehen, wollte er Zweitadoptionen nicht gänzlich unterbinden. § 1763 BGB ist deshalb in erster Linie im **Zusammenhang mit § 1742 BGB** zu sehen, wie die Regelung des Abs 3 auch deutlich zeigt: Nach Abs 3 ist eine Aufhebung des Annahmeverhältnisses in drei Fällen möglich: zunächst gem Abs 3 lit b, wenn die Aufhebung eine erneute Annahme ermöglichen soll. Auch Abs 3 lit a Alt 2 betrifft in der Sache den Fall einer Zweitadoption. Soweit nämlich diese Bestimmung eine Aufhebung des Annahmeverhältnisses gestattet, „wenn ein leiblicher Elternteil bereit ist, die Pflege und Erziehung des Kindes zu übernehmen, und wenn die Ausübung der elterlichen Sorge durch ihn dem Wohl des Kindes nicht widersprechen würde", handelt es sich letztlich um die „Rückadoption" des Kindes durch seine leiblichen Eltern (oder einen Elternteil), die aber das Gesetz nicht vorsieht, weil mit der Aufhebung jeder Adoption das natürliche Verwandtschaftsverhältnis kraft Gesetzes (§ 1764 Abs 3 BGB) wiederauflebt und nur die Rückübertragung des Sorgerechts von einer familiengerichtlichen Entscheidung abhängt (§ 1764 Abs 4 BGB). Lediglich der 3. Fall (Abs 3 lit a Alt 1) hat mit der Ermöglichung einer Zweitadoption nichts zu tun. Diese Vorschrift erlaubt im Zusammenhang mit Abs 2 bei der gemeinschaftlichen Annahme eines Kindes durch ein Ehepaar die Aufhebung des Annahmeverhältnisses zu nur einem Ehegatten, falls der andere bereit ist, die Pflege und Erziehung des Kindes (allein) zu übernehmen. Auf diese Bestimmung hätte man verzichten können, weil es auch bei leiblichen Kindern keine Adoption des eigenen Kindes zwecks Ausgrenzung des anderen Elternteils gibt und das Gesetz genügend Möglichkeiten bietet, Adoptivkinder bei einseitigem elterlichen Versagen zu schützen (§§ 1666, 1666a, 1667 BGB). Es wäre deshalb konsequenter gewesen, **Zweitadoptionen** auch ohne vorherige Aufhebung der ersten **zuzulassen** (dazu § 1742 Rn 3 ff) **und § 1763 BGB ersatzlos zu streichen** (FRANK StAZ 2016, 33, 36). In diese Richtung waren vor 1976 auch Reformvorschläge gegangen (Stellungnahme der AGJ zum RegE, MittAGJ 70 [1974] Beil S 6; Akademikerverbände FamRZ 1974, 170, 171; LÜDERITZ 84; ders MittAGJ 70 [1974] 46). Falsch wäre es jedenfalls, aus § 1763 BGB voreilig folgern zu wollen, die künstliche, durch Adoption begründete Verwandtschaftsbeziehung sei weniger geschützt als die natürliche (vgl BT-Drucks 7/3061, 26, 49 f); vgl dazu auch § 1759 Rn 3.

II. Entstehungsgeschichte

2 Vor der Reform von 1976 stand die vertragliche Aufhebung des Annahmeverhältnisses im Vordergrund (§ 1770 aF). Allerdings sah schon **§ 1770a S 1 aF** mit dem gleichen Wortlaut wie § 1763 Abs 1 BGB eine Aufhebung von Amts wegen vor, sodass zur Auslegung der Begriffe „schwerwiegende Gründe" und „Wohl des Kindes" in § 1763 Abs 1 BGB auch die zu § 1770a aF ergangene Rspr herangezogen werden kann (BayObLGZ 1979, 386, 390 f = FamRZ 1980, 498, 499 f; BGB-RGRK/DICKESCHEID Rn 4). Näheres zur Entstehungsgeschichte des § 1770a aF bei STAUDINGER/ENGLER[10/11]. § 1763 BGB unterscheidet sich von § 1770a aF vor allem durch die Regelung des **Abs 3**, der in § 1770a aF fehlte und die **Möglichkeit der Aufhebung erheblich einschränkt** (vgl BT-Drucks 7/3061, 26 unter d). Dagegen enthielt § 1770a aF in S 2 bereits wie § 1763 Abs 2 BGB die Bestimmung, dass das Annahmeverhältnis zu nur einem Adoptivelternteil aufgehoben werden kann, was zT erklärt, weshalb diese fragwürdige Regelung (vgl Rn 1) Eingang in das AdoptG von 1976 gefunden hat (vgl BT-Drucks 7/3061, 50 zu § 1763 Abs 1).

III. Voraussetzungen der Aufhebung

1. Allgemeines

3 Da eine Aufhebung des Annahmeverhältnisses nach § 1763 BGB grds eine Zweitadoption ermöglichen (vgl Rn 1) und im Falle des Abs 3 lit a Alt 1 wenigstens eine Veränderung der statusmäßigen Zuordnung bewirken soll, fragt es sich, ob die in Abs 1 normierten Aufhebungsvoraussetzungen nicht an § 1748 BGB zu messen sind. In den Gesetzesmaterialien wird diese Frage ebenso wenig wie in Rspr u Lit mit der erforderlichen Klarheit angesprochen. Vor der Reform von 1976 war die Aufhebung in § 1770a S 1 aF unter leichteren Voraussetzungen möglich als die Ersetzung der elterlichen Einwilligung nach § 1747 Abs 3 idF d FamRÄndG v 1961 und später nach

§ 1747a idF d Vorabnovelle v 1973 (zur Entstehungsgeschichte dieser Bestimmung vgl § 1748 Rn 4). Damals war indessen eine Differenzierung auch verständlich, weil in § 1770a S 1 aF eine dem heutigen § 1763 Abs 3 BGB entsprechende Regelung fehlte. Seit der Reform von 1976 ist jedoch kein überzeugender Grund zu finden, weshalb die Aufhebungsvoraussetzungen in § 1763 BGB andere sein sollten als die Ersetzungsvoraussetzungen in § 1748 BGB. Zwar lässt sich der unterschiedliche Wortlaut v § 1763 Abs 1 BGB und § 1748 BGB nicht einfach hinweginterpretieren. Insbes enthält § 1763 Abs 1 BGB keine dem § 1748 Abs 2 BGB entsprechende Fristenregelung. Aber die Generalklausel des § 1763 Abs 1 BGB ermöglicht weitgehend eine **Anpassung der Wertungen an die Parallelwertung des § 1748 BGB** (vgl auch BeckOGK/Löhnig [15. 12. 2018] Rn 9; Erman/Saar Rn 3 u Soergel/Liermann Rn 2). Gegen die hier vertretene Auffassung könnte man anführen, dass eine Parallelwertung zwischen § 1763 Abs 1 BGB einerseits und § 1748 BGB andererseits sich deshalb verbiete, weil eine Aufhebung nach § 1763 BGB nicht notwendigerweise gegen den Willen der Adoptiveltern erfolgen muss. Wünschen jedoch die Adoptiveltern eine Beendigung des Annahmeverhältnisses, und sind neue geeignete Adoptiveltern bereit, die Verantwortung für das Kind zu übernehmen, so wird idR eine Aufhebung des Annahmeverhältnisses aus schwerwiegenden Gründen zum Wohl des Kindes auch erforderlich sein, sodass sich in diesem Falle die Parallele von § 1763 Abs 1 BGB zwar nicht zu § 1748 BGB, wohl aber zu § 1747 BGB ziehen lässt (insofern skeptisch BeckOGK/Löhnig [15. 12. 2018] Rn 10).

2. Aufhebungsvoraussetzungen nach Abs 1

a) Minderjährigkeit des Kindes

Der schwerwiegende Eingriff in das Annahmeverhältnis lässt sich nur solange rechtfertigen, als das angenommene Kind in erhöhtem Maße schutzbedürftig ist. Deshalb ist die Aufhebung des Annahmeverhältnisses nach dem klaren Wortlaut des Abs 1 nur **während der Minderjährigkeit** des Kindes möglich (krit Liermann FuR 1997, 266, 269). **Nach Eintritt der Volljährigkeit** kann das zu einem Minderjährigen begründete Annahmeverhältnis auch nicht nach § 1771 S 1 BGB aufgehoben werden. Erstens ist das Annahmeverhältnis in diesem Fall nicht „zu einem Volljährigen begründet worden", und zweitens gilt § 1771 S 1 BGB auch nur für solche Volljährigenadoptionen, die schwache Adoptionen sind, während die Anwendbarkeit auf Volljährigenadoptionen mit den Wirkungen einer Minderjährigenannahme gem § 1772 Abs 2 S 1 BGB ausgeschlossen ist (Näheres vgl § 1771 Rn 5). Allerdings kann nach § 1768 Abs 1 S 2 BGB das volljährig gewordene Adoptivkind durchaus ohne vorhergehende Aufhebung der Erstadoption ein zweites oder drittes Mal weiteradoptiert werden, weil das Verbot der Zweitadoption (§ 1742 BGB) nach der ausdrücklichen Regelung des § 1768 Abs 1 S 2 BGB nicht für den Fall der Volljährigenadoption gilt.

4

Dass Minderjährigenadoptionen nach Eintritt der Volljährigkeit weder nach § 1763 BGB noch nach § 1771 S 1 BGB aufhebbar sind, begegnet **keinen verfassungsrechtlichen Bedenken** (Näheres vgl § 1771 Rn 5; BGH 12. 3. 2014 – XII ZB 504/12, BGHZ 200, 310 = FamRZ 2014, 930, 932 Rn 15 ff m Anm Frank 1011; BVerfG 8. 6. 2015 – 1 BvR 1227/14, FamRZ 2015, 1365 hat die Verfassungsbeschwerde nicht zur Entscheidung angenommen). Durch **Art 14 Abs 2 EuAdoptÜbEin(rev)** vorgegeben ist dieses Ergebnis allerdings nicht, auch wenn man das auf den ersten Blick aus der deutschen Sprachfassung ableiten könnte, nach der eine Adoption „nur aus schwerwiegenden [...] Gründen aufgehoben werden [kann], solange das Kind noch nicht volljährig ist." Damit soll aber nicht die

5

Aufhebung einer Minderjährigenadoption auf den Zeitraum der Minderjährigkeit beschränkt werden. Vielmehr wird nur gefordert, dass die Aufhebung während der Minderjährigkeit von „schwerwiegenden Gründen" abhängen muss (so wohl auch das Verständnis der Denkschrift, BT-Drucks 18/2654, 23) – während nach Eintritt der Volljährigkeit auch großzügigere Aufhebungsgründe (wie etwa eine einverständliche Aufhebung) in Frage kommen. Das zeigt vor allem die französische Sprachfassung: „Avant que l'enfant ait atteint la majurité, la révocation de l'adoption ne peut intervenir que pour des motifs graves".

6 **Maßgeblicher Zeitpunkt für die Minderjährigkeit** iSv Abs 1 ist entgegen einer früher verbreiteten Ansicht (Nachw STAUDINGER/ENGLER[10/11] § 1770a aF Rn 6) nach heute allgM nicht das Wirksamwerden des Aufhebungsbeschlusses mit Eintritt der Rechtskraft gem § 198 Abs 2 FamFG, sondern der Erlass der Entscheidung in der letzten Tatsacheninstanz (BGH 12.3.2014 – XII ZB 504/12, FamRZ 2014, 930, 931 Rn 8). Krit zum Fehlen einer gesetzlichen Regelung, falls das Kind während des Aufhebungsverfahrens volljährig wird, SOERGEL/LIERMANN Rn 3 m Hinw.

b) Schwerwiegende Gründe

7 „Schwerwiegende Gründe" sind insbes **Verhaltensweisen der Eltern iSv § 1748 BGB**, die im Interesse des Kindes eine Beendigung des Annahmeverhältnisses erforderlich machen. Auf ein **Verschulden** der Adoptiveltern kommt es (wie im Falle des § 1748 BGB) nicht an (BeckOGK/LÖHNIG [15.12.2018] Rn 5; MünchKomm/MAURER Rn 14; ERMAN/SAAR Rn 2a; SOERGEL/LIERMANN Rn 5).

8 **Enttäuschte Erwartungen der Adoptiveltern bezüglich der Entwicklung des Eltern-Kind-Verhältnisses** (Erziehungsschwierigkeiten, Entwicklungsrückstand oder schwere geistige Erkrankung des Kindes) stellen keinen Aufhebungsgrund dar. Das Gesetz kennt keine Aufhebung des Annahmeverhältnisses im Interesse der Eltern (BT-Drucks 7/3061, 26 f; BGH 12.3.2014 – XII ZB 504/12, FamRZ 2014, 930, 931 Rn 13; vgl auch schon KG FamRZ 1961, 85). Der nachhaltige Wunsch der Adoptiveltern, das Annahmeverhältnis zu beenden, und die fehlende Bereitschaft, sich des Kindes in der erforderlichen Weise anzunehmen, können jedoch iVm dem Vorhandensein einer Surrogatbeziehung iSv Abs 3 durchaus eine Aufhebung im Interesse des Kindes rechtfertigen (MünchKomm/MAURER Rn 7; BGB-RGRK/DICKESCHEID Rn 5). Entgegen AG Arnsberg (FamRZ 1987, 1194) stellt auch die Tötung eines Adoptivelternteils per se keinen schwerwiegenden Grund dar, der die Aufhebung des Annahmeverhältnisses *zum Wohl des Kindes* erforderlich macht. Der schwerwiegende Grund ist vielmehr die (verständlicherweise) fehlende Bereitschaft des überlebenden Adoptivelternteils, die Erziehung des Kindes unter den genannten Voraussetzungen fortzuführen, wobei auch hier eine Aufhebung nur möglich ist, wenn nach Abs 3 Ersatzeltern bereit sind, sich des Kindes anzunehmen.

9 **Die Scheidung der Ehe der Adoptiveltern** bildet ebenso wie deren Getrenntleben keinen schwerwiegenden Grund, das Annahmeverhältnis zu einem der Ehegatten aufzuheben. Entsprechendes gilt für die in der Praxis häufigen Versuche, Stiefkindadoptionen nach dem Scheitern der Ehe zwischen leiblichem Elternteil und Stiefelternteil wieder rückgängig zu machen (Rspr Nachw bei § 1741 Rn 67; vgl außerdem § 1763 Rn 19). Die gewünschte Gleichstellung des Adoptivkindes mit dem leiblichen Kind erfordert es, dass die Adoptiveltern – wie die leiblichen Eltern – sich nicht aus der

einmal übernommenen Verantwortung lösen. Gegen die an sich mögliche Aufhebung des Annahmeverhältnisses zu nur einem Adoptivelternteil (Abs 2 iVm Abs 3 lit a Alt 1) spricht vor allem auch der drohende Verlust von Unterhalts- und Erb- bzw Pflichtteilsansprüchen (vgl § 1764 Abs 5 BGB).

Wirtschaftliche Gründe können eine Aufhebung niemals rechtfertigen (BeckOK/Pöcker **10** Rn 6; MünchKomm/Maurer Rn 28; BayObLGZ 1979, 386, 394 = FamRZ 1980, 498, 501). Dies gilt entgegen LG Mannheim (MDR 1973, 227) auch dann, wenn die Mutter ihr eigenes nichteheliches Kind nach § 1741 Abs 3 S 2 aF (vor Inkrafttreten des KindRG v 1997) zunächst adoptiert hat und durch eine Aufhebung dem Kind wieder zu Unterhaltsansprüchen gegen den leiblichen Vater verhelfen will. Da es sich hier de facto um eine Rückadoption des Kindes durch seinen Vater handelt (vgl Rn 1), kommt eine Aufhebung nur in Betracht, wenn Mutter und Vater dies wünschen, oder wenn im Falle eines nachhaltigen erzieherischen Versagens der Mutter (§ 1748 BGB) der Vater nach § 1763 Abs 3 lit a Alt 2 BGB bereit ist, die Pflege und Erziehung des Kindes zu übernehmen.

Scheinadoptionen (aus steuer-, namens-, ausländerrechtlichen oder ähnlichen Grün- **11** den) unterliegen der Aufhebung nach § 1763 BGB, wenn die Herstellung des Eltern-Kind-Verhältnisses weiterhin nicht beabsichtigt ist (MünchKomm/Maurer Rn 25; Erman/Saar Rn 2; NK-BGB/Dahm Rn 19 f; vgl auch OLG Oldenburg FamRZ 2004, 399; OLG Frankfurt FamRZ 1982, 848). Eine Aufhebung setzt allerdings auch hier die Existenz einer Surrogatbeziehung nach Abs 3 voraus. Hat der Angenommene nach der Annahme das Volljährigkeitsalter erreicht, so kann das Annahmeverhältnis nicht mehr aufgehoben werden (vgl § 1771 Rn 5).

c) Wohl des Kindes

Oberste Richtschnur einer Entscheidung nach § 1763 BGB ist das Wohl des Kindes. **12** Die Existenz schwerwiegender Gründe – mögen diese isoliert betrachtet noch so gravierend sein – vermag deshalb eine Aufhebung des Annahmeverhältnisses allein nicht zu rechtfertigen. Eine Gesamtwürdigung der Umstände kann ergeben, dass der Fortbestand des Annahmeverhältnisses für das Kind immer noch die relativ beste Lösung ist (vgl BayObLG FamRZ 2000, 768, 770). So können unterhalts- und erbrechtliche Überlegungen im Einzelfall durchaus für die Aufrechterhaltung der Adoption sprechen (so OLG Frankfurt FamRZ 1982, 848 für einen Fall, in dem Mutter und Tochter von der gleichen Person jeweils als Kind angenommen worden waren und später gegen den Willen der leiblichen Eltern das Annahmeverhältnis zur Tochter gelöst werden sollte).

Obwohl die Surrogatbeziehungen in Abs 3 selbständig neben den Aufhebungsvoraussetzungen des Abs 1 angesprochen sind, kann die Frage, ob eine Aufhebung dem Wohl des Kindes dient, nur beantwortet werden, wenn in einem Abwägungsprozess geklärt wird, welche Entwicklungschancen das Kind in der Familie oder Teilfamilie haben wird, der es infolge der Aufhebung zugeordnet wird oder im Falle einer Zweitadoption (Abs 3 lit b) zugeordnet werden soll.

d) Erforderlichkeit

Erforderlich ist die Aufhebung des Annahmeverhältnisses nur dann, wenn andere **13** Mittel nicht genügen, um das bedrohte Kindeswohl zu schützen (vgl AG Hechingen DAVorm 1992, 1360 in einem Fall schweren sexuellen Missbrauchs). *Gegen den Willen* der

Annehmenden kommt deshalb eine **Aufhebung nur als ultima ratio** in Betracht (BT-Drucks 7/3061, 26; BeckOK/Pöcker Rn 7; MünchKomm/Maurer Rn 8; NK-BGB/Dahm Rn 2). Maßnahmen nach §§ 1666, 1667 BGB haben Vorrang (aA Erman/Saar Rn 3). *Wünschen* die Adoptiveltern eine Beendigung des Annahmeverhältnisses, und sind geeignete Adoptiveltern bereit, die Verantwortung zu übernehmen (Abs 3), so dürfte jedenfalls bei kleineren Kindern eine Aufhebung in aller Regel deren wohlverstandenem Interesse dienen. Zweitadoptionen lassen sich eben entgegen der Vorstellung des Gesetzgebers (§ 1742 BGB) nicht verhindern, wenn das Wohl des Kindes wirklich oberstes Gebot ist. Wer die elterliche Einwilligung in die Adoption (§ 1747 BGB) weniger als ein „Verfügen" denn als ein Indiz für die Schutzbedürftigkeit des Kindes sieht (vgl dazu Frank 156), sollte keine Schwierigkeiten haben, eine Aufhebung von Amts wegen in diesem Falle zu befürworten.

3. Aufhebungsvoraussetzungen nach Abs 3

a) Allgemeines

14 Die Regelung des Abs 3 soll verhindern, dass das Kind zu einem „Niemandskind" wird. Die Aufhebung kann dem Kindesinteresse nicht entsprechen, wenn sie lediglich dazu führt, das Kind aus der durch Annahme begründeten Familienbeziehung zu lösen. Daher ist die Aufhebung nur zulässig, wenn die vorhandene Familienbeziehung mindestens teilweise bestehen bleibt, die leibliche Familienbeziehung wiederhergestellt oder eine neue Adoptivbeziehung geschaffen wird (BT-Drucks 7/3061, 26). Krit zum Normzweck des § 1763 BGB vgl Rn 1.

15 Abs 3 enthält eine **abschließende Regelung**. Eine Aufhebung des Annahmeverhältnisses kommt deshalb nicht in Betracht, **wenn eine Surrogatbeziehung** iS dieser Bestimmung **fehlt** (Palandt/Götz Rn 4; BeckOGK/Löhnig [15.12.2018] Rn 17; Soergel/Liermann Rn 9). Die gegenteilige Ansicht von Roth-Stielow (Rn 7 u 8) widerspricht nicht nur dem klaren Gesetzeswortlaut, sondern auch der Grundwertung, die das geltende Familienrecht mit der Unaufhebbarkeit leiblicher Eltern-Kind-Verhältnisse geschaffen hat. Der Fall, dass einem Kind durch die Fortsetzung des Annahmeverhältnisses ein schwerer Schaden droht, dem durch Maßnahmen nach § 1666 BGB nicht begegnet werden könnte, bleibt theoretischer Natur. Kommt bei leiblichen Kindern eine Adoption nicht in Betracht, so besteht das Eltern-Kind-Verhältnis ebenfalls fort, ohne dass bislang die Notwendigkeit einer ersatzlosen Aufhebung dieser Beziehung dargetan worden wäre.

b) Die Regelung des Abs 3 lit a Alt 1

16 Abs 3 lit a Alt 1 bezieht sich auf die in Abs 2 vorgesehene Möglichkeit, das Annahmeverhältnis nur gegenüber einem der annehmenden Ehegatten aufzuheben. Näheres zu Abs 2 vgl Rn 24 f. Abs 3 lit a Alt 1 erlaubt eine Teilaufhebung nur dann, wenn der **andere Ehegatte bereit** ist, die **Pflege und Erziehung des Kindes zu übernehmen**. Die Regelung ist entbehrlich, weil selbstverständlich. Wäre auch der andere Ehegatte nicht willens oder in der Lage, die Pflege und Erziehung zu übernehmen, so müsste das Annahmeverhältnis in toto aufgehoben werden. Eine persönliche Pflege und Erziehung sieht Abs 3 lit a Alt 1 nicht vor. Der Gesetzgeber wollte mit der Regelung des Abs 3 lit a Alt 1 klarstellen, dass eine Aufhebung nur möglich ist, wenn die Zuordnung des Kindes zu wenigstens einem Elternteil gewährleistet ist, der bereit ist, Verantwortung zu tragen (BT-Drucks 7/3061, 49 f).

Ob sich die zusätzliche Voraussetzung des Abs 3 lit a („und wenn die Ausübung der 17 elterlichen Sorge durch ihn dem Wohl des Kindes nicht widersprechen würde") auch auf die 1. Alt von Abs 3 lit a bezieht, mag zweifelhaft sein. Aus der Entstehungsgeschichte ergeben sich keine Hinweise. Die Regelung ist wegen § 1764 Abs 4 BGB sicher in erster Linie auf die 2. Alt von Abs 3 lit a bezogen. Hinsichtlich der 1. Alt dürfte der Gesetzgeber davon ausgegangen sein, dass eine entsprechende Prüfung entweder bereits im Rahmen von § 1671 BGB stattgefunden hat oder jedenfalls kein Anlass besteht, an der Befähigung des anderen Ehegatten zur Ausübung des Sorgerechts zu zweifeln. Indessen ändert sich am Ergebnis nichts, wenn der Nachsatz auch auf Abs 3 lit a Alt 1 bezogen wird.

c) Die Regelung des Abs 3 lit a Alt 2

Abs 3 lit a Alt 2 ist die korrespondierende Regelung zu § 1764 Abs 3 u 4 BGB; denn 18 mit jeder Aufhebung eines Annahmeverhältnisses geht das Wiederaufleben der ursprünglichen Verwandtschaftsbeziehungen einher, und das (vorübergehend) selbst dann, wenn die Aufhebung nur eine neue Adoption durch Dritte ermöglichen soll. Eine Aufhebung, um das Kind auf Dauer wieder seiner leiblichen Verwandtschaft zuzuordnen, kommt nach Abs 3 lit a Alt 2 iVm § 1764 Abs 4 BGB nur in Betracht, wenn wenigstens ein leiblicher Elternteil bereit ist, die Pflege und Erziehung des Kindes zu übernehmen, und wenn die Ausübung der elterlichen Sorge durch ihn dem Wohl des Kindes nicht widersprechen würde. Mit dem Wortlaut von Abs 3 lit a Alt 2 nicht vereinbar ist deshalb die Entscheidung des AG Hechingen (DAVorm 1992, 1360), wo die Adoption eines nichtehelich geborenen Kindes durch den späteren Ehemann der Mutter aufgehoben wurde, obwohl die Mutter bereits verstorben war und das Kind weiterhin von seiner Großmutter mütterlicherseits als Vormund betreut werden sollte (vgl auch OBERLOSKAMP 209 f).

Fraglich könnte sein, ob ein Fall des Abs 3 lit a Alt 2 auch dann vorliegt, wenn eine 19 **Stiefkindadoption** nach dem Scheitern der Ehe zwischen Stiefelternteil und leiblichem Elternteil aufgehoben werden soll. Wird bei Wiederheirat des leiblichen Elternteils eine erneute Stiefkindadoption angestrebt, so liegt ohne Zweifel ein Fall des Abs 3 lit b vor (OLG Celle FamRZ 1982, 197). Auch ohne angestrebte Zweitadoption wird man jedoch der ratio des Abs 3 entsprechend die Möglichkeit einer Aufhebung bejahen müssen; denn „ein leiblicher Elternteil" ist ja bereit, Pflege und Erziehung des Kindes zu übernehmen, auch wenn es der Elternteil ist, der schon bisher (Mit-)Inhaber des Sorgerechts war. Entscheidend dürfte sein, dass der Gesetzgeber im Falle einer gemeinsamen Adoption durch ein Ehepaar die Aufhebung des Annahmeverhältnisses zu nur einem Ehegatten in Abs 3 lit a Alt 1 gestattet (vgl BayObLGZ 1979, 386 = FamRZ 1980, 498, wo die Möglichkeit einer Teilaufhebung als unproblematisch angesehen wurde, weil die leibliche Mutter ihr Kind zusammen mit dem Stiefvater adoptiert hatte). Dann sollte auch die Aufhebung der Stiefkindadoption möglich sein, wenn der leibliche Elternteil bereit ist, die Pflege und Erziehung des Kindes allein zu übernehmen (so auch OLG Köln 12. 1. 2009 – 16 Wx 227/08, NJW-RR 2009, 1376 f; BayObLG FamRZ 2000, 768; FamRZ 1995, 1210; OLG Düsseldorf FamRZ 1998, 1196; vgl außerdem § 1741 Rn 67). Nicht unproblematisch ist aber, dass mit der Aufhebung der Stiefkindadoption die Rechtsbeziehungen des Kindes zum anderen leiblichen Elternteil, die aufgrund der Stiefkindadoption erloschen waren, nach § 1764 Abs 3 BGB (vgl § 1764 Rn 12 u 17) ohne dessen Zutun wiederaufleben. Da es sich wegen der Wiederzuordnung des Kindes zum anderen leiblichen Elternteil zwar nicht de iure, wohl aber de facto um eine Art Rückadoption handelt, sollte man im Ergebnis (auch wenn es sich selbstverständlich nicht um ein striktes Einwilligungserfordernis handelt) ohne Einverständnis des anderen leiblichen Elternteils eine Aufhebung der Stiefkindadoption grds nicht befürworten (zweifelhaft daher OLG Köln 12. 1. 2009 – 16 Wx 227/08, NJW-RR 2009, 1376 f), demgegenüber hält etwa MAURER die bloße Beteiligung nach § 188 Abs 1 Nr 3 lit b FamFG für ausreichend (MünchKomm/MAURER Rn 34 u 37; vgl auch BeckOGK/ LÖHNIG [15. 12. 2018] Rn 22 m Fn 39).

20 Unter Abs 3 lit a Alt 2 fällt auch die **Aufhebung der Adoption des eigenen nichtehelichen Kindes durch seine Mutter**, die bis zum Inkrafttreten des KindRG v 1997 möglich war (§ 1741 Abs 3 S 2 aF), sofern mit der Aufhebung die natürlichen Verwandtschaftsverhältnisse wiederhergestellt werden sollen. Eine Aufhebung, die nur dazu dienen soll, dem Kind wieder zu Unterhaltsansprüchen gegen den Vater zu verhelfen, die mit der Adoption verlorengegangen waren, sollte jedoch gegen den Willen des Vaters unterbleiben (vgl Rn 10).

d) Die Regelung des Abs 3 lit b
21 Abs 3 lit b ist die korrespondierende Vorschrift zu § 1742 BGB und betrifft die Fälle, in denen bei einer gemeinschaftlichen Adoption das Annahmeverhältnis zu beiden Ehegatten oder bei einer Einzeladoption (auch Stiefkindadoption) zum alleinannehmenden Ehegatten aufgehoben wird. Zur Aufhebung des Annahmeverhältnisses gegenüber nur einem Ehegatten bei Vorversterben des anderen vgl § 1764 Rn 16.

22 Es genügt nicht, dass nach der Aufhebung des Annahmeverhältnisses eine erneute Adoption nur möglich wäre. **Die neue Adoption muss vielmehr so vorbereitet sein, dass an ihrem Zustandekommen ernstlich nicht gezweifelt werden kann** (vgl BT-Drucks 7/ 3061, 50; BayObLG FamRZ 2000, 768, 770; ERMAN/SAAR Rn 6; NK-BGB/DAHM Rn 14; zu weitgehend BGB-RGRK/DICKESCHEID Rn 12). Allerdings braucht das Kind von den neuen Adoptiveltern noch nicht in Pflege genommen worden zu sein. Die erneute Annahme ist erst zulässig, wenn der Aufhebungsbeschluss in Rechtskraft erwachsen, dh die Frist für die Beschwerde verstrichen ist (§ 198 Abs 2 FamFG iVm §§ 58, 63 Abs 1 FamFG). Dass Aufhebungs- und neuer Adoptionsbeschluss in einer Entscheidung ergehen können (so AG Arnsberg 21. 2. 1987 – 16 XVI 11/86, FamRZ 1987, 1194, 1195; zust noch STAUDINGER/FRANK [2007] Rn 21), weil die Verfahren im allseitigen Einverständnis verbunden wurden, ist nach heute geltendem Verfahrensrecht ausgeschlossen (MünchKomm/MAURER Rn 38 m Fn 61), weil ein Rechtsmittelverzicht erst nach Bekanntgabe des Aufhebungsbeschlusses möglich ist (§ 67 Abs 1 FamFG).

23 Da die Aufhebung des Annahmeverhältnisses nach § 1764 Abs 3 BGB das natürliche Verwandtschaftsverhältnis – wenn auch nur für kurze Zeit – wiederaufleben lässt, müssen die leiblichen Eltern gem § 1747 BGB in die Zweitadoption einwilligen (Näheres vgl § 1742 Rn 7).

IV. Teilaufhebung (Abs 2)

24 Abs 2 ermöglicht die Teilaufhebung des Annahmeverhältnisses gegenüber nur einem Ehegatten nach gemeinschaftlicher Adoption. Abs 2 erfasst auch Altfälle vor Inkrafttreten des KindRG v 1997 (vgl § 1754 Rn 5), in denen die **Mutter ihr eigenes nichteheliches Kind zusammen mit ihrem Ehemann adoptieren konnte** (vgl Bay-

ObLGZ 1979, 396 = FamRZ 1980, 498). Zu den Wirkungen der Teilaufhebung vgl § 1764 Rn 15 ff.

Die Regelung des Abs 2 hat mehr als nur klarstellende Funktion (so aber BGB-RGRK/ DICKESCHEID Rn 9); denn bei leiblichen Kindern kennt das Gesetz eine entsprechende Regelung nicht, weil hier die einseitige Ausgrenzung eines Elternteils durch den anderen ausgeschlossen ist (vgl Rn 1). Wenn aber bei leiblichen Kindern eine dem Abs 2 entsprechende Regelung vom Gesetzgeber nicht für notwendig erachtet wurde, erscheint es fraglich, ob es überhaupt Fälle gibt, in denen zum Schutze von Adoptivkindern eine **Teilaufhebung „erforderlich"** iSv Abs 1 ist. IdR müssten Maßnahmen nach §§ 1666, 1666a, 1667 BGB wie bei leiblichen Kindern ausreichen. Das gilt jedenfalls für den Normalfall der gemeinschaftlichen Adoption eines familienfremden Kindes, weil hier die Teilaufhebung nur zum Erlöschen von Rechtsbeziehungen zu einem Elternteil und dessen Verwandten (§ 1764 Abs 5 BGB), nicht aber zum Wiederaufleben natürlicher Verwandtschaftsbeziehungen führt. Anders ist die Rechtslage, wenn die Mutter vor Inkrafttreten des KindRG v 1997 (vgl § 1754 Rn 5) ihr nichteheliches Kind zusammen mit ihrem Ehemann adoptiert hat und nach dem Scheitern der Ehe eine Teilaufhebung zwischen dem Kind und seinem Stiefvater betrieben wird. Hier würden nämlich mit der Teilaufhebung die Rechtsbeziehungen zwischen dem leiblichen Vater und dessen Verwandten einerseits und dem Kind andererseits wieder erstehen (vgl § 1764 Rn 18). Da die Teilaufhebung in diesem Sonderfall eine Art Rückadoption durch den Vater bewirkt, kann sie durchaus sinnvoll sein, wenn der Vater mit der Teilaufhebung einverstanden ist (vgl Rn 19). **25**

V. Verfahren

Zum Verfahren s § 1759 Rn 32 ff. **26**

§ 1764
Wirkung der Aufhebung

(1) Die Aufhebung wirkt nur für die Zukunft. Hebt das Familiengericht das Annahmeverhältnis nach dem Tode des Annehmenden auf dessen Antrag oder nach dem Tode des Kindes auf dessen Antrag auf, so hat dies die gleiche Wirkung, wie wenn das Annahmeverhältnis vor dem Tode aufgehoben worden wäre.

(2) Mit der Aufhebung der Annahme als Kind erlöschen das durch die Annahme begründete Verwandtschaftsverhältnis des Kindes und seiner Abkömmlinge zu den bisherigen Verwandten und die sich aus ihm ergebenden Rechte und Pflichten.

(3) Gleichzeitig leben das Verwandtschaftsverhältnis des Kindes und seiner Abkömmlinge zu den leiblichen Verwandten des Kindes und die sich aus ihm ergebenden Rechte und Pflichten, mit Ausnahme der elterlichen Sorge, wieder auf.

(4) Das Familiengericht hat den leiblichen Eltern die elterliche Sorge zurückzuübertragen, wenn und soweit dies dem Wohl des Kindes nicht widerspricht; andernfalls bestellt es einen Vormund oder Pfleger.

(5) Besteht das Annahmeverhältnis zu einem Ehepaar und erfolgt die Aufhebung nur im Verhältnis zu einem Ehegatten, so treten die Wirkungen des Absatzes 2 nur zwischen dem Kind und seinen Abkömmlingen und diesem Ehegatten und dessen Verwandten ein; die Wirkungen des Absatzes 3 treten nicht ein.

Materialien: BT-Drucks 7/3061, 50 f, 77, 86; BT-Drucks 7/5087, 20 f. S Staudinger/ BGB-Synopse (2005) § 1764.

Systematische Übersicht

I.	Normzweck und Entstehungsgeschichte	1	IV.	Wiederaufleben der leiblichen Verwandtschaft	10
II.	Ex-nunc-Wirkung der Aufhebung		V.	Elterliche Sorge	13
1.	Regelfall (Abs 1 S 1)	4			
2.	Ausnahme (Abs 1 S 2)	5	VI.	Aufhebung des Annahmeverhältnisses zu einem Elternteil	15
III.	Erlöschen der Adoptivverwandtschaft	7			

I. Normzweck und Entstehungsgeschichte

1 Das AdoptG von 1976 hat zwar die Möglichkeit, ein Annahmeverhältnis aufzuheben, erheblich eingeschränkt (vgl § 1759 Rn 2 f), die Wirkungen der Aufhebung sind aber im Wesentlichen gleich geblieben: Auch nach altem Recht wirkte die Aufhebung ex nunc; die durch die Adoption neu begründeten Rechtsbeziehungen erloschen; das Kind wurde, soweit die Adoption überhaupt zu einem Abbruch der Rechtsbeziehungen geführt hatte, wieder der Ursprungsfamilie zugeordnet (vgl Staudinger/Engler[10/11] § 1772 Rn 1 ff). Mängel beim Zustandekommen der Adoption führten indessen anders als bei § 1760 nF unter der Herrschaft des Vertragssystems nicht zur Aufhebbarkeit, sondern zur Nichtigkeit oder Anfechtbarkeit des Annahmevertrags (vgl § 1760 Rn 2), beseitigten also das Annahmeverhältnis mit Rückwirkung.

2 § 1764 BGB gilt in gleicher Weise für eine **Aufhebung** nach § 1760 BGB **bei anfänglichem Mangel** wie nach § 1763 BGB **bei nachträglichem Scheitern**. Bei einer Aufhebung wegen eines anfänglichen Mangels ist es verständlich, wenn der Gesetzgeber das Wiederaufleben der ursprünglichen Verwandtschaft in Abs 3 anordnet, während bei nachträglichem Scheitern diese Lösung eher überrascht. Dass auch hier das Kind durch eine Aufhebung des Annahmeverhältnisses wieder – wenn auch in Fällen einer angestrebten Zweitadoption (§ 1763 Abs 3 lit b BGB) nur vorübergehend – in seine Ursprungsfamilie eingegliedert wird, hat seinen Grund in dem traditionellen Bestreben des deutschen Rechts, das Entstehen familienloser „Niemandskinder" zu verhindern (BT-Drucks 7/3061, 50) – ein Bestreben, das andere Rechtsordnungen nicht in gleicher Weise kennen, weil eine familiäre Zuordnung, die von Eltern und sonstigen Verwandten nicht gewünscht wird, für das Kind im Allgemeinen nur von bescheidenem (finanziellem) Interesse ist.

Für den **Familiennamen** des Kindes nach Aufhebung enthält § 1765 BGB eine eigene 3
Regelung.

§ 1764 BGB gilt wegen der Verweisung in § 1767 Abs 2 S 1 BGB auch für die
Aufhebung einer **Erwachsenenadoption** (§§ 1771, 1772 Abs 2 BGB). Allerdings kann
eine zu einem Minderjährigen begründete Adoption nach Erreichung des Volljährigkeitsalters weder nach § 1763 BGB noch nach § 1771 S 1 BGB aufgehoben werden (vgl § 1759 Rn 6, § 1763 Rn 4 f u § 1771 Rn 5).

II. Ex-nunc-Wirkung der Aufhebung

1. Regelfall (Abs 1 S 1)

Nach Abs 1 S 1 wirkt die Aufhebung nur für die Zukunft (ex nunc). Selbst gra- 4
vierende Mängel beim Zustandekommen der Adoption (§ 1760 BGB) ändern nichts
daran, dass das neu begründete Statusverhältnis bis zu seiner Aufhebung Bestand
hat. Aufgehoben ist die Adoption mit der **Rechtskraft des Aufhebungsbeschlusses**
(§ 198 Abs 2 FamFG).

Wird auf die **Verfassungsbeschwerde** eines Betroffenen hin der Annahmebeschluss
insbes wegen der Verletzung rechtlichen Gehörs (Art 103 Abs 1 GG) aufgehoben,
so wirkt nach der Rspr des BVerfG die Entscheidung jedenfalls bei der Minderjährigenadoption nur ex nunc (vgl § 1759 Rn 20).

2. Ausnahme (Abs 1 S 2)

Eine Ausnahme vom Grundsatz des Abs 1 S 1 enthält Abs 1 S 2. Der Aufhebungs- 5
beschluss wirkt auf die Zeit vor dem Tod des Annehmenden zurück, wenn dieser die
Aufhebung beantragt, also zu erkennen gegeben hat, dass er an dem Annahmeverhältnis nicht mehr festhalten will. Nach dem Vorbild des § 1933 BGB wird das
Erbrecht des Kindes rückwirkend beseitigt (zu den erbrechtlichen Folgen im Einzelnen ROTH
256 f), das Kind ist also weder gesetzlicher Erbe noch Pflichtteilsberechtigter nach
dem Verstorbenen (MünchKomm/MAURER Rn 7; BeckOGK/LÖHNIG [15.12.2018] Rn 36).
Entsprechendes gilt, wenn das Kind verstirbt, nachdem es den Aufhebungsantrag
gestellt hat. Das Datum, auf das die Aufhebung zurückbezogen wird, ist im Gerichtsbeschluss anzugeben (MünchKomm/MAURER § 1759 Rn 71; BRÜGGEMANN DAVorm 1987, 563,
565). Für die Antragstellung vor dem Tod gilt § 1753 Abs 2 BGB entsprechend
(PALANDT/GÖTZ Rn 1; ERMAN/SAAR Rn 2; BeckOGK/LÖHNIG [15.12.2018] Rn 37).

Abs 1 S 2 regelt nur, wann ausnahmsweise die Aufhebung einer Adoption ex tunc 6
wirkt, sagt aber nichts darüber aus, unter welchen Voraussetzungen überhaupt nach
dem Tod eines Beteiligten eine Aufhebung mit ex-nunc- oder ex-tunc-Wirkung
möglich ist (BT-Drucks 7/3061, 50). **Ist das Kind verstorben**, so kann die Aufhebung
des Annahmeverhältnisses *seinem* Wohl nicht mehr dienen. Eine Aufhebung nach
§ 1763 BGB scheidet deshalb aus. Dagegen kommt ausnahmsweise eine Aufhebung
bei anfänglichem Mangel der Annahme (§ 1760 BGB) in Betracht, wenn der Angenommene Abkömmlinge hinterlässt (vgl MünchKomm/MAURER § 1760 Rn 52; ERMAN/
SAAR Rn 2a; BT-Drucks 7/3061, 50; aA BGB-RGRK/DICKESCHEID Rn 9). **Ist der Annehmende
verstorben**, so kann das Annahmeverhältnis sowohl auf Antrag des Kindes als auch

auf Antrag eines leiblichen Elternteils aufgehoben werden, weil auf diese Weise das Kind gem § 1764 Abs 3 BGB wieder in seine Ursprungsfamilie eingegliedert wird (BGH 6.12.2017 – XII ZB 371/17, FamRZ 2018, 440, 441 Rn 14; MünchKomm/Maurer § 1760 Rn 52; BT-Drucks 7/3061, 50; **aA** BGB-RGRK/Dickescheid Rn 9 f). Aus dem gleichen Grund ist in Ausnahmefällen sogar eine Aufhebung nach § 1763 BGB denkbar, wenn zB ein Aufhebungsverfahren mit dem Ziel der Wiedereingliederung des Kindes in seine leibliche Familie (§ 1763 Abs 3 lit a BGB) beim Tode des Annehmenden schon eingeleitet war. **Ist ein leiblicher Elternteil verstorben**, so bleibt sein Antrag entsprechend § 1753 Abs 2 BGB iVm § 130 BGB wirksam; eine Erledigung des Verfahrens tritt nicht ein (MünchKomm/Maurer Rn 9; BT-Drucks 7/3061, 50; **aA** BGB-RGRK/Dickescheid Rn 9). Auch auf späteren Antrag des Annehmenden oder Angenommenen kann das Annahmeverhältnis aufgehoben werden (§ 1750 BGB); ebenso ist eine Aufhebung nach § 1763 BGB möglich.

III. Erlöschen der Adoptivverwandtschaft

7 Nach Abs 2 erlöschen mit der Aufhebung des Annahmeverhältnisses die Rechtsbeziehungen zwischen dem Kind und seinen Abkömmlingen einerseits und den Adoptiveltern und deren Verwandten andererseits. Abs 2 ist das Gegenstück zu § 1755 Abs 1 S 1 BGB, der mit der Adoption die Rechtsbeziehungen des Kindes und seiner Abkömmlinge zur Ursprungsfamilie erlöschen lässt. Eine § 1755 Abs 1 S 2 BGB entsprechende Regelung fehlt in § 1764 Abs 2 BGB. Die Gefahr, dass ein Kind durch die Aufhebung der Annahme Ansprüche auf Renten, Waisengeld ua wiederkehrende Leistungen einbüßt, ist indessen gering. Sind beide Adoptiveltern verstorben, so kommt eine Aufhebung mit ex-nunc-Wirkung nur in Ausnahmefällen in Betracht (vgl Rn 5 f); ist nur ein Adoptivelternteil verstorben, so lässt die Aufhebung des Annahmeverhältnisses gegenüber dem Überlebenden die Rechtsbeziehungen zum Verstorbenen und dessen Verwandten unberührt (vgl Rn 15).

8 Da die Aufhebung ex nunc wirkt, entfällt für früher erbrachte Leistungen, insbes Unterhaltsleistungen, nicht der Rechtsgrund. Nicht berührt werden auch die Erbenstellung oder ein Pflichtteilsanspruch, wenn der Erbfall bereits vor rechtskräftiger Aufhebung eingetreten ist (BeckOGK/Löhnig [15.12.2018] Rn 7). Bei erheblichen lebzeitigen Zuwendungen der Adoptiveltern kann im Einzelfall eine Korrektur nach den Grundsätzen über die Störung der Geschäftsgrundlage (§ 313 BGB), bei Zuwendungen, die als Erbabfindung gedacht waren, eine Kondiktion wegen Zweckverfehlung (§ 812 Abs 1 S 2 Alt 2 BGB) in Betracht kommen. Bei letztwilligen Verfügungen von Adoptiveltern oder Adoptivverwandten zugunsten des Kindes ist unter den Voraussetzungen des § 2078 Abs 2 BGB eine Anfechtung möglich. Eine entsprechende Anwendung des § 2077 BGB scheidet indessen entgegen der mittlerweile wohl hM aus (Flik BWNotZ 1980, 132; **aA** Erman/Saar Rn 3; MünchKomm/Maurer Rn 13 f; NK-BGB/Dahm Rn 10; BeckOGK/Löhnig [15.12.2018] Rn 9).

9 Das Erlöschen der Adoptivverwandtschaft schließt nicht aus, dass die Adoption in einzelnen Beziehungen über die Aufhebung hinaus fortwirkt. So bleiben frühere Adoptivverwandte eines Verfahrensbeteiligten weiterhin von der Ausübung des Richteramts ausgeschlossen (§ 41 Nr 3 ZPO, § 22 Nr 3 StPO, § 54 Abs 1 VwGO), und auch das Zeugnisverweigerungsrecht überdauert die Aufhebung des Annah-

meverhältnisses (§ 383 Abs 1 Nr 3 ZPO, § 52 Abs 1 Nr 3 StPO, § 98 VwGO). Das Kind behält die durch Adoption erworbene deutsche Staatsangehörigkeit (§§ 6, 17 StAG).

IV. Wiederaufleben der leiblichen Verwandtschaft

Mit der Aufhebung des Annahmeverhältnisses leben nach Abs 3 die rechtlichen **10** Beziehungen des Kindes und seiner Abkömmlinge zur Ursprungsfamilie wieder auf. Für die elterliche Sorge gilt allerdings nicht Abs 3, sondern Abs 4.

Die **Regelung** des Abs 3 ist **problematisch**, falls das Annahmeverhältnis nur aufge- **11** hoben wird, um eine Zweitadoption zu ermöglichen (§ 1763 Abs 3 lit b BGB). Die Zusammenfassung von Aufhebung und Zweitadoption in einer Entscheidung ist nach heutigem Verfahrensrecht (anders noch AG Arnsberg FamRZ 1987, 1194; STAUDINGER/FRANK [2007] Rn 11) nicht möglich (vgl § 1763 Rn 22), obwohl der Gesetzgeber mit der Regelung des Abs 3 verhindern wollte, dass ein Kind durch die Aufhebung zum „Niemandskind" wird (vgl Rn 2). Für den Fall einer angestrebten Zweitadoption hat Abs 3 die missliche, aber unausweichliche Konsequenz, dass die leiblichen Eltern des Kindes erneut nach § 1747 BGB in die Adoption einwilligen müssen und bei verweigerter Einwilligung eine Ersetzung nach § 1748 BGB die Zweitadoption erheblich verzögern kann (vgl § 1742 Rn 7).

Der Wortlaut des Abs 3 stellt klar, dass bei der Aufhebung einer Zweitadoption **12** nicht die Rechtsbeziehungen zu früheren Adoptivverwandten, sondern immer nur die zu den leiblichen Verwandten wiederaufleben (Näheres BT-Drucks 7/5087, 20 f). Zum Wiederaufleben der verwandtschaftlichen Beziehungen zur Ursprungsfamilie im Falle einer **Stiefkindadoption** vgl Rn 17.

Ein Vertrag, durch den ein nichteheliches Kind vor Inkrafttreten des KindRG v 1997 von seinem Vater im Hinblick auf die bevorstehende Adoption mit einer verhältnismäßig geringen Summe unterhaltsrechtlich abgefunden wurde (§ 1615e aF), kann nach den Grundsätzen über die Störung der Geschäftsgrundlage keinen Bestand haben, wenn das Annahmeverhältnis später wieder aufgehoben wird (LG Köln DAVorm 1977, 134).

Letztwillige Verfügungen der leiblichen Eltern (oder Großeltern), in denen das durch die Aufhebung der Adoption wieder pflichtteilsberechtigte Kind (Enkelkind) übergangen wurde, sind nach Maßgabe des § 2079 BGB anfechtbar (FLIK BWNotZ 1980, 132, 133).

V. Elterliche Sorge

Abs 3 gliedert das Kind zwar mit der Aufhebung rechtlich wieder in seine Ur- **13** sprungsfamilie ein, kann aber vernünftigerweise keinen automatischen Rückfall des Sorgerechts an die Eltern oder den Elternteil anordnen, der vor Erlass des Adoptionsbeschlusses Inhaber der elterlichen Sorge war. Dafür sind die Voraussetzungen der Aufhebung, veränderte Lebensumstände, Zeitablauf usw zu vielgestaltig. Möglicherweise war sogar die elterliche Einwilligung in die Adoption gerichtlich ersetzt worden (§ 1748 BGB). Nach Abs 4 hat deshalb das FamG (Richtervorbehalt gem § 14 Nr 15 RPflG) den leiblichen Eltern das Sorgerecht nur zurückzuübertragen, soweit dies dem Wohl des Kindes nicht widerspricht.

Das Wort „zurückübertragen" in Abs 4 ist missverständlich; denn es kommt entscheidend nicht auf den Zeitpunkt vor Erlass des Adoptionsbeschlusses, sondern auf den der Entscheidung des FamG nach Abs 4 an. Haben beispielsweise die Eltern eines nichtehelich geborenen Kindes nach der Adoption geheiratet, so ist die elterliche Sorge nicht auf die Mutter allein (§ 1626a Abs 3 BGB), sondern auf beide Eltern gemeinsam (§ 1626a Abs 1 Nr 2 BGB) zu übertragen. War einem Elternteil die elterliche Sorge entzogen worden (§ 1666 BGB) oder seine Einwilligung in die Adoption gar ersetzt worden (§ 1748 BGB), so kommt bei veränderten Umständen eine Übertragung des Sorgerechts auf diesen Elternteil durchaus in Betracht. Stand vor Erlass des Annahmebeschlusses die Sorge beiden Eltern gemeinsam zu, leben diese aber nunmehr getrennt, so ist für die Entscheidung des FamG § 1671 BGB maßgebend, sodass die Sorge durchaus auch auf nur einen Elternteil übertragen werden kann.

Kann das Sorgerecht nicht auf die Eltern oder einen Elternteil zurückübertragen werden, so ist ein Vormund zu bestellen (§ 1773 BGB). Bei teilweiser Rückübertragung der Personen- oder Vermögenssorge ist eine Ergänzungspflegschaft erforderlich (§ 1909 BGB). Erfolgt die Aufhebung einer Adoption nur, um eine Weiteradoption zu ermöglichen (§ 1763 Abs 3 lit b BGB), so erübrigt sich eine Prüfung nach Abs 4, weil die Ermöglichung der Zweitadoption bereits Aufhebungsvoraussetzung war.

14 Funktional zuständig ist gem § 14 Nr 15 RPflG der Richter. Auch wenn es sich um eine Kindschaftssache iSv § 151 Nr 1 FamFG und nicht eine Adoptionssache handelt (NK-BGB/Dahm Rn 19; jurisPK-BGB/Heiderhoff Rn 7; BeckOGK/Löhnig [15. 12. 2018] Rn 33), greift das Verbindungsverbot des § 196 FamFG nach Sinn und Zweck der Sonderregel in § 1764 Abs 4 BGB nicht ein (MünchKomm/Maurer Rn 39; BeckOGK/Löhnig [15. 12. 2018] Rn 29). Die Entscheidung nach Abs 4 hat möglichst **zugleich mit dem Aufhebungsbeschluss zu erfolgen**, weil sonst die personale Zuordnung des Kindes in der Schwebe bliebe.

VI. Aufhebung des Annahmeverhältnisses zu einem Elternteil

15 Eine Aufhebung des Annahmeverhältnisses zu nur einem Elternteil (Abs 5) kommt vor allem dann in Betracht, wenn nach der Scheidung der Ehe der Adoptiveltern der neue Ehepartner des sorgeberechtigten Adoptivelternteils das Kind annehmen will (§ 1763 Abs 2 BGB iVm Abs 3 lit b; vgl DIV-Gutachten ZfJ 1984, 241). Denkbar ist auch, dass ohne angestrebte Zweitadoption lediglich das Annahmeverhältnis zu nur einem Elternteil unter den Voraussetzungen des § 1763 Abs 2 BGB iVm Abs 3 lit a Alt 1 aufgehoben wird. Schließlich kommt auch der (seltene) Fall in Betracht, dass bei fehlendem oder fehlerhaftem Antrag nur eines Adoptivelternteils das Annahmeverhältnis nur diesem gegenüber aufgehoben wird (vgl § 1762 Rn 5).

Nach Abs 5 HS 1 erlischt in einem solchen Fall das Verwandtschaftsverhältnis des Kindes und seiner Abkömmlinge gegenüber einem Elternteil und dessen Verwandten, während es gegenüber dem anderen Elternteil und dessen Verwandten erhalten bleibt. Verwandtschaftliche Beziehungen zur Ursprungsfamilie leben nicht wieder auf (Abs 5 HS 2).

Ist ein Adoptivelternteil bereits verstorben, so ist Abs 5 HS 1 auch dann anzuwenden, 16 wenn das Annahmeverhältnis zum überlebenden Adoptivelternteil aufgehoben wird (BeckOGK/Löhnig [15. 12. 2018] Rn 41; BGB-RGRK/Dickescheid Rn 10; DIV-Gutachten ZfJ 1989, 283, 284). Das Kind behält also die Verwandtschaft nach dem verstorbenen Adoptivelternteil; Rechtsbeziehungen zu den leiblichen Verwandten leben nicht wieder auf. Für das Kind muss nach der Aufhebung ein Vormund bestellt werden. Eine Aufhebung der Adoption im Verhältnis zum überlebenden Adoptivelternteil kommt nach § 1763 BGB nur in Betracht, wenn durch die Aufhebung eine erneute Annahme des Kindes ermöglicht werden soll. Wortlaut und Zweck des § 1742 BGB erlauben eine solche Zweitadoption ohne zusätzliche Aufhebung der Adoption im Verhältnis zum verstorbenen Adoptivelternteil, wofür im Übrigen auch die Voraussetzungen des § 1763 Abs 1 BGB fehlen würden (BGB-RGRK/Dickescheid Rn 10; Soergel/Liermann Rn 14; inzidenter AG Kelheim ZfJ 1990, 280 f; vgl auch § 1742 Rn 11; **aA** DIV-Gutachten ZfJ 1989, 283, 284 u ZfJ 1989, 462, 463).

Abs 5 betrifft nur den Fall, dass ein Kind gemeinschaftlich von einem Ehepaar 17 adoptiert wurde. Wurde das Kind vom Ehegatten eines leiblichen Elternteils allein angenommen **(Stiefkindadoption)**, und wird das Annahmeverhältnis später aufgehoben, so lebt mit der Aufhebung das Verwandtschaftsverhältnis zum anderen leiblichen Elternteil und dessen Verwandten nach Abs 3 wieder auf (allgM, vgl OLG Celle FamRZ 1982, 197; BT-Drucks 7/3061, 86; Palandt/Götz Rn 5; BeckOGK/Löhnig [15. 12. 2018] Rn 42; NK-BGB/Dahm Rn 20). Eine analoge Anwendung von Abs 5 verbietet sich schon deshalb, weil der Gesetzgeber erkennbar eine solche Lösung nicht gewollt hat (BT-Drucks 7/3061, 86). Das Wiederaufleben der ursprünglichen Verwandtschaft lässt sich rechtfertigen, weil der Stiefelternteil, der mit der Adoption einen leiblichen Elternteil ersetzt hat, durch die Aufhebung als Ersatzelternteil wieder ausgeschieden ist. Für den Sonderfall des § 1756 Abs 2 BGB gilt, dass das durch die Adoption drei Verwandtschaftskreisen zugeordnete Kind mit der Aufhebung aus einem Verwandtschaftskreis ausscheidet, im Übrigen aber seine Verwandtschaft behält, sodass hier ein Wiederaufleben von Verwandtschaftsverhältnissen nach Abs 3 nicht in Betracht kommt. Erfolgt die Aufhebung der Stiefkindadoption, um nach Scheidung und Wiederheirat eine zweite Stiefkindadoption zu ermöglichen (§ 1763 Abs 3 lit b BGB), so stehen dem leiblichen Elternteil, zu dem das Verwandtschaftsverhältnis wieder auflebt, die Rechte aus § 1747 BGB zu.

Haben die nichteheliche Mutter und ihr Ehemann das Kind gemeinschaftlich an- 18 genommen, was bis zum KindRG v 1997 möglich war (vgl § 1754 Rn 5), so scheint nach dem Gesetzeswortlaut ein Fall des Abs 5 vorzuliegen, wenn das Annahmeverhältnis nur zwischen Kind und Stiefvater aufgehoben wird. Auch hier sollte indessen dem Zweck des § 1764 BGB entsprechend mit der Aufhebung die Verwandtschaft zwischen Kind und leiblichem Vater wieder aufleben (so inzidenter, wenn auch ohne Begründung, BayObLGZ 1979, 386, 390, 392, 394 = FamRZ 1980, 498, 499, 500, 501; **aA** MünchKomm/Lüderitz[3] Rn 5; BGB-RGRK/Dickescheid Rn 7): Ob ein Stiefvater das Kind allein oder zusammen mit seiner Ehefrau annimmt, macht rechtlich keinen Unterschied, da das Kind in jedem Fall die Stellung eines gemeinschaftlichen ehelichen Kindes erlangt (§ 1754 Abs 1 BGB). Wird aber die Rechtsstellung des Kindes gegenüber seiner Mutter durch deren Mitadoption nicht tangiert, dann sollte man dieser Mitadoption auch keine entscheidende Bedeutung beimessen, wenn das Annahmeverhältnis zwischen Kind und Stiefvater aufgehoben wird.

§ 1765
Name des Kindes nach der Aufhebung

(1) Mit der Aufhebung der Annahme als Kind verliert das Kind das Recht, den Familiennamen des Annehmenden als Geburtsnamen zu führen. Satz 1 ist in den Fällen des § 1754 Abs. 1 nicht anzuwenden, wenn das Kind einen Geburtsnamen nach § 1757 Abs. 1 führt und das Annahmeverhältnis zu einem Ehegatten allein aufgehoben wird. Ist der Geburtsname zum Ehenamen oder Lebenspartnerschaftsnamen des Kindes geworden, so bleibt dieser unberührt.

(2) Auf Antrag des Kindes kann das Familiengericht mit der Aufhebung anordnen, dass das Kind den Familiennamen behält, den es durch die Annahme erworben hat, wenn das Kind ein berechtigtes Interesse an der Führung dieses Namens hat. § 1746 Abs. 1 Satz 2, 3 ist entsprechend anzuwenden.

(3) Ist der durch die Annahme erworbene Name zum Ehenamen oder Lebenspartnerschaftsnamen geworden, so hat das Familiengericht auf gemeinsamen Antrag der Ehegatten oder Lebenspartner mit der Aufhebung anzuordnen, dass die Ehegatten oder Lebenspartner als Ehenamen oder Lebenspartnerschaftsnamen den Geburtsnamen führen, den das Kind vor der Annahme geführt hat.

Materialien: BT-Drucks 7/3061, 51; BT-Drucks 7/5087, 21; BT-Drucks 7/5125, 1 f; BT-Drucks 12/3163, 5, 19. S Staudinger/BGB-Synopse (2005) § 1765.

Systematische Übersicht

I.	Normzweck und Entstehungsgeschichte	1
II.	Verlust des Adoptivnamens	5
III.	Der neue Familienname	
1.	Grundsatz	6
2.	Besonderheiten	8
a)	Leibliche Eltern führen Ehenamen	8
b)	Leibliche Eltern führen keinen Ehenamen	9
c)	Namensänderung der leiblichen Eltern nach dem NamÄndG	10
IV.	Ausnahmsweise Weiterführung des Adoptivnamens	
1.	Anordnung des Familiengerichts	11
a)	Berechtigtes Interesse	11
b)	Antrag	12
2.	Aufhebung des Annahmeverhältnisses zu einem Elternteil	13
3.	Aufhebung des Annahmeverhältnisses zu einem Kind, das einen Ehenamen oder Lebenspartnerschaftsnamen führt	14
V.	Vorname	18
VI.	Name von Abkömmlingen	19

Titel 7 · Annahme als Kind
Untertitel 1 · Annahme Minderjähriger § 1765

I. Normzweck und Entstehungsgeschichte

Nach § 1764 BGB erlöschen mit der Aufhebung des Annahmeverhältnisses die **1** Rechtsbeziehungen des Kindes zur Adoptivfamilie; das Kind wird rechtlich wieder seiner Ursprungsfamilie zugeordnet. § 1765 BGB zieht aus dieser Regelung die namensrechtlichen Konsequenzen und konkretisiert sie. § 1765 BGB gilt wegen der Verweisung in § 1767 Abs 2 S 1 BGB auch für die Aufhebung einer **Volljährigenadoption** (§§ 1771, 1772 Abs 2 BGB).

Das in Abs 1 S 1 normierte **Grundprinzip**, demzufolge das Kind das Recht verliert, **2** den Familiennamen des Annehmenden als Geburtsnamen zu führen, galt schon vor Inkrafttreten des AdoptG v 2. 7. 1976 (§ 1772 S 1 aF). Auch die Ausnahmeregelung des Abs 1 S 2 war bereits in § 1772 S 2 aF enthalten. Die durch das FamNamRG v 1993 vorgenommene Änderung des heutigen Abs 1 S 2 trägt lediglich dem Umstand Rechnung, dass adoptierende Ehegatten nicht mehr notwendigerweise einen gemeinsamen Familiennamen tragen. Abs 1 S 3, ebenfalls eine Ausnahmeregelung von Abs 1 S 1, wurde durch das AdoptG v 1976 neu eingefügt und durch das LPartG 2001 um den Fall erweitert, dass der Geburtsname des Adoptivkindes zu dessen Lebenspartnerschaftsnamen geworden ist.

Die **Vorschriften der Abs 2 und 3** wurden durch das AdoptG v 1976 neu in das BGB **3** eingefügt. Abs 2 mildert die Härte des grds Verlustes des Adoptivnamens nach Abs 1 S 1, indem dem FamG die Möglichkeit eröffnet wird, auf Antrag anzuordnen, dass das Kind bei berechtigtem Interesse den alten Namen weiterführen darf. Abs 3 schwächt die Grundregel des Abs 1 S 3, dass nämlich die Aufhebung des Annahmeverhältnisses den Ehenamen des verheirateten Adoptivkindes nicht tangiert, dadurch ab, dass die Eheleute auf besonderen Antrag erreichen können, anstelle des Adoptivnamens den früheren Geburtsnamen des Adoptierten als Ehenamen zu führen. Abs 3 wurde durch das LPartG 2001 auf den Fall ausgedehnt, dass der durch die Annahme erworbene Name zum Lebenspartnerschaftsnamen geworden ist.

Ursprünglich hatte der RegE vom 7. 1. 1975 (BT-Drucks 7/3061, 8, 51) auch die Möglichkeit einer **4** **Vornamensänderung** des Adoptivkindes bei Aufhebung des Annahmeverhältnisses vorgesehen. Außerdem sollte dem Kind die Möglichkeit eröffnet werden, den Adoptivnamen seinem neuen Namen hinzuzufügen. Auf Anregung des Rechtsausschusses wurden diese Bestimmungen des Entwurfs jedoch nicht Gesetz („entbehrlich" bzw „kein Bedürfnis", vgl BT-Drucks 7/5087, 21).

II. Verlust des Adoptivnamens

Nach der Grundnorm des Abs 1 S 1 verliert das Kind mit der Aufhebung das Recht, **5** den Familiennamen des Annehmenden als **Geburtsnamen** zu führen.

Die in Abs 1 S 1 angeordnete Rechtsfolge erstreckt sich allerdings nicht auf den **Ehenamen** des Kindes. Das ist selbstverständlich, falls der Geburtsname des Ehegatten zum Ehenamen geworden ist. Gleiches gilt indessen nach Abs 1 S 3 auch, wenn der durch die Annahme erworbene Geburtsname des Adoptivkindes zum gemeinsamen Ehenamen geworden ist. Hat das Kind den Namen seines Ehepartners angenommen, und wird die Ehe nach Aufhebung des Annahmeverhältnisses durch Tod oder Scheidung aufgelöst, so kann das Kind wegen Abs 1 S 1 nicht wieder seinen früheren Adoptivnamen, sondern nur noch den Geburtsnamen annehmen, den es vor der Annahme geführt hat (§ 1355 Abs 5 S 2 BGB; vgl Erman/Saar Rn 1; Soergel/Liermann Rn 7). Den Adoptivnamen kann das Kind auch nicht als den „bis zur Bestimmung des Ehenamens geführten Namen" (§ 1355 Abs 5 S 2 BGB) wieder annehmen, weil als solcher nur ein durch Eheschließung erworbener Name in Betracht kommt (Wagenitz/Bornhofen, FamNamRG § 1355 Rn 115 ff; Erman/Saar Rn 2; BeckOK/Pöcker Rn 4). Entsprechendes wie für den Ehenamen gilt für den **Lebenspartnerschaftsnamen**.

III. Der neue Familienname

1. Grundsatz

6 Welcher Name an die Stelle des nach Abs 1 S 1 durch die Aufhebung verlorengehenden Geburtsnamens tritt, sagt das Gesetz nicht ausdrücklich. Aus Abs 3 lässt sich jedoch ableiten, dass das Kind den **Geburtsnamen** zurückgewinnt, **den es vor der Annahme geführt hat** (so schon die Rechtslage vor dem AdoptG v 1976, vgl Staudinger/Engler$^{10/11}$ § 1772 Rn 6). Waren die leiblichen Eltern des Kindes verheiratet und führten sie einen **Ehenamen**, so ist dieser Ehename auch der Geburtsname (§ 1616 BGB), den das Kind bei Aufhebung des Annahmeverhältnisses wiedererlangt. Führen die Eltern keinen Ehenamen (weil sie nicht verheiratet waren oder trotz Eheschließung ihre bisherigen Namen weiterführen), so ist, wenn ihnen die **elterliche Sorge gemeinsam** zustand, ursprünglicher Geburtsname des Kindes der Name, den die Eltern als solchen bestimmt haben (§ 1617 BGB). Führen die Eltern keinen Ehenamen und steht die **elterliche Sorge nur einem Elternteil** zu, so bestimmt sich der Geburtsname des Kindes vor der Adoption nach § 1617a BGB: War die Mutter im Zeitpunkt der Geburt alleinige Inhaberin des Sorgerechts (§ 1626a Abs 3 BGB), so ist derjenige Name ursprünglicher Geburtsname des Kindes, den die Mutter im Zeitpunkt der Geburt des Kindes geführt hat (§ 1617a Abs 1 BGB).

7 Die Regelung des Abs 3, die schon aus sprachlichen Gründen nur vom Normalfall ausgeht, schließt nicht aus, dass Namensänderungen der Eltern, die sich ohne Adoption auf das Kind ausgewirkt hätten, wegen der Adoption aber nicht auswirken konnten, im Falle einer Aufhebung der Adoption zu berücksichtigen sind (Näheres vgl Rn 8–10).

2. Besonderheiten

a) Leibliche Eltern führen Ehenamen

8 Führen die Eltern einen Ehenamen, so ist dieser nach § 1616 BGB Geburtsname des Kindes. Diesen Namen erhält also das Kind im Falle einer Aufhebung des Annahmeverhältnisses. In den seltenen Fällen, in denen sich der Ehename, der Geburtsname des Kindes geworden ist, später vor oder nach der Adoption ändert (vgl dazu Henrich/Wagenitz/Bornhofen, Deutsches Namensrecht § 1617c Rn 38 ff), wirkt sich diese Änderung nach Maßgabe des § 1617c Abs 2 Nr 1 iVm Abs 1 BGB auf den Geburtsnamen des Kindes aus. Es kommt also darauf an, ob das Kind im Zeitpunkt der Ehenamensänderung (nicht etwa: der Aufhebung des Annahmeverhältnisses; vgl MünchKomm/Maurer Rn 8; aA BeckOGK/Löhnig [15.12.2018] Rn 7) das fünfte Lebensjahr vollendet hat oder nicht. Für die Anschließungserklärung des fünf Jahre alten oder älteren

Kindes sieht das Gesetz keine Frist vor, sodass das inzwischen möglicherweise volljährige Kind die Erklärung auch nach Aufhebung des Annahmeverhältnisses abgeben kann.

b) Leibliche Eltern führen keinen Ehenamen

Sind die **Eltern nicht miteinander verheiratet**, so bestimmt sich der Geburtsname des Kindes nach §§ 1617, 1617a BGB. Namengebender Elternteil ist im Regelfall des § 1617a Abs 1 BGB iVm § 1626a Abs 3 BGB die Mutter. Schließen die Eltern vor oder nach der Adoption des Kindes miteinander die Ehe, so wirkt sich eine etwaige Ehenamensbestimmung nach Maßgabe des § 1617c Abs 1 BGB auf den Geburtsnamen des Kindes aus. Schließen die Eltern nicht miteinander die Ehe, ändert sich aber der Familienname des namengebenden Elternteils (zB durch Adoption), so wirkt sich auch diese Namensänderung nach Maßgabe des § 1617c Abs 2 Nr 2 iVm Abs 1 BGB auf den Geburtsnamen des Kindes aus (zu den Möglichkeiten einer Änderung des Familiennamens des namengebenden Elternteils vgl HENRICH/WAGENITZ/BORNHOFEN, Deutsches Namensrecht § 1617c Rn 60 ff). 9

Sind die **Eltern miteinander verheiratet**, ohne einen Ehenamen zu führen, so erhält das Kind nach § 1617 Abs 1 BGB entweder den Namen der Mutter oder den des Vaters als Geburtsnamen. Dieser Geburtsname kann sich gem § 1617c Abs 1 BGB ändern, wenn die Eltern nachträglich – vor oder nach der Adoption – einen Ehenamen bestimmen (§ 1355 Abs 3 BGB). Bei Aufhebung des Annahmeverhältnisses erhält das Kind also möglicherweise – wie in den unter Rn 8 und 9 geschilderten Fällen – einen Geburtsnamen, der sich während des Annahmeverhältnisses geändert hat.

c) Namensänderung der leiblichen Eltern nach dem NamÄndG

Wird der Ehename der leiblichen Eltern oder der Familienname des namengebenden Elternteils geändert, so erstreckt sich die Namensänderung nur auf die der elterlichen Sorge (beider Eltern oder des namengebenden Elternteils) unterstehenden Kinder **(§ 4 NamÄndG)**. Vom Wortlaut der Regelung her dürfte deshalb an sich eine Namensänderung während der Adoption den Geburtsnamen des Kindes nicht erfassen, weil das Adoptivkind nicht mehr der elterlichen Sorge seiner leiblichen Eltern untersteht. Eine solche Interpretation berücksichtigt indessen nicht genügend, dass das Regelungsziel des § 1765 Abs 1 S 1 BGB nur darin bestehen kann, dem Kind nach Aufhebung des Annahmeverhältnisses den Namen zu verleihen, den es haben würde, wenn die Annahme nicht erfolgt wäre. Im Falle des § 4 NamÄndG hätte sich aber die Namensänderung auf das Kind erstreckt. Schließlich kann man dem Kind schwerlich einerseits den Adoptivnamen nehmen, ihm aber andererseits den Namen versagen, den die leiblichen Eltern (bzw der maßgebende leibliche Elternteil) nach der Rückgliederung des Kindes in seine Ursprungsfamilie tragen (überzeugend SOERGEL/LIERMANN Rn 4). 10

IV. Ausnahmsweise Weiterführung des Adoptivnamens

1. Anordnung des Familiengerichts

Nach Abs 2 S 1 kann das FamG mit der Aufhebung anordnen, dass das Kind den Familiennamen behält, den es durch die Annahme erworben hat, wenn das Kind ein berechtigtes Interesse an der Führung dieses Namens hat. 11

a) Berechtigtes Interesse

Für die Feststellung des Kindesinteresses an der Weiterführung des Adoptivnamens kommt es vor allem darauf an, wie lange das Kind den Adoptivnamen geführt hat, wie alt es im Zeitpunkt der Aufhebung ist und welche Gründe zur Aufhebung geführt haben. **Gegeninteressen** der Adoptiveltern sind zu berücksichtigen, spielen aber eine untergeordnete Rolle. Eine Weiterführung des Adoptivnamens kommt vor allem dann in Betracht, wenn die Aufhebung nur dazu dient, eine **Zweitadoption** zu ermöglichen (§§ 1763, 1742 BGB). Hier sollte das Kind für die Zeit zwischen Aufhebung der Erst- und Begründung der Zweitadoption nicht auf seinen früheren Geburtsnamen verwiesen werden (BT-Drucks 7/3061, 51). Scheidet bei einem minderjährigen Kind eine Rückübertragung des Sorgerechts auf die leiblichen Eltern aus (§ 1764 Abs 4 BGB), wird auch ein Namenswechsel nur ausnahmsweise im Interesse des Kindes liegen (BT-Drucks 7/3061, 51). Im Übrigen kommt bei Kindern, die in Ausbildung oder Beruf stehen, generell deren Interesse an der **Namenskontinuität** besonderes Gewicht zu (BT-Drucks 7/3061, 51).

Ist das **Adoptivkind verheiratet** und führt es einen Ehenamen, so ist dennoch eine Entscheidung nach Abs 2 möglich, da durch die Aufhebung des Annahmeverhältnisses zwar nicht der Ehename (Abs 1 S 3), wohl aber der Geburtsname tangiert wird (Näheres vgl Rn 14). Allerdings ist das Interesse des Adoptivkindes an der Beibehaltung des durch Adoption erworbenen Geburtsnamens geringer zu bewerten, wenn es einen Ehenamen führt, der durch die Aufhebung ohnehin nicht berührt wird. Entsprechendes gilt, wenn das Adoptivkind einen Lebenspartnerschaftsnamen führt.

b) Antrag

12 Der nach Abs 2 S 1 erforderliche Antrag kann im Aufhebungsverfahren **bis zur Rechtskraft des Aufhebungsbeschlusses** (vgl § 198 Abs 2 FamFG) gestellt werden. Nach Abs 2 S 2 iVm § 1746 Abs 1 S 2 BGB muss der Antrag für das geschäftsunfähige oder noch nicht 14 Jahre alte Kind vom **gesetzlichen Vertreter** gestellt werden. Im Übrigen ist der Antrag vom Minderjährigen selbst zu stellen; er bedarf hierzu der Zustimmung seines gesetzlichen Vertreters (Abs 2 S 2 iVm § 1746 Abs 1 S 3 BGB). Gesetzlicher Vertreter des Kindes ist nicht der für das Kind bestellte Verfahrensbeistand (§ 191 S 2, 158 Abs 4 S 6 FamFG), sondern grundsätzlich die bisherigen Annehmenden, die das Kind aber wegen einer möglichen Interessenkollision nicht vertreten sollten (§ 1629 Abs 2 S 3 BGB iVm § 1796 Abs 2 BGB), ihm ist insofern ein Ergänzungspfleger (§ 1909 BGB) zu bestellen (MünchKomm/Maurer Rn 22 u 32).

2. Aufhebung des Annahmeverhältnisses zu einem Elternteil

13 Wird das Annahmeverhältnis **nur zu einem Ehegatten aufgehoben** oder im Falle einer **Stiefkindadoption** zum Stiefelternteil, so behält das Kind seinen durch Adoption erworbenen Geburtsnamen (Abs 1 S 2). Mit der Verweisung auf § 1757 Abs 1 BGB stellt Abs 1 S 2 allerdings klar, dass das nur der Fall ist, wenn die Adoptiveltern einen Ehenamen führen, der Geburtsname des Kindes geworden ist, oder wenn der Adoptivelternteil und der leibliche Elternteil einen vom Namen des Adoptivelternteils abgeleiteten Ehenamen führen, der Geburtsname des Kindes geworden ist. Die Regelung galt schon vor dem AdoptG v 1976 (§ 1772 S 2 iVm § 1757 Abs 2 aF) und zieht die namensrechtliche Konsequenz aus der allgemeinen Bestimmung des § 1764

Abs 5 BGB. Sie bezieht sich aber anders als diese Bestimmung nicht nur auf den Fall einer gemeinschaftlichen Adoption durch ein Ehepaar, sondern auch auf den der Stiefkindadoption. Die Regelung des Abs 1 S 2 gilt auch dann, wenn der Elternteil, zu dem das Eltern-Kind-Verhältnis fortbesteht, nach der Ehescheidung gem § 1355 Abs 5 S 2 BGB wieder seinen Geburtsnamen oder den Namen annimmt, den er bis zur Bestimmung des Ehenamens geführt hat.

3. Aufhebung des Annahmeverhältnisses zu einem Kind, das einen Ehenamen oder Lebenspartnerschaftsnamen führt

Ist das Kind zur Zeit der Aufhebung des Annahmeverhältnisses verheiratet und sein durch die Annahme erworbener Geburtsname zum Ehenamen geworden, so ändert sich mit der Aufhebung zwar der Geburtsname des Kindes nach Abs 1 S 1 (Münch-Komm/MAURER Rn 17; ERMAN/SAAR Rn 2; SOERGEL/LIERMANN Rn 10; SCHULTHEIS StAZ 1983, 83), der Ehename aber bleibt ihm nach **Abs 1 S 3** erhalten. Der Ehename bleibt nach dem klaren Wortlaut des Gesetzes auch dann erhalten, wenn die Ehe des Angenommenen vor der Aufhebung der Adoption durch Tod oder Scheidung aufgelöst wurde. Entsprechendes gilt, wenn das Kind einen Lebenspartnerschaftsnamen führt. **14**

Ist der durch die Annahme erworbene Geburtsname zum Ehenamen geworden, so hat allerdings das **FamG auf gemeinsamen Antrag** der Ehegatten mit der Aufhebung anzuordnen, dass die Ehegatten als Ehenamen den Geburtsnamen führen, den das Kind vor der Annahme geführt hat **(Abs 3 S 1)**. Der Antrag kann im Aufhebungsverfahren bis zur Rechtskraft des Aufhebungsbeschlusses (vgl § 198 Abs 2 FamFG) gestellt werden. Entsprechendes gilt für den Fall, dass das Kind einen Lebenspartnerschaftsnamen führt. **15**

Ist der **Angenommene geschieden oder verwitwet**, so kommt eine Änderung des Ehenamens nach Abs 3 S 1 nicht mehr in Betracht. Der Angenommene, dessen durch Adoption erworbener Geburtsname zum Ehenamen bestimmt worden ist, hat aber die Möglichkeit, seinen früheren Geburtsnamen durch Erklärung gegenüber dem Standesbeamten anzunehmen. § 1765 BGB regelt diesen Fall nicht. § 1355 Abs 5 BGB greift nach dem bloßen Wortlaut nicht ein, weil diese Bestimmung voraussetzt, dass der Name des Ehegatten zum Ehenamen geworden ist. Ebenso wie das Gesetz jedoch gewährleistet, dass ein geschiedener oder verwitweter Anzunehmender durch die Adoption seinen Ehenamen gegen den Familiennamen des Annehmenden eintauscht (vgl § 1757 Rn 13), muss umgekehrt auch gewährleistet sein, dass der geschiedene oder verwitwete Angenommene bei Aufhebung des Annahmeverhältnisses wieder in den Genuss seines früheren Geburtsnamens kommt. Entsprechendes gilt, wenn die **Lebenspartnerschaft des Angenommenen durch Tod oder Aufhebung aufgelöst** worden ist (vgl § 3 Abs 3 LPartG). **16**

Hat das Kind den durch Annahme erworbenen Namen dem Ehenamen gem § 1355 Abs 4 BGB als **Begleitnamen** beigefügt, so verliert es das Recht, diesen Begleitnamen weiterzuführen (Abs 1 S 1). Es kann jedoch einen Antrag nach Abs 2 stellen, da diese Regelung auch für verheiratete Kinder gilt (HENRICH/WAGENITZ/BORNHOFEN, Deutsches Namensrecht Rn 24; SOERGEL/LIERMANN Rn 9; aA ROTH-STIELOW Rn 7). Kommt eine familiengerichtliche Anordnung nach Abs 2 nicht in Betracht, so fällt der Begleitname fort. An dessen Stelle tritt dann automatisch der vor der Annahme geführte **17**

Geburtsname (MünchKomm/Maurer Rn 18; aA Staudinger/Frank [2007] Rn 17; BeckOGK/Löhnig [15. 12. 2018] Rn 19). Vgl insoweit die parallele Problematik, wenn sich der als Begleitname geführte Geburtsname eines Verheirateten durch Adoption ändert, unter § 1767 Rn 64 f. Das Kind kann aber, ohne an eine Frist gebunden zu sein, den Begleitnamen durch Erklärung gem § 1355 Abs 4 S 4 BGB wieder ablegen.

V. Vorname

18 Im Falle einer Aufhebung des Annahmeverhältnisses behält das Kind seinen Vornamen. Dies gilt auch dann, wenn dieser gem § 1757 Abs 4 S 1 Nr 1 BGB mit dem Ausspruch der Annahme geändert worden war. Die im RegE v 7. 1. 1975 (BT-Drucks 7/3061, 8, 51) vorgesehene Möglichkeit, den Vornamen des Kindes mit dem Ausspruch der Aufhebung zu ändern (vgl Rn 4), ist nicht Gesetz geworden. In Betracht kommt allerdings eine Vornamensänderung aus wichtigem Grund nach §§ 11, 3 NamÄndG.

VI. Name von Abkömmlingen

19 Die namensrechtlichen Wirkungen der Aufhebung des Annahmeverhältnisses auf Abkömmlinge des Adoptivkindes waren bis zum FamNamRG v 1993 in § 1765 Abs 1 S 2 u Abs 3 S 2 aF durch Verweisung auf § 1617 Abs 2 u 4 aF geregelt. Maßgebend ist heute § 1617c Abs 2 Nr 1 u 2 BGB, ohne dass es einer Verweisung in § 1765 BGB bedarf.

Trägt ein Abkömmling des Adoptivkindes dessen Adoptivnamen als Geburtsnamen, so ändert sich mit der Aufhebung des Annahmeverhältnisses nach Abs 1 S 1 der Geburtsname dieses Abkömmlings nach Maßgabe von § 1617c Abs 2 Nr 2 BGB. Der Name eines Kindes des Adoptierten ändert sich hingegen nicht, wenn der Name des Adoptierten zum Ehenamen geworden ist. Da sich der Ehename des Adoptierten nach Abs 1 S 3 bei Aufhebung des Annahmeverhältnisses nicht ändert, kann sich auch der aus dem Ehenamen abgeleitete Geburtsname des Adoptivenkels nicht ändern. Wird allerdings nach Abs 3 durch Entscheidung des FamG der frühere Geburtsname des Adoptierten neuer Ehename, so erstreckt sich diese Änderung auf Abkömmlinge des Adoptivkindes nach Maßgabe des § 1617c Abs 2 Nr 1 BGB.

§ 1766
Ehe zwischen Annehmendem und Kind

Schließt ein Annehmender mit dem Angenommenen oder einem seiner Abkömmlinge den eherechtlichen Vorschriften zuwider die Ehe, so wird mit der Eheschließung das durch die Annahme zwischen ihnen begründete Rechtsverhältnis aufgehoben. §§ 1764, 1765 sind nicht anzuwenden.

Materialien: BT-Drucks 7/3061, 51 f;
BT-Drucks 7/5087, 21; BT-Drucks 13/4898, 23.
S Staudinger/BGB-Synopse (2005) § 1766.

Titel 7 · Annahme als Kind
Untertitel 1 · Annahme Minderjähriger   § 1766

I. Normzweck und Entstehungsgeschichte

Vom **Eheverbot der Adoptivverwandtschaft** (§ 1308 BGB) kann keine Befreiung erteilt werden, wenn der Annehmende den Angenommenen oder einen seiner Abkömmlinge heiraten will (vgl § 1308 Abs 2 BGB). Gelingt es dem Annehmenden dennoch, den Angenommenen oder einen seiner Abkömmlinge – etwa im Ausland – zu heiraten, so ist die **Ehe voll wirksam**, weil dem Eheverbot des § 1308 BGB kein Aufhebungsgrund entspricht. Bei dem daraus resultierenden **Konflikt zwischen Adoptivverwandtschaft einerseits und Ehe andererseits** hat sich der Gesetzgeber zugunsten der Ehe entschieden, weil diese zukunftsbezogen ist, das durch die Adoption begründete Verwandtschaftsverhältnis grds aufhebbar (§§ 1760, 1763, 1771 BGB) und zudem durch die unzulässige Eheschließung schwer gestört ist (BT-Drucks 7/3061, 51 f). 1

Die **praktische Bedeutung** der Vorschrift ist **gering**, weil im Inland eine Eheschließung entgegen dem Verbot des § 1308 BGB kaum vorkommen dürfte. § 1308 Abs 1 BGB erlaubt die Eheschließung nur, wenn zuvor das Annahmeverhältnis aufgelöst worden ist. Bei einer Minderjährigenadoption kommt eine Aufhebung vor allem nach § 1763 BGB, bei einer Volljährigenadoption (mit schwachen Wirkungen) nach § 1771 BGB in Betracht. Eine während der Minderjährigkeit des Kindes zustande gekommene Adoption kann allerdings nach Erreichen des Volljährigkeitsalters nicht mehr nach § 1763 BGB aufgehoben werden, auch nicht zum Zwecke der Eheschließung (vgl § 1771 Rn 5). Im letztgenannten Fall sind deshalb Versuche, § 1308 BGB durch eine Eheschließung im Ausland zu umgehen, denkbar. 2

Schon vor Inkrafttreten des AdoptG v 1976 hatte § 1771 Abs 1 aF die Aufhebung des Annahmeverhältnisses vorgesehen, wenn Personen, „die durch die Annahme an Kindes Statt verbunden" waren (= Annehmender im Verhältnis zum Angenommenen und dessen Abkömmlingen), den eherechtlichen Vorschriften zuwider die Ehe schlossen. 3

Die durch das AdoptG v 1976 neu eingefügte Bestimmung, dass das Annahmeverhältnis auch dann aufgehoben wird, wenn die Ehe später (mit Rückwirkung) für nichtig erklärt wird (Näheres STAUDINGER/FRANK[12] Rn 3), ist durch das EheschlRG v 1998 wieder gestrichen worden, weil mit diesem Gesetz die Ehenichtigkeitsklage ersatzlos abgeschafft wurde (Näheres BT-Drucks 13/4898, 23).

Die Regelung des heutigen S 2 wurde durch das AdoptG v 1976 eingeführt und stellt klar, dass mit der Heirat nur das Annahmeverhältnis zwischen den Eheleuten aufgehoben wird, die durch die Adoption begründeten Rechtsbeziehungen zu den übrigen Mitgliedern der neuen Familie aber erhalten bleiben und alte Verwandtschaftsbeziehungen zur Ursprungsfamilie nicht wieder aufleben (vgl BT-Drucks 7/3061, 52). Dem alten Recht (vor 1976) war eine solche Regelung schon deshalb fremd, weil es die Volladoption nicht kannte.

II. Anwendungsbereich

§ 1766 BGB greift ausschließlich bei einer **Eheschließung zwischen dem Annehmenden einerseits und dem Angenommenen oder einem seiner Abkömmlinge andererseits** ein. Andere Verstöße gegen § 1308 BGB (zB Heirat zwischen Adoptivgroßvater und 4

Kind oder zwischen Adoptivgeschwistern ohne Befreiung nach § 1308 Abs 2 BGB) tangieren das Annahmeverhältnis nicht. Für die Fälle der Verwandtschaft in der Seitenlinie und der Schwägerschaft ist die Regelung gerechtfertigt, weil § 1308 Abs 2 BGB eine Befreiungsmöglichkeit vorsieht. § 1766 BGB greift allerdings auch dann nicht ein, wenn diese Befreiung nicht erteilt wurde. Die Fälle der Eheschließung zwischen dem Angenommenen und einem Elternteil des Annehmenden, in denen § 1308 Abs 2 BGB keine Befreiungsmöglichkeit vorsieht, hat der Gesetzgeber dagegen in § 1766 BGB entgegen seiner erklärten Absicht (BT-Drucks 7/3061, 51 f) nicht erfasst.

5 Das Annahmeverhältnis wird mit der Eheschließung auch dann aufgehoben, wenn die **Ehe aufhebbar** sein sollte (§ 1314 BGB): Die Eheaufhebung wirkt nur für die Zukunft, sodass § 1766 S 1 BGB für diesen Fall direkt anwendbar bleibt. Eine **Nichtehe** kann die Wirkungen des S 1 nicht auslösen. Einer Störung des Eltern-Kind-Verhältnisses kann jedoch durch eine Entscheidung nach § 1763 BGB Rechnung getragen werden, solange das Kind minderjährig ist.

III. Rechtsfolgen

6 Als Folge der Eheschließung wird nicht das gesamte Annahmeverhältnis aufgehoben. **Gelöst wird nur das durch die Adoption zwischen den Ehepartnern begründete Rechtsverhältnis.** Dritte, die an der Eheschließung nicht beteiligt sind, sollen durch sie keine Rechtsnachteile erleiden (MünchKomm/MAURER Rn 13; BGB-RGRK/DICKESCHEID Rn 4). Im Übrigen besteht auch kein Grund, dem Kind die gesamte Adoptivverwandtschaft zu nehmen. Die Regelung des § 1766 BGB kann zu bizarren Verwandtschafts- und Schwägerschaftskonstellationen führen. Der Gesetzgeber hat sie bewusst in Kauf genommen, da sich daraus keine unüberwindbaren Schwierigkeiten ergeben (vgl BT-Drucks 7/3061, 52). Ist zB ein Kind von einem Ehepaar gemeinschaftlich angenommen worden, und heiratet nach der Scheidung ein Ehegatte den Angenommenen, so wird der andere Ehegatte Schwiegerelternteil seines früheren Gatten, die Adoptivgroßeltern des Angenommenen sind nun gleichzeitig die Schwiegereltern (weitere Beispiele bei MünchKomm/MAURER Rn 15; BGB-RGRK/DICKESCHEID Rn 5, SOERGEL/LIERMANN Rn 8).

Die Aufhebung tritt **ex lege** ein. Eine Entscheidung des FamG verlangt § 1766 BGB nicht. Sie wäre auch überflüssig, weil die Eheschließung ein statusändernder Akt „von unbezweifelbarer Transparenz" ist (GERNHUBER/COESTER-WALTJEN § 68 Rn 137), sodass die Rechtsklarheit nicht gefährdet wird.

7 Die Anwendung der **§§ 1764, 1765 BGB** ist ausdrücklich ausgeschlossen. Die verwandtschaftlichen Beziehungen zu den leiblichen Verwandten leben also nicht wieder auf. Heiratet derjenige, der ein Kind allein angenommen hat, den Angenommenen, so verliert dieser seinen einzigen (Adoptiv-)Elternteil, ohne aber seine leiblichen Eltern zurückzugewinnen. Er wird elternlos. Auch namensrechtliche Folgen zieht die Aufhebung des Annahmeverhältnisses zwischen den Ehegatten nicht nach sich (SOERGEL/LIERMANN Rn 9).

Untertitel 2
Annahme Volljähriger

§ 1767
Zulässigkeit der Annahme, anzuwendende Vorschriften

(1) Ein Volljähriger kann als Kind angenommen werden, wenn die Annahme sittlich gerechtfertigt ist; dies ist insbesondere anzunehmen, wenn zwischen dem Annehmenden und dem Anzunehmenden ein Eltern-Kind-Verhältnis bereits entstanden ist.

(2) Für die Annahme Volljähriger gelten die Vorschriften über die Annahme Minderjähriger sinngemäß, soweit sich aus den folgenden Vorschriften nichts anderes ergibt. Zur Annahme eines Verheirateten oder einer Person, die eine Lebenspartnerschaft führt, ist die Einwilligung seines Ehegatten oder ihres Lebenspartners erforderlich. Die Änderung des Geburtsnamens erstreckt sich auf den Ehe- oder Lebenspartnerschaftsnamen des Angenommenen nur dann, wenn sich auch der Ehegatte oder Lebenspartner der Namensänderung vor dem Ausspruch der Annahme durch Erklärung gegenüber dem Familiengericht anschließt, die Erklärung muss öffentlich beglaubigt werden.

Materialien: BT-Drucks 7/3061, 22 f, 52 f;
BT-Drucks 7/5087, 8, 21; BT-Drucks 15/4052, 29;
BT-Drucks 18/12086, 23. S STAUDINGER/
BGB-Synopse (2005) § 1767.

Systematische Übersicht

I.	Geschichtliches	1		b) Angestrebtes Eltern-Kind-Verhältnis	30
II.	Bedeutungszuwachs und Gründe	6	5.	Sittliche Rechtfertigung	32
III.	Für und Wider der Volljährigenadoption	9	VI.	Missbräuche	38
			1.	Namensadoption	39
IV.	Rechtsvergleichung	15	2.	Steueradoption	40
V.	Voraussetzungen		3.	Adoption zur Verbesserung der aufenthaltsrechtlichen Lage	43
1.	Abgrenzung zwischen Volljährigkeit und Minderjährigkeit	18	4.	Adoption zur Umgehung erbrechtlicher Bestimmungen	45
2.	Fähigkeit, anzunehmen und angenommen zu werden	19	VII.	Sinngemäße Anwendung der Vorschriften über die Annahme Minderjähriger (Abs 2 S 1)	48
3.	Wohl des Kindes	20			
4.	Eltern-Kind-Verhältnis	21			
a)	Bereits entstandenes Eltern-Kind-Verhältnis	22			

VIII. Einwilligung des Ehegatten bzw Lebenspartners des Anzunehmenden (Abs 2 S 2)
1. Entwicklung _____ 51
2. Interessenlage _____ 53
3. Einwilligung – insbes Form und Entbehrlichkeit _____ 54
4. Keine Ersetzung der Einwilligung _____ 55

IX. Name des verheirateten bzw verpartnerten Angenommenen (Abs 2 S 3)
1. Entstehungsgeschichte und Verhältnis zu § 1757 BGB _____ 56
2. Ehename ist der Geburtsname des Angenommenen _____ 59
3. Ehename ist der Geburtsname des Ehegatten des Angenommenen _____ 63

Alphabetische Übersicht

„Abkömmlinge", adoptierte Erwachsene als _____ 46
Adelsadoption _____ 39
Adoptionsmotiv _____ 8 ff, 12, 32 ff, 38 ff
Altersabstand zwischen Annehmendem und Anzunehmendem _____ 24
Annahme Minderjähriger, sinngemäße Anwendung der Vorschriften über die _____ 48 ff
Anschließungserklärung zur Namensänderung _____ 40 ff
Ausforschungsverbot _____ 49
Ausländer, Annahme eines -s _____ 18, 43 f
Ausländische Rechtsordnungen _____ 15 ff
Ausweisung, drohende _____ 35

Beziehungen, geschlechtliche zwischen Annehmendem und Anzunehmendem _____ 29

Dekretsystem _____ 5, 39

Eheleute, gemeinsame Annahme durch Dritte _____ 19, 29
Ehename, Änderung des -ns des Angenommenen _____ 57 ff
Einzelperson, Annahme durch eine _____ 19
Einwilligung _____ 51 ff
– des Ehegatten des Anzunehmenden _____ 52 f
– des Lebenspartners des Anzunehmenden _____ 52
– Entbehrlichkeit der _____ 54
– Ersetzung der _____ 55
– Form der _____ 54
Eltern-Kind-Verhältnis _____ 3, 11 ff, 14, 21 ff, 38 f
– bereits entstandenes _____ 3, 11, 14, 21 ff, 32, 38
– Erwartung des Entstehens eines -ses _____ 12, 21, 30 f, 33 ff, 38
– faktisches _____ 14

– fehlende Absicht der Herstellung eines -ses _____ 13, 39 ff
– Kriterien für das Bestehen eines -ses _____ 12, 22 ff
– Zweifel am Entstehen eines -ses _____ 30 f
Entstehungsgeschichte _____ 1 ff, 40, 51, 57
Erbrechtliche Bestimmungen, Umgehung als Adoptionsmotiv _____ 8, 45, 47
Erbschaftsteuer, Ersparnis von
– als Adoptionsmotiv _____ 8 ff, 17, 32, 34 f, 40 ff
Erbvertrag, Lösung vom
– als Adoptionsmotiv _____ 47

Form der Zustimmung zur Änderung des Ehenamens _____ 60

Geburtsname, Änderung des -ns
– des Angenommenen _____ 56
– des verheirateten Angenommenen _____ 57 ff
– Erstreckung auf den Ehenamen des Angenommenen _____ 59 ff

Hauptzweck der Adoption _____ 8, 12, 33, 36 f

„Kinder", adoptierte Erwachsene als _____ 46
Krankheit im Alter, Betreuung bei
– als Adoptionsmotiv _____ 34

Lebenspartnerschaft, sinngemäße Anwendung der Vorschriften über Ehe _____ 51 f
Lebenspartnerschaftsname, Änderung des -ns des Angenommenen _____ 57 f
Lebenswerk, Fortführung des -s als Adoptionsmotiv _____ 34, 42

Minderjährigenadoption, nachgeholte _____ 16 f, 24, 28,

Mindestalter des Annehmenden	19	Testament, Lösung vom gemeinschaftlichen	
Mindestaltersabstand	24	– als Adoptionsmotiv	47
Missbrauch der Volljährigenadoption	3, 8, 13 f, 38 ff		
Motiv der Adoption	8 ff, 12, 32 ff, 38 ff	Verbot der Volljährigenadoption	3, 14, 15
– familienbezogenes	33, 38	Vertragssystem	5, 39
Mutter und Tochter, gemeinsame Annahme durch Dritte	29	Verwandtenadoption	6, 10, 28
		Volljährigkeit	18
Name des Angenommenen	56	Vorteil, Erlangung eines aufenthaltsrechtlichen -s	20, 35, 43 f
Namensadoption	10, 38 f		
Namensbestimmungsrecht des Ehegatten des Angenommenen	59 ff	Wirkung der Volljährigenadoption	5, 9 f, 17, 38 ff
Nebenzweck der Adoption	12, 36 f	– ausländer- und aufenthaltsrechtliche	20, 35, 43 f
Offenbarungsverbot	49	– erbrechtliche	10, 45 ff
		– namensrechtliche	10, 38 f
Pflegekind, Adoption nach Volljährigkeit des -es	14, 45	– steuerrechtliche	8, 17, 34 f, 41
		– unterhaltsrechtliche	9
Pflichtteilsanspruch, Schmälerung des -s als Adoptionsmotiv	45	Wohl des Kindes, Förderung des -s durch die Adoption	20
Rechtfertigung der Adoption, sittliche	3 f, 11 f, 21, 32 ff	Zusammenleben von Eltern und Kind	12, 16 f, 22
– Zweifel an der -n	37	Zustimmung zur Änderung des Ehenamens	40 f
Rechtsentwicklung, internationale	15 ff		
Rechtslage nach altem Recht	1 ff, 39, 51 f, 57	Zwecke, wirtschaftliche als Adoptionsmotiv	34 f, 38
Rechtsordnungen, ausländische	15 ff	Zweifel	30 f, 37
Reformbedarf	14, 23, 36	– am Entstehen eines Eltern-Kind-Verhältnisses	30 f
Schenkungsteuer, Ersparnis von			
– als Adoptionsmotiv	8, 17, 41	– an der sittlichen Rechtfertigung der Annahme	37
Statistisches	6 f		
Steueradoption	8, 41		
Stiefkindadoption	6, 19, 28, 45, 47		

I. Geschichtliches

Historisch gesehen liegen **die Wurzeln des Instituts der Adoption in der Erwachsenenadoption** (zur hist Entwicklung KRAUSE 5–45; BICKLER 8–39; KNUR DNotZ 1959, 284 ff; BOSCH FamRZ 1964, 401 ff; STAUDINGER/ENGLER[10/11] Vorbem 1–46 zu § 1741, § 1744 Rn 1–3, 7, § 1745c Rn 1). Denn bis zum Beginn des 20. Jahrhunderts bestand die Funktion einer Adoption vor allem darin, kinderlosen Annehmenden die Adoption eines (männlichen) Nachfolgers zu ermöglichen, der das Familienvermögen erhalten und den Fortbestand der Familie sichern sollte. Ein genuin fürsorgemotiviertes Interesse an der Adoption Minderjähriger erwachte historisch gesehen erst relativ spät. Für den Gesetzgeber des BGB standen Minderjährigen- und Volljährigenadoption gleichwertig nebeneinander. So heißt es in den Mot (IV 952) einerseits, dass „gerade die 1

Annahme Minderjähriger an Kindes Statt in sozialer und moralischer Hinsicht den größten Wert hat, sie vorzugsweise als Bedürfnis empfunden wird und im praktischen Leben am meisten vorkommt", andererseits wurde sie aber auch als ein Mittel angesehen, um vor allem unverheirateten Personen den „berechtigten Wunsch" zu erfüllen, „das Andenken an ihren Namen und ihre Familie fortzusetzen".

2 Noch im Zeitraum zwischen 1900 und 1917 spielte die Minderjährigenadoption in der Praxis eine untergeordnete Rolle. So wurden für Bayern, das ca 10% der Reichsbevölkerung umfasste, jährlich zwischen 50 und 100 Minderjährigenadoptionen angegeben (GLÄSING 25). Ein sprunghafter Anstieg war nach dem Ende des Zweiten Weltkriegs zu verzeichnen. Erst das FamRÄndG v 1961 (BGBl 1961 I 1221) machte die Adoption Volljähriger zu einem Ausnahmetatbestand, indem in § 1744 S 3 aF das Erfordernis der Minderjährigkeit des Anzunehmenden aufgenommen und in § 1745c aF eine gerichtliche Befreiung von diesem Erfordernis nur zugelassen wurde, wenn die Herstellung eines Annahmeverhältnisses „sittlich gerechtfertigt" war (Näheres zur Entstehungsgeschichte STAUDINGER/ENGLER[10/11] § 1744 Rn 1–3, 7 u § 1745c Rn 1).

3 Dass die Erwachsenenadoption ein Missbrauchspotenzial in sich birgt, war schon immer bekannt (vgl BT-Drucks 2/1586, 18; ähnl BT-Drucks 3/530, 20). Bei den **Reformarbeiten v 1976** wurde gleichwohl zu keiner Zeit ernsthaft ein Verbot der Volljährigenadoption erwogen (ENGLER 37; FRANK 193). Vielmehr meinte der Gesetzgeber, es sei nicht gerechtfertigt, ein Rechtsinstitut „nur deshalb auf[zu]geben, weil es auch missbraucht werden kann". Stattdessen müsse „die Lösung darin liegen, den Missbrauch zu verhindern" (BT-Drucks 7/3061, 32). Die Beibehaltung wurde letztlich mit einem Verweis auf das praktische Bedürfnis, die historische Tradition und die rechtsvergleichende Anerkennung gerechtfertigt (BT-Drucks 7/3061, 22 f).

4 Verglichen mit den einschneidenden Änderungen, denen die Minderjährigenadoption ausgesetzt war, hat sich durch das AdoptG v 1976 an der Volljährigenadoption wenig geändert. Auch nach § 1767 Abs 1 HS 1 BGB darf ein Volljähriger als Kind nur angenommen werden, wenn die Annahme **„sittlich gerechtfertigt"** ist. § 1767 Abs 1 HS 2 BGB enthält allerdings gegenüber §§ 1745c, 1754 Abs 2 Nr 2 aF insofern eine wichtige Klarstellung, als die Annahme eines Volljährigen schon immer dann als sittlich gerechtfertigt anzusehen ist, wenn ein Eltern-Kind-Verhältnis bereits entstanden ist. Da nach altem Recht die „sittliche Rechtfertigung" (§ 1745c aF) der Adoption einerseits und das allg adoptionsrechtliche Erfordernis der Herstellung eines dem Eltern-Kind-Verhältnis entsprechenden Familienbandes (§ 1754 Abs 2 Nr 2 aF) andererseits ohne klare Beziehung zueinander an verschiedenen Stellen des Gesetzes geregelt waren, hatten Rspr u Lehre keine Einigkeit darüber erzielen können, ob trotz Bestehens eines Eltern-Kind-Verhältnisses die sittliche Rechtfertigung einer Erwachsenenadoption im Einzelfall verneint werden kann (BGHZ 35, 75 = FamRZ 1961, 306; STAUDINGER/FRANK[12] § 1745c Rn 3 m Hinw).

5 Während die Reform von 1976 an den Voraussetzungen der Volljährigenadoption nur wenig geändert hat, fallen die Neuregelungen hinsichtlich des Zustandekommens der Adoption (**Dekret- statt Vertragssystem**, vgl § 1768 Rn 1) und deren **Wirkungen** (§§ 1770–1772 BGB, vgl insbes § 1770 Rn 2) stärker ins Gewicht.

II. Bedeutungszuwachs und Gründe

Da die Zahlen des Statistischen Bundesamtes sich ausschließlich auf die Annahme **6** Minderjähriger beziehen (Vorbem 32 zu §§ 1741 ff), ist es nicht einfach, die zahlenmäßige Entwicklung nachzuvollziehen. Im Jahre 1975 wurde im Regierungsentwurf zur großen Adoptionsrechtsreform die Gesamtzahl der Volljährigenadoptionen noch mit **jährlich 1 500** angegeben (BT-Drucks 7/3061, 19 u 23). Dabei konnte sich der Gesetzgeber aber lediglich auf nicht repräsentative Untersuchungen aus Niederbayern und München stützen, die für die 60er Jahre vorgenommen worden waren (KRAUSE 46 ff; ENGLER 38 f). Bei einer Gesamtzahl von damals jährlich 7 000 Minderjährigenadoptionen schätzte man auf dieser Grundlage den Anteil der Volljährigenadoption auf ca 20 % (BT-Drucks 7/3061, 19 u 23). Dabei war der Anteil der Verwandten- und Stiefkindadoptionen recht hoch: Unter den von KRAUSE (50) ausgewerteten 1064 Erwachsenenadoptionen der Jahre 1960–1970 waren 652 Verwandten- oder Stiefkindadoptionen. Nach einer etwa den gleichen Zeitraum umfassenden Untersuchung von BICKLER (74–94) waren von 724 Erwachsenenadoptionen 286 Verwandten- oder Stiefkindadoptionen. In der Fachliteratur wurde diese Datenlage gut 30 Jahre lang unverändert zu Grunde gelegt (vgl etwa STAUDINGER/FRANK [2007] Rn 4).

Neue Erkenntnisse brachte erst eine Umfrage des Bundesverbandes der Deutschen **7** Standesbeamtinnen und Standesbeamten aus dem Jahre 2007, die sich auf die Angaben von 27 Standesämtern stützte und auf die Jahre 1986, 1996 und 2006 bezog. Danach ist der prozentuale Anteil der Volljährigenadoptionen von 16,3 % im Jahre 1986, über 33,3 % im Jahre 1996 auf 47,3 % im Jahre 2006 angestiegen (FRANK StAZ 2008, 65, 67 mit Fn 18). Selbst wenn man berücksichtigt, dass die Anzahl der Minderjährigenadoptionen rückläufig ist und sich im Jahre 2006 auf nur noch 4 748 belief, handelt es sich um einen **deutlichen Anstieg der Volljährigenadoptionen**. Nicht zuletzt vor dem Hintergrund der Vergrößerung des Abstandes zwischen der Steuerklasse I und III durch die Erbschaftsteuerreform 2009 (vgl Rn 41) dürfte dieser Trend ungebrochen sein (so auch die Einschätzung etwa von STEINER ErbStB 2008, 83, 86; BECKER ZEV 2009, 25, 26; WÄLZHOLZ NWB 2009, 1591).

Unter Fachleuten besteht im Grunde Einigkeit darüber, dass die Entwicklung zu **8** einem nicht unerheblichen Teil darauf zurückzuführen ist, dass **Erwachsenenadoptionen als Instrument zur Ersparnis von Erbschaftsteuern** eingesetzt werden (FRANK StAZ 2008, 65, 67: „eindeutig dominierendes Motiv"; LEIS ZFE 2004, 307, 308: „drängt sich die Vermutung auf, dass ... überwiegend wirtschaftlichen Interessen dienen soll."; RIECK/ZINGRAF Rn 896: „Motiv der Erwachsenenadoption überwiegend die Erbschaft- bzw Schenkungsteuer"; BRAMMEN FamFR 2011, 413: „gern zur Steuerersparnis genutzt"; KRAUSE ZFE 2011, 223: „häufig bewusst als Instrument der Vermögensnachfolge eingesetzt").

III. Für und Wider der Volljährigenadoption

In rechtlicher und tatsächlicher Hinsicht besitzen **Minderjährigen- und Volljährigen- 9 adoptionen vollkommen unterschiedliche Funktionen**: Im Falle einer Minderjährigenadoption steht die Übernahme personaler (Sorgerecht) und finanzieller Verantwortung (Unterhalt) für das Adoptivkind im Vordergrund. Demgegenüber können bei der Adoption Erwachsener sorgerechtliche Konsequenzen nicht mehr eintreten und wird die Entstehung wechselseitiger unterhaltsrechtlicher Pflichten in aller Regel als fernliegendes Szenario angesehen. Ebenfalls keine Rolle spielen staatsangehörigkeitsrechtliche Aspekte, denn nach § 6 StAG, der durch das Adoptionsgesetz 1976 eingeführt wurde, wird die deutsche Staatsangehörigkeit durch Adoption nur dann erworben, wenn der Angenommene im Zeitpunkt der Antragstellung das achtzehnte Lebensjahr noch nicht vollendet hat. Hintergrund war das Missbrauchspotenzial, das der Gesetzgeber in der Erwachsenenadoption gesehen hat (Näheres vgl § 1770 Rn 21). Auch ein Aufenthaltsrecht lässt sich aus einer Erwachsenenadoption nur unter engen Voraussetzungen ableiten (vgl Rn 43 f).

10 Die rechtlichen Auswirkungen der Volljährigenadoption liegen deshalb im Wesentlichen auf vermögensrechtlichem Gebiet (insbesondere Erbrecht). Gerade hier können aber die Beteiligten mit Hilfe der ihnen eingeräumten Vertrags- und Testierfreiheit ihre Wunschvorstellungen weitgehend auch ohne Adoption verwirklichen. Rechtlich interessant wird die Volljährigenadoption in erster Linie dort, wo sie Wirkungen entfaltet, welche die Beteiligten ohne Adoption nicht zu erreichen vermögen. In der Praxis im Vordergrund steht, dass der Angenommene gem § 15 Abs 1 ErbStG in die günstige **Erbschaftsteuerklasse I** befördert wird, während er ohne Adoption als Familienfremder der Erbschaftsteuerklasse III angehören würde (vgl Rn 41). Außerdem erwirbt er den (wohlklingenden) **Namen** des Annehmenden, den er im Wege eines öffentlichrechtlichen Namensänderungsverfahrens (§ 3 Abs 1 NamÄndG) nicht erhalten würde. Auch werden immer wieder Versuche unternommen, mit Hilfe einer Adoption durch deutsche Wahleltern die **aufenthaltsrechtliche** Situation des anzunehmenden Ausländers zu verbessern. Zu diesen und weiteren Motiven vgl Rn 38 ff. Die entscheidende Frage lautet deshalb, ob und ggf unter welchen Voraussetzungen es zulässig ist, mit Hilfe einer Volljährigenadoption Rechtsvorteile zu gewähren, die der Gesetzgeber nur „Kindern" zuerkennt.

11 Ist zwischen dem Annehmenden und Anzunehmenden bereits ein **Eltern-Kind-Verhältnis entstanden**, so ist nach § 1767 Abs 1 BGB die Annahme sittlich gerechtfertigt. Die Adoption besiegelt hier gewissermaßen rechtlich einen Zustand, der de facto bereits eingetreten ist.

12 Problematisch sind die Fälle, in denen ein Eltern-Kind-Verhältnis noch nicht besteht. § 1767 Abs 2 S 1 BGB iVm § 1741 Abs 1 BGB verlangt hier die **Erwartung, dass zwischen dem Annehmenden und dem Kind ein Eltern-Kind-Verhältnis entsteht**. Darüber hinaus muss die Annahme nach § 1767 Abs 1 BGB sittlich gerechtfertigt sein. Da ein tatsächliches Zusammenleben von Eltern und erwachsenen Kindern und damit auch von Adoptiveltern und Adoptivkindern nicht mehr Wesensmerkmal des Eltern-Kind-Verhältnisses sein kann, fehlt es weitgehend an nachprüfbaren sachlichen Kriterien, um zu ergründen, ob die Voraussetzung des § 1741 Abs 1 S 1 BGB erfüllt ist (Näheres vgl Rn 21 ff). Innere Beziehungen, die sich nicht zwangsläufig in der Außenwelt manifestieren, sind für den rechtlichen Bereich schwer fassbar. Bei dem zusätzlichen Erfordernis der „sittlichen Rechtfertigung" stellt sich das weitere Problem, welche **Motive** der Beteiligten Anerkennung verdienen und welche nicht. Wenn wirklich ein echtes Eltern-Kind-Verhältnis hergestellt werden soll, kommt es dann noch darauf an, welcher konkrete, punktuelle, mit der Adoption zwangsläufig verbundene Einzelvorteil für den Annehmenden oder den Anzunehmenden besonders wichtig ist? Die Tatsache, dass nach hL und Rspr (vgl Rn 36) der erstrebte Einzelvorteil Neben-, aber nicht Hauptzweck der Adoption sein darf, deutet zwar eine Interpretationsrichtung an, erlaubt der Praxis aber nicht, klare Grenzen zu ziehen.

Wer die Volljährigenadoption befürwortet, sollte deshalb offen einräumen, dass auf der Grundlage des geltenden Rechts **Missbräuche** vielleicht ein Stück weit zurückgedrängt, aber letztlich nicht verhindert werden können (ausführlich HELMS/BOTTHOF, in: FS Meincke [2015] 143, 149 ff; FRANK StAZ 2008, 65, 68 ff; ders FamRZ 2007, 1693, 1694; BEHRENTIN/BRAUN, Handb AdoptionsR, B Rn 753). Da der Annahmebeschluss unanfechtbar ist (§ 197 Abs 3 S 1 FamFG), fehlt es nicht nur an jedweder richterlicher Kontrolle in einer 2. Instanz, sondern großenteils auch an richtungweisenden höchstrichterlichen Entscheidungen. Die Praxis scheint bei der Zulassung von Volljährigenadoptionen jedenfalls recht großzügig zu verfahren (HELMS/BOTTHOF, in: FS Meincke [2015] 143, 149; FRANK FamRZ 2007, 1693, 1694). Nach einer Untersuchung von KRAUSE (50) wurden von 1064 Annahmeverträgen, die in den Jahren 1960–1970 abgeschlossen wurden, nur 6 gerichtlich nicht bestätigt; bei der Untersuchung von BICKLER (58) waren es von 724 Annahmeverträgen 4. Mit der Haltung des Bundesverfassungsgerichts lässt sich das kaum vereinbaren, dieses hat hervorgehoben, dass die **Tatbestandsvoraussetzungen einer Erwachsenenadoption „mit besonderer Sorgfalt zu prüfen"** seien, weil der Adoptivfamilie der besondere Schutz des Art 6 Abs 1 GG zugutekomme (BVerfG 18. 4. 1989 – 2 BvR 1169/84, BVerfGE 80, 81, 90). Wird die Annahme nach § 1768 BGB ausgesprochen, so entfaltet sie volle Rechtswirkungen für und gegen jedermann auch dann, wenn sich später herausstellt, dass ein echtes Eltern-Kind-Verhältnis nie hergestellt werden sollte. Auch eine Aufhebung von Amts wegen kommt nicht in Betracht (§ 1771 BGB).

Vor diesem Hintergrund zieht RAINER FRANK das ernüchternde Fazit: „Fälle, in denen die Volljährigenadoption notwendig wäre, sind nicht zu erkennen" (FRANK FamRZ 2007, 1693, 1694) und konzediert lediglich, dass bei der Verrechtlichung langjähriger Pflegekindverhältnisse der Adoption „nichts Verwerfliches" anhafte. De lege ferenda sollte die Volljährigenadoption nicht vollkommen verboten (so aber wohl HEINZ ZRP 1995, 171), sondern im Wesentlichen auf diejenigen **Fälle beschränkt werden, in denen nach § 1772 Abs 1 BGB eine Volljährigenadoption mit den Wirkungen einer Minderjährigenadoption** ausgesprochen werden kann (HELMS/BOTTHOF, in: FS Meincke [2015] 143, 161; vgl auch FRANK StAZ 2008, 65, 70 u BEHRENTIN/BRAUN, Handb AdoptionsR, B Rn 877). Verfassungs- oder menschenrechtliche Wertungen stehen dem nicht entgegen. Weder das Grundgesetz noch die Europäische Menschenrechtskonvention kennen ein Recht auf Adoption (EGMR 26. 2. 2002 – Nr 35615/97, FamRZ 2003, 149, 150; EGMR 24. 1. 2017 *Paradiso und Campanelli v Italien*, Nr 25358/12, Rn 141; BVerfG 19. 2. 2013 – 1 BvL 1/11, 1 BvR 3247/09, NJW 2013, 847, 850 [Rn 59]) und schon gar nicht ein Recht auf Annahme eines Volljährigen.

IV. Rechtsvergleichung

Rechtsvergleichend gesehen nimmt das deutsche Recht mit seiner großzügigen Haltung gegenüber Erwachsenenadoptionen in Europa mittlerweile eine Außenseiterposition ein. Schon immer hat es Staaten gegeben, die eine **Erwachsenenadoption nie eingeführt** haben. Das gilt in Europa neben den ehemals sozialistischen Staaten (etwa *Albanien, Bosnien und Herzegowina, Bulgarien, Estland, Kasachstan, Kroatien, Lettland, Litauen, Montenegro, Polen, Rumänien, Russische Föderation, Serbien,*

Slowakei, Slowenien, Tschechien, Ungarn) namentlich für die *Niederlande* (Art 1: 228 Abs 1 lit a BW) sowie *Großbritannien:* Im englischen Recht war das römischrechtliche Institut der Adoption nicht rezipiert worden. Erst im Jahre 1926 wurde durch den Adoption of Children Act Abhilfe geschaffen. Dabei wurde die Einführung einer Volljährigenadoption nicht in Betracht gezogen, da der sozialpolitisch motivierte Fürsorgegedanke der Adoption bereits ganz im Vordergrund stand; für die Annahme eines Volljährigen sah man deshalb schlicht keine Notwendigkeit (Molls 45). Dieselbe Haltung kennzeichnet auch das niederländische Recht, das die Adoption Minderjähriger (erst) seit dem Jahre 1956 erlaubt (Molls 41).

16 Aber auch in den Staaten, die eine Annahme Volljähriger grundsätzlich kennen, wird die Erwachsenenadoption mittlerweile idR recht **strikten objektiven tatbestandlichen Einschränkungen** unterworfen, die typischerweise daran anknüpfen, dass einmal (für eine gewisse Mindestdauer) eine häusliche Gemeinschaft bestanden oder Pflegeleistungen erbracht worden sind: Das gilt etwa für die *Schweiz* seit 1972 (Art 266 ZGB), *Finnland* (§ 4 AdoptG), die *Türkei* seit 2001 (Art 313 ZGB) und auch für *Österreich* seit 2004 (§ 194 Abs 1 S 2 ABGB). Demgegenüber beschränkt *Griechenland* (Art 1542 ZGB) die Erwachsenenadoption auf verwandte oder verschwägerte Familienangehörige.

17 Auch die Rechtsordnungen des **romanischen Rechtskreises** haben Erwachsenenadoptionen mittlerweile erhebliche Schranken gesetzt. Während *Portugal* Erwachsenenadoptionen überhaupt nicht kennt (Art 1980, 1993 Cc), lässt *Spanien* seit 1987 die Erwachsenenadoption nur noch als nachgeholte Minderjährigenadoption zu (Art 175 Abs 2 S 2 Codigo civil). In *Frankreich* entfaltet eine Erwachsenenadoption im Allgemeinen (Art 345 Cc) nur schwache Wirkungen *(adoption simple),* ist aber schon dann möglich, wenn sie im Interesse des Anzunehmenden liegt und den Familienfrieden nicht stört (Art 353, 361 Cc). Die entscheidende Einschränkung besteht darin, dass bei der Berechnung der Erbschaftsteuer eine *adoption simple* seit einer Reform aus dem Jahre 1930 gem Art 786 Code général des impôts (CGI) nicht mehr automatisch Berücksichtigung findet. Eine Ausnahme gilt allerdings nach Art 786 Abs 2 CGI für Stiefkindadoptionen sowie für Fälle, in denen das Adoptivkind als Minderjähriger mindestens 5 Jahre, oder als Minder- und Volljähriger mindestens 10 Jahre ununterbrochen materiellen Beistand und immaterielle Sorge erfahren hat. Ähnlich ist die Rechtslage in *Belgien,* wo eine Erwachsenenadoption – in der auch hier allein möglichen Form der *adoption simple* – ebenfalls nicht automatisch erbschaftsteuerliche Relevanz besitzt (Helms/Botthof, in: FS Meincke [2015] 143, 158).

V. Voraussetzungen

1. Abgrenzung zwischen Volljährigkeit und Minderjährigkeit

18 Die §§ 1767 ff BGB regeln im Gegensatz zu den §§ 1741 ff BGB die **Adoption Volljähriger**. Entscheidend für die Grenzziehung ist der Zeitpunkt des *Erlasses* des Adoptionsbeschlusses, nicht der des Antrags nach § 1752 BGB bzw § 1768 BGB, vgl dazu ausführlich § 1741 Rn 12. Für den Sonderfall, dass der Anzunehmende bei Einreichung des Adoptionsantrags noch minderjährig war, bis zum Erlass des Annahmebeschlusses aber volljährig geworden ist, enthält § 1772 Abs 1 lit d BGB eine Sonderregelung: Das FamG kann beim Ausspruch der Annahme auf Antrag des Anneh-

menden und des Anzunehmenden bestimmen, dass sich die Wirkungen der Annahme nach den Vorschriften über die Annahme eines Minderjährigen oder eines verwandten Minderjährigen (§§ 1754 bis 1756 BGB) richten (vgl § 1772 Rn 5 f). Wird ein **Ausländer** als Kind angenommen, so beurteilt sich dessen Volljährigkeit entgegen der herrschenden Auffassung nicht im Wege einer eigenständigen (Vorfragen-)Anknüpfung nach Art 7 Abs 1 EGBGB. Vielmehr ist nach hier vertretener Ansicht bei Anwendbarkeit deutschen Adoptionsrechts die Abgrenzung zwischen Minderjährigkeit und Volljährigkeit direkt § 2 BGB zu entnehmen (vgl § 1741 Rn 14 f).

2. Fähigkeit, anzunehmen und angenommen zu werden

§ 1767 Abs 2 S 1 BGB verweist auf die **allgemeinen Adoptionsvoraussetzungen**. Das 19 bedeutet ua, dass auch ein Volljähriger von einer Einzelperson oder einem Ehepaar angenommen werden kann (§ 1741 Abs 2 BGB) und dass die Annahme durch einen Ehegatten allein – vom Sonderfall des § 1741 Abs 2 S 4 BGB abgesehen – selbst dann nicht möglich ist, wenn der andere Ehegatte zustimmt (OLG Hamm FamRZ 2000, 257), das gilt auch für die **Rückadoption des eigenen Kindes** (vgl § 1741 Rn 61).

Ist der Anzunehmende verheiratet, schließt dies die Annahme nicht aus (vgl § 1770 Abs 1 S 2 BGB). Nicht einmal die gemeinsame Annahme von Ehemann und Ehefrau ist ausdrücklich untersagt (vgl aber Rn 29). Der Anzunehmende kann familienfremd oder mit dem Annehmenden verwandt sein. Möglich und in der Praxis häufig vorkommend (vgl Rn 6) ist die Stiefkindadoption (§ 1741 Abs 2 S 3 BGB).

Wer als Minderjähriger adoptiert worden ist, kann allerdings entgegen der Grundregel des **§ 1742 BGB** als Volljähriger ein zweites Mal als Kind angenommen werden, weil § 1768 Abs 1 S 2 BGB seit dem AdoptRÄndG vom 4. 12. 1992 (BGBl 1992 I 1974) ausdrücklich bestimmt, dass § 1742 BGB auf die Annahme eines Volljährigen nicht anzuwenden ist (vgl § 1742 Rn 8).

Der Anzunehmende braucht nicht geschäftsfähig zu sein (§ 1768 Abs 2 BGB), während für den Annehmenden Geschäftsfähigkeit erforderlich ist (§ 1768 Abs 1 BGB; vgl auch § 1743 Rn 5). Die in § 1743 BGB für den Annehmenden normierten Alterserfordernisse gelten wegen der Verweisung in § 1767 Abs 2 S 1 BGB grds zwar auch für die Erwachsenenadoption, laufen hier aber naturgemäß praktisch leer.

3. Wohl des Kindes

Nach § 1767 Abs 2 S 1 BGB iVm § 1741 Abs 1 S 1 BGB muss die Adoption dem Wohl 20 des Anzunehmenden dienen. Dem Gesetzgeber (RegE BT-Drucks 7/3061, 56, Nr 6 zu § 1767) erschien dieses selbständige Erfordernis bei der Erwachsenenadoption im Wesentlichen nur sinnvoll, falls der Anzunehmende geschäftsunfähig oder in der Geschäftsfähigkeit beschränkt ist. Beschränkt geschäftsfähige Volljährige gibt es allerdings seit Inkrafttreten des BtG v 12. 9. 1990 (BGBl 1990 I 2002) am 1. 1. 1992 nicht mehr. Ist der Anzunehmende geschäftsfähig, so trifft er mit dem Annahmeantrag grds selbst die Entscheidung darüber, ob die Adoption seinem Wohl dient (BayObLG FamRZ 2002, 1651, 1652; OLG Zweibrücken FamRZ 2006, 572, 573; OLG Köln FamRZ 1982, 844; FamRZ 1990, 800; OLG Hamm 8. 1. 2014 – 8 UF 179/13, StAZ 2014, 362; PALANDT/GÖTZ Rn 1). Eine besondere familiengerichtliche Prüfung kann damit nur noch dann erforderlich sein, wenn ein betreuungsbedürftiger geschäftsunfähiger Volljähriger adoptiert wird (MünchKomm/Maurer Rn 46; aA Erman/Saar Rn 1a: Aufgabe des Betreuers).

4. Eltern-Kind-Verhältnis

21 § 1767 Abs 2 S 1 BGB iVm § 1741 Abs 1 S 1 BGB verlangt, dass „zu erwarten ist, dass zwischen dem Annehmenden und dem Kind ein Eltern-Kind-Verhältnis entsteht". Ist ein Eltern-Kind-Verhältnis bereits entstanden, so ist die Annahme ohne weitere Prüfung als sittlich gerechtfertigt anzusehen (vgl Rn 32). Entgegen der hL und Rspr (vgl nur Erman/Saar Rn 7; Soergel/Liermann Rn 5; BayObLG FamRZ 2005, 546, 547; BayObLG FamRZ 2005, 131; OLG Zweibrücken FamRZ 2006, 572, 573; OLG Köln FamRZ 2003, 1870) vertritt Muscheler (FS Schwab [2005] 843, 854 ff) die Ansicht, § 1767 Abs 2 S 1 BGB verweise nicht auf § 1741 Abs 1 S 1 BGB, sodass es bei der Volljährigenadoption allein auf deren sittliche Rechtfertigung ankomme, nicht aber auf die Erwartung, dass ein Eltern-Kind-Verhältnis entstehen werde. Diese – schwerlich vertretbare – Ansicht bleibt solange ohne Konsequenzen, als man die Voraussetzung des § 1741 Abs 1 S 1 BGB, dass nämlich die Entstehung eines Eltern-Kind-Verhältnisses zu erwarten ist, in den Begriff der sittlichen Rechtfertigung „hineinliest" (so letztlich MünchKomm/Maurer Rn 17 und 22). Hingegen ist es auf keinen Fall vertretbar, die sittliche Rechtfertigung in Einzelfällen auch dann zu bejahen, wenn das Entstehen eines Eltern-Kind-Verhältnisses nicht zu erwarten ist (so aber Muscheler, in: FS Schwab [2005] 843, 854, 867 und BeckOGK/Löhnig [15. 12. 2018] Rn 8). Auch eine Erwachsenenadoption ist „Adoption" und **zielt deshalb immer auf das Entstehen eines Eltern-Kind-Verhältnisses** ab.

a) Bereits entstandenes Eltern-Kind-Verhältnis

22 Lässt sich die Frage nach der Herstellung eines echten Eltern-Kind-Verhältnisses bei kleinen Kindern im allg leicht beantworten, so wirft die Adoption Volljähriger insoweit erheblich schwierigere Probleme auf. So vertreten Lit und Rspr zu Recht schon seit Langem die Ansicht, dass ein tatsächliches Zusammenleben von Eltern und erwachsenen Kindern und damit auch von Adoptiveltern und Adoptivkindern nicht mehr Wesensmerkmal des Eltern-Kind-Verhältnisses sei (RG 25. 3. 1935 – IV B 64/34, RGZ 147, 220, 224; BGHZ 35, 75, 84 = FamRZ 1961, 306, 308; OLG Hamm 29. 6. 2012 – 2 UF 274/11, FamRZ 2013, 557, 558; OLG Köln FamRZ 1990, 800). Erforderlich sei aber **„eine auf Dauer angelegte Bereitschaft zu gegenseitigem Beistand, wie ihn sich leibliche Eltern und Kinder typischerweise leisten"** (OLG Hamm 29. 6. 2012 – 2 UF 274/11, FamRZ 2013, 557, 558; OLG Braunschweig 21. 3. 2017 – 1 UF 139/16, FamRZ 2017, 1240, 1241; OLG Bremen 9. 11. 2016 – 4 UF 108/16, FamRZ 2017, 722; OLG Hamburg 18. 4. 2018 – 2 UF 144/17, juris Rn 20; OLG München 10. 2. 2017 – 33 UF 1304/16, FamRZ 2017, 1238, 1239; OLG Nürnberg 8. 6. 2011 – 9 UF 388/11, NJW-RR 2012, 5; OLG Zweibrücken FamRZ 2006, 572, 573; OLG Karlsruhe NJW-RR 2006, 364), **„eine dauernde innere (seelisch-geistige) Verbundenheit, wie sie zwischen Eltern und Kind auch nach dessen Volljährigkeit geprägt bleibt"** (OLG Nürnberg 4. 8. 2014 – 9 UF 468/14, FamRZ 2015, 517; BayObLG FamRZ 1996, 183, 184; StAZ 2000, 172, 173; KG FamRZ 1982, 641; OLG Karlsruhe NJW-RR 2006, 364; OLG Köln OLGZ 1982, 408; OLG Zweibrücken FamRZ 1989, 537, 538), **„ein soziales Familienband, das seinem ganzen Inhalt nach dem durch die natürliche Abstammung geschaffenen ähnelt"** (OLG Bremen 9. 11. 2016 – 4 UF 108/16, FamRZ 2017, 722; OLG Hamburg 18. 4. 2018 – 2 UF 144/17, juris Rn 20; OLG München 10. 2. 2017 – 33 UF 1304/16, FamRZ 2017, 1238, 1239; OLG Stuttgart FamRZ 2015, 592; OLG Nürnberg 4. 8. 2014 – 9 UF 468/14, FamRZ 2015, 517; KG 4. 4. 2013 – 17 UF 42/13, FamRZ 2014, 225, 227).

„Wöchentliche Besuche zur Unterstützung eines betagten Annehmenden, gemeinsame Interessen und ein Vertrauensverhältnis" reichen demgegenüber nicht aus (BayObLG NJW 1985, 2094), ebenso wenig „freundschaftliche oder kollegiale Beziehungen" (KG 4. 4. 2013 – 17 UF 42/13, FamRZ 2014, 225, 226; OLG Schleswig 3. 6. 2009 – 2 W 26/09, FGPrax 2009, 269 f; BayObLG – BReg 1 Z 30/85, NJW 1985, 2094 f; BayObLG 16. 4. 1997 – 1 Z BR 202/96, MDR 1997, 747 f; nicht problematisiert in OLG Hamm 7. 1. 2003 – 15 W 406/02, FamRZ 2003, 1867, 1868). Dabei sollen zur Abgrenzung Indizien dienen, wie „eine Integration in das familiäre Beziehungsgeflecht, ein gewachsenes, gegenseitiges Grundvertrauen, in dem sich die Beteiligten wechselseitig aussprechen oder in die Entscheidungsfindung in wichtigen Angelegenheiten in angemessener Weise einbeziehen" (OLG Braunschweig 21. 3. 2017 – 1 UF 139/16, FamRZ 2017, 1240, 1241; KG 4. 4. 2013 – 17 UF 42/13, FamRZ 2014, 225, 226; vgl auch Behrentin/Braun, Handb AdoptionsR, B Rn 769).

Die in der Rechtsprechung verwendeten Formeln vermögen nicht darüber hinwegzutäuschen, dass sich die besondere Qualität einer Eltern-Kind-Beziehung zwischen Erwachsenen in vielen Fällen **nicht präzise fassen** lässt (so auch Behrentin/Braun, Handb AdoptionsR, B Rn 751). Verantwortlich dafür sind die Heterogenität der Lebensverhältnisse, die Individualisierung der persönlichen Lebensentwürfe sowie die Vielfalt der Beziehungsstrukturen. Es ist heute wenig aussichtsreich und überzeugend, wenn man versucht, das Verhalten der Adoptionsbeteiligten mit dem einer „normalen Familiengemeinschaft" von Eltern und Kindern des betreffenden Alters, sozialen und wirtschaftlichen Milieus abzugleichen, wie es etwa noch Brandis im Jahre 1934 forderte (Brandis JW 1934, 3, 4; vgl auch RG 25. 3. 1935 – IV B 64/34, RGZ 147, 220, 224; zust noch Bosch FamRZ 1964, 401, 407). Ein weiteres fundamentales Problem besteht darin, dass nach der gesetzlichen Konzeption die Qualität von Beziehungsstrukturen miteinander verglichen werden muss, die auf **unterschiedlichen Prämissen basieren**: Bei leiblichen Kindern, die bei ihren Eltern aufgewachsen sind, resultieren die besonderen, auch noch nach Eintritt der Volljährigkeit – selbst bei gelockerter sozialer Beziehung – fortbestehenden Bindungen nicht zuletzt aus der gemeinsamen Lebensgeschichte und dem Gefühl, nicht nur genetisch, sondern auch durch die im Kindesalter erfahrene soziale Prägung – im Guten wie im Schlechten – miteinander verbunden zu sein. Darüber hinaus gibt es **kaum rational nachvollziehbare Kriterien für die Abgrenzung zu anderen Formen enger Verbundenheit** (Leis ZFE 2004, 307, 308): Gute Freundschaften reichen als Grundlage einer Erwachsenenadoption nicht aus (vgl Rn 22). Doch was unterscheidet die enge Freundschaft zwischen einem 80jährigen Unternehmer und seinem 50jähren Geschäftsführer von einem Eltern-Kind-Verhältnis, wenn die Beteiligten sich erst in vorgerücktem Alter kennengelernt haben? Und wann wird beispielsweise ein enges Onkel-Neffen-Verhältnis wirklich zu einer Vater-Sohn-Beziehung? **23**

Mangels jedweder fassbarer Kriterien, ob ein enger persönlicher Kontakt zwischen erwachsenen Menschen die Voraussetzungen eines Eltern-Kind-Verhältnisses erfüllt, orientiert sich die Rspr oftmals an Indizien. So sollte der **Altersabstand** zwischen Annehmendem und Anzunehmendem (für Minderjährigenadoption vgl § 1741 Rn 30) dem zwischen Eltern und leiblichen Kindern in etwa entsprechen. Das gilt sowohl für den **mindestens erforderlichen Altersunterschied** (Adoption abgelehnt bei Altersunterschied von $4^{1}/_{4}$ Jahren durch OLG Karlsruhe FamRZ 1991, 226, 227, von 3 bzw 12 Jahren durch OLG Köln FamRZ 1982, 642, 643, von 7 Jahren durch OLG Köln FamRZ 1982, 844, **24**

§ 1767

845, von 12 Jahren durch BayObLG FamRZ 1998, 505 [LS], von 12 Jahren durch KG 4. 4. 2013 – 17 UF 42/13, FamRZ 2014, 225, 227, von 14 Jahren durch BayObLG DAVorm 1980, 503, 507, von 16 Jahren durch OLG Nürnberg 4. 8. 2014 – 9 UF 468/14, FamRZ 2015, 517, 518; Adoption bejaht bei Altersunterschied von 6 Jahren durch LG Frankenthal FamRZ 1998, 505, von 11 Jahren durch LG Mannheim Justiz 1977, 134 = FamRZ 1979, 18 [LS]) als auch für den **höchstens zulässigen Altersabstand** (Adoption abgelehnt bei Altersabstand von 60 Jahren durch OLG Bamberg 18. 10. 2011 – 2 UF 234/11, BeckRS 2011, 27589; 61 Jahre durch OLG Bremen 9. 11. 2016 – 4 UF 108/16, FamRZ 2017, 722, 723). Problematisch bleibt eine Entscheidung des AG Bielefeld (FamRZ 1982, 961), in der die Annahme eines elf Jahre älteren Erwachsenen ausgesprochen wurde, der aufgrund seines geistigen Entwicklungsstandes einem 10–12-Jährigen gleichzustellen war. Demgegenüber hatte das RG in einer Entscheidung vom 25. 3. 1935 noch ausgeführt, dass ein Altersunterschied von nicht einmal acht Jahren „für sich allein nicht ausreicht", die Herstellung eines Eltern-Kind-Verhältnisses zu verneinen (RG 25. 3. 1935 – IV B 64/34, RGZ 147, 220, 226).

25 Selbstverständlich erscheint, dass angesichts der schweren Vergleichbarkeit mit natürlichen Abstammungsbeziehungen (vgl Rn 23) die **sozialen Kontakte über einen längeren Zeitraum** bestanden haben müssen, um eine annähernd ähnliche Qualität erreichen zu können (Adoption abgelehnt bei Beziehung von 1,5 Jahren durch KG 4. 4. 2013 – 17 UF 42/13, FamRZ 2014, 225, 226, von 8 Monaten durch AG Konstanz 10. 5. 2016 – 3 F 174/15, FamRZ 2016, 2021, 2022).

26 Das **Vorhandensein einer eigenen intakten Familie** mit Kindern bzw Eltern spricht gegen das Bestehen oder Entstehen eines echten Eltern-Kind-Verhältnisses zwischen Erwachsenen (OLG Bamberg 18. 10. 2011 – 2 UF 234/11, BeckRS 2011, 27589; OLG Bremen 9. 11. 2016 – 4 UF 108/16, FamRZ 2017, 722, 723; OLG Stuttgart 3. 7. 2014 – 11 UF 316/13, FamRZ 2015, 592; OLG Zweibrücken 19. 1. 1983 – 3 W 225/82, FamRZ 1983, 533, 535; OLG Düsseldorf 17. 9. 1980 – 3 W 242/80, FamRZ 1981, 94; BayObLG 18. 5. 2004 – 1 Z BR 30/04, FamRZ 2005, 546, 547; BayObLG 29. 3. 1995 – 1 Z BR 72/94, FamRZ 1996, 183, 184; FamRZ 1982, 644, 646; KG FamRZ 1982, 641, 642). Das hat weniger etwas mit dem „Respekt vor einer langen natürlichen Eltern-Kind-Beziehung" zu tun (so aber OLG Stuttgart 3. 7. 2014 – 11 UF 316/13, FamRZ 2015, 592, 593; OLG Bremen 9. 11. 2016 – 4 UF 108/16, FamRZ 2017, 722; BEHRENTIN/BRAUN, Handb AdoptionsR, B Rn 770), als mit der Erfahrung, dass derjenige, der bereits in einer intakten Familie lebt, im Zweifel zu familienfremden Erwachsenen kein echtes Eltern-Kind-Verhältnis aufbauen wird; das gilt umso mehr, wenn die betreffenden Mitglieder der leiblichen Familie noch in einem Haus zusammen wohnen (betr Adoption eines Neffen, der noch bei seinen Eltern lebte, durch seinen Onkel bzw seine Tante: OLG Stuttgart 3. 7. 2014 – 11 UF 316/13, FamRZ 2015, 592, 593 und OLG Bamberg 18. 10. 2011 – 2 UF 234/11, BeckRS 2011, 27589; großzügig demgegenüber in ähnlichen Fällen OLG München 10. 2. 2017 – 33 UF 1304/16, FamRZ 2017, 1238, 1239 und OLG Nürnberg 12. 6. 2015 – 10 UF 272/15, FamRZ 2016, 315). Selbstverständlich sind aber **Ausnahmen** möglich (OLG Hamburg 18. 4. 2018 – 2 UF 144/17, juris Rn 27; OLG München 10. 1. 2011 – 33 UF 988/10, FamRZ 2011, 1411, 1412; OLG Zweibrücken 9. 9. 2005 – 3 W 121/05, FamRZ 2006, 572, 573; OLG Hamm 7. 1. 2003 – 15 W 406/02, FamRZ 2003, 1867, 1868). Dabei drängt sich der Eindruck auf, dass in der Rechtsprechung der Oberlandesgerichte diesem Gesichtspunkt ein unterschiedlicher Stellenwert eingeräumt wird.

27 Auffällig ist auch, dass nicht selten die **leiblichen Eltern den Adoptionsantrag ihres Kindes unterstützen**, was nicht unbedingt ein Beleg für die inniglichen Beziehungen

zwischen Annehmendem und Anzunehmendem sein muss, sondern oft dem Umstand geschuldet sein wird, dass man seinem Kind die angestrebten vermögenswerten Vorteile nicht verbauen möchte (selten wird das dem Gericht allerdings so offenherzig mitgeteilt wie in OLG München 8. 6. 2009 – 31 Wx 22/09, FamRZ 2010, 46, 47). In der früheren adoptionsrechtlichen Praxis kam so etwas nur äußerst selten vor (FRANK StAZ 2008, 65, 69 f). Der Zustimmung der leiblichen Eltern wird man regelmäßig keinen allzu hohen Stellenwert einräumen können.

Entscheidend kann letztlich nur aus dem **äußeren Erscheinungsbild der Beziehungen** 28 geschlossen werden, ob ein Eltern-Kind-Verhältnis besteht, wobei das Gericht sich weitgehend an den (glaubwürdigen) Angaben der Beteiligten wird orientieren müssen (BayObLG FamRZ 2005, 131, 132; KG FamRZ 1982, 641; OLG Zweibrücken NJWE-FER 1999, 295 = FamRZ 1999, 1690 [LS]). Problemlos sind letztlich nur die Fälle **nachgeholter Minderjährigenadoptionen**, wenn langjährige **Pflege- oder Stiefkinder** erst nach Erreichen des Volljährigkeitsalters adoptiert werden. Für diese Fallgruppe sieht § 1772 Abs 1 lit b BGB sogar die Möglichkeit der Volladoption vor. Bei der ohnehin problematischen **Verwandtenadoption** (§ 1741 Rn 37 ff) verlangt die Rspr eine stärkere Intensivierung der bereits vorhandenen familiären Beziehungen (BGHZ 35, 75, 83 f = FamRZ 1961, 306, 308; FamRZ 1957, 126, 128; OLG Bamberg 18. 10. 2011 – 2 UF 234/11, BeckRS 2011, 27589; OLG Nürnberg 4. 8. 2014 – 9 UF 468/14, FamRZ 2015, 517, 518; OLG Hamm FamRZ 1968, 481; AG Deggendorf FamRZ 1984, 1267; großzügig OLG Hamm 29. 6. 2012 – 2 UF 274/11, FamRZ 2013, 557, 558 f betr Adoption von drei Nichten durch ihre Tante, die von dieser als Erben eingesetzt waren).

Unzulässig sind Erwachsenenadoptionen, die im natürlichen Verwandtschaftsver- 29 hältnis keine Entsprechung finden (iE auch BEHRENTIN/BRAUN, Handb AdoptionsR, B Rn 787): Ehemann und Ehefrau sollten ebenso wenig gemeinsam adoptiert werden (vgl aber AG Backnang FamRZ 2000, 770; PRANG StAZ 1982, 111 und Bundesverband der Standesbeamten StAZ 1983, 106 und StAZ 1984, 110) wie Mutter und Tochter (vgl aber OLG Frankfurt FamRZ 1982, 848). Geschlechtliche Beziehungen zwischen den Beteiligten stehen der Bejahung eines Eltern-Kind-Verhältnisses ebenfalls entgegen (OLG München FuR 2006, 138; OLG Frankfurt StAZ 1954, 251 = FamRZ 1955, 55 [LS]; OLG Schleswig SchlHA 1960, 23; AG Bensheim ZfJ 1995, 81; LÜDERITZ, in: FS Gernhuber [1993] 713, 720 ff; vgl auch § 1771 Rn 10). Auch gegen die Adoption der Lebensgefährtin des Sohnes bestehen erhebliche Bedenken (**aA** LG Krefeld FamRZ 2005, 930).

b) Angestrebtes Eltern-Kind-Verhältnis

Ist es schon schwierig, zu klären, ob zwischen erwachsenen Personen ein Eltern- 30 Kind-Verhältnis besteht, so scheint eine zuverlässige Beantwortung der Frage, ob „zu erwarten ist, dass zwischen dem Annehmenden und dem Kind ein Eltern-Kind-Verhältnis entsteht" (§ 1767 Abs 2 S 1 BGB iVm § 1741 Abs 1 S 1 BGB), nahezu unmöglich (FRANK StAZ 2018, 65, 69). Obwohl es nach § 1741 Abs 1 S 1 BGB (anders als bis 1977 gem § 1754 Abs 2 Nr 2 aF) nicht auf die Absicht ankommt, ein Eltern-Kind-Verhältnis herzustellen, sondern auf die **objektive Erwartung**, ein solches Verhältnis werde entstehen, fehlt es für eine Prognose an brauchbaren Kriterien. Die Rspr verlangt deshalb zu Recht, dass sich die objektive Erwartung, ein Eltern-Kind-Verhältnis werde entstehen, „auf **vergangene und gegenwärtige Umstände**" stützt (KG FamRZ 1982, 641; OLG Zweibrücken 11. 3. 1999 – 3 W 58/99, NJWE-FER 1998, 295, 296; OLG Frankfurt 27. 8. 1979 – 20 W 364/79, OLGZ 1980, 104, 105; auch OLG Nürnberg 4. 8. 2014 – 9 UF

468/14, FamRZ 2015, 517; BayObLG FamRZ 1980, 1158, 1159; NJW 1985, 2094). In der Sache reduziert sich damit der Anwendungsbereich des § 1767 Abs 2 S 1 BGB iVm § 1741 Abs 1 S 1 BGB auf diejenigen Fälle, in denen das Bestehen eines Eltern-Kind-Verhältnisses zwar noch nicht zur Überzeugung des Gerichts feststeht, aber aufgrund der Gesamtumstände kein Zweifel besteht, dass sich die Beziehungen der Beteiligten – nicht zuletzt aufgrund der Adoption – in der erforderlichen Weise intensivieren werden.

31 **Bleiben Zweifel**, ob zu erwarten ist, dass zwischen dem Annehmenden und dem Anzunehmenden ein Eltern-Kind-Verhältnis entsteht, so gehen diese zu Lasten des Antragstellers. Die in der Rspr immer wiederkehrende stereotype Formel, dass „begründete" Zweifel erforderlich seien (so allerdings § 1754 Abs 2 Nr 2 aF), ist zwar nicht falsch, aber missverständlich (vgl etwa OLG Bremen 9. 11. 2016 – 4 UF 108/16, FamRZ 2017, 722, 723; BayObLG MDR 1997, 747; FamRZ 1997, 638, 639; FamRZ 1996, 183, 184; FamRZ 1982, 644, 645; DAVorm 1980, 503, 506 f; OLG Karlsruhe FamRZ 1991, 226, 227; OLG Köln FamRZ 1982, 642, 644; AG Bensheim ZfJ 1995, 81). Insbes führen Zweifel nicht erst dann zur Ablehnung des Annahmeantrags, „wenn die für und gegen eine Adoption sprechenden Gründe gleichwertig sind" (so aber OLG Frankfurt FamRZ 1980, 503). Die Annahme darf vielmehr immer nur dann ausgesprochen werden, wenn positiv zur Überzeugung des Gerichts feststeht, dass ein Eltern-Kind-Verhältnis entstehen wird (OLG Bremen 9. 11. 2016 – 4 UF 108/16, FamRZ 2017, 722; OLG Düsseldorf FamRZ 1985, 832; OLG Zweibrücken FamRZ 1983, 533; KG FamRZ 1982, 641; BayObLG NJW 1985, 2094; BayObLG 29. 3. 1995 – 1 Z BR 72/94, FamRZ 1996, 183, 184; BayObLG 5. 5. 1980 – BReg 1 Z 9/80, FamRZ 1980, 1158, 1159). Vgl auch § 1752 Rn 31.

5. Sittliche Rechtfertigung

32 Die Annahme eines Volljährigen ist sittlich gerechtfertigt, wenn zwischen dem Annehmenden und dem Anzunehmenden ein **Eltern-Kind-Verhältnis bereits entstanden** ist (Abs 1 HS 2). Welcher konkrete Einzelzweck mit der Adoption verfolgt wird, ist unwesentlich. Der Annahmeantrag darf selbst dann nicht abgelehnt werden, wenn die Beteiligten eine rechtliche Verfestigung ihrer Beziehungen durch Adoption nur wünschen, um Erbschaftsteuern zu sparen oder eine drohende Ausweisung zu verhindern. Annehmender und Anzunehmender haben sich nach der gesetzlichen Wertung von Abs 1 HS 2 die Adoption „verdient". Dies gilt auch dann, wenn das Eltern-Kind-Verhältnis erst zu einem bereits Volljährigen begründet worden ist (**aA** BGB-RGRK/DICKESCHEID Rn 11).

33 Große Schwierigkeiten bereitet der Praxis die Frage, unter welchen Voraussetzungen eine Annahme sittlich gerechtfertigt ist (PraxKommKindschaftsR/BRAUN Rn 16 spricht zu Recht von einer „völlig unübersichtlichen Kasuistik"), falls nach der Überzeugung des Gerichts lediglich **„zu erwarten ist, dass zwischen dem Annehmenden und dem Kind ein Eltern-Kind-Verhältnis entsteht"** (§ 1767 Abs 2 S 1 BGB iVm § 1741 Abs 1 S 1 BGB). Da die sittliche Rechtfertigung in Abs 1 HS 1 eine selbständige und zusätzliche Adoptionsvoraussetzung ist, kann diese jedenfalls nicht schon dann bejaht werden, „wenn bei objektiver Betrachtung bestehender Bindungen und ihrer Entwicklungsmöglichkeiten anzunehmen ist, daß sich eine dem Alter der Beteiligten entsprechende Eltern-Kind-Beziehung noch ausbilden wird" (so aber OLG Celle FamRZ 1995, 829; BayObLG DAVorm 1980, 503, 505; FamRZ 1980, 1158, 1159; FamRZ 1982, 644, 645; NJW 1985,

2094; NJW-RR 1993, 456). Die Rspr bejaht die sittliche Rechtfertigung immer dann, wenn ein **„familienbezogenes Motiv"** entscheidender Anlass für die Annahme ist (OLG Hamburg 18. 4. 2018 – 2 UF 144/17, juris Rn 20; OLG Stuttgart 3. 7. 2014 – 11 UF 316/13, FamRZ 2015, 592, 593; OLG Nürnberg 4. 8. 2014 – 9 UF 468/14, FamRZ 2015, 517; BayObLG FamRZ 2001, 118, 119; FamRZ 1993, 236; OLG Hamm FamRZ 2003, 1867, 1868; OLG Karlsruhe FamRZ 1991, 226, 227; OLG Köln FamRZ 1990, 800; OLG Düsseldorf FamRZ 1985, 832; OLG Zweibrücken FamRZ 1983, 533, 534; KG FamRZ 1982, 641; OLG Frankfurt FamRZ 1980, 503).

Als solches wird grundsätzlich der Wunsch der Annehmenden anerkannt, „einen **34** Erben zur **Fortführung des Lebenswerkes** (Hof, Betrieb, Praxis) oder eine **Betreuung und Unterstützung bei Krankheit im Alter** zu haben" (so BayObLG 21. 5. 1985 – BReg 1 Z 30/85, NJW 1985, 2094; OLG Schleswig 3. 6. 2009 – 2 W 26/09, FGPrax 2009, 269, 270; KG FamRZ 1982, 641. Zur Geschäftsfortführung: OLG München 10. 1. 2011 – 33 UF 988/10, FamRZ 2011, 1411, 1412; BayObLG 21. 4. 2004 – 1 Z BR 19/04, FamRZ 2005, 131, 132; BayObLG 24. 7. 2002 – 1 Z BR 9/02, FamRZ 2002, 1653, 1654. Zur Sicherung der Pflege: OLG Zweibrücken 9. 9. 2005 – 3 W 121/05, FamRZ 2006, 572, 573; OLG Nürnberg 8. 6. 2011 – 9 UF 388/11, StAZ 2012, 53). Doch besteht selbstverständlich **kein Automatismus**, und es müssen auch alle gegenläufigen Indizien berücksichtigt werden (zur Geschäftsfortführung: OLG Bamberg 18. 10. 2011 – 2 UF 234/11, BeckRS 2011, 27589; BayObLG 18. 5. 2004 – 1 Z BR 30/04, FamRZ 2005, 546, 547. Zur Sicherung der Pflege OLG München 5. 5. 2009 – 31 Wx 17/09, FamRZ 2009, 1336 f; OLG Frankfurt 27. 8. 1979 – 20 W 364/79, FamRZ 1980, 503; BGH 24. 1. 1957 – IV ZB 113/56, FamRZ 1957, 126, 128; vgl auch Rn 35 mwNw).

Da es gerade darum geht, die Fälle auszufiltern, in denen es bei der Adoption in erster Linie darum geht, Erbschaftsteuer zu sparen (vgl Rn 8 u 41), ist es wenig überzeugend, wenn das OLG Hamm (8. 1. 2014 – 8 UF 179/13, juris Rn 2 u 15) in einem Fall, in dem die Annehmende auf den Vorschlag des Notars, ihre ins Auge gefasste Erbin zu adoptieren, „nach eigenen Angaben [...] zunächst überrascht reagiert und mit dem Kopf geschüttelt" hatte, gleichwohl die Adoption ua mit dem Argument ausgesprochen hat, **„die Absicht, eine erbrechtliche Regelung herbeizuführen"**, könne gerade „Ausdruck des Bestehens eines Eltern-Kind-Verhältnisses" sein. Regelmäßig genau so wenig aussagekräftig wird der Umstand sein, dass die Annehmenden dem Anzunehmenden eine **Vorsorgevollmacht** erteilt haben (KG 27. 3. 2013 – 17 UF 42/13, FamRZ 2014, 225, 226 f; BEHRENTIN/BRAUN, Handb AdoptionsR, B Rn 773; **aA** OLG Hamm 29. 6. 2012 – 2 UF 274/11, FamRZ 2013, 557, 558). Dass man diejenigen Personen adoptieren möchte, die man als Erben vorgesehen hat und von denen man sich Beistand erhofft, liegt in der Natur der Sache, belegt aber nicht die Eltern-Kind-ähnliche Qualität der persönlichen Nähebeziehung.

Auch die **Bereitschaft, „sich unbedingt und auf Dauer in allen Lebenslagen beizuste- 35 hen"**, soll die Annahme eines Volljährigen sittlich rechtfertigen (OLG Düsseldorf FamRZ 1985, 832; OLG Zweibrücken FamRZ 1983, 533, 534), obwohl diese Bereitschaft sich von dem selbständigen Erfordernis der Herstellung eines Eltern-Kind-Verhältnisses (§ 1767 Abs 2 S 1 BGB iVm § 1741 Abs 1 S 1 BGB) allenfalls durch die Intensität der Voraussetzungen unterscheidet. Dagegen wird die Volljährigenadoption als sittlich nicht gerechtfertigt angesehen, wenn mit ihrer Hilfe dem ausländischen Anzunehmenden vornehmlich ein **Aufenthaltsrecht** verschafft werden soll (BayObLG NJWE-FER 2001, 12; FGPrax 2000, 25; FamRZ 2001, 118; FamRZ 1996, 183; NJW 1985, 2094; FamRZ 1982, 644; FamRZ 1980, 1158; DAVorm 1980, 503; OLG Köln 1. 8. 2011 – 4 UF

108/11, FamRZ 2012, 137 [Ls]; FamRZ 2003, 1870; OLG Zweibrücken NJWE-FER 1999, 295 = FamRZ 1999, 1690 [LS]; FamRZ 1989, 537; OLG Celle FamRZ 1995, 829; OLG Karlsruhe FamRZ 1991, 226, 227; LG Fulda FamRZ 2005, 1277) oder dessen **finanzielle Absicherung** erreicht werden soll (OLG München 8. 6. 2009 – 31 Wx 22/09, FamRZ 2010, 46, 47; OLG Braunschweig 21. 3. 2017 – 1 UF 139/16, FamRZ 2017, 1240, 1241). Das Gleiche gilt, wenn der Annehmende in erster Linie die Erbringung von **Pflegeleistungen durch den Anzunehmenden absichern** möchte (OLG Nürnberg 4. 8. 2014 – 9 UF 468/14, FamRZ 2015, 517 f; OLG München 5. 5. 2009 – 31 Wx 17/09, FamRZ 2009, 1336, 337; OLG Braunschweig 21. 3. 2017 – 1 UF 139/16, FamRZ 2017, 1240, 1241; AG Konstanz 10. 5. 2016 – 3 F 174/15, FamRZ 2016, 2021, 2022; was in gewissem Widerspruch zu der oben Rn 34 aufgeführten Fallgruppe steht: BEHRENTIN/BRAUN, Handb AdoptionsR, B Rn 781) oder vor allem **wirtschaftliche Zwecke** verfolgt werden (OLG Stuttgart 3. 7. 2014 – 11 UF 316/13, FamRZ 2015, 592, 593; BayObLG FamRZ 2005, 546; BayObLG FamRZ 1980, 1158; FamRZ 1982, 644; NJW 1985, 2094; FG Düsseldorf EFG 2000, 1345 [LS] = UVR 2000, 395).

36 Spielen bei der Adoption mehrere Motive eine Rolle, dann muss das familienbezogene das **Hauptmotiv** sein. Andere Motive sollen nicht schaden, solange sie **Nebenmotive** bleiben (OLG Hamburg 18. 4. 2018 – 2 UF 144/17, juris Rn 20; OLG Stuttgart 3. 7. 2014 – 11 UF 316/13, FamRZ 2015, 592, 593; OLG Nürnberg 4. 8. 2014 – 9 UF 468/14, FamRZ 2015, 517; OLG Nürnberg 8. 6. 2011 – 9 UF 388/11, NJW-RR 2012, 5; OLG Karlsruhe 22. 7. 2005 – 14 Wx 31/05, NJW-RR 2006, 364, 365; OLG München 5. 5. 2009 – 31 Wx 17/09, FamRZ 2009, 1336; BayObLG 18. 5. 2004 – 1 Z BR 30/04, FamRZ 2005, 546, 547; BayObLG 24. 7. 2002 – 1 Z BR 9/02, FamRZ 2002, 1653, 1654; OLG Köln FamRZ 2003, 1870; OLG Düsseldorf FamRZ 1985, 832; OLG Köln FamRZ 1990, 800; OLG Zweibrücken FamRZ 1983, 533, 534). Ob „mitbestimmende" (wohl gemeint iSv „gleichwertige") familienfremde Motive schädlich sind, ist str (dafür: BayObLG DAVorm 1980, 503, 507; FamRZ 1980, 1158, 1159; dagegen: OLG Düsseldorf FamRZ 1981, 94; offengelassen: KG FamRZ 1982, 641, 642). Nach OLG Düsseldorf FamRZ 1981, 94 ist selbst die Absicht, jemanden vor der Ausweisung zu bewahren, unschädlich, wenn nur im Übrigen eine sittliche Rechtfertigung festzustellen ist (ähnl insoweit BayObLG NJW 1985, 2094).

Zwar ist richtig, dass die Abwägung zwischen Haupt- und Nebenmotiv im vorliegenden Kontext **kaum rational nachvollziehbar durchzuführen** ist (FRANK StAZ 2008, 63, 69 spricht von „Augenwischerei") und der Verfahrenserfolg damit letztlich vom geschickten Vortrag und überzeugenden Auftreten in der Anhörung abhängt, doch kann angesichts des mit der Erwachsenenadoption verbundenen Missbrauchspotenzials (vgl Rn 8, 13, 38 ff) die Lösung nicht darin bestehen, auf die Gewichtung der Adoptionsmotive ganz zu verzichten (so aber offenbar die Schlussfolgerung von STAUDINGER/FRANK [2007] Rn 22). Konsequenter ist es demgegenüber, wenn BRAUN anmahnt, der Ausnahmecharakter der Erwachsenenadoption müsste in der Rspr stärker berücksichtigt werden (PraxKommKindschaftsR/BRAUN Rn 11 u BEHRENTIN/BRAUN, Handb AdoptionsR, B Rn 753).

37 Zweifel an der sittlichen Rechtfertigung gehen zu Lasten der Antragsteller (OLG Stuttgart 3. 7. 2014 – 11 UF 316/13, FamRZ 2015, 592, 593; OLG Nürnberg 4. 8. 2014 – 9 UF 468/14, FamRZ 2015, 517; OLG Hamburg 18. 4. 2018 – 2 UF 144/17, juris Rn 21; OLG Köln 1. 8. 2011 – 4 UF 108/11, FamRZ 2012, 137 [Ls]; FamRZ 2003, 1870; OLG München 5. 5. 2009 – 31 Wx 17/09, FamRZ 2009, 1336; OLG Düsseldorf FamRZ 1985, 832; OLG Frankfurt FamRZ 1980, 503).

VI. Missbräuche

Eine Adoption ist immer sittlich gerechtfertigt, wenn zwischen dem Annehmenden **38** und dem Anzunehmenden ein Eltern-Kind-Verhältnis bereits entstanden ist (§ 1767 Abs 1 BGB). Ob die Annahme in concreto aus steuerlichen, namensrechtlichen, ausländerrechtlichen, wirtschaftlichen Gründen erfolgt, ist dann unerheblich (vgl Rn 32). Ist ein Eltern-Kind-Verhältnis noch nicht entstanden, aber anzunehmen, dass es entstehen wird, muss zusätzlich geprüft werden, ob die Annahme sittlich gerechtfertigt ist. Dabei kommt es darauf an, ob das Hauptmotiv für die Adoption „familienbezogen" ist (vgl Rn 33). Werden daneben weitere nicht-familienbezogene Ziele als Nebenziele verfolgt, ändert das an der sittlichen Rechtfertigung nichts. Es ist deshalb ungenau, mit Blick auf die Motivation der Beteiligten Namens-, Steueradoptionen etc schlechthin als missbräuchlich zu qualifizieren. Beispielhaft seien hervorgehoben:

1. Namensadoption

Namens- oder Adelsadoptionen beschäftigten in der ersten Hälfte des Jahrhunderts **39** des Öfteren die Gerichte (Nachw bei KRAUSE 30–33, 72–74; vgl auch STAUDINGER/ENGLER[10/11] § 1754 Rn 37 f), spielen aber heutzutage allenfalls am Rande eine Rolle (BayObLG FamRZ 1993, 236; BICKLER 69 ff; KRAUSE 20 ff, 119 f). Vor der Reform v 1976 waren Annahmeverträge nichtig, falls die Absicht fehlte, ein echtes Eltern-Kind-Verhältnis herzustellen, und der Anzunehmende (gegen Entgelt) nur den Wunsch hatte, den (meist adligen) Namen des Annehmenden zu erlangen. Nach dem Übergang vom Vertrags- zum Dekretsystem (§ 1768 BGB) sind derartige Adoptionen heute jedoch voll gültig und können auch von Amts wegen nicht aufgehoben werden (vgl § 1771 BGB).

2. Steueradoption

Die erbschaftsteuerliche Gleichstellung von Adoptivkindern mit leiblichen (ehelichen) Kindern wurde 1923 unter dem Eindruck der Situation unzähliger Kriegswaisen vollzogen, um die Adoption verlassener Kleinkinder und Kriegswaisen zu fördern (KRAUSE 25 ff u 118). **40**

In der heutigen Praxis spielen Erwachsenenadoptionen mit dem Ziel, durch das **41** Aufrücken in die Steuerklasse I Erbschaft- oder Schenkungsteuer zu sparen, eine große Rolle (ROTH 121 ff; KRAUSE 62 ff, 117 ff; BICKLER 94 ff; HELMS/BOTTHOF, in: FS Meincke [2015] 143, 145 ff), bei den meisten Erwachsenenadoptionen handelt es sich (wenn auch vor Gericht oft nicht nachweisbar) um ein **zentrales Motiv** (vgl Rn 8, 10 u 13). Dabei hat das Erbschaftsteuerreformgesetz mit Wirkung zum 1. 1. 2009 (BGBl I 2008, 3018) den mit einer Adoption verbundenen Begünstigungseffekt noch einmal deutlich verstärkt: So rückt gem § 15 Abs 1 ErbStG das Adoptivkind beim Tod des Annehmenden in die Erbschaftsteuerklasse I mit einem Freibetrag von 400 000 € (vor der Reform: 205 000 €) auf (§ 16 Abs 1 Nr 2 ErbStG) und der Annehmende beim Tod des Adoptivkindes in die Steuerklasse II. Für die Steuerklassen I und II gelten die gestaffelten Steuersätze von 7% bis 30% bzw von 15% bis 43%, während die Steuersätze für die Steuerklasse III auf den unteren Stufen mittlerweile pauschal 30% und auf den höheren Stufen 50% betragen (§ 19 ErbStG).

42 Gerade weil die Rspr die **Fortführung des Lebenswerkes** (Hof, Betrieb, Praxis) immer wieder geradezu als ein Paradebeispiel sittlicher Rechtfertigung der Erwachsenenadoption nennt (vgl Rn 34), bestehen für einen Adoptionsantrag recht gute Chancen, wenn der Anzunehmende eine ihm familiär oder freundschaftlich eng verbundene Person als Hof- oder Betriebsnachfolger ausgesucht hat und diese annehmen möchte. Dann kommt es darauf an, ob die (schwer nachprüfbare) weitere Voraussetzung des § 1767 Abs 2 S 1 BGB iVm § 1741 Abs 1 S 1 BGB gegeben ist. Sollte sich nach dem Erlass des Adoptionsbeschlusses herausstellen, dass die Herstellung eines Eltern-Kind-Verhältnisses nicht beabsichtigt war, bleibt die Adoption dennoch wirksam und muss vor allem steuerlich anerkannt werden (Weinmann/Revenstorff/Offerhaus/Erkis, Erbschaft- und Schenkungsteuerrecht [4. Aufl 2017] 35; Behrentin/Reuss, Handb AdoptionsR, F Rn 246).

3. Adoption zur Verbesserung der aufenthaltsrechtlichen Lage

43 Adoptionen, bei denen diese Zielsetzung erkennbar ist, können nur in seltenen Ausnahmefällen sittlich gerechtfertigt sein (vgl Rn 35, bzgl eines möglichen Ausnahmefalls vgl OLG Düsseldorf FamRZ 1981, 94). Wird eine Adoption ausgesprochen, ohne dass die gesetzlichen Voraussetzungen vorliegen, so sind die Verwaltungsbehörden und -gerichte an die Entscheidung gebunden.

44 Allerdings bietet der durch Art 6 Abs 1 GG gewährleistete Schutz der Familie dem adoptierten Ausländer **in aller Regel kein Aufenthaltsrecht** (BVerfG FamRZ 1990, 363; BVerfGE 80, 81 = FamRZ 1989, 715; BVerwGE 69, 359 = FamRZ 1984, 1011; VGH Baden-Württemberg FamRZ 1986, 494; OVG Lüneburg InfAuslR 1986, 38; OVG Hamburg FamRZ 1984, 46; BayVGH NVwZ 1982, 387 = FamRZ 1983, 1058 [LS]; OVG Münster FamRZ 1981, 1111; ausführlich BeckOK/Pöcker Rn 24 f mwNw). „Eine Erwachsenenadoption begründet eine Familie, die in ihrem verfassungsrechtlichen Kern nicht eine Lebens- oder Haushaltsgemeinschaft darstellt, sondern in aller Regel auf eine Begegnungsgemeinschaft angelegt ist und deshalb durch wiederholte Besuche, durch Brief- und Telefonkontakte sowie durch Zuwendungen aufrechterhalten werden kann. Die Versagung der Aufenthaltserlaubnis aus einwanderungspolitischen Gründen ist hier im Hinblick auf Art 6 Abs 1 GG jedenfalls dann unbedenklich, wenn keine Lebensverhältnisse bestehen, die einen über die Aufrechterhaltung der Begegnungsgemeinschaft hinausgehenden familienrechtlichen Schutz angezeigt erscheinen ließen" (BVerfG FamRZ 1990, 363; BVerfGE 80, 81, 90 f = FamRZ 1989, 715, 717; bestätigt durch BVerfG FamRZ 1996, 154). Liegen jedoch Lebensverhältnisse vor, die eine Betreuung des Adoptierenden oder des Adoptierten erforderlich machen, so geht die aufenthaltsrechtliche Schutzfunktion des Art 6 Abs 1 GG auch dann nicht verloren, wenn die Betreuung durch Dritte gewährleistet werden kann (BVerfG FamRZ 1990, 363, 364; BVerfG FamRZ 1996, 154).

4. Adoption zur Umgehung erbrechtlicher Bestimmungen

45 Die Adoption eines Volljährigen durch einen kinderlosen Erblasser lässt **Pflichtteilsansprüche** der leiblichen Eltern des Annehmenden hinfällig werden. Besitzt der Erblasser leibliche Abkömmlinge, so wird deren Pflichtteil durch das Hinzutreten eines weiteren gesetzlichen Erben verkürzt. Auch hier gilt grds, dass beim Vorliegen der Adoptionsvoraussetzungen des § 1767 BGB die Annahme nicht in Frage gestellt werden kann, auch dann nicht, wenn dem Erblasser die genannten pflichtteilsrechtlichen Konsequenzen willkommen sind. Etwas anderes kann sich im Einzelfall aus § 1769 BGB ergeben. § 1769 BGB garantiert den Kindern des Annehmenden jedoch keineswegs den wirtschaftlichen status quo (so auch OLG München 10. 1. 2011 – 33 UF 988/10, FamRZ 2011, 1411, 1413; Näheres vgl § 1769 Rn 8). Die Annahme eines langjährigen Pflege- oder Stiefkindes, das den Erblasser im Alter aufopferungsvoll pflegt, kann zB sittlich gerechtfertigt sein, obwohl es dem Erblasser auf eine Verkürzung des Pflichtteilsanspruchs eines leiblichen Kindes durchaus ankommt, weil dieses sich schwere Verfehlungen gegenüber dem Erblasser hat zuschulden kommen lassen, ohne dass ein Pflichtteilsentziehungsgrund vorläge (so zutr KRAUSE 66; vgl auch BayObLG FamRZ 2005, 546).

Sind in einer letztwilligen Verfügung **"Abkömmlinge" oder "Kinder"** bedacht, so **46** entscheidet der Erblasserwille, ob auch ein adoptierter Erwachsener in den Genuss der Bestimmung kommen soll (Näheres mit RsprNachw vgl § 1754 Rn 10 u § 1770 Rn 20). Eine ohne die Voraussetzungen des § 1767 BGB zustande gekommene Erwachsenenadoption wäre zwar voll gültig, würde aber ihr Ziel entgegen dem Erblasserwillen nicht erreichen können (OLG Stuttgart FamRZ 1981, 818 m Anm BAUSCH).

In einer Entscheidung vom 3. 11. 1969 (FamRZ 1970, 79) hatte sich der BGH (noch **47** zum alten Adoptionsrecht) mit der Frage auseinanderzusetzen, ob es mit Hilfe einer Adoption möglich ist, lästig gewordene **Bindungen an ein gemeinschaftliches Testament oder einen Erbvertrag** durch Anfechtung (§§ 2281, 2079 BGB) abzustreifen. Angesichts der Auswirkungen auf wechselbezügliche Verfügungen der Gegenseite (vgl § 2270 Abs 1 BGB) kommt dies eher selten vor, ist aber kein Einzelfall (FRANK 198 mwNw; vgl auch OLG Hamm 8. 1. 2014 – 8 UF 179/13, juris Rn 3, wo die Erblasserin behauptete, ihr Erbvertrag enthalte eine Änderungsbefugnis, ohne dass das Gericht dem ausschlaggebende Bedeutung beizumessen schien). Nach Auffassung des BGH soll die Selbstanfechtung bindender Verfügungen nach § 2281 BGB iVm. § 2079 BGB direkt oder analog ausgeschlossen sein, wenn die Adoption nur stattfand, „um ein Anfechtungsrecht zu konstruieren" und sich von der Bindungswirkung zu lösen. Allerdings soll es hierfür nicht ausreichen, dass die durch die Adoption gewonnene Anfechtungschance als „willkommene Möglichkeit" ausgenutzt wird (BGH 3. 11. 1969 – III ZR 52/67, FamRZ 1970, 79, 82). Selbst diese – eher theoretische – Einschränkung des Rechts zur Selbstanfechtung wird etwa von LEIPOLD zurückgewiesen. Schließlich prüfe seit der Reform des Adoptionsrechts das Familiengericht, ob die Annahme sittlich gerechtfertigt sei, weshalb man akzeptieren müsse, dass „diese [erbrechtliche] Bindung nur eingeschränkte Kraft besitzt" (MünchKomm/LEIPOLD § 2079 BGB Rn 13).

VII. Sinngemäße Anwendung der Vorschriften über die Annahme Minderjähriger (Abs 2 S 1)

Sinngemäß anzuwenden sind nach **Abs 2 S 1** die §§ 1741 *und* 1743 BGB (vgl Rn 19). **48** Nicht anzuwenden sind die §§ 1742, 1744, 1745, 1746 Abs 1 und 2, 1747 BGB (§ 1768 Abs 1 S 2 BGB), ebenso § 1748 BGB, da eine **elterliche Einwilligung** bei der Volljährigenadoption nicht erforderlich ist. § 1749 BGB gilt auch für die Erwachsenenadoption, ebenso § 1750 BGB, soweit es dort um die Einwilligung des Ehegatten geht. § 1751 BGB passt nicht für die Erwachsenenadoption. § 1752 Abs 2 BGB gilt auch für den Annahmeantrag nach § 1768 BGB (vgl § 1768 Rn 2 ff). Sinngemäß anwendbar sind weiter § 1753 BGB, die §§ 1754–1756 BGB im Rahmen des § 1772 BGB sowie § 1757 BGB (der durch § 1767 Abs 2 S 3 BGB ergänzt wird).

49 Dagegen ergibt das strikte **Offenbarungs- und Ausforschungsverbot** des § 1758 BGB für die Volljährigenadoption keinen rechten Sinn (NK-BGB/Dahm § 1758 Rn 5; Erman/Saar Rn 13; wohl auch BeckOGK/Löhnig [15. 12. 2018] Rn 7; **aA** MünchKomm/Maurer § 1758 Rn 6 [Geheimhaltungsinteresse lediglich geringer]; OLG Hamm 29. 7. 2011 – II-2 WF 131/11, FamRZ 2015, 51, 52). Insofern muss auf die allgemeinen Regeln etwa über den (Sozial-)Datenschutz und das Allgemeine Persönlichkeitsrecht zurückgegriffen werden. Auch beim Akteneinsichtsrecht ergibt sich nur eine graduelle Verschiebung der Gewichte, wenn nicht pauschal auf § 13 Abs 2 S 2 FamFG zurückgegriffen werden kann, sondern die Abwägung nach § 13 Abs 2 S 1 FamFG vorgenommen werden muss.

50 Die **Aufhebung** des Annahmeverhältnisses (§§ 1759–1763 BGB) wird in § 1771 BGB besonders geregelt, während für die Wirkungen der Aufhebung wiederum die §§ 1764–1766 BGB maßgebend sind.

VIII. Einwilligung des Ehegatten bzw Lebenspartners des Anzunehmenden (Abs 2 S 2)

1. Entwicklung

51 In **Abs 2 S 3 aF** war seit dem Gesetz zur Überarbeitung des Lebenspartnerschaftsrechts von 2004 (BGBl 2004 I 3396) das Einwilligungserfordernis für die Annahme einer Person geregelt, die eine Lebenspartnerschaft führt. Eine ausdrückliche Regelung im Abschnitt über die Volljährigenadoption war deshalb erforderlich, weil ein Minderjähriger eine Lebenspartnerschaft nicht begründen konnte (BT-Drucks 15/4052, 29). Die entsprechende Regelung für ein verheiratetes Adoptivkind war in § 1749 Abs 2 aF enthalten, der Kraft der Verweisung in § 1767 Abs 2 S 1 BGB auch für die Volljährigenadoption galt.

52 Die Vorschrift des § 1749 Abs 2 aF besaß für die Minderjährigenadoption keine nennenswerte Bedeutung (Staudinger/Frank [2007] § 1749 Rn 1 und 7), durch das Gesetz zur Bekämpfung von Kinderehen vom 17. 7. 2017 (BGBl 2017 I 2429) wurde sie gestrichen und in § 1767 Abs 2 S 2 BGB **mit dem bisherigen Abs 2 S 3 aF zusammengeführt**. Abs 2 S 2 gilt nunmehr einheitlich für die Einwilligung eines Ehegatten oder Lebenspartners des Anzunehmenden. Auf die Lebenspartnerschaft wird deshalb im Folgenden nicht mehr besonders hingewiesen. Zur analogen Anwendbarkeit auf Minderjährigenadoptionen vgl § 1749 Rn 2.

2. Interessenlage

53 Ist der Anzunehmende verheiratet, ist die Einwilligung seines Ehegatten erforderlich, obwohl im Falle der Volljährigenadoption der Ehegatte des Angenommenen nach § 1770 Abs 1 S 2 BGB nicht mit dem Annehmenden verschwägert wird (anders bei der Minderjährigenadoption, § 1754 Abs 2 BGB). Dem **Grundgedanken der ehelichen Lebensgemeinschaft** entspricht es aber, dass ein Ehegatte sich nur mit Einwilligung seines Ehepartners von einem Dritten als Kind annehmen lässt. IdR werden

Annehmender und Anzunehmender keine häusliche Gemeinschaft begründen, sodass der Ehegatte des Anzunehmenden insoweit nicht oder jedenfalls nicht besonders intensiv durch die Annahme betroffen wird. Auch die (mittelbaren) rechtlichen Auswirkungen der Adoption auf den Ehegatten halten sich bei der Adoption in Grenzen: Denkbar ist, dass sich das gesetzliche Erbrecht des Ehegatten verschlechtert, wenn nämlich die Ehe kinderlos ist und vor der Adoption weder Verwandte der 2. Ordnung noch Großeltern vorhanden waren (§ 1931 Abs 1 und 2 BGB). Der Unterhaltsanspruch des Ehegatten wird durch die Annahme nicht berührt (§ 1609 BGB). Die namensrechtlichen Wirkungen der Adoption hängen von der Zustimmung des Ehegatten ab: War der ursprüngliche Geburtsname des Angenommenen gleichzeitig Ehename, so ändert sich dieser mit Wirkung für den Ehegatten und ggf die gemeinsamen Kinder nur dann, wenn dieser sich der Namensänderung anschließt (§ 1767 Abs 2 S 3 BGB iVm § 1617c Abs 2 Nr 1 BGB); vgl dazu ausführlich Rn 56 ff.

3. Einwilligung – insbes Form und Entbehrlichkeit

Für die Einwilligung gilt grundsätzlich das Gleiche wie für die Einwilligung des Ehegatten des Annehmenden **nach § 1749 Abs 1 S 1 BGB** (vgl § 1749 Rn 3). Das Erfordernis notarieller Beurkundung, das für die nach §§ 1746, 1747, 1749 BGB erforderlichen Einwilligungserklärungen in § 1750 Abs 1 S 2 BGB vorgeschrieben ist, gilt über § 1767 Abs 2 S 1 BGB auch für die Einwilligung nach Abs 2 S 2. In gleicher Weise ist die Einwilligung nach § 1767 Abs 2 S 1 BGB iVm § 1749 Abs 2 BGB entbehrlich, wenn der Ehegatte zur Abgabe der Erklärung dauernd außerstande oder sein Aufenthalt unbekannt ist (vgl § 1749 Rn 5). 54

4. Keine Ersetzung der Einwilligung

Der RegE (BT-Drucks 7/3061, 5 u 39) hatte ursprünglich die Möglichkeit, die Einwilligung des Ehegatten des Anzunehmenden zu ersetzen, in gleicher Weise vorgesehen wie die Ersetzung der Einwilligung des Ehegatten des Annehmenden (vgl § 1749 Abs 1 S 2 und 3 BGB). Der Rechtsausschuss (BT-Drucks 7/5087, 19) sprach sich jedoch mit Erfolg für eine Streichung der Ersetzungsmöglichkeit aus, weil dadurch „der Keim für das Scheitern der Ehe gelegt werden (könnte)". Obwohl die Annahme eines Verheirateten auf dessen Ehegatten nur geringe Auswirkungen hat, erscheint die Regelung vertretbar, weil auf der anderen Seite ein dringendes Bedürfnis für die Annahme des bereits Volljährigen oder fast Volljährigen idR nicht besteht. 55

IX. Name des verheirateten bzw verpartnerten Angenommenen (Abs 2 S 3)

1. Entstehungsgeschichte und Verhältnis zu § 1757 BGB

Grundsätzlich richtet sich der **Name des Adoptivkindes** auch im Falle einer Volljährigenadoption über den Verweis in Abs 2 S 1 nach **§ 1757 BGB**. Gegen die Geltung dieser Regeln, die dem Adoptivkind auch im Falle einer Volljährigenadoption nicht die unveränderte Beibehaltung seines bisherigen Namens gestatten, bestehen keine verfassungsrechtlichen Bedenken (vgl § 1757 Rn 9). Die Wirkungen der Annahme auf den **Namen eines Kindes des Angenommenen** ergeben sich aus der allgemeinen Vorschrift des **§ 1617c Abs 2 BGB** (vgl dazu § 1757 Rn 40 ff). 56

57 Ursprünglich war eine **Sonderregel für die Namensführung bei Annahme eines verheirateten Kindes** in § 1757 Abs 3 aF verankert. Seine entsprechende Anwendung für den Fall, dass der Angenommene eine Lebenspartnerschaft begründet hatte, bestimmte § 1767 Abs 2 S 2 aF, der durch das „Gesetz zur Beendigung der Diskriminierung gleichgeschlechtlicher Gemeinschaften: Lebenspartnerschaften" vom 16. 2. 2001 (BGBl 2001 I 266) in das BGB eingefügt worden war. § 1757 Abs 3 aF besaß für die Minderjährigenadoption aber keine nennenswerte Bedeutung (STAUDINGER/FRANK [2007] § 1757 Rn 32), durch das Gesetz zur Bekämpfung von Kinderehen vom 17. 7. 2017 (BGBl 2017 I 2429) wurde sie gestrichen und inhaltsgleich in § 1767 Abs 2 S 2 BGB eingegliedert. Zur Namensführung eines **geschiedenen** oder **verwitweten** Anzunehmenden vgl § 1757 Rn 13. Zu den Auswirkungen, wenn ein verheirateter Anzunehmender von der **Namensänderungsoption** des § 1757 Abs 2 S 1 Nr 2 BGB Gebrauch macht, vgl § 1757 Rn 33 f.

58 Ehe- und Lebenspartnerschaftsnamen werden in Abs 2 S 2 im Hinblick auf die namensrechtlichen Folgen einer Adoption vollkommen gleich behandelt. Auf den Lebenspartnerschaftsnamen wird deshalb im Folgenden nicht mehr besonders hingewiesen. Zur analogen Anwendbarkeit auf Minderjährigenadoptionen vgl § 1757 Rn 7.

2. Ehename ist der Geburtsname des Angenommenen

59 Ist der Angenommene verheiratet und sein früherer Geburtsname zum gemeinsamen Familiennamen geworden, würde eine aufgrund des neuen Geburtsnamens (§ 1757 Abs 1 S 1 BGB iVm § 1767 Abs 2 S 1 BGB) automatisch eintretende Änderung des gemeinsamen Familiennamens mit dem **Namensbestimmungsrecht** beider Ehegatten kollidieren. Aus diesem Grunde bestimmt Abs 2 S 3, dass sich die Namensänderung nur dann auf den Ehenamen erstreckt, wenn sich auch der Ehegatte der Namensänderung vor dem Ausspruch der Annahme durch Erklärung gegenüber dem FamG anschließt (vgl die Grundregel in § 1617c Abs 3 BGB). Schließt er sich nicht an, so ändert sich der gemeinsame Familienname trotz der Adoption nicht (vgl etwa BGH 21. 6. 2017 – XII ZB 18/16, FamRZ 2017, 1583 Rn 10). Auf diese Weise wird sichergestellt, dass die Annahme eines Verheirateten nicht am Namensinteresse seines Ehegatten scheitern muss. Ändert sich der gemeinsame Familienname (Ehename) trotz der Adoption nicht, ist es üblich, im Adoptionsbeschluss klarzustellen, dass sich der bisherige Ehename nicht geändert hat. Obwohl eine solche Klarstellung gesetzlich nicht vorgeschrieben ist (BGH 21. 6. 2017 – XII ZB 18/16, FamRZ 2017, 1583 Rn 10; FRANK StAZ 2008, 1, 4), geht die gerichtliche Praxis davon aus, dass im Interesse der Rechtssicherheit und um Zweifel im Personenstandsverfahren zu vermeiden, eine nachträgliche Klarstellung auch im Wege eines Ergänzungsbeschlusses verlangt werden kann (OLG Frankfurt StAZ 1992, 378; OLG Zweibrücken 21. 3. 2011 – 6 UF 31/11, StAZ 2012, 54).

60 Durch das FamNamRG v 1993 wurde § 1757 Abs 3 aF, der durch das Gesetz zur Bekämpfung von Kinderehen inhaltsgleich in § 1767 Abs 2 S 2 BGB übernommen wurde (vgl Rn 57), in Anpassung an die Vorschrift des § 1616a Abs 3 aF (heute: § 1617c Abs 3 BGB) in seinem Wortlaut geringfügig geändert. Während es früher hieß, dass sich die Namensänderung auf den Ehenamen nur dann erstreckt, „wenn der Ehegatte der Namensänderung ... zugestimmt hat", heißt es nunmehr, dass das nur der Fall ist, "wenn sich *auch* der Ehegatte der Namensänderung anschließt". Daraus wird man trotz des keineswegs eindeutigen Wortlauts schließen müssen, dass seit dem Inkrafttreten des FamNamRG v 1993 **beide Ehegatten mit der Änderung des Ehenamens einverstanden** sein müssen (Näheres dazu Wagenitz/Bornhofen, FamNamRG § 1757 Rn 9 u § 1616a Rn 35). Allerdings heißt es in Abs 2 S 3 HS 2, dass "die Erklärung" – und damit kann nur die Anschließungserklärung gemeint sein – öffentlich beglaubigt werden muss. Man wird deshalb Abs 2 S 3 in dem Sinne interpretieren müssen, dass sich die Einverständniserklärung des Anzunehmenden mit der Änderung seines Ehenamens konkludent und formlos aus seiner Einwilligung in die Adoption (§ 1746 BGB) ergibt, während sich im Übrigen Abs 2 S 3 nur auf die erforderliche Anschließungserklärung des Ehegatten bezieht.

Die Anschließungserklärung muss vor dem Ausspruch der Annahme abgegeben werden. Eine **spätere Anschließungserklärung** ist wirkungslos (BayObLGZ 1985, 264, 269 = FamRZ 1985, 1182, 1183 f). Im Einzelfall kann allerdings in der Einwilligung des Ehegatten in die Adoption (§ 1767 Abs 2 S 2 BGB) konkludent eine Zustimmung zur Namensänderung gesehen werden (AG Hamburg StAZ 1990, 21). Zum Sonderfall der Annahme eines Ehepaares vgl Prang StAZ 1982, 111 u Fachausschuss des Bundesverbandes der Standesbeamten StAZ 1983, 106 u StAZ 1984, 110. Wird die Anschließungserklärung vom Ehegatten nicht oder nicht rechtzeitig abgeben, kann der Angenommene immerhin seinen neuen Geburtsnamen dem (unveränderten) Ehenamen nach § 1355 Abs 4 S 1 BGB voranstellen oder anfügen (LG Gießen StAZ 1984, 100 aE; DNotI-Report 2001, 180; Diederichsen NJW 1976, 1169, 1176; MünchKomm/Maurer § 1757 Rn 44; BeckOGK/Löhnig [15. 12. 2018] Rn 50; **aA** AG München 14. 2. 2008 – 721 UR III 312/06, StAZ 2009, 112; BeckOK/Pöcker Rn 15 u 15. 2). Allerdings kommt nur eine entsprechende Anwendung des § 1355 Abs 4 S 1 BGB in Betracht, da der Ehename nach wie vor vom – wenn auch nur früheren – Geburtsnamen des Angenommenen abgeleitet wird. Das die entsprechende Anwendung der Vorschrift rechtfertigende namensrechtliche Interesse des Angenommenen folgt aus dem anerkennenswerten Wunsch, die Adoption auch nach außen hin zu manifestieren. 61

Die früher umstrittene Frage, ob die Zustimmung des Ehegatten der notariellen Beurkundung bedarf (Staudinger/Frank[12] § 1757 Rn 12), ist mit dem FamNamRG v 1993 dahingehend beantwortet worden, dass die Erklärung nur der **öffentlichen Beglaubigung bedarf**. Eine Beglaubigungs- oder Beurkundungszuständigkeit des Standesbeamten gem § 41 Abs 1 PStG besteht für die Anschließungserklärung nicht (MünchKomm/Maurer § 1757 Rn 42). 62

3. Ehename ist der Geburtsname des Ehegatten des Angenommenen

Führen der Angenommene und sein Ehegatte dessen Geburtsnamen als Ehenamen, so bewirkt die Adoption in keinem Fall eine Änderung des gemeinsamen Familiennamens. Es ändert sich lediglich der (nicht als Familienname geführte) Geburtsname des Angenommenen. Ein anderslautender Adoptionsbeschluss bindet den Standesbeamten nicht, da der Ehename von der Gestaltungswirkung des Adoptionsbeschlusses nicht erfasst wird (BayObLG StAZ 1985, 202; Krömer StAZ 1996, 337, 338; Hepting/Dutta, Familie und Personenstand[2] Rn V 431). Zum Familiennamen des Annehmenden, den der Angenommene als Geburtsnamen erwirbt, vgl § 1757 Rn 8. 63

64 Umstr ist, welche **Auswirkungen** die Annahme **auf den vom Angenommenen** zur Zeit der Adoption bereits **geführten Begleitnamen** hat: zT wird die Ansicht vertreten, der Adoptierte könne seinen früheren Geburtsnamen als Begleitnamen beibehalten, da § 1355 Abs 4 S 1 BGB auch gestatte, „den zur Zeit der Erklärung über die Bestimmung des Ehenamens geführten Namen", und das sei ja gerade der frühere Geburtsname, dem Ehenamen voranzustellen oder anzufügen. Der Adoptierte könne aber auch den neuen Geburtsnamen als Begleitnamen gegen den alten austauschen, habe also ein **Wahlrecht** (so BayObLGZ 1999, 367 = StAZ 2000, 107; Eckebrecht FPR 2001, 357; BGB-RGRK/Dickescheid § 1757 Rn 4; Soergel/Liermann § 1757 Rn 18; Hepting/Gaaz, PStR Bd 2, Rn V 487; Diederichsen NJW 1976, 1169, 1176). Nach einer anderen Meinung führt die Adoption dazu, dass der alte Geburtsname als Begleitname **automatisch** gegen den neuen **ausgetauscht** wird (so LG Berlin StAZ 1986, 290; Henrich, Der Erwerb und die Änderung des Familiennamens [1983] 15; Henrich/Wagenitz/Bornhofen, Deutsches Namensrecht, Rn 19). Nach einer dritten Ansicht **fällt der alte Geburtsname** mit der Adoption als Begleitname zwar **automatisch weg**; dem Betroffenen steht es aber frei, durch **erneute Erklärung** gegenüber dem Standesbeamten den neuen Geburtsnamen dem Ehenamen voranzustellen (so KG OLGZ 1988, 257 = FamRZ 1988, 1053 als Rechtsbeschwerdeinstanz gegen LG Berlin StAZ 1986, 290; LG Hanau StAZ 2002, 171 m Anm Liermann StAZ 2002, 339; Staudinger/Frank [2007] § 1757 Rn 38).

65 Gegen die erste Ansicht spricht, dass unter dem zur Zeit der Ehenamensbestimmung geführten Namen nicht der Geburtsname verstanden werden kann, der in § 1355 Abs 4 S 1 BGB besonders genannt ist. Außerdem kann der alte Geburtsname, der mit der Adoption automatisch wegfällt, auch als Begleitname keinen Bestand mehr haben (so auch BGH 17. 8. 2011 – XII ZB 656/10, FamRZ 2011, 1718, 1719 Rn 15 f). Der **Bundesgerichtshof** hat sich für die zweite Auffassung entschieden und geht davon aus, dass der durch die Adoption geänderte Geburtsname zwingend an die Stelle des als Begleitname ursprünglich hinzugefügten Geburtsnamens tritt (BGH 17. 8. 2011 – XII ZB 656/10, FamRZ 2011, 1718, 1719 Rn 18 m Anm Maurer). Dabei hat sich der Unterschied zwischen der zweiten und der dritten Ansicht ganz maßgeblich dadurch abgemildert, dass der Angenommene aufgrund des zum 1. 4. 1994 eingeführten § 1355 Abs 4 S 4 BGB die Möglichkeit hat, den Begleitnamen wieder abzulegen, wodurch die berechtigten Interessen des adoptierten Ehegatten, sich für oder gegen den neuen Begleitnamen zu entscheiden, ausreichend geschützt werden. Dass es damit entgegen der ersten Ansicht zum Verlust des früher als Begleitname gewählten Namens kommt, ist verfassungsrechtlich nicht bedenklich (vgl auch § 1757 Rn 9). Der Eingriff in das Persönlichkeitsrecht des Betroffenen ist verhältnismäßig gering, da das Kontinuitätsinteresse zumindest durch den fortbestehenden Ehenamen gewahrt bleibt (BGH 17. 8. 2011 – XII ZB 656/10, FamRZ 2011, 1718, 1719 Rn 19 f).

66 Selbstverständlich kann der Angenommene seinen **neuen Geburtsnamen auch erstmals als Begleitnamen** dem Ehenamen voranstellen oder anfügen (OLG Hamm 8. 1. 2014 – 8 UF 179/13, StAZ 2014, 362, 363); denn die Erklärung nach § 1355 Abs 4 S 1 BGB ist an keine Frist gebunden und kann deshalb im Zusammenhang mit der Annahme, aber auch später abgegeben werden.

§ 1768
Antrag

(1) Die Annahme eines Volljährigen wird auf Antrag des Annehmenden und des Anzunehmenden vom Familiengericht ausgesprochen. §§ 1742, 1744, 1745, 1746 Abs. 1, 2, § 1747 sind nicht anzuwenden.

(2) Für einen Anzunehmenden, der geschäftsunfähig ist, kann der Antrag nur von seinem gesetzlichen Vertreter gestellt werden.

Materialien: BT-Drucks 7/3061, 53, 77; BT-Drucks 7/5087, 21; BT-Drucks 11/4528, 108. S Staudinger/BGB-Synopse (2005) § 1768.

Systematische Übersicht

I.	Normzweck und Entstehungsgeschichte	1	2.	Ermittlungen und Anhörungen	7
			3.	Beschluss	9
II.	Anträge	2	IV.	Eingeschränkte Anwendbarkeit der Vorschriften über die Annahme Minderjähriger	13
III.	Annahmeverfahren				
1.	Zuständigkeit und Beteiligte	6			

I. Normzweck und Entstehungsgeschichte

Wie bei der Minderjährigenadoption kommt bei der Volljährigenadoption die Annahme seit der Reform von 1976 nicht durch Vertrag, sondern durch Beschluss des FamG auf Antrag des Annehmenden und des Anzunehmenden zustande (**Dekret- statt Vertragssystem**). Bei den Reformarbeiten war zT vorgeschlagen worden, das Vertragssystem für die Volljährigenadoption beizubehalten (Engler 107). Vertrags- und Dekretsystem sind keine unvereinbaren Gegensätze. Ob der entscheidende Akt des Zustandekommens der Adoption mehr im Vertragsrecht (verbunden mit staatlicher Kontrolle durch ein bestätigendes Gericht) oder in einem staatlichen Hoheitsakt (auf der Grundlage eines übereinstimmenden Antrags von Annehmendem und Anzunehmendem) zu sehen ist, ist eine Frage der Gewichtung (vgl § 1752 Rn 2). Nicht zuletzt im Interesse einer möglichst einheitlichen Regelung von Minderjährigen- und Volljährigenadoption ist die Entscheidung des Gesetzgebers von 1976 jedoch richtig gewesen (zur Begründung vgl BT-Drucks 7/3061, 53). 1

Abs 2 S 2 idF des AdoptG von 1976 hatte bestimmt, dass der in der Geschäftsfähigkeit beschränkte Anzunehmende den Annahmeantrag selbst stellt, dazu aber der Zustimmung seines gesetzlichen Vertreters bedarf. Durch das Betreuungsgesetz (BtG) vom 12. 9. 1990 (BGBl 1990 I 2002) ist Abs 2 S 2 ersatzlos aufgehoben worden, weil es mit Inkrafttreten dieses Gesetzes am 1. 1. 1992 wegen des Wegfalls der Entmündigung keine beschränkt geschäftsfähigen Volljährigen mehr gibt (BT-Drucks 11/4528, 108).

II. Anträge

2 Während bei der Minderjährigenadoption der Annehmende den Antrag stellt (§ 1752 Abs 1 BGB) und der Anzunehmende nach § 1746 BGB in die Adoption einwilligt, setzt die Volljährigenadoption einen **Antrag des Annehmenden und des Anzunehmenden** voraus (Abs 1 S 1). Die Anträge sind „ein Akt formellen Rechts, notwendige **Verfahrenshandlung** und Voraussetzung für eine gerichtliche Entscheidung" (BayObLGZ 1982, 318, 321), auch wenn sie gleichzeitig eine materiellrechtliche Erklärung beinhalten (vgl § 1752 Rn 4). Bei der Minderjährigen- und der Volljährigenadoption handelt es sich um unterschiedliche Verfahrensgegenstände (OLG Nürnberg 8. 9. 2011 – 7 UF 883/11, FamRZ 2012, 804, 805). Ein Antrag auf Ausspruch einer Minderjährigenadoption kann, wenn der Minderjährige inzwischen volljährig geworden ist, nicht in einen Antrag auf Ausspruch einer Volljährigenadoption umgedeutet werden, vielmehr muss ein neuer Sachantrag von Annehmendem und Anzunehmendem gemeinsam gestellt werden (vgl § 1752 Rn 9; OLG Karlsruhe FamRZ 2000, 768; PraxKommKindschaftsR/Braun § 1767 Rn 7; MünchKomm/Maurer § 1752 Rn 21 u 27). Ist auf eine Erwachsenenadoption ausländisches materielles Recht anzuwenden (Art 22 EGBGB), und folgt dieses dem Vertragssystem, so ist dennoch ein übereinstimmender Antrag des Annehmenden und des Anzunehmenden Voraussetzung dafür, dass ein deutsches FamG tätig wird (BayObLG ZBlJugR 1981, 537, 539 = IPRax 1981, 220 [LS] m Anm Jayme).

3 Die Anträge können nacheinander oder gleichzeitig gestellt werden. Sie bedürfen nach § 1767 Abs 2 S 1 BGB iVm § 1752 Abs 2 BGB der **notariellen Beurkundung** und sind bedingungs- und zeitbestimmungsfeindlich. Ein Antrag auf Erwachsenadoption ist abzulehnen, wenn die Annehmenden ihn unter der unzulässigen Verfahrensbedingung gestellt haben, ihre ehelichen Kinder nicht anzuhören (BayObLGZ 2000, 46).

4 Stellvertretung ist unzulässig (§ 1767 Abs 2 S 1 BGB iVm § 1752 Abs 2 S 1 BGB). Näheres vgl § 1752 Rn 7. Dies gilt ohne Ausnahme für den Annehmenden, der außerdem unbeschränkt geschäftsfähig sein muss (vgl § 1743 Rn 5). Für den **Anzunehmenden**, der **geschäftsunfähig** ist, macht § 1768 Abs 2 BGB eine Ausnahme. Der Antrag kann nur von seinem gesetzlichen Vertreter gestellt werden. Will der gesetzliche Vertreter den von ihm Vertretenen selbst annehmen, so muss entsprechend §§ 1795 Abs 2, 181 BGB ein Ergänzungspfleger (§ 1909 BGB) bestellt werden (vgl die Fälle OLG Hamm FamRZ 1979, 1082 m Anm d Red und AG Bielefeld FamRZ 1982, 961 m Anm d Red). Verweigert der gesetzliche Vertreter des Anzunehmenden ohne triftigen Grund die Stellung des Antrags, so kann dieser gem § 1746 Abs 3 BGB familiengerichtlich ersetzt werden (MünchKomm/Maurer Rn 7; vgl auch Roth-Stielow Rn 4–6). Die Anwendbarkeit von § 1746 Abs 3 BGB wird durch § 1768 Abs 1 S 2 BGB klargestellt.

5 Die **Anträge** können nach allg Verfahrensgrundsätzen in jedem Stadium des Verfahrens bis zum Wirksamwerden der Annahme, dh bis zur Zustellung des Annahmebeschlusses (§ 197 Abs 2 FamFG), **zurückgenommen** werden (BayObLGZ 1982, 318, 321; BayObLG ZBlJugR 1981, 537, 539 = FamRZ 1982, 198 [LS]; Näheres vgl § 1752 Rn 10). Eine Rücknahme des Antrags durch die Erben des Annehmenden ist allerdings nach dessen Tod ausgeschlossen (vgl § 1752 Rn 12). Die Rücknahme bedarf keiner besonderen Form (vgl § 1752 Rn 12). Rücknahme vor dem Wirksamwerden des Annahmebeschlusses bewirkt Erledigung in der Hauptsache; eine zuvor eingelegte Beschwerde wird unzulässig (BayObLGZ 1982, 318, 320 f).

III. Annahmeverfahren

1. Zuständigkeit und Beteiligte

Für die internationale, sachliche, örtliche und funktionelle **Zuständigkeit** gelten die 6
gleichen Regeln, die auch für die Minderjährigenadoption maßgebend sind (vgl § 1752 Rn 13 ff). Für eine Übersicht über die **Verfahrensbeteiligten** bei Annahme eines Volljährigen vgl § 1752 Rn 24.

2. Ermittlungen und Anhörungen

Wie bei der Minderjährigenadoption gilt der **Amtsermittlungsgrundsatz** (§ 26 7
FamFG). Das FamG prüft die **Voraussetzungen der Annahme** (ausführlich: BEHRENTIN/BRAUN, Handb AdoptionsR, B Rn 745 ff, 834 ff): ordnungsgemäße Anträge, Einwilligung des Ehegatten bzw des Lebenspartners (vgl § 9 Abs 6 LPartG) des Annehmenden bzw deren Ersetzung (§ 1767 Abs 2 S 1 BGB iVm § 1749 BGB), Einwilligung des Ehegatten bzw des Lebenspartners des Anzunehmenden (§ 1767 Abs 2 S 2 BGB), sittliche Rechtfertigung der Annahme (§ 1767 Abs 1 BGB), Erwartung, dass ein Eltern-Kind-Verhältnis entstehen wird (§ 1767 Abs 2 S 1 BGB iVm § 1741 Abs 1 S 1 BGB), Wohl des Anzunehmenden (§ 1767 Abs 2 S 1 BGB iVm § 1741 Abs 1 S 1 BGB), Interessen der Kinder des Annehmenden und des Anzunehmenden (§ 1769 BGB). Die Einwilligung der Eltern ist nicht Voraussetzung der Erwachsenenadoption (vgl Rn 14). Das Jugendamt wirkt bei der Volljährigenadoption naturgemäß nicht mit. Sämtliche Voraussetzungen müssen **beim Erlass des Adoptionsbeschlusses** vorliegen. Das gilt auch für die Geschäftsfähigkeit des Annehmenden (vgl § 1752 Rn 8). Wird ein minderjähriger Anzunehmender vor Erlass des Adoptionsbeschlusses volljährig, so sind auf die Adoption die Vorschriften über die Annahme Volljähriger anzuwenden (vgl § 1741 Rn 12; vgl aber § 1772 Abs 1 lit d BGB).

Die **Antragsteller** sind gem § 192 Abs 1 FamFG persönlich zu hören (BayObLG 8
FamRZ 1982, 644 mNachw; auch OLG Köln FamRZ 1982, 642, 643), weil nur so geklärt werden kann, ob die Annahme sittlich gerechtfertigt (§ 1767 Abs 1 BGB) bzw ob zu erwarten ist, dass zwischen dem Annehmenden und dem Anzunehmenden ein Eltern-Kind-Verhältnis entstehen wird (§ 1767 Abs 2 S 1 BGB iVm § 1741 Abs 1 S 1 BGB). Ein Anhörungsrecht steht gem § 193 FamFG auch den **Kindern des Annehmenden** und des Anzunehmenden zu (vgl § 1769 Rn 12).

Weiter sind die **Eltern des Anzunehmenden** (nicht notwendigerweise persönlich) anzuhören. Dies gilt auf jeden Fall dann, wenn die Erwachsenenadoption eine **Volladoption** ist (vgl § 1772 Abs 1 S 2 BGB), welche gem § 1755 Abs 1 S 1 BGB die Verwandtschaftsbeziehungen des Kindes zu seinen Eltern beendet (BVerfG 19. 2. 2007 – 1 BvR 510/03, FamRZ 2008, 243; BayObLG FamRZ 2001, 122; OLG Zweibrücken FamRZ 1984, 204; FRANK/WASSERMANN FamRZ 1988, 1248, 1249; MünchKomm/MAURER Rn 22). Obwohl § 192 Abs 2 FamFG iVm § 188 Abs 1 Nr 1b FamFG lediglich eine Sollvorschrift darstellt, besteht wegen Art 103 Abs 1 GG eine Anhörungspflicht (BEHRENTIN/BRAUN, Handb AdoptionsR, B Rn 857). Ob das Gleiche auch dann gilt, wenn **nur die Wirkungen des**

§ 1770 BGB eintreten, ist weniger offensichtlich. Auf den ersten Blick misst das Gesetz den Interessen der leiblichen Eltern in diesem Fall weder materiellrechtlich (vgl § 1772 Abs 1 S 2 BGB) noch verfahrensrechtlich besondere Bedeutung bei (vgl § 188 Abs 1 Nr 1b FamFG). Doch wird man den leiblichen Eltern insbesondere im Vergleich zu den Kindern des Annehmenden und des Anzunehmenden kaum eine weniger starke Betroffenheit attestieren können (vgl auch Rn 14): Durch das Hinzutreten neuer Unterhaltsgläubiger werden ihre Unterhaltsansprüche gefährdet und ihre Erbansprüche geschmälert (vgl § 1770 Rn 11 ff). Daher besteht nach hier vertretener Auffassung auch in diesem Fall aufgrund des Anspruchs auf rechtliches Gehör eine allgemeine Anhörungspflicht (so auch BEHRENTIN/BRAUN, Handb AdoptionsR, B Rn 858; aA MünchKomm/MAURER Rn 22). Zumindest ist die Anhörung der Eltern aber durch die **Pflicht zur Amtsermittlung** geboten (MÜLLER MittBayNot 2011, 16, 21: „regelmäßig").

Den **Eltern des Annehmenden** steht – wie auch bei der Minderjährigenadoption – kein Anhörungsrecht zu (vgl § 1749 Rn 9 f). Zur Verfassungsbeschwerde bei der Verletzung von Anhörungsrechten vgl § 1771 Rn 4 und § 1759 Rn 16 ff.

3. Beschluss

9 Für den Annahmebeschluss (§§ 38 Abs 1 S 1, 116 Abs 1, 197 FamFG) gelten die Ausführungen zur Minderjährigenadoption (vgl § 1752 Rn 35 ff). Ein Ausspruch der Annahme nach dem Tod des Annehmenden ist auch bei der Volljährigenadoption unter den Voraussetzungen des § 1753 Abs 2 BGB möglich.

10 Der Beschluss, durch den das Gericht die Annahme ausspricht, ist nach § 197 Abs 3 FamFG **unanfechtbar** und **unabänderbar**. Um Unklarheiten über die Wirkungen der Annahme zu vermeiden, ist im Annahmebeschluss anzugeben, auf welcher gesetzlichen Grundlage (§ 1770 BGB oder § 1772 BGB) er beruht (§ 197 Abs 1 S 1 FamFG). Näheres vgl § 1752 Rn 36.

11 Aus § 197 Abs 3 S 2 FamFG folgt insbes, dass eine Adoption, welche die gesetzlichen Wirkungen des § 1770 BGB entfaltet, nicht nachträglich auf Antrag in eine Volladoption nach § 1772 BGB umgewandelt werden darf (AG Kaiserslautern StAZ 1983, 17; OLG Frankfurt 12. 8. 2008 – 20 W 127/08, FamRZ 2009, 356; KEIDEL/ENGELHARDT § 197 FamFG Rn 12). War jedoch der Antrag gem § 1772 BGB rechtzeitig gestellt, aber vom Gericht übersehen worden, so kann über diesen gem § 43 FamFG in einem späteren Ergänzungsbeschluss entschieden werden (MünchKomm/MAURER § 1772 Rn 45). Werden Hauptantrag auf Volladoption (§ 1772 BGB) und Hilfsantrag auf Adoption mit schwachen Wirkungen (§ 1770 BGB) gestellt, so kann das Gericht vorab über den Hauptantrag entscheiden (OLG Hamm FamRZ 1979, 1082, 1084; STAUDINGER/FRANK [2007] Rn 11). Es kann aber auch den Hauptantrag abweisen und direkt dem Hilfsantrag stattgeben (MünchKomm/MAURER § 1772 Rn 42). In diesem Fall ist der Annahmebeschluss mit den (Mindest-)Wirkungen des § 1770 BGB nach § 197 Abs 3 FamFG unanfechtbar. Zulässig ist jedoch die Beschwerde gegen die Zurückweisung des Hauptantrags (OLG München 8. 4. 2010 – 31 Wx 30/10, FamRZ 2010, 2088), hat diese Erfolg, so wird das Dekret um den Zusatz des § 1772 BGB erweitert (MünchKomm/MAURER § 1772 Rn 42). Im Einzelnen liegen die Probleme im Falle eines Antrags nach § 1772 BGB ähnlich wie bei einem Antrag auf Namensänderung nach § 1757 Abs 4 BGB (ausführlich dazu § 1757 Rn 35 ff, 54 ff).

Titel 7 · Annahme als Kind
Untertitel 2 · Annahme Volljähriger § 1769

Der Beschluss, durch den die Annahme abgelehnt wird, ist nach den allg Regeln mit **12**
der Beschwerde (§§ 58 ff FamFG) sowie – nach Zulassung – mit der Rechtsbeschwerde (§§ 70 ff FamFG) anfechtbar (Näheres vgl § 1752 Rn 47). Beschwerdeberechtigt ist jeder der beiden Antragsteller (§ 59 Abs 2 FamFG; vgl BayObLG FamRZ 2001, 118; FamRZ 1997, 638; BayObLGZ 1982, 318; OLG Karlsruhe NJW-RR 2006, 364; OLG Hamm FamRZ 1979, 1082, 1083).

IV. Eingeschränkte Anwendbarkeit der Vorschriften über die Annahme Minderjähriger

Abs 1 S 2 nennt einige Bestimmungen, die entgegen der allg Verweisung in § 1767 **13**
Abs 2 BGB auf die Volljährigenadoption nicht anzuwenden sind. Die aufgeführten Bestimmungen sind indessen nicht die einzigen nicht anwendbaren Bestimmungen. § 1768 BGB betrifft nur das Zustandekommen der Adoption, und demgemäß sind auch nur die diesbzgl nicht anwendbaren Vorschriften über die Annahme Minderjähriger genannt. Bzgl weiterer nicht anwendbarer Bestimmungen vgl § 1767 Rn 48 f.

Nach Abs 1 S 2 idF des AdoptRÄndG von 1992 (BGBl 1992 I 1974) gilt das **Verbot der** **14**
Zweitadoption (§ 1742 BGB) nicht für die Erwachsenenadoption (Näheres vgl § 1742 Rn 8). Weiter ist für die Erwachsenenadoption weder eine Probezeit (§ 1744 BGB) noch tatsächliches Zusammenleben zwecks Herstellung eines Eltern-Kind-Verhältnisses erforderlich. § 1745 BGB (Berücksichtigung von Kindesinteressen) wird durch die speziell auf die Erwachsenenadoption zugeschnittene Regelung des § 1769 BGB ersetzt. An die Stelle der Einwilligung des Kindes (§ 1746 Abs 1 und 2 BGB) tritt bei der Volljährigenadoption der Antrag des Anzunehmenden (§ 1768 Abs 1 S 1 BGB). Eine Einwilligung der Eltern des Anzunehmenden (§ 1747 BGB) ist nicht erforderlich. Diese Regelung ist nicht selbstverständlich. Das Erfordernis der elterlichen Einwilligung ist Ausfluss des natürlichen Elternrechts und nicht denknotwendig davon abhängig, ob der Anzunehmende minderjährig oder volljährig ist. Die Entwürfe zum BGB hatten zB die elterliche Einwilligung bis zum 25. Lebensjahr des Annehmenden für erforderlich gehalten (vgl STAUDINGER/ENGLER[10/11] § 1747 Rn 3 u 4; auch ENGLER 104 f). Trotzdem bestehen gegen die Regelung des geltenden Rechts keine verfassungsrechtlichen Bedenken (OLG Düsseldorf FamRZ 1984, 204), sofern den Eltern ein Anhörungsrecht zugestanden wird (vgl Rn 8).

§ 1769
Verbot der Annahme

Die Annahme eines Volljährigen darf nicht ausgesprochen werden, wenn ihr überwiegende Interessen der Kinder des Annehmenden oder des Anzunehmenden entgegenstehen.

Materialien: BT-Drucks 7/3061, 53 f, 77;
BT-Drucks 7/5087, 21. S STAUDINGER/BGB-Synopse (2005) § 1769.

§ 1769

Systematische Übersicht

I. Entstehungsgeschichte und Normzweck 1	III. Entgegenstehende Interessen der Kinder des Anzunehmenden
II. Entgegenstehende Interessen der Kinder des Annehmenden	1. Allgemeines 9
1. „Kinder" des Annehmenden 5	2. Entgegenstehende Interessen 11
2. Entgegenstehende Interessen 6	IV. Verfahren und Feststellungslast 12
3. Abwägung 7	

I. Entstehungsgeschichte und Normzweck

1 Da das BGB vor der Reform von 1976 grds keinen Unterschied zwischen Minderjährigen- und Volljährigenadoptionen machte, gelten die Ausführungen zur Entstehungsgeschichte von § 1745 BGB auch für § 1769 BGB.

2 § 1769 BGB trägt für den Bereich der Volljährigenadoption dem Umstand Rechnung, dass eine Annahme als Kind infolge der Abschaffung des Erfordernisses der Kinderlosigkeit beim Annehmenden (vgl § 1745 Rn 4) zu **Interessenkonflikten zwischen dem Annehmenden und dem Angenommenen** einerseits **und den Kindern des Annehmenden** andererseits führen kann. Zugleich führt sie die **Belange der Kinder des Anzunehmenden** in den Entscheidungsprozess ein, was hier (etwas) größere Bedeutung hat als bei § 1745 BGB. Anders als nach altem Recht (§ 1762 aF) ist allerdings eine förmliche Mitwirkung der Kinder des Anzunehmenden am Zustandekommen der Adoption nicht erforderlich (RegE BT-Drucks 7/3061, 53 f), weil ihre Interessen und die des Anzunehmenden hinsichtlich der Adoption typischerweise korrelieren. Dass die Interessen des Anzunehmenden in § 1769 BGB anders als in § 1745 BGB nicht erwähnt werden, hat seinen Grund darin, dass der Anzunehmende die Annahme ohnehin beantragen muss (§ 1768 Abs 1 S 1 BGB) und damit selbst seine Interessen wahrt (vgl auch § 1767 Rn 20 zur grds Irrelevanz des Kindeswohls). Die Vorschrift des § 1769 BGB hat also im Wesentlichen dieselbe Funktion wie § 1745 BGB bei der Entscheidung über die Adoption Minderjähriger. Allerdings wird der Konflikt der widerstreitenden Interessen hier entsprechend der zurückhaltenden Bewertung der Volljährigenadoption insgesamt (vgl § 1767 Rn 9 ff) eher zugunsten der jeweiligen Kinder entschieden als im Fall des § 1745 BGB (ähnlich BGB-RGRK/Dickescheid Rn 1; vgl auch MünchKomm/Maurer Rn 2). Insbes können anders als dort auch vermögensrechtliche Interessen ausschlaggebend sein.

3 An der **Daseinsberechtigung des § 1769 BGB** bestehen – stärker noch als an der des § 1745 BGB (vgl § 1745 Rn 7) – Zweifel. Die Vorschrift kann nämlich nur erheblich werden, wenn der Familienrichter die sittliche Rechtfertigung der Annahme geprüft und bejaht hat (§ 1767 Abs 1 BGB). Da diese Prüfung in einer umfassenden Würdigung der Belange für und wider die Annahme besteht, wird der Antrag bei Vorliegen überwiegender Gegeninteressen der Kinder des Annehmenden oder des Anzunehmenden notwendig schon an der Hürde der sittlichen Rechtfertigung scheitern. § 1769 BGB kann deshalb nur als ein zwar nicht notwendiger, aber zweckmäßiger Appell an den Richter verstanden werden, bei der Feststellung der sittlichen

Rechtfertigung den Interessen der Kinder des Annehmenden und des Anzunehmenden gebührend Rechnung zu tragen.

II. Entgegenstehende Interessen der Kinder des Annehmenden

Ebenso wie bei § 1745 BGB ist auch bei § 1769 BGB eine **Interessenabwägung** 4 vorzunehmen, die in folgenden gedanklichen Schritten zu erfolgen hat: Zunächst sind die Interessen des Annehmenden und des Anzunehmenden an der Adoption sowie der Grad ihrer sittlichen Rechtfertigung nach den in § 1767 Rn 21 ff dargestellten Kriterien festzustellen. Sodann sind die der Adoption evtl entgegenstehenden Interessen der Kinder des Annehmenden zu ermitteln. Diese Belange sind einander gegenüberzustellen. Für das **Anhörungsrecht** der Kinder gelten die Ausführungen zur Minderjährigenadoption (vgl § 1745 Rn 25 u § 1752 Rn 29) entsprechend.

1. „Kinder" des Annehmenden

Zur Frage, wer „Kind" iS des § 1769 BGB ist, vgl § 1745 Rn 11 ff. Im Bereich des 5 § 1769 BGB ist das Vorhandensein **entfernterer Abkömmlinge** eher denkbar als bei § 1745 BGB. Weil im Bereich des § 1769 BGB vermögensrechtliche Interessen ausschlaggebend sein dürfen, ist auch eher vorstellbar, dass sich der Annahme entgegenstehende Interessen solcher Abkömmlinge finden lassen. Auf die entfernteren Abkömmlinge des Annehmenden, insbes seine Enkel, ist deshalb die Vorschrift des **§ 1769 BGB analog** anzuwenden. Der Gesetzgeber beabsichtigte, die in der Vorgängervorschrift (§ 1745a aF) getroffene Regelung („Abkömmlinge") inhaltlich in § 1745 BGB bzw § 1769 BGB zu übernehmen (vgl auch die synonyme Verwendung der Begriffe „Abkömmlinge" und „Kinder" durch den RegE BT-Drucks 7/3061, 33 unter 3); den Begriff des „Abkömmlings" hat er offenbar ohne die Intention einer sachlichen Abweichung aufgegeben (allgM; Nachw § 1745 Rn 12).

2. Entgegenstehende Interessen

Bzgl der Frage, welche Interessen der Kinder einer Annahme entgegenstehen kön- 6 nen, gilt grds das zu § 1745 BGB Gesagte (§ 1745 Rn 10 ff). Zu beachten ist, dass angesichts des idR vorgerückten Alters aller Beteiligten eine Beeinträchtigung der **Nichtvermögensinteressen** der leiblichen Kinder im Allgemeinen weniger zu befürchten steht als bei der Minderjährigenadoption (MünchKomm/MAURER Rn 8; NK-BGB/ DAHM Rn 4; ERMAN/SAAR Rn 2; SOERGEL/LIERMANN Rn 3; vgl auch OLG München 10. 1. 2011 – 33 UF 988/10, FamRZ 2011, 1411, 1413; AG Bremen 7. 7. 2009 – 46 XVI 46/08, NJW-RR 2010, 369, 370). Wichtig ist, dass für die Ablehnung einer Volljährigenadoption auch **Vermögensinteressen** der Kinder des Annehmenden ausschlaggebend sein dürfen; denn eine dem § 1745 S 2 BGB entsprechende Regelung wurde in § 1769 BGB bewusst nicht aufgenommen (RegE BT-Drucks 7/3061, 53; GRZIWOTZ FamRZ 1991, 1399, 1400). Durch die Annahme gefährdete Vermögensinteressen sind insbes das Erb- und das Pflichtteilsrecht sowie (potentielle) Unterhaltsansprüche (vgl § 1745 Rn 15 ff).

3. Abwägung

Die widerstreitenden Interessen sind gegeneinander abzuwägen. **Entgegenstehende** 7 **Kindesinteressen** führen auch dann, wenn sie erheblich sind, nicht notwendigerweise zur Ablehnung der Adoption; sie müssen nach dem Gesetzeswortlaut **„überwiegen"** (vgl AG Deggendorf FamRZ 1984, 1265 f und 1267 f; AG Rüdesheim 19. 7. 2007 – 4 XVI 1/07, MittBayNot 2008, 57, 58).

Zu bedenken ist allerdings, dass den für eine Annahme sprechenden Belangen bei Volljährigkeit des Anzunehmenden oft nur geringes Gewicht zukommt, weil insbesondere der Gesichtspunkt persönlicher Fürsorge nur ausnahmsweise von Bedeutung ist. Entsprechend wird mit dem Vorliegen schutzwürdiger Gegeninteressen häufig auch deren Überwiegen anzunehmen sein, **ohne dass man dies jedoch als „Regel" ansehen könnte** (so aber BayObLGZ 1984, 25, 28 = FamRZ 1984, 419, 420; ähnl BGB-RGRK/DICKESCHEID Rn 3; wie hier OLG München 10. 1. 2011 – 33 UF 988/10, FamRZ 2011, 1411, 1413; GRZIWOTZ FamRZ 1991, 1399; AG Deggendorf FamRZ 1984, 1265 u 1267 und [zum früheren Recht] OLG Hamm OLGZ 1968, 370 = FamRZ 1968, 481; vgl auch MünchKomm/MAURER Rn 4). Ist zwischen dem Annehmenden und dem Anzunehmenden bereits ein Eltern-Kind-Verhältnis entstanden, so müssen die entgegenstehenden Kindesinteressen schon von besonderem Gewicht sein, um die Ablehnung einer Adoption rechtfertigen zu können (vgl insoweit die Fälle AG Deggendorf FamRZ 1984, 1265 u 1267).

8 **Vermögensinteressen** genießen grds ebenso hohen Rang wie sonstige Belange der Beteiligten. Dies führt allerdings nicht dazu, dass schon die Beeinträchtigung erbrechtlicher Ansprüche (OLG München 10. 1. 2011 – 33 UF 988/10, FamRZ 2011, 1411, 1413; AG Bremen 7. 7. 2009 – 46 XVI 46/08, NJW-RR 2010, 369, 370; AG Rüdesheim 19. 7. 2007 – 4 XVI 1/07, MittBayNot 2008, 57, 58; vgl § 1767 Rn 45) oder eine mögliche Schmälerung von Unterhaltsansprüchen die Annahme ausschließen. Würden schon diese Belange die für die Adoption sprechenden Gesichtspunkte regelmäßig überwiegen, so würde das Erfordernis der Kinderlosigkeit im Bereich der Volljährigenadoption praktisch fortgelten (iE daher zutr AG Deggendorf FamRZ 1984, 1265 und 1267). Daher müssen Umstände hinzutreten, die den jeweiligen Nachteil als schwerwiegend erscheinen lassen (in der Rspr wird oft auf eine „unangemessene" Beeinträchtigung abgestellt: BayObLG FamRZ 1984, 419, 420; AG Bremen 7. 7. 2009 – 46 XVI 46/08, NJW-RR 2010, 369, 370; vgl auch GRZIWOTZ FamRZ 2005, 2038 u FamRZ 1991, 1399, 1400). So ist die Annahme dann zu versagen, wenn die Schmälerung oder nicht gehörige Erfüllung von Unterhaltsansprüchen konkret zu besorgen ist. Zur **Gefährdung von Unterhaltsansprüchen** eigener Abkömmlinge vgl auch § 1745 Rn 17. Bei einer Volljährigenadoption fallen allerdings die Unterhaltsinteressen vorhandener Abkömmlinge allg stärker ins Gewicht als bei einer Minderjährigenadoption. Die **Beeinträchtigung erbrechtlicher Ansprüche** ist erheblich, wenn diesen in concreto besonderes Gewicht zukommt. Das ist zB dann der Fall, wenn sich die Adoption infolge ihrer erbrechtlichen Konsequenzen auf das berufliche Fortkommen des Kindes nachteilig auswirkt (MünchKomm/MAURER Rn 12), wenn das Kind den elterlichen Betrieb fortführen soll und das Pflichtteilsrecht des Anzunehmenden dessen Fortbestehen in Frage stellt (BayObLGZ 1984, 25, 28 = FamRZ 1984, 419, 421; ausführlich GRZIWOTZ FamRZ 2005, 2038, 2040 f), oder wenn das Kind wegen einer Behinderung langfristig auf Unterstützung angewiesen ist (LG Fulda FamRZ 2005, 1277, 1278). Der drohenden Beeinträchtigung erbrechtlicher Ansprüche kann in einem solchen Fall durch einen Erb- und Pflichtteilsverzichtsvertrag begegnet werden, dessen spätere Aufhebbarkeit (§ 2351 BGB) allerdings bedacht werden muss (OLG Hamm FamRZ 2003, 1867, 1868 f; LG Fulda FamRZ 2005, 1277, 1278; ausführlich GRZIWOTZ FamRZ 2005, 2028, 2041). Auch ein sog Behindertentestament kommt als Ergänzung der Adoption in Betracht (GRZIWOTZ FamRZ 2005, 2038, 2040). Im Einzelfall können auch andere Umstände die Adoption verbieten. So steht die Tatsache, dass der Annehmende in der Vergangenheit Unterhaltsansprüche seines Kindes nicht erfüllt oder sonst seinen elterlichen Pflichten in erheblicher Weise zuwidergehandelt hat, einer erbrechtlichen Beeinträchtigung der Kindesinteressen infolge einer Volljährigenadoption regelmäßig entgegen (vgl BVerfG FamRZ 1988, 1247, 1248; AG Hamburg DAVorm 1969, 71). Umgekehrt ist bei früherem Fehlverhalten des Kindes, etwa bei grundloser Verweigerung von Hilfeleistungen in der Bewirtschaftung des elterlichen Betriebes (OLG Celle ZBlJugR 1960, 305, 306) oder bei fehlender Unterstützung des Annehmenden im Alter (vgl AG Deggendorf FamRZ 1984, 1267), ebenso wie bei fehlendem persönlichen Kontakt zwischen Kind und leiblichen Eltern (AG Backnang FamRZ 2000, 770) eine Minderung der erbrechtlichen Aussichten eher gerechtfertigt. Ein relevantes Fehlverhalten kann aber nicht schon in der Wahl eines Berufs gegen den Willen des Annehmenden gesehen werden. Zur Adoption als Instrument zur **Loslösung von einem gemeinschaftlichen Testament oder Erbvertrag** vgl § 1767 Rn 47.

III. Entgegenstehende Interessen der Kinder des Anzunehmenden

1. Allgemeines

Obwohl das Gesetz auch bei der Minderjährigenadoption die Interessen bereits vorhandener Kinder des Anzunehmenden schützt (§ 1745 BGB, vgl § 1745 Rn 19), spielt dieser Schutz praktisch doch nur bei der Volljährigenadoption im Rahmen des § 1769 BGB eine Rolle. 9

Vor Inkrafttreten des AdoptG von 1976 wurden die Interessen der Kinder des Anzunehmenden zT dadurch gewahrt, dass sie dem Annahmevertrag beitreten mussten, um in dessen Wirkungen einbezogen zu werden (§ 1762 S 2 aF). Soweit ihre Interessen unabhängig von diesen Wirkungen beeinträchtigt waren, fanden sie sich ohne Schutz.

Durch das **AdoptG von 1976** ist die Rechtsstellung der Kinder des Anzunehmenden insofern geschwächt worden, als die Adoption unabhängig von ihrer Zustimmung Verwandtschaftsbeziehungen zum Annehmenden begründet (nicht zu dessen Verwandten, § 1770 Abs 2 BGB). Bei der Volladoption nach § 1772 BGB iVm § 1754 BGB werden die Kinder des Anzunehmenden sogar nolens volens in die weitere Verwandtschaft des Annehmenden mit einbezogen und verlieren entsprechend Verwandte in der Ursprungsfamilie (§ 1755 BGB). Andererseits müssen heute *alle* entgegenstehenden Interessen der Kinder des Anzunehmenden im Annahmeverfahren geprüft und den für eine Adoption sprechenden Belangen gegenübergestellt werden. Eine Abwägung entscheidet darüber, welchen Interessen der Vorrang zu geben ist. Bzgl der Art der beeinträchtigten Interessen und ihrer Bedeutung im Rahmen der Abwägung gilt grds das oben Rn 6 ff Gesagte. 10

2. Entgegenstehende Interessen

Gegen eine Annahme sprechende Interessen von Kindern des Anzunehmenden sind allerdings kaum ersichtlich (vgl § 1745 Rn 19): Eine Beeinträchtigung der **Pflege und Erziehung** ist aufgrund der Adoption von Vater oder Mutter in aller Regel nicht zu erwarten. Durch § 1617c Abs 2 BGB ist ausgeschlossen, dass sich der **Geburtsname** 11 von Kindern ab Vollendung des fünften Lebensjahres gegen ihren Willen ändert (Näheres vgl § 1757 Rn 40 ff). Wünscht das mindestens fünf Jahre alte Kind eine Namensänderung nicht, so sind Störungen aufgrund der Namensverschiedenheit zwischen dem Angenommenen und seinem Kind im Allgemeinen nicht zu erwarten (vgl BeckOGK/Löhnig [15. 12. 2018] Rn 16; BGB-RGRK/Dickescheid Rn 5). Bemessen sich die Wirkungen der Volljährigenadoption nach § 1770 BGB, so behalten die Kinder des Anzunehmenden ihre sämtlichen Verwandten. Ihre **unterhalts- und erbrechtlichen Ansprüche** bleiben also insoweit unverändert. Durch das Hinzutreten neuer Großeltern (oder zumindest eines Großelternteils) verbessert sich sogar ihre Situation (vgl § 1770 Abs 3 BGB). Allerdings mehren sich auch die potentiellen Unterhaltspflichten dieser Kinder. Das allein wiederum kann einer Annahme nicht entgegenstehen. Dass Kinder des Anzunehmenden Gefahr laufen, zu Unterhaltsleistungen gegenüber dem Annehmenden herangezogen zu werden, ist höchst unwahrscheinlich: Es müsste schon der Annehmende ohne Einkommen und unvermögend und der Anzunehmende zugleich nicht hinreichend leistungsfähig sein – alles zu einem Zeitpunkt, zu dem das Kind (Enkel des Annehmenden) zu Unterhaltsleistungen in der Lage ist (§§ 1602 Abs 1, 1603 Abs 1, 1606 Abs 2 BGB). Eher denkbar ist der Fall, dass der Anzunehmende im Verhältnis gegenüber dem Annehmenden unterhaltspflichtig wird und seine Kinder hieraus faktische (vgl § 1609 BGB) Beeinträchtigungen erfahren.

Bei der Volladoption nach § 1772 BGB werden dem Kind seine leiblichen Großeltern genommen. Hierdurch kann es im Einzelfall zu einer Beeinträchtigung seiner materiellen oder auch immateriellen Interessen kommen (Verlust von Erb- und Pflichtteilsansprüchen; Beeinträchtigung persönlicher Beziehungen). Indessen wird der Anzunehmende bei Erwartung solcher, ihn selbst elementar treffender Schwierigkeiten im eigenen Interesse von der Stellung des Antrags nach § 1768 Abs 1 BGB Abstand nehmen.

IV. Verfahren und Feststellungslast

12 Die Kinder des Annehmenden und des Anzunehmenden haben ein **Anhörungsrecht** (vgl § 1745 Rn 22 ff u § 1752 Rn 29). Wird dieses verletzt, so ist der Annahmebeschluss zwar nicht mit ordentlichen Rechtsmitteln anfechtbar (§ 197 Abs 3 S 1 FamFG); er kann auch nicht wegen des Verfahrensfehlers nach § 1771 BGB aufgehoben werden. Dem Betroffenen steht aber die Verfassungsbeschwerde offen. Vgl dazu im Einzelnen § 1759 Rn 16 ff, § 1771 Rn 4 und § 1745 Rn 25.

Zur **Feststellungslast**, falls unklar bleibt, ob überwiegende Interessen der Kinder des Annehmenden oder des Anzunehmenden der Adoption entgegenstehen, vgl § 1745 Rn 26.

§ 1770
Wirkung der Annahme

(1) Die Wirkungen der Annahme eines Volljährigen erstrecken sich nicht auf die Verwandten des Annehmenden. Der Ehegatte oder Lebenspartner des Annehmenden wird nicht mit dem Angenommenen, dessen Ehegatte oder Lebenspartner wird nicht mit dem Annehmenden verschwägert.

Titel 7 · Annahme als Kind
Untertitel 2 · Annahme Volljähriger
§ 1770

(2) Die Rechte und Pflichten aus dem Verwandtschaftsverhältnis des Angenommenen und seiner Abkömmlinge zu ihren Verwandten werden durch die Annahme nicht berührt, soweit das Gesetz nichts anderes vorschreibt.

(3) Der Annehmende ist dem Angenommenen und dessen Abkömmlingen vor den leiblichen Verwandten des Angenommenen zur Gewährung des Unterhalts verpflichtet.

Materialien: BT-Drucks 7/3061, 54 f; BT-Drucks 7/5087, 21. S STAUDINGER/ BGB-Synopse (2005) § 1770.

Systematische Übersicht

I.	Normzweck und Entstehungsgeschichte	1	a)	Name	10
			b)	Unterhalt	11
			c)	Erbrecht	13
II.	Begründung familienrechtlicher Beziehungen nur zum Annehmenden, nicht zu dessen Verwandten (Abs 1)	3	aa)	Tod des Angenommenen	14
			bb)	Tod des Annehmenden	18
			cc)	„Abkömmling" oder „Kind" in letztwilliger Verfügung oder Gesellschaftsvertrag	20
III.	Kein Erlöschen der bisherigen Verwandtschaftsverhältnisse (Abs 2)	9	2.	Im öffentlichen Recht	21
IV.	Folgen der neuen, durch Adoption begründeten Rechtsstellung		V.	Volljährigenadoption eines Minderjährigen/Minderjährigenadoption eines Volljährigen	22
1.	Im Zivilrecht	10			

I. Normzweck und Entstehungsgeschichte

Im Falle einer Volljährigenadoption hat der Anzunehmende seine Eltern, Geschwister, Verwandten im Guten wie im Bösen bereits erfahren. Anders als bei der Minderjährigenadoption können diese Beziehungen rechtlich nicht einfach ausgelöscht und ersetzt werden. Außerdem erscheint es nicht gerechtfertigt, mit Hilfe der Adoption eine künstliche Verwandtschaft nicht nur zum Annehmenden, sondern auch zu dessen Verwandten herzustellen, was im Übrigen oft auch nicht dem Wunsch des Anzunehmenden entsprechen dürfte. Die Volladoption als Regeltyp scheidet deshalb für die Erwachsenenadoption aus (vgl ENGLER 44 f). Soweit **ausländische Rechtsordnungen** wie etwa die *Schweiz* und die *nordischen Länder* auch für die Annahme Volljähriger nur die Volladoption vorsehen, beschränken sie diese von vornherein auf Fallgruppen, die denen des § 1772 BGB ähneln (für die *Schweiz* Art 266 ZGB; für die *nordischen Länder* ergeben sich die Einschränkungen nicht aus dem Gesetzestext, vgl aber KORKISCH, Einführung in das Privatrecht der nordischen Länder [1977] 130). Im Prinzip stehen jedoch diese Rechtsordnungen der Volljährigenadoption sehr zurückhaltend gegenüber. Weitere rechtsvergleichende Hinweise bei § 1767 Rn 15 ff.

1

2 Der Gesetzgeber von 1976 hat die Erwachsenenadoption als sog einfache **Adoption mit schwächeren Wirkungen** ausgestaltet. Sie entspricht im Wesentlichen der Minderjährigenadoption nach altem Recht (BT-Drucks 7/3061, 54). Da sich die Wirkungen von Minderjährigen- und Volljährigenadoption vor 1976 nicht unterschieden, hat die **Reform von 1976** an der Volljährigenadoption **nur wenig geändert**, sieht man einmal von der Möglichkeit der Volladoption nach § 1772 BGB ab. Wortgleich mit § 1763 aF beschränkt § 1770 Abs 1 BGB die Adoptionswirkungen auf die unmittelbar Betroffenen; Rechtsbeziehungen zur Familie des Annehmenden werden nicht begründet. § 1770 Abs 2 BGB ordnet entsprechend § 1764 aF an, dass Rechte und Pflichten des Kindes gegenüber seinen leiblichen Verwandten durch die Annahme nicht berührt werden. § 1770 Abs 3 BGB schließlich regelt die Rangfolge der Unterhaltsverpflichtung von leiblichen Eltern und Adoptiveltern in gleicher Weise wie § 1766 aF. **Unterschiede gegenüber dem alten Recht** bestehen insoweit, als ein Erbrecht des Annehmenden nach dem Angenommenen nicht ausgeschlossen ist (§ 1767 Abs 2 S 1 BGB iVm § 1754 BGB gegenüber § 1759 aF). Außerdem erstrecken sich die Wirkungen der Annahme automatisch auf bereits vorhandene Abkömmlinge des Anzunehmenden (§ 1767 Abs 2 S 1 BGB iVm § 1754 BGB), während § 1762 aF eine Wirkungserstreckung nur vorsah, wenn der Annahmevertrag auch mit den schon vorhandenen Abkömmlingen geschlossen wurde.

II. Begründung familienrechtlicher Beziehungen nur zum Annehmenden, nicht zu dessen Verwandten (Abs 1)

3 Die Adoption führt dazu, dass der Volljährige **Kind des Annehmenden** wird (§ 1767 Abs 2 S 1 BGB iVm § 1754 Abs 2 BGB). Wird er von einem Ehepaar oder als Kind des einen Ehegatten vom anderen adoptiert, so erhält er die Rechtsstellung eines gemeinschaftlichen Kindes der Ehegatten (§ 1767 Abs 2 S 1 BGB iVm § 1754 Abs 1 BGB).

4 Dabei erstrecken sich die Wirkungen der Adoption auch auf **Abkömmlinge des Angenommenen**. § 1767 Abs 2 S 1 BGB iVm § 1754 BGB ordnet diese Adoptionsfolge an, die im Übrigen in § 1770 Abs 3 BGB vorausgesetzt wird. So werden die Kinder des Angenommenen Adoptivenkel und Kindeskinder Adoptivurenkel des Annehmenden, unabhängig davon, ob sie bei der Annahme bereits vorhanden waren oder nicht (BT-Drucks 7/3061, 54). Die Unterscheidung zwischen bereits vorhandenen und nachgeborenen Abkömmlingen (§ 1762 aF) hat das AdoptG 1976 aufgegeben. Auch das schon verheiratete oder verpartnerte Kind des Angenommenen wird Adoptivenkel des Annehmenden. Der Ehegatte (Lebenspartner) des Kindes des Angenommenen wird nach § 1590 BGB mit dem Annehmenden verschwägert, nicht aber der Ehegatte (Lebenspartner) des Angenommenen (vgl Rn 7).

5 Die **automatische Einbeziehung vorhandener Abkömmlinge des Angenommenen in das Annahmeverhältnis** war von ENGLER (FamRZ 1975, 125, 136) kritisiert worden. In der Tat wirkt es befremdlich, dass einem möglicherweise schon erwachsenen Kind des Anzunehmenden gegen seinen Willen neue Großeltern aufgezwungen werden, auch wenn die Rechtsbeziehungen zu den alten Großeltern fortbestehen (§ 1770 Abs 2 BGB). § 1769 BGB löst das Problem nicht (ganz), weil es dort um die Frage geht, ob Kindesinteressen einer Adoption entgegenstehen, während es hier darum geht, ob vorhandene Abkömmlinge in die Wirkungen der Annahme einbezogen werden. Obwohl materielle Interessen der Abkömmlinge des Anzunehmenden kaum auf dem Spiele stehen dürften (vgl § 1769 Rn 11), hätte der Gesetzgeber besser daran getan, bei der Volljährigenadoption künstliche Verwandtschaftsbeziehungen konsequent nur dort zu begründen, wo die Beteiligten dies auch wünschen – von den Sonderfällen des § 1772 BGB einmal abgesehen.

Anders als bei der Minderjährigenadoption **erstrecken sich die Wirkungen der An-** **6** **nahme nicht auf die Verwandten des Annehmenden** (Abs 1 S 1). So wird der Angenommene nicht mit den Kindern des Annehmenden verschwistert (kann die Kinder des Annehmenden also auch ohne Befreiung iSv § 1308 Abs 2 BGB heiraten: OLG Naumburg 12. 3. 2015 – 2 Wx 45/14, StAZ 2015, 346, 347; AG Bad Hersfeld 3. 11. 2006 – 60 F 778/06 SO, StAZ 2007, 275 m Anm SACHSE). Die Eltern des Annehmenden werden nicht seine Großeltern. Entsprechendes gilt für die Abkömmlinge des Anzunehmenden, auf die sich die Adoptionswirkungen erstrecken.

Des Weiteren sind auch die Wirkungen der **Schwägerschaft** ausgeschlossen (Abs 1 **7** S 2). Der Ehegatte oder Lebenspartner des Annehmenden und des Anzunehmenden muss zwar der Adoption zustimmen (§ 1767 Abs 2 S 1 BGB iVm § 1749 BGB, § 9 Abs 6 LPartG, § 1767 Abs 2 S 2 BGB), wird aber rechtlich von der Annahme nicht berührt. Das hat die merkwürdige Konsequenz, dass der Annehmende zwar nicht mit dem Ehegatten (Lebenspartner) des Angenommenen verschwägert wird, wohl aber mit dem Ehegatten (Lebenspartner) eines Kindes des Angenommenen (vgl Rn 4). Auch wenn die Schwägerschaft nach geltendem Recht nur geringe Rechtswirkungen entfaltet, zeigt dieses Beispiel doch, wie wenig durchdacht die Regelung im Einzelnen ist.

Die Wirkungen des § 1770 BGB treten nicht ein, wenn ein Volljähriger fälschlich **8** nach den Vorschriften über die Adoption Minderjähriger angenommen wurde (BayObLGZ 1996, 77 = FamRZ 1996, 1034 m Anm LIERMANN FamRZ 1997, 112; AG Kempten StAZ 1990, 108), ebenso wie umgekehrt nach BayObLGZ 1986, 155, 159 f für einen irrtümlich nach §§ 1767 ff BGB adoptierten, nach seinem Heimatrecht noch minderjährigen Griechen § 1770 BGB maßgeblich bleiben soll (Näheres vgl Rn 22).

III. Kein Erlöschen der bisherigen Verwandtschaftsverhältnisse (Abs 2)

Anders als bei der Minderjährigenadoption (§ 1755 Abs 1 S 1 BGB) scheidet der **9** angenommene Volljährige nicht aus seiner bisherigen Familie aus (bleibt also etwa gesetzlicher Erbe bzw Pflichtteilsberechtigter beim Tod seiner bisherigen Eltern), gleichgültig, ob die bisherige Verwandtschaft auf Abstammung oder auf Adoption beruht. Bei Annahme durch ein Ehepaar erhält der Angenommene somit neben den bisherigen Eltern ein **zweites Elternpaar**, seine Kinder erhalten ein drittes Großelternpaar. Im Falle der erneuten Annahme eines Volljährigen, der bereits als Volljähriger angenommen worden war (vgl dazu § 1768 Rn 14), eröffnet § 1770 Abs 2 BGB sogar die Möglichkeit von drei nebeneinander bestehenden Eltern-Kind-Verhältnissen (vgl BT-Drucks 12/2506, 9).

Wird ein **volljähriger Verwandter** angenommen, kann es wegen des Fortbestehens der leiblichen Abstammungsverhältnisse – wie im Falle einer Minderjährigenadoption (vgl § 1756 Rn 15) – zu einer **Mehrfachverwandtschaft** kommen: Adoptiert beispielsweise der Onkel seinen Neffen, wird er nach Abs 1 zum Adoptivvater und bleibt nach Abs 2 leiblicher Onkel. SCHIEMANN sieht hierin – wie im Falle der Minderjährigenadoption von Verwandten auch (vgl § 1756 Rn 15) – eine verfassungswidrige Privilegierung und hält die neue Adoptivverwandtschaft für allein ausschlaggebend (BEHRENTIN/SCHIEMANN, Handb AdoptionsR, F Rn 205).

IV. Folgen der neuen, durch Adoption begründeten Rechtsstellung

1. Im Zivilrecht

a) Name

10 Zum Namen des Angenommenen vgl § 1757 BGB, eine Bestimmung, die nach § 1767 Abs 2 S 1 BGB uneingeschränkt auf die Volljährigenadoption Anwendung findet (zur Verfassungsmäßigkeit vgl § 1757 Rn 9 mwNw). Das gilt auch für die Vornamensänderung nach § 1757 Abs 4 S 1 Nr 1 BGB, obwohl diese bei volljährigen ebenso wie bei minderjährigen Angenommenen fortgeschrittenen Alters praktisch nicht in Betracht kommt (ERMAN/SAAR Rn 2; GERNHUBER/COESTER-WALTJEN § 69 Rn 18 Fn 27; **aA** MünchKomm/MAURER Rn 15; NK-BGB/DAHM § 1757 Rn 17; BeckOGK/LÖHNIG [15. 12. 2018] Rn 46).

b) Unterhalt

11 Im Unterhaltsrecht führt die Vermehrung der Elternteile bei der Erwachsenenadoption zu einer entsprechenden **Vermehrung der Ansprüche, aber auch der Pflichten** des Angenommenen.

Nach **Abs 3** ist der Annehmende dem Angenommenen und dessen Abkömmlingen vor den leiblichen Verwandten des Angenommenen zur Gewährung des Unterhalts verpflichtet. Nach dem Wortlaut des Abs 3 könnte man wie schon nach dem Wortlaut des § 1766 aF (vgl STAUDINGER/ENGLER[10/11] § 1766 Rn 3) annehmen, die Unterhaltspflicht des Annehmenden gegenüber dem Angenommenen gehe auch der Unterhaltspflicht der Abkömmlinge des Angenommenen vor. Eine solche Abweichung vom Grundsatz des § 1606 Abs 1 BGB wäre jedoch durch nichts sachlich gerechtfertigt und widerspräche dem Sinn des Abs 3. Unter den „leiblichen Verwandten" des Angenommenen sind in einschränkender Auslegung der Vorschrift **nur die gleich weit entfernten Verwandten aufsteigender Linie** zu verstehen (MünchKomm/MAURER Rn 22; BeckOGK/LÖHNIG [15. 12. 2018] Rn 43). Auch der Umstand, dass der Gesetzgeber den Ehegatten des Angenommenen nicht erwähnt hat, bestätigt die Auslegung, dass hier nur das Verhältnis der Unterhaltsansprüche gegen leibliche und Adoptivverwandte aufsteigender Linie geregelt, der Vorrang der Unterhaltspflicht der Abkömmlinge (§ 1606 Abs 1 BGB) und des Ehegatten (§ 1608 BGB) des Angenommenen dagegen nicht berührt werden sollte. Was die Unterhaltspflicht des Annehmenden gegenüber den Abkömmlingen des Angenommenen anbelangt, so gilt Entsprechendes: Der Annehmende haftet einem Kind des Angenommenen gegenüber zwar vor den leiblichen Großeltern, nicht aber vor dem Angenommenen selbst.

12 Für die **Unterhaltspflicht des Angenommenen gegenüber Adoptiveltern und leiblichen Eltern** enthält das Adoptionsrecht keine Sonderregelung. Das führt dazu, dass der Angenommene alten und neuen Eltern gleichrangig zur Unterhaltsleistung verpflichtet ist. Reichen seine Mittel zur Befriedigung aller Unterhaltsansprüche nicht aus, so sind die Mittel unter den Elternteilen proportional nach Bedürfnissen – nicht nach Köpfen, nicht nach Elternschaften – zu verteilen; § 1609 BGB regelt den Fall nicht (Gernhuber/Coester-Waltjen § 69 Rn 23). Auf die Gefahr einer Verdoppelung der Unterhaltspflichten hat der Notar vor allem dann hinzuweisen, wenn ein langjähriges Pflegekind adoptiert wird, für das naheliegenderweise eine Volladoption nach Maßgabe des § 1772 Abs 1 S 1 lit b BGB in Betracht kommt (OLGR Koblenz 2002, 139).

c) Erbrecht

Zur Beseitigung der Bindungswirkung eines gemeinschaftlichen Testaments oder Erbvertrags durch **Selbstanfechtung** gem § 2281 BGB iVm § 2079 BGB (analog) wegen Übergehens eines Pflichtteilsberechtigten vgl § 1767 Rn 47.

13

aa) Tod des Angenommenen

Verstirbt der Angenommene kinderlos, so wird er in der 2. Ordnung von seinen Adoptiveltern und seinen leiblichen Eltern beerbt. Aus dem Erbrecht der leiblichen und der Adoptiveltern gegenüber dem Angenommenen ergibt sich jedoch nicht, wie sich die Erbberechtigung beider Elternpaare zueinander verhält; denn § 1925 BGB geht erkennbar nur von einem Elternpaar aus. Im RegE (BT-Drucks 7/3061, 54) war ohne nähere Erklärung eine Ergänzung der Vorschrift des § 1925 BGB nicht für erforderlich gehalten worden. Dem § 1925 Abs 2 BGB (Eltern erben zu gleichen Teilen) und ergänzend dem § 1926 Abs 2 BGB (zwei Großelternpaare erben zu gleichen Teilen) kann aber folgende Lösung entnommen werden: Adoptiveltern und leibliche Eltern erben zu gleichen Teilen, wenn der Angenommene kinderlos verstirbt (OLG Zweibrücken Rpfleger 1997, 24).

14

Lebt zur Zeit des Erbfalls von den leiblichen Eltern der Vater oder die Mutter nicht mehr, so treten an die Stelle des Verstorbenen dessen Abkömmlinge (vgl OLG Zweibrücken Rpfleger 1997, 24). Sind Abkömmlinge nicht vorhanden, so fällt der Anteil des Verstorbenen dem anderen Elternteil und, wenn dieser nicht mehr lebt, dessen Abkömmlingen zu (§ 1925 Abs 3 BGB).

Lebt zur Zeit des Erbfalls von den Adoptiveltern der Adoptivvater oder die Adoptivmutter nicht mehr, so fällt der Anteil des Verstorbenen dem anderen Adoptivelternteil zu. Abkömmlinge der Annehmenden scheiden als Erben aus, weil sich die Wirkung der Adoption nicht auf sie erstreckt (vgl BayObLG FamRZ 1994, 853, 854).

Die hier vertretene Ansicht beruht auf der **Ausgangsüberlegung, dass nach dem Willen des Gesetzgebers jedes Elternpaar einen Stamm bildet und jeder Stamm –** ähnlich wie im Falle des § 1926 BGB – **zur Hälfte erbberechtigt ist** (ebenso Bühler BWNotZ 1977, 129, 132; Dittmann Rpfleger 1978, 277, 282 f; Kemp MittRhNotK 1977, 137, 138 f; Erman/Saar Rn 4; Soergel/Liermann Rn 9; MünchKomm/Leipold § 1925 Rn 9; jetzt auch MünchKomm/Maurer Rn 34 f). Nach einer Mindermeinung soll § 1925 Abs 2 BGB in dem Sinne wörtlich angewandt werden, dass beim Vorversterben eines Adoptivelternteils ebenso wie beim Vorversterben eines kinderlosen leiblichen Elternteils die verbliebenen drei Elternteile Erben zu je 1/3 werden (so NK-BGB/Dahm Rn 9; BeckOK/Pöcker Rn 6 f und 7.3; auch noch MünchKomm/Maurer[6] Rn 8 f). Die Anwendung des Rechtsgedankens von § 1926 Abs 3 BGB dürfte jedoch näher liegen als eine Ausweitung des § 1925 Abs 2 BGB auf den vom Gesetzgeber nicht bedachten Fall, dass ein Kind rechtlich vier Elternteile hat.

15

16 Folgt man der hier vertretenen Ansicht, so fällt der den Adoptiveltern zugedachte Anteil von 1/2 erst dann an die leiblichen Verwandten des Kindes, wenn beide Adoptivelternteile vorverstorben sind. Umgekehrt kommen die Adoptiveltern anstelle der leiblichen Eltern erst zum Zug, wenn beide Elternteile ohne Abkömmlinge vorverstorben sind (so auch ROTH 232; LANGE/KUCHINKE § 14 II 3; MünchKomm/LEIPOLD § 1925 Rn 9; BeckOK/PÖCKER Rn 7.2). Die Ansicht, dass die Nachlasshälfte der leiblichen Eltern erst dann den Adoptiveltern zugutekommen soll, wenn überhaupt keine leiblichen Verwandten mehr vorhanden sind (DITTMANN Rpfleger 1978, 277, 283; KEMP MittRhNotK 1977, 137, 139; BGB-RGRK/DICKESCHEID Rn 6), scheitert an § 1930 BGB: Die leiblichen Eltern und ihre Abkömmlinge gehören der gleichen Ordnung an wie die Adoptiveltern. Auch von der Sache her dürfte es nicht gerechtfertigt sein, leibliche Verwandte der 3. oder einer ferneren Ordnung den Adoptiveltern vorzuziehen.

17 **Wurde der Erblasser** nicht von einem Ehepaar, sondern **von einer Einzelperson als Volljähriger adoptiert**, so bleibt es bei der Aufteilung nach Stämmen: Der Annehmende wird Erbe zu 1/2, nicht zu 1/3 (ERMAN/SAAR Rn 4; MünchKomm/LEIPOLD § 1925 Rn 9; jetzt auch MünchKomm/MAURER Rn 34 f; aA STAUDINGER/WERNER [2017] § 1925 Rn 9; BeckOK/PÖCKER Rn 6).

bb) Tod des Annehmenden

18 Der Annehmende wird nach § 1924 Abs 1 BGB vom Angenommenen beerbt. Stirbt dieser später kinderlos, so fällt das ererbte Vermögen an seine leiblichen Verwandten, die mit dem Annehmenden nicht verwandt sind – ein Ergebnis, das dem Willen des Annehmenden oft nicht entsprechen wird. Vor der Reform von 1976 war diese Konsequenz nicht nur bei der Volljährigen-, sondern auch bei der Minderjährigenadoption unausweichlich, weil das Kind zwar seine Adoptiveltern beerbte (§ 1757 aF), selbst aber nur von seinen leiblichen Verwandten beerbt wurde (§ 1759 aF). Der Notar muss deshalb bei der Beurkundung des Annahmeantrags den Annehmenden nach § 17 BeurkG über diese Folgen der Adoption belehren (BGHZ 58, 343 = FamRZ 1972, 449). Andernfalls macht er sich schadensersatzpflichtig (§ 19 BNotO). Der Annehmende kann zwar anders als nach altem Recht (§ 1767 Abs 1 aF) das Erbrecht des Anzunehmenden nicht ausschließen, aber durch erbrechtliche Vertragsgestaltung zu verhindern suchen, dass sein Vermögen in die Familie des Anzunehmenden abfließt. Auch der umgekehrte Weg muss bedacht werden, dass nämlich Vermögen der leiblichen Verwandten über den Angenommenen an die Adoptiveltern gerät.

19 **Fremde Rechtsordnungen** wie das *französische* Recht (Art 368-1 Cc) wirken dem Abwandern von Vermögenswerten durch ein sog **Heimfallrecht** entgegen, das im Grundsatz besagt: Stirbt der Adoptierte kinderlos, so fällt das von den Adoptiveltern stammende Vermögen deren Verwandten zu, während Vermögenswerte, die von den leiblichen Verwandten herrühren, wieder an deren Familienangehörige zurückgehen. Zu den Nachteilen dieses Systems vgl ROTH 235 ff.

cc) „Abkömmling" oder „Kind" in letztwilliger Verfügung oder Gesellschaftsvertrag

20 Werden in einer letztwilligen Verfügung „Kinder" oder „Abkömmlinge" bedacht oder in einem Gesellschaftsvertrag als Nachfolger benannt, so fallen darunter grds nicht nur adoptierte Minderjährige (vgl § 1754 Rn 10), sondern auch adoptierte Volljährige (OLG Frankfurt OLGZ 1972, 120 = FamRZ 1972, 396 [LS]; OLG Stuttgart 14. 11. 2012 – 14

U 9/12, juris Rn 142 ff). Allerdings kann gerade bei einer Erwachsenenadoption die **Auslegung** zu einem anderen Ergebnis führen. Dies gilt insbesondere dann, wenn die Adoption erst nach dem Tod des Erblassers erfolgt ist. Hier wird es nur selten dem Erblasserwillen entsprechen, wenn ein adoptierter Erwachsener im Nachhinein in den Genuss einer letztwilligen Verfügung (als Nacherbe oder Vermächtnisnehmer) gebracht wird (vgl BayObLGZ 1984, 246 = FamRZ 1985, 426; OLG Hamm FamRZ 1999, 1390; OLG Stuttgart FamRZ 1981, 818 m Anm BAUSCH; LG München FamRZ 2000, 569; LG Stuttgart FamRZ 1990, 214). Ebenfalls Zweifel angebracht sind bei der Auslegung einer Nachfolgeklausel in dem Gesellschaftsvertrag einer Familiengesellschaft in Form einer OHG oder KG (BEHRENTIN/SCHIEMANN, Handb AdoptionsR, F Rn 213 f; REIMANN ZEV 2013, 479 ff; eher großzügig demgegenüber OLG Stuttgart 14. 11. 2012 – 14 U 9/12, juris Rn 142 ff).

2. Im öffentlichen Recht

Nach § 6 StAG erwerben Ausländer, die nach Vollendung des 18. Lebensjahres von **21** einem deutschen Staatsangehörigen als Kind angenommen werden, nicht die deutsche **Staatsangehörigkeit** (vgl auch BVerwGE 108, 216 = NJW 1999, 1347). Eine Ausnahme gilt nur dann, wenn der Antrag vor Vollendung des 18. Lebensjahres des Anzunehmenden gestellt wurde und die später ausgesprochene Adoption eine „starke" Adoption mit den Wirkungen einer Volladoption ist (Näheres BVerwGE 119, 111 = NJW 2004, 1401; BVerwG 21. 12. 2011 – 5 B 46. 11, StAZ 2012, 149 Rn 5; BVerwG 19. 2. 2015 – 1 C 17. 14, StAZ 2015, 310, 312 Rn 19 f). Begründet wurde diese Differenzierung vom Gesetzgeber damit, dass Anreize zur Vornahme einer Adoption zwecks Umgehung ausländer- oder staatsangehörigkeitsrechtlicher Regelungen möglichst vermieden werden sollten (BT-Drucks 7/3061, 65; vgl auch BT-Drucks 10/504, 96). Ein unverhältnismäßiger Eingriff in die durch Art 6 Abs 1 GG geschützte Adoptivfamilie oder eine verfassungswidrige Ungleichbehandlung ist hierin nicht zu sehen. Das Bundesverfassungsgericht rechtfertigte die Regelung damit, dass durch eine Erwachsenenadoption regelmäßig keine Lebensgemeinschaft begründet werde, die ein Zusammenleben zwingend notwendig erscheinen lasse (BVerfG 18. 4. 1989 – 2 BvR 1169/84, BVerfGE 80, 81, 91). Das Bundesverwaltungsgericht hob darüber hinaus hervor, bei der Erwachsenenadoption sei die Gefahr eines missbräuchlichen Einsatzes zur Erlangung der deutschen Staatsangehörigkeit größer als bei der Minderjährigenadoption (BVerwG 18. 12. 1998 – 1 C 2. 98, BVerwGE 108, 216, 220). Zur **aufenthaltsrechtlichen Stellung** des von einem deutschen Staatsangehörigen adoptierten ausländischen Erwachsenen vgl § 1767 Rn 44.

Nach § 15 ErbStG wird ein adoptierter Volljähriger in die **Erbschaftsteuerklasse I** befördert (Näheres vgl § 1767 Rn 41); er behält darüber hinaus schon wegen § 1770 Abs 2 BGB die steuerrechtlichen Vergünstigungen in der Ursprungsfamilie. Stirbt der Angenommene, so gehören Eltern und Adoptiveltern gleichermaßen der Steuerklasse II an.

V. Volljährigenadoption eines Minderjährigen/Minderjährigenadoption eines Volljährigen

Obwohl sich die Wirkungen einer Minderjährigenadoption grds aus dem Gesetz **22** selbst und nicht aus den nach Maßgabe des § 197 Abs 1 S 1 FamFG im Beschluss (möglicherweise unzutreffend) zitierten Bestimmungen ergeben, hat das BayObLG

(BayObLGZ 1986, 155, 159 f = StAZ 1986, 318, 319) in einem Sonderfall, in dem ein Minderjähriger rechtsirrtümlich als Erwachsener nach §§ 1767 ff BGB adoptiert worden war (ein 18jähriger Grieche war nach seinem Heimatrecht noch nicht volljährig), entschieden, dass die (objektiv vorliegende) Minderjährigenadoption nur die Wirkungen einer Erwachsenenadoption nach § 1770 BGB haben könne. Lägen allerdings die Voraussetzungen einer Minderjährigenadoption (zB Einwilligung der Eltern) nicht vor, so komme eine Aufhebung des Annahmeverhältnisses nach § 1760 BGB in Betracht. Ob andernfalls die Möglichkeit besteht, nachträglich die Wirkungen einer Minderjährigenadoption iS einer Volladoption herbeizuführen, lässt die Entscheidung offen. LÜDERITZ (MünchKomm/LÜDERITZ [2. Aufl 1987] Rn 12) hält eine „Nachadoption analog § 1772 BGB" für zulässig, ein wünschenswerter, aber nicht unbedenklicher Korrekturversuch, weil § 1772 BGB (für die Erwachsenenadoption) eine nachträgliche Änderung der Adoptionswirkungen gerade nicht gestattet. Allerdings spricht § 1772 Abs 1 lit d BGB doch wohl eher für den Vorschlag von LÜDERITZ. Wurde umgekehrt ein Volljähriger nach den Vorschriften über die Minderjährigenadoption angenommen, so bleibt die Adoption als Minderjährigenadoption wirksam (vgl § 1741 Rn 12) und ist als solche vom Standesbeamten beizuschreiben (BayObLGZ 1996, 77 = FamRZ 1996, 1034 m Anm LIERMANN FamRZ 1997, 112; AG Kempten StAZ 1990, 108).

§ 1771
Aufhebung des Annahmeverhältnisses

Das Familiengericht kann das Annahmeverhältnis, das zu einem Volljährigen begründet worden ist, auf Antrag des Annehmenden und des Angenommenen aufheben, wenn ein wichtiger Grund vorliegt. Im Übrigen kann das Annahmeverhältnis nur in sinngemäßer Anwendung der Vorschriften des § 1760 Abs. 1 bis 5 aufgehoben werden. An die Stelle der Einwilligung des Kindes tritt der Antrag des Anzunehmenden.

Materialien: BT-Drucks 7/3061, 24–27, 55;
BT-Drucks 7/5087, 21. S STAUDINGER/
BGB-Synopse (2005) § 1771.

Systematische Übersicht

I.	Normzweck und Entstehungsgeschichte	1	a) Verhältnis zu § 1763 BGB	5
			b) Übergeleitete Minderjährigenadoptionen	7
II.	Nichtigkeit, Aufhebbarkeit, Verfassungsbeschwerde wegen Verletzung rechtlichen Gehörs	3	c) Volladoption nach § 1772 BGB	8
			2. Wichtiger Grund	9
			3. Beiderseitiger Antrag	14
III.	Aufhebung aus wichtigem Grund (S 1)		IV. Aufhebung wegen Erklärungsmangels (S 2 und 3)	20
1.	Volljährigenadoption als Voraussetzung	5		

I. Normzweck und Entstehungsgeschichte

Das **AdoptG von 1976** hat die **Aufhebung der Volljährigenadoption** in § 1771 BGB **1** selbständig und inhaltlich anders als die **Aufhebung der Minderjährigenadoption** in §§ 1759 ff BGB geregelt. Soweit die Adoption an Begründungsmängeln leidet, verweist allerdings S 2 auf § 1760 BGB. Die Aufhebung wegen nachträglichen Scheiterns ist aber nach S 1 von anderen Voraussetzungen abhängig als in § 1763 BGB. Die unterschiedliche Regelung ist gerechtfertigt: Eine Aufhebung von Amts wegen, wie sie in § 1763 Abs 1 BGB für die Minderjährigenadoption vorgesehen ist, kommt für die Volljährigenadoption kaum in Betracht. Außerdem steht § 1763 BGB in engem Zusammenhang mit § 1742 BGB und gestattet nach Abs 3 eine Aufhebung der Minderjährigenadoption grds nur, um das Kind besser geeigneten Eltern neu zuordnen zu können. Bei einer Volljährigenadoption scheidet diese Zielsetzung aus. Abgesehen davon gilt seit dem AdoptRÄndG von 1992 das Verbot der Zweitadoption nicht mehr für die Volljährigenadoption (§ 1768 Abs 1 S 2 BGB; Näheres vgl § 1742 Rn 8 u § 1768 Rn 14, außerdem unten Rn 6).

Vor der Reform von 1976 führten gravierende Begründungsmängel zur Nichtigkeit **2** der Adoption. Einer Aufhebung entsprechend § 1771 S 2 BGB iVm § 1760 BGB bedurfte es deshalb nicht (vgl § 1760 Rn 2). Im Übrigen stand es den an der Adoption Beteiligten frei, das einmal begründete Annahmeverhältnis durch Vertrag wieder aufzuheben (§ 1768 aF). Ein wichtiger Grund iS des heutigen § 1771 S 1 BGB brauchte allerdings nicht vorzuliegen. Im Zuge der Reformarbeiten war eine § 1768 aF entsprechende Regelung für die Volljährigenadoption vorgeschlagen worden. Der Gesetzgeber folgte aber dieser Anregung nicht. Die Aufhebung sollte nur durch Gerichtsbeschluss möglich sein und nicht der bloßen „Willkür der Beteiligten" überlassen werden (BT-Drucks 7/3061, 55).

II. Nichtigkeit, Aufhebbarkeit, Verfassungsbeschwerde wegen Verletzung rechtlichen Gehörs

Eine **nichtige Adoption** braucht nicht aufgehoben zu werden. Allerdings sind Nichtig- **3** keitsgründe selten (Näheres vgl § 1759 Rn 7 ff). Wirksam ist eine Volljährigenadoption insbes auch dann, wenn sie ohne die Absicht, ein Eltern-Kind-Verhältnis herzustellen, nur aus erbschaftsteuerlichen oder aufenthaltsrechtlichen Gründen erfolgte (unbestr, vgl § 1767 Rn 38 ff; auch BGHZ 103, 12, 17 = FamRZ 1988, 390, 391 f; OLG Köln NJW 1980, 63 m Anm LÜDERITZ NJW 1980, 1087; OLG Stuttgart 14. 11. 2012 – 14 U 9/12, juris Rn 177 betr Adoption zur Erfüllung einer gesellschaftsvertraglichen Nachfolgeklausel).

Eine **Aufhebung des Annahmeverhältnisses** nach § 1771 S 1 BGB ist nur auf Antrag **4** des Annehmenden und des Anzunehmenden, nach § 1771 S 2 BGB nur auf Antrag des Annehmenden *oder* des Anzunehmenden möglich. Die anhörungsberechtigten Abkömmlinge des Annehmenden und des Anzunehmenden werden durch § 1771 BGB ebenso wenig geschützt wie die Eltern des Anzunehmenden (vgl § 1768 Rn 8). Bei **Verletzung des Anspruchs auf rechtliches Gehör** (Art 103 Abs 1 GG) kommt jedoch eine Aufhebung des Annahmeverhältnisses nach Maßgabe der Ausführungen zu § 1759 Rn 16 ff in Betracht. Führt die **Verfassungsbeschwerde** zur Aufhebung des Adoptionsbeschlusses, so sollte eine rückwirkende Beseitigung des Statusverhältnisses ausgeschlossen sein (vgl § 1759 Rn 20). Wenn eine Aufhebung bei fehlendem

Antrag des Annehmenden oder des Anzunehmenden nach § 1771 S 2 und 3 BGB nur mit ex-nunc-Wirkung möglich ist, sind bei einer Verletzung von Anhörungsrechten keine strengeren Sanktionen möglich.

III. Aufhebung aus wichtigem Grund (S 1)

1. Volljährigenadoption als Voraussetzung

a) Verhältnis zu § 1763 BGB

5 § 1771 S 1 BGB gilt nur für Annahmeverhältnisse, die **„zu einem Volljährigen begründet"** worden sind. Wurde das Annahmeverhältnis zu einem Minderjährigen hergestellt, so kommt während der Minderjährigkeit des Angenommenen eine Aufhebung nach § 1763 BGB in Betracht. Nach Erreichung des Volljährigkeitsalters scheidet dagegen nach dem klaren Gesetzeswortlaut eine Aufhebung sowohl gem § 1763 BGB als auch gem § 1771 S 1 BGB aus. Die Rspr der Instanzgerichte (OLG Hamm FamRZ 1981, 498; OLG Düsseldorf NJW-RR 1986, 300; OLG Zweibrücken FamRZ 1997, 577; OLG Stuttgart FamRZ 1988, 1096; OLG Karlsruhe FamRZ 1996, 434; BayObLG FamRZ 1990, 1392, 1393), der sich nunmehr auch der BGH angeschlossen hat (BGH 12. 3. 2014 – XII ZB 504/12, BGHZ 200, 310 = FamRZ 2014, 930, 931 Rn 11), und der überwiegende Teil der Lehre (PALANDT/GÖTZ Rn 1; BeckOK/PÖCKER Rn 2. 1; MünchKomm/MAURER Rn 4; ERMAN/SAAR § 1759 Rn 3; **aA** BOSCH FamRZ 1978, 656, 664 unter VII b, FamRZ 1984, 829, 842 u FamRZ 1986, 1149 f; ursprünglich hatte sich die Kommentarliteratur dieser Auffassung teilweise angeschlossen, vgl FRANK FamRZ 2014, 2011 mwNw) lehnen zutreffend eine **entsprechende Anwendung von § 1771 S 1 BGB auf inzwischen volljährig gewordene Adoptivkinder** ab. Von einer Regelungslücke kann nicht gesprochen werden. Der Gesetzgeber hat gesehen, dass jede Minderjährigenadoption eines Tages in ein Annahmeverhältnis zu einem Volljährigen übergeht, das dann unaufhebbar ist. „Das geltende Recht kennt auch bei einem auf Geburt beruhenden Eltern-Kind-Verhältnis keine Einschränkung, nachdem das Kind volljährig geworden ist." (BT-Drucks 7/3061, 27, vgl auch 55 zu § 1771 unter Nr 4; ausführlich zur Entstehungsgeschichte OLG Hamm FamRZ 1981, 498). Unvernünftig oder gar sinnlos ist die gesetzliche Regelung nicht, sie begegnet auch **keinen verfassungsrechtlichen Bedenken** (BGH 12. 3. 2014 – XII ZB 504/12, FamRZ 2014, 930, 932 Rn 15 ff m Anm FRANK 1011; BVerfG 8. 6. 2015 – 1 BvR 1227/14, FamRZ 2015, 1365 hat die Verfassungsbeschwerde nicht zur Entscheidung angenommen). Schon die Minderjährigenadoption ist ähnlich stabil ausgestaltet wie das natürliche Eltern-Kind-Verhältnis. Daran ändert § 1763 BGB nichts; denn diese Bestimmung ist im Wesentlichen nur eine Folge des (verfehlten) § 1742 BGB (vgl dazu § 1763 Rn 1). Ist aber die Minderjährigenadoption grds unaufhebbar, dann erscheint es nur konsequent, wenn das Annahmeverhältnis auch nach Erreichen des Volljährigkeitsalters nicht mehr in Frage gestellt werden kann. Rechtlich stehen nach dem 18. Lebensjahr des Adoptivkindes in erster Linie vermögensrechtliche Interessen (Unterhalt, Erbrecht) auf dem Spiel, wobei die Härteregelungen der §§ 1611, 2333, 2339 BGB einen gewissen, wenn auch schwachen Schutz gewähren. Darüber hinaus kann das namensrechtliche Band unter den Voraussetzungen des § 3 NÄndG gelöst werden. Diese Folgen der Adoption sollten die Beteiligten in gleicher Weise hinnehmen wie Eltern und leibliche Kinder. Mit „Volladoptionsmystik" (STÖCKER FamRZ 1974, 568, 569) hat das jedenfalls nichts zu tun (eine Härteklausel für Extremfälle fordert de lege ferenda demgegenüber etwa ECKEBRECHT NZFam 2014, 599 f). Im Übrigen würde eine Aufhebung der Minderjährigenadoption den Angenommenen nach Jahren oder Jahrzehnten nicht nur aus der Adoptivfamilie

ausgliedern, sondern gem § 1764 BGB mit allen unterhalts- und erbrechtlichen Konsequenzen wieder in seine Ursprungsfamilie zurückführen. § 1772 Abs 2 S 1 BGB schließt deshalb sogar die Aufhebung der Erwachsenen-Volladoption entsprechend § 1771 S 1 BGB aus. Dass aber die Aufhebbarkeit starker und schwacher Adoptionen unterschiedlich behandelt wird, ist sachgerecht (BGH 12. 3. 2014 – XII ZB 504/12, FamRZ 2014, 930, 932 Rn 19; BVerfG 8. 6. 2015 – 1 BvR 1227/14, FamRZ 2015, 1365) und auch rechtsvergleichend üblich (so ist etwa im französischen Recht eine starke Adoption im Unterschied zu einer schwachen Adoption nicht aufhebbar [Art 359 Cc u Art 370 Cc], vielmehr kann sich nur unter den Voraussetzungen des Art 360 Abs 2 Cc an eine starke eine schwache Adoption anschließen).

Auch wenn eine Minderjährigenadoption nicht mehr nach § 1763 BGB oder § 1771 S 1 BGB aufgehoben werden kann, nachdem das Kind volljährig geworden ist, so erlaubt doch § 1768 Abs 1 S 2 idF des AdoptRÄndG v 1992 (BGBl 1992 I 1974) entgegen § 1742 BGB die **Zweitadoption** des volljährig gewordenen Adoptivkindes ohne vorherige Aufhebung der Erstadoption (Näheres vgl § 1742 Rn 8). Diese Regelung entschärft die Problematik der gesetzlich nicht vorgesehenen Aufhebbarkeit von Minderjährigenadoptionen nach Erreichung des Volljährigkeitsalters durch das Adoptivkind und entzieht der vor Inkrafttreten des AdoptRÄndG von 1992 aufgekommenen Diskussion um die Verfassungswidrigkeit der Regelung des geltenden Rechts (vgl STAUDINGER/FRANK[12] § 1742 Rn 11) den Boden. Würde die Minderjährigenadoption – nach welcher Bestimmung auch immer – aufgehoben, so würde das Kind rechtlich wieder in seine Ursprungsfamilie zurückgeführt (§ 1764 BGB). Dieses Ergebnis kann seit dem AdoptRÄndG von 1992 auch durch eine Rückadoption des Kindes erzielt werden, wobei allerdings zu beachten ist, dass die Rückadoption einen Antrag des (der) Annehmenden und des Anzunehmenden voraussetzt und nur die Wirkungen des § 1770 BGB hat, falls nicht ausnahmsweise eine Volladoption nach § 1772 BGB ausgesprochen wird. Jedenfalls ermöglicht aber § 1768 Abs 1 S 2 BGB eine angemessene Lösung der Fälle, in denen das volljährig gewordene Adoptivkind zu seinen leiblichen Eltern oder zu einem leiblichen Elternteil zurückfindet oder in denen aufgrund einer Entfremdung des Adoptivkindes von seinen Adoptiveltern eine Annahme durch verwandte oder nichtverwandte Dritte angestrebt wird.

b) Übergeleitete Minderjährigenadoptionen
Für **Minderjährigenadoptionen, die vor dem 1. 1. 1977 begründet wurden** und nach Art 12 § 2 Abs 2 S 1 AdoptG zur Adoption neuen Rechts erstarkten, gilt das bereits Gesagte. Sie können nicht mehr aufgehoben werden, sobald der Angenommene das Volljährigkeitsalter erreicht hat (BayObLGZ 1989, 383, 385 = FamRZ 1990, 204; OLG Düsseldorf NJW-RR 1986, 300; OLG Hamm FamRZ 1981, 498; OLG Stuttgart OLGZ 1988, 268 = FamRZ 1988, 1096). Haben die Beteiligten nach Art 12 § 2 Abs 2 S 2 eine Erklärung dahingehend abgegeben, dass die Vorschriften des AdoptG von 1976 nicht angewandt werden sollen, so bestimmte sich gem Art 12 § 3 Abs 2 S 3 die Aufhebbarkeit des Annahmeverhältnisses während der Minderjährigkeit des Kindes nach § 1763 Abs 1 und 2 BGB (vgl Vorbem 72 zu §§ 1741 ff; BayObLG FamRZ 1990, 97; SOERGEL/LIERMANN Rn 6; BOSCH FamRZ 1978, 656, 663 f; **aA** BEHN ZBlJugR 1977, 463, 482). Nach Erreichen des Volljährigkeitsalters ist gem Art 12 § 3 Abs 1 AdoptG § 1771 BGB maßgebend (vgl Vorbem 76 zu §§ 1741 ff; BayObLGZ 1989, 383, 385 = FamRZ 1990, 204, 205; BayObLG FamRZ 1990, 97; BayObLGZ 1978, 258 = FamRZ 1978, 944; SOERGEL/LIERMANN Rn 6). Hier kann also eine zu einem Minderjährigen begründete Adoption noch aufgehoben werden.

c) Volladoption nach § 1772 BGB

8 Im Falle einer Volladoption gem § 1772 BGB scheidet nach § 1772 Abs 2 S 1 BGB eine Anwendung von § 1771 S 1 BGB aus. Das Annahmeverhältnis kann nur wegen Erklärungsmängeln aufgehoben werden (vgl § 1772 Rn 14).

2. Wichtiger Grund

9 Eine vertragliche Aufhebung des Annahmeverhältnisses war **vor der Reform von 1976** möglich, ohne dass ein wichtiger Grund vorlag (§ 1768 aF). Im RegE (BT-Drucks 7/3061, 55) heißt es dazu:

> „Es ist nicht gerechtfertigt, die Aufhebung des Annahmeverhältnisses auf Antrag der Annehmenden und des Angenommenen grundlos und nach Willkür der Beteiligten zuzulassen. Zwar steht der freien Aufhebbarkeit nicht mehr das Wohl eines Minderjährigen entgegen. Die Zugehörigkeit zu einem Familienverband ist jedoch auch für den Volljährigen von erheblicher Bedeutung. Deshalb soll das Vormundschaftsgericht das zu einem Volljährigen begründete Annahmeverhältnis nur aufheben können, wenn ein wichtiger Grund vorliegt."

Ein wichtiger Grund liegt vor, wenn dem Annehmenden oder dem Angenommenen eine Fortsetzung des Annahmeverhältnisses **nicht mehr zugemutet** werden kann (OLG Stuttgart 16. 3. 2010 – 15 UF 36/10, FamRZ 2010, 1999, 2000; OLG Köln 10. 7. 2012 – 4 UF 45/12, juris Rn 3; LG Münster FamRZ 2002, 1655; GERNHUBER/COESTER-WALTJEN § 69 Rn 25–27; MünchKomm/MAURER Rn 20; jurisPK-BGB/HEIDERHOFF Rn 7). Obwohl einseitige Unzumutbarkeit genügt, ist der Schutz des Annehmenden und des Anzunehmenden dadurch gewährleistet, dass beide nur gemeinsam den Antrag auf Aufhebung des Annahmeverhältnisses stellen können (vgl Rn 14 ff). Die Unzumutbarkeit kann auf ein schuldhaftes schweres Fehlverhalten des Angenommenen oder des Annehmenden zurückzuführen sein, aber auch auf einer schuldlosen Zerrüttung der Beziehungen beruhen (BeckOGK/LÖHNIG [15. 12. 2018] Rn 16; GERNHUBER/COESTER-WALTJEN § 69 Rn 25-27; BGB-RGRK/DICKESCHEID Rn 3).

10 Nicht ausreichend ist es, wenn sich die geplante Herstellung des Eltern-Kind-Verhältnisses lediglich schwieriger gestaltet als erwartet, oder wenn das Annahmeverhältnis aufgrund nicht vorhersehbarer Umstände einem oder beiden Beteiligten lästig wird. Kommt es aber nicht lediglich zu einer „Enttäuschung" oder einem „Auseinanderleben", sondern zu einer **schweren und dauerhaften Identitätskrise, die psychischen Krankheitswert** besitzt, steht der Annahme der Unzumutbarkeit nicht entgegen, dass diese Konfliktsituation vor der Adoption hätte bedacht werden können (iE eher großzügig OLG Köln 10. 7. 2012 – 4 UF 45/12, juris Rn 7). Im Regelfall wird man aber davon ausgehen können, dass „psychosomatische Beschwerden wegen Identitätsverlustes" (OLG Stuttgart 16. 3. 2010 – 15 UF 36/10, FamRZ 2010, 1999, 2000 betr den Verlust des Geburtsnamens) bewältigt werden können und nur von vorübergehender Dauer sind. Entwickelt sich zwischen den Beteiligten eine (gleich- oder verschiedengeschlechtliche) **Paarbeziehung**, liegt ein wichtiger Grund für die Aufhebung vor (AG Düsseldorf 2. 9. 2014 – 256 F 92/14, FamRZ 2015, 593), das gilt selbst dann, wenn diese schon vor der Adoption bestanden hat (AG Wiesbaden 6. 9. 2005 – 44 XVI 34/05, FamRZ 2006, 574).

11 Ein wichtiger Grund liegt außerdem vor, wenn die **Annahme von vornherein sittlich nicht gerechtfertigt** war, weil es den Beteiligten nicht um die Herstellung eines

Eltern-Kind-Verhältnisses, sondern um die Erlangung aufenthaltsrechtlicher oder erbschaftsteuerlicher oder sonstiger wirtschaftlicher Vorteile ging (vgl BGHZ 103, 12 = FamRZ 1988, 390). Hier könnte man trotz des erforderlichen beiderseitigen Antrags zweifeln, ob die Fortsetzung des Annahmeverhältnisses den Beteiligten nicht zugemutet werden sollte. Das öffentliche Interesse an der Beseitigung sittlich nicht gerechtfertigter Adoptionen sollte aber den Ausschlag geben (aA OLG Schleswig FamRZ 1995, 1016).

Schützenswerte **Drittinteressen** können im Einzelfall gegen eine Aufhebung sprechen. So darf trotz schwerer Zerrüttung des Annahmeverhältnisses die Unterhaltslast des Annehmenden nicht ohne Weiteres mit Hilfe einer gemeinsam beantragten Aufhebung der Adoption wieder den leiblichen Eltern aufgebürdet werden. **12**

Das FamG hat **von Amts wegen** (§ 26 FamFG) zu prüfen, ob ein wichtiger Grund iSv **13** **§ 1771 S 1 BGB vorliegt**. Es ist dabei auf die Mitwirkung der Antragsteller angewiesen. Obwohl oft kein Anlass bestehen wird, an den übereinstimmenden Angaben des Annehmenden und des Angenommenen zu zweifeln, kann die Überprüfung nicht auf die Ernstlichkeit der Anträge und den freien Entschluss der Antragsteller beschränkt werden (so aber noch MünchKomm/Maurer[4] Rn 6). Schlechte Erfahrungen mit dem Scheidungsrecht aus der Zeit vor dem 1. EheRG von 1976 erlauben es nicht, am eindeutigen Willen des Gesetzgebers vorbeizugehen. Man sollte deshalb auch nicht von einer Indizwirkung der Anträge sprechen (Gernhuber/Coester-Waltjen § 69 Rn 25-27 Fn 41; jurisPK-BGB/Heiderhoff Rn 8; Erman/Saar Rn 2a; Soergel/Liermann Rn 10; BayObLGZ 1978, 1, 4 = FamRZ 1978, 736, 738; **aA** Rauscher Rn 1192 I; Erman/Holzhauer[10] Rn 7; MünchKomm/Maurer[5] Rn 3).

3. Beiderseitiger Antrag

§ 1771 S 1 BGB setzt Anträge des Annehmenden *und* des Angenommenen voraus. **14** Daran ändert sich auch nichts dadurch, dass **einer der Antragsberechtigten verstorben** ist, nach dem Tod des Annehmenden oder des Angenommenen kommt eine Aufhebung nach § 1771 BGB nicht mehr in Betracht, als höchstpersönliches Recht ist das Antragsrecht nicht vererblich (BGH 6. 12. 2017 – XII ZB 371/17, FamRZ 2018, 440, 444 Rn 45; OLG Stuttgart 16. 3. 2010 – 15 UF 36/10, FamRZ 2010, 1999, 2000; BeckOGK/Löhnig [15. 12. 2018] Rn 15). Verstirbt allerdings der Annehmende oder Angenommene nachdem er den Aufhebungsantrag gestellt hat, kann das Verfahren, wie das § 1764 Abs 1 S 2 BGB iVm § 1767 Abs 2 S 1 BGB voraussetzt (vgl § 1762 Rn 10), fortgeführt werden (OLG München 16. 4. 2007 – 31 Wx 102/06, FamRZ 2008, 299). Die Aufhebungsanträge unterliegen nicht der dreijährigen Ausschlussfrist des § 1762 Abs 2 BGB (OLG Schleswig FamRZ 1995, 1016; MünchKomm/Maurer Rn 39; Palandt/Götz Rn 1; BeckOGK/Löhnig [15. 12. 2018] Rn 22). Auch eine Verwirkung kommt nicht in Frage, in einschlägigen Konstellationen wird man schon eher am Vorliegen eines wichtigen Grundes zweifeln können (MünchKomm/Maurer Rn 39; **aA** BeckOGK/Löhnig [15. 12. 2018] Rn 23).

Das **Erfordernis eines beiderseitigen Antrags** ergibt sich aus dem Gesetzeswortlaut. **15** Einige Autoren meinten, der ratio der Bestimmung besser gerecht zu werden, wenn sie das Wort „und" nicht iS einer Antragskumulation, sondern von „und auch" („oder") verstehen. Nach ihrer Auffassung sollte bei Vorliegen eines wichtigen Grundes eine Aufhebung auch auf **einseitigen Antrag** möglich sein (so Erman/Saar[12]

Rn 5; Bosch FamRZ 1978, 656, 665 f bei Fn 120). Diese Auffassung stößt auf die geschlossene Ablehnung der Rspr (BGH 12. 3. 2014 – XII ZB 504/12, FamRZ 2014, 930, 931 Rn 9; BGHZ 103, 12 = FamRZ 1988, 390; OLG Stuttgart 16. 3. 2010 – 15 UF 36/10, FamRZ 2010, 1999, 2000; KG NJW-RR 1987, 776; OLG Karlsruhe FamRZ 1988, 979; OLG Hamm FamRZ 1981, 498; OLG Frankfurt FamRZ 1982, 1241; BayObLG FamRZ 1978, 736; aA ohne Auseinandersetzung mit der Rspr AG Leutkirch FamRZ 1989, 538). Auch in der Lit wird heute einhellig ein kongruenter beiderseitiger Antrag für erforderlich gehalten (Erman/Saar Rn 4; Gernhuber/Coester-Waltjen § 69 Rn 24 Fn 37; BeckOK/Pöcker Rn 3; MünchKomm/Maurer Rn 15; Soergel/Liermann Rn 7).

16 Auf das Erfordernis eines beiderseitigen Antrags zu verzichten, besteht kein Anlass. Der **Gesetzeswortlaut** ist deutlich genug, und aus der Entstehungsgeschichte ergibt sich klar, dass an die Stelle des nach früherem Recht möglichen Aufhebungsvertrags (§ 1768 aF) der „gemeinsame", „übereinstimmende" Antrag des Annehmenden und des Anzunehmenden auf Aufhebung des Annahmeverhältnisses treten sollte (Bericht des Rechtsausschusses BT-Drucks 7/5087, 8, 21; auch RegE BT-Drucks 7/3061, 27, 55; ausführlich zur Entstehungsgeschichte KG FamRZ 1987, 635 und OLG Hamm FamRZ 1981, 498). Bei den Reformarbeiten waren im Übrigen die spezifischen Probleme der Erwachsenenadoption in der Lit nur spärlich behandelt worden. Der Umstand, dass einige Autoren sich seinerzeit für die Möglichkeit der Aufhebung auf einseitigen Antrag ausgesprochen hatten (Engler 113; Stöcker FamRZ 1974, 568, 569; früher schon Heinisch, Beendigung und Nichtigkeit der Adoption [1960] 33 f), vermag am Willen des Gesetzgebers keine Zweifel aufkommen zu lassen (vgl aber Erman/Saar[12] Rn 4; Bosch FamRZ 1978, 656, 661 f).

17 **§ 1771 S 1 BGB hat** im Übrigen **an der Rechtslage, wie sie vor Inkrafttreten des AdoptG von 1976 bestand, nichts Wesentliches geändert**. Auch nach altem Recht war die Aufhebung einer Volljährigenadoption auf einseitiges Betreiben nicht möglich (vgl Staudinger/Engler[10/11] § 1770a Rn 5). Zwar war durch Art 5 des Gesetzes vom 12. 4. 1938 (RGBl I 380) eine solche Möglichkeit geschaffen worden; sie wurde später aber wieder durch das FamRÄndG vom 11. 8. 1961 aufgehoben (Näheres Staudinger/Engler[10/11] § 1770a Rn 2–4). Die Veränderung, die § 1771 S 1 BGB gebracht hat, erschöpft sich mithin darin, dass das beiderseitige Betreiben der Aufhebung vom Vertragssystem in das Dekretsystem übergeführt und das Erfordernis eines wichtigen Grundes hinzugefügt wurde. Allerdings waren nach altem Recht Adoptionsverträge nach §§ 119 ff BGB anfechtbar (vgl Staudinger/Engler[10/11] § 1755 Rn 1 ff); sie konnten auch als Scheingeschäfte oder wegen Sittenwidrigkeit nichtig sein (Staudinger/Engler[10/11] § 1756 Rn 5 ff). Die Frage, ob und inwieweit sich Mängel beim Zustandekommen der Adoption auf die Bestandskraft des Annahmeverhältnisses auswirken, ist heute in § 1760 BGB, auf den § 1771 S 2 BGB verweist, abschließend geregelt. **Rechtsmissbräuchliche Adoptionen**, die früher nach § 138 BGB nichtig waren, werden allerdings von § 1760 BGB nicht erfasst und können deshalb nur aufgrund eines gemeinsamen Antrags des Annehmenden und des Angenommenen nach § 1771 S 1 BGB aufgehoben werden. Die abweichende Ansicht des OLG Köln (NJW 1980, 63) ist auf allgemeine Ablehnung gestoßen (BGHZ 103, 12 = FamRZ 1988, 390; KG [Vorlagebeschluß] FamRZ 1987, 635; Lüderitz NJW 1980, 1087). Für Missbrauchsfälle besteht auch keinerlei Anlass, eine Aufhebung auf einseitigen Antrag zuzulassen (BGHZ 103, 12 = FamRZ 1988, 390; KG [Vorlagebeschluss] FamRZ 1987, 635). De lege ferenda wäre allenfalls an eine Aufhebung von Amts wegen zu denken, die aber das geltende Recht bei der Volljährigenadoption nicht kennt (**aA** BGB-RGRK/Dickescheid Rn 9).

Der gesetzlichen Regelung kann auch nicht der **Vorwurf der Absurdität oder völligen** 18
Unvernunft gemacht werden. Wenn eine Minderjährigenadoption nach Erreichen des Volljährigkeitsalters durch den Angenommenen ebenso wenig aufgehoben werden kann wie eine *Volljährigenvolladoption* nach § 1772 BGB, dann passt sich die Regelung des § 1771 S 1 BGB, die immerhin eine eingeschränkte Aufhebungsmöglichkeit vorsieht, durchaus in das Gesamtsystem ein. Richtig ist allerdings, dass das zu einem Volljährigen begründete Annahmeverhältnis mit den Wirkungen des § 1770 BGB nicht uneingeschränkt dem natürlichen Kindschaftsverhältnis gleichgestellt werden kann (Erman/Saar Rn 3). Der Gesetzgeber hätte deshalb bei gravierendem Fehlverhalten eines Beteiligten eine Aufhebung auf einseitigen Antrag durchaus vorsehen können. Aber er hat es eben nicht getan, weil er es für richtig hielt, auch die Volljährigenadoption so stabil wie möglich auszugestalten. Damit haben sich die Beteiligten, die eine Erwachsenenadoption anstreben, abzufinden. Die unerwünschten Folgen der Adoption liegen ohnehin im Wesentlichen nur auf unterhalts- und erbrechtlichem Gebiet, wo die Härteregelungen der §§ 1611, 2333, 2339 BGB einen gewissen, wenn auch schwachen Schutz gewähren. Einen apriorischen Rechtsgrundsatz, dass Dauerrechtsverhältnisse aus wichtigem Grund vorzeitig beendbar sein müssen (so Bosch FamRZ 1978, 656, 665), kennt jedenfalls das Familienrecht nicht (BGH 12. 3. 2014 – XII ZB 504/12, FamRZ 2014, 930, 932 Rn 14; BGHZ 103, 12, 18 = FamRZ 1988, 390, 392).

Nach einem **Notventil für krasse Härtefälle** sollte man in Anbetracht der klaren 19
gesetzlichen Regelung nicht suchen. Insbesondere kann das **Schikaneverbot (§ 226 BGB)** den zweiten Antrag nicht entbehrlich machen (so aber Roth-Stielow Rn 4; Soergel/Liermann Rn 8; OLG Frankfurt OLGZ 1982, 421 = FamRZ 1982, 1241, 1242; **dagegen** KG OLGZ 1987, 306, 309 = NJW-RR 1987, 776, 777; KG FamRZ 1987, 635, 636; OLG Karlsruhe FamRZ 1988, 979, 980; Gernhuber/Coester-Waltjen § 69 Rn 24 Fn 39). Unklar bleibt, was das KG (OLGZ 1987, 306, 310 = NJW-RR 1987, 776, 777 unter Berufung auf Lüderitz NJW 1980, 1087) mit dem dunklen Satz meint, dass dem Angenommenen im Einzelfall – anders als dem leiblichen Kind – die Berufung auf das Bestehen des Annahmeverhältnisses unter den Voraussetzungen des § **826 BGB** versagt werden könne. Selbst bei schweren Vergehen oder Verbrechen des Angenommenen gegenüber dem Annehmenden ist keine dem § 1771 BGB im Range vorgehende Rechtsnorm zu erkennen, die eine Aufhebung auf einseitigen Antrag gebieten würde. Es ist weder ein Verstoß gegen die Menschenwürde noch gegen die durch Art 2 GG geschützten persönlichen Freiheitsrechte noch gegen das **Willkürverbot (Art 3 GG)**, wenn die Beteiligten auch bei „katastrophal fehlgeschlagenen Adoptionen" (vgl Stöcker FamRZ 1974, 568, 569) an das Annahmeverhältnis gebunden bleiben, sofern nur einer der Beteiligten sich der Aufhebung widersetzt (so zutr KG OLGZ 1987, 306, 309 f = NJW-RR 1987, 776, 777; KG FamRZ 1987, 635, 636 f; OLG Karlsruhe FamRZ 1988, 979, 980).

IV. Aufhebung wegen Erklärungsmangels (S 2 und 3)

Leidet die Adoption an einem Erklärungsmangel, so kann das Annahmeverhältnis „in 20
sinngemäßer Anwendung der Vorschriften des § 1760 Abs 1 bis 5 aufgehoben werden". Die Bestimmung ist **„sehr unglücklich gefaßt"** (Engler FamRZ 1976, 584, 592). Da § 1760 BGB keine weiteren Absätze enthält, hätten auch die Abs 1 bis 5 nicht erwähnt zu werden brauchen. Außerdem hätte es des Zusammenhangs wegen nahegelegen, auch die Anwendbarkeit oder Nichtanwendbarkeit der §§ 1761 und 1762 BGB an-

zusprechen, für die nunmehr die allg Verweisungsnorm des § 1767 Abs 2 S 1 BGB maßgebend ist. Die „eilige Redaktion" hat durch Überarbeitungen und Umstellungen in der Schlussphase (BT-Drucks 7/5087, 21) nicht gerade an Klarheit gewonnen.

21 Dass § **1760 BGB „sinngemäß"** anzuwenden ist, bedeutet insbes, dass nur fehlende oder mangelhafte Erklärungen des Annehmenden und des Angenommenen zu einer Aufhebung führen können. § 1771 S 3 BGB stellt klar, dass an die Stelle der Einwilligung des Kindes in § 1760 Abs 1 BGB der Antrag des Anzunehmenden tritt. Eine Einwilligung der Eltern des Anzunehmenden ist bei der Volljährigenadoption ohnehin nicht erforderlich (vgl BayObLG FamRZ 2001, 122), und die fehlende oder mangelhafte Einwilligung des Ehegatten tangiert die Bestandskraft der Volljährigenadoption ebenso wenig wie die der Minderjährigenadoption.

22 „Sinngemäße Anwendung" heißt weiter, dass § 1760 Abs 2 lit e und Abs 5 BGB überhaupt nicht anwendbar sind (Näheres Bischof JurBüro 1976, 1569, 1588 f; MünchKomm/Maurer Rn 29; BeckOGK/Löhnig [15. 12. 2018] Rn 25). Die Anwendbarkeit von § 1761 Abs 2 BGB (Kindeswohlgefährdung) wird zwar nicht über § 1771 S 2 BGB, wohl aber über § 1767 Abs 2 S 1 BGB ausgeschlossen (vgl insoweit auch die ursprüngliche Fassung von § 1771 Abs 1 S 2 iVm § 1760 Abs 5 im RegE BT-Drucks 7/3061, 7 f). § 1762 BGB, der Antragsberechtigung sowie **Frist und Form** des Aufhebungsantrags regelt, bleibt über § 1767 Abs 2 S 1 BGB anwendbar (BeckOK/Pöcker Rn 5; jurisPK-BGB/Heiderhoff Rn 14; OLG München 16. 4. 2007 – 31 Wx 102/06, FamRZ 2008, 299, 300; vgl demgegenüber MünchKomm/Maurer Rn 6, 11 und 38: beschränkt auf Abs 2 und 3).

23 Problematisch ist die im Gesetzgebungsverfahren nicht weiter bedachte Anwendung von § 1771 S 2 BGB iVm § 1760 Abs 4 BGB: Eine **arglistige Täuschung über Vermögensverhältnisse** mag bei der Minderjährigenadoption irrelevant sein, sollte aber vor allem in Fällen der Hofübergabe oder Unternehmensnachfolge trotz der „Tendenz zur Personalisierung des Adoptionsrechts" (Gernhuber/Coester-Waltjen § 69 Rn 24 Fn 36) Beachtung finden (so auch MünchKomm/Maurer Rn 34; BeckOGK/Löhnig [15. 12. 2018] Rn 25; Soergel/Liermann Rn 12). Weiterhelfen kann hier allerdings nur eine Argumentation, die § 1760 Abs 4 Alt 1 BGB für nicht sinngemäß anwendbar erklärt (so BGB-RGRK/Dickescheid Rn 11).

§ 1772
Annahme mit den Wirkungen der Minderjährigenannahme

(1) Das Familiengericht kann beim Ausspruch der Annahme eines Volljährigen auf Antrag des Annehmenden und des Anzunehmenden bestimmen, dass sich die Wirkungen der Annahme nach den Vorschriften über die Annahme eines Minderjährigen oder eines verwandten Minderjährigen richten (§§ 1754 bis 1756), wenn

    a) ein minderjähriger Bruder oder eine minderjährige Schwester des Anzunehmenden von dem Annehmenden als Kind angenommen worden ist oder gleichzeitig angenommen wird oder

    b) der Anzunehmende bereits als Minderjähriger in die Familie des Annehmenden aufgenommen worden ist oder

c) der Annehmende das Kind seines Ehegatten annimmt oder

d) der Anzunehmende in dem Zeitpunkt, in dem der Antrag auf Annahme bei dem Familiengericht eingereicht wird, noch nicht volljährig ist.

Eine solche Bestimmung darf nicht getroffen werden, wenn ihr überwiegende Interessen der Eltern des Anzunehmenden entgegenstehen.

(2) Das Annahmeverhältnis kann in den Fällen des Absatzes 1 nur in sinngemäßer Anwendung der Vorschrift des § 1760 Abs. 1 bis 5 aufgehoben werden. An die Stelle der Einwilligung des Kindes tritt der Antrag des Anzunehmenden.

Materialien: BT-Drucks 7/3061, 22, 55 f, 78; BT-Drucks 7/5087, 21 f; BT-Drucks 12/2506, 7 f, 9; BT-Drucks 13/4899, 158. S STAUDINGER/ BGB-Synopse (2005) § 1772.

Systematische Übersicht

I.	Normzweck und Entstehungsgeschichte	1	III. Wirkungen	11
			IV. Aufhebung (Abs 2)	14
II.	**Voraussetzungen**			
1.	Fallgruppen (Abs 1 S 1 lit a–d)	2	V. Verfahren	16
2.	Entgegenstehende Interessen der Eltern des Anzunehmenden (Abs 1 S 2)	7		

I. Normzweck und Entstehungsgeschichte

Vor dem AdoptG von 1976 war dem BGB eine **Volladoption** Volljähriger (ebenso wie eine Volladoption Minderjähriger) unbekannt. Bei den Reformarbeiten bestand Einigkeit darüber, dass für die Annahme Volljähriger die Volladoption als Regeltyp nicht passt (vgl § 1770 Rn 1). Nach dem Grundmuster des § 1770 BGB wird deshalb der Angenommene zwar Kind des Annehmenden, in dessen weitere Familie wird er jedoch nicht eingegliedert. Die Rechtsbeziehungen zur Ursprungsfamilie bleiben unverändert erhalten. Allerdings gibt es Fälle, bei denen es sinnvoll und gerechtfertigt erscheint, auch einen Erwachsenen rechtlich vollständig aus seiner Ursprungsfamilie zu lösen und ebenso vollständig in eine neue Familie zu integrieren. Der Gesetzgeber hat deshalb in § 1772 BGB für im Einzelnen aufgeführte Sondersituationen die Möglichkeit der Volladoption geschaffen. Im Vordergrund steht dabei die „nachgeholte Minderjährigenadoption" (Abs 1 S 1 lit b) und die Stiefkindadoption (Abs 1 S 1 lit c). Geringere praktische Bedeutung hat der Fall, dass minderjährige und volljährige Geschwister gemeinsam angenommen werden (Abs 1 S 1 lit a). Die auf einen seltenen Sonderfall zugeschnittene Regelung des Abs 1 S 1 lit d wurde durch das KindRG von 1997 neu eingefügt, während die in Abs 1 S 1 lit c früher vorgesehene Möglichkeit der Volladoption des eigenen volljährig gewordenen nicht-

1

ehelichen Kindes ebenso wie in § 1741 BGB (vgl § 1741 Rn 81) ersatzlos gestrichen wurde. Der Nachteil des § 1772 BGB besteht darin, dass bei der Vielfalt denkbarer Lebenssachverhalte eine präzise Differenzierung nach Falltypen nur schwer möglich ist. Der Gesetzgeber hat diese Schwierigkeit gesehen, meinte jedoch, dass weitere Wahlmöglichkeiten oder richterliche Ermessensspielräume „zu Unübersichtlichkeit und Unklarheit in familienrechtlichen Beziehungen" führen würden (BT-Drucks 7/3061, 23).

II. Voraussetzungen

1. Fallgruppen (Abs 1 S 1 lit a–d)

2 Ist ein minderjähriger Bruder oder eine minderjährige Schwester des Anzunehmenden vom Annehmenden bereits adoptiert worden, oder werden **minderjährige und volljährige Geschwister** gleichzeitig angenommen, so bietet sich auch für die Adoption des **volljährigen** Geschwisterteils eine Annahme nach Maßgabe der §§ 1754–1756 BGB an (lit a). Adoptierte Geschwister sollten in der neuen Familie möglichst die gleiche Rechtsstellung erlangen. Außerdem lässt die Annahme des minderjährigen Geschwisterteils erwarten, dass auch der volljährige stärker in die neue Familie hineinwächst, als es sonst bei einer Erwachsenenadoption der Fall ist. Obwohl die Vorschrift des § 1772 Abs 1 S 1 BGB wegen ihres Ausnahmecharakters eng auszulegen ist (OLG Hamm FamRZ 1979, 1082), verbietet der Wortlaut nicht, die Bestimmung auch auf **Halbgeschwister** anzuwenden.

3 Lit b betrifft die „**nachgeholte Minderjährigenadoption**". Im RegE (BT-Drucks 7/3061, 56) heißt es: „In manchen Fällen lebt ein Pflegekind in einer Familie, ohne daß es zur Adoption kommt. Wenn sich die Beteiligten erst später entschließen, ein Annahmeverhältnis zu begründen, erscheint es gerechtfertigt, die Annahme mit starken Wirkungen zuzulassen." Hintergrund für dieses Vorgehen ist nicht selten, dass bei einer Volljährigenadoption keine Zustimmung der leiblichen Eltern mehr erforderlich ist (auch wenn bei einer starken Adoption ihre Interessen immerhin im Rahmen von § 1772 Abs 1 S 2 BGB zu berücksichtigen sind). Die Vorschrift ist nicht glücklich gefasst, weil sie nur darauf abhebt, dass der Anzunehmende „als Minderjähriger in die Familie aufgenommen worden ist". Über eine bloße räumliche Aufnahme hinaus wird man verlangen müssen, dass bereits während der Minderjährigkeit faktisch ein Eltern-Kind-Verhältnis entstanden ist (OLG München 8. 4. 2010 – 31 Wx 30/10, FamRZ 2010, 2088, 2089; KG 20. 4. 1995 – 1 W 5613/94, FamRZ 1996, 240, 241; OLG Hamm FamRZ 1979, 1082, 1084; MünchKomm/MAURER Rn 8; BeckOGK/LÖHNIG [15. 12. 2018] Rn 10). Andererseits reicht ein Eltern-Kind-Verhältnis allein nicht aus, wenn der Anzunehmende nicht auch tatsächlich in der Familie des Annehmenden gelebt hat. Eine entsprechende Anwendung von lit b kommt wegen des Ausnahmecharakters der Vorschrift nicht in Betracht (OLG München 8. 4. 2010 – 31 Wx 30/10, FamRZ 2010, 2088, 2089; OLG Hamm FamRZ 1979, 1082). Eine bestimmte Mindestdauer der Aufnahme ist nicht vorgeschrieben. Die Fassung von lit b deutet jedoch auf die Notwendigkeit einer Kontinuität der Beziehung hin, die nicht gewahrt ist, wenn der Anzunehmende als Kleinkind zwar beim Annehmenden gelebt hat, später aber wieder von seinen Eltern betreut wurde. Zur Anwendbarkeit von lit b *und* lit c, wenn die Annahme durch ein Ehepaar erfolgt, die Voraussetzungen von lit b aber nur in der Person eines Ehegatten vorliegen, vgl Rn 4.

Die **Volladoption von Stiefkindern** nach lit c (gem § 9 Abs 7 S 2 LPartG entsprechend **4**
anwendbar auf Lebenspartner) lässt sich nicht damit rechtfertigen, dass es sich wie
im Falle von lit b um eine nachgeholte Minderjährigenadoption handelt; denn lit c
setzt nicht voraus, dass die Ehe schon bestand, als das Kind noch minderjährig war,
und verlangt nicht einmal, dass der *Ehegatte des Annehmenden* (= leiblicher Elternteil) Inhaber des Sorgerechts war. Für die Regelung spricht, dass ohne Rücksicht für
die Fallgestaltung im Übrigen bei *Stiefkindern* oft das Bedürfnis nach einer völligen
rechtlichen Gleichstellung gegenüber Stiefelternteil und leiblichem Elternteil sowie
deren Familienangehörigen besteht. Lit c ist entsprechend anzuwenden, wenn die
Annahme gleichzeitig durch beide Ehegatten erfolgt, die Voraussetzungen von lit b
aber nur in der Person eines Ehegatten vorliegen; denn es kann schwerlich einen
Unterschied machen, ob die Annahme vor der Eheschließung durch einen der
späteren Ehegatten allein nach lit b erfolgt und der andere das Kind dann nach lit c
hinzuadoptiert oder ob beide gemeinsam das Kind erst nach der Eheschließung
adoptieren (KG 20. 4. 1995 – 1 W 5613/94, FamRZ 1996, 240, 241). Selbst wenn das Stiefkindverhältnis schon während der Minderjährigkeit begründet wurde, entscheiden sich
die Betroffenen nicht selten dafür, bis zum Eintritt der Volljährigkeit zu warten und
dann eine (starke) Volljährigenadoption durchzuführen, weil dafür keine Zustimmung des anderen leiblichen Elternteils erforderlich ist (auch wenn bei einer starken
Adoption seine Interessen immerhin im Rahmen von § 1772 Abs 1 S 2 BGB zu
berücksichtigen sind).

Der Sonderfall von lit d wurde durch das KindRG von 1997 neu eingefügt. War der **5**
Annahmeantrag während der Minderjährigkeit des Anzunehmenden beim FamG
eingereicht worden, erfolgt der Ausspruch der Annahme aber erst, nachdem der
Anzunehmende volljährig geworden ist, so kann das FamG dennoch bestimmen, dass
sich die Wirkungen der Annahme nach den Vorschriften über die Annahme eines
Minderjährigen richten. Lit d dürfte auf die während des Gesetzgebungsverfahrens
ergangene Entscheidung BayObLGZ 1996, 77 (= FamRZ 1996, 1034 m Anm LIERMANN
FamRZ 1997, 112) zurückzuführen sein (Näheres zur Entstehungsgeschichte FamRefK/MAURER
§ 1772 Rn 3 ff u GRESSMANN, Neues Kindschaftsrecht Rn 412 ff). Inhaltlich lässt sich die Neuregelung vertreten, sachlich zwingend ist sie indessen nicht (vgl FRANK FamRZ 1998, 394,
399). Weder bei der Minderjährigen- noch bei der Volljährigenadoption geht es
nämlich um die Verwirklichung zivilrechtlicher Ansprüche, für die ein Abheben
auf den Zeitpunkt der Antragstellung oft zweckmäßig ist, sondern um das Wohl
des Anzunehmenden, also um eine Interessenbewertung, für die es auf den Zeitpunkt
der Entscheidung ankommt. Viele Rechtsordnungen verbieten deshalb ohne Rücksicht auf den Zeitpunkt der Antragstellung Volljährigenadoptionen generell, weil
diese nicht auf die Verbesserung personaler Eltern-Kind-Beziehungen, sondern auf
die bloße Veränderung vermögensrechtlicher Positionen (Unterhalts-, Erbrecht) ausgerichtet seien (vgl § 1767 Rn 15). Selbst die Volladoption eines Minderjährigen muss
nicht notwendigerweise bis zur Vollendung des 18. Lebensjahres möglich sein. In
Portugal (Art 1980 Abs 2 Cc) und in Frankreich (Art 345 Abs 1 Cc) liegt die Altersgrenze jeweils bei 15 Jahren, in Luxemburg bei 16 Jahren (Art 367 Abs 1 Cc).

Wurde der Antrag bei einem **örtlich unzuständigen FamG** zu einem Zeitpunkt eingereicht, zu dem der Anzunehmende noch minderjährig war, ist der Tatbestand ebenfalls erfüllt (LG Düsseldorf 19. 1. 2010 – 25 T 659/09, FamRZ 2010, 1261, 1262). Vgl zu einer
ähnlichen Problematik § 1753 Rn 4.

6 Voraussetzung von lit d ist, dass Annehmender und Anzunehmender einen Antrag auf Ausspruch einer Volljährigenadoption mit den Wirkungen des § 1772 BGB stellen. Ein Antrag des Annehmenden allein nach § 1752 Abs 1 BGB genügt nicht (KG FamRZ 2004, 1315). Bei der Minderjährigen- und der Volljährigenadoption handelt es sich um unterschiedliche Verfahrensgegenstände (OLG Nürnberg 8. 9. 2011 – 7 UF 883/11, FamRZ 2012, 804, 805). Eine Umdeutung des Antrags auf Minderjährigenadoption in einen solchen auf Volljährigenadoption mit den Wirkungen des § 1772 BGB ist daher ausgeschlossen (LG Düsseldorf 19. 1. 2010 – 25 T 659/09, FamRZ 2010, 1261, 1262; KG 20. 4. 1995 – 1 W 5613/94, FamRZ 1996, 240 f). Wird der Anzunehmende im Laufe des Verfahrens volljährig, so muss ein **neuer Sachantrag** von Annehmendem und Anzunehmendem gemeinsam (§ 1768 Abs 1 S 1 BGB) gestellt werden (vgl § 1752 Rn 9; PraxKommKindschaftsR/BRAUN § 1767 Rn 7; MünchKomm/MAURER § 1752 Rn 21 u 27). Im (Rechts-)Beschwerdeverfahren ist den Beteiligten durch Zurückverweisung an das AG Gelegenheit zur Stellung eines Antrags auf Volljährigenadoption (gem § 1772 oder gem § 1770 BGB) zu geben (OLG Karlsruhe FamRZ 2000, 768; LIERMANN FamRZ 1997, 112, 113; vgl auch OLG Hamm JAmt 2001, 96). Dass nach Erreichung des Volljährigkeitsalters ein neuer Antrag gestellt werden muss, schließt indessen nicht aus, dass der Annehmende später mit der Adoption gem § 6 S 1 StAG die **deutsche Staatsangehörigkeit** erwirbt, obwohl der Wortlaut dieser Bestimmung voraussetzt, dass der Anzunehmende „im Zeitpunkt des Annahmeantrags das 18. Lebensjahr noch nicht vollendet hat" (vgl BVerwGE 119, 111 = NJW 2004, 1401; BVerwG 21. 12. 2011 – 5 B 46. 11, StAZ 2012, 149 Rn 5; BVerwG 19. 2. 2015 – 1 C 17/14, StAZ 2015, 310, 312 Rn 19 f).

2. Entgegenstehende Interessen der Eltern des Anzunehmenden (Abs 1 S 2)

7 Nach Abs 1 S 2 dürfen bei der Adoption eines Volljährigen die Wirkungen einer Minderjährigenadoption nicht angeordnet werden, „wenn **überwiegende Interessen der Eltern des Anzunehmenden** entgegenstehen". Abs 1 S 2 wurde durch das AdoptRÄndG von 1992 neu eingeführt. Notwendig war die Regelung nicht; denn jede Volljährigenadoption muss sittlich gerechtfertigt sein (§ 1767 Abs 1 BGB). Da die **sittliche Rechtfertigung** nicht ohne Rücksicht auf die konkreten Wirkungen der Adoption beurteilt werden kann, ist es im Einzelfall durchaus denkbar, dass die Annahme zwar mit den Wirkungen des § 1770 BGB sittlich gerechtfertigt erscheint, nicht aber eine Volladoption mit den Wirkungen des § 1772 BGB (SOERGEL/LIERMANN Rn 9; zweifelnd GERNHUBER/COESTER-WALTJEN § 69 Rn 28 Fn 43). Nach dem Willen des Gesetzgebers sollte denn auch die Neuregelung lediglich „die Notwendigkeit, die sittliche Rechtfertigung einer Volladoption auch im Hinblick auf etwa entgegenstehende Elterninteressen zu überprüfen, im Gesetzestext *verdeutlichen*" (BT-Drucks 12/2506, 8; vgl auch LIERMANN FamRZ 1993, 1263, 1265 f; WAGENITZ ZfJ 1991, 241, 244 f; LÜDERITZ NJW 1993, 1050, 1051). In der Tat verdienen die Eltern des Anzunehmenden, deren Einwilligung bei einer Volljährigenadoption nicht erforderlich ist, besonderen Schutz, wenn ihr volljähriges Kind im Wege der Volladoption angenommen wird.

8 So droht den Eltern vor allem der Verlust von **Unterhaltsansprüchen** (vgl LG Heidelberg FamRZ 2001, 120) oder auch (was deutlich weniger schwer wiegt) von **Pflichtteilsansprüchen**. Das kann insbesondere dann unzumutbar sein, wenn die leiblichen Eltern selbst – im Rahmen ihrer Leistungsfähigkeit – zum Unterhalt des Kindes beigetragen haben (OLG Celle 19. 6. 2013 – 17 UF 3/13, FamRZ 2014, 579, 580 f; OLG Düsseldorf 16. 7. 2014 – II-7 UF 78/14, FamRZ 2014, 1796, 1797; OLG Brandenburg 27. 1. 2017 – 10 UF 48/

16, FamRZ 2017, 1762 f; OLG München 8. 5. 2009 – 31 Wx 147/08, FamRZ 2009, 1337) und ihnen auch sonst kein schweres Fehlverhalten zur Last gelegt werden kann; Kontaktabbruch und Entfremdung, liebloses oder taktloses Verhalten für sich genommen werden dafür in aller Regel nicht ausreichen (OLG Brandenburg 27. 1. 2017 – 10 UF 48/16, FamRZ 2017, 1762 f). Dass die Unterhaltspflicht des Anzunehmenden bereits besteht oder sich konkret abzeichnet, ist nicht erforderlich (OLG Celle 19. 6. 2013 – 17 UF 3/13, FamRZ 2014, 579, 581; OLG Düsseldorf 16. 7. 2014 – II-7 UF 78/14, FamRZ 2014, 1796, 1797; OLG Brandenburg 27. 1. 2017 – 10 UF 48/16, FamRZ 2017, 1762; OLG München 8. 5. 2009 – 31 Wx 147/08, FamRZ 2009, 1337 f). In einem Fall, in dem der leibliche Elternteil einen Schlaganfall erlitten hatte und betreuungsbedürftig war, hielt das OLG Düsseldorf die Frage, inwieweit dieser tatsächlich auf einen Unterhaltsanspruch angewiesen sei, für irrelevant, weil nichts dafür spreche, dass er „jedweden denkbaren krankheitsbedingten finanziellen Aufwand" selbst abdecken könne (OLG Düsseldorf 16. 7. 2014 – II-7 UF 78/14, FamRZ 2014, 1796, 1797).

Aber auch **immaterielle (ideelle) Interessen** können ausschlaggebend sein, wenn etwa eine Adoption durch den Stiefvater sich letztlich nur als eine Fortsetzung des nachehelichen elterlichen Streits um das Kind erweist (vgl AG Kamen ZfJ 1996, 536). Auch dass noch mehr oder weniger intensive soziale Kontakte zu den leiblichen Eltern bestehen, spricht gegen den Ausspruch einer Volljährigenadoption mit starken Wirkungen (OLG Celle 19. 6. 2013 – 17 UF 3/13, FamRZ 2014, 579, 580). **9**

Dass Abs 1 S 2 die Interessen der leiblichen Eltern hervorhebt, schließt nicht aus, dass auch die Interessen anderer Verwandter des Anzunehmenden oder des Annehmenden unter dem Aspekt der sittlichen Rechtfertigung einer Volladoption entgegenstehen. Wenn der Gesetzgeber mit der Einfügung von Abs 1 S 2 allerdings glaubte, eine **Beteiligung der Eltern am Adoptionsverfahren** (vgl nunmehr §§ 188 Abs 1 Nr 1b, 192 Abs 2 FamFG) sicherstellen zu müssen (BT-Drucks 12/2506, 9), so überzeugt dieses Argument nicht; denn auch im Falle einer einfachen Volljährigenadoption mit den Wirkungen des § 1770 BGB haben die Eltern einen Anspruch auf rechtliches Gehör (Art 103 GG). Bei dessen Verletzung droht auf eine Verfassungsbeschwerde hin die Aufhebung der Adoption (vgl § 1768 Rn 8). **10**

III. Wirkungen

Bzgl der Adoptionswirkungen verweist § 1772 BGB auf die §§ 1754–1756 BGB. Nicht vertretbar ist die Ansicht des OLG Rostock (FamRZ 2005, 744), dass sich im Falle der Volladoption der erwachsenen Mutter (§ 1772 BGB) ein Umgangsrecht der leiblichen Großeltern mit ihrem Enkelkind aus § 1626 Abs 3 S 2 BGB ergeben könne, obwohl es an jedweder sozial-familiären Beziehung zwischen Großeltern und Enkelkind fehlt und auch die verwandtschaftlichen Beziehungen infolge der Adoption der Mutter erloschen sind (zum Umgangsrecht nach Adoption vgl ausführlich § 1755 Rn 15 ff). **11**

Ist der Annehmende mit dem Anzunehmenden im **2. oder 3. Grade verwandt oder verschwägert**, so kann das FamG nur anordnen, dass die Rechtswirkungen des § 1756 Abs 1 BGB eintreten, nicht aber, dass die Wirkungen der Minderjährigen*voll*adoption nach den §§ 1754, 1755 BGB maßgebend sind. Wenn bei der Minderjährigenadoption insoweit keine Wahlmöglichkeit besteht, muss sie auch bei der Volljäh- **12** rigenadoption nach § 1772 BGB ausgeschlossen bleiben (Dieckmann ZBlJugR 1980, 567, 580 f). Entsprechendes gilt für die Annahme eines Stiefkindes, das aus einer durch Tod aufgelösten früheren Ehe des Ehegatten stammt (§ 1756 Abs 2 BGB).

Wird ein nichteheliches Kind, das bereits den vorzeitigen Erbausgleich nach § 1934d aF erhalten hat, mit den Wirkungen des § 1772 BGB adoptiert, so kann der Vater das Geleistete nach § 812 Abs 1 S 2 Alt 1 BGB zurückfordern (vgl § 1755 Rn 9).

13 Ein gem § 1772 BGB adoptierter Volljähriger erwirbt infolge der Adoption **nicht die deutsche Staatsangehörigkeit** (§ 6 StAG). Verfassungsrechtliche Bedenken gegen diese Regelung bestehen nicht (ausführlich BVerwGE 108, 216 = NJW 1999, 1347, bestätigt durch BVerwGE 119, 111 = NJW 2004, 1401). Sind für eine Volljährigenadoption die zivilrechtlichen Folgen einer Minderjährigenadoption maßgebend, so heißt das nicht, dass der Erwerb der Staatsangehörigkeit in gleicher Weise geregelt werden müsste wie bei Personen unter 18 Jahren. Auch aufenthaltsrechtlich verstärkt eine Adoption gem § 1772 BGB nicht per se den Schutz des Angenommenen (BVerwG InfAuslR 1993, 262; Näheres vgl § 1767 Rn 44). Allerdings genügt es für den Erwerb der deutschen Staatsangehörigkeit, wenn die Annahme als Kind beantragt wurde, bevor der Anzunehmende das 18. Lebensjahr vollendet hatte (§ 6 S 1 StAG). Voraussetzung für den Erwerb der deutschen Staatsangehörigkeit ist jedoch in diesem Falle, dass der Antrag „ungeachtet der späteren Stellung eines Antrags auf Annahme eines Volljährigen fortwirkt" und die Annahme zu den Bedingungen einer „starken" Minderjährigenadoption erfolgt (BVerwGE 119, 111, 118 ff = NJW 2004, 1401, 1402 f; vgl auch oben Rn 5). Voraussetzung dafür ist aber, dass ein hinreichender verfahrens- und materiellrechtlicher Zusammenhang zwischen dem vor Vollendung des 18. Lebensjahres gestellten Annahmeantrag und der nachfolgenden Annahme an Kindes statt besteht (BVerwG 19. 2. 2015 – 1 C 17/14, StAZ 2015, 310, 312 Rn 20).

IV. Aufhebung (Abs 2)

14 Nach Abs 2 S 1 kann eine Volljährigenadoption mit den Wirkungen des § 1772 BGB nur wegen Erklärungsmängeln „in sinngemäßer Anwendung der Vorschriften des § 1760 Abs 1 bis 5 aufgehoben werden". Nachdem in § 1771 des RegE die Aufhebung einer Volljährigenadoption noch unterschiedslos für die Fälle der §§ 1770 und 1772 BGB geregelt war (BT-Drucks 7/3061, 8; vgl auch Stellungnahme des BR BT-Drucks 7/3061, 78 zu Nr 17 b), folgte der Gesetzgeber später der Anregung des Rechtsausschusses, der in BT-Drucks 7/5087, 22 meint:

> „Eine Aufhebung auf gemeinsamen Antrag des Annehmenden und des Angenommenen wie nach § 1771 S 1 erscheint bei Gleichstellung der Wirkungen der Annahme mit denen der Annahme eines Minderjährigen nicht gerechtfertigt. Würde diese Möglichkeit der Aufhebung für die Fälle eröffnet, in denen ein Volljähriger mit den Wirkungen der Volladoption angenommen wird, so müßte sie auch dann zugelassen werden, wenn ein als Minderjähriger Angenommener volljährig geworden ist. Dies ist jedoch mit den Grundsätzen der Volladoption nicht zu vereinbaren."

15 In Anbetracht des Gesetzeswortlauts und des in der Begründung klar zum Ausdruck kommenden gesetzgeberischen Willens kann entgegen einer früher teilweise vertretenen Mindermeinung nicht contra legem die Möglichkeit einer Aufhebung „aus

wichtigem Grund" befürwortet werden (so noch ERMAN/SAAR[12] Rn 3; vgl auch BOSCH FamRZ 1978, 656, 663 f; mit Einschränkungen auch BGB-RGRK/DICKESCHEID Rn 6; **aA** die hM, zB BayObLGZ 1986, 57, 59 = FamRZ 1986, 719, 720 m Anm BOSCH; OLG Hamm FamRZ 1981, 498, 500; PALANDT/GÖTZ Rn 4; NK-BGB/DAHM Rn 16; nunmehr auch ERMAN/SAAR Rn 4). Die gesetzliche Regelung bedarf auch für den Sonderfall des lit a keiner Korrektur, falls bei der Annahme teils minderjähriger, teils volljähriger Geschwister das Annahmeverhältnis zum minderjährigen Geschwisterteil nach § 1763 BGB aufgehoben werden sollte (BeckOK/PÖCKER Rn 7; **aA** ERMAN/SAAR Rn 4; MünchKomm/MAURER Rn 36; SOERGEL/LIERMANN Rn 12; BeckOGK/LÖHNIG [15. 12. 2018] Rn 40 f); denn eine Aufhebung der Minderjährigenadoption nach § 1763 BGB ist nur unter der Voraussetzung möglich, dass das Kind anderen Eltern neu zugeordnet, dh in aller Regel eine Zweitadoption durchgeführt wird (§ 1763 Abs 3 BGB). Gerade darum kann es aber beim volljährigen Geschwisterteil von vornherein nicht gehen, sodass auch hier eine Aufhebung der Volljährigenvolladoption ausscheidet.

Die Regelung, dass eine Aufhebung aus wichtigem Grund im Falle einer Volljährigenadoption mit den Wirkungen des § 1772 BGB nicht möglich ist, wird durch § 1768 Abs 1 S 2 BGB entschärft, der für Volljährigenadoptionen generell, dh ohne Rücksicht auf deren Wirkungen, das Verbot der Zweitadoption (§ 1742 BGB) aufhebt. Es bleibt also im Falle des § 1772 BGB bei der Anwendbarkeit von § 1768 Abs 1 S 2 BGB (so auch ERMAN/SAAR § 1768 Rn 2; **aA** SOERGEL/LIERMANN § 1742 Rn 11 u § 1768 Rn 8).

V. Verfahren

Der gemeinsame **Antrag** des Annehmenden und des Anzunehmenden nach Abs 1 S 1 wird zweckmäßigerweise mit dem Antrag nach § 1768 BGB verbunden; er kann nachgeholt werden, muss aber spätestens bis zum Wirksamwerden des Annahmebeschlusses (§ 197 Abs 2 FamFG) gestellt sein. Wird nur Antrag auf Erlass einer Adoption mit den Wirkungen nach § 1772 BGB gestellt, so kann dieser Antrag nicht in einen solchen mit den Wirkungen einer Volljährigenadoption nach § 1770 BGB umgedeutet werden; denn die schwache (einfache) Adoption ist gegenüber der Volladoption kein Minus, sondern ein Aliud (OLG München 8. 4. 2010 – 31 Wx 30/10, FamRZ 2010, 2088, 2089; OLG Frankfurt 12. 8. 2008 – 20 W 127/08, FamRZ 2009, 356; KG 20. 4. 1995 – 1 W 5613/94, FamRZ 1996, 240, 241; MünchKomm/MAURER Rn 40). Sind die Voraussetzungen des § 1772 BGB nicht gegeben, darf daher nicht eine schwache Adoption iSv § 1770 BGB ausgesprochen werden, vielmehr muss der Antrag abgelehnt werden. Zulässig ist es allerdings, den Hauptantrag auf Erlass einer Volladoption gem § 1772 BGB, den Hilfsantrag auf Erlass einer schwachen Adoption gem § 1770 BGB zu richten (Näheres vgl § 1768 Rn 11).

16

Zum Verfahren im Einzelnen vgl zunächst § 1768 Rn 6 ff. Die Eltern des Anzunehmenden und die Abkömmlinge des Annehmenden und des Anzunehmenden haben einen Anspruch auf **rechtliches Gehör** (vgl § 1768 Rn 8). Nichtanhörung ist allerdings kein Aufhebungsgrund iSv S 2 iVm § 1760 BGB, ermöglicht aber eine Verfassungsbeschwerde, die nach Maßgabe der Ausführungen zu § 1759 Rn 19 zu einer Aufhebung des Annahmeverhältnisses führen kann.

17

Das FamG hat nach § 197 Abs 1 S 1 FamFG im Beschluss anzugeben, auf welche **Gesetzesvorschriften** sich die Annahme gründet. Es muss insbes klarstellen, ob es

18

sich um eine Adoption mit den Wirkungen des § 1770 BGB oder des § 1772 BGB handelt. Trifft das Gericht nicht die Bestimmung, dass sich die Annahme nach den Vorschriften über die Minderjährigenadoption richtet, treten die entsprechenden Wirkungen – selbst wenn sie beantragt wurden – auch nicht ein (Keidel/Engelhardt § 197 FamFG Rn 16; vgl OLG Düsseldorf 15. 12. 2011 – I-3 Wx 313/11, FamRZ 2012, 1815, 1816). Eine Adoption mit den Wirkungen des § 1770 BGB kann nicht nachträglich in eine Volladoption umgewandelt werden (vgl § 1768 Rn 11). Zur Möglichkeit eines Ergänzungsbeschlusses, wenn über den Antrag nach § 1772 BGB versehentlich nicht entschieden wurde, vgl § 1768 Rn 11; ebenfalls dort zu Problemen, die sich ergeben können, wenn der Hauptantrag auf eine Adoption nach § 1772 BGB, der Hilfsantrag auf eine solche nach § 1770 BGB gerichtet ist.

19 Wird eine Volljährigenadoption mit starken Wirkungen ausgesprochen, obwohl es an einem **entsprechenden Antrag fehlt**, ist die Adoption nicht nichtig (LG Bremen 28. 12. 2010 – 6 T 274/10, FamRZ 2011, 1413). Doch hält das LG Bremen in einem solchen Fall eine Aufhebung in sinngemäßer Anwendung des § 1760 Abs 1 BGB für möglich (LG Bremen 28. 12. 2010 – 6 T 274/10, FamRZ 2011, 1413, 1414), was sich damit begründen lässt, dass zwar nicht ein Antrag auf Adoption insgesamt, aber doch ein Antrag auf Adoption mit starken Wirkungen gefehlt habe (so auch DNotI-Gutachten, DNotI-Report 2013, 65, 68, das auch eine Berichtigung wegen offenbarer Unrichtigkeit nach § 42 Abs 1 FamFG diskutiert).

Sachregister

Die fetten Zahlen beziehen sich auf die Paragraphen, die mageren Zahlen auf die Randnummern.

Abgabe
  Einwilligungserklärung **1750** 7
Abkömmlinge des Angenommen
  Erlöschen von Verwandtschaftsverhältnissen **1755** 3
  Name nach Aufhebung des Annahmeverhältnisses **1765** 19
  Namensänderung **1757** 40 ff
  Volljährigenadoption **1770** 4 f
Ablehnung der Annahme 1752 46 ff
  Bekanntmachung **1752** 46
  Beschwerde **1752** 47 f
    Beschwerdeberechtigung **1752** 47
    des Antragstellers **1752** 47
    des Jugendamtes **1752** 47
    Frist **1752** 48
  Rechtsbeschwerde **1752** 47
  Wirksamwerden **1752** 46
  Zustellung **1752** 46
Abstammungsfeststellung
  nach der Adoption **1755** 18 ff
Acht-Wochen-Frist
  Einwilligung vor Ablauf **1760** 7, 24
Adelsadoption 1767 39
Adelsbezeichnung
  im Namen des Annehmenden **1757** 12
Adoption and Children Act 2002 1741 73; **1742** 6; **1743** 3; **1748** 2
Adoptionsabsicht 1751 37, 43, 46
Adoptionsanpassungsgesetz Vorbem 1741 ff 13
Adoptionsantrag
  s Antrag des Annehmenden
Adoptionseignung des Kindes 1741 20 ff
Adoptionserleichterungsgesetz
  Kinderlosigkeit, Erfordernis der **1745** 2
  Mindestalter **1743** 2
Adoptionsgeheimnis 1752 41
Adoptionsgesetz Vorbem 1741 ff 6 ff, 58 ff
  Annahmeverfahren **Vorbem 1741 ff** 9
  Aufhebung des Annahmeverhältnisses **1760** 2
  Bestandsschutz, verstärkter **Vorbem 1741 ff** 11
  Dekretsystem **Vorbem 1741 ff** 9
  Ehe zwischen Annehmendem und Kind **1766** 3
  Ersetzung der Einwilligung **1748** 6; **Vorbem 1741 ff** 8
  Inhalt **Vorbem 1741 ff** 7 ff
  Inkrafttreten **Vorbem 1741 ff** 6
  Kinderlosigkeit, Erfordernis der **1745** 4; **Vorbem 1741 ff** 8

Adoptionsgesetz (Forts)
  Mindestaltersvorschriften **Vorbem 1741 ff** 8
  Name des Kindes **1765** 3
  nichtehelicher Vater **Vorbem 1741 ff** 8
  Stiefkindadoption **Vorbem 1741 ff** 10
  Übergangsvorschriften **Vorbem 1741 ff** 58 ff
  Verwandtenadoption **Vorbem 1741 ff** 10
  Verwandtschaftsverhältnisse **1756** 8
  Volladoption **Vorbem 1741 ff** 10
  Volljährigenadoption **1767** 4; **1768** 1; **1769** 10; **1771** 1; **Vorbem 1741 ff** 12
  Vorabnovelle v 1973 **Vorbem 1741 ff** 5
  Wirkung der Annahme **1754** 1
Adoptionsmotiv 1767 8 ff, 12, 32 ff, 38 ff
Adoptionsmotivation 1741 27
Adoptionspflege 1741 22, 40; **1744** 1 ff; **1751** 23, 39
  Adoptionspflegeverfahren, förmliches **1744** 8
  Adoptionsübereinkommen, europäisches **1744** 3
  Adoptionsvermittlungsstelle, fachliche Äußerung **1744** 11
  ältere Kinder **1744** 5
  Dauer der Pflegezeit **1744** 5 ff
  Elterneignung **1744** 12
  Empfehlungen der Landesjugendämter **1744** 5
  Entstehungsgeschichte **1744** 1 f
  französisches Recht **1744** 3, 8
  gleichgeschlechtliche Partner **1744** 6
  italienisches Recht **1744** 3, 8
  Jugendamt, Anhörung **1744** 11
  Kleinkinder **1744** 5
  Normzweck **1744** 3 f
  österreichisches Recht **1744** 3
  Pflegeerlaubnis, keine **1744** 14
  Pflegevertrag **1744** 15
  Rechtsvergleich **1744** 3
  Samenspende an Frauenpaar **1744** 6
  Säuglinge **1744** 5
  Schutznormen, öffentlich-rechtliche **1744** 10
  schweizerisches Recht **1744** 3
  sorgerechtliche Befugnisse **1751** 24
  Stiefkindadoption **1744** 5
  Verfahren, förmliches **1744** 8; **1751** 3
  Verlauf der **1752** 26
  Vertragsnatur **1744** 10
  Verwandtenadoption **1744** 5
  Voraussetzungen **1744** 12 ff

Adoptionsrechtsänderungsgesetz
Vorbem 1741 ff 14
Ersetzung der Einwilligung **1748** 5, 28
Volljährigenadoption **1767** 19
Adoptionsstatut **1741** 15
Adoptionstypen
Einführung zweier verschiedener **1756** 1, 6
Adoptionsübereinkommen, europäisches
1741 13; **Vorbem 1741 ff** 2 f
Adoptionspflege **1744** 3
Aufhebung des Annahmeverhältnisses **1759** 2
Ausforschungsverbot **1758** 2
Dekretsystem **1752** 1
Europarat **Vorbem 1741 ff** 2
fakultative Bestimmungen
Vorbem 1741 ff 3
Inkrafttreten **Vorbem 1741 ff** 2
Kinderlosigkeit, Erfordernis der **1745** 5
Mindestalter **1743** 3
obligatorische Bestimmungen
Vorbem 1741 ff 3
Offenbarungsverbot **1758** 2
Volladoption **Vorbem 1741 ff** 3
Adoptionsübereinkommens-Ausführungsgesetz
Vorbem 1741 ff 99 ff
Adoptionsverfahren **Vorbem 1741 ff** 17
s a Jugendamt
Adoptionsvermittlung **Vorbem 1741 ff** 86 ff
Adoptionsvermittlungsgesetz
Vorbem 1741 ff 86 ff
s a dort
Adoptionsvermittlungsstelle
Vorbem 1741 ff 89 ff
s a dort
duch unqualifizierte Vermittler
Vorbem 1741 ff 87
Empfehlungen der Landesjugendämter **1741** 21
gesetzeswidrige **1741** 5, 43 ff
gewerbsmäßige **Vorbem 1741 ff** 87
internationale **Vorbem 1741 ff** 98 ff
sittenwidrige **1741** 5, 43 ff
Vermittlungsmonopol **Vorbem 1741 ff** 89
Vermittlungsverbot, bußgeldbewehrtes
Vorbem 1741 ff 89
Vermittlungsverfahren **1741** 27
Adoptionsvermittlungsgesetz
Änderung v 1989 **Vorbem 1741 ff** 92 ff
Entstehungsgeschichte
Vorbem 1741 ff 87 ff
Umgehung **Vorbem 1741 ff** 96
Zweck **Vorbem 1741 ff** 88
Adoptionsvermittlungsstelle
Vorbem 1741 ff 89 ff
anerkannte **Vorbem 1741 ff** 89
Caritas **Vorbem 1741 ff** 89
Diakonisches Werk **Vorbem 1741 ff** 89

Adoptionsvermittlungsstelle (Forts)
Erfordernis der Anerkennung **Vorbem 1741 ff** 89
Fachkräfte, hauptamtliche
Vorbem 1741 ff 89
fachliche Äußerung **1752** 26
freie Träger **Vorbem 1741 ff** 99
Jugendamt **Vorbem 1741 ff** 89
Landesjugendamt **Vorbem 1741 ff** 89 f
zentrale **Vorbem 1741 ff** 90
Aufgabe **Vorbem 1741 ff** 90
Auslandsfälle **Vorbem 1741 ff** 90
Adoptionsvertrag
s Annahmevertrag
Adoptionsvormundschaft **1751** 16 ff
alleiniges Sorgerecht **1751** 17
Bescheinigung, deklaratorische **1751** 19
bestehende Pflegschaft **1751** 23
bestehende Vormundschaft **1751** 20 ff
Entbehrlichkeit **1751** 20
Jugendamt **1751** 16
örtliche Zuständigkeit **1751** 16
Vaterschaftsfeststellung, nachträgliche
1751 18
Adoptionswirkungsgesetz **1752** 39;
Vorbem 1741 ff 57
Auslandsadoption **1759** 7
Adoptivgroßeltern **1749** 10
Adoptivmutter
Einwilligungsrecht **1747** 11
Adoptivname
Verlust des **1765** 5
Adoptivvater
Einwilligungsrecht **1747** 11
Adoptivverwandtschaft
der leiblichen Eltern mit dem Kind **1756** 25
Adressat
der Einwilligungserklärung **1746** 9 f, 23, 27, 39
der Zustimmungserklärung **1746** 34
AIDS-Test **1741** 32
Alkoholabhängigkeit
Ersetzung der Einwilligung **1748** 24, 57
Täuschung über **1760** 20
Altadoption
Überleitung einer **Vorbem 1741 ff** 58 ff
Widerspruch gegen **Vorbem 1741 ff** 69 ff, 82, 84
Ältere Kinder
Adoptionspflege **1744** 5
Alternativeinwilligung **1747** 59
Einwilligungserklärung **1750** 11
Altersabstand
s Altersunterschied
Altersgrenze
für persönliche Einwilligung **1746** 2, 24
Altersunterschied
Eltern-Kind-Verhältnis **1741** 41
Höchstaltersdifferenz **1743** 4

Altersunterschied (Forts)
Mindestaltersabstand **1743** 4
Volljährigenadoption **1767** 24
zu vorhandenen Kindern **1745** 20
zwischen Annehmendem und Kind
1741 30; **Vorbem 1741 ff** 26
Amtsärztliches Zeugnis 1741 32
Amtsermittlungsgrundsatz 1741 19, 28;
1746 1; **1747** 37, 78; **1752** 30; **1759** 36;
1768 7 f
Amtspflegschaft 1751 23
Amtsvormund
Jugendamt als **1751** 16 ff, 23 ff
Anfechtung
Annahmevertrag
Täuschung, arglistige **1760** 2 f
Einwilligungserklärung **1750** 13
Anfügen des bisherigen Familiennamens
1757 5, 9, 27 ff
Antrag des Annehmenden **1757** 29
Doppelname **1757** 32
Einwilligung des Kindes **1757** 30
Ergänzungsbeschluss **1757** 36
neu gebildeter Name **1757** 31 ff
Rechtsmittel gegen Ablehnung **1757** 35
schwerwiegende Gründe für **1757** 27 f
Verfahrensfragen **1757** 35 ff
Vorabentscheidung **1757** 38
Wahlrecht des Kindes nach altem Recht
1757 27
Angelegenheit des täglichen Lebens
Sorgerecht **1751** 24
Anhörungsrecht 1746 1, 35; **1752** 26 ff
Aufhebung des Annahmeverhältnisses
1759 36
der Annehmenden **1752** 28
des Jugendamtes **1751** 26; **1752** 26
des Kindes **1741** 25; **1752** 27
des Kindes des Annehmenden **1745** 22 f;
1752 29
des Kindes des Anzunehmenden **1745** 22,
24; **1752** 29
des Landesjugendamtes **1752** 26
Ersetzung der Einwilligung **1748** 72 ff
nach altem Recht **1745** 22
Verletzung des Rechts **1745** 25
Anhörungsrüge **1745** 25
Verfassungsbeschwerde **1745** 25
Volljährigenadoption **1768** 8
Antragssteller **1768** 8
Eltern des Annehmenden **1768** 8
Eltern des Anzunehmenden **1768** 8
Kinder des Annehmenden **1768** 8
Anhörungsrüge 1745 25; **1759** 23 ff
Annahmebeschluss 1752 10, 20, 25, 35 ff
Angabe der Gesetzesvorschriften **1752** 36,
38, 45
Begründung **1752** 35
Bekanntmachung **1752** 41

Annahmebeschluss (Forts)
Inhalt **1752** 35 ff
Inkognitoadoption **1752** 41
Korrektur offenbarer Unrichtigkeiten
1752 45
Nichtigkeit **1759** 8
Verfahrensverstoß, schwerer **1759** 14
Unabänderlichkeit **1752** 44 f; **1759** 2
Unanfechtbarkeit **1752** 33, 42 f; **1759** 2
Unwirksamkeit
Annahme des eigenen ehelichen
Kindes **1759** 11
aus formellen Gründen **1759** 14
aus materiellen Gründen **1759** 9 ff
Geltendmachung der Unwirksamkeit **1759** 15
gemeinschaftliche Annahme durch
Lebenspartner **1759** 10
gemeinschaftliche Annahme durch nicht
verheiratete Personen **1759** 10
Tod des Kindes vor Beschluss **1759** 12
Volljährigenadoption **1768** 7, 9 ff
Voraussetzungen **1752** 25, 34
Wirksamwerden **1752** 40
Wirkungsfeststellung bei Anwendbarkeit
ausländischen Sachenrechts **1752** 39
Zuständigkeit des Richters **1752** 20
Zustellung **1752** 40
Annahmeverfahren
Adoptionsgesetz **Vorbem 1741 ff** 9
Volljährigenadoption **1768** 6 ff
Annahmevertrag Vorbem 1741 ff 65, 70, 75
Anfechtung **Vorbem 1741 ff** 65
wegen Drohung **1760** 2 f
wegen Irrtums **1760** 2 f
Bestätigung **1741** 7
Heilung **1760** 2
Nichtigkeit **1760** 2; **Vorbem 1741 ff** 65
Sittenwidrigkeit **Vorbem 1741 ff** 65
vormundschaftsgerichtliche Genehmigung **1741** 7
Anonyme Geburt 1747 85
Anspruch
auf rechtliches Gehör **1746** 35; **1759** 16 ff;
1771 4
des Kindes auf Nennung des potentiellen
Erzeugers **1747** 41
des Vaters auf Nennung des Geburtsorts
1747 84
Antrag des Annehmenden 1752 4 ff
Anfügen des bisherigen Familiennamens
1757 29
bedingter **1752** 6
fehlender **1760** 4 ff
förmlicher **1751** 37, 43, 46
Geschäftsfähigkeit **1752** 8
notarielle Beurkundung **1752** 5
Rechtsnatur **1752** 4
Rücknahme **1752** 10 ff

Antrag des Annehmenden (Forts)
  Erben des Antragstellers **1752** 12
  Form **1752** 12
  höchstpersönliches Recht **1752** 12
  Stellvertretung **1752** 12
  Wirksamwerden **1752** 12
  Stellvertretung **1752** 7
  Umdeutung **1752** 9
  Verfahrenshandlung **1752** 4
  Volljährigenadoption **1752** 9
  Voranstellen des bisherigen Familiennamens **1757** 29
  Vorname des Kindes, Änderung **1757** 51
  Wirksamwerden **1752** 9
  Zeitbestimmung **1752** 6
Antrag des Kindes
  Ersetzung der Einwilligung **1748** 68 f
  durch Vertreter **1748** 68
Antragsfrist
  Aufhebung des Annahmeverhältnisses **1762** 1, 12 ff
    Dreijahresfrist **1762** 1, 13
    Einjahresfrist **1762** 1, 14 ff
    Hemmung der Fristen **1762** 19 f
Arbeitserlaubnis
  Adoption zur Erlangung **1760** 12
Arglistige Täuschung
  s Täuschung, arglistige
Attest, hausärztliches 1741 32
Aufenthalt
  Ermittlung **1748** 34
  gewöhnlicher
    s Gewöhnlicher Aufenthalt
  unbekannter
    des Elternteils **1748** 20, 34, 38
    Entbehrlichkeit der Einwilligung **1747** 78 ff
Aufenthaltsrecht
  Volljährigenadoption **1767** 9 f, 35, 43 f; **1770** 21
Aufhebbare Ehe
  Ehe zwischen Annehmendem und Kind **1766** 5
Aufhebung des Annahmeverhältnisses 1759 1 ff; **Vorbem 1741 ff** 65, 71, 76
  Absicht zur Herstellung eines Eltern-Kind-Verhältnisses, Täuschung über **1760** 20
  Adoptionsgesetz **1760** 2
  Adoptionsrechtsreform **1759** 2
  Adoptionsübereinkommen, europäisches **1759** 2
  Alkoholismus des Annehmenden, Täuschung über **1760** 20
  alte Rechtslage **1760** 2 f, 5, 8, 16, 24, 31
  Antrag, fehlender **1760** 4 ff
    Rücknahme des Antrags **1760** 5
  Antragsfrist **1762** 1, 12 ff
    Dreijahresfrist **1762** 1, 13

Aufhebung des Annahmeverhältnisses (Forts)
    Einjahresfrist **1762** 1, 14 ff
    Hemmung der Fristen **1762** 19 f
  Arbeitserlaubnis, Adoption zur Erlangung **1760** 12
  Aufhebungsantrag **1762** 3 ff
    Antrag nur eines Ehegatten **1762** 5
    Antragsberechtigung **1762** 3 f
    beschränkte Geschäftsfähigkeit **1762** 7
    Form **1762** 11
    Geschäftsunfähigkeit **1762** 7 f
    gesetzlicher Vertreter **1762** 8 f
    höchstpersönliches Recht **1762** 6
    nach Tod eines Beteiligten **1760** 32
    notarielle Beurkundung **1762** 11
    Stellvertretung **1762** 6 ff
    Tod des Antragstellers **1762** 10
    Verfahrensbeistand **1762** 9
  Aufhebungshindernisse **1761** 1 ff
    Ersetzbarkeit der Einwilligung **1761** 2, 4 ff
    Kindeswohlgefährdung, erhebliche **1761** 3, 10 ff
  Aufhebungsverfahren **1759** 32 ff
    Amtsermittlungsgrundsatz **1759** 36
    Anhörung, persönliche **1759** 36
    Antrag **1759** 33
    Aufhebungsbeschluss **1759** 37
    Beschwerde **1759** 38
    Erörterungstermin **1759** 36
    Gang des Verfahrens **1759** 33 ff
    Jugendamt, Anhörung **1759** 36
    Rechtsmittel **1759** 38
    Sachverständigengutachten **1759** 36
    Verfahrensbeistand **1759** 34
    Verfahrensbeteiligte **1759** 34
    Zuständigkeit **1759** 32
  ausländisches Recht, fälschliche Anwendung **1760** 10
  Auslandsberührung, Adoption mit **1760** 10
  Bedingung, Erklärung unter unzulässiger **1760** 7, 9
  Begründungsmängel, gravierende **1760** 1
  Bereicherungsrecht **1764** 8
  Bestandsschutz, verstärkter **1759** 2; **1760** 3; **1761** 1; **1762** 2
  Beteiligteninteressen **1759** 28 ff
  Bewusstlosigkeit, Unwirksamkeit von Antrag/Einwilligung wegen **1760** 14
  DDR-Recht **Vorbem 1741 ff** 28 f
  Dekretsystem **1759** 2, 28; **1760** 3
  Drohung **1760** 3, 23
  durch Jugendamt **Vorbem 1741 ff** 28
  durch Vertrag nach altem Recht **Vorbem 1741 ff** 60
  Ehe zwischen Annehmendem und Kind **1766** 1 ff
    s a dort
  Eigenschaftsirrtum **1760** 3, 16

Aufhebung des Annahmeverhältnisses (Forts)
  Einwilligung, fehlende **1760** 4 ff
    der Eltern **1760** 1 f, 5, 29
    des Ehegatten **1760** 2 ff
    des Kindes **1760** 1, 5
    des Vaters des nichtehelichen Kindes **1760** 6
    des Vaterschaftsprätendenten **1760** 6
    Widerruf der Einwilligung **1760** 5
  erbliche Belastung, Täuschung über **1760** 20
  Erbrecht **1764** 8
  Erklärungsirrtum **1760** 16
  Erlöschen der Adoptivverwandtschaft **1764** 1, 7 ff
  Erwartungen der Adoptiveltern, enttäuschte **1763** 8
  ex-nunc-Wirkung **1764** 1
  ex-tunc-Wirkung **1764** 5 f
  Familiengericht
    Aufhebung von Amts wegen **1763** 1 ff
    Zuständigkeit **1759** 32
  Familienname, neuer **1765** 6 ff
    Ehename **1765** 6
    Geburtsname **1765** 6
    Grundsatz **1765** 6 f
    leibliche Eltern führen Ehenamen **1765** 8
    leibliche Eltern führen keinen Ehenamen **1765** 9
  Fehlen von Antrag oder Einwilligung **1760** 4 ff, 25 ff
    Abgabe unter unzulässiger Bedingung oder Zeitbestimmung **1760** 7, 9
    Abgrenzung zur Mangelhaftigkeit **1760** 7 ff
    Bestätigung der Annahmebereitschaft bei **1760** 25 ff
    Formverstoß **1760** 7 f
    Nachholung der Erklärung **1760** 25 ff, 29 ff
    Stellvertretung, gewillkürte **1760** 10
    unwirksame Vertretung **1760** 7, 10
    Verteter ohne Vertretungsmacht **1760** 10
  Form, Nichtbeachtung der gebotenen **1760** 7 f, 27
  Frist, Einwilligung vor Ablauf der achtwöchigen **1760** 7, 24
  Geschäftsunfähigkeit **1760** 14 f
  Getrenntleben der Adoptiveltern **1763** 9
  Gründe, schwerwiegende für **1763** 1, 7 ff
  Identität des Vaters, Täuschung über **1760** 20
  Identitätsirrtum **1760** 16
  Inhaltsirrtum **1760** 16
  Inkognitoadoption **1760** 5, 16
  Interessen der Beteiligten **1759** 28 ff
  Irrtum **1760** 2 f, 16, 26

Aufhebung des Annahmeverhältnisses (Forts)
  Kindeswohl **1759** 3; **1763** 12
  Krankheit des Annehmenden, Täuschung über **1760** 20
  Mangel von Antrag oder Einwilligung **1760** 7
  Minderjährigenadoption **1759** 3; **1760** 12, 18
  Mindestaltersgrenze, Verstoß gegen **1759** 12
  Nachholung von Erklärungen **1760** 8, 25 ff
  Name des Kindes **1765** 1 ff
    Adoptionsgesetz **1765** 3
    Begleitname **1765** 17
    Ehename **1765** 5
    Familienname, neuer **1765** 6 ff
      s a dort
    Geburtsname **1765** 5 f
    Grundprinzip **1765** 2
    Lebenspartnerschaftsname **1765** 5
    Namensänderung der leiblichen Eltern **1765** 10
    Verlust des Adoptivnamens **1765** 5
    Volljährigenadoption **1765** 1
    Vorname **1765** 4, 18
    Weiterführung des Adoptivnamens **1765** 11 ff
      s a dort
  Nichtbeachtung der 8-Wochen-Frist **1760** 24
  Pflichtteilsrecht **1764** 8
  Prostitution der Mutter, Täuschung über **1760** 20
  Rechtsvergleich **1759** 4
    englisches Recht **1759** 4
    französisches Recht **1759** 4
    griechisches Recht **1759** 4
    österreichisches Recht **1759** 4
    portugiesisches Recht **1759** 4
    spanisches Recht **1759** 4
  Religionszugehörigkeit, Täuschung über **1760** 20
  Renten **1764** 7
  Rücknahme des Antrags **1760** 5
  Scheidung der Adoptiveltern **1763** 9
  Scheinadoption **1763** 11
  sexuelles Verhalten, Täuschung über abnormes **1760** 20
  Sorgerecht **1764** 13 f
  soziales Umfeld des Kindes, Täuschung über **1760** 20
  Statistisches Bundesamt **1759** 5
  Steuervorteil, Adoption zur Erlangung **1760** 12
  Stiefkindadoption **1760** 16; **1763** 19; **1764** 12, 17
  Störung der Geistestätigkeit, Unwirksamkeit von Erklärungen wegen **1760** 14
  Täuschung, arglistige **1760** 2 f, 17 ff

Aufhebung des Annahmeverhältnisses (Forts)
    Alkoholismus des Annehmenden **1760** 20
    erbliche Belastung **1760** 20
    Identität des Vaters **1760** 20
    Krankheit des Annehmenden **1760** 20
    Prostitution der Mutter **1760** 20
    sexuelles Verhalten, abnormes **1760** 20
    Täuschender **1760** 21 f
    über wesentliche Umstände **1760** 19 f
    Vermögensverhältnisse **1760** 18
  Teilaufhebung **1762** 5; **1763** 24 f; **1764** 15 ff
  Tod eines Beteiligten **1760** 32; **1764** 5 f
  Unterhaltsleistungen **1764** 8
  Unwirksamkeit von Antrag oder Einwilligung **1760** 4, 7, 11 ff
    wegen Bewusstlosigkeit **1760** 14
    wegen Drohung **1760** 23
    wegen Fragwürdigkeit des Adoptionsmotivs **1760** 12
    wegen Geschäftsunfähigkeit **1760** 14 f
    wegen Irrtums **1760** 16
    wegen Nichtbeachtung der 8-Wochen-Frist **1760** 7, 24
    wegen Störung der Geistestätigkeit **1760** 14
    wegen Täuschung **1760** 2 f, 17 ff
    wegen unwirksamer Selbsteinwilligung des Kindes **1760** 15
    wegen Verstoßes gegen §§ 134, 138 **1760** 12
  Verfassungsbeschwerde **1764** 4
  Vermögensverhältnisse, Täuschung über **1760** 20
  Vertragssystem **1760** 2
  Vertretungsverbot **1760** 29 f
    Nichtbeachtung **1760** 7, 10
  Volljährigenadoption **1759** 6; **1760** 1, 12, 18, 20; **1764** 3; **1767** 50; **1771** 1 ff
    Amtsermittlungsgrundsatz **1771** 13
    Antrag, beiderseitiger **1771** 14 ff
    arglistige Täuschung **1771** 23
    Drittinteressen **1771** 12
    Eltern-Kind-Verhältnis, keine Absicht zur Herstellung **1771** 11
    Erklärungsmangel **1771** 20 ff
    Geschlechtsbeziehung **1771** 10
    Scheinadoption **1771** 11
    Unzumutbarkeit **1771** 9
    Volladoption **1771** 8; **1772** 14 f
    wichtiger Grund **1771** 9 ff
  von Amts wegen **1763** 1 ff
  Waisengeld **1764** 7
  Wegfall der Geschäftsgrundlage **1764** 8
  Weiterführung des Adoptivnamens **1765** 11 ff
    Anordnung des Familiengerichts **1765** 11 f
    Kind mit Ehenamen **1765** 14 ff

Aufhebung des Annahmeverhältnisses (Forts)
    Stiefkindadoption **1765** 13
    Teilaufhebung **1765** 13
  wesentlicher Umstand, Täuschung über **1760** 19 f
  Widerruf der Einwilligung **1760** 5
  Wiederaufleben der leiblichen Verwandtschaft **1764** 1, 10 ff
  Wiederaufnahme des Verfahrens **1759** 27
  wiederkehrende Leistungen **1764** 7
  Wirkungen **1764** 1 ff
    bei anfänglichem Mangel **1764** 2
    bei nachträglichem Scheitern **1764** 2
    Bereicherungsrecht **1764** 8
    Erbrecht **1764** 8
    Erlöschen der Adoptivverwandtschaft **1764** 1, 7 ff
    ex-nunc-Wirkung **1764** 1, 4
    ex-tunc-Wirkung **1764** 5 f
    Pflichtteilsrecht **1764** 8
    Renten **1764** 7
    Sorgerecht **1764** 13 f
    Teilaufhebung **1764** 15 ff
    Unterhaltsleistungen **1764** 8
    Waisengeld **1764** 7
    Wegfall der Geschäftsgrundlage **1764** 8
    Wiederaufleben der leiblichen Verwandtschaft **1764** 1, 10 ff
    wiederkehrende Leistungen **1764** 7
    Zeugnisverweigerungsrecht **1764** 9
  wirtschaftliche Gründe **1763** 10
  Zeitbestimmung, Erklärung unter unzulässiger **1760** 7, 10
  Zeugnisverweigerungsrecht **1764** 9
  zum Wohl des Kindes **1759** 3
  Zurückweisung des Antrags **1759** 39
  Zuständigkeit
    funktionelle **1759** 32
    internationale **1759** 32
    örtliche **1759** 32
  Zustimmung des gesetzlichen Vertreters, fehlende **1760** 4
  Zweitadoption **1759** 12
Aufhebungsantrag 1762 3 ff
  Antrag nur eines Ehegatten **1762** 5
  Antragsberechtigung **1762** 3 f
  beschränkte Geschäftsfähigkeit **1762** 7
  Form **1762** 11
  Geschäftsunfähigkeit **1762** 7 f
  gesetzlicher Vertreter **1762** 8 f
  höchstpersönliches Recht **1762** 6
  nach Tod eines Beteiligten **1760** 32
  notarielle Beurkundung **1762** 11
  Stellvertretung **1762** 6 ff
  Tod des Antragstellers **1762** 10
  Verfahrensbeistand **1762** 9
Aufhebungsbeschluss 1759 37
Aufhebungshindernisse
  Ersetzbarkeit der Einwilligung **1761** 2, 4 ff

Aufhebungshindernisse (Forts)
  Kindeswohlgefährdung, erhebliche **1761** 3, 10 ff
Aufklärung des Adoptivkindes 1741 25; **1758** 12 ff; **Vorbem 1741 ff** 55
  kindgerechte **1758** 15
Ausfertigung der notariellen Urkunde
  Einwilligungserklärung **1750** 6
Ausforschungsverbot 1758 10 f
  Adoptionsübereinkommen, europäisches **1758** 2
  Adressatenkreis **1758** 10
  Beseitigungsanspruch **1758** 31
  Formularpraxis **1758** 10
  Inkognitoadoption **1758** 1
  Normzweck **1758** 1 ff
  offene Adoption **1758** 1
  öffentliches Interesse an Aufdeckung **1758** 19 ff
  Sanktionen **1758** 30 ff
    öffentlich-rechtliche **1758** 32
    zivilrechtliche **1758** 31
  Schadensersatz **1758** 31 f
  Unterlassungsanspruch **1758** 31
  Volljährigenadoption **1758** 1; **1767** 49
  Vorwirkung **1758** 24 ff
  Zustimmung der Betroffenen **1758** 17 f
Auskunftspflicht der Mutter 1747 41
Ausländer
  Adoption durch einen **1746** 36
  Adoption eines **1746** 38
  Volljährigenadoption **1767** 18, 43 f
Ausländische Rechtsordnungen
  belgisches Recht **1741** 87; **1743** 3, 4; **1746** 1 f; **1767** 17
  englisches Recht **1741** 73, 87; **1742** 6; **1743** 3; **1745** 5; **1754** 2; **1759** 4; **1767** 15
  französisches Recht **1741** 73, 87; **1742** 6; **1743** 3, 4; **1744** 3, 8; **1745** 5; **1746** 2; **1754** 3; **1759** 4; **1767** 17
  griechisches Recht **1743** 4; **1759** 4; **1767** 16
  italienisches Recht **1741** 78; **1743** 4; **1744** 3, 8; **1745** 5; **1754** 2; **1756** 2
  japanisches Recht **1754** 2
  niederländisches Recht **1741** 70, 87; **1743** 4; **1745** 5; **1754** 2; **1767** 15
  norwegisches Recht **1745** 5
  österreichisches Recht **1741** 87; **1743** 3, 4; **1744** 3; **1759** 4; **1767** 16
  polnisches Recht **1746** 2
  portugiesisches Recht **1743** 4; **1747** 66; **1759** 4; **1767** 17
  schwedisches Recht **1741** 87; **1745** 5
  schweizerisches Recht **1741** 70, 87; **1742** 6; **1743** 3, 4; **1744** 3; **1745** 5; **1746** 1 f; **1747** 66; **1754** 2; **1767** 16
  sozialistische Rechtsordnungen **1754** 2
  spanisches Recht **1741** 87; **1743** 3, 4; **1745** 5; **1747** 66; **1754** 2 f; **1759** 4; **1767** 17

Ausländische Rechtsordnungen (Forts)
  türkisches Recht **1767** 16
  US-Recht **1754** 2
Ausländischer Ehegatte 1741 62
Ausländisches Recht
  fälschliche Anwendung **1760** 10
Auslandsadoption 1741 48; **1752** 2; **Vorbem 1741 ff** 57, 90
  Adoptionswirkungsgesetz **1759** 7
  Anerkennung einer **1752** 2, 13; **Vorbem 1741 ff** 23
  Bundeszentrale für Auslandsadoptionen **Vorbem 1741 ff** 99
  Genehmigung, familiengerichtliche **1746** 38
  Haager Adoptionsübereinkommen **1759** 7
  Name des Kindes **1757** 30, 50
  Wirkungserstreckungslehre **1759** 7
Auslandsberührung Vorbem 1741 ff 57, 90
  Aufhebung des Annahmeverhältnisses **1760** 10
  Auslandsadoption **Vorbem 1741 ff** 57
  Inlandsadoption **Vorbem 1741 ff** 57
  Leihmutterschaft im Ausland **1741** 49
Aussetzung des Verfahrens
  Zwischenentscheidung des Familiengerichts **1752** 32
Ausweisung, drohende
  Volljährigenadoption **1767** 35

Babyklappe 1747 85
Beamtenrecht
  Wirkung der Annahme **1754** 12
Bedingungsfeindlichkeit
  Einwilligungserklärung **1750** 10 f
Beglaubigte Abschrift
  Einwilligungserklärung **1750** 6
Begleitname 1757 12, 32; **1765** 17
Begründung
  Annahmebeschluss **1752** 35
Begründungsmängel, gravierende
  Aufhebung des Annahmeverhältnisses **1760** 1
Behinderung
  geistige **1748** 57
  seelische **1748** 57
Beihilferecht
  Wirkung der Annahme **1754** 13
Beiwohnung
  Glaubhaftmachung **1747** 19 f
Bekanntmachung
  Ablehnung der Annahme **1752** 46
  Annahmebeschluss **1752** 41
Belehrung
  Ersetzung der Einwilligung **1748** 32 ff
Belgisches Recht
  Adoption durch gleichgeschlechtliche Paare **1741** 87
  Einwilligung des Kindes **1746** 1 f

Belgisches Recht (Forts)
Mindestalter **1743** 3
Mindestaltersabstand **1743** 4
Volljährigenadoption **1767** 17
Beratung Vorbem **1741 ff** 55
des Vaters über seine Rechte **1747** 73 f
Ersetzung der Einwilligung **1748** 32, 36 f
Rechtsanspruch auf **Vorbem 1741 ff** 91
Bereicherungsrecht
Aufhebung des Annahmeverhältnisses **1764** 8
Bescheinigung, deklaratorische
Adoptionsvormundschaft **1751** 19
Beschränkte Geschäftsfähigkeit
Aufhebungsantrag **1762** 7
eines Ehegatten **1741** 57
Einwilligungserklärung **1750** 15
Beschwerde
Ablehnung der Annahme **1752** 47 f
Beschwerdeberechtigung **1752** 47
des Antragstellers **1752** 47
des Jugendamtes **1752** 47
Frist **1752** 48
Aufhebung des Annahmeverhältnisses **1759** 38
Ersetzung der Einwilligung **1748** 75
Volljährigenadoption **1768** 12
Vorname des Kindes, Änderung **1757** 54
Beseitigungsanspruch
Offenbarungsverbot **1758** 31
Besonders schwere Pflichtverletzung
Ersetzung der Einwilligung **1748** 52 ff
Bestandsschutz, verstärkter 1759 2; **1760** 3; **1761** 1; **1762** 2
Bestätigung des Annahmevertrags 1741 7
Bestehenbleiben von Verwandschaftsverhältnissen 1756 1 ff
s a Verwandschaftsverhältnisse
Beteiligtenstellung 1752 21 ff
bei Minderjährigenadoption **1752** 21 ff
bei Volljährigenadoption **1752** 24
der Herkunftseltern **1752** 21, 24
des Annehmenden **1752** 21, 24
des Anzunehmenden **1752** 21, 24
des Ehegatten des Annehmenden **1752** 22, 24
des Jugendamtes **1752** 23 f
des Kindes des Annehmenden **1745** 23; **1752** 22
des Kindes des Anzunehmenden **1745** 24; **1752** 22
des Lebenspartners des Annehmenden **1752** 22, 24
des Vaterschaftsprätendenten **1752** 21
des Verfahrensbeistands **1752** 21
Betreuungsgesetz
Ersetzung der Einwilligung **1748** 6
Volljährigenadoption **1768** 1

Beurkundung
notarielle **1746** 23, 27
öffentliche **1746** 29
Beurteilungsspielraum 1741 17
Bewusstlosigkeit
Unwirksamkeit von Antrag/Einwilligung wegen **1760** 14
Bezugspersonen 1741 21
Umgangsrecht **1751** 12; **1755** 17
Bindungen des Kindes 1741 21; **1748** 13, 43, 49
Bindungsstörungen 1741 22; **Vorbem 1741 ff** 46 ff
reaktive **Vorbem 1741 ff** 50
Bindungstheorie Vorbem 1741 ff 48
Biologischer Vater 1747 14, 16 ff, 27 ff, 36 ff, 79, 84; **1755** 21
Auskunftspflicht gegenüber **1758** 22
Ermittlung **1747** 36 ff
Umgangsrecht **1751** 15
Blankoeinwilligung 1747 5, 56 f
DDR-Recht **Vorbem 1741 ff** 27
Verbot einer **1742** 7
Blankoersetzung
Ersetzung der Einwilligung **1748** 42
Böswilligkeit
Ersetzung der Einwilligung **1748** 4 f, 27
Botenschaft
Einwilligungserklärung **1750** 7, 15
Bruder
Annahme durch **1756** 2, 9, 11, 14
Bundeszentrale für Auslandsadoptionen Vorbem 1741 ff 99

Caritas
Adoptionsvermittlungsstelle **Vorbem 1741 ff** 89
Children Act 1975 u 1989 1741 73

Dänemark
Adoption durch gleichgeschlechtliche Paare **1741** 87
Dauernde Verhinderung
Entbehrlichkeit der Einwilligung **1747** 76 f
Dauerpflege
Pflegekindschaft **Vorbem 1741 ff** 35, 37
DDR-Recht Vorbem 1741 ff 24 ff
Aufhebung des Annahmeverhältnisses **Vorbem 1741 ff** 28 f
Beschluss des Jugendamtes **Vorbem 1741 ff** 25
Blankoeinwilligung **Vorbem 1741 ff** 27
Dekretsystem **Vorbem 1741 ff** 25
Einwilligung **Vorbem 1741 ff** 27
des nichtehelichen Vaters **Vorbem 1741 ff** 27
Entbehrlichkeit **Vorbem 1741 ff** 27
Ersetzung der **Vorbem 1741 ff** 27
Inkognitoadoption **Vorbem 1741 ff** 27
Stiefkindadoption **Vorbem 1741 ff** 25

DDR-Recht (Forts)
  Übergangsvorschrift **Vorbem 1741 ff** 30 f
  Verwandtenadoption **1756** 2;
    Vorbem 1741 ff 25
  Volladoption **Vorbem 1741 ff** 25
  Volljährigenadoption **Vorbem 1741 ff** 26
  Zwangsadoption **Vorbem 1741 ff** 27
Dekretsystem 1746 1, 15, 17, 38; **1752** 1 ff;
    Vorbem 1741 ff 4
  Adoptionsgesetz **Vorbem 1741 ff** 9
  Aufhebung des Annahmeverhältnisses
    1759 2; **1760** 3
  DDR-Recht **Vorbem 1741 ff** 25
  Volljährigenadoption **1767** 5, 39; **1768** 1
Deprivationssyndrom Vorbem 1741 ff 46 ff
  Deprivationslehre, klassische
    Vorbem 1741 ff 49
  Entstehung **Vorbem 1741 ff** 46 ff
  Folgen **Vorbem 1741 ff** 49 ff
  Prognose **Vorbem 1741 ff** 49 ff
  Risikofaktoren **Vorbem 1741 ff** 47, 49
  Schutzfaktoren **Vorbem 1741 ff** 48
    äußere **Vorbem 1741 ff** 49
    innere **Vorbem 1741 ff** 49
  Therapie **Vorbem 1741 ff** 49 ff
Diakonisches Werk
  Adoptionsvermittlungsstelle
    Vorbem 1741 ff 89
Doppelname 1757 32
Dreigliedriger Name 1757 34
Dreijahresfrist
  Antragsfrist für Aufhebung des An-
    nahmeverhältnisses **1762** 1, 13
Drogenabhängigkeit
  Ersetzung der Einwilligung **1748** 24, 57
Drohung
  Anfechtung des Annahmevertrages
    wegen **1760** 2 f
  Aufhebung des Annahmeverhältnisses
    1760 3, 23
  Unwirksamkeit von Antrag oder Ein-
    willigung wegen **1760** 23

Ehe zwischen Annehmendem und Kind
    1766 1 ff
  Adoptionsgesetz **1766** 3
  aufhebbare Ehe **1766** 5
  Aufhebung des Annahmeverhältnisses
    1766 6 f
  Eheverbot **1766** 1
  Nichtehe **1766** 5
  praktische Bedeutung **1766** 2
  Rechtsfolgen **1766** 6 f
  Wirksamkeit der Ehe **1766** 1
Ehegatte
  Annahme des Kindes des Ehegatten
    1741 63 ff; **1743** 6
  s a Stiefkindadoption
  ausländischer **1741** 62

Ehegatte (Forts)
  beschränkt geschäftsfähiger **1741** 57
  Beteiligtenstellung **1752** 22, 24
  Einzeladoption **1741** 6, 11, 57 ff
  gemeinschaftliche Annahme durch beide
    1741 6, 11, 53 ff
  geschäftsunfähiger **1741** 57 ff
  gleichgeschlechtlicher **1741** 11, 53
  Kettenadoption **1742** 14 ff
Ehekrise 1741 31
Ehename 1765 5 f; **1767** 57 ff
Ehepaar
  gemeinschaftliche Annahme **1741** 6, 53;
    1743 6
Ehescheidung
  s Scheidung
Eheverbot 1754 9; **1755** 14; **1756** 23; **1766** 1
Eigenschaftsirrtum
  Aufhebung des Annahmeverhältnisses
    1760 3, 16
Eignung
  der Eltern **1741** 27 ff; **Vorbem 1741 ff** 55
  des Kindes **1741** 20 ff
Einbennung 1741 72
Einfache Adoption 1768 8; **1770** 1 ff;
    Vorbem 1741 ff 42
Einigungsvertrag
  intertemporale Bestimmungen
    Vorbem 1741 ff 30 f
Einjahresfrist
  Antragsfrist für Aufhebung des An-
    nahmeverhältnisses **1762** 1, 14 ff
Einkommensnachweise 1741 28; **1752** 30
Einmalige Leistungen 1755 8 ff
Einstellung, politische
  Elterneignung **1741** 34
Einwilligung
  Adoptionsgesetz **Vorbem 1741 ff** 8
  Alternativeinwilligung **1750** 11
  Anfechtbarkeit **1750** 13
  Bedingungsfeindlichkeit **1750** 10 f
  beschränkte Geschäftsfähigkeit **1750** 15
  Botenschaft **1750** 7, 15
  DDR-Recht **Vorbem 1741 ff** 27
  der Eltern **1747** 1 ff; **1751** 1 ff;
    Vorbem 1741 ff 27 ff
  Adoptiveltern **1747** 11
  Alternativeinwilligung **1747** 59
  anfechtbare **1751** 27, 44
  Beschränkung **1747** 60
  biologischer Vater **1747** 16 ff
    s a dort
  Blankoeinwilligung **1747** 5, 56 f
  Einwilligungsberechtigte **1747** 7 ff
  Entbehrlichkeit **1747** 6, 75 ff
    s a dort
  Ersetzung **1747** 12, 16, 54
  Eventualeinwilligung **1747** 58
  Fehlen der **1751** 44, 47

Einwilligung (Forts)
  Inhalt der **1747** 56 ff
  Kraftloswerden der **1751** 26, 44
  Mängel der Einwilligung **1747** 89
  Mutter **1747** 7 ff, 10 ff, 44 ff, 52 f, 78 ff
  nichtige **1751** 27, 44
  pränatale **1747** 48 ff
  Samenspender **1747** 27 ff, 79
  Sorgerecht **1751** 1, 4 ff
    s a dort
  Stiefkindadoption **1741** 74
  Überlegungsfrist **1747** 4, 44 ff
  Umgangsrecht **1751** 1, 10 ff
    s a dort
  Unterhaltspflicht **1751** 1 f, 31 ff
    s a dort
  Vater **1747** 2 ff, 13 ff, 48 ff
    s a dort
  Vaterschaftsprätendent **1747** 9, 16 ff, 75, 79
  Volljährigenadoption **1747** 9
  vor der Zeugung **1747** 49
  des Ehegatten **1749** 1 ff
    Anwendungsbereich **1749** 3
    Beteiligte **1749** 9
    Entbehrlichkeit der Einwilligung **1749** 5
    Ersetzung der Einwilligung **1749** 6 f
    Geschäftsunfähigkeit **1749** 5
    Getrenntleben **1749** 4
    Mängel der Einwilligung **1749** 8
    praktische Bedeutung **1749** 1, 3
    unbekannter Aufenthalt **1749** 5
    Verfassungsbeschwerde **1749** 8
    Volljährigenadoption **1749** 1; **1767** 51 ff
  des Kindes **1746** 1 ff
    Adressat **1746** 9, 23, 27
    Altersgrenze für persönliche Einwilligung **1746** 2, 24
    belgisches Recht **1746** 1 f
    durch gesetzlichen Vertreter **1746** 5 ff, 24
    Ergänzungspfleger **1746** 10, 15, 17
    Ersetzung der Einwilligung **1746** 1
      s a dort
    Fehlen der **1746** 25
    Form **1746** 23
    französisches Recht **1746** 2
    Genehmigung, familiengerichtliche **1746** 36 ff
    Grund, triftiger für Verweigerung **1746** 19 ff
    Inkognitoadoption **1746** 17
    Internationales Privatrecht **1746** 3
    Mängel der Einwilligung **1746** 25 f
    Normzweck **1746** 1 ff
    notarielle Beurkundung **1746** 23, 27
    persönliche **1746** 2, 27 ff
    polnisches Recht **1746** 2
    Rechtscharakter **1746** 13, 39
    Rechtsvergleich **1746** 1

Einwilligung (Forts)
    schweizerisches Recht **1746** 1 f
    Stiefkindadoption **1746** 12 ff
    Verhältnis zur Einwilligung der Eltern **1746** 7 ff, 31
    Volljährigenadoption **1746** 4
    in Voranstellung/Anfügung des bisherigen Familiennamens **1757** 30
    in Vornamensänderung **1757** 52 f
    Widerruf **1746** 23 f, 28 ff
      s a dort
    Zeitpunkt, maßgeblicher **1746** 24
    Zustimmung des gesetzlichen Vertreters **1746** 31 ff
      s a dort
  des Lebenspartners **1749** 1; **1767** 51 ff
  durch gesetzlichen Vertreter **1746** 5 ff
    Eltern als gesetzliche Vertreter **1746** 5 ff
    Entziehung der Vertretungsmacht **1746** 12 ff
    Inkognitoadoption **1746** 17
    Stiefkindadoption **1746** 12 ff
  Einwilligungserklärung **1750** 1 ff
    s a dort
  Entbehrlichkeit **Vorbem 1741 ff** 27
  Erlöschen der **1750** 16 f
  Ersetzung der **1748** 1 ff; **Vorbem 1741 ff** 5, 8, 27
    s a Ersetzung der Einwilligung
  Eventualeinwilligung **1750** 11
  fehlende **1760** 4 ff
    der Eltern **1760** 1 f, 5, 29
    des Ehegatten **1760** 2 ff
    des Kindes **1760** 1, 5
    des Vaters des nichtehelichen Kindes **1760** 6
    des Vaterschaftsprätendenten **1760** 6
  Höchstpersönlichkeit **1750** 14 f
  nichtehelicher Vater **Vorbem 1741 ff** 8, 15, 27
  notarielle Beurkundung **1750** 9
  örtliche Zuständigkeit **1750** 4
  persönliche des Kindes **Vorbem 1741 ff** 27, 30
  pränatale **1747** 52 f
  Stellvertretung **1750** 14
  Unwiderruflichkeit **1750** 12
  Widerruf **1750** 7, 12; **1760** 5
  Wirksamwerden **1750** 5 ff
  Zugang bei Familiengericht **1750** 5 f, 7, 12
Einwilligungserklärung **1750** 1 ff
  Abgabe **1750** 7
  Adressat **1750** 2, 4 f
  Alternativeinwilligung **1750** 11
  Anfechtbarkeit **1750** 13
  Ausfertigung der notariellen Urkunde **1750** 6
  Bedingungsfeindlichkeit **1750** 10 f
  beglaubigte Abschrift **1750** 6

Einwilligungserklärung (Forts)
  beschränkte Geschäftsfähigkeit **1750** 15
  Botenschaft **1750** 7, 15
  Erlöschen der Einwilligung **1750** 16 f
  Eventualeinwilligung **1750** 11
  gegenüber Familiengericht **1750** 4
  Geschäftsunfähigkeit **1750** 13; **1751** 5, 27
  Höchstpersönlichkeit **1750** 14 f
  Inkognitoadoption **1750** 5
  Nichtigkeit **1751** 5, 27
  notarielle Beurkundung **1750** 9
  örtliche Zuständigkeit **1750** 4
  Rechtsgeschäft, einseitiges **1750** 3
  Rechtsnatur **1750** 3
  Stellvertretung **1750** 14
  Unwiderruflichkeit **1750** 12
  unzuständiges Gericht **1750** 8
  Verfahrenshandlung **1750** 3
  Widerruf **1750** 7, 12
  Willensmängel **1751** 5, 27
  Wirksamwerden **1750** 5 ff
  Zugang bei Familiengericht **1750** 5 f, 7, 12
Einzeladoption 1756 4, 10 f
  beschränkt geschäftsfähiger Ehegatte **1741** 57
  des eigenen nichtehelichen Kindes **1741** 9
  durch einen Ehegatten **1741** 57 ff; **1742** 14 ff
  durch Lebenspartner **1741** 6, 88 ff; **1742** 15
  durch Nichtverheirateten **1741** 10, 78 ff
  geschäftsunfähiger Ehegatte **1741** 57 ff
  Getrenntleben **1741** 60
  Name des Kindes **1757** 8 ff
    geschiedener Angenommener **1757** 13
    geschiedener Annehmender **1757** 8
    lediger Angenommener **1757** 13
    lediger Annehmender **1757** 8
    verheirateter Angenommener **1757** 13
    verheirateter Annehmender **1757** 11
    verwitweter Angenommener **1757** 13
    verwitweter Annehmender **1757** 8
  nichteheliche Lebensgemeinschaft **1741** 80
  Rechtsvergleich **1741** 78
  Stiefkindadoption **1741** 63 ff
    s a dort
  Volljährigenadoption **1767** 19
Eispende
  Einwilligungsrecht bei **1747** 54 f
Elterliche Sorge
  s Sorgerecht
Elterneignung 1741 27 ff
  Adoptionsmotivation **1741** 27
  Adoptionspflege **1744** 12
  amtsärztliches Zeugnis **1741** 32
  Amtsermittlungsgrundsatz **1741** 28
  Ehekrise **1741** 31
  Einkommensnachweise **1741** 28
  Gesundheitszustand des Annehmenden **1741** 32

Elterneignung (Forts)
  Haftstrafe **1741** 33
  hausärztliches Attest **1741** 32
  Konfession **1741** 34
  Mindestalterserfordernisse **1741** 30
  Mindestdauer der Ehe **1741** 30
  politische Einstellung **1741** 34
  Stabilität der Partnerschaft **1741** 30
  Vermögensnachweise **1741** 28
  Vorbereitungsseminar **1741** 27
  Vorstrafen **1741** 33
  Weltanschauung **1741** 34
Eltern-Kind-Verhältnis 1741 4, 7, 40 ff
  Altersabstand **1741** 41
  Großeltern, Adoption durch **1741** 42
  Minderjährigenadoption **1741** 40
  Onkel, Adoption durch **1741** 42
  soziale Elternschaft **1741** 41
  Täuschung über Absicht zur Herstellung **1760** 20
  Volljährigenadoption **1741** 40; **1767** 4, 11 f, 21 ff, 38 f
    bereits entstandenes **1767** 4, 11, 22 ff, 38
    Erwartung des Entstehens **1767** 12, 21, 30 f, 33 ff, 38
    fehlende Absicht der Herstellung **1767** 13, 39 ff; **1771** 11
    Kriterien für Bestehen **1767** 22 ff
    soziale Kontakte **1767** 25
    Zweifel am Entstehen **1767** 31
Empfehlungen der Landesjugendämter 1741 21
  Adoptionspflege **1744** 5
  Stiefkindadoption **1741** 65, 71
  Verwandtenadoption **1741** 38
Englisches Recht
  Adoption durch gleichgeschlechtliche Paare **1741** 87
  Aufhebung des Annahmeverhältnisses **1759** 4
  Ersetzung der Einwilligung **1748** 2
  Kettenadoption **1742** 6
  Kinderlosigkeit, Erfordernis der **1745** 5
  Mindestalter **1743** 3
  Stiefkindadoption **1741** 73
  Volljährigenadoption **1767** 15
  Wirkung der Annahme **1754** 2
Enkel
  Annahme des **1741** 37, 39, 42
Entbehrlichkeit der Einwilligung 1747 75 ff; **1749** 5
  bei offenkundig scheinehelichen Kindern **1747** 77
  dauernde Verhinderung **1747** 76 f
  Indizentscheidung **1747** 86 ff
  unbekannter Aufenthalt **1747** 78 ff
  vertrauliche Geburt **1747** 81 ff

Entfremdung 1748 50
Entstehungsgeschichte 1741 7 ff; 1742 1;
1743 1 ff; 1744 1 f; 1745 1 ff; 1746 1 ff;
1747 1 ff; 1748 3 ff; 1749 1 f; 1751 1 ff;
1752 1 ff; 1753 1 f; 1754 1 ff; 1755 1;
1756 1 ff; 1757 1 ff; 1758 1 ff; 1759 1 ff;
1760 2 f, 7, 12, 22, 24, 31; 1761 1 ff; 1762 1 f;
1763 2; 1764 1 f; 1765 1 ff; 1766 1 ff;
1767 1 ff; 1768 1; 1769 1; 1770 1 f; 1771 1 f;
1772 1; **Vorbem 1741 ff** 1 ff
Entwicklungspsychologie Vorbem 1741 ff 45 ff
Entwicklungsstand des Kindes 1741 20
Erbausgleich, vorzeitiger
  bestehenbleibende Rechte u Pflichten
  nach Adoption 1755 9
Erbliche Belastung
  Täuschung über 1760 20
Erbrecht Vorbem 1741 ff 60
  anwendbares bei Erbfällen ab 1977
  Vorbem 1741 ff 64
  anwendbares bei Erbfällen bis 1976
  Vorbem 1741 ff 63
  Aufhebung des Annahmeverhältnisses
  1764 8
  Ausschluss durch Annahmevertrag
  Vorbem 1741 ff 70, 75
  Schmälerung durch Adoption 1745 10, 15
  Veränderung durch Überleitung
  Vorbem 1741 ff 60
  Volljährigenadoption 1767 10, 45 ff;
  1770 13 ff
    Schmälerung durch 1769 8
    Tod des Angenommenen 1770 14 ff
    Tod des Annehmenden 1770 18 f
    Umgehung als Motiv 1767 45 ff
  Wirkung der Annahme 1754 9
Erbschaftsteuerrecht 1756 23
  bestehenbleibende Rechte u Pflichten
  nach Adoption 1755 14
  Stiefkinder 1741 72
  Volljährigenadoption 1767 8, 10, 32, 34 f,
  40 ff
  Wirkung der Annahme 1754 13
Erbvertrag
  Volljährigenadoption 1767 47; 1769 8
Ergänzungsbeschluss
  Anfügen des bisherigen Familiennamens
  1757 36
  Voranstellen des bisherigen Familiennamens
  1757 36
  Vorname des Kindes, Änderung 1757 55
  zum Annahmebeschluss 1752 45
Ergänzungspfleger
  Bestellung für Einwilligung 1746 10, 15,
  17
  Inkognitoadoption 1755 19
Erklärung der Einwilligung
  s Einwilligungserklärung

Erklärungsirrtum
  Aufhebung des Annahmeverhältnisses
  1760 16
Erlöschen
  der Einwilligung 1750 16 f
  von Verwandtschaftsverhältnissen
  1755 1 ff; 1764 1, 7 ff
  s a Verwandtschaftsverhältnisse
Ermessen
  Kindeswohl 1741 17
Ermittlung
  des entscheidungserheblichen Sachverhalts 1752 25 ff
Erörterungstermin
  Aufhebung des Annahmeverhältnisses
  1759 36
Ersatzmutterschaft 1741 36; 1747 54 f;
  Vorbem 1741 ff 92 ff
  Bußgeldvorschriften **Vorbem 1741 ff** 95 f
  Ersatzmuttervermittlung **Vorbem 1741 ff** 93
  im Ausland 1741 49 ff
  Strafvorschriften **Vorbem 1741 ff** 95
Ersetzung der Einwilligung 1746 1, 18 ff
  Beschwerde 1746 21
  der Eltern 1746 22; 1747 12, 16, 54
  des Ehegatten 1749 6 f
  des Pflegers 1746 18 ff
  des Vormunds 1746 18 ff
  eines Elternteils 1748 1 ff
    Adoptionsgesetz 1748 6
    Adoptionsrechtsänderungsgesetz 1748 5
    Alkoholabhängigkeit 1748 24
    Anhörungsrechte 1748 72 ff
    Antrag des Kindes 1748 68 f
    Belehrung 1748 32 ff
    Beratung 1748 32, 36 f
    Beschwerde 1748 75
    besonders schwere Pflichtverletzung 1748 52 ff
    Beteiligte 1748 71
    Betreuungsgesetz 1748 6
    Blanko-Ersetzung 1748 42
    Drogenabhängigkeit 1748 24
    englisches Recht 1748 2
    Erziehungsunfähigkeit 1748 11
    Europäische Menschenrechtskonvention 1748 10
    Familiengericht, Zuständigkeit 1748 67
    Familienrechtsänderungsgesetz 1748 4
    Fehlverhalten, zurechenbares 1748 11
    Fürsorgegedanke 1748 1
    Gefährdung existenzieller Bedürfnisse 1748 17
    geistige Behinderung 1748 57
    Gleichgültigkeit 1748 18, 28 ff
      s a dort
    Grundrechte 1748 8 ff
      s a dort
    Inkognitoadoption 1748 42

Ersetzung der Einwilligung (Forts)
   Jugendamt, Anhörung **1748** 74
   Jugendamt, Beratung/Belehrung **1748** 32 ff
   Jugendamt, Beteiligung **1748** 71
   Kinder- und Jugendhilfegesetz **1748** 6
   Kindschaftsrechtsreformgesetz **1748** 7
   körperliche Misshandlung **1748** 19
   Krankheit **1748** 56 ff
     s a dort
   Landesjugendamt **1748** 71
   Misshandlung, körperliche **1748** 19
   Pflichtverletzung **1748** 16 ff
     s a dort
   psychische Krankheit **1748** 56 ff
   Rechtsbehelfe **1748** 75
   Rechtskraft **1748** 74
   Rechtsvergleich **1748** 2, 10
   Reformdiskussion **1748** 14
   seelische Behinderung **1748** 57
   Sorgerechtsentzug **1748** 25
     s a dort
   Statistik **1748** 1
   Stiefkindadoption **1748** 46 ff
   Strafhaft **1748** 22
   Straftat **1748** 22 f
     s a dort
   Suchtmittelabhängigkeit **1748** 24
   Tötung des anderen Elternteils **1748** 54
   Unterhaltspflicht, Verletzung der **1748** 20 f
   unverhältnismäßiger Nachteil **1748** 39 ff
     s a dort
   väterliche Einwilligung **1748** 60 ff
   Verfahren **1748** 66
   Verfahrensbeistand **1748** 73
   Verfassungsbeschwerde **1748** 75
   Verfassungsmäßigkeit **1748** 8 ff
   Verhältnismäßigkeit **1748** 11, 14, 39 ff, 47, 59
     s a dort
   Vernachlässigung des Kindes **1748** 16
   Verwahrlosung des Kindes **1748** 19
   Vorwerfbarkeit **1748** 27, 29, 56
     s a dort
   Zuständigkeit **1748** 67
   Zwischenverfahren **1748** 66
  Familiengericht, Zuständigkeit **1746** 18, 21
  Rechtsmittel **1746** 21
Erwachsenenadoption
  s Volljährigenadoption
Erwartungen der Adoptiveltern, enttäuschte 1763 8
Erzeuger des Kindes
  s Biologischer Vater
Erziehungsunfähigkeit
  Ersetzung der Einwilligung **1748** 11
Europäische Menschenrechtskonvention
  Ersetzung der Einwilligung **1748** 10

Europäisches Adoptionsübereinkommen
  s Adoptionsübereinkommen, europäisches
Europarat
  Adoptionsübereinkommen, europäisches **Vorbem 1741 ff** 2
Eventualeinwilligung 1747 58
  Einwilligungserklärung **1750** 11
ex-nunc-Wirkung
  Aufhebung des Annahmeverhältnisses **1764** 1
ex-tunc-Wirkung
  Aufhebung des Annahmeverhältnisses **1764** 5 f

Fachkräfte, hauptamtliche
  Adoptionsvermittlungsstelle **Vorbem 1741 ff** 89
Fachliche Äußerung
  Adoptionsvermittlungsstelle **1752** 26
  Jugendamt **1741** 19, 27
FamFG Vorbem 1741 ff 17
Familienbezogenes Motiv
  Volljährigenadoption **1767** 33, 38
Familiengericht
  Abgabe des Annahmeverfahrens **1752** 16
  Adressat
    der Einwilligungserklärung **1746** 10, 23, 27; **1750** 4
    der Zustimmungserklärung **1746** 34
  Amtsermittlungsgrundsatz **1752** 25
  Aufhebung des Annahmeverhältnisses **1759** 32 ff
    von Amts wegen **1763** 1 ff
  Aussetzung des Verfahrens **1752** 32
  Ausspruch der Annahme **1752** 13 ff
    funktionelle Zuständigkeit **1752** 20
    internationale Zuständigkeit **1752** 13
    konkurrierende Zuständigkeit **1752** 13, 16
    örtliche Zuständigkeit **1752** 15 ff
    sachliche Zuständigkeit **1752** 14
  Ersetzung
    der Einwilligung durch **1746** 18 ff; **1748** 67; **1751** 4
    der Zustimmung durch **1746** 32
  Genehmigung der Einwilligung durch **1746** 4, 36 ff
  Sachverhaltsermittlung **1752** 25 ff
  Sorgerecht, Rückübertragung **1751** 7, 26
  Umgangsrecht, Entscheidung über Wiederausübung **1751** 30
  Verweisung des Annahmeverfahrens **1752** 17
  Weiterführung des Adoptivnamens, Anordnung **1765** 11 f
  Zwischenentscheidung **1752** 32 ff
Familienname 1757 1, 8 ff
  Anfügen des bisherigen **1757** 5, 9, 27 ff

Familienname

Familienname (Forts)
Aufhebung des Annahmeverhältnisses **1765** 6 ff
Ehename **1765** 6
Geburtsname **1765** 6
Grundsatz **1765** 6 f
leibliche Eltern führen Ehenamen **1765** 8
leibliche Eltern führen keinen Ehenamen **1765** 9
Voranstellen des bisherigen **1757** 5, 9, 27 ff
Familiennamensrechtsgesetz Vorbem 1741 ff 14
Familienrechtliche Beziehungen
Volljährigenadoption **1770** 3 ff
Familienrechtsänderungsgesetz
Ersetzung der Einwilligung **1748** 4
Kinderlosigkeit, Erfordernis der **1745** 3
Mindestalter **1743** 2
Volljährigenadoption **1767** 2
Familienverfahrensgesetz Vorbem 1741 ff 17
Fehlen von Antrag oder Einwilligung
Aufhebung des Annahmeverhältnisses
Abgabe unter unzulässiger Bedingung oder Zeitbestimmung **1760** 7, 9
Abgrenzung zur Mangelhaftigkeit **1760** 7 ff
Bestätigung der Annahmebereitschaft bei **1760** 25 ff
Formverstoß **1760** 7 f
Nachholung der Erklärung **1760** 25 ff, 29 ff
Stellvertretung, gewillkürte **1760** 10
unwirksame Vertretung **1760** 7, 10
Verteter ohne Vertretungsmacht **1760** 10
Fehlverhalten, zurechenbares
Ersetzung der Einwilligung **1748** 11
Feststellungsantrag
Wirksamkeit der Adoption **1759** 15
Feststellungslast 1745 26
Finanzielle Absicherung
Volljährigenadoption **1767** 35
Finanzielle Leistungskraft
Minderung durch Adoption **1745** 10, 15
Folgebeurkundung
im Geburtenregister durch Standesbeamten **1752** 37
Form
Antrag auf Voranstellung/Anfügung des bisherigen Familiennamens **1757** 29
Antrag auf Vornamensänderung **1757** 51
Antrag des Annehmenden **1752** 6
Aufhebungsantrag **1762** 11
Einwilligung **1746** 23, 27
Nichtbeachtung der gebotenen **1760** 7 f, 27
Rücknahme des Adoptionsantrags **1752** 12
Rücknahme des Antrags auf Vornamensänderung **1757** 51
Widerruf der Einwilligung **1746** 29

Form (Forts)
Zustimmung **1746** 33
Formularpraxis
Ausforschungsverbot **1758** 10
Französisches Recht
Adoption durch gleichgeschlechtliche Paare **1741** 87
Adoptionspflege **1744** 3, 8
Aufhebung des Annahmeverhältnisses **1759** 4
Einwilligung des Kindes **1746** 2
Kettenadoption **1742** 6
Kinderlosigkeit, Erfordernis der **1745** 5
Mindestalter **1743** 3
Mindestaltersabstand **1743** 4
Mindestdauer der Ehe **1743** 4
Stiefkindadoption **1741** 73
Volljährigenadoption **1767** 17
Wirkung der Annahme **1754** 3
Freie Träger Vorbem 1741 ff 99
Frühadoption Vorbem 1741 ff 52 f
Führungszeugnis 1741 33; **1752** 30
Funktionelle Zuständigkeit
Aufhebung des Annahmeverhältnisses **1759** 32
Ausspruch der Annahme **1752** 20
Fürsorgegedanke
Dekretsystem **1752** 1
Ersetzung der Einwilligung **1748** 1

Gebrechen, besonders schweres geistiges
Ersetzung der Einwilligung **1748** 56 ff
Geburtenregister
Ausdruck aus **1758** 8
Einsicht in **1758** 8
Folgebeurkundung im **1752** 38
Geburtsname
Änderung
bei Annahme durch Ehepaar **1757** 18 ff
der Abkömmlinge des Angenommenen **1757** 40 ff
des Angenommenen **1757** 8 ff
des Angenommenen bei Namensänderung des Annehmenden **1757** 44 ff
Volljährigenadoption **1767** 56 ff
wenn Annehmender geschieden/verwitwet **1757** 8
wenn Annehmender ledig **1757** 8
Aufhebung des Annahmeverhältnisses **1765** 5 f
Geburtsurkunde 1758 8
Gefährdung existentieller Bedürfnisse
Ersetzung der Einwilligung **1748** 17
Geheimhaltungsinteresse
der leiblichen Eltern **1758** 4
von Adoptiveltern und Adoptivkind **1758** 2
Geistige Behinderung
Ersetzung der Einwilligung **1748** 57

Gemeinschaftliche Annahme
  durch Ehepaar **1741** 6, 11, 53; **1743** 6
  durch Geschwister **1741** 56
  durch gleichgeschlechtliche Ehegatten
    1741 11, 53, 86
  durch Lebenspartner **1741** 6, 85 ff; **1742** 15
  durch Partner einer nichtehelichen
    Lebensgemeinschaft **1741** 54 f, 80
  Name des Kindes **1757** 18 ff
    Ehepaar mit gemeinsamem Familien-
      namen **1757** 18
    Ehepaar ohne gemeinsamen Familien-
      namen **1757** 19 ff
    Kind älter als 5 Jahre **1757** 23 ff
    Kind jünger als 5 Jahre **1757** 19 ff
    Volljährigenadoption **1767** 19
Genehmigung der Einwilligung 1746 36 ff
  Fehlen der **1746** 38
  Zeitpunkt der Erteilung **1746** 39
Geschäftsfähigkeit
  Antrag des Annehmenden **1752** 8
  Volljährigenadoption **1767** 19
Geschäftsunfähigkeit
  Aufhebung des Annahmeverhältnisses
    1760 14 f
  Aufhebungsantrag **1762** 7 f
  eines Ehegatten **1741** 57 ff
  Einwilligungserklärung **1750** 13; **1751** 5, 27
  Entbehrlichkeit der Einwilligung bei
    1747 76; **1749** 5
  Volljährigenadoption **1768** 4
Geschlechtsbeziehung
  zwischen Annehmendem und Anzuneh-
    mendem **1767** 29; **1771** 10
Geschwister
  Annahme durch **1741** 37 ff, 56; **1756** 2, 9,
    11, 14
  Rechtsbeziehungen zwischen Kind u leib-
    lichen Geschwistern **1756** 19 ff
  Trennung von **1741** 21
  Umgangsrecht **1755** 16
Gesellschaftsvertrag
  Volljährigenadoption **1770** 20
Gesetzeswidrige Vermittlung 1741 43 ff
Gesetzlicher Vertreter 1746 5 ff, 24
  Aufhebungsantrag **1762** 8 f
  Ausschluss eines Elternteils als **1746** 12 ff
  Einwilligung **1746** 5 ff, 24
    Eltern als gesetzliche Vertreter **1746** 5 ff
    Inkognitoadoption **1746** 17
    Stiefkindadoption **1746** 12 ff
  Entziehung der Vertretungsmacht
    1746 12 ff, 15
  Zustimmung **1746** 24, 31 ff
  s a dort
Gesundheitszeugnis 1741 32; **1752** 30
**Gesundheitszustand des Annehmenden
1741** 32

Getrenntleben
  Aufhebung des Annahmeverhältnisses
    1763 9
  Einzeladoption bei **1741** 60
Gewöhnlicher Aufenthalt 1752 13, 15 ff
  Änderung nach Stellung des Adoptions-
    antrags **1752** 16
  des Annehmenden **1752** 13, 15 ff
    kein inländischer **1752** 17
  des Ehegatten des Annehmenden **1752** 13
  des Kindes **1752** 13, 16 f
**Gleichgeschlechtliche Ehegatten Vorbem
1741 ff** 20
  gemeinschaftliche Annahme **1741** 11, 53
  Rechtsvergleich **1741** 87
Gleichgeschlechtliche Partner 1747 8
  Adoptionspflege **1744** 6
Gleichgültigkeit
  Ersetzung der Einwilligung **1748** 18, 28 ff
    Abgrenzung zu § 1747 Abs. 4 **1748** 38
    Abgrenzung zu Pflichtverlet-
      zung **1748** 30 f
    Adoptionsrechtsänderungsge-
      setz **1748** 28
    Begriff **1748** 28 f
    Belehrung **1748** 32 ff
    Beratung **1748** 32, 36 f
    Einzelfälle **1748** 28 f
    Restbindung, wiederbelebungs-
      fähige **1748** 31
    subjektive Einstellung **1748** 29
    Zuwendung, fehlende **1748** 28
Griechisches Recht
  Aufhebung des Annahmeverhältnisses
    1759 4
  Mindestaltersabstand **1743** 4
  Volljährigenadoption **1767** 16
Gröbliche Pflichtverletzung
  Ersetzung der Einwilligung **1748** 30 f, 46,
    49 ff, 51, 53
  s a Pflichtverletzung
Großeltern
  Adoption durch **1741** 37 ff, 42; **1745** 12;
    1756 2, 9, 11, 14, 16
  Adoptivgroßeltern **1749** 10
  Aufwachsen des Kindes bei **1741** 23
  Erwerb von mehr als drei Großeltern-
    paaren **1756** 16
  Interesse an Aufdeckung der Adoption
    1758 23
  Umgangsrecht **1755** 16
Gründe, schwerwiegende
  für Aufhebung des Annahmeverhältnisses
    1763 1, 7 ff
  für Voranstellen/Anfügen des bisherigen
    Familiennamens **1757** 27 f
  für Vornamensänderung **1757** 48
Grundrechte 1748 8 ff, 39 f, 56; **1759** 17
  Abwägung **1748** 14

Grundrechte

Grundrechte (Forts)
der Eltern **1748** 11 ff, 39 f, 56
des Kindes **1748** 11 ff; **1759** 17
Gutachten, familienpsychologisches 1752 30

**Haager Adoptionsübereinkommen
1746** 38; **1752** 2; **1759** 7; **Vorbem 1741 ff** 21 ff,
90, 98 ff
Anwendungsbereich **Vorbem 1741 ff** 22
Auslandsadoption, Anerkennung einer
Vorbem 1741 ff 23
Inkrafttreten **Vorbem 1741 ff** 21
Mindestanforderungen, materiellrechtliche
Vorbem 1741 ff 23
Subsidiaritätsprinzip **Vorbem 1741 ff** 23
Verfahrensvorschriften **Vorbem 1741 ff** 23
Ziel **Vorbem 1741 ff** 21
Haftstrafe
Elterneignung **1741** 33
Halbgeschwister
gemeinsame Annahme **1772** 2
Häufigkeit der Adoption Vorbem 1741 ff 32 f;
1767 6 ff
Hauptzweck der Adoption
Volljährigenadoption **1767** 8, 12, 33, 36
Hausärztliches Attest 1741 32
Heilung
Annahmevertrag **1760** 2
Heimbetreuung 1741 20; **Vorbem 1741 ff** 56
Ersetzung der Einwilligung **1748** 19, 43, 59
Folgerungen für Adoption **Vorbem 1741 ff**
56
längerfristige **Vorbem 1741 ff** 56
Heimfallrecht
Volljährigenadoption **1770** 19
Heimkinder 1741 29
Herausgabeanspruch
gegen Pflegeperson **Vorbem 1741 ff** 38, 41
Herkunftseltern 1741 26; **1756** 24 f
Adoptivverwandtschaft mit Kind **1756** 25
Beteiligtenstellung **1752** 21, 24
Geheimhaltungsinteresse **1758** 4
Namensänderung **1765** 10
Umgangsrecht **1751** 13
Unterhaltspflicht **1751** 31
Verfassungsbeschwerde **1759** 18
Hilfsantrag
auf einfache Adoption **1768** 11
HIV-Trägerschaft 1741 32
Höchstalter 1741 30
Höchstaltersdifferenz 1741 30; **1743** 4
italienisches Recht **1743** 4
portugiesisches Recht **1743** 4
schweizerisches Recht **1743** 4
spanisches Recht **1743** 4
Höchstpersönliches Recht
Aufhebungsantrag **1762** 6
Einwilligungserklärung **1750** 14 f
Rücknahme des Adoptionsantrags **1752** 12

Homosexualität 1741 89
Hospitalismus 1741 22; **Vorbem 1741 ff** 46
Houghton-Committee 1741 73

Identität des Vaters
Täuschung über **1760** 20
Identitätsirrtum
Aufhebung des Annahmeverhältnisses
1760 16
Indizentscheidung
Entbehrlichkeit der Einwilligung **1747**
86 ff
Inhaltsirrtum
Aufhebung des Annahmeverhältnisses
1760 16
Initiativrecht
Pflegeperson **Vorbem 1741 ff** 37
Inkognitoadoption 1747 5, 61 ff
Annahmebeschluss **1752** 41
Aufhebung des Annahmeverhältnisses
1760 5, 16
Ausforschungsverbot **1758** 1
DDR-Recht **Vorbem 1741 ff** 27
Einwilligung des Kindes **1746** 17
Einwilligungserklärung **1750** 5
Ergänzungspfleger **1755** 19
Ersetzung der Einwilligung **1748** 42
Offenbarungsverbot **1758** 1
Umgangsrecht **1751** 13, 15
Insemination, künstliche Vorbem 1741 ff 92
s a Samenspende
Interessen
Abwägung der Interessen **1745** 10, 15, 21
der Enkel des Annehmenden **1745** 12
der Kinder des Annehmenden **1745** 6 f,
10 ff
Abwägungsprozess **1745** 10
Adoptivkind **1745** 11
Nichtvermögensinteressen **1745** 14
Vermögensinteressen **1745** 7, 15 ff
Volljährigenadoption **1745** 15
der Kinder des Anzunehmenden **1745** 6, 8,
19
des Anzunehmenden **1745** 9 f, 20 f
des nasciturus **1745** 13
entgegenstehende
Volljährigenadoption **1769** 1 ff
nichtvermögensrechtliche **1745** 7, 14
überwiegende **1745** 10
vermögensrechtliche **1745** 2 f, 7, 15 ff
Internationale Adoption Vorbem 1741 ff 100
Internationale Zuständigkeit
Aufhebung des Annahmeverhältnisses
1759 32
Ausspruch der Annahme **1752** 13
Internationales Privatrecht
Einwilligung des Kindes **1746** 3
Minderjährigenadoption **1741** 14 f
In-vitro-Fertilisation, reziproke 1741 90

Irrtum
  Anfechtung des Annahmevertrages
    1760 2 f
  Aufhebung des Annahmeverhältnisses
    1760 2 f, 16, 26
  Eigenschaftsirrtum **1760** 3, 16
  Erklärungsirrtum **1760** 16
  Identitätsirrtum **1760** 16
  Inhaltsirrtum **1760** 16
  Unwirksamkeit von Antrag oder Einwilligung **1760** 16

Italienisches Recht 1741 78
  Adoptionspflege **1744** 3, 8
  Höchstaltersdifferenz **1743** 4
  Kinderlosigkeit, Erfordernis der **1745** 5
  Mindestaltersabstand **1743** 4
  Mindestdauer der Ehe **1743** 4
  Verwandtenadoption **1756** 2
  Wirkung der Annahme **1754** 2

Japanisches Recht
  Wirkung der Annahme **1754** 2

Jugendamt Vorbem 1741 ff 24, 27 f, 99
  Adoptionspflege **1744** 11
  Adoptionsvermittlungsstelle **Vorbem 1741 ff** 89
  Adoptionsvormundschaft **1751** 16
  Amtsvormundschaft **1751** 1, 16 ff, 23 ff
  Anhörung **1751** 26; **1752** 26; **1759** 36
  Aufhebung des Annahmeverhältnisses **Vorbem 1741 ff** 28
  Belehrung
    Ersetzung der Einwilligung **1748** 32 ff
  Beratung
    des nichtehelichen Vaters **1747** 73 f
    Ersetzung der Einwilligung **1748** 36 f
  Beteiligtenstellung **1752** 23 f
  Ersetzung der Einwilligung
    Anhörung **1748** 74
    Beratung/Belehrung **1748** 32 ff
    Beteiligung **1748** 71
  fachliche Äußerung zum Kindeswohl **1741** 19, 27; **1752** 26
  Gleichgültigkeit
    Ersetzung der Einwilligung **1748** 32
  örtliche Zuständigkeit **1751** 16, 23
  Volljährigenadoption, keine Mitwirkung bei **1768** 7

Jugendhilfe Vorbem 1741 ff 55

Kenntnis der eigenen Abstammung 1741 35
Kettenadoption 1742 1 ff; **1756** 28, 32 ff; **1759** 12; **1763** 1, 3
  Aufhebbarkeit der Zweitadoption **1742** 16
  Ausnahmen vom Verbot **1742** 9 ff
    Adoption durch Ehegatten/Lebenspartner **1742** 14 ff
    Aufhebung der Erstadoption **1742** 9 f
    Tod des Adoptierenden **1742** 11 ff

Kettenadoption (Forts)
  Auswirkungen auf Erstadoption **1742** 17
  englisches Recht **1742** 6
  Erlöschen von Verwandtschaftsverhältnissen **1755** 2
  französisches Recht **1742** 6
  Rechtsvergleich **1742** 6
  Rückadoption des eigenen Kindes **1742** 10
  schweizerisches Recht **1742** 6
  Stiefkindadoption **1742** 15
  Verbot der **1742** 2 ff
    Ausnahmen **1742** 9 ff
    Verstoß gegen **1742** 16 ff
    Zweck **1742** 2 ff
  Volljährigenadoption **1742** 8; **1768** 14; **1771** 6

Kinder
  des Annehmenden
    Abwägung der Interessen **1745** 10
    Adoptivkind **1745** 11
    Akteneinsichtsrecht **1758** 23
    Anhörungsrecht **1745** 22 f; **1752** 29
    Beteiligtenstellung **1745** 23; **1752** 21
    Interessen **1745** 6 f, 10 ff
    Nichtvermögensinteressen **1745** 14
    Verfassungsbeschwerde **1759** 18
    Vermögensinteressen **1745** 7, 15 ff
  des Anzunehmenden
    Anhörungsrecht **1745** 22; **1752** 29
    Beteiligtenstellung **1745** 24
    Interessen **1745** 6, 8, 19

Kinder- und Jugendhilfegesetz
  Ersetzung der Einwilligung **1748** 6

Kinderehen
  Gesetz zur Bekämpfung von **1749** 2; **1757** 7; **Vorbem 1741 ff** 19

Kinderhandel 1741 43
  Strafvorschrift gegen **Vorbem 1741 ff** 97

Kinderlosigkeit 1745 1 ff; **Vorbem 1741 ff** 5, 8
  Abschaffung des Erfordernisses der **1745** 5
  Adoptionserleichterungsgesetz **1745** 2
  Adoptionsgesetz **1745** 4; **Vorbem 1741 ff** 8
  Adoptionsübereinkommen, europäisches **1745** 5
  Befreiung vom Erfordernis **1745** 2 ff
  Erfordernis der **1745** 1 ff
  Familienrechtsänderungsgesetz **1745** 3
  Rechtsvergleich **1745** 5
    englisches Recht **1745** 5
    französisches Recht **1745** 5
    italienisches Recht **1745** 5
    niederländisches Recht **1745** 5
    norwegisches Recht **1745** 5
    schwedisches Recht **1745** 5
    schweizerisches Recht **1745** 5
    spanisches Recht **1745** 5
  Volljährigenadoption **1745** 4

Kinderpsychologie Vorbem **1741** ff **45** ff
Kindesentziehung 1748 23
Kindeswille 1741 24
Kindeswohl 1741 2 f, 7, 16 ff, 43 f
  Amtsermittlungsgrundsatz **1741** 19
  Aufhebung des Annahmeverhältnisses **1759** 3; **1763** 12
  Begriff **1741** 17 ff
  Ermessen **1741** 17
  Ersetzung der Einwilligung **1748** 40
  gesetzeswidrige Vermittlung **1741** 5
  Jugendamt, fachliche Äußerung **1741** 19
  Kindeswille **1741** 24
  Kindeswohlgefährdung, erhebliche **1761** 3, 10 ff
  Prognoseentscheidung **1741** 18
  Stiefkindadoption **1741** 74 ff
  unbestimmter Rechtsbegriff **1741** 17
  Vergleichsfunktion **1741** 18
  Verwandtenadoption **1741** 37
  Volljährigenadoption **1767** 20
  Zielfunktion **1741** 18
Kindeswohlgefährdung, erhebliche
  Aufhebungshindernis **1761** 3, 10 ff
Kindschaftsrechtsreformgesetz 1741 8 ff; Vorbem **1741** ff **15**
  Ersetzung der Einwilligung **1748** 7
  Mindestalter **1743** 5
  nichtehelicher Vater **1747** 3
  Umgangsrecht **1751** 12
  Verwandtschaftsverhältnisse **1756** 5
  Volljährigenadoption **1772** 1, 5
Kleinkinder
  Adoptionspflege **1744** 5
Konfession
  Elterneignung **1741** 34
Kontinuitätsinteresse 1741 21 f
Körperliche Misshandlung
  Ersetzung der Einwilligung **1748** 19
Korrektur offenbarer Unrichtigkeiten
  Annahmebeschluss **1752** 45
Kraftloswerden
  der elterlichen Einwilligung **1751** 26, 44
Krankenhausbetreuung Vorbem **1741** ff **56**
Krankheit 1748 56 ff
  Betreuung als Adoptionsmotiv **1767** 34
  psychische Krankheit **1748** 56 ff
  Täuschung über **1760** 20
  Vernachlässigung infolge **1748** 28
Künstliche Befruchtung 1741 90 ff
  s a Samenspende

Landesjugendamt Vorbem **1741** ff **99**
  Adoptionsvermittlungsstelle Vorbem **1741** ff **89** f
  Anhörung durch Familiengericht **1752** 26; Vorbem **1741** ff **90**
  Ersetzung der Einwilligung **1748** 71

Lebensgemeinschaft, nichteheliche
  s Nichteheliche Lebensgemeinschaft
Lebenspartner 1741 85 ff
  Beteiligtenstellung **1752** 22, 24
  Einzeladoption **1741** 6, 88 ff
  gemeinschaftliche Annahme **1741** 6, 85, 87
  Kettenadoption **1741** 93; **1742** 14 ff
  künstliche Befruchtung **1741** 90 ff
  Name des Kindes **1757** 3
  Rechtsvergleich **1741** 86
  Stiefkindadoption **1741** 90
  Sukzessivadoption **1741** 6, 86, 93
  Volljährigenadoption **1767** 51 f
Lebenspartnerschaftsgesetz Vorbem **1741** ff **16**
Lebenswerk
  Fortführung als Adoptionsmotiv **1767** 34, 42
Leibliche Eltern
  s Herkunftseltern
Leiblicher Vater
  s Biologischer Vater
Leihmutteragentur Vorbem **1741** ff **92**
Leihmutterschaft 1741 36; **1747** 54 f; Vorbem **1741** ff **93** ff
  im Ausland **1741** 49 ff
Loyalitätskonflikt
  Stiefkindadoption **1741** 69

Mängel
  der Einwilligung **1760** 7
  der Eltern **1747** 89
  des Ehegatten **1749** 8
  des Kindes **1746** 25 f
  der Zustimmung des gesetzlichen Vertreters **1746** 35
Mehrfachadoption 1742 2 ff; **1756** 28
  s a Kettenadoption
Mehrfachverwandtschaft 1756 15 ff
  Volljährigenadoption **1770** 9
Melderegisterauskunft 1741 76; **1752** 30
  Unzulässigkeit einer **1758** 8
Minderjährigenadoption 1741 12 ff; Vorbem **1741** ff **65**
  Adoptionsübereinkommen, europäisches **1741** 13
  Aufhebung des Annahmeverhältnisses **1759** 3; **1760** 12, 18
  Beteiligte **1752** 21 ff
  eines Volljährigen **1759** 13; **1770** 22
  Eltern-Kind-Verhältnis **1741** 40
  Internationales Privatrecht **1741** 14 f
  nachgeholte **1767** 16 f, 28
  Name des Kindes **1757** 6, 13
  rechtsirrtümliche **1741** 12
  übergeleitete **1771** 7
  Verfassungsbeschwerde **1759** 19
  Zeitpunkt für Minderjährigkeit **1741** 12

Mindestalter 1741 30; **1743** 1 ff; **Vorbem 1741 ff** 5, 8
  Adoptionserleichterungsgesetz **1743** 2
  Adoptionsgesetz **Vorbem 1741 ff** 8
  Adoptionsübereinkommen, europäisches **1743** 3
  Annahme des Kindes des Ehegatten **1743** 6
  belgisches Recht **1743** 3
  Ehepaar, Annahme durch **1743** 6
  englisches Recht **1743** 3
  Familienrechtsänderungsgesetz **1743** 2
  französisches Recht **1743** 3
  Kindschaftsrechtsreformgesetz **1743** 5
  Normzweck **1743** 1 ff
  österreichisches Recht **1743** 3
  Rechtsvergleich **1743** 3
  Regelalter **1743** 6
  schweizerisches Recht **1743** 3
  spanisches Recht **1743** 3
  Verstoß gegen **1759** 12
  Volljährigenadoption **1767** 19
  Vorabnovelle v 1973 **1743** 3
Mindestaltersabstand 1743 4
  belgisches Recht **1743** 4
  französisches Recht **1743** 4
  griechisches Recht **1743** 4
  italienisches Recht **1743** 4
  niederländisches Recht **1743** 4
  österreichisches Recht **1743** 4
  schweizerisches Recht **1743** 4
  spanisches Recht **1743** 4
  Volljährigenadoption **1767** 24
Mindestdauer der Ehe 1741 30; **1743** 4
Missbrauch
  Volljährigenadoption **1767** 3, 8, 13, 38 ff; **1771** 17
Misshandlung, körperliche
  Ersetzung der Einwilligung **1748** 19
Mutter
  Annahme
    des nichtehelichen Kindes **1741** 81 f; **1763** 24
    des Stiefkinds der Mutter zuliebe **1741** 67
    von Mutter und Tochter gemeinsam **1741** 42; **1767** 29
  Aufhebung der Adoption des nichtehelichen Kindes **1763** 20
  Einwilligung der **1747** 7 ff, 10 ff, 44 ff, 52 f
    Entbehrlichkeit **1747** 78 ff
    Ersetzung **1747** 86 ff
    pränatale **1747** 52 f
  Schutz durch Überlegungsfrist **1747** 45 f
Mutterschaftsgeld 1754 13
Mutterschaftsurlaub 1754 13
Mutterschutz 1754 13

Nachholung von Erklärungen **1760** 8, 25 ff
Name des Kindes 1757 1 ff
  Abkömmlinge des Angenommen, Namensänderung der **1757** 40 ff
  Adelsbezeichnung im Namen des Annehmenden **1757** 12
  alte Rechtslage **1757** 1, 4 f, 27, 48
  Anfügen des bisherigen Familiennamens **1757** 5, 9, 27 ff
  Antrag des Annehmenden **1757** 29
  Doppelname **1757** 32
  Einwilligung des Kindes **1757** 30
  Ergänzungsbeschluss **1757** 36
  neu gebildeter Name **1757** 31 ff
  Rechtsmittel gegen Ablehnung **1757** 35
  schwerwiegende Gründe für **1757** 27 f
  Verfahrensfragen **1757** 35 ff
  Vorabentscheidung **1757** 38
  Wahlrecht des Kindes nach altem Recht **1757** 27
  Annahme
    durch Ehepaar **1757** 18 ff
    s a gemeinschaftliche Annahme
    durch Einzelperson **1757** 8 ff
    s a Einzeladoption
    eines Stiefkindes **1757** 26
  Aufhebung des Annahmeverhältnisses
    Adoptionsgesetz **1765** 3
    Begleitname **1765** 17
    Ehename **1765** 5
    Familienname, neuer **1765** 6 ff
    s a dort
    Geburtsname **1765** 5 f
    Grundprinzip **1765** 2
    Lebenspartnerschaftsname **1765** 5
    Namensänderung der leiblichen Eltern **1765** 10
    Verlust des Adoptivnamens **1765** 5
    Volljährigenadoption **1765** 1
    Vorname **1765** 4, 18
    Weiterführung des Adoptivnamens **1765** 11 ff
    s a dort
  Auslandsadoption **1757** 30, 50
  Begleitname **1757** 12, 32
  Doppelname des Angenommenen **1757** 32
  dreigliedriger Name des Angenommenen **1757** 34
  Einwilligung des Kindes
    in Voranstellung/Anfügung des bisherigen Familiennamens **1757** 30
    in Vornamensänderung **1757** 52 f
  Einzeladoption **1757** 8 ff
    geschiedener Angenommener **1757** 13
    geschiedener Annehmender **1757** 8
    lediger Angenommener **1757** 13
    lediger Annehmender **1757** 8
    verheirateter Angenommener **1757** 13
    verheirateter Annehmender **1757** 11

Name des Kindes (Forts)
    verwitweter Angenommener **1757** 13
    verwitweter Annehmender **1757** 8
    Familienname **1757** 1, 8 ff
        Anfügen des bisherigen **1757** 5, 9, 27 ff
        Voranstellen des bisherigen **1757** 5, 9, 27 ff
    Form
        der Rücknahme des Antrags auf Vornamensänderung **1757** 51
        des Antrags auf Voranstellung/Anfügung des bisherigen Familiennamens **1757** 29
        des Antrags auf Vornamensänderung **1757** 51
    Geburtsname, Änderung
        bei Annahme durch Ehepaar **1757** 18 ff
        der Abkömmlinge des Angenommenen **1757** 40 ff
        des Angenommenen **1757** 8 ff
        des Angenommenen bei Namensänderung des Annehmenden **1757** 44 ff
        wenn Annehmender geschieden/verwitwet **1757** 8
        wenn Annehmender ledig **1757** 8
    gemeinschaftliche Annahme **1757** 18 ff
        Ehepaar mit gemeinsamem Familiennamen **1757** 18
        Ehepaar ohne gemeinsamen Familiennamen **1757** 19 ff
        Kind älter als 5 Jahre **1757** 23 ff
        Kind jünger als 5 Jahre **1757** 19 ff
    Gründe, schwerwiegende
        für Voranstellen/Anfügen des bisherigen Familiennamens **1757** 27 f
        für Vornamensänderung **1757** 48
    Lebenspartnerschaft **1757** 3
    Minderjährigenadoption **1757** 6, 13
    Namensänderung
        der Abkömmlinge des Angenommenen **1757** 40 ff
        des Annehmenden **1757** 44 ff
        öffentlich-rechtliche **1757** 22, 47 f, 50, 55
    Namensbestimmung, fehlerhafte **1757** 14 ff
    Namensbestimmungsrecht
        der Adoptiveltern **1757** 2, 19 ff
        des adoptierenden Stiefelternteils **1757** 26
    Namensinteresse des Ehegatten des Annehmenden **1757** 11
    Namensketten **1757** 32
    Nichtigkeit einer fehlerhaften Namensbestimmung **1757** 14 ff
    Stiefkindadoption **1757** 26
    Verfahrensrecht **1757** 35 ff, 54 ff
    Verfassungsmäßigkeit **1757** 9
    verheirateter/verpartneter Angenommener **1757** 39

Name des Kindes (Forts)
    Volljährigenadoption **1757** 6, 9, 13, 23, 30; **1767** 56 ff
    Voranstellen des bisherigen Familiennamens **1757** 5, 9, 27 ff
        Antrag des Annehmenden **1757** 29
        Doppelname **1757** 32
        Einwilligung des Kindes **1757** 30
        Ergänzungsbeschluss **1757** 36
        neu gebildeter Name **1757** 31 ff
        Rechtsmittel gegen Ablehnung **1757** 35
        schwerwiegende Gründe für **1757** 27 f
        Verfahrensfragen **1757** 35 ff
        Vorabentscheidung **1757** 38
        Wahlrecht des Kindes nach altem Recht **1757** 27
    Vorname des Kindes, Änderung **1757** 4, 48 ff
        Antrag des Annehmenden **1757** 51
        Beschwerde gegen Ablehnung **1757** 54
        Einwilligung des Kindes **1757** 52 f
        Ergänzungsbeschluss **1757** 55
        Rechtsmittel gegen Ablehnung **1757** 54
        Verfahrensrecht **1757** 54 ff
        Vorabentscheidung **1757** 56
        Voraussetzung **1757** 49 f
        Zustimmung zur Änderung des Ehenamens **1757** 34

Namensadoption
    Volljährigenadoption **1767** 10, 38 f, 39

Namensänderung
    der Abkömmlinge des Angenommenen **1757** 40 ff
    der leiblichen Eltern **1765** 10
    des Annehmenden **1757** 44 ff
    öffentlich-rechtliche **1757** 22, 47 f, 55
    Subsidiarität **1757** 50
    Stiefkindadoption **1741** 72

Namensbestimmung, fehlerhafte 1757 14 ff

Namensbestimmungsrecht
    der Adoptiveltern **1757** 2, 19 ff
    des adoptierenden Stiefelternteils **1757** 26
    des Ehegatten des Angenommenen **1767** 59 ff

Namensinteresse
    des Ehegatten des Annehmenden **1757** 11

Namensketten 1757 32

Namenskontinuität 1765 11

nasciturus
    Interessen des **1745** 13

Nebenzweck der Adoption
    Volljährigenadoption **1767** 12, 36

Nichtehe
    Ehe zwischen Annehmendem und Kind **1766** 5

Nichteheliche Lebensgemeinschaft
    Einzeladoption **1741** 80
    gemeinschaftliche Annahme **1741** 54 f, 80

Nichteheliches Kind 1747 2 f
  Adoption nach altem Recht, Antrag des Vaters **1747** 2
  Aufgabe der Unterscheidung zu ehelichem **1747** 3
  Ermittlung des Vaters **1747** 36 ff
Nichtigkeit
  Annahmebeschluss **1759** 8
    Verfahrensverstoß, schwerer **1759** 14
  Annahmevertrag **1760** 2; **Vorbem 1741 ff** 65
  Einwilligungserklärung **1751** 5, 27
  Namensbestimmung, fehlerhafte **1757** 14 ff
  Volljährigenadoption **1771** 3
Nichtverheirateter
  Einzeladoption **1741** 10, 78 ff
Nichtvermögensinteressen 1745 14
Niederländisches Recht
  Adoption durch gleichgeschlechtliche Paare **1741** 87
  Kinderlosigkeit, Erfordernis der **1745** 5
  Mindestaltersabstand **1743** 4
  Stiefkindadoption **1741** 70
  Volljährigenadoption **1767** 15
  Wirkung der Annahme **1754** 2
Normgeschichte
  s Entstehungsgeschichte
Normzweck 1741 1 ff; **1742** 2 ff; **1743** 1 ff; **1744** 3 f; **1746** 1 ff; **1748** 1 ff; **1749** 1 f; **1751** 1 ff; **1753** 1 f; **1754** 1; **1755** 1; **1756** 1 ff; **1757** 1 ff; **1758** 1 ff; **1759** 1 ff; **1760** 3, 31; **1761** 1 ff; **1762** 1 f; **1763** 1; **1764** 1 f; **1765** 1 ff; **1766** 1 ff; **1768** 1; **1769** 2 f; **1770** 1 f; **1771** 1 f; **1772** 1
Norwegisches Recht
  Kinderlosigkeit, Erfordernis der **1745** 5
Notarielle Beurkundung
  Antrag des Annehmenden **1752** 5, 12
  Aufhebungsantrag **1762** 11
  Einwilligung **1746** 23, 27
  Einwilligungserklärung **1750** 9

Obhut des Annehmenden 1751 1, 31, 34 ff, 45
Offenbarungsverbot 1758 6 ff
  Adoptionsübereinkommen, europäisches **1758** 2
  Adressatenkreis **1758** 6 f
  Beseitigungsanspruch **1758** 31
  Inkognitoadoption **1758** 1
  Normzweck **1758** 1 ff
  offene Adoption **1758** 1, 6
  öffentliches Interesse an Aufdeckung **1758** 19 ff
  Sanktionen **1758** 30 ff
    öffentlich-rechtliche **1758** 32
    zivilrechtliche **1758** 31
  Schadensersatz **1758** 31 f
  Schutzvorschriften, ergänzende **1758** 8 f
  Unterlassungsanspruch **1758** 31

Offenbarungsverbot (Forts)
  Volljährigenadoption **1758** 1; **1767** 49
  Vorwirkung **1758** 24 ff
  Zustimmung der Betroffenen **1758** 17 f
Offene Adoption 1741 19; **1747** 64 ff
  Ausforschungsverbot **1758** 1
  Offenbarungsverbot **1758** 1
  portugiesisches Recht **1747** 66
  Rechtsvergleich **1747** 66
  schweizerisches Recht **1747** 66
  Sozialwissenschaft, Befürwortung **1747** 65
  spanisches Recht **1747** 66
  Umgangsrecht **1751** 11
  Vereinbarung zwischen Herkunfts- u Adoptiveltern **1747** 66
Öffentliches Interesse
  an Aufdeckung der Adoption **1758** 19 ff
Öffentlich-rechtliche Wirkungen 1754 11 ff; **1755** 7
Onkel
  Adoption durch **1741** 37, 39, 42; **1756** 1 f, 9, 11 f, 16, 24 f, 32 ff
Örtliche Zuständigkeit
  Adoptionsvormundschaft **1751** 16
  Aufhebung des Annahmeverhältnisses **1759** 32
  Ausspruch der Annahme **1752** 15 ff
  Einwilligungserklärung **1750** 4
Österreichisches Recht
  Adoption durch gleichgeschlechtliche Paare **1741** 87
  Adoptionspflege **1744** 3
  Aufhebung des Annahmeverhältnisses **1759** 4
  Mindestalter **1743** 3
  Mindestaltersabstand **1743** 4
  Volljährigenadoption **1767** 16

Perinatale Schädigung Vorbem 1741 ff 50
perpetuatio fori
  Zuständigkeit des Familiengerichts für Ausspruch der Annahme **1752** 16
Personenstandsregister
  Einsicht in **1758** 8
Persönliche Einwilligung des Kindes 1746 2, 27 ff
Persönlichkeitsrecht, allgemeines
  Schutz des **1758** 3
Pflegeeltern
  Sorgerecht **1751** 24
Pflegegeld 1751 40, 47
Pflegekind 1741 22, 29
  Adoption nach Volljährigkeit **1767** 14, 45
Pflegekindschaft 1748 43 ff, 49 ff, 59; **Vorbem 1741 ff** 34 ff, 52
  Adoption
    durch Dritte **Vorbem 1741 ff** 40
    durch Pflegeeltern **Vorbem 1741 ff** 40
  Dauerpflege **Vorbem 1741 ff** 35, 37

Pflegekindschaft (Forts)
   Entstehungsgeschichte **Vorbem 1741 ff** 34
   Initiativrecht der Pflegeperson **Vorbem 1741 ff** 37
   langfristige **Vorbem 1741 ff** 34
   leibliche Verwandtschaft **1748** 49 ff
   rechtliche Ausgestaltung **Vorbem 1741 ff** 37 ff
   Schutz der **Vorbem 1741 ff** 37, 41, 43
   soziale Elternschaft **Vorbem 1741 ff** 36
   Umgangsrecht **Vorbem 1741 ff** 38
   unverhältnismäßiger Nachteil bei **1748** 43 f, 49 ff
   Verfahrensbeistand **Vorbem 1741 ff** 39
   Verfahrensrecht **Vorbem 1741 ff** 39
   Verhältnis zur Adoption **Vorbem 1741 ff** 34 ff, 42 ff
      de lege ferenda **Vorbem 1741 ff** 44
      de lege lata **Vorbem 1741 ff** 42 f
Pflegeleistungen
   Absicherung von **1767** 35
   Beeinträchtigung von **1769** 11
Pflegeperson Vorbem 1741 ff 37, 40, 44
   Adoption durch **Vorbem 1741 ff** 40
   Herausgabeanspruch gegenüber **Vorbem 1741 ff** 38, 41
   Initiativrecht **Vorbem 1741 ff** 37
   Sorgerechtsübertragung auf **Vorbem 1741 ff** 37
   Vorrang der Eltern vor **Vorbem 1741 ff** 38
Pfleger
   als Vertreter des Kindes
      Bestellung eines Ergänzungspflegers **1746** 10, 15, 17
      Verweigerung der Einwilligung durch den **1746** 18 ff
      Verweigerung der Zustimmung durch den **1746** 32
      zukünftige Adoptiveltern als **1746** 11
Pflegschaft 1751 23, 29
   bereits bestehende **1751** 23
Pflichtteilsrecht
   Aufhebung des Annahmeverhältnisses **1764** 8
   bestehenbleibende Rechte u Pflichten nach Adoption **1755** 8
   Schmälerung durch Adoption **1745** 15
   Volljährigenadoption **1772** 8
      Schmälerung als Motiv **1767** 45
   Wirkung der Annahme **1754** 9
Pflichtverletzung
   Ersetzung der Einwilligung **1748** 16 ff
      Abgrenzung zu Gleichgültigkeit **1748** 19, 30 f
      Alkoholabhängigkeit **1748** 24
      anhaltende Pflichtverletzung **1748** 26
      besonders schwere Pflichtverletzung **1748** 52 ff
      Drogenabhängigkeit **1748** 24

Pflichtverletzung (Forts)
      Gefährdung existentieller Bedürfnisse **1748** 17
      gröbliche Pflichtverletzung **1748** 16 ff, 30 f, 46, 49 ff, 51, 53
      körperliche Misshandlung **1748** 19
      Misshandlung, körperliche **1748** 19
      nach Sorgerechtsentzug **1748** 25, 51
      Suchtmittelabhängigkeit **1748** 24
      Unterhaltspflicht, Verletzung der **1748** 20 f
      Verwahrlosung des Kindes **1748** 19
      vor der Geburt **1748** 17
      zurückliegende Pflichtverletzung **1748** 26, 50 f
Politische Einstellung
   Elterneignung **1741** 34
Polnisches Recht
   Einwilligung des Kindes **1746** 2
Portugiesisches Recht
   Aufhebung des Annahmeverhältnisses **1759** 4
   Höchstaltersdifferenz **1743** 4
   Mindestdauer der Ehe **1743** 4
   offene Adoption **1747** 66
   Volljährigenadoption **1767** 17
Postmortale Adoption 1753 1 ff
   Einwilligungserklärungen, erforderliche **1753** 8
   Fallgruppen **1753** 6 f
      angestrebte Annahme durch Ehepaar **1753** 7, 11
      angestrebte Einzeladoption **1753** 6
   grundsätzliche Zulässigkeit **1753** 4 f
   Kindeswohlförderung **1753** 9
   Stiefkindadoption **1753** 9
   Volljährigenadoption **1753** 10
   Wirksamwerden des Annahmebeschlusses **1753** 11
   Wirkung der Annahme **1753** 12
Posttraumatische Belastungsstörung Vorbem 1741 ff 50
Pränatale Adoption 1747 52
Pränatale Einwilligung 1747 52 f
Probezeit 1744 1 ff
   s a Adoptionspflege
Prognoseentscheidung 1741 18
Prostitution der Mutter
   Täuschung über **1760** 20
Psychische Entwicklungsstörungen Vorbem 1741 ff 51
   Reversibilität **Vorbem 1741 ff** 51
Psychische Krankheit
   Ersetzung der Einwilligung **1748** 56 ff
Psychologische Aspekte Vorbem 1741 ff 45 ff

Queer-Family 1741 92

Recht auf Kenntnis der eigenen Abstammung
1741 91; **1747** 41; **1755** 18; **1758** 12 ff
Rechtfertigung, sittliche
Volljährigenadoption **1767** 4, 21, 32 ff
Zweifel an **1767** 37
Rechtliches Gehör
Anspruch **1759** 16 ff
des Kindes des Annehmenden **1745** 22
des Kindes des Anzunehmenden **1745** 22
Folgen der Nichtgewährung **1745** 25
Rechtsbeschwerde
Ablehnung der Annahme **1752** 47
Rechtsbeziehungen des Kindes
zu leiblichen Eltern **1756** 1, 14, 17, 24 f, 31, 33, 35
zu leiblichen Geschwistern **1756** 15, 19 ff, 29
zu leiblichen Großeltern **1756** 1, 13 f, 18, 21
Rechtsgeschäft, einseitiges
Einwilligungserklärung **1750** 3
Rechtsgeschichte Vorbem 1741 ff 1
Rechtskraft
Ersetzung der Einwilligung **1748** 74
Rechtsmittel
Anfügen des bisherigen Familiennamens **1757** 35
Aufhebung des Annahmeverhältnisses **1759** 38
Ersetzung der Einwilligung **1748** 75
Volljährigenadoption **1768** 12
Voranstellen des bisherigen Familiennamens **1757** 35
Vorname des Kindes, Änderung **1757** 54
Rechtsvergleich
s a Ausländische Rechtsordnungen
Adoption durch gleichgeschlechtliche Paare **1741** 87
Adoptionspflege **1744** 3
Aufhebung des Annahmeverhältnisses **1759** 4
Einwilligung des Kindes **1746** 1
Ersetzung der Einwilligung **1748** 2, 10
Kettenadoption **1742** 6
Kinderlosigkeit, Erfordernis der **1745** 5
Mindestalter **1743** 3
offene Adoption **1747** 66
Verwandtenadoption **1741** 38; **1756** 2
Volljährigenadoption **1767** 15 ff
schweizerisches Recht **1770** 1
Wirkung der Annahme **1754** 2 f
Reformdiskussion
Ersetzung der Einwilligung **1748** 14
Volljährigenadoption **1767** 14
Regelalter 1743 6
Regressanspruch
des Annehmenden für Unterhaltsleistungen **1751** 47 f

Religionsbestimmung 1751 24
Religionszugehörigkeit
Täuschung über **1760** 20
Renten
Aufhebung des Annahmeverhältnisses **1764** 7
Reziproke In-vitro-Fertilisation 1741 90
Richtervorbehalt 1752 20
Rückadoption des eigenen Kindes 1741 61; **1742** 10
Stiefkindadoption **1741** 71
Volljährigenadoption **1741** 61; **1767** 19
Rücknahme
Antrag des Annehmenden **1752** 10 ff
Erben des Antragstellers **1752** 12; **1753** 4
Form **1752** 12
höchstpersönliches Recht **1752** 12; **1753** 4
Stellvertretung **1752** 12
Wirksamwerden **1752** 12
Rückständiger Unterhalt
bestehenbleibende Rechte u Pflichten nach Adoption **1755** 8, 12
Ruhen der elterlichen Sorge 1751 1, 10 ff, 26, 29

Sachliche Zuständigkeit
Ausspruch der Annahme **1752** 14
Sachverständigengutachten 1752 30
Aufhebung des Annahmeverhältnisses **1759** 36
Samenspende 1741 35, 90 ff; **1747** 27 ff
Adoptionspflege **1744** 6
anonyme **1747** 30
Einwilligung des Spenders in Adoption **1747** 27 ff, 49
offizielle **1747** 29, 37
private **1747** 31 ff, 40
Umgangsrecht **1751** 14
Sanktionen
Offenbarungsverbot **1758** 30 ff
öffentlich-rechtliche **1758** 32
zivilrechtliche **1758** 31
Säuglinge
Adoptionspflege **1744** 5
Schadensersatz
Offenbarungsverbot **1758** 31 f
Scheidung 1741 67, 77
Aufhebung des Annahmeverhältnisses **1763** 9
Pflichten nach **1748** 18, 25, 46
Scheinadoption
Aufhebung des Annahmeverhältnisses **1763** 11
Scheitern der Adoption Vorbem 1741 ff 55
Schenkungssteuer
Volljährigenadoption **1767** 8

Schutz des Sozialgeheimnisses 1758 9
Schwägerschaft
  Ausschluss bei Volljährigenadoption
    1770 7
  im 2. oder 3. Grad **1756** 1, 9 ff
Schwedisches Recht
  Adoption durch gleichgeschlechtliche
    Paare **1741** 87
  Kinderlosigkeit, Erfordernis der **1745** 5
Schweizerisches Recht
  Adoption durch gleichgeschlechtliche
    Paare **1741** 87
  Adoptionspflege **1744** 3
  Einwilligung des Kindes **1746** 1 f
  Höchstaltersdifferenz **1743** 4
  Kettenadoption **1742** 6
  Kinderlosigkeit, Erfordernis der **1745** 5
  Mindestalter **1743** 3
  Mindestaltersabstand **1743** 4
  Mindestdauer der Ehe **1743** 4
  offene Adoption **1747** 66
  Stiefkindadoption **1741** 70
  Volljährigenadoption **1767** 16
  Wirkung der Annahme **1754** 2
Schwester
  Annahme durch **1756** 2, 9, 11, 14
Seelische Behinderung
  Ersetzung der Einwilligung **1748** 57
Sexuelles Verhalten, abnormes
  Täuschung über **1760** 20
Sittenwidrigkeit
  Adoptionsvermittlung **1741** 5, 43 ff
Sittliche Rechtfertigung
  s Rechtfertigung, sittliche
Sorgerecht 1751 1, 4 ff
  alleiniges **1751** 17
  Angelegenheit des täglichen Lebens
    1751 24
  Antrag
    s Sorgerechtsantrag
  Antrag des mit der Mutter nicht verheirateten Vaters auf Übertragung
    1751 9
  Aufhebung des Annahmeverhältnisses
    1764 13 f
  Aufklärung des Kindes **1758** 3
  Ausübung durch einen Elternteil **1751** 17
  der Eltern **1751** 1, 4 ff, 9, 17, 23, 26 ff
  des verstorbenen Elternteils **1756** 5, 8, 26 f
  entzogenes **1751** 8, 27
  Entzug
    s Sorgerechtsentzug
  gemeinsames **1741** 74
  Pflegeeltern **1751** 24
  Rückübertragung **1751** 7, 26 ff
  Ruhen **1751** 1, 4 ff, 26 f, 29
    des Sorgerechts der Mutter **1751** 9
    zeitliche Begrenzung **1751** 26 ff
  Stiefkindadoption **1741** 72, 74

Sorgerecht (Forts)
  Übertragung
    s Sorgerechtsübertragung
  Wirkung der Annahme **1754** 9
Sorgerechtsantrag 1747 67 ff
  Sperrwirkung **1747** 69 ff; **1751** 9
  Verzicht auf **1747** 67 f
Sorgerechtsentzug 1748 25
  Pflichten nach **1748** 25, 51
  Vorrang vor Ersetzung **1748** 17, 39
Sorgerechtsübertragung Vorbem 1741 ff 37, 44
  auf andere Betreuungspersonen
    Vorbem 1741 ff 44
  auf nichtehelichen Vater **1747** 71;
    Vorbem 1741 ff 33
Soziale Elternschaft
  Eltern-Kind-Verhältnis **1741** 41
  Pflegekindschaft **Vorbem 1741 ff** 36
Soziales Umfeld des Kindes
  Täuschung über **1760** 20
Sozial-familiäre Beziehung
  Umgangsrecht **1751** 12 f
Sozialgeheimnis 1758 9
Sozialistische Rechtsordnungen
  Wirkung der Annahme **1754** 2
Sozialleistungen
  bei Adoptionspflege **1751** 39
Sozialrecht
  Wirkung der Annahme **1754** 12
Spanisches Recht
  Adoption durch gleichgeschlechtliche
    Paare **1741** 87
  Aufhebung des Annahmeverhältnisses
    1759 4
  Höchstaltersdifferenz **1743** 4
  Kinderlosigkeit, Erfordernis der **1745** 5
  Mindestalter **1743** 3
  Mindestaltersabstand **1743** 4
  offene Adoption **1747** 66
  Volljährigenadoption **1767** 17
  Wirkung der Annahme **1754** 2 f
Spätadoption Vorbem 1741 ff 54
  Altersobergrenze **Vorbem 1741 ff** 54
Sperrvater 1747 15
Sperrwirkung des Sorgerechtsantrags 1747 69 ff
Spielgefährte
  Adoptivkind als **1741** 31
Staatsangehörigkeit
  ausländische eines Adoptivelternteils
    1752 45
  deutsche **1752** 9
    des Annehmenden **1752** 13
    des Ehegatten des Annehmenden **1752** 13
    des Kindes **1752** 13
  Erlöschen von Verwandtschaftsverhältnissen **1755** 7
  Erwerb durch Adoption **Vorbem 1741 ff**
    77 ff

Staatsangehörigkeit (Forts)
  unterschiedliche von Annehmendem und
    Kind **1746** 36 ff
  Volljährigenadoption **1767** 9; **1770** 21;
    1772 6, 13
  Wirkung der Annahme **1754** 11
Stabilität der Partnerschaft 1741 30
Standesbeamter
  Folgebeurkundung im Geburtenregister
    1752 38
Statistik Vorbem 1741 ff 32 f
  DDR **Vorbem 1741 ff** 33
  Ersetzung der Einwilligung **1748** 1
  Minderjährigenadoption **Vorbem 1741 ff** 32
  Volljährigenadoption **1767** 6 f
Statistisches Bundesamt 1767 6
  Aufhebung des Annahmeverhältnisses
    1759 5
Statusvorteile durch Adoption 1741 18, 26, 72
Stellvertretung
  Antrag des Annehmenden **1752** 7
  Aufhebungsantrag **1762** 6 ff
  Einwilligungserklärung **1750** 14
  gewillkürte **1760** 10
  Rücknahme des Adoptionsantrags **1752** 12
Steueradoption 1760 12
  Volljährigenadoption **1767** 8, 40 ff
Steuerrecht
  Volljährigenadoption **1767** 8, 17, 34 f, 41
  Wirkung der Annahme **1754** 12
Stiefkind
  Unterhaltsanspruch **1741** 72; **1745** 18
    englisches Recht **1745** 18
    niederländisches Recht **1745** 18
    Rechtsvergleich **1745** 18
    schwedisches Recht **1745** 18
    schweizerisches Recht **1745** 18
Stiefkindadoption 1741 6, 63 ff; **1743** 8;
  1751 25, 38, 46; **1756** 5 ff, 26 ff
  Adoptionsgesetz **Vorbem 1741 ff** 10
  Adoptionspflege **1744** 5
  Aufhebung des Annahmeverhältnisses
    1760 16; **1763** 19; **1764** 12, 17; **1765** 13
  DDR-Recht **Vorbem 1741 ff** 25
  Einwilligung der Eltern **1741** 74
  Einwilligung des Kindes **1746** 12 ff
  Einzeladoption **1741** 74
  Empfehlungen der Landesjugendämter
    1741 65, 71
  englisches Recht **1741** 73
  Erlöschen von Verwandtschaftsverhält-
    nissen **1755** 4 ff
  französisches Recht **1741** 73
  gegen Willen des leiblichen Vaters **1741** 65
  Kettenadoption **1742** 15
  Kindeswohl **1741** 74 ff
  Konzept der erweiterten Stieffamilie
    1741 66
  Lebenspartner **1741** 90

Stiefkindadoption (Forts)
  Loyalitätskonflikt **1741** 69
  mehrfache **1756** 28
  nach Tod des Ehegatten **1756** 31
  nach Tod eines Elternteils **1756** 5 ff, 26 ff
  nach Verwandten- oder Verschwägerten-
    adoption **1756** 32 ff
  Name des Kindes **1757** 26
  Namensänderung **1741** 72
  niederländisches Recht **1741** 70
  postmortale Adoption **1753** 9
  Problematik **1741** 64 ff
  Rekonstituierung des Familienverbandes
    1741 70
  Rückadoption des eigenen Kindes **1741** 71
  Rückgängigmachung **1741** 67
  Scheitern der Stiefehe **1741** 67 f
  schweizerisches Recht **1741** 70
  Sorgerecht, gemeinsames **1741** 74
  Stellung eines gemeinschaftlichen Kindes
    1741 63, 74
  Stiefkindverhältnis, gesetzliche Regelung
    1741 72
  Unterhalt, Beeinträchtigung **1745** 18
  Unterhaltspflicht **1751** 38
  Verbot **1741** 72
  Vermittlungsverfahren, kein **1741** 75
  Verwandtschaftsverhältnisse **1756** 5 ff, 26 ff
  Volljährigenadoption **1767** 6, 19, 28
  Wirkung der Annahme **1754** 5 f; **1756** 28 ff
Störung der Geistestätigkeit
  Unwirksamkeit von Erklärungen wegen
    1760 14
Strafhaft
  Ersetzung der Einwilligung **1748** 22
Strafrecht
  bestehenbleibende Rechte u Pflichten nach
    Adoption **1755** 14
  Wirkung der Annahme **1754** 14
Straftat 1748 22 f, 53 f
  gegen anderen Elternteil **1748** 23, 54
  gegen Dritte **1748** 22, 54
  gegen Kind **1748** 53
Suchtmittelabhängigkeit
  Ersetzung der Einwilligung **1748** 24, 59
Sukzessivadoption
  durch Ehegatten **1756** 12
  durch Lebenspartner **1741** 6

Tante
  Adoption durch **1741** 39; **1756** 1 f, 9, 11 f,
    16, 24 f, 32 ff
Täuschung, arglistige
  Anfechtung des Annahmevertrages
    1760 2 f
  Aufhebung des Annahmeverhältnisses
    1760 2 f, 17 ff
    Alkoholismus des Annehmen-
      den **1760** 20

Täuschung, arglistige (Forts)
　erbliche Belastung **1760** 20
　Identität des Vaters **1760** 20
　Krankheit des Annehmenden **1760** 20
　Prostitution der Mutter **1760** 20
　sexuelles Verhalten, abnormes **1760** 20
　Täuschender **1760** 21 f
　über wesentliche Umstände **1760** 19 f
　Vermögensverhältnisse **1760** 18
　Volljährigenadoption **1771** 23
Teilaufhebung des Annahmeverhältnisses
　1762 5; **1763** 24 f; **1764** 15 ff
　Weiterführung des Adoptivnamens
　　1765 13
Testament
　Volljährigenadoption **1770** 20
　Auslegung **1770** 20
　Lösung vom gemeinschaftlichen **1767** 47;
　　1769 8
Tod
　Aufhebung des Annahmeverhältnisses
　　1760 32; **1764** 5 f
　des Angenommenen
　　Annahme nach **1753** 3
　　Volljährigenadoption **1770** 14 ff
　des Annehmenden
　　Kettenadoption **1742** 11 ff
　　postmortale Adoption **1753** 4 ff
　　s a dort
　　Volljährigenadoption **1770** 18 f
　des Antragsstellers, Aufhebungsantrag
　　1762 10
Tötung des anderen Elternteils
　Ersetzung der Einwilligung **1748** 54
Traumatische Beziehungen Vorbem 1741 ff 48, 52
Trennung
　von bisherigen Bezugspersonen **1741** 22
　von Geschwistern **1741** 21
Türkisches Recht
　Volljährigenadoption **1767** 16

Übergangsvorschriften Vorbem 1741 ff 58 ff
　DDR-Recht **Vorbem 1741 ff** 30 f
　Überleitung einer Altadoption
　　Vorbem 1741 ff 58 ff
Überlegungsfrist 1747 44 ff
　Berechnung **1747** 47
　Einwilligung der Eltern **1747** 4
　Schutz der nicht verheirateten Mutter
　　1747 45 f
Überleitung einer Altadoption Vorbem 1741 ff
　58 ff
　Widerspruch gegen **Vorbem 1741 ff** 69 ff, 82, 84
Umdeutung
　Antrag des Annehmenden **1752** 9
Umgangsrecht 1751 1, 10 ff; **1755** 15 ff
　aus § 1685 Abs. 2 **1755** 15

Umgangsrecht (Forts)
　Auswirkungen der Adoption auf **1751** 10 ff
　Bezugspersonen **1751** 12; **1755** 17
　biologischer Vater **1751** 15
　Geschwister **1755** 16
　Großeltern **1755** 16
　Herkunftseltern **1751** 13
　Inkognitoadoption **1751** 13, 15
　Kindschaftsrechtsreformgesetz **1751** 12
　leiblicher Vater **1741** 65
　Nichtwahrnehmung **1748** 28, 46
　offene Adoption **1751** 11
　Pflegekindschaft **Vorbem 1741 ff** 38
　Ruhen des **1751** 1, 5, 10 ff, 30
　Samenspende **1751** 14
　sozial-familiäre Beziehung **1751** 12 f
Unbekannter Aufenthalt
　Entbehrlichkeit der Einwilligung
　　1747 78 ff; **1749** 5
　Ersetzung der Einwilligung **1748** 20, 34, 38
Unbekannter Vater 1747 29 ff, 42 f, 78 ff
Unterhaltsanspruch
　Aufhebung des Annahmeverhältnisses
　　1764 8
　Beeinträchtigung durch Adoption **1745** 17 f
　bestehenbleibende Rechte u Pflichten nach
　　Adoption **1755** 12 f
　des Kindes gegen leibliche Verwandte
　　1755 12
　des Stiefkindes **1741** 72; **1745** 18
　Volljährigenadoption **1767** 9; **1770** 11 f;
　　1772 8
　Schmälerung durch **1769** 8
Unterhaltspflicht 1751 1 f, 6, 31 ff
　der Herkunftseltern **1751** 31
　der Verwandten **1751** 31
　des Annehmenden **1751** 31, 33 ff
　Adoptionsabsicht **1751** 37
　Einwilligung der Eltern **1751** 34
　Obhut des Annehmenden **1751** 35 f
　Voraussetzungen **1751** 34 ff
　des Kindes **1751** 32
　Ende der Unterhaltspflicht **1751** 41 ff
　für Kinder des Kindes **1751** 33
　Regressanspruch bei fehlender **1751** 47 f
　Stiefkindadoption **1751** 38
　Verletzung der
　　Ersetzung der Einwilligung **1748** 20 f
Unterlassungsanspruch
　Offenbarungsverbot **1758** 31
Unternehmen, elterliches
　Fortführung **1745** 15
　Gefahr der Zerschlagung **1745** 15
Unverhältmäßiger Nachteil
　Ersetzung der Einwilligung **1748** 39 ff
　　Abwägung **1748** 40, 47
　　Aufwachsen in einer Familie,
　　　kein **1748** 43 ff
　　Pflegekindschaft **1748** 43 f

Unverhältmäßiger Nachteil (Forts)
  Stiefkindadoption **1748** 46 ff
  unbestimmter Rechtsbegriff **1748** 39
  Unterbringung bei Verwandten **1748** 45
  Zeitfaktor **1748** 49 ff
Unwiderruflichkeit
  Einwilligungserklärung **1750** 12
Unwirksamkeit des Annahmebeschlusses
  Annahme des eigenen ehelichen Kindes **1759** 11
  aus formellen Gründen **1759** 14
  aus materiellen Gründen **1759** 9 ff
  Geltendmachung der Unwirksamkeit **1759** 15
  gemeinschaftliche Annahme durch Lebenspartner **1759** 10
  gemeinschaftliche Annahme durch nicht verheiratete Personen **1759** 10
  Tod des Kindes vor Beschluss **1759** 12
Unzuständiges Gericht
  Einwilligungserklärung **1750** 8
Urgroßeltern
  Adoption durch **1756** 2, 9
US-Recht
  Wirkung der Annahme **1754** 2

Vater 1747 2, 13 ff
  Adoptionsgesetz **Vorbem 1741 ff** 8
  Annahme des nichtehelichen Kindes **1741** 81 f
  Anspruch auf Nennung des Geburtsorts **1747** 84
  Anspruch des Kindes auf Nennung **1747** 41
  Auskunftspflicht gegenüber **1758** 22
  Beratung **1747** 73 f
  biologischer **1747** 14
  s a Biologischer Vater
  DDR-Recht **Vorbem 1741 ff** 27
  Einwilligung **Vorbem 1741 ff** 8, 15, 27
    bereits vor Geburt **1747** 48
    bereits vor Zeugung **1747** 49
  Ermittlung **1747** 36 ff
  Ersetzung der Einwilligung **1748** 60 ff
  gerichtliche Feststellung **1747** 15; **1748** 65
  Kindschaftsrechtsreformgesetz **1747** 3
  mit der Mutter des Kindes verheirateter **1747** 14
  Mitwirkungsinteresse, mangelndes **1747** 22
  nichtehelicher **1747** 2 f
  s a Nichtehelicher Vater
  präsumtiver **1748** 65
  rechtlicher **1747** 13 ff, 18, 48
  Sorgerechtsantrag **1747** 67 ff; **1751** 9
    Sperrwirkung **1747** 69 ff
    Verzicht auf **1747** 67 f
  Sorgerechtsübertragung **1747** 71; **Vorbem 1741 ff** 33
    Verzicht auf **1751** 18, 34
  Sorgeübertragung auf **1747** 71

Vater 1747 2, 13 ff (Forts)
  Umgangsrecht **1751** 15
  unbekannter **1747** 29 ff, 42 f, 78 ff
  Verzicht auf Sorgerechtsantrag **1747** 67 f
  Vorrang vor anderen Adoptionsbewerbern **1747** 69 ff, 84
Vaterschaftsanerkennung 1747 15
  nach der Adoption **1755** 18
Vaterschaftsanfechtung 1755 22
Vaterschaftsfeststellung 1741 26; **1747** 18 ff, 23 f
  Adoptionsverzögerung durch **1747** 24
  Adoptionsvormundschaft **1751** 18
  durch biologischen Vater **1755** 21
  Einleitung vor Adoption **1755** 20
  Inkognitoadoption **1755** 19
  nach erfolgter Adoption **1747** 24; **1755** 18 ff
Vaterschaftsprätendent 1747 14, 16 ff, 28, 36, 75
  Beteiligtenstellung **1747** 21; **1752** 21
  Einwilligungsrecht **1747** 9, 16 ff
  gerichtliche Ersetzung der Einwilligung **1747** 16
  verfassungsrechtliche Stellung **1747** 17
Vaterschaftsvermutung, vorläufige 1747 16
Verbot
  Volljährigenadoption **1767** 3, 14; **1769** 1 ff
Verbringung eines Kindes
  zum Zwecke der Annahme **1741** 46
Verfahren
  s Familiengericht
Verfahrensbeistand 1752 21, 27
  Aufhebung des Annahmeverhältnisses **1759** 34; **1762** 9
  Beteiligtenstellung **1752** 21
  Ersetzung der Einwilligung **1748** 73
  Pflegekindschaft **Vorbem 1741 ff** 39
Verfahrensbeteiligte 1752 21 ff
  Volljährigenadoption **1768** 6
Verfahrenshandlung
  Antrag des Annehmenden **1752** 4
  Einwilligungserklärung **1750** 3
Verfassungsbeschwerde 1759 16 ff
  Aufhebung des Annahmeverhältnisses **1764** 4
  der Kinder des Annehmenden **1759** 18
  der leiblichen Eltern **1759** 18
  des anzunehmenden Kindes **1759** 18
  Einwilligung des Ehegatten **1749** 8
  Ersetzung der Einwilligung **1748** 75
  Minderjährigenadoption **1759** 19
  Verletzung des Anhörungsrechts **1745** 25
  Volljährigenadoption **1759** 19 f; **1771** 4
Verfassungsmäßigkeit
  Ersetzung der Einwilligung **1748** 8 ff
  Name des Kindes **1757** 9
Verhältnismäßigkeit
  Ersetzung der Einwilligung **1748** 11, 14, 39, 47, 59

Verhältnismäßigkeit (Forts)
  bei Gebrechen **1748** 11, 59
  bei Pflichtverletzungen **1748** 11, 47
Vermittlung
  s Adoptionsvermittlung
Vermittlungsmonopol Vorbem 1741 ff 89
**Vermittlungsverbot, bußgeldbewehrtes
  Vorbem 1741 ff** 89
Vermögensinteressen 1745 15 ff
Vermögensnachweise 1741 28
Vermögensverhältnisse
  Täuschung über **1760** 20
Vernachlässigung des Kindes
  Ersetzung der Einwilligung **1748** 16, 19
Verschwägerte 1756 4, 9 ff
  Einzeladoption durch **1756** 10 ff
  gemeinsame Adoption mit neuem
    Ehegatten **1756** 12
  Wirkung der Annahme durch **1756** 13 ff
Verteter, gesetzlicher
  s Gesetzlicher Vertreter
Verteter ohne Vertretungsmacht
  Fehlen von Antrag oder Einwilligung
    1760 10
Vertragsadoption
  Anerkennung einer ausländischen **1752** 2
Vertragssystem 1746 1, 38; **1752** 1 ff; **1759** 1;
  Vorbem 1741 ff 9
  Aufhebung des Annahmeverhältnisses
    1760 2
  Volljährigenadoption **1767** 5; **1768** 1
Vertrauliche Geburt
  Entbehrlichkeit der Einwilligung **1747** 81 ff
Vertretungsverbot 1760 29 f
  Nichtbeachtung **1760** 7, 10
Verwahrlosung des Kindes
  Ersetzung der Einwilligung **1748** 19
Verwandte
  Einwilligungsrecht **1747** 7
  im 2. oder 3. Grad **1756** 1, 9 ff
  mehrfache Verwandtschaft **1756** 15 ff
  Unterhaltspflicht **1751** 31
  Volljährigenadoption **1770** 4
Verwandtenadoption 1741 37 ff; **1752** 36;
  1756 1 ff; **Vorbem 1741 ff** 44
  Adoptionsgesetz **Vorbem 1741 ff** 10
  Adoptionspflege **1744** 5
  Altersabstand **1741** 39
  ausländische Rechtsordnungen **1741** 38;
    1756 2
  DDR-Recht **1756** 2; **Vorbem 1741 ff** 25
  Empfehlungen der Landesjugendämter
    1741 38
  italienisches Recht **1756** 2
  Kindeswohl **1741** 37
  Rechtsvergleich **1741** 38; **1756** 2
  Volljährigenadoption **1767** 6, 10, 28
  Wirkung der Annahme **1756** 13 ff

Verwandtschaftsverhältnisse
  Aufhebung des Annahmeverhältnisses
    1764 1, 7 ff, 10 ff
  Bestehenbleiben von **1756** 1 ff
  Adoptionsgesetz **1756** 8
  Kindschaftsrechtsreformgesetz **1756** 5
  Schwägerschaft im 2. oder 3.
    Grad **1756** 1, 9 ff
  Stiefkindadoption **1756** 5 ff, 26 ff
    s a dort
  Verwandte im 2. oder 3. Grad **1756** 1,
    9 ff
  Volljährigenadoption **1756** 4, 8, 30
  bestehenbleibende Rechte u Pflichten
    1755 8 ff
  Eheverbot **1755** 14
  einmalige Leistungen **1755** 8 ff
  Erbanspruch **1755** 8
  Erbausgleich, vorzeitiger **1755** 9
  Erbschaftsteuerrecht **1755** 14
  Pflichtteilsanspruch **1755** 8
  rückständiger Unterhalt **1755** 8, 12
  Strafrecht **1755** 14
  Umgangsrecht **1755** 15 ff
    s a dort
  Unterhaltsanspruch **1755** 12 f
  Verfahrensrecht **1755** 14
  Waisenrente **1755** 11
  wiederkehrende Leistungen **1755** 10 ff
  Zeugnisverweigerungsrecht **1755** 14
  Erlöschen von **1755** 1 ff
  Abkömmlinge des Kindes **1755** 3
  Aufhebung des Annahmeverhältnisses **1764** 1, 7 ff
  öffentlich-rechtliche Wirkungen **1755** 7
  Staatsangehörigkeit **1755** 7
  Stiefkindadoption **1755** 4 ff
  Volljährigenadoption **1755** 1
  zivilrechtliche Wirkungen **1755** 7
  Zweitadoption **1755** 2
  Volljährigenadoption **1770** 3 ff
  kein Erlöschen der bisherigen **1770** 9
  Schwägerschaft, Ausschluss von **1770** 7
  Wiederaufleben der leiblichen Verwandt-
    schaft **1764** 1, 10 ff
Verweigerung
  der Einwilligung **1746** 18 ff, 32
  der Zustimmung **1746** 32
  durch die Eltern **1746** 7 ff, 22
  durch Vormund/Pfleger **1746** 18 ff
  triftiger Grund für **1746** 19 ff
Verzicht auf Sorgerechtsantrag 1747 67 f
  Beratung über Möglichkeit **1747** 73 f
  Form **1747** 68
Volladoption 1754 1; **1755** 1; **1763** 1;
  Vorbem 1741 ff 3, 10, 12, 14, 58, 66
  Adoptionsgesetz **Vorbem 1741 ff** 10
  Adoptionsübereinkommen, europäisches
    Vorbem 1741 ff 3

Volladoption (Forts)
DDR-Recht **Vorbem 1741 ff** 25
Volljährigenadoption **1768** 8; **1772** 1 ff
  Anhörungsrecht **1772** 17
  Antrag **1772** 16, 19
  Aufhebung des Annahmeverhältnisses **1771** 8; **1772** 14 f
  Geschwister, gemeinsame Annahme **1772** 1 f
  Interessen der Eltern des Anzunehmenden, entgegenstehende **1772** 7 ff
  Minderjährigenadoption, nachgeholte **1772** 1, 3
  Minderjährigkeit bei Einreichung des Antrags **1772** 5
  Staatsangehörigkeit **1772** 13
  Stiefkindadoption **1772** 1, 4
  Verfahren **1772** 16
  Wirkungen der Annahme **1772** 11 ff
Volljährigenadoption 1741 12 f, 16, 40; **1751** 1, 42; **1767** 1 ff; **Vorbem 1741 ff** 58 ff, 65
  Abkömmlinge des Angenommen, Wirkungen auf **1770** 4 f
  Adelsadoption **1767** 39
  Adoptionsgesetz **1767** 4; **1768** 1; **1769** 10; **1771** 1; **Vorbem 1741 ff** 12
  Adoptionsmotiv **1767** 8 ff, 12, 32 ff, 38 ff
  Adoptionsrechtsänderungsgesetz **1767** 19
  alte Rechtslage **1767** 1 ff, 39, 51 f, 57; **1768** 1; **1770** 2, 4; **1771** 2, 9; **1772** 1
  Altersabstand **1767** 24
  Amtsermittlungsgrundsatz **1768** 7 f
  Anhörungsrecht **1768** 8
    Antragssteller **1768** 8
    Eltern des Annehmenden **1768** 8
    Eltern des Anzunehmenden **1768** 8
    Kinder des Annehmenden **1768** 8
  Annahmebeschluss **1768** 7, 9 ff
    Unabänderbarkeit **1768** 10
    Unanfechtbarkeit **1768** 10
  Annahmeverfahren **1768** 6 ff
  Anspruch auf rechtliches Gehör **1771** 4
  Antrag **1768** 1 ff
    bedingter **1768** 3
    des Annehmenden **1768** 2
    des Anzunehmenden **1768** 2, 4
    Hilfsantrag auf einfache Adoption **1768** 11
    notarielle Beurkundung **1768** 3
    Rücknahme **1768** 4
    Stellvertretung **1768** 3
    Umdeutung **1768** 2, 11
    Verfahrenshandlung **1768** 2
    Zeitbestimmung **1768** 3
  Antrag des Annehmenden **1752** 9
  arglistige Täuschung **1771** 23
  Aufenthaltsrecht **1767** 9 f, 35, 43 f; **1770** 21

Volljährigenadoption (Forts)
  Aufhebung des Annahmeverhältnisses **1759** 6; **1760** 1, 12, 18, 20; **1764** 3; **1767** 50; **1771** 1 ff
    Amtsermittlungsgrundsatz **1771** 13
    Antrag, beiderseitiger **1771** 14 ff
    arglistige Täuschung **1771** 23
    Drittinteressen **1771** 12
    Eltern-Kind-Verhältnis, keine Absicht zur Herstellung **1771** 11
    Erklärungsmangel **1771** 20 ff
    Geschlechtsbeziehung **1771** 10
    Scheinadoption **1771** 11
    Unzumutbarkeit **1771** 9
    Volladoption **1771** 8; **1772** 14 f
    wichtiger Grund **1771** 9 ff
  Ausforschungsverbot **1758** 1; **1767** 49
  Ausländer, Adoption eines **1767** 18, 43 f
  ausländische Rechtsordnungen **1767** 15 ff
  Ausweisung, drohende **1767** 35
  Beschwerde **1768** 12
  Beteiligte **1752** 24
  Betreuungsgesetz **1768** 1
  DDR-Recht **Vorbem 1741 ff** 26
  Dekretsystem **1767** 5, 39; **1768** 1
  Eheleute, gemeinsame Annahme durch Dritte **1767** 19, 29
  Ehename, Änderung **1767** 57 ff
  eines Minderjährigen **1770** 22
  einfache Adoption **1759** 13; **1768** 8; **1770** 1 ff
  Einwilligung
    des Ehegatten **1749** 1
  Einwilligung der Eltern **1747** 9
  Einwilligung des Ehegatten/Lebenspartners **1767** 51 ff
    Entbehrlichkeit **1767** 54
    Ersetzung, keine **1767** 55
    Form **1767** 54
    Interessenlage **1767** 53
  Einwilligung des Kindes **1746** 4
  Einzeladoption **1767** 19
  Eltern-Kind-Verhältnis **1767** 4, 11 f, 21 ff, 38 f
    bereits entstandenes **1767** 4, 11, 22 ff, 38
    Erwartung des Entstehens **1767** 12, 21, 30 f, 33 ff, 38
    fehlende Absicht der Herstellung **1767** 13, 39 ff; **1771** 11
    Kriterien für Bestehen **1767** 22 ff
    soziale Kontakte **1767** 25
    Zweifel am Enstehen **1767** 31
  Elternpaar, zweites **1770** 9
  Entstehungsgeschichte **1767** 1 ff
  erbrechtliche Ansprüche, Schmälerung durch **1769** 8
  erbrechtliche Bestimmungen, Umgehung als Motiv **1767** 45 ff

Volljährigenadoption (Forts)
erbrechtliche Wirkungen **1767** 10, 45 ff; **1770** 13 ff
  Tod des Angenommenen **1770** 14 ff
  Tod des Annehmenden **1770** 18 f
Erbschaftsteuer, Ersparnis als Motiv **1767** 8, 10, 32, 34 f, 40 ff
Erbvertrag, Lösung vom **1767** 47; **1769** 8
Erlöschen von Verwandtschaftsverhältnissen **1755** 1
familienbezogenes Motiv **1767** 33, 38
familienrechtliche Beziehungen **1770** 3 ff
Familienrechtsänderungsgesetz **1767** 2
finanzielle Absicherung **1767** 35
Geburtsname, Änderung
  des Angenommenen **1767** 56
  des verheirateten Angenommenen **1767** 57 ff
  Erstreckung auf Ehenamen des Angenommenen **1767** 59 ff
gemeinschaftliche Annahme **1767** 19
Geschäftsfähigkeit **1767** 19
Geschäftsunfähigkeit des Anzunehmenden **1768** 4
Geschichte **1767** 1 ff
Geschlechtsbeziehung **1771** 10
Geschlechtsbeziehung zwischen Annehmendem und Anzunehmendem **1767** 29
Gesellschaftsvertrag **1770** 20
Großelternpaar, drittes **1770** 9
Halbgeschwister, gemeinsame Annahme **1772** 2
Hauptzweck der Adoption **1767** 8, 12, 33, 36
Heimfallrecht **1770** 19
Hilfsantrag auf einfache Adoption **1768** 11
Interessen, entgegenstehende **1769** 1 ff
  Abkömmlinge, entferntere **1769** 5
  Abwägung **1769** 7 f
  der Kinder des Annehmenden **1769** 4 ff
  der Kinder des Anzunehmenden **1769** 9 ff
  Feststellungslast **1769** 12
  Nichtvermögensinteressen **1769** 6
  Vermögensinteressen **1769** 6, 8
Jugendamt, keine Mitwirkung **1768** 7
Kettenadoption **1742** 8; **1768** 14; **1771** 6
Kinderlosigkeit, Erfordernis der **1745** 4
Kindeswohl **1767** 20
Kindschaftsrechtsreformgesetz **1772** 1, 5
Krankeit im Alter, Betreuung als Motiv **1767** 34
Lebenspartnerschaft **1767** 51 f
Lebenswerk, Fortführung als Motiv **1767** 34, 42
Mehrfachverwandtschaft **1770** 9
Minderjährigenadoption
  Annahme mit den Wirkungen der **1772** 1 ff

Volljährigenadoption (Forts)
s a Volladoption
nachgeholte **1767** 16 f, 28
sinngemäße Anwendung der Vorschriften **1767** 48 ff; **1768** 13 f
übergeleitete **1771** 7
Mindestalter des Annehmenden **1767** 19
Mindestaltersabstand **1767** 24
Missbrauch **1767** 3, 8, 13, 38 ff; **1771** 17
Motiv der Adoption **1767** 8 ff, 12, 32 ff, 38 ff
  familienbezogenes **1767** 33, 38
Mutter und Tochter, gemeinsame Annahme durch Dritte **1767** 29
Name des Angenommenen **1767** 56 ff
Name des Kindes **1757** 6, 9, 13, 23, 30
  nach Aufhebung des Annahmeverhältnisses **1765** 1
Namensadoption **1767** 10, 38 f, 39
Namensbestimmungsrecht des Ehegatten des Angenommenen **1767** 59 ff
Nebenzweck der Adoption **1767** 12, 36
Nichtigkeit **1771** 3
Offenbarungsverbot **1758** 1; **1767** 49
Pflegekind, Adoption nach Volljährigkeit **1767** 14, 45
Pflegeleistungen
  Absicherung von **1767** 35
  Beeinträchtigung von **1769** 11
Pflichtteilsrecht **1772** 8
  Schmälerung als Motiv **1767** 45
postmortale Adoption **1753** 10
Rechtfertigung, sittliche **1767** 4, 21, 32 ff
  Zweifel an **1767** 37
Rechtsmittel **1768** 12
Rechtsvergleich **1767** 15 ff
  belgisches Recht **1767** 17
  englisches Recht **1767** 15
  französisches Recht **1767** 17
  griechisches Recht **1767** 16
  niederländisches Recht **1767** 15
  österreichisches Recht **1767** 16
  portugiesisches Recht **1767** 17
  schweizerisches Recht **1767** 16; **1770** 1
  spanisches Recht **1767** 17
  türkisches Recht **1767** 16
Reformbedarf **1767** 14
Reichweite **Vorbem 1741** ff 61
Rückadoption des eigenen Kindes **1741** 61; **1767** 19
Rücknahme des Antrags **1768** 4
Schenkungssteuer, Ersparnis als Motiv **1767** 8
Schwägerschaft, Ausschluss von **1770** 7
Staatsangehörigkeit **1767** 9; **1770** 21; **1772** 6, 13
Statistik **1767** 6 f
Steueradoption **1767** 8, 40 ff
Steuerrecht **1767** 8, 17, 34 f, 41
Stiefkindadoption **1767** 6, 19, 28

Volljährigenadoption (Forts)
  Testament **1770** 20
    Auslegung **1770** 20
    Lösung vom gemeinschaftlichen **1767** 47; **1769** 8
  Tod
    des Angenommenen **1770** 14 ff
    des Annehmenden **1770** 18 f
  Unterhaltsansprüche **1767** 9; **1770** 11 f; **1772** 8
    Schmälerung durch **1769** 8
  Verbot der **1767** 3, 14; **1769** 1 ff
  Verfahrensbeteiligte **1768** 6
  Verfassungsbeschwerde **1759** 19 f; **1771** 4
  Vertragssystem **1767** 5; **1768** 1
  Verwandte des Annehmenden, keine Wirkung auf **1770** 4
  Verwandtenadoption **1767** 6, 10, 28
  Verwandtschaftsverhältnisse **1756** 4, 8, 30; **1770** 3 ff
    kein Erlöschen der bisherigen **1770** 9
    Schwägerschaft, Ausschluss von **1770** 7
  Volladoption **1768** 8; **1772** 1 ff
    Anhörungsrecht **1772** 17
    Antrag **1772** 16, 19
    Aufhebung des Annahmeverhältnisses **1771** 8; **1772** 14 ff
    Geschwister, gemeinsame Annahme **1772** 1 f
    Interessen der Eltern des Anzunehmenden, entgegenstehende **1772** 7 ff
    Minderjährigenadoption, nachgeholte **1772** 1, 3
    Minderjährigkeit bei Einreichung des Antrags **1772** 5
    Staatsangehörigkeit **1772** 13
    Stiefkindadoption **1772** 1, 4
    Verfahren **1772** 16
    Wirkungen der Annahme **1772** 11 ff
  Volljährigkeit **1767** 18
  Vorhandensein eigener Familie **1767** 26
  Wirkung der Annahme **1754** 1; **1767** 5, 9 f, 17, 38 ff; **1770** 1 ff
    ausländer-/aufenthaltsrechtliche **1767** 20, 35, 43 f
    einfache Adoption **1770** 1 ff
    erbrechtliche **1767** 10, 45 ff; **1770** 13 ff
    familienrechtliche Beziehungen **1770** 3 ff
    für Abkömmlinge des Angenommenen **1770** 4 f
    für Verwandte des Annehmenden **1770** 4 f
    namensrechtliche **1767** 10, 38 f
    öffentlich-rechtliche **1770** 21
    Schwägerschaft, Ausschluss von **1770** 7
    steuerrechtliche **1767** 8, 17, 34 f, 41
    unterhaltsrechtliche **1767** 9; **1770** 11 f
    Verwandtschaftsverhältnisse **1770** 3 ff
    zivilrechtliche **1770** 10 ff

Volljährigenadoption (Forts)
  wirtschaftliche Motive **1767** 34 f, 38
  Zeitpunkt, maßgeblicher **1767** 18
  Zusammenleben von Eltern und Kind **1767** 12, 16 f, 22
  Zuständigkeit **1768** 6
  Zustimmung zur Änderung des Ehenamens **1767** 40 f
  Zweifel
    am Entstehen eines Eltern-Kind-Verhältnisses **1767** 31
    an der sittlichen Rechtfertigung **1767** 37
  Zweitadoption **1768** 14; **1771** 6
Volljährigkeit **1741** 12 ff; **1767** 18
Vorabentscheidung
  Anfügen des bisherigen Familiennamens **1757** 38
  über Wirksamkeit der Adoptionseinwilligung **1752** 33
  Voranstellen des bisherigen Familiennamens **1757** 38
  Vorname des Kindes, Änderung **1757** 56
Vorabnovelle v 1973
  Adoptionsgesetz **Vorbem 1741 ff** 5
  Mindestalter **1743** 3
Voranstellen des bisherigen Familiennamens **1757** 5, 9, 27 ff
  Antrag des Annehmenden **1757** 29
  Doppelname **1757** 32
  Einwilligung des Kindes **1757** 30
  Ergänzungsbeschluss **1757** 36
  neu gebildeter Name **1757** 31 ff
  Rechtsmittel gegen Ablehnung **1757** 35
  schwerwiegende Gründe für **1757** 27 f
  Verfahrensfragen **1757** 35 ff
  Vorabentscheidung **1757** 38
  Wahlrecht des Kindes nach altem Recht **1757** 27
Vorbereitungsseminar **1741** 27
Vorgeschichte des Kindes **1741** 20
Vorhandensein eigener Familie
  Volljährigenadoption **1767** 26
Vormund
  als Vertreter des Kindes **1746** 6 ff, 15
  Verweigerung der Einwilligung durch den **1746** 18 ff
  Verweigerung der Zustimmung durch den **1746** 32
  zukünftige Adoptiveltern als **1746** 11
Vormundschaft **1751** 19 ff, 29 f
  bestehende **1751** 20 ff
  bestellte **1751** 20 f
  für Kinder lediger minderjähriger Mütter **1751** 20 ff
Vorname des Kindes
  Änderung **1757** 4, 48 ff
  Antrag des Annehmenden **1757** 51
  Beschwerde gegen Ablehnung **1757** 54
  Einwilligung des Kindes **1757** 52 f

Vorname des Kindes (Forts)
　Ergänzungsbeschluss **1757** 55
　Rechtsmittel gegen Ablehnung **1757** 54
　Verfahrensrecht **1757** 54 ff
　Vorabentscheidung **1757** 56
　Voraussetzung **1757** 49 f
　Aufhebung des Annahmeverhältnisses
　　1765 4, 18
Vorstrafen
　Elterneignung **1741** 33
Vorwerfbarkeit
　Ersetzung der Einwilligung
　　Erziehungsunfähigkeit **1748** 56
　　Gleichgültigkeit **1748** 29
　　Pflichtverletzung **1748** 27
Vorwirkung
　Ausforschungsverbot **1758** 24 ff
　Offenbarungsverbot **1758** 24 ff

Waisengeld
　Aufhebung des Annahmeverhältnisses
　　1764 7
Waisenrente
　bestehenbleibende Rechte u Pflichten nach
　　Adoption **1755** 11
Wegfall der Geschäftsgrundlage
　Aufhebung des Annahmeverhältnisses
　　1764 8
Weiterführung des Adoptivnamens
　nach Aufhebung des Annahmeverhältnisses **1765** 11 ff
　　Anordnung des Familiengerichts **1765** 11 f
　　Kind mit Ehenamen **1765** 14 ff
　　Stiefkindadoption **1765** 13
　　Teilaufhebung **1765** 13
Weltanschauung
　Elterneignung **1741** 34
Wesentlicher Umstand
　Täuschung über **1760** 19 f
Widerruf
　der Einwilligung des Kindes **1746** 23 f, 28 ff
　　Beurkundung, öffentliche **1746** 29
　　Jugendamt, Beurkundung durch **1746** 29
　　Zustimmung des gesetzlichen Vertreters, keine **1746** 30
　der Zustimmung des gesetzlichen Vertreters **1746** 34
　Einwilligungserklärung **1750** 7, 12
Widerspruch
　gegen Überleitung einer Altadoption
　　Vorbem 1741 ff 69 ff, 82, 84
Wiederaufleben der leiblichen Verwandtschaft
　Aufhebung des Annahmeverhältnisses
　　1764 1, 10 ff
Wiederaufnahme des Verfahrens 1759 27
Wiederkehrende Leistungen
　Aufhebung des Annahmeverhältnisses
　　1764 7

Wiederkehrende Leistungen (Forts)
　bestehenbleibende Rechte u Pflichten nach
　　Adoption **1755** 10 ff
Wille des Kindes 1741 24
Willensmängel
　Einwilligungserklärung **1751** 5, 27
Wirksamwerden
　Einwilligungserklärung **1750** 5 ff
Wirkung der Annahme 1754 1 ff
　Adoptionsgesetz **1754** 1
　altes Recht **1754** 1
　Beamtenrecht **1754** 12
　Beihilferecht **1754** 13
　Eheverbot **1754** 9
　Erbrecht **1754** 9
　Erbschaftsteuerrecht **1754** 13
　Kindschaftsrechtsreformgesetz **1754** 1
　öffentlich-rechtliche Wirkungen **1754** 11 ff
　Pflichtteilsrecht **1754** 9
　rechtliche Stellung
　　eines gemeinschaftlichen
　　　Kindes **1754** 4 ff
　　eines Kindes des Annehmenden **1754** 7
　Rechtsvergleich **1754** 2 f
　　englisches Recht **1754** 2
　　französisches Recht **1754** 3
　　italienisches Recht **1754** 2
　　japanisches Recht **1754** 2
　　niederländisches Recht **1754** 2
　　schweizerisches Recht **1754** 2
　　sozialistische Rechtsordnungen **1754** 2
　　spanisches Recht **1754** 2 f
　　US-Recht **1754** 2
　Sorgerecht **1754** 9
　Sozialrecht **1754** 12
　Staatsangehörigkeit **1754** 11
　Steuerrecht **1754** 12
　Stiefkindadoption **1754** 5 f; **1756** 28 ff
　Strafrecht **1754** 14
　Unterhaltsrecht **1754** 9
　Verfahrensrecht **1754** 15
　Verschwägertenadoption **1756** 13 ff
　Verwandtenadoption **1756** 13 ff
　Verwandtschaftsverhältnisse **1755** 1 ff
　　s a dort
　Volljährigenadoption **1754** 1; **1767** 5, 9 f, 17, 38 ff; **1770** 1 ff
　　ausländer-/aufenthaltsrechtliche **1767** 20, 35, 43 f
　　einfache Adoption **1770** 1 ff
　　erbrechtliche **1767** 10, 45 ff; **1770** 13 ff
　　familienrechtliche Beziehungen **1770** 3 ff
　　für Abkömmlinge des Angenommenen **1770** 4 f
　　für Verwandte des Annehmenden **1770** 4 f
　　namensrechtliche **1767** 10, 38 f
　　öffentlich-rechtliche **1770** 21
　　Schwägerschaft, Ausschluss von **1770** 7

Wirkung der Annahme (Forts)
  steuerrechtliche **1767** 8, 17, 34 f, 41
  unterhaltsrechtliche **1767** 9; **1770** 11 f
  Verwandtschaftsverhältnisse **1770** 3 ff
  zivilrechtliche **1770** 10 ff
  Wohnsitz **1754** 9
  zivilrechtliche Wirkungen **1754** 9 f
Wirkungserstreckungslehre
  Auslandsadoption **1759** 7
Wirtschaftliche Motive
  Aufhebung des Annahmeverhältnisses **1763** 10
  Volljährigenadoption **1767** 34 f, 38
Wohl des Kindes
  s Kindeswohl
Wohnsitz
  Wirkung der Annahme **1754** 9

Zeitbestimmung
  Antrag des Annehmenden **1752** 6
  Erklärung unter unzulässiger **1760** 7, 10
Zeitpunkt, maßgeblicher
  Volljährigenadoption **1767** 18
Zentrale Behörde Vorbem 1741 ff 99
Zeugnisverweigerungsrecht
  Aufhebung des Annahmeverhältnisses **1764** 9
  bestehenbleibende Rechte u Pflichten nach Adoption **1755** 14
Zivilrechtliche Wirkungen 1754 9 f; **1755** 7
Zugang bei Familiengericht
  Einwilligungserklärung **1750** 5 f, 7, 12
Zurechenbarkeit
  s Vorwerfbarkeit
Zusammenleben von Eltern und Kind
  Volljährigenadoption **1767** 12, 16 f, 22

Zuständigkeit
  Aufhebung des Annahmeverhältnisses **1759** 32
  Ausspruch der Annahme **1752** 13 ff
  Ersetzung der Einwilligung **1748** 67
  Volljährigenadoption **1768** 6
Zuständigkeitskonzentration 1752 18 f
Zustellung
  Ablehnung der Annahme **1752** 46
  Annahmebeschluss **1752** 40
Zustimmung des gesetzlichen Vertreters 1746 24, 31 ff
  Adressat **1746** 34
  Ersetzung **1746** 32
  Fehlen der **1746** 35
    Aufhebung des Annahmeverhältnisses **1760** 4
  Form **1746** 33
  Mängel der Zustimmung **1746** 35
  persönliche **1746** 34
  Verweigerung **1746** 32
  Widerruf **1746** 34
Zwangsadoption
  in der DDR **Vorbem 1741 ff** 27
Zweitadoption 1742 2 ff; **1756** 28, 32 ff; **1763** 1, 3; **1768** 14; **1771** 6
  s a Kettenadoption
Zwischenentscheidung des Familiengerichts 1752 32 ff
  Aussetzung des Verfahrens **1752** 32
  über die Wirksamkeit der Einwilligung **1752** 33
  über gerichtliche Ersetzung der Einwilligung **1752** 34
Zwischenverfahren
  Ersetzung der Einwilligung **1748** 66

J. von Staudingers Kommentar zum Bürgerlichen Gesetzbuch mit Einführungsgesetz und Nebengesetzen

Übersicht vom 1. 5. 2019

Die Übersicht informiert über die Erscheinungsjahre der Kommentierungen in der 13. Bearbeitung und deren Neubearbeitungen (= Gesamtwerk STAUDINGER). *Kursiv* geschrieben sind die geplanten Erscheinungsjahre.

Die Übersicht ist für die 13. Bearbeitung und für deren Neubearbeitungen zugleich ein Vorschlag für das Aufstellen des „Gesamtwerk STAUDINGER" (insbesondere für solche Bände, die nur eine Sachbezeichnung haben). Es wird empfohlen, die Austauschbände chronologisch neben den überholten Bänden einzusortieren, um bei Querverweisungen auf diese schnell Zugriff zu haben. Bei Platzmangel sollten die ausgetauschten Bände an anderem Ort in gleicher Reihenfolge verwahrt werden.

Neubearbeitungen

Buch 1. Allgemeiner Teil

Einl BGB; §§ 1–14; VerschG	2004	2013	2018	
§§ 21–79	2005	2019		
§§ 80–89	2011	2017		
§§ 90–124; 130–133		2012	2016	
§§ 125–129; BeurkG			2012	2017
§§ 134–163	2003			
§§ 134–138		2011	2017	
§§ 139–163		2010	2015	
§§ 164–240	2004	2009	2014	

Buch 2. Recht der Schuldverhältnisse

§§ 241–243	2005	2009	2014	
§§ 244–248	2016			
§§ 249–254	2005	2016		
§§ 255–314	2001			
§§ 255–304	2004	2009	2014	
§§ 305–310; UKlaG	2006	2013		
§§ 311, 311a, 312, 312a–i	2013			
§§ 311, 311a–c		2018		
§§ 311b, 311c	2012			
§§ 312, 312a–k		2019		
§§ 313, 314	*2021*			
§§ 315–327	2001	2004	2009	2015
§§ 328–361b	2001			
§§ 328–359		2004		
§§ 328–345			2009	2015
§§ 346–361			2012	
§§ 358–360				2016
§§ 362–396	2000	2006	2011	2016
§§ 397–432	2005	2012	2017	
§§ 433–487; Leasing	2004			
§§ 433–480		2013		
Wiener UN-Kaufrecht (CISG)	1999	2005	2013	2017
§§ 488–490; 607–609	2011	2015		
VerbrKrG; HWiG; § 13a UWG; TzWrG	2001			
§§ 491–512	2004	2012		
§§ 516–534	2005	2013		
§§ 535–562d (Mietrecht 1)	2003	2006	2011	
§§ 563–580a (Mietrecht 2)	2003	2006	2011	
§§ 535–555f (Mietrecht 1)			2014	
§§ 556–561; HeizkostenV; BetrKV (Mietrecht 2)			2014	
§§ 562–580a; Anh AGG (Mietrecht 3)			2014	
§§ 535–556g (Mietrecht 1)				2017
§§ 557–580a; Anh AGG (Mietrecht 2)				2017
Leasing		2014	2018	
§§ 581–606	2005	2013	2018	
§§ 607–610 (siehe §§ 488–490; 607–609)	./.			
§§ 611–615	2005			
§§ 611–613		2011	2015	
§§ 613a–619a		2011	2016	
§§ 616–630	2002			
§§ 620–630		2012	2016	
§§ 631–651	2003	2008	2013	
§§ 651a–651m	2003	2011	2015	
§§ 652–656	2003	2010		
§§ 652–661a			2015	
§§ 657–704	2006			
§§ 662–675b		2017		
§§ 675c–676c		2012		
§§ 677–704		2015		
§§ 741–764	2002	2008	2015	
§§ 765–778	2013			
§§ 779–811	2002	2009	2015	
§§ 812–822	1999	2007		
§§ 823 A–D	2016			
§§ 823 E–I, 824, 825	2009			
§§ 826–829; ProdHaftG	2003	2009	2013	2018
§§ 830–838	2002	2008	2012	2017
§§ 839, 839a	2007	2013		
§§ 840–853	2007	2015		
AGG	2017			
UmweltHR	2002	2010	2017	

Neubearbeitungen

Buch 3. Sachenrecht

§§ 854–882	2000	2007	2012	2018
§§ 883–902	2002	2008	2013	
§§ 889–902				2019
§§ 903–924	2002	2009	2015	
§§ 925–984; Anh §§ 929 ff	2004	2011	2016	
§§ 985–1011	1999	2006	2013	
ErbbauRG; §§ 1018–1112	2002	2009	2016	
§§ 1113–1203	2002	2009	2014	
§§ 1204–1296; §§ 1–84 SchiffsRG	2002	2009	2018	
§§ 1–19 WEG	2017			
§§ 20–64 WEG	2017			

Buch 4. Familienrecht

§§ 1297–1320; Anh §§ 1297 ff; §§ 1353–1362	2007			
§§ 1297–1352		2012	2015	2018
LPartG		2010		
§§ 1353–1362		2012	2018	
§§ 1363–1563	2000	2007		
§§ 1363–1407			2017	
§§ 1408–1563			2018	
§§ 1564–1568; §§ 1–27 HausratsVO	2004			
§§ 1564–1568; §§ 1568 a+b		2010	2018	
§§ 1569–1586b	2014			
§§ 1587–1588; VAHRG	2004			
§§ 1589–1600d	2000	2004	2011	
§§ 1601–1615n	2000	2018		
§§ 1616–1625	2007	2014		
§§ 1626–1633; §§ 1–11 RKEG	2007	2015		
§§ 1638–1683	2004	2009	2015	
§§ 1684–1717	2006	2013	2018	
§§ 1741–1772	2007	2019		
§§ 1773–1895; Anh §§ 1773–1895 (KJHG)	2004			
§§ 1773–1895		2013		
§§ 1896–1921	2006	2013	2017	

Buch 5. Erbrecht

§§ 1922–1966	2000	2008	2016
§§ 1967–2063	2002	2010	2016
§§ 2064–2196	2003	2013	
§§ 2197–2264	2003		
§§ 2197–2228		2012	2016
§§ 2229–2264		2012	2017
§§ 2265–2338	2006		
§§ 2265–2302		2013	2018
§§ 2303–2345		2014	
§§ 2339–2385	2004		
§§ 2346–2385		2010	2016

EGBGB

Einl EGBGB; Art 1, 2, 50–218	2005	2013	2018
Art 219–245	2003		
Art 219–232		2015	
Art 233–248		2015	

EGBGB/Internationales Privatrecht

Einl IPR; Art 3–6	2003			
Einl IPR		2012	2018	
Art 3–6		2013		
Art 7, 9–12, 47, 48	2007	2013	2018	
IntGesR	1998			
Art 13–17b	2003	2011		
Art 18; Vorbem A + B zu Art 19	2003			
Haager Unterhaltsprotokoll		2016		
Vorbem C–H zu Art 19	2009			
EU-VO u Übk z Schutz v Kindern		2018		
IntVerfREhe	2005			
IntVerfREhe 1		2014		
IntVerfREhe 2		2016		
Art 19–24	2002	2008	2014	2018
Art 25, 26	2000	2007		
Art 1–10 Rom I VO	2011	2016		
Art 11–29 Rom I–VO; Art 46b, c; IntVertrVerfR	2011	2016		
Art 38–42	2001			
IntWirtschR	2006	2010	2015	
Art 43–46	2014			
Eckpfeiler des Zivilrechts	2011	2012	2014	2018

Demnächst erscheinen

§§ 305–310; UKlaG	2006	2013	2019
Anh zu §§ 305–310			2019
§§ 613a–619a	2011	2016	2019

oHG Dr. Arthur L. Sellier & Co. KG – Walter de Gruyter GmbH, Berlin
Postfach 30 34 21, D-10728 Berlin, Telefon (030) 2 60 05-0, Fax (030) 2 60 05-222